## STUDIENKURS POLITIKWISSENSCHAFT

Lehrbuchreihe für Studierende der Politikwissenschaft
an Universitäten und Hochschulen

Wissenschaftlich fundiert und in verständlicher Sprache führen die Bände der Reihe in die zentralen Forschungsgebiete, Theorien und Methoden der Politikwissenschaft ein und vermitteln die für angehende Wissenschaftler:innen grundlegenden Studieninhalte. Die konsequente Problemorientierung und die didaktische Aufbereitung der einzelnen Kapitel erleichtern den Zugriff auf die fachlichen Inhalte. Bestens geeignet zur Prüfungsvorbereitung u.a. durch Zusammenfassungen, Wissens- und Verständnisfragen sowie Schaubilder und thematische Querverweise.

Adrian Vatter

# Das politische System der Schweiz

5., aktualisierte und erweiterte Auflage

Onlineversion
Nomos eLibrary

**Die Deutsche Nationalbibliothek** verzeichnet diese Publikation in der Deutschen Nationalbibliografie; detaillierte bibliografische Daten sind im Internet über http://dnb.d-nb.de abrufbar.

ISBN 978-3-7560-0814-8 (Print)
ISBN 978-3-7489-1568-3 (ePDF)

5., aktualisierte und erweiterte Auflage 2024
© Nomos Verlagsgesellschaft, Baden-Baden 2024. Gesamtverantwortung für Druck und Herstellung bei der Nomos Verlagsgesellschaft mbH & Co. KG. Alle Rechte, auch die des Nachdrucks von Auszügen, der fotomechanischen Wiedergabe und der Übersetzung, vorbehalten. Gedruckt auf alterungsbeständigem Papier.

# Vorwort

Das vorliegende Buch bietet sowohl eine allgemeine Einführung in das politische System der Schweiz als auch einen vertieften Überblick über den aktuellen Stand der politikwissenschaftlichen Forschung zur Schweiz. Es wendet sich an ein breites Publikum von Studierenden, Lehrenden und Forschenden der Politikwissenschaft und angrenzender Disziplinen sowie an politische Entscheidungsträger, Medienschaffende und an alle an Fragen der Schweizer Politik Interessierte. All denen, die mir beim Zustandekommen des Buchs während meines Freisemesters an der Universität Bern im Herbst 2012 und den folgenden Monaten geholfen haben, möchte ich an dieser Stelle herzlich danken. Ein ganz besonderer Dank geht zunächst an die (teilweise ehemaligen) Mitarbeiterinnen und Mitarbeiter am Institut für Politikwissenschaft der Universität Bern, die mich in vielerlei Hinsicht tatkräftig unterstützt haben. Namentlich erwähnen möchte ich Alex Arens, Julian Bernauer, Pirmin Bundi, Sereina Dick, Martina Flick, Anja Heidelberger, Silja Kohler, Samuel Kuhlmann, Ursula Walther und Rolf Wirz. In der Vorbereitung und während des Verfassens des Buches habe ich zudem von den wertvollen Anregungen zahlreicher Kolleginnen und Kollegen profitiert, allen voran von Regina Kiener und Claude Longchamp, im Weiteren aber auch von den hilfreichen Kommentaren und Hinweisen von Klaus Armingeon, Daniel Bochsler, Sarah Bütikofer, Marc Bühlmann, Christian Bolliger, Katharina Fontana, Markus Freitag, Andreas Lienhard, Sean Mueller, Thomas Milic, Daniel Oesch, Christian Rüefli, Fritz Sager, Pascal Sciarini, Daniel Schwarz und Jürg Steiner. Michael Hermann und Andreas Ladner danke ich für die Bereitstellung von Daten. Ein grosses „thank you" gebührt ausserdem Clive Church, der mir im Herbst 2012 einen interessanten Aufenthalt am *Centre for Swiss Politics* an der *University of Kent* in Canterbury (UK) ermöglicht hat. Er hat mich nicht nur in die neuesten Entwicklungen und Geheimnisse der britischen Politik und Gastronomie eingeführt, sondern mich auch mit seiner grosszügigen Gastfreundschaft und seinem feinen englischen Humor bestens bewirtet und unterhalten. Meiner Mitarbeiterin Kerstin Nebel gebührt in besonderer Weise Dank und Anerkennung, in weiten Phasen der Manuskripterstellung die Federführung bei den anfallenden Korrekturarbeiten und bei der Schlussredaktion des Textes übernommen zu haben. Für das sorgfältige Lektorat und die konstruktive Zusammenarbeit danke ich zudem Beate Bernstein und Jasmin Burkart vom Nomos Verlag sowie meiner langjährigen Sekretärin Monika Spinatsch. Meiner Frau, meinen Kindern und meinen Eltern danke ich für ihre grosse Unterstützung, ihr Verständnis und die nur langsam endende Geduld. Widmen möchte ich das Buch meinem Mentor und Vorgänger Wolf Linder, dessen Arbeiten zur Schweizer Politik noch heute prägend sind und massgeblich zur erfolgreichen Entwicklung der Schweizer Politikwissenschaft beigetragen haben.

Bern, im September 2013 *Adrian Vatter*

# Vorwort zur zweiten Auflage

Erfreulicherweise hat die erste Auflage des Buchs „Das politische System der Schweiz" schon innert kurzer Zeit eine breite Leserschaft gefunden. Sowohl Studierende, Lehrende, Forschende und Medienschaffende als auch generell politisch Interessierte haben das Werk rege nachgefragt. Nach mehrmaligem Nachdruck der ersten Auflage hat mich deshalb der Nomos Verlag gebeten, eine überarbeitete und aktualisierte Fassung vorzulegen. Diesem Wunsch bin ich gerne nachgekommen, da seit der ersten Auflage des Buches (Ende 2013) einige wichtige politische Ereignisse und Entwicklungen in der Schweiz zu verzeichnen sind. Dazu zählt einerseits eine Reihe von Volksabstimmungen, darunter die angenommene Volksinitiative „Gegen Masseneinwanderung", die europaweit für Aufsehen gesorgt hat. Andererseits gehören dazu vor allem die schweizerischen Parlaments- und Regierungswahlen von 2015, die mit einem Wähleranteil von 29.4 Prozent zu einem weiteren Rekordergebnis für die rechtspopulistische SVP und in der Folge zur Wahl eines zweiten SVP-Mitglieds in den Bundesrat geführt hat. Diese und zahlreiche weitere Veränderungen liessen es als notwendig und sinnvoll erscheinen, die einzelnen Kapitel vollständig aufzudatieren und zu überarbeiten. Entsprechend wurden nahezu alle Abbildungen, Grafiken und Tabellen – soweit dies aufgrund der neuen Datenlage möglich war – aktualisiert und die Texte entsprechend angepasst und erweitert. Zusätzlich wurden die Erkenntnisse und Befunde der seit Ende 2013 erschienenen politikwissenschaftlichen Forschungsliteratur zur Schweizer Politik eingearbeitet. Schliesslich standen auch einzelne Neuerungen und Erweiterungen an. Dazu zählen etwa eine neue Darstellung der Schweizer Parteien im politischen Raum, die auf einen Blick die heutigen Positionen der Parteien zu drei zentralen Konfliktdimensionen liefert, die systematische Erweiterung des in jedem Kapitel vorgenommenen internationalen Vergleichs auf 24 Länder sowie die erstmalige Längsschnittanalyse zum Wandel der schweizerischen Demokratie vom föderalen Mehrheits- zum Konsenssystem für fünf verschiedene Perioden zwischen 1848 und 2015. Schliesslich wurden die Übungsfragen am Ende jedes Kapitels überarbeitet, alle Tabellen und Verzeichnisse im Anhang aktualisiert sowie eine Umgestaltung des Stichwortverzeichnisses durchgeführt.

Die gründliche Überarbeitung aller zwölf Kapitel wäre nicht ohne die vielfältige und umfangreiche Mitarbeit meines Teams möglich gewesen. Ein grosser Dank geht deshalb an die (teilweise ehemaligen) Mitarbeiterinnen und Mitarbeiter am Lehrstuhl für Schweizer Politik an der Universität Bern. Besonders erwähnen möchte ich Alex Arens, Julian Bernauer, Martina Flick Witzig, Rahel Freiburghaus, Anja Heidelberger, Sean Mueller, Kerstin Nebel, Anna Storz, Rolf Wirz und Alexandra Zürcher. Ohne ihre tatkräftige Unterstützung und ihr grosses Engagement wäre es nicht möglich gewesen, das Buch innert so kurzer Zeit vollständig zu aktualisieren.

Bern, im Mai 2016 *Adrian Vatter*

## Vorwort zur dritten Auflage

Nachdem die zweite Auflage des Buchs ebenfalls auf ein breites Interesse gestossen ist, wurde der gesamte Text für die dritte Auflage noch einmal sorgfältig durchgesehen. Mit ganz wenigen Ausnahmen wurde dabei auf eine Aktualisierung der Texte und Abbildungen verzichtet, nachdem dies im Mittelpunkt der zweiten Auflage gestanden ist. Ein ganz besonderer Dank gebührt Martina Flick Witzig. Sie hat mit grossem Aufwand jedes einzelne Kapitel kritisch gelesen, dort wo nötig Korrekturen gemacht sowie das Schlusslektorat für die dritte Auflage übernommen. Ein weiterer Dank geht an die Mitarbeiterinnen und Mitarbeiter am Lehrstuhl für Schweizer Politik an der Universität Bern, die bei der Durchsicht der einzelnen Kapitel mitgewirkt haben.

Bern, im März 2018 *Adrian Vatter*

## Vorwort zur vierten Auflage

Die vierte Auflage des Buchs „Das politische System der Schweiz" innerhalb von sechs Jahren ist Ausdruck davon, dass das Werk auf ein unvermindert grosses Interesse stösst und in den verschiedenen Leserkreisen stark nachgefragt wird. Bei der vorliegenden Auflage handelt es sich um eine vollständig überarbeitete und aktualisierte Fassung, wobei die Konzeption und die Gliederung des Buches beibehalten wurde. Die wichtigsten Aktualisierungen seit der zweiten und dritten Auflage gehen auf die schweizerischen Parlaments- und Regierungswahlen von 2019 zurück, die unter dem Stichwort der «Frauen- und Klimawahl» nicht nur zu einem historisch einmaligen Wahlsieg der Grünen geführt haben, sondern ebenso zu einer deutlich stärkeren Vertretung der Frauen im Parlament. Wie bei der zweiten Auflage wurden nicht nur die einzelnen Kapitel vollständig überarbeitet und auf den neuesten Forschungsstand gebracht, sondern auch der grösste Teil der Abbildungen, Grafiken und Tabellen aktualisiert und der Text entsprechend angepasst. Besonders viel Arbeit wurde in die Aufdatierung der kantonalen Daten investiert, die nun auch auf einer Website des Berner Instituts für Politikwissenschaft abrufbar sind. Weniger Gewicht liegt hingegen auf der Aktualisierung des internationalen Vergleichs mit 24 OECD-Ländern (jeweils am Schluss jedes Kapitels). Ebenso konnten die Auswirkungen der Corona-Krise auf das politische System der Schweiz aus Zeitgründen nur noch am Rande berücksichtigt werden. Wie bei den früheren Auflagen stützte sich die vollständige Überarbeitung und Aktualisierung des Buches auf die tatkräftige und umfangreiche Unterstützung durch mein Team am Lehrstuhl für Schweizer Politik. Ein ausserordentlicher Dank gebührt dabei Martina Flick Witzig. Sie hat die vorliegende Überarbeitung des Buchs koordiniert, zahlreiche Anregungen zur Aktualisierung und Verbesserung unterbreitet, immer wieder kritische Einwände und konstruktive Lösungen eingebracht, unendlich viele Details systematisch aufgearbeitet und vor allem nie die Übersicht verloren. Besonders bedanken möchte ich mich auch bei Rahel Freiburghaus, die bis zum Redaktionsschluss unermüdlich letzte Inkohärenzen aufgespürt und vor allem darauf geachtet hat, dass die neuesten Forschungsergebnisse zur Schweizer Politik möglichst vollständig berücksichtigt wurden. Ein weiterer grosser Dank geht schliesslich an die (teilweise ehemaligen) Mitarbeiterinnen und Mitarbeiter am Lehrstuhl für Schweizer Politik an der Universität Bern, die bei der Aktualisierung der einzelnen Kapitel mitgearbeitet haben. Besonders erwähnen möchte ich Alex Arens, Davide Della Porta, Madleina Ganzeboom, Sean Mueller, Jonas Schmid, Sarah Steinmann und Laura Vogel.

Bern, im Juni 2020 *Adrian Vatter*

## Vorwort zur fünften Auflage

Erfreulicherweise hat sich mein Buch „Das politische System der Schweiz" in den letzten zehn Jahren zum Standardwerk über die politischen Institutionen der Schweiz entwickelt und gehört mittlerweile zu den am häufigsten zitierten Studien zur schweizerischen Demokratie. Die vorliegende fünfte Auflage ist eine vollständig überarbeitete und aktualisierte Version, wobei die bewährte Konzeption des Buches beibehalten wurde. Neben der Berücksichtigung der neuesten schweizerischen Parlaments- und Regierungswahlen von 2023 sowie aktuellen Volksabstimmungen und wichtigen politischen Ereignissen der vergangenen Jahre wurde viel Zeit und Aufwand in die Aktualisierung der einzelnen Kapitel investiert, um den neuesten Forschungsstand abzubilden. Dazu gehören insbesondere die Anpassungen und Erweiterungen der Abbildungen und Tabellen. Auch dieses Mal finden sich exklusive Daten zum Parlament und den Parteien auf der Grundlage eigener Erhebungen, die im Rahmen der Aufdatierung dieses Buchs durchgeführt wurden. Ein besonderes Augenmerk wurde zudem auf die Aktualisierung der Daten für internationale und interkantonale Vergleiche gelegt. Dank der freundlichen Unterstützung von FORS (Selects/Anke Tresch), IDHEAP (Markus Hinterleitner), Politools (smartmonitor/Daniel Schwarz) standen mir zudem erneut aktuelle und teilweise noch unveröffentlichte Daten zum Verhalten der Wählerschaft und den nationalen Parlamentsmitgliedern sowie den kantonalen Parteiensystemen zur Verfügung. Wie bei den früheren Auflagen hat mich mein Team am Lehrstuhl für Schweizer Politik an der Universität Bern bei der Überarbeitung und Aktualisierung des Buches stark unterstützt. Ein ausserordentlicher Dank gebührt einmal mehr Martina Flick Witzig, die wie bei früheren Auflagen die vorliegende Überarbeitung koordiniert, einzelne Kapitel bearbeitet, zahlreiche neue Vorschläge eingebracht und stets den Überblick behalten hat. Besonders bedanken möchte ich mich auch bei meiner langjährigen Mitarbeiterin Rahel Freiburghaus und meinem Mitarbeiter Pierre Lüssi, die sicherstellten, dass in den einzelnen Kapiteln die neuesten Forschungsergebnisse zur Schweizer Politik möglichst vollständig eingeflossen sind. Ein weiterer grosser Dank geht schliesslich an die übrigen Mitarbeiterinnen und Mitarbeiter am Lehrstuhl für Schweizer Politik an der Universität Bern, die bei der Aktualisierung der einzelnen Kapitel mitgewirkt haben, insbesondere Jorgos Birboutsakis, Saskia Buchmüller, Davide Della Porta, Elia Gerber, Reachel Klamt und Julia Krienbühl.

Bern, im Juni 2024 *Adrian Vatter*

# Inhalt

| | |
|---|---|
| Vorwort | 5 |
| Vorwort zur zweiten Auflage | 6 |
| Vorwort zur dritten Auflage | 7 |
| Vorwort zur vierten Auflage | 8 |
| Vorwort zur fünften Auflage | 9 |
| Abbildungsverzeichnis | 15 |
| Tabellenverzeichnis | 19 |
| Abkürzungsverzeichnis | 23 |
| Abkürzungsverzeichnis der Schweizer Kantone | 27 |
| Abkürzungsverzeichnis der Schweizer Parteien | 28 |

**1   Einleitung** — 29

- 1.1   Die Relevanz des politischen Systems der Schweiz — 29
- 1.2   Forschungsstand, Ziele und Fragestellungen — 32
- 1.3   Das politische System der Schweiz aus politikwissenschaftlicher Perspektive — 36
- 1.4   Die konzeptionelle Grundlage für den Aufbau des Buches — 48
- 1.5   Die theoretische Grundlage: Das Modell der Konsensdemokratie — 51
- 1.6   Literaturverzeichnis — 57
- 1.7   Fragen — 61

**2   Das Wahlsystem** — 63

- 2.1   Einleitung — 63
- 2.2   Historische Grundlagen — 64
- 2.3   Institutionelle Grundlagen — 67
- 2.4   Die Funktionen und Wirkungen des schweizerischen Wahlsystems — 73
- 2.5   Das schweizerische Wahlsystem im internationalen Vergleich — 82
- 2.6   Zusammenfassung und Diskussion — 86
- 2.7   Literaturverzeichnis — 87
- 2.8   Fragen — 90

**3   Die Parteien und das Parteiensystem** — 91

- 3.1   Einleitung — 91
- 3.2   Die historische Entwicklung der Schweizer Parteien — 92
- 3.3   Die Rahmenbedingungen für das schweizerische Parteiensystem — 108
- 3.4   Ausgewählte Merkmale des schweizerischen Parteiensystems — 110
- 3.5   Die kantonalen Parteiensysteme — 114
- 3.6   Die Aufgaben und Funktionen der Schweizer Parteien — 118
- 3.7   Das schweizerische Parteiensystem im internationalen Vergleich — 139
- 3.8   Zusammenfassung und Diskussion — 145

| | | |
|---|---|---|
| 3.9 | Literaturverzeichnis | 147 |
| 3.10 | Fragen | 154 |

**4  Die Verbände und das Verbandssystem** — 155

| | | |
|---|---|---|
| 4.1 | Einleitung | 155 |
| 4.2 | Die historische Entwicklung der Wirtschaftsverbände | 156 |
| 4.3 | Die kollektiven Arbeitsbeziehungen der Sozialpartner | 168 |
| 4.4 | Die weiteren Interessenverbände in der Schweiz | 172 |
| 4.5 | Die Aufgaben und Funktionen der Verbände in der Politik | 173 |
| 4.6 | Die kantonalen Verbandssysteme im Vergleich | 181 |
| 4.7 | Das schweizerische Verbandssystem im internationalen Vergleich | 185 |
| 4.8 | Zusammenfassung und Diskussion | 189 |
| 4.9 | Literaturverzeichnis | 191 |
| 4.10 | Fragen | 196 |

**5  Die Regierung** — 197

| | | |
|---|---|---|
| 5.1 | Einleitung | 197 |
| 5.2 | Die historische Entwicklung der Regierungszusammensetzung | 198 |
| 5.3 | Die Regierungswahlen und -koalitionen in den Kantonen | 204 |
| 5.4 | Die Wahl und Organisation des Bundesrates | 213 |
| 5.5 | Die Aufgaben und Funktionen des Bundesrates | 224 |
| 5.6 | Die Schweizer Regierungskoalition im internationalen Vergleich | 243 |
| 5.7 | Zusammenfassung und Diskussion | 245 |
| 5.8 | Literaturverzeichnis | 251 |
| 5.9 | Fragen | 257 |

**6  Das Parlament** — 259

| | | |
|---|---|---|
| 6.1 | Einleitung | 259 |
| 6.2 | Die historische Entwicklung des Parlaments | 260 |
| 6.3 | Die Stellung des Parlaments und sein Verhältnis zur Exekutive | 264 |
| 6.4 | Die Organe des Parlaments | 265 |
| 6.5 | Die Arbeitsweise des Parlaments | 267 |
| 6.6 | Die parteipolitische Zusammensetzung des Nationalrats | 270 |
| 6.7 | Die Koalitionen, Erfolge und Geschlossenheit der Parteien im Nationalrat | 272 |
| 6.8 | Die kantonalen Parlamente | 277 |
| 6.9 | Die Aufgaben und Funktionen des Parlaments | 285 |
| 6.10 | Die Stellung des Parlaments im internationalen Vergleich | 299 |
| 6.11 | Zusammenfassung und Diskussion | 303 |
| 6.12 | Literaturverzeichnis | 305 |
| 6.13 | Fragen | 313 |

**7  Das Zweikammersystem** — 315

| | | |
|---|---|---|
| 7.1 | Einleitung | 315 |
| 7.2 | Historische und institutionelle Grundlagen | 316 |
| 7.3 | Die Arbeitsweise des Zweikammersystems | 319 |
| 7.4 | Die parteipolitische Zusammensetzung des Ständerats | 321 |
| 7.5 | Die Koalitionen im Ständerat | 323 |

| | | |
|---|---|---|
| 7.6 | Die Aufgaben und Funktionen des Ständerats | 326 |
| 7.7 | Das schweizerische Zweikammersystem im internationalen Vergleich | 337 |
| 7.8 | Zusammenfassung und Diskussion | 339 |
| 7.9 | Literaturverzeichnis | 343 |
| 7.10 | Fragen | 347 |

## 8 Die direkte Demokratie 349

| | | |
|---|---|---|
| 8.1 | Einleitung | 349 |
| 8.2 | Historische Grundlagen | 349 |
| 8.3 | Die Institutionen und Praxis der direkten Demokratie beim Bund | 353 |
| 8.4 | Die direkte Demokratie in den Kantonen | 359 |
| 8.5 | Die Funktionen und Wirkungen der direkten Demokratie | 364 |
| 8.6 | Die Gesamtwirkungen der direkten Demokratie auf das politische System der Schweiz | 379 |
| 8.7 | Die direkte Demokratie im internationalen Vergleich | 383 |
| 8.8 | Zusammenfassung und Diskussion | 389 |
| 8.9 | Literaturverzeichnis | 392 |
| 8.10 | Fragen | 401 |

## 9 Die Verfassung 403

| | | |
|---|---|---|
| 9.1 | Einleitung | 403 |
| 9.2 | Historische und institutionelle Grundlagen | 404 |
| 9.3 | Die Funktionen und Wirkungen des doppelten Mehrheitserfordernisses bei Verfassungsänderungen | 411 |
| 9.4 | Die kantonalen Verfassungen und ihre Veränderbarkeit | 415 |
| 9.5 | Die Verfassungsrigidität der Schweiz im internationalen Vergleich | 421 |
| 9.6 | Zusammenfassung und Diskussion | 423 |
| 9.7 | Literaturverzeichnis | 425 |
| 9.8 | Fragen | 427 |

## 10 Der Föderalismus 429

| | | |
|---|---|---|
| 10.1 | Einleitung | 429 |
| 10.2 | Historische und institutionelle Grundlagen | 430 |
| 10.3 | Die Gemeinden im schweizerischen Föderalismus | 437 |
| 10.4 | Die Funktionen der vertikalen Institutionen des Föderalismus | 446 |
| 10.5 | Die Funktionen der horizontalen Institutionen des Föderalismus | 453 |
| 10.6 | Der Wandel der föderativen Institutionen und ihre Wirkungen | 458 |
| 10.7 | Der schweizerische Föderalismus im internationalen Vergleich | 463 |
| 10.8 | Zusammenfassung und Diskussion | 466 |
| 10.9 | Literaturverzeichnis | 468 |
| 10.10 | Fragen | 476 |

## 11 Die Justiz 477

| | | |
|---|---|---|
| 11.1 | Einleitung | 477 |
| 11.2 | Die historische Entwicklung des Bundesgerichts | 478 |
| 11.3 | Die Stellung und Organisation des Bundesgerichts | 485 |
| 11.4 | Die Wahl der Bundesrichter und ihre parteipolitische Zusammensetzung | 487 |
| 11.5 | Die Aufgaben und Funktionen des Bundesgerichts | 494 |

Inhalt

| | | |
|---|---|---|
| 11.6 | Die beschränkte Verfassungsgerichtsbarkeit beim Bund | 496 |
| 11.7 | Der Einfluss des Bundesgerichts auf die Politikgestaltung | 499 |
| 11.8 | Die Gerichte und die Verfassungsgerichtsbarkeit in den Kantonen | 502 |
| 11.9 | Die Verfassungsgerichtsbarkeit im internationalen Vergleich | 506 |
| 11.10 | Zusammenfassung und Diskussion | 508 |
| 11.11 | Literaturverzeichnis | 512 |
| 11.12 | Fragen | 516 |

**12 Das politische System der Schweiz im Vergleich** — 517

| | | |
|---|---|---|
| 12.1 | Einleitung | 517 |
| 12.2 | Das politische System der Schweiz im Wandel | 517 |
| 12.3 | Das politische System der Schweiz im internationalen Vergleich | 540 |
| 12.4 | Das politische System der Schweiz im subnationalen Vergleich | 550 |
| 12.5 | Schlussbetrachtung | 556 |
| 12.6 | Literaturverzeichnis | 561 |
| 12.7 | Fragen | 567 |

**Anhang** — 569

**Stichwortverzeichnis** — 577

**Bereits erschienen in der Reihe STUDIENKURS POLITIKWISSENSCHAFT (ab 2017)** — 583

# Abbildungsverzeichnis

| | | |
|---|---|---|
| Abbildung 1.1: | Eine verfassungssystematische Darstellung des schweizerischen Regierungssystems | 44 |
| Abbildung 1.2: | Der machtteilende Entscheidungsprozess in der Schweiz (Bund) | 47 |
| Abbildung 1.3: | Die fünf Teilregime der „eingebetteten Demokratie" | 50 |
| Abbildung 2.1: | Anteil der Wahlberechtigten an der Gesamtbevölkerung, 1850–2023 (in Prozent) | 64 |
| Abbildung 2.2: | Vom Majorz zum Proporz: Die Veränderungen der Sitzanteile im Nationalrat, 1917 und 1919 (in Prozent) | 75 |
| Abbildung 2.3: | Wahlkreisgrösse, Erfolgshürde und Parteienzahl bei den Nationalratswahlen 2023 nach Kantonen | 78 |
| Abbildung 2.4: | Wahlkreisgrösse und Disproportionalitätsgrad bei kantonalen Parlamentswahlen, 2019–2022 | 79 |
| Abbildung 2.5: | Der Disproportionalitätsgrad von Wahlsystemen im internationalen Vergleich, 2018–2022 | 84 |
| Abbildung 3.1: | Die Wähleranteile der vier Bundesratsparteien, 1919–2023 (in Prozent) | 101 |
| Abbildung 3.2: | Die Wähleranteile der Nichtregierungsparteien, 1919–2023 (in Prozent) | 102 |
| Abbildung 3.3: | Der Stammbaum der Schweizer Parteien | 107 |
| Abbildung 3.4: | Die Fragmentierung des Schweizer Parteiensystems, 1919–2023 | 111 |
| Abbildung 3.5: | Die Volatilität des Schweizer Parteiensystems, 1919–2023 (in Prozentpunkten) | 113 |
| Abbildung 3.6: | Kantonale Parteienzahl als Funktion der Bevölkerungsdichte, 1991–2022 | 118 |
| Abbildung 3.7: | Links-rechts-Positionierung der Schweizer Bundesratsparteien, 1947–2019 | 119 |
| Abbildung 3.8: | Die Parteien im politischen Raum, 2019 | 121 |
| Abbildung 3.9: | Vollzeitstellen der grossen Parteien auf nationaler Ebene, 1960–2023 | 124 |
| Abbildung 3.10: | Die Finanzen der grossen Parteien auf nationaler Ebene, 1968–2023 (in Mio. CHF) | 126 |
| Abbildung 3.11: | Die Mitgliederzahlen der grossen Parteien, 1966–2023 | 128 |
| Abbildung 3.12: | Wahl- und Abstimmungsbeteiligung in der Schweiz, 1919–2023 (in Prozent) | 130 |
| Abbildung 3.13: | Die Parteibindungen in der Schweiz, 1986–2023 (in Prozent) | 132 |

**Abbildungsverzeichnis**

| | | |
|---|---|---|
| Abbildung 3.14: | Links-rechts-Positionierung der Wählerschaft, 1979–2023 (in Prozent) | 137 |
| Abbildung 3.15: | Die effektive Parteienzahl auf Basis der Mandate im internationalen Vergleich, 1990–2021 | 140 |
| Abbildung 3.16: | Die Polarisierung der Parteiensysteme im internationalen Vergleich, 1996–2015 | 141 |
| Abbildung 4.1: | Durch Streiks jährlich verlorene Arbeitstage, 1911–2022 (pro 1'000 Erwerbstätige) | 158 |
| Abbildung 4.2: | Die Entwicklung der Mitgliederzahlen der Arbeitnehmerdachverbände, 1970–2021 | 166 |
| Abbildung 4.3: | Anzahl Beschäftigter, die einem Gesamtarbeitsvertrag unterstellt sind, 1991–2021 (in 1'000) | 171 |
| Abbildung 4.4: | Häufigkeit und Erfolg beim Lobbying von organisierten Interessen, 2011 (in Prozent) | 178 |
| Abbildung 4.5: | Der Grad an Pluralismus und Neokorporatismus in 22 OECD-Ländern, 2000–2018 | 186 |
| Abbildung 5.1: | Die parteipolitische Zusammensetzung des Bundesrates, 1848–2023 | 201 |
| Abbildung 5.2: | Die Koalitionstypen des Bundesrates, 1848–2023 | 202 |
| Abbildung 5.3: | Anteil Mandate der Regierungsparteien im Nationalrat, Ständerat und in der Bundesversammlung, 1919–2023 (in Prozent) | 203 |
| Abbildung 5.4: | Die Wählerstärke der Schweizer Regierungsparteien, 1919–2023 (in Prozent) | 204 |
| Abbildung 5.5: | Die Regierungskonkordanz in den Kantonen, 2000–2022 (in Prozent) | 213 |
| Abbildung 5.6: | Die Einheiten der zentralen Bundesverwaltung (Stand: 01.01.2024) | 222 |
| Abbildung 5.7: | Die Initiatoren von Erlassentwürfen, 2000–2023 | 229 |
| Abbildung 5.8: | Anzahl der Vernehmlassungs- und Anhörungsverfahren, 1970–2023 | 233 |
| Abbildung 5.9: | Anteil konsensualer Kabinettstypen in 22 OECD-Ländern, 2000–2021 (in Prozent) | 244 |
| Abbildung 6.1: | Die Koalitionen der Parteien im Nationalrat, 1996–2023 (in Prozent) | 274 |
| Abbildung 6.2: | Die Erfolge der Parteien im Nationalrat, 1996–2023 (in Prozent) | 275 |
| Abbildung 6.3: | Die Geschlossenheit der Parteien im Nationalrat, 1996–2023 | 276 |
| Abbildung 6.4: | Die Zahl der eingereichten parlamentarischen Vorstösse, 1995–2023 | 288 |

| | | |
|---|---|---|
| Abbildung 6.5: | Die Vertretung von Berufsgruppen im Parlament, 2023 (in Prozent) | 297 |
| Abbildung 6.6: | Das rechtliche Verhältnis zwischen Exekutive und Legislative in 24 OECD-Ländern | 300 |
| Abbildung 6.7: | Professionalisierungsgrad in den Parlamenten von 22 OECD-Ländern | 301 |
| Abbildung 6.8: | Kombinierter Index des Machtverhältnisses zwischen Exekutive und Legislative für 22 OECD-Länder | 302 |
| Abbildung 7.1: | Der parteipolitische Wandel im Ständerat, 1991–2023 (Anzahl Mandate) | 322 |
| Abbildung 7.2: | Die Koalitionen der Parteien im Ständerat, 2003–2011, 2015–2019 (in Prozent) | 324 |
| Abbildung 7.3: | Parteipolitische Repräsentationsunterschiede zwischen Wählerschaft, Nationalrat und Ständerat, 2023 (in Prozent) | 329 |
| Abbildung 8.1: | Die Erfolgsquote der Verfassungsinitiative beim Bund, 1954–2023 (in Prozent) | 357 |
| Abbildung 8.2: | Eine Wirkungsanalyse für das halbdirektdemokratische System der Schweiz auf der Basis empirischer Befunde | 380 |
| Abbildung 9.1: | Die historischen Verfassungstypen der Kantone und ihr Grad an liberaler und radikaler Demokratiequalität, 1979–2009 | 420 |
| Abbildung 10.1: | Nationaler Finanzausgleich, 2023 | 436 |
| Abbildung 10.2: | Anzahl eingereichter Standesinitiativen, 1990–2023 | 447 |
| Abbildung 10.3: | Anzahl eingereichter Standesinitiativen nach Kantonen, 1990–2023 | 448 |
| Abbildung 10.4: | Anzahl interkantonaler Vereinbarungen nach Kanton und Vertragsparteien, 2016 | 456 |
| Abbildung 10.5: | Die fiskalische Dezentralisierung in 24 OECD-Ländern (in Prozent) | 465 |
| Abbildung 11.1: | Zahl der Neueingänge beim Bundesgericht, 1920–2023 | 482 |
| Abbildung 11.2: | Die Differenzen zwischen den Sitzanteilen der Parteien beim Bundesgericht und in der Bundesversammlung, 1848–2023 (in Prozentpunkten) | 490 |
| Abbildung 12.1: | Die Veränderungen der Schweiz auf der Demokratiekarte von Lijphart | 524 |
| Abbildung 12.2: | Anteil Volksabstimmungen mit einheitlichen Parolen aller Regierungsparteien, 1941–2023 (in Prozent) | 534 |
| Abbildung 12.3: | Das Kooperationsnetzwerk der Schweizer Politik (zweidimensionale MDS) | 539 |
| Abbildung 12.4: | Die Demokratiekarte für 23 etablierte Demokratien, 2000–2022 | 542 |

**Abbildungsverzeichnis**

Abbildung 12.5: Demokratiebarometer: Die Schweiz im Vergleich zu weiteren Demokratien, 1990–2016 — 546

Abbildung 12.6: Der Zusammenhang zwischen der Parteien-Wahlen-Dimension (ca. 2000–2022) und der Demokratiequalität (2016) für 23 etablierte Demokratien — 549

Abbildung 12.7: Die Demokratiekarte für die 26 Schweizer Kantone, 2000–2022 — 551

Abbildung 12.8: Der Zusammenhang zwischen Konsensdemokratie (Parteien-Wahlen-Dimension) und Demokratiequalität für die 26 Schweizer Kantone — 554

## Tabellenverzeichnis

| | | |
|---|---|---|
| Tabelle 1.1: | Die Einordnung der Schweiz in die klassische Typologie parlamentarischer und präsidentieller Regierungssysteme | 40 |
| Tabelle 1.2: | Die Einordnung der Schweiz in die Typologie demokratischer Regierungssysteme | 42 |
| Tabelle 1.3: | Die zehn untersuchten Institutionen des schweizerischen Politiksystems und ihre Merkmalsausprägungen gemäss dem Modell der Mehrheits- und Konsensdemokratie | 56 |
| Tabelle 2.1: | Überblick über die institutionellen Grundlagen der Parlamentswahlen beim Bund und in den Kantonen (Stand: 31.12.2022) | 72 |
| Tabelle 2.2: | Einordnung der Wahlsysteme (nationale Ebene, Erste Kammer) von OECD-Ländern, 2018 | 83 |
| Tabelle 3.1: | Phasen und Konfliktlinien des schweizerischen Parteiensystems im Überblick | 106 |
| Tabelle 3.2: | Eine Typologie kantonaler Parteiensysteme, 2000–2019 | 116 |
| Tabelle 3.3: | Die soziale Zusammensetzung der Schweizer Wählerschaft, 1979–2023 (in Prozent) | 133 |
| Tabelle 3.4: | Einordnung der Parteiensysteme in etablierten Demokratien, 2000–2022 | 144 |
| Tabelle 4.1: | Die wichtigsten Schweizer Dachverbände nach Gründungsdatum und Grösse | 173 |
| Tabelle 4.2: | Indikatoren zur Messung der Verbandssysteme in den Kantonen, 2000–2018 | 182 |
| Tabelle 4.3: | Typen von Verbandssystemen und Wohlfahrtsregimen in den Kantonen | 185 |
| Tabelle 5.1: | Die institutionellen Grundlagen der Regierungswahlen in den Kantonen (Stand: 31.12.2023) | 207 |
| Tabelle 5.2: | Die Zusammensetzung kantonaler Regierungen, 1979–20231 | 209 |
| Tabelle 5.3: | Übersicht über die Ausgaben der Öffentlichkeitsarbeit des Bundes, 2004–2023 | 238 |
| Tabelle 5.4: | Ausgaben für die Öffentlichkeitsarbeit des Bundes nach Tätigkeitsfeldern und Organisationseinheiten, 2023 (in Mio. CHF) | 238 |
| Tabelle 5.5: | Die internationalen Kontakte der Mitglieder des Bundesrates, 2023 | 242 |
| Tabelle 5.6: | Die Regierungskoalitionen von 22 OECD-Ländern im Vergleich, 2000–2020 | 243 |
| Tabelle 6.1: | Die parteipolitische Zusammensetzung des Nationalrates, 1971–2023 | 271 |

**Tabellenverzeichnis**

| | | |
|---|---|---|
| Tabelle 6.2: | Indexwerte für das Legislative-Exekutive-Verhältnis in den Kantonen | 278 |
| Tabelle 6.3: | Die parteipolitischen Wähleranteile bei den kantonalen Parlamentswahlen, 2020–2023 (in Prozent) | 282 |
| Tabelle 6.4: | Anteil der vom Parlament veränderten Bundesratsvorlagen, 1971–2019 | 289 |
| Tabelle 6.5: | Die Wahl der Bundesräte durch die Vereinigte Bundesversammlung, 1848–2023 | 291 |
| Tabelle 7.1: | Sitzverteilung im Ständerat 1963–2023, nach Parteien | 323 |
| Tabelle 7.2: | Repräsentationsunterschiede: Bevölkerung, Nationalrat und Ständerat (Stand 31.12.2023, in Prozent) | 327 |
| Tabelle 7.3: | Übersicht über die Gestaltungswirkungen des Schweizer Ständerats im Lichte der empirischen Forschung | 336 |
| Tabelle 7.4: | Die Struktur der Parlamentskammern in 24 OECD-Staaten | 338 |
| Tabelle 8.1: | Übersicht über das Referendum und die Volksinitiative beim Bund | 354 |
| Tabelle 8.2: | Praxis der Volksrechte beim Bund, 1848–2023 | 355 |
| Tabelle 8.3: | Direkte Wirkungen direktdemokratischer Instrumente beim Bund, 1848–2023 | 358 |
| Tabelle 8.4: | Übersicht über die wichtigsten Volksrechte in den Kantonen, Stand 31. Dezember 2018 | 360 |
| Tabelle 8.5: | Die Nutzung der Volksrechte in den Kantonen, 1990–2023 | 362 |
| Tabelle 8.6: | Direkte Demokratie in 23 etablierten Demokratien, 1990–2010 | 388 |
| Tabelle 8.7: | Typologie: Institutionen und Praxis der direkten Demokratie in 24 OECD-Ländern, 1990–2015 | 389 |
| Tabelle 9.1: | Die Teilrevisionen der Bundesverfassung nach Themenfeldern, 1848–2023 | 406 |
| Tabelle 9.2: | Machtbeziehungen von Akteuren und Institutionen in der Bundesverfassung (in Prozent) | 408 |
| Tabelle 9.3: | Verfassungsabstimmungen: Die Kollisionen zwischen zustimmendem Volks- und ablehnendem Ständemehr, 1848–2023 | 414 |
| Tabelle 9.4: | Ausgewählte Merkmale kantonaler Verfassungen (Stand: 31.12.2022) | 418 |
| Tabelle 9.5: | Eine Typologie der Verfassungsrigidität für 24 OECD-Länder | 422 |
| Tabelle 10.1: | Finanzielle Aufgabenverteilung zwischen Bund, Kantonen und Gemeinden, 2022 (in Prozent) | 434 |
| Tabelle 10.2: | Der Grad an Gemeindeautonomie und Dezentralisierung in den Kantonen | 445 |

| | | |
|---|---|---|
| Tabelle 10.3: | Die Zugangs- und Vetopunkte der Kantone im Schweizer Föderalismus | 459 |
| Tabelle 10.4: | Die vertikalen und horizontalen Institutionen des Schweizer Föderalismus | 461 |
| Tabelle 10.5: | Die vertikale Machtteilung in 24 entwickelten OECD-Ländern | 464 |
| Tabelle 11.1: | Übersicht über die Entwicklung des Bundesgerichts ab 1848 | 480 |
| Tabelle 11.2: | Index der Verfassungsgerichtsbarkeit in den Kantonen, 2019 | 506 |
| Tabelle 11.3: | Verfassungsgerichtsbarkeit in 24 OECD-Ländern, 2015 | 507 |
| Tabelle 12.1: | Die wichtigsten politischen Ereignisse und institutionellen Reformen in der Schweiz von 1848 bis Anfang der 1990er Jahre | 518 |
| Tabelle 12.2: | Die wichtigsten politischen Ereignisse und institutionellen Reformen in der Schweiz von den 1990er Jahren bis Ende 2023 | 521 |
| Tabelle 12.3: | Die schweizerische Demokratie 1848–2023: Eine Zuordnung gemäss Lijphart | 523 |
| Tabelle 12.4: | Der Wandel der schweizerischen Demokratie nach Phasen, 1848–2023 | 527 |
| Tabelle 12.5: | Die Bedeutung der einzelnen Entscheidungsphasen im Wandel | 536 |
| Tabelle 12.6: | Die zugeschriebene Macht der politischen Akteure im Wandel | 538 |
| Tabelle 12.7: | Faktorenanalyse der zehn politisch-institutionellen Variablen für 23 OECD-Länder, 2000-2022 | 541 |
| Tabelle 12.8: | Eine Typologie für etablierte Demokratien, 2000–2022 | 544 |
| Tabelle 12.9: | Die Demokratiequalität in den 24 untersuchten Ländern | 548 |
| Tabelle 12.10: | Eine Typologie kantonaler Demokratien, 2000–2022 | 553 |
| Anhang I: | 10 politisch-institutionelle Variablen für 23 entwickelte Demokratien, ca. 2000–2022 | 569 |
| Anhang II: | Politisch-institutionelle Variablen für die Schweizer Kantone, ca. 2000–2022 | 571 |
| Anhang III: | Indexwerte der Konsensdemokratie für 23 OECD-Länder auf drei Dimensionen, ca. 2000–2022 | 573 |
| Anhang IV: | Die Indexwerte für die Schweizer Kantone auf zwei Dimensionen | 574 |
| Anhang V: | Ausgewählte Strukturdaten zur Schweiz | 575 |

# Abkürzungsverzeichnis

| | |
|---|---|
| aBV | alte Bundesverfassung |
| ACS | Automobil Club der Schweiz |
| AHV | Alters- und Hinterlassenenversicherung |
| AKW | Atomkraftwerk |
| ALV | Arbeitslosenversicherung |
| ANEL | Unabhängige Griechen |
| ARE | Bundesamt für Raumentwicklung |
| Art. | Artikel |
| ASM | Arbeitgeberverband schweizerischer Maschinen- und Metallindustrieller |
| ASTAG | Schweizerischer Nutzfahrzeugverband |
| ASUT | Schweizerischer Verband der Telekommunikation |
| AUNS | Aktion für eine unabhängige und neutrale Schweiz |
| AVE | Allgemeinverbindlicherklärung |
| BAFU | Bundesamt für Umwelt |
| BAKOM | Bundesamt für Kommunikation |
| BAV | Bundesamt für Verkehr |
| BAWI | Schweizer Bundesamt für Aussenwirtschaft (heute Direktion für Aussenwirtschaft) |
| BBl | Bundesblatt |
| BBT | Bundesamt für Berufsbildung und Technologie (heute SBFI) |
| BFE | Bundesamt für Energie |
| BFM | Bundesamt für Migration (heute SEM) |
| BfS | Bundesamt für Statistik |
| BG | Bundesgericht |
| BGE | Bundesgerichtsentscheid |
| BGG | Bundesgesetz über das Bundesgericht |
| BIGA | Bundesamt für Industrie, Gewerbe und Arbeit (heute Direktion für Arbeit) |
| BIP | Bruttoinlandsprodukt |
| BJ | Bundesamt für Justiz |
| BK | Bundeskanzlei |
| BPUK | Bau-, Planungs- und Umweltdirektoren-Konferenz |
| BSV | Bundesamt für Sozialversicherungen |
| BUTYRA | Schweizerische Zentralstelle für Butterversorgung |
| BV | Bundesverfassung |
| CHB | Christlicher Holz- und Bauarbeiterverband |
| CHF | Schweizer Franken |
| CMV | Christlicher Metallarbeiterverband |
| CNG | Christlich-nationaler Gewerkschaftsbund |
| ComCom | Eidgenössische Kommunikationskommission |
| d. h. | das heisst |
| EDA | Eidgenössisches Departement für auswärtige Angelegenheiten |
| EDI | Eidgenössisches Departement des Innern |
| EDK | Schweizerische Konferenz der kantonalen Erziehungsdirektoren |
| EDÖB | Eidgenössischer Datenschutz- und Öffentlichkeitsbeauftragter |
| EFD | Eidgenössisches Finanzdepartement |
| EFV | Eidgenössische Finanzverwaltung |

| | |
|---|---|
| EGMR | Europäischer Gerichtshof für Menschenrechte |
| EJPD | Eidgenössisches Justiz- und Polizeidepartement |
| EMRK | Europäische Menschenrechtskonvention |
| EPA | Eidgenössisches Personalamt |
| EPD | Eidgenössisches Politisches Departement |
| ESTV | Eidgenössische Steuerverwaltung |
| ETH | Eidgenössische Technische Hochschule |
| EU | Europäische Union |
| EVD | Eidgenössische Volkswirtschaftsdepartement (heute WBF) |
| EVG | Eidgenössisches Versicherungsgericht |
| EWR | Europäischer Wirtschaftsraum |
| EZV | Eidgenössische Zollverwaltung |
| FDK | Konferenz der kantonalen Finanzdirektorinnen und -direktoren |
| fedpol | Bundesamt für Polizei |
| FMH | Verbindung der Schweizer Ärztinnen und Ärzte |
| FRS | Strasse Schweiz – Verband des Strassenverkehrs |
| GAV | Gesamtarbeitsvertrag/Gesamtarbeitsverträge |
| GBH | Gewerkschaft Bau und Holz |
| GBI | Gewerkschaft Bau und Industrie |
| GeKo | Gewerkschaft Kommunikation |
| GPK | Geschäftsprüfungskommission |
| GRS | Geschäftsreglement des Ständerates |
| GTCP | Gewerkschaft Textil, Chemie, Papier |
| HarmoS | Harmonisierung der obligatorischen Schule |
| HEV | Hauseigentümerverband |
| IDA | Interdepartementale Arbeitsgruppe |
| IRV | Interkantonale Rahmenvereinbarung |
| ISCO | International Standard Classification of Occupations |
| IV | Invalidenversicherung |
| IWF | Internationaler Währungsfonds |
| KdK | Konferenz der Kantonsregierungen |
| KID | Konferenz der Informationsdienste |
| KKJPD | Konferenz der kantonalen Justiz- und Polizeidirektorinnen und -direktoren |
| KMU | Kleine und mittlere Unternehmen |
| KÖV | Konferenz der kantonalen Direktoren des öffentlichen Verkehrs |
| Kt. | Kanton/e |
| KV Schweiz | Kaufmännischer Verband der Schweiz |
| KV | Krankenversicherung |
| LITRA | Informationsdienst für den öffentlichen Verkehr |
| LFSA | Landesverband freier Schweizer Arbeiter |
| Nagra | Nationale Genossenschaft für die Lagerung radioaktiver Abfälle |
| NAV | Normalarbeitsvertrag/Normalarbeitsverträge |
| NCCR | National Center of Competence in Research |
| NEAT | Neue Eisenbahn-Alpentransversale |
| NFA | Neugestaltung des Finanzausgleichs und der Aufgabenteilung zwischen Bund und Kantonen |
| NGO | Nichtregierungsorganisation |
| NR | Nationalrat |
| OECD | Organisation for Economic Co-operation and Development |
| OSZE | Organisation für Sicherheit und Zusammenarbeit in Europa |

| | |
|---|---|
| ParlG | Parlamentsgesetz |
| PASOK | Panhellenische Sozialistische Bewegung |
| PKK | Arbeiterpartei Kurdistans |
| PTT | Post-, Telefon- und Telegrafenbetriebe |
| PUK | Parlamentarische Untersuchungskommission |
| PVK | Parlamentarische Verwaltungskontrolle |
| RVOG | Regierungs- und Verwaltungsorganisationsgesetz |
| SAB | Schweizerische Arbeitsgemeinschaft für die Berggebiete |
| SAC | Schweizer Alpen-Club |
| SAEB | Schweizerische Arbeitsgemeinschaft zur Eingliederung Behinderter |
| SAJV | Schweizerische Arbeitsgemeinschaft der Jugendverbände |
| SASB | Schweizerischer Arbeitsschützen-Bund |
| SBB | Schweizerische Bundesbahnen |
| SBF | Staatssekretariat für Bildung und Forschung (heute SBFI) |
| SBFI | Staatssekretariat für Bildung, Forschung und Innovation |
| SBPV | Schweizerischer Bankpersonalverband |
| SBV | Schweizerischer Bauernverband |
| SBVg | Schweizerische Bankiervereinigung |
| SECO | Staatssekretariat für Wirtschaft |
| SEM | Staatssekretariat für Migration |
| SES | Schweizerische Energie-Stiftung |
| SFH | Schweizerische Flüchtlingshilfe |
| SFV | Schweizerischer Fussballverband |
| SGB | Schweizerischer Gewerkschaftsbund |
| SGeV | Schweizerischer Gemeindeverband |
| SGV | Schweizerischer Gewerbeverband |
| SHIV | Schweizerischer Handels- und Industrieverein |
| SHRK | Schweizerische Hochschulrektorenkonferenz |
| SIA | Schweizerischer Ingenieur- und Architektenverein |
| SMUV | Schweizerischer Metall- und Uhrenarbeiterverband |
| SNB | Schweizerische Nationalbank |
| SODK | Konferenz der kantonalen Sozialdirektorinnen und Sozialdirektoren |
| SR | Ständerat |
| SSSV | Schweizerischer Schützensportverband |
| SSV | Schweizerischer Schiesssportverband |
| StBOG | Strafbehördenorganisationsgesetz |
| StGB | Strafgesetzbuch |
| STS | Schweizer Tierschutz |
| SUK | Schweizerische Hochschulkonferenz |
| SUVA | Schweizerische Unfallversicherungsanstalt |
| SVA | Schweizerische Vereinigung für Atomenergie |
| SVEA | Schweizerischer Verband evangelischer Arbeiter und Angestellte |
| TCS | Touring Club Schweiz |
| UBS | Union de Banques Suisses (ursprünglich) |
| UK | United Kingdom |
| UNO | Organisation der Vereinten Nationen |
| UPS | Union des Producteurs Suisses |
| USA | United States of America |
| UVEK | Eidgenössisches Departement für Umwelt, Verkehr, Energie und Kommunikation |
| u. a. | und andere |

**Abkürzungsverzeichnis**

| | |
|---|---|
| v. a. | vor allem |
| VBLA | Verband der Bekleidungs-, Leder- und Ausrüstungsarbeiter |
| VBS | Eidgenössisches Departement für Verteidigung, Bevölkerungsschutz und Sport |
| VCS | Verkehrs-Club der Schweiz |
| VSS | Verband der Schweizer Studierendenschaften |
| VGB | Verhandlungsgemeinschaft Bundespersonal |
| vgl. | vergleiche |
| VHTL | Gewerkschaft Verkauf, Handel, Transport, Lebensmittel |
| VKMB | Schweizerische Vereinigung zum Schutz der kleinen und mittleren Bauern |
| VöV | Verband öffentlicher Verkehr |
| VSA | Vereinigung schweizerischer Angestelltenverbände |
| VSE | Verband Schweizerischer Elektrizitätsunternehmen |
| VSM | Verband Schweizer Maschinenindustrieller |
| WBF | Eidgenössisches Departement für Wirtschaft, Bildung und Forschung |
| wf | Gesellschaft zur Förderung der schweizerischen Wirtschaft |
| WWF | World Wide Fund For Nature |
| z. B. | zum Beispiel |

## Abkürzungsverzeichnis der Schweizer Kantone

| | |
|---|---|
| AG | Aargau |
| AI | Appenzell Innerrhoden |
| AR | Appenzell Ausserrhoden |
| BE | Bern |
| BL | Basel-Landschaft |
| BS | Basel-Stadt |
| FR | Freiburg |
| GE | Genf |
| GL | Glarus |
| GR | Graubünden |
| JU | Jura |
| LU | Luzern |
| NE | Neuenburg |
| NW | Nidwalden |
| OW | Obwalden |
| SG | St. Gallen |
| SH | Schaffhausen |
| SO | Solothurn |
| SZ | Schwyz |
| TG | Thurgau |
| TI | Tessin |
| UR | Uri |
| VD | Waadt |
| VS | Wallis |
| ZG | Zug |
| ZH | Zürich |

# Abkürzungsverzeichnis der Schweizer Parteien

| | |
|---|---|
| AP | Auto-Partei |
| BDP | Bürgerlich-Demokratische Partei |
| BGB | Bauern-, Gewerbe- und Bürgerpartei |
| CSP | Christlichsoziale Partei |
| CVP | Christlichdemokratische Volkspartei |
| DP | Demokratische Partei |
| EDU | Eidgenössisch-Demokratische Union |
| EVP | Evangelische Volkspartei |
| FDP | Freisinnig-Demokratische Partei/FDP. Die Liberalen |
| FGA | Feministische und grün-alternative Gruppierungen |
| FPS | Freiheits-Partei (ehemals Auto-Partei) |
| GBS | Grünes Bündnis Schweiz |
| GLP | Grünliberale Partei |
| GPS | Grüne Partei der Schweiz |
| GRAS | Grüne Alternative Schweiz |
| IAA | Internationale Arbeiterassoziation |
| KK | Katholisch-Konservative Partei |
| KPS | Kommunistische Partei der Schweiz |
| KVP | Katholische Volkspartei der Schweiz |
| LdU | Landesring der Unabhängigen |
| Lega | Lega dei Ticinesi |
| LPS | Liberale Partei der Schweiz |
| MCG | Mouvement Citoyen Genevois |
| MCR | Mouvement Citoyens Romands |
| NA | Nationale Aktion |
| PdA | Partei der Arbeit der Schweiz |
| PNOS | Partei National Orientierter Schweizer |
| POCH | Progressive Organisationen der Schweiz |
| PPS | Piratenpartei Schweiz |
| RML | Revolutionäre Marxistische Liga |
| SAP | Sozialistische Arbeiterpartei |
| SD | Schweizer Demokraten (ehemals Nationale Aktion NA) |
| SP | Sozialdemokratische Partei der Schweiz |
| SVP | Schweizerische Volkspartei |

# 1 Einleitung

## 1.1 Die Relevanz des politischen Systems der Schweiz

Das politische System der Schweiz gilt bis heute als Sonderfall unter den modernen Demokratien. Die Ursprünge dafür liegen in einer ausgesprochenen Pluralität unterschiedlicher Sprachen, Konfessionen und Gesellschaftsstrukturen sowie einer kontinuierlichen historischen Entwicklung ohne die für zahlreiche europäische Länder typischen Strukturbrüche durch die beiden Weltkriege. Diese Rahmenbedingungen haben zur Herausbildung eines auf den ersten Blick einzigartigen politischen Systems geführt, das sich durch eine aussergewöhnliche Kombination von ausgebautem Föderalismus, starker direkter Demokratie und ausgeprägter Konkordanz auszeichnet. Als eine der ersten republikanischen Männerdemokratien weltweit und als erster moderner Bundesstaat auf dem alten Kontinent hat die Schweiz zudem schon bei der Ausgestaltung ihrer politischen Institutionen eine besondere Vorreiterrolle eingenommen. Auch im aktuellen Ländervergleich fällt die Schweiz als Sonderling auf: Sie hat eine Spitzenposition inne mit dem weltweit am stärksten ausgebauten direktdemokratischen System, dem fehlenden Machtwechsel zwischen Regierung und Opposition sowie mit einem weder rein parlamentarischen noch rein präsidentiellen Regierungssystem. Sowohl die zahlreichen, vierteljährlich stattfindenden Volksabstimmungen auf allen Staatsebenen als auch die seit Jahrzehnten vom Parlament auf eine festgelegte Periode gewählte, parteipolitisch mehr oder weniger gleich zusammengesetzte Kollegialexekutive von sieben gleichberechtigten Mitgliedern[1] scheinen ihresgleichen zu suchen. Schliesslich gilt die Schweiz im internationalen Vergleich auch als Extremtyp einer Konkordanz- und Konsensdemokratie mit stark ausgebauten Elementen der Machtteilung in horizontaler wie vertikaler Dimension. Es stellt sich deshalb zunächst die Frage, ob es sich bei der politischen Schweiz um einen einmaligen Sonderfall handelt, also um ein politisches Gebilde „*sui generis*", oder ob sie bei näherer Betrachtung – ungeachtet ihrer Komplexität und Eigenheiten – nicht doch offensichtliche Gemeinsamkeiten mit anderen westlichen Regierungssystemen aufweist und damit in einen internationalen Systemvergleich eingebettet werden kann.

Es sind gleichzeitig die zahlreichen helvetischen Besonderheiten, die es lohnenswert erscheinen lassen, sich mit der Schweiz auseinanderzusetzen und aufzuzeigen, weshalb ihr politisches Institutionengefüge über das eigene Land hinaus von Bedeutung ist. Drei solche Besonderheiten sprechen auf besonders überzeugende Art für eine vertiefte und vergleichende Analyse der Schweiz:

1. *Politische Willensnation auf multikultureller Grundlage:* Im Gegensatz zu den meisten Nationalstaaten eint die Schweiz nicht eine gemeinsame Sprache, Konfession, Ethnie oder Kultur. Ihre nationale Identität und ihr politisches Selbstverständnis als *Willensnation* – im Gegensatz zu der in Europa nach wie vor üblichen Kulturnation – stützen sich nur teilweise auf eine gemeinsame histo-

---

[1] Aus Gründen der besseren Lesbarkeit wird auf die gleichzeitige Verwendung männlicher und weiblicher Sprachformen verzichtet und so weit wie möglich eine geschlechtsneutrale Schreibform angestrebt (z. B. Stimmberechtigte statt Stimmbürgerinnen und Stimmbürger). Sämtliche Personenbezeichnungen gelten für beiderlei Geschlecht, falls nicht anders vermerkt.

rische Vergangenheit und nationale Mythen und Symbole, die zudem meist erst nach der Nationalstaatsgründung im 19. Jahrhundert geschaffen wurden. Es waren vielmehr politische Institutionen der Machtteilung wie die ausgebauten Volksrechte, der weitgehende Föderalismus mit der autonomen Stellung der Kantone sowie das Proportionalitätsprinzip, die im Verlaufe der letzten rund 170 Jahre massgeblich zur Bildung eines funktionierenden Nationalstaates beigetragen haben. Das politische Recht der Schweizer Bevölkerung über landesweit dieselben Sachthemen abzustimmen und ihre politische Vertretung in das gemeinsame eidgenössische Parlament zu wählen (wobei dieses Recht lange Zeit nur für Männer galt); die gleichzeitig grosse Autonomie und der territoriale Minderheitenschutz, welche die föderalen Einrichtungen den kulturell und strukturell unterschiedlichen Kantonen zusicherten sowie das konkordante Prinzip des gütlichen Einvernehmens und der proportionalen Machtteilung zur friedlichen Lösung politischer Konflikte haben die Herausbildung eines funktionierenden multikulturellen Gesellschaftssystems überhaupt erst möglich gemacht (Linder/Mueller 2017: 26). Die Schweiz gilt damit vor allem dank ihrer politischen Institutionen bis heute als *ein paradigmatischer Fall politischer Integration* (Deutsch 1976). Sie ist aus politikwissenschaftlicher Sichtweise deshalb von besonderem Interesse, weil sie eines der raren Beispiele einer erfolgreichen politischen Willensnation auf multikultureller Grundlage darstellt. Ihre Staatsbildung lief nicht über ethnische, sprachliche oder konfessionelle Vereinigungsprozesse, sondern hauptsächlich über die entwicklungsgeschichtlich erfolgreiche Ausgestaltung und das funktionierende Zusammenspiel ihrer politischen Institutionen, die in einer sprachlich, religiös und wirtschaftlich stark gespaltenen Gesellschaft besondere Integrationsleistungen erbringen mussten.[2]

2. *Die Schweiz als Mikrokosmos Europas:* Die Schweiz bietet sich mit ihrer ausgesprochen grossen politischen, kulturellen und gesellschaftlichen Heterogenität innerhalb eines föderalen Systems auf kleinstem Raum als ein ideales Forschungslabor an. Angesichts der beträchtlichen Schwierigkeiten des ins Stocken geratenen Prozesses der EU-Integration erhalten die Aufforderungen von prominenten Vertretern der Sozial- und Geisteswissenschaften aus den 1970er Jahren, die Dynamik des europäischen Integrationsprozesses am Beispiel der Schweiz zu studieren, neue Bedeutung. Die Schweiz, so lautet zum Beispiel das Argument des norwegischen Politikwissenschaftlers Stein Rokkan (1970) und des Schweizer Philosophen Denis de Rougemont (1970), könne mit ihrer kulturellen, sprachlichen und regionalen Diversität als *Mikrokosmos Europas* betrachtet werden. Denn die Eidgenossenschaft habe den schwierigen Einigungsprozess mehrerer souveräner Staaten zu einem föderalen Bundesstaat schon im 19. Jahrhundert erfolgreich durchlaufen. Wer die Dynamik und

---

2 Damit sollen die Grenzen der politischen Integration in der Schweiz keineswegs ausgeblendet werden. So beschränkte sich die Integrationsleistung vor allem auf die eigenen Sprach- und Konfessionsgruppen, während die Frauen mit der Einführung des Stimm- und Wahlrechts im Jahr 1971 sehr spät und die ausländische Wohnbevölkerung bis heute nicht in den bundespolitischen Willensbildungsprozess integriert wurden. Ebenso stellt die aussenpolitische Integration nach wie vor eine der grössten Herausforderungen für die Schweiz dar (vgl. ausführlich Linder/Mueller 2017: 30ff.).

Realität der europäischen Integration heterogener Staaten und ihre Fort- und Rückschritte verstehen will, solle deshalb zunächst die schweizerische Politik studieren, lautet die Empfehlung Rokkans (1970). Noch einen Schritt weiter ging de Rougemont (1970), der dafür warb, das föderale System der Schweiz als Modell für die europäische Einigung zu verwenden. Angesichts der gegenwärtigen europäischen Integrationskrise scheint diese Aussage auch für breite Kreise nichts von ihrer Gültigkeit verloren zu haben. Dies machen wiederkehrende Aufrufe europäischer Politiker deutlich, welche die schweizerische Demokratie als Vorbild für die Europäische Union preisen.

3. *Die Schweiz als modernes direktdemokratisches Labor:* Das politische System der Schweiz ist jedoch nicht nur aus historisch-politischer und europäischer Perspektive, sondern auch mit Blick auf aktuelle Defizite etablierter Demokratien von besonderem Forschungsinteresse. So machen die politischen, gesellschaftlichen und wirtschaftlichen Probleme in zahlreichen Staaten deutlich, dass gerade die bedeutendsten schweizerischen Institutionen wie die direkte Demokratie, der Föderalismus und die Konkordanz in jüngerer Zeit stark an Attraktivität gewonnen haben. Die Bedeutung des Nationalstaates hat im Zuge der Globalisierung und Europäisierung mit der Verlagerung der Kompetenzen an inter- und supranationale Organisationen abgenommen. Dies führt auch zu geringeren Einflussmöglichkeiten der unteren Staatsebenen und ihrer Bürger. Gleichzeitig nimmt die Kritik an den etablierten Parteien zu, sinkt die Legitimation repräsentativdemokratischer Institutionen und steigt der Anteil von Politikverdrossenen und Protestwählern. Diese Faktoren haben vielerorts das Interesse am Demokratiemodell „à la Suisse" geweckt. Es sind heute insbesondere die unmittelbaren Mitspracherechte der Bürger, die den Blick Richtung Schweiz lenken. Die Möglichkeit, über die Höhe der Steuern und Löhne, die Dauer des Urlaubs, das Ausmass der europäischen Integration, die Abschaffung der eigenen Armee sowie zahlreiche weitere Themen abzustimmen, hat dazu geführt, dass die Schweiz gerade auch im Hinblick auf die Wirkungen der Volksrechte, wie sie etwa in der neu eingeführten Europäischen Bürgerinitiative zum Ausdruck kommt, als politisches Labor betrachtet wird. Darauf weist auch Manfred G. Schmidt (2019: 353) in seinem einflussreichen Standardwerk zur Demokratieforschung ausdrücklich hin: „Wer Urteile über die Direktdemokratie im Kontext eines wohlhabenden Landes mit langer demokratischer Tradition an der Praxis überprüfen will, kann die Schweiz als ein Quasi-Experiment betrachten." Für die Schweiz selbst wiederum gilt, dass in vielen Bereichen die Kantone das Experimentierfeld und Versuchslabor des Bundes bilden (Vatter 2002). Bewährt sich eine Neuerung in einem Kanton, so sind andere Gliedstaaten ebenfalls bereit, diese zu übernehmen. Scheitert sie, so beschränken sich die negativen Effekte auf einen eng begrenzten Raum. In diesem Sinne wirken die föderalen und direktdemokratischen Institutionen durch ihre innovative Kraft wesentlich an der Gestaltung des übergeordneten Bundesrechts mit und übernehmen damit wichtige Pionierrollen. Ob aber die Schweizer aufgrund ihrer ausgebauten Volksrechte *„le peuple le plus heureux du monde"* seien, wie von Jean-Jacques Rousseau im *Gesellschaftsvertrag* (1762: Buch IV, Kapitel 1: 437) konstatiert, lässt sich zumindest bis heute

nicht einwandfrei belegen (Stadelmann-Steffen/Vatter 2012). Zweifellos hat aber die hohe Anziehungskraft der Direktdemokratie in vielen Ländern den Wunsch nach einer unmittelbaren Mitbestimmung des Volkes laut werden lassen, weshalb in den letzten Jahren vielerorts im Zuge von Verfassungsreformen direktdemokratische Mitsprachemöglichkeiten eingeführt wurden. Ebenso wird auch im Ausbau des Föderalismus und machtteilender Konkordanzelemente ein geeignetes Mittel zur erfolgreichen Bewältigung von Konflikten in heterogenen Gesellschaften gesehen. Die aktuelle Kritik an den klassischen Institutionen der repräsentativen parlamentarischen Demokratie hat also dazu geführt, dass gerade die ältesten politischen Einrichtungen der Schweiz wieder als sehr modern und in europäischen Ländern als zukunftsgerichtete politisch-institutionelle Alternativen betrachtet werden (Tsachevsky 2014). Vertiefte Kenntnisse zur Schweiz liefern deshalb immer auch fundiertes Wissen über Institutionen der horizontalen und vertikalen Machtteilung, die stark an Attraktivität gewonnen haben.

Kurz: Die Schweiz als Mikrokosmos Europas hat den politischen Integrationsprozess vom losen Staatenbund zum föderalen Bundesstaat bereits im 19. Jahrhundert erfolgreich durchlaufen. Sie gilt darüber hinaus als gelungener Fall politischer Integration nach innen durch die Herausbildung machtteilender Institutionen im Verlaufe des 20. Jahrhunderts sowie als Vorreiterin für zeitgemässe Formen der unmittelbaren Bürgermitsprache und der friedlichen Beilegung von Konflikten in multikulturellen Gesellschaften zu Beginn des 21. Jahrhunderts. Damit bietet sie ein beträchtliches Potenzial für eine ertragreiche politikwissenschaftliche Analyse. In der folgenden, sowohl am Einzelfall orientierten als auch vergleichend angelegten Auseinandersetzung mit dem schweizerischen politischen System, das sich im Herzen Europas, aber ausserhalb der Europäischen Union befindet, soll dieses Potenzial offengelegt und genutzt werden.

## 1.2 Forschungsstand, Ziele und Fragestellungen

### 1.2.1 Forschungsstand

Bis heute existieren nur wenige systematische Untersuchungen zum politischen System der Schweiz. Zwar sind in den letzten zwanzig Jahren gleich mehrere Werke in englischer Sprache über das schweizerische Politiksystem erschienen (Church 2004, 2016; Emmenegger u. a. 2024; Kriesi/Trechsel 2008; Linder/Mueller 2021; Sciarini/Fischer/Traber 2015; Tsachevsky 2014; Trampusch/Mach 2011), die damit das zunehmende internationale Interesse an der helvetischen Demokratie deutlich machen. Universitäre Lehr- und Studienbücher in den eigenen Landessprachen sind aber nach wie vor rar. Erst kürzlich ist auf Französisch das empfehlenswerte Werk „Politique Suisse" von Pascal Sciarini (2023) erschienen, welches das schon in die Jahre gekommene Buch „Le système politique suisse" von Hanspeter Kriesi (1998) ersetzt. In deutscher Sprache existierte lange Zeit nur das vorzügliche Grundlagenwerk „Schweizerische Demokratie" von Wolf Linder (2012), das gemeinsam mit Sean Mueller für eine vierte Auflage aktualisiert wurde (Linder/Mueller 2017).[3] Erwähnenswert sind auch die Klassiker zur Schweizer Politik, wozu neben den Arbeiten von Linder diejenigen zur Schweiz als paradigmatischer Fall einer plebiszitär-pluralitären Verhandlungsdemokratie von Neidhart (1970) und einer Proporz- bzw. Konkordanzdemokratie von Lehmbruch (1967) und Steiner (1970, 1971, 1974) sowie die Studie von Kriesi (1980) zu den politischen Entscheidungsstrukturen und -prozessen der Schweizer Politik zählen. Letztere wurde von Sciarini, Fischer und Traber (2015) aktualisiert und erweitert.[4] Im Weiteren existieren einige einführende Bücher zum schweizerischen Regierungssystem für den Staatskundeunterricht (Ebnöther 2017; Möckli 2017) sowie solche, die sich spezifisch mit der Reform des politischen Systems der Schweiz auseinandersetzen (Germann 1994; Hermann 2011; Schwarz 2013; Vatter 2006). Darüber hinaus besteht als breit angelegtes Nachschlagewerk das von verschiedenen Autoren herausgegebene „Handbuch der Schweizer Politik" (Papadopoulos u. a. 2022), welches neuerdings auch auf Englisch vorliegt (Emmenegger u. a. 2024). Schliesslich gilt es auch auf das früher jährlich erscheinende und zwischenzeitlich als digitale Plattform zur Verfügung stehende Année Politique Suisse (1965ff.) zu verweisen, das seit über 50 Jahren eine konzise Darstellung der politischen Entwicklungen auf Bundes- und Kantonsebene bereitstellt.

Diese kurze Übersicht macht deutlich, dass es mit Ausnahme von Linder und Mueller (2017) bis heute für den deutschsprachigen Raum erstaunlicherweise kein vertiefendes politikwissenschaftliches Studienbuch zur Schweiz gibt. Zudem beschränken sich die meisten Arbeiten zur Schweizer Politik nur auf einzelne Teilaspekte des politischen Systems und seiner Institutionen und Akteure, obwohl sich die schweizerische Politikwissenschaft gerade in der neueren Zeit als äusserst produktiv und erfolgreich erwiesen hat (Leifeld/Ingold 2016; Metz/Jäckle 2013).

### 1.2.2 Ziele und Fragestellungen

Das Ziel des vorliegenden Buches ist es, mit einer breit angelegten Analyse des schweizerischen Politiksystems und unter Berücksichtigung der Theorien der komparativen und politisch-institutionell ausgerichteten Politikwissenschaft diese Lücke zu füllen, einen zusammenfassenden Überblick über den Forschungsstand zur Schweiz zu liefern und eine Brücke zwischen der international vergleichenden und der schweizerischen Politikforschung zu schlagen.

Das Buch soll darüber hinaus aufzeigen, wo es sich bei den politischen Institutionen der Schweiz um historisch gewachsene Besonderheiten und wo es sich um blosse Variationen grundlegender Gemeinsamkeiten mit anderen modernen Demokratien handelt. Ein besonderes Gewicht wird darauf gelegt, sowohl den Eigenheiten der schweizerischen Politikstrukturen als auch jüngsten Entwicklungen konzeptionell Rechnung zu tragen. So wird hier die Auffassung vertreten, dass die in Lehrbüchern üblicherweise vorherrschende zentralstaatliche Forschungsper-

---

[3] Ebenfalls zu erwähnen ist das Werk „Die politische Schweiz" von Leonhard Neidhart (2002), das sich aber ausdrücklich nicht als Lehrbuch versteht und ausschliesslich aus der Perspektive der funktionalen Systemtheorie verfasst wurde. Ein weiteres Einführungswerk aus einer international vergleichenden Perspektive ist dasjenige von Krumm (2013).
[4] Vgl. hierzu auch die Studie von Fischer (2012) zu den Entscheidungsstrukturen in der Schweizer Politik.

spektive („top down"-Ansatz) nur beschränkt geeignet ist, das stark föderalistisch geprägte Politiksystem der Schweiz mit all den kantonalen Unterschieden in seiner ganzen Tiefe und Breite zu erfassen. Ausserdem bietet der Bundesstaat die einmalige Gelegenheit eines systematischen Vergleichs seiner 26 Gliedstaaten, da trotz vorhandener Heterogenität der kantonalen politischen Strukturen ein gemeinsamer verfassungshistorischer Kontext besteht. Dieses breite empirische Feld unterschiedlicher Fälle innerhalb eines gemeinsamen Rahmens soll im Folgenden ebenfalls genutzt werden.

Das politische System der Schweiz erfuhr in den letzten Dekaden einschneidende Veränderungen und grössere institutionelle Reformen. In Anbetracht dessen stellt sich die Frage, ob die Schweiz nach wie vor dem gängigen Bild einer stark auf Machtteilung und gütlichem Einvernehmen ausgerichteten Konkordanz- und Konsensdemokratie mit ausgeprägten föderalen und direktdemokratischen Elementen entspricht oder ob es aufgrund der neuesten Dynamik verstärkte Züge einer polarisierten Wettbewerbsdemokratie angenommen hat. Schliesslich soll auch der in den beiden letzten Jahrzehnten konstatierten Internationalisierung und Europäisierung der schweizerischen Politik genügend Rechnung getragen werden. Deshalb wird besondere Aufmerksamkeit dem systematischen Vergleich mit zwei Dutzend etablierten OECD-Demokratien, die Mehrzahl davon Länder der Europäischen Union, gewidmet. Die im Mittelpunkt des Buches stehende *komparative Betrachtungsweise* kommt dabei in *dreifacher Hinsicht* zum Tragen:

1. *Der intertemporale Vergleich:* Der erste Schwerpunkt liegt in der Behandlung der Frage, wie sich das politische System der Schweiz und ihre Institutionen seit der Bundesstaatsgründung von 1848 im Verlaufe der Zeit verändert haben. Entsprechend beginnt jedes Kapitel mit einer kurzen *entwicklungshistorischen Betrachtung* der jeweils behandelten politischen Institution. Wie eben erwähnt, interessiert angesichts der teilweise doch sehr einschneidenden Veränderungen der letzten Jahrzehnte insbesondere, ob die Schweiz im 21. Jahrhundert weiterhin als Extrembeispiel einer föderalen Konsensdemokratie betrachtet werden kann. Oder ob sie sich in neuester Zeit markant davon entfernt hat und wieder vermehrt mehrheitsdemokratische Züge annimmt wie zur Zeit der Gründung des modernen Bundesstaates. In der vergleichenden Demokratieforschung stehen sich hierzu unterschiedliche Positionen gegenüber. So ist einerseits etwa Vergunst (2004: 39) in seiner Studie über Mehrheits- und Konsensdemokratien davon überzeugt, dass die Schweiz „the most typical case of a consensus democracy" sei. Auch Lijphart (2012: 245) bezeichnet die Schweiz in der letzten Auflage seiner bahnbrechenden Studie als „still the clearest consensual prototype", die dem Ideal des Konsensmodells sehr nahe komme (vgl. auch Tsachevsky 2014). Andererseits behaupten verschiedene Beobachter, dass sich die Schweiz in den letzten Jahren auf dem Weg zu einem stärker konkurrenzdemokratischen System befinde, das weniger an Konsens- und Kompromissbildung, sondern vermehrt an der Gegenüberstellung von Mehrheit und Minderheit orientiert sei. So weisen Church (2004), Rose (2000) und Vatter (2016) darauf hin, dass die verschärfte Polarisierung innerhalb des Parteisystems und der schleichende institutionelle Wandel die Funktions-

fähigkeit des konkordanzdemokratischen Systems gefährden und die Schweiz heute zunehmend auch konkurrenzdemokratische Elemente aufweist. Abgesehen von einzelnen kürzeren Beiträgen (Linder 2009; Vatter 2008; Vatter/Freiburghaus/Arens 2020) fehlt allerdings eine vertiefte und empirisch fundierte Analyse zum *langfristigen Wandel* des schweizerischen politischen Systems auf dem Kontinuum von Konsens- und Mehrheitsdemokratien. Dies will das vorliegende Buch leisten.

2. *Der internationale Vergleich:* Einen zweiten Schwerpunkt bildet die *aktuelle Analyse* des politischen Systems der Schweiz *im Vergleich zu anderen etablierten Demokratien*. In jedem Kapitel wird die Schweiz im Vergleich zu zwei Dutzend anderen entwickelten OECD-Ländern (vornehmlich langjährige europäische Demokratien) für die beiden letzten Dekaden in Bezug auf die zu behandelnde Institution eingeordnet. Bildet die Schweiz in Bezug auf ihre einzelnen Institutionen zu Beginn des 21. Jahrhunderts einen internationalen Sonder- oder eher einen europäischen Normalfall? Lässt sie sich ohne Weiteres in die gängigen Typologien einordnen? Neben der Behandlung dieser Fragen liegt ein wichtiges Ziel auch darin, zentrale Problemstellungen der schweizerischen Innenpolitikforschung mit neuen, vor allem neo-institutionellen Forschungsfragen der vergleichenden Politikwissenschaft zu verknüpfen.

3. *Der subnationale Vergleich:* Der dritte Schwerpunkt nimmt Rücksicht darauf, dass die Schweiz ein Staat mit besonders stark ausgebauten föderalen Strukturen und Prozessen ist und auf der Föderalismus-Unitarismusskala regelmässig einen Spitzenplatz einnimmt (Elazar 1991; Lijphart 2012; Vatter 2018). In kaum einem anderen Bundesstaat verfügen die Gliedstaaten über so weitreichende Kompetenzen und Selbstbestimmungsrechte. Die ausgeprägte Autonomie und die Gleichberechtigung der Kantone sowie ihre vielfältigen Mitwirkungsrechte an der Willensbildung des Bundes gelten nach wie vor als die wichtigsten Kernstücke des schweizerischen Bundesstaates. In diesem Sinne handelt es sich bei den Kantonen auch um eigenständige politische Systeme, die über eine jeweils eigene Verfassungsordnung verfügen (Auer 2016). Die im internationalen Vergleich äusserst starke Stellung der verschiedenen Staatsebenen in der Schweiz lässt es deshalb für ein umfassendes Bild der schweizerischen Politik notwendig erscheinen, neben der Bundesebene auch die Strukturen und Funktionen der gliedstaatlichen Institutionen zu analysieren. Zusätzlich zu einem eigenständigen Kapitel, das sich ausführlich mit den föderalen Strukturen und Prozessen des schweizerischen Systems beschäftigt, wird deshalb in jedem Kapitel eine komparativ angelegte Betrachtung der im Mittelpunkt stehenden Institutionen innerhalb der Kantone vorgenommen. Damit bezweckt das vorliegende Buch neben einer neu durchgeführten Analyse der nationalstaatlichen Ebene eine teilweise Aktualisierung und Weiterführung des Grundlagenwerks zu den kantonalen Politiksystemen (Vatter 2002).

Inhaltlich liegt der Fokus auf der vertieften Analyse der bedeutendsten Strukturelemente des schweizerischen politischen Systems. Ausführlich behandelt werden dabei das Wahlsystem, die Parteien und das Parteiensystem, die Interessenverbände, die Regierung, das Parlament, das Zweikammersystem, die direkte Demokratie, die Verfassung, der Föderalismus und die Justiz. Weitere politische Institutionen und Akteure werden hingegen nicht ausführlich untersucht. So werden etwa der Bundesverwaltung, den Gemeinden und neuen sozialen Bewegungen keine eigenen Kapitel gewidmet; sie werden aber innerhalb der zehn im Zentrum stehenden Institutionen behandelt. Vollständig ausgeklammert bleibt allerdings das schweizerische Mediensystem. Dies lässt sich – abgesehen von arbeitsökonomischen Argumenten – vor allem damit begründen, dass es bei einer politikwissenschaftlichen Analyse zunächst darum gehen muss, die bedeutendsten, in der Verfassung verankerten und am stärksten legitimierten politischen Teilelemente eines Systems zu behandeln. Eine weitere Einschränkung bezieht sich auf die disziplinäre Forschungsperspektive. Trotz zum Teil ausführlicher entwicklungsgeschichtlicher und institutioneller Beschreibungen wird kein eigenständiger Beitrag zur historischen oder rechtswissenschaftlichen Forschung angestrebt. Deskriptive Abschnitte dienen in erster Linie dazu, die anschliessenden politikwissenschaftlichen Analysen zu fundieren.

Die Ausführungen gehen schliesslich in einzelnen Bereichen über die bisherige Forschung zur Schweiz hinaus. So handelt es sich nicht nur um ein Lehr- und Studienbuch im Sinne eines zusammenfassenden Forschungsüberblicks, sondern es wird auch dort eine Aktualisierung und Erweiterung des Forschungsstands angestrebt, wo offensichtliche Wissenslücken bestehen und es der Aufwand vertretbar erscheinen liess, diese Lücken zu füllen. Dies gilt insbesondere für die in jedem Kapitel eigenständig durchgeführten inter- und subnational vergleichenden Analysen, womit ergänzend auch ein Beitrag zur komparativen Politikwissenschaft geliefert wird. Zusammenfassend präsentiert das Buch in kompakter Form Grundlagen- und Vertiefungswissen zum schweizerischen politischen System, um jene Zusammenhänge politischer Strukturen und Prozesse besser zu verstehen, in denen die schweizerische Politik stattfindet. Der Fokus liegt dabei auf den politischen Institutionen (polity) und ihren Funktionen sowie den politischen Willensbildungs- und Entscheidungsprozessen (politics), in denen die Akteure ihre Interessen durchzusetzen versuchen. Nicht behandelt werden hingegen die Staatstätigkeit in einzelnen Politikfeldern und ihre Entscheidungsinhalte (policy). Entsprechend wird etwa auf eine ausführliche inhaltliche Analyse der schweizerischen Europapolitik verzichtet (vgl. hierzu Heer u. a. 2022).

## 1.3 Das politische System der Schweiz aus politikwissenschaftlicher Perspektive

### 1.3.1 Die Schweiz in der klassischen Typologie von parlamentarischen und präsidentiellen Regierungssystemen

Eine der wichtigsten Fragen bei der Analyse eines politischen Systems ist diejenige nach der konstitutionellen Herrschaftsorganisation. Welche Rolle hat der Verfassungsgeber für die einzelnen Staatsgewalten vorgesehen, wie werden sie bestellt und wie ist ihr institutionelles Verhältnis zueinander? Mit diesen Fragen beschäftigt sich vor allem die ältere, am verfassungssystematischen Ansatz orientierte Regierungslehre (Loewenstein 1975; Steffani 1979, 1983). Die von ihr entwickelten Typologien von Regierungssystemen interessieren sich primär für die formal geregelte Institutionenordnung von demokratischen Systemen, d. h. für die in der Verfassung festgeschriebenen Normen der Machtverteilung, -kontrolle und -begrenzung. Der vorliegende Einstieg führt uns zunächst zu den Schwierigkeiten bei der Zuordnung der Schweiz in die grundlegende Dichotomie von parlamentarischen und präsidentiellen Systemen. Die Anwendung dieses Gegensatzes ermöglicht aber trotzdem eine erste typologische Zuordnung der Schweiz in Bezug auf die Ausgestaltung des zentralen Verhältnisses zwischen Legislative und Exekutive, bevor im Folgenden auf den im Zentrum stehenden neo-institutionellen Ansatz der empirisch-analytischen Demokratieforschung eingegangen wird.

Im Mittelpunkt der klassischen Typologie demokratischer Regierungssysteme steht die institutionelle Ausgestaltung des Verhältnisses zwischen Legislative und Exekutive. Die ältere Institutionenlehre unterscheidet entsprechend den in der Verfassung festgelegten Organisationsformen primär zwischen parlamentarischen und präsidentiellen Systemen (Steffani 1979, 1983). Während das parlamentarische System durch die gegenseitige Abhängigkeit von Legislative und Exekutive geprägt ist, zeichnet sich das präsidentielle System durch die Unabhängigkeit von Regierung und Parlament voneinander aus. Auch wenn Einteilungskriterien und Gewichtung teilweise leicht variieren, können doch die folgenden drei Merkmale als die bedeutsamsten zur Unterscheidung der Regierungssysteme betrachtet werden, wobei vor allem die beiden ersten als grundlegend gelten (Lijphart 1992, 2012; Steffani 1979, 1983). Anhand dieser Definitionskriterien zur Unterscheidung von präsidentiellen und parlamentarischen Regierungssystemen wird eine erste Zuordnung der Schweiz (Bund und Kantone) vorgenommen:

1. *Gewaltenverschränkung vs. Gewaltentrennung von Regierung und Parlament:* Das erste Kriterium zur Unterscheidung von alternativen Prototypen demokratischer Verfassungssysteme bildet die Frage nach der institutionellen Verschränkung von Regierung und Parlament. Die Exekutive ist in parlamentarischen Systemen vom Vertrauen der Legislative abhängig und es bestehen sowohl die Möglichkeit eines parlamentarischen Misstrauensvotums zur Abwahl der Exekutive als auch umgekehrt das Recht der Regierung zur Auflösung des Parlamentes und zur Ausschreibung von Neuwahlen. In präsidentiellen Systemen hingegen ist die Regierung für eine bestimmte, in der Verfassung festgelegte Dauer gewählt und kann von der Legislative nicht vorzeitig zum Rücktritt gezwungen werden. Sowohl der Bund als auch die kantonalen Regierungssysteme entsprechen gemäss diesem ersten Kriterium eher dem präsidentiellen Regierungstyp. Zwar wird das objektive Gewaltentrennungsprinzip auf Bundesebene durch die Parlamentswahl des Bundesrates durchbrochen. Allerdings wird in der Praxis eine relativ starke Gewaltentrennung dadurch gewährleistet, dass die Bundesversammlung den Bundesrat nicht durch einen vorzeitigen Misstrauensantrag stürzen kann und der Bundesrat nicht über die Mittel verfügt, um das Bundesparlament vorzeitig aufzulösen. In noch ausgeprägterem Mass gilt das Postulat der Trennung der Gewalten für die kantonalen Regierungssysteme: Aufgrund der vollständigen Unabhängigkeit der beiden Gewalten bei ihrer Bestellung lassen sich die politischen Systeme der Kantone hinsichtlich dieses ersten Definitionsmerkmals eindeutig dem präsidentiellen Regierungstyp zuordnen.

2. *Parlaments- vs. Volkswahl der Regierung*: Das zweite zentrale Unterscheidungsmerkmal bildet das Wahlverfahren der Regierung. Während in parlamentarischen Systemen die Exekutive von der Legislative gewählt wird, entscheidet im Präsidialtypus der Souverän mittels direkter Volkswahlen über die Zusammensetzung der Regierung. In diesem Punkt unterscheiden sich die politischen Systeme der Schweiz auf Bundes- und Kantonsebene am stärksten. So wählt die Vereinigte Bundesversammlung (National- und Ständerat in gemeinsamer Sitzung) die Mitglieder des Bundesrates für die festgelegte Dauer von vier Jahren; und nach jeder Gesamterneuerung der Volkskammer (Nationalrat) findet auch eine Gesamterneuerungswahl des Bundesrates statt. Damit entspricht das Wahlorgan der Regierung auf Bundesebene demjenigen in parlamentarischen Systemen. Anders ist es in den Kantonen: Hier werden die Exekutiven in geheimen Urnenwahlen oder in zwei Fällen (Appenzell Innerrhoden und z.T. Glarus)[5] noch an offenen Landsgemeindeversammlungen direkt von der wahlberechtigten Bevölkerung bestimmt. Dieses Vorgehen findet sich definitionsgemäss nur in präsidentiellen Regierungssystemen.

3. *Kollegial- vs. Ein-Personen-Exekutive*: Das dritte Kriterium zur Unterscheidung demokratischer Regierungssysteme definiert Lijphart (1992: 3) wie folgt: „Parliamentary systems have collective or collegial executives whereas presidential systems have one-person, non-collegial executives."[6] Bekanntlich wird die Schweiz im internationalen Vergleich als Paradebeispiel eines politischen Systems aufgeführt, das aus einer ausgeprägten Kollegialregierung mit mehreren gleichberechtigten Mitgliedern besteht. Gemäss Eichenberger (1977) kommt dabei dem Kollegialprinzip besondere Bedeutung zu. Nach diesem Prinzip wird die Regierungsgewalt auf verschiedene Mandatsträger verteilt. Sie werden alle im gleichen Verfahren für dieselbe Amtsperiode gewählt, erfüllen gemeinsam und gleichberechtigt ihre Aufgaben und treten gegen aussen geschlossen auf. Diesem zentralen Organisationsprinzip der schweizerischen Staatsordnung kommt gerade auf der Gliedstaatenebene besondere Bedeutung: Das Kollegialprinzip ist in der Mehrzahl der Kantone auch ausdrücklich in der Verfassung normiert.[7]

Ausgehend von diesen drei Definitionsmerkmalen lässt sich eine erste Zuordnung des politischen Systems der Schweiz in die klassische Dichotomie demokratischer Regierungsformen vornehmen. In Tabelle 1.1 findet sich die Typologie parlamentarischer, präsidentieller und intermediärer Regierungssysteme mit ausgewählten empirischen Beispielen. Zusammenfassend zeigt sich, dass das Regierungssystem der Schweiz auf Bundesebene gemäss den drei zentralen Definitionsmerkmalen

---

5 Im Kanton Glarus wird nur der Landammann (Regierungspräsident) aus dem Kreis der fünf amtierenden Regierungsräte an der Landsgemeinde gewählt. Die ordentlichen Regierungsratswahlen finden im Kanton Glarus an der Urne statt.
6 Lijphart (1992: 5) weist auf die besondere Bedeutung dieses dritten Kriteriums zur Zuordnung von intermediären Regierungssystemen wie desjenigen der Schweiz hin.
7 Das Kollegialsystem kennt weder verantwortliche Fachminister noch das parlamentarische Misstrauensvotum. Es wird von Gruner (1977: 34) auch als die staatsrechtliche Voraussetzung dafür betrachtet, dass sich die Regierungen in der Schweiz auf Bundes- und Kantonsebene aus verschiedenen Parteien zusammensetzen können. Denn sie müssen sich nicht einem von einer parlamentarischen Koalition beschlossenen Regierungsprogramm verpflichten.

einerseits in einem Punkt präsidentielle Systemeigenschaften (Gewaltentrennung von Regierung und Parlament ohne gegenseitiges Auflösungsrecht) aufweist, andererseits die Parlamentswahl der Regierung sowie das ausgeprägte Kollegialitätsprinzip[8] auf Regierungsstufe als typisch für ein parlamentarisches Regierungssystem gelten. Für die politischen Systeme der Schweizer Kantone gilt die umgekehrte Gewichtung: Zwei Eigenschaften entsprechen dem präsidentiellen Regierungstyp (Wahl der Regierung durch das Volk und Gewaltentrennung von Exekutive und Legislative), eine dem parlamentarischen (Kollegialbehörde). Die historischen Länderbeispiele in Tabelle 1.1 weisen darauf hin, dass – im Gegensatz zum Bund[9] – die Kantone in Bezug auf diese Konstellation über ein politisches Regierungssystem verfügen, das in seiner Form nicht völlig einzigartig ist, sondern sich auch im Ausland wiederfindet. So wird Uruguay während der sogenannten „Colegiado"-Phase von 1952 bis 1967, in der sich die vom Volk für eine bestimmte Legislaturperiode gewählte Kollegialregierung aus neun Mitgliedern der beiden grössten Parteien zusammensetzte, als „the purest example of a collegial presidency" (Lijphart 1984: 85) bezeichnet. Auch Zypern von 1960 bis 1963 lässt sich mit seiner direkt vom Volk gewählten Kollegialbehörde in den ersten Jahren der Unabhängigkeit derselben Kategorie zuordnen (Shugart/Carey 1992: 21). Gerade das Beispiel Uruguays, das sich mit seinem Institutionengefüge stark am schweizerischen Vorbild der kollegialen Exekutivgewalt und der Einführung der direkten Demokratie orientiert hat, weist aber gleichzeitig darauf hin, dass dieselben Institutionen in verschiedenen Kontexten zu ganz unterschiedlichen Entwicklungen und Resultaten führen können. Dies verdeutlicht die Grenzen der Übertragung vermeintlich erfolgreicher Institutionenarrangements auf andere Länder (Altman 2008).

Aufgrund der intermediären Position des schweizerischen Regierungssystems in der bestehenden Klassifikation des präsidentiellen und parlamentarischen Strukturtyps erstaunt es kaum, dass die Zuordnung der Schweiz seit je schwierig und umstritten ist. Dabei herrschen in dieser Frage nicht nur unterschiedliche Ansichten bei in- und ausländischen Experten, sondern es stehen sich auch innerhalb der schweizerischen Regierungslehre teilweise widersprüchliche Positionen gegenüber. Während Steffani (1979: 43ff.) in seiner für die deutschsprachige Politikwissenschaft prägenden Typologie die Schweiz aufgrund der fehlenden politischen Abberufbarkeit der Regierung durch das Parlament eindeutig dem präsidentiellen Systemtyp zuordnet,[10] behandelt sie Lijphart (2012: 94) in seinem einflussreichen Grundlagenwerk als parlamentarisches Regierungssystem. Anders wiederum Riklin und Ochsner (1984: 79), welche die Schweiz als einen nicht zuordenbaren Sonderfall betrachten, bei dem es sich sowohl um ein „nicht-parla-

---

8 Die institutionelle Verankerung des Kollegialprinzips der Exekutive schliesst die ministerielle Verantwortlichkeit aus. Dies gilt neben der direkten Demokratie als ein weiterer Grund für den Wegfall der für andere Regierungssysteme typischen Spannung zwischen Regierung und Opposition (Gruner 1977).
9 Vor dem Jahr 2009 wurde dem bolivianischen System eine gewisse Ähnlichkeit mit dem schweizerischen Regierungssystem zugesprochen (Shugart/Carey 1992; Kriesi 2008). Seinerzeit konnte das bolivianische Parlament zwischen verschiedenen Kandidierenden des Präsidenten bestimmen, sofern keiner von ihnen in der vorangegangenen Volkswahl eine absolute Mehrheit erhielt.
10 Mit der fehlenden Möglichkeit eines parlamentarischen Misstrauensvotums gegenüber der Regierung begründet auch Steiner (1974: 43) die Zuordnung der Schweiz zum präsidentiellen Regierungssystem.

# 1 Einleitung

mentarisches" als auch um ein „nicht-präsidentielles" Regierungssystem handle. Gerade umgekehrt argumentieren Linder und Mueller (2017: 241), die festhalten: „Die schweizerische Verfassung stellt einen Mischtypus mit Elementen beider Systeme dar." Für Linder und Mueller (2017: 241) teilt das schweizerische System mit dem parlamentarischen Typus die Art der Wahl der Regierung, während die Unabhängigkeit in den Beziehungen zwischen der Regierung und dem Parlament mit der ausgeprägt geringen Fraktionsdisziplin der Regierungsparteien in starker Analogie zum präsidentiellen System steht. Auch Lijphart (2012: 108) bezeichnet die Schweiz schliesslich an anderer Stelle als eine hybride Regierungsform mit gleichzeitig sowohl präsidentiellen als auch parlamentarischen Zügen, wobei sie stärker Letzteren zuneigen würde.

*Tabelle 1.1: Die Einordnung der Schweiz in die klassische Typologie parlamentarischer und präsidentieller Regierungssysteme*

| | | Abberufung der Regierung durch das Parlament möglich? | | | |
|---|---|---|---|---|---|
| | | ja | nein | ja | nein |
| | | Kollegial-Exekutive | | Ein-Personen-Exekutive | |
| Wahl der Regierung durch das | Parlament | *parlamentarisches System*<br><br>Grossbritannien zahlreiche westeuropäische Länder, Japan, Australien, Kanada | *hybrides System I*<br><br>Schweiz (Bund) | *hybrides System II* | *hybrides System III*<br><br>Libanon (1970er/1980er) |
| | Volk | *hybrides System IV* | *hybrides System V*<br><br>Schweizer Kantone<br><br>Zypern (1960–1963)<br><br>Uruguay (1952–1967) | *hybrides System VI* | *präsidentielles System*<br><br>USA<br><br>Frankreich |

Anmerkung: Frankreich wird oft auch als semi-präsidentielles System bezeichnet.
Quellen: In Anlehnung an Lijphart (1992: 6, 2012: 108) mit eigenen Ergänzungen.

Während die erst relativ spät erfolgte zusätzliche Ausdifferenzierung der Typologie von Regierungssystemen mit der Einführung der Mischform des semi-präsidentiellen Typs (Duverger 1980) zwar für Länder wie Frankreich und Finnland hilfreich gewesen ist, lieferte sie für den Schweizer Fall keine zusätzlichen Erkenntnisse. Hingegen hat sich die darauf aufbauende und vor allem in der angelsächsischen Politikwissenschaft einflussreiche Typologie von Shugart und Carey (1992) als ertragreich erwiesen. Die beiden Autoren entwickeln ausgehend von den beiden Kriterien „Kompetenzen des Präsidenten über das Regierungskabinett" sowie „Trennung von Parlament und Kabinett" eine fünf Formen umfassende Typologie von Regierungssystemen. Diese umfasst neben den beiden klassischen Typen und zwei Ausprägungsformen des Semi-Präsidentialismus (präsident-parlamentarisch; premier-präsidentiell) auch das *System der versammlungsunabhängigen Regierung („assembly-independent regime")*. Letzteres zeichnet sich dadurch aus, dass die Regierung durch das Parlament gewählt wird, von diesem aber nicht abberufen werden kann. Zudem hat das Staatsoberhaupt keine Macht über das Regierungskabinett. Insbesondere verfügt es nicht über die Kompetenz, die anderen Regierungsmitglieder zu führen, zu ernennen oder zu entlassen. Zusammengefasst handelt es sich dabei um ein demokratisches Regime, das einerseits eine maximale institutionelle Trennung in Bezug auf das „Überleben" von Regierung und Parlament kennt. Andererseits verfügt der Regierungschef über keinerlei präsidentielle Autorität gegenüber dem Regierungskabinett, sondern ist nur ein gleichberechtigtes Mitglied einer Kollegialbehörde. Diese Beschreibung eines *versammlungsunabhängigen Regierungssystems* trifft genau auf die Schweiz zu und wird in der Literatur auch unter dem Begriff des *Direktorialsystems* als zwar wenig bekannter, aber durchaus eigenständiger Typus eines Regierungssystems aufgeführt (Kriesi 1998, 2008; Loewenstein 1975). Eine Direktorialdemokratie zeichnet sich also durch eine Kollegialregierung mit gleichberechtigten Mitgliedern (Direktorium) aus. Diese übt gleichzeitig die Funktionen des Staatschefs, des Premierministers und des Kabinetts aus. Ihre Mitglieder übernehmen damit die doppelte Aufgabe der gemeinsamen Staatsführung und der Leitung einzelner Ministerien. Das Präsidium rotiert jährlich zwischen den Regierungsmitgliedern und ist nicht mit zusätzlichen Kompetenzen, sondern primär mit symbolischen Repräsentationsverpflichtungen verknüpft.

Historisch geht das direktoriale Regime auf die kurze Herrschaft der Jakobiner während der Französischen Revolution (1795–1798) und den darauf folgenden Einmarsch der französischen Truppen in das heutige Gebiet der Schweizerischen Eidgenossenschaft zurück. In der von den französischen Revolutionstruppen verordneten zentralstaatlichen Verfassung der Helvetik[11] von 1798 wurde in Anlehnung an das duale, allerdings nur kurze Zeit praktizierte Direktorium der Französischen Revolution das Regierungssystem des kollegialen Direktoriums festgeschrieben. Dieses konnte zudem an das Vorbild der vom Schultheiss geführten kollegialen Exekutive im Kleinen Rat der Stadtkantone anknüpfen. Die exekutive Gewalt auf Bundesebene setzte sich damals aus einem *fünfköpfigen Direktorium* gleichberechtigter Regierungsmitglieder zusammen.[12] Bei der Gründung des modernen Bundesstaates von 1848 griffen die Verfassungsväter in modifizierter Form auf diese Regierungsform zurück, die sich zwischenzeitlich auch in einigen Regenerationskantonen bewährt hatte (Kölz 1992).

---

[11] Während der Zeit der Helvetik (1798–1802) war die Schweiz ein unter der Aufsicht Napoleons stehendes Protektorat.
[12] Art. 132 der französischen Revolutionsverfassung vom 22.08.1795 lautete wie folgt: *„Die vollziehende Gewalt ist einem aus fünf Mitgliedern bestehenden Vollziehungsdirektorium übertragen."* Er wurde in identischer Form als Art. 71 in die von den französischen Revolutionstruppen der Eidgenossenschaft verordneten Helvetikverfassung vom 12.04.1798 übernommen. Der heute geltende Art. 174 der Bundesverfassung von 1999 hat folgenden Wortlaut: *„Der Bundesrat ist die oberste vollziehende und leitende Behörde des Bundes."*

Tabelle 1.2 liefert eine Übersicht über die erweiterte Typologie demokratischer Regierungssysteme, wie sie von Shugart und Carey (1992) hergeleitet, von Kriesi (2008: 11) leicht verändert und vom Verfasser noch einmal angepasst wurde. Anstelle des Kriteriums „Kompetenzen des Präsidenten über das Regierungskabinett" verwendet Kriesi (2008) die ebenfalls von Shugart und Carey (1992: 161) aufgeführte Frage, wer das Wahlorgan des Regierungschefs sei. Dies erlaubt die Verwendung der beiden schon in Tabelle 1.1 aufgeführten Charakteristiken und damit auch die klassische Unterscheidung zwischen den beiden häufigsten Systemtypen. Mit dem neu eingeführten Systemtyp von Shugart und Carey (1992) besteht nun zusätzlich die Möglichkeit, die Schweiz begrifflich eindeutig als *versammlungsunabhängiges Direktorialsystem* einzuordnen. Zusätzlich zu den drei erwähnten Typen findet sich als vierte Variante das Regierungssystem mit einem vom Volk gewählten Ministerpräsidenten, der nicht für eine feste Amtsperiode gewählt wird. Er verfügt über die Kompetenz, das Parlament aufzulösen, muss sich aber gleichzeitig dem Misstrauensvotum des Parlaments stellen. Diese Regierungsform ist nicht nur hypothetisch, sondern wurde in Israel zwischen 1996 und 2003 praktiziert, bevor das Land wieder zum parlamentarischen System zurückkehrte. Sie wurde zudem von Experten auch schon für Länder wie Italien und die Niederlande vorgeschlagen (Lijphart 1984; Barbera 1990). Barbera (1990) bezeichnet dieses System mit einem vom Volk direkt gewählten Regierungschef als „neo-parlamentarisch", weshalb hier dieser Begriff verwendet wird.

*Tabelle 1.2: Die Einordnung der Schweiz in die Typologie demokratischer Regierungssysteme*

| | | Abberufung der Regierung durch das Parlament möglich? | |
|---|---|---|---|
| | | ja | nein |
| Wahl der Regierung durch das | Parlament | *parlamentarisches System* Grossbritannien | *versammlungsunabhängiges Direktorialsystem* Schweiz |
| | Volk | *„neo-parlamentarisches" System* Israel (1996–2003) | *präsidentielles System* USA |

Anmerkung: Die beiden semi-präsidentiellen Mischformen sind hier nicht aufgeführt.
Quellen: In Anlehnung an Kriesi (2008: 11) sowie Shugart und Carey (1992: 26, 160) mit eigenen Anpassungen.

Tabelle 1.2 führt die verfassungssystematische Typologie gemäss den beiden Hauptkriterien der Bestellung und Abberufung der Regierung auf. Sie macht deutlich, dass im versammlungsunabhängigen Direktorialsystem in Bezug auf das zentrale Verhältnis zwischen Exekutive und Legislative ein ambivalentes und dynamisches Verhältnis besteht, das sich *je nach Zeitpunkt in der Legislaturperiode* verändert. Zu *Beginn der Legislaturperiode,* d. h. *zum Zeitpunkt der Regierungsbildung,* hängt die Exekutive *wie in parlamentarischen Systemen* von der Legislative ab und wird von ihr bestellt. Da die Regierung aber vom Parlament für eine festgelegte Periode von vier Jahren gewählt wird, besteht zwischen den beiden Gewalten eine *befristete Unabhängigkeit*. Der Bundesrat kann deshalb *während der Legislaturperiode wie in präsidentiellen Systemen* nicht mehr abgewählt werden. Zudem kann weder das Parlament dem Bundesrat die Vertrauensfrage stellen noch die Regierung das Parlament auflösen. Angesichts der je nach Zeitpunkt der Legislaturperiode *unterschiedlichen Dominanz der parlamentarischen oder präsidentiellen Systemwirkung* sowie der zusätzlichen Besonderheit der gleichberechtigten Kollegialregierung wird das politische System der Schweiz hier als *versammlungsunabhängiges Direktorialsystem* bezeichnet. Mit dieser eigenständigen, aber gemäss den wichtigsten gängigen Unterscheidungskriterien durchaus nachvollziehbaren Benennung des Regierungssystems lassen sich zudem auch die Begrifflichkeiten der älteren und neueren Regierungslehre zusammenführen. Die Bezeichnung der Schweiz als versammlungsunabhängiges Direktorialsystem ist zwar aus einer international vergleichenden Perspektive weniger geläufig. Sie trägt aber den Besonderheiten des schweizerischen Regierungssystems weit besser Rechnung als eine in Teilen immer unzutreffende Zuordnung in die Dichotomie der beiden klassischen Grundtypen.

### 1.3.2 Das schweizerische Regierungssystem im Überblick

Nachdem im letzten Abschnitt zur vergleichenden Einordnung des schweizerischen Regierungssystems das grundlegende Verhältnis zwischen Exekutiv- und Legislativgewalt behandelt wurde, schliesst die verfassungssystematische Betrachtung mit einem kurzen Überblick über die wichtigsten Verfassungsinstitutionen in Abbildung 1.1. Wie eben erläutert, handelt es sich beim schweizerischen Regierungssystem weder um eine rein parlamentarische noch um eine rein präsidiale Demokratie, sondern um ein versammlungsunabhängiges Direktorialsystem. Dieses zeichnet sich durch eine *Kollegialexekutive (Bundesrat)* von sieben gleichberechtigten Mitgliedern aus, die sowohl als kollektives Staatsoberhaupt, als Bundesregierung sowie als Spitze der sieben Departemente (Ministerien) tätig ist. Sie wird von der Vereinigten Bundesversammlung (National- und Ständerat vereint) zu Beginn jeder Legislaturperiode für eine vierjährige Amtsdauer neu gewählt. Der Bundesrat ist damit oberste Leitungs- und Vollzugsbehörde des Bundes, wobei jeder Bundesrat einem Departement vorsteht. Während der vierjährigen Amtsperiode können weder der gesamte Bundesrat noch einzelne Bundesräte vom Parlament durch ein Misstrauensvotum zum vorzeitigen Rücktritt gezwungen werden. Umgekehrt kann die Exekutive auch nicht vorzeitig das Parlament auflösen. Der Vorsitzende des Bundesrates, der *Bundespräsident*, wird als „Primus inter Pares" von der Bundesversammlung für ein Jahr gewählt, wobei eine aufeinanderfolgende Wiederwahl ausdrücklich untersagt ist.

*Die Bundesversammlung* bildet das Schweizer *Parlament* und besteht aus zwei gleichberechtigten Kammern, dem Nationalrat und dem Ständerat. Der *Nationalrat* als Volkskammer setzt sich aus 200 nach dem Verhältniswahlrecht gewählten Vertretern zusammen, wobei die Kantone die Wahlkreise bilden und sich die Zahl der Volksvertreter nach der Einwohnerzahl der Kantone richtet. Jeder Kanton entsendet aber mindestens einen Nationalrat. Der *Ständerat* als Kantonskammer umfasst 46 Abgeordnete, die nach kantonalem Wahlrecht, in der Regel nach dem Majorzverfahren, für üblicherweise vier Jahre gewählt werden. Jeder Kanton hat zwei Vertreter, die früheren Halbkantone stellen hingegen nur einen Abgeordneten. In Form der Vereinigten Bundesversammlung (d. h. National- und Ständerat gemeinsam) übt das Parlament lediglich seine Wahlkompetenzen aus, insbesondere die Wahl des Bundesrates und der Bundesrichter. Seine Aufgaben der Rechtssetzung und der Oberaufsicht über die anderen Gewalten nimmt es hingegen in getrennten Kammern wahr. Damit kommt der durch Volkswahlen unmittelbar legitimierten Bundesversammlung als „oberste Gewalt im Bund" (Art. 148 BV) zwar eine gewisse Vorrangstellung gegenüber Bundesrat und Bundesgericht zu. Hingegen ist das Parlament dem Bundesrat und dem Bundesgericht gegenüber nicht umfassend weisungsbefugt.

Die oberste rechtsprechende Gewalt schliesslich ist das *Bundesgericht*, das zurzeit aus 40 hauptamtlichen Richtern besteht, die für eine Amtszeit von sechs Jahren von der Bundesversammlung gewählt werden; deren Wiederwahl ist zulässig und üblich. Das oberste Gericht entscheidet als letzte Instanz über Rechtsstreitigkeiten in zivil- und öffentlich-rechtlichen Angelegenheiten sowie bei Streitigkeiten zwischen den einzelnen Staatsebenen. Im Weiteren ist es zuständig für die Beurteilung von Beschwerden bei der Verletzung verfassungsmässiger Rechte durch Bundes- oder Kantonsbehörden. Hingegen handelt es sich beim Bundesgericht nicht um ein eigentliches Verfassungsgericht, da in der Schweiz keine Verfassungsgerichtsbarkeit für Bundesgesetze besteht. Die erst zu Beginn des 21. Jahrhunderts erfolgten Gründungen des Bundesstrafgerichts und des Bundesverwaltungsgerichts bezweckten vor allem die Entlastung des Bundesgerichts von aufwändigen erstinstanzlichen Prozessen. Die Richter dieser Spezialgerichtshöfe werden ebenfalls für sechs Jahre von der Bundesversammlung gewählt.

Neben dem Grundsatz der Gewaltentrennung und der gängigen Zuordnung der klassischen Aufgaben an die drei Staatsgewalten zeichnet sich das schweizerische Verfassungssystem durch zwei weitere Hauptelemente aus, nämlich die stark ausgeprägte *direkte Demokratie* und den weitgehenden *Föderalismus*. Die herausragende Bedeutung der beiden grundlegenden Prinzipien der Volkssouveränität und des föderalen Bundesstaates äussert sich in der Bundesverfassung (Art. 148 Abs. 1 BV) unter anderem dadurch, dass das Parlament nur „unter Vorbehalt der Rechte von Volk und Ständen die oberste Gewalt im Bund" ausübt.

Im Gegensatz zu den meisten anderen Regierungssystemen kann die Wählerschaft in der Schweiz zudem nicht nur ihre Abgeordneten wählen, sondern ebenso über Bundesgesetze und Verfassungsänderungen abstimmen. Durch diese unmittelbaren Volksrechte können die Bürger direkten Einfluss auf die Verfassungs- und Gesetzgebungstätigkeit von Parlament und Regierung nehmen. So untersteht jede Verfassungsänderung dem *obligatorischen Verfassungsreferendum*. Zusätzlich können die Bürger einen Volksentscheid zu einer von ihnen gewünschten Änderung der Bundesverfassung verlangen, indem 100'000 Stimmberechtigte das Initiativbegehren innerhalb von 18 Monaten unterschreiben (*Volksinitiative*). Schliesslich kann zu jedem neuen Bundesgesetz durch die Sammlung von 50'000 Unterschriften

*Abbildung 1.1: Eine verfassungssystematische Darstellung des schweizerischen Regierungssystems*

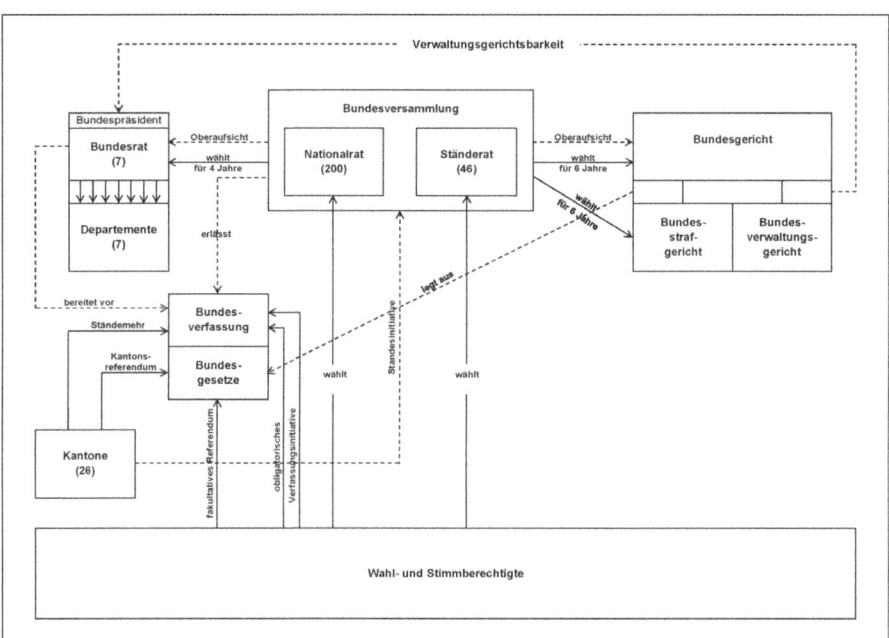

Anmerkung: „Kantone" umfasst Stimmberechtigte, Parlament und Regierung der Kantone.
Quelle: In Anlehnung an Haller und Kölz (1996: 162) mit eigenen Anpassungen.

innerhalb von 100 Tagen eine Volksabstimmung verlangt werden (*fakultatives Gesetzesreferendum*).

Der ausgeprägt bundesstaatliche Charakter mit der starken Betonung der Mitwirkung und Autonomie der Kantone wiederum ist durch eine Reihe föderaler Verfassungsinstitutionen abgesichert. Neben dem Ständerat als gleichberechtigter Parlamentskammer und der Notwendigkeit des *Ständemehrs* bei Verfassungsänderungen (d. h., dass zusätzlich zum Volksmehr auch die Mehrheit der Kantone einer Verfassungsänderung zustimmen muss) bestehen im *Kantonsreferendum* und in der *Standesinitiative* zwei weitere föderale Einrichtungen auf der bundespolitischen Ebene als Ersatz für den Verlust der kantonalen Souveränität zur Verfügung. Während mittels des Kantonsreferendums auf Verlangen von acht Kantonen eine Volksabstimmung über ein neues Bundesgesetz gefordert werden kann, hat mit der Standesinitiative jeder Kanton die Möglichkeit, dem Bundesparlament einen Entwurf zu einem Erlass einzureichen bzw. die Ausarbeitung eines solchen vorzuschlagen.

Diese Übersicht macht deutlich, dass das schweizerische Regierungssystem durch eine starke (vor allem personelle, weniger funktionelle) Gewaltentrennung zwischen Exekutive, Legislative und Judikative auf der horizontalen Ebene geprägt ist. Ebenso ist auch die vertikale Machtteilung zwischen Bund und Kantonen ausgesprochen ausgebaut. Zwar ist damit die verfassungsmässige Grundlage für ein stark auf Machtbegrenzung und Gewaltentrennung ausgerichtetes System gelegt. Jedoch lassen sich aus dieser Betrachtungsweise noch keine Schlüsse über das effektive Zusammenwirken der einzelnen Gewalten und das reale Machtverhältnis zwischen Exekutive, Legislative und Judikative sowie weiteren Akteuren ziehen. Ebenso wenig lassen sich Aussagen über die sich im Verlaufe der Zeit gewandelten föderalen Beziehungen machen oder darüber, welchen Einfluss die Einführung bestimmter Volksrechte, wie z. B. das fakultative Gesetzesreferendum, auf die Zusammensetzung und Funktionsweise von Regierung und Parlament sowie auf das politische System insgesamt ausgeübt hat. Schliesslich werden aus dieser Perspektive die Aufgaben und Funktionen wichtiger nicht-staatlicher Akteure wie etwa der politischen Parteien und Interessenverbände ausgeblendet. Zusammenfassend liefern also die bisher erläuterten konstitutionellen Merkmale zwar die notwendige Voraussetzung zum grundlegenden Verständnis des schweizerischen Politiksystems. Sie beschreiben aber nur den formellen Rahmen der Machtteilung und -verteilung und verbleiben damit auf der institutionellen Oberflächenstruktur. Die realen Machtverhältnisse, die politisch-gesellschaftlichen Konfliktregelungsstrukturen und die wichtige Rolle nicht-staatlicher Akteure werden durch die ältere Institutionenlehre hingegen nicht erfasst. Ausgehend von diesen Defiziten wird im nächsten Abschnitt zunächst der politische Entscheidungskreislauf für die Schweiz von Linder und Mueller (2017) vorgestellt, bevor abschliessend der empirisch-analytische Ansatz der Konsensdemokratie behandelt wird.

### 1.3.3 Der machtteilende Entscheidungsprozess in der Schweiz

In ihrem Werk zur schweizerischen Demokratie stellen Linder und Mueller (2017: 369) das machtteilende Entscheidungssystem auf Bundesebene als einen Kreislauf von vier aufeinanderfolgenden Phasen dar, die im Folgenden kurz erläutert werden (vgl. Abbildung 1.2). Der politische Entscheidungsprozess in der Schweiz zeichnet sich durch die Beteiligung von einer Vielzahl von Akteuren aus. In der *vorparlamentarischen Phase* treten Parteien, Verbände und andere Akteure über das Parlament (z. B. mit einer Motion),[13] mittels Volksinitiative und weiteren Kanälen mit ihren Anträgen an den Bundesrat heran, sofern dieser nicht selbst Reformen initiiert. Zunächst arbeitet dann das zuständige Departement oder eine von ihm beauftragte Expertenkommission ein Vorprojekt aus, zu dem die unmittelbar betroffenen Kreise angehört werden. Der Entwurf des Bundesrates wird in einem nächsten Schritt den interessierten Kreisen wie Parteien, Verbänden, Kantonen und weiteren Organisationen zur Vernehmlassung unterbreitet, worauf diese ihre Stellungnahmen abgeben und das zuständige Departement die Vorlage auf der Basis der eingegangenen Kommentare überarbeitet. Die bereinigte Vorlage wird dann als sogenannter Bundesratsentwurf mit zusätzlichen Erläuterungen durch die Regierung dem Parlament vorgelegt; damit beginnt die zweite Phase. In

---

[13] Eine Motion kann von einem oder mehreren Mitgliedern des Nationalrats oder Ständerats verfasst werden. Stimmen ihr beide Räte zu, dann wird die Motion an den Bundesrat überwiesen. Sie enthält die verbindliche Aufforderung an den Bundesrat, einen Erlassentwurf zu einer bestimmten Sache vorzulegen oder eine bestimmte Massnahme zu treffen.

## 1.3 Das politische System der Schweiz aus politikwissenschaftlicher Perspektive

*Abbildung 1.2: Der machtteilende Entscheidungsprozess in der Schweiz (Bund)*

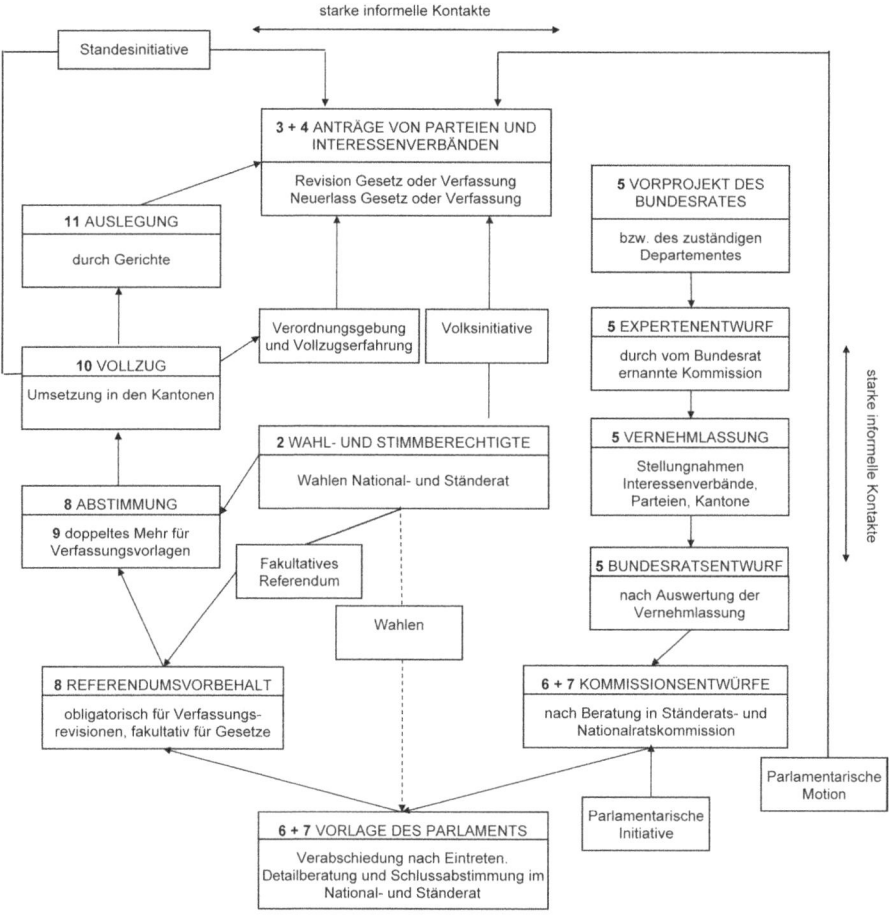

Anmerkung: Die Zahlen entsprechen den einzelnen Kapiteln des vorliegenden Buches.
Quelle: Linder und Mueller (2017: 369) mit eigenen Ergänzungen und Anpassungen.

der *parlamentarischen Phase* wird dieser Entwurf in der vorberatenden Kommission des National- oder Ständerats (je nach Erstrat) behandelt und je nachdem abgeändert, wobei die Legislative mit der parlamentarischen Initiative[14] zusätzlich die Möglichkeit besitzt, den vorparlamentarischen Prozess auszuklammern. Der Kommissionsentwurf wird daraufhin vom Plenum des Erstrats beraten und beschlossen. Anschliessend beschäftigen sich die zuständige Parlamentskommission

---
14 Zur Erklärung des Begriffs siehe Abschnitt 6.9.1.

und das Plenum des Zweitrats mit dem Geschäft. Kommt eine Einigung zustande, wird die Parlamentsvorlage in den Schlussabstimmungen der beiden Räte verabschiedet. Es folgt die *direktdemokratische Phase*, in der bei Verfassungsänderungen zwingend eine Volksabstimmung mit der notwendigen doppelten Zustimmung von Volk und Ständen erfolgt, wobei Bundesrat und Parlament bei Volksinitiativen die Möglichkeit besitzen, einen direkten oder indirekten Gegenentwurf vorzulegen. Bundesgesetze unterstehen lediglich dem fakultativen Referendum: Eine Volksabstimmung findet nur dann statt, wenn 50'000 Stimmberechtigte dies mit ihrer Unterschrift innerhalb von 100 Tagen fordern. Bei der Abstimmung entscheidet dann das einfache Volksmehr. In der nachfolgenden *Implementationsphase* schliesslich arbeiten die zuständigen Departemente die konkretisierenden Verordnungen und Politikprogramme aus. Eine äusserst wichtige Rolle spielen im Kontext des schweizerischen Vollzugsföderalismus die Kantone. Sie sind in vielen Fällen für die Ausführungsgesetze und die Umsetzung der Bundeserlasse vor Ort zuständig und können z. B. über Standesinitiativen Anträge an das Bundesparlament stellen. Gegebenenfalls sorgen dann die Gerichte auf den verschiedenen Staatsebenen für die konkrete Auslegung der Bundeserlasse.

Das politische Kreislaufmodell von Linder und Mueller (2017) liefert uns nicht nur auf einen Blick eine äusserst hilfreiche Übersicht zum Entscheidungsverfahren innerhalb des schweizerischen Politiksystems. Es gibt uns auch detaillierte Informationen darüber, welche Institutionen und Akteure in welcher Phase des politischen Prozesses in welcher Form beteiligt sind. Allerdings wurde das Schema von Linder und Mueller (2017) für den vorliegenden Zweck in einem wesentlichen Punkt abgeändert: Anstelle des Bundesrates befinden sich hier die Wahl- und Stimmberechtigten im Zentrum. Damit soll nicht die wichtige koordinierende Funktion der Regierung und ihr strategisch bedeutender Einfluss in den verschiedenen Phasen des politischen Entscheidungsprozesses infrage gestellt werden. Vielmehr wird dadurch zum Ausdruck gebracht, dass die Schweizer Bürgerschaft aus einer vergleichenden Perspektive über ausserordentliche Einflussmöglichkeiten verfügt: Zusätzlich zum in repräsentativen Demokratien üblichen Recht, die Legislative zu bestellen, kommen als unmittelbare Volksrechte namentlich die Volksinitiative in der frühen (vorparlamentarischen) Agenda Setting-Phase und das Referendum in der nachparlamentarischen Phase hinzu. Damit verfügt das Schweizer Volk in nahezu jeder Phase über einen beträchtlichen direkten oder indirekten Einfluss.

## 1.4 Die konzeptionelle Grundlage für den Aufbau des Buches

Als eine der ältesten und stabilsten Demokratien weltweit entspricht die Schweiz in vielerlei Hinsicht dem Modell der *„eingebetteten Demokratie"* (*embedded democracy*; Merkel 2004, 2010), das für etablierte Demokratien entwickelt wurde. Dieses Konzept geht davon aus, dass intakte rechtsstaatliche Systeme ein Gefüge voneinander unabhängiger, aber miteinander in Verbindung stehender Teilregimes darstellen. Diese Teilsysteme werden wiederum durch äussere Rahmenbedingungen wie ihre internationale Integration, die eigene Zivilgesellschaft und den sozio-ökonomischen Kontext gestützt. Bei den fünf Teilregimen rechtstaatlicher Demokratien handelt es sich erstens um das *demokratische Wahlregime* mit dem (aktiven und passiven) Wahlrecht und freien und fairen Wahlen; zweitens um das Teilregime der *politischen Partizipationsrechte* wie das Recht auf Meinungs-, Informations- und Vereinigungsfreiheit; drittens um die *effektive Regierungsgewalt* mit vom Volk gewählten Mandatsträgern mit realer Gestaltungsmacht in Regierung und Parlament; viertens um die *Gewaltenkontrolle* und die durch sie institutionalisierte horizontale und vertikale Verantwortlichkeit durch autonome Institutionen; und fünftens um die Sicherung *bürgerlicher Freiheitsrechte* wie individuelle Schutzrechte, die Gleichbehandlung vor dem Gesetz und dem freien und gleichen Zugang zu den Gerichten.[15]

In jedem dieser fünf Teilregime sorgen in intakten Demokratien politische Institutionen und Akteure dafür, dass die zugeschriebenen Funktionen auch tatsächlich wahrgenommen und ausgeübt werden. So sichert ein demokratisch ausgestaltetes Wahlsystem der Wählerschaft den Zugang zu den staatlichen Machtpositionen; die Parteien und Interessenverbände als Träger der Meinungs- und Assoziationsfreiheit bündeln und artikulieren gesellschaftliche und politische Interessen; das Parlament und die Regierung üben die demokratisch legitimierte Regierungsgewalt aus, während machtteilende Institutionen wie die Verfassung, direkte Demokratie und Föderalismus die horizontale und vertikale Gewaltenkontrolle sicherstellen und unabhängige Gerichte die Einhaltung bürgerlicher Freiheitsrechte garantieren.

Abbildung 1.3 gibt das Konzept der „eingebetteten Demokratie" wieder, indem sie die fünf Teilregime und die für ihr jeweiliges Funktionieren relevanten Institutionen aufführt. Das Konzept dient damit zur Festlegung jener zentralen politischen Institutionen und Akteure, welche für die Analyse eines stabilen demokratischen Systems wie der Schweiz zu berücksichtigen sind. Darüber hinaus stellt es auch Prüfkriterien zur Beurteilung des Demokratiezustands bereit und liefert mit der Einteilung in fünf Teilregime hilfreiche Hinweise über die sinnvolle *Reihenfolge* für die Behandlung der einzelnen politischen Institutionen. Dabei wird nun durch die vorgenommene Anpassung am politischen Entscheidungskreislauf der Schweiz von Linder und Mueller (2017) auch die hohe Übereinstimmung mit den fünf Teilregimen gemäss dem Konzept der „eingebetteten Demokratie" (Merkel 2004, 2010) deutlich. Die deckungsgleiche Reihenfolge der in Erscheinung tretenden politischen Institutionen und Akteure bei Linder und Mueller (2017) sowie Merkel (2010) liefert damit den Rahmen für den Aufbau dieses Buches. Entsprechend beginnt der inhaltliche Teil mit einem eigenen Kapitel zum Wahlsystem (Kapitel 2). Dies bringt zum Ausdruck, dass auch in einem halb-direktdemokratischen System wie der Schweiz die Gestaltung des Wahlregimes von herausragender Bedeutung ist für die Strukturierung des Parteiensystems, die Vertretung der Parteien im Parlament und die Zusammensetzung der Regierung und damit auch die politische Machtfrage unmittelbar berührt. Darauf folgend werden die nicht-staatlichen

---

15 Die hier gewählte Reihenfolge folgt dabei dem Uhrzeigersinn der fünf aufgeführten Teilregime in den Darstellungen zur „embedded democracy" (Merkel 2004, 2010). In verschiedener Hinsicht wurde das vor allem für repräsentative Demokratien entwickelte Konzept der „embedded democracy" für den Fall Schweiz adaptiert und konkretisiert.

*Abbildung 1.3: Die fünf Teilregime der „eingebetteten Demokratie"*

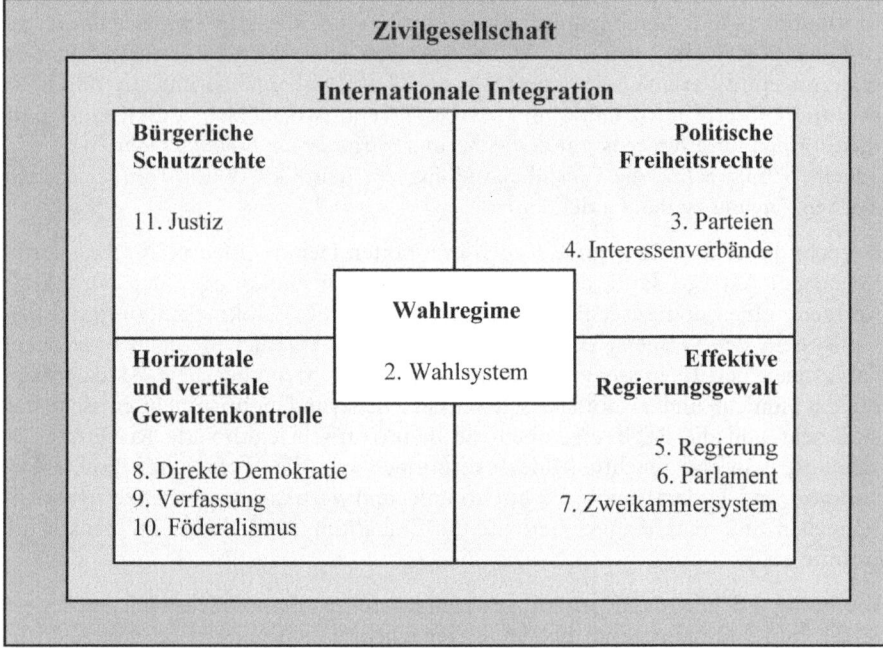

Anmerkung: Die Zahlen entsprechen den einzelnen Kapiteln des vorliegenden Buches.
Quelle: In Anlehnung an Merkel (2010) mit eigenen Anpassungen.

Akteure der Interessenaggregation und -artikulation, d. h. Parteien (Kapitel 3) und Interessenverbände (Kapitel 4), und die Träger der staatlichen Regierungsgewalt, d. h. Bundesrat (Kapitel 5) und Parlament (Nationalrat; Kapitel 6), behandelt. Eine besondere Bedeutung kommt in der Schweiz der Ausgestaltung der Legislative mit der Verknüpfung von Föderalismus und Parlamentarismus in Form eines ausgeprägten Bikameralismus zu, was seinen Ausdruck in der starken Stellung des Ständerats findet. Entsprechend scheint es auch angebracht, dem Zweikammersystem ein eigenes Kapitel zu widmen (Kapitel 7).[16] Anschliessend rücken die horizontal und vertikal kontrollierenden Institutionen in den Fokus: Die direkte Demokratie wird in Kapitel 8 behandelt. Auch die Verfassung, die als zentrales Rechtsdokument den grundlegenden Staatsaufbau definiert, die territoriale Gliederung des Staates festlegt und das Verhältnis zwischen Bürger und Staat regelt, wird einer politikwissenschaftlichen Betrachtung unterzogen (Kapitel 9). Kapitel 10 beschäftigt sich mit der Ausgestaltung des Föderalismus. Schliesslich wird sowohl der klassischen Dreiteilung der Gewalten als auch neueren Entwicklungen in der Schweizer Politik wie dem verstärkten Trend zur Justizialisierung der Poli-

---

16 Das Zweikammersystem gehört damit sowohl dem Teilregime der Regierungs- und Parlamentsgewalt als auch dem Teilregime der Gewaltenkontrolle an.

tik mit einem eigenen Kapitel (11) zur Rolle der Justiz Rechnung getragen. Im Synthesekapitel (12) werden die zehn Institutionen zusammengeführt und Fragen zum Wandel, Zustand und zu den Perspektiven der schweizerischen Demokratie in den ersten Jahrzehnten des 21. Jahrhunderts behandelt.

Die Kapitel zu den einzelnen Institutionen sind dabei jeweils nach demselben Muster aufgebaut: Zunächst werden ihre Grundlagen und die historische Entwicklung sowie ihre Stellung im politischen System beschrieben. Es folgt eine Analyse ihrer bisherigen Funktions- und Wirkungsweise. Dabei wird im Sinne einer strukturfunktionalistischen Betrachtung geprüft, inwiefern die jeweilige Institution die ihr von der politikwissenschaftlichen Forschung zugesprochenen Teilfunktionen erfüllt und damit ihre Leistungen für das Funktionieren des Gesamtsystems erbringt. In den folgenden Abschnitten steht dann die komparative Perspektive im Vordergrund, indem zuerst eine subnational und später eine international vergleichende Zuordnung der jeweiligen politischen Institution und ihrer Machtteilungsausprägung vorgenommen wird. Jedes Kapitel schliesst mit einer Zusammenfassung der wichtigsten Ergebnisse und einer kurzen Diskussion der Befunde im Lichte möglicher Reformen.

## 1.5 Die theoretische Grundlage: Das Modell der Konsensdemokratie

Im Zuge der Wiederentdeckung der politischen Institutionen innerhalb der politikwissenschaftlichen Forschung etablierte sich in den letzten Jahrzehnten mit dem neuen Institutionalismus ein einflussreicher Ansatz, der sich vor allem durch seine *systematisch-empirische Vorgehensweise* auszeichnet. Gemäss dem neo-institutionellen Konzept legen institutionelle Bedingungen Regeln und Verfahrenstechniken fest, konstituieren Akteure und Akteurskonstellationen, strukturieren Handlungsressourcen, -restriktionen und -strategien und beeinflussen auf diese Weise schliesslich die Politikergebnisse und das Leistungsprofil von Demokratien (Immergut 1998; March/Olsen 1984, 1989; Peters 2019; Thelen 1999; Vatter/Freiburghaus 2024). Im Vergleich zur *klassischen Institutionenlehre* liegt der Schwerpunkt nun nicht mehr auf der reinen Erfassung von formalen Regelwerken und politischen Verfügungsrechten wie Verfassungen und Gesetzen. Es rücken stattdessen die sich über die Zeit herausgebildeten informellen Merkmale und ungeschriebenen Regeln ins Zentrum der Analyse. Die stark durch das Wahlsystem geprägte Organisationsstruktur des Parteiensystems, die parteipolitische Zusammensetzung des Parlaments, der Kabinettstyp und die Stabilität der Regierung oder die Strukturen des Verbändesystems füllen dadurch den formal-rechtlichen Gestaltungsrahmen. Sie entscheiden in wesentlicher Art und Weise mit über die strategischen Interaktionen zwischen verschiedenen Akteuren und bestimmen das reale Funktionieren einer Demokratie. Es ist damit weniger das in der Verfassung festgeschriebene institutionelle Verhältnis als vielmehr die Kombination formeller und informeller Elemente, welche die Machtverteilung und damit das Handeln unter den verschiedenen Akteuren in einem politischen System prägt. Gerade die informellen Regelungstechniken weisen bei der Erklärung von Machtverhältnissen ein besonderes Potenzial auf, weshalb sich vor allem die empirisch-analytisch ausgerichtete Demokratieforschung der institutionellen Tiefenstruktur von Demokratien angenommen hat.[17]

Einer der ertragreichsten und bedeutendsten Versuche zur Erfassung politisch-institutioneller Konfigurationen in ihrer Wirkung auf den Grad der Machtverteilung in demokratischen Regimen geht dabei auf Arend Lijphart (1977, 1984, 1999, 2012) zurück. Sein Forschungsinteresse zielt ab auf den Modus politischer Entscheidungsfindung, die Ausprägungen horizontaler und vertikaler Machtdispersion und die Beziehung zwischen dem Typ des demokratischen Regimes und der Leistungsfähigkeit des politischen Systems. Bis spät in die 1960er Jahre hinein galt das „majoritarian winner-take-all" *Westminster-Modell* parlamentarischer Prägung innerhalb der Politikwissenschaft als die höchstentwickelte Demokratievariante (Powell 1982). Erst die unabhängig voneinander, aber weitestgehend parallel entwickelte Konkordanztheorie von Lehmbruch (1967, 1975) und Lijphart (1968, 1977) erlaubte mit der Herausbildung des Prototyps der *Konkordanzdemokratie*[18] eine theoretisch überzeugende und empirisch ertragreiche Beschreibung einer Vielzahl kleinerer und gesellschaftlich heterogener kontinentaleuropäischer Demokratien (Schmidt 2019). Diese bahnbrechenden Beiträge haben auch Eingang in die empirische Demokratieforschung zur Schweiz gefunden (Linder 2023; Linder/Mueller 2017, 2021; Steiner 1971, 1974).[19] Die Schweiz galt während der zweiten Hälfte des 20. Jahrhunderts als Musterbeispiel einer Konkordanzdemokratie, was an der breiten Mitwirkung einzelner Minderheiten an politischen Entscheidungsprozessen, am freiwilligen und seit langem praktizierten Regierungsproporz und der damit verbundenen Einbindung oppositioneller Parteien in die Exekutive sowie insbesondere an der grossen Bedeutung, die der Konfliktregulierung durch Kompromiss und gütlichem Einvernehmen zukam, lag.

In ausführlicher Art und Weise hat sich Lijphart in den letzten 60 Jahren darum bemüht, das ursprüngliche Konzept der Konkordanzdemokratie („consociational democracy") und die weiterentwickelte Variante der Konsensdemokratie („consensus democracy") durch einzelne Merkmale und Messgrössen zu konkretisieren. Ein Vergleich seiner verschiedenen Definitionsbemühungen seit den 1960er Jahren macht deutlich, dass er die „consociational democracy" als das Kernmodell[20] betrachtet, welches sich zunächst anhand vier eher informeller Komponen-

---

[17] In diesem Sinne stehen im Folgenden die Gemeinsamkeiten des neo-institutionellen Ansatzes im Mittelpunkt und weniger die Unterschiede zwischen den verschiedenen institutionellen Schulen (soziologisch-kulturalistisch, historisch-strukturalistisch, rational choice).

[18] Der ältere Begriff „Proporzdemokratie" wurde später durch den Terminus „Konkordanzdemokratie" ersetzt, welcher in der deutschsprachigen Politikwissenschaft als Äquivalent des Begriffs „consociational democracy" betrachtet wird (Lehmbruch 1996). Später wurde dafür auch der von Neidhart (1970) geprägte Begriff der „Verhandlungsdemokratie" verwendet.

[19] Der Unterschied zwischen Lijphart und Lehmbruch liegt vor allem darin, dass Ersterer besonderes Gewicht auf den voluntaristischen Charakter des kooperativen Elitenverhaltens legt, während Letzterer die Bedeutung der entwicklungsgeschichtlich gewachsenen Traditionen konkordanzdemokratischer Konfliktregulierung betont (Kranenpohl 2012: 16).

[20] Lijphart (1994: 3) bezeichnet „consociational democracy" bzw. „power-sharing democracy" als „a strong form of consensus democracy." An anderer Stelle weist Lijphart (1999) darauf hin, dass die Konsensdemokratie nach Machtteilung strebe, die Konkordanzdemokratie sie hingegen erfordere und vorschreibe, dass alle wichtigen Gruppen einbezogen werden. „Ferner begünstigt die Konsensdemokratie die Autonomie von Gesellschaftssegmenten, die Konkordanzdemokratie hingegen setzt solche Autonomie voraus" (Schmidt 2019: 321).

## 1.5 Die theoretische Grundlage: Das Modell der Konsensdemokratie

ten definieren lässt: Politische Machtteilung in Form der Einbindung mehrerer Parteien in eine breit abgestützte Koalitionsregierung (Grosse Koalition); kulturelle Autonomie für segmentierte Minderheiten, etwa in Form föderalistischer Schutzeinrichtungen; die Anwendung des Proportionalitätsprinzips beim Wahlsystem und bei der Besetzung öffentlicher Ämter sowie ein gesichertes Minderheitenveto bilden die zentralen Definitionskriterien seiner Demokratiekonzeption (Lijphart 1977: 25ff.) Ein weiteres Kennzeichen von Konkordanzdemokratien ist die soziokulturelle Segmentierung der einzelnen politischen Lager, die ihren Ausdruck in jeweils spezifischen Bildungs-, Berufs- und Freizeiteinrichtungen sowie eigenen politischen Parteien und Medien finden. Allerdings zeichnete sich gerade die Schweiz der Nachkriegszeit – im Gegensatz etwa zu Österreich und Belgien – nicht durch diese „Versäulung" mit der Existenz in sich geschlossener soziopolitischer Lager aus. Die sich überschneidenden politischen, kulturellen und gesellschaftlichen Spannungslinien („cross-cutting cleavages") verhinderten in der Schweiz die starke Herausbildung von vertikal integrierten Teilgesellschaften im Verlaufe des 20. Jahrhunderts. Schliesslich weist Lehmbruch (1991) darauf hin, dass neokorporatistische Verbandsstrukturen grosse Ähnlichkeiten mit konkordanzdemokratischen Regelsystemen haben und zu ihrer Stabilisierung beitragen. Neben diesen Eigenschaften zeichnet sich die Konkordanzdemokratie vor allem durch ausgesprochen kooperatives Verhalten der politischen Elite aus. Dieses ist durch eine starke Betonung formaler und informeller Entscheidungsprozeduren der ausserparlamentarischen Verständigung und durch die *Maxime des gütlichen Einvernehmens* („amicable agreement") als spezifische Form des Konfliktmanagements geprägt (Lehmbruch 1968; Steiner 1974, 2002). Anstelle des in angelsächsischen Konkurrenzdemokratien vorherrschenden politischen Wettbewerbs und der Mehrheitsregel als Entscheidungsprinzip treten damit in Konkordanzdemokratien ausgefeilte Kompromisstechniken und einvernehmliches Aushandeln in den Vordergrund.

Die darauf aufbauende Konsensdemokratie stellt unterdessen die noch weiter gefasste Variante einer durch starke Machtteilung geprägten Konzeption dar, die insgesamt zehn Demokratiemerkmale umfasst (Lijphart 1984, 1999, 2012). Das ältere Konkordanzmodell unterscheidet sich vom neueren Konsensdemokratiekonzept allerdings nicht nur in der Zahl der Merkmale. Im Zuge des Paradigmenwandels in der vergleichenden Politikwissenschaft hat auch Lijphart einen Wechsel von einem eher behaviouralistischen zu einem stärker neo-institutionalistischen Konzept vollzogen. Während in der ursprünglichen Version das Verhalten der politischen Elite und damit auch Elemente der politischen Kultur eine wichtige Rolle spielten, beschränkt sich die neuere Variante vornehmlich auf informelle und formelle Institutionen (Lijphart 1968, 1977, 1999, 2012).

Im Folgenden wird die weiterentwickelte und neuere Typologie der Mehrheits- und Konsensdemokratie kurz vorgestellt, da sie für die hier im Zentrum stehende Analyse des politischen Systems der Schweiz den theoretischen Rahmen bildet. Idealiter stehen sich die beiden Demokratiemodelle vor allem in der zentralen Frage der politischen Machtverteilung konträr gegenüber. Bei der Mehrheitsdemokratie (auch Westminsterdemokratie genannt) steht die Machtkonzentration bei der

Regierung als Grundprinzip im Zentrum. Die Konsensdemokratie hingegen betont die Diffusion von Macht (Bernauer/Vatter 2019). Sie zügelt die Mehrheitsherrschaft und zielt damit auf Machtteilung durch die Sicherung von Kräften gegen die Regierungsmehrheit und will darüber hinaus Minderheiten die Möglichkeit der politischen Mitwirkung geben, was zur Machtbeschränkung der jeweiligen Regierungs- und Parlamentsmehrheit führt (Schmidt 2019).

Lijphart (1999, 2012) arbeitet zudem zur Unterscheidung von Mehrheits- und Konsensdemokratien mit der Exekutive-Parteien-Dimension und der Föderalismus-Unitarismus-Dimension zwei grundlegende Formen demokratischer Herrschaft heraus (vgl. Tabelle 1.3). Erstere zeigt starke Zusammenhänge zwischen der Anzahl der Parteien im Parlament, dem Regierungstypus (Einparteienregierung vs. Mehrparteienkoalition), der Stärke der Exekutive gegenüber der Legislative, dem Disproportionalitätsgrad des Wahlsystems und dem System der Interessenverbände. Die zweite Dimension erfasst verschiedene Indikatoren der vertikalen Machtteilung wie den Grad des Föderalismus, die Machtkonzentration in der Legislative, die Verfassungsrigidität, das verfassungsgerichtliche Prüfungsrecht und die Unabhängigkeit der Nationalbank.

Lijphart (1999, 2012) zufolge sind die unbeschränkte Mehrheitsherrschaft, die Bildung stabiler Regierungen sowie häufige Machtwechsel die entscheidenden Merkmale der Mehrheitsdemokratie. Im Unterschied dazu ist die Konsensdemokratie für klare Kurswechsel und rasche Antworten auf kurzfristige Herausforderungen weniger geeignet. Die herausragenden Leistungen der Konsensdemokratie werden dabei in der Herstellung politischer Stabilität, ihrer ausgeprägten Fähigkeit zur Integration verschiedener gesellschaftlicher Gruppen und der Berücksichtigung von Minderheitsinteressen in segmentierten und pluralistischen Systemen gesehen. Deshalb führe sie insgesamt zu einer „freundlicheren und sanfteren Gesellschaft", sei aber gleichzeitig in wirtschaftspolitischer Hinsicht der Mehrheitsdemokratie ebenbürtig (Lijphart 1999, 2012; Schmidt 2019). Die Forschung verbindet sie zudem mehrheitlich mit einer überdurchschnittlichen Staatstätigkeit (Lijphart 2012; Roller 2005; Vatter/Freitag 2007). Somit zeichnen sich Konsensdemokratien zum einen durch ausgefeilte Kompromisstechniken aus, was sich in vielen Fällen durch die starke Berücksichtigung von Minderheiteninteressen und das Schnüren von kostenintensiven Paketlösungen ausdrückt. Zum anderen führen die Repräsentation unterschiedlicher gesellschaftlicher Gruppen und die Einbindung nationaler, sprachlicher, religiöser und politischer Minderheiten in die Entscheidungsfindung zu einer breiteren politischen Verantwortlichkeit und erhöhtem Zwang zu staatlicher Tätigkeit.

Die von Lijphart (1999, 2012) vorgenommene Weiterentwicklung mit der Gegenüberstellung und dem systematischen Vergleich zweier Idealtypen der Demokratie, der Mehrheits- und der Konsensdemokratie, gilt bis heute als einer der bahnbrechendsten Beiträge der komparativen Politikwissenschaft und als „the single most influential typology of modern democracies" (Mainwaring 2001: 171).[21] Nicht zuletzt aufgrund seines hohen Bekanntheits- und Wirkungsgrads ist das Demokratiemodell von Lijphart (1984, 1999, 2012) immer wieder auch Gegenstand von Kritik. So wird etwa bemängelt, dass er nicht genügend zwischen institutionellen Strukturmerkmalen und akteursspezifischen Verhaltensmustern in etablierten Demokratien unterscheide, die postulierten logischen Zusammenhänge zwischen den einzelnen Variablen in der ersten und zweiten Machtteilungsdimension nur teilweise existierten und einzelne Indikatoren nicht valide und verlässlich und je nach Länderauswahl die Befunde nicht replizierbar seien (Bormann 2010; Ganghof 2012; Kaiser 1998; Roller 2005; Schmidt 2019; Taagepera 2003). Diese Einwände sind teilweise gerechtfertigt und werden in den einzelnen Kapiteln erörtert.[22]

Im Zusammenhang mit der Analyse des politischen Systems der Schweiz soll aber bereits an dieser Stelle auf einen zentralen Kritikpunkt eingegangen werden, der von verschiedener Seite geäussert wurde (Freitag/Vatter 2008; Jung 2001; Schmidt 2019; Vatter 1997, 2000, 2008): Lijphart beziehe zwar die Dimensionen der horizontalen und vertikalen Machtaufgliederung bei seiner Analyse demokratischer Systeme ein, berücksichtige hingegen nicht die „dritte Dimension", nämlich die Machtteilung zwischen Volk und politischer Elite als zentralen Aspekt der institutionellen Ausgestaltung von Demokratien. Mit anderen Worten: Die grundlegende Differenz zwischen rein repräsentativen und stärker direktdemokratischen Herrschaftsformen, bei der die stimmberechtigte Bevölkerung über unterschiedlich weitgehende Mitentscheidungsrechte bei Sachvorlagen verfügt, bleibt bei Lijphart nahezu vollständig ausgeblendet. Dies erweist sich gerade für den hier im Zentrum stehenden Fall der Schweiz als grosser Mangel: Gerade sie gilt bekanntlich nicht nur als paradigmatischer Fall einer Konsensdemokratie, sondern verfügt auch über die weitestgehenden direktdemokratischen Möglichkeiten aller etablierten Demokratien, weshalb die Direktdemokratie ein zentrales Charakteristikum des politischen Systems der Schweiz darstellt. Zudem wird die Herausbildung der schweizerischen Konkordanz- und Konsensdemokratie zu grossen Teilen gerade mit der Einführung von Institutionen der direkten Demokratie erklärt. Deshalb sind die stark machtteilenden Strukturen nicht ohne die Systemwirkung des Referendums zu verstehen (Neidhart 1970). Die Volksrechte üben einen starken institutionellen Konkordanzzwang zur Risikominimierung aus, der das Regieren in breit abgestützten Koalitionen nahelegt – oder wie es Lehner (1991: 93) für die Schweiz auf den Punkt bringt: „Die Konkordanz ist ein Produkt der direkten Demokratie." Sowohl aus einer vertieften Einzelfallbetrachtung der Schweiz als auch aus einer breit angelegten komparativen Analyse moderner Demokratien heraus ist es deshalb unverzichtbar, die direkte Demokratie als politische Kerninstitution miteinzubeziehen. Dies ermöglicht es im Folgenden auch, das politische System

---

21 Eine theoretische und empirisch-methodische Weiterentwicklung des Konzepts der Mehrheits- und Konsensdemokratie haben Bernauer und Vatter (2019) mit ihrem Ansatz der „Power Diffusion Democracy" vorgenommen.
22 Hingegen wird nur am Rande auf weiterführende Typologien wie etwa die eindimensionale, vor allem im Hinblick auf ihre Policy-Wirkungen ertragreiche Vetospielertheorie von Tsebelis (2002) oder diejenigen von Ganghof (2005) sowie Gerring und Thacker (2008) eingegangen. Sie fokussieren stark auf parlamentarische Demokratien und sind deshalb für die Schweiz weniger geeignet.

# 1 Einleitung

der Schweiz unter Berücksichtigung der drei wichtigsten Typen alternativer Demokratieformen zu analysieren (Schmidt 2019).

*Tabelle 1.3: Die zehn untersuchten Institutionen des schweizerischen Politiksystems und ihre Merkmalsausprägungen gemäss dem Modell der Mehrheits- und Konsensdemokratie*

| politische Institutionen | Ausprägungen | |
|---|---|---|
| | bei Mehrheits- und Konsensdemokratien | im schweizerischen Politiksystem |
| Parteien und Parteiensystem | Zweiparteiensystem vs. Vielparteiensystem | Vielparteiensystem |
| Regierung (Bundesrat) | Einparteienregierung vs. Mehrparteienkoalition | Mehrparteienkoalition |
| Parlament (Nationalrat) | Regierungsdominanz vs. ausgeglichenes Verhältnis Regierung und Parlament | formal starke Stellung des Parlaments, real schwächer |
| Wahlsystem | Mehrheitswahl mit hoher Disproportionalität vs. Verhältniswahl mit geringer Disproportionalität | Verhältniswahl bei Nationalratswahlen mit eher geringer Disproportionalität |
| Interessenverbände | pluralistisches vs. korporatistisches Interessenverbändesystem | schwach korporatistisches System mit starker Deregulierung und Dezentralisierung |
| Föderalismus | zentralistischer Einheitsstaat vs. föderaler Bundesstaat | föderaler Bundesstaat |
| Zweikammersystem (Ständerat) | Einkammersystem vs. Zweikammersystem | gleichberechtigtes Zweikammersystem |
| Bundesverfassung | einfache Mehrheit vs. qualifizierte Mehrheit für Verfassungsänderungen | Volks- und Ständemehr für Verfassungsänderung |
| Justiz (Bundesgericht) | keine Verfassungskontrolle vs. Verfassungsprüfungsrecht | nur sehr beschränkte Verfassungsgerichtsbarkeit |
| Direkte Demokratie | Repräsentativverfassung vs. direktdemokratische Rechte | stark ausgebaute Volksrechte |

Anmerkung: Im Unterschied zur Konzeption von Lijphart (2012) wird die Zentralbank nicht betrachtet, dafür wird zusätzlich die direkte Demokratie einbezogen.
Quellen: Lijphart (1999, 2012: 3ff.) und Vatter (2008: 341) sowie eigene Ergänzungen.

Tabelle 1.3 gibt die zehn politischen Institutionen wieder, die in den folgenden Kapiteln im Einzelnen ausführlich behandelt werden. Die untersuchten *Demokratiemerkmale* entsprechen damit denjenigen von Lijphart (1999, 2012) – mit dem Unterschied, dass die direkte Demokratie zusätzlich einbezogen wird, während auf die Beschreibung und Analyse der Zentralbank verzichtet wird. Letzteres rechtfertigt sich zunächst mit der späten Gründung der Schweizerischen Nationalbank im Jahr 1907, wodurch ein langfristiger intertemporaler Vergleich kaum möglich ist. Im Weiteren hat die im Rahmen der europäischen Einigung stattgefundene Einführung einer gemeinsamen Währung und die dazu neu geschaffene Europäische Zentralbank dafür gesorgt, dass in einem guten Dutzend europäischer Länder keine nationalstaatlichen Kompetenzen in der Geld- und Währungspolitik und damit auch keine Unterschiede in der Unabhängigkeit der Zentralbank mehr bestehen. Die fehlende nationalstaatliche Bedeutung der Zentralbank und die damit auch nicht mehr vorhandene Varianz in rund der Hälfte der Untersuchungsländer lassen deshalb einen internationalen Vergleich als wenig sinnvoll erscheinen. Selbstredend entfällt bei diesem Merkmal im Gegensatz zu allen übrigen Institutionen (mit Ausnahme des Zweikammersystems) auch ein interkantonaler Vergleich. Im Weiteren relativiert sich die Rolle der Zentralbank innerhalb eines politischen Systems dadurch, dass sie anders als alle übrigen hier behandelten Institutionen nur für die Geld- und Währungspolitik im Speziellen und die Wirtschaftspolitik im Allgemeinen von zentraler Bedeutung ist. Für die meisten anderen Politikbereiche ist sie hingegen wenig relevant. Schliesslich sprechen gemäss Schmidt (2019) auch demokratietheoretische Gründe gegen die Berücksichtigung der Zentralbank als Kerninstitution der Demokratie, was im Gegensatz dazu bei der direkten Demokratie ausser Frage steht. Zusammenfassend handelt es sich bei den zehn hier ausgewählten Institutionen um die in der komparativen Forschung gängigsten Merkmale demokratischer Systeme (Kaiser 1998).

## 1.6 Literaturverzeichnis

Altman, David, 2008: Collegiate Executives and Direct Democracy in Switzerland and Uruguay: Similar Institutions, Opposite Political Goals, Distinct Results. In: Swiss Political Science Review 14/3, 483–520.
Année Politique Suisse, 1965ff.: Chronik zur schweizerischen Politik. Bern: Universität Bern, Institut für Politikwissenschaft.
Auer, Andreas, 2016: Staatsrecht der schweizerischen Kantone. Bern: Stämpfli.
Barbera, Augusto, 1990: Un'alternativa neoparlamentare al presidenzialismo. In: Democrazia e Diritto 2, 110–134.
Bormann, Nils, 2010: Patterns of Democracy and its Critics. In: Living Reviews in Democracy 2. www.democracy.livingreviews.org (abgerufen am 15.06.2013).
Bernauer, Julian/Vatter, Adrian, 2019: Power Diffusion and Democracy. Institutions, Deliberation and Outcomes. Cambridge: Cambridge University Press.
Church, Clive H., 2004: The Politics and Government of Switzerland. Houndmills: Palgrave Macmillan.
Church, Clive H., 2016: Political Change in Switzerland. From Stability to Uncertainty. New York: Routledge.
De Rougemont, Denis, 1970: La Suisse, ou l'histoire d'un peuple heureux. Paris: Hachette.
Deutsch, Karl, 1976: Die Schweiz als paradigmatischer Fall politischer Integration. Bern: Haupt.
Duverger, Maurice, 1980: A New Political System Mode: Semi-Presidential Government. In: European Journal of Political Research 8/2, 156–187.
Ebnöther, Christoph, 2017: Leitfaden durch das politische System der Schweiz. Zürich: Orell Füssli.

Eichenberger, Kurt, 1977: Ohnmacht des Parlaments. Allmacht der Verwaltung. In: Erich Gruner/Müller, Jörg Paul (Hrsg.): Erneuerung der schweizerischen Demokratie? Bern: Stämpfli, 25–41.

Elazar, Daniel J., 1991: Federal Systems of the World. A Handbook of Federal, Confederal and Autonomy Arrangements. London: Cartermill International.

Emmenegger, Patrick/Fossati, Flavia/Häusermann, Silja/Papadopoulos, Yannis/Sciarini, Pascal/Vatter, Adrian (Hrsg.), 2024: The Oxford Handbook of Swiss Politics. Oxford: Oxford University Press.

Fischer, Manuel, 2012: Entscheidungsstrukturen in der Schweizer Politik zu Beginn des 21. Jahrhunderts. Zürich/Chur: Rüegger.

Freitag, Markus/Vatter, Adrian, 2008: Die Demokratien der deutschen Bundesländer. Politische Institutionen im Vergleich. Opladen: Budrich.

Ganghof, Steffen, 2005: Normative Modelle, institutionelle Typen und beobachtbare Verhaltensmuster: Ein Vorschlag zum Vergleich parlamentarischer Demokratien. In: Politische Vierteljahresschrift 46/3, 406–431.

Ganghof, Steffen, 2012: Resilient Patterns of Democracy. A Comparative Analysis. In: Zeitschrift für Vergleichende Politikwissenschaft 6/2, 103–124.

Germann, Raimund E., 1994: Staatsreform: Der Übergang zur Konkurrenzdemokratie. Bern/Stuttgart: Haupt.

Gerring, John/Thacker, Strom C., 2008: A Centripetal Theory of Democratic Governance. Cambridge: Cambridge University Press.

Gruner, Erich, 1977: Die Parteien in der Schweiz. Bern: Francke.

Haller, Walter/Kölz, Alfred, 1996: Allgemeines Staatsrecht. Ein Grundriss. Basel/Frankfurt a. M.: Helbing & Lichtenhahn.

Heer, Elia/Heidelberger, Anja/Bühlmann, Marc (Hrsg.), 2022: Schweiz–EU: Sonderwege, Holzwege, Königswege: Die vielfältigen Beziehungen seit dem EWR-Nein. Basel: NZZ Libro.

Hermann, Michael, 2011: Konkordanz in der Krise. Zürich: Verlag Neue Zürcher Zeitung.

Immergut, Ellen M., 1998: The Theoretical Core of the New Institutionalism. In: Politics and Society 26/1, 5–34.

Jung, Sabine, 2001: Die Logik direkter Demokratie: Wiesbaden: Westdeutscher Verlag.

Kaiser, André, 1998: Vetopunkte der Demokratie: Eine Kritik neuerer Ansätze der Demokratietypologie und ein Alternativvorschlag. In: Zeitschrift für Parlamentsfragen 29/3, 525–541.

Kölz, Alfred, 1992: Neuere schweizerische Verfassungsgeschichte. Ihre Grundlinien vom Ende der Alten Eidgenossenschaft bis 1848. Bern: Stämpfli.

Kranenpohl, Uwe, 2012: Konkordanzdemokratie, Konsensusdemokratie, Verhandlungsdemokratie. Versuch einer terminologischen und typologischen Strukturierung. In: Köppl, Stefan/Kranenpohl, Uwe (Hrsg.): Konkordanzdemokratie. Ein Demokratietyp der Vergangenheit? Baden-Baden: Nomos, 5–35.

Kriesi, Hanspeter, 1980: Entscheidungsstrukturen und Entscheidungsprozesse in der Schweizer Politik. Frankfurt a. M.: Campus-Verlag.

Kriesi, Hanspeter, 1998: Le système politique suisse. Paris: Economica.

Kriesi, Hanspeter, 2008: Vergleichende Politikwissenschaft. Teil II: Institutionen und Länderbeispiele. Baden-Baden: Nomos.

Kriesi, Hanspeter/Trechsel, Alexander H., 2008: The Politics of Switzerland. Cambridge: Cambridge University Press.

Krumm, Thomas, 2013: Das politische System der Schweiz. Ein internationaler Vergleich. München: Oldenbourg Verlag.

Lehmbruch, Gerhard, 1967: Proporzdemokratie: Politisches System und politische Kultur in der Schweiz und in Österreich. Tübingen: Mohr.

Lehmbruch, Gerhard, 1968: Konkordanzdemokratie im Politischen System der Schweiz: Ein Literaturbericht. In: Politische Vierteljahresschrift 9/3, 443–459.

Lehmbruch, Gerhard, 1975: Consociational Democracy in the International System. In: European Journal of Political Research 3, 377–391.
Lehmbruch, Gerhard, 1991: Das konkordanzdemokratische Modell in der vergleichenden Analyse politischer Systeme. In: Michalsky, Helga (Hrsg.): Politischer Wandel in konkordanzdemokratischen Systemen. Vaduz: Verlag der Liechtensteinischen Akademischen Gesellschaft, 13–23.
Lehmbruch, Gerhard, 1996: Die korporative Verhandlungsdemokratie in Westmitteleuropa. In: Schweizerische Zeitschrift für Politische Wissenschaft 2/4, 19–44.
Lehner, Franz, 1991: Vergleichende Regierungslehre. Opladen: Leske + Budrich.
Leifeld, Philip/Ingold, Karin, 2016: Co-authorship Networks in Swiss Political Research. In: Swiss Political Science Review 22/2, 264–287.
Lijphart, Arend, 1968: The Politics of Accomodation: Pluralism and Democracy in the Netherlands. Berkeley/Los Angeles: University of California Press.
Lijphart, Arend, 1977: Democracy in Plural Societies. New Haven/London: Yale University Press.
Lijphart, Arend, 1984: Democracies. Patterns of Majoritarian and Consensus Government in Twenty-One Countries. New Haven/London: Yale University Press.
Lijphart, Arend, 1992: Parliamentary versus Presidential Government. New Haven/London: Yale University Press.
Lijphart, Arend, 1994: Democracies: Forms, Performance, and Constitutional Engineering. In: European Journal of Political Research 25/1, 1–17.
Lijphart, Arend, 1999: Patterns of Democracy. Government Forms and Performance in Thirty-Six Countries. New Haven/London: Yale University Press.
Lijphart, Arend, 2012: Patterns of Democracy. Government Forms and Performance in Thirty-Six Countries. New Haven/London: Yale University Press.
Linder, Wolf, 2009: Schweizerische Konkordanz im Wandel. In: Zeitschrift für Staats- und Europawissenschaften 7/2, 209–230.
Linder, Wolf, 2012: Schweizerische Demokratie. Institutionen, Prozesse, Perspektiven. Bern/Stuttgart: Haupt.
Linder, Wolf/Mueller, Sean, 2017: Schweizerische Demokratie. Institutionen– Prozesse – Perspektiven. Bern: Haupt.
Linder, Wolf/Mueller, Sean, 2021: Swiss Democracy. Possible Solutions to Conflict in Multicultural Societies. Houndmills: Palgrave Macmillan.
Linder, Wolf, 2023: Die Schweiz, der unbekannte Nachbar. Wiesbaden: Harrassowitz Verlag.
Loewenstein, Karl, 1975: Verfassungslehre. Tübingen: Mohr.
Mainwaring, Scott, 2001: Two Models of Democracy. In: Journal of Democracy 12/3, 170–175.
March, James/Olsen, Johan, 1984: The New Institutionalism: Organizational Factors in Political Life. In: American Political Science Review 78/3, 734–749.
March, James/Olsen, Johan, 1989: Rediscovering Institutions. New York: Free Press.
Merkel, Wolfgang, 2004: Embedded and Defective Democracies. In: Democratization 11/5, 33–58.
Merkel, Wolfgang, 2010: Systemtransformation. Eine Einführung in die Theorie und Empirie der Transformationsforschung. Wiesbaden: VS Verlag.
Metz, Thomas/Jäckle, Sebastian, 2013: Koautorenschaften in der deutschsprachigen Politikwissenschaft. Eine Netzwerkanalyse auf Basis von Fachzeitschriftartikeln. In: Politische Vierteljahresschrift 54/2, 256–290.
Möckli, Silvano, 2017: Das politische System der Schweiz verstehen. Wie es funktioniert – wer partizipiert – was resultiert. Mörschwil: Tobler.
Neidhart, Leonhard, 1970: Plebiszit und pluralitäre Demokratie: Eine Analyse der Funktion des schweizerischen Gesetzesreferendums. Bern: Francke.

Neidhart, Leonhard, 2002: Die politische Schweiz. Fundamente und Institutionen. Zürich: Verlag Neue Zürcher Zeitung.

Papadopoulos, Yannis/Sciarini; Pascal/Vatter, Adrian/Häusermann, Silja/Emmenegger, Patrick/Fossati, Flavia (Hrsg.), 2022: Handbuch der Schweizer Politik – Manuel de la politique suisse. Basel: Verlag NZZ Libro.

Peters, Guy B., 2019: Institutional Theory in Political Science. The New Institutionalism. London/New York: Continuum.

Powell, Bingham G. Jr., 1982: Contemporary Democracies: Participation, Stability, and Violence. Cambridge: Harvard University Press.

Riklin, Alois/Ochsner, Alois 1984: Parlament. In: Klöti, Ulrich (Hrsg.): Handbuch Politisches System der Schweiz. Band 2. Bern/Stuttgart: Haupt, 77–103.

Rokkan, Stein, 1970: Foreword. In: Steiner, Jürg (Hrsg.): Gewaltlose Politik und kulturelle Vielfalt: Hypothesen entwickelt am Beispiel der Schweiz. Bern/Stuttgart: Haupt, I–II.

Roller, Edeltraud, 2005: The Performance of Democracies. Political Institutions and Public Policy. Oxford: Oxford University Press.

Rose, Richard, 2000: Trouble in Advanced Democracies. The End of Consensus in Austria and Switzerland? In: Journal of Democracy 11/2, 26–40.

Rousseau, Jean-Jacques, 1762: Du Contrat Social. Ou principes de droit politique. Genf.

Schmidt, Manfred G., 2019: Demokratietheorien. Eine Einführung. Wiesbaden: VS Verlag.

Schwarz, Gerhard (Hrsg.), 2013: Ideen für die Schweiz. 44 Chancen, die Zukunft zu gewinnen. Zürich: Verlag Neue Zürcher Zeitung.

Sciarini, Pascal, 2023: Politique suisse. Institutions, acteurs, processus. Lausanne : Presses polytechniques et universitaires romandes.

Sciarini, Pascal/Fischer, Manuel/Traber, Denise, 2015: Political Decision-Making in Switzerland. The Consensus Model under Pressure. Houndmills: Palgrave Macmillan.

Shugart, Matthew S./Carey, John M., 1992: Presidents and Assemblies. Constitutional Design and Electoral Dynamics. Cambridge: Cambridge University Press.

Stadelmann-Steffen, Isabelle/Vatter, Adrian, 2012: Does Satisfaction with Democracy Really Increase Happiness? Direct Democracy and Individual Satisfaction in Switzerland. In: Political Behavior 34/3, 535–559.

Steffani, Winfried, 1979: Parlamentarische und präsidentielle Demokratie. Strukturelle Aspekte westlicher Demokratien. Opladen: Westdeutscher Verlag.

Steffani, Winfried, 1983: Zur Unterscheidung parlamentarischer und präsidentieller Regierungssysteme. In: Zeitschrift für Parlamentsfragen 14/3, 390–401.

Steiner, Jürg, 1970: Gewaltlose Politik und kulturelle Vielfalt: Hypothesen entwickelt am Beispiel der Schweiz. Bern/Stuttgart: Haupt.

Steiner, Jürg (Hrsg.), 1971: Das politische System der Schweiz. München: Piper.

Steiner, Jürg, 1974: Amicable Agreement versus Majority Rule: Conflict Resolution in Switzerland. Chapel Hill: University of North Carolina Press.

Steiner, Jürg, 2002: The Consociational Theory and Switzerland – Revisited Thirty Years Later. In: Acta Politica 37/(1,2), 104–120.

Taagepera, Rein, 2003: Arend Lijphart's Dimensions of Democracy: Logical Connections and Institutional Design. In: Political Studies 51/1, 1–19.

Thelen, Kathleen, 1999: Historical Institutionalism in Comparative Politics. In: Annual Reviews of Political Science 2/1, 369–404.

Trampusch, Christine/Mach, André, 2011: Switzerland in Europe. Continuity and Change in the Swiss Political Economy. London/New York: Routledge.

Tsachevsky, Venelin, 2014: The Swiss Model: The Power of Democracy. Frankfurt a. M.: Peter Lang.

Tsebelis, George, 2002: Veto Players: How Political Institutions Work. Princeton: Princeton University Press.

Vatter, Adrian, 1997: Die Wechselbeziehungen von Konkordanz- und Direktdemokratie. Ein Vergleich am Beispiel westlicher Industriestaaten und der Schweizer Kantone. In: Politische Vierteljahresschrift 38, 743–770.

Vatter, Adrian, 2000: Consensus and Direct Democracy: Conceptual and Empirical Linkages. In: European Journal of Political Research 38/2, 171–192.

Vatter, Adrian, 2002: Kantonale Demokratien im Vergleich. Entstehungsgründe, Interaktionen und Wirkungen politischer Institutionen in den Schweizer Kantonen. Opladen: Leske + Budrich.

Vatter, Adrian, 2006: Föderalismusreform. Wirkungsweise und Reformansätze föderativer Institutionen in der Schweiz. Zürich: Verlag Neue Zürcher Zeitung.

Vatter, Adrian, 2008: Vom Extremtyp zum Normalfall? Die schweizerische Konsensusdemokratie im Wandel: Eine Re-Analyse von Lijpharts Studie für die Schweiz von 1997 bis 2007. In: Swiss Political Science Review 14/1, 1–47.

Vatter, Adrian, 2016: Switzerland on the Road from a Consociational to a Centrifugal Democracy? In: Swiss Political Science Review 22/1, 59–74.

Vatter, Adrian, 2018: Swiss Federalism. The Transformation of a Federal Model. London/New York. Routledge.

Vatter, Adrian/Freitag, Markus, 2007: The Contradictory Effects of Consensus Democracy on the Size of Government: Evidence from the Swiss Cantons. In: British Journal of Political Science 37/2, 359–367.

Vatter, Adrian/Freiburghaus, Rahel/Arens, Alexander, 2020: Coming a Long Way: Switzerland's Transformation from a Majoritarian to a Consensus Democracy (1848–2018). In: Democratization, 27/6, 970–989.

Vatter, Adrian/Freiburghaus, Rahel (Hrsg.), 2024: Handbook of Comparative Political Institutions. Cheltenham: Edward Elgar Publishing.

Vergunst, Noel, 2004: The Institutional Dynamics of Consensus and Conflict. Amsterdam: Department of Political Science, Vrije Universiteit Amsterdam.

## 1.7 Fragen

1. Welche Besonderheiten machen die Schweiz für eine vertiefende und vergleichende Analyse ihres politischen Systems besonders interessant?
2. Welche Formen des Vergleichs strebt dieses Buch an und weshalb?
3. Welche demokratischen Regierungstypen werden klassischerweise in der Politikwissenschaft unterschieden und weshalb lässt sich die Schweiz nur schwer einer Kategorie zuordnen? Bietet sich eine alternative Zuordnung für die Schweiz an?
4. Welches sind die wichtigsten Verfassungsinstitutionen der Schweiz?
5. Was ist die theoretische Grundlage des Entscheidungskreislaufs von Linder und Mueller (2017)?
6. Was sind die Unterschiede zwischen dem Konzept der Konkordanzdemokratie und demjenigen der Konsensdemokratie?

# 2 Das Wahlsystem

## 2.1 Einleitung

Wahlsysteme sind die Regeln, nach welchen die Wähler ihre politischen Präferenzen für Parteien und Kandidierende in Stimmen ausdrücken und wie diese in Mandate übertragen werden. Sie prägen den Charakter eines politischen Systems entscheidend mit und werden von führenden Politikwissenschaftlern als „the most fundamental element of representative democracy" betrachtet (Lijphart 1994: 1). Der Grund liegt darin, dass es sich bei der Gestaltung des Wahlsystems um eine eminent wichtige Machtfrage handelt, die darüber entscheidet, welche politischen Gruppierungen die Parlamentsmehrheit und die Regierung stellen und welche in der Minderheit sind (Nohlen 2014: 70). Entsprechend hat schon Stein Rokkan (1970: 156ff.) darauf hingewiesen, dass Wahlsysteme Ausdruck der realen Machtverhältnisse seien und konkrete Rückschlüsse auf das Machtkalkül und die Strategien der politischen Akteure zulassen würden.

Die grundlegende klassifikatorische Unterscheidung von Wahlsystemen ist diejenige zwischen Majorz- und Proporzwahl bzw. Mehrheits- und Verhältniswahl, die auch für die Entwicklung des schweizerischen Politiksystems prägend ist. Im Grundsatz werden bei einer Mehrheitswahl alle im Wahlkreis zu vergebenden Mandate der stärksten Partei zugesprochen. Die Verhältniswahl zielt hingegen auf eine möglichst proportionale Abbildung der Parteien in der Legislative ab, weswegen die Parteien einen Anteil an den Sitzen im Parlament erhalten, der möglichst genau ihrem Wähleranteil entspricht. Für die Klassifikation politischer Systeme werden der Mehrheitsdemokratie die Majorzwahl und der Konsensdemokratie die Proporzwahl zugeordnet (Lijphart 2012: 130). Wahlsysteme beschränken sich aber nicht nur auf die Festlegung ihrer Repräsentationsziele bzw. Stimmenverrechnungsregeln, sondern umfassen auch die Bestimmung der Wahlkreiseinteilung, die Wahlbewerbung und die Stimmgebung, auf die im Folgenden auch eingegangen wird. Schliesslich soll der Frage nachgegangen werden, wie weit das schweizerische Wahlsystem die drei Kernfunktionen von Wahlsystemen, nämlich diejenigen der Repräsentation, Konzentration und Partizipation, zu erfüllen vermag (Nohlen 2014: 190f.).

Das vorliegende Kapitel fasst die wichtigsten historischen Entwicklungslinien des schweizerischen Wahlsystems zusammen. Es erläutert die aktuelle institutionelle Ausgestaltung der Wahlsysteme beim Bund und in den Kantonen und geht auf bedeutsame politische Auswirkungen des Wahlsystems ein.[1] Das Kapitel schliesst mit einer kurzen Einbettung des schweizerischen Wahlsystems in den internationalen Vergleich und einer zusammenfassenden Betrachtung.

---

1 Vertiefte Abhandlungen zum schweizerischen Wahlrecht finden sich bei Bochsler (2005, 2010), Garrone (1991), Glaser (2018), Gruner (1978), Hangartner und Kley (2000), Kölz (2004), Lutz (2004), Tschannen (1995), Vatter (2002) und Weibel (1990).

## 2.2 Historische Grundlagen

Der historische Überblick im vorliegenden Abschnitt legt die Schwerpunkte auf die Entwicklung des Wahlrechts, die Ausgestaltung der Wahlkreise und auf den Wechsel der Stimmenverrechnungsregel. Gemäss der Bundesverfassung von 1848 waren grundsätzlich alle männlichen Schweizer ab zwanzig Jahren zu den eidgenössischen Parlamentswahlen zugelassen, womit die Schweiz ursprünglich zu den Pionieren bei der Einführung des allgemeinen, gleichen und direkten Männerwahlrechts in Europa gehörte. Allerdings legten die Kantone ihre Ausschlussgründe so rigoros aus, dass sie bis zu Beginn des 20. Jahrhunderts de facto ein Zensuswahlrecht praktizierten. So wurden in der Mehrzahl der Kantone vor allem Niedergelassene und Aufenthalter aus anderen Kantonen, Armengenössige, Konkursite, Steuerschuldner, Verurteilte und Bevormundete vom eidgenössischen Wahlrecht ausgeschlossen. In einzelnen Kantonen wurden auch mit Wirtshausverbot Bestrafte (BE, SZ, FR, SO, AG), Wahlbetrüger (TI), Erbschaftsverweigerer (VS), Söldner (NE, GE), Bettler und Landstreicher (SO) sowie Personen ohne genügenden Religionsunterricht (AI) vom Wahlrecht ferngehalten (Gruner 1978: 127, 143; Poledna 2007).[2] Insbesondere die Gruppe der Niedergelassenen und Aufenthalter boten den Parteien zahlreiche Gelegenheiten zur Manipulation des Wahlakts und es vergingen Jahrzehnte, bis jeder Schweizer Bürger unabhängig von seinem Wohnstatus an den Nationalratswahlen teilnehmen konnte und die Vorrechte der Alteingesessenen abgeschafft wurden. Einzelne Kantone (LU, SZ, ZG, TI) hielten auch in der ersten Hälfte des 20. Jahrhunderts an Formen des Zensuswahlrechts fest, indem sie bei nicht bezahlten Steuern das Wahl- und Stimmrecht aberkannten. Insgesamt schwankte der Anteil der Wahlberechtigten an der Gesamtbevölkerung im Zeitraum von 1850 bis 1910 zwischen 23 und 25 Prozent (vgl. Abbildung 2.1). Dies stellt zwar einen im internationalen Vergleich hohen Wert dar, macht aber die wahlrechtliche Diskriminierung einzelner Gesellschaftsgruppen offensichtlich, „die vornehmlich den unteren sozialen Schichten angehörten" (Gruner 1978: 117). Dieses, bis zu Beginn des 20. Jahrhunderts praktizierte Zensuswahlrecht führte insbesondere zu einer Benachteiligung der sozialdemokratischen Wählerschaft.

Von Beginn weg unbestritten war, jedem Kanton eine eigenständige Vertretung im Nationalrat zuzugestehen. Damit sollte ein gewisser regionaler „Proporz" im Sinne einer Vertretung aller, insbesondere auch der kleinen Kantone, gewährleistet werden. Deshalb wurde auch eine Zusammenlegung einiger kleinerer Kantone zu einem einzigen Wahlkreis ausgeschlossen. Das föderal motivierte Bekenntnis zum sogenannten „geographischen Proporz" bot damit zwar der katholisch-konservativen Minderheit vereinzelt die Chance, eine ihr günstige Wahlkreisgestaltung in den von ihr dominierten ehemaligen Sonderbundskantonen[3] vorzunehmen (Gruner 1978: 548). Insgesamt nutzte aber hauptsächlich die freisinnig-radikale

---

[2] Noch zu Beginn des 19. Jahrhunderts hing das (eingeschränkte) Männerwahlrecht in den konfessionell einheitlichen Gebieten (z. B. BE, LU, UR, SZ, AR, AI) von der Konfessionszugehörigkeit ab.

[3] Bund aus sieben katholischen Kantonen, die sich gegen die liberal-radikalen Kantone behaupten wollten. Der Bund wurde 1845 gegründet und mündete 1847 im Sonderbundskrieg zwischen den katholischen und den liberalen Kantonen, welchen erstere verloren. In der Folge wurde der Sonderbund aufgelöst.

*Abbildung 2.1: Anteil der Wahlberechtigten an der Gesamtbevölkerung, 1850–2023 (in Prozent)*

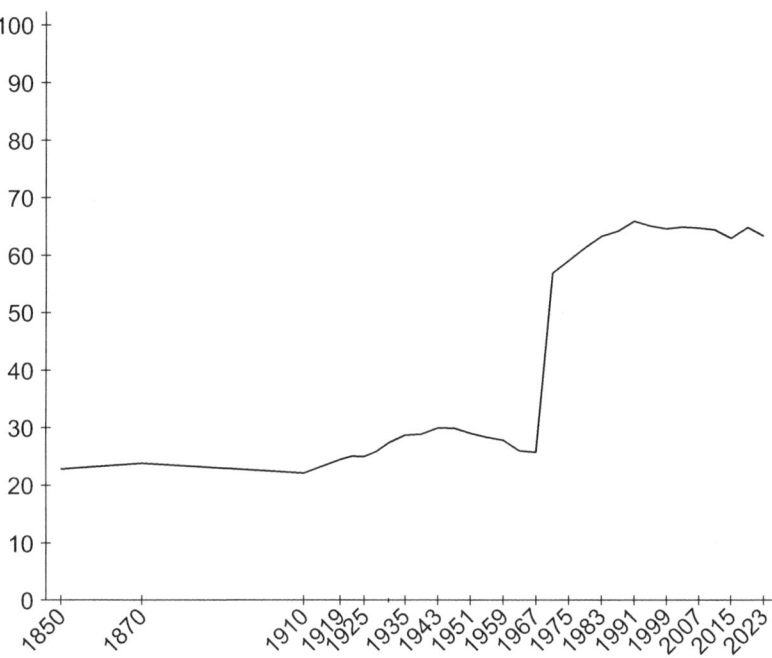

Anmerkungen: Für die Jahre vor 1919 sind nur für drei Zeitpunkte Daten vorhanden; ab 1919 sind die Jahre der Nationalratswahlen abgebildet; 1939 wurde wegen Ausbruch des Zweiten Weltkrieges nicht in allen Kantonen gewählt. 1971 konnten erstmals Frauen an der Wahl teilnehmen.

Quellen: Bundesamt für Statistik (2023) und Gruner (1978).

Mehrheitspartei die Wahlkreisgestaltung flächendeckend in ihrem Interesse (Emmenegger 2018). Nachdem sich das Parlament 1848 für eine variable Sitzzahl im Nationalrat ausgesprochen hatte, waren die Wahlkreiseinteilung und die Anzahl der Sitze pro kantonalem Wahlkreis nach jeder Volkszählung neu vorzunehmen.[4] Dies führte dazu, dass nicht nur die Wahlkreisgrenzen innerhalb der Kantone oft nach politischen Gesichtspunkten gezogen wurden, sondern ebenso die Verteilung der neu zu vergebenden Sitze an die einzelnen Wahlkreise, um insbesondere den bundesfreundlichen Parteien eine Mehrheit zu verschaffen (Wahlkreisgeometrie). Eine extreme Form dieses Phänomens ist im US-amerikanischen Kontext als „Gerrymandering"[5] bekannt und beschreibt das „salamanderartige" Umgestalten von Wahlkreisen zum Vorteil der Partei, die an der Macht ist. Gerade das starke Be-

---

4 Ursprünglich wurde auf je 20'000 Einwohner ein Parlamentarier gewählt, weshalb der erste Nationalrat 111 Mitglieder zählte (Hangartner/Kley 2000). Aufgrund des Bevölkerungswachstums nahm die Sitzzahl zwischen 1848 und 1922 von 111 auf 198 zu. 1962 wurde sie auf 200 festgelegt (Seitz/Schneider/Frey 2003).
5 Etymologisch setzt sich dieses Wort aus dem Nachnamen des neunten Gouverneurs von Massachusetts (Gerry) und Salamander zusammen.

völkerungswachstum in urbanen Gebieten zu Beginn des 20. Jahrhunderts bot der freisinnigen Partei grossen Spielraum, durch die gezielte Verteilung zusätzlicher Sitze ihre Mehrheitsstellung zu stärken, während diese Praxis vor allem für die Minderheitenparteien wie die Sozialdemokraten und die Diasporakatholiken von Nachteil war.

Ein Blick in die Entstehungsgeschichte des schweizerischen Bundesstaates zeigt, dass die Mehrheitswahl in Pluralwahlkreisen lange Zeit die vorherrschende Wahlregel war (Kölz 2004; Lutz 2004). So wurde 1848 für die eidgenössischen Parlamentswahlen die Mehrheitswahl mit absolutem Mehr im ersten und zweiten Wahlgang (und mit relativem Mehr im dritten Durchgang) in Wahlkreisen mit einem oder mehreren zu verteilenden Sitzen eingeführt.[6] In dem damals unumstrittenen Mehrheitswahlsystem sahen die liberal-radikalen Sieger ein geeignetes Mittel, um dem durch den Bürgerkrieg gespaltenen jungen Bundesstaat eine funktionsfähige und stabile Exekutive zu geben, die sich auf eine sichere Mehrheit im Parlament stützen konnte (Gruner 1978: 95). Erst 1872 wurde im Zuge der geplanten Verfassungsrevision zum ersten Mal über die Einführung des Verhältniswahlrechts debattiert. Die damals führende Freisinnige Partei, die über eine absolute Mehrheit in der Bundesversammlung verfügte, sprach sich jedoch klar dagegen aus. Allerdings wurde in jenem Jahr durch die Änderung des nationalen Wahlrechts die geheime Wahl des Nationalrats eingeführt und die Stimmenmehrheit bezog sich nicht mehr auf alle abgegebenen, sondern nur noch auf die gültigen Stimmen (Linder u. a. 2011: 1886f.). Als Folge von politischen Unruhen, Pattsituationen zwischen ähnlich starken Parteien und Konflikten innerhalb des rechten Lagers führten einzelne Kantone erstmalig die Verhältniswahl bei kantonalen Grossratswahlen ein, so zwischen 1890 und 1894 die Kantone Tessin, Neuenburg, Zug und Genf (Walter/Emmenegger 2019). Bis zum Ende des Ersten Weltkrieges wuchs die Zahl auf neuneinhalb und die Kantone sammelten damit erste positive Erfahrungen mit dem neuartigen Wahlsystem, die auch die eidgenössische Proporzdebatte prägten. Unter dem Eindruck des für die Minderheitenparteien ungerechten Majorzwahlsystems und der für diese Kreise enttäuschenden Wahlkreisrevision von 1890 setzten sich vor allem die Linke sowie die reformierten und katholischen Konservativen in einer Zweckallianz für die Einführung des Proporzwahlsystems ein. Allerdings scheiterten 1900 und 1910 Volksinitiativen zur Einführung der Verhältniswahl auf Bundesebene (Lutz 2004). Nach der knappen Niederlage der zweiten Proporzinitiative von 1910 reichten Sozialdemokraten und Konservative 1913 gemeinsam eine dritte Volksinitiative „für die Proporzwahl des Nationalrates" ein. Die Abstimmung fand im Oktober 1918 kurz vor Ende des Ersten Weltkrieges in einer Zeit heftiger sozialer und politischer Auseinandersetzungen statt (Linder/Bolliger/Rielle 2010: 122). Während einzig die freisinnige Mehrheitspartei die Nein-Parole herausgab, weil sie den Verlust ihrer Vormachtstellung befürchtete, befürworteten die Katholisch-Konservativen, die Sozialdemokraten und die Liberalen die Einführung des Proporzverfahrens. Die dritte Proporzinitiative wurde im Verhältnis 2:1 deutlich angenommen und

---

6 1901 wurde der dritte Wahlgang abgeschafft und für den zweiten Wahlgang nur noch das relative Mehr verlangt (Lutz 2004: 282).

gilt bis heute als der wichtigste politische Entscheid in der Schweiz, der je durch eine Volksinitiative ausgelöst wurde (Kölz 2004: 725; Linder/Bolliger/Rielle 2010: 124).

Zusammenfassend verdankten die Freisinnigen die Aufrechterhaltung ihrer Hegemonialstellung bis 1919 unter anderem drei Eigenschaften des damaligen Wahlsystems, die sie geschickt miteinander zu kombinieren wussten: dem de facto praktizierten Zensuswahlrecht zuungunsten sozial benachteiligter und mobiler Schichten und damit vor allem auf Kosten der Sozialdemokraten; der in vielen Kantonen konsequent praktizierten Wahlkreisgestaltung zum Nachteil der katholischen Konservativen und der Linken; sowie dem Majorzwahlverfahren in Mehrpersonenwahlkreisen.

## 2.3 Institutionelle Grundlagen

### 2.3.1 Die Wahlen in den Nationalrat

Seit 1919 gilt in der Schweiz bei den Nationalratswahlen das Proporzwahlsystem, bei dem die Mandatszahl einer Partei sich im Grundsatz nach dem prozentualen Wahlanteil richtet. Dieses Wahlsystem impliziert, dass nicht direkt Kandidierende gewählt werden, sondern in erste Linie die politischen Parteien. Eine gewichtige Ausnahme bilden die Kantone mit nur einem Sitz, die das Mehrheitswahlsystem anwenden (UR, OW, NW, GL, AR, AI). In diesen Kantonen ist gewählt, wer am meisten Stimmen erhält (relatives Mehr).

Während auch nach der Einführung des Proporzwahlsystems ursprünglich nur männliche Schweizer zu den Wahlen zugelassen waren, scheiterten Anfang der 1920er Jahre erste Versuche auf kantonaler Ebene, das Wahlrecht für Frauen einzuführen. 1959 kam es zur ersten Bundesvorlage zur Einführung des Frauenstimmrechts, die jedoch von den wahlberechtigten Männern abgelehnt wurde. Erst 1971 wurden die politischen Rechte auf Bundesebene den Frauen durch eine Volksabstimmung zugesprochen, wodurch die Schweiz im Vergleich mit anderen etablierten Demokratien das Schlusslicht darstellt. Auch die Herabsetzung des Mindestalters für das Stimm- und Wahlrecht stellte einen langwierigen Prozess dar. So wurde erst 1991 das Stimm- und Wahlrechtsalter beim Bund von 20 auf 18 Jahre gesenkt. Heute bilden die gut 2.3 Millionen Einwohner ohne Schweizer Pass die grösste Personengruppe, die auf eidgenössischer Ebene vom Stimm- und Wahlrecht ausgeschlossen ist (Vatter 2019).

Die Stimmenverrechnung für die alle vier Jahre gesamthaft stattfindende Verteilung der 200 Sitze des Nationalrats erfolgt nach dem Hagenbach-Bischoff-Verfahren. Es handelt sich dabei um ein Wahlzahlverfahren (auch Quasi-Quotaverfahren genannt) mit Abrundung, bei dem den Parteien möglichst viele Mandate schon in der ersten Division zugeteilt werden (Hangartner/Kley 2000; Poledna 1988).[7] Grundsätzlich streben Wahlzahlverfahren einen möglichst exakten Proporz an,

---

[7] Bei diesem Verfahren wird der Divisor bei der Vergabe des letzten Restmandats so klein wie möglich gewählt, nämlich so, dass am Schluss gesamthaft genau die zu vergebende Anzahl Sitze resultiert.

wobei das Hagenbach-Bischoff-Verfahren die grösseren Parteien leicht bevorzugt und die kleinen und kleinsten dementsprechend benachteiligt.

Bei der Proporzwahl für den Nationalrat gilt das System der Einzelstimmenkonkurrenz, bei dem der Wählende so viele Einzelstimmen hat, wie in seinem Wahlkreis Nationalratssitze zu vergeben sind. Die Stimme für einen Kandidierenden ist dabei zunächst eine Stimme für die Parteiliste, die den Kandidierenden aufführt. Die Einzelstimmenkonkurrenz räumt den Wählenden in der Schweiz in Kombination mit den Möglichkeiten des Panaschierens, Kumulierens[8] und Streichens äusserst grosse Gestaltungsfreiheiten in der Auswahl und Bevorzugung von Kandidierenden ein (Blais/Massicotte 1996; Portmann/Stojanovic 2019). Ein weiteres Merkmal ist das Instrument der Listenverbindungen zwischen verschiedenen Parteien, die eine bessere Verwertung der Reststimmen gewährleisten soll. Listenverbindungen bieten insbesondere kleinen Parteien eine Chance, überhaupt Einzug ins Parlament nehmen zu können.[9]

Ausdruck des stark föderalen Charakters des Wahlsystems für den Nationalrat ist der Grundsatz, dass jeder Kanton bzw. Halbkanton nach wie vor einen eigenen Wahlkreis bildet und mindestens einen Sitz erhält. Dabei werden die Mandate unter den Kantonen im Verhältnis zu ihrer gesamten Wohnbevölkerung gemäss den Ergebnissen der letzten Volkszählung verteilt (Seitz 2017). Die grossen Bevölkerungsunterschiede zwischen den Kantonen führen dazu, dass in den bevölkerungsschwachen Kantonen (UR, OW, NW, GL, AR, AI) nur ein einziges Nationalratsmandat vergeben wird, während es im Kanton Zürich 36, im Kanton Bern 24 und in der Waadt immerhin 19 Mandate sind.

Eine weitere Besonderheit ist die sehr starke Nutzung der Briefwahl in der Schweiz. So stimmen heute bei den Nationalratswahlen etwa 90 Prozent der wahlberechtigten Bürger per Briefpost ab (Lutz 2015). Studien zeigen, dass die Stimmbeteiligung etwas höher ausfällt, wenn das Porto für die Briefwahl von den Gemeinden übernommen wird (Schelker/Schneiter 2017; Yin/Willi/Leemann 2021). Neueste Entwicklungen zeigen zudem eine verstärkte Nutzung der Wahlrechte durch Auslandschweizer sowie den Ausbau der ergänzenden Wahlmöglichkeiten durch die elektronische Stimmabgabe (Vote électronique bzw. E-Voting). Bei den Parlamentswahlen 2019 waren knapp 5.5 Millionen Einwohner der Schweiz, also gut 60 Prozent der Wohnbevölkerung, wahlberechtigt. Bei den Parlamentswahlen von 2011 konnten erstmals rund 22'000 wahlberechtigte Auslandschweizerinnen und Auslandschweizer mittels elektronischer Stimmabgabe wählen.

### 2.3.2 Die Wahlen in den Ständerat

Die Zweite Kammer der Legislative besteht aus dem Ständerat und vertritt mit 46 Mitgliedern die Kantone. Jeder Kanton kann zwei Personen wählen, unabhängig

---

8 Zur Erklärung der Begriffe „Panaschieren" und „Kumulieren" siehe Abschnitt 2.4.3.
9 Ein besonders interessantes Beispiel dafür bieten die Nationalratswahlen 2019 im Kanton Bern. Obwohl die EDU dort gegenüber 2015 Stimmenanteile einbüsste, gelang es ihr, neu einen Sitz im Nationalrat zu erlangen. Dies war nur möglich, weil die EDU eine Listenverbindung mit verschiedenen Kleinstparteien eingegangen war, was ihr als grösster Partei innerhalb des Bündnisses den Mandatsgewinn ermöglichte.

von der Einwohnerzahl. Eine Ausnahme stellen die ehemaligen Halbkantone dar, die je einen Abgeordneten wählen (OW, NW, BS, BL, AR, AI). Die Wahlkreise sind überall die Kantone.

Obwohl der Ständerat ein eidgenössisches Organ ist, kann jeder Kanton das Wahlverfahren selbst festlegen, da dieses unter kantonalem Recht steht. Historisch kannten viele Kantone die Bestellung der Ständeräte durch das kantonale Parlament, wobei im Verlaufe des 20. Jahrhunderts ein sukzessiver Übergang zur direkten Volkswahl stattfand. Seit Ende der 1970er Jahre wird der Ständerat überall durch das Volk gewählt. Trotz dieser Freiheit, das Wahlrecht innerhalb der Kantone selbst zu bestimmen, besteht eine grosse Übereinstimmung in der Ausgestaltung des Wahlverfahrens. Bis auf die Kantone Jura und Neuenburg verwenden alle Kantone die Majorzwahl. In allen Kantonen wird im ersten Wahlgang das absolute Mehr verlangt, d. h. ein Kandidierender muss im ersten Wahlgang mehr als 50 Prozent der abgegebenen Stimmen erreichen. Falls das absolute Mehr im ersten Wahlgang verfehlt wird, genügt im zweiten Wahlgang das relative Mehr der Stimmen[10]. Die Amtsdauer beträgt heute überall vier Jahre. Mit Ausnahme des Landsgemeindekantons[11] Appenzell Innerrhoden werden alle Ständeräte an der Urne gewählt. Damit ist Appenzell Innerrhoden auch der einzige Kanton, in dem der Ständeratsvertreter nicht gleichzeitig mit dem Nationalrat gewählt wird, sondern im April vor den Nationalratswahlen.

### 2.3.3 Die Parlamentswahlen in den Kantonen

Die Kantone sind in der Gestaltung ihres Wahlrechts grundsätzlich frei. In der Bundesverfassung (Art. 51) ist lediglich festgeschrieben, dass sich jeder Kanton eine demokratische Verfassung gibt und dass die Kantonsverfassungen der Gewährleistung des Bundes bedürfen. Diese Regelung sowie der Wortlaut der alten Bundesverfassung (Art. 6a BV 1848 und 1874) haben zu einer vielfältigen Ausgestaltung der politischen Wahlsysteme in den Kantonen geführt (Lutz/Strohmann 1998; Vatter 2002).

Die kantonalen Parlamente bestehen überall aus einer Kammer und umfassen zwischen 50 und 180 Abgeordnete, wobei in den letzten Jahren verschiedene Kantone eine Verkleinerung ihrer Parlamente beschlossen haben. Meist wird das Parlament als Grosser Rat bezeichnet (bzw. als Grand Conseil / Gran Consiglio in den französischsprachigen Kantonen / im Tessin). Ein Teil der Kantone bezeichnet das Parlament als Kantonsrat (ZH, LU, SZ, OW, ZG, SO, SH, AR). In Basel-Landschaft, Glarus, Nidwalden und Uri trägt es den Namen „Landrat", im Kanton Jura schlicht „Parlement". Die Voraussetzung zur Teilnahme an kantonalen Wahlen bildet die Stimmfähigkeit. Sie ist einerseits an objektive Voraussetzungen wie das Schweizer Bürgerrecht und das Alter, andererseits an das Fehlen subjektiver Ausschlussgründe geknüpft, wobei die Kantone bei der Konkretisierung dieser Gründe grundsätzlich frei sind. Der Übergang vom Männer- zum allgemeinen

---

10  Eine ausführliche juristische Analyse hierzu findet sich bei Marbach (2018).
11  Die Landsgemeinde ist die verfassungsmässige Versammlung der stimmfähigen Bewohner, an der die Behörden gewählt werden und über Sachgeschäfte abgestimmt wird. Auf Kantonsebene besteht sie heute nur noch in Appenzell Innerrhoden und in Glarus.

## 2 Das Wahlsystem

Erwachsenenwahlrecht nahm seinen Anfang 1959 in den Kantonen Waadt und Neuenburg und fand – abgesehen von zwei Ausnahmen – seinen Abschluss 1972 mit der Einführung des Frauenstimmrechts in den Kantonen Graubünden, Ob- und Nidwalden, Schwyz, St. Gallen und Uri (Poledna 1988: 222). Nachdem noch zu Beginn der 1980er Jahre Vorlagen zur Einführung des Frauenstimmrechts gescheitert waren, wurde 1989 und 1990 der Ausschluss der Frauen vom kantonalen Wahl- und Stimmrecht in den Kantonen Appenzell Ausser- und Innerrhoden aufgehoben. In Appenzell Innerhoden geschah dies allerdings nur durch äusseren Druck seitens des Schweizerischen Bundesgerichts, welches in seinem Entscheid (BGE 116 Ia 359) festhielt, dass auch den Frauen im Kanton Appenzell Innerhoden die politischen Rechte zustehen.

Während Mitte der 1980er Jahre in der Mehrheit der Kantone das Wahl- und Stimmrechtsalter von 20 Jahren galt, haben alle Kantone im Verlaufe der folgenden zehn Jahre seiner Senkung zugestimmt (Lutz/Strohmann 1998: 20).[12] Im Gegensatz zur erfolgreichen Herabsetzung des Wahlrechtsalters steht die Gewährung politischer Rechte für die ausländische Bevölkerung erst am Anfang. Während in allen Kantonen die Voraussetzung zur Ausübung des passiven Wahlrechts an das Schweizer Bürgerrecht gebunden ist, sichern die Kantone Jura und Neuenburg den im Kanton niedergelassenen Ausländerinnen und Ausländern das aktive Wahl- und Stimmrecht auf kantonaler und kommunaler Ebene zu.[13] Zwar wurden in den letzten 20 Jahren in zahlreichen Kantonen Volksinitiativen zur Einführung des Wahlrechts für Ausländerinnen und Ausländer eingereicht, allerdings sind sie gerade in der deutschsprachigen Schweiz beim Souverän bisher auf wenig Widerhall gestossen.

Der Grossteil der kantonalen Parlamente wird durch eine Proporzwahl direkt von der Wahlbevölkerung bestimmt. Dies gilt insbesondere für Wahlkreise mit mehr als einem Mandat, was im Grundsatz eine den Wählerstärken der Parteien entsprechende Verteilung der Sitze nach Anzahl der Listenstimmen gewährleisten soll. Einzig im Kanton Appenzell Innerrhoden (an Landsgemeindeversammlungen mit offenem Handmehr[14] bzw. durch Urnenwahl im Bezirk Oberegg) werden die Volksvertreter noch heute ausschliesslich nach dem Majorzwahlverfahren bestellt. In den Kantonen Uri[15] und Basel-Stadt[16] werden sowohl Majorz- als auch Proporzverfahren angewendet: In den Wahlkreisen mit nur einem oder wenigen Sitz(en) wird nach dem Majorzprinzip gewählt, während in Wahlkreisen mit meh-

---

12 Ein Pionier des Stimm- und Wahlrechtsalters ist der Kanton Schwyz, in welchem seit 1833 die Regelung von 18 Jahren gültig ist. Seit 2007 können die Bürger im Kanton Glarus schon ab 16 Jahren auf kommunaler und kantonaler Ebene das aktive Stimm- und Wahlrecht nutzen.
13 In den Kantonen Waadt (2003), Freiburg (2005) und Genf (2005) besitzt die ausländische Bevölkerung das aktive Wahlrecht auf kommunaler Ebene, in der Waadt und in Freiburg sogar das passive Wahlrecht auf kommunaler Ebene. In den deutschsprachigen Kantonen Basel-Stadt, Appenzell Ausserrhoden und Graubünden können Gemeinden das aktive und passive Wahlrecht für Ausländer fakultativ einführen. Im Kanton Freiburg kann die ausländische Bevölkerung für ein kantonales Richteramt kandidieren.
14 Offene Abstimmungen, bei denen die Mehrheit durch Handheben festgestellt wird.
15 Die Zuteilung der Sitze geschieht in den vier grössten Urner Gemeinden nach Proporzverfahren. Dies betrifft 37 der 64 Landratsmandate.
16 Nur im Wahlkreis Bettingen, der über einen Sitz verfügt.

## 2.3 Institutionelle Grundlagen

reren Mandaten das Proporzverfahren gilt. Im Kanton Appenzell Ausserrhoden[17] findet in den meisten Wahlkreisen das Majorzverfahren Anwendung. Grundsätzlich haben sich geheime Wahlen mit der Ausnahme einzelner Wahlkreise in den Kantonen Appenzell Innerrhoden und Uri, welche die Mandate an Landsgemeinden oder Gemeindeversammlungen vergeben, überall durchgesetzt.

Für die Verteilung der Vollmandate wenden die meisten Kantone mit Verhältniswahlen die Methode des kleinsten Quotienten nach Hagenbach-Bischoff (Droop-Quota) an, die im Gegensatz zur Methode des einfachen Quotienten (System Hare) die grossen Parteien tendenziell bevorzugt (Carter/Farrell 2010: 29). Dies geschieht insbesondere dann, wenn die Wahlkreise klein sind. Als bislang einzige Kantone wenden Basel-Stadt und Glarus das Verfahren nach Sainte-Laguë (Divisorverfahren mit Standardrundung) an, das tendenziell weder kleine noch grosse Parteien bevorzugt.

Die Wahlkreise sind sehr unterschiedlich ausgestaltet. Während die Kantone Genf, Tessin und Neuenburg den kantonalen Einheitswahlkreis kennen, teilen die übrigen Kantone ihr Gebiet in mehrere Wahlkreise mit teilweise wenigen zu vergebenden Sitzen ein. So weist eine Mehrheit der Proporzkantone Wahlkreise mit einer Mandatszahl von weniger als zehn auf. Die Aufteilung in zahlreiche kleine Wahlkreise vermindert dabei die Chancen kleinerer Parteien auf eine Parlamentsvertretung,[18] weshalb in den letzten Jahren in verschiedenen Kantonen (ZH, SZ, NW, ZG, SH, AG, VS, UR, GR) das sogenannte biproportionale Wahlverfahren (welches in der Öffentlichkeit auch als „doppelter Pukelsheim" bekannt ist)[19] eingeführt wurde. Dieses sollte eine möglichst hohe Übereinstimmung zwischen Wähler- und Mandatsanteilen der Parteien gewährleisten (Erfolgswertgleichheit der Stimmen), ohne dass die bestehenden Wahlkreise aufgehoben werden. Als weiteres Kompensationsverfahren für eine proportionalere Verteilung der Sitze haben die Kantone Luzern, Freiburg, Basel-Landschaft und Waadt übergeordnete Wahlkreisverbände eingeführt, die mehrere Wahlkreise zusammenfassen.[20]

---

17 Einzig in der Gemeinde Herisau wird nach dem Proporzsystem gewählt.
18 Das Bundesgericht hat unter anderem in einem Urteil von 2010 natürliche Wahlerfolgsschwellen von mehr als 10% als mit der Proporzregel unvereinbar erklärt (BGE 136 I 376). Ausnahmen für die Gewährung höherer natürlicher Quoren bilden allerdings besondere historische, föderalistische, sprachkulturelle und religiöse Gründe (Pukelsheim/Schumacher 2004). Dieses Urteil wurde verschiedentlich kritisiert: Zum einen würde das Bundesgericht mit dieser Rechtsprechung erheblich in die Freiheit der Kantone eingreifen, zum anderen sei der Fokus auf eine möglichst proportionale Repräsentation von Parteien einseitig, da Wahlsysteme noch andere legitime Ziele (wie z. B. territoriale Repräsentation) verfolgen (Lutz 2012: 4ff.). Zudem scheint die Grenze eines natürlichen Quorums von 10% willkürlich.
19 Die „doppelte Proportionalität" bezieht sich darauf, dass die Parteien und die Wahlkreise proportional in der Legislative vertreten sein sollen.
20 In Basel-Landschaft gehören alle Wahlkreise einem übergeordneten Wahlkreisverband an. Damit konnte die wahlkreisbedingte Sperrwirkung dort auf unter 6% gesenkt werden (Poledna 1988: 143). In den Kantonen Luzern, Freiburg und Waadt existieren nur für einen Teil der Wahlkreise übergeordnete Verbände.

## 2 Das Wahlsystem

*Tabelle 2.1: Überblick über die institutionellen Grundlagen der Parlamentswahlen beim Bund und in den Kantonen (Stand: 31.12.2022)*

| Kt. | Sitze Legislative | Wahlsystem | Sitzzuteilungsverfahren | Anzahl Wahlkreise | Mandate/ Wahlkreis | Quoren | Listenverbindungen |
|---|---|---|---|---|---|---|---|
| ZH | 180 | Proporz | d. Pukelsheim | 18 | 4–18 | 3 % / 5 %** | nein |
| BE | 160 | Proporz | Hagenbach-B. | 9 | 12–27 | – | ja |
| LU | 120 | Proporz | Hagenbach-B. | 6 | 7–30 | – | ja |
| UR | 64 | M + P/ L+U | d. Pukelsheim. | 20 | 1–15 | – | nein |
| SZ | 100 | Proporz | d. Pukelsheim | 30 | 1–10 | 1 % | nein |
| OW | 55 | Proporz | Hagenbach-B. | 7 | 4–15 | – | ja |
| NW | 60 | Proporz | d. Pukelsheim | 11 | 2–11 | – | nein |
| GL | 60 | Proporz | Sainte-Laguë | 3 | 14–28 | – | ja |
| ZG | 80 | Proporz | d. Pukelsheim | 11 | 2–19 | 3 % / 5 %** | nein |
| FR | 110 | Proporz | Hagenbach-B. | 8 | 7–23 | – | nein |
| SO | 100 | Proporz | Hagenbach-B. | 5 | 13–29 | – | ja |
| BS | 100 | M + P | Sainte-Laguë | 5 | 1–34 | | nein |
| BL | 90 | Proporz | Hagenbach-B. | 12 | 6–10 | – | nein |
| SH | 60 | Proporz | d. Pukelsheim | 6 | 1–27 | – | nein |
| AR | 65 | M + P | Abs. Mehr + Hagenbach-B. | 20 | 1–18 | – | – / ja |
| AI | 50 | M/L + U | H.+abs. Mehr | 5 | 4–18 | – | – |
| SG | 120 | Proporz | Hagenbach-B. | 8 | 9–29 | – | ja |
| GR | 120 | Proproz | d. Pukelsheim | 39 | 1–21 | 3°% | – |
| AG | 140 | Proporz | d. Pukelsheim | 11 | 7–30 | 3 %/ 5 %** | nein |
| TG | 130 | Proporz | Hagenbach-B. | 5 | 22–32 | – | ja |
| TI | 90 | Proporz | Hare | 1 | 90 | VZ | nein |
| VD | 150 | Proporz | Hare | 10 | 8–31 | 5 %* | ja |
| VS | 130 | Proporz | d. Pukelsheim*** | 6 | 14–34 | 8 %* | nein |
| NE | 100 | Proporz | Hagenbach-B. | 1 | 100 | 3 % | nein |
| GE | 100 | Proporz | Hagenbach-B. | 1 | 100 | 7 % | ja |
| JU | 60 | Proporz | Hagenbach-B. | 3 | 10–30 | – | nein |
| Nationalrat | 200 | Proporz; M: 6 Kantone | Hagenbach-B. relatives Mehr | 26 | 1–36 | – | ja |
| Ständerat | 46 | M (ausser JU und NE) | abs. Mehr | 26 | 1–2 | – | nein |

Anmerkungen: M+P: Mischsystem (Majorz und Proporz); M: Majorz; L+U: Landsgemeinde und Urnenabstimmungen; H.: Handmehr; Hagenbach-B.: Hagenbach-Bischoff; abs. Mehr: absolutes Mehr; d.: doppelter; VZ: nur Listen, die ein Vollmandat erreichen, sind zur Restmandatsverteilung zugelassen; *im jeweiligen Wahlkreis; **in mindestens einem Wahlkreis; *** auf Wahlkreisebene. Wahlsystem Parlament AR: In einer Gemeinde (Herisau) wird im Proporz gewählt, die Sitzverteilung erfolgt hier nach Hagenbach-B. Listenverbindungen sind zulässig. In den restlichen 19 Gemeinden Majorz, stille Wahlen (auf Wahlliste aufgeführte Person gilt als gewählt, wenn es nicht mehr Kandidierende als zu vergebene Sitze gibt). Die Angaben zur Neuenburg stellen die Neuregelung aus dem Jahr 2017 dar, die erstmals bei den Wahlen 2021 zur Anwendung kommen wird.

Quellen: Kantonsverfassungen, kantonale Wahlgesetze, Bundesverfassung und Glaser (2018).

Für die Sitzverteilung an die Wahlkreise werden unterschiedliche Bezugsgrössen zugrunde gelegt. Am häufigsten ist die gesamte Wohnbevölkerung massgeblich. Die Kantone Uri, Wallis und Graubünden stellen auf die schweizerische Wohnbevölkerung ab, während in Basel-Landschaft die Anzahl der Stimmberechtigten massgeblich ist. In den meisten Kantonen wird das Bruchzahlverfahren nach Hare/Niemeyer eingesetzt. Ausnahmen sind die Kantone Aargau, Appenzell Ausserrhoden, Glarus, Schaffhausen, Schwyz, Zug und Zürich, wo das Verfahren nach Sainte-Laguë zur Anwendung kommt (Leuzinger/Kuster 2024).

Eine weitere Besonderheit ist das Vorhandensein von Quoren bzw. Sperrklauseln. Diese kommen in den Kantonen der Romandie mit Ausnahme des Kantons Jura sowie in den Kantonen Zürich, Schwyz, Zug und Aargau vor, wo sie zwischen einem und acht Prozent schwanken. Quoren und hohe Erfolgswerte werden dabei teilweise durch die Erlaubnis von Listenverbindungen kompensiert, die damit zur Reduzierung gewichtsloser Reststimmen sowie zur Verbesserung der Proportionalität beitragen. Listenverbindungen sind in zehn Kantonen mit Proporzwahlsystem erlaubt, in den übrigen Kantonen sind sie verboten. In einem Teil der Kantone mit Listenverbindungen (BE, LU, SO, TG) besteht auch die Möglichkeit von Unterlistenverbindungen.

Mit der Einführung des biproportionalen Wahlverfahrens im Kanton Zürich hätte das natürliche Quorum nur noch 0.3 Prozent betragen.[21] Eine so niedrige Zugangshürde wurde offensichtlich nicht gewünscht, weshalb gleichzeitig eine Sperrklausel eingeführt wurde. 2009 wurde das Aargauische Kantonsparlament zum ersten Mal auch nach biproportionalem Wahlverfahren bestellt, jedoch ohne künstliche Hürde. Das natürliche Quorum betrug somit nur 0.37 Prozent. Interessanterweise wurde dieses niedrige Quorum aber nur von bereits im Kanton etablierten Parteien sowie der GLP und BDP überschritten. Auf Druck der grossen Parteien wurde für die nächsten Kantonswahlen aber eine kantonale Hürde von drei Prozent bzw. eine Wahlkreishürde von fünf Prozent eingeführt.

Schliesslich haben die Wählerinnen und Wähler wie auf Bundesebene in den Proporzkantonen die Möglichkeit, die Listen durch Kumulieren und Panaschieren zu verändern. Diese Verfahren bedeuten eine Stärkung der Persönlichkeitswahlelemente innerhalb der Verhältniswahlverfahren. Dabei bestehen beim Kumulieren beträchtliche Unterschiede zwischen der deutschen und lateinischen Schweiz. So ist das Kumulieren in allen Deutschschweizer Kantonen erlaubt, hingegen besteht diese Möglichkeit in den Kantonen Freiburg, Tessin, Wallis, Neuenburg und Genf nicht (Vatter 2002). Grundsätzlich gilt in den Kantonen die vierjährige Legislaturperiode. Ausnahmen bilden die Kantone Genf, Freiburg, Waadt und Jura mit fünfjährigen Legislaturperioden. Verschiedene Kantone (z. B. OW, NW, GL, SH, AI, AG) haben eine Wahlpflicht normiert, deren Verletzung jedoch nur im Kanton Schaffhausen eine geringfügige Busse nach sich zieht.

## 2.4 Die Funktionen und Wirkungen des schweizerischen Wahlsystems

Der vorliegende Abschnitt widmet sich den politischen Auswirkungen der Wahlsysteme beim Bund und in den Kantonen. Was sind die konkreten Folgen der wichtigsten Merkmale des schweizerischen Wahlsystems? Drei ausgewählte Frage-

---

21 Die neue Formel nach biproportionalem Zuteilungsverfahren lautet $Q = 1 / (2 \cdot M + 2 - L)$ wobei M die Anzahl Mandate bezeichnet und L die Anzahl antretenden Listen.

stellungen sollen dabei behandelt werden: Wie hat sich der Übergang von der Mehrheits- zur Proporzwahl beim Bund auf das schweizerische Parteiensystem ausgewirkt? Welche Effekte hat der stark föderale Charakter mit unterschiedlich grossen kantonalen Wahlkreisen auf die Disproportionalität von Stimmen und Sitzen und auf die Parteienfragmentierung? Welche Parteien sind die Gewinner und Verlierer von Listenverbindungen im schweizerischen Wahlsystem?

### 2.4.1 Die Wirkungen des Wechsels von der Majorz- zur Proporzwahl auf die Parteien

Der 1919 auf Bundesebene stattgefundene Übergang vom Majorz- zum Proporzwahlsystem erlaubt es, die konkreten Auswirkungen dieser Entscheidungsregel für die einzelnen Parteien und das schweizerische Parteiensystem darzustellen. Interessant ist zunächst die Tatsache, dass das Majorzwahlsystem bis zu Beginn des 20. Jahrhunderts nicht zu einem klassischen Zweiparteiensystem in der Schweiz geführt hat. Vielmehr bildete sich ein – wie es schon der normative Wahlsystemansatz für die Mehrheitswahl mit Stichwahl postuliert hat – Mehrparteiensystem mit verhältnismässig stabilen Parteien heraus (Duverger 1959). Der institutionelle Hauptgrund lag neben der Möglichkeit der Stichwahl im zweiten bzw. dritten Wahlgang vor allem in den zahlreichen, regional differenzierten und parteipolitisch uneinheitlichen Wahlkreisen mittlerer Grösse. Dies führte in Kombination mit dem immer weniger strikt parteigebundenen Wählerverhalten aufgrund der zunehmenden gesellschaftlichen Spannungen (Bauern, Angestellte) innerhalb der freisinnigen Volkspartei dazu, dass neue Parteien entstanden und die Parteien gemischte Wahllisten aufstellten (Gruner 1978). Diese Konzessionen an die Minderheitenparteien, d. h. der annäherungsweise freiwillige Proporz verhinderte die volle Entfaltung der majoritären Diskriminierungswirkung, wie es die absolute Mehrheitsregel in Pluralwahlkreisen theoretisch zugelassen hätte. Der freiwillige Proporz und die Konzessionen zwischen den Parteien reduzierten damit den Parteienwettbewerb schon in der Ära des Majorzsystems auf insgesamt rund 50 Prozent aller Wahlkreise, wobei allerdings den Sozialdemokraten nur ausnahmsweise Wahlallianzen angeboten wurden (Gruner 1978: 526, 1075). Trotzdem hat das Majorzwahlsystem seine zentrale Konzentrationsfunktion erfüllt, indem es eine stabile und funktionsfähige Regierungsmehrheit durch die freisinnige Mehrheitspartei sicherstellte.

Die Folgen des Wechsels von der Majorz- zur Proporzwahl waren für die Parteien drastisch (vgl. Abb. 2.2). Der Freisinn verlor die absolute Mehrheit im Nationalrat, die er seit 1848 ununterbrochen innegehabt hatte und fiel von 103 auf 60 Sitze (von insgesamt 189) zurück, was weniger als einem Drittel aller Mandate entsprach. Die grosse Gewinnerin des Systemwechsels war die neu gegründete Bauern-, Gewerbe- und Bürgerpartei (BGB), deren Entstehung in einzelnen Kantonen auch eine direkte Folge des Wechsels zum Proporz war. Sie erhöhte ihre Sitzzahl um ein Mehrfaches von 4 auf 29 und wurde damit gleich viertstärkste Partei im Nationalrat, wobei sie allein 15 neue Sitze im Kanton Bern gewann. Zwar verdoppelten auch die Sozialdemokraten (SP) mit einem Schlag ihre Sitze von 20 auf 41 im Nationalrat. Sie blieben allerdings weit hinter ihren eigenen Erwartun-

*Abbildung 2.2: Vom Majorz zum Proporz: Die Veränderungen der Sitzanteile im Nationalrat, 1917 und 1919 (in Prozent)*

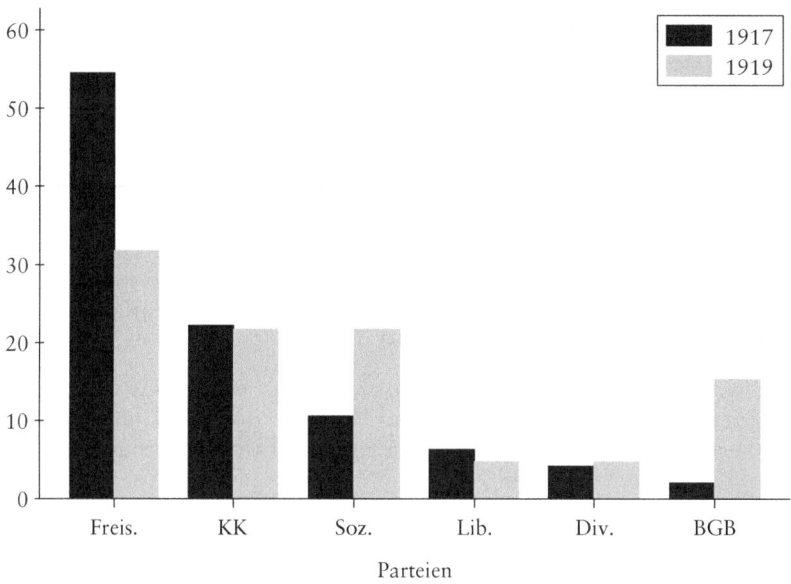

Anmerkungen: Freis. = Freisinnige; KK = Katholisch-Konservative; Soz. = Sozialdemokraten; Lib. = Liberale; BGB = Bauern-, Gewerbe- und Bürgerpartei; Div. = diverse andere Parteien.
Quelle: Gruner (1978).

gen von 60 Mandaten zurück (Gruner 1978: 797). Dies hing unter anderem mit den vielen, relativ kleinen Proporzwahlkreisen in den Kantonen zusammen, die vergleichsweise hohe Wahlerfolgsschwellen darstellten und die SP benachteiligten. Andere kleinere Parteien, wie die Liberalen und Demokraten profitieren weniger vom Systemwechsel, ebenfalls nicht die Katholisch-Konservativen (KK) als bisher zweitgrösste Partei. Vor allem bei den Katholisch-Konservativen, teilweise auch bei den Liberalen, war dies eine Folge ihrer starken regionalen Wählerhochburgen in einzelnen Kantonen. So wurden Wahlgewinne der Katholisch-Konservativen durch den Proporz als Minderheitenpartei in den reformierten Diasporakantonen durch Verluste in den katholischen Kantonen kompensiert, wo sie als grösste Partei bisher vom Majorzsystem profitiert hatten. Ebenfalls erwähnenswert ist die starke Zunahme der Wahlbeteiligung um rund 20 Prozentpunkte von rund 60 auf 80 Prozent, wobei dies nicht nur der Wahlsystemänderung, sondern auch den gesellschaftlichen Umwälzungen zu diesem Zeitpunkt geschuldet war.[22]

---

[22] Anhand eines Vergleichs der Wahlbeteiligungen in Gemeinden mit Verhältnis- und Mehrheitswahlregeln bestätigen Ladner und Milner (1999) für die Schweiz, dass in Kommunen mit Proporzwahlsystemen die Wahlbeteiligung signifikant höher ist.

## 2 Das Wahlsystem

Der Wechsel vom Majorz- zum Proporzwahlsystem bedeutete nicht nur das Ende der Mehrheitspolitik der FDP, sondern mit der Entstehung neuer politischer Strömungen auch eine grundlegende Veränderung der Machtkonfigurationen innerhalb des Parteiensystems und damit auch eine einmalige Umbruchsituation innerhalb des politischen Systems der Schweiz (Lutz 2004: 288). Die Einführung der Proporzwahl war auch die adäquate institutionelle Antwort auf die fortschreitende Industrialisierung, die zunehmenden gesellschaftlichen Spannungen und die ausgeprägten soziokulturellen Heterogenitäten in der Schweiz zu Beginn des 20. Jahrhunderts. Folgerichtig kommt Nohlen (2014: 236) zum Schluss, dass in der Schweiz als einem Land mit segmentiertem Pluralismus „die Verhältniswahl eine besonders enge Verbindung mit dem vorherrschenden Demokratiekonzept" des partizipativen Konkordanzmodells eingegangen sei. Die Einführung der Verhältniswahl bildete im Weiteren eine wichtige institutionelle Voraussetzung für die spätere Einführung der „Zauberformel" in Bezug auf die proportionale parteipolitische Zusammensetzung der Regierung ab 1959.

Ambivalent ist schliesslich die Integrationswirkung des Systemwechsels zu beurteilen. Einerseits konnte die Annahme der Volksinitiative zur Einführung des Proporzwahlsystems im Oktober 1918 kurzfristig nicht mehr verhindern, dass sich die gesellschaftlichen Spannungen einige Wochen später in einem bürgerkriegsähnlichen Landesstreik entluden. Anderseits begünstigte der durch die Wahlsystemänderung ausgelöste Niedergang der freisinnigen Mehrheitspartei eine friedliche Transformation der politischen Machtverhältnisse und bestätigt damit die These, dass die Proporzwahl die mittelfristige Wirkung eines sozialen Ventils besitzt (Gruner 1978: 570).

### 2.4.2 Die Wirkungen der kantonalen Wahlkreise auf das Parteiensystem

Von herausragender Bedeutung für den Wahlerfolg der Parteien und damit auch für die Ausgestaltung des Parteiensystems ist die Einteilung und Grösse der Wahlkreise (Nohlen 2014: 93). Gemeint ist damit die Anzahl der Mandate, die in einem Wahlkreis vergeben werden. Führende Wahlforscher bezeichnen die Wahlkreisgrösse sogar als *das* entscheidende Merkmal eines Wahlsystems und weisen darauf hin, dass der Proporzeffekt primär von der Wahlkreisgrösse abhängt (Lijphart 1994; Taagepera/Shugart 1989). Das schweizerische Wahlsystem zeichnet sich durch die föderalen Wahlkreise nach Kantonen aus, die durchschnittlich 7.7 Mandate aufweisen, was im internationalen Vergleich einem Wahlkreis mittlerer Grösse entspricht (Nohlen 2014: 100). Aufgrund der Wahlkreisgrösse kann die Wahlerfolgsschwelle berechnet werden. Sie gibt an, welcher Wähleranteil benötigt wird, damit eine Partei in einem Kanton auch mindestens einen Sitz im Parlament gewinnt. Konkret muss bei den Nationalratswahlen im Durchschnitt eine Partei 11.5 Prozent Wähleranteile erzielen, um einen Sitz zu erhalten.[23] Allerdings führen die beträchtlichen Bevölkerungsdifferenzen zwischen den Kantonen und die daraus folgenden Wahlkreisgrössen zu sehr unterschiedlich hohen Wahlerfolgshürden in den Kantonen und damit auch zu einer empfindlichen Einschrän-

---

23   Die zugrunde liegende Formel lautet 100 / (M+1), wobei M für die Wahlkreisgrösse steht.

kung des Proporzwahlsystems (Linder/Mueller 2017; Poledna 1988). So müssen die Parteien in den mittleren und kleineren Proporzkantonen, wo weniger als zehn Mandate zu vergeben sind, für einen Sitz theoretisch einen Stimmenanteil von mehr als zehn Prozent erreichen. In den Kantonen Jura und Schaffhausen, wo nur zwei Sitze zu verteilen sind, braucht es ein Drittel der Stimmen, um in den Nationalrat einzuziehen und in den sechs Majorzkantonen mit nur einem Sitz sogar die relative Mehrheit der Stimmen. Damit wirkt sich die geringe Wahlkreisgrösse in den kleinen Kantonen wie eine hohe Sperrklausel aus und die Anteile der erhaltenen Sitze weichen von denjenigen der Stimmen oft beträchtlich ab. Sie beeinflusst im Weiteren auch das Verhalten der Politiker.[24]

Anders sieht es in den sieben grössten Kantonen aus, wo die Wähler- und Sitzanteile annähernd übereinstimmen. So braucht es im Kanton Zürich mit 36 Sitzen weniger als drei Prozent der Stimmen, um einen Nationalratssitz zu erhalten. Mit der Gründung des Kantons Jura und dem Übertritt des Laufentals zu Basel-Landschaft hat der zweitgrösste Kanton Bern seit 1919 insgesamt acht Sitze (von 32 auf 24) und damit von allen Kantonen am meisten Mandate eingebüsst. Im Kanton Bern braucht es deshalb heute mehr als vier Prozent der Stimmen für ein garantiertes Vollmandat, während früher diese Wahlerfolgsschwelle bei rund drei Prozent Wählerstimmen lag. Im drittgrössten Kanton Waadt mit 19 Sitzen liegt die Hürde schon bei über fünf Prozent der Stimmen.[25]

Abbildung 2.3 zeigt einerseits die direkte Beziehung zwischen Wahlkreisgrösse und Wahlerfolgshürde, andererseits den Zusammenhang zwischen der Wahlkreisgrösse und der kantonalen Parteienzahl im Nationalrat. Dabei wird deutlich, dass kleine Wahlkreise nicht nur die Fragmentierung des Parteiensystems beeinflussen, sondern vor allem die kleinen Parteien stark benachteiligen, weil sie kaum in der Lage sind, die hohen Wahlerfolgshürden zu überspringen. Der Wettbewerb zwischen den Parteien wird dadurch eingeschränkt (Nohlen 2014: 100). In einigen kleinen Kantonen wird der Parteienwettbewerb manchmal sogar ganz aufgehoben. Beispielsweise wurde Thomas Rechsteiner (AI / Die Mitte) bei den Nationalratswahlen von 2023 ohne Gegenkandidatur in seinem Amt bestätigt. Während die kleinen Kantone mit wenigen Sitzen pro Wahlkreis nur ein bis drei grosse Parteien in den Nationalrat entsenden, sind es in den sieben bevölkerungsreichsten Kantonen mit grossen Wahlkreisen fünf oder mehr Parteien. Kurz: Je kleiner der Wahlkreis, desto geringer sind damit die Chancen der kleinen Parteien und umso grösser ist die Disproportionalität zwischen Stimmen- und Mandatsanteil.

Der letztgenannte Zusammenhang lässt sich auch anhand der unterschiedlich grossen Wahlkreise und dem Disproportionalitätsgrad zwischen Wähler- und Sitzanteilen bei kantonalen Parlamentswahlen zwischen 2019 und 2022 aufzeigen

---

24 Ein bekanntes Beispiel war der ehemalige Nationalrat Jean Ziegler. Da er aufgrund der parteiinternen Amtszeitbeschränkung nicht mehr im Kanton Genf kandidieren durfte, musste er sich 2003 einen neuen Kanton suchen. Solothurn und Zürich standen konkret zur Auswahl. Im ersten Fall waren 12.5 % Stimmenanteile für ein Vollmandat nötig, im zweiten brauchte es weniger als 3 %. Ziegler kandidierte dann im Kanton Zürich auf der Liste der Jungsozialisten, wurde aber nicht gewählt.
25 In der Praxis ist die Wahlerfolgsschwelle, bedingt durch Restmandatsverteilungen und Listenverbindungen, aber niedriger.

(Abbildung 2.4). Dabei wurden die fünf Kantone Aargau, Nidwalden, Schaffhausen, Zürich und Zug als kantonale Einheitswahlkreise betrachtet, da beim dort praktizierten biproportionalen Zuteilungsverfahren in einem ersten Schritt alle Sitze auf der gesamtkantonalen Ebene auf die Parteien verteilt werden.

*Abbildung 2.3: Wahlkreisgrösse, Erfolgshürde und Parteienzahl bei den Nationalratswahlen 2023 nach Kantonen*

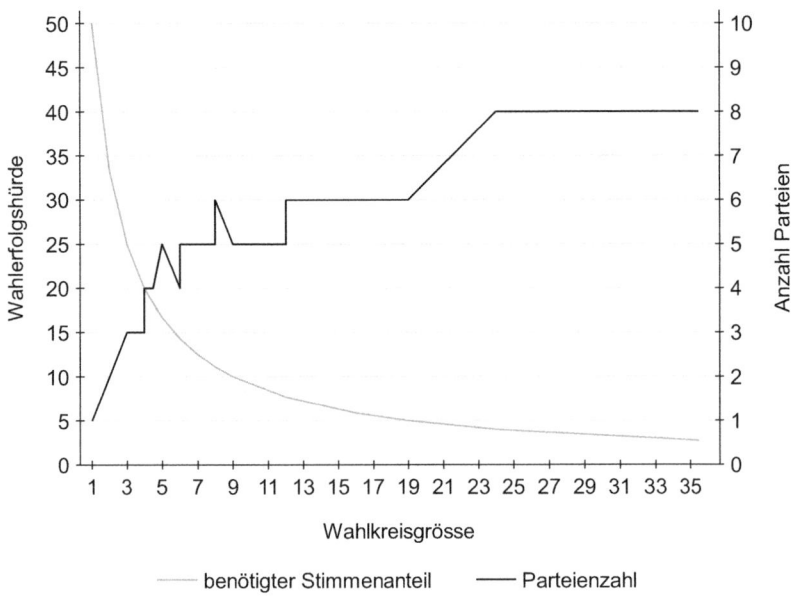

Anmerkungen: Wahlkreisgrösse in Anzahl der Sitze; Erfolgshürde in Prozent der Stimmen; Parteienzahl bezieht sich auf den Nationalrat.
Quelle: Eigene Berechnungen auf Basis von Vatter u. a. (2024).

*Abbildung 2.4: Wahlkreisgrösse und Disproportionalitätsgrad bei kantonalen Parlamentswahlen, 2019–2022*

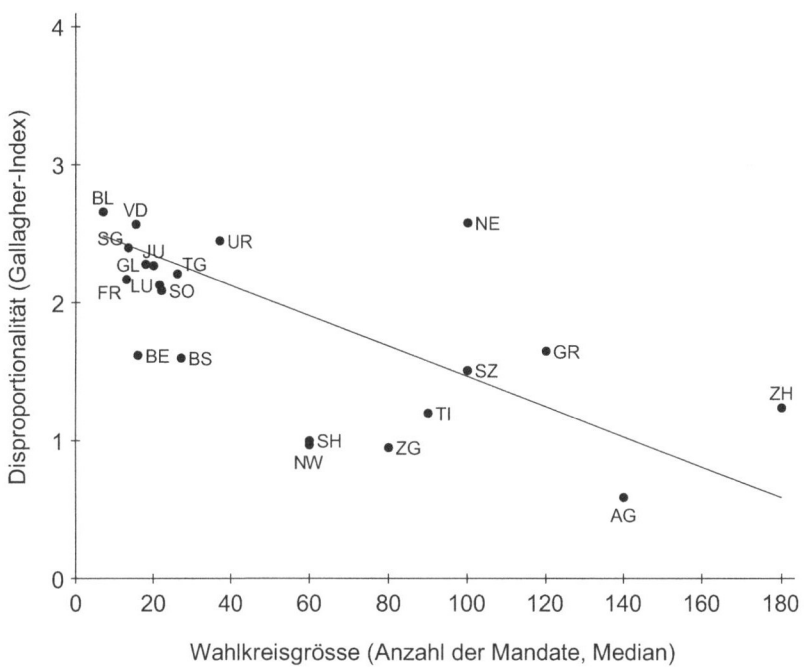

Anmerkungen: Nicht berücksichtigt sind die drei Majorzkantone (AR, AI, GR) sowie ein Proporzkanton (GE) aufgrund der dort geltenden Sieben-Prozent-Wahlhürde. Für Uri wurden nur die Proporzgemeinden einbezogen; Trendlinie = Regressionsgerade.

Quellen: Eigene Berechnungen auf Basis von Vatter u. a. (2024).

Abbildung 2.4 veranschaulicht den Zusammenhang zwischen der Wahlkreisgrösse und dem Grad an Disproportionalität (Gallagher-Index[26]) bei Legislativwahlen in den Kantonen: Je kleiner die Wahlkreise sind, umso grösser ist die Diskrepanz zwischen Wähler- und Mandatsanteilen der Parteien, während in den grossen Wahlkreisen eine sehr hohe Übereinstimmung zwischen diesen beiden Grössen besteht. Weiterführende Analysen (Gschwend 2012) weisen für die kantonalen Parlamentswahlen ebenfalls darauf hin, dass wie bei internationalen Vergleichen (Lijphart 1994; Nohlen 2014; Taagepera/Shugart 1989) die Wahlkreisgrösse den grössten Proporzeffekt ausübt, während andere Merkmale wie das Wahlsystem oder die Parlamentsgrösse einen geringeren Einfluss haben. Die einzelnen Unterschiede im Disproportionalitätsgrad bei Kantonen mit kleinen Wahlkreisen lassen sich zum Teil mit der konkreten Ausgestaltung der jeweils kleinsten Wahlkreise

---

26 Dieser Index basiert auf dem Proportionalitätsverhältnis von Stimm- und Mandatsanteilen. Er ermöglicht eine kontinuierliche Abbildung von Wahlsystemeigenschaften zwischen den beiden Extrempolen Mehrheits- und Verhältniswahl.

erklären: Während der Kanton Obwalden teilweise nur vier Sitze pro Wahlkreis vergibt, umfasst der kleinste Wahlkreis im Kanton Thurgau 22 Sitze.

Verschiedene Studien sind der Frage nachgegangen, wie sich die Sitzverteilung der Parteien ändern würde, wenn anstelle der 26 kantonalen Wahlkreise eine andere Einteilung, insbesondere ein einheitlicher nationaler Wahlkreis gelten würde (Bochsler 2005; Linder/Hirter 1995). Schon Seitz (1993: 25) zeigt anhand einer Gegenüberstellung der effektiv erreichten Sitzzahl und der fiktiven (d. h. der nationalen Parteistärke entsprechenden) Sitzanteile auf, dass das föderale Wahlsystem mit 26 unterschiedlich grossen Wahlkreisen weitestgehend die grossen Parteien begünstigt und die kleinen Parteien – mit Ausnahme der damaligen Liberalen Partei, der CSP und der Lega dei Ticinesi – benachteiligt. Kleine Parteien, die jedoch starke kantonale Hochburgen haben, weisen teilweise sogar einen höheren Erfolgswert als die Bundesratsparteien auf.[27] Trotzdem gilt: „Wäre die Schweiz ein einziger Wahlkreis, so hätten die Bundesratsparteien bei den Nationalratswahlen von 1971 bis 1991 im Durchschnitt pro Wahl zusammen 7.8 Sitze weniger erhalten" (Seitz 1993: 25). Linder und Hirter (1995) weisen nach, dass eine Wahlkreiszusammenlegung kleiner Wahlkreise effektiv zu einem niedrigeren natürlichen Quorum führen und damit kleineren Parteien bessere Wahlerfolgschancen bieten könne. Daraus würde eine verbesserte Proporzwahlqualität resultieren. Eine Analyse von Brupbacher und Cornehls (2023) simuliert die Sitzverteilung der Nationalratswahlen unter der Annahme, dass das biproportionale Wahlverfahren („doppelter Pukelsheim") gelten würde, bei dem die Sitze genau proportional auf die Parteien entsprechend der Listenstimmen verteilt werden, welche die Parteien landesweit erhalten haben. Anschliessend werden bei diesem Verfahren die Ergebnisse in den einzelnen kantonalen Wahlkreisen beigezogen, um zu ermitteln, wo die Parteien ihre Sitze erhalten. Damit gehen die Stimmen für kleine Parteien nicht verloren, die in vielen kleineren Kantonen knapp unter der Wahlerfolgsschwelle bleiben, sondern fliessen in den nationalen Stimmenanteil einer Partei ein. Die Gewinnerinnen von 2023 wären gemäss diesem Simulationsmodell die GLP (+6 Sitze), die EVP (+2 Sitze) sowie die FDP, EDU, PdA und Mass-voll (+1 Sitz). Verlieren würden demgegenüber die SVP (-5 Sitze), die SP und die Grünen (je -3 Sitze) sowie das MCG (-1 Sitz). Zu beachten ist, dass bei der Simulation kein Quorum berücksichtigt wurde, wie es in den meisten Kantonen vorgesehen ist, die das biproportionale Wahlverfahren bei kantonalen Parlamentswahlen anwenden (vgl. Tabelle 2.1). In der Regel profitieren die kleinen Parteien von dem Verfahren (sofern sie allfällige künstliche Hürden überwinden), während grosse Parteien tendenziell Sitze abgeben müssten. Dass die Grünen als kleinere Partei laut der Simulation Sitze eingebüsst hätten, ist darauf zurückzuführen, dass sie mehrere Mandate aufgrund von Listenverbindungen erringen konnten (vgl. Abschnitt 2.4.3), die bei der Stimmenverrechnung nach Pukelsheim verboten wären. Zudem wäre zu erwarten, dass vermehrt kleinere Parteien in Kleinkantonen antreten würden, da ihre Stimmen nicht mehr verloren gingen. Dies könnte den Partei-

---

27 So erzielte die CSP bei den Nationalratswahlen 2007 landesweit einen Wähleranteil von 0.43 %, bekam im Kanton Freiburg aber ein Mandat dank einer sehr günstigen Listenverbindung. Ein Nationalratsmandat entspricht 0.5 % aller Sitze, was für jede Stimme an die CSP einen Erfolgswert von 115.3 % bedeutete (0.5 / 0.43).

enwettbewerb dort massiv verstärken. Bochsler (2007) schätzt diesen sogenannten psychologischen Effekt einer Wahlverfahrensänderung auf etwa drei weitere Sitze für kleinere Parteien.

Generell zeigt sich, dass die Chancen der Parteien, Mandate zu gewinnen, umso ungleicher verteilt sind, je höher diese sogenannte „Wahlerfolgsschwelle" ist. Während nämlich die grossen Volksparteien wie die FDP, CVP und SP, aber auch Parteien mit lokalen Hochburgen (wie lange Zeit die Liberalen in der Westschweiz oder die SVP in der Deutschschweiz) von einer hohen Eintrittsschwelle profitieren, gehören kleinere Parteien wie die EVP zu den Verlierern (Seitz 1993; Seitz/Schneider 2007). Historisch scheiterten deshalb vor allem kleinere Parteien ohne lokale Hochburgen (z. B. PdA, LdU, Republikaner) regelmässig an den hohen Eintrittsschwellen in den kleineren Kantonen. Insgesamt kann der Schluss gezogen werden, dass die Wahlerfolgsschwelle bei den Nationalratswahlen einen starken Einfluss auf die Parteienvielfalt in einem Kanton ausübt, der sogar noch grösser ist als die Eintrittshürde bei kantonalen Parlamentswahlen. Es zeigt sich auch, dass die Zahl der gewählten Parteien in den Kantonen stark der Grösse der Wahlkreise bei den Nationalratswahlen folgt. Dieses Ergebnis ist insofern bedeutend, als bisher davon ausgegangen wurde, dass vor allem das kantonale Wahlsystem das Parteiengefüge entscheidend beeinflusst. Dies bedeutet, dass es neuen oder kleinen Parteien trotz eines restriktiveren Wahlsystems bei kantonalen Wahlen möglich ist, sich zu etablieren, wenn die Bedingungen bei den Nationalratswahlen günstig sind (Lutz/Vatter 1999).

### 2.4.3 Die Wirkungen der Listenverbindungen auf den Wahlerfolg der Parteien

Neben den Wahlkreisen und dem Verrechnungsverfahren bildet auch die Wahlbewerbung ein zentrales Merkmal von Wahlsystemen, wozu die Listenformen und Listenverbindungen gehören (Nohlen 2014: 110). Allerdings wurden deren Effekte bis heute kaum untersucht (Bochsler 2010). Das schweizerische Wahlsystem ist weltweit nicht nur eines der wenigen mit freien Listen, die dem Wähler die Möglichkeit bietet, eine eigene Liste aus Personen von unterschiedlichen Parteien zusammenzustellen (panaschieren) und Kandidierende doppelt aufzuführen (kumulieren), sondern auch eines, das Listenverbindungen erlaubt. Sie senken für kleine Parteien die Eintrittshürde ins Parlament, da die in einer Listenverbindung zusammengeschlossenen Parteien bei der Mandatszuteilung zunächst als Einheit behandelt werden. Erst in einem zweiten Schritt folgt die Zuteilung der Mandate auf die beteiligten Parteien (Bochsler 2010: 855). Die Ergebnisse der Nationalratswahlen 2023 machen deutlich, dass der Einsatz von Listenverbindungen sehr bedeutsam für den Wahlerfolg der Parteien ist. So kommt eine Simulationsanalyse von Cornehls und Balmer (2023) zum Schluss, dass insgesamt zwölf Mandate anders verteilt worden wären, hätte es keine Listenverbindungen gegeben. Profitiert haben die SP, GLP und EDU (je plus einen Sitz) und die Grünen (plus zwei Sitze). Wie schon bei früheren Wahlen haben die SVP (minus zwei Sitze) und die FDP (minus ein Sitz) durch die Listenverbindungen Mandate eingebüsst, dies galt 2023 auch für die Mitte (minus zwei Sitze). Tendenziell lässt sich feststellen, dass innerhalb einer Listenverbindung jeweils die grösste Partei der Allianz profitiert.

Unterlistenverbindungen sind ein Mittel, mit denen kleinere Parteien diesen Effekt aushebeln können, sofern sie gemeinsam einen höheren Stimmenanteil erzielen als die grösste Partei der Listenverbindung. Ebenfalls profitieren eher gemässigte Parteien wie typischerweise die Mitte, die flexible Bündnisse nach links und nach rechts eingehen können. Dagegen konnte die SVP bislang kaum von Listenverbindungen profitieren. Im Vorfeld der Nationalratswahlen von 2015 scheiterte der Versuch der SVP, flächendeckende Bündnisse mit der FDP zu bilden. Es kamen lediglich drei kantonale Bündnisse der beiden Parteien zustande, die der SVP jedoch keinen Sitzgewinn einbrachten. In anderen Kantonen schloss sich die SVP mit verschiedenen kleinen Rechtsparteien zusammen, was ihr aber nur im Kanton Zürich zugutekam (Bochsler 2015). Schliesslich fördern Listenverbindungen sogenannte Splitlisten innerhalb der Parteien, um verschiedene Wählersegmente innerhalb einer Partei anzusprechen (Junge, Senioren, Frauen), was zusätzlich die Kandidierendenselektion in den Parteien proportionalisiert[28] (Bochsler 2010). Insgesamt stärkt die freie Listenform mit der Möglichkeit der Listenverbindung die Partizipationsfunktion des Wahlsystems im Sinne der ausgebauten Möglichkeiten für die Wählenden, ihre Präferenzen möglichst genau auszudrücken (Blais/Massicotte 1996; Nohlen 2014). Gleichzeitig schwächen diese Instrumente aber die Stellung, Geschlossenheit und Rolle der Parteien im politischen System, da nicht mehr sie alleine über die gewählte Reihenfolge der Kandidierenden entscheiden können.

## 2.5 Das schweizerische Wahlsystem im internationalen Vergleich

### 2.5.1 Die Schweiz in der Typologie von Wahlsystemen

Grundsätzlich gibt es eine Vielzahl von Möglichkeiten, Typologien zu entwickeln, die auf die verschiedenen Dimensionen von Wahlsystemen Rücksicht nehmen. Die Wahlsysteme werden hier – stark vereinfacht – formal nach der Verwendung der grundsätzlichen Entscheidungsregel der Mehrheits- oder Verhältniswahl (bzw. einer Kombination aus beiden) dargestellt. Die Einordnung orientiert sich weniger an den (durchaus variierenden) Wirkungen von Wahlsystemen (vgl. hierzu Nohlen 2014: 195ff.). Tabelle 2.2 ordnet die Schweiz in eine Typologie der heutigen Wahlsysteme in den fortgeschrittenen OECD-Ländern ein.

---

[28] Diese Strategien führen in der Praxis aber oft zu einer regelrechten Kandidierendenflut, die bei den Nationalratswahlen von 2023 einen neuen Höhepunkt erreichte, obwohl die Parteien davon kaum in Form von zusätzlichen Stimmen oder Sitzen profitieren (Flick Witzig 2023; Lutz 2023). Im Nachgang der eidgenössischen Wahlen von 2023 wurden mehrere politische Vorstösse lanciert, die darauf abzielen, die Zahl der Listen bzw. Unterlisten künftig zu reduzieren.

*Tabelle 2.2: Einordnung der Wahlsysteme (nationale Ebene, Erste Kammer) von OECD-Ländern, 2018*

| Wahlsystem | Einordnung der Länder |
|---|---|
| Mehrheitswahl | |
| *absolut* | Frankreich, Australien (in Australien: „Alternative Vote") |
| *relativ* | Kanada, UK, USA |
| Kombinierte Wahlsysteme | |
| *parallel* | Japan, Italien |
| *kompensatorisch* | Deutschland, Neuseeland („personalisierte Verhältniswahl") |
| Verhältniswahl | |
| *Verhältniswahl (mit variierenden Wahlkreisgrössen)* | Belgien, Finnland, Luxemburg, Portugal, Schweiz, Spanien, Österreich, Dänemark\*, Norwegen\*, Schweden\*, Griechenland\*\*, Island\*\* |
| *reine Verhältniswahl (nationale Ebene)* | Niederlande, Israel |
| *„single transferable vote"* | Irland |

Anmerkungen: Aufgrund des hohen Proporzeffekts wird Deutschland teilweise auch der Verhältniswahl zugeordnet (Lijphart 1994; Nohlen 2014), was ebenso für Neuseeland gelten kann. \* mit kompensatorischen Sitzen. \*\* mit nationaler Zusatzliste.
Quellen: Eigene Zusammenstellung auf Basis von Nohlen (2014), mit Aktualisierungen auf der Basis von Inter-Parliamentary Union (2017), ACE Project (2019) und International IDEA (2019).

Die Mehrheitswahl, die in der Regel in Einerwahlkreisen stattfindet und nach relativem oder absolutem Stimmenmehr entschieden wird, findet noch in fünf etablierten Demokratien Anwendung. Die Verhältniswahl hingegen setzt auf die proportionale Verteilung der Sitze in grösseren Wahlkreisen und wird in der Mehrzahl der entwickelten OECD-Länder praktiziert. Parallele Mischsysteme – wie seit 1994 in Japan – vergeben je einen Teil der Sitze nach den Prinzipien der Mehrheits- oder Verhältniswahl, ebenso wie kompensatorische Mischsysteme (Deutschland und Neuseeland), wobei letztere jedoch entstehende Disproportionalitäten durch die Verhältniswahlkomponente ganz oder teilweise wieder ausgleichen. Da in kompensatorischen Mischsystemen die Verhältniswahl das Ergebnis dominiert, aber neben der Stimme für eine Parteiliste auch eine zweite Stimme für einen Wahlkreiskandidierenden abgegeben wird, bezeichnet man das System auch als personalisierte Verhältniswahl. Wie gezeigt wurde, unterscheiden sich Verhältniswahlsysteme in ihrer Wirkung auf die Proportionalität der Sitzverteilung stark je nach Wahlkreisgrösse und weiteren Eigenschaften wie etwa gesetzlichen Mindeststimmanteilen (künstliche Hürden). Bei der Mehrheitswahlvariante „alternative vote" wird ein Ranking der Kandidierenden durch die Wählenden genutzt, um durch die Elimination aussichtsloser Anwärter und Stimmentransfers eine absolute Mehrheit zu identifizieren. „Single transferable vote", wie es in Irland verwendet wird, folgt dem gleichen Prinzip. Der zentrale Unterschied dabei ist, dass in den Wahlkreisen mehrere Mandate zu vergeben sind. Diese Tatsache macht es zu einem Verhältniswahlsystem; je grösser die Wahlkreise sind, desto proportionaler ist die Sitzzuteilung. Schliesslich werden mit den heute in den OECD-Ländern verwendeten Systemen bei Weitem nicht alle möglichen Wahlsysteme abgedeckt. Dies gilt insbesondere, wenn man die vorhandenen Varianten auf subnationaler Ebene in Betracht zieht.

### 2.5.2 Die Wirkungen des föderalen Proporzwahlsystems der Schweiz auf die Disproportionalität von Stimmen und Sitzen im internationalen Vergleich

Die politischen Auswirkungen von Wahlsystemen hängen in der Regel nicht von einem einzelnen Element ab, sondern von einer Kombination verschiedener Merkmale (Wahlkreise, Stimmgebung, Stimmverrechnung). Im internationalen Vergleich werden die Effekte der unterschiedlichen Wahlsysteme auf das politische System am häufigsten anhand eines Vergleichs der Wählerstimmen- und der Mandatsanteile der Parteien gemessen, insbesondere, um sie auf dem Kontinuum zwischen Mehrheits- und Konsensdemokratie einzuordnen (Lijphart 2012). Im Folgenden wird die gängigste Messgrösse für die Disproportionalität verwendet, der sogenannte Gallagher-Index (Gallagher 1991). Dieser misst die Abweichung zwischen dem Anteil der Wählerstimmen, die eine Partei bei einer Wahl erhält und dem Anteil an Parlamentssitzen, der ihr nach der Stimmenauszählung zugeteilt wird[29]. Das Output-Mass verortet die Wahlsysteme nach ihrer eher proportionalen oder majoritären Gesamtwirkung unter Berücksichtigung des Wählerverhaltens.

Abbildung 2.5 gibt einen Überblick über die mittleren Werte des Disproportionalitätsgrades nach Gallagher in den entwickelten OECD-Ländern für Wahlen zwischen 2018 und 2022. Insgesamt weist die Schweiz im internationalen Vergleich einen relativ geringen Disproportionalitätsgrad auf, ohne allerdings einen Spitzenplatz einzunehmen. Dies ist auf die vorherrschend geltende Proporzwahl in unterschiedlich grossen Mehrpersonenwahlkreisen zurückzuführen. Insbesondere die im internationalen Vergleich mittlere durchschnittliche Wahlkreisgrösse bei proportionaler Sitzverteilung führt zu eher geringen Verlusten bei der Umsetzung von Wählerstimmen in Parlamentssitze. Der Vergleich mit majoritären Wahlsystemen, wie sie etwa in Grossbritannien oder Frankreich verwendet werden, verdeutlicht die eher hohe Proportionalität des Schweizer Wahlsystems. Auf der anderen Seite liegt der Disproportionalitätsgrad in einigen Ländern noch niedriger, insbesondere in denjenigen mit einem einzigen landesweiten Wahlkreis wie den Niederlanden. Über die Zeit zeigt sich seit 1945 bis heute eine leichte Zunahme des Disproportionalitätswertes für die Schweiz. Insgesamt hat das Verhältniswahlsystem mit

---

29 Der Gallagher-Index (GI) berechnet sich wie folgt:
$\sqrt{\frac{1}{2}\sum_{i=1}^{n}(V_i - S_i)^2}$.
$V_i$ steht dabei für den Stimmenteil, $S_i$ für den Sitzanteil der Partei i.

*Abbildung 2.5: Der Disproportionalitätsgrad von Wahlsystemen im internationalen Vergleich, 2018–2022*

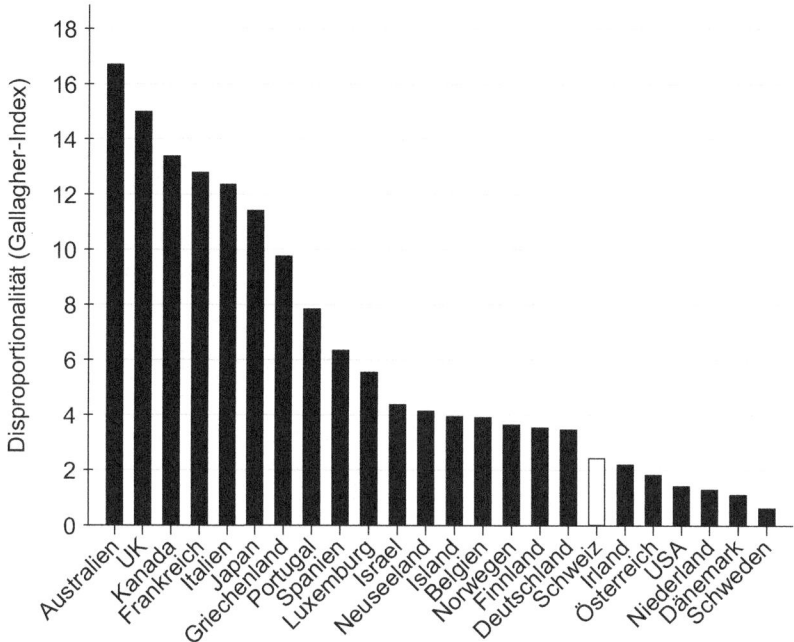

Anmerkungen: Disproportionalität (Gallagher-Index) bei Parlamentswahlen (Erste Kammer); Abweichend von Lijphart (2012) wurde der Gallagher-Index ohne Berücksichtigung von Präsidentschaftswahlen (insbesondere USA), Allianzen zwischen Parteien oder innerer Heterogenität von Parteien berechnet.
Quelle: World Population Review (2023).

variierenden Wahlkreisgrössen in der Schweiz im internationalen Vergleich zu durchschnittlich proportionalen Ergebnissen geführt.[30]

Dabei gilt es festzuhalten, dass es neben dem Disproportionalitätsgrad nach Gallagher weitere Masse für die Wirkung des Wahlsystems gibt, die sich stärker auf die formalen wahlsystemischen Regeln als auf ihre Wirkungen beziehen. Dies kann von Vorteil sein: Wie der geringe Disproportionalitätsgrad der amerikanischen Parlamentswahlen zum Repräsentantenhaus zeigt, kann der Gallagher-Index auch bei majoritären Wahlsystemen eine relativ hohe Proportionalität ausweisen, wenn die Wählerschaft sich strategisch auf die aussichtsreichen Parteien beschränkt. Die (mittlere) Wahlkreisgrösse oder durch das Wahlsystem aufgebaute Repräsentationshürden (Lijphart 2012; Taagepera 2002) sind Beispiele für Masse, die sich direkt auf die institutionelle „Stärke" des Wahlsystems beziehen (Input-

---

30 „Most of the PR [„proportional representation", eigene Anmerkung] countries have average disproportionalities between 1 and 5 percent" (Lijphart 2012: 149).

Orientierung), ohne durch das Wählerverhalten (Output-Orientierung) beeinflusst zu werden.

## 2.6 Zusammenfassung und Diskussion

Durch den Wechsel des Wahlsystems von Majorz zu Proporz, die stark variierenden Wahlkreisgrössen sowie die unterschiedliche Ausgestaltung der kantonalen Wahlsysteme bildet die Schweiz für die Wahlforschung ein ideales Laboratorium zur Untersuchung der Wirkungen von Wahlsystemen, in dem einzelne Kontextfaktoren konstant gehalten werden können. Zusammenfassend zeigt sich, dass die Wahlsysteme in der Schweiz eine Kombination aus Proporz- und Majorzwahlverfahren darstellen. Die Mehrheitswahl findet mit Ausnahme der Kantone Jura und Neuenburg bei der Bestellung des Ständerats auf Bundesebene und den meisten Kantonsregierungen statt. Bei der Wahl des Nationalrats auf Bundesebene und der meisten Parlamente auf kantonaler Ebene wird von der Verhältniswahl Gebrauch gemacht, wobei diese aufgrund kleiner Wahlkreise stark majoritäre Züge aufweisen kann.

Dabei zeigt ein Blick in die über 170-jährige Geschichte des schweizerischen Bundesstaats, dass sich die einzelnen Elemente des Wahlsystems für den Nationalrat und ihre intendierten Wirkungen bis heute grundlegend gewandelt haben. So sollte das ursprünglich eingeführte Majorzwahlsystem vor allem eine stabile Regierungsmehrheit und eine Hegemonialstellung der liberal-freisinnigen Bundesstaatspartei ermöglichen, während den kantonalen Wahlkreisen primär die Funktion eines geographischen Proporzes zukam. Die kleinen Wahlkreise sollten damit sowohl die Vertretung der katholisch-konservativen Minderheitspartei als auch eine möglichst breite regionale Vertretung der Kleinkantone sichern. Während also ursprünglich der Entscheidungsregel eine mehrheitsbildende Konzentrationsfunktion zukam, erhofften sich die Verfassungsväter durch die föderalen Wahlkreise primär einen Proporzeffekt für geographische und politische Minderheiten. Eine aktuelle Betrachtung macht deutlich, dass die den einzelnen Systemelementen zugeschriebenen Funktionen heute gerade umgekehrt sind: Das seit über 100 Jahren geltende Proporzwahlsystem zielt vor allem auf eine möglichst genaue politisch-gesellschaftliche Repräsentation der Wählerschaft im Parlament ab, während den nach wie vor geltenden kantonalen Wahlkreisen heute vor allem disproportionale Majorzeffekte zuungunsten vor allem kleiner Parteien zukommen.

Insgesamt zeichnet sich damit das heutige nationale Wahlsystem der Schweiz durch Merkmale aus, die das Hauptziel der Verhältniswahl, nämlich die proportionale Repräsentation, sowohl fördern als auch mindern. Während das verwendete Stimmenverrechnungsverfahren, die Stimmgebung mit freien Listen, aber auch die Möglichkeit der Listenverbindungen insgesamt die Übereinstimmung von Stimmen- und Mandatsanteilen optimieren, ist es vor allem die föderale Wahlkreiseinteilung nach Kantonen, welche die Disproportionalität stärkt. In diesem Sinne handelt es sich beim heutigen Wahlsystem für den Nationalrat um eine nahezu passgenaue technische Umsetzung des Modells der föderalen Proporz- bzw. Konsensdemokratie.

Nachdem lange Zeit eine Reform des Wahlrechts auf nationaler Ebene nicht zur Debatte stand, hat der Wahlsystemwechsel in mehreren Kantonen eine neue öffentliche Diskussion über das für die Schweiz geeignetste Wahlsystem ausgelöst, die unter anderem eine breit abgestützte Abklärungsstudie der Bundeskanzlei nach sich zog (Bundeskanzlei 2013; Linder/Bolliger/Rielle 2010). Das in diesen Kantonen eingeführte biproportionale Wahlverfahren hat verschiedene Vorteile: Es würde auf nationaler Ebene ebenfalls zu mehr proportionaler Gerechtigkeit, höherer Stimmkraft- und Erfolgswertgleichheit, einer besseren Vertretung kleinerer Parteien und einer grösseren Parteienauswahl in kleineren Kantonen führen. Würde zusätzlich auf eine künstliche Hürde verzichtet werden, hätten etwa Jungparteien beträchtliche Chancen, aus ihrem Schattendasein als Stimmenlieferanten für ihre Mutterparteien herauszutreten und mit einem Sitzanteil von bis zu zehn Prozent die Parlamente spürbar zu verjüngen.[31] Insbesondere die zunehmende Nationalisierung von Wahlkampagnen und das Verschwinden kantonaler Parteibesonderheiten sprechen für eine weitere Proportionalisierung des stark kantonal geprägten Wahlsystems auf nationaler Ebene. Die Reform in Richtung eines möglichst proportionalen Wahlsystems mit nationalem Verrechnungsverfahren bei weiterhin kantonalen Wahlkreisen würde damit insgesamt zu einer verbesserten Erfüllung der wichtigsten Funktion des Verhältniswahlsystems führen, nämlich die Erreichung eines möglichst präzisen Spiegelbilds der Wählerschaft im Parlament. Gleichzeitig würde dadurch aber weiterhin Rücksicht genommen auf den historisch-föderalen Kontext der Schweiz mit der starken Stellung der Kantone sowie auf den vergleichsweise hohen Grad an soziokultureller Heterogenität. Allerdings stellt sich die Frage, ob eine weitere Stärkung der *Repräsentationsfunktion* durch ein entsprechendes Wahlverfahren nicht gleichzeitig eine weitere Parteienzersplitterung, eine Schwächung der gemässigten Mitteparteien und eine zunehmende Instabilität der Regierungsbildung begünstigt. Dies würde neben der Minderung der *Partizipationsfunktion* aufgrund des bisher praktizierten Verbots von Listenverbindungen beim doppelt proportionalen Verrechnungsverfahren eine andere und für die Schweizer Bundesebene zunehmend wichtige Kernfunktion von Wahlsystemen, nämlich die regierungsbildende *Konzentrationsfunktion*, schwächen.

## 2.7 Literaturverzeichnis

ACE Project, 2019: The Electoral Knowledge Network. http://aceproject.org/regions-en?set_language=en (abgerufen am 04.11.2019).
Blais, André/Massicotte, Louis, 1996: Electoral Systems. In: Le Duc, Lawrence/Niemi, Richard G./Norris, Pippa (Hrsg.): Comparing Democracies. Elections and Voting in Global Perspective. Thousand Oaks/London: Sage, 40–69.
Bochsler, Daniel, 2005: Biproportionale Wahlverfahren für den Schweizer Nationalrat. Modellrechnungen für die Nationalratswahlen 2003. Genf: Universität Genf.
Bochsler, Daniel, 2007: Berechnung der Sitzverteilung in den Nationalrat 2006 nach dem biproportionalen Wahlverfahren („Doppelter Pukelsheim"). Genf: Universität Genf.

---

31 Jungparteien erzielen in der Regel mindestens 10 % der Gesamtstimmen einer Partei. Ein biproportionales Sitzzuteilungsverfahren würde es den Jungparteien weit besser erlauben, diesen Stimmenanteil in Sitze umzuwandeln. So würden unter 30-jährige nicht mehr zu den am meisten untervertretenen Schichten in den kantonalen und nationalen Parlamenten gehören.

Bochsler, Daniel, 2010: Was bringen Wahlallianzen? Links-grüne Parteien und deren Listenverbindungen im d'Hondtschen Verhältniswahlrecht der Schweizer Nationalratswahlen von 1995 bis 2007. In: Zeitschrift für Parlamentsfragen 41/4, 855–873.

Bochsler, Daniel, 2015: Die Grossen profitieren meist. Eine Bilanz der Listenverbindungen 2015 bei den Nationalratswahlen. In: Neue Zürcher Zeitung, 06.11.2015, 19.

Brupbacher, Marc/Cornehls, Svenson, 2023: So sähe es mit einem anderen Wahlsystem aus. In: Der Bund, 01.11.2023, 7.

Bundesamt für Statistik, 2015: Nationalratswahlen: Übersicht Kantone 2015. http://www.politik-stat.ch/nrw2015KT_de.html (abgerufen am 08.01.2016).

Bundesamt für Statistik, 2023: Wohnbevölkerung, Wahlberechtigte und Wählende. https://www.bfs.admin.ch/bfs/de/home/statistiken/kataloge-datenbanken/tabellen.assetdetail.28765101.html (abgerufen am 08.01.2024).

Bundeskanzlei, 2013: Proporzwahlsystem im Vergleich, Bericht der Bundeskanzlei. Bern.

Carter, Elisabeth/Farrell, David M., 2010: Electoral Systems and Election Management. In: Le Duc, Lawrence/Niemi, Richard G./Norris, Pippa (Hrsg.): Comparing Democracies. Elections and Voting in the 21st Century. Thousand Oaks/London: Sage, 25–44.

Cornehls, Svenson/Balmer, Dominik, 2023. Wer profitierte vom Wahllisten-Poker? In: Der Bund, 25.10.2023, 10.

Duverger, Maurice, 1959: Die politischen Parteien. Tübingen: Mohr.

Emmenegger, Patrick, 2018: Die Einführung der Proporzwahl in der Schweiz: Die Rolle der Wahlkreisgeometrie. In: Parlament – Parlement – Parlamento: Mitteilungsblatt der Schweizerischen Gesellschaft für Parlamentsfragen 21/3: 3–6.

Flick Witzig, Martina, 2023: Mit dem Schleppnetz auf Stimmenfang: Anzahl Kandidierende und Wahlerfolg. https://www.defacto.expert/2023/11/15/mit-dem-schleppnetz-auf-stimmenfang-anzahl-kandidierende-und-wahlerfolg/ (abgerufen am 02.05.2024).

Gallagher, Michael, 1991: Proportionality, Disproportionality and Electoral Systems. In: Electoral Studies 10/1, 33–51.

Garrone, Pierre, 1991: L'élection populaire en Suisse. Etude des systèmes électoraux et de leur mise en oeuvre sur le plan fédéral et dans les cantons. Basel/Frankfurt a. M.: Helbing & Lichtenhahn.

Glaser, Andreas (Hrsg.), 2018: Das Parlamentswahlrecht der Kantone. Zürich/St. Gallen: Dike.

Gruner, Erich, 1978: Die Wahlen in den schweizerischen Nationalrat 1848–1919. Wahlrecht, Wahlsystem, Wahlbeteiligung, Verhalten von Wählern und Parteien, Wahlthemen und Wahlkämpfe. Bern: A. Francke.

Gschwend, Muriel, 2012: Eine Untersuchung zu den Einflussfaktoren der Disproportionalitätsgrade auf kantonaler Ebene. Seminararbeit. Bern: Universität Bern, Institut für Politikwissenschaft.

Hangartner, Yvo/Kley, Andreas, 2000: Die demokratischen Rechte in Bund und Kantonen der Schweizerischen Eidgenossenschaft. Zürich: Schulthess.

International IDEA, 2019: Electoral System Design Database. https://www.idea.int/data-tools/data/electoral-system-design (abgerufen am 04.11.2019).

Inter-Parliamentary Union, 2017: PARLINE Database on National Parliaments. http://archive.ipu.org/parline-e/parlinesearch.asp (abgerufen am 04.11.2019).

Kölz, Alfred, 2004: Neuere schweizerische Verfassungsgeschichte. Ihre Grundlinien in Bund und Kantonen seit 1848. Bern: Stämpfli.

Ladner, Andreas/Milner, Henry, 1999: Do Voters Turn Out More Under Proportional Than Majoritarian Systems? The Evidence From Swiss Communal Elections. In: Electoral Studies 18/2, 235–250.

Leuzinger, Lukas/Kuster, Claudio, 2024: Kantonale politische Systeme (Datensatz). https://napoleonsnightmare.ch/kantonale-politische-systeme/ (abgerufen am 19.01.2024).

Lijphart, Arend, 1994: Electoral Systems and Party Systems: A Study of Twenty-Seven Democracies 1945–1990. Oxford: Oxford University Press.

Lijphart, Arend, 2012: Patterns of Democracy. Government Forms and Performance in Thirty-Six Countries. New Haven/London: Yale University Press.

Linder, Wolf/Mueller, Sean, 2017: Schweizerische Demokratie. Institutionen – Prozesse – Perspektiven. Bern: Haupt.

Linder, Wolf/Bolliger, Christian/Rielle, Yvan (Hrsg.), 2010: Handbuch der eidgenössischen Volksabstimmungen 1848–2007. Bern/Stuttgart/Wien: Haupt.

Linder, Wolf/Hirter, Hans, 1995: Veränderte Proporzchancen und ihre Auswirkungen auf die Parteienvertretung im schweizerischen Nationalrat. Eine Modellrechnung. Studie im Auftrag der Staatspolitischen Kommissionen der eidgenössischen Räte. Bern: Universität Bern, Institut für Politikwissenschaft.

Linder, Wolf/Lutz, Georg/Bolliger, Christian/Hänny, Sophia, 2011: Switzerland. In: Nohlen, Dieter/Stöver, Philip (Hrsg.): Elections in Europe. A Data Handbook. Baden-Baden: Nomos, 1879–1966.

Lutz, Georg, 2004: Switzerland. Electoral Reform from below: The Introduction of Proportional Representation in Switzerland 1918. In: Colomer, Josep M. (Hrsg.): The Handbook of Electoral System Design. London/New York: Palgrave, 279–293.

Lutz, Georg, 2012: Wahlsysteme: Proportionalität ist nicht alles. In: Parlament – Parlement – Parlamento: Mitteilungsblatt der Schweizerischen Gesellschaft für Parlamentsfragen 15/3, 4–6.

Lutz, Georg, 2015: Eidgenössische Wahlen 2015. Wahlteilnahme und Wahlentscheid. Lausanne: Selects – FORS.

Lutz, Georg, 2023: Die Kandidierenden- und Listenflut 2023. https://www.defacto.expert/2023/09/07/die-kandidierenden-und-listenflut-2023/ (abgerufen am 20.10.2023).

Lutz, Georg/Strohmann, Dirk, 1998: Wahl- und Abstimmungsrecht in den Kantonen. Bern: Haupt.

Lutz, Georg/Vatter, Adrian, 1999: Wie Parteien ihre Stimmkraft maximieren. In: Der Bund, 22.10.1999, 2.

Marbach, Julian; 2018: Die Ausgestaltung von Majorzwahlen. In: LeGes 29/2. https://leges.weblaw.ch/legesissues/2018/2/die-ausgestaltung-vo_55d4d352a9.html (abgerufen 08.01.2020).

Nohlen, Dieter, 2014: Wahlrecht und Parteiensystem. Theorie und Empirie der Wahlsysteme. Opladen: Verlag Barbara Budrich.

Poledna, Thomas, 1988: Wahlrechtsgrundsätze und kantonale Parlamentswahlen. Zürich: Schulthess.

Poledna, Thomas, 2007: Stimm- und Wahlrecht. In: Historisches Lexikon der Schweiz (HLS). Version vom 16.10.2007. www.hls-dhs-dss.ch/textes/d/D26453.php (abgerufen am 06.07.2013).

Portmann, Lea/Stojanović, Nenad, 2019: Electoral Discrimination Against Immigrant-Origin Candidates. Political Behavior 41/1, 105–134.

Pukelsheim, Friedrich/Schuhmacher, Christian, 2004: Das neue Zürcher Zuteilungsverfahren für Parlamentswahlen. In: Allgemeine Juristische Praxis 13/5, 505–522.

Rokkan, Stein, 1970: Citizens, Elections, Parties. Oslo: Universitätsverlag.

Schelker, Mark/Schneiter, Marco, 2017: The Elasticity of Voter Turnout: Investing 85 Cents Per Voter to Increase Voter Turnout by 4 percent. In: Electoral Studies 49, 65–75.

Seitz, Werner, 1993: Die Nationalratswahlen 1991. Übersicht und Analyse. Bern/Neuenburg: Bundesamt für Statistik.

Seitz, Werner, 2017: Wie sich die Verteilung der Nationalratssitze auf die Kantone über die Zeit verändert hat. https://www.defacto.expert/2017/08/31/wie-sich-der-verteilungsmodus-der-nationalratssitze-auf-die-kantone-ueber-die-zeit-veraendert-hat/ (abgerufen am 25.03.2020).

Seitz, Werner/Schneider, Madeleine/Frey, Rahel, 2003: Nationalratswahlen 2003. Der Wandel der Parteienlandschaft seit 1971. Neuenburg: Bundesamt für Statistik.

Seitz, Werner/Schneider, Madeleine, 2007: Die Nationalratswahlen 2007. Der Wandel der Parteienlandschaft seit 1971. Neuenburg: Bundesamt für Statistik.

Taagepera, Rein, 2002: Nationwide Threshold of Representation. In: Electoral Studies 21/3, 383–401.

Taagepera, Rein/Shugart, Matthew, 1989: Seats and Votes: The Effects and Determinants of Electoral Systems. New Haven/London: Yale University Press.

Tschannen, Pierre, 1995: Stimmrecht und politische Verständigung: Beiträge zu einem erneuerten Verständnis von direkter Demokratie. Basel/Frankfurt a. M.: Helbing & Lichtenhahn.

Vatter, Adrian, 2002: Kantonale Demokratien im Vergleich. Entstehungsgründe, Interaktionen und Wirkungen politischer Institutionen in den Schweizer Kantonen. Opladen: Leske + Budrich.

Vatter, Adrian, 2019: Mittendrin und nicht dabei. https://www.defacto.expert/2019/09/06/mittendrin-und-nicht-dabei/ (abgerufen am 25.03.2020).

Vatter, Adrian/Arnold, Tobias/Arens, Alexander/Vogel, Laura-Rosa/Bühlmann, Marc/Schaub, Hans-Peter/Dlabac, Oliver/Wirz, Rolf/Freiburghaus, Rahel/Della Porta, Davide, 2024: Patterns of Democracy in the Swiss Cantons, 1979–2022 [Dataset]. Bern: Universität Bern, Institut für Politikwissenschaft.

Walter, André/Emmenegger, Patrick, 2019: Majority Protection: The Origins of Distorted Proportional Representation. In: Electoral Studies 59, 64–77.

Weibel, Ernest, 1990: Institutions politiques romandes. Les mécanismes institutionnels et politiques des cantons romands et du Jura bernois. Freiburg: Editions Universitaires Fribourg.

World Population Review, 2023: Gallagher Index by Country 2023. https://worldpopulationreview.com/country-rankings/gallagher-index-by-country (abgerufen am 21.11.2023).

Yin, Jenny/Willi, Thomas/Leemann, Lucas, 2021: Prepaid Postage Using Pre-Stamped Envelopes to Affect Turnout Costs. In: Electoral Studies 74, 102405.

## 2.8 Fragen

1. Inwiefern trifft das Phänomen des „Gerrymandering" auf die Schweiz zu?
2. Welche Wahlsysteme werden bei den National- und Ständeratswahlen heute angewendet?
3. Welche Eigenschaften der kantonalen Wahlsysteme führen tendenziell zu einer Benachteiligung kleinerer Parteien?
4. Warum verlor die FDP 1919 ihre absolute Mehrheit im Nationalrat?
5. Was versteht man unter einer Listenverbindung? Welche Vor- und Nachteile bietet sie den Wählenden bzw. den Parteien?
6. Wie wird das Wahlsystem der Schweiz in der international vergleichenden Typologie bezeichnet?
7. Was misst der sogenannte „Gallagher-Index"? Welche Position nimmt die Schweiz im internationalen Vergleich hinsichtlich des „Gallagher-Index" ein? Welche Eigenschaften des Wahlsystems sind Ursache dafür?

# 3 Die Parteien und das Parteiensystem

## 3.1 Einleitung

Parteien gelten gemeinhin als politische Akteure, die aufgrund ihrer zentralen Aufgaben und Funktionen eine wichtige Stellung im politischen System einnehmen. Anders im nicht-parlamentarischen und halb-direktdemokratischen System der Schweiz: Hier wird ihnen bisher von Parteienforschern eine relativ schwache Position zugeschrieben, die insbesondere nicht derjenigen in parlamentarischen und rein repräsentativen Demokratien entspricht. Es kommt deshalb nicht von ungefähr, dass Parteienexperten wie Ladner (2014: 361) ausdrücklich darauf hinweisen, dass die Schweiz kein Parteienstaat sei. Das vorliegende Kapitel will der Frage nachgehen, ob diese Einschätzung für die Parteien in der Schweiz heute noch zutrifft und welches die Gründe dafür sind. Ausgehend von der historischen Entwicklung der Schweizer Parteien liegt der Schwerpunkt auf der Darstellung ihrer typischen Merkmale und Funktionen im sub- und internationalen Vergleich.

In der Literatur finden sich zahlreiche Definitionen zum Parteienbegriff. Eine breite Gültigkeit besitzt diejenige aus dem mehrfach aufgelegten Standardwerk von Alemanns (2010: 11), die insbesondere auf die verschiedenen Aufgaben von Parteien in einer Demokratie hinweist: „Parteien sind auf Dauer angelegte, freiwillige Organisationen, die politische Partizipation für Wähler und Mitglieder anbieten, diese in politischen Einfluss transformieren, indem sie politisches Personal selektieren, was wiederum zur politischen Integration und zur Sozialisation beiträgt und zur Selbstregulation führen kann, um damit die gesamte Legitimation des politischen Systems zu befördern." Neben den Parteien und ihren Funktionen steht im Folgenden auch das Parteiensystem in seiner Gesamtheit im Vordergrund. Darunter wird in erster Linie der Wirkungszusammenhang von Beziehungsstrukturen zwischen den einzelnen Parteien und deren Eigenschaften verstanden. Damit wird deutlich, dass ein Parteiensystem mehr beinhaltet als nur die Summe der darin vertretenen Parteien (Ladner 2004a: 27).

Innerhalb eines politischen Systems erfüllen Parteien verschiedene Ziele und Aufgaben, die sich gemäss von Beyme (1984, 2000) mittels *vier Grundfunktionen* umschreiben lassen: die *Zielfindung* (Ideologie und Programmatik), die *Aggregation und Artikulation* gesellschaftlicher Interessen (Parteiorganisation und Mitgliederstruktur), die *Mobilisierung* der Bürgerschaft bei Wahlen (Wahlbeteiligung und Struktur der Wählerschaft) sowie die *Rekrutierung* der Elite für politische Ämter. Im nächsten Abschnitt folgt zunächst ein Blick auf die Entstehungsgeschichte, Konfliktlinien und die ideologischen Wurzeln der Schweizer Parteien. Anschliessend werden kurz die verschiedenen Rahmenbedingungen skizziert, in denen sich die Schweizer Parteien bewegen. Im dritten Abschnitt folgt die Behandlung der wichtigsten Merkmale des schweizerischen Parteiensystems aus einer intertemporalen Perspektive, während sich die nachfolgenden Abschnitte mit der Erfüllung der vier oben genannten Grundfunktionen auseinandersetzen. Schliesslich wird unter Berücksichtigung aktueller Studien eine Zuordnung des Schweizer Parteiensystems im internationalen Vergleich vorgenommen. Im letzten Abschnitt werden die wichtigsten Befunde zusammengefasst und diskutiert.

## 3.2 Die historische Entwicklung der Schweizer Parteien

### 3.2.1 Die einzelnen Etappen der schweizerischen Parteienentwicklung

Der vorliegende Abschnitt befasst sich mit den Ursprüngen der Schweizer Parteien und ihren weltanschaulichen Grundlagen und beschreibt ihren Wandel im Verlaufe der Zeit. Ursprünglich haben sich die Parteien in der Schweiz in den einzelnen Kantonen entwickelt, wobei sich teilweise ganz unterschiedliche Entwicklungspfade der kantonalen Parteien verfolgen lassen. Für einen gesamtschweizerischen Überblick wird im Folgenden die Parteiengeschichte in fünf grosse Etappen gegliedert. Den Ausgangspunkt bildet zunächst die Periodisierung von Gruner (1977: 49), der drei grosse Zeiträume für die Entwicklung des schweizerischen Parteiensystems unterscheidet: Eine erste Periode zwischen 1830 und 1880, die sich durch eine ideologisch bipolare, aber sehr bewegliche Frontstellung der freisinnigen und konservativen Bewegungen auszeichnet. Eine zweite Periode von 1880 bis 1920, die geprägt ist von der Vormachtstellung der Freisinnig-Demokratischen Partei als staatstragende Regierungskraft und eine dritte Phase von 1920 bis Ende der 1960er Jahre, welche die Integration von weiteren Parteien in die Regierung und damit die Herausbildung und Verfestigung der schweizerischen Konkordanzdemokratie beschreibt (Gruner 1977: 49). Die folgende Periodisierung präzisiert und erweitert diejenige von Gruner (1977), indem einerseits seine letzte, über 50 Jahre dauernde dritte Etappe (1920–1970) unter Berücksichtigung der neueren Entwicklung in zwei Phasen (1920–1967; 1968–1990) unterteilt wird. Andererseits wird zusätzlich eine fünfte, Anfang der 1990er Jahre beginnende bis in die Gegenwart reichende Etappe angefügt, welche die grundsätzliche Transformation des schweizerischen Parteiensystems beschreibt – eine durch die Globalisierung getriebene Transformation, welche die strukturellen und politischen Umwälzungen entwickelter Demokratien am Beispiel der Schweiz mit dem Aufstieg der rechtspopulistischen SVP geradezu idealtypisch verdeutlicht (vgl. Häusermann u. a. 2022; Zollinger/Traber 2024).

**I. Periode von 1830 bis 1873: Die freisinnige Dominanz im neu gegründeten liberalen Bundesstaat**

Die Parteien haben sich in der Schweiz im Vergleich zu anderen europäischen Ländern sehr früh entwickelt und finden ihre Ursprünge in der Regenerationszeit der 1830er Jahre. Die beiden wichtigsten Gründe für diese frühe Entwicklung liegen in der raschen Einführung des allgemeinen und direkten Männerwahlrechts ebenso wie im sehr früh durchgesetzten Prinzip der Volkssouveränität. Letztere schufen für die wahlberechtigte Bevölkerung starke Anreize, sich an der politischen Willensbildung zu beteiligen und sich rasch auch parteimässig zu organisieren (Gruner 1977: 25; Meuwly 2010). Im Gegensatz zu anderen Staaten sind die Parteien in der Schweiz damit nicht aus Parlamentsfraktionen, sondern direkt aus den Komitees des wahl- und stimmberechtigten Souveräns heraus entstanden, oder wie es Gruner (1977: 25) pointiert ausdrückt: „Die Schweizer Parteien sind mithin ausgesprochene Kinder der schweizerischen Volksrechte."

Den Ausgangspunkt bildeten Bürgervereine, die mit Bittschriften und Petitionen eine freiheitliche und egalitärere Staatsordnung der Kantone einforderten. So nannten sich beispielsweise die ersten Organisationen der Freisinnigen zu Beginn der 1830er Jahre „Schutzvereine", was zum Ausdruck brachte, dass die neu entstandene freiheitlich-individualistische Demokratie geschützt und erhalten werden sollte (Gruner 1977: 51). Es handelte sich bei diesen jungen Gruppierungen oft auch um „Kampfgruppen einer in der Legislative untervertretenen Opposition" (Gruner 1977: 26), die sich rasch zu politischen „Vetobewegungen" mit parteimässig organisiertem Anhang entwickelten, um mit der Sammlung von Unterschriften missliebige Gesetze zur Abstimmung zu bringen.

Im Zuge der kantonalen Umwälzungen der 1830/40er Jahre und den Forderungen nach einer grundlegenden Erneuerung der Schweiz bildeten sich zwei Lager, die sich im 19. Jahrhundert als politische Kontrahenten gegenüberstanden: Während hinter dem Oberbegriff des Freisinns und der nationalen Einheit all jene stehen, die nach Fortschritt im Sinne eines modernen liberal-radikalen Bundesstaates streben, schliessen sich unter dem Begriff der Konservativen all jene zusammen, die sich für den alten staatenbündlerischen Föderalismus, die vollständige Souveränität der Kantone, einen kirchentreuen Katholizismus und einen antimodernistischen Konservatismus aussprechen (Altermatt 2012, 2021). Nach der Niederlage im Sonderbundskrieg von 1847 ziehen sich die geschwächten Katholiken im frühen Bundesstaat in ihr „katholisches Ghetto" zurück (Altermatt 1972), wobei sie nach der Rückeroberung der politischen Herrschaft in den alten katholischen Stammlanden im Verlauf der 1850er Jahre ihre Positionen in den meisten ehemaligen Sonderbundskantonen zu eigentlichen Festungen ausbauen können (Gruner 1977: 104; Vatter 2002: 135ff.). Der Freisinn nimmt dagegen nach der Bundesstaatsgründung von 1848 eine Doppelrolle ein: einerseits als Träger der Veränderung und andererseits als Verteidiger des neu Erreichten, was die doppelte Herausforderung der freisinnigen Parteifamilie als Bewegungs- und Staatspartei deutlich zum Ausdruck bringt (Gruner 1977; Meuwly 2013).

Während die 1860er Jahre im Zeichen der Entspannung und der konservativen Schwäche stehen, gewinnen die Katholisch-Konservativen Anfang der 1870er Jahre in allen ehemaligen Sonderbundskantonen ihre Mehrheiten zurück. Damit konzentriert sich das Schwergewicht ihres Einflusses vor allem auf die katholischen Landkantone, „in denen die Verbindung zwischen der kantonalen Staatsautorität und der katholischen Kirchenhierarchie den föderalistischen und kirchentreuen Katholiken ein sicheres Refugium im freisinnig regierten Bundesstaat bot" (Altermatt 1972: 38). Umgekehrt finden sich Regimes mit freisinniger Hegemonie in den mittleren und grösseren protestantischen Kantonen der Deutsch- und Westschweiz (Gruner 1977: 67ff.; Vatter 2002: 135ff.). Der Kulturkampf in den 1870er Jahren führt in den Kantonen ausserhalb der katholischen Hochburgen allerdings zur Reaktivierung der alten Auseinandersetzungen zwischen den radikalen Zentralisten und den katholischen Föderalisten und zur Wiederbelebung des freisinnig-konservativen Gegensatzes (Altermatt 1972: 61). Gleichzeitig fällt in diese Zeit aber auch die Aufsplitterung der freisinnigen Grossfamilie mit der Entstehung (rechts-)liberaler und (links-)demokratischer Parteien, wobei Erstere in der Westschweiz, Letztere in der protestantischen Ostschweiz Fuss fassen können (Vatter 2002: 135ff.). Daraus entstehen während den 1860er und 1870er Jahren drei verschiedene Frühformen von Parteien: rechts die *Liberalen*, in der Mitte die *Radikalen* und links die *Demokraten* im Zuge der *demokratischen Bewegungen*, die eine massive Erweiterung der Volksrechte und eine Annäherung an das Ideal einer sozialen Demokratie einfordern.[1]

Insgesamt ist die erste Phase durch eine Vielfalt von rasch wechselnden, immer neuen Mehrheitsverhältnissen in den Kantonen gekennzeichnet, die nicht nur durch die Spannungslinien im Ringen um den neuen Bundesstaat zwischen Freisinnigen und Konservativen sowie Zentralisten und Föderalisten, sondern auch durch konkrete Streitfragen geprägt sind. Damit erweist sich diese Periode als Konflikt zwischen Tradition und Moderne, zwischen Landschaft und Stadt sowie zwischen Peripherie und Zentrum, der zunehmend konfessionell aufgeladen wird.

Zusammenfassend begründeten die Durchführung von direkten Parlamentswahlen, die Entstehung früher Formen der direkten Demokratie und das Ringen um den neuen Bundesstaat zwischen den *radikalen bzw. liberalen Zentralisten* und den *katholisch-konservativen Föderalisten* die erste Welle von Parteischöpfungen in der Schweiz (Gruner 1977: 27). Die Funktion der staatstragenden freisinnigen Parteienfamilie und die daraus folgende Entwicklung des Parteiensystems sind dabei eng verbunden mit den institutionellen Umwälzungen in der Schweiz, die zu den drei Schlüsselereignissen von 1830/31, 1848 und 1874 stattgefunden haben und jeweils ein anderes Demokratieziel in den Vordergrund rückten: Mit der Orientierung am freiheitlich-individualistischen Demokratieideal steht in der ersten Phase die Freiheit des Bürgers im Staat mit seinen Grundrechten im Vordergrund. Diese Forderung wird am stärksten durch die liberalen Parteien erfüllt. In der zweiten Phase, die das Ansinnen der egalitären Demokratie in den Vordergrund stellt, wird die Gleichheit der Bürger im Staat verlangt und am ehesten durch die radikale Parteirichtung innerhalb der freisinnigen Grossfamilie vertreten. In der dritten Phase stehen das Ziel einer voll ausgebauten halb-direkten Männerdemokratie und die Forderung nach möglichst weitreichenden politischen Rechten im Zentrum, die insbesondere durch die demokratische Bewegung angestrebt wird (Gruner 1977: 49ff.). Insgesamt ist die *erste Etappe* vom *Antagonismus und Wechselspiel zwischen freisinniger Dynamik und konservativer Defensive* und durch klare ideologische Gegensätze gekennzeichnet, was die Einflusssphären des neu gegründeten Bundesstaates und die Stellung der Kirche betrifft, gleichzeitig aber auch durch flexible Grenzen zwischen den Parteien (Vatter 2002: 135ff.).

---

[1] Damit werden die Unterschiede zwischen dem Freisinn und der Freisinnig-Demokratischen Partei (FDP) deutlich: Während sich die ursprüngliche freisinnige Sammelbewegung auf den Leitideen „des 19. Jahrhunderts ruhenden Liberalismus einerseits und einem pragmatischen Staatsverständnis" (Meuwly 2013: 77) andererseits stützte und entsprechend heterogen war, umfasste die gegen Ende des 19. Jahrhunderts gegründete FDP nicht mehr alle Flügel des Freisinns, sondern vor allem den aus der alten Mitte hervorgegangenen Stamm. Teile des linken Arbeiterflügels schlossen sich den Demokraten und den Sozialdemokraten an, während der rechtskonservative Wirtschaftsflügel 1913 die Liberale Partei gründete und der Bauernflügel sich ebenfalls abspaltete (Mazzoleni 2019: 116 ff.).

## II. Periode von 1874 bis 1918: Die Integration der Katholisch-Konservativen in den freisinnigen Bundesstaat als Folge ihrer Referendumspolitik

Die zweite Phase ist geprägt durch eine Stabilisierung der bisher beweglichen Grenzen – ermöglicht durch die mit der 1874 totalrevidierten Bundesverfassung neu hinzugewonnen Bundeskompetenzen. Nach der Einführung des fakultativen Gesetzesreferendums (1874) und der Verfassungsinitiative (1891) als Kompensation für die im Rahmen der Verfassungsrevision von 1874 beschlossenen Zentralisierungen, aber auch als Zeichen des demokratischen Fortschritts, bildet sich der Gegensatz zwischen Regierungs- und Oppositionspartei heraus. Dabei nutzt die Opposition der Katholisch-Konservativen die neuen direktdemokratischen Instrumente rege, um die Politik der freisinnigen Regierung zu blockieren. Insbesondere das fakultative Referendum stellt sich rasch als „das klassische Mittel der Opposition im schweizerischen Regierungssystem" heraus (Gruner 1977: 24). Die Katholisch-Konservativen werden durch ihre Referendumsfähigkeit zu einer ernstzunehmenden Kraft und kompensieren dadurch ihre schwache Vertretung im Parlament. Ihre konservative Obstruktionspolitik zwingt die Freisinnigen zu einer zunehmend kompromissbereiten Politik.

Die im Zeichen der verstärkten Industrialisierung gegen Ende des 19. Jahrhunderts rasch an Virulenz gewinnende „soziale Frage" kittet den traditionellen weltanschaulichen Gegensatz zwischen Freisinn und politischem Katholizismus. Im Anbetracht des raschen Aufstiegs der Sozialdemokratie, die sich zur Zeit ihrer Entstehung auch als linksradikal, demokratisch oder grütlianisch[2] bezeichnet, rücken die alten Kulturkampfgegner zusammen. Während sich die Katholisch-Konservativen ab den 1880er Jahren zunehmend mit dem bürgerlichen Bundesstaat arrangieren, weiterhin aber die radikal-liberalen Postulate wirksam mit dem Referendum bekämpfen, schreitet die freisinnig-katholische Annäherung voran. Fortlaufend blockiert durch die zahlreichen Abstimmungsniederlagen sind die Freisinnigen gegen Ende des 19. Jahrhunderts für den historischen Kompromiss mit dem ideologischen Kontrahenten bereit, indem sie der katholisch-konservativen Opposition 1891 einen der sieben Sitze in der Bundesregierung überlassen (Vatter/Freiburghaus/Feuz 2023). Das Zusammenrücken des protestantisch-freisinnigen Wirtschaftsbürgertums in den städtischen Gebieten mit dem katholisch-konservativen Bauern- und Gewerbekreise auf dem Land und in den Kleinstädten, die nun gemeinsam den bürgerlichen Staat gegen die klassenkämpferischen Sozialdemokraten verteidigen, beschleunigt sich. Im Mittelpunkt der Forderungen der Linken stehen dabei vor allem die sozial- und bildungspolitischen Anliegen zur Verbesserung der Stellung der Arbeiterschaft, insbesondere der konkreten Arbeitsbedingungen, im Weiteren aber auch institutionelle Reformen wie die Volkswahl der Exekutiven (Gruner 1977). Der Antisozialismus bildet dabei die weltanschauliche Klammer, welche die Freisinnigen und die Katholisch-Konservativen verbindet (Altermatt 2021). Die staatstreue Haltung der Katholisch-Konservativen während des Landesstreiks von 1918 belohnen die Freisinnigen ein Jahr später denn auch

---

2 Ursprünglich war der 1838 gegründete „Schweizerische Grütliverein" eine patriotisch-demokratisch orientierte Organisation von Handwerksgesellen. Erst gegen Ende des 19. Jahrhunderts rückte die politische Interessenvertretung der Industriearbeiterschaft in den Vordergrund.

mit einem zweiten Bundesratssitz. Damit steigen die Katholisch-Konservativen zum Juniorpartner im freisinnig beherrschten Bundesstaat auf und bilden auch eine regierungsfähige Mehrheit gegen die aufsteigende Sozialdemokratie im Parlament.

Die klare Trennung von Regierung und Opposition sowie das 1874 eingeführte fakultative Gesetzesreferendum zwingen die kantonalen Parteien im Weiteren dazu, sich nach und nach auf nationaler Ebene formal zusammenzuschliessen. Zunächst bilden sich ab den 1860er Jahren Fraktionen in den eidgenössischen Räten, so die katholisch-konservativen, die liberalen und die radikalen Fraktionen, wobei es sich eher um lose, wenig linientreue Gruppierungen handelt. Erst als die Demokraten und die Radikalen Ende der 1870er Jahre in der Bundesversammlung erstmals zur Minderheit gehören, schliessen sie sich zur radikal-demokratischen Linksfraktion zusammen, während sich die liberal-demokratische Zentrumsfraktion um Alfred Escher erst 1893 konstituiert. Bis sich die Fraktionen zu Landesparteien formieren, vergehen weitere Jahre. Sie kämpfen dabei vor allem mit dem Problem, die vielen kantonalen Unterschiede mit einem einheitlichen Überbau zu versehen (Gruner 1977: 54). Entsprechend vereinigen sich die autonomen kantonalen Parteien auf nationaler Ebene erst später. Zunächst gelingt der nationale Zusammenschluss den Sozialdemokraten (1888), dann der Freisinnig-Demokratischen Partei (1894) – und erst wesentlich später der Konservativen Volkspartei (1912).[3] Bei den Freisinnigen führt die nationale Vereinigung auf einer mittleren Linie allerdings auch dazu, dass sie ihre bisherige Flexibilität verlieren, die Differenzen zwischen ihrem rechten und linken Flügel auszugleichen. Zusätzlich begünstigt durch die verstärkten ökonomischen Interessengegensätze und die Abkehr vom Majorzwahlrecht führt dies zu Abspaltungen an den Rändern der freisinnigen Grossfamilie und damit zur Entstehung neuer Parteien.

### III. Periode von 1919 bis 1967: Aufstieg von SP und BGB und ihre Integration in die Mehrparteienregierung

Die dritte Periode umfasst den Verlust der dominierenden Mehrheitsstellung des Freisinns mit der Einführung der Proporzwahl 1919 und des Landesstreiks bis zur Hochblüte der Konkordanz mit der breit abgestützten Vierparteienregierung in den 1960er Jahren. Gegen Ende des Ersten Weltkriegs verschafft die schwierige Versorgungslage den Bauern eine ökonomische Schlüsselstellung. In einzelnen Kantonen wie Zürich und Bern sehen vor allem die Bauernvertreter der jüngeren Generation den Zeitpunkt gekommen, sich gemeinsam mit gewerblichen Kreisen als bisher vernachlässigte Gruppe von der FDP loszusagen. Der rasche Aufstieg der neuen Bauern-, Gewerbe- und Bürgerpartei (BGB) in den reformierten Mittellandkantonen wird dabei vom nun vielerorts eingeführten Proporzwahlsystem begünstigt (Vatter 2002: 135ff.). Insbesondere dort, wo die Freisinnigen eine betont wirtschafts- oder konsumentenfreundliche Politik verfolgen, entstehen neue bäuerliche Parteien (Junker 1968). Allerdings beschränken sich die Neugründungen von kantonalen Bauernparteien auf protestantische Gebiete, da in den katholischen

---

3 Bei den Katholisch-Konservativen hängt die späte Landesparteigründung insbesondere mit den Unterschieden zwischen den katholischen Stammlanden und den Diasporakatholiken zusammen (vgl. Altermatt 2021).

Kantonen die konservativen Parteien im Grunde noch weitgehend bäuerlich geprägte Gruppierungen geblieben sind (Gruner 1977: 152). Eine herausragende Rolle nimmt dabei die bernische BGB ein, die im Gegensatz zu denjenigen anderer Kantone nicht eine reine Bauern- und Gewerbepartei geblieben ist, sondern auch für weite Kreise des konservativ-ländlichen Mittelstandes wählbar ist und aufgrund ihrer Grösse eine dominante Rolle innerhalb der Parteienlandschaft spielt. Diese Heterogenität zwischen den kantonalen Parteisektionen ist auch einer der Hauptgründe, weshalb sich die BGB auf nationaler Ebene erst 1936 als Landespartei konstituiert, obwohl sie bereits nach ihrem ersten grossen Wahlerfolg von 1919, der nach der Einführung des Proporzwahlverfahrens zustande gekommen ist, eine Fraktion im eidgenössischen Parlament bildet und 1929 mit Rudolf Minger ihren ersten eigenen Bundesrat stellt.[4]

Generell steht in der dritten Periode der Arbeit-Kapital-Konflikt mit einer klaren Trennung zwischen sozialistischer Opposition und bürgerlichem Regierungsblock im Mittelpunkt. Der Landesstreik vom November 1918 führt zu einer bürgerkriegsähnlichen Situation, die für weite Kreise die Existenz des bürgerlich-liberalen Staates infrage stellt. Der „antisozialistische Bürgerblock" von Freisinnigen, Katholisch-Konservativen und ab Ende der 1920er Jahre zusätzlich auch von protestantisch-konservativen Bauern und Gewerbekreisen prägt in der Zwischenkriegszeit die schweizerische Politik. Obwohl die SP während der Wirtschaftskrise an Stimmen gewinnt und 1931 zur stärksten Partei wird, bleibt sie zunächst von der Regierung ausgeschlossen. Diese Isolierung führt zu einer Radikalisierung der Linken und unter anderem auch zu Auseinandersetzungen zwischen den reformorientierten Sozialdemokraten und den revolutionär-antikapitalistischen Kommunisten, die schon 1921 ihre eigene Partei gründen (Gruner 1977: 56).

Auf der rechten Seite des politischen Spektrums entstehen im Zuge des Aufstiegs des Faschismus im nahen Ausland rechtsextreme Bewegungen wie die Nationale Front, die während des sogenannten „Frontenfrühlings" 1933 kurzfristig Erfolge feiert und für eine ständestaatliche Systemveränderung eintritt (Glaus 1969). Neben rechts- und linksextremen Parteien können sich in diesem Zeitraum weitere einzelne *oppositionelle Nischenparteien* wie der Landesring der Unabhängigen (LdU), die Jungbauern im Rahmen der Schweizerischen Bauernheimatbewegung und die Partei der Freiwirtschafter etablieren, wobei nur der sozialliberale LdU längere Zeit Bestand hat.

Die faschistische Bedrohung führt dazu, dass sich die Gegensätze zwischen dem freisinnig-konservativen Bürgertum und der sozialistischen Arbeiterbewegung abschwächen. Als sich die Sozialdemokraten vom revolutionären Klassenkampf abwenden und sich 1935 explizit zur Landesverteidigung und zu den Grundwerten des demokratisch-föderalen Gemeinwesens bekennen, ist die Grundlage für ihre Integration in den bürgerlichen Staat geschaffen. Im Zeichen der geistigen und militärischen Landesverteidigung und als Ausdruck des nationalen Zusammenschlusses erhalten die Sozialdemokraten 1943 erstmals einen Sitz in der Regie-

---

4 Die Einführung des Proporzverfahrens hat auch die Gründungen von kantonalen *evangelischen und christlichsozialen Volksparteien* stark begünstigt.

rung und damit politische Mitverantwortung. Die wirtschaftliche Prosperität der Nachkriegsjahre ebenso wie der unter dem Banner der Landesverteidigung im Kalten Krieg kultivierte Antikommunismus lässt das Parteiensystem „einfrieren" (Lipset/Rokkan 1967). Zwischen 1950 und Mitte der 1960er Jahre stabilisieren sich die Stimmenanteile der Bundesratsparteien. Eine willentlich herbeigeführte Vierervakanz im Bundesrat ebnet der Realisierung der sozialdemokratischen Doppelvertretung im Bundesrat 1959 dauerhaft den Weg. Damit beginnt die lange Phase der Konkordanzregierung, die einer proportionalen Zusammensetzung anhand der sogenannten Zauberformel folgt: zwei Sitze für die FDP, zwei Sitze für die Konservativ-Christlichsoziale Volkspartei, die sich Anfang der 1970er Jahre in CVP (Christlichdemokratische Volkspartei) umbenennt, zwei Sitze für die SP sowie einen Sitz für die BGB als Juniorpartnerin (Vatter/Freiburghaus/Feuz 2023).)

### IV. Periode von 1968 bis 1990: Die Entstehung neu-linker und grüner Parteien als Folge des gesellschaftlichen Wertewandels

Gegen Ende der 1960er Jahre kommt Bewegung in die parteipolitische Landschaft. In der Westschweiz geraten die traditionellen Parteien sowohl durch rechte Protestparteien wie die Vigilance als auch durch linksradikale Gruppen wie die Partei der Arbeit (PdA) als Nachfolgeorganisation der Kommunistischen Partei (KP) von den Rändern her unter Druck. In der Deutschschweiz stehen die Wahlerfolge der sozialliberalen LdU in den urbanen Industriekantonen im Mittelpunkt.

Die 1970er Jahre sind zunächst geprägt vom Vormarsch der rechten Überfremdungsparteien wie der Nationalen Aktion (NA, später Schweizer Demokraten SD) und den Republikanern in der Deutschschweiz sowie der Vigilance. Mit ihren Initiativen gegen den weiteren Zustrom von ausländischen Arbeitskräften im Zuge der wirtschaftlichen Rezession können sie die Ängste der unzufriedenen und politisch heimatlosen Unter- und Mittelschichten sammeln und mit ihren Volksinitiativen einen beträchtlichen Einfluss auf die Schweizer Migrationspolitik ausüben. Neben dem Rechtsrutsch spielen zu dieser Zeit vor allem die Richtungskämpfe zwischen der jungen und der älteren Generation eine zentrale Rolle, bei denen die Jüngeren grundsätzliche Partei- und Gesellschaftsreformen einfordern. Besonders stark kommen diese Spannungen bei der CVP zum Ausdruck. Aber auch bei den anderen etablierten Parteien zeichnen sich strukturelle Reformen aufgrund gesellschaftlicher Veränderungen ab. So fusionieren 1971 die Demokraten des Kantons Zürich mit den Freisinnigen, und die Glarner und Bündner Demokraten schliessen sich mit der BGB zur Schweizerischen Volkspartei (SVP) zusammen. Letzteres stärkt das kleinbürgerliche Arbeitnehmerelement innerhalb der von Bauern und Gewerbetreibenden dominierten SVP und sorgt für eine vorübergehende Öffnung zur Mitte, was insbesondere auch im noch heute geltenden französischen Parteinamen „Union démocratique du centre" (UDC) zum Ausdruck gebracht wird (Skenderovic 2013: 62).

Die zweite Hälfte der 1970er Jahre steht im Zeichen der Wirtschaftskrise und der enormen Bildungsexpansion, die die Schweiz früher und stärker erfasst als andere hochentwickelte Demokratien. Dies lässt sie zu einem „paradigmatische[n] Fall in Europa mit Blick auf die soziostrukturellen Veränderungen zu einer wissensintensiven Dienstleistungsökonomie" (Häusermann u. a. 2022: 27) werden, was dem grundlegenden Wandel des politischen Raums Bahn bricht – und einen „starken ‚New Left'-Impetus" (Zollinger/Traber 2024: 117) schafft. Einerseits entstehen neue feministisch, ökologisch, postmaterialistisch, bisweilen marxistisch grundierte Parteien wie die Grünen oder die POCH (Progressive Organisationen der Schweiz). Gerade ökologische Gruppierungen feiern teils spektakuläre Erfolge, wobei unter dem grünen Oberbegriff verschiedene Strömungen zusammengefasst werden und die personellen bzw. organisatorischen Beziehungen zur Umwelt-, Anti-AKW-, Friedens- und zur Frauenbewegung sowie zur internationalen Solidaritätsbewegung für die Grünen charakteristisch bleibt (Seitz 2023).[5] Andererseits versucht auch die von einer starken Aktivierungsbewegung junger Intellektueller „68er" erfasste Sozialdemokratie als grösste Partei der politischen Linke, durch dezidiert progressive Positionsbezüge die neue, akademisch gebildete, urbane Mittelklasse anzusprechen (Häusermann u. a. 2022). Dennoch weicht die Dominanz der Sozialdemokratie zunehmend dem Erstarken von grünen und Linksaussen-Parteien, welche die SP-Verluste kompensieren, so dass der totale Wähleranteil des linken Lagers stabil bleibt.

Das Spannungsverhältnis zwischen den Trägern der institutionellen Politik und den neuen sozialen Bewegungen im Zuge des Materialismus-Postmaterialismus-Konflikts bildet den Hintergrund für den Erosionsprozess der traditionellen Parteien und das frühe, besonders prononcierte Realignment. Als Reaktion auf die progressiv-universalistischen Positionierung der Neuen Linke und der intensiv geführten Umweltschutzdebatte kommt es ab Mitte der 1980er Jahre zur Gegenmobilisierung. So bildet sich etwa die rechtsnationale Autopartei (später Freiheitspartei), die den liberalen Begriff der Bürgerfreiheit auf die Freiheit des Automobilisten beschränkt, sich gegen die grüne Politik zum Schutz der Umwelt wendet und mit fremdenfeindlichen Argumenten die offizielle Asyl- und Ausländerpolitik bekämpft (Vatter 2002).

**V. Periode seit 1990: Aufstieg der Schweizerischen Volkspartei und Politisierung der Universalismus-Partikularismus-Dimension**

Die Gegenmobilisierung auf die in den 1970/80er Jahren von den neuen sozialen Bewegungen und bewegungsähnlichen Parteien auf die Agenda gebrachten Umweltthemen, Geschlechtergleichberechtigung und gesellschaftliche Liberalisierung verstärkt sich ab den 1990er Jahren. Damit wird die „zweite Transformationswelle" (Häusermann u. a. 2022: 38) des politischen Raums eingeläutet und mit ihr die fünfte und neueste Periode in der Entwicklung der Schweizer Parteien. Deren herausragendes Merkmal ist der spektakuläre Aufstieg der Schweizerischen Volkspartei (SVP), die ihre langjährige Rolle als Juniorpartnerin im Bürgerblock und Repräsentantin des protestantisch-bäuerlichen Mittelstandes abgelegt hat. Unter der charismatischen Führung von Christoph Blocher orientiert sie sich seit Anfang der 1990er Jahre zunehmend nach rechts. Dank ihr werden The-

---

5 Es wird vor allem zwischen den eher gemässigten „Gurkengrünen", die sich seit 1983 in der Grünen Partei der Schweiz (GPS) zusammenschliessen, und den eher links-alternativen „Melonengrünen", die sich als Grünes Bündnis Schweiz (GBS) bzw. Grüne Alternative Schweiz (GRAS) formieren, unterschieden (Seitz 2023).

men wie Migration und nationale Souveränität – insbesondere im Kontext des fortschreitenden europäischen Integrationsprozesses – mit gesellschaftspolitisch konservativen Themen zu einer Konfliktdimension verknüpft (Universalismus-Partikularismus-Dimension). So hat sich die SVP zu einer rechtspopulistischen Partei gewandelt, begleitet von medienzentrierten und stark mobilisierenden Wahl- und Abstimmungskampagnen sowie einer professionellen und konfrontativ angelegten Themenführerschaft in der Europa- und Migrationspolitik. Innerhalb weniger Jahre verdoppelt die SVP ihren Wähleranteil und steigt zur stärksten Partei auf, was ihr 2003 erstmalig, aber zunächst nur vorübergehend einen zweiten Sitz im Bundesrat auf Kosten der CVP einträgt (Kriesi 2005; Mazzoleni 2018). Durch die massiven Wählergewinne nimmt die SVP eine Hegemonialstellung innerhalb des bürgerlichen Lagers ein und verschiebt den Bürgerblock insgesamt nach rechts. Im offensichtlichen Zusammenhang mit den Wahlerfolgen der SVP seit Anfang der 1990er Jahre steht dabei der Niedergang der rechten Parteien wie den Schweizer Demokraten, der Freiheitspartei und teilweise auch der rechts vom Freisinn stehenden Liberalen, die 2007 auf nationaler Ebene mit der FDP zur „FDP. Die Liberalen" fusionieren. Opfer der zunehmenden Polarisierung zwischen links und rechts ist neben den bürgerlichen Mitteparteien FDP und CVP auch die kleine Mittepartei des Landesrings der Unabhängigen (LdU), die sich 1999 definitiv auflöst. Anders die Grünen, die nur in den 1990er Jahren unter einer vorübergehend erstarkten SP leiden und auch in neuster Zeit, trotz Verlusten, ihre Position als klar stärkste Oppositionspartei verteidigen können.

Obwohl die SVP bei den Nationalratswahlen 2007 mit einem Rekordergebnis von 28.9 Prozent die meisten Wählerstimmen auf sich vereinen kann, wird der amtierende SVP-Bundesrat und Parteiführer Blocher von der Bundesversammlung nicht wieder im Amt bestätigt. Mit der Wahl der Bündner SVP-Regierungsrätin Eveline Widmer-Schlumpf anstelle von Blocher in den Bundesrat beschliesst die SVP, die beiden von der Bundesversammlung eingesetzten SVP-Bundesräte Samuel Schmid und Widmer-Schlumpf auszuschliessen und eine konsequente Oppositionspolitik zu betreiben (Church/Vatter 2009). Die Folge davon ist Ende 2008 die Gründung der gemässigten Bürgerlich-Demokratischen Partei (BDP) als Abspaltung der SVP in den Kantonen Graubünden, Bern und Glarus, der auch die beiden ausgeschlossenen SVP-Bundesräte beitreten. Allerdings kehrt die SVP schon 2009 mit ihrem ehemaligen Parteipräsidenten Ueli Maurer wieder in den Bundesrat zurück, nachdem BDP-Bundesrat Schmid zurückgetreten ist. Seit 2015 hat die SVP schliesslich erneut zwei Sitze im Bundesrat: Der Waadtländer Guy Parmelin wird für die zurücktretende Widmer-Schlumpf gewählt (Vatter 2020). Neben der BDP hatte sich 2011 auch die ursprünglich von den Zürcher Grünen abgespaltene Grünliberale Partei (GLP) als neue Mittepartei mit einem Wähleranteil von 5.4 Prozent etabliert (Seitz 2013; Stadelmann-Steffen/Ingold 2023). Während sich die Grünliberalen leicht links der Mitte – aber mit eigenständigen Positionen auch ausserhalb ihrer Kernthemen – einordnen lassen, nimmt die BDP eine Position leicht rechts vom Zentrum ein, wobei sie eine starke Nähe zu den ideologischen Positionen der CVP aufweist (Ladner 2012; Milic/Vatter 2015; Stadelmann-Steffen/Ingold 2023).

## 3.2 Die historische Entwicklung der Schweizer Parteien

*Abbildung 3.1: Die Wähleranteile der vier Bundesratsparteien, 1919–2023 (in Prozent)*

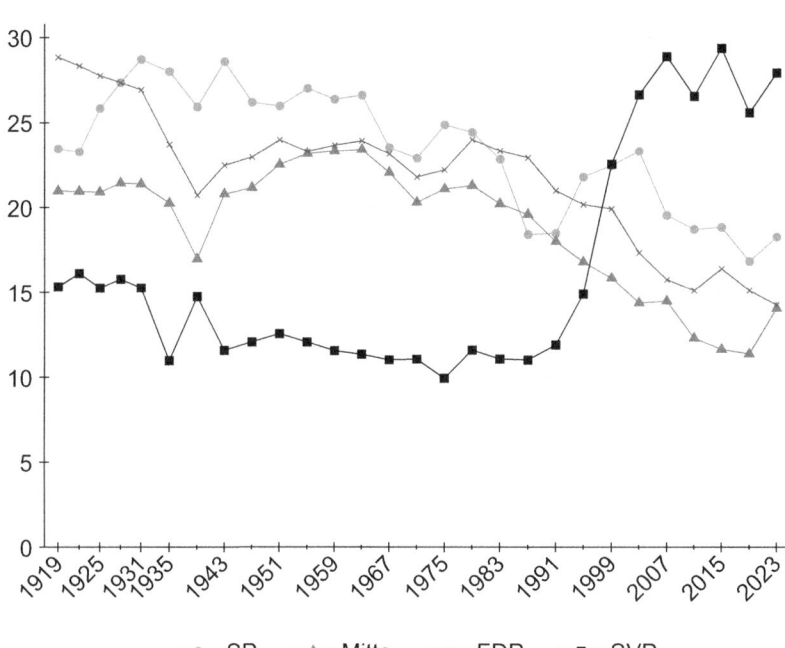

Quelle: Bundesamt für Statistik (2023).

Nach den Parteispaltungen blieb vorerst offen, ob die Nationalratswahl von 2011 den Beginn einer neuen Etappe der schweizerischen Parteienentwicklung darstellen würde.[6] Aussergewöhnlich waren zumindest die unerwarteten Wählerverluste der SVP, die bei allen Wahlen seit 1987 Erfolge verbuchen konnte. Die Nationalratswahlen von 2015 zeichneten hingegen wieder ein anderes Bild: Die SVP legte erneut an Wählerstimmen zu und erreichte mit 29.4 Prozent nicht nur das beste Resultat seit ihrer Gründung im Jahr 1971, sondern den höchsten Wähleranteil einer Partei seit der Einführung der Proporzwahl im Jahr 1919. So gewannen sie im Nationalrat elf zusätzliche Sitze, in welchem sie mit 68 Sitzen gemeinsam mit der Lega und dem MCR die mit Abstand grösste Fraktion bildeten. Die beiden Mitteparteien BDP und GLP konnten nicht an ihre Erfolge von 2011 anknüpfen und verloren beide an Wählerstimmen. Die CVP erreichte mit 11.6 Prozent aller Wählerstimmen einen historischen Tiefstand. Die SP hielt ihren Wähleranteil mit 18.8 Prozent der Stimmen nahezu stabil. Die Grünen hingegen verloren in beinahe allen Kantonen und erzielten nur 7.1 Prozent. Erstmals seit 1979 konnte die FDP einen Anstieg an Wählerstimmen auf nationaler Ebene verbuchen und stoppte

---

[6] Eine Übersicht über die smartvote-Profile aus den Nationalratswahlen 2019 bieten Ladner, Schwarz und Fivaz (2022: 420 ff.).

## 3 Die Parteien und das Parteiensystem

*Abbildung 3.2: Die Wähleranteile der Nichtregierungsparteien, 1919–2023 (in Prozent)*

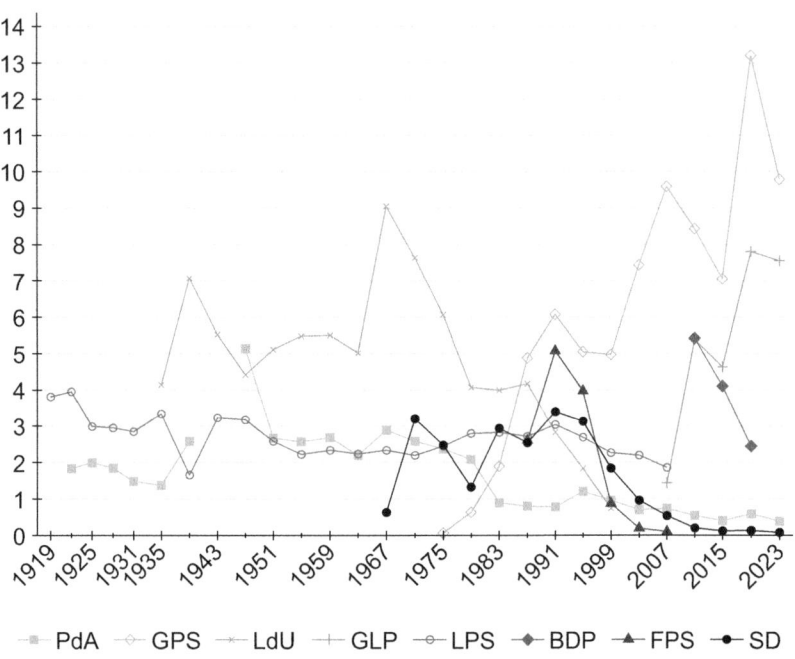

Quelle: Bundesamt für Statistik (2023).

somit vorerst den Niedergang des freisinnig-liberalen Lagers. Aus den Nationalratswahlen 2019 gingen die grünen Parteien als die grossen Sieger hervor. Die Grünen konnten so viele Sitze wie noch keine andere Partei seit dem Jahr 1919 bei einer Nationalratswahl dazugewinnen und erhöhten ihren Wähleranteil auf 13.2 Prozent. Im Kanton Genf wurden sie sogar stärkste Partei. Mit diesem Wahlresultat wurden sie die viertstärkste Partei im Nationalrat und überholten damit die CVP, weshalb sie folglich mit einer eigenen Kandidatur bei den Bundesratswahlen antraten, die dann aber nicht erfolgreich war. Bei den Nationalratswahlen 2023 konnten die Grünen ihren Wahlerfolg von 2019 jedoch nicht wiederholen. Neu liegt ihr Wähleranteil bei 9.8 Prozent, was allerdings immer noch dem zweitbesten Ergebnis ihrer Geschichte entspricht (Freiburghaus 2024). Auch die Grünliberalen erlitten einen Rückgang und erreichen neu 7.6 Prozent Wähleranteil. Von den Regierungsparteien setzte einzig die FDP, mit einem Verlust von 0.9 Prozentpunkten, ihren Abwärtstrend fort. Die neu fusionierte Mitte konnte mit 14.1 Prozent ihren Wähleranteil steigern und damit ihren Abwärtstrend der letzten Jahrzehnte stoppen. Auch die Polparteien konnten ihren Wähleranteil mit neu 18.3 (SP) bzw. 27.9 Prozentpunkten (SVP) im Vergleich zu den Wahlen 2019 steigern. Nach wie vor deutlich stärkste Partei im Nationalrat ist somit die SVP (Bundesamt für Statistik 2023).

Zusammenfassend wird für die neueste Zeit deutlich, dass die langjährigen Erfolge der SVP sowie die Zerfaserung der politischen Mitte im schweizerischen Parteiensystem bleibende Spuren hinterliessen, die gemeinsam mit der Fragmentierung, Ausdifferenzierung, Volatilität und Polarisierung Ausdruck der „grundsätzliche[n] Transformation des Schweizer Parteiensystems" sind (Ladner/Schwarz/Fivaz 2022: 43; vgl. Häusermann u. a. 2022; Zollinger/Traber 2024). .

### 3.2.2 Phasen und Konfliktlinien des Schweizer Parteiensystems im Überblick

Auch in der Schweiz haben die gemäss Lipset und Rokkan (1967) vier wichtigsten gesellschaftlichen Konfliktlinien (Cleavages)[7] in Westeuropa die Herausbildung des Parteiensystems bestimmt. Die genaue Ausprägung des Parteiensystems hängt gemäss der Cleavage-Theorie von den Interaktionen der sozialen Spaltungen ab, die das Land zur Zeit der Demokratisierung geprägt haben. Dabei stellen die vier klassischen Cleavages einen zweidimensionalen Raum mit einer kulturellen Dimension dar, die durch den Zentrum-Peripherie- und den Staat-Kirche-Konflikt gebildet wird, sowie eine wirtschaftliche Dimension, die durch den Stadt-Land- und den Arbeit-Kapital-Konflikt bestimmt wird. Diese Spaltungen basieren wiederum auf Ereignissen, die bis zu 400 Jahre zurückliegen: auf der nationalen Revolution, insbesondere der Reformation und Gegenreformation im 16. und 17. Jahrhundert und der Französischen Revolution Ende des 18. Jahrhunderts, sowie auf der industriellen Revolution im 19. Jahrhundert gefolgt von der russischen Revolution. Im Mittelpunkt der Cleavage-Theorie von Lipset und Rokkan (1967) steht die Stabilitätsthese, die davon ausgeht, dass die zurückliegenden gesellschaftlichen Konfliktstrukturen der 1920er Jahre, die im Prozess der Demokratisierung von den Parteien verarbeitet wurden, das Parteiensystem auch noch Jahrzehnte später bestimmen. Lange Zeit hatte diese These der „eingefrorenen Parteiensysteme" auch für die Schweiz Gültigkeit. Sie ist mit Blick auf die fundamental gewandelte „programmatische Struktur des Parteienwettbewerbs" (Häusermann u. a. 2022: 37) aber längst nicht mehr haltbar (vgl. Bornschier 2015; Bornschier u. a. 2021; Häusermann u. a. 2022; Hooghe/Marks 2018; Zollinger/Traber 2024). Selbst der aufgrund der ausgebauten föderalen Autonomie und der überlappenden sprachlichen und konfessionellen Grenzen hierzulande weniger ausgeprägte Zentrum-Peripherie-Konflikt gewann im 21. Jahrhundert an Brisanz: Ideologisch Gleichgesinnte „sortieren" sich wahlweise im städtischen oder ländlichen Raum (Maxwell 2020) – und der eigene urbane, suburbane oder ländliche Wohnort wurde zu einer politisch aufladbaren Identität (Zumbrunn 2024). Hingegen verlor der konfessionelle Konflikt zwischen antiklerikalen Freisinnigen und den Katholisch-Konservativen, der im frühen Bundesstaat bestimmend war, fast gänzlich an Bedeutung.

Längerfristig bestimmend für das schweizerische Parteiensystem waren demnach vor allem die Folgen der Einführung des Proporzwahlsystems, die zur ersten breiten Mobilisierung der verschiedenen Wählerschichten bei den erst einige Jahre zuvor auf nationaler Ebene gegründeten Parteien führte. Damit erhielten die

---

7 Gemäss Bartolini und Mair (1990) zeichnet sich ein Cleavage durch drei Merkmale aus: eine strukturelle Basis, ein Bewusstsein und eine Organisation (z. B. Partei).

vier klassischen Konfliktlinien ihre organisatorischen Träger: Die beiden älteren kulturellen Spaltungen prägten den Gegensatz zwischen der FDP und der Katholischen Volkspartei (später CVP bzw. Die Mitte), während der wirtschaftlich geprägte Stadt-Land-Konflikt zwischen der agrarischen Bevölkerung und des immer mächtiger werdenden städtischen Bürgertums in den protestantischen Kantonen der Deutschschweiz durch die Auseinandersetzungen zwischen der BGB (später SVP) und der FDP zum Ausdruck kam.[8] Der Konflikt zwischen Arbeit und Kapital bzw. links und rechts, der sich im Verlaufe des 20. Jahrhunderts als die wichtigste politische Spannungslinie herausstellte, manifestierte sich schliesslich in der Frontstellung der bürgerlichen Parteien gegen die Sozialdemokraten (Nicolet/Sciarini 2010). Wie im restlichen Europa blieben diese vier Cleavages und die unterschiedliche soziale Wählerbasis der vier grössten Parteien bis mindestens in die 1960er Jahre sehr stabil und bestimmten das schweizerische Parteiensystem. Der tiefgreifende Wandel in der Sozialstruktur, insbesondere die Entstehung des Dienstleistungssektors und damit verbunden der Rückgang der Bauern und der traditionellen Arbeiterschaft sowie die starke Urbanisierung und Säkularisierung der Gesellschaft, führten im letzten Drittel des 20. Jahrhunderts zu einer deutlichen Abschwächung der traditionellen Konfliktlinien und zur Entstehung neuer Wertekonflikte. Im Mittelpunkt stand zunächst bei Teilen der jüngeren Generation die Realisierung von postmaterialistischen Zielen im Gegensatz zu den materialistischen Forderungen früherer Generationen (Inglehart 1971). Dieser neue Konflikt trug die typischen Merkmale eines neuen Cleavages (Caramani 2011), indem er erstens über eine eigene soziostrukturelle Grundlage verfügte – die Postmaterialisten gehören vorwiegend der neuen und gut ausgebildeten Mittelklasse an –, zweitens spezifische Wertehaltungen zum Ausdruck brachte (Umweltschutz, Feminismus und die Ausweitung von demokratischen und sozialen Rechten) und drittens organisatorisch durch soziale Bewegungen wie die Ökologiebewegung, später dann durch die neuen linken und grünen Parteien artikuliert wurde, die auch einen neuen Politikstil und unkonventionelle Beteiligungsformen wie Demonstrationen, öffentliche Diskurse und Petitionen pflegen. Die in etwa zum Zeitpunkt der späten Einführung des Frauenstimmrechts entstehenden neuen linken und grünen Parteien – und als Reaktion darauf die schweizerische Besonderheit der Autopartei – erzielten vor allem in den protestantischen deutsch- und französischsprachigen Kantonen rasche Erfolge, während in den katholischen Kantonen noch lange Zeit relativ starke Parteibindungen vorherrschten. Im Zuge dieser Entwicklung übernahmen die Sozialdemokraten immer stärker die Forderungen der „68er Generation" und der Umweltschutzbewegung und damit die Interessen des neuen Mittelstandes, wodurch auch der traditionelle Klassenkonflikt zwischen Arbeit und Kapital in den Hintergrund trat (Kriesi/Trechsel 2008: 88).

Im Zuge der Bildungsexpansion, dem tiefgreifenden Wandel der Wirtschafts- und Berufsstruktur und dem Ende des Kalten Krieges wurde in der Schweiz neben

---

8 Die nationale BGB vertrat dabei nicht nur die eine Seite im wirtschaftlichen Stadt-Land-Konflikt zwischen Bauern und Industrie, sondern darüber hinaus auch die Position der ländlichen Randregionen im Zentrum-Peripherie-Konflikt. Die BGB setzte sich damit als „Bauern-, Gewerbe- und Bürgerpartei" nicht nur für die Anliegen der Bauern, sondern allgemein für die Anliegen des (peripheren) Landes gegenüber den (zentralen) Städten ein.

dem traditionellen Staat-Markt-Gegensatz über Jahrzehnte eine zweite Dimension zunehmend politisiert und polarisiert (vgl. Häusermann u. a. 2022; Häusermann/Kitschelt 2024; Zollinger/Traber 2024). So treten nicht nur die allgemeinen Umwälzungen der Gesellschaftsstruktur hin zur postindustriellen Dienstleistungsökonomie in der Schweiz deutlich hervor, sondern manifestieren sich auch in einem starken Wandel des politischen Raums. Im Verlaufe der Jahrzehnte nehmen politische Auseinandersetzungen um die universalistische bzw. partikularistische Ausrichtung von Gesellschafts-, Migrations- und Sozialpolitik eine bedeutende Rolle ein. Die ökonomischen und kulturellen Globalisierungsprozesse mit der Öffnung der Arbeitsmärkte und nationaler Grenzen haben Gewinner wie die neuen urbanen und gut ausgebildeten Mittelschichten und Verlierer wie ältere Bürger ländlicher Gebiete, unqualifizierte Arbeiter sowie Angehörige der alten Mittelschicht geschaffen, welche die strukturelle Basis dieses Universalismus-Partikularismus-Konfliktes bilden (früher auch als Öffnungs-Schliessungs-Konflikt bezeichnet; vgl. Caramani 2011; Kriesi 2007).

Heute ist die Schweiz ein „Paradebeispiel" (Zollinger/Traber 2024: 128) der tripolaren Struktur des Parteienwettbewerbs im zweidimensionalen ideologischen Raum bzw. ein „Extremfall eines rekonfigurierten politischen Raums" (Häusermann u. a. 2022: 39): Während sich auf der Staat-Markt-Dimension die Linke und Mitte-Rechts gegenüberstehen, bilden auf der Universalismus-Partikularismus-Dimension Rechtsaussenparteien den Gegenpol zur Linken. Konkret: Die SP nimmt, gemeinsam mit den Grünen, dezidert progressive und linke Positionen ein und bildet so in einem stark polarisierten Kontext den Gegenpol zur SVP, die den rechtsnationalen Pol erfolgreich besetzt (ebd.: 28). Anders als in anderen Ländern hat die Sozialdemokratie ihre dezidert universalistischen Positionen bezüglich gesellschaftspolitischer Themen oder Migration schon vergleichsweise früh eingenommen (Nicolet/Sciarini 2010). Während die Mitte entlang des Universalismus-Partikularismus und des Staat-Markt-Gegensatzes Zentrumspositionen einnimmt, differenziert sich die FDP durch ihre marktliberalen und verteilungspolitisch eher rechten Positionen. Die einzige Partei mit Fraktionsstärke, die sich der dreipoligen Logik des Schweizer Parteiensystems entzieht, ist die GLP. Sie weist durch die Kombination von universalistischen und wirtschaftsliberalen Positionen ein unabhängiges Profil auf (vgl. Ladner/Schwarz/Fivaz 2022; Zollinger/Traber 2024).

Tabelle 3.1: Phasen und Konfliktlinien des schweizerischen Parteiensystems im Überblick

| Phase | Bezeichnung | Ereignisse und Reformen | Konfliktlinien (Cleavages) | neue Parteien |
|---|---|---|---|---|
| 1830-1873 | freisinnige Dominanz im neuen Bundesstaat | Regeneration<br>Bundesstaat<br>Kulturkampf<br>Revision des Bundesvertrages von 1815 | Zentrum-Peripherie (Tradition-Moderne)<br>Staat-Kirche | Freisinn<br>Katholisch-Konservative (KK) |
| 1874-1918 | Integration der KK als Folge des Referendums | Einführung der Volksrechte<br>Erster KK im Bundesrat | Staat-Kirche<br>Stadt-Land<br>Arbeit-Kapital | SP (1888)<br>FDP (1894)<br>DP (1905)<br>KV (1912)<br>LP (1913) |
| 1919-1967 | Integration von BGB und SP in die Regierung | Generalstreik 1918<br>Proporzwahl<br>Regierungszusammensetzung gemäss „Zauberformel" | Arbeit-Kapital (d. h. Links-rechts)<br>Kommunismus-Rechtsstaat<br>Faschismus-Rechtsstaat | EVP (1919)<br>Nationale Front (1933)<br>BGB (1936)<br>LdU (1936)<br>PdA (1944)<br>Nationale Aktion (1961) |
| 1968-1990 | Entstehung neuer linker und grüner Parteien | Frauenwahlrecht<br>68er Bewegung<br>Ökologiebewegung | Links-rechts (zudem Alte vs. Neue Linke)<br>Materialismus- Postmaterialismus | RML/SAP (1969)<br>CVP (1970)<br>SVP (1971)<br>POCH (1971)<br>GPS (1983)<br>AP (1985) |
| 1991-heute | Aufstieg der SVP; Politisierung der Universalismus-Partikularismus-Dimension | EWR-Abstimmung<br>Bilaterale EU-Abkommen<br>Ende der „Zauberformel"<br>Annahme Masseneinwanderungsinitiative | Staatsintervention-Marktliberalismus<br>Universalismus-Partikularismus | Lega (1991)<br>MCG/MCR (2005)[9]<br>GLP (2007)<br>BDP (2008)<br>Die Mitte (2021) |

Quelle: In teilweiser Anlehnung an Longchamp (2013) sowie Häusermann u. a. (2022) mit eigenen Anpassungen.

---

9 Den MCG gab es vorerst nur im Kanton Genf. Mit dem Ziel, in weiteren französischsprachigen Kantonen Fuss zu fassen, wurde 2010 der MCR gegründet.

3.2 Die historische Entwicklung der Schweizer Parteien

*Abbildung 3.3: Der Stammbaum der Schweizer Parteien*

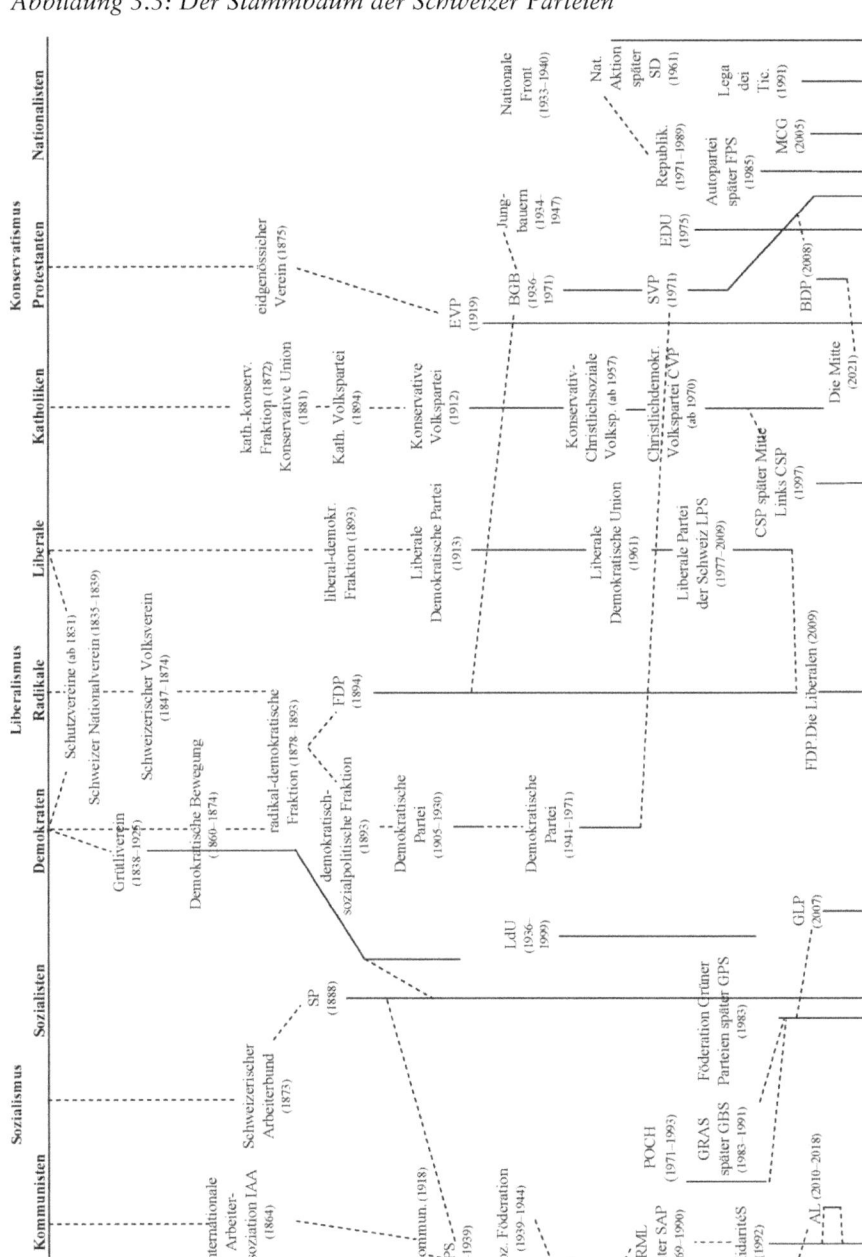

Quelle: Eigene Darstellung.

## 3 Die Parteien und das Parteiensystem

### 3.2.3 Der Stammbaum der Schweizer Parteien nach Ideologien

Mit der abnehmenden Bedeutung der vier klassischen Konfliktlinien und dem starken Wandel der traditionellen Wählerstrukturen der grossen Parteien gewinnen zur Strukturierung von Parteiensystemen wieder stärker grundlegende Wertemuster und ideologische Orientierungen an Bedeutung (Ladner 2004a: 454). Ausgehend davon, dass Parteien als „Weltanschauungsorganisationen" (von Beyme 1984: 43) über tief verankerte ideologische Wurzeln verfügen, lässt sich der Wandel des Parteiensystems auch in Form eines Stammbaums nach ideologischen Grundströmungen darstellen. Abbildung 3.3 nimmt die grossen Weltanschauungen als Ausgangspunkt und macht deutlich, dass das schweizerische Parteiensystem zu Beginn des 21. Jahrhunderts durch Parteien und Parteiabspaltungen geprägt ist, die alle im Kern auf die drei wichtigsten politischen Ideologien zurückzuführen sind, die sich in Europa bereits im 19. Jahrhundert in der Folge der Französischen Revolution und dem Aufkommen der sozialen Frage entwickelt haben. Mit anderen Worten: Das schweizerische Parteiensystem mit seinen wichtigsten Zweigen und Verästelungen lässt sich ähnlich wie etwa das deutsche auf die drei ideologischen Grundstämme des Liberalismus, des Konservatismus und des Sozialismus zurückführen.

### 3.3 Die Rahmenbedingungen für das schweizerische Parteiensystem

### 3.3.1 Die allgemeinen Rahmenbedingungen

Verschiedene Merkmale und Eigenheiten des schweizerischen politischen Systems sind für die eher schwache Stellung der Schweizer Parteien verantwortlich und sorgen dafür, dass es den Parteien schwerfällt, die ihnen zugeschriebenen Kernfunktionen zu erfüllen (Linder/Mueller 2017: 98ff.; Neidhart 2002: 297ff.). So sind zunächst die ausgeprägte *gesellschaftliche Pluralität und kulturelle Heterogenität* der Schweiz zu nennen, was in 26 Kantonen und rund 2'100 Gemeinden, den vier Sprachgruppen und den verschiedenen Konfessionen zum Ausdruck kommt. Dies begünstigt die Herausbildung einer vielfältigen Parteienlandschaft, stellt aber an die Parteien hohe Ansprüche, ihre Integrationsfunktion wahrzunehmen. Die geringe *Bevölkerungsgrösse* des Landes sowie das nach wie vor fest verankerte *Milizsystem* als wichtiges Organisationsprinzip der Parteien erschweren zudem die Rekrutierung von professionell geschultem Personal. Der ausgebaute *Föderalismus* und die starke *Gemeindeautonomie* verhindern zusätzlich den Aufbau von zentralen und einheitlichen Parteiorganisationen auf nationaler Ebene. Dies führt zu einer starken Zersplitterung des schweizerischen Parteiensystems und so gab es zur Jahrtausendwende mehr als ein Dutzend nationale Parteien, 180 Kantonalparteien und 5'000 Lokalparteien (Ladner 2014: 362). Der stark dezentralisierte Parteiaufbau macht es für die Bundesparteien zudem besonders schwierig, die Parteien auf den verschiedenen Staatsebenen auf einen gemeinsamen Kurs zu bringen und ist mit beträchtlichen Koordinationsschwierigkeiten verbunden. Gleichzeitig erlaubt er aber eine gewisse Flexibilität und erhöht die individuelle Identifikation mit den Parteien vor Ort.

Im Weiteren schwächt auch die *direkte Demokratie* die Stellung der Parteien, obwohl sie ursprünglich für ihre frühe Herausbildung verantwortlich war und auch heute noch den idealen Nährboden für die Entstehung neuer Parteien aus sogenannten „Einthemenbewegungen" wie die Nationale Aktion, die Autopartei oder die Grünen bildet (Gruner 1977; Linder/Mueller 2017: 104). So stehen Parteien bei Volksabstimmungen in starker Konkurrenz zu professionell organisierten Verbänden mit beträchtlichen finanziellen Ressourcen sowie mobilisierungsstarken sozialen Bewegungen, die ihnen auch das Agenda-Setting von neuen Themen im politischen Wettbewerb streitig machen. Zudem haben Wahlen in der Schweiz eine deutlich geringere Bedeutung, da durch die Volksrechte wichtige Entscheidungen der Legislative jederzeit rückgängig gemacht werden können. Immerhin gibt es Hinweise, dass in Kantonen, die einen regen Gebrauch der Volksrechte kennen, die Parteien eine professionellere Organisationsstruktur aufweisen als in stärker repräsentativdemokratisch ausgerichteten Kantonen, um gegenüber anderen Organisationen konkurrenzfähig zu bleiben (Ladner/Brändle 1999).

Das *Konkordanzsystem* mit seinen Vielparteienregierungen im Bund und in den Kantonen verleiht dem schweizerischen politischen System schliesslich beträchtliche Stabilität, führt aber auch dazu, dass kleinere Parteien kaum eine Chance erhalten, in die Regierung zu gelangen. Zudem begünstigt der Parteienproporz und das Kollegialitätsprinzip die Kartellbildung unter den Regierungsparteien, was gleichzeitig die politische Profilierung und Verantwortung der Parteien schwächt. Nicht zuletzt kommt den Parteien auch deshalb in der Schweiz eine geringere Bedeutung zu, weil es sich *nicht um ein parlamentarisches Regierungssystem* handelt.

### 3.3.2 Die spezifischen Rahmenbedingungen

Neben allgemeinen Charakteristika des politischen Systems sind es zwei weitere Besonderheiten, die den Parteien ihre Tätigkeit erschweren: ihre *lange Zeit fehlende verfassungsrechtliche Grundlage* sowie die nach wie vor *fehlende staatliche Parteienfinanzierung*.

Die Schweizer Parteien, rechtlich als Vereine konstituiert, zeichnen sich als freiwillige und staatsunabhängige Organisationen aus, die sich aus privaten Mitteln finanzieren. Bis vor dem Inkrafttreten der totalrevidierten Bundesverfassung von 1999 wurden die Parteien weder in der Bundesverfassung noch in einem Bundesgesetz näher geregelt. Erst mit der Totalrevision werden die Parteien in der Bundesverfassung direkt erwähnt, ohne dass ihnen aber eine herausgehobene Stellung zugewiesen wird. So lautet Art. 137 BV: „Die politischen Parteien wirken in der Meinungs- und Willensbildung des Volkes mit."[10] Hieraus entstehen aber keine finanziellen Ansprüche der Parteien, weshalb Art. 137 BV keine Grundlage für eine staatliche Parteienfinanzierung bildet (Schiess Rütimann 2011: 77).[11] Als direkte Leistungen der öffentlichen Hand an die Parteien gibt es bis heute

---

10 In Art. 147 BV ist zusätzlich das Recht der politischen Parteien auf Teilnahme am Vernehmlassungsverfahren verankert.
11 Auf kantonaler Ebene kennen bereits einige Kantone Formen der öffentlichen Parteienfinanzierung, darunter Genf, Freiburg, Neuenburg, Schwyz, Tessin und Waadt. Der Kanton Schaffhausen hat in den letzten

# 3 Die Parteien und das Parteiensystem

deshalb nur die Fraktionsbeiträge. Diese werden an die Fraktionen der Bundesversammlung als Organe des Parlaments zur Deckung der Kosten der Fraktionssekretariate ausgerichtet. Die private Finanzierung der Parteien über Mitgliederbeiträge, Mandatsabgaben, freiwillige Spenden sowie Beiträge von Kandidierenden für die Wahlkampagnenausgaben steht nach wie vor im Vordergrund, wobei seit 2011 zumindest Mitgliederbeiträge und sonstige Zuwendungen an Parteien bis zu 10'000 CHF von den Steuern abgezogen werden dürfen (Schiess Rütimann 2011: 347).

Im internationalen Vergleich gehört die Schweiz zu den Ländern mit den schwächsten Regelungen zur Parteifinanzierung. Besonders in Anbetracht der Parteifinanzierungsregeln Deutschlands und Österreichs (wo die Parteien staatlich finanziert werden), erscheinen jene der Schweiz praktisch zahnlos (Buomberger/Piazza 2022). So gelangten in der Schweiz erst bei den eidgenössischen Wahlen 2023 erstmals Offenlegungspflichten bezüglich Politikfinanzierung und Kampagnenbudget zur Anwendung (Bundesrat 2022).[12] Die Eidgenössische Finanzkontrolle (EFK) übernimmt dabei die Kontrolle der Einnahmen der Parteien. Hinsichtlich der Ausgaben der Parteien existiert noch keine staatliche Kontrolle. In der Vergangenheit wurde die Schweiz aufgrund der Intransparenz in der Politikfinanzierung und der Ungleichbehandlung zwischen den Parteien sowohl von der OSZE als auch von Transparency International und der Greco mehrfach kritisiert.

## 3.4 Ausgewählte Merkmale des schweizerischen Parteiensystems

### 3.4.1 Die Fragmentierung des schweizerischen Parteiensystems

Bei der Analyse von Parteiensystemen haben sich bestimmte Eigenschaften als besonders bedeutsam herausgestellt. Dazu gehören die Fraktionalisierung (Fragmentierung), Volatilität und Polarisierung (Ladner 2004a; Mair 1997; Ware 1996). Das gemäss Lijphart (2012) am häufigsten verwendete und grundlegendste Merkmal zur Klassifikation von Parteiensystemen bildet die Parteienzahl, wobei typischerweise in Mehrheitsdemokratien klassische Zweiparteiensysteme existieren, während in Konsensdemokratien fragmentierte Mehrparteiensysteme üblich sind. Gemessen wird die Fragmentierung hier nicht wie üblich mittels der von Laakso und Taagepera (1979) entwickelten effektiven Parteienzahl (EPZ), sondern mit dem Hyperfraktionalisierungsindex,[13] der die kleinen Parteien stärker berücksichtigt und sich deshalb für das Parteiensystem der Schweiz mit seinen zahlreichen kleinen Parteien besonders gut eignet (Ladner 2004a: 75).

---

Jahren für mehr Transparenz bei der Parteienfinanzierung gestimmt. Aktuell wird u. a. in den Kantonen Basel-Stadt und Bern über die Einführung einer Offenlegungspflicht der Politikfinanzierung diskutiert.

12 Diese Offenlegungspflicht gilt für jede Zuwendung von mehr als 15'000 Franken. Allerdings können Transparenzregeln demokratiepolitisch dann bedenklich werden, wenn dadurch die Spendierfreudigkeit der Geldgeben abnimmt (Bolliger/Ganzeboom 2023).

13 Der Hyperfraktionalisierungsindex berechnet sich nach der folgenden Formel:
$$\prod_{i=1}^{n}(p_i)^{-p_i},$$
wobei p für den Anteil der Wählerstimmen oder für den Sitzanteil der einzelnen Parteien steht (Ladner 2004a: 75).

3.4 Ausgewählte Merkmale des schweizerischen Parteiensystems

*Abbildung 3.4: Die Fragmentierung des Schweizer Parteiensystems, 1919–2023*

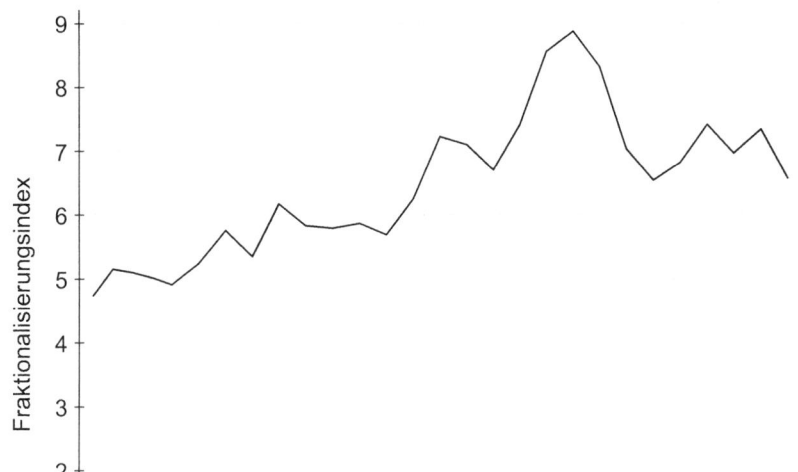

Anmerkung: Ohne Berücksichtigung der Kategorie „Übrige" (Kleinparteien mit geringem Wähleranteil).
Quelle: Eigene Darstellung und Berechnungen auf Basis der Angaben des Bundesamtes für Statistik (2023).

Abbildung 3.4 gibt die Entwicklung der Fraktionalisierung des Schweizer Parteiensystems seit 1919 wieder. Dabei wird deutlich, dass die Schweiz seit Einführung des Proporzwahlrechts über ein sehr stark fragmentiertes Parteiensystem verfügt, was sich in Indexwerten zwischen fünf und neun niederschlägt. Trotz leichter Zunahme der Parteienzahl zeichnet sich das schweizerische Parteiensystem zwischen 1920 und Anfang der 1960er Jahre durch eine sehr hohe Stabilität aus. Danach folgt es bis zu den Nationalratswahlen 1991 der internationalen Entwicklung: Ab Mitte der 1960er steigt die Parteienzahl an, nimmt in den 1970er Jahren wieder etwas ab, bevor sie in den 1980ern wieder ansteigt (Ladner 2004a). Während im Verlaufe der 1980er Jahre die Zersplitterung des schweizerischen Parteiensystems weiter zunimmt und 1991 ihren Höhepunkt erreicht, sinkt die parteipolitische Fragmentierung in den nationalen Wahlgängen zwischen 1991 und 2003 wieder kontinuierlich und nimmt bei den Nationalratswahlen 2003 sogar das Niveau der späten 1960er Jahre an. Während die Spitzenwerte Anfang der 1990er Jahre auf die Sitzgewinne kleiner rechtsbürgerlicher Protestparteien wie die Freiheitspartei und die Lega dei Ticinesi sowie einzelner Splitterparteien (CSP, grün-alternative Parteien) zurückzuführen sind, geht die Konsolidierung zwischen 1995 und 2003 vor allem auf den Siegeszug der SVP und dem damit zusammenhängenden Niedergang kleiner rechtsbürgerlicher Parteien (FPS, SD) sowie auf die Auflösung kleiner Mitte-Parteien (LdU) zurück. Die leichte Zunahme des Fragmentierungsgrades zwischen 2003 und 2011 hat ihre Ursache schliesslich in den Abspaltungen der BDP von der SVP und der GLP von den Grünen. Seit den frühen 2010er Jahren nimmt die Fragmentierung dann jeweils etwas zu, wenn Nichtregierungsparteien grosse Wahlerfolge feiern (wie bspw. 2019 die Grünen) – und etwas ab, wenn die SVP Wahlerfolge erzielt (wie bspw. 2015 und 2023). Grundsätzlich ist das Fragmentierungsniveau aber relativ stabil, was eine direkte Folge der hierzulande enorm ausgeprägten Polarisierung ist (Zollinger/Traber 2024: 128; vgl. Abschnitt 3.4.4). Damit unterscheidet sich die Schweiz von vielen anderen entwickelten Demokratien, in denen der Trend in den ersten Dekaden des 21. Jahrhunderts zu stärker fragmentierten Parteiensystemen geht (De Vries/Hobolt 2020).

### 3.4.2 Die Volatilität des schweizerischen Parteiensystems

Neben der Fragmentierung stellt die Volatilität einen weiteren wichtigen Aspekt von Parteiensystemen dar. Sie gibt anhand des Umfangs der Wählerstimmenverschiebungen von einer Wahl zur nächsten Auskunft über die Veränderung der Wählerpräferenzen über die Zeit. Sie ist somit eine Masszahl des Wechselwählens mit deren Hilfe festgestellt werden kann, ob Parteiensysteme eher stabil sind oder sich im Wandel befinden. Im Gegensatz zur Messung eines bestimmten Zustandes von Parteiensystemen lässt sich damit ihre Dynamik beurteilen. Das bekannteste Messkonzept stammt von Pedersen (1979), das die aggregierte Volatilität über die Verschiebung der Wählerstimmenanteile von Parteien zwischen zwei Wahlgängen misst.[14] Dabei gilt: Je niedriger die Volatilitätswerte, desto stabiler ist das Parteiensystem.

Abbildung 3.5 gibt die aggregierte Volatilität des schweizerischen Parteiensystems zwischen 1919 und 2023 wieder. Während in den 1920er Jahren eine erstaunlich hohe Stabilität der Parteipräferenzen besteht, bringen die politischen Umwälzungen vor und während des Zweiten Weltkriegs in der Schweiz wie in anderen europäischen Ländern das Parteiensystem durcheinander. Konkret erleiden die FDP und die SVP starke Verluste in den 1930er Jahren, während die Jungbauernbewegung, die Nationale Front und der neu gegründete LdU teilweise beträchtliche Gewinne erzielen, die aber mit Ausnahme derjenigen des LdU nur von kurzer Dauer sind. Hinzu kommen die durch das Verbot von 1939 bedingten Verluste der Kommunistischen Partei, die den Gewinnen der nach dem Zweiten Weltkrieg neu gegründeten Nachfolgepartei PdA gegenüberstehen (Gruner 1977; Ladner 2004a). Im Zuge des wirtschaftlichen Aufschwungs der Nachkriegszeit sind die 1950er Jahre geprägt durch sehr stabile Parteibindungen, die ihren Höhepunkt 1959, dem Gründungsjahr der bundesrätlichen Zauberformel, haben. Sie führen zu einer vorübergehenden Verfestigung des schweizerischen Parteiensystems. Seit den späten 1960ern steigt die Volatilität wieder an, was sich durch Stimmengewinne der Republikaner, des LdU sowie Parteien am linken Rand auf Kosten der

---

14 Der Pedersen-Index (PI) berechnet sich nach folgender Formel:
$PI = \sum_{i=1}^{n} \frac{|V_i(t) - V_i(t+1)|}{2}$.
Dabei steht $V_i(t)$ für den Wähleranteil der Partei i zum Zeitpunkt t und $V_i(t+1)$ für den entsprechenden Wähleranteil zu einem späteren Zeitpunkt (Ladner 2004a: 99).

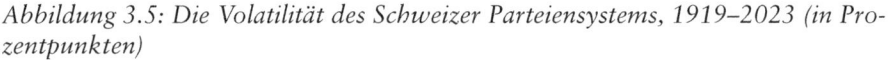

*Abbildung 3.5: Die Volatilität des Schweizer Parteiensystems, 1919–2023 (in Prozentpunkten)*

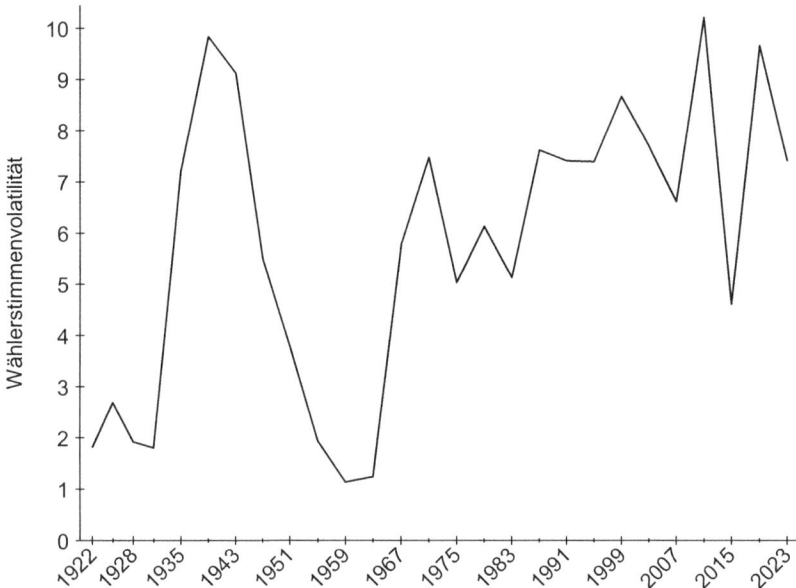

Anmerkung: Ohne Berücksichtigung der Kategorie „Übrige" (Kleinparteien mit geringem Wähleranteil).
Quelle: Eigene Darstellung und Berechnungen auf Basis der Angaben des Bundesamtes für Statistik (2023).

etablierten Parteien äussert. Ein weiteres Ansteigen der Volatilität in den 1980ern ist die Folge des neu entstandenen Postmaterialismuskonflikts, der in der Gründung der Grünen und der Freiheitspartei ihren parteipolitischen Ausdruck findet. Bis Mitte der 1990er Jahre bleibt die Volatilität auf höherem Niveau konstant, was weniger die Folge neuer Parteigründungen als vielmehr der abnehmenden langjährigen Parteibindungen und der Wählerwanderungen von den Rechtsaussen-Parteien (FPS, SD), der FDP und der CVP zur SVP ist (Ladner/Schwarz/Fivaz 2022). Die leichte Abnahme der Volatilität bei den Nationalratswahlen von 2003 und 2007 ist dabei eine weitere Konsequenz der anhaltenden Wahlerfolge der SVP und des damit verbundenen *Realignments* des schweizerischen Parteiensystems, also einer Umorientierung der Parteibindungen (Häusermann u. a. 2022; Zollinger/Traber 2024). Der historisch hohe Volatilitätswert bei den Wahlen von 2011, der 2019 fast wieder erreicht wurde, macht deutlich, dass die politischen Verhältnisse in der Schweiz in den letzten Jahren wesentlich instabiler geworden sind und das bisherige Rekordniveau parteipolitischer Schwankungen der 1930er und 1940er Jahre erreicht haben. Die Gründe dafür sind vielfältig. Zunächst liegen sie in der starken Zunahme an Parteiungebundenen über die Zeit (Tresch/Rennwald/Lauener 2023), aber auch in der Entstehung neuer, für die parteiungebundene Wählerschaft attraktiven Nichtregierungsparteien in der politischen Mitte (bspw. BDP, GLP) oder mit regionalistischem Profil (bspw. MCG/MCR). Relativierend ist jedoch anzumerken, dass der Volatilitätswert der Schweiz, welcher seit der Jahrtausendwende knapp bei 8 liegt, zu den niedrigsten in Europa gehört. In anderen Ländern hat sich die durchschnittliche Volatilität nämlich gegenüber dem Stand der 1950er Jahre verdrei- bis vervierfacht, wobei etwa Frankreich, Italien oder Irland heute regelmässig Werte um die 30 erreichen (Dassonneville 2022).

### 3.4.3 Die Polarisierung des schweizerischen Parteiensystems

Ein weiteres Merkmal von Parteiensystemen ist die Polarisierung, welche die Verteilung der Wählerschaft entlang der Links-rechts-Achse wiedergibt (Dalton 2008). Dies geschieht über die Bestimmung der ideologischen Distanz zwischen den Parteien eines Systems unter Berücksichtigung ihrer Wählerstärke, wozu jeder einzelnen Partei ein Wert auf der Links-rechts-Achse zugewiesen wird. Lange Zeit galt das Schweizer Parteiensystem als nur mittelmässig, je nach politischer Epoche sogar als eher gering polarisiert, bei dem die SP die linke Seite, die CVP und bis Ende der 1980er Jahre die SVP die bürgerlichen Mittepositionen und die FDP die rechte Seite besetzten (Ladner 2004a Lane/Ersson 1999). Die Verortung als schwach- bis mittelpolarisiertes Parteiensystem hing damit zusammen, dass in der Schweiz der Parteienwettbewerb in der Regel eher gegen die Mitte anstatt zu den Extrempositionen tendierte und starke linke oder rechte Antisystemparteien fehlten, welche die Aussenpositionen besetzten. Der Aufstieg der klar nach rechts orientierten SVP innerhalb der letzten 25 Jahre, die gleichzeitig forcierte Linksausrichtung der SP sowie die Schwächung und Zersplitterung der politischen Mitte haben aber dazu geführt, dass das Schweizer Parteiensystem heute in Bezug auf seinen Polarisierungsgrad nicht mehr als schwach wie in den 1950er und 1960er Jahren oder schwach bis mittel wie seit den 1980er Jahren bezeichnet werden kann. Inzwischen gilt die Schweiz sogar als „Polarisierungsweltmeisterin" (Vatter/Freiburghaus 2024).

Dabei verläuft der parteipolitische Wettbewerb im zweidimensionalen ideologischen Raum entlang des Staat-Markt- und des Universalismus-Partikularismus-Gegensatzes (Dalton/Berning 2022). So ist die starke Zunahme der Polarisierung des Schweizer Parteiensystem in den letzten drei Jahrzehnten in erster Linie auf die veränderten (und besonders im Falle der Polparteien SVP und SP/Grüne extremeren) Positionierungen der Parteien entlang des Universalismus-Partikularismus-Gegensatzes zurückzuführen. Hingegen entfalteten die Parteipositionen entlang des Staat-Mark-Gegensatzes weniger Einfluss auf die Polarisierung des hiesigen Parteiensystems (Häusermann u. a. 2022: 37).

### 3.5 Die kantonalen Parteiensysteme

Generell zeichneten sich die kantonalen Parteiensysteme im 20. Jahrhundert durch eine grosse Vielfalt und Unterschiedlichkeit aus (Gruner 1977; Klöti 1998; Kriesi 1998; Ladner 2004a; Vatter 2002).[15] So fanden sich in den Kantonen sowohl bipolare Zweiparteiensysteme, gemässigte Dreiparteiensysteme als auch ausgeprägte Multiparteiensysteme. In der ersten Hälfte des 20. Jahrhunderts stieg der Konflikt

---

[15] Der erste Teil des Abschnitts 3.5 stützt sich auf Vatter (2014).

zwischen Arbeiterschaft und Bürgertum vornehmlich in den besonders stark von der Industrialisierung und Modernisierung betroffenen Kantonen zur wichtigsten Spannungslinie auf, während in den katholischen Kantonen die kulturhistorischen Gegensätze zwischen Liberalen und Konservativen weiterhin dominierten. Noch bis weit ins 20. Jahrhundert hinein wiesen die katholischen Landkantone ein mehr oder weniger hegemoniales, meist von konservativen Parteien dominiertes Zweiparteiensystem auf, welches in offensichtlichem Zusammenhang mit den uniformen konfessionellen, sprachlichen und sozioökonomischen Strukturen stand. Die zweite Hälfte des 20. Jahrhunderts war durch eine zunehmende Fragmentierung und Volatilität kantonaler Parteiensysteme und dem vorübergehenden Auftreten von kleinen Parteien (POCH, LdU, Republikaner, NA) geprägt. Dabei ging aber die Zersplitterung der Parteiensysteme in den kleinen Agrarkantonen generell langsamer vonstatten als in den bevölkerungsstarken Kantonen. Zudem zeigte sich, dass kantonale Parteiensysteme mit einer niedrigen Fraktionalisierung in der Regel nicht nur einen geringen Anteil an Linksparteien aufwiesen, sondern bis in die jüngere Zeit im Spannungsfeld zwischen liberalen und konservativen Parteien standen. Schliesslich überlagerten sich in den Kantonen mit einer mittleren Fraktionalisierung oft verschiedene Spannungslinien. So wurden diese Stände entweder durch die bürgerlich-bäuerlichen Auseinandersetzungen zwischen den Freisinnigen und der späteren SVP während des ersten Drittels des 20. Jahrhunderts geprägt oder beherbergten als grössere Stadt-Land-Kantone gleichzeitig Links-rechts-Konflikte in den urbanen Gebieten und katholisch-liberale Spannungen in den ländlichen Räumen. Wie auf nationaler Ebene stand seit den 1990er Jahren in zahlreichen Kantonen der Aufstieg der SVP mit der Herausbildung einer neuen Konfliktlinie zwischen Befürwortern und Gegnern einer Öffnung des Landes gegenüber Europa im Mittelpunkt (Kriesi 2005; Sciarini/Hardmeier/Vatter 2003). Der ehemals protestantischen Deutschschweizer Partei ist es mit einer konsequenten Bewirtschaftung dieser neuen Konfliktlinie im Verlauf weniger Jahre gelungen, auch in katholischen und französischsprachigen Kantonen die Gegner einer aussenpolitischen Öffnung zu sammeln, neue soziale Schichten anzusprechen und zu einer bestimmenden bürgerlichen Kraft aufzusteigen (Kriesi 2005; Giger/Müller/Debus 2011: 268).

Um die unterschiedlichen Parteienmuster in den Kantonen zu systematisieren, bietet sich eine Typologisierung der kantonalen Parteiensysteme an. Während sich die älteren Versuche (Gruner 1977; Fagagnini 1978) auf die Zahl und Stärke der Parteien abstützen und damit vor allem die Art des Parteienwettbewerbs beschreiben, berücksichtigen neuere Typologien (Klöti 1998; Kriesi 1998; Ladner 2004a, b; Vatter 2002) darüber hinaus auch die den Parteiensystemen zugrunde liegenden Konfliktmuster. Vatter (2002) differenziert dabei für die zweite Hälfte des 20. Jahrhunderts zwischen folgenden Parteisystemtypen:

1. einem hegemonialen Zweiparteiensystem mit niedriger Fraktionalisierung, schwacher Polarisierung, geringer Volatilität und einem niedrigen Anteil linker Parteien, bei dem nach wie vor der liberal-konservative Konflikt dominiert (LU, UR, SZ, OW, NW, ZG, VS)

## 3 Die Parteien und das Parteiensystem

2. einem gemässigten Drei- bis Vierparteiensystem mit mittlerer Fraktionalisierung und einem durchschnittlichen Anteil linker Parteien, bei dem in der Regel verschiedene Spannungslinien eine Rolle spielen (BE, GL, SG, FR, SO, GR, TI, VD, JU) und
3. einem ausgeprägten Mehrparteiensystem mit starker Fraktionalisierung, hoher Volatilität und einem überdurchschnittlichen Anteil linker Parteien, bei dem der Links-rechts-Konflikt dominiert (ZH, BS, BL, SH, AG, TG, NE, GE).

Ladners Typologie (2004a, b) der kantonalen Parteienlandschaften unterscheidet für die letzten drei Jahrzehnte des 20. Jahrhunderts vier Typen. Sie differenziert zwischen einem Vielparteiensystem mit einer starken Linken (BS, GE), einem rechts-polarisierten Mehrparteiensystem der nicht-katholischen Kantone, einem links-zentrierten Mehrparteiensystem mit mehrheitlich lateinischen Kantonen und einem rechts-positionierten Zweieinhalbparteiensystem in den Innerschweizer Kantonen.

*Tabelle 3.2: Eine Typologie kantonaler Parteiensysteme, 2000–2019*

| | links-positioniertes Mehrparteiensystem | gemässigtes Mehrparteiensystem | polarisiertes Mehrparteiensystem | rechts-positioniertes Mehrparteiensystem |
|---|---|---|---|---|
| Kantone | BS, GE, NE | AG, BE, FR, GL, JU, LU, SG, TG, TI, VD, ZG | BL, SO, ZH | GR, NW, OW, SZ, UR, VS |
| Fragmentierung | hoch (in NE mittel) | mittel | mittel | gering |
| Volatilität | hoch | gering bis mittel | gering | hoch |
| Polarisierung (links-rechts) | mittel | mittel | hoch | gering |
| Positionierung (links-rechts) | links | mitte-links | mitte | mitte-rechts |
| Anteil linke Parteien (SP, Grüne) | hoch | mittel | hoch | gering |

Quellen: Eigene Berechnung und Darstellung auf Basis von Ladner (2022).

Die aktualisierte Typologisierung der kantonalen Parteiensysteme für den Zeitraum von 2000 bis 2019 stützt sich auf die Fragmentierung, die Volatilität, die Polarisierung, die Links-rechts-Positionierung der Parteien sowie auf den Wähleranteil des linken Lagers (SP, Grüne).[16] Die Ergebnisse der Clusteranalyse[17] mit den fünf Merkmalen führen wie bei Ladner (2004a, b) zu vier Kantonsgruppen, die in Tabelle 3.2 zusammengefasst sind. Die erste Gruppe der linkspositionierten

---

16 Die Operationalisierung der ersten vier Merkmale folgt Ladner (2004b: 27f.). Für die Kantone Uri und Graubünden wurden Sitzanteile statt Wähleranteile verwendet, weil letztere nicht oder nicht für den gesamten Zeitraum zur Verfügung stehen. In den beiden Kantonen Appenzell Innerrhoden und Ausserrhoden sind die Parteien von geringerer Bedeutung, weshalb auf eine Einordnung ihrer Parteiensysteme verzichtet wurde.
17 Es wurde eine hierarchische Clusteranalyse mit quadrierter Euklidischer Distanz und Ward's Linkage verwendet.

Parteiensysteme besteht aus Basel-Stadt, Genf und Neuenburg. Ihre Parteiensysteme weisen eine hohe Fragmentierung und Volatilität, eine mittlere Polarisierung sowie insbesondere eine linke Positionierung auf. Die Kantone Aargau, Bern, Freiburg, Glarus, Jura, Luzern, St. Gallen, Thurgau, Tessin, Waadt und Zug bilden die zweite Gruppe mit gemässigten Mehrparteiensystemen, die sich bei praktisch allen Indikatoren durch mittelhohe Werte auszeichnen. Im dritten Cluster sind die Kantone Basel-Land, Solothurn und Zürich. Fragmentierung, Polarisierung und das Gewicht linker Parteien sind hier durchschnittlich bis hoch, die Volatilität aber eher gering. Die restlichen Landkantone und das Wallis stellen die vierte Gruppe von Parteiensystemen. Eine eher geringe Fragmentierung und Polarisierung sowie eine eher rechte Positionierung und ein niedriger Anteil linker Parteien sind ihre Hauptmerkmale. Im Vergleich zu älteren Typologien fällt auf, dass der vierte Cluster demjenigen Parteiensystemtyp nahe kommt, der bei Klöti (1998) und Kriesi (1998) noch als „katholische Kantone", bei Vatter (2002) als „hegemoniales Zweiparteiensystem" und bei Ladner (2004b) als „rechtspositioniertes Zweieinhalbparteiensystem" ausgewiesen ist. Es handelt sich dabei vornehmlich um Inner- und Ostschweizer Kantone, in denen die SVP besonders stark auf Kosten der CVP zulegen konnte.

Auch wenn im Verlaufe der letzten beiden Jahrzehnte eine gewisse Angleichung der kantonalen Parteiensysteme stattgefunden hat, kann auch heute nicht von einer generellen Nationalisierung und Konvergenz der regionalen Parteiensysteme gesprochen werden. Zwar haben sich die Fragmentierung und Volatilität in den Kantonen etwas angenähert, trotzdem bestehen nach wie vor offensichtliche kantonale Unterschiede in der Struktur der Parteiensysteme sowie der einzelnen Parteien (Bernauer/Mueller 2015; Ladner 2004a; 2014).Bei der Betrachtung der Wählerunterstützung in den einzelnen Kantonen lässt sich für die SVP und die GLP eine Angleichung während der letzten Jahrzehnte feststellen, während die CVP ihre Stimmen weiterhin in einzelnen kantonalen Hochburgen sammelt (Bochsler/Mueller/Bernauer 2016).

Bisherige empirische Untersuchungen zu den Bestimmungsgründen der unterschiedlichen kantonalen Parteienvielfalt kommen zum Ergebnis, dass sich die Zahl der Parteien in den Kantonen am besten durch den Grad konfessioneller Heterogenität und die durchschnittliche Wahlkreisgrösse erklären lässt (Vatter 1998, 2003). Für die neueste Zeit zeigt die Studie von Flick Witzig und Vatter (2018), dass neben der Grösse der Wahlkreise vor allem die in der Westschweiz existierenden Wahlquoren sowie die Bevölkerungsdichte die kantonale Parteienvielfalt besonders stark beeinflussen, während die Existenz verschiedener Sprachgruppen kaum eine Rolle spielt. Der Zusammenhang zwischen Bevölkerungsdichte und effektiver Parteienzahl in den Kantonen ist in Abbildung 3.6 dargestellt. Neben institutionellen Differenzen spiegelt die unterschiedliche parteipolitische Fragmentierung damit vor allem den unterschiedlichen Grad sozio-ökonomischer Modernisierung und Urbanisierung der kantonalen Demokratien wider, während die historischen konfessionellen Unterschiede mit dem flächendeckenden Aufstieg der SVP deutlich an Bedeutung verloren haben.

*Abbildung 3.6: Kantonale Parteienzahl als Funktion der Bevölkerungsdichte, 1991–2022*

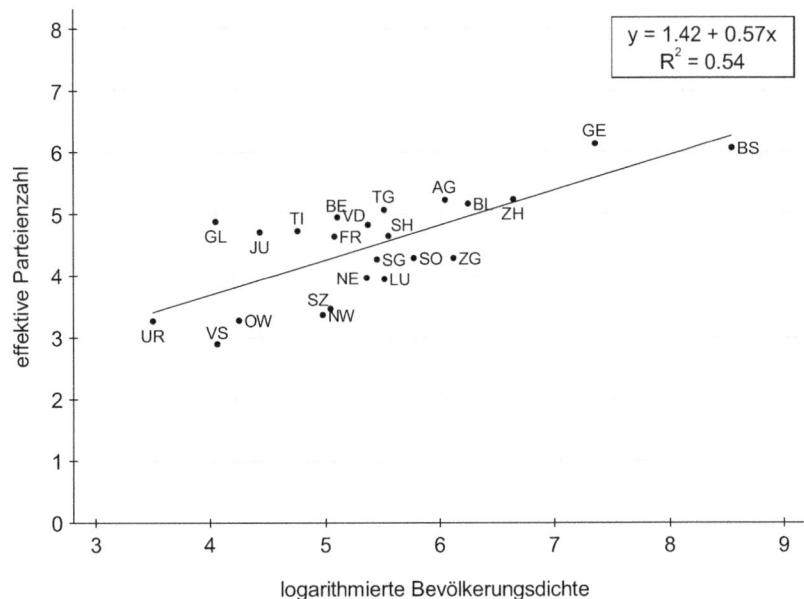

Anmerkungen: Nicht berücksichtigt sind die drei Majorzkantone (AR, AI, GR). Trendlinie = Regressionsgerade.
Quelle: Eigene Darstellung auf Basis der Angaben des Bundesamtes für Statistik (2023).

## 3.6 Die Aufgaben und Funktionen der Schweizer Parteien

### 3.6.1 Die Zielfindungsfunktion: Ideologie und Programmatik der Schweizer Parteien

Als erste von vier Grundfunktionen der Parteien bezeichnet von Beyme (2000: 193) diejenige der *Zielfindung*, worunter die Bereitstellung voneinander deutlich unterscheidbarer ideologischer Programme durch die einzelnen Parteien zur Orientierung der eigenen Wählerschaft verstanden wird. Im Zuge der Transformation der westeuropäischen Parteiensysteme hat Kirchheimer (1965) schon vor einigen Jahrzehnten die These der entideologisierten Volksparteien aufgestellt. Sie geht davon aus, dass im Zuge des gesellschaftlichen Wandels die traditionellen Ideologien verblassen und sich die verschiedenen Parteiprogramme angleichen würden, was in letzter Konsequenz zur Entstehung sogenannter „Catch-all"-Parteien (Allerweltsparteien) führen würde. Im Vordergrund steht damit das Postulat, dass die „Catch-all"-Parteien im Gegensatz zur Massenpartei anstreben, alle sozialen Schichten und damit eine möglichst grosse Wählerschaft anzusprechen. Deshalb würden sich die Parteien kaum noch in ihrer Programmatik unterscheiden. Im Folgenden soll kurz der Frage nachgegangen werden, wie weit die Annahme einer Annäherung der unterschiedlichen programmatischen Positionen für die schwei-

*Abbildung 3.7: Links-rechts-Positionierung der Schweizer Bundesratsparteien, 1947–2019*

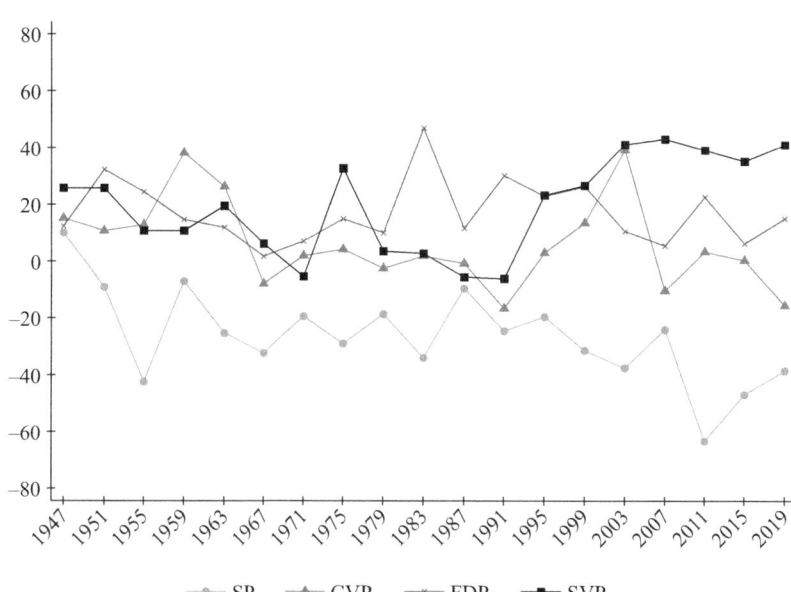

Anmerkungen: Je tiefer der Wert, desto weiter links, und je höher der Wert, desto weiter rechts positioniert sich eine Partei auf der Links-rechts-Achse (Variable „rile"). Eine Verortung bei oder nahe Null geht mit einer Mitteposition einher. Bei der SVP wurde für das Wahljahr 2011 der Mittelwert zwischen den Werten der Wahljahre 2007 und 2015 kalkuliert.

Quellen: Lehmann u. a. (2024).

zerischen Parteien im Verlaufe der Zeit zutrifft. Die Messung der ideologischen Distanz stützt sich dabei auf die Positionierung der Parteien entlang der Links-rechts-Skala, die nach wie vor eine zentrale Orientierungsgrösse für die Wählerschaft darstellt. Für eine intertemporale Längsschnittbetrachtung bietet sich dafür eine quantitative Inhaltsanalyse der Wahlprogramme politischer Parteien auf der Basis der Daten des „Manifesto Projects" an, da andere Quellen wie Wähler- und Expertenbefragungen für weiter zurückliegende Zeiträume nicht zur Verfügung stehen. Die vorliegende Abbildung beschränkt sich auf die vier Bundesratsparteien für den Zeitraum von 1947 bis 2019.

Gemäss Brändle (1999) lässt sich die Entwicklung der ideologischen Parteipositionen seit 1947 in vier Phasen unterteilen. In der Nachkriegsphase bis 1959 befinden sich die SP deutlich im linken und die bürgerlichen Parteien im rechten Bereich, wobei die FDP die Position ganz rechts besetzt. Ab Mitte der 1950er Jahre verschieben sich sowohl die SP als auch die CVP deutlich nach rechts, was unter anderem mit der sich anbahnenden Integration der politischen Linken in den freisinnig dominierten Bundesrat zusammenhängen dürfte.

In einer zweiten Phase von Anfang der 1960er Jahre bis 1979 konvergieren die programmatischen Positionen von FDP, CVP und SVP und bewegen sich insgesamt näher zur Mitte bzw. verschieben sich nach links. Die drei bürgerlichen Parteien bilden damit bis Mitte der 1960er Jahre einen relativ homogenen Block und sind bei den Wahlen von 1967 beinahe identisch positioniert. Insgesamt zeichnet sich die zweite Phase nach Einführung der bundesrätlichen Zauberformel von 1959 durch die geringsten Links-rechts-Distanzen und damit durch eine deutliche Annäherung der Programme zwischen den Regierungsparteien aus. Mögliche Ursachen hierfür sind die generell bröckelnden weltanschaulichen Lager aufgrund des fortschreitenden gesellschaftlichen Wandels, die konstruktive Zusammenarbeit der Bundesratsparteien in der proportional zusammengesetzten Konkordanzregierung sowie der zunehmende Druck durch das Auftreten und die Erfolge von kleinen, teilweise neuen Oppositionsparteien, was den Zusammenhalt zwischen den Bundesratsparteien stärkt.

In einer dritten Phase ab Ende der 1970er Jahre nehmen die Links-rechts-Distanzen zwischen den Regierungsparteien wieder zu. Insbesondere zwischen der SP und der FDP ist zunächst eine zunehmende Reideologisierung zu beobachten. So weicht einerseits die FDP von dem seit den 1960er Jahren verfolgten gemeinsamen Kurs ab und startet Ende der 1970er Jahre ihre neoliberale Offensive mit dem Slogan „Mehr Freiheit und Selbstverantwortung – weniger Staat" (Klöti/Risi 1988), die im Zusammenhang mit einem neu erarbeiteten FDP-Programm steht. Andererseits grenzt sich die SP mit ihrem Parteiprogramm von 1982 wieder stärker von der bürgerlichen Mitte ab (Brändle 1999: 19). Mitte der 1980er Jahre findet scheinbar eine vorübergehende Annäherung der programmatischen Standpunkte der grossen Parteien statt, wobei Hug und Schulz (2007: 313ff.), welche die ideologischen Positionsbezüge der Nationalräte bei Namensabstimmungen zwischen 1983 und 2003 untersucht haben, diese Konvergenz nicht bestätigen können. Vielmehr zeigen sie ab Anfang der 1980er Jahre ein kontinuierliches Auseinanderfallen der linken und rechten Parteipositionen ohne kurzfristige Schwankungen der FDP und CVP auf.

In einer vierten Phase von Mitte der 1990er Jahre bis heute kommt es innerhalb des bürgerlichen Lagers zu grundlegenden Veränderungen. Die SVP bildet in den 1990er Jahren zunächst noch gemeinsam mit der FDP den rechten Pol, während die CVP ihre Rolle als bürgerliche Partei der „dynamischen Mitte" festigt, die sich auf die Grundwerte der christlichen Soziallehre stützt. Im Verlaufe der 2000er Jahre kommt es zu einer weiteren Neupositionierung im Mitte-rechts-Lager, indem nun einerseits die SVP mit ihrer restriktiven Ausländer- und Anti-EU-Politik alleine die Position rechts aussen besetzt. Die FDP hingegen nähert sich zuerst der bürgerlichen Mitteposition der CVP an, rückt danach jedoch unter der Parteiführung von Philipp Müller nach rechts. Gleichzeitig findet bei der SP in den 1990er Jahren eine deutliche Linksverschiebung statt, die im umstrittenen SP-Parteiprogramm von 2010 kulminiert, das unter anderem die Abschaffung der Armee, die Überwindung des Kapitalismus sowie die sofortige Aufnahme von EU-Beitrittsverhandlungen fordert. Seit 2011 hat sich die wirtschaftspolitische

Links-rechts-Positionierung der SP aber wieder etwas in die umgekehrte Richtung bewegt, wobei die Partei weiterhin pointiert links positioniert bleibt.

Eine Besonderheit des Schweizer Parteiensystems ist, dass sich der stark kantonal geprägte Parteienwettbewerb in einer gewissen Heterogenität der programmatischen Positionen der kantonalen Parteien niederschlägt und damit auf die regional unterschiedlichen Wählerpräferenzen Rücksicht genommen wird. Obwohl die Ausprägung dieses Phänomens in den vergangenen Jahrzehnten kontinuierlich abgenommen hat, positionieren sich die verschiedenen Kantonalparteien in gewissen Politikbereichen weiterhin unterschiedlich (Ladner/Schwarz/Fivaz 2023: 319).

Aktuell wird das Schweizer Parteiensystem von drei klaren Polen dominiert (vgl. Abschnitt 3.4.3). Abbildung 3.8 gibt auf einen Blick die rekonfigurierten Positionen der Schweizer Parteien im politischen Raum zu zwei zentralen Konfliktdimensionen wieder (Staat-Markt- und Universalismus-Partikularismus-Gegensatz). Sie macht noch einmal deutlich, wie gross die ideologischen Differenzen zwischen den beiden grössten Parteien SP und SVP bei den wichtigsten politischen Konfliktlinien sind. Auffällig ist, dass sich alle Parteien auf der gesellschaftspolitischen Achse klar einer Seite zurechnen lassen – jene soziokulturellen Polarisierungsdimension also, der die Schweizer Wählerschaft seit dem ausgehenden 20. Jahrhundert grössere Salienz zumisst als dem klassischen Links-Rechts-Konflikt in wirtschaftspolitischen Fragen (Zollinger/Traber 2024: 125f.).

*Abbildung 3.8: Die Parteien im politischen Raum, 2019*

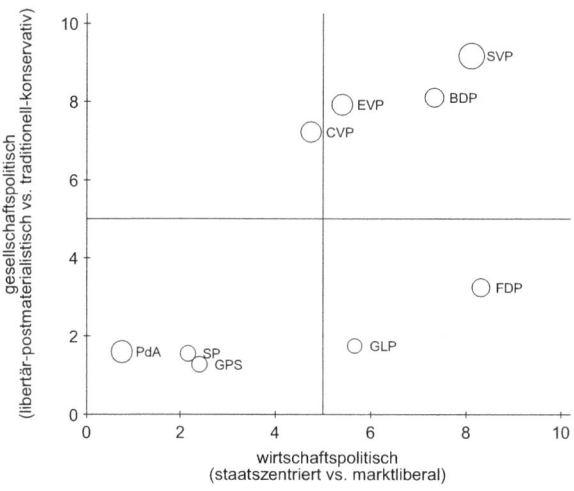

Anmerkungen: Daten beruhen auf Expertenbefragungen. Hohe Werte auf der horizontalen Achse: rechtsgerichtete, wirtschaftsliberale Parteiposition; tiefe Werte: linksgerichtete, staatszentrierte Parteiposition. Hohe Werte auf der vertikalen Achse: parteiliche Präferenz zugunsten autoritärer und traditioneller Werte; tiefe Werte: libertäre, postmaterialistische Parteiposition. Mittepositionen auf beiden Dimensionen: horizontale und vertikale Linie. Kreise geben die Haltung zum Nationalismus an: Je grösser ein Kreis, desto stärker nationalistisch ist die Partei geprägt.

Quellen: Eigene Darstellung in Anlehnung an Bochsler, Hänggli und Häusermann (2015) auf Basis der Daten von Norris (2020).

## 3.6.2 Die Artikulationsfunktion: Die Organisationsstrukturen der Schweizer Parteien

Eine zweite zentrale Kernfunktion von Parteien bildet die Artikulation und Aggregation gesellschaftlicher Interessen (von Beyme 1984, 2000). Dabei steht die Analyse der internen Organisation der Parteien unter besonderer Berücksichtigung ihrer Mitgliederstruktur im Mittelpunkt der Betrachtung. Allgemein beschreiben Typologien von Parteiorganisationen idealtypische Ausprägungen bestimmter Parteimerkmale, z. B. Macht- und Einflussverhältnisse innerhalb einer Partei, das Verhältnis zwischen Mitglieder- und Wählerschaft oder den Organisationsgrad einer Partei. Sie spielen auch eine zentrale Rolle zur Analyse des Parteienwandels, wobei generell von folgenden Entwicklungsstufen ausgegangen wird (Katz/Mair 1995; Ladner 2006): Ausgangspunkt bilden die *Kader- oder Eliteparteien*, deren Wirken bis ca. in die 1920er Jahre dauert. Daraufhin folgen mit der Einführung des allgemeinen (Männer-)Wahlrechts und der Konsolidierung der westlichen Demokratien in der Nachkriegszeit die *Massenmitgliederparteien*, die bis in die 1960er Jahre dominieren und sich durch eine starke Mitgliederbindung auszeichnen (Duverger 1959). Ab den 1960er Jahren rückt die Wählerorientierung in den Vordergrund und die Mitgliederbindung sowie die ideologisch-programmatische Orientierung in den Hintergrund. Bei diesem Typus der *professionalisierten Wählerparteien* nach Panebianco (1988), die viele Gemeinsamkeiten mit dem Konzept der *„Catch-All"-Partei* aufweisen, spielen anstelle von Parteifunktionären professionelle Experten mit speziellem Fachwissen in den Bereichen Kommunikation, Kampagnengestaltung und Ressourcenbeschaffung eine zunehmend wichtige Rolle. Durch die stärkere Ausrichtung der Partei an der volatilen Wählerschaft sind weniger Ressourcen zur Betreuung der Mitglieder notwendig, wodurch der administrative Parteiapparat schrumpft und die Spezialisten an Bedeutung gewinnen. Anfang der 1990er Jahre weisen Katz und Mair (1995) mit dem Begriff der *„Cartel Party"* auf einen neuen, seit den 1970er Jahren existierenden Parteientypus hin, bei dem die Parteileitung auf Kosten der innerparteilichen Demokratie und der Parteibasis wichtiger wird. Kartellparteien sind im Weiteren nicht mehr unabhängig vom Staat, sondern werden zu einem beträchtlichen Teil durch staatliche Mittel finanziert, was die Gefahr birgt, dass ihre Vermittlerfunktion zwischen der Bevölkerung und dem Staat verloren geht.

Im Folgenden soll der Frage nachgegangen werden, welchem Organisationstyp die Schweizer Parteien heute am ehesten entsprechen und wie weit sie sich professionalisiert haben. Dafür werden drei Indikatoren herangezogen: Personal, Finanzen und Mitglieder der Parteien. Grundsätzlich gilt, dass die Parteien in der Schweiz entsprechend dem föderalistischen Staatsaufbau dezentral organisiert sind und die kantonalen und lokalen Sektionen über eine sehr starke Stellung verfügen. Die Willensbildung verläuft deshalb im Allgemeinen von unten nach oben. Zudem besitzen die zentralen Parteiorgane nur wenige Einflussmöglichkeiten auf die Kantonalparteien. So können diese bei Volksabstimmungen nicht zur Konformität mit den Stellungnahmen der nationalen Partei gezwungen werden. Vielmehr können sie auch abweichende Parolen fassen. Bei Referenden wurde allerdings durch eine Analyse der Stimmempfehlungen der kantonalen Parteien zwischen 1987 und 2015 ein Rückgang der Abweichungen gegenüber der jeweiligen nationalen Partei festgestellt (Mueller/Bernauer 2018). Eine Entwicklung der Zentralisierung lässt sich in den letzten Jahren vor allem bei der SVP beobachten, bei der die Entscheidungsfindung vermehrt von oben nach unten verläuft, was auch regelmässig zu innerparteilichen Konflikten führt.

**Die personellen Ressourcen der Schweizer Parteien**

Ein herausragendes Merkmal der Schweizer Parteien ist ihre Organisation nach dem Milizprinzip, weshalb ihre Professionalisierung nur langsam voranschreitet. Auf nationaler Ebene geht die hauptamtliche Besetzung der Sekretariate der grossen Parteien zwar schon auf die 1950er und 1960er Jahre zurück und seither haben die Parteien auch versucht, ihre Binnenstrukturen zu professionalisieren (Ladner/Brändle 2001). Ein Blick auf das hauptberufliche Personal zeigt aber, dass die knappen finanziellen Mittel bis heute nur relativ schwach ausgebaute Parteiorganisationen zulassen und im internationalen Vergleich nur unterdurchschnittliche Wachstumsraten und Niveaus aufweisen (vgl. Ladner/Schwarz/Fivaz 2023). So standen den sechs grössten Parteien der Schweiz 2023 zwischen gut neun und rund 40 Vollzeitstellen für administrative und politisch-inhaltliche Tätigkeiten auf nationaler Ebene zur Verfügung. Die über die Zeit zwar gewachsenen, aber nach wie vor bescheidenen personellen Mittel haben zur Folge, dass sich die professionelle Arbeit in den Parteiensekretariaten vor allem auf administrative Tätigkeiten sowie die politikfeldspezifische Unterstützung der Bundeshausfraktion beschränkt, während die programmatische Arbeit nach wie vor primär ehrenamtlich geleistet werden muss. Selbst von den Parteipräsidien wird viel Ehrenamtlichkeit abverlangt. So zahlt die SVP als grösste und durchaus finanzstarke Partei ihrem Parteipräsidenten nach wie vor keinen Lohn, sondern vergütet nur dessen Spesen in nicht bekannter Höhe. Auch bei anderen Parteien ist das Parteipräsidium ein Verlustgeschäft, wie die Löhne von CHF 2'500 (GLP) bis 80'000/jährlich (Die Mitte, die Grünen) zeigen (von Matt 2024).

In den Kantonen wurden die Parteisekretariate schon ab Mitte der 1970er Jahre zumindest in den mittleren und grösseren Kantonen hauptamtlich besetzt und umfassten Ende der 1990er Jahre gemäss der Erhebung von Ladner und Brändle (2001: 196) insgesamt 90 Vollzeitstellen, wobei mehr als 80 Prozent des Personals auf die vier grossen Bundesratsparteien entfallen, während die übrigen Parteien noch weit stärker nach dem Milizsystem funktionieren. Im Vergleich zur nationalen Ebene lassen sich damit in den Kantonen zwischen 1960 und 2000 etwas stärkere Professionalisierungsbemühungen der grossen Parteien feststellen, wobei sie auch hier auf den administrativen Bereich konzentriert sind und weniger auf die inhaltliche Parteiarbeit. Dieses Defizit versuchen die Parteien zu kompensieren, indem sie verstärkt Milizgremien und externe Fachleute für politisch-strategische Aufgaben einbeziehen.

*Abbildung 3.9: Vollzeitstellen der grossen Parteien auf nationaler Ebene, 1960–2023*

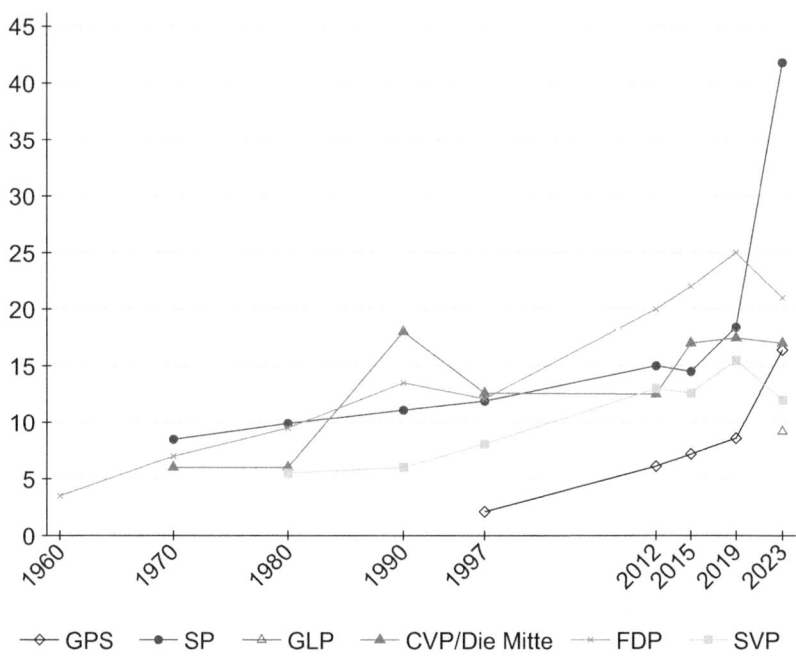

Anmerkung: FDP 2012 und 2015 inklusive vier Praktikumsstellen; GLP 2023 inklusive zwei Praktikumsstellen.
Quellen: Ladner und Brändle (2001) sowie eigene Erhebungen gestützt auf Jahresberichte, Angaben auf den Websites der Parteien sowie Angaben der Generalsekretariate.

Auf kantonaler Ebene waren FDP und SP lange Zeit stärker professionalisiert als die CVP und die SVP, wobei Letztere in neuester Zeit viel Boden gut gemacht hat. So ist die SVP aufgrund ihrer strategischen Themenbearbeitung und Kadertrainings, der systematisch geführten Wahl- und Abstimmungskampagnen, der permanenten medialen Präsenz auch dank eigenen TV-Gefässen wie „Teleblocher" sowie der für schweizerische Verhältnisse vergleichsweise zentralisierten Parteiführung die heute am professionellsten geführte Partei (Skenderovic 2009, 2013; Backes 2018: 466). Auch die SP setzte 2022 auf eine weitreichende Strukturreform (insb. die Einführung eines sogenannten „Parteirats" als repräsentatives „Parteiparlament").[18] Ausgehend von chronisch knapp bemessenen Personalressourcen soll der „Parteirat" für schlagkräftigere Parteigremien sorgen; gleichzeitig aber auch die Basis stärker in die politische Planung einbeziehen, um das Fachwissen der Kommunal- bzw. Kantonalsektionen bestmöglich zu nutzen. Ungeachtet dieser neueren Entwicklungen zeichnet sich die Schweiz Anfang der 2020er Jahre mit

---

18 Der „Parteirat" der SP Schweiz besteht aus dem Parteipräsidium, Vertreter aller Kantonalparteien und den Stadtparteien der zehn grössten Städte, Vertreter der Organe (bspw. SP Frauen, SP queer) und der JUSO, Vertreter weiterer Gruppen sowie zehn freigewählten Mitgliedern, die durch den Parteirat gewählt werden.

rund 100 Vollzeitstellen auf nationaler Ebene aber nach wie vor durch eine hohe Bedeutung des Milizprinzips, bescheidene Parteisekretariate und eine geringe Professionalisierung aus. Insgesamt entspricht dies nicht den typischen Eigenschaften von professionalisierten Wählerparteien (Ladner/Schwarz/Fivaz 2022: 418).

**Die finanziellen Ressourcen der Schweizer Parteien**

Als Ausdruck des liberalen Staatsverständnisses besteht in der Schweiz keine direkte staatliche Parteienfinanzierung, was ebenfalls ein wichtiger Grund für die geringe Professionalisierung ihrer Parteien ist. Abgesehen von den Fraktionsbeiträgen und anderen indirekten Kanälen, wie Gelder aus öffentlichen Kassen, die in jene der Parteien fliessen (z. B. Steuerabzug, Direktzahlungen an Jungparteien, teils erlassene Kosten für den Versand von Wahlwerbung) müssen sich die Parteien durch Mitgliederbeiträge, Mandatsabgaben und freiwillige Spenden selbst finanzieren (vgl. Buomberger/Piazza 2022; Leuzinger/Kuster 2017). Seit den vom Bundesrat 2022 in Kraft gesetzten Transparenzregeln bei der Politikfinanzierung müssen die in der Bundesversammlung vertretenen Parteien jährlich ihre Einnahmen, die erhaltenen monetären und nicht monetären Zuwendungen ab einem Schwellenwert von CHF 15'000 pro Person und Jahr sowie die Beiträge der einzelnen Mandatsträger offenlegen. Dies ermöglicht erstmals konkrete Angaben dazu, wie sich die Parteienbudgets auf nationaler Ebene zusammensetzen.[19] 2023 verfügte die SVP über das grösste Budget, dicht gefolgt von der FDP. Dahinter folgen mit deutlichem Abstand die beiden übrigen Bundesratsparteien SP und die Mitte. Die Nichtregierungsparteien Grüne und GLP sind auch ressourcenmässig deutlich schlechter gestellt.

Auch in Bezug auf die Wahlkampfbudgets zeigen sich deutliche Unterschiede, die bei den Nationalratswahlen 2023 erstmals auf von den Parteien selbst offengelegten Zahlen fussen. Bei einem Ausgabetotal von CHF 54.6 Mio. standen der FDP und der SVP mit CHF 12.86 Mio. bzw. CHF 11.57 Mio. die mit Abstand höchsten Summen zur Verfügung. Bei der Schlussrechnung lagen SP (CHF 7.68 Mio.) und Die Mitte (CHF 7.68 Mio.) nur rund bei der Hälfte (EFK 2024). Die Grünen verbuchten CHF 3.74 Mio.; die GLP CHF 3.26 Mio. Was für Wahlkampfbudgets gilt, gilt auch für die im März 2024 erstmals zur Anwendung gelangten Budgets für Abstimmungskampagnen: Zwischen den unterschiedlichen Lagern gibt es grosse Unterschiede, wobei die Parteien bei der Finanzierung von kostenintensiven Kampagnen zu wesentlichen Teilen von den ihnen nahestehenden Dachverbänden der Wirtschaft bzw. der Gewerkschaften unterstützt werden. Dass das Geld trotz der jüngst an Schlagkraft gewonnenen Umweltverbände weiterhin rechts der Mitte liegt, prägt bis heute die Organisationsstruktur der Parteien mit: Mit ihrer formalisierten Mitgliederorganisation, den kontinuierlich eintreffenden Mitgliederbeiträge sowie den vergleichsweise höheren Mandatsabgaben kann die SP nach wie vor als Mitgliederpartei gelten. Die bürgerlichen Parteien Die Mitte (vormals CVP) und FDP sowie die rechtspopulistische SVP funktionieren hingegen

---

19   Das Gesamtvolumen der Parteien auf kantonaler Ebene schwankte in den 2000er Jahren zwischen CHF 22 Mio. (Nicht-Wahljahr) und CHF 34 Mio. (Wahljahr; Ladner/Brändle 2001). Das hohe Budget auf subnationaler Ebene unterstreicht damit die weiterhin starke und autonome Stellung der Kantonalparteien.

*Abbildung 3.10: Die Finanzen der grossen Parteien auf nationaler Ebene, 1968–2023 (in Mio. CHF)*

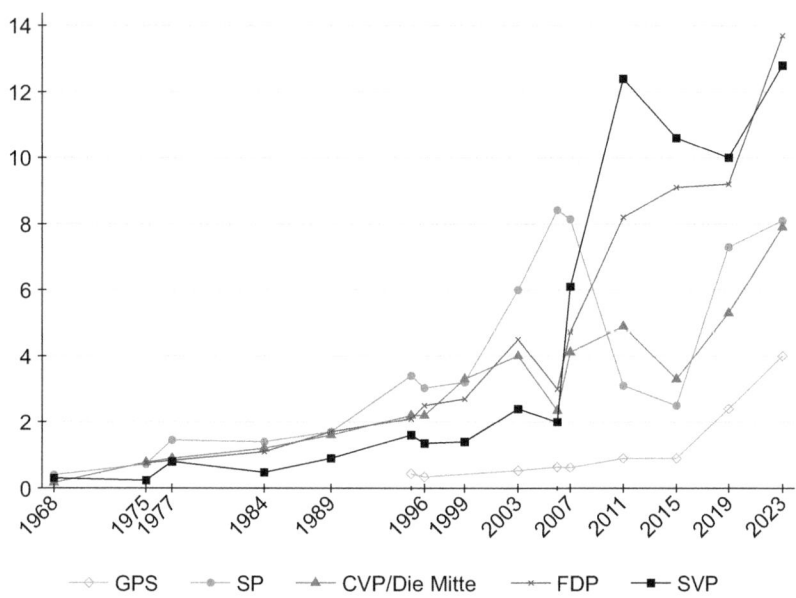

Anmerkungen: Die teilweise auf Schätzungen beruhenden Werte stammen aus verschiedenen Quellen. Die hier dargestellten Werte wurden so ausgewählt, dass insbesondere die Veränderungen über die Zeit sichtbar werden und nachvollziehbar sind. Die Angaben von SRF (2015) beziehen sich nur auf die Werbeausgaben im jeweiligen Jahr von April bis Oktober. Die Budgets für das Jahr 2023 beruhen auf vorläufigen Angaben.

Quellen: Ladner und Brändle (2001), Lutz (2008), SRF (2015) sowie EFK (2024).

eher als Kaderparteien, die sich vor allem durch freiwillige (Gross-)Spenden finanzieren – von den Wirtschaftsverbänden, Privaten, aber vermehrt auch durch neu geschaffene Stiftungen. Insgesamt haben die zunehmende Mediatisierung der Politik, die abnehmenden Parteibindungen, die immer kostenintensiveren Wahl- und Abstimmungskampagnen auf allen Ebenen sowie die neuen Transparenzregeln den finanziellen Druck auf die Parteien erhöht. Es bleibt abzuwarten, wie sich die Parteien an die neuen Umstände anpassen und inwiefern die Offenlegungspflichten mittel- bzw. langfristig Modelle staatlicher Parteienfinanzierung politisch mehrheitsfähiger machen.

### Die Mitgliederentwicklung der Schweizer Parteien

In der Schweiz hat sich das Mitgliederprinzip eher spät und bis heute nicht umfassend herausgebildet. Bei der SP, die sich als ursprüngliche Klassenpartei stark an diesem Prinzip orientierte, spielte es von Beginn weg eine wichtige Rolle. Hingegen unternahmen die frühere CVP und die FDP wiederholt erfolglose Versuche, sich als Mitgliederpartei zu organisieren. Dazwischen liegt die SVP die erst ab Mitte der 1980er Jahre den Weg zur formellen Mitgliederpartei beschritten hat, seither aber konsequent. Die formalisierte Mitgliedschaft kannten von den Lokalsektionen Anfang der 2000er Jahre rund 40 Prozent von der CVP, knapp 60 Prozent der FDP, 70 Prozent der SVP und 87 Prozent der SP (Ladner 2006: 411).

Bis heute bestehen kaum verlässliche Angaben über die Mitgliederzahlen der Parteien, was auf die relativ späte und unvollständige Ausbildung des Mitgliederprinzips bei den bürgerlichen Parteien zurückzuführen ist. Einigkeit besteht zumindest darüber, dass der *Anteil der Parteimitglieder an den Wählenden bzw. Wahlberechtigten* im Verlaufe der letzten Jahrzehnte abgenommen hat. Während Gruner (1977) für die 1960er Jahre den Mitgliederanteil bei den Wählenden noch auf 38 Prozent schätzte, sank ihr Anteil insbesondere nach der Einführung des Frauenwahlrechts stark und ging zwischen 1983 und 1994 von 18 Prozent auf 12 Prozent zurück. Geht man von einem restriktiven Mitgliederbegriff aus, der Sympathisanten bzw. Anhänger ausklammert, fällt die Mitgliederzahl mit heute geschätzt sieben Prozent noch deutlich geringer aus.

Gemäss parteieigenen Angaben ist im Jahr 2023 nach wie vor die FDP die mitgliedsstärkste Partei mit 120'000 Mitgliedern[20], gefolgt von der Partei „Die Mitte" mit 93'500 und der SVP mit 70'000 Parteimitgliedern. Relativ weit abgeschlagen mit nur gut 33'000 Mitgliedern ist die SP. Die SP kennt allerdings strengere Mitgliedschaftsvoraussetzungen – und weist ihre zahlreichen Sympathisanten, ihre besonders reichweitestarken „Polit-Influencer" sowie ihre interaktionsfreudige „Online-Community" separat von den eigentlichen Parteimitgliedern aus (Triaca 2023). Die aus Abbildung 3.11 ersichtlichen, teilweise starken Schwankungen bei den einzelnen Parteien haben dabei verschiedene Ursachen. Bei der FDP gingen Ladner und Brändle (2001) um die Jahrtausendwende auf der Basis ihrer Kantonalparteienbefragung von einer deutlich niedrigeren effektiven Mitgliederzahl bei der FDP aus als in den Vorjahren. Der seither vermeintlich starke Anstieg der FDP-Mitglieder ist dabei einerseits eine Folge der 2010 erstmalig stattgefundenen Erfassung aller Mitglieder in einer zentralen Datenbank, andererseits aber auch der 2009 stattgefundenen Fusion mit den Liberalen, die allein zu 10'000 „neuen" FDP-Mitgliedern geführt hat. Auch bei der CVP ist der Sprung von 75'000 auf 93'500 Mitglieder vor allem mit der neuen zentralisierten Datenerfassung zu erklären. Einzig bei der SVP ist der Mitgliederzuwachs auf einen tatsächlich beträchtlichen Anstieg ihrer Mitgliederzahlen zurückzuführen, insbesondere durch neu gegründete lokale und kantonale Sektionen sowie durch die Gewinnung neuer Mitglieder aufgrund eigener Abstimmungskampagnen. Ebenfalls deutlich zugelegt haben die Grünen, die heute rund 13'000 Mitglieder zählen. Von Zuläufen konnten auch die Jungparteien profitieren, nachdem die COVID-19-Pandemie das Interesse der Jugendlichen an der Politik (zwischenzeitlich) stärkte. Insgesamt liegt die Mitgliederzahl der sechs grössten Schweizer Parteien Anfang der 2020er Jahre bei rund 337'300. Damit bewegt sich die Schweiz etwa im europäischen Mittelfeld. Während die Nachbarländer Deutschland und Frankreich eine deutlich niedrigere Quote an Parteimitgliedern aufweisen, liegt sie in Österreich deutlich höher als in der Schweiz (vgl. van Haute/Ribeiro 2022).

---

20 Allerdings rechnet die FDP zu ihrer Angabe von 120'000 Mitgliedern auch die Sympathisanten hinzu, was die direkte Vergleichbarkeit zu den anderen Parteien erschwert (SRF 2023).

## 3 Die Parteien und das Parteiensystem

*Abbildung 3.11: Die Mitgliederzahlen der grossen Parteien, 1966–2023*

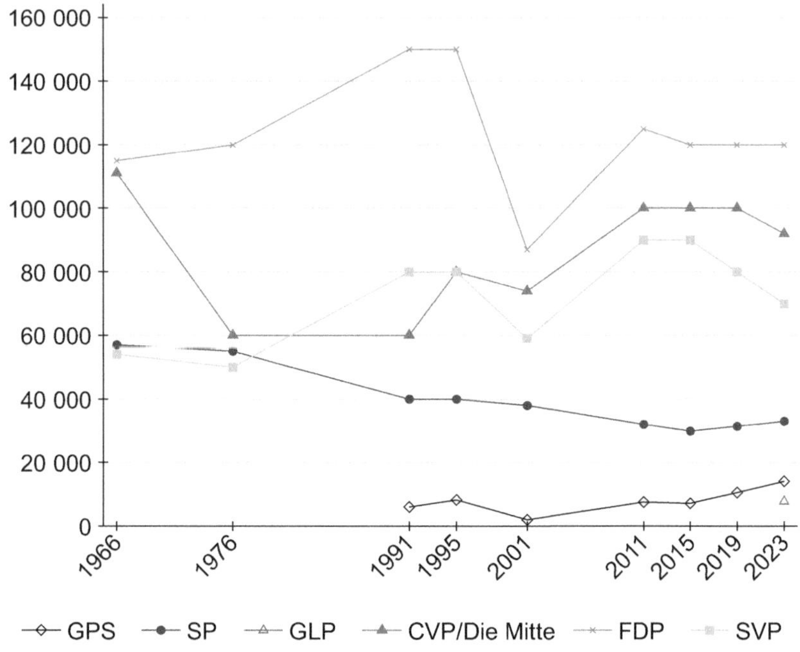

Anmerkung: FDP ab 2011 inkl. Mitglieder der mit ihr fusionierten LPS.
Quellen: Ladner und Brändle (2001), SRF (2023) sowie eigene Erhebungen bei den Generalsekretariaten.

### 3.6.3 Die Mobilisierungsfunktion: Die Zusammensetzung der Parteiwählerschaften

Als dritte Kernfunktion der Parteien bezeichnet von Beyme (1984, 2000) die Mobilisierung und Sozialisierung der Bürgerinnen und Bürger bei Wahlen. Im Mittelpunkt steht hier die Fähigkeit der Parteien, ihre eigene Anhängerschaft und Parteiungebundene im Konkurrenzkampf um Stimmen bei Wahlen an die Urne zu bringen. Die Analyse der Aussenwirkungen der Parteien auf der Wählerebene entspricht damit weitgehend der Betrachtung des Wählerverhaltens, wobei an dieser Stelle nicht ein umfassender Überblick über den Stand der Wahlforschung in der Schweiz geleistet werden kann.[21] Vielmehr beschränken sich die folgenden Ausführungen auf diejenigen zentralen Merkmale der Wählerschaft, die für die Parteien besonders relevant sind: die langfristige Entwicklung der Wahlbeteiligung und der Parteiidentifikation sowie die Veränderungen der Sozialstruktur und der politischen Einstellungen (von Beyme 1984: 336).

---

[21] Zum Beispiel zeigt De Rocchi (2018) in seiner Studie, wie Kampagnen die Entscheidungen der Wähler beeinflussen.

## Die Entwicklung der Wahl- und Abstimmungsbeteiligung

Ein erster Indikator für die generelle Verankerung der Parteien in der Bevölkerung stellt in der Schweiz die Wahl- und Abstimmungsbeteiligung dar. In Bezug auf die Partizipation bei Wahlen zeichnet sich die Schweiz durch sehr niedrige Werte von unter 50 Prozent aus und ist damit weltweit eines der Länder mit der tiefsten Wahlbeteiligung. Die lange Zeit sinkende und niedrige Teilnahmerate ist dabei auf verschiedene Bremsfaktoren zurückzuführen (Franklin 2004; Freitag 1996). Erstens haben die Parlamentswahlen während der zweiten Hälfte des 20. Jahrhunderts keinen sichtbaren Einfluss auf die nachfolgende Regierungsbildung des Bundesrates, der sich über Jahrzehnte durch dieselbe parteipolitische Zusammensetzung auszeichnete. Damit fehlt in der Schweiz ein wichtiger Anreiz zur Wahlteilnahme im Sinne mobilisierender Regierungswechsel, wie er in parlamentarischen Konkurrenzdemokratien üblich ist. Zweitens halten die Bürgerinnen und Bürger mit der ausgebauten Direktdemokratie mächtige Korrektivinstrumente in der Hand, weshalb Parlamentswahlen nicht dieselbe Bedeutung haben wie in rein repräsentativen Demokratien. Drittens zeichnete sich das schweizerische Parteiensystem lange Zeit aufgrund der stabilen Konkordanzregierung und der geringen Volatilität durch einen schwachen Wettbewerbsgrad aus. Der ausgebaute Föderalismus mit der vergleichsweise starken Stellung der Kantone und den zahlreichen Mitwirkungsmöglichkeiten auf subnationaler Ebene relativiert zudem die Bedeutung der nationalen Politik und kann damit als vierter Bremsfaktor betrachtet werden. Schliesslich haben auch die sehr späte Einführung des Frauenwahlrechts und die fehlende Wahlpflicht einer hohen Partizipation entgegengewirkt (Lloren 2019). In Bezug auf einzelne soziale Merkmale weisen Frauen, Jüngere, Personen mit geringem Einkommen und tiefer Schulbildung sowie Ledige und Geschiedene die niedrigsten Partizipationsraten auf (Lutz 2012b). Seit 1999 steigt die Wahlbeteiligung wieder leicht an. Dies lässt sich mit dem Wandel des Parteiensystems erklären, der seinen Ausdruck in einer zunehmenden Polarisierung, einem verschärften Wettbewerb und einer gestiegenen Volatilität findet. Ausserdem tragen die stark gestiegenen nationalen Wahlkampagnenausgaben, die zunehmende Nutzung der brieflichen Stimmabgabe und die neue Instabilität bei der Regierungszusammensetzung zur verstärkten Wahlbeteiligung bei.

Mit Blick auf andere Länder wird deutlich, dass seit den 1970er Jahren generell sinkende Wahlteilnahmeraten zum politischen Alltag gehören. Im Kreis der etablierten Demokratien weist aber nur die USA eine ebenso niedrige Wahlbeteiligung wie die Schweiz auf. Neben einem starken Föderalismus und einer ausgebauten Direktdemokratie auf subnationaler Ebene spielt in den USA dabei zusätzlich auch die Registrierungspflicht vor jedem Wahlgang eine zentrale Ursache für die geringe Wahlteilnahme. Dabei fällt auf, dass die Wahlbeteiligung in den USA auf einem nahezu identischen Niveau ist wie die Wahl- und Abstimmungsteilnahme in der Schweiz, was zusätzlich den bremsenden Effekt der direktdemokratischen Volksrechte nahelegt. In Bezug auf den Verlauf der Stimmbeteiligung in der Schweiz ist wie bei der Wahlteilnahme ein langfristig sinkender Trend im 20. Jahrhundert mit seither leicht steigender Tendenz sichtbar (vgl. Abbildung 3.12), was ebenfalls auf die verstärkt polarisierte Situation und die gestiegenen

## 3 Die Parteien und das Parteiensystem

*Abbildung 3.12: Wahl- und Abstimmungsbeteiligung in der Schweiz, 1919–2023 (in Prozent)*

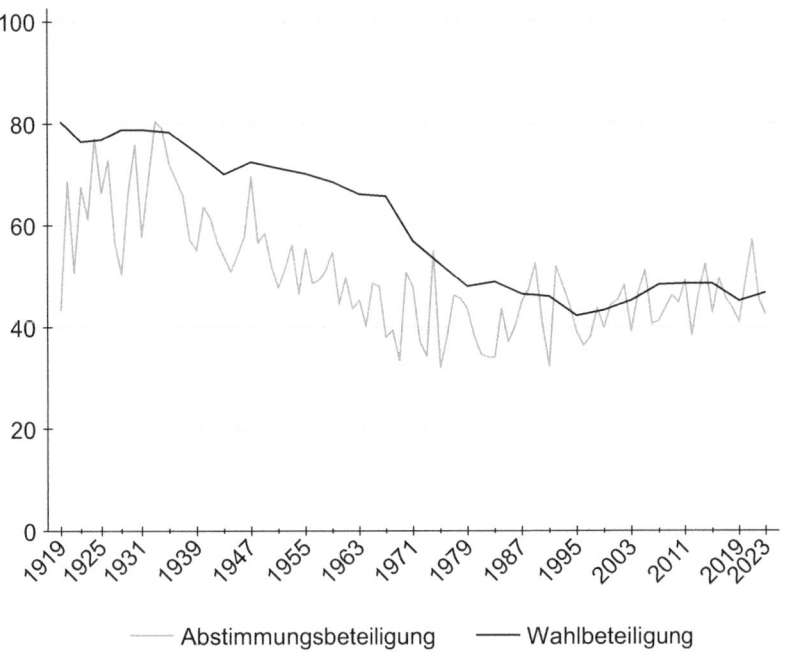

Anmerkung: Personen mit einer Parteibindung ausserhalb von GPS, SP, CVP/Die Mitte, FDP, SVP sowie Personen ohne Parteibindungen wurden ausgeschlossen.
Quelle: Bundesamt für Statistik (2023).

Kampagnenausgaben zurückzuführen ist. Dabei gilt es aber zu beachten, dass je nach Konfliktkonstellation im Abstimmungskampf und Themenbetroffenheit die Stimmbeteiligung stark schwanken kann und über einen längeren Zeitraum sich insgesamt drei Viertel der Wahlberechtigten mindestens einmal beteiligen. 1922 erreichte die deutlich abgelehnte Initiative über eine einmalige Vermögensabgabe zur Tilgung der während des Ersten Weltkriegs gemachten Schulden die höchste je erzielte Stimmbeteiligung mit 85.2 Prozent, während die Bildungs- und Forschungsvorlagen von 1973 nur 26.5 Prozent der Stimmberechtigten an die Urne brachten. In neuerer Zeit war es die Abstimmung über den Beitritt zum Europäischen Wirtschaftsraum (EWR) von 1992 (78.1 Prozent), die die Stimmbürger am stärksten mobilisierte, gefolgt von der Abstimmung „Für eine Schweiz ohne Armee und für eine umfassende Friedenspolitik" von 1989 mit einer Stimmbeteiligung von 68.6 Prozent. Diese Quote vermochten nicht einmal die Pflegeinitiative (65.3 Prozent) oder die Änderung des Covid-19-Gesetzes (65.7 Prozent) vom November 2021 zu überbieten, welche in der Öffentlichkeit sehr intensiv diskutiert wurden, insbesondere angesichts der Coronapandemie.

## Die Entwicklung der Parteibindungen

Ein weiteres Merkmal zur Verankerung der Parteien bei den Bürgerinnen und Bürgern ist die Identifikation mit einer Partei. Zwischen den 1970er Jahren und der Jahrtausendwende sank der Anteil Personen, die sich mit einer Partei identifizieren noch von mehr als der Hälfte auf rund 30 Prozent (Tresch/Rennwald/Lauener 2023). Mit 22 Prozent erreichte der Anteil an Wählenden ohne Parteibindung bei den Wahlen 2023 einen (vorläufigen) Tiefstand (Abbildung 3.13).

Diese Konstanz soll allerdings nicht darüber hinwegtäuschen, dass sich die Parteibindungsniveaus der einzelnen Parteien beträchtlich verändert haben. Die Fluktuationen bei der „psychologischen [Partei-]Mitgliedschaft" (Tresch/Rennwald/Lauener 2023) sind dabei vor allem eine Folge der Transformation im schweizerischen Parteiensystem durch die (vorübergehende) Stärkung der Parteiidentifikation bei der SVP-Wählerschaft. So hat seit Mitte der 1990er Jahren vor allem der Anteil derjenigen, die sich der SVP nahe fühlten, zugenommen, während umgekehrt die Parteibindungen bei der CVP und FDP seit Jahrzehnten ein niedriges Niveau mit langfristig rückläufigem Trend aufweisen. Bei den Sozialdemokraten ist die Entwicklung uneinheitlich. Nach einem starken Erodieren in den 1980er Jahren verfügen sie seit den 1990er Jahren wieder über einen eher steigenden Anteil an Sympathisanten in der Westschweiz, während er in der Deutschschweiz eher abgenommen hat. Insgesamt ist aber auch bei der Identifikation mit der SP ein stetig abnehmender Trend zu erkennen (Tresch/Rennwald/Lauener 2023). Ähnlich wie bei der SVP handelt es sich bei den Veränderungen der SP-Wählerschaft eher um einen *Realignmentprozess* (Kriesi 2005: 260ff.; Nicolet/Sciarini 2010; Zollinger/Traber 2024). Trotz einer insgesamt abnehmenden Bindungskraft der Parteien und einem steigenden Anteil an Wechselwählern kann deshalb nicht nur von einem generellen *Dealignment* im Sinne einer allgemeinen Auflösung der Parteieigungen in der Schweiz gesprochen werden. Vielmehr zeigt sich auch eine starke Umorientierung der Parteibindungen (*Realignment*) und der sozialen Konfliktlagen im rechten und linken Lager, was auf einen Wandel der Bindungen von einzelnen gesellschaftlichen Gruppen bei der SP und der SVP hinweist, während bei den alten bürgerlichen Mitteparteien CVP und FDP eine fortlaufende Erosion der Parteiidentifikation sichtbar wird.

## 3 Die Parteien und das Parteiensystem

*Abbildung 3.13: Die Parteibindungen in der Schweiz, 1986–2023 (in Prozent)*

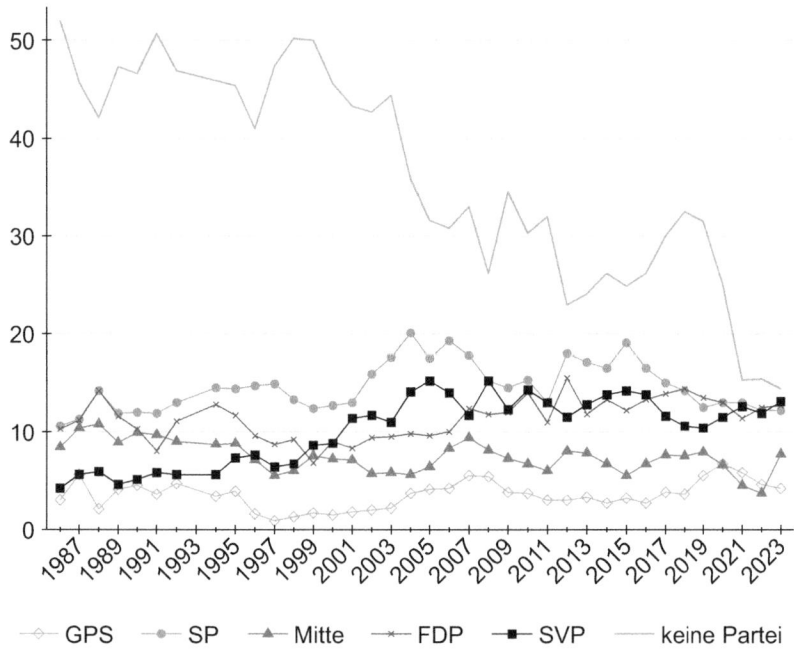

Anmerkung: VOX fasst erst ab 2023 die CVP und BDP zur Mitte zusammen. Daher ist der Effekt der Fusion erst verzögert sichtbar.

Quelle: Eigene Darstellung auf Basis des Datensatzes von Selects (2024).

### Die Veränderungen in der sozialen Zusammensetzung der Wählerschaft

Ausgehend von den strukturbildenden Konfliktlinien des schweizerischen Parteiensystems stellt sich die zentrale Frage, wie weit die einzelnen Parteien noch in ihren ursprünglichen sozialen und kulturellen Milieus verankert sind. Ist die traditionelle Arbeiterschaft noch immer die Kernwählerschaft der Sozialdemokraten? Ist die Mitte, die ursprünglich die eigene Konfession im Namen trug und sich 2020 mit der BDP zusammenschloss, nach wie vor die Partei der Katholiken? Zeichnet sich die SVP als ursprünglich mittelständisch-bäuerliche Abspaltung der FDP immer noch durch eine Übervertretung der protestantischen Landwirte und Gewerbetreibenden aus?

*Tabelle 3.3: Die soziale Zusammensetzung der Schweizer Wählerschaft, 1979–2023 (in Prozent)*

| | alle* 1979 | SP 1979/87 | CVP 1979/87 | FDP 1979/87 | SVP 1979/87 | GPS 1983/87 | alle* 2023 | SP 2023 | die Mitte 2023 | FDP 2023 | SVP 2023 | GPS 2023 |
|---|---|---|---|---|---|---|---|---|---|---|---|---|
| **Religion (1979/2019)** | | | | | | | | | | | | |
| protestantisch | 52.0 | 61.0 | 8.3 | 60.4 | 90.7 | 44.0 | 35.1 | 30.1 | 30.1 | 37.9 | 37.4 | 32.2 |
| katholisch | 41.2 | 29.6 | 90.7 | 35.7 | 6.9 | 35.0 | 32.4 | 26.1 | 54.0 | 36.9 | 34.5 | 20.8 |
| andere | – | – | – | – | – | – | 3.8 | 3.9 | 1.54 | 3.2 | 3.0 | 2.2 |
| keine | – | – | – | – | – | – | 28.7 | 39.9 | 14.4 | 22.0 | 25.1 | 44.6 |
| **Sprachregion (1987/2019)** | | | | | | | | | | | | |
| Deutsch | 74.2 | 66.0 | 80.4 | 69.1 | 98.3 | 75.0 | 77.6 | 75.9 | 81.3 | 67.4 | 84.7 | 65.6 |
| Französisch | 20.8 | 33.0 | 12.0 | 20.6 | 1.7 | 25.0 | 21.2 | 23.3 | 16.7 | 30.3 | 14.2 | 28.9 |
| Italienisch | 5.0 | 1.1 | 7.6 | 10.3 | 0.0 | 0.0 | 1.2 | 0.8 | 2.0 | 2.3 | 1.0 | 1.6 |
| **Geschlecht (1979/2019)** | | | | | | | | | | | | |
| Mann | 57.8 | 60.0 | 59.7 | 53.1 | 57.8 | 44.0 | 51.6 | 40.3 | 57.8 | 58.3 | 56.0 | 44.2 |
| Frau | 42.2 | 40.0 | 40.3 | 46.9 | 42.2 | 56.0 | 48.4 | 59.75 | 42.2 | 41.7 | 44.0 | 55.8 |
| **Alter (1979/2019)** | | | | | | | | | | | | |
| 18(20)–24 Jahre | 4.6 | 4.2 | 2.6 | 3.6 | 6.0 | 17.0 | 5.6 | 6.3 | 4.6 | 3.8 | 4.0 | 8.0 |
| 25–39 Jahre | 25.7 | 25.0 | 22.8 | 30.5 | 23.0 | 61.0 | 17.2 | 18.2 | 16.7 | 13.6 | 13.5 | 28.7 |
| 40–64 Jahre | 49.1 | 53.8 | 48.6 | 48.2 | 53.0 | 22.0 | 44.9 | 43.3 | 43.8 | 46.7 | 44.3 | 43.7 |
| 65 Jahre und älter | 20.6 | 17.1 | 26.0 | 17.8 | 18.0 | 0.0 | 32.3 | 32.3 | 34.9 | 35.9 | 38.1 | 19.7 |
| **Beschäftigung (1979/2019)** | | | | | | | | | | | | |
| Selbstständige (ohne Landwirtschaft) | 11.9 | 5.0 | 13.5 | 19.9 | 13.6 | 4.0 | – | – | – | – | – | – |
| leitende Angestellte | 5.9 | 5.6 | 3.0 | 12.7 | 3.0 | – | – | – | – | – | – | – |
| Angestellte | 30.7 | 33.7 | 31.9 | 29.0 | 31.1 | – | – | – | – | – | – | – |
| Arbeiter | 26.0 | 35.7 | 23.0 | 16.3 | 21.2 | – | – | – | – | – | – | – |
| Landwirte | 8.9 | 0.7 | 10.9 | 11.4 | 21.1 | 4.0 | – | – | – | – | – | – |

## 3 Die Parteien und das Parteiensystem

| | alle* 1979 | SP 1979/87 | CVP 1979/87 | FDP 1979/87 | SVP 1979/87 | GPS 1983/87 | alle* 2023 | SP 2023 | die Mitte 2023 | FDP 2023 | SVP 2023 | GPS 2023 |
|---|---|---|---|---|---|---|---|---|---|---|---|---|
| Angestellte mit Direktionsfunktion | – | – | – | – | – | – | 13.3 | 11.0 | 14.3 | 22.1 | 11.5 | 7.6 |
| Angestellte mit Kaderaufgaben/Ausbildner | – | – | – | – | – | – | 27.8 | 28.9 | 27.8 | 27.9 | 26.9 | 27.1 |
| Angestellte mit ausführender Funktion | – | – | – | – | – | – | 44.3 | 49.8 | 45.2 | 34.1 | 44.1 | 49.9 |
| Selbstständige | – | – | – | – | – | – | 14.5 | 9.7 | 12.4 | 15.1 | 17.4 | 15.4 |

Anmerkung: * Angegeben sind die Anteile in der Gesamtwählerschaft.
Quellen: VOX (2024) und eigene Berechnung auf Grundlage von Selects (2024).

Der aus Tabelle 3.3 ersichtliche Vergleich der sozialen Zusammensetzung der Parteiwählerschaften zwischen 1979 bzw. 1987 und 2023 macht deutlich, dass die strukturelle Basis bei den einzelnen Parteien unterschiedliche Veränderungen durchlaufen hat (Bühlmann/Gerber 2015; Häusermann u. a. 2022; Kriesi 2005; Lutz 2012a; Manatschal/Rapp 2015; Oesch/Rennwald 2010; Vatter/Stadelmann-Steffen 2008; Zollinger/Traber 2024). So haben sich bei den Katholiken die Bindungen zur ehemaligen CVP stark gelockert, sodass drei Viertel dieser Konfessionsgruppe 2023 eine andere Partei als die Nachfolgepartei der Katholisch-Konservativen wählte. Allerdings gibt es Anzeichen, dass es der neuen Partei „Die Mitte" nach der Fusion von CVP und BDP und ihrem dezidiert überkonfessionellen „Rebranding" (zumindest kurzfristig) gelang, ausserhalb der ehemaligen CVP-Hochburgen neue Wähler zu erschliessen (Vatter/Freiburghaus 2023). Bei der FDP-Wählerschaft fällt auf, dass sie sich wie in früheren Jahrzehnten durch hohe Einkommens- und Bildungsschichten auszeichnet. Angestellte mit Führungsfunktionen sind dabei deutlich übervertreten, während der Anteil an Selbstständigen in neuester Zeit stark abgenommen hat. Im Gegensatz dazu steht die SVP als dritte bürgerliche Kraft, bei der eine starke Umgruppierung der Wählerschaft stattgefunden hat. Während sie in den 1980er Jahren noch die charakteristischen Merkmale einer protestantischen Agrarpartei in der Deutschschweiz aufwies, gewann sie durch ihren nationalkonservativen Kurswechsel neue Wählerschichten hinzu, die zu einer offensichtlichen Veränderung ihrer sozialen Basis geführt haben. So wählten 2024 gesamthaft sogar leicht mehr Katholiken die SVP als die Mitte. Damit sind die beiden grössten Konfessionsgruppen in etwa entsprechend ihren Anteilen in der Gesamtwählerschaft in der SVP vertreten. Auch beschränkt sich die SVP-Wählerbasis nicht mehr nur auf die Deutschschweiz wie noch 1987, wobei ihre Wähleranteile in der französischsprachigen Schweiz immer noch unterdurchschnittlich sind. Dasselbe gilt für die klassische Stadt-Land-Zusammensetzung ihrer Wählerschaft: Obwohl die SVP in ruralen Gebieten nach wie vor stark vertreten ist, geniesst sie inzwischen auch bei beträchtlichen Teilen der städtischen Wählerschaft breite Unterstützung. So haben sich innerhalb von weniger als 30 Jahren die Anteile der ländlichen und städtischen SVP-Wählerschaft umgekehrt. In Bezug auf die Berufsgruppen sticht heraus, dass in neuerer Zeit die SVP nicht nur von den Bauern, dem alten Mittelstand und von Selbstständigen am stärksten gewählt wird, sondern auch von der ungelernten Arbeiterschaft (Lachat/Selb 2006; Nicolet/Sciarini 2010; Oesch/Rennwald 2010). Damit in Einklang steht die Tatsache, dass noch 2011 fast jeder zweite Wähler aus den untersten Einkommens- und Bildungsschichten die SVP wählte und sich damit die Verlierer der fortlaufenden Globalisierung auf die Seite dieser Partei geschlagen haben (Lutz 2012a). Dieser Befund wird von Manatschal und Rapp (2015: 213) bestätigt: Die höchste SVP-Wahlwahrscheinlichkeit besteht heute bei jungen Männern mit geringem Bildungsgrad, „die am stärksten von den negativen Auswirkungen der Globalisierung betroffen zu sein scheinen und deshalb besonders empfänglich sind für die europaskeptische und kulturprotektionistische Ideologie der SVP". Insgesamt hat damit die strukturelle Wählerbasis der SVP im Verlaufe der letzten 25 Jahre stark von ihrem ursprünglichen Profil verloren. Dies ist primär auch Ausdruck ihres Erfolgs, denn es ist ihr gelungen, neue gesellschaftliche Gruppen anzusprechen. Kriesi (2005: 256) schliesst daraus, dass „die traditionell protestantische, ländliche Bauern- und Bürgerpartei in allen Kantonen zu einer Catch-All-Partei geworden [ist], die über Konfessions- und Klassengrenzen hinweg in Stadt und Land Wählerinnen und Wähler der unterschiedlichsten sozialen Herkunft mobilisiert."

Wie die SVP hat auch die SP im Zuge der Bildungsexpansion und des Strukturwandels einen tiefgreifenden Wandel ihrer sozialen Basis erfahren. Bereits Mitte der 1990er Jahre – und damit früher als andere sozialdemokratischen Parteien in Europa – wurde die SP zu einer „Partei der gebildeten Mittelschicht" (Häusermann u. a. 2022: 49). Seither spielen die Arbeiterschaft sowie Wähler aus dem Kleingewerbe für die SP electoral nur noch eine marginale Rolle. Auch wurde die Wählerschaft der SP seither immer städtischer geprägt und älter. Aus der Perspektive des klassenspezifischen Wählens hat also ein fortlaufender *Realignmentprozess* stattgefunden, indem die sogenannten soziokulturellen Spezialisten die traditionelle Arbeiterklasse als Rückgrat der Partei ersetzt haben. Heute sind es Schweizer Bürger über 60 Jahre, Absolventen von Universitäten und Fachhochschulen, gut qualifizierte Arbeitnehmer (bspw. Lehrer, Ärzte, Sozialarbeiter) bzw. sogenannte soziokulturellen Spezialisten und Menschen mit mittleren Einkommen, die die heutige Wählerschaft der SP prägen (ebd.; vgl. Bühlmann/Gerber 2015; Nicolet/Sciarini 2010). Das Kernelektorat der SP und der Grünen überlappt sich heute daher stark: Drei Viertel der SP-Wählerschaft gibt eine hohe Wahlwahrscheinlichkeit für die Grünen an. Die Wählerschaft der Grünen ist hingegen jünger und weiblicher als jene der SP. Auch kann sich mehr als ein Drittel der SP-Wähler ebenso gut vorstellen, die vor allem ökonomisch rechter positionierte GLP zu wählen. Sofern die SP Abwanderungen befürchten muss, ergeben sich solche vor allem unter den besonders gut gebildeten SP-Wähler und zu Parteien, die ebenfalls für eine progressive gesellschaftspolitische Agenda stehen. Hingegen sind die Wählerverluste an Parteien rechts der SP, insbesondere an die SVP, in den letzten zwei Jahrzehnten marginal (Häusermann u. a. 2022: 64ff.).

Insgesamt brach die traditionelle Verankerung der Parteien in ihren ursprünglichen sozialen und kulturellen Milieus aufgrund der fortschreitenden Individualisierungs- und Säkularisierungsprozesse, der Tertiarisierung sowie der stattgefundenen Bildungsexpansion auf – und verankerte die Parteien durch „Realignment" in teils gänzlich neuen Milieus (insb. SP und SVP). Damit wird offensichtlich, dass die historischen Konfliktlinien zwischen Konfessionen und Klassen an Bedeutung verloren haben, während der Parteienwettbewerb heute vorwiegend durch den Universalismus-Partikularismus-Konflikt strukturiert wird (vgl. Zollinger/Traber 2024).

### Die Veränderungen in den politischen Einstellungen der Wählerschaft

Wie haben sich die politischen Einstellungen der Wählerschaft seit 1995 verändert – und welchen Themen misst sie heute besonders viel Bedeutung und Salienz zu? Historisch entzweiten sich die Wähler vor allem am klassischen wirtschaftspolitischen Links-rechts-Konflikt. Doch: Bereits in den 1990er Jahren waren es nicht länger die Einstellungsunterschiede zwischen „mehr Staat" und „mehr Markt", die dominierten. Vielmehr unterscheiden sich die Präferenzen der Wähler seither vor allem in Bezug auf soziokulturelle Themen (u. a. Migration, aussenpolitische Öffnung der Schweiz bzw. europäische Integration oder Klima- und Umweltschutz). Besonders deutlich ist die Spaltung der Parteiwählerschaften in der Migrationsfrage: Seit 1995 wünscht sich die SP-Basis kontinuierlich einen migrationspolitisch progressiven Kurs und tritt für Chancengleichheit zwischen Schweizer Bürger und Menschen mit migrantischer Biografie ein. Mobilisiert durch den dezidiert migrations- und asylkritischen Kurs der SVP seit den 1980er Jahren, nimmt die SVP-Wählerschaft die gegenteilige Position ein. Insgesamt drifteten die migrations-, europa- und umweltpolitischen Einstellungen der Wählenden also bereits Mitte der 1990er-Jahre auseinander (vgl. Zollinger/Traber 2024) – und nicht erst im Zuge der frühen 2020er Jahre medial oft als „neuen Kulturkampf" bezeichneten Auseinandersetzungen um Gender- und Klimafragen.

Der Wandel der Einstellungen der Wähler wird auch in der Selbstpositionierung der Wählerschaft auf der Links-Rechts-Achse deutlich: Der Anteil jener Wähler, die sich in der politischen Mitte verorten, hat sich zwischen 1979 und 2023 mehr als halbiert, wie Selects-Daten zeigen. Derweil verorteten sich bei den Wahlen 2023 rund ein Drittel der Wähler auf dem linken bzw. eher linken Pol des Spektrums – und rund die Hälfte auf dem rechten bzw. eher rechten Pol (vgl. Abbildung 3.14).

*Abbildung 3.14: Links-rechts-Positionierung der Wählerschaft, 1979–2023 (in Prozent)*

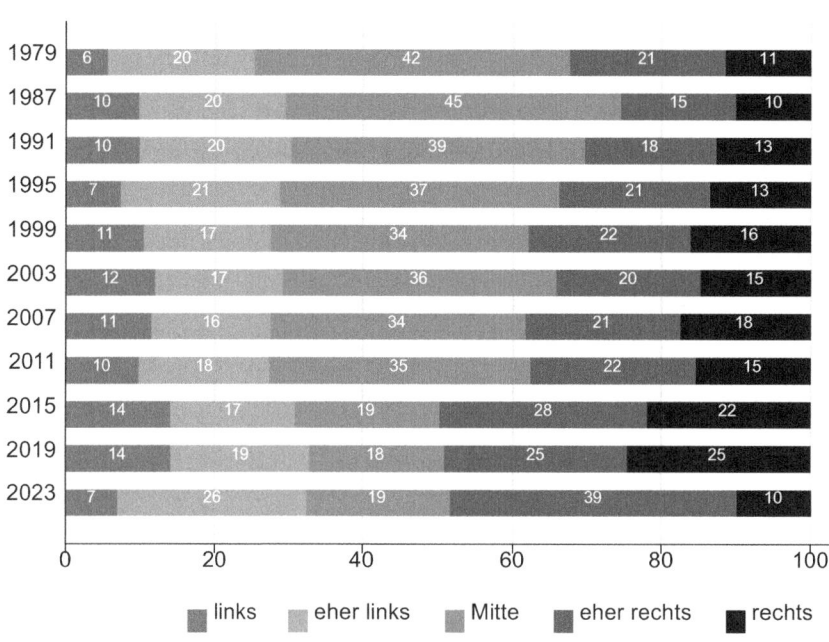

Anmerkungen: Gestützt auf die Selbstpositionierung der Wählerschaft auf der elfstufigen Skala (0–10) wurden die Gruppen wie folgt gebildet: 0–1 = „links"; 2–4 = „eher links"; 5 = „Mitte"; 6–8 = „eher rechts"; 9–10 = „rechts".

Quelle: Eigene Berechnungen gestützt auf Selects (2024).

### 3.6.4 Die Rekrutierungsfunktion: Die Besetzung politischer Ämter durch die Parteien

Eine weitere zentrale Funktion der Parteien ist die Rekrutierung des „politischen Personals" und die Organisation der internen Auslese der Kandidierenden für den politischen Wettbewerb um öffentliche Ämter. Gerade in der Schweiz mit ihrem dreistufigen Staatssystem und den kleinräumigen Strukturen stellt die Aufstellung von Bewerbern für die Besetzung politischer Ämter die Parteien vor grosse Herausforderungen. So sind für die Besetzung aller Sitze in den Legislativen und Exekutiven von Bund, Kantonen und Gemeinden rund 25'000 Personen notwendig, wobei noch eine hohe fünfstellige Zahl an kommunalen Kommissionsämtern hinzukommt (Ladner/Brändle 2001: 315ff.). Eine zentrale Rolle spielt dabei nach wie vor das traditionelle Milizsystem, da von den rund 15'000 kommunalen Exekutivmitgliedern in der Schweiz über 90 Prozent ihr Exekutivamt neben- oder ehrenamtlich ausüben. Es ist deshalb kein Zufall, dass etwa die Hälfte aller lokalen Exekutivmitglieder selbstständig erwerbend ist oder in einer höheren Kaderposition arbeitet (Geser u. a. 2011, Kübler/Dlabac 2015). Typischerweise beginnt die klassische Politikerkarriere auf lokaler Ebene, bevor die kantonale bzw. nationale

Stufe erklommen wird (so genannte „Ochsentour"). So belief sich der Anteil derjenigen Bundesparlamentarier, die vor ihrem nationalen Mandat auf subnationaler Ebene politische Erfahrungen sammelten, in den letzten 70 Jahren immer auf mindestens 85 Prozent. Nationale Legislativmitglieder nutzen ihre kommunalen und kantonalen Ämter über die Zeit sogar zunehmend häufig als „Sprungbrett", um ihre Laufbahn sukzessiv von „unten" nach „oben" voranzutreiben (vgl. Di Capua u. a. 2022).[22] Während für die kantonale und nationale Ebene nach wie vor genügend Kandidierende bereitstehen, wird die Besetzung der für die späteren Karriereverläufe wichtigen lokalen Politikmandate mit Nachwuchskräften jedoch immer schwieriger (Freitag/Bundi/Flick Witzig 2019: 34). Ein wichtiger Grund liegt darin, dass die Lokalparteien, die hauptverantwortlich für die Rekrutierung der Kandidierenden sind, immer mehr Mitglieder und Aktivisten verlieren. „Die in jüngerer Zeit anhaltenden Schwierigkeiten der Parteien, geeignete Kandidatinnen und Kandidaten für die zahlreichen politischen Mandate in den Gemeinden zu finden, kann zusammen mit einem partiellen Bedeutungsverlust von Lokalparteien in den Gemeinden zu einer Beeinträchtigung der politischen Stabilität führen" (Ladner 2006: 413f.). Tatsächlich zeigt sich bei der Vertretung der Parteien in den kommunalen Exekutiven eine stark rückläufige Tendenz. So ist seit den 1990er Jahren der Anteil der Parteienvertreter in den kommunalen Regierungen von über 85 Prozent auf rund 60 Prozent gesunken. Die parteipolitische Verteilung der lokalen Exekutivmitglieder sieht 2011 wie folgt aus: FDP 17.4 Prozent, CVP 13.1 Prozent, SVP 10.5 Prozent, SP 9.4 Prozent, Parteilose 40 Prozent und Weitere ca. fünf Prozent (Geser u. a. 2011). Dabei sind es vor allem die traditionellen Parteien, die einen sinkenden Anteil von Sitzen in den Gemeindeexekutiven zu beklagen haben, während lokale Gruppierungen und die Parteilosen in den letzten Jahrzehnten ihren Anteil deutlich steigern konnten. Diese Rekrutierungsprobleme drücken sich auch dadurch aus, dass rund 15 Prozent der Exekutivmitglieder mit Parteizugehörigkeit erst seit ihrem Amtsantritt effektiv Mitglied ihrer Partei sind. Allerdings gilt es, zwischen den kleinen Landgemeinden und den städtischen Kommunen zu unterscheiden. Die Erosionsthese der Lokalparteien wird vor allem als Folge der ausgesprochenen Kleinheit der Schweizer Gemeinden und durch die gestiegene Zahl an Parteilosen deutlich sichtbar. Die Parteien in den urbanen Gebieten, insbesondere in den Städten, nehmen hingegen nach wie vor eine wichtige Rolle ein, indem ihre Kandidierenden den weitaus grössten Teil der politischen Ämter besetzen und über 50 Prozent der parteigebundenen Exekutivmitglieder schon vor der Wahl eine Funktion in ihrer Partei innehaben (Geser/Meuli 2011; Ladner 2006: 415). Im Weiteren fällt auf, dass je nach Gemeindegrösse die Zusammensetzung der lokalen politischen Elite unterschiedlich ausfällt. Während der Anteil an Akademikern und Teilzeitbeschäftigten unter den städtischen Exekutivmitgliedern grösser ist, finden sich in ländlichen Gemeinden mehr Junge und Selbstständige in diesen Ämtern (Geser u. a. 2011). Bei den Parteien gelingt es heute am ehesten noch der FDP auf kommunaler Ebene, eine beträchtliche Zahl von eigenen Führungskräften aufzubauen und bereitzustellen, was den anderen

---

22 Eidgenössische Ratsmitglieder geben ihr Legislativmandat heute jedoch auch vermehrt zugunsten einer kantonalen oder städtisch-kommunalen Exekutivtätigkeit auf. Der Anteil dieser so genannten „moving down career" vergrösserte sich von 1.6 % (1957) auf 8.0 % (2010; vgl. Di Capua u. a. 2022).

grossen Parteien wie der CVP, SP und der SVP offensichtlich schwerer fällt, auch wenn Letztere nach wie vor in Bauern- und Gewerbekreisen verankert ist. Generell weniger problematisch ist die Situation in städtischen Gemeinden. Dort legen die Exekutivmitglieder längere Karrierewege zurück, herrscht eine stärkere Konkurrenzsituation und bringen die Bewerber generell eine hohe berufliche Qualifikation mit, wobei die Frauen und die Jungen in der Regel deutlich in der Minderheit sind (Geser u. a. 2011).[23] Damit können die Parteien am ehesten in den urbanen Gebieten trotz ausgebautem Milizsystem die Verankerung und Rekrutierung sowie auch den Wandel der politischen Elite sicherstellen. Dagegen kommt vor allem in den ruralen und bevölkerungsschwachen Gemeinden dort eine beträchtliche Funktionsschwäche der traditionellen Parteien bei der Sozialisation von politischem Personal zum Vorschein, wo jene Parteien die Kontrolle über die Rekrutierung der Exekutive teilweise verloren haben und zum Teil das mittelständische Gewerbe und lokale Vereine diese Lücke füllen (Geser u. a. 2011; Geser/Meuli 2011).

## 3.7 Das schweizerische Parteiensystem im internationalen Vergleich

Das grundlegende Ausgangskriterium zur Einordnung von Parteiensystemen bildet wie eingangs erwähnt die Zahl der Parteien, worauf sich auch die klassischen Unterscheidungen zwischen Zwei- und Mehrparteiensystemen von Duverger (1959) und Lijphart (2012) stützen. Die bis heute am meisten verwendete Typologie von Sartori (1976) fügt diesem Kriterium noch ein zweites zu: die Polarisierung im Sinne der ideologischen Entfernung zwischen den Parteien, wobei sich der Parteienwettbewerb entweder zentrifugal oder zentripetal ausrichtet. Im Folgenden wird deshalb die Fragmentierung und Polarisierung des schweizerischen Parteiensystems im internationalen Vergleich betrachtet, bevor eine aktuelle Zuordnung der Schweiz in der Typologie von Sartori (1976) bzw. ihrer Weiterentwicklung durch von Beyme (1984, 2000) vorgenommen wird.

Im internationalen Vergleich gehört das Schweizer Parteiensystem zu den am stärksten fragmentierten Systemen, wie Abbildung 3.15 anhand der mittleren effektiven Parteienzahl von Laakso und Taagepera[24] (1979) für den Zeitraum von 1990 bis 2021 deutlich macht. Über ein 2- bis 2.5-Parteisystem verfügen die USA, Grossbritannien und Australien, während (bei einer Gewichtung der Parteien nach ihrer Grösse gemäss Berechnung der effektiven Parteienzahl) fünf bis sechs relevante Parteien in Finnland, den Niederlanden, der Schweiz und Dänemark existieren. Für die neuere Zeit besitzt nur Belgien eine deutlich stärkere Fragmentierung als die Schweiz. Dies ist aber auf die Besonderheit von eigenständigen regionalen Parteiensystemen in den einzelnen Sprachräumen Belgiens

---

[23] Der Frauenanteil liegt in den Gemeindeexekutiven bei weniger als 30 %. Von den vier grössten Schweizer Parteien erreicht nur die SP einen Frauenanteil von 30 %.
[24] Der Laakso-Taagepera-Index berechnet sich nach folgender Formel:
$LTI = \frac{1}{\sum_{i=1}^{n} p_i^2}$.
Dabei steht p für den Anteil der Wählerstimmen oder für den Sitzanteil der einzelnen Parteien. Diese werden quadriert und anschliessend aufsummiert. Der Kehrwert des Resultats entspricht dem Laakso-Taagepera-Index (LTI).

zurückzuführen, was zur Entstehung von autonomen Regionalparteien geführt hat. Im internationalen Vergleich zeigt sich, dass die Schweiz mit einer effektiven Parteienzahl zwischen fünf und sechs seit den 1960er Jahren zu den Ländern mit der grössten Parteienzahl gehört (Ladner 2004a; Lijphart 2012; Siaroff 2019; Vatter 2008). Gleichzeitig wird deutlich, dass das Schweizer Parteiensystem mit seinen vielen Parteien keinen eigentlichen Sonderfall darstellt, sondern sich mehr oder weniger jede relevante Konfliktlinie in der gesellschaftlich und kulturell heterogenen Schweiz auch in der Gründung einer Partei ausdrückt. Insofern entspricht die Schweiz gemäss Armingeon (2003: 17) nahezu dem Idealtypus eines europäischen Parteiensystems.

*Abbildung 3.15: Die effektive Parteienzahl auf Basis der Mandate im internationalen Vergleich, 1990–2021[25]*

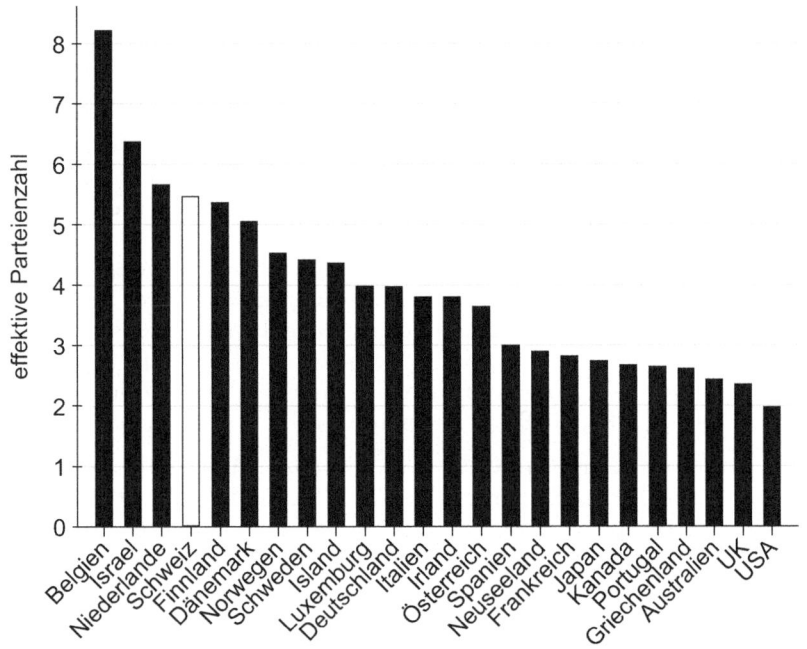

Anmerkung: Effektive Parteienzahl nach dem Laakso-Taagepera-Index.
Quelle: Bernauer und Vatter (2019; nur für Israel) und QoG Data Finder (2024).

Die Polarisierung des schweizerischen Parteiensystems und damit die Verteilung der Parteien im ideologischen Raum haben sich im Verlaufe der letzten Jahre stark verändert. Die Schweiz galt aufgrund der bis Anfang der 1990er Jahre relativ moderaten Positionen der SVP und SP sowie der relativen Stärke der bürgerlichen Mitteparteien CVP und FDP als schwach bis allenfalls durchschnittlich

---

25  Israel ist das einzige Land, das ausschliesslich den Zeitraum von 1990 bis 2015 abdeckt.

polarisiert (Lane/Ersson 1999). Mit anderen Ländern West- und Nordeuropas vergleichbar, hat sich die programmatische Struktur des Parteienwettbewerbs in der Schweiz aber fundamental gewandelt, was insbesondere für die über die letzten Jahrzehnte zunehmend politisierten und polarisierten Konflikte entlang des Universalismus-Partikularismus-Gegensatzes gilt. Bereits Dalton (2008) kam auf Basis der Verteilung von Wählereinschätzungen auf der Links-rechts-Achse unter Berücksichtigung der Parteistärken zum Schluss, dass die Schweiz hinter Schweden und auf ähnlichem Niveau wie Island, Belgien, Spanien und Frankreich zur Spitzengruppe der am stärksten polarisierten Parteiensysteme etablierter Demokratien gehört. So sind die Polparteien SVP vs. SP und Grüne auf der vertikalen Universalismus-Partikularismus-Dimension „nicht nur im internationalen Vergleich sehr deutlich positioniert, sondern sie sind auch die wählerstärksten Parteiblöcke im Schweizer System" (Häusermann u. a. 2022: 39). Einerseits haben in der Schweiz nicht nur die Grünen, sondern auch die Sozialdemokratie früh dezidiert universalistische Positionen bezüglich gesellschaftspolitischer Themen oder Migration eingenommen. Andererseits besetzt(e) die SVP als wählerstärkste Partei den rechtsnationalen Pol (ebd.; vgl. Zollinger/Traber 2024). Und so gilt: „Nirgendwo sonst liegen die Parteipositionen so weit auseinander. Die SVP ähnelt nicht etwa der CSU

*Abbildung 3.16: Die Polarisierung der Parteiensysteme im internationalen Vergleich, 1996–2015*

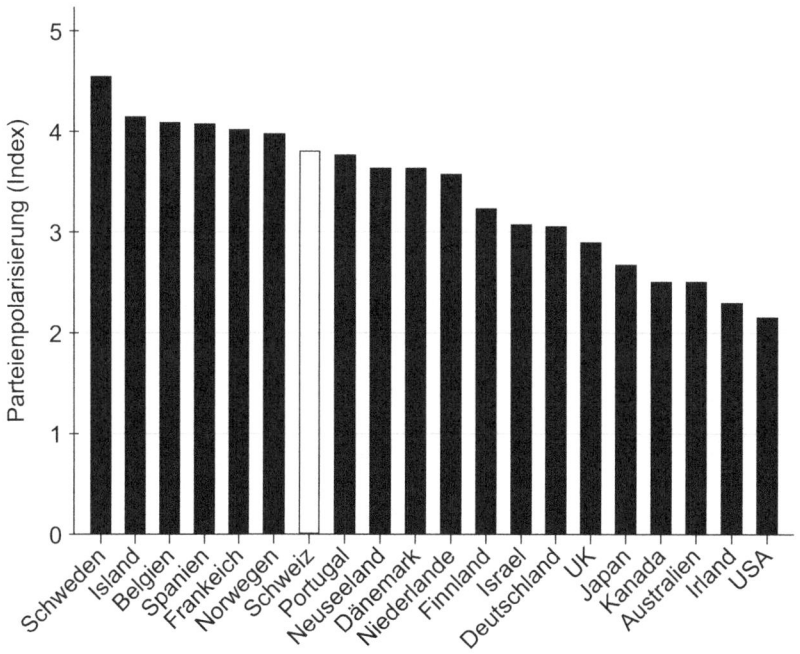

Quellen: Polarisierungsindex gemäss Dalton (2008) auf Basis von CSES-Wählerbefragungsdaten (Welle 1–4; CSES 2017).

oder die SP ihrer sozialdemokratischen Schwesterpartei SPD, sondern die beiden Bundesratsparteien stehen den deutschen Polparteien AfD beziehungsweise Die Linke programmatisch weitaus näher" (Vatter/Freiburghaus 2024). Des Weiteren wäre die SVP „bei den europäischen Volksparteien eindeutig am falschen Platz" (Ladner/Felder/Gerber 2010: 113). Ihren Positionen am nächsten kommen die nationalkonservativen und populistischen Rechtsparteien wie insbesondere die „Partei für die Freiheit" von Geert Wilders in den Niederlanden, wobei die SVP durch die Besonderheit von ausgeprägt wirtschaftsliberalen Positionen auffällt.[26] In Europa findet sich derzeit kaum ein anderes Land mit einer so starken rechtspopulistischen Partei, die sich durch klare Anti-Immigrations- und Anti-EU-Haltungen auszeichnet (Skenderovic 2013: 49).

Das schweizerische Parteiensystem wurde in der Terminologie von Sartori (1976) aufgrund seiner zentripetalen Parteienkonkurrenz, der starken Zentrumsparteien und des ausgeprägten Konkordanzcharakters noch bis vor wenigen Jahren als Beispiel eines moderaten Pluralismus bezeichnet (Kriesi 1998: 147). Mit der starken Zunahme der Polarisierung bei gleichzeitig weiterhin ausgeprägter Fragmentierung änderte sich diese Einschätzung, sodass Ladner (2004a: 140) die Zuordnung zum segmentierten Pluralismus als zutreffender betrachtet.[27] Die seither stattgefundene Transformation des Parteiensystems mit der Herausbildung der beiden grössten Parteien am rechten und linken Pol hat zu einer weiteren Stärkung der zentrifugalen Kräfte geführt, weshalb sich die Frage stellt, ob das Schweizer Parteisystem für die Gegenwart nicht eher dem polarisierten Pluralismus entspricht. Von Beyme (2000: 160) weist allerdings mit Recht darauf hin, dass heute eine klare Zuordnung nicht mehr möglich und die ursprünglich festgelegte Grenze von fünf und sechs Parteien zur Unterscheidung zwischen den beiden Parteisystemtypen aufgrund der generell zunehmenden Fragmentierung überholt sei. Ebenso existieren gemäss Mair (1997) spätestens seit dem Ende des Kalten Krieges in Westeuropa keine klassischen Antisystemparteien mit prinzipiell antidemokratischen Positionen, weshalb kaum mehr ein Land dem polarisierten Pluralismus zugeordnet werden könne. Folgt man einem zeitgemässen Verständnis von Antisystemparteien, stellt sich für die Zuordnung der Schweiz die entscheidende Frage, ob die SVP die drei von Capoccia (2002) dafür formulierten Kriterien erfüllt. Die Antwort hierzu fällt differenziert aus: Während die SVP die beiden ersten Kriterien von relationalen Antisystemparteien, nämlich die grosse ideologische Distanz zu den anderen Parteien bei einem wichtigen Thema (z. B. Europa, Migration) sowie die Verwendung eines die vorherrschende politische Kultur delegitimierenden Kommunikationsstils erfüllt, widerspricht ihre Regierungsbeteiligung dem dritten Kriterium eines geringen Koalitionspotentials. Mit anderen Worten: Solange die SVP mindestens ein Regierungsmitglied stellt, kann sie nicht einwandfrei als moderne Antisystempartei bezeichnet werden, wes-

---

26 Ein internationaler Vergleich von Bochsler, Hänggli und Häusermann (2015) auf der Basis von Expertenbefragungen bestätigt die ausgeprägte Polarisierung des schweizerischen Parteiensystem. Die Schweiz weist auch in dieser Studie die grössten Policy-Differenzen zwischen der stärksten linken und rechten Partei in Europa auf.

27 Diese Zwischenkategorie zeichnet sich durch eine grosse Fragmentierung, aber keinen zentrifugalen, zu den Polen tendierenden Parteiwettbewerb aus.

halb die Schweiz nicht eindeutig dem polarisierten Pluralismus zugeordnet werden sollte. Insofern scheint es bei einer Regierungsbeteiligung der SVP angebrachter, die Schweiz im Zweifelsfall eher dem Typus eines gemässigten Pluralismus mit einer grossen Koalition zuzuordnen, auch wenn sie die typischen Kriterien einer relativ geringen ideologischen Distanz zwischen den relevanten Parteien und des Vorherrschens eines zentripetalen Wettbewerbs inzwischen nicht mehr erfüllt. Umgekehrt kann das Schweizer Parteiensystem aber zumindest für den kurzen Zeitraum des Jahres 2008 nach dem Austritt der SVP aus dem Bundesrat und der von ihr angekündigten Fundamentalopposition vorübergehend dem Typ eines polarisierten Pluralismus zugeteilt werden.[28] Nach dem Wiedereintritt der SVP in die Regierung entspricht die Schweiz heute wohl am ehesten einem Mischtypus mit starken Zügen eines polarisierten Pluralismus allerdings ohne dessen Haupteigenschaft einer eindeutigen antisystemischen Fundamentalopposition, dafür mit einer grossen Regierungskoalition und zwei starken Polparteien.

Mit Blick auf die langjährigen Demokratien können heute nur noch die USA dem Typus des Zweiparteiensystems mit alternierender Regierung zugeordnet werden, während Neuseeland seit Einführung des Proporzwahlrechts nicht mehr von einer Partei alleine regiert wird (vgl. Tabelle 3.4). Grossbritannien, Australien und Kanada (ab 2004) verfügen eher über ein 2.5-Parteiensystem, wo nebst zwei etablierten grossen Parteien auch kleinere Parteien im Parlament vertreten sind. Wegen des mehrheitsbeschaffenden Charakters des jeweiligen Majorzwahlrechts kann aber eine Partei in der Regel alleine regieren, wobei sich die Parteien abwechseln. Eine Ausnahme in der jüngeren Zeit stellen die Wahlen von 2010 in Grossbritannien dar, die zu einem *hung parliament* geführt haben, weshalb eine Koalition zwischen Konservativen und Liberalen nötig wurde. Grossbritannien wird deshalb wie die meisten westlichen Demokratien zwischen 2010 und Mai 2015 dem Typus des gemässigten Pluralismus mit alternierenden Flügelparteien und dauerhaften Koalitionspartnern zugeordnet (um nach den Wahlen 2015 wieder zu einer Einparteienregierung zurückzukehren). Diese Kategorie zeichnet sich dadurch aus, dass keine Partei so stark ist, dass sie unabhängig von den anderen Parteien eine Regierung stellen könnte. Sie sind entweder auf Koalitionspartner angewiesen oder auf Parteien, die ihre Minderheitsregierung stützen. Dem gemässigten Pluralismus mit Koalitionen der Mitte oder grossen Koalitionen für einen längeren Zeitraum entsprechen, wenn auch teils umstritten, im Wesentlichen nur noch Deutschland, Belgien, Luxemburg, Israel, Österreich und die Schweiz, wobei letztere aufgrund ihres nicht-parlamentarischen Charakters auch nicht einer klassischen Koalitionsregierung mit einem verbindlichen Koalitionsvertrag zwischen den Regierungsparteien entspricht. Zeitweise wurden auch Österreich, Deutschland und die Niederlande von grossen Koalitionen regiert, doch tendieren diese Länder eher zur vorhergehenden Kategorie. Dem Typ des polarisierten Pluralismus werden Länder zugeordnet, deren Mitte-Parteien entweder nicht mehr regierungsfähig sind oder die trotz Fundamentalopposition durch extreme Par-

---

28 Kriesi und Trechsel (2008: 85) ordnen die Schweiz generell diesem Typus zu: „Given that these small parties are ideologically far apart, we should, based on Sartori's second criterion, qualify the Swiss party system as an example of his ‚polarized pluralism'."

## 3 Die Parteien und das Parteiensystem

*Tabelle 3.4: Einordnung der Parteiensysteme in etablierten Demokratien, 2000–2022*

| Parteiensystem | Einordnung der Länder |
|---|---|
| Zweiparteiensystem mit alternierender Regierung | USA |
| gemässigter Pluralismus | |
| *alternierende Flügelparteien ohne Koalition* | UK (vor 2010, ab 2015), Spanien (bis 2018), Australien, Griechenland (vor 2012), Kanada (ab 2004) |
| *alternierende Flügelparteien und dauerhafte Koalitionspartner* | UK (2010–2014), Portugal, Neuseeland, Island, Irland, Schweden, Dänemark, Niederlande, Norwegen, Finnland, Italien, Österreich (1999–2006) |
| *Koalition der Mitte bzw. grosse Koalition* | Österreich (2007–2016), Deutschland (2005–2009; 2013–2018; 2018–2021), Luxemburg, Belgien, Israel, **Schweiz (ausser 2008)** |
| polarisierter Pluralismus | |
| *die Mitte zerreibende Fundamentalopposition* | *Weimarer Republik, 2. Spanische Republik*, Griechenland (2015–2019) |
| *Fundamentalopposition, aber regierungsfähige Mitteparteien* | Griechenland (ab 2019), Frankreich, Spanien (zeitweise ab 2018), **Schweiz (2008)** |
| *dominante Partei im polarisierten Pluralismus* | Kanada (vor 2004), Japan |

Anmerkungen: Kursiv = historische Beispiele.
Quellen: Eigene Aktualisierung anhand neuer Daten auf der Grundlage der Typologie von Sartori (1976) und von Beyme (1984, 2000).

teien über regierungsfähige Mitteparteien verfügen. Auch wenn diese Kategorie primär von historischer Bedeutung (Weimarer Republik, 2. Spanische Republik) ist, weist das Beispiel der gescheiterten Koalitionsbemühungen in Griechenland im Mai 2012 nach den durchgeführten Wahlen auf eine aktuellere Relevanz hin. Zwischen Juni 2012 und Januar 2015 lässt sich Griechenland dem Typus der Fundamentalopposition mit regierungsfähigen Mitteparteien zuordnen, da dank Neuwahlen eine grosse Koalition zwischen Nea Demokratia und PASOK (Panhellenische Sozialistische Bewegung) möglich wurde. Zwischen 2015 und 2019 herrschte derweil der Sonderfall einer Koalition aus den Polparteien SYRIZA (Koalition der radikalen Linken) und ANEL (Unabhängige Griechen), wobei der linke Koalitionspartner klar dominierte. Frankreich wurde bisher dem Typus der Fundamentalopposition zugeteilt, wobei letztere vor allem bei Präsidentschaftswahlen sichtbar wird, während bei den Parlamentswahlen extreme Parteien wie die Front National oder die Kommunisten aufgrund des stark majoritären Wahlrechts kaum Sitze im Parlament gewinnen. Japan und Kanada (ab 2004) entsprechen schliesslich dem Typus der dominanten Partei im polarisierten Pluralismus. Allerdings gehören Parteiensysteme mit einer prädominierenden Partei und dem Fehlen eines ausgeprägten Parteienwettbewerbs immer mehr der Vergangenheit an. So hatte auch in Japan die Liberaldemokratische Partei ihre lange Zeit unangefochtene Stellung eingebüsst.

## 3.8 Zusammenfassung und Diskussion

Nach über 70 Jahren relativ grosser Stabilität hat seit Beginn der 1990er Jahre eine Transformation innerhalb des Schweizer Parteiensystems stattgefunden, die sich vom Ausmass her am ehesten mit derjenigen nach dem Ende des Ersten Weltkriegs zum Zeitpunkt der Einführung des Proporzwahlrechts vergleichen lässt. Die Hauptrollen in dieser tiefgreifenden Rekonfiguration des Parteiwettbewerbs spielten die beiden Polparteien SP und SVP mit ihren klaren Pogrammen, was zur deutlichen Herausbildung eines Universalismus-Partikularismus-Konflikts geführt hat (Häusermann u. a. 2022: 41). Die SP nahm also bereits früh und deutlich nicht nur verteilungs-, sondern auch gesellschaftspolitisch progressive Positionen ein. Gleichzeitig hat auch die SVP mit ihrer Neuausrichtung zu einer nationalkonservativen und rechtspopulistischen Partei unter der charismatischen Führung von Blocher das Parteiengefüge grundlegend verändert. Ihr rascher Aufstieg innerhalb von 25 Jahren von der kleinsten zur grössten Bundesratspartei führte zum Verschwinden der kleinen Rechtsaussenparteien, zur Beschleunigung des elektoralen Niedergangs der einst dominierenden bürgerlichen Parteien FDP und der ehemaligen CVP sowie zur weiteren Zersplitterung der bürgerlichen Mitte mit der Entstehung neuer (Mitte-)Parteien. Die Wahlen der 2010er und 2020er Jahren verfestigen das Bild einer Schweiz, die in vielerlei Hinsicht ein Ausnahmefall eines fundamental veränderten tripolaren politischen Raumes darstellt.

Die neuen Entwicklungen erlauben auch eine klare negative Antwort auf die eingangs formulierte These von Kirchheimer (1965) bezüglich der sich programmatisch und wählermässig annähernden „Catch-All"-Volksparteien. Sowohl die Entwicklung der Parteiprogramme, der Polarisierungsgrad des Parteiensystems als auch die Verteilung der politischen Einstellungen der Wählerschaft auf der Links-rechts-Achse lassen keinen Zweifel daran, dass die Schweizer Parteien sehr deutlich unterscheidbare ideologische Programme und Positionen anbieten – und die programmatischen Differenzen der (Pol-)Parteien sogar noch weiter zunehmen. Bei den einzelnen Parteien lassen sich dabei durchaus unterschiedliche Entwicklungen ausmachen. Während die Partei „Die Mitte" nach ihrem Rebranding versucht, dezidiert überkonfessionelle und pragmatische Medianwählerpositionen einzunehmen (Vatter/Freiburghaus 2023), nehmen SVP sowie SP und Grüne als Polparteien sowohl auf der Staat-Markt wie auch auf der Universalismus-Partikularismus-Dimension programmatisch deutliche bis extreme Positionen ein. Die FDP hat sich ihrerseits im Laufe der letzten Jahre insgesamt eher nach rechts orientiert, während die GLP durch universalistische und wirtschaftsliberale Positionen auffällt. Des Weiteren erfüllt die SVP, ganz im Sinne ihrer Namensgebung als Schweizerische Volkspartei, mit der breiten Verankerung ihrer Wählerschaft in der Bevölkerung, ein gewichtiges Kriterium von „Catch-All"-Parteien. Während sie bis Anfang der 1990er Jahre das klare Profil einer protestantischen und ländlichen Bauern- und Gewerbepartei in der Deutschschweiz hatte, rekrutiert sie seit mehreren Jahren ihre Wählerschaft aus den verschiedenen Einkommens- und Berufsschichten, Konfessionen und Regionen. Nichtsdestotrotz ist aber Vorsicht davor geboten, die SVP gemeinhin als „Catch-All"-Partei zu bezeichnen, da sie weniger dem ursprünglichen Konzept einer zentristischen Volkspartei als vielmehr demjenigen des Rechtspopulismus entspricht. Trotz gewisser programmatischer Konvergenz und Zentrumsnähe entsprechen auch die Mitte und FDP nicht dem typischen Muster von „Allerweltsparteien", da sie ihre Wurzeln als ursprüngliche Milieuparteien bis heute nicht vollständig ablegen konnten. Im Fall der programmatisch klar links positionierten Sozialdemokraten hat, ähnlich wie bei der SVP, eine grundlegende Umschichtung ihrer milieuspezifischen Wählerschichten stattgefunden (Realignment).

Auch die von Panebianco (1988) aufgestellte These der allgemeinen Professionalisierung der politischen Parteien in Europa, die sich im Gegensatz zu Duvergers Modell der Massenmitgliedschaftspartei stärker an der Wählerorientierung zulasten der Parteimitgliedschaft orientiert und sich vor allem durch eine verstärkte Professionalisierung der Parteiorganisation auszeichnet, bestätigt sich für die Schweiz nur in Ansätzen. Zwar haben ohne Zweifel die Professionalisierung und die kurzfristige Wählerorientierung auch bei den Schweizer Parteien aufgrund der steigenden Polarisierung zugenommen (vgl. Bailer/Bütikofer 2015). Das zeigt sich insbesondere in den permanenten Kampagnen der SVP mit der fortlaufenden Mobilisierung der eigenen Anhängerschaft bei Abstimmungen und Wahlen. Im internationalen Vergleich weisen sie aber mit ihren kleinen Parteisekretariaten und bescheidenen Personalressourcen, dem nach wie vor vorherrschenden Milizprinzip und den – mit Ausnahme von FDP und SVP – beschränkten finanziellen Mitteln einen unterdurchschnittlichen Professionalisierungsgrad auf. Damit wird offensichtlich, dass die Entwicklung von Massenmitglieder- hin zu professionellen Wählerorganisationen in der Schweiz nur unvollständig stattgefunden hat. Auch die Charakteristika der durch die öffentliche Hand alimentierten Kartellparteien gemäss Katz und Mair (1995) sind nur teilweise gegeben, auch wenn auf den ersten Blick das Regierungskartell der Bundesratsparteien dafür sprechen würde. Die nach wie vor fehlende staatliche Parteienfinanzierung, die ausgesprochen kleinräumige Dezentralisierung sowie die hohe Bedeutung des Milizsystems stehen in diametralem Widerspruch zu diesem Parteienmodell.

Die oben skizzierten Veränderungen haben schliesslich dazu geführt, dass sich das schweizerische Parteiensystem im internationalen Vergleich nicht mehr ohne Weiteres zuordnen lässt. Galt die Schweiz lange Zeit als Beispiel eines gemässigt pluralen Parteiensystems, das zwar stark fragmentiert war, jedoch einen zentripetalen Wettbewerb kannte, der durch gemässigte Mitteparteien dominiert wurde, hat sich dieses Bild in den letzten 20 Jahren gewandelt. Heute besitzt die Schweiz das polarisierteste Parteiensystem Europas mit einer stark fragmentierten politischen Mitte, die durch die zentrifugal wirkende Konkurrenz zwischen den stark links positionierten Sozialdemokraten/Grünen und der rechtspopulistischen SVP fortlaufend geschwächt und zerfasert wurde. Das schweizerische Parteiensystem trägt damit gleichzeitig Züge eines moderaten und eines polarisierten Pluralismus.

Mit Blick auf die Ausübung der vier beschriebenen Grundfunktionen fällt die Antwort auf die eingangs gestellte Frage differenziert aus: Klar voneinander unterscheidbare politische Programmangebote als ideologische Orientierungshilfe für die Wählerschaft stellen die Schweizer Parteien heute ohne Zweifel bereit, wobei dies den beiden grossen Polen der vertikalen Universalismus-Partikularismus-Dimension SP bzw. Grüne und SVP deutlich besser gelingt. Schon als beträchtlich schwieriger erweist sich hingegen die funktional notwendige Aggregation gesellschaftlicher Interessen, wobei auch hier nicht alle Parteien über einen Leist geschlagen werden dürfen. Bei der SVP und teilweise auch bei der SP haben in Bezug auf die Partei- und die Mitgliederorganisation beträchtliche Reformprozesse stattgefunden, die eine entsprechend professionelle Artikulation eigener Interessen in der medialen Öffentlichkeit ermöglichen. Die FDP und Die Mitte verharren hingegen zu weiten Teilen noch in ihren alten Organisations- und Mitgliederstrukturen mit entsprechenden Mobilisierungs- und Wahrnehmungsproblemen. Aus einer komparativen Warte als unterdurchschnittlich muss im Weiteren die Mobilisierung der Wählerschaft bei Wahlen beurteilt werden. So weist die Schweiz nach wie vor eine der weltweit niedrigsten Partizipationsraten auf, wofür es allerdings gute Gründe gibt. Unterschiedlich ist die Entwicklung bei den Parteibindungen: Mit Ausnahme der SVP mussten alle Bundesratsparteien zwischen 1971 und 2019 einen Rückgang dieser „psychologischen Parteimitgliedschaft" hinnehmen – ganz besonders die ehemalige CVP mit einem Rückgang um zwei Drittel, gefolgt von der SP mit einer Halbierung ihres Anteils an Parteigebundenen (Tresch/Rennwald/Lauener 2023). Im Sinne eines „Realignment" ist es vor allem den Polparteien SP und SVP gelungen, neue Wählersegmente dauerhaft anzusprechen. Kritisch fällt schliesslich die Beurteilung der Fähigkeit der Parteien aus, genügend qualifiziertes Personal für die zahlreichen politischen Ämter in der Schweiz zu rekrutieren. Vor allem in den kleineren Landgemeinden wird es für die Parteien zunehmend schwieriger, Kandidierende für die Exekutive zu gewinnen, wobei von diesen Rekrutierungsproblemen, abgesehen von kleinen Nuancen, alle Parteien gleichermassen betroffen sind. Die Schweizer Parteien bezahlen hier den Preis für die föderale Kleinräumigkeit. Insgesamt bestätigt damit eine rein funktionale Betrachtung der Parteien einerseits ihre traditionell eher schwache Stellung im politischen System der Schweiz, die durch die nach wie vor fehlende direkte staatliche Finanzierung und die lange Zeit nicht vorhandene Verankerung in der Bundesverfassung noch unterstrichen wird, während andererseits die zunehmende Polarisierung und Mediatisierung die Rolle der Parteien im politischen Prozess eher gestärkt hat.

## 3.9 Literaturverzeichnis

Altermatt, Urs, 1972: Der Weg der Schweizer Katholiken ins Ghetto: Die Entstehungsgeschichte der nationalen Volksorganisationen im Schweizer Katholizismus 1848–1919. Zürich: Benziger.
Altermatt, Urs, 2012: Das historische Dilemma der CVP. Zwischen katholischem Milieu und bürgerlicher Mitte-Partei. Baden: hier + jetzt.
Altermatt, Urs, 2021: Der lange Weg zum historischen Kompromiss. Der schweizerische Bundesrat 1874–1900. Referendumsstürme, Ministeranarchie, Unglücksfälle. Basel: NZZ Libro.

Armingeon, Klaus, 2003: Das Parteiensystem der Schweiz im internationalen Vergleich. Neuenburg: Bundesamt für Statistik.
Backes, Uwe, 2018. The Radical Right in Germany, Austria and Switzerland. In: Rydgren, Jens (Hrsg.): The Oxford Handbook of the Radical Right. Oxford: Oxford University Press, 452–477.
Bailer, Stefanie/Bütikofer, Sarah, 2015: From Loose Alliances to Professional Political Players: How Swiss Party Groups Changes. In: Swiss Political Science Review 21/4, 556–577.
Bartolini, Stefano/Mair, Peter, 1990: Identity, Competition, and Electoral Availability. The Stabilisation of European Electorates, 1885–1985. Cambridge: Cambridge University Press.
Bernauer, Julian/Mueller, Sean, 2015. Einheit in der Vielfalt? Ausmass und Gründe der Nationalisierung von Schweizer Parteien. In: Freitag, Markus/Vatter, Adrian (Hrsg.): Wahlen und Wählerschaft in der Schweiz. Zürich: NZZ Libro, 325–354.
Brändle, Michael, 1999: Konkordanz gleich Konvergenz? Die Links-Rechts-Positionierung der Schweizer Bundesratsparteien. In: Swiss Political Science Review 5/1, 11–29.
Brändle, Michael, 2002: Strategien der Förderung politischer Parteien. Bern/Stuttgart: Haupt.
Bühlmann, Marc/Gerber, Marlène, 2015: Von der Unterschichtspartei zur Partei des gehobenen Mittelstands? Stabilität und Wandel der Wählerschaften der Sozialdemokraten und anderer grosser Schweizer Parteien zwischen 1971 und 2011. In: Freitag, Markus/Vatter, Adrian (Hrsg.): Wahlen und Wählerschaft in der Schweiz. Zürich: NZZ Libro, 71–93.
Bochsler, Daniel/Hänggli, Regula/Häusermann, Silja, 2015: Introduction: Consensus Lost? Disenchanted Democracy in Switzerland. In: Swiss Political Science Review 21/4, 475–490.
Bochsler, Daniel/Mueller, Sean/Bernauer, Julian, 2016: An Ever Closer Union? The Nationalisation of Political Parties in Switzerland, 1991–2015. In: Swiss Political Science Review 22/1, 29–40.
Bochsler, Daniel/Gerber, Marlène/Zumbach, David, 2016: The 2015 National Elections in Switzerland: Renewed Polarization and Shift to the Right. In: Regional & Federal Studies 26/1, 95–106.
Bolliger, Christian/Ganzeboom, Madleina, 2023: Stärkt oder gefährdet die Transparenz die private Finanzierung der Parteien? Forschungsprojekt „Verhältnis von Politik und Wirtschaft" im Auftrag des Club Politique de Berne. Bern: Büro Vatter.
Bornschier, Simon, 2015: The New Cultural Conflict, Polarization, and Representation in the Swiss Party System, 1975–2011. In: Swiss Political Science Review 21/4, 680–701.
Bornschier, Simon/Häusermann, Silja/Zollinger, Delia/Colombo, Céline, 2021: How „Us" and „Them" Relates to Voting Behavior—Social Structure, Social Identities, and Electoral Choice. In: Comparative Political Studies 54/12, 2087–2122.
Bundesamt für Statistik, 2023: Diverse Statistiken. http://www.bfs.admin.ch/ (abgerufen am 31.03.2024).
Bundesrat, 2022: Medienmitteilungen: Neue Transparenzregeln bei der Politikfinanzierung gelten erstmals für die Nationalratswahlen 2023. https://www.admin.ch/gov/de/start/dokumentation/medienmitteilungen.msg-id-90040.html (abgerufen am 21.03.2024).
Buomberger, Daniel/Piazza, Daniel, 2022: Wer finanziert die Schweizer Politik? Auf dem Weg zu mehr Transparenz und Demokratie. Basel: NZZ Libro. Capoccia, Giovanni, 2002: Anti-System Parties: A Conceptual Reassessment. In: Journal of Theoretical Politics 14/1, 9–35.
Caramani, Daniele, 2011: Comparative Politics. Oxford: Oxford University Press.
Church, Clive/Vatter, Adrian, 2009: Opposition in Consensual Switzerland: A Short but Significant Experiment. In: Government and Opposition 44/4, 410–435.

CSES, 2017: Party System Polarization Index for CSES Modules 1-4. https://cses.org/data-download/download-data-documentation/party-system-polarization-index-for-cses-modules-1-4/ (abgerufen am 25.03.2024).
Dalton, Russel J., 2008: The Quantity and the Quality of Party Systems. Party System Polariziation, Its Measurement, and Its Consequences. In: Comparative Political Studies 41/7, 899–920.
Dalton, Russel J./Berning, Carl C., 2022: Ideological Polarization and Far-Right Parties in Europe. In: Brinkmann, Heinz U./Reuband, Karl-Heinz (Hrsg.): Rechtspopulismus in Deutschland – Wahlverhalten in Zeiten politischer Polarisierung. Wiesbaden: Springer VS, 13–35.
Dassonneville, Ruth, 2022: Voters Under Pressure: Group-Based Cross-Pressure and Electoral Volatility. Oxford: Oxford University Press.
De Rocchi, Thomas, 2018: Wie Kampagnen die Entscheidung der Wähler beeinflussen. Zum kurzfristigen Wirkungspotential von Medienberichten und Wahlumfragen in der Schweiz. Wiesbaden: Springer VS.
De Vries, Catherine E./Hobolt, Sara B., 2020: Political Entrepreneurs. The Rise of Challenger Parties in Europe. Princeton: Princeton University Press.
Di Capua, Roberto/Pilotti, Andrea/Mach, André/Lasseb, Karim, 2022: Political Professionalization and Transformation of Political Career Patterns in Multi-Level States: The Case of Switzerland. In: Regional & Federal Studies 32/1, 95–114.
Duverger, Maurice, 1959: Die politischen Parteien. Tübingen: Mohr.
EFK – Eidgenössische Finanzkontrolle, 2024: Transparenz bei der Politikfinanzierung – Schlussabrechnungen der Eidgenössischen Wahlen 2024 liegen vor. https://www.efk.admin.ch/de/publikationen/allgemeine-kommunikation/medienmitteilung.html (abgerufen am 03.05.2024).
Fagagnini, Hans Peter, 1978: Die Rolle der Parteien auf kantonaler Ebene. In: Schweizerisches Jahrbuch für Politische Wissenschaft 18, 75–94.
Flick Witzig, Martina/Vatter, Adrian, 2018: Electoral Institutions, Social Diversity and Fragmentation of Party Systems: A Reassessment. In: Swiss Political Science Review 24/1, 1–15.
Franklin, Mark N., 2004: Voter Turnout and the Dynamics of Electoral Competition in Established Democracies since 1945. Cambridge: Cambridge University Press.
Freiburghaus, Rahel, 2024: Switzerland: Political Developments and Data in 2023: Credit Suisse Collapse – or: A Country in the Global Spotlight, and Constrained by Global Interconnectedness. In: European Journal of Political Science Research 63/1, https://doi.org/10.1111/2047-8852.12440.
Freitag, Markus, 1996: Wahlbeteiligung in westlichen Demokratien. Eine Analyse zur Erklärung von Niveauunterschieden. In: Swiss Political Science Review 2/4, 101–134.
Freitag, Markus/Bundi, Pirmin/Flick Witzig, Martina, 2019: Milizarbeit in der Schweiz. Zahlen und Fakten zum politischen Leben in der Gemeinde. Basel: NZZ Libro.
Geser, Hans/Meuli, Urs, 2011: Parteilose in der Kommunalpolitik: Eine Untersuchung bei Mitgliedern von Schweizer Gemeindeexekutiven. Zürich: Universität Zürich.
Geser, Hans/Meuli, Urs/Ladner, Andreas/Steiner, Reto/Horber-Papazian, Katia, 2011: Die Exekutivmitglieder in den Schweizer Gemeinden. Ergebnisse einer Befragung. Zürich: Rüegger.
Giger, Nathalie/Müller, Jochen/Debus, Marc, 2011: Die Bedeutung des regionalen Kontexts für die programmatische Positionierung von Schweizer Kantonalparteien. In: Swiss Political Science Review 17/3, 259–285.
Glaus, Beat, 1969: Die Nationale Front. Eine Schweizerische Faschistische Bewegung 1930–1940. Zürich: Benziger.
Gruner, Erich, 1977: Die Parteien in der Schweiz. Bern: Francke.

Häusermann, Silja/Abou-Chadi, Tarik/Bürgisser, Reto/Enggist, Matthias/Mitteregger, Reto/Mosimann, Nadja/Zollinger, Delia, 2022: Wählerschaft und Perspektiven der Schweizer Sozialdemokratie. Zürich: NZZ Libro.

Hooghe, Liesbet/Marks, Gary, 2018: Cleavage Theory Meets Europe's Crises: Lipset, Rokkan, and the Transnational Cleavage. In: Journal of European Public Policy 25/1, 109–135.

Hug, Simon/Schulz, Tobias, 2007: Left-Right Positions of Political Parties in Switzerland. In: Party Politics 13/3, 305–330.

Inglehart, Ronald, 1971: The Silent Revolution in Europe: Intergenerational Change in Post-Industrial Societies. In: American Political Science Review 65/4, 991–1017.

Junker, Beat, 1968: Die Bauern auf dem Wege zur Politik: Die Entstehung der bernischen Bauern-, Gewerbe- und Bürgerpartei. Bern: Francke.

Katz, Richard S./Mair, Peter, 1995: Changing Models of Party Organization and Party Democracy: The Emergence of the Cartel Party. In: Party Politics 1/1, 5–28.

Kirchheimer, Otto, 1965: Der Wandel des westeuropäischen Parteiensystems. In: Politische Vierteljahresschrift 6/1, 20–41.

Klöti, Ulrich, 1998: Kantonale Parteiensysteme. Bedeutung des kantonalen Kontexts für die Positionierung der Parteien. In: Kriesi, Hanspeter/Linder, Wolf/Klöti, Ulrich (Hrsg.): Schweizer Wahlen 1995. Ergebnisse der Wahlstudie Selects. Bern: Haupt, 45–72.

Klöti, Ulrich/Risi, Franz-Xaver, 1988: Neueste Entwicklungen im Parteiensystem der Schweiz. In: Pelinka, Anton/Plasser, Fritz (Hrsg.): Das Österreichische Parteiensystem. Wien: Böhlau, 717–738.

Kriesi, Hanspeter, 1998: Einleitung. In: Kriesi, Hanspeter/Linder, Wolf/Klöti, Ulrich (Hrsg.): Schweizer Wahlen 1995. Ergebnisse der Wahlstudie Selects. Bern: Haupt, 1–16.

Kriesi, Hanspeter, 2005: Zusammenfassung und Schlussfolgerungen. In: Kriesi, Hanspeter/Lachat, Romain/Selb, Peter/Bornschier, Simon/Helbling, Marc (Hrsg.): Der Aufstieg der SVP. Acht Kantone im Vergleich. Zürich: Verlag Neue Zürcher Zeitung, 256–270.

Kriesi, Hanspeter, 2007: Vergleichende Politikwissenschaft, Teil I: Grundlagen. Baden-Baden: Nomos.

Kriesi, Hanspeter/Trechsel, Alexander H., 2008: The Politics of Switzerland. Cambridge: Cambridge University Press.

Kübler, Daniel/Dlabac, Olivier 2015: Demokratie in der Gemeinde. Herausforderungen und mögliche Reformen. Schriften zur Demokratieforschung. Zürich: Schulthess.

Laakso, Markku/Taagepera, Rein, 1979: „Effective" Number of Parties. A Measure with Application to West Europe. In: Comparative Political Studies 12/1, 3–27.

Lachat, Romain/Selb, Peter, 2006: Schweiz. In: Kriesi, Hanspeter/Lachat, Romain/Selb, Peter/Bornschier, Simon/Helbling, Marc (Hrsg.): Der Aufstieg der SVP. Acht Kantone im Vergleich. Zürich: Verlag Neue Zürcher Zeitung, 41–61.

Ladner, Andreas, 2004a: Stabilität und Wandel von Parteien und Parteiensystemen. Eine vergleichende Analyse von Konfliktlinien, Parteien und Parteiensystemen in den Schweizer Kantonen. Wiesbaden: VS Verlag.

Ladner, Andreas, 2004b: Typologien und Wandel: Die kantonalen Parteiensysteme im letzten Drittel des 20. Jahrhunderts. In: Schweizerische Zeitschrift für Politische Wissenschaft 10/4, 1–30.

Ladner, Andreas, 2006: Das Parteiensystem der Schweiz. In: Niedermayer, Oskar/Stöss, Richard/Haas, Melanie (Hrsg.): Die Parteiensysteme Westeuropas. Wiesbaden: VS Verlag, 397–419.

Ladner, Andreas, 2012: Switzerland's Green Liberal Party: A New Party Model for the Environment? In: Environmental Politics 21/3, 510–515.

Ladner, Andreas, 2014: Politische Parteien. In: Knoepfel, Peter/Papadopoulos, Yannis/Sciarini, Pascal/Vatter, Adrian/Häusermann, Silja (Hrsg.): Handbuch der Schweizer Politik. Zürich: Verlag Neue Zürcher Zeitung, 362–389.

Ladner, Andreas, 2022: Kantonale Parteiensysteme. Unveröffentlichter Datensatz. Lausanne: IDHEAP.

Ladner, Andreas/Brändle, Michael, 1999: Does Direct Democracy Matter for Political Parties? An Empirical Test in the Swiss Cantons. In: Party Politics 5/3, 283–302.

Ladner, Andreas/Brändle, Michael, 2001: Die politischen Parteien im Wandel. Von Mitgliederparteien zu professionalisierten Wählerorganisationen? Zürich: Seismo.

Ladner, Andreas/Felder, Gabriela/Gerber, Stefanie, 2010: Die politische Positionierung der europäischen Parteien im Vergleich. Chavannes-près-Renens: Cahier de l'IDHEAP.

Ladner, Andreas/Schwarz, Daniel/Fivaz, Jan, 2023: Parties and Party System. In: Emmenegger, Patrick/Fossati, Flavia/Häusermann, Silja/Papadopoulos, Yannis/Sciarini, Pascal/Vatter, Adrian (Hrsg.): The Oxford Handbook of Swiss Politics. Oxford: Oxford University Press, 317–336.

Ladner, Andreas/Schwarz, Daniel/Fivaz, Jan, 2022: Parteien und Parteiensystem. In: Papadopoulos, Yannis/Sciarini, Pascal/Vatter, Adrian/Häusermann, Silja/Emmenegger, Patrick/Fossati, Flavia (Hrsg.): Handbuch der Schweizer Politik – Manuel de la politique suisse. Basel: NZZ Libro, 403–438.

Lane, Jan-Erik/Ersson, Svante, 1999: Politics and Society in Western Europe. London: Sage.

Lehmann, Pola/Franzmann, Simon/Al-Gaddooa, Denise/Burst, Tobias/Ivanusch, Christoph/Regel, Sven/Riethmüller, Felicia/Volkens, Andrea/Wessels, Bernhard/Zehnter, Lisa, 2024: The Manifeso Data Collection. Manifesto Project (MRG/CMP/MARPOR). Version 2024a. Berlin/Göttingen: Wissenschaftszentrum Berlin für Sozialforschung/Institut für Demokratieforschung.

Leuzinger, Lukas/Kuster, Claudio, 2017: Wie war das nochmal mit „keine staatliche Parteienfinanzierung"?. https://napoleonsnightmare.ch/2017/08/25/wie-war-das-nochmal-mit-keine-staatliche-parteienfinanzierung/ (abgerufen am 04.05.2024).

Lijphart, Arend, 2012: Patterns of Democracy. Government Forms and Performance in Thirty-Six Countries. New Haven/London: Yale University Press.

Linder, Wolf/Mueller, Sean, 2017: Schweizerische Demokratie. Institutionen – Prozesse – Perspektiven. Bern: Haupt.

Lloren, Anouk, 2019: Switzerland: Direct Democracy and Women's Political Participation. In: Franceschet, Susan/Krook, Mona L./Tan, Netina (Hrsg.): The Palgrave Handbook of Women's Political Rights. London: Palgrave Macmillan, 155–167.

Lipset, Seymour M./Rokkan, Stein, 1967: Party Systems and Voter Alignments: Cross-National Perspectives. New York: The Free Press.

Longchamp, Claude, 2013: Parteiensystem: Wahlrecht und Konfliktlinien. Unterlagen zur Vorlesung „Wahlforschung in Theorie und Praxis" im Frühlingssemester 2013.Zürich: Universität Zürich.

Lutz, Georg, 2008: Eidgenössische Wahlen 2007. Wahlteilnahme und Wahlentscheid. Lausanne: Selects – FORS.

Lutz, Georg, 2012a: The 2011 Swiss Federal Elections: Right-Wing Defeat and Increased Fractionalisation. In: West European Politics 35/3, 682–693.

Lutz, Georg, 2012b: Eidgenössische Wahlen 2011. Wahlteilnahme und Wahlentscheid. Lausanne: Selects – FORS.

Mair, Peter, 1997: Party System Change. Approaches and Interpretations. Oxford: Oxford University Press.

Manatschal, Anita/Rapp, Carolin, 2015: Welche Schweizer wählen die SVP und warum? In: Freitag, Markus/Vatter, Adrian (Hrsg.): Wahlen und Wählerschaft in der Schweiz. Zürich: NZZ Libro, 187–215.

Maxwell, Rahsaan, 2020: Geographic Divides and Cosmopolitanism: Evidence in Switzerland. In: Comparative Political Studies 53/13, 2061–2090.

Mazzoleni, Oscar, 2018. Political Achievements, Party System Change and Government Participation: The Case of the "New" Swiss People's Party. In: Zaslove, Andrej/Wolinetz, Steven (Hrsg.): Absorbing the Blow. Populist Parties and their Impact on Parties and Party Systems. London: ECPR Press, 83–102.

Mazzoleni, Oscar, 2019. Diversity, Unity and Beyond: The Swiss Liberals. In: Close, Caroline/van Haute, Emilie (Hrsg.): Liberal Parties in Europe. London/New York: Routledge, 113–128.

Meuwly, Olivier, 2010: Les partis politiques: Acteurs de l'histoire Suisse. Lausanne: Presses polytechniques et universitaires romandes.

Meuwly, Olivier, 2013: FDP, SVP, BDP. Stösst der Liberalismus an seine Grenzen? In: Mazzoleni, Oscar und Meuwly, Olivier (Hrsg.): Die Parteien in Bewegung. Nachbarschaft und Konflikte. Zürich: Verlag Neue Zürcher Zeitung, 77–98.

Milic, Thomas/Vatter, Adrian, 2015: Die Braut, die sich nicht traut. Chancen und Risiken der Kooperation von BDP und CVP auf der Basis ihrer Wählerschaften. In: Freitag, Markus/Vatter, Adrian (Hrsg.): Wahlen und Wählerschaft in der Schweiz. Zürich: NZZ Libro, 245–271.

Mueller, Sean/Bernauer, Julian, 2018. Party Unity in Federal Disunity: Determinants of Decentralised Policy-Seeking in Switzerland. In: West European Politics 41/3, 565–593.

Neidhart, Leonhard, 2002: Die politische Schweiz. Fundamente und Institutionen. Zürich: Verlag Neue Zürcher Zeitung.

Norris, Pippa, 2020: Global Party Survey, 2019. https://doi.org/10.7910/DVN/WMGTNS (abgerufen am 21.02.2020).

Oesch, Daniel/Rennwald, Line, 2010: The Class Basis of Switzerland's Cleavage between the New Left and the Populist Right. In: Swiss Political Science Review 16/3, 343–371.

Panebianco, Angelo, 1988: Political Parties: Organization and Power. Cambridge: Cambridge University Press.

Pedersen, Mogens N., 1979: The Dynamics of European Party Systems: Changing Patterns of Electoral Volatility. In: European Journal of Political Research 7/1, 1–26.

QoG Data Finder, 2024: Variable: Effective number of parties on the seats level. https://datafinder.qog.gu.se/variable/cpds_enps (abgerufen am 25.03.2024).

Sartori, Giovanni, 1976: Parties and Party Systems. A Framework for Analysis. Cambridge: Cambridge University Press.

Schiess Rütimann, Patricia, 2011: Politische Parteien. Privatrechtliche Vereinigungen zwischen öffentlichem Recht und Privatrecht. Baden-Baden: Nomos.

Sciarini, Pascal/Hardmeier, Sibylle/Vatter, Adrian, 2003: Schweizer Wahlen 1999. Bern/Stuttgart: Haupt.

Selects, 2024: Post-Election Survey 2023 [Dataset] (Version 1.0.0). https://doi.org/10.48573/q99z-aa77 (abgerufen am: 18.06.2024).

Seitz, Werner, 2013: Die Grünliberale Partei (GLP): Sind die Grünliberalen eine Rechtsabspaltung der Grünen. In: Mazzoleni, Oscar/Meuwly, Olivier (Hrsg.): Die Parteien in Bewegung. Nachbarschaft und Konflikte. Zürich: Verlag Neue Zürcher Zeitung, 123–155.

Seitz, Werner, 2023: Die Geschichte der Grünen in der Schweiz, 1983–2022. In: Bütikofer, Sarah/Seitz, Werner (Hrsg.): Die Grünen in der Schweiz. Entwicklung – Wirken – Perspektiven. Zürich/Genf: Seismo, 17–40.

Siaroff, Alan, 2019: Comparative European Party Systems. An Analysis of Parliamentary Elections since 1945. London/New York, NY: Routledge.

Skenderovic, Damir, 2009: The Radical Right in Switzerland. Continuity and Change, 1945–2000. New York/Oxford: Berghahn Books.

Skenderovic, Damir, 2013: Bauern, Mittelstand, Nation. Imaginationen und Metamorphosen der Schweizerischen Volkspartei im 20. Jahrhundert. In: Mazzoleni, Oscar/Meuwly, Olivier (Hrsg.): Die Parteien in Bewegung. Nachbarschaft und Konflikte. Zürich: Verlag Neue Zürcher Zeitung, 49–78.

SRF – Schweizer Radio und Fernsehen, 2015: Viel Geld für Wahlwerbung – besonders SVP und FDP heben 2015 ab. http://www.srf.ch/news/wahlen-15/wahlkampf/viel-geld-fuer-wahlwerbung-besonders-svp-und-fdp-heben-2015-ab (abgerufen am 05.02.2024).

SRF – Schweizer Radio und Fernsehen, 2023: Die zehn grössten Parteien in Kürze. https://www.srf.ch/news/schweiz/wahlen-2023/parteien-zur-wahl-die-zehn-groessten-parteien-in-kuerze (abgerufen am 04.05.2024).

Stadelmann-Steffen, Isabelle/Ingold, Karin, 2015: Ist der Name schon Programm? Die GLP-Wählerschaft und ihre grünen und freisinnigen Wurzeln. In: Freitag, Markus/Vatter, Adrian (Hrsg.): Wahlen und Wählerschaft in der Schweiz. Zürich: NZZ Libro, 217–243.

Stadelmann-Steffen, Isabelle/Ingold, Karin, 2023: Politische Position von Parteibasis und Parteiführung der ökologischen Parteien GPS und GLP. In: Bütikofer, Sarah/Seitz, Werner (Hrsg.): Die Grünen in der Schweiz. Entwicklung – Wirken – Perspektiven. Zürich/Genf: Seismo, 59–74.

Tresch, Anke/Rennwald, Line/Lauener, Lukas, 2023: Die Entwicklung der Parteibindungen in der Schweiz 1971–2019. https://www.socialchangeswitzerland.ch/?p=3565 (abgerufen am 04.05.2024).

Triaca, Ladina, 2023: Golfen Sie? Dann zielt die GLP auf sie. In: NZZ am Sonntag, 10.09.2023, 13.

Van Haute, Emilie/Ribeiro, Pedro F., 2022: Country or Party? Variations in Party Membership Around the Globe. In: European Political Science Review, 14/3, 281–295.

Vatter, Adrian, 1998: Politische Fragmentierung in den Schweizer Kantonen: Folge sozialer Heterogenität oder institutioneller Hürden? In: Kölner Zeitschrift für Soziologie und Sozialpsychologie 50/4, 660–680.

Vatter, Adrian, 2002: Kantonale Demokratien im Vergleich. Entstehungsgründe, Interaktionen und Wirkungen politischer Institutionen in den Schweizer Kantonen. Opladen: Leske + Budrich.

Vatter, Adrian, 2003: Legislative Party Fragmentation in Swiss Cantons: A Function of Cleavage Structures or Electoral Institutions? In: Party Politics 9/4, 445–463.

Vatter, Adrian, 2008: Vom Extremtyp zum Normalfall? Die Schweizerische Konsensusdemokratie im Wandel: Eine Re-Analyse von Lijpharts Studie für die Schweiz von 1997 bis 2007. In: Swiss Political Science Review 14/1, 1–47.

Vatter, Adrian, 2014: Kantone. In: Knoepfel, Peter/Papadopoulos, Yannis/Sciarini, Pascal/Vatter, Adrian/Häusermann, Silja (Hrsg.): Handbuch der Schweizer Politik – Manuel de la politique suisse. Zürich: Verlag Neue Zürcher Zeitung, 245–274.

Vatter, Adrian, 2020: Der Bundesrat. Die Schweizer Regierung. Basel: NZZ Libro.

Bernauer, Julian/Vatter, Adrian, 2019: Power Diffusion and Democracy. Institutions, Deliberation and Outcomes. Cambridge: Cambridge University Press.

Vatter, Adrian/Stadelmann-Steffen, Isabelle, 2008: Viele Grünschnäbel und immer mehr graue Häupter. Die Wählerinnen und Wähler der Grünen. In: Baer, Matthias/Seitz, Werner (Hrsg.): Die Grünen in der Schweiz. Ihre Politik, ihre Geschichte, ihre Basis. Zürich/Chur: Rüegger, 55–71.

Vatter, Adrian/Freiburghaus, Rahel, 2023: Wahlkolumne: Was bringt das Rebranding der Parteien? In: Tages-Anzeiger, 02.10.2023, 2.

Vatter, Adrian/Freiburghaus, Rahel, 2024: Politkolumne: Wie polarisiert ist die Schweizer Politik tatsächlich? In: Tages-Anzeiger, 22.04.2024, 2.

Vatter, Adrian/Freiburghaus, Rahel/Feuz, Patrick, 2023: Versuch und Irrtum. Die Geschichte gescheiterter Bundesratsreformen. In: NZZ Geschichte, 47/1, 26–45.

von Alemann, Ulrich, 2010: Das Parteiensystem der Bundesrepublik Deutschland. Wiesbaden: VS Verlag.

von Beyme, Klaus, 1984: Parteien in westlichen Demokratien. München: Piper.

von Beyme, Klaus, 2000: Parteien im Wandel. Von den Volksparteien zu den professionalisierten Wählerparteien. Wiesbaden: VS Verlag.

von Matt, Othmar, 2024: Ich bin dann mal weg. In: Schweiz am Wochenende, 18.5.2024, 2–3.
VOX, 2024: Diverse Nachabstimmungsanalysen und Analyseberichte. Bern: gfs.bern.
Ware, Alan, 1996: Political Parties and Party Systems. Oxford: Oxford University Press.
Zollinger, Delia/Traber, Denise, 2024: The Ideological Space in Swiss Politics. Voters, Parties, and Realignment. In: Emmenegger, Patrick/Fosatti, Flavia/Häusermann, Silja/Papadopoulos, Yannis/Sciarini, Pascal/Vatter, Adrian (Hrsg.): The Oxford Handbook of Swiss Politics. Oxford: Oxford University Press, 116–136.
Zumbrunn, Alina, 2024: Country Bumpkin or City Slicker? The Role of Place of Living and Place-Based Identity in Explaining Place-Based Resentment. In: Political Research Quarterly, 77/2, 592–606.

## 3.10 Fragen

1. Welche Argumente sprechen dafür (bzw. dagegen), dass es sich beim heutigen schweizerischen Parteiensystem um den Typus eines gemässigten, segmentierten oder polarisierten Pluralismus handelt?
2. Wie weit eignet sich die Theorie der Konfliktlinien (Cleavages) zur Erklärung der Entstehung und des Wandels des schweizerischen Parteiensystems?
3. Wie weit eignen sich die drei ideologischen Grundströmungen des 19. Jahrhunderts zur Erklärung der Zweige und Verästelungen des schweizerischen Parteiensystems im 21. Jahrhundert?
4. Wie weit erfüllen die Schweizer Parteien die vier Grundfunktionen von Parteien in einem politischen System?
5. Entsprechen die grossen Schweizer Parteien dem Konzept der „Catch-All"-Parteien?
6. Weshalb handelt es sich bei der Schweiz nicht um eine typische Parteiendemokratie?
7. Welches sind die Gründe für die niedrige Wahlbeteiligung in der Schweiz?

# 4 Die Verbände und das Verbandssystem

## 4.1 Einleitung

Die Verbände verfügen im Gegensatz zu den Parteien im politischen System der Schweiz über eine traditionell starke Stellung. Sowohl im vorparlamentarischen Prozess, durch ihre Vertreter im Milizparlament, bei Referendumskämpfen als auch in der Implementation öffentlicher Aufgaben wird ihnen eine einflussreiche Position zugeschrieben. Ausdruck für diese Machtstellung ist der oft zitierte Hinweis, dass der Direktor des Wirtschaftsdachverbands Vorort (heute Economiesuisse) lange Zeit in der Öffentlichkeit als „achter Bundesrat" bezeichnet wurde (Eichenberger/Mach 2011: 63; Kriesi 2006: 63). Das vorliegende Kapitel geht der Frage nach, ob die Verbände auch nach Jahren der ökonomischen Stagnation und des Strukturwandels in der Schweiz sowie des Mitgliederschwunds in ihren eigenen Reihen ihre starke Stellung halten konnten oder ob sich ihre Position im Vergleich zu früher verschlechtert hat. Ausgehend von einem historischen Rückblick und den jüngeren Entwicklungen bei den wichtigsten Schweizer Spitzenverbänden liegt der Schwerpunkt auf der Darstellung der kollektiven Arbeitsbeziehungen der Sozialpartner und der Analyse der Funktionen und Aufgaben der Wirtschaftsverbände im politischen Entscheidungsprozess. Neben den einzelnen Interessenverbänden wird zudem auch das Verbandssystem in seiner Gesamtheit aus einer interkantonalen und internationalen Perspektive kurz behandelt. Dabei wird für die komparative Einordnung der Schweiz und der Kantone auf die gängige Unterscheidung zwischen pluralistischen und neokorporatistischen Beziehungen zwischen den Verbänden und dem Staat zurückgegriffen.[1]

Grundsätzlich handelt es sich bei den Verbänden um Gruppen von natürlichen (z. B. Arbeitnehmer) oder juristischen Personen (z. B. Unternehmen), die sich freiwillig zur Verfolgung gemeinsamer Ziele zusammengeschlossen haben und über eine stabile Organisationsstruktur verfügen (von Alemann 1989). Aus politikwissenschaftlicher Sicht von Bedeutung sind insbesondere die Interessenverbände, die ihre Mitglieder gegenüber dem Staat vertreten und auch politische Funktionen übernehmen. Im Gegensatz zu den programmatisch breit ausgerichteten Parteien streben die in der Regel auf einzelne Themen spezialisierten Interessenverbände nicht die direkte Übernahme der Parlaments- und Regierungsverantwortung an. Sie nehmen deshalb üblicherweise nicht an Wahlen teil, beteiligen sich aber am Prozess der politischen Willensbildung und der Ausführung öffentlicher Aufgaben. Dies gilt insbesondere für die klassischen Interessenverbände der Wirtschaft (d. h. Arbeitnehmer- und Arbeitgeberorganisationen), die als ursprünglichster und wichtigster Typus von Interessenorganisationen im Mittelpunkt des vorliegenden Kapitels stehen, während Verbände aus anderen Politikfeldern nur am Rande behandelt werden.

---

1 Während im Pluralismus im Sinne des ökonomischen Wettbewerbs eine Vielzahl konkurrierender Interessengruppen unabhängig und unkoordiniert voneinander Einfluss auf das Parlament und die Regierung ausüben (pressure politics), stehen im Neokorporatismus institutionalisierte Formen der freiwilligen und gleichberechtigten Kooperation von wenigen grossen und hierarchisch geordneten Spitzenverbänden der Wirtschaft und dem Staat bei der Formulierung und Umsetzung politischer Aufgaben im Vordergrund (Lehmbruch/Schmitter 1982).

## 4 Die Verbände und das Verbandssystem

### 4.2 Die historische Entwicklung der Wirtschaftsverbände

Gruner (1956: 11ff., 1988) unterscheidet in der historischen Entwicklung der grossen Wirtschaftsverbände von ihren Anfängen bis Ende der 1980er Jahre *vier Phasen*.[2] Im Folgenden werden diese vier Phasen kurz beschrieben sowie eine weitere Etappe hinzugefügt, die den starken Wandel des Verbandssystems und die aufgetretenen Integrationsprobleme seit Beginn der 1990er Jahre bis heute behandelt.

### I. Periode von 1830 bis 1870: Bildungsvereine als Vorformen der Verbände

In einer *ersten Etappe* entstanden Frühformen der Wirtschaftsverbände zunächst aus freiwilligen Bildungsvereinen und Hilfsgesellschaften als indirekte Nachfolgerinnen der alten Zünfte und Monopole mit dem Ziel, sich vor allem nach Berufszweigen gesellschaftlich zu organisieren. Am stärksten entwickelten sich in der Mitte des 19. Jahrhunderts die Vereine in der Landwirtschaft, im Handwerk und im Gewerbe auf lokaler und kantonaler Ebene auf der Basis der in der Bundesverfassung gewährten Handels-, Gewerbe- und Vereinsfreiheit. Im Mittelpunkt stand dabei vor allem die berufliche Weiterbildung der eigenen Mitglieder. Auch bei der Arbeiterschaft rückte zunächst die Schaffung von Bildungsvereinen wie der 1838 gegründete Grütliverein und gegenseitigen Hilfsgesellschaften (z. B. Kranken- und Unterstützungskassen) in den Vordergrund.

### II. Periode von 1870 bis 1914: Die Gründung der Spitzenverbände der Wirtschaft

Die eigentliche Gründungsphase der noch heute zu weiten Teilen bestehenden Spitzenverbände begann in einer *zweiten Etappe* während der 1870er Jahre. Die zunehmende Industrialisierung, die grosse wirtschaftliche Depression und die sozialen Konflikte bildeten den Ausgangspunkt für die kollektive Organisation der Angehörigen verschiedener Berufs- und Wirtschaftszweige sowie der Arbeitnehmerschaft. Entsprechend hält Gruner (1988: 813) fest, dass die Schaffung der „Arbeitgeberverbände durch bürgerkriegsähnliche Streiks" vorangetrieben wurde. Abbildung 4.1 zeigt, dass die Streikintensität in der Schweiz vor und nach dem Ersten Weltkrieg in der Phase der wichtigsten Verbandsgründungen die höchsten Werte erreichte.

Im Weiteren erforderten auch die wirtschaftlichen Verflechtungen, die bundesstaatlichen Regulierungen in verschiedenen Bereichen (Zollhandel, Sozialpolitik, Eisenbahn) sowie die schwache Stellung des Zentralstaates eine verstärkte Selbstorganisation der Wirtschaft in der für das schweizerische Verbandssystem typischen Doppelstruktur von Einzel- und Dachverbänden (Linder/Mueller 2017: 139f.). Als erster moderner Spitzenverband entstand 1870 der *Schweizerische Handels- und Industrieverein* (SHIV) aus 21 kantonalen und lokalen Handelskammern sowie zentral organisierten Industriefachverbänden aus verschiedenen

---

2 Neben den Standardwerken von Gruner (1956, 1988) zur historischen Entwicklung der Wirtschaftsverbände liefern insbesondere die Beiträge von Degen (2011, 2013) im Historischen Lexikon der Schweiz einen informativen Überblick über die Geschichte der Gewerkschaften und Unternehmerverbände (vgl. auch Degen 1980, 1991, 2000).

Sektoren, die über ihre Mitgliederfirmen stark in der Exportindustrie tätig waren. Im Mittelpunkt stand dabei die Absicht, einer Zersplitterung der schweizerischen Industrieinteressen vorzubeugen. Vor allem in Bezug auf die wichtige Frage der Erhebung von Schutzzöllen waren die Positionen innerhalb des Verbands unterschiedlich,[3] während er geschlossen gegen die Einführung sozialpolitischer Massnahmen und für die Aufhebung des 1877 eingeführten Fabrikgesetzes zum Schutz der Arbeiterschaft eintrat. Da sich die Leitung des Verbands nicht aus Delegierten der verschiedenen Kantone, sondern zunächst jeweils aus einer für zwei Jahre gewählten Vorortssektion zusammensetzte, erhielt der SHIV den Beinamen *Vorort*. Allerdings wurde schon 1882 beschlossen, das Rotationsprinzip aufzuheben und die Dachorganisation in Zürich niederzulassen. Schon bald übernahm der neue Wirtschaftsdachverband die Sammlung wirtschaftspolitischer Informationen und Statistiken für den Bund, der ihm dafür sein Sekretariat subventionierte. Er verfasste daraus ab 1878 seinen jährlichen „Bericht über Handel und Industrie der Schweiz", der weite Beachtung fand. Durch sein erworbenes Fachwissen etablierte sich der SHIV nicht nur als breit abgestützter Interessenvertreter der Schweizer Wirtschaft, sondern stieg auch rasch zum Experten und Berater des Bundesrates bei ökonomischen Sachfragen auf.

Als weiterer Spitzenverband wurde 1879 der Gewerbeverein als Dachorganisation des mittelständischen Gewerbes und der Kleinunternehmer gegründet, der sich 1916 den noch heute gültigen Namen *Schweizerischer Gewerbeverband* (SGV) gab, nachdem seit den 1840er Jahren mehrere Versuche zur Etablierung einer nationalen Dachorganisation gescheitert waren.[4] Obwohl der SGV mit zahlreichen regionalen Vereinen eher schwach und dezentral organisiert war, erhielt er bereits ab Mitte der 1880er Jahre Bundessubventionen für ein ständiges Sekretariat nach dem Vorbild des SHIV zugesprochen. Im Gegenzug stellte er dem Bund eigene Erhebungen und Expertisen zur Verfügung, wobei seine eigentliche Hauptaufgabe in der Organisation der Berufsbildung für die eigenen Mitglieder bestand. Erst ab 1910 konnten Berufs- und Branchenverbände, die aufgrund der sozialen Unruhen und Massenstreiks ab den 1890er Jahren starken Zulauf hatten, dem inzwischen etwas zentralisierteren SGV beitreten, was seine politische und wirtschaftliche Stellung weiter festigte.

Erst 1897 wurde der *Schweizerische Bauernverband* (SBV) gegründet, nachdem die Landwirtschaft in der Schutzzollfrage lange Zeit gespalten war und konkurrierende Bauernorganisationen bestanden. Konkreten Anlass bildete der Wunsch nach einem vom Bund subventionierten Bauernsekretariat nach dem Vorbild der anderen Wirtschaftsverbände, um angemessen auf die Agrarkrise reagieren zu können, die zahlreiche Bauern in existentielle Not brachte. Im Zentrum seiner Forderungen stand nach einer Bereinigung der internen Positionen zunächst der Schutz der Schweizer Agrarwirtschaft vor der ausländischen Konkurrenz. Deshalb

---

[3] Für die Verbandsgründungen kommt generell den Zoll- und Handelskonflikten eine besondere Bedeutung zu: „So sind die grossen Spitzenverbände der Arbeitgeberseite fast alle die Kinder des Schutzzolls" (Gruner 1956: 32).

[4] Seit den 1990er Jahren führt der SGV den Zusatz „Dachorganisation der kleinen und mittleren Unternehmen KMU." Eine Namensänderung in „KMU Schweiz" wurde dagegen von den Mitgliedern 2004 abgelehnt.

*Abbildung 4.1: Durch Streiks jährlich verlorene Arbeitstage, 1911–2022 (pro 1'000 Erwerbstätige)*

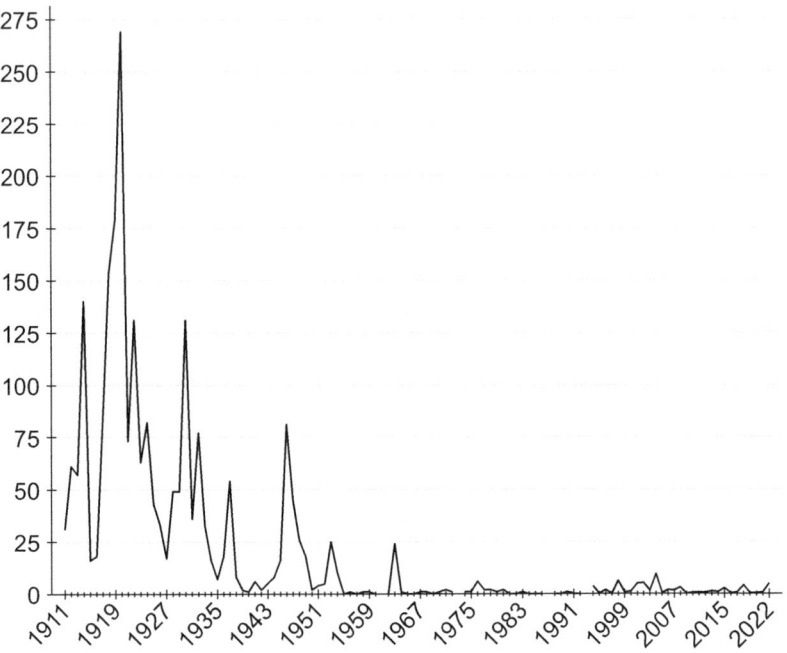

Quellen: Oesch (2012: 119) und Bundesamt für Statistik (2024).

setzte er sich bei den verschiedenen Zolltarifrevisionen für die Erhebung von Schutzzöllen ein, später dann auch für die Ausschüttung von Agrarsubventionen und eine interventionistische Agrarpolitik. Vor allem nach seinem erfolgreichen Referendumskampf für einen höheren Einfuhrzoll im Rahmen der Revision des Zolltarifgesetzes von 1903 errang er rasch eine politisch einflussreiche Stellung. Zudem beschäftigte der SBV Anfang des 20. Jahrhunderts unter der Leitung des einflussreichen Bauernpräsidenten Ernst Laur mehr Mitarbeiter, als die für die Landwirtschaft zuständige Abteilung in der Bundesverwaltung und war damit für Letztere ein wichtiger Ansprechpartner (Baumann/Moser 1999). Schliesslich verfügten die Bauern mit dem sogenannten Landwirtschaftlichen Club über die erste parteiübergreifende Interessengruppe in der Bundesversammlung, die einflussreich für die Bauern lobbyierte. Neben seiner Hauptaufgabe als landwirtschaftspolitischer Interessenverband stellte der SBV schon früh zahlreiche Dienstleistungen für seine Mitglieder bereit. Organisatorisch war er ein Dachverband eigenständiger Sektionen von landwirtschaftlichen Verbänden und Genossenschaften, dem sich im Laufe der Zeit auch die kantonalen Bauernverbände und zahlreiche Fachverbände anschlossen. Von Anfang an wurde er durch die selbstständigen Landwirte des Mittellandes dominiert, während die Bergbauern und Pächter nur schwach im SBV vertreten waren.

1873 wurde der erste schweizerische Arbeiterbund gegründet, der unter anderem den Grütliverein, einzelne Sektionen der Internationalen sowie 35 Fachgewerkschaften umfasste und im Vergleich zu den anderen Erwerbsgruppen in Bezug auf seine interne Organisationsstruktur und den Mitgliederzwang am weitesten fortgeschritten war. 1880 wurden die Auflösung des alten Arbeiterbunds und die Schaffung einer reinen Gewerkschaftsorganisation beschlossen, die 1881 unter dem Namen *Schweizerischer Gewerkschaftsbund* (SGB) als grösster Dachverband der schweizerischen Arbeitnehmerorganisationen aktiv wurde. Dabei stand der SGB von Beginn an in Konkurrenz zu den einzelnen zentralen Fachverbänden (Berufsgewerkschaften). Zwar stärkte 1891 die Eingliederung der Allgemeinen schweizerischen Arbeiterreservekasse (Streikfonds) seine Position, gleichzeitig bestanden aber weiterhin Kompetenzstreitigkeiten mit den Zentralverbänden. Zusätzlich konkurrierten die aufkommenden christlichen Gewerkschaften wie der 1907 gegründete Christlich-soziale Arbeiterbund (ab 1921 Christlich-nationaler Gewerkschaftsbund CNG) sowie der Schweizerische Verband evangelischer Arbeiter und Angestellter (SVEA) mit dem SGB, was zu fortlaufenden internen Auseinandersetzungen über die politische Ausrichtung führte. 1906 wurde dieser Streit mit dem Bekenntnis zum revolutionären Klassenkampf vorläufig beendet. In der Folge nahmen auch die Streiks zu, die oft mit der Forderung nach Unterzeichnung von Gesamtarbeitsverträgen verknüpft wurden. Gleichzeitig wurden die zentralen Fachverbände wesentlich gestärkt, da sie eigene Streikkassen einführten und über den neu geschaffenen Gewerkschaftsausschuss den SGB kontrollierten, der dadurch keinen direkten Zugriff auf die Einzelmitglieder hatte (Degen 2000). Im Weiteren bestanden aber auch unabhängige Arbeitnehmergruppen sowie der 1919 gegründete freisinnige Landesverband Freier Schweizer Arbeiter (LFSA). An ein anderes Segment der Arbeiterschaft richtete sich die 1918 aus mehreren Angestelltenorganisationen entstandene *Vereinigung schweizerischer Angestelltenverbände* (VSA). Mit ihrer Gründung drückte die VSA ihre Distanz zur sich radikalisierenden Arbeiterbewegung und zum Schweizerischen Gewerkschaftsbund aus.

Schliesslich ist noch eine weitere Organisationsform innerhalb der Wirtschaftsdachverbände zu erwähnen, deren Gründung sozialpolitische Ursachen hatte. Als Reaktion auf die sozialen Unruhen und grossen Streiks zu Beginn des 20. Jahrhunderts organisierte sich insbesondere die Unternehmerschaft auch in denjenigen Industriezweigen, die über keine Kartelle oder ähnliche Verbandsformen für Verhandlungen mit der Arbeiterschaft verfügten. Der „Prototyp dieser Verbände" (Gruner 1956: 51) war der 1905 nach grösseren Massenstreiks gegründete *Arbeitgeberverband schweizerischer Maschinen- und Metallindustrieller* (ASM). Nachdem kurz darauf auch in weiteren Industriezweigen wie der Textilindustrie ähnliche Verbände gegründet wurden, vereinigten sich diese Organisationen 1908 im *Zentralverband schweizerischer Arbeitgeberorganisationen* (heute *Schweizerischer Arbeitgeberverband*) zur Wahrung ihrer sozialpolitischen Interessen gegenüber den Arbeitnehmern und zur Gestaltung der kollektiven Arbeitsbeziehungen mit der gewerkschaftlich organisierten Arbeiterschaft.

## III. Periode von 1914 bis 1930: Die Übernahme parastaatlicher Aufgaben durch die Wirtschaftsverbände

Die *dritte Phase* begann mit dem Ersten Weltkrieg. Die Wirtschaftsverbände übernahmen im Auftrag des Staates zunehmend kriegswirtschaftliche Aufgaben und wuchsen dabei zu faktischen Zwangskörperschaften heran. Dabei gelang es sowohl dem SBV als auch dem SGV, ihre Stellung gegenüber dem etablierten SHIV zu verbessern. Zentrale Anliegen des SGV bildeten neben der Berufsbildung und der Forderung nach Schutzzöllen die Regelung des Submissionswesens und der Gewerbepolitik sowie die Bekämpfung der neu aufkommenden Konsumvereine und Warenhäuser. Eine besonders wichtige Rolle spielte dabei der Bauernverband mit der Übernahme parastaatlicher Funktionen im Rahmen der wirtschaftlichen Landesversorgung mit Nahrungsmitteln sowie mit seinen Rentabilitätserhebungen auf der Grundlage bäuerlicher Buchhaltungen, die wichtige Entscheidungsgrundlagen für die Bundesbehörden lieferten (Baumann/Moser 1999). Die Stellung der Bauern innerhalb des politischen Systems erfuhr eine weitere Stärkung, als der SBV seinen Organisationsgrad von der Gründung bis zum Ersten Weltkrieg von 30 auf 60 Prozent verdoppelte und sich zudem die bürgerlichen Parteien FDP und CVP vor einer Allianz der Arbeiter- und Bauernschaft fürchteten. Die enge Kooperation des SBV mit bürgerlichen Kreisen und dem Bund führte aber auch zur Entstehung oppositioneller Bauernbewegungen wie der Bauernheimatbewegung in den 1930er Jahren.

Als Folge der wirtschaftlichen Krise, der massiven Verteuerung der Lebenshaltungskosten und der damit verknüpften materiellen Not der Arbeiterschaft nahmen die Massenstreiks zu und erreichten ihren Höhepunkt Ende 1918 im Landesstreik, der schwersten politischen Krise und der heftigsten sozialen Auseinandersetzung des Bundesstaates. Als Träger der klassenkämpferischen Arbeiterbewegung standen dabei die Sozialdemokratische Partei und die im SGB zusammengeschlossenen Arbeitervereine (Arbeiterunionen) mit einer neuen Generation von Gewerkschafts- und Parteifunktionären im Vordergrund (Degen 1980, 1991). Sie forderten unter anderem das Proporzwahlrecht und das Frauenstimmrecht, die Einführung der 48-Stunden-Woche, eine Armeereform, die Sicherung der Lebensmittelversorgung und die Einführung einer Alters- und Invalidenversicherung. Trotz des Abbruchs des Landesstreiks ging der SGB gestärkt aus diesem Konflikt hervor und galt fortan als wichtigster Repräsentant der Arbeiterschaft für den Bund. Die Behörden integrierten die Vertreter des SGB zunehmend in die Expertenkommissionen des Bundes, nachdem jener 1927 den revolutionären Klassenkampf aus den Statuten gestrichen hatte.

## IV. Periode von 1930 bis 1990: Die wachsende Bedeutung der Spitzenverbände im politischen Entscheidungsprozess

Die *vierte Phase*, die im Verlaufe der 1930er Jahre begann und bis Ende der 1980er Jahre dauerte, zeichnete sich durch eine weitere formalisierte Stärkung der Verbände und ihrer Regulierungsfunktionen sowie eine ausserordentliche Stabilität ihrer Strukturen aus (Eichenberger/Mach 2011). In verschiedenen Bereichen wie in der Landwirtschaft, der Uhrenindustrie und im Hotelgewerbe bildeten sich nun auch *de jure* Zwangsverbände heraus. Die Bundesbehörden intensivierten während der Weltwirtschaftskrise die Zusammenarbeit mit den Wirtschaftsorganisationen und übertrugen ihnen während des Zweiten Weltkriegs weitere parastaatliche Aufgaben wie die Versorgung mit landwirtschaftlichen Produkten und den Aufbau der Erwerbsersatzordnung. Daneben befassten sich Organisationen wie der Bauernverband mit der beruflichen Aus- und Weiterbildung, der Bereitstellung von Ausgleichskassen und der Vergabe von Krediten oder Versicherungen. Aufgrund der Erfahrungen des Landesstreiks waren die Bundesbehörden bestrebt, nicht nur die Unternehmerverbände, sondern auch die Arbeitnehmerorganisationen an der Kriegswirtschaft mitwirken zu lassen und der Verteilungsfrage besondere Aufmerksamkeit zu widmen. Gleichzeitig forderten die Verbände des Gewerbes und einzelner Industriezweige, deren Mitglieder durch die Wirtschaftskrise der 1930er Jahre hart getroffen wurden, eine etatistische Wirtschaftspolitik des Bundes zur Abwehr ausländischer Konkurrenz mittels der Einführung von Schutzklauseln und Massnahmen zur Arbeitsbeschaffung. Innerhalb des SHIV führte dies vorübergehend zu heftigen Auseinandersetzungen zwischen den marktliberalen und protektionistischen Positionen in der Schutzzollpolitik. Während dieser Zeit prägten einflussreiche Verbandspersönlichkeiten wie Heinrich Homberger (SHIV) und Ernst Laur (SBV) sowie kurz darauf Otto Fischer (SGV) die Bundespolitik und hatten als zentrale Akteure der politischen Elite wesentlichen Anteil an der Ausrichtung der schweizerischen Wirtschafts- und Handelspolitik. Zunehmend änderte sich auch das Verhältnis zwischen Arbeitgebern und Arbeitnehmern. Die ideologischen Auseinandersetzungen wichen zunehmend pragmatisch geführten Verhandlungen zwischen den Arbeitgeberverbänden und Gewerkschaften, die unter anderem im bekannten Friedensabkommen der Maschinen- und Metallindustrie von 1937 mündeten, welches die absolute Friedenspflicht mit einem mehrstufigen Schiedsverfahren festlegte. Mit dem Verzicht auf Streikmassnahmen sicherten sich die Gewerkschaften bei den Arbeitgeberverbänden die Anerkennung als Verhandlungspartner. Die Stellung der Gewerkschaften verbesserte sich zusätzlich, als 1945 mit der Basler Chemieindustrie erstmals eine bedeutende Exportbranche einen Gesamtarbeitsvertrag (GAV) abschloss. Allerdings begann die Zeit des Arbeitsfriedens erst nach einer Reihe von grossen Streiks in der zweiten Hälfte der 1940er Jahre, die zu einer starken Ausdehnung von Gesamtarbeitsverträgen in weiten Teilen des Gewerbes, der Nahrungsmittel- und der Textilindustrie führten (Oesch 2012: 119).

Das 1939 in den Wirtschaftsartikeln der Bundesverfassung vorgesehene Recht der Verbände, ihre Beschlüsse allgemeinverbindlich zu erklären, wurde zwar 1947 nicht in die revidierte Verfassung aufgenommen. Aber die Allgemeinverbindlicherklärung (AVE) von Gesamtarbeitsverträgen konnte ab 1941 von staatlichen Behörden ausgesprochen werden. Mit den Wirtschaftsartikeln von 1947 wurde der gestärkten Stellung der Verbände zusätzlich Rechnung getragen, indem die Wirtschaftsorganisationen nun gemäss Verfassung bei der Vorbereitung von Erlassen formell angehört werden mussten und für den Politikvollzug herangezogen werden konnten. Im Zuge der wirtschaftlichen Prosperität und mit dem Ausbau der sozialen Marktwirtschaft gewannen die Spitzenverbände in den 1950er und 1960er Jahren weiter an Einfluss. Insbesondere im vorparlamentarischen Vernehmlassungsverfahren und in Expertenkommissionen des Bundes, den wichtigsten Einflusskanälen der Verbände, kam den Funktionären der vier Dachorganisationen (SHIV, SBV, SGV, SGB) eine zentrale Stellung zu, indem sie gemeinsam mit den Bundesbehörden wichtige Vorentscheidungen trafen. In der Regel verfügten die Spitzenverbände auch im Parlament über eigene Vertreter, wodurch sie in den nachfolgenden parlamentarischen Entscheidungen bedeutenden Einfluss nehmen konnten. Zusätzlich gründete die dominierende Stellung der Wirtschaftsorganisationen auf ihrer Referendumsmacht, indem sie glaubwürdig mit dem erfolgreichen Ergreifen des fakultativen Referendums drohen konnten (Neidhart 1970). In der Wirtschaftspolitik kam insbesondere dem SHIV eine zentrale Rolle zu, indem er eng mit der Bundesverwaltung, insbesondere der Handelsabteilung des Eidgenössischen Volkswirtschaftsdepartements, zusammenarbeitete. Unterstützt wurde er dabei durch die 1942 gegründete, auf wirtschaftliches Lobbying und politische Kampagnenführung spezialisierte Gesellschaft zur Förderung der schweizerischen Wirtschaft (wf). Dabei wurden auch wichtige Verhandlungen zu Aussenhandelsabkommen der Nachkriegszeit durch Delegationen von Spitzenbeamten und leitenden Funktionären der Unternehmensdachverbände geführt (Sciarini 1992). Schon kurz nach Kriegsende verabschiedete sich der Schweizerische Gewerbeverband von seiner etatistischen Haltung der Kriegsjahre und stieg vor allem dank seiner zahlreichen Referendumskämpfe in den 1960er und 1970er Jahren gegen staatliche Interventionen und Abgaben zu einer der einflussreichsten Organisationen der eidgenössischen Politik auf (Kriesi 1980). Im Gegensatz dazu führten der wirtschaftliche Strukturwandel und der starke Rückgang der bäuerlichen Bevölkerung im Verlaufe der zweiten Hälfte des 20. Jahrhunderts zu einem gewissen Bedeutungsverlust des Bauernverbands, der aber im Politikvollzug immer noch wichtige parastaatliche Aufgaben übernahm. Sein Einfluss hing nun vermehrt von der Kooperationsbereitschaft der anderen Spitzenverbände ab und es waren nun stärker die Bundesbehörden, welche die Ausrichtung der schweizerischen Agrarpolitik festlegten. Eine zusätzliche Schwächung erfuhr der SBV 1980 durch die Entstehung landwirtschaftlicher Oppositionsgruppierungen wie die *Schweizerische Vereinigung zum Schutz der kleinen und mittleren Bauern* (VKMB) und die *Union des Producteurs Suisses* (UPS), die vor allem eine gleichmässigere Verteilung der Agrarsubventionen auf alle bäuerlichen Betriebe forderten und dazu eigene Volksinitiativen starteten. Im Zuge der wirtschaftlichen Hochkonjunktur der Nachkriegszeit etablierte sich auch der Schweizerische Gewerkschaftsbund als einer der vier Spitzenverbände der Wirtschaft, der ebenfalls ins vorparlamentarische Verfahren und in Expertenkommissionen des Bundes integriert wurde und dort Schlüsselpositionen einnahm (Degen 2000). Die bis in die 1970er Jahre erheblich gestiegenen Mitgliederzahlen der Gewerkschaften SGB und CNG, die zunehmende Verbreitung von Gesamtarbeitsverträgen sowie die Doppelvertretung der Sozialdemokraten im Bundesrat stärkten ihre Stellung als Vertrags- und Verhandlungspartner zusätzlich. Allerdings blieb der SGB stets der Juniorpartner. Insbesondere der sektorale Strukturwandel mit der Verschiebung vom zweiten zum dritten Wirtschaftssektor und die mangelnde Verankerung bei den Angestellten machten den Gewerkschaften zu schaffen, womit auch ihr politisches Gewicht sank (Kriesi 1980). Der Konjunktureinbruch in den 1970er Jahren führte schliesslich dazu, dass die Spannungen zwischen den Unternehmerverbänden und den Gewerkschaften bei den kollektiven Vertragsverhandlungen und der Ausrichtung der Wirtschafts- und Sozialpolitik wieder zunahmen und der SGB wieder vermehrt zu Streiks und Referenden griff.

### V. Periode seit 1990: Zusammenschlüsse und Integrationsprobleme der Verbände als Folge des Strukturwandels

Ausgangspunkt der *fünften Phase*, die noch bis heute andauert, bildete die ungewöhnlich lange wirtschaftliche Rezession während der ersten Hälfte der 1990er Jahre. Während sechs aufeinanderfolgenden Jahren betrug die Wachstumsrate des BIP weniger als ein Prozent und die Arbeitslosigkeit stieg von unter einem Prozent (18'000 Arbeitslose) im Jahr 1991 auf über fünf Prozent (190'000) im Jahr 1997. Nach einer kurzen konjunkturellen Erholung im Jahr 2001 mit 70'000 Arbeitslosen, stieg die Zahl nach einem weiteren wirtschaftlichen Einbruch bereits 2004 wieder auf rund 168'000 und lag Ende 2015 immer noch über 158'000. Nach 2017 hat sich diese Zahl stark reduziert, wobei bis Ende 2023 in der Schweiz im Durchschnitt 93'536 Personen als arbeitslos registriert waren, was mit einer Arbeitslosenquote von 2,0% dem tiefsten Wert seit 2001 entspricht (Seco 2024). Die lang andauernde Rezession seit Anfang der 1990er Jahre traf die traditionellen Hochburgen der Gewerkschaften, vor allem die produzierenden Sektoren wie die Maschinenindustrie und das Baugewerbe, besonders hart, weshalb dort auch die meisten Stellen gestrichen wurden (Mach/Oesch 2003: 162; Oesch 2011: 88). Entsprechend verzeichneten fast alle Gewerkschaften abnehmende Mitgliederzahlen. So verloren die Spitzenverbände SGB, CNG und VSA während der 1990er Jahren zwischen 12 und 21 Prozent ihrer Mitglieder, wobei der Mitgliederschwund auch nach Ende der Rezession 1997 weiter andauerte. Die Gründe dafür lagen neben der Konjunkturkrise im wirtschaftlichen Strukturwandel wie technologischen Innovationen, in der Höherqualifizierung der Berufsstruktur, der Deindustrialisierung, im Wachstum des Dienstleistungssektors (Tertiarisierung) sowie in einer verstärkten Feminisierung des Arbeitsmarktes, was die traditionell männliche, manuell produzierende Klientel der Gewerkschaften besonders stark traf (Mach/Oesch 2003; Oesch 2011). Hinzu kam, dass die Gewerkschaften sich kaum im privaten Dienstleistungssektor mit seinen zahlreichen, gut ausgebildeten Angestellten (sogenannte „white-collar") etablieren konnten, wo auch neue Arbeitsplätze geschaffen wurden, die überdurchschnittlich oft von Frauen besetzt wurden. Folgerichtig fiel der gewerkschaftliche Organisationsgrad in der Schweiz durch diesen Strukturwandel von rund 24 Prozent im Jahr 1990 auf etwa 20 Prozent im Jahr 2000 und 19 Prozent im Jahr 2008 (Oesch 2011: 89). Dieser Trend setzt sich in den Folgejahren fort und entspricht den kontinentaleuropäischen Veränderungen (Bhuller u. a. 2022).

Als Reaktion auf diese Entwicklung reorganisierten sich Gewerkschaften mit dem Ziel, die Personalkosten zu senken, den Wettbewerb unter den Gewerkschaften zu minimieren und die organisatorische Effizienz zu erhöhen (Oesch 2011: 95). Die Folge davon waren Zusammenschlüsse zahlreicher Gewerkschaften mit ähnlicher politischer Ausrichtung, wie sie seit den frühen 1920er Jahren nicht mehr stattgefunden hatten (Degen 2000: 35). Den Anfang machte 1992 der Zusammenschluss der grossen Gewerkschaft Bau und Holz (GBH) mit der kleineren Gewerkschaft Textil, Chemie, Papier (GTCP), beides Verbände des linken Gewerkschaftsflügels, zur branchenübergreifenden Gewerkschaft Bau und Industrie (GBI). Im gleichen Jahr übernahm der stärker dem rechten Gewerkschaftsflügel zugehörige Schweizerische Metall- und Uhrenarbeiterverband (SMUV) den kleinen Verband der Bekleidungs-, Leder- und Ausrüstungsarbeiter (VBLA). Vor dem Hintergrund der beträchtlichen Mitgliederverluste und den zunehmend härter geführten Kollektivverhandlungen entschieden sich GBI und SMUV, die beiden mit Abstand grössten Verbände des SGB, Mitte der 1990er Jahre für die Kooperation. Dabei ging es auch darum, den niedrigen gewerkschaftlichen Organisationsgrad in den zunehmend an Bedeutung gewinnenden privaten Dienstleistungsbereichen (Verkauf, Gastgewerbe, Versicherungen) auszugleichen. Trotz zunächst starkem Widerstand der davon besonders betroffenen Gewerkschaft Verkauf, Handel, Transport, Lebensmittel (VHTL) gelang nach mehrjähriger Aufbauarbeit und schrittweiser organisatorischer Zusammenarbeit 2005 die Fusion der drei Gewerkschaften GBI, SMUV und VHTL zur Gewerkschaft Unia, der sich auch noch weitere kleinere Dienstleistungsverbände (Actions, unia) anschlossen. Mit über 200'000 Mitgliedern im Gründungsjahr stellte sie die weitaus grösste Einzelgewerkschaft der Schweiz. Einen weiteren Zusammenschluss innerhalb des SGB bildete der 1999 aus vier Gewerkschaften der grafischen Industrie und dem Buchhandel neu gegründete Arbeitnehmerverband comedia, der allerdings das Ziel einer umfassenden Mediengewerkschaft verfehlte, da sich zwei Journalistenverbände nicht beteiligten. Im selben Jahr vereinigten sich vor dem Hintergrund der Liberalisierung und Privatisierung im Telekom- und Postbereich auch fünf Personalverbände der damaligen PTT (Post und Telekom) zur Gewerkschaft Kommunikation (GeKo). Durch die verschiedenen Zusammenschlüsse halbierte sich die Zahl der Mitgliedergewerkschaften des SGB zwischen 1990 und 2008 von 16 auf acht, obwohl während dieser Zeit auch bisher in keiner Spitzenorganisation vertretene Angestelltenvereinigungen wie der Bankpersonalverband und der Bundespersonalverband dem SGB neu beitraten. Gleichzeitig fanden die Fusionierungen aber nur innerhalb und nicht zwischen den beiden Spitzenverbänden SGB und CNG statt. So gingen auch innerhalb der christlichen Gewerkschaften umfassende Restrukturierungsprozesse vonstatten. Nachdem sich drei kleinere christliche Arbeitnehmerverbände dem Christlichen Metallarbeiterverband (CMV) anschlossen, fusionierte dieser 1998 mit dem Christlichen Holz- und Bauarbeiterverband (CHB), dem Landesverband Freier Schweizer Arbeitnehmer (LFSA) und zwei weiteren kleineren Verbänden zur neu geschaffenen Gewerkschaft Syna mit damals insgesamt 80'000 Mitgliedern. Im öffentlichen Bereich schlossen sich zudem vier christliche Berufsverbände im Jahr 2000 zur Gewerkschaft Transfair zusammen. Auf Ebene der Dachorganisationen vereinigten sich schliesslich 2002 der CNG, die katholische Konkurrenz des SGB, mit der Vereinigung schweizerischer Angestelltenverbände (VSA) und änderten dabei den Namen in Travail.Suisse (Oesch 2011: 98).[5]

---

5 Allerdings schlossen sich mit dem Kaufmännischen Verband der Schweiz (KV Schweiz) und dem Schweizerischen Bankpersonalverband (SBPV) die beiden grössten Mitglieder der VSA nicht der neu gegründeten Travail.Suisse an.

Der kurze Überblick über die wichtigsten Gewerkschaftsfusionen der letzten 20 Jahre macht deutlich, dass die konfessionelle Spaltungslinie zwischen sozialdemokratischen und christlichen Gewerkschaften bis heute nur in Ansätzen überwunden wurde, weshalb weiterhin in vielen Branchen zwei oder mehrere Verbände zueinander in Konkurrenz stehen und sich die erhofften Skaleneffekte durch Rationalisierungsmassnahmen nur teilweise eingestellt haben. Zumindest ist es aber beiden Dachorganisationen teilweise gelungen, die historischen Trennlinien zwischen Arbeitergewerkschaften und Angestelltenverbänden zu überwinden, wobei der ökonomische Druck und die schwindenden Mitgliederzahlen den traditionellen Gewerkschaften kaum andere Möglichkeiten liessen, als neue Berufsgruppen in ihre Organisationen zu integrieren (Oesch 2007: 361). Trotz des Umbruchs in der Gewerkschaftslandschaft sind die Arbeitnehmerverbände in der Schweiz aber nach wie vor ziemlich stark fragmentiert und der gewerkschaftliche Organisationsgrad ist mit weniger als 20 Prozent im internationalen Vergleich gering, auch wenn es beträchtliche Branchenunterschiede gibt und gerade bei den autonomen Berufsverbänden des öffentlichen Sektors (Bildung, Gesundheit, Justiz) ein starkes Wachstum sichtbar ist. Die in den letzten Jahren stattgefundenen Kooperationen zwischen den Angestellten- und Arbeiterverbänden sowie teilweise auch der verstärkte Schulterschluss zwischen den Dachverbänden machen aber deutlich, dass diese in der Wirtschafts- und Sozialpolitik über Kragen- und Konfessionslinien hinweg gewillt sind, mit gemeinsamen Positionen eine grössere politische Durchschlagskraft zu erreichen. Gleichzeitig stellen die neu gegründeten interprofessionellen Einzelgewerkschaften wie die Unia oder Syna die eigenen Dachorganisationen vor neue Herausforderungen, da diese aufgrund ihrer Mitgliederzahlen und Ressourcen intern ein sehr starkes Gewicht erhalten haben und gross genug sind, um als einflussreicher Akteur im Alleingang zu verhandeln (Oesch 2011: 96).

Im Gegensatz zu den Gewerkschaften verfügen die Arbeitgeberverbände in der Schweiz traditionell über eine grosse organisatorische Geschlossenheit (Mach/Oesch 2003: 164). Dabei existiert die Unterscheidung zwischen regionalen und sektoralen Wirtschaftsverbänden, Arbeitgeberverbänden und Berufsverbänden sowie den Spitzenverbänden und den sektoralen und nationalen Verbänden. Der zunehmende internationale Wettbewerb, die Liberalisierung des internationalen Finanzsystems und der Bedeutungszuwachs von multinationalen Firmen blieben aber auch für die Wirtschaftsverbände und ihr Umfeld nicht ohne Folgen. Der intensivere internationale Handel und die Entstehung globaler Märkte reduzierten vor allem die Abhängigkeit der grossen Firmen von ihren Wirtschaftsverbänden und multinationale Firmen traten vermehrt als selbstständige politische Akteure auf (Eichenberger/Mach 2011: 74). Vor allem der durch die Internationalisierung der Schweizer Unternehmen besonders stark betroffene exportorientierte Sektor forderte im Verlaufe der 1990er Jahre mehr politische Schlagkraft, höhere Effizienz und weniger Kompromisse von seinen Branchenverbänden (Oesch 2007: 356). Die Antwort auf die neuen Entwicklungen waren Restrukturierungen des Verbändesystems sowohl auf sektoraler und territorialer Ebene wie auch auf Stufe der Spitzenverbände unter Führung einiger Schlüsselfiguren aus dem exportorientierten Sektor.

*Abbildung 4.2: Die Entwicklung der Mitgliederzahlen der Arbeitnehmerdachverbände, 1970–2021*

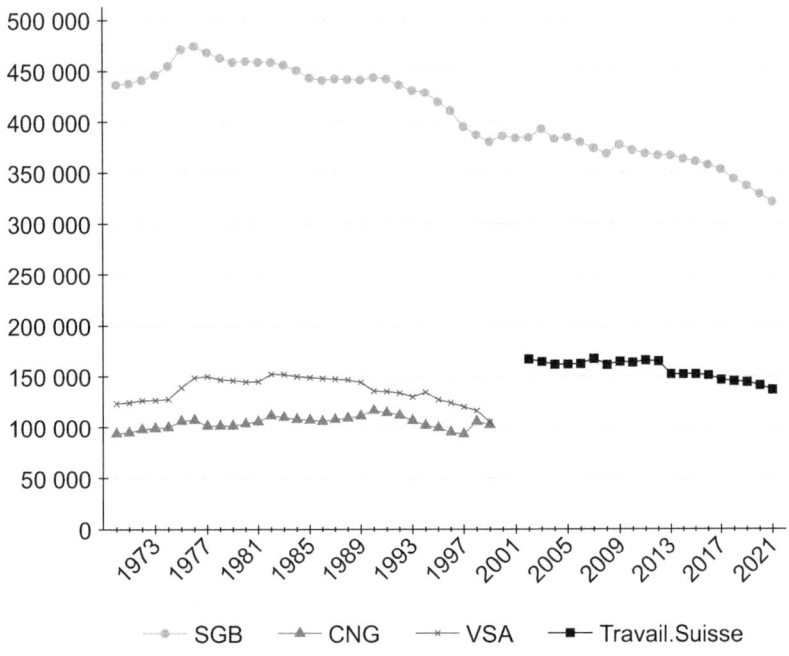

Anmerkung: Travail.Suisse = Fusion von CNG und VSA im Jahr 2002.
Quellen: Bundesamt für Statistik (2024).

Nicht zufällig begannen die Restrukturierungen in der Chemie- und Pharmabranche, einem der am stärksten international ausgerichteten Sektoren mit nur wenigen Unternehmen, der von führenden multinationalen Firmen kontrolliert wird. Im Zuge dieser Reorganisation wurde das Budget des Verbandes der chemischen Industrie halbiert und das Personal um mehr als die Hälfte reduziert (Kriesi 2006: 51). Auch in der Maschinen-, Elektro-, und Metallindustrie gab es kurz darauf eine Rationalisierung der Strukturen. Seit 1999 standen der Arbeitgeber- (ASM) und der Industrieverband (VSM) unter einer einheitlichen Geschäftsführung, um Kosten zu sparen (Eichenberger/Mach 2011: 75), blieben aber rechtlich selbständig. Ab diesem Zeitpunkt traten sie gemeinsam unter der Bezeichnung *Swissmem* auf. 2007 stand ein weiterer Integrationsschritt an, indem der VSM seinen Namen zu *Swissmem* änderte und die bisherigen Aktivitäten des ASM übernahm, wobei letzterer als Träger des Gesamtarbeitsvertrags der Maschinen-, Elektro-, und Metallindustrie weiter bestehen blieb. Neben den einzelnen Branchenverbänden erfasste die Reorganisationswelle auch die Dachorganisationen, bei denen eine Konzentration der Kräfte im Vordergrund stand. Bei den exportorientierten Verbänden wollte der Schweizerische Handels- und Industrie-Verein (Vorort) mit dem Arbeitgeberverband und der Gesellschaft zur Förderung der schweizerischen

Wirtschaft (wf) fusionieren, um die organisatorische Effizienz zu verbessern und mit einer Stimme zu sprechen. Der Arbeitgeberverband sprach sich aber 1999 gegen diesen Zusammenschluss aus, da insbesondere die Klein- und Mittelbetriebe im Arbeitgeberverband befürchteten, von den Grossunternehmen im Vorort dominiert zu werden. Ausserdem wurde argumentiert, dass es nicht nur von Vorteil sei, mit einer Stimme zu sprechen, da etwa beim Vernehmlassungsverfahren nicht das politische Gewicht entscheidend sei, weshalb auch in Zukunft besser mit zwei koordinierten Stimmen gesprochen werden sollte. Als Folge davon fusionierte der Vorort im Jahr 2000 nur mit der Gesellschaft zur Förderung der schweizerischen Wirtschaft unter dem neuen Namen *Economiesuisse* zur grössten Dachorganisation der Schweizer Wirtschaft mit rund 100'000 Unternehmen und insgesamt zwei Millionen Beschäftigten in der Schweiz. Seine Mitglieder sind rund 100 Branchenverbände, 20 kantonale Handelskammern sowie verschiedene Grossunternehmen. Der Dachverband versteht sich dabei nach wie vor als Interessenvertreter der Wirtschaft im politischen Entscheidungsprozess, der insbesondere in Fragen der Wirtschafts-, Finanz- und Ordnungspolitik Einfluss ausübt. Zwischen ihm und dem Arbeitgeberverband besteht nach wie vor eine Teilung von spezifischen arbeitgeberpolitischen und allgemeinen wirtschaftspolitischen Aufgaben. Letzterer thematisiert Fragen der Sozialpartnerschaft und begleitet entsprechende politische Projekte durch eigene Lobbytätigkeit, nimmt auch an Vernehmlassungsverfahren teil und vertritt die Arbeitgeberseite in verschiedenen Kommissionen des Bundes. Die Gründung von Economiesuisse ging dabei auch mit einer Schärfung des politischen Profils einher. So versuchte der neue Dachverband verstärkt, pointiert neoliberale Anliegen im politischen Prozess durchzusetzen, was etwa in den verloren gegangenen Volksabstimmungen zum Elektrizitätsmarktgesetz (2002) und zum Steuerreformpaket (2004) zum Ausdruck kam (Oesch 2007: 357).

Insgesamt umfassten die Reorganisationsprozesse auf der Unternehmensseite Fusionierungen von Branchenverbänden, die Infragestellung der dualen Struktur zwischen Arbeitgeber- und Berufsverbänden, den stärkeren Fokus auf die Bereitstellung von Dienstleistungen für die eigenen Verbandsmitglieder, die stärkere Gewichtung des politischen Marketings und eine medientauglichere und konfliktivere Vorgehensweise (Eichenberger/Mach 2011: 74). Als Folge der Konzentrationsprozesse sind die Verbände heute heterogener zusammengesetzt als früher. Gleichzeitig hat der wirtschaftliche Strukturwandel zur Entstehung von weltweit tätigen multinationalen Grosskonzernen geführt (z. B. Nestlé, Roche, Novartis, ABB, Credit Suisse, UBS), die andere Interessen verfolgen als die zahlreichen mittelständischen Unternehmen. Während die kleineren und mittleren Firmen aus Industrie und Gewerbe sowie die Bauern lange Zeit von einem selektiven Protektionismus profitierten, verstärkte der neoliberale Druck nach einer Öffnung der Märkte die Spaltung zwischen den exportorientierten und binnenmarktorientierten Sektoren und schwächte damit auch die Stellung traditioneller Spitzenverbände wie die des SGV und des SBV. Als Folge davon stand bei verschiedenen Gesetzesvorlagen und Volksabstimmungen der letzten Jahre die vor allem durch exportorientierte Verbände und Firmen dominierte Economiesuisse dem Gewerbe- und vor allem Bauernverband gegenüber, während der Arbeitgeberverband je nach Thema auf der einen oder anderen Seite stand oder intern gespalten war (Kriesi 2006: 55).[6] Zusätzlich zur Homogenität hat auch der Grad an Repräsentativität der Wirtschaftsverbände abgenommen. Ähnlich wie bei den Gewerkschaften haben die zunehmende Deindustrialisierung und Tertiarisierung zu einer Schwächung ihrer traditionellen Mitgliederbasis geführt. Während in den 1980er Jahren der Organisationsgrad auf der Arbeitgeberseite in der Bau-, Chemie-, Nahrungsmittel- und Maschinenindustrie im Durchschnitt bei rund 70 Prozent lag, fiel dieser Anteil in den vergangenen Jahren teilweise deutlich (Farago/Kriesi 1986; Kriesi 2006). Trotzdem ist der Mitgliederverlust nicht so ausgeprägt wie bei den Gewerkschaften, da die Wirtschaftsverbände für ihre Mitgliederfirmen nach wie vor wichtige selektive und qualitativ hochwertige Dienstleistungen erbringen. Gleichzeitig haben aber die traditionell enge Verbundenheit zwischen den einzelnen Firmen und ihren Verbänden ab- und die Kritik zugenommen. Die Unzufriedenheit mit ihren Spitzenverbänden fand Anfang der 1990er Jahre durch eine spektakuläre Lobbying-Initiative ihren Ausdruck, bei der führende Figuren der Schweizer Exportwirtschaft und bekannte Wirtschaftsprofessoren in Form eines Weissbuchs eine Kampagne für eine neoliberale Wirtschafts- und Sozialreform starteten, die drei Kernforderungen enthielt: die Liberalisierung des Schweizer Binnenmarktes, die Integration in die EU und die marktorientierte Reform der Steuer- und Sozialpolitik (Leutwiler 1991). Dieses Vorgehen war insofern aussergewöhnlich, da sich die Reformvorschläge direkt an den Bundesrat und die Öffentlichkeit richteten, anstatt dass wie üblich der Weg über die vorparlamentarische Einflussnahme durch einen Spitzenverband gewählt wurde. Auch wenn die Autoren des Weissbuchs einige Jahre später mit weiteren Reformvorschlägen nachdoppelten (de Pury/Hauser/Schmid 1995), blieb diese Vorgehensweise aber doch die grosse Ausnahme und insgesamt auch wenig erfolgreich. Gleichzeitig macht sie aber deutlich, dass sich Teile der Wirtschaft durch ihre Spitzenorganisationen nicht mehr genügend vertreten fühlen. Sie bringt damit die Unzufriedenheit über die Spaltung des bürgerlichen Lagers in der wichtigen Frage der europäischen Integration, den offensichtlichen Einflussverlust einzelner Wirtschaftsverbände und die gleichzeitig gestiegene Bedeutung der Medien und teilweise der Parteien auf den politischen Entscheidungsprozess zum Ausdruck. Die 1999 erfolgte Gründung des neoliberalen Think-Tanks Avenir Suisse durch 14 internationale Schweizer Firmen kann als Reaktion auf diese neuen Entwicklungen verstanden werden (Kriesi 2006: 61).

### 4.3 Die kollektiven Arbeitsbeziehungen der Sozialpartner

Grundsätzlich geniesst die Sozialpartnerschaft in der Schweiz eine hohe Wertschätzung und wird bis heute als ein wichtiger Garant für die politische und gesellschaftliche Stabilität des Landes betrachtet. Allerdings zeichnen sich die kollektiven Arbeitsbeziehungen in der Schweiz traditionell durch eine starke Dezentralisierung, eine untergeordnete Beteiligung des Staates und eine beschränkte Ausbreitung von Tarifverträgen aus, weshalb sie nie dem klassischen tripartiten

---

6 Gemäss Armingeon (2011: 180), der die Stimmempfehlungen der verschiedenen Unternehmerverbände im Bereich der aussen-, wirtschafts- und sozialpolitischen Volksabstimmungen von 1999 bis 2009 ausgewertet hat, beschränken sich die Divergenzen vor allem auf einen Konflikt zwischen den Arbeitgeberverbänden und dem Bauernverband, der sich systematisch für protektionistische Massnahmen einsetzt.

neokorporatistischen Verhandlungsmodell entsprochen haben (Kriesi 1998). Zudem wurden die kollektiven Lohnverhandlungen immer auf Industrie- oder Betriebsebene, nie national über die Sektoren hinweg durch die Spitzenverbände geführt und der Abdeckungsgrad mit Gesamtarbeitsverträgen hat zu keinem Zeitpunkt die Marke von 50 Prozent der Beschäftigten deutlich übertroffen (Mach/Oesch 2003: 166; Oesch 2007: 339). Den Gewerkschaften kam dabei in diesem dezentralisierten und konsensuellen System der industriellen Beziehungen die Rolle des kleineren Partners zu, dessen Mitglieder ebenso von der nahezu ununterbrochenen wirtschaftlichen Expansion zwischen den 1950er und den 1980er Jahren in Form von Lohnerhöhungen und Arbeitszeitverkürzungen profitierten wie die Arbeitgeber. Diese bewahrten den Arbeitsfrieden durch die Einführung von minimalen Arbeitsstandards (Oesch 2011).

Der wirtschaftliche Abschwung zu Beginn der 1990er Jahre und der darauffolgende ungewohnt starke Anstieg der Arbeitslosenzahlen löste in der Schweiz eine kontroverse Debatte über das jahrzehntelang stabile System kollektiver Lohnverhandlungen aus. Vor allem die Arbeitgeberverbände forderten eine Flexibilisierung und Dezentralisierung der Branchenabkommen. Sie wollten eine stärkere Deregulierung des Arbeitsmarktes und weniger verbindliche kollektive Verhandlungen. Die Gewerkschaften reagierten darauf ab Mitte der 1990er Jahre mit einer Zunahme kollektiver Arbeitsniederlegungen. In einigen Sektoren nahm in der Folge die Mitgliederzahl in den Wirtschaftsverbänden ab, da kleine und neue Unternehmen nicht mehr durch Gesamtarbeitsverträge eingeschränkt werden wollten. Zudem zeigte sich, dass neue Dienstleistungssektoren (Informatik, Telekommunikation, Flugverkehr) zunehmend nicht mehr in Arbeitgeberverbänden organisiert waren und damit auch nicht als Vertragspartner für Gesamtarbeitsverhandlungen zur Verfügung standen. Aber auch bei den traditionellen KMU in der Exportwirtschaft nahm die Skepsis gegenüber kollektiven Vertragsverhandlungen mit den Gewerkschaften zu. So lehnte etwa der in den letzten Jahren stark gewachsene und von mittelständischen Unternehmen dominierte Maschinenbauerverband *Swissmechanic* den Abschluss von Gesamtarbeitsverträgen generell ab (Oesch 2007).

Während Armingeon (1997: 176) noch für die erste Hälfte der 1990er Jahre zum Schluss kommt, dass die Institutionen korporatistischer Arrangements in der Schweiz bemerkenswert stabil sind, weisen Mach und Oesch (2003: 5) auf die Veränderungsprozesse zu Beginn des 21. Jahrhunderts hin:

> „Obwohl der Deckungsgrad mit Gesamtarbeitsverträgen nur wenig abnahm, kam die schweizerische Sozialpartnerschaft unter erheblichen Druck während des letzten Jahrzehnts. In wichtigen Industriezweigen wurden kollektive Verhandlungen über die Löhne und die Arbeitszeit von der Branchenebene in die Unternehmen verlagert, der Teuerungsausgleich abgebaut und die Jahresarbeitszeit eingeführt. Der generelle Trend in Richtung Dezentralisierung und Deregulierung hat sich jedoch sehr unterschiedlich auf die verschiedenen Wirtschaftszweige ausgewirkt. Während in einigen

Branchen die Verhandlungslogik grundlegend verändert wurde, herrschte in anderen Branchen Stabilität vor."[7]

Dabei verlagerten sich gerade in Schlüsselbranchen wie der chemischen Industrie, der Druckindustrie oder im Bankenwesen in der zweiten Hälfte der 1990er Jahre die Lohnverhandlungen von der Branchen- auf die Betriebsebene. Die Verhandlungen wurden nicht mehr zwischen den Arbeitgeberverbänden und Gewerkschaften einer ganzen Branche geführt, sondern zwischen dem Management und den angestellten Mitgliedern einer Personalkommission. Dies führte in diesen Branchen zu einer Machtverschiebung zugunsten der Unternehmensseite, da die Personalkommissionen in der Schweiz rechtlich eine schwache Position einnehmen (Oesch 2011: 90).[8] Zusätzlich wurde der gewerkschaftliche Einfluss auf die Lohnentwicklung in den 1990er Jahren durch die Ausdünnung des normativen Charakters von Kollektivverträgen geschwächt. So verschwand die Teuerungsklausel, welche die Lohnanpassungen mit der Inflation verband, bei fast allen wichtigen sektoralen Abkommen aus den Gesamtarbeitsverträgen. Parallel zum Wegfall der Teuerungsklausel fand auch eine Individualisierung der Lohnpolitik statt: Lohnerhöhungen sollten nur noch individuell vereinbart werden, nicht mehr für alle Mitarbeitenden. So wurde bis Ende der 1990er Jahre ein Viertel bis die Hälfte der kollektiv vereinbarten Lohnerhöhungen individuell verteilt, was die Möglichkeit der Gewerkschaften schwächte, eine solidarische Lohnpolitik innerhalb der Sektoren zu fordern und rechtlich gegen Betriebe vorzugehen (Mach/Oesch 2003: 169).

Gleichzeitig weist Oesch (2007: 362) auf die wiedergewonnene Attraktivität von kollektiven Tarifverträgen für die neuere Zeit hin:

> „Im Bereich der industriellen Beziehungen haben die Dezentralisierung der Lohnverhandlungen von der Branchen- auf die Betriebsebene sowie die Individualisierung der Lohnpolitik dazu geführt, dass die Arbeitsbedingungen in einem wachsenden Teil der Wirtschaft von den Unternehmen alleine bestimmt werden. Gegen eine allgemeine Abnahme der überbetrieblichen Koordination spricht jedoch, dass im Hinblick auf die Einführung der Personenfreizügigkeit mit der EU Gesamtarbeitsverträge als Regulierungsinstrumente wiederentdeckt worden sind."

---

7 Auch weitere Untersuchungen weisen darauf hin, dass die Entwicklung der sozialpartnerschaftlichen Beziehungen zwischen den einzelnen Branchen sehr stark variierte (Meyrat 2000). Gemäss Mach und Oesch (2003) spielen dabei der Grad der Marktöffnung sowie das Qualifikationsniveau der Beschäftigten eines Sektors eine zentrale Rolle zur Erklärung der Verhandlungspositionen der beteiligten Akteure.

8 Zum Teil wurden die Verhandlungen sogar von der Firmenebene auf die Niederlassungen eines Unternehmens verlagert (Migros, Swissair, ABB; Mach/Oesch 2003: 167).

*Abbildung 4.3: Anzahl Beschäftigter, die einem Gesamtarbeitsvertrag unterstellt sind, 1991–2021 (in 1'000)*

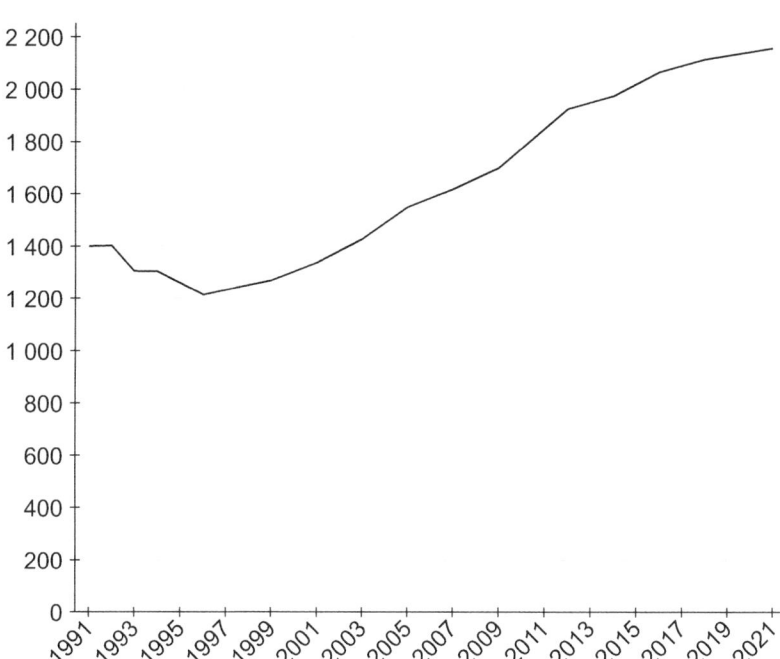

Quellen: Oesch (2012: 121) und Bundesamt für Statistik (2024).

Tatsächlich hat die Zahl der Beschäftigten, die einem GAV unterstellt sind, seit Ende der 1990er Jahre stetig zugenommen (vgl. Abbildung 4.3). Oesch (2012: 121) erklärt diese Entwicklung mit drei Faktoren:

Erstens gelang es mit der 1996 gegründeten Dienstleistungsgewerkschaft *unia*, neue Mitglieder in privaten und wenig qualifizierten Dienstleistungsbereichen (Reinigung, Detailhandel, Gastgewerbe) zu rekrutieren, was dazu führte, dass diese Branchen eine grössere Abdeckung mit GAV erfuhren. Dabei engagierten sich die Gewerkschaften mit öffentlichen Kampagnen dafür, in diesen Tieflohnsektoren kollektiv vereinbarte Mindestlöhne einzuführen.

Zweitens führte die Abschaffung des Beamtenstatus beim Bund und zahlreichen Kantonen zu einer starken Zunahme von GAV vor allem bei den grossen und teilweise liberalisierten halböffentlichen Infrastrukturbetrieben (Post, SBB, Swisscom).

Drittens, und das war der wichtigste Grund, war die Einführung des freien Personenverkehrs zwischen der Schweiz und der EU im Zuge der bilateralen Verträge politisch nur mehrheitsfähig, wenn gleichzeitig zur Abschaffung des Inländervorrangs und der behördlichen Lohnkontrollen bei Neueinstellungen auch flankierende Massnahmen zum Lohnschutz der Schweizer Arbeitnehmer realisiert wurden.

Dabei erhielten die Gewerkschaften, die ein dichteres Netz von GAV-Mindestlöhnen forderten, auch Unterstützung von den Wirtschaftsvertretern des bisher vom internationalen Wettbewerb geschützten Binnensektors, da durch allgemeinverbindliche GAV vermieden werden sollte, dass Konkurrenzfirmen (z. B. im Baugewerbe) aus dem Ausland dank niedrigeren Arbeitskosten Marktanteile in der Schweiz gewinnen können (Fischer 2002). Insgesamt stärkte die Arbeitsmarktöffnung gegenüber den EU-Staaten „das gemeinsame Interesse der Gewerkschaften und Arbeitgeberverbände der Binnenwirtschaft, die Beschäftigungsverhältnisse in allgemeinverbindlichen GAV zu regeln, welche auch für europäische Betriebe und ihre entsandten Arbeitnehmenden gelten" (Oesch 2012: 123). Interessanterweise hat damit die Öffnung des schweizerischen Arbeitsmarktes zwar zu einer Dezentralisierung, gleichzeitig aber auch zu einer Stärkung der kollektiven Verhandlungen geführt, die besonders durch die aktive Nutzung der Allgemeinverbindlicherklärung (AVE) für alle Betriebe einer Branche durch Bundes- und Kantonsbehörden zum Ausdruck kommt.

### 4.4 Die weiteren Interessenverbände in der Schweiz

Obwohl von den mehr als 1'000 Verbänden in der Schweiz rund 60 Prozent als Wirtschaftsverbände bezeichnet werden können, bestehen neben den bisher behandelten Interessenorganisationen noch eine Vielzahl weiterer Verbände, die gesellschaftliche, politische oder kulturelle Themen in der Politik vertreten (Kriesi 1998: 246). Während mehr als zwei Drittel aller Arbeitgeber- und Arbeitnehmerverbände vor der Nachkriegszeit entstanden sind, wurden rund 60 Prozent aller übrigen Interessenorganisationen erst nach 1945 gegründet, was den Wandel von der Arbeits- zur Freizeitgesellschaft zum Ausdruck bringt (Höpflinger 1984: 167). Einzelne grosse Verkehrs- und Sportverbände existierten zwar schon zu Beginn des 20. Jahrhunderts, die meisten Umweltschutz- und Konsumentenverbände sowie die entwicklungspolitischen Organisationen sind aber erst ab den 1960er Jahren entstanden. Als besonders einflussreich gelten neben den Spitzenverbänden der Wirtschaft einzelne Branchenverbände wie die schweizerische Bankiervereinigung, Swissmem, Interpharma und Scienceindustries (vormals Schweizerische Gesellschaft für Chemische Industrie). Hinzu kommen Schlüsselverbände in einzelnen Politikfeldern wie die Ärztevereinigung FMH, der Krankenkassenverband santésuisse und der Spitalverband H+ in der Gesundheitspolitik, der Schweizerische Nutzfahrzeugverband ASTAG, die beiden Automobilverbände ACS und TCS sowie der umweltpolitisch engagierte VCS in der Verkehrspolitik oder der schweizerische Hauseigentümerverband und der Mieterinnen- und Mieterverband in der Wohnpolitik. Auf der Seite der Umweltverbände sind insbesondere Pro Natura, WWF, die Schweizerische Energiestiftung und Greenpeace zu nennen. Eine wichtige Rolle in der schweizerischen Europa- und Aussenpolitik spielt seit den 1980er Jahren zudem die aus dem Komitee gegen den UNO-Beitritt entstandene Aktion für eine unabhängige und neutrale Schweiz (AUNS), die zahlreiche Initiativen und Referenden lancierte (Armingeon 2001).

*Tabelle 4.1: Die wichtigsten Schweizer Dachverbände nach Gründungsdatum und Grösse*

| Verband | Gründungsdatum | Mitglieder (in 1'000, 2018) |
|---|---|---|
| Schweizer Schiesssportverband (SSV)* | 1824 | 133 |
| Schweizerischer Turnverband | 1832 | 380 |
| Schweizer Tierschutz (STS) | 1861 | 56 |
| Schweizer Alpen-Club (SAC) | 1863 | 150 |
| Schweizerischer Gewerbeverband (SGV) | 1879 | 500 |
| Schweizerischer Gewerkschaftsbund (SGB) | 1880 | 353 |
| Schweizerischer Fussballverband (SFV) | 1895 | 274 |
| Touring Club Schweiz (TCS) | 1896 | 1'500 |
| Schweizerischer Bauernverband (SBV) | 1897 | 51 |
| Automobil Club der Schweiz (ACS) | 1898 | 110 |
| Alliance F, Bund Schweizerischer Frauenorg. | 1890 | 400 |
| Schweizerischer Arbeitgeberverband | 1908 | 100 |
| Pro Natura | 1909 | 160 |
| Schweizerische Bankiervereinigung | 1912 | 18 |
| Hauseigentümerverband (HEV) | 1915 | 335 |
| Schweizerischer Mieterverband | 1915 | 200 |
| Schweizerische Arbeitsg. der Jugendverbände (SAJV) | 1933 | 500 |
| Schweizerische Flüchtlingshilfe | 1936 | – |
| strasseschweiz – Verband des Strassenverkehrs (FRS) | 1945 | – |
| World Wide Fund for Nature (WWF) Schweiz | 1961 | 280 |
| KonsumentInnenforum | 1961 | – |
| Verkehrs-Club der Schweiz (VCS) | 1979 | 100 |
| Greenpeace Schweiz | 1984 | 137 |
| Swiss Olympic** | 1997 | 1'900 |
| Economiesuisse*** | 2000 | 100 |
| Travail.Suisse**** | 2002 | 145 |

Anmerkungen: Mit Ausnahme des Bauernverbands und der Bankiervereinigung wurden nur Verbände mit mehr als 100'000 Mitgliedern und auch keine Branchenverbände aufgeführt. org. = organisationen; Arbeitsg. = Arbeitsgemeinschaft; * Zusammenschluss des 1824 gegründeten Schweizerischen Schützenverbands (SSV) mit Schweizerischem Sportschützenverband (SSSV) und Schweizerischem Arbeitsschützen-Bund (SASB); ** Zusammenschluss des Schweizerischen Landesverbands für Sport mit Schweizerischem Olympischen Komitee und Nationalem Komitee für Elite-Sport; *** Fusion des 1870 gegründeten Schweizerischen Handels- und Industrievereins (Vorort) und Gesellschaft zur Förderung der Schweizer Wirtschaft; **** Fusion von CNG und VSA.

Quellen: Armingeon (2001: 409) sowie eigene Aktualisierungen und Erweiterungen.

## 4.5 Die Aufgaben und Funktionen der Verbände in der Politik

Allgemein wird organisierten Interessen – ähnlich wie den Parteien – eine Reihe von Funktionen zugesprochen wie die Aggregation, Artikulation, Rekrutierung und Sozialisation von Interessen in der Gesellschaft. Im engeren Sinne und mit Blick auf die intermediäre Stellung von Interessenverbänden in neokorporatistisch geprägten Systemen wie der Schweiz werden vor allem zwei Kernaufgaben hervorgehoben, die auch Eingang in die Bundesverfassung gefunden haben: Die Mitwirkung am politischen Willensbildungsprozess (Inputfunktion) und die Implementation öffentlicher Aufgaben durch die Verbände (Outputfunktion; von Alemann

1989: 192; Oesch 2007: 350; Varone u. a. 2018). Im Folgenden wird die Frage behandelt, in welcher Form die Interessenverbände diese beiden Kernaufgaben der Repräsentation und Steuerung wahrnehmen und was sich im Verlaufe der letzten Jahre verändert hat.

### 4.5.1 Die Mitwirkungsfunktion (Inputfunktion)

Die Mitwirkungsfunktion der Verbände in der Schweizer Politik findet im Wesentlichen über vier Kanäle statt: die Teilnahme an Expertenkommissionen sowie an Vernehmlassungsverfahren, das Lobbying im Parlament und über Abstimmungskampagnen.

*1. Die Teilnahme an ausserparlamentarischen Expertenkommissionen:* Traditionell kommt der Mitsprache der Spitzenverbände im vorparlamentarischen Entscheidungsprozess aufgrund ihrer ausgebauten Referendums- und Vollzugsmacht eine grosse Bedeutung zu (Armingeon 2011; Linder/Mueller 2017, Rebmann/Mach 2013). Bei wichtigen Gesetzen wird deshalb von Seiten der Bundesbehörden vorab die Zustimmung der Spitzenverbände der Arbeitgeber- und -nehmerseite gesucht, um eine Referendumsabstimmung zu einem späteren Zeitpunkt zu verhindern. Konkret wirken die Verbände in frühen Phasen des Entscheidungsprozesses in vorparlamentarischen Gremien und im Vernehmlassungsverfahren mit und nehmen dort Einfluss auf die Ausgestaltung von Erlassen des Bundesrates. Eine lange Tradition haben bei der Ausarbeitung gesetzgeberischer Vorprojekte die ausserparlamentarischen Expertenkommissionen, deren verwaltungsexterne Mitglieder neben Vertretern der Wissenschaft und Fachexperten besonders oft auch Spitzenfunktionäre der Verbände sind, die vom Bundesrat ernannt werden und mit ihrem spezifischen Fachwissen unter anderem gesetzesvorbereitend und konsensbildend wirken. Der durch eine Expertenkommission erarbeitete Vorentwurf ist dabei von beträchtlicher Bedeutung, weil dort wichtige Vorentscheide getroffen und Kompromisse gefunden werden, die vor allem während der zweiten Hälfte des 20. Jahrhunderts oft nicht mehr substantiell abgeändert wurden (Germann 1998: 248). Die Unternehmensverbände verfügen dabei über traditionell enge Beziehungen zu einzelnen Bundesämtern, so Economiesuisse zur Direktion für Aussenwirtschaft (früher BAWI), der Arbeitgeberverband und der Gewerbeverband zur Direktion für Arbeit (früher BIGA) sowie die Bankiervereinigung zur Schweizerischen Nationalbank (Eichenberger/Mach 2011: 73; Kriesi 1980). Auf der Seite der Gewerkschaften kommt vor allem dem SGB eine starke Stellung zu, der rund zwei Drittel der Sitze in ausserparlamentarischen Kommissionen besetzt, die den Arbeitnehmerverbänden zufallen (Fluder 1998: 101). Die lange Zeit informell starke Stellung der ausserparlamentarischen Expertenkommissionen als dezentrale Organe der Milizverwaltung, ihre Intransparenz sowie ihre fehlende demokratische Legitimation und Repräsentativität haben jedoch in den letzten Jahren dazu geführt, dass man ihre Zahl reduziert,[9] ihren Einfluss beschränkt und sie wieder

---

9 Ende 2011 hat der Bundesrat im Rahmen der Überprüfung der ausserparlamentarischen Kommissionen deren Zahl von 138 auf 119 reduziert.

stärker der Führung durch den Bundesrat unterstellt hat.[10] Gleichzeitig hat in den letzten Jahrzehnten der Anteil der Wirtschaftsverbände in diesen Gremien auf Kosten von wissenschaftlichen Experten abgenommen, wodurch auch die neokorporatistischen Koordinations- und Verhandlungsfunktionen ausserparlamentarischer Kommissionen an Bedeutung eingebüsst haben (Beetschen/Rebmann 2016). Trotzdem sind die Wirtschaftsverbände nach wie vor in diesen Gremien vertreten und die Teilnahme der Sozialpartner in Expertenkommissionen bei grösseren Sozialreformprojekten wurde nie grundsätzlich in Frage gestellt (Rebmann 2009).

*2. Die Mitwirkung im Vernehmlassungsverfahren*: Eine zentrale Rolle kommt den Verbänden im Vernehmlassungsverfahren[11] als Instrument der organisierten vorparlamentarischen Interessenvertretung zu. So werden die Wirtschaftsverbände systematisch bei jedem Gesetzgebungsprojekt im Rahmen der Anhörung durch die Bundesbehörden konsultiert. Bei wichtigen Vorlagen führen die Spitzenverbände Konsultationen unter ihren Mitgliedern durch, halten interne Debatten und bilden sich so ihre Meinung, die sie dann gegenüber den Bundesbehörden vertreten. Während das Vernehmlassungsverfahren in der Nachkriegszeit eine herausragende Rolle im politischen Entscheidungsprozess spielte, in welchem die Spitzenverbände oft in Zusammenarbeit mit dem zuständigen Bundesamt Lösungen ausarbeiteten, welche die parlamentarische und direktdemokratische Phase meist unbeschadet überstanden, hat es in den letzten Jahren an Bedeutung eingebüsst und die Stimmen der Interessenverbände haben dort auch etwas an Gewicht verloren (PVK 2011).

Die Gründe dafür sind vielfältig und in der abnehmenden Repräsentativität und höheren Heterogenität der Verbände, der angespannten wirtschaftlichen Lage und den verschärften Verteilungskämpfen sowie der zunehmenden Konfliktualität der Schweizer Politik zu suchen. Häusermann, Mach und Papadopoulos (2004) führen die Schwächung vorparlamentarischer Verhandlungsprozesse im Verlaufe der 1990er Jahre entsprechend auf drei Faktoren zurück: erstens auf den starken finanziellen Druck zum Abbau wohlfahrtsstaatlicher Aufgaben, der durch die Spannungen zwischen den Interessengruppen verstärkt wird; zweitens auf das Aufkommen neuer sozialer Forderungen, welche die Legitimität und Kohäsion und damit auch die Verhandlungsmacht der Dachverbände in Frage stellen; und drittens auf den zunehmenden medialen Druck bei politischen Entscheidungsprozessen, der die traditionell geschlossene Sphäre korporatistischer Verhandlungen und ihre Kapazität für Kompromisse erschwert (vgl. auch Oesch 2007: 352; Mach/Varone/Eichenberger 2020).

*3. Das Lobbying im Parlament*: Verbände versuchen, über Mitglieder des Parlaments Einfluss auf die dortigen Entscheidungsprozesse zu erlangen. Zu diesem Zweck bieten sie Parlamentariern beispielsweise Vorstandsmandate an. Wie Huwyler (2022) zeigt, ist diese Rekrutierung vor allem bei neu gewählten Mandatsträgern zu beobachten. Während bei linken Mitgliedern des nationalen Parla-

---

10 Germann (1998: 101) spricht von einem Niedergang der ausserparlamentarischen Kommissionen im Zuge der Internationalisierung der Politik, da diese kaum in den Bereich der Aussenpolitik vorgedrungen seien.
11 Das Vernehmlassungsverfahren als wichtiges Koordinationsinstrument der Regierung wird im nächsten Kapitel ausführlich behandelt.

ments nach einer intensiven Startphase eine Stagnation der Anzahl Interessensvertretungen festgestellt werden kann, steigt bei Mitte-Rechts während der ganzen Amtszeit die Zahl der Interessensbindungen mit privatwirtschaftlichen Firmen stetig an (Huwyler/Turner-Zwinkels 2020). Darüber hinaus ist die Überlappung der persönlichen Interessen und Kenntnisse der Parlamentsmitglieder eine wichtige Grundlage für die Rekrutierungsbestrebungen der Interessensgruppierungen. Dieses Vorgehen ist insofern erfolgreich, als Parlamentarier mehr Vorstösse zu Themengebieten einreichen, in denen Interessenbindungen bestehen. Wird eine solche Bindung beendet, geht innerhalb von zwei Jahren auch die Anzahl thematisch einschlägiger Vorstösse zurück, was den Austauschcharakter der Beziehung zwischen Interessengruppen und Parlamentariern verdeutlicht (Huwyler/Turner-Zwinkels/Bailer 2023).

Diese aktuellen Forschungsergebnisse gilt es vor dem Hintergrund der seit den 1990er Jahren zunehmend wackelnden traditionellen Geschlossenheit des Bürgerblocks und der Wirtschaftsverbände zu sehen. Sowohl die wachsende Heterogenität innerhalb der Wirtschaftsverbände als auch die fortlaufenden Wahlerfolge der nationalkonservativen SVP minderten den Einfluss der Wirtschaftsorganisationen auf den politischen Willensbildungsprozess (Fischer/Fischer/Sciarini 2009). Zudem konnten sich die Unternehmerverbände beim wichtigen Thema der europäischen Integration aufgrund der Spaltung innerhalb der bürgerlichen Parteien nicht mehr auf ein geschlossenes bürgerliches Lager im Parlament verlassen.

Insgesamt hat damit die Bedeutung der vorparlamentarischen Phase im Vergleich zu den 1950er bis 1980er Jahren abgenommen und gleichzeitig eine Gewichtsverschiebung in der Politikformulierung weg von den Verbänden hin zum Bundesrat, der Verwaltung und dem Parlament stattgefunden, welche durch die Suche nach entscheidenden Mehrheiten aufgewertet wurden (Afonso/Papadopoulos 2013; Eichenberger 2020; Fischer/Fischer/Sciarini 2009; Häusermann/Mach/Papadopoulos 2004; Mach/Häusermann/Papadopoulos 2003). Die erhöhte Polarisierung zwischen den Sozialpartnern verhinderte oft breit abgestützte Verhandlungslösungen bei verschiedenen wichtigen sozial- und wirtschaftspolitischen Reformvorlagen, weshalb das Parlament unter dem Druck volatiler Wählerschaften und unmittelbarer Referendumsdrohungen rasche einzelne Reformpakete schnürte und teilweise auch schon bestehende Verhandlungskompromisse zwischen den Sozialpartnern aufbrach. Daraus darf aber nicht auf einen grundlegenden Bedeutungsverlust der Wirtschaftsverbände geschlossen werden. Vielmehr hat die geringere Relevanz der vorparlamentarischen Phase in den letzten Jahren zu einem Strategiewechsel der Wirtschaftsverbände geführt. Sie verlagerten den Schwerpunkt ihrer Aktivitäten von der Mitwirkung in ausserparlamentarischen Kommissionen und in der Anhörungsphase sowie der Pflege der Beziehungen mit der Bundesverwaltung auf die Intensivierung des direkten Lobbyings im Parlament mit persönlichen Kontakten, die Bildung von breit abgestützten Interessenkoalitionen im National- und Ständerat sowie die Einflussnahme auf die öffentliche Meinungsbildung durch massenmediale Kampagnen (Campaigning) und die Führung professioneller Referendumskämpfe (Eichenberger/Mach 2011: 76; Fischer 2005: 265; Kriesi 2006; Willener 2013). Ihren Einfluss wahren konnten die grossen Wirtschaftsverbände zudem dadurch, dass ihre Spitzenfunktionäre teilweise bis heute über nationale Parlamentssitze verfügen und umgekehrt mehr als die Hälfte aller eidgenössischer Parlamentarier mindestens ein Verwaltungsratsmandat inne hat (Sager/Pleger 2018; Wiesli 1999: 420). Die Zahl der Spitzenvertreter von Wirtschaftsverbänden im National- und Ständerat im Sinne von sogenannten Built-In Lobbyisten hat im Vergleich zur zweiten Hälfte des 20. Jahrhunderts in neuerer Zeit sogar noch zugenommen (David u. a. 2009: 31), was sich anhand der abgetretenen und aktuellen Bauernverbands- (Hansjörg Walter alt NR SVP, Markus Ritter NR Die Mitte), Gewerkschaftsbunds- (Paul Rechsteiner alt SR SP, Pierre-Yves Maillard SR SP) und Gewerbeverbandspräsidenten (Jean-François Rime alt NR SVP, Fabio Regazzi SR Die Mitte) eindrücklich illustrieren lässt. Jedoch haben die eidgenössischen National- und Ständeratswahlen 2019 eine deutliche Schwächung der Verbandsvertretung im Parlament gezeigt. Zusammen mit Jean-François Rime (Gewerbeverbandspräsident) und Hans-Ulrich Bigler (Gewerbeverbandsdirektor) wurden auch einige Gewerkschaftsvertreter aus der SP abgewählt, welche innerhalb eines Jahres ihre Verbandstätigkeit beendeten. Hinzu kommen Dutzende von Vertretern in führenden Funktionen bei einzelnen Fachverbänden und -gewerkschaften, die ebenfalls in der Bundesversammlung Einsitz nehmen. Eine Analyse aus dem Jahr 2015 kam auf etwa 1950 Mandate, die durch die Parlamentarier wahrgenommen wurden (Ruh/Rittmeyer 2016). Begleitet wird diese direkte Vertretung der Wirtschaft in der Milizlegislative durch ein in den letzten Jahren deutlich verstärktes Lobbying der Interessenverbände auf die einzelnen Parlamentarier (Baeriswyl 2005; Fischer u. a. 2019).

Nichtsdestotrotz treten die Wirtschaftsverbände am häufigsten und erfolgreichsten für ihre Interessen ein, gefolgt von den Umwelt- und Konsumentenorganisationen, wie eine der wenigen Studien zum politischen Lobbyismus in der Schweiz auf der Basis einer Umfrage bei über 140 Akteuren aus sieben Stakeholdergruppen zeigt (gfs.bern 2011). Überdurchschnittlich aktiv sind unter anderem auch die Gewerkschaften und die übrigen Interessenverbände sowie zunehmend Nichtregierungsorganisationen (NGO) und Public Affairs Agenturen, auch wenn sie als etwas weniger erfolgreich eingeschätzt werden (vgl. Abbildung 4.4). Eine andere Umfrage schreibt dem Bauernverband die Rolle des erfolgreichsten Lobbyisten zu. Auch die Intensität des Lobbyings betreffend belegt der SBV den ersten Platz, gleich gefolgt von Economiesuisse, Umweltverbänden und Interpharma (Forster 2015). Im Zuge dieser Entwicklung hat auch die Zahl der Lobbyisten im Parlament stark zugenommen, die insgesamt auf 300 bis 400 geschätzt wird und heute aus einer Kerngruppe von rund 220 Personen besteht, die sich unter anderem gemäss Kühni (2011) aus 67 Verbandsvertretern, 64 akkreditierten Lobbyisten von Public Affairs Agenturen, 26 Vertretern von Nichtregierungsorganisationen und 14 Unternehmensvertretern zusammensetzt. Eine weitere Studie von den Autoren Gava u. a. (2016) untersucht die Verbindung zwischen Parlamentsmitgliedern und Interessenvertreter basierend auf den Daten aus dem Register zur Offenlegung entsprechender Verbindungen. Demnach hat sich die durchschnittliche Anzahl von Interessensverbindungen im Untersuchungszeitraum zwischen 2000 und 2011 von 3,5 auf 7,6 mehr als verdoppelt. „Die Folge ist ein immer professionelleres, zum Teil auch aggressiveres Direktlobbying von ‚Public Affairs

*Abbildung 4.4: Häufigkeit und Erfolg beim Lobbying von organisierten Interessen, 2011 (in Prozent)*

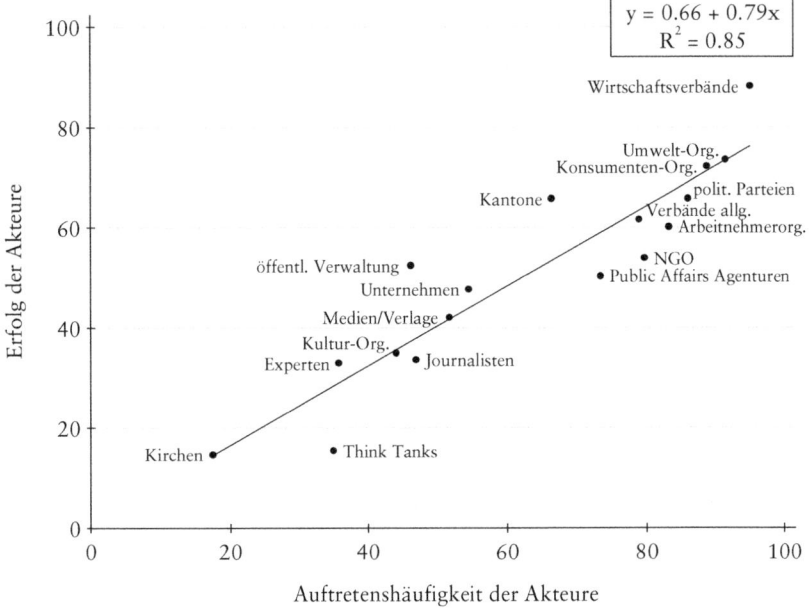

Anmerkungen: Die Umfrage wurde im April und Mai 2011 bei 143 involvierten Personen (Lobbyisten und Lobbyierte) durchgeführt. Gebeten wurde um eine Einschätzung des Erfolgs der Lobbytätigkeit einer Reihe von Organisationen und Interessengruppen. Die Prozentwerte zu Häufigkeit und Erfolg der beurteilten Akteure gibt den summierten Anteil der Befragten wieder, die jeweils mit „eher" und „sehr häufig" bzw. mit „eher" und „sehr erfolgreich" geantwortet haben. Org. = Organisationen; Trendlinie = Regressionsgerade.
Quellen: gfs.bern (2011: 9f.) und Longchamp (2012: 13).

Managern' einzelner Firmen, die ihre Interessenvertretung nicht mehr nur ihrem Branchenverband überlassen" (Nuspliger 2008: 17). Das Ausmass dieser Professionalität wurde im Sommer 2015 durch die „Kasachstan-Affäre" deutlich.[12] Die Intensivierung, Ausdifferenzierung und Professionalisierung des Lobbyings durch Dach- und Einzelverbände, Public Affairs Agenturen, NGOs, Einzelunternehmen, Medien und Think-Tanks im Bundeshaus als Ausdruck einer verstärkt pluralistischen Form der organisierten Interessenvermittlung ist ein neues Phänomen, welches das traditionelle Konkordanzsystem vor grosse Herausforderungen stellt.

---

12 Die Berner Nationalrätin Christa Markwalder (FDP) reichte im Juni 2013 eine Interpellation mit dem Titel „Weiterentwicklung der Beziehungen zu Kasachstan" ein. Darin wollte sie unter anderem vom Bundesrat wissen, mit welchen Massnahmen die Schweiz Kasachstan im „Demokratisierungsprozess" unterstützt (Curia Vista 2013). Im Mai 2015 wurde bekannt, dass dieser Vorstoss von der PR-Agentur Burson-Marsteller formuliert und danach an die kasachische Partei AkZhol zur Überarbeitung weitergeleitet worden war – eben diese Partei soll auch für die Unkosten von rund 7'000 CHF aufgekommen sein (Häfliger 2015). Diese Erkenntnisse lösten sowohl auf dem medialen als auch politischen Parkett zahlreiche Diskussionen zur Stellung der Lobbyisten im Parlament aus. Für die FDP-Politikerin hatte die Publikmachung keine Konsequenzen. Der Lobbyistin der PR-Agentur wurde der Zugang zum Bundeshaus fortan verwehrt.

*4. Die Leitung und Finanzierung von Abstimmungskampagnen:* Schliesslich partizipieren die Wirtschaftsverbände sehr aktiv an der direkten Demokratie mit der Finanzierung von Kampagnen zu Referenden und Initiativen und investieren dabei am meisten Mittel von allen politischen Akteuren, weshalb ihnen „eine überragende Rolle bei den Abstimmungskampagnen in der Schweiz zukommt" (Hermann/Nowak 2012: 34). Eine dominierende Stellung bei der Planung, Durchführung und Finanzierung von Abstimmungskampagnen nehmen die Unternehmensverbände vor allem in der Finanz-, Sozial- und Wirtschaftspolitik ein, die zusammen mit der Aussen- und Migrationspolitik zu den fünf Politikbereichen mit den höchsten Kampagnenausgaben bei Abstimmungen gehören. „Die wichtigste Rolle kommt dabei dem Wirtschaftsdachverband Economiesuisse zu, der zumindest bei grossen Kampagnen in der Regel federführend ist" (Hermann/Nowak 2012: 13). Dabei sind die personellen und finanziellen Ressourcen von Economiesuisse gerade auch für die Referendumskämpfe der bürgerlichen Parteien Die Mitte und FDP von herausragender Bedeutung, die in den allermeisten Fällen die gleichen Positionen vertreten wie die grossen Unternehmensverbände und dadurch überdurchschnittlich häufig auf der Gewinnerseite stehen (Bernhard 2012). Auf der linken Seite geben die Gewerkschaften einzig bei sozialpolitischen Vorlagen namhafte Beträge für ihre Abstimmungskampagnen aus, „gleichwohl erreicht das linke Lager damit nicht wesentlich mehr als einen Drittel des Werbeetats des von den Wirtschaftsverbänden getragenen bürgerlichen Lagers" (Hermann/Nowak 2012: 12). Trotzdem sollte die Referendumsmacht der Gewerkschaften nicht unterschätzt werden. Während die Arbeitnehmerverbände zwischen 1950 und 1970 kein einziges Referendum lanciert hatten, waren sie um die Jahrtausendwende bei der Bekämpfung verschiedener Gesetzesvorlagen erfolgreich, die beispielsweise das Arbeitsrecht flexibilisieren (1996), die Arbeitslosenentschädigung verringern (1997), den Elektrizitätsmarkt liberalisieren (2002) sowie die Alters- und Hinterlassenenrenten (2004) oder den Berechnungssatz der Renten für die berufliche Vorsorge (2010) kürzen wollten. Während die Gewerkschaften damit ihr direktdemokratisches Vetopotenzial gegen sozialpolitische Abbauvorlagen unter Beweis stellen konnten, gelang es ihnen lange Zeit aber nicht, über Volksinitiativen eigene Mehrheiten für eine linke Arbeitnehmerpolitik zu finden. So wurden ihre jüngeren Verfassungsinitiativen für die Einführung einer Kapitalgewinnsteuer (2001), kürzere Arbeitszeiten (2002), einen flächendeckenden Postdienst (2004), eine Flexibilisierung des Rentenalters (1998, 2008), „sechs Wochen Ferien für alle" (2012) oder „AHVplus: für eine starke AHV" (2016) deutlich abgelehnt. In jüngerer Zeit konnten mit der Annahme der „Pflegeinitiative" des Berufsverbands für Pflegefachfrauen und Pflegefachmänner (2021) sowie der Annahme der „Initiative für eine 13. AHV-Rente" (2024) jedoch unter hoher Beteiligung bedeutende Mehrheiten geschaffen werden. Insgesamt wurden die Gewerkschaften als wirtschaftspolitische Oppositionsmacht durch die grössere Bedeutung der parlamentarischen und plebiszitären Phasen gestärkt und konnten aufgrund ihrer organisatorischen Mobilisierungsressourcen den Abbau von wirtschafts- und sozialpolitischen Errungenschaften durch das bürgerlich dominierte Parlament in wichtigen Fällen mittels Referenden verhindern (Fischer 2005). Gleichzeitig beschränkt sich aber ihr Einfluss auf die selektive Verhinderung des Abbaus des Status quo, während sie nur partiell über eine mehrheitsfähige Gestaltungsmacht verfügen. Den Gewerkschaften kommt damit heute eine ähnliche bewahrende Rolle zu wie auf der politischen Gegnerseite dem Gewerbeverband seit den 1970er Jahren, der sich in Phasen des Sozialstaatsausbaus mit zahlreichen Referenden gegen die Änderung des Status quo wehrte.

### 4.5.2 Die Implementationsfunktion (Outputfunktion)

Neben der Repräsentation organisierter Interessen im politischen Entscheidungsprozess übernehmen die Verbände in der Schweiz mit der Ausführung öffentlicher Aufgaben eine wichtige Steuerungsaufgabe (Farago 1987). Der sogenannte parastaatliche Vollzug ist eine Folge davon, dass der schwache Bundesstaat im 19. und zu Beginn des 20. Jahrhunderts die notwendige Vereinheitlichung von Normen zunächst einmal subsidiär den Verbänden zur Selbstregulierung ihrer ökonomischen und sozialen Probleme übertragen hatte. Dieses Vollzugsmuster der Delegation, bei dem die Wirtschaftsverbände mit ihren Vollzugshilfen und halböffentlichen Dienstleistungen den Staat entlasten und damit eine gewisse Autonomie bewahren konnten, spielt auch heute noch in verschiedenen Bereichen wie in den kollektiven Arbeitsbeziehungen der Sozialpartner, der Regelung und Durchführung der Berufsausbildung, der technischen Normierung, der Wettbewerbsregulierung, dem Elektrizitätsmarkt, der Finanzmarktregulierung und der Sozialpolitik eine wichtige Rolle (Eichenberger/Mach 2011: 71). So sind die Verbände in der Ausführung der Berufsbildung stark involviert (Emmenegger/Graf/Strebel 2020), bestimmen faktisch rechtlich verbindliche Normen (z. B. SIA-Normen) oder sind in Aufsichtsorganen der AHV, IV, SUVA und ALV vertreten. Teilweise wurden ihnen auch neue Aufgaben übertragen wie z. B. bei der Umsetzung des neuen Berufsbildungsgesetzes.

Denjenigen Bereich mit dem engsten und vielfältigsten Geflecht parastaatlicher Vollzugsorgane bildet traditionell die Landwirtschaftspolitik, bei der die Vollzugsinstitutionen aus bäuerlichen Selbsthilfeorganisationen hervorgegangen sind. Diesen landwirtschaftlichen Verbänden wie dem Zentralverband Schweizerischer Milchproduzenten, der Schweizerischen Zentralstelle für Butterversorgung (BUTYRA) und der Schweizerischen Käseunion wurden während den Kriegsjahren öffentliche Aufgaben der Produktverarbeitung, Marktversorgung und -regulierung übertragen. Auch in anderen landwirtschaftlichen Bereichen (Fleisch, Getreide, Futtermittel, Früchte, Gemüse, Wein) übernehmen privatrechtliche Organisationen wichtige öffentliche Vollzugsaufgaben (Jörin/Rieder 1985). In der Nachkriegszeit wurden die Stellung der landwirtschaftlichen Organisation gestärkt und ihre Vollzugsaufgaben teilweise auch gesetzlich verankert (Linder 1987). Mit der Einführung der Milchkontingentierung in den 1970er Jahren kam zudem dem Zentralverband Schweizerischer Milchproduzenten (heute Swissmilk) eine sehr einflussreiche Position in der Umsetzung der Landwirtschaftspolitik zu, da er mit der Durchführung dieser aufwändigen Massnahme beauftragt wurde. Die Liberalisierungsreform der schweizerischen Landwirtschaftspolitik von 1999 und die zehn Jahre später erfolgte Abschaffung der Milchkontingentierung sowie die Reduktion der Zölle im Zuge der europäischen Integration führten jedoch zu einer „nachhaltigen Schwächung" der landwirtschaftlichen Produktions- und Verwertungsorganisationen (Wagemann 2005: 25). In der Folge wurden sie teilweise aufgelöst oder zu liberalisierten Dienstleistungsagenturen umgebaut und mussten sich neuen Aufgaben zuwenden. Trotzdem spielen sie bei der Verarbeitung, der Steuerung und dem Marketing der landwirtschaftlichen Produkte nach wie vor eine wichtige Rolle und übernehmen hier weiterhin gewisse parastaatliche Vollzugsaufgaben. Insgesamt ist es aber im Agrarsektor nicht mehr zu einer vollständigen Wiederherstellung verbandlicher Selbstregulierung gekommen und auch in anderen Politikbereichen hat der traditionelle parastaatliche Vollzug der Verbände an Bedeutung verloren. Gerade in jüngeren Politikfeldern wie der Umwelt- und Drogenpolitik wurde das parastaatliche Verbandsarrangement durch neue Netzwerke von privaten, halböffentlichen und öffentlichen Organisationen unter den Begriffen wie „neuer subsidiärer Vollzug", „Co-Governance" oder „Public-private-Partnership" abgelöst (Linder/Mueller 2017: 148).

Auch wenn die enge Zusammenarbeit von Verbänden und Staat offensichtliche Vorteile wie die niedrigen Implementationskosten für den Staat, die Nutzbarmachung des spezifischen Fachwissens der Berufsverbände sowie die rasche Lösung von internen Konflikten aufweisen, bestehen auch offensichtliche Nachteile, auf die Linder (1987: 135) schon früh hingewiesen hat. So gibt die Delegation des Vollzugs öffentlicher Aufgaben an Berufsverbände einer Gruppe von Direktbetroffenen mit spezifischen Interessen privilegierten Zugang für die Erfüllung von Zielen im allgemeinen Interesse, bei der meist die öffentliche Kontrolle fehlt, Vollzugslösungen auch zulasten Dritter gefällt werden können, Strukturprobleme meist nicht von selbst gelöst werden und Innovationen die Ausnahme bleiben. Dies trifft im Übrigen nicht nur für die Verbandsorganisationen mit parastaatlichen Implementationsaufgaben zu, sondern auch auf die zahlreichen Milizkommissionen mit Regulierungsfunktionen, in denen private Organisationen öffentliche Aufgaben anstelle des Staates übernehmen. Diese Kritik hat den Bundesrat in jüngerer Zeit dazu veranlasst, Vertreter der Wirtschaftsverbände aus einzelnen Steuerungsgremien wie der Wettbewerbskommission oder aus der Kommission zur Beaufsichtigung der Exportrisikoversicherung auszuschliessen.[13] Er stiess dabei aber nicht nur auf Widerstand bei den betroffenen Verbänden, sondern auch im Parlament, weshalb die Interessenorganisationen immer noch in den meisten ausserparlamentarischen Regulierungsinstanzen und Steuerungsorganen vertreten sind (Oesch 2007: 352).

## 4.6 Die kantonalen Verbandssysteme im Vergleich

Da die wichtigsten ordnungspolitischen Entscheide auf Bundesebene gefällt werden und die kantonale Gesetzgebung wirtschaftliche Interessen regelmässig in geringerem Masse berührt als die Bundesgesetzgebung, zeigen die Spitzenverbände der Wirtschaft gegenüber kantonaler Politik weniger Interesse und konzentrieren ihre Ressourcen hauptsächlich auf die Beeinflussung der Bundespolitik. Gleich-

---

13 Vor allem von neoliberaler Seite werden die Verbände als kartellistisch organisierte Vertreter von Partikulärinteressen betrachtet, die der Liberalisierung und Modernisierung der schweizerischen Wirtschaft im Wege stehen.

## 4 Die Verbände und das Verbandssystem

zeitig spielen regionale Handelskammern, Gewerbe- und Bauernverbände sowie Gewerkschaften eine wichtige Rolle in der kantonalen Politik, wo in zahlreichen Politikfeldern wie der Gesundheits- und Bildungspolitik auch wichtige Entscheidungskompetenzen liegen. Viele Einzel- und Dachverbände sind deshalb gleichzeitig nicht nur auf eidgenössischer, sondern auch auf kantonaler Ebene organisiert, damit die unmittelbare Interessenvertretung auch auf dieser Stufe gewährleistet ist. Entsprechend der föderalistischen Grundstruktur des schweizerischen Systems zeichnen sich zahlreiche Verbände zudem durch eine stark regionalisierte Struktur

*Tabelle 4.2: Indikatoren zur Messung der Verbandssysteme in den Kantonen, 2000–2018*

| Kt. | Anerkennung Gewerkschaften | Formalisierung Vernehmlassung | Gewerkschaftsstärke | Anzahl GAV/NAV | Anzahl Streiks | Indexwert |
|---|---|---|---|---|---|---|
| TI | 0.6 | 0.3 | 9.0 | 12 | 19 | 3.45 |
| BE | 1.0 | 1.0 | 7.5 | 5 | 10 | 3.13 |
| VD | 0.8 | 0.0 | 18.2 | 8 | 26 | 2.72 |
| GE | 0.3 | 0.0 | 9.2 | 11 | 19 | 2.46 |
| NE | 0.9 | 0.4 | 13.2 | 5 | 4 | 2.42 |
| VS | 0.6 | 0.4 | 8.6 | 2 | 2 | 2.30 |
| BL | 0.6 | 0.9 | 5.7 | 4 | 0 | 2.18 |
| ZH | 0.4 | 0.9 | 12.4 | 4 | 12 | 2.08 |
| BS | 0.2 | 1.0 | 7.7 | 2 | 5 | 2.06 |
| JU | 0.6 | 0.0 | 21.7 | 1 | 3 | 2.05 |
| FR | 0.8 | 0.6 | 5.9 | 2 | 6 | 1.96 |
| AR | 1.0 | 0.6 | 3.3 | 2 | 0 | 1.71 |
| SH | 0.9 | 0.1 | 9.0 | 2 | 1 | 1.53 |
| SG | 0.9 | 0.3 | 3.9 | 1 | 2 | 1.50 |
| AG | 0.6 | 0.4 | 4.0 | 1 | 5 | 1.42 |
| SO | 0.6 | 0.2 | 8.6 | 1 | 1 | 1.23 |
| NW | 0.6 | 0.4 | 5.2 | 1 | 0 | 1.08 |
| TG | 0.6 | 0.3 | 4.1 | 1 | 0 | 1.05 |
| OW | 0.6 | 0.3 | 2.8 | 1 | 0 | 0.98 |
| UR | 0.6 | 0.0 | 2.8 | 1 | 3 | 0.89 |
| LU | 0.5 | 0.2 | 4.5 | 1 | 1 | 0.89 |
| GR | 0.0 | 0.6 | 4.0 | 0 | 2 | 0.80 |
| ZG | 0.6 | 0.0 | 4.1 | 2 | 0 | 0.77 |
| GL | 0.6 | 0.1 | 3.5 | 0 | 0 | 0.76 |
| AI | 0.6 | 0.0 | 2.8 | 1 | 0 | 0.71 |
| SZ | 0.6 | 0.0 | 3.3 | 0 | 1 | 0.68 |

Anmerkungen: Die Kantone sind in der Reihenfolge des Gesamtindizes aufgeführt, der die Summe aus den fünf Variablen wiedergibt. Für den Index wurden die Werte für die einzelnen Variablen standardisiert, so dass jeweils das Maximum dem Wert 1 und das Minimum dem Wert 0 entspricht. Hohe Indexwerte stehen für korporatistische und niedrige Indexwerte für pluralistische Verbandssysteme. Operationalisierung der Variablen: Anerkennung der Gewerkschaften (2000–2018): explizite Erwähnung der Vereinigungs- und Koalitionsfreiheit in den Kantonsverfassungen; Index (0–1) der Formalisierung des kantonalen Vernehmlassungsverfahrens gemäss Neubert (2008: 286); Gewerkschaftsstärke (2017) als Anteil von Gewerkschaftsmitgliedern in Prozent der Erwerbstätigen; Anzahl GAV und NAV im Kanton 2020; Streiks (2000–2018): Anzahl Streiks im Kanton.

Quellen: Gewerkschaft Unia (Daten auf Anfrage erhalten), eigene Berechnungen auf der Grundlage des Année Politique Suisse (2000ff.), Bundesamt für Statistik (2024) und Neubert (2008).

mit einer schwachen Zentrale aus (Armingeon 2001). So weisen die kantonalen Arbeitgeberverbände in der Regel einen sehr hohen Organisationsgrad auf und die Arbeitnehmerorganisationen sind in kantonalen Gewerkschaftsbünden zusammengeschlossen (Eichenberger/Mach 2011). Insgesamt üben die Verbände in den Kantonen beim politischen Willensbildungsprozess und bei der Umsetzung öffentlicher Aufgaben ähnliche Funktionen aus wie auf Bundesebene, auch wenn ihre Mitwirkung insgesamt etwas weniger formalisiert geregelt ist.

Abgesehen von einzelnen kleinen Fallstudien bestehen bis heute jedoch keine systematischen Untersuchungen über die kantonalen Verbandssysteme. Anhand ausgewählter Indikatoren wird im Folgenden deshalb ein erster Versuch unternommen, die Strukturen der Verbandssysteme unter besonderer Berücksichtigung der kollektiven Arbeitsbeziehungen in den 26 Kantonen zu erheben und der gängigen Dichotomie zwischen eher pluralistischen und eher neokorporatistischen Arrangements zuzuordnen. Die aus Tabelle 4.2 ersichtliche Einordnung stützt sich dabei auf die folgenden fünf Messgrössen: Die ausdrückliche Verankerung der Koalitions- und Vereinigungsfreiheit in der Kantonsverfassung (Anerkennung der Gewerkschaften), die Organisationsstärke der Gewerkschaften, der Formalisierungsgrad des Vernehmlassungsverfahrens, die Anzahl der Gesamt- und Normalarbeitsverträge (NAV) und die Anzahl der Streiks. Dabei wird davon ausgegangen, dass mit rechtlicher Verankerung der Sozialpartnerschaft und der Organisationsfähigkeit der Gewerkschaften, einer minimalen Streiktätigkeit als Ausdruck der Konfliktfähigkeit der Gewerkschaften,[14] einem hohen Anteil von GAV und NAV sowie einer ausgebauten Formalisierung des Vernehmlassungsverfahrens die kantonalen Verbandsysteme besonders neokorporatistisch ausgestaltet sind.

Zunächst ist festzuhalten, dass die Strukturen der kantonalen Verbandssysteme aufgrund der wenigen und hierarchisch organisierten Dachverbände und ihres Einbezugs in die politische Entscheidungsfindung sowie durch die über die tripartiten Kommissionen institutionalisierte Sozialpartnerschaft generell eher dem korporatistischen Modell entsprechen. Die vorliegenden Befunde weisen aber gleichzeitig auf eine beträchtliche Vielfalt von Interessenvermittlungssystemen auf Kantonsebene hin. So spielen die Gewerkschaften in einigen Kantonen der Ostschweiz (SG, AI, TG) und der Zentralschweiz (SZ, ZG) eine marginale Rolle und sind deshalb kaum streikfähig, während es etwa in den Kantonen Tessin, Bern, Waadt und Genf nicht nur starke Arbeitnehmerorganisationen und mehr Streiks gibt, sondern auch einen regelmässigeren Austausch zwischen den Sozialpartnern und der Kantonsverwaltung. Ebenso ist die Arbeitsmarktkontrolle in diesen Kantonen in der Regel paritätisch ausgestaltet und es gibt eine beträchtliche Zahl

---

14 Anders als bei den international gängigen Operationalisierungen kann eine fehlende Streiktätigkeit in den Kantonen nicht als Ausdruck einer gefestigten Sozialpartnerschaft und damit neokorporatistischer Arrangements betrachtet werden. Vielmehr ist sie Ausdruck der offensichtlichen Schwäche der Gewerkschaften, während die Arbeitgeber auf kantonaler Ebene allgemein als gut organisiert gelten. Korporatismusexperten der Schweiz empfehlen deshalb, die Höhe der (generell sehr geringen) Streikrate als Indikator für die Konfliktfähigkeit der Arbeitnehmerorganisationen als Sozialpartner zu betrachten, worauf auch die hoch signifikanten Korrelationen zwischen der gewerkschaftlichen Organisationsstärke, dem Streikniveau und der Zahl der GAV/NAV hinweisen. Die Befunde ändern sich deshalb auch kaum, wenn die Streikrate nicht in den Gesamtindex einfliesst.

## 4 Die Verbände und das Verbandssystem

von kantonalen GAV und NAV. Insgesamt verfügen die Arbeitnehmer nur in wenigen Kantonen über einen hohen gewerkschaftlichen Organisationsgrad, so vor allem in den Industriekantonen Jura, Waadt, Neuenburg, Zürich und Tessin,[15] während eine hohe Anzahl an Gesamtarbeits- und Normalarbeitsverträgen eine Besonderheit der drei lateinischen Kantone Tessin, Waadt und Genf darstellt.[16] Zudem fällt auf, dass das vorparlamentarische Vernehmlassungsverfahren mit Ausnahme der Kantone Bern und Basel-Stadt mit dem Einbezug der organisierten Interessen generell nicht so stark formalisiert ist wie auf Bundesebene, während die verfassungsmässige Anerkennung der Assoziationsfreiheit mit Ausnahme des Kantons Graubünden in allen Kantonen besteht.

Gesamthaft zeichnen sich vor allem die Kantone Appenzell Innerhoden, Glarus, Zug und Schwyz durch eine schwache Gewerkschaftsbewegung, eine geringe Zahl von Gesamt- und Normalarbeitsverträgen, kaum Streiks und eine fehlende formalisierte Beteiligung der Verbände im Anhörungsverfahren aus, während in den Kantonen Bern, Waadt, Genf und Tessin die Arbeiterschaft gut organisiert ist und ihre Konfliktfähigkeit mittels Streiks regelmässig unter Beweis stellt, dort am meisten Gesamt- und Normalarbeitsverträge in Kraft sind und die Interessenorganisationen in die vorparlamentarische Phase stark integriert werden. In den ländlichen Zentral- und Ostschweizer Kantonen sind folglich die Arbeitsbedingungen am ehesten pluralistisch ausgestaltet, während der zweisprachige Kanton Bern sowie die lateinischen Kantone Waadt und Tessin die ausgeprägtesten neokorporatistischen Züge aufweisen,[17] gefolgt von den Kantonen Neuenburg und Wallis. Die deutschsprachigen Mittellandkantone befinden sich in der Regel als Mischtypen dazwischen.

Eine Verknüpfung der vorliegenden Ausprägungsformen von Verbandssystemen mit den verschiedenen Typen von Wohlfahrtsregimen in den Kantonen gemäss Armingeon, Bertozzi und Bonoli (2004) in Anlehnung an Esping-Andersen (1990) zeigt dabei deutliche Unterschiede in den Politikwirkungen (vgl. Tabelle 4.3). Während eher pluralistische Verbandssysteme die Herausbildung von liberalen bzw. konservativen Wohlfahrtstypen mit niedrigen öffentlichen Einnahmen- und Ausgabenstrukturen bzw. spezifischen Umverteilungen öffentlicher Mittel zur Stärkung traditioneller Familienstrukturen begünstigen, führen korporatistische Interessengruppensysteme mit wenigen Ausnahmen zu sozialdemokratischen Wohlfahrtsregimen mit vergleichsweise hohen Steuern und Sozialtransfers für verschiedenste Gesellschaftsgruppen in den Kantonen.

---

15 Die Gewerkschaft Unia ist nirgends so stark organisiert wie im Kanton Tessin (19'000 Mitglieder), deutlich stärker als etwa in den wesentlich grösseren Kantonen Aargau, Genf und Zürich. Zudem gibt es im Tessin nicht nur die SGB-Gewerkschaften, sondern auch sehr starke katholische Arbeitnehmerverbände.

16 Normalarbeitsverträge mit verbindlichen Mindestlöhnen finden sich zudem nur in den Kantonen Genf, Tessin und Wallis und ein rechtlich garantierter Mindestlohn besteht ausschliesslich in den Kantonen Jura (seit 2018), Neuenburg (2017), Genf (2020), Tessin (2022) und Basel-Stadt (2022; gilt nicht für alle Wirtschaftssektoren).

17 Dies korrespondiert auch mit dem Befund von Eichenberger und Mach (2011), dass die Arbeitgeberverbände in der Romandie eine korporatistischere Mentalität aufweisen als in der Deutschschweiz.

*Tabelle 4.3: Typen von Verbandssystemen und Wohlfahrtsregimen in den Kantonen*

|  | liberal-konservativer Wohlfahrtsstaat | sozialdemokratischer Wohlfahrtsstaat |
|---|---|---|
| eher pluralistisches Verbandssystem | SG, AG, GR, TG, NW, OW, UR, GL, LU, SZ, ZG, AI | SO, SH |
| eher korporatistisches Verbandssystem | BE, VS, AR | VD, TI, BS, NE, ZH, GE, BL, JU, FR |

Anmerkung: Der liberale und der katholisch-konservative Typ sind zu einem Typ zusammengefasst.
Quelle: Eigene Zusammenstellung auf Basis der Klassifikation von kantonalen Wohlfahrtsregimen gemäss Armingeon, Bertozzi und Bonoli (2004: 35).

## 4.7 Das schweizerische Verbandssystem im internationalen Vergleich

Lijphart (2012) zählt die Beziehungen zwischen Staat und Verbänden zu den Kernbestandteilen seiner ersten Demokratiedimension der horizontalen Machtteilung, die ansonsten von der Ausgestaltung des Wahlsystems und des Parteiensystems, dem Kabinettstyp und den Beziehungen zwischen Exekutive und Legislative geprägt wird. Er verweist dabei auf eine verwandte Logik der Machtteilung etwa bei übergrossen Koalitionsregierungen und breit abgestützten verbandlichen Arrangements.[18] Als zentral für die Einordnung der Verbändebeziehungen gilt in der politikwissenschaftlichen Literatur die Unterscheidung von pluralistischen und neokorporatistischen Systemen. Die Einordnung der Schweiz auf der Korporatismus-Pluralismus-Skala zur Erfassung des Interaktionsverhältnisses zwischen Interessengruppen und der Regierung ist seit Langem umstritten und bei kaum einem anderen Land gehen die Experteneinschätzungen so weit auseinander wie bei der Schweiz (Crepaz/Lijphart 1995; Kriesi 1998; Siaroff 1999). Nach Schmitter (1981), der sich auf den Grad der Zentralisierung der industriellen Beziehungen und den Monopolcharakter der Interessenvertretung der Gewerkschaften abstützt, ist der Korporatismus in der Schweiz während der Nachkriegszeit kaum vorhanden und Blaas (1992: 369) stuft die Schweiz als nicht korporatistisch ein. Lehmbruch (1979) wiederum, der sich auf die Form der sozialpartnerschaftlichen und wirtschaftspolitischen Zusammenarbeit bezieht, bezeichnet den Korporatismus als mittelstark und für Schmidt (1982), der auch funktionale Äquivalente korporatistischer Arrangements berücksichtigt, ist der schweizerische Korporatismus stark ausgeprägt. Schliesslich bezeichnet Katzenstein (1985) die Schweiz als paradigmatischen Fall der liberalen Korporatismusvariante mit einer starken Bedeutung der sektoriellen Sozialpartnerschaft, einem Verbandssystem mit starken Unternehmensverbänden und fragmentierten Gewerkschaften sowie einer informellen Koordination zwischen Interessengruppen und den Behörden im Kontext eines schlanken Wohlfahrtsstaates ohne aktive Industriepolitik. Offensichtlich hängt

---

18 Der Einbezug der Interessengruppen in eine empirische Demokratietheorie ist allerdings auch auf Kritik gestossen. So wird eine logische und empirische Verbindung zwischen dem nicht-parlamentarischen Typ der Interessenvermittlung und den anderen politisch-institutionellen Grössen angezweifelt (Schmidt 2010; Taagepera 2003).

die jeweilige Zuordnung stark von der unterschiedlichen Gewichtung einzelner Korporatismusaspekte ab, insbesondere von den Merkmalen der industriellen Beziehungen einerseits und den Staat-Verbände-Charakteristika andererseits.

*Abbildung 4.5: Der Grad an Pluralismus und Neokorporatismus in 22 OECD-Ländern, 2000–2018*

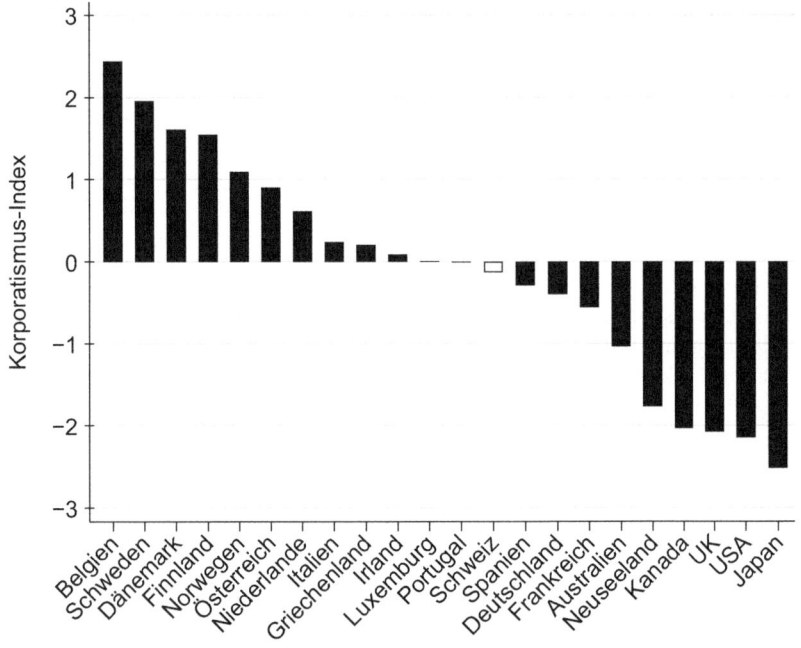

Quellen: Modifizierter Korporatismus-Index basierend auf Vatter (2009), Kenworthy (2003) und Visser (2020). Hinweis: Die Abbildung wurde für die vorliegende Ausgabe korrigiert, aber nicht aktualisiert.

Siaroff (1999) unternimmt mit seinem Konzept integrierter Ökonomien den Versuch, die Zuordnungsschwierigkeiten von Ländern wie der Schweiz zu überwinden. Anhand verschiedener Kriterien, die er zu einem Gesamtindex zusammenfasst, ordnet er die Länder zwischen integrierten (korporatistischen) und pluralistischen Ökonomien ein. Auf einer Skala von 1 (pluralistisch) bis 5 (integriert) reiht Siaroff (1999: 317) die Schweiz für die Nachkriegszeit unter die stark integrierten Länder ein, „despite the fact that (Switzerland) may not be corporatist in the traditional sense." Auch Lijphart (2012) stützt sich zur Messung des Grades an Interessengruppenpluralismus auf den Index von Siaroff (1999), der formelle und informelle Regeln sowie deren ökonomische Ergebnisse einbezieht. Dazu gehört etwa die Anerkennung von Spitzenverbänden als Koordinationspartner. Allerdings weist der Index von Siaroff (1999) zwei Schwächen auf: Erstens vermischt er teilweise politisch-institutionelle Regeln und ihre Wirkungen und zweitens sind seine Daten veraltet. Der folgende internationale Vergleich beschränkt sich deshalb auf die formelle und informelle Ausgestaltung der Verbändestrukturen und Staat-Verbände-Beziehungen, verzichtet auf den Einbezug von Streikaktivitäten und stützt sich auf neu verfügbare Daten. Er basiert auf einem von Vatter (2009) auf der Basis der Erkenntnisse von Kenworthy (2003) vorgeschlagenen Index des Interessengruppenkorporatismus, bestehend aus der Summe standardisierter Masse des Grades an Gewerkschaftsmitgliedschaften, der Abdeckung durch Tarifverträge sowie der Zentralisierung und Koordinierung von Tarifverhandlungen. Bezugnehmend auf die beiden konzeptionellen Grunddimensionen von Korporatismus wird neben der ersten Dimension der Verbändemerkmale auch der wichtige Konzertierungsaspekt mit dem Integrationsgrad von Verbänden in den Prozess der staatlichen Politikformulierung einbezogen. Diese zweite Dimension wird mit dem Mass der generellen Beteiligung von Arbeitgeberverbänden und Gewerkschaften an der Politikgestaltung erfasst (Visser 2020) und gleich gewichtet wie die Merkmale der ersten Dimension.

Abbildung 4.5 zeigt die Werte des Korporatismus-Index für 22 OECD-Staaten, gemessen für die Jahre 2000 bis 2018, wobei die Grösse eine hohe Stabilität über die Zeit aufweisen sollte. Die meisten angelsächsischen Länder wie die USA, Kanada, Grossbritannien, und Neuseeland weisen traditionell stark pluralistische Beziehungen zwischen Verbänden und dem Staat auf, was ihre liberale Wirtschaftsordnung reflektiert. Danach folgen einige süd- und mitteleuropäische Länder, die durch schwache pluralistische bzw. korporatistische Züge auffallen. Am korporatistischen Ende der Skala befinden sich schliesslich die bekannten „sozialdemokratischen" skandinavischen Systeme wie Dänemark, Schweden und Norwegen, aber auch eher „neue" korporatistische Länder wie Belgien (Woldendoorp 2011).

Die Einordnung der Schweiz in die Gruppe der sehr schwach pluralistischen Systeme (bzw. sehr nahe dem Wert Null) lässt sich mit einem Blick auf die beiden Korporatismusdimensionen begründen. Zunächst bestätigt sich bei den Verbändemerkmalen, dass der gewerkschaftliche Organisationsgrad in der Schweiz im internationalen Vergleich niedrig ist und die Arbeitnehmerverbände nach wie vor dezentralisiert sind, wobei auch die Unternehmensorganisationen von Mitgliederschwund und zunehmender Heterogenität betroffen sind (Schnabel 2020). In Bezug auf die kollektiven Arbeitsbeziehungen lassen sich für die jüngere Zeit zwei gegenläufige Entwicklungen feststellen: einerseits eine zunehmende Deregulierung und Dezentralisierung der Vertragsverhandlungen von der Branchen- auf die Betriebsebene und eine Individualisierung der Lohnfestlegung, andererseits eine neue Zunahme in der Verbreitung von allgemein verbindlich erklärten GAV und von GAV-Mindestlöhnen sowie, als Folge der flankierenden Massnahmen, die Einführung tripartiter Arbeitsmarktkommissionen auf kantonaler und bundesstaatlicher Ebene. Entsprechend lautet das Fazit von Oesch (2007: 350), dass bei den generell eher schwach ausgeprägten kollektiven Arbeitsbeziehungen zwar zahlreiche Veränderungen stattgefunden haben, aber trotzdem „kein klarer Trend zu weniger Koordination" festzustellen sei.

In Bezug auf die Beteiligung der Verbände bei der Politikformulierung hat sich zwar formal wenig geändert. So ist die Anhörung der Interessenorganisationen im Rahmen des vorparlamentarischen Vernehmlassungsverfahrens auch nach der Totalrevision der Bundesverfassung festgeschrieben. Gleichzeitig weisen Häusermann, Mach und Papadopoulos (2004: 51) darauf hin, dass sich die entscheidende Phase der Politikformulierung in der schweizerischen Sozial- und Arbeitsmarktpolitik verstärkt von der vorparlamentarischen in die parlamentarische Arena der Parteien verlagert hat. Entsprechend stellen sie in der Schweiz eine generelle Schwächung der Konzertierungsmechanismen auf nationaler Ebene seit den 1990er Jahren fest. Diese Einschätzung wird von Armingeon (2011: 179) geteilt, der in der Verschiebung der politischen Machtzentren von den vorparlamentarischen Kommissionen zum Parlament eine gewisse Gefahr für die Aushandlung korporatistischer Kompromisse sieht. Gleichzeitig hat aber die Zahl der Verbandsvertreter im Parlament zu Beginn des 21. Jahrhunderts im Vergleich zu früheren Jahrzehnten zugenommen, was auf einen noch grösseren direkten, allerdings eher pluralistisch-unkoordinierten Einfluss der Arbeitgeber- und Arbeitnehmerinteressen in der legislativen Entscheidungsphase schliessen lässt (David u. a. 2009). Ergänzt wird dieser Eindruck durch die in den letzten beiden Jahrzehnten unter Beweis gestellte Referendumsfähigkeit der Gewerkschaften gegen den Abbau sozialpolitischer Massnahmen sowie die wichtige Rolle, welche die Verbände nach wie vor beim Vollzug politischer Regulierungs- und Steuerungsaufgaben besitzen. Insgesamt kann deshalb auch hier trotz beträchtlicher Verschiebungen der politischen Entscheidungszentren von einer nur leicht abnehmenden Stabilität der schon generell eher schwachen Staat-Verbände-Beziehungen in der Schweiz gesprochen werden. Eher pluralistischen Eigenschaften hinsichtlich des gewerkschaftlichen Organisationsgrads, der Abdeckung durch Tarifverträge sowie der Dezentralisierung und geringen Koordinierung von Tarifverhandlungen steht dabei vor allem eine starke, jedoch fortlaufend abnehmende Einbindung von Verbänden bei der Politikformulierung, -entscheidung und -implementation gegenüber.

Für eine Typologie der Staat-Verbände-Beziehungen lassen sich in groben Zügen drei Ländergruppen ausmachen. Analog zu den Ausprägungen in Abbildung 4.5 lassen sich die Länder einteilen in pluralistische Systeme vornehmlich angelsächsischer Staaten (Japan, USA, UK, Kanada, Neuseeland, Australien),[19] eine Mischgruppe mit zentraleuropäischen (Frankreich, Spanien, Portugal, Luxemburg, Irland, Griechenland, Italien, Niederlande) und deutschsprachigen Ländern (Deutschland, Schweiz[20], Österreich) sowie eine korporatistische Ländergruppe vornehmlich skandinavischer Staaten (Norwegen, Finnland, Dänemark, Schweden, Belgien) wieder (Vatter 2009; Kenworthy 2003; Visser 2020).

---

19 Unter den Korporatismusforschern ist neben der Schweiz auch die Zuordnung von Japan jeweils sehr umstritten, das anhand der gewählten Indikatoren hier in die Gruppe der pluralistisch geprägten Staaten fällt (Crepaz/Lijphart 1995).
20 Die Schweizer Experten sind sich für die genaue Bezeichnung des schweizerischen Korporatismus ähnlich uneinig wie die Komparatisten. Während Mach (2006b) von einer liberal-konservativen Version eines demokratischen Korporatismus spricht, bezeichnet ihn Armingeon (2011: 176) als liberalen Korporatismus, der sich aufgrund der gestiegenen Wohlfahrtsausgaben teilweise einer sozialen Variante angenähert hat. Linder und Mueller (2017: 153f.) ordnen die Schweiz wiederum mit Verweis auf den stark fragmentierten und wenig zentralisierten Einfluss von zahlreichen Interessengruppen und stark wechselnden Koalitionen in den verschiedensten Politikbereichen dem „stark pluralisierten Modell" zu.

## 4.8 Zusammenfassung und Diskussion

Ausgangspunkt des vorliegenden Kapitels war die Frage, ob die Interessenverbände ihre dominierende Stellung, die sie während der zweiten Hälfte des 20. Jahrhunderts in der Schweizer Politik innehatten, aufrechterhalten konnten oder ob sie in den letzten Jahren an Einfluss verloren haben. Die Antwort darauf fällt differenziert, aber insgesamt doch eindeutig aus. Mit dem ökonomischen Strukturwandel, der Europäisierung der Politik sowie der gestiegenen Zahl von in- und ausländischen Akteuren hat nicht nur eine generelle Pluralisierung der Schweizer Verbände stattgefunden, sondern auch eine Schwächung ihres Einflusses. Dies gilt vor allem für die Wirtschaftsverbände des lange Zeit geschützten Binnensektors wie den Schweizerischen Bauernverband und teilweise auch den Gewerbeverband, hingegen weniger für Economiesuisse (Mach 2006a, b; Kriesi/Trechsel 2008: 12). Während die vier Spitzenverbände der Wirtschaft (Economiesuisse/SHIV, SGV, SBV, SGB) in den 1970er Jahren gemeinsam mit dem Bundesrat die fünf einflussreichsten politischen Akteure waren und damit das eigentliche Machtzentrum der schweizerischen Politik bildeten, haben die Wirtschaftsdachverbände heute mit Ausnahme von Economiesuisse einen geringeren Einfluss als die grossen Regierungsparteien und der Bundesrat (Fischer/Fischer/Sciarini 2009).

Die schwierige Stellung der Verbände wurde durch die zunehmende Polarisierung innerhalb der Schweizer Politik zusätzlich akzentuiert, die zu einer Gewichtsverlagerung in der Politikformulierung weg von den Verbänden hin zu Bundesrat und Parlament geführt hat. Oesch (2007: 352) spricht deshalb auch von einer gewissen Schwächung der Inputfunktion der Verbände. Den Parteien im Parlament ist es offenbar unter den gewandelten Rahmenbedingungen in den letzten Jahren besser als den Interessenorganisationen im vorparlamentarischen Verfahren gelungen, sozial- und wirtschaftspolitische Lösungen zu finden. Neben der abnehmenden Repräsentativität der Verbände und der politisch-ideologischen Polarisierung haben dazu auch die gestiegene Bedeutung der Medien und die Forderung nach mehr Transparenz beigetragen, die das Schnüren von „korporatistischen Hinterzimmerkompromissen" erschwert haben. In Bezug auf die Mitwirkung der Wirtschaftsverbände in der Politikausführung sind die Arbeitgeberverbände und Gewerkschaften weiterhin in den meisten ausserparlamentarischen Regulierungsinstanzen und Steuerungsorganen der Wirtschafts- und Sozialpolitik vertreten (Oesch 2007: 363). Allerdings hat sowohl die Zahl und Relevanz der einstmals einflussreichen ausserparlamentarischen Kommissionen abgenommen wie auch die Repräsentationsstärke der Wirtschaftsverbände in diesen Gremien. Zudem ist mit der grundlegenden Reform der schweizerischen Agrarpolitik die Bedeutung der landwirtschaftlichen Verbandsorganisationen für den Vollzug parastaatlicher Aufgaben gesunken. Mit Blick auf die Wahrnehmung der beiden Kernfunktionen der Interessenverbände in der Schweizer Politik muss deshalb insgesamt von einem gewissen Machtverlust der Wirtschaftsverbände gesprochen werden. Allerdings: Auch wenn sie heute nicht mehr die dominierende Stellung der 1970er und 1980er Jahre besitzen, ist ihr Einfluss trotz den erwähnten Schwierigkeiten nach wie vor beträchtlich und sie zählen immer noch zu den zwanzig wichtigsten Akteuren der Schweizer Politik (Fischer/Fischer/Sciarini 2009). Die nach wie vor starke – wobei je nach Politikfeld unterschiedliche – Stellung der Verbände liegt darin begründet, dass sie ähnlich wie der Bundesrat an den verschiedenen Phasen des politischen Entscheidungsprozesses beteiligt sind. So wirken sie beim vorparlamentarischen Verfahren, über ihre Vertreter im Milizparlament und in der Referendumsphase bis hin zum Politikvollzug mit. Dabei stehen ihnen zur Einflussnahme sowohl die Verhandlungsinstrumente der konsensuellen Konkordanzdemokratie als auch die Kampfmittel der konfliktiven Referendumsdemokratie zur Verfügung. Gerade im Vergleich zu anderen Ländern verfügen die Verbände in der halb-direktdemokratischen Schweiz vor allem mit der Referendumsmacht über eine zusätzliche starke Ressource, mit der sie gegen den Willen von Regierung und Parlament eine Gesetzesvorlage scheitern lassen können (Sager/Pleger 2018). Diese aufgrund ihrer Organisations- und Finanzkapazitäten starke Stellung besteht heute nach wie vor, auch wenn ihre Position im vorparlamentarischen Prozess etwas geschwächt wurde (Mach 2006a, b). Gerade das Beispiel der Gewerkschaften macht deutlich, dass trotz fortlaufendem Mitgliederverlust und fragmentierten Strukturen ihre Referendumsmacht nicht gelitten hat (Armingeon 2011). Gleichzeitig haben sich die Verbände den gewandelten Verhältnissen angepasst und setzen verstärkt auf Public Relations, Campaigning, Lobbying im Parlament und Beeinflussung der Medienöffentlichkeit.

Eine zweite Frage, mit der sich das vorliegende Kapitel beschäftigt hat, ist diejenige nach dem Wandel des Verbandssystems in der Schweiz. Historisch weist der schweizerische Korporatismus in seiner liberalen Variante drei Besonderheiten auf: eine starke Dezentralisierung der industriellen Beziehungen und eine geringe Abdeckung mit Tarifverträgen, eine enge Koordination der betrieblichen Lohnpolitik durch gut koordinierte Arbeitgeberverbände und fragmentierte Gewerkschaften als Juniorpartner sowie eine starke Einbindung der Wirtschaftsverbände in die politischen Entscheidungs- und Vollzugsprozesse (Armingeon 2011; Mach 2006a, b; Oesch 2007). Hingegen fehlen die für korporatistische Systeme typischen zentralisierten Konzertierungen innerhalb von tripartiten Institutionen sowie eine staatlich gesteuerte Einkommenspolitik. „Der schweizerische Neokorporatismus hat sich folglich immer auf zwei ungleich starke Beine abgestützt: auf ein starkes Bein im Bereich der Politikeinbindung, auf ein schwächeres im Bereich der Arbeitsbeziehungen" (Oesch 2007: 339). Ist mit Blick auf die neuesten Entwicklungen zu erwarten, dass der schweizerische Neokorporatismus demnächst an Krücken läuft oder sich stärker dem pluralistischen Modell zuwendet? Tatsächlich kam im Verlaufe der letzten Jahre das schwache Bein aufgrund des sinkenden Organisationsgrads der Gewerkschaften, der neoliberalen Wende bei den Unternehmensverbänden sowie der weiteren Dezentralisierung und Deregulierung der sozialpartnerschaftlichen Beziehungen trotz wieder steigender Abdeckung mit allgemein verbindlichen Tarifverträgen unter Druck. Zudem wurde auch das starke Bein durch die Verlagerung der Entscheidungszentren vom vorparlamentarischen Verfahren der Verbände zur legislativen Arena der Parteien und die Abnahme traditioneller parastaatlicher Verbandsaufgaben geschwächt. Zwar hat der Einfluss der Verbände insgesamt nicht massiv abgenommen, aber die verstärkt unkoordinierte Einflussnahme einer steigenden Zahl von Interessenverbänden auf das Milizparlament und seine Mitglieder entspricht eher dem pluralistischen als dem klassischen korporatistischen Modell (Fischer 2005: 267; Linder/Mueller 2017: 153). Die heutigen Staat-Verbände-Beziehungen lassen sich damit zusammenfassend am ehesten als ein Mischsystem mit verstärkt pluralistischen Zügen bezeichnen (Vatter 2008: 21). Seine Stabilität verdankt es vor allem der Referendums- und Vollzugsmacht, d. h. der nach wie vor vorhandenen Organisations- und Konfliktfähigkeit der Spitzenverbände in einem stark föderalen und direktdemokratischen System. Allerdings befinden sich die organisierten Interessen in einem beträchtlichen Wandlungsprozess und entsprechend stehen sie heute vor zahlreichen Herausforderungen, wie etwa der sinkenden Bereitschaft von multinationalen Firmen, sich den nationalen Wirtschaftsverbänden unterzuordnen oder dem Unwillen von gut qualifizierten Beschäftigten in neuen Dienstleistungssektoren, sich den traditionellen Organisationsformen der Arbeitnehmerverbände anzuschliessen (Oesch 2007: 362). Die abnehmende Integrationskraft, Repräsentativität und Homogenität der Wirtschaftsverbände in einem stark medial und konfliktuell geprägten Umfeld stellen damit die grössten Gefahren für die längerfristige Stabilität liberal-neokorporatistischer Arrangements in der Schweiz dar.

## 4.9 Literaturverzeichnis

Afonso, Alexandre/Papadopoulos, Yannis, 2013: Europeanization or Party Politics? Explaining Government Choice for Corporatist Concertation. In: Governance 26/1, 5–29.

Année Politique Suisse, 2000ff.: Jahrbuch Schweizerische Politik. Bern: Universität Bern, Institut für Politikwissenschaft.

Armingeon, Klaus, 1997: Swiss Corporatism in Comparative Perspective. In: West European Politics 20/4, 164–179.

Armingeon, Klaus, 2001: Schweiz: Das Zusammenspiel von langer demokratischer Tradition, direkter Demokratie, Föderalismus und Korporatismus. In: Reutter, Werner/Rütters, Peter (Hrsg.): Verbände und Verbandssystem in Westeuropa. Opladen: Leske + Budrich, 405–426.

Armingeon, Klaus, 2011: A Prematurely Announced Death? Swiss Corporatism in Comparative Perspective. In: Trampusch, Christine/Mach, André (Hrsg.): Switzerland in Europe. Continuity and Change in the Swiss Political Economy. London: Routledge, 165–185.

Armingeon, Klaus, 2012: Interessengruppen und Interessenvermittlung. Internationale Gemeinsamkeiten und österreichische Besonderheiten. In: Helms, Ludger/Wineroither, David (Hrsg.): Die österreichische Demokratie im Vergleich. Baden-Baden: Nomos, 223–247.

Armingeon, Klaus/Bertozzi, Fabio/Bonoli, Giuliano, 2004: Swiss World of Welfare. In: West European Politics 27/1, 20–44.

Baeriswyl, Othmar, 2005: Lobbying in der Schweiz. Partikulärinteressen unter der Bundeshauskuppel. Villars-sur-Glâne: Mediata.

Baumann, Werner/Moser, Paul, 1999: Bauern im Industriestaat. Zürich: Orell Füssli.

Beetschen, Marion/Rebmann, Frédéric, 2016: Le néocorporatisme suisse en déclin? Les commissions extra-parlementaires dans un environnement en mutation (1957–2010). In: Swiss Political Science Review 22/1, 123–144.

Bernhard, Laurent, 2012: Campaign Strategy in Direct Democracy. Basingstoke: Palgrave Macmillan.

Bhuller, Manudeep/Moene, Karl/Mogstad, Magne/Vestad, Ola, 2022: Facts and Fantasies about Wage Setting and Collective Bargaining. In: Journal of Economic Perspectives 36/4, 29–52.

Blaas, Wolfgang, 1992: The Swiss Model: Corporatism or Liberal Capitalism? In: Pekkarinen, Jukka/Pohjola, Matti/Rowthorn, Bob (Hrsg.): Social Corporatism: A Superior Economic System? Oxford: Clarendon Press, 363–376.

Bundesamt für Statistik, 2024: Diverse Statistiken. http://www.bfs.admin.ch/ (abgerufen am 01.05.2024).

Crepaz, Markus M./Lijphart, Arend, 1995: Linking and Integrating Corporatism and Consensus Democracy. Theory, Concepts and Evidence. In: British Journal of Political Science 25/2, 281–288.

Curia Vista, 2013: 13.3594 – Interpellation: Weiterentwicklung der Beziehungen zu Kasachstan. www.parlament.ch (abgerufen am 19.01.2016).

David, Thomas/Ginalski, Stéphanie/Mach, André/Rebmann, Frédéric, 2009: Networks of Coordination: Swiss Business Associations as an Intermediary between Business, Politics and Administration during the 20th Century. In: Business and Politics 11/4, 1–38.

Degen, Bernhard, 1980: Richtungskämpfe im Schweizerischen Gewerkschaftsbund, 1918–1924. Zürich: Reihe W.

Degen, Bernhard, 1991: Abschied vom Klassenkampf: Die partielle Integration der schweizerischen Gewerkschaftsbewegung zwischen Landesstreik und Weltwirtschaftskrise (1918–1929). Basel/Frankfurt a. M.: Helbing & Lichtenhahn.

Degen, Bernhard, 2000: Starre Strukturen im wirtschaftlichen und sozialen Wandel: Die schweizerische Gewerkschaftsbewegung in der zweiten Hälfte des 20. Jahrhunderts. In: Armingeon, Klaus/Geissbühler, Simon (Hrsg.): Gewerkschaften in der Schweiz. Herausforderungen und Optionen. Zürich: Seismo, 11–37.

Degen, Bernhard, 2011: Gewerkschaften. In: Historisches Lexikon der Schweiz (HLS). Version vom 20.10.2011. http://www.hls-dhs-dss.ch/textes/d/D16481.php (abgerufen am 15.02.2013).

Degen, Bernhard, 2013: Verbände. In: Historisches Lexikon der Schweiz (HLS). Version vom 21.02.2013. http://www.hls-dhs-dss.ch/textes/d/D16417.php (abgerufen am 15.02.2013).

De Pury, David/Hauser, Heinz/Schmid, Beat, 1995: Mut zum Aufbruch. Eine wirtschaftspolitische Agenda für die Schweiz. Zürich: Orell Füssli.

Eichenberger, Steven, 2020: The Rise of Citizen Groups within the Administration and Parliament in Switzerland. In: Swiss Political Science Review 26/2, 206–227

Eichenberger, Pierre/Mach, André, 2011: Organized Capital and Coordinated Market Economy. Swiss Business Interest Associations between Socio-Economic Regulation and Political Influence. In: Trampusch, Christine/Mach, André (Hrsg.): Switzerland in Europe. Continuity and Change in the Swiss Political Economy. London: Routledge, 63–81.

Emmenegger, Patrick/Graf, Lukas/Strebel, Alexandra, 2020: Social Versus Liberal Collective Skill Formation Systems? A Comparative-Historical Analysis of the Role of Trade Unions in German and Swiss VET. In: European Journal of Industrial Relations 26/3, 263–278.

Esping-Andersen, Gosta, 1990: The Three Worlds of Welfare Capitalism. Princeton: Princeton University Press.

Farago, Peter, 1987: Verbände als Träger öffentlicher Politik. Grüsch: Rüegger.

Farago, Peter/Kriesi, Hanspeter (Hrsg.), 1986: Wirtschaftsverbände in der Schweiz. Grüsch: Rüegger.

Fischer, Alex, 2002: Wirtschaftsbranche, Gewerkschaftsstärke und Interessengegensätze der Arbeitgeber: Der Fall der flankierenden Massnahmen zur Personenfreizügigkeit. In: Swiss Political Science Review 8/3–4, 85–100.

Fischer, Alex, 2005: Die Auswirkungen der Internationalisierung und Europäisierung auf Schweizer Entscheidungsprozesse: Institutionen, Kräfteverhältnisse und Akteursstrategien in Bewegung. Zürich: Rüegger.

Fischer, Manuel/Fischer, Alex/Sciarini, Pascal, 2009: Power and Conflict in the Swiss Political Elite: An Aggregation of Existing Network Analyses. In: Swiss Political Science Review 15/1, 31–62.
Fischer, Manuel/Varone, Frédéric/Gava, Roy/Sciarini, Pascal, 2019: How MPs Ties to Interest Groups Matter for Legislative Co-Sponsorship. In: Social Networks 57, 34–42.
Fluder, Robert, 1998: Politik und Strategien der schweizerischen Arbeitnehmerorganisationen. Orientierung, Konfliktverhalten und politische Einbindung. Chur/Zürich: Rüegger.
Forster, Christof, 2015: Bauern sind die besten Lobbyisten. In: Neue Zürcher Zeitung, 12.11.2015, 14.
Gava, Roy/ Varone, Frédéric/Mach, André/Eichenberger, Steven/Christe, Julien/Chao-Blanco, Corinne, 2016: Interests groups in Parliament. Exploring MPs' Interest Affiliations (2000–2011). In: Swiss Political Science Review 23/1, 77–94.
gfs.bern, 2011: Lobbying Survey Switzerland 2011. Bern. www.gfsbern.ch (abgerufen am 11.02.2013).
Germann, Raimund E., 1998: Öffentliche Verwaltung in der Schweiz. Der Staatsapparat und die Regierung. Bern/Stuttgart: Haupt.
Gruner, Erich, 1956: Die Wirtschaftsverbände in der Demokratie. Vom Wachstum der Wirtschaftsorganisationen im schweizerischen Staat. Zürich/Stuttgart: Eugen Rentsch Verlag.
Gruner, Erich, 1988: Arbeiterschaft und Wirtschaft in der Schweiz 1880–1914. Zürich: Chronos.
Häfliger, Markus, 2015: Der lange Arm der Lobbyisten. In: Neue Zürcher Zeitung, 06.05.2015, 9.
Häusermann, Silja/Mach, André/Papadopoulos, Yannis, 2004: From Corporatism to Partisan Politics. Social Policy Making under Strain in Switzerland. In: Swiss Political Science Review 10/2, 33–59.
Hermann, Michael/Nowak, Mario, 2012: Das politische Profil des Geldes. Wahl- und Abstimmungswerbung in der Schweiz. http://www.sotomo.ch/publikationen (abgerufen am 15.09.2012).
Höpflinger, Francois, 1984: Verbände. In: Klöti, Ulrich (Hrsg.): Handbuch Politisches System Schweiz. Band 1. Bern/Stuttgart: Haupt, 163–187.
Huwyler, Oliver, 2022: Interest Groups' Recruitment of Incumbent Parliamentarians to Their Boards. In: Parliamentary Affairs 75/3, 634–654.
Huwyler, Oliver/Turner-Zwinkels, Tomas, 2020: Political of Financial Benefits? Ideology, Tenure, and Parliamentarians' Choice of Interest Group Ties. In: Swiss Political Science Review 26/1, 73–95.
Huwyler, Oliver/Turner-Zwinkels, Tomas/Bailer, Stefanie, 2023: No Representation Without Compensation. The Effect of Interest Groups on Legislators' Policy Area Focus. In: Political Research Quarterly 76/3, 1388–1402.
Jörin, Robert/Rieder, Peter, 1985: Parastaatliche Organisationen im Agrarsektor. Bern/Stuttgart: Haupt.
Katzenstein, Peter J., 1985: Small States in World Markets. Industrial Policy in Europe. London: Cornell University Press.
Kenworthy, Lane, 2003: Quantitative Indicators of Corporatism. In: International Journal of Sociology 33/3, 10–44.
Kriesi, Hanspeter, 1980: Entscheidungsstrukturen und Entscheidungsprozesse in der Schweizer Politik. Frankfurt a. M.: Campus.
Kriesi, Hanspeter, 1998: Le système politique suisse. Paris: Economica.
Kriesi, Hanspeter, 2006: Institutional Filter and Path Dependency. The Impact of Europeanization on Swiss Business Associations. In: Streeck, Wolfgang/Grote, Jürgen R./Schneider, Volker/Visser, Jelle (Hrsg.): Governing Interests. Business Associations Facing Internationalization. London: Routledge, 49–67.
Kriesi, Hanspeter/Trechsel, Alexander H., 2008: The Politics of Switzerland. Cambridge: Cambridge University Press.

Kühni, Olivia, 2011: Die mächtigen Einflüsterer im Bundeshaus. In: Tagesanzeiger 16.09.2011, 7.

Lehmbruch, Gerhard, 1979: Liberal Corporatism and Party Government. In: Schmitter, Philippe C./Lehmbruch Gerhard (Hrsg.): Trends Towards Corporatist Intermediation. London: Sage, 147–183.

Lehmbruch Gerhard/Schmitter, Philippe C., 1982: Patterns of Corporatist Policy-Making. London: Sage.

Leutwiler, Fritz, 1991: Ein ordnungspolitisches Programm. Zürich: Orell Füssli.

Lijphart, Arend, 2012: Patterns of Democracy. Government Forms and Performance in Thirty-Six Countries. New Haven/London: Yale University Press.

Linder, Wolf, 1987: Politische Entscheidung und Gesetzesvollzug in der Schweiz. Bern/Stuttgart: Haupt.

Linder, Wolf/Mueller, Sean, 2017: Schweizerische Demokratie. Institutionen – Prozesse – Perspektiven. Bern: Haupt.

Longchamp, Claude, 2012: Lobbying. Unterlagen für einen Lehrkurs am Verbandsmanagementinstitut der Universität Fribourg. Bern.

Mach, André, 2006a: Associations d'intérêts. In: Klöti, Ulrich/Knoepfel, Peter/Kriesi, Hanspeter/Linder, Wolf/Papadopoulos, Yannis/Sciarini, Pascal (Hrsg.): Handbuch der Schweizer Politik – Manuel de la politique suisse. Zürich: Verlag Neue Zürcher Zeitung, 369–391.

Mach, André, 2006b: La Suisse entre internationalisation et changements politiques internes. La législation sur les cartels et les relations industrielles dans les années 1990. Zürich: Rüegger.

Mach, André/Oesch, Daniel, 2003: Collective Bargaining between Decentralization and Stability: A Sectoral Model Explaining the Swiss Experience during the 1990s. In: Industrielle Beziehungen 10/1, 160–182.

Mach, André/Häusermann, Silja/Papadopoulos Yannis, 2003: Economic Regulatory Reforms in Switzerland: Adjustment Without European Integration, or How Rigidities Become Flexible. In: Journal of European Public Policy 10/2, 301–318.

Mach, André/Varone, Frédéric/Eichenberger, Steven, 2020: Transformations of Swiss Neo-Corporatism. From Pre-Parliamentary Negotiations Towards Privileged Pluralism. In: Careja, Romana/Emmenegger, Patrick/Giger, Nathalie (Hrsg.): The European Social Model Under Pressure. Liber Amicorum in Honour of Klaus Armingeon. Wiesbaden: Springer VS, 309–316.

Meyrat, Michael, 2000: Gestaltung institutioneller Handlungsspielräume. Reaktionen auf gewandelte Rahmenbedingungen in den sozialpartnerschaftlichen Beziehungen dreier Branchen 1980–1998. In: Armingeon, Klaus/Geissbühler, Simon (Hrsg.): Gewerkschaften in der Schweiz. Herausforderungen und Optionen. Zürich: Seismo, 191–218.

Neidhart, Leonhard, 1970: Plebiszit und pluralitäre Demokratie. Eine Analyse der Funktion des schweizerischen Gesetzesreferendums. Bern: Francke.

Neubert, Stefan, 2008: Kantonale Vernehmlassungsverfahren im Vergleich. In: LeGes 19/2, 271–292.

Nuspliger, Niklaus, 2008: Die Einflüsterer in der Wandelhalle. Wie Lobbyisten und Parlamentarier um die Zulassung von Parallelimporten feilschen. In: Neue Zürcher Zeitung, 04.10.2008, 17.

Oesch, Daniel, 2007: Weniger Koordination, mehr Markt? Kollektive Arbeitsbeziehungen und Neokorporatismus in der Schweiz seit 1990. In: Swiss Political Science Review 13/3, 337–368.

Oesch, Daniel, 2011: Swiss Trade Unions and Industrial Relations after 1990. A History of Decline and Renewal. In: Trampusch, Christine/Mach, André (Hrsg.): Switzerland in Europe. Continuity and Change in the Swiss Political Economy. London: Routledge, 82–102.

Oesch, Daniel, 2012: Die Bedeutung von Gesamtarbeitsverträgen für die Arbeitsmarktregulierung in der Schweiz. In: Zeitschrift für Arbeitsrecht und Arbeitslosenversicherung, Sonderausgabe, 118–125.

PVK – Parlamentarische Verwaltungskontrolle, 2011: Evaluation der Anhörungs- und Vernehmlassungspraxis des Bundes. Bericht der Parlamentarischen Verwaltungskontrolle zuhanden der Geschäftsprüfungskommission des Nationalrates vom 9. Juni 2011. Bern.

Rebmann, Fréderic, 2009: La transformation des commissions extra-parlementaires (1957–2000): passage d'un système corporatiste à des comités d'experts indépandants? Lausanne: Université de Lausanne.

Rebmann, Fréderic/Mach, André, 2013: Die ausserparlamentarischen Kommissionen des Bundes. In: Ladner, Andreas/Chappelet, Jean-Loup/Soguel, Nils/Émery, Yves/Varone, Frédéric (Hrsg): Handbuch der öffentlichen Verwaltung in der Schweiz. Zürich: NZZ Libro, 167–181.

Ruh, Boas/Rittmeyer, Balz, 2016: Für wen lobbyiert das im Herbst 2015 neu gewählte Parlament? Eine Datenanalyse. https://www.nzz.ch/schweiz/aktuelle-themen/lobbying-im-bundeshaus-interessenvertreter-von-links-bis-rechts-ld.7112 (abgerufen am 15.04.2020).

Sager, Fritz/Lyn Pleger, 2018: Lobbying im Bundeshaus. der direkte Draht ins Parlament. In: Vatter, Adrian (Hrsg.): Das Parlament in der Schweiz. Macht und Ohnmacht der Volksvertretung. Zürich: NZZ Libro, 263–287.

Schmidt, Manfred G., 1982: Wohlfahrtsstaatliche Politik unter bürgerlichen und sozialdemokratischen Regierungen. Ein internationaler Vergleich. Frankfurt a. M.: Campus.

Schmidt, Manfred G., 2010: Demokratietheorien. Eine Einführung. Wiesbaden: VS Verlag.

Schmitter, Philippe C., 1981: Interest Intermediation and Regime Governability in Contemporary Western Europe and North America. In: Berger, Steven (Hrsg.): Organizing Interests in Western Europe. Cambridge: Cambridge University Press, 285–327.

Schnabel, Claus, 2020: Union Membership and Collective Bargaining. Trends and Determinants. In: Zimmermann, Klaus (Hrsg.): Handbook of Labor, Human Resources and Population Economics. Heidelberg : Spinger Nature, 1–37.

Sciarini, Pascal, 1992: La Suisse dans la négociation sur l'Espace économique européen. de la rupture à l'apprentissage. In: Annuaire suisse de science politique 32, 297–322.

Seco – Staatssekretariat für Wirtschaft. 2024. Die Lage auf dem Arbeitsmarkt. https://www.seco.admin.ch/seco/de/home/Publikationen_Dienstleistungen/Publikationen_und_Formulare/Arbeit/Arbeitslosenversicherung/Die_Lage_auf_dem_Arbeitsmarkt.html (abgerufen am 04.05.2024).

Siaroff, Alain, 1999: Corporatism in 24 Industrial Democracies. Meaning and Measurement. In: European Journal of Political Research 36/2, 175–205.

Taagepera, Rein, 2003: Arend Lijphart's Dimensions of Democracy. Logical Connections and Institutional Design. In: Political Studies 51/1, 1–19.

Varone, Frédéric/Gava, Roy/Jourdain, Charlotte/Eichenberger, Steven/Mach, André, 2018: Interest Groups as Multi-Venue Players. In: Interest Groups & Advocacy 7/2, 173–95.

Vatter, Adrian, 2008: Vom Extremtyp zum Normalfall? Die schweizerische Konsensusdemokratie im Wandel: Eine Re-Analyse von Lijpharts Studie für die Schweiz von 1997 bis 2007. In: Swiss Political Science Review 14/1, 1–47.

Vatter, Adrian, 2009: Lijphart Expanded: Three Dimensions of Democracy in Advanced OECD Countries? In: European Political Science Review 1/1, 125–154.

Visser, Jelle, 2020: Data Base on Institutional Characteristics of Trade Unions, Wage Setting, State Intervention and Social Pacts, 1960–2010 (ICTWSS). uva-aias.net/en/ictwss (abgerufen am 30.01.2020).

von Alemann, Ulrich, 1989: Organisierte Interessen in der Bundesrepublik. Opladen: Leske und Budrich.

Wagemann, Claudius, 2005: Private Interest Governments are Dead. Long Live Private Interest Governments? Lessons from Swiss Cows. In: Swiss Political Science Review 11/3, 1–25.

Wiesli, Reto, 1999: Schweiz. Miliz-Mythos und unvollkommene Professionalisierung. In: Borchert, Jens (Hrsg.): Politik als Beruf. Die politische Klasse in westlichen Demokratien. Opladen: Leske + Budrich, 415–438.

Willener, Rahel, 2013: Erfolgreiches legislatives Lobbying in der Schweiz. Zentrale Methoden und Faktoren. KPM-Schriftenreihe Nr. 52. Bern: KPRM-Verlag.

Woldendoorp, Jaap, 2011: Corporatism in Small North-West European Countries 1970–2006. Business as Usual, Decline, or a New Phenomenon? Working Paper Nr. 30. Amsterdam: Department of Political Science, University of Amsterdam.

## 4.10 Fragen

1. Weshalb verfügen die Spitzenverbände der Wirtschaft im politischen System der Schweiz traditionell über eine starke Stellung?
2. Welches sind die Gründe für die Mitgliederverluste der Arbeitnehmerverbände seit Beginn der 1990er Jahre?
3. Welches sind die Gründe für den sinkenden Einfluss der Verbände im vorparlamentarischen Vernehmlassungsverfahren?
4. Wie haben sich in den letzten 20 Jahren die Strategien der politischen Einflussnahme durch die Interessenverbände verändert?
5. Weshalb erweist es sich aus einer komparatistischen Perspektive als schwierig, die Schweiz in die gängige Unterscheidung von pluralistischen und neokorporatistischen Systemen einzuordnen?
6. Welches sind die grössten Herausforderungen für die schweizerischen Verbände in den kommenden Jahren?

# 5 Die Regierung

## 5.1 Einleitung

Das Schweizer Regierungssystem und damit auch seine Regierung unterscheiden sich in vielerlei Hinsicht von den klassischen parlamentarischen und präsidentiellen Exekutiven.[1] Zunächst einmal setzt sich die Regierung, *der Bundesrat* als „oberste leitende und vollziehende Behörde des Bundes" (Art. 174 BV), aus sieben gleichberechtigten Mitgliedern zusammen, die sowohl die Funktion des Staatsoberhauptes wie auch des Regierungschefs gemeinsam ausüben.[2] Sodann wird die Schweizer Regierung zwar vom Parlament gewählt, aber es existiert – anders als in den klassischen parlamentarischen Demokratien – kein Misstrauensvotum, welches der Legislative erlauben würde, die Regierung zu stürzen. Dies ermöglicht dem Schweizer Bundesrat, eine relativ eigenständige und von parlamentarischen Mehrheiten weitgehend unabhängige Sachpolitik zu betreiben. Im Weiteren zeichnet er sich durch die Besonderheit des Kollegialsystems aus. Neben diesen formellen Aspekten weist die Schweizer Regierung jedoch weitere, bundesrechtlich nicht vorgeschriebene „informelle" Eigenarten auf, welche der Schweiz den Ruf eines „Sonderfalls" eingebracht haben (vgl. Vatter/Freiburghaus/Feuz 2023). So blieb die parteipolitische Zusammensetzung der Regierung mit der sogenannten „Zauberformel" zwischen 1959 und 2003 trotz Wählerstimmenverschiebungen unverändert. Die Freisinnig-Demokratische Partei ist gar seit über 170 Jahren ununterbrochen in der Schweizer Bundesregierung vertreten – ein einmaliger Rekord.

Dieses einzigartige Regierungssystem finden wir auch auf kantonaler Ebene vor, allerdings mit dem wichtigen Unterschied, dass die kantonalen Exekutiven allesamt direkt vom Volk und nicht vom Parlament gewählt werden. Trotzdem sind Mehrparteienkoalitionen auch auf kantonaler Ebene keine Seltenheit. Mit anderen Worten: Selbst dann, wenn die Regierungszusammensetzung nicht das Ergebnis der Verhandlungen von potenziellen Koalitionspartnern ist, sondern aus einer Volkswahl resultiert, stellen sich häufig dieselben Koalitionstypen ein. Wie häufig dies der Fall ist und welchen Koalitionstypen der Bundesrat wie auch die kantonalen Exekutiven entsprechen, wird im vorliegenden Kapitel behandelt. Gleichzeitig werden auch die Probleme und Grenzen der Anwendung der gängigen Koalitionstheorien auf die Schweiz im internationalen Vergleich diskutiert. Weitere Schwerpunkte liegen auf der historischen Beschreibung der Regierungszusammensetzungen sowie vor allem in der Analyse der heutigen Erfüllung der Aufgaben und Funktionen des Bundesrates. Das Kapitel schliesst mit einem Überblick über die verschiedenen Reformversuche und einer kurzen Schlussbetrachtung.

---

1 Der Inhalt der Abschnitte 5.2 und 5.3.2 ist eine überarbeitete und erweiterte Fassung von Milic und Vatter (2013).
2 Das vorliegende Kapitel beschränkt sich auf eine Betrachtung des Bundesrats als Institution. Für eine umfassende Darstellung der Sozial-, Persönlichkeits- und Medienprofile der Bundesrats*mitglieder* vgl. Vatter (2020).

## 5.2 Die historische Entwicklung der Regierungszusammensetzung

Als Vorbilder für die Ausgestaltung der Schweizer Regierung dienten den Verfassungsvätern einerseits die Direktorien der Französischen Revolution von 1795 bis 1799 und der Helvetischen Republik von 1798 bis 1803, andererseits das in den liberalen und regenerierten Kantonen praktizierte kollegiale Regierungssystem (Altermatt 2020; Brühl-Moser 2007; De Pretto 1988: 57; Kölz 1992). Man erhoffte sich mit dem siebenköpfigen Bundesrat – dessen Mitglieder gleichzeitig Staatsoberhaupt, Premierminister und Regierungskabinett sind – sowie dem föderalistischen Aufbau, den verschiedenen Landesteilen und der kulturellen Heterogenität des Landes genügend Rechnung zu tragen. In den ersten Jahrzehnten stand das Kollegialsystem im Vordergrund und wurde zusätzlich durch die Praxis gestärkt, dass der Bundespräsident für ein Jahr sein eigenes Departement mit dem Politischen Departement (Aussendepartement) eintauschte, weshalb die Aussenpolitik für längere Zeit eine Angelegenheit des Gesamtbundesrats blieb. Der Bundespräsident erhielt mit den äusseren Beziehungen die klassische Domäne eines Staatspräsidenten und verfügte damit auch über eine etwas hervorgehobene Stellung. Allerdings ging die Kopplung[3] von Bundespräsidium und Politischem Departement auf Kosten der aussenpolitischen Kohärenz, so dass Rotationsprinzip 1887 zunächst vorübergehend; ab den frühen 1920er Jahren endgültig aufgegeben wurde (Vatter/Freiburghaus/Feuz 2023).

Wie in Abbildung 5.1 ersichtlich, wurde die Schweiz zwischen 1848 und 1890 ausschliesslich von sieben Vertretern der freisinnigen Parteifamilie regiert, obwohl die Wahlen in den Bundesrat im 19. Jahrhundert oft umstritten und häufig mehrere Wahlgänge nötig waren (vgl. Altermatt 2020, 2021, 2023). Die Regierung entsprach somit zumindest formal einer Einparteienregierung („Single Party Majority") und war ein Spiegelbild der klaren Mehrheitsverhältnisse im Bundesstaat. Das lag zum einen darin begründet, dass das politische System der Schweiz vom Verfassungsgeber von 1848 als Mehrheitssystem konzipiert wurde. So fanden die Parlamentswahlen in beiden Kammern im Majorzverfahren statt (vgl. Kapitel 2) und das Parlament wurde vom Freisinn dominiert, der im neuen Bundesstaat tonangebenden Gruppierung. Des Weiteren existierten in der Schweiz noch keine Parteien im modernen Sinne. So war der Freisinn eine eher lose Vereinigung von Parlamentsmitgliedern mit liberalem Gedankengut, die jedoch aus unterschiedlichen Strömungen und Flügeln bestand (vgl. Kapitel 3). Ideologisch abgegrenzte Fraktionen begannen sich in der Schweizer Bundesversammlung erst ab den 1880er Jahren zu bilden. Gruner (1977) unterscheidet dabei zwischen drei grossen Fraktionsgruppen, der radikalen Linken, der liberalen Mitte (Zentrum) und der katholisch-konservativen Rechten. Da Letztere als Verlierer des Sonderbundskriegs zunächst von der Regierungsverantwortung ausgeschlossen wurde, spielte sich die Verteilung der Bundesratssitze bis ins letzte Viertel des 19. Jahrhunderts ausschliesslich zwischen den radikalen und liberalen Flügeln der freisinnigen Familie ab. Ab 1857 versuchte die katholisch-konservative Opposition, mittels „Kampf-

---

3 Der Neuenburger Bundesrat Numa Droz amtierte 1887–1892 als erster Aussenminister über mehrere Jahre im Eidgenössischen Politischen Departement (EPD, später EDA), weshalb auch vom „System Droz" die Rede ist (Vatter/Freiburghaus/Feuz 2023).

kandidaturen" einen Sitz in der Landesregierung zu erringen, scheiterte aber zunächst an der konsequenten Ablehnung der radikal-liberalen Mehrheitspartei (Altermatt 2020). Dies änderte sich erst, als die Katholisch-Konservativen das 1874 eingeführte fakultative Referendum zur Obstruktionspolitik nutzen. Der Freisinn sah rasch ein, dass referendumsfähige Kräfte in einem direktdemokratisch derart weit geöffneten System auf Dauer nicht vom Entscheidungsprozess ausgeschlossen werden können und frühzeitig in den Gesetzgebungsprozess miteingebunden werden müssen. Als 1891 die Vorlage für die Verstaatlichung der Eisenbahnen in einer Referendumsabstimmung abgelehnt wurde und der zuständige Bundesrat Emil Welti überraschend zurücktrat, überliess die freisinnige Regierungspartei den Katholisch-Konservativen einen ersten Bundesratssitz, womit diese mit der Wahl von Josef Zemp endlich den Status einer Regierungspartei erlangten. Der Freisinn hielt jedoch in beiden Kammern der Legislative nach wie vor eine Mehrheit. Dieser partielle Machtverzicht wurde später als „freiwilliger Regierungsproporz" bzw. „historische[r] Kompromiss" (Altermatt 2021: 111) bezeichnet, weil er nicht den arithmetischen Mehrheitsverhältnissen geschuldet war und einen Klimawechsel in der eidgenössischen Politik signalisiertev. Ganz freiwillig war er aber schon damals nicht, denn der dauerhafte Ausschluss der Katholisch-Konservativen hätte mittel- und langfristig zu einer Blockade des Entscheidungssystems geführt.

1918 wurde eine Volksinitiative zur Einführung der Proporzwahl bei den Nationalratswahlen angenommen. Das Begehren wurde vom nach wie vor dominierenden Freisinn bekämpft, von den Katholisch-Konservativen und den Sozialdemokraten aber unterstützt (vgl. Kapitel 2). Weiter hatten sich in der Zwischenzeit auch nationale Dachorganisationen der zuvor bloss auf kantonaler Ebene organisierten Parteien gebildet. Die Einführung des Proporzwahlrechts für den Nationalrat änderte vorerst noch nichts am Koalitionstypus der Regierung, sorgte aber für ein Ende der freisinnigen Mehrheit in den eidgenössischen Räten. Es waren nun die im Zuge des Landesstreiks einander näher gerückten Freisinnigen und Katholisch-Konservativen, die zusammen die Mehrheit in der Vereinigten Bundesversammlung hielten, woran sich im Übrigen bis zu den Wahlen 1991 nichts änderte.[4] Da der Freisinn im Kampf gegen die sozialistische Linke zunehmend auf bürgerliche Koalitionspartner angewiesen war, überliess er 1919 den Katholisch-Konservativen einen zweiten Sitz, womit diese zum Juniorpartner in der Regierung aufstiegen (Altermatt 2021, 2023). 1929 wurde der antisozialistische Bürgerblock mit der erstmaligen Regierungsbeteiligung der Bauern-, Gewerbe- und Bürgerpartei (BGB) und der Wahl von Rudolf Minger in den Bundesrat zusätzlich erweitert. Nachdem die Sozialdemokraten nach mehreren erfolglosen Anläufen in den 1930er Jahren unter dem Eindruck der faschistischen Bedrohung einen verstärkten Reformkurs einschlugen, gelang ihnen 1943 mit Ernst Nobs ebenfalls der Einzug in die Landesregierung. Die fortlaufende Integration der Katholisch-Konservativen, der BGB und der Sozialdemokraten war dabei zu grossen Teilen dem Konkordanzzwang des Referendums geschuldet und – im Falle der SP – zusätzlich äusserem Druck und der Wirtschaftskrise, von welcher man auch

---

4 FDP und CVP wiesen zusammen einen Sitzanteil auf, der bei allen Bundesratswahlen bis 1991 für eine bürgerliche Regierungskoalition aus FDP und CVP ausgereicht hätte.

in der Schweiz eine Radikalisierung der Arbeiterschaft befürchtete (Vatter/Freiburghaus/Feuz 2023). Nachdem das Volk eine Vorlage zur Bundesfinanzreform verworfen hatte, trat 1953 der zuständige sozialdemokratische Bundesrat Max Weber zurück, worauf die SP vorübergehend beschloss, in die Opposition zurückzukehren, bis ihr eine ihrer Wählerstärke angemessene Zweiervertretung zugesichert würde. Nach dem kurzen Intermezzo einer reinen Bürgerblockregierung wurden 1959 mit vier gleichzeitigen Rücktritten die Voraussetzungen geschaffen, dass alle grossen Parteien proportional zu ihrer elektoralen Stärke an der Regierung beteiligt werden konnten. FDP, CVP und SP erhielten je zwei Sitze in der siebenköpfigen Regierung und die damals wählerschwächste Bundesratspartei, die BGB, einen Sitz. Aufgrund ihrer proportional nahezu perfekten Wiedergabe des Wählerwillens sowie ihrer beinahe schon magischen Beständigkeit gab man dieser Zusammensetzung die Bezeichnung „Zauberformel" (Burgos/Mazzoleni/Rayner 2011).

Zwischen 1959 und 2003[5] blieb nicht nur die parteipolitische Zusammensetzung dieselbe, auch die Sitzansprüche der Parteien blieben unverändert. Erst 2003 änderte sich dies. Der SVP wurde mit Christoph Blocher ein zweiter Bundesratssitz auf Kosten der früheren CVP zugesprochen (Caluori/Hug 2005). Dieser für die beständige Schweiz einem Paradigmenwechsel nahekommenden Auflösung der „Zauberformel" waren massive Wählerstimmengewinne und wiederholte Referendumserfolge der SVP vorausgegangen. Der Konkordanzzwang wirkte somit ein weiteres Mal. Allerdings darf dabei nicht ausser Acht gelassen werden, dass sich am Koalitionstypus nichts änderte (Vatter 2008). Es waren weiterhin dieselben Parteien an der Regierungsverantwortung beteiligt, aber in leicht veränderter Konfiguration. Einen Parteiwechsel gab es erst Anfang 2008, als die SVP ihr Regierungsmitglied Eveline Widmer-Schlumpf aus der Partei ausschloss[6] und der andere SVP-Bundesrat Samuel Schmid sich daraufhin der neu gegründeten, von der SVP abgespaltenen Bürgerlich-Demokratischen Partei (BDP) anschloss (Church/Vatter 2009). Bis zu den Ersatzwahlen Ende 2008, insgesamt also für rund ein Jahr, war die SVP als wählerstärkste Partei der Schweiz nicht in der Regierung vertreten. Dabei muss jedoch berücksichtigt werden, dass die SVP nicht von der Bundesversammlung aus der Regierung ausgeschlossen wurde, sondern aus eigenem Antrieb in die Opposition ging, weil anstelle des wiederkandidierenden SVP-Bundesrates Christoph Blocher mit Eveline Widmer-Schlumpf ein anderes kantonales Exekutivmitglied der SVP gewählt worden war. Formal betrachtet änderte sich bei den Gesamterneuerungswahlen des Bundesrates vom Dezember 2007 an der Regierungszusammensetzung *nichts*. Die SVP trat erst anschliessend aus Protest gegen die Nichtwiederwahl Blochers aus der Regierung aus. Gleichwohl war nach wie vor eine übergrosse Koalition im Amt, denn im Bundesrat war

---

5  Die Parlamentswahlen finden jeweils im Herbst statt, die nachfolgenden Gesamterneuerungswahlen des Bundesrates im Dezember.
6  Die nationale Partei, die SVP Schweiz, hatte gemäss einem juristischen Gutachten keine Befugnis, einzelne Mitglieder aus der Partei auszuschliessen. Dieses Recht besitzen bloss die kantonalen Parteien, was den stark segmentierten Aufbau des Schweizer Parteiensystems belegt. Die SVP Schweiz hatte allerdings das Recht, kantonale Sektionen in ihrer Gesamtheit auszuschliessen, was im Falle der SVP Graubünden dann auch erfolgte.

auch ohne die SVP eine grosse Mehrheit der Parlamentsmitglieder parteipolitisch vertreten.

*Abbildung 5.1: Die parteipolitische Zusammensetzung des Bundesrates, 1848–2023*

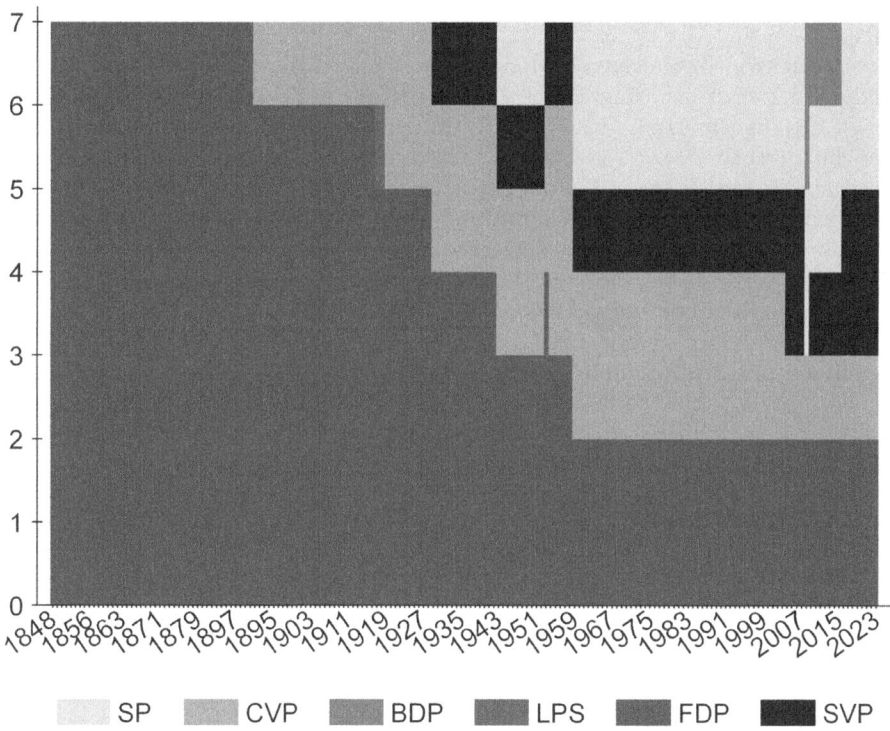

Quelle: Eigene Darstellung.

Die Oppositionsrolle behagte der SVP jedoch nicht. Die klassische Trennung zwischen Regierung und Opposition wird in der Schweiz institutionell verhindert (Church/Vatter 2009). Jede Regierungspartei kann – mithilfe von Initiative und Referendum – fallweise auch Opposition betreiben. Die beiden Flügelparteien SP und SVP haben dies auch vergleichsweise häufig getan. Die SVP, welche als einzige unter den Bundesratsparteien eine aussenpolitische Öffnung vehement ablehnt, griff gerade in der jüngeren Vergangenheit immer häufiger zum Instrument des Referendums bzw. der Initiative. Eine noch pointiertere Opposition war kaum mehr möglich, weshalb die SVP nach einem bloss einjährigen Unterbruch erneut für eine Vertretung in der Regierung kandidierte und wieder einen Bundesratssitz erhielt. Nach der für SVP und FDP erfolgreich verlaufenen Parlamentswahl im Oktober 2015 wurde der SVP in der anschliessenden Bundesratswahl ein zweiter Sitz zugestanden, womit man zur Regierungszusammensetzung der Legislatur 2003–2007 zurückkehrte. Seit den grossen Zugewinnen der ökologischen Kräfte 2019 und im Lichte der kontinuierlichen Verluste der FDP sahen sich jedoch noch nie nur so wenige Wähler im Bundesrat vertreten wie heute. Allerdings scheiterten bisherige Versuche, die Zauberformel an die neuen parteipolitischen Stärkeverhältnisse anzupassen. Einer Justierung stehen der Wahlmodus der sequentiellen Einzelwahl ebenso entgegen wie die Machtinteressen der traditionellen Bundesratsparteien. In jüngster Zeit experimentierten die Parteien mit „arithmetische[n] Krücken" (Vatter/Freiburghaus/Altermatt 2023: 42): Wege, um die Nicht-Bundesratsparteien anderweitig in die Staatsleitung miteinzubeziehen (bspw. erweiterte Von-Wattenwyl-Gespräche; Wahl eines grünliberalen Bundeskanzlers 2023). Abbildung 5.2 zeigt den Wandel des Koalitionstypus auf der Basis der parteipolitischen Zusammensetzung der Schweizer Regierung seit der Gründung des modernen Bundesstaates von 1848 bis 2023. Zusammenfassend lässt sich festhalten, dass mit der fortlaufenden Einführung elektoraler und direktdemokratischer Institutionen der Machtteilung (fakultatives Referendum 1874, Volksinitiative 1891, Verhältniswahlrecht 1918) die Regierungskoalitionen sukzessive grösser wurden, d. h. eine Entwicklung von einer Regierung mit einer Hegemonialpartei zu einer übergrossen Koalition stattgefunden hat.

*Abbildung 5.2: Die Koalitionstypen des Bundesrates, 1848–2023*

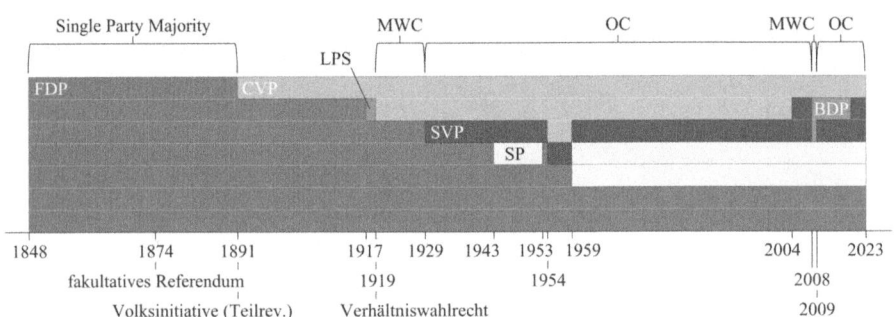

Anmerkungen: Die Typenzuweisung erfolgt auf Basis der Mandate in der Vereinigten Bundesversammlung (Nationalrat und Ständerat), welche das Wahlorgan der Regierung ist. Dabei ist darauf hinzuweisen, dass beim Gesetzgebungsprozess die beiden einander völlig gleichgestellten Kammern getrennt entscheiden. MWC = Minimal Winning Coalition; OC = Oversized Coalition; Teilrev. = Teilrevision. „Minimal Winning Coalitions" (kleinste siegreiche Koalitionen) zeichnen sich dadurch aus, dass schon der Ausstieg einer Partei aus der Koalition zum Verlust der absoluten Mehrheit im Parlament führt und umgekehrt keine weitere Partei der Koalition angehört, die zur Erreichung der Mehrheit nicht notwendig ist (Lijphart 2012). Im Gegensatz dazu verfügt die Regierungskoalition bei der „Oversized Coalition" selbst mit dem Austritt der kleinsten Koalitionspartei aus der Regierung immer noch über eine Mehrheit im Parlament. Zwischen 1891 und 1919 gab es mehrmals grosse Veränderungen der Mandate in der Vereinigten Bundesversammlung. Daher wechselte auch der Koalitionstyp des Bundesrates mehrere Male, weshalb in der Abbildung aus Gründen der besseren Lesbarkeit auf die Beschriftung verzichtet wird.
Quelle: Eigene, aktualisierte Darstellung auf Basis von Milic und Vatter (2013).

Eine weitergehende Systematisierung der historischen Entwicklung der Regierungszusammensetzung besteht darin, den Anteil der Parlamentsmandate der Regierungsparteien einzubeziehen. Abbildung 5.3 gibt diesen Anteil sowohl für den National- und Ständerat wie auch für die Vereinigte Bundesversammlung wieder. Da eine eindeutige Parteizuordnung der Parlamentsmitglieder erst ab 1919 möglich ist, reicht die Darstellung auch nur bis zu jenem Zeitpunkt zurück.

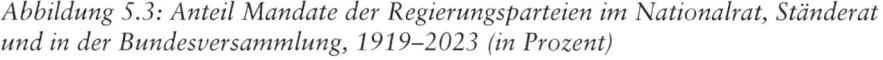

*Abbildung 5.3: Anteil Mandate der Regierungsparteien im Nationalrat, Ständerat und in der Bundesversammlung, 1919–2023 (in Prozent)*

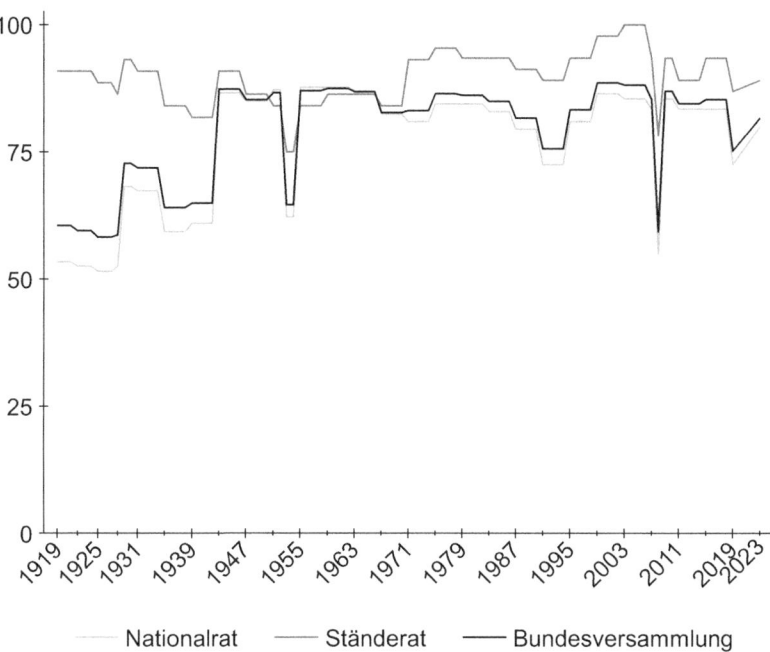

Anmerkungen: Angegeben ist der Anteil der Mandate der Regierungsparteien zu Beginn einer Legislaturperiode. Einzelne Parteiwechsel innerhalb einer Legislaturperiode wurden nicht berücksichtigt. Die Abspaltung der BDP von der SVP 2008 und die Fusion von FDP und LPS 2009 wurden berücksichtigt.

Quelle: Milic und Vatter (2013: 586) und eigene Aktualisierungen.

In allen drei Organen hielten die Regierungsparteien mehr als 50 Prozent der Sitze. Im Ständerat waren es bis auf zwei Jahre gar mehr als 80 Prozent der Sitze. In den Anteilswerten für den Ständerat spiegeln sich allerdings der Majorzcharakter der Wahlen und die Dominanz der kleinen katholischen Kantone wider. Aber auch in der grossen Kammer, dem stärker proportional zusammengesetzten Nationalrat, hatten die Regierungsparteien stets eine Mehrheit. Obwohl die Schweizer Regierung während einer Legislaturperiode nicht zwingend auf parlamentarische Mehrheiten angewiesen ist, lag eine solche seit 1919 immer vor. Abbildung 5.4 zeigt jedoch, dass der Bundesrat nicht durchgehend eine *Mehrheit der Wählerschaft* repräsentierte.[7] Verwendet man nämlich als Bezugsgrösse die jeweiligen Parteistärken und nicht wie zuvor die Sitzanteile, so wird deutlich, dass die Nicht-

---

[7] Diese Diskrepanz zwischen Sitzanteilen und Wählerstärken liegt einerseits am Sitzzuteilungsverfahren, andererseits aber auch daran, dass die Schweiz bei den Nationalratswahlen keinen Einheitswahlkreis darstellt, sondern in 26 kantonale Wahlkreise eingeteilt ist (vgl. Kapitel 2). Dies hat eine gewisse Verzerrung der effektiven Proporzverhältnisse zur Folge, von denen die grossen Parteien am ehesten profitieren (vgl. Tabelle 7.2).

berücksichtigung der BGB und der Sozialdemokraten bei der Regierungsbildung (bis 1929) gleichbedeutend mit einer Regierung war, welche nur die Minderheit der *Wählerschaft* vertrat. Eine solcherart definierte „Minderheitenregierung" lag 2008 nochmals vor, als die SVP ihre Regierungsbeteiligung aufkündigte.

*Abbildung 5.4: Die Wählerstärke der Schweizer Regierungsparteien, 1919–2023 (in Prozent)*

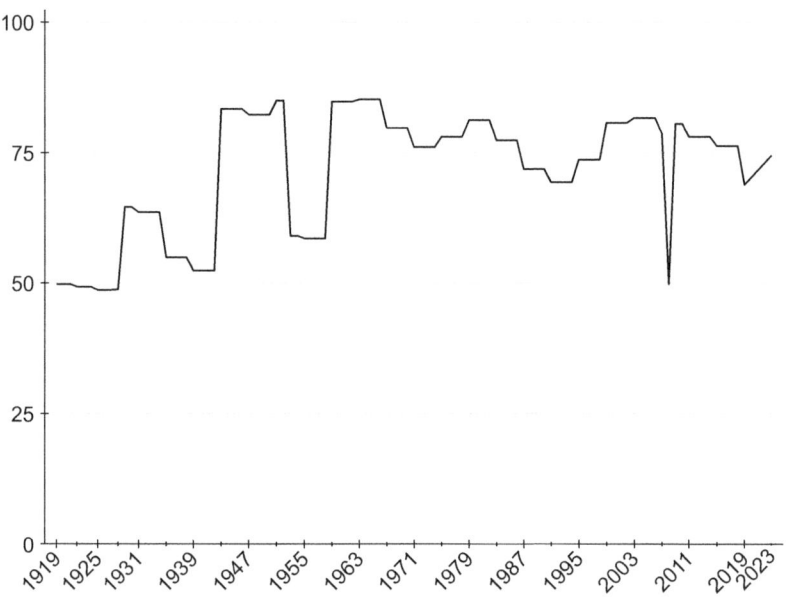

Anmerkungen: Angegeben sind die Parteienwähleranteile bei Nationalratswahlen. 2009 fusionierten LPS und FDP auf nationaler Ebene. Die Parteistärke der BDP wird erst ab 2011 berücksichtigt, da sie zuvor nicht bei nationalen Parlamentswahlen angetreten war.
Quelle: Milic und Vatter (2013: 587) und eigene Aktualisierungen.

## 5.3 Die Regierungswahlen und -koalitionen in den Kantonen

### 5.3.1 Die institutionellen Grundlagen[8]

Im Gegensatz zum Bund werden die kantonalen Exekutiven, die aus historischen oder sprachlichen Gründen in den einzelnen Ständen unterschiedlich bezeichnet werden (Regierungsrat, Standeskommission, Conseil d'Etat, Consiglio di Stato), direkt von den wahlberechtigten Bürgerinnen und Bürgern gewählt und sind weitgehend von den Parlamentsmehrheiten unabhängig. Während die wahlberechtigten Männer der Landsgemeindekantone schon seit Jahrhunderten ihre Regierung an der Landsgemeinde bestellten, hatte die Einführung der direkten Volkswahl in den übrigen Kantonen ihren Ursprung in den demokratischen Bewegungen der

---

8 Vgl. hierzu ausführlich Vatter (2002: 46ff.) als Grundlage dieses Abschnitts.

1860er Jahre, die in zahlreichen Kantonen nicht nur den Ausbau der Volksrechte, sondern auch die Wahl der kantonalen Exekutiven verlangten (Kölz 1992: 10). Als erster Nicht-Landsgemeindekanton führte Genf schon 1847 die geheime Direktwahl der Regierung ein.[9] Die Volkswahl der Regierung in einer repräsentativen Republik war damals in Europa einmalig und hatte auch Signalwirkung für die anderen Kantone. Der Übergang von der Parlaments- zur Volkswahl zog sich allerdings in den übrigen Ständen über mehr als 70 Jahre hin. So dauerte es 16 Jahre, bis Basel-Landschaft als zweiter Kanton die Direktwahl der Exekutive einführte. Als Letzte erhielten der Freiburger und Walliser Souverän erst zu Beginn der 1920er Jahre diese Kompetenzen. Einschränkend ist allerdings festzuhalten: Es ist das Volk, welches die Exekutive wählt. Indes, die Parteien haben durchaus einen Einfluss auf die Regierungszusammensetzung. Sie bestimmen weitestgehend das Feld der Kandidierenden, können Wahlbündnisse eingehen und in bestimmten Kantonen dem Wahlmaterial sogar „Koalitionslisten" beifügen (Milic/Vatter 2013). Zuweilen kommt es zu bestimmten Absprachen vor der Wahl, sodass nur so viele Kandidierende von Parteien mit aussichtsreichen Chancen antreten, wie es Sitze zu gewinnen gibt. Mit anderen Worten: Die Parteien können sich in bestimmten Situationen auf einen Koalitionsschlüssel einigen, welchen das Wahlvolk eigentlich nur noch bestätigen kann. Die wichtigste Konsequenz der Volkswahl bildet die im Vergleich zum Bundesrat stärkere Legitimation der kantonalen Exekutive gegenüber der Legislative. Die kantonale Regierung kann in der Regel vom Parlament nicht abberufen werden, ist aber gleichzeitig wie in einem präsidentiellen System direkt vom Souverän gewählt, was ihr eine starke und unabhängige Stellung verleiht. Abberufungen einzelner Regierungsmitglieder durch das Parlament sind allerdings in Neuenburg und Genf (mit Dreiviertelmehrheit) sowie in Nidwalden vorgesehen. Zudem besteht in sechs Kantonen (BE, SO, TI, SH, TG und UR) die Möglichkeit einer Abberufung durch das Volk (Hangartner u. a. 2023: 617 ff.; Auer 2016: 79).

Bei der Bestellung der kantonalen Exekutive ist die Majorzwahl das vorherrschende Wahlsystem, einzig im Kanton Tessin wird die Regierung nach dem Proporz gewählt (Vatter 2002).[10] Abgesehen von dieser Ausnahme wird die Regierung im Landsgemeindekanton Appenzell Innerrhoden offen, in den übrigen Ständen geheim nach dem Mehrheitsverfahren gewählt, wobei in der Regel zwei Wahlgänge vorgesehen sind: Im ersten Wahlgang muss das absolute Mehr erreicht werden, im zweiten Durchgang genügt das relative Mehr der abgegebenen Kandidierendenstimmen bzw. Wahlzettel. Zur Berechnung des absoluten Mehrs finden sich in den Kantonen verschiedene Verfahren, die teilweise stark voneinander abweichen: Grundsätzlich dominiert bei den Regierungsratswahlen das sogenannte „Hälftenmehr", wobei hier zwei verschiedene Versionen bestehen: Einer ersten Gruppe von Kantonen dient als Berechnungsgrundlage die Zahl der gültig eingelegten Wahlzettel. Eine zweite Gruppe von Kantonen geht bei der Berechnung des „Hälf-

---

9  Vorbilder der Genfer Verfassungsväter waren die amerikanischen Bundesstaaten und der girondistische Verfassungsentwurf. Die Gründe für die Einführung der Volkswahl sind aber in erster Linie den damaligen politischen Genfer Verhältnissen geschuldet (Kölz 1992: 526).
10 Im Kanton Zug gilt erst seit 2014 das Majorzwahlsystem. Im Juni 2013 hatte der Zuger Souverän im dritten Anlauf innert 16 Jahren dem Systemwechsel vom Proporz zum Majorz zugestimmt.

tenmehrs" von der Zahl der gültigen Kandidierendenstimmen aus. Dabei wird die Zahl der Stimmen durch die Sitzzahl dividiert und danach halbiert. Da meist ein Teil der Linien auf den Wahlzetteln leer bleibt, liegt das absolute Mehr bei der zweiten Berechnungsart viel niedriger. Zwei weitere Berechnungsverfahren fanden sich in den Kantonen Graubünden und Genf. Während Graubünden bis 2006 das höchste absolute Mehr kannte, indem zu seiner Berechnung die Summe der gültigen Stimmen durch die um eins erhöhte Zahl der Sitze geteilt wurde, genügte im Kanton Genf bis 2013 für die Wahl im ersten Durchgang schon ein Drittel der gültigen Wahlzettel (sogenanntes „Drittelsmehr"). In allen Kantonen wird die Regierung zudem in nur einem Wahlkreis gewählt, womit die bei Majorzwahlen besonders heikle Problematik der „Wahlkreisgeometrie" entfällt. Allerdings machen die Ausführungen im nächsten Abschnitt deutlich, dass in den Kantonen die reine Mehrheitswahl in der Regel nicht praktiziert wird, sondern entsprechend dem dominierenden Konkordanzsystem die Idee des freiwilligen Proporzes vorherrscht, bei dem zumindest die grösseren Parteien ihrer Wählerstärke entsprechend in den kantonalen Regierungen vertreten sind.

Während im 19. Jahrhundert einzelne Kantone über 15- (BS) und 13-köpfige (NW, ZH) Regierungen verfügten, liegt die Zahl der Mitglieder kantonaler Exekutiven heute je ungefähr in der Hälfte der Kantone bei fünf oder sieben. Historisch zeigt sich damit eine Entwicklung hin zu kleineren und beweglicheren Exekutiven, was mit ihrer Professionalisierung, d. h. mit dem Übergang vom Regierungsnebenzum -hauptamt zusammenhängt. Im 19. Jahrhundert kannten einzelne Kantone Amtsperioden von bis zu acht Jahren. Nachdem im 20. Jahrhundert ein Trend zu vierjährigen Amtsperioden zu verzeichnen war, dem fast alle Kantone gefolgt sind, haben einzelne Kantone wie Genf (seit 2013), Jura (seit 2010) und Waadt (seit 2005) in jüngerer Zeit fünfjährige Amtsperioden eingeführt. Auch im Kanton Freiburg wird die Regierung für fünf Jahre gewählt. Einen Sonderfall stellt der Kanton Appenzell Innerrhoden dar, der die Mitglieder der Standeskommission jedes Jahr an der Landsgemeinde bestellt. Einzelne Kantone sehen für die Regierungsmitglieder Amtszeitbeschränkungen vor, die sich zwischen 12 Jahren (GR), 15 Jahren (FR, JU) und 16 Jahren (AR) bewegen (Hangartner u. a. 2023: 610).

Zwar wird nur im Kanton Tessin noch das Verhältniswahlsystem praktiziert, welches eine angemessene Vertretung von Minderheiten gewährleistet. In der Praxis des Mehrheitswahlsystems sichern aber nicht nur das Prinzip des freiwilligen Proporzes, sondern in einzelnen Kantonen auch verfassungsmässige Bestimmungen den Schutz von ausgewählten Minderheiten. So ist im Kanton Bern ein Regierungssitz ausdrücklich für den Berner Jura reserviert (Mueller/Bühlmann/Zuber 2019) und im Wallis ist aufgrund der historischen Dreiteilung je einer von drei Sitzen für einen bestimmten Kantonsteil vorgesehen, während die beiden übrigen Staatsräte vom gesamten Kantonsgebiet gewählt werden. Eine Reglung zur Verhinderung von regionalen Übervertretungen findet sich im Weiteren im Kanton Uri.

## 5.3 Die Regierungswahlen und -koalitionen in den Kantonen

*Tabelle 5.1: Die institutionellen Grundlagen der Regierungswahlen in den Kantonen (Stand: 31.12.2023)*

| Kt. | Wahl-system | Volkswahl seit | Anzahl Mitglieder | Haupt-amt | Dauer Amts-periode | Form Wahl-zettel | Stille Wahlen | Minder-heiten-schutz |
|---|---|---|---|---|---|---|---|---|
| ZH | Majorz | 1869 | 7 | ja | 4 Jahre | Infoblatt | nein | nein |
| BE | Majorz | 1906 | 7 | ja | 4 Jahre | Infoblatt | im 2. WG | ja |
| LU | Majorz | 1905 | 5 | ja | 4 Jahre | Parteilisten | im 2. WG | nein |
| UR | Majorz | L./1928 | 7 | nein | 4 Jahre | Parteilisten | nein | ja |
| SZ | Majorz | 1898 | 7 | ja | 4 Jahre | Kand.listen | im 2. WG | nein |
| OW | Majorz | L./1998 | 5 | ja | 4 Jahre | Kand.listen | ja | nein |
| NW | Majorz | L./1996 | 7 | ja | 4 Jahre | Kand.listen | ja | nein |
| GL | Majorz | L./1971 | 5 | ja | 4 Jahre | leer | nein | nein |
| ZG | Majorz | 1873 | 7 | ja | 4 Jahre | Infoblatt | ja | nein |
| FR | Majorz | 1921 | 7 | ja | 5 Jahre | Parteilisten | im 2. WG | nein |
| SO | Majorz | 1887 | 5 | ja | 4 Jahre | Infoblatt | im 2. WG | nein |
| BS | Majorz | 1889 | 7 | ja | 4 Jahre | Kand.listen | im 2. WG | nein |
| BL | Majorz | 1863 | 5 | ja | 4 Jahre | Infoblatt | nein | nein |
| SH | Majorz | 1876 | 5 | ja | 4 Jahre | leer | nein | nein |
| AR | Majorz | L./1997 | 5 | ja | 4 Jahre | Parteilisten | im 2. WG | nein |
| AI | Majorz | L. | 7 | ja | 1 Jahr | – | nein | nein |
| SG | Majorz | 1890 | 7 | ja | 4 Jahre | Kand.listen | im 2. WG | nein |
| GR | Majorz | 1892 | 5 | ja | 4 Jahre | leer | nein | nein |
| AG | Majorz | 1904 | 5 | ja | 4 Jahre | Infoblatt | im 2. WG | nein |
| TG | Majorz | 1869 | 5 | ja | 4 Jahre | Infoblatt | nein | nein |
| TI | Proporz | 1893 | 5 | ja | 4 Jahre | – | – | nein |
| VD | Majorz | 1917 | 7 | ja | 5 Jahre | Parteilisten | im 2. WG | nein |
| VS | Majorz | 1920 | 5 | ja | 4 Jahre | Parteilisten | im 2. WG | ja |
| NE | Majorz | 1906 | 5 | ja | 4 Jahre | Parteilisten | ja | nein |
| GE | Majorz | 1847 | 7 | ja | 5 Jahre | Parteilisten | nein | nein |
| JU | Majorz | 1978 | 5 | ja | 5 Jahre | Parteilisten | ja | nein |

Anmerkungen: Kt. = Kanton; L. = Landsgemeinde; WG = Wahlgang.
Quelle: Vatter (2002: 51), Hangartner u. a. (2023: 605ff.) und eigene Aktualisierungen.

Zusammenfassend können die kantonalen Regierungsratswahlen in den meisten Kantonen als eine „Mini-Version" dessen betrachtet werden, was die von der SVP 2011 eingereichte Verfassungsinitiative für eine nationale Volkswahl der Exekutive forderte – im Falle der Berner Regierungsratswahlen wurde dies von den Initianten sogar explizit erwähnt. So sehr sich aber die kantonalen Regierungsratswahlen und die von der SVP geforderte Volkswahl des Bundesrates auch gleichen, gibt es doch auch beträchtliche Unterschiede, insbesondere was die Ausgangsbedingungen und Wahlmodalitäten betrifft (Milic/Vatter/Bucher 2012; Vatter 2002).

### 5.3.2 Die Zusammensetzung kantonaler Regierungen

Im Folgenden wird unter Bezugnahme auf die wichtigsten Koalitionstheorien eine Klassifikation kantonaler Regierungstypen vorgenommen. Dabei gilt es allerdings ausdrücklich darauf hinzuweisen, dass aufgrund der Volkswahl der Exekutive die einzelnen Koalitionstypen im Gegensatz zu parlamentarischen Regierungssystemen gerade nicht das Resultat ämterorientierter Verhandlungen zwischen den potentiellen Koalitionspartnern unter Rücksichtnahme auf die Mehrheitsverhältnisse im Parlament darstellen. Vielmehr sind die Koalitionsformate in den Kantonen in erster Linie die nicht intendierten Folgen von Majorzwahlen unter besonderen Bedingungen (Vatter 2002).

Während in der Nachkriegszeit entweder der eher für kleine und ländliche Stände übliche Regierungstyp mit einer bürgerlichen Hegemonialpartei (*Single Party Majority*) oder die Konkordanzregierung mit bürgerlichen Mehrheitsparteien und linker Minderheit (*Oversized Coalition*) in den urbanen und gesellschaftlich stark segmentierten Kantonen bestand, formierten sich in den 1980er und 1990er Jahren teilweise neue Regierungstypen (Vatter 2002). Wie Tabelle 5.2 deutlich macht, war bis zur Jahrtausendwende zunächst der Typus der Regierung mit einer Hegemonialpartei das Standardmodell in den kleinen, meist katholisch geprägten Kantonen. Es war in der Regel die CVP, welche die Exekutive in diesen Kantonen dominierte. Zwischen 2000 und 2004 fand diese CVP-Vorherrschaft jedoch vielerorts ein Ende. Dies lag insbesondere daran, dass es der SVP gelungen war, in den ehemaligen Sonderbundskantonen die Dominanz der CVP zu brechen, was sich in der Folge auch in den Regierungszusammensetzungen niederschlug. Im Jahre 2020 endete sogar im tief katholisch geprägten Kanton Wallis die historische Dominanz der „C-Parteien". So besass die die ehemalige CVP als nun fusionierte Partei „Die Mitte" 2023 nur noch im Kanton Graubünden eine Mehrheit der Regierungssitze. Der einzige zusätzliche Kanton, der 2023 dem Typus „Regierung mit Hegemonialpartei (*Single Party Majority*)" entsprach, ist Neuenburg – dort allerdings angeführt von einer absoluten FDP-Mehrheit.

*Minimal Winning Coalitions* sind in den Schweizer Kantonen nach wie vor eine Seltenheit. Der prominenteste Fall einer *Minimal Winning Coalition* ist die Genfer Kantonsregierung zwischen 1993 und 1996. Bei den Wahlen 1993 wurde in Genf zum ersten Mal seit Langem eine rein bürgerliche Regierung ohne Beteiligung der Linken gewählt. Ein wichtiger Grund für die Wahl einer reinen Entente-Regierung war dabei die besondere Berechnung des erforderlichen Stimmenmehrs in Genf, welches im Gegensatz zu den anderen Kantonen mit Majorzwahlsystemen nicht bei 50 Prozent der abgegebenen Stimmen lag, sondern nur bei einem Drittel der gültigen Wahllisten. Damit entfiel für den Souverän die in zweiten Wahlgängen oft genutzte Möglichkeit, korrigierend auf die Übervertretung einzelner politischer Kräfte einzuwirken. Weitere Faktoren für das Zustandekommen des Wahlergebnisses waren neben der Genfer Besonderheit eines niedrigen absoluten Mehrs die unterschiedliche Koalitionsbereitschaft innerhalb der beiden politischen Lager und das taktische Verhalten der beiden Blöcke (Vatter 2002). Im 21. Jahrhundert ist der Koalitionstyp *Minimal Winning Coalition* hingegen in gewissen, ehemals stark katholisch geprägten Kantonen regelmässiger zu beobachten: So war im Kanton St. Gallen zwischen 2004 und 2007 eine Regierung im Amt, welche mit dem Weggang des kleinsten Koalitionspartners (CVP) die Mehrheit im Parlament verloren hätte – dies, weil die SVP als stärkste Parlamentsfraktion nicht in der Regierung vertreten war. Eine kleinstmögliche Gewinnkoalition stellte sich zeitweise auch in Luzern ein (2019–2022), nachdem die SP aus der Regierung fiel; ebenso in den Kantonen Freiburg (2018–2020) und Zug (2018–2023). Auch im Kanton Appenzell Ausserrhoden war 2023 eine kleine Regierungskoalition im Amt, wobei

## 5.3 Die Regierungswahlen und -koalitionen in den Kantonen

sich jener Koalitionstyp aufgrund der wenig kompetitiven, von Kandidatenmangel geprägten Verhältnisse dort eher zufällig einstellte.

*Tabelle 5.2: Die Zusammensetzung kantonaler Regierungen, 1979–2023[1]*

| Kantone | Typ der Regierungszusammensetzung | | | |
|---|---|---|---|---|
| | Regierung mit Hegemonialpartei (Single Party Majority) | grosse Regierungskoalition (Oversized Coalition) | kleine Regierungskoalition (Minimal Winning Coalition) | Regierung und Parlament haben unterschiedliche Mehrheiten (Divided Government)[2] |
| AG | | 1979–2023 | | |
| AI | 1979–2017[3] | | | |
| AR | 1979–2014 | 2015–2022 | 2023 | |
| BE | | 1979–2023 | | 1986–1989 2006–2015[4] |
| BL | | 1979–2023 | | |
| BS | | 1979–2023[5] | | |
| FR | | 1979–2017 2021–2023 | 2018–2020 | |
| GE | | 1979–1992 1997–2023 | 1993–1996[6] | 1997–2000 2005–2008[7] |
| GL | | 1979–2009[8] 2014–2023 | 2010–2013 | |
| GR | 2021–2023 | 1979–2020 | | |
| JU | 1994–2001 | 1979–1993 2002–2023 | | |
| LU | 1979–2004 | 2005–2018 2023 | 2019–2022 | |
| NE | 2010–2011 2013–2023 | 1979–1988 1993–2009 | 1989–1992[9] 2012[9] | 1989–1992 |
| NW | 1979–2001 | 2002–2023 | | |
| OW | 1979–2001[10] | 2006–2023 | 2002–2005 | |
| SG | | 1979–2003 2008–2023 | 2004–2007 | |
| SH | | 1979–2023 | | |
| SO | | 1979–2023 | | |
| SZ | 1979–2003 | 2004–2023 | | |

# 5 Die Regierung

| Kantone | Typ der Regierungszusammensetzung | | | |
|---|---|---|---|---|
| | Regierung mit Hegemonialpartei (Single Party Majority) | grosse Regierungskoalition (Oversized Coalition) | kleine Regierungskoalition (Minimal Winning Coalition) | Regierung und Parlament haben unterschiedliche Mehrheiten (Divided Government)[2] |
| TG | | 1979–2023 | | |
| TI | | 1979–2023 | | |
| UR | 1979–2003 | 2004–2023 | | |
| VD | | 1979–2023 | | 1996–1997 |
| VS | 1979–2020 | 2021–2023 | | |
| ZG | 1979–1981 | 1982–2017 | 2018–2023 | |
| ZH | | 1979–2023 | | |

Anmerkungen:
[1]: Alle Jahreszahlen entsprechen den Wahljahren gemäss den Angaben des Bundesamtes für Statistik (2024).
[2]: Es wird davon ausgegangen, dass es zwei grosse ideologische Lager gibt: das links-grüne Lager (v. a. SP, Grüne) und das bürgerliche Lager (v. a. FDP, CVP/Die Mitte, LPS und SVP). Die glp wird hier keinem der beiden Lager zugeordnet. [3]: 2018 erhielt die CVP nur noch drei von sieben Sitzen und 2019 noch zwei, womit seit 2018 keine Regierung mit Single Party Majority mehr besteht. Seit 2018 kann die Regierung im Kanton AI keinem Koalitionstyp mehr zugeordnet werden. [4]: 2006–2015 links-grüne Mehrheit in der Regierung, während die bürgerlichen Regierungsparteien (FDP, SVP, ehemalige BDP) die Mehrheit im Parlament besassen. 2006–2009 verfügten die bürgerlichen Regierungsparteien FDP und SVP über keine Mehrheit im Parlament. Zählt man die Sitze der bürgerlichen Nicht-Regierungsparteien EDU und EVP hinzu, verfügte das bürgerliche Lager im Parlament über eine klare Stimmenmehrheit. Dasselbe gilt auch für 1986–1989. Das links-grüne Lager dominierte die Regierung, die beiden bürgerlichen Parteien SVP und FDP das Parlament. Die FDP ging bei den Regierungswahlen 1986 jedoch leer aus. 5: Die Darstellung der Mehrheitsverhältnisse ist aufgrund des stark fragmentierten Parteiensystems mit erheblichen Schwierigkeiten verbunden. Doch steht fest, dass die Regierungsparteien aus dem jeweiligen Lager stets auch eine *relative* (jedoch keine absolute) Mehrheit der Parlamentsmandate innehatten. 6: Die Regierung 1993–1996 war eine rein bürgerliche (FDP, CVP, LPS). Diese Parteien hielten auch im Parlament die Mehrheit der Sitze (56/100). 7: Die Klassifizierung der Regierungen ist wegen des stark fragmentierten Parteiensystems (regionale Parteien wie der Mouvement Citoyens Genevois) problematisch. 1997–2000 amtete eine Regierung mit bürgerlicher Mehrheit. Im Parlament besass jedoch das links-grüne Lager (inklusive die Nicht-Regierungspartei Partei der Arbeit) eine knappe Mehrheit (51/100 Sitzen). 2005–2008 hielt das links-grüne Lager vier der sieben Regierungssitze, hatte im Parlament jedoch keine Mehrheit. 8: 2008 trat der SVP-Regierungsrat zusammen mit acht Parlamentariern zur neu gegründeten BDP über. Zählt man diese acht Parlamentsmitglieder hinzu, hatte die bürgerliche Regierung eine Mehrheit von 69 % des Parlaments hinter sich. 9: Die Klassifizierung in diesen beiden Fällen ist kritisch, da die Regierung von 1989–1992 aus je zwei SP- und zwei LPS-Sitzen, respektive 2012 aus je zwei SP- und zwei FDP-Sitzen, sowie einem Parteilosen bestand, während die SP und die LPS, resp. die FDP, nur gemeinsam die Mehrheit im Parlament hatte; Parteilose waren keine im Parlament. 10: 2002 spaltete sich die CSP von der CVP ab, weshalb seither keine Regierung mit Hegemonialpartei mehr besteht.

Quellen: Milic und Vatter (2013: 590) und Vatter u. a. (2024).

Gelegentlich ergibt sich nach Parlaments- und Regierungswahlen die Konstellation, dass eines der beiden Lager die Mehrheit in der Regierung besitzt, nicht aber im Parlament (*Divided Government*). Dieser Regierungstyp ist prinzipiell dauerhafter als die *Minimal Winning Coalition*, wie im 21. Jahrhundert namentlich die längere Periode einer rot-grünen Regierungsmehrheit im bürgerlichen Kanton Bern (2006–2015) zeigt; ebenso der Kanton Genf mit einer allerdings kürzeren Phase gegenläufiger Mehrheitsverhältnisse (2005–2008). Damit in den Kantonen unterschiedliche Mehrheiten in der Exekutive und der Legislative zustande kommen, müssen jedoch verschiedene Bedingungen erfüllt werden: Nebst einem überdurchschnittlichen rot-grünen Wähleranteil oder dem Eintreffen aussergewöhnlicher politischer Ereignisse (z. B. Finanzskandal im Kanton Bern) sind es in der Regel Alleingänge der bürgerlichen Parteien und das Majorzwahlsystem. Letzteres verlangt bei Nicht-Erreichung des absoluten Mehrs einen zweiten Wahlgang, bei dem andere Spielregeln gelten als beim ersten Durchgang. Hinzu kommt ein taktisches Verhalten der Wählenden in den beiden Wahlgängen (Vatter 2002). So gesehen erstaunt es kaum, dass *Divided Government* ein in den Kantonen weiterhin sehr seltenes Phänomen ist – trotz der personenzentrierten Volkswahl kantonaler Regierungen nach Majorzverfahren.

Der mit Abstand am häufigsten gewählte und für stark segmentierte politische Systeme wie die Schweiz charakteristische Koalitionstyp ist die übergrosse Regierungskoalition (*Oversized Coalition*), in welcher mehr Parteien vertreten sind, als für eine Mehrheit im Parlament nötig wäre (vgl. Tabelle 5.2). Dabei fällt auf, dass insbesondere die Regierungen in den grösseren und gesellschaftlich heterogenen Kantonen zumeist eine übergrosse Koalition darstellen – also exakt diejenige Regierungsformel, die seit 1929 beinahe ununterbrochen auf Bundesebene ihre Anwendung findet, wobei die kantonalen Regierungen eben nicht vom Parlament, sondern vom Volk gewählt werden. Die Wahlberechtigten aber dürften die Systemwirkungen des fakultativen Referendums beim Wahlentscheid kaum berücksichtigt haben, trotzdem wird der Typus der übergrossen Koalition den anderen Koalitionstypen gegenüber deutlich vorgezogen. Gleichzeitig ist die durchschnittliche Zahl der Regierungsparteien in den Kantonen in den letzten hundert Jahren stetig gestiegen (Walter/Emmenegger 2019: 10).[11] Das liegt einerseits an einer gewissen angebotsseitigen Steuerung (Bochsler/Bousbah 2011), indem die Mehrheitsparteien oft weniger Kandidierende aufstellen, als Sitze zu vergeben sind. Andererseits scheint das Volk unabhängig davon eine möglichst breite Vertretung der Parteien in den Regierungen zu wünschen. Im Ergebnis zeigt sich dennoch, dass das beinahe in allen Kantonen geltende Majorzwahlverfahren seine theoretisch beabsichtigten Wirkungen in der Regel nicht entfaltet – nämlich die Chance auf einen regelmässigen Wechsel der Regierungsmehrheit. 2023 gab es keinen einzigen Kanton mit einer rot-grünen Regierungsmehrheit.

Generell zeigt sich, dass die Instabilität kantonaler Regierungszusammensetzungen im Sinne wechselnder Parteienkoalitionen sowie die Öffnung zu bisher unbekannten Regierungstypen in den letzten 50 Jahren stark zugenommen haben und jahrzehntealte Zauberformeln verschwinden. Dabei gibt es nach wie vor beträchtliche Unterschiede zwischen den einzelnen Kantonen. Die Ursachen für die höhere Instabilität der parteipolitischen Zusammensetzungen kantonaler Exekutiven hängen dabei weniger mit dem Wahlsystem oder spezifischen Regierungsmerkmalen zusammen. Vielmehr liegen sie im Grad des elektoralen Wettbewerbs, der Fragmentierung des Parteiensystems und insbesondere in der abnehmenden Bedeutung

---

11 2023 gab es in keinem Kanton mehr (eine) Partei(en), die mehr als 50% der Wählerstimmen auf sich vereinigen. Würden also alle Wähler nach Parteifarbe wählen, würde sich auch in direkter Volkswahl kaum je eine *einseitig zusammengesetzte* Regierung ergeben. Würden hingegen die Wähler nach „Blockzugehörigkeit" (d. h. „rot-grün" oder „bürgerlich") wählen, müssten in den meisten Kantonen rein linke oder rein bürgerliche Regierungen amten. Dies ist jedoch kaum der Fall. Stattdessen kommen in der Regel quasi-proportionale Regierungsformeln zustande.

der Kooperationsstrategien zwischen den Regierungsparteien, die deutlich mehr Kampfwahlen mit offenem Ausgang zur Folge haben (Vatter 1998, 2002).

### 5.3.3 Die Regierungskonkordanz in den Kantonen

Obwohl in jüngerer Zeit eine Zunahme unterschiedlicher Koalitionstypen in den Kantonen zu verzeichnen ist, bildet wie erwähnt die übergrosse Regierungskoalition nach wie vor den mit Abstand am häufigsten auftretenden Koalitionstyp. Zur Unterscheidung und Charakterisierung der kantonalen Regierungen wird deshalb in der Literatur weniger zwischen den einzelnen Koalitionstypen, sondern oft zwischen dem unterschiedlichen Grad an Regierungskonkordanz unterschieden (Milic/Vatter/Bucher 2012; Vatter 1998, 2002). Bochsler und Sciarini (2006) haben hierzu einen Indikator zur Bestimmung der arithmetischen Regierungskonkordanz entwickelt, der wiedergibt, inwieweit die Zusammensetzung der Regierung derjenigen des Parlaments entspricht. Abbildung 5.5 liefert einen Überblick über den Proportionalitätsgrad der kantonalen Exekutiven im Vergleich zum Parlament für den Zeitraum von 2000 bis 2022. Obwohl die Mehrheitswahl durch das Volk eine parteipolitisch einseitige Regierung erlauben würde, herrscht wie schon ausgeführt auch im 21. Jahrhundert der „freiwillige Proporz" in den Kantonen vor, was zu sehr breit abgestützten Regierungen unter Einbezug von kleinen Parteien führt. So liegt der durchschnittliche Konkordanzgrad bei über 90 Prozent, wobei die Regierung im Kanton Thurgau ein proportional perfektes Abbild der Stärkeverhältnisse im Parlament ist (Bochsler/Bousbah 2011). Umgekehrt unterschreiten sechs Kantone die 90-Prozent-Marke. Die Gründe liegen darin, dass diese Kantone entweder vorübergehend für eine Legislaturperiode über eine minimale Gewinnkoalition verfügten oder die SVP als wählerstarke Partei den Sprung in die Regierung nicht oder erst nach mehreren Anläufen geschafft hat. Allerdings sind auch in diesen Kantonen im langjährigen Schnitt (d. h. über mehrere Legislaturperioden) mehr als 85 Prozent des Parteienspektrums in der Regierung vertreten.

*Abbildung 5.5: Die Regierungskonkordanz in den Kantonen, 2000–2022 (in Prozent)*

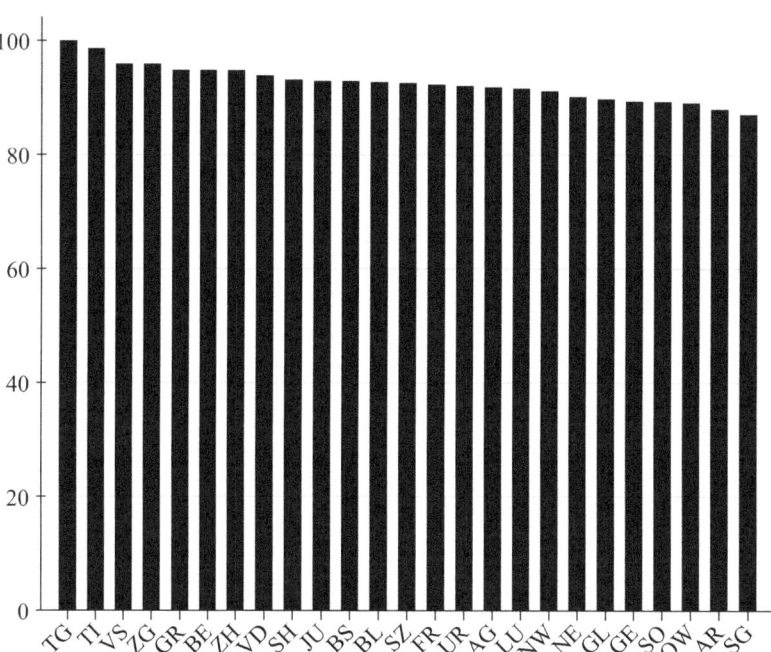

Anmerkungen: Index der Regierungskonkordanz (Proportionalität der Regierungszusammensetzung): Je höher der Indexwert, desto genauer entspricht die Parteienstärke in der Regierung derjenigen im Parlament.
Quellen: Bochsler (2016), Bochsler und Sciarini (2006) und Vatter u. a. (2024).

## 5.4 Die Wahl und Organisation des Bundesrates

In einem nächsten Schritt werden die wichtigsten Merkmale der Bundesratswahlen beschrieben, die Erfolgsfaktoren bei Erst- und Wiederwahlen herausgearbeitet sowie die Regierungsorganisation auf Bundesebene betrachtet. Wie einleitend erwähnt, zeichnet sich der Bundesrat nämlich durch verschiedene Besonderheiten aus. Dessen Kernmerkmale bilden neben der schon behandelten permanenten Grossen Koalition die Gleichstellung der Regierungsmitglieder, die politische Nichtverantwortlichkeit, die Verfassungsprinzipien über die bundesrätliche Arbeitsweise (Kollegial- und Departementalsystem) sowie die in der BV ebenso Verfassung fix verankerte Anzahl Regierungsmitglieder (Germann 1998; Klöti 2006; Sager/Papadopoulos 2022).

### 5.4.1 Die Wahl in den Bundesrat

Die Mitglieder der Regierung werden von der Vereinigten Bundesversammlung (d. h. gemeinsam von National- und Ständerat) für die festgelegte Dauer von vier Jahren gewählt.[12] Sein Recht, die Regierung zu wählen, übt das Parlament entweder bei der Gesamterneuerung des Bundesrates zu Beginn einer Legislaturperiode oder beim vorzeitigen Ausscheiden eines Bundesratsmitglieds aufgrund von Rücktritt oder Todesfall aus. Dabei sind alle Schweizerinnen und Schweizer in den Bundesrat wählbar, die auf Bundesebene über politische Rechte verfügen. Für die Wahl in die Regierung muss die Wahlbehörde auf eine angemessene Vertretung der Landesgegenden und der Sprachregionen achten, während die lange Zeit gültige Kantonsklausel, wonach kein Kanton zeitgleich mit mehr als einem Vertreter im Bundesrat vertreten sein durfte, im Jahr 1999 aufgehoben wurde. Neben diesen formellen Anforderungen müssen die Kandidierenden eine Reihe von informellen Regeln erfüllen. Während früher die Konfessionszugehörigkeit und der Wahlerfolg bei Nationalratswahl eine wichtige Rolle spielten (sogenannte „Komplimentswahl"[13]), stellen heute mitunter die Parteizugehörigkeit, Geschlecht, politische Erfahrung oder die Persönlichkeit relevante Wahlkriterien dar.[14] Das Vorschlagsrecht kommt dabei den einzelnen Fraktionen zu, wobei es immer seltener vorkommt, dass nicht nominierte (sogenannt „wilde") Kandidierenden gewählt werden.[15] Die Wahl durch die Bundesversammlung erfolgt für jeden Bundesratssitz einzeln und nacheinander, wobei bei Bestätigungswahlen das Amtsalter (Anciennitätsprinzip)[16] die Reihenfolge der Wiederwahl bestimmt.[17] Bei Ersatzwahlen für den Bundesrat erfolgt die Wahl für den Rest der laufenden Legislaturperiode und die neuen Regierungsmitglieder werden in der Reihenfolge des Amtsalters ihrer Vorgänger gewählt. Für die Wahl ist die absolute Mehrheit der wählenden Mitglieder der Bundesversammlung notwendig, wobei mehrere Wahlgänge die Regel sind. Während bei den beiden ersten Wahlgängen grundsätzlich jeder stimmberechtigte Schweizer Bürger gewählt werden kann, sind ab dem dritten Wahlgang keine weiteren Kandidaturen mehr zulässig. Wer im zweiten oder in einem späteren Wahlgang weniger als zehn Stimmen bzw. im dritten oder in einem späteren Wahlgang die geringste Stimmenzahl erhält, scheidet aus. Generell gilt, dass Ersatzwahlen bedeutender und stärker personalisiert sind als Gesamterneuerungswahlen.

---

12  Allerdings wurde die Volkswahl des Bundesrates schon bei der Schaffung des Bundesstaates heftig diskutiert und nur von einer äusserst knappen Mehrheit (9:10 Stimmen) abgelehnt.
13  Bis gegen Ende des 19. Jahrhunderts galt die ungeschriebene Regel, dass sich ein amtierender Bundesrat vor seiner Wiederwahl einer Nationalratswahl stellen musste (Vatter/Freiburghaus/Feuz 2023).
14  Eine informative Übersicht über die politischen, regionalen und sprachlichen Vertretungsanteile im Bundesrat seit 1920 liefert die Studie von Stojanović (2016).
15  Nach Lutz (2015) gibt es einen klaren Zusammenhang zwischen der Anzahl nominierter Kandidierenden und deren Wahlchancen. Während die Parteien zwischen 1919 und 1979 ausschliesslich Einerkandidaturen präsentierten, wurden auch häufiger nicht-nominierte Kandidierende gewählt. Ab 1993 wurden sogenannte „Tickets" zur Regel, mit denen die Parteien der Vereinigten Bundesversammlung eine Auswahl an von der anspruchsberechtigten Partei zuvor offiziell nominierten Parteien bieten (üblicherweise ein Dreierticket).
16  Vor der formellen Einführung des Anciennitätsprinzips richtete sich die Reihenfolge der Wiederwahl nach der Anzahl Gegenstimmen, welche die Amtsinhaber bei der letzten Wahl erhalten hatten. Besonders umstrittene Bundesräte wurden damit jeweils am Schluss gewählt.
17  Die Wahl der Bundespräsidentin/des Bundespräsidenten und des Vizepräsidenten/der Vizepräsidentin (jeweils für ein Jahr) erfolgt nach der Wahl des Bundesrates, ebenso diejenige des Bundeskanzlers/der Bundeskanzlerin.

## 5.4.2 Die Erfolgsfaktoren bei der Wahl in den Bundesrat

In klassischen parlamentarischen Systemen werden die Minister üblicherweise vom Regierungschef vorgeschlagen (oder sogar ernannt). Oft werden sowohl deren Auswahl als auch die Zuteilung ihres künftigen Ministeriums bereits mit dem Koalitionsvertrag vorgespurt. Weiter ist der Premierminister vielerorts frei, sein Kabinett jederzeit umzubilden und Minister zu entlassen. Ganz anders in der Schweiz: Hier werden die sieben Mitglieder des Bundesrates in sequenzieller Einzelwahl von der Vereinigten Bundesversammlung auf eine fixe Amtszeit von vier Jahren gewählt (vgl. Kapitel 6). Einmal gewählt, können die Bundesräte nicht abberufen werden; weder noch einzeln noch als Gesamtregierung auf dem Weg eines Misstrauensvotums. Umso grösser ist daher die Bedeutung, welche den Bundesratswahlen auch systemisch zukommt – und umso relevanter daher die Frage, was bei der Wahl in den Bundesrat entscheidend ist.

Politikwissenschaftlich ist es bedeutsam, bei der Analyse der Erfolgsfaktoren zwischen Erst- und Wiederwahl zu unterscheiden (vgl. Bacher/Lambelet 2003; Flick Witzig/Puran/Vatter 2023; Vatter 2020). Entsprechend unterscheiden sich die politischen Dynamiken dahingehend, je nachdem, ob sich ein Regierungsanwärter zum ersten Mal dem Wahlkörper präsentiert oder aber sich ein langjähriges Regierungsmitglied nach Ablauf der vierjährigen Amtsperiode (neuerlich) zur Wiederwahl stellt.[18] Bei der Erstwahl spielt die vorangehende parteiinterne Nomination eine immer grössere Rolle. So zeigt die Vereinigte Bundesversammlung in neuester Zeit deutlich weniger Bereitschaft, „wilde" Kandidierende ausserhalb des von der anspruchsberechtigten Partei vorgeschlagenen „Tickets" zu wählen. Bei dieser Nominationshürde zeigt sich zudem: Verträgliche Persönlichkeiten, die sich durch eine mitfühlende, kooperativ-konziliante, rücksichtsvolle und im Umgang mit Mitmenschen stets freundliche Art auszeichnen, sind im Vorteil gegenüber ihren parteiinternen Mitbewerbern, die einen konfrontativeren Politikstil pflegen. Bessere Karten im parteiinternen Nominationsverfahren haben zudem diejenigen Kandidierende, die aus einem bevölkerungsstarken Kanton stammen. Je bevölkerungsreicher bzw. delegationsstärker nämlich ein Kanton ist, umso mehr Abgeordnetenstimmen winken dem Kandidierenden. All dies zeigen neue Analysen, die sich auf einen Datensatz stützen, der das charakterliche Profil aller 101 Kandidierenden vermessen hat, die zwischen 1982 und 2020 ins Rennen um einen freien Sitz in der Landesregierung gestiegen sind (Flick Witzig/Vatter 2024; Vatter 2020).[19] Dabei stützte sich die Erfassung der Persönlichkeitsmerkmale auf die so genannte „Fünf-Faktoren-Theorie" („Big Five"), einem in der Psychologie gängigen Ansatz. Auf der Basis einer Selbsteinschätzung gaben die Kandidierenden Auskunft über ihre eigenen Charaktereigenschaften. Diejenigen, die unterdessen verstarben oder an der Befragung nicht mitmachen wollten, wurden durch ein unabhängiges Team von Wissenschaftlern eingestuft.

---

[18] Die folgenden Abschnitte stützen sich auf einen früheren Beitrag von Vatter und Flick Witzig (2023), der vorliegend überarbeitet und erweitert wurde.

[19] Als Kandidierende wurden alle Personen betrachtet, die im ersten Wahlgang mindestens zehn Stimmen auf sich vereinigen konnten.

Nominiert ist jedoch noch nicht gewählt. Doch auch am Wahltag spielt der Erfolgsfaktor eines verträglichen Charakters eine signifikante Rolle: Die „Lieben und Netten" erhalten die meisten Stimmen. Verträglichkeit steigert nicht nur die Nominations-, sondern auch die Wahlchancen. Beispielsweise setzte sich 2011 der charmante Alain Berset (SP) gegen den kämpferischen Pierre-Yves Maillard (SP) durch. Und im Dezember 2015 gelang dem stets freundlichen Guy Parmelin (SVP) im 3. Wahlgang der Überraschungscoup gegen den streitbaren SVP-Politiker Thomas Aeschi, der als Favorit gehandelt wurde. Während einschlägige Persönlichkeitsmerkmale für die Erstwahl in den Bundesrat also entscheidend sind, weisen andere, im Vorfeld der Bundesratswahlen öffentlich-medial traditionell hoch gehandelte Erfolgsfaktoren wie das Alter, das Geschlecht oder langjährige politische Erfahrung wie Parlamentsmitgliedschaft oder Parteivorsitz hingegen kein grosses Erklärungspotenzial auf.

Des Weiteren zeigt ein Vergleich zwischen allen Kandidierenden, Nominierten und Gewählten zwischen 1982 und 2020, dass beim Persönlichkeitsmerkmal der Offenheit ein Rückgang der Varianz von allen Kandidierenden zu den Nominierten und von den Nominierten zu den Gewählten zu beobachten ist. Anders ausgedrückt, werden bei jedem Auswahlschritt die vergleichsweise „extremen" Kandidierenden aussortiert (Flick Witzig/Vatter 2024; Vatter 2020). Der mehrstufige, öffentlich-medial beachtete Nominations- und Wahlprozess führt also dazu, dass die Auswahl an in Frage kommenden Personen auf gut schweizerisches „Durchschnittsholz" reduziert wird, wie es der Bundesratshistoriker Urs Altermatt (1991: 80) einst feststellte. Dieser Befund lässt sich auf die in Kapitel 1 bzw. 12 ausgeführten Besonderheiten des schweizerischen Regierungs- bzw. Konkordanzsystems zurückbeziehen: Während es in einer simplen Mehrheitslogik folgenden Präsidial- bzw. Mehrheitsdemokratie wie den USA oder dem Vereinigten Königreich extravertierte Narzissten wie Boris Johnson und Donald Trump bis in die höchsten Ämter schaffen können, erfordert konkordantes Regieren ein gänzlich anderes Charakterprofil. Gefragt sind Teamplayer und kooperative Persönlichkeiten, welche den Geist der Kollegialität hochhalten. Für ein reibungsloses Funktionieren des Bundesrates ist es geradezu essentiell, dass dessen Mitglieder fähig sind, mit ihren ideologisch noch so weit entfernt positionierten Amtskollegen zusammenzuarbeiten – und die Bereitschaft zu Kompromissen zeigen (Vatter 2020). Von wenigen bekannten Ausnahmen wie Christoph Blocher (SVP) abgesehen, hat die Vereinigte Bundesversammlung diese systemische Erkenntnis verinnerlicht, indem sie die Verträglichkeit der Bundesratsanwärter zur faktischen Wahlbedingung erhob.

Wie steht es nun um die Erfolgsfaktoren bei Wiederwahlen? Grundsätzlich können die Mitglieder der Schweizer Landesregierung den alle vier Jahre stattfindenden Gesamterneuerungswahlen gelassen entgegenblicken. Bis auf zwei spektakuläre Ausnahmen (Metzler, Blocher) wurden die Magistraten der letzten Jahrzehnte sicher wiedergewählt, wann immer sie sich erneut zur Wahl gestellt haben (vgl. Kapitel 6). Im langjährigen Schnitt können die bisherigen Bundesräte mit einem komfortablen Stimmenpolster von mehr als 80 Prozent rechnen (Flick Witzig/Puran/Vatter 2023).[20] Was fast schon an „stalinistische Wiederwahlergebnisse" erinnern mag, ist aber ein für Schweizer Verhältnisse vergleichsweise geringer Stimmenanteil. Eine Analyse sämtlicher Wiederwahlergebnisse seit 1947 zeigt nämlich: Die Wahlergebnisse haben sich im Verlaufe der Zeit beträchtlich verändert. Bis Ende der 1960er Jahre wurden die Magistraten allesamt mit Glanzergebnissen von mindestens 85 Prozent der gültigen Stimmen wiedergewählt. Danach sinkt das allgemeine Niveau der Ergebnisse schrittweise und erreicht bei den Gesamterneuerungswahlen der turbulenten, von einer verstärkten parteipolitischen Polarisierung gezeichneten 1990er Jahre seinen Tiefpunkt mit einem durchschnittlichen Anteil von nur noch 70 Prozent der gültigen Stimmen.

Nebst dem Wahlzeitpunkt in der Bundesstaatsgeschichte üben bei Wiederwahlen die Spielregeln des Wahlprozederes einen starken Einfluss auf die individuellen Resultate aus. So wirkt das Prinzip der sequenziellen Einzelwahl bei den ersten Wahlgängen insbesondere für jene Parteien disziplinierend, deren Amtsinhaber später zur Wahl stehen. Entsprechend können amtserfahrene Magistraten, die sich als erstes der Wiederwahl stellen, im Schnitt mit 90 Prozent der gültigen Stimmen rechnen. Darüber hinaus profitieren Bundesräte, wenn ihre Fraktion in der Bundesversammlung stark vertreten ist. Je grösser deren Sitzanteil, desto mehr Stimmen entfallen auf die jeweiligen Wiederantretenden. Hingegen sind viele andere Faktoren wie etwa die Medienpräsenz der Bundesräte, ihre Departementszugehörigkeit, das Geschlecht, die Sprache oder die politische Erfahrung kaum relevant für das Resultat bei der Amtsbestätigung. Als bedeutsam erweist sich indes auch bei den Wiederwahlen die Persönlichkeit – allerdings nicht der Grad der Verträglichkeit, der bei Nominationen bzw. Erstwahlen entscheidend ist, sondern die Gewissenhaftigkeit. Besonders gründlich arbeitende, Regierungsgeschäfte wirksam und effizient erledigende Amtsinhaber wie etwa Kurt Furgler (CVP) werden mit etwas besseren Ergebnissen wiedergewählt. Dieser Befund unterstreicht, dass die Wiederwahlen nicht nur eine reine Routinebestätigung sind, sondern tatsächlich eine Bewertungskomponente enthalten. Mit der Höhe der Stimmenzahl honoriert die Bundesversammlung die Arbeit von besonders pflichtbewussten und leistungsbereiten Mitgliedern der Exekutive (Flick Witzig/Puran/Vatter 2023).

### 5.4.3 Die Gleichstellung der Regierungsmitglieder

Die Regierungsorganisation in der Schweiz zeichnet sich durch verschiedene Einzigartigkeiten aus. Eine erste Besonderheit ist die Nichthierarchisierung, die sich in der Gleichstellung der sieben Bundesräte ausdrückt: Alle Mitglieder des Regierungskollegiums fällen die wichtigen Entscheidungen gemeinsam. Der jährlich wechselnde Bundespräsident nimmt dabei nur die Rolle des „Primus inter Pares" ein und ist damit den anderen Bundesräten gleichgestellt. Seine Aufgabe liegt in der formellen Leitung der Bundesratssitzungen sowie in der Schlichtung in strittigen Fragen, ebenso in besonderen Repräsentationspflichten. Der Bundespräsident

---

20 Allerdings erhält die Vereinigte Bundesversammlung bei bundesrätlichen Gesamterneuerungswahlen durchaus Gelegenheit, ihrer Unzufriedenheit mit der Leistung der Regierungsmitglieder Ausdruck zu verschaffen. Dies bekam beispielsweise Pascal Couchepin zu spüren, der bei seiner Wiederwahl im Jahr 1999 nur 55 % der gültigen Stimmen erhielt.

steht dabei weiter seinem angestammten Departement vor und ist nur berechtigt, Angelegenheiten von untergeordneter Bedeutung für den Gesamtbundesrat eigenständig zu behandeln (Altermatt 2019a: 18). Im Verlaufe der Zeit hat die Bedeutung des Bundespräsidenten zusätzlich abgenommen. Während er in den ersten Jahren des neuen Bundestaates als „Schattenkönig" über ein hohes Ansehen und beträchtliches Gewicht verfügte (Altermatt 2020ff.), hebt ihn heute nur noch wenig von den anderen Regierungsmitgliedern ab Seine einst herausgehobene Stellung kam auch dadurch zum Ausdruck, dass das heute übliche Rotationsprinzip nach Dienstalter (Anciennitätsprinzip) erst in den 1890er Jahren Einzug hielt. Zu Beginn des Bundesstaates waren nur populäre Regierungsmitglieder mit einer starken Hausmacht vom Parlament in dieses Amt gewählt worden, während schwächeren, eher profillosen Bundesräten der Präsidentenstuhl verwehrt wurde (Vatter 2020: 220ff.; vgl. Altermatt 2020, 2021).

### 5.4.4 Die politische Nichtverantwortlichkeit der Regierung

Die politische Nichtverantwortlichkeit der Regierung kommt gemäss Germann (1998) dadurch zum Ausdruck, dass die Mitglieder des Bundesrates laut Verfassung für eine Periode von vier Jahren gewählt sind[21] und nicht vorzeitig vom Parlament abberufen werden können. Im Gegensatz zu parlamentarischen Systemen kann die Regierung in der Schweiz deshalb nicht durch ein Misstrauensvotum gestürzt oder des Amtes enthoben werden, womit sie institutionell über eine starke und gegenüber dem Parlament relativ unabhängige Stellung verfügt. Nach der Ablehnung einer Regierungsvorlage durch das Parlament oder das Volk wird deshalb auch nicht die Demission des Bundesrates erwartet, wie das in parlamentarischen Demokratien üblich ist.[22] Umgekehrt kann die Regierung aber auch nicht das Parlament auflösen und Neuwahlen ansetzen. Die politische Nichtverantwortlichkeit der Regierung wird dadurch zusätzlich gestärkt, dass das Parlament amtierende Bundesräte quasi automatisch wiedergewählt. Ebenso erschwert die Einzelwahl der Regierungsmitglieder die Übernahme einer kollektiven politischen Verantwortung.

### 5.4.5 Das Kollegialsystem

Eine Besonderheit sind die beiden wichtigsten und in einem spannungsreichen Verhältnis zueinanderstehenden Verfassungsprinzipien über die Arbeitsweise des Bundesrats: das an der gemeinsamen Regierungstätigkeit orientierte Kollegialprinzip einerseits und das an der jeweils eigenen Verwaltungsführung orientierte Departementalprinzip andererseits. Das Kollegialprinzip ist in Art. 177 Abs. 1 BV mit dem Wortlaut „Der Bundesrat entscheidet als Kollegium" verankert und bringt zum Ausdruck, dass die Bundesratsmitglieder alle wichtigen Entscheidungen gemeinsam fällen und jedes einzelne Mitglied, auch der Bundespräsident, nur eine Stimme hat. Mit dem Kollegialprinzip ist allerdings nicht nur das gleichberechtigte Fällen von Entscheidungen gemeint. Vielmehr ist es auch Ausdruck

---

21 Bis 1931 betrug die Amtsdauer drei Jahre.
22 Die beiden einzigen Ausnahmen sind die freiwilligen Rücktritte der Bundesräte Emil Welti (1891) und Max Weber (1953) nach verlorenen Volksabstimmungen.

der konkordanten politischen Kultur, einschliesslich der gemeinsamen Beratung und des gütlichen Aushandelns, mit dem Ziel, eine breit abgestützte Einigkeit im Bundesrat zu erzielen. Die Regel sollte deshalb der auf Konsens beruhende Einstimmigkeitsentscheid sein, während der im Ausgang offene Mehrheitsentscheid ohne vorzeitige Konsultation der Minderheiten nur ausnahmsweise zur Anwendung gelangen sollte, auch wenn jeder Entscheid formell eine Mehrheit benötigt. Im Weiteren wird davon ausgegangen, dass alle Mitglieder der Regierung hinter einem einmal gefassten Entscheid stehen, ihn vertraulich behandeln und nach aussen vertreten; selbst bei abweichender persönlicher oder parteipolitischer Ansicht (Sager/Vatter 2019: 203). Die rechtliche Grundlage dazu findet sich in Art. 12 Abs. 2 RVOG: „Die Mitglieder des Bundesrates vertreten die Entscheide des Kollegiums."

Das Kollegialsystem weist zunächst verschiedene Vorteile auf. Es verhindert eine Machtakkumulation bei einzelnen Personen oder Parteien. Damit erlaubt es den einzelnen gesellschaftlichen, regionalen und kulturellen Gruppen, ihre Interessen proportional in die Regierungsgeschäfte einfliessen zu lassen, was die spätere Abstützung und Legitimation ihrer Entscheidungen verbessert. Zudem „steigert das Kollegium die Entscheidungsqualität, indem es Wissen, Können und Erfahrung einer Mehrzahl von gleichberechtigten Personen sammelt und vereinigt" (Klöti 2006: 161). Schliesslich erhöht es auch die verwaltungsinterne Koordination an der Spitze, wo die verschiedenen Interessen zusammenlaufen und sichert ein Mindestmass an politischer Stabilität und Kontinuität. Die verstärkte Polarisierung des Parteiensystems, die sich mit einer gewissen Verzögerung auch im Bundesrat einstellte, die personelle Zusammensetzung der Regierung sowie die zunehmende Personalisierung der Politik führten in den letzten Jahren jedoch dazu, dass der Kerngedanke des Kollegialprinzips deutlich weniger eingehalten wurde (Sager/Papadopoulos 2022; Vatter 2020). Freilich, auch früher gab es schon blockierte Situationen, unterschiedliche Entscheidungsstile und persönliche Konflikte im Bundesrat (vgl. Altermatt 2020, 2021, 2023). Ein neues Phänomen ist hingegen die Abkehr von den auf Konsens und Kompromiss beruhenden gemeinschaftlichen Entscheidungen. Voneinander unabhängige Aussagen ehemaliger Bundesräte legen den Zeitpunkt für diese Praxisänderung auf das Jahr 2003 fest. Mit dem Regierungseintritt von SVP-Parteichefstratege Christoph Blocherfand eine zunehmende Politisierung der Probleme statt, weshalb deutlich stärker als früher die parteipolitische Optik und ein konfrontativer Stil Einzug hielten, was im Widerspruch zum Kollegialprinzip steht. So wurden die Entscheide während Blochers Amtszeit oft in Form von Kampfabstimmungen gefällt, wobei 6:1-Entscheide keine Seltenheit waren und Meinungsdifferenzen oft vorher und nachher öffentlich kommuniziert wurden. Nach der Nicht-Wiederwahl von Christoph Blocher hat wieder eine verstärkte Hinwendung zum Kollegialprinzip stattgefunden, was insbesondere auch durch die vermehrte Durchführung von Klausurtagungen des Bundesrates zu strategisch wichtigen Fragen begünstigt wurde (Sager/Papadopoulos 2022; Vatter 2020). Dennoch kommen Kollegialitätsbrüche und Sololäufe weiterhin vor.

## 5.4.6 Das Departementalprinzip

Während das Kollegialprinzip im Verlaufe der Zeit an Bedeutung verloren hat, dominiert seit ca. 1920 längst das Departementalprinzip die Arbeitsweise des Bundesrates (Vatter 2020: 238). Das Departementalprinzip sieht vor, dass die Geschäfte des Bundesrates nach Departementen für die Vorbereitung und den Vollzug auf die einzelnen Mitglieder verteilt werden (Art. 177 Abs. 2 BV). Jedes Regierungsmitglied steht je einem Departement vor. Das Departementalprinzip ist dabei der effektiven kollegialen Entscheidungsfindung zeitlich vor- und nachgelagert und ebenso in der Bundesverfassung verankert. Es handelt sich im Kern um ein Delegationsprinzip, indem die Departemente eigenständig bestimmte Aufgaben erledigen. Der Vorteil liegt darin, dass die Bundesräte zunehmend über vertiefte Kenntnisse ihrer eigenen Departemente und damit einzelner Politikfelder verfügen und als kompetente Fürsprecher ihrer Verwaltungseinheiten auftreten können. Zudem können einzelne Koordinationsprobleme innerhalb der Departemente gelöst werden, was das Regierungskollegium entlastet (Klöti 2006). Der Preis dafür ist jedoch, dass jeder Bundesrat in erster Linie nur sein eigenes Departement pflegt und dadurch eine übergeordnete Perspektive verloren geht. Gemäss Germann (1998: 225) beschränkt sich deshalb die Regierungsarbeit im Kollegium primär auf das Prinzip der gegenseitigen Nichteinmischung im Sinn einer negativen Koordination, indem jedes Departement vor allem prüft, ob sich die Vorschläge und Entscheide der anderen Departemente nachteilig auf die Realisierung der eigenen Ziele auswirken. Das Ziel jedes Bundesrates sei es, seine eigenen Geschäfte an den gemeinsamen wöchentlichen Sitzungen erfolgreich und möglichst ohne Änderungen durchzubringen. Dafür sei er umgekehrt auch bereit, möglichst wenig Einfluss auf die Geschäfte der anderen Regierungsmitglieder auszuüben, so Germann (1998: 225). Tatsache ist, dass die Bundesräte ihre Departemente nach ihrer eigenen politischen Rationalität führen, stark aussenorientiert sind und oft Themen selektiv wahrnehmen. Mit anderen Worten: Es interessiert sie besonders stark, was die Medienöffentlichkeit als relevant erachtet. Dies wiederum hängt mit den institutionellen Anreizmechanismen zusammen, d. h. mit den Wahlregeln des Bundesrates, welche die Performanz des einzelnen Regierungsmitglieds und nicht der Gesamtregierung in den Vordergrund rücken. Die Dominanz des Departementalprinzips hat vor allem zur Folge, dass dem Bundesrat zu wenig Zeit für eine übergeordnete strategische und politische Regierungsführung bleibt. Dies gilt insbesondere für die frühe Phase der Auswahl und Bewertung der verschiedenen Handlungsoptionen bei der Lösung politischer Probleme, die heute noch stärker als früher in den einzelnen Departementen als im Bundesrat stattfindet (vgl. Linder/Mueller 2017; Sager/Papadopoulos 2022; Vatter 2022).

## 5.4.7 Die festgelegte Mitgliederzahl der Regierung

Ein herausragendes Merkmal der schweizerischen Regierung ist schliesslich die in der Verfassung festgelegte Mitgliederzahl, die seit der Gründung des Bundesstaates bis heute unverändert blieb (Art. 175 Abs. 1 BV). So blieb im Gegensatz zu allen anderen etablierten Demokratien die Zahl der Ministerien in den letzten 176 Jahren gleich, obgleich immer wieder Rufe nach einer horizontalen Erweiterung des Bundesrats erklingen und eine grössere Ministerzahl die Krisenfestigkeit bzw. Resilienz von Ländern nachweislich zu stärken vermag (Freiburghaus/Vatter/Stadelmann-Steffen 2023).. Innerhalb der Bundesverwaltung haben allerdings beträchtliche Veränderungen und Reformen stattgefunden, die auch eine Folge des lange Zeit stetig wachsenden Verwaltungsapparats waren (Varone 2013; Varone/Giauque 2022).[23] Während im Jahr 1849 das gesamte Bundespersonal 3'000 Mitarbeiter (v. a. Post und Zoll) umfasste, stieg deren Zahl unter Einbezug der (ehemaligen) staatlichen Monopolbetriebe auf den Rekordwert von 140'000 Beschäftigten im Jahr 1990,[24] bevor sie aufgrund der Teilprivatisierungen und der Armeereform wieder sank. Die zentrale Bundesverwaltung beschäftigt heute rund 42'000 Angestellte (38'058 Vollzeitstellen; Eidgenössisches Personalamt 2024).

Die Verfassungsklausel, dass sämtliche Aufgabenbereiche auf die sieben Departemente verteilt werden müssen, hatte aufgrund des starken Staats- und Aufgabenwachstums eine zunehmende Hierarchisierung der Bundesverwaltung zur Konsequenz. Die festgelegte Zahl an Ministerien führte entsprechend zu einer Kumulation von Aufgaben in den einzelnen Departementen. Daher wurde die Koordinationsfunktion der Generalsekretariate bzw. der Generalsekretärenkonferenz als oberstes Koordinationsorgan der Bundesverwaltung umso wichtiger. Abbildung 5.6 macht deutlich, dass Anfang 2024 insgesamt etwas weniger als 30 Bundesämter in der zentralen Bundesverwaltung existieren. Hinzu kommen die sechs Staatssekretariate. Weiter existieren diverse Kontrollorgane, Einheiten der dezentralen Bundesverwaltung (bspw. Eidgenössischer Datenschutz- und Öffentlichkeitsbeauftragter), ausserparlamentarische Kommissionen sowie bundesnahe Betriebe bzw. Bundesbetriebe. Einzig das EFD und das EDA sind heute noch für die ihnen traditionell zugeordneten Aufgaben zuständig, während etwa das EDI sehr heterogene und komplexe Sachbereiche bewältigen muss. So gehören ihm etwa das Gesundheits- und Sozialversicherungswesen, der Kulturbereich, MeteoSchweiz, das Bundesamt für Statistik oder das Schweizerische Bundesarchiv an. Ähnlich wie das EDI bilden auch das UVEK und das EJPD Departemente mit sehr unterschiedlichen Themenfeldern. Es erstaunt nicht, dass die verschiedenen Aufgaben und die daraus resultierende Heterogenität der einzelnen Departemente zu einer zunehmenden Überlastung der Bundesräte geführt haben, weshalb de facto ein beträchtlicher Teil der Verwaltungsführung heute durch die Generalsekretariate oder die Amtsdirektoren und Staatssekretäre wahrgenommen wird (Sager/Papadopoulos 2022; Varone/Giauque 2022).[25]

---

23 Einen umfassenden Überblick über die öffentliche Verwaltung in der Schweiz liefert das Handbuch von Ladner u. a. (2013).
24 Rund 70 % des Bundespersonals waren 1990 bei den grossen Regiebetrieben PTT und SBB angestellt, während die Ministerialverwaltung des Bundes im engeren Sinn rund 35'000 Personen zählte (Germann 1998: 35).
25 Die starke Belastung der Bundesräte belegen die folgenden Zahlen: Im Jahr 2010 hat der Bundesrat 55 Sitzungen abgehalten, 2'482 Geschäfte behandelt und 97 Botschaften an das Parlament überwiesen.

## 5 Die Regierung

*Abbildung 5.6: Die Einheiten der zentralen Bundesverwaltung (Stand: 01.01.2024)*

| BK | EDA | EDI | EJPD |
|---|---|---|---|
| Bundeskanzlei | Eidgenössisches Departement für auswärtige Angelegenheiten | Eidgenössisches Departement des Innern | Eidgenössisches Justiz- und Polizeidepartement |
| Bundeskanzlei *BK* | Generalsekretariat *GS-EDA* | Generalsekretariat *GS-EDI* | Generalsekretariat *GS-EJPD* |
| | Staatssekretariat *STS* | Bundesamt für Kultur *BAK* | Staatssekretariat für Migration *SEM* |
| | Direktion für Völkerrecht *DV* | Bundesamt für Meteorologie und Klimatologie *MeteoSchweiz* | Bundesamt für Justiz *BJ* |
| | Konsularische Direktion *KD* | Bundesamt für Gesundheit *BAG* | Bundesamt für Polizei *fedpol* |
| | Direktion für Entwicklung und Zusammenarbeit *DEZA* | Bundesamt für Lebensmittelsicherheit und Veterinärwesen *BLV* | Dienst Überwachung Post- und Fernmeldeverkehr *ÜPF* |
| | Direktion für Ressourcen *DR* | Bundesamt für Statistik *BFS* | |
| | | Bundesamt für Sozialversicherungen *BSV* | |
| | | Eidgenössisches Büro für die Gleichstellung von Frau und Mann *EBG* | |
| | | Schweizerisches Bundesarchiv *BAR* | |

## 5.4 Die Wahl und Organisation des Bundesrates

| VBS | EFD | WBF | UVEK |
|---|---|---|---|
| **Eidgenössisches Departement für Verteidigung, Bevölkerungsschutz und Sport** | **Eidgenössisches Finanzdepartement** | **Eidgenössisches Departement für Wirtschaft, Bildung und Forschung** | **Eidgenössisches Departement für Umwelt, Verkehr, Energie und Kommunikation** |
| Generalsekretariat *GS-VBS* | Generalsekretariat *GS-EFD* | Generalsekretariat *GS-WBF* | Generalsekretariat *GS-UVEK* |
| Staatssekretariat für Sicherheitspolitik *SEPOS* | Staatssekretariat für internationale Finanzfragen *SIF* | Staatssekretariat für Wirtschaft *SECO* | Bundesamt für Verkehr *BAV* |
| Bundesamt für Cybersicherheit *BACS* | Bundesamt für Zoll und Grenzsicherheit *BAZG* | Staatssekretariat für Bildung, Forschung und Innovation *SBFI* | Bundesamt für Zivilluftfahrt *BAZL* |
| Bundesamt für Bevölkerungsschutz *BABS* | Bundesamt für Informatik und Telekommunikation *BIT* | Bundesamt für Landwirtschaft *BLW* | Bundesamt für Energie *BFE* |
| Bundesamt für Rüstung *armasuisse* | Bundesamt für Bauten und Logistik *BBL* | Bundesamt für wirtschaftliche Landesversorgung *BWL* | Bundesamt für Strassen *ASTRA* |
| Bundesamt für Landestopografie *swisstopo* | Eidgenössische Finanzverwaltung *EFV* | Bundesamt für Wohnungswesen *BWO* | Bundesamt für Kommunikation *BAKOM* |
| Bundesamt für Sport *BASPO* | Eidgenössisches Personalamt *EPA* | Bundesamt für Zivildienst *ZIVI* | Bundesamt für Umwelt *BAFU* |
| Gruppe Verteidigung *V* | Eidgenössische Steuerverwaltung *ESTV* | | Bundesamt für Raumentwicklung *ARE* |
| Nachrichtendienst des Bundes *NDB* | | | |
| Oberauditorat *OA* | | | |

Anmerkungen: Die sogenannt „eigenständigen Organisationen" (bspw. Schweizerisches Heilmittelinstitut *Swissmedic*, Eidgenössisches Spielbankenkommission *ESBK*) werden nicht aufgeführt.
Quelle: Schweizerische Bundeskanzlei (2024a: 54f.).

Im Gegensatz zu einer grundlegenden Regierungsreform haben aber in unregelmässigen Abständen immer wieder gewisse Anpassungen und Aufgabenverschiebungen zwischen den Departementen stattgefunden. So wechselten Anfang 2013 die Aufgabenbereiche ETH, Universitäten und Grundlagenforschung vom EDI ins WBF (ehemaliges Volkswirtschaftsdepartement), wo schon die Berufsbildung, die Fachhochschulen und die angewandte Forschung angesiedelt sind, um der Forderung nach der Schaffung eines Bildungsdepartements zumindest teilweise nachzukommen. Nennenswert sind zudem die Gründung des Staatssekretariats für Sicherheitspolitik sowie des Bundesamts für Cybersicherheit im VBS, die als sicherheitspolitische Kompetenzzentren ihren Betrieb 2024 aufnahmen.

## 5.5 Die Aufgaben und Funktionen des Bundesrates

Die vielfältigen bundesrätlichen Aufgaben und Kompetenzen, die mit der Staatsführung verknüpft sind, halten die Bundesverfassung sowie das RVOG fest. So ist der Bundesrat zuständig für die Planung und Koordination der staatlichen Tätigkeiten, die Information der Öffentlichkeit und die Repräsentation der Schweiz im In- und Ausland (Art. 180ff. BV). Im Weiteren bereitet er Gesetze und Beschlüsse für das Parlament vor, über welche dieses dann entscheidet, bevor sie dann von ihm in Zusammenarbeit mit den Kantonen vollzogen werden. Ebenso trifft er Massnahmen zur Aufrechterhaltung der inneren und äusseren Sicherheit und wählt hochrangige Kader der Bundesverwaltung sowie die Spitze der Armee, für deren Leitung er ebenfalls verantwortlich ist. Schliesslich obliegen dem Bundesrat auch die Aufsicht über die Bundesfinanzen und die Geschäftsführung sowie der Vollzug von Bundesgerichtsurteilen.

Zusammenfassend lassen sich die staatsleitenden Aufgaben der schweizerischen Regierung aus einer politikwissenschaftlichen Perspektive in vier Funktionsbereiche gliedern: Planung, Koordination, Information und Repräsentation (Germann 1998; Hempel 2010; Klöti 2006; Sager/Papadopoulos 2022; Vatter 2020).[26] Im Folgenden wird der Frage nachgegangen, wie weit der Bundesrat diese vier zentralen Regierungsfunktionen heute erfüllt.

### 5.5.1 Die Planungs- und Steuerungsfunktion des Bundesrates

„Gouverner, c'est prévoir": Der Zweck der politischen Planung durch den Bundesrat im Sinne der Staatsleitung liegt darin, die Bundespolitik vorausschauend weiterzuentwickeln, die Verwaltung mit klaren Vorgaben zu führen und das Parlament und die Öffentlichkeit frühzeitig über die eigenen Geschäfte und Absichten zu informieren. Die vierjährige Legislaturplanung und die Jahresziele sind neben dem Budget und dem Voranschlag[27] die wichtigsten Planungsinstrumente des Bundesrates. Die Ziele und Massnahmen der Legislaturplanung bilden den politischen Orientierungsrahmen für die entsprechende Legislaturperiode. Der Bundesrat richtet seine Tätigkeit darauf aus und konkretisiert in seinen Jahreszielen, welche Ziele mit welchen Massnahmen im entsprechenden Jahr erreicht werden sollen. Auf dieser Grundlage legt er dem Parlament im Geschäftsbericht jährlich Rechenschaft ab.

---

26 Germann (1998: 254) betrachtet die Steuerung der direkten Demokratie als eine weitere Kernfunktion der Regierung, die das Agenda-Setting, die Information und die Interpretation von Volksabstimmungen umfasst. Sie wird im Folgenden unter den anderen vier Funktionen behandelt. In Anlehnung an Brühl-Moser (2007) und in Übereinstimmung mit Hempel (2010: 292) werden die vier Grundfunktionen des Bundesrates etwas weiter gefasst als bei Klöti (2006). Für rechtswissenschaftliche Ausführungen zu den Aufgaben, Zuständigkeiten und Funktionen des Bundesrates vgl. Biaggini (2015: 237ff.), Brühl-Moser (2007), Rhinow u. a. (2016: 469ff.), Stöckli (2020: 112ff.) und Tschannen (2016).

27 Beim jährlichen Voranschlag (auch „Budget" genannt) handelt es sich um eine Zusammenstellung von Aufwänden und Investitionsausgaben sowie Erträgen und Investitionseinnahmen für ein Jahr. Im Voranschlag integriert sind der Aufgaben- und Finanzplan; ebenso Leistungsinformationen. Der vom Bundesrat ausgearbeitete Entwurf wird von der Bundesversammlung beraten, gegebenenfalls abgeändert und in Form eines einfachen Bundesbeschlusses verabschiedet.

Die Absicht einer politischen Strategieplanung des Bundesrates ist eher neueren Datums. Im Zuge der politischen Planungseuphorie und der zahlreichen Gesamtkonzeptionen in der Verkehrs-, Energie- und Raumplanung stellte er 1968 erstmals seine „Richtlinien der Regierungspolitik" für eine Legislaturperiode vor, die daraufhin gesetzlich verankert (BBl 1968 1204) sowie ab Mitte der 1970er Jahre mit der Finanzplanung verknüpft und ab 1987 als „Legislaturplanung" weitergeführt wurden (Huber-Hotz 2009; Linder 1987). Während der Bundesrat bis vor wenigen Jahren sein Regierungsprogramm zu Beginn jeder Legislaturperiode der Bundesversammlung nur zur Kenntnisnahme vorlegte, kann seit Ende 2003 das Parlament selbst aktiv auf die Planung Einfluss nehmen und dem Bundesrat konkrete Vorgaben machen. Diese Möglichkeit nutzte die Legislative in vielfältiger Weise,[28] wobei sich die zeitaufwändige Teilnahme an der Regierungsplanung auch aus Sicht des Parlaments als ein schwieriges Unterfangen herausstellte und sich bisher nicht wirklich bewährt hat. Schon die früheren Legislaturziele des Bundesrates stellten sich als zu ambitioniert heraus und ihre Realisierung scheiterte in vielen Fällen rasch an den parlamentarischen, föderalen und direktdemokratischen Hürden. Die Mitsprache des Parlaments führte damit zu einer weiteren Schwächung der Kohärenz von Legislaturzielen bei gleichzeitiger Stärkung parteipolitischer Interessen, ohne dass die schon vorgängig kritisierte Departementslogik aufgebrochen werden konnte. Daran haben auch die 2007 eingeführten (messbaren) Indikatoren zur Überprüfung der Zielerreichung der Legislaturplanung wenig geändert.

Schon seit längerer Zeit wird der Bundesrat mit Vorwürfen der Inkohärenz sowie mangelhafter Weitsicht und fehlender Priorisierung konfrontiert. Die Regierung sei immer weniger in der Lage, eine ganzheitliche, zukunftsgerichtete Politik zu gestalten und gleichzeitig rasch und effizient kurzfristig entstehende Krisen zu meistern. Entsprechend kritisch fiel die vor einigen Jahren durchgeführte Evaluation der Parlamentarischen Verwaltungskontrolle zur strategischen Steuerung des Bundesrates aus (PVK 2009). Die Studie stellte fest, dass die politische Steuerung der Regierung zu wenig aus einer Gesamtoptik heraus erfolge und deshalb einzelfallorientiert und sektoriell ausgerichtet sei. Die Legislaturziele entsprächen im Wesentlichen einer Vorlagenplanung und damit viel eher einem vierjährigen Arbeitsprogramm für Parlament, Bundesrat und Verwaltung. Damit verfehlten sie den Zweck, eine strategische Perspektive und eine auf Schwerpunkte ausgerichtete kohärente Regierungspolitik aufzuzeigen. Zudem würden die Aufgaben- und die Finanzplanungen des Bundesrates nicht konsequent miteinander verknüpft. Der Bundesrat messe der Finanzplanung weit grösseres Gewicht bei als dem strategisch-politischen Führungsprozess. Eine weitere Untersuchung der PVK (2011) im Auftrag der Geschäftsprüfungskommission des Ständerates (GPK 2012) zur politischen Steuerung des Bundesrates in einzelnen Sachbereichen wie den Sozialversicherungen (AHV, IV, BV, KV) wies trotz einer grundsätzlich positiven Ein-

---

28 Beispielsweise fügte das Parlament im Rahmen seiner Mitwirkung bei der Legislaturplanung 2011–2015 mit der rechtlichen und tatsächlichen Gleichstellung von Frau und Mann, für die der Bundesrat zu sorgen habe, eine siebte politische Leitlinie hinzu. Für die Legislaturplanung 2023–2027 legte der Bundesrat Wohlstand, Zusammenhalt, Sicherheit und Klima als politische Kernthemen fest, welche mittel- bis langfristig die politische Agenda des Bundesrates bestimmen.

schätzung der bundesrätlichen Steuerung ebenfalls auf bedeutende Schwächen hin. So vermisste die PVK (2011) eine grundlegende Strategie des Bundesrates zur Bewältigung der längerfristigen Herausforderungen in den Sozialversicherungen, ebenso eine übergreifende ziel- und wirkungsorientierte Planung. Die PVK (2011: 111ff.) bilanzierte, dass der Bundesrat bei der zukünftigen Ausrichtung der Sozialversicherungen teilweise auf strategischer Ebene, bei der Weiterentwicklung der Gesetzgebung sowie den Ausführungsbestimmungen reaktiv und zu wenig vorausschauend agiere und insbesondere als Kollegialbehörde die Weiterentwicklung der Sozialversicherungen nicht kontinuierlich und systematisch vorangetrieben habe (vgl. auch GPK 2012).

Vor dem Hintergrund des Verhaltens der Bundesbehörden im Zusammenhang mit den diversen Finanzmarkt-, Sicherheits- und Gesundheitskrisen im 21. Jahrhundert untersuchten die Geschäftsprüfungskommissionen sowie eine PUK zur CS-Notfusion wiederholt die Planungs- und Steuerungskapazität des Bundesrates in aussergewöhnlichen Krisensituationen (GPK 2010a, 2022, 2023; PUK 2024). So wurde etwa der damalige Vorsteher des EFD für sein Vorgehen in der UBS-Krise 2008 besonders kritisiert (u. a. Herausgabe von UBS-Kundendaten an die USA). Er habe den Gesamtbundesrat nicht hinreichend über die Krisenvorbereitungen und Handlungsoptionen informiert und stattdessen alleine gehandelt, was den Handlungsspielraum der Regierung stark einschränkte (GPK 2010a).[29] Gleichzeitig wurden aber auch die anderen Bundesräte dafür gerügt, dass sie sich selbst nicht genügend informiert hätten. Schliesslich wurde die Regierung dafür kritisiert, dass sie das Krisenmanagement nicht aktiv gesteuert habe, es ihr in Krisensituationen an den elementarsten Mitteln der Teamarbeit gemangelt habe (insb. unter den Departementsvorsteher und -vorsteherinnen von EFD, EDA und EJPD). Aus der Sicht der GPK (2010a) hat sich die Dominanz der Departementalisierung als wichtigstes Hindernis für eine frühzeitige Einbindung des Bundesratskollegiums herausgestellt. Der Bericht der GPK (2010a: 3122) begründete das Scheitern des Bundesrates in der Früherkennung der Finanzkrise entsprechend damit, „dass der Bundesrat seine Gesamtverantwortung als Kollegial- und oberste Exekutivbehörde des Landes im Dossier des grenzüberschreitenden Geschäfts der UBS nicht wahrgenommen hat. Einerseits lag dies am Selbstverständnis des Bundesrates als Kollegium, andererseits auch an der zu weitgehenden Umsetzung des Departementalprinzips." Gemischt sind auch die Schlussfolgerungen aus den diversen Evaluationen zur Krisenorganisation des Bundes für den Umgang mit der Covid-19-Pandemie. So habe es der Bundesrat Anfang 2020 verpasst, „frühzeitig grundsätzliche Überlegungen über die jeweiligen Aufgaben und Zuständigkeiten der verschiedenen Krisenorgane des Bundes [anzustellen]" (GPK 2022: 4). Massnahmen zur Krisenbewältigung seien in den einzelnen Departementen „mehrere Wochen lang unkoordiniert eingeleitet und erarbeitet [worden]" (ebd.). Dass Covid-19-Vorlagen des Bundesrats regelmässig Gegenstand von Indiskretionen

---

29  Eine ähnliche Kritik an den nicht funktionierenden Informationsflüssen zwischen den Mitgliedern des Bundesrates und dem eigenmächtigen Handeln des Bundespräsidenten übte die GPK (2010b) im Zusammenhang während der sogenannten „Libyen-Affäre".

waren,[30] setzte das Kollegialitätsprinzip weiteren Belastungen aus, was zusätzlich auf Kosten der krisenspezifischen Planungs- und Steuerungsfunktion ging (GPK 2023a).Insgesamt erstaunt es kaum, dass es dem Bundesrat in der Regel nicht gelingt, im Kontext eines stark föderalen sowie nicht-parlamentarischen Systems mit ausgebauten Volksrechten eine vorausschauende strategische Steuerung und kohärente politische Planung mit klaren Prioritäten vorzulegen und umzusetzen. Hinzu kommt bei der Legislaturplanung, dass es sich nicht um einen verbindlichen Koalitionsvertrag wie in parlamentarischen Systemen handelt, an welchen die Legislative und Exekutive gebunden sind. Der Nutzen der schweizerischen Regierungsprogramme liegt damit weniger in einer Stärkung der konzeptionellen Regierungsplanung, der Früherkennung von politischen Entwicklungen oder in der Umsetzung eines Partei- oder Koalitionsprogramms, wie das in parlamentarischen Demokratien der Fall ist. Die Planungs- und Steuerungsinstrumente der Regierung sind vielmehr Instrumente des Dialogs zwischen Regierung und Parlament, die frühzeitig sichtbar machen sollen, bei welchen Sachgeschäften die Regierung Prioritäten setzen will und bei welchen mit der Zustimmung bzw. mit Widerstand von National- und Ständerat gerechnet werden kann. Das Ziel ist damit weit bescheidener als in einem parlamentarischen System und liegt in der Bereitstellung eines Überblicks über die laufenden Projekte der Bundesbehörden. Damit sollen die Absprachen innerhalb der Verwaltung und zwischen Bundesrat und Parlament verbessert werden. Problematisch ist dabei, dass es in vielen Fällen nicht gelingt, durch die Legislaturplanung und weitere Planungsinstrumente die Kohärenz und Koordination der Regierungstätigkeit signifikant zu verbessern, auf die im nächsten Abschnitt eingegangen wird. Die Folgen davon sind eine Verschiebung der Macht hin zur Verwaltung, was in regelmässigen Abständen die Forderung nach Reformen der Regierungsorganisation nach sich zieht (Klöti 2006; Linder/Mueller 2017; Vatter 2020).

### 5.5.2 Die Initiativ- und Koordinationsfunktion des Bundesrates

Eine der wichtigsten Aufgaben der Exekutive ist die Vorbereitung und Koordination der politischen Geschäfte im Vorfeld der parlamentarischen Entscheidungsfindung. Unter Koordination wird dabei einerseits die „Lenkung und Gestaltung des Rechtssetzungsprozesses" (BBl 1993 III 1046) im Sinne der Abstimmung der Tätigkeiten innerhalb der Bundesverwaltung verstanden, andererseits aber auch das Zusammenführen der Positionen der verschiedenen politischen Akteure auf den verschiedenen föderalen Ebenen zu einer gemeinsamen Strategie (Klöti 2006). Im Folgenden werden deshalb neben dem bundesrätlichen Gesetzesinitiativrecht sowohl die interne (und horizontale) Koordination innerhalb der Bundesverwaltung als auch die externe (zusätzlich auch vertikale) Abstimmung und Bündelung der Handlungen zwischen den Parteien, Verbänden, Kantonen und anderen Organisationen durch die Exekutive betrachtet. Besonderes Gewicht kommt dabei den Mitberichts- und Vernehmlassungsverfahren zu, die zwei zentrale Koordinationsinstrumente des Bundesrates darstellen (De Pretto 1988: 11).

---

30 So spielte der ehemalige Kommunikationschef des EDI während der Covid-19-Pandemie dem CEO der Ringier AG regelmässig vertraulich klassifizierte Informationen zu (GPK 2023a).

1. *Agenda Setting-Funktion des Bundes*: Eine zentrale Aufgabe des Bundesrates liegt in der Leitung des gesetzgeberischen Vorverfahrens, das mit der Ausarbeitung eines Vorprojekts durch das zuständige Departement bzw. Bundesamt, fallbezogen gebildete Gremien oder externe Experten beginnt. Hierfür werden teilweise Ad hoc-Kommissionen mit Experten für das jeweilige Thema eingesetzt. Dabei geht es aber nicht nur um den Beizug von Know-how, sondern in vielen Fällen auch schon um die politische Integration von Exponenten der Interessengruppen sowie der Kantone, damit die Entwürfe schon zu einem frühen Zeitpunkt „referendumsfest" und „vollzugstauglich" werden. Ein so erarbeiteter Vorentwurf ist dabei von beträchtlicher Bedeutung, weil dort schon wichtige Vorentscheide getroffen und Kompromisse gefunden werden, weshalb es dem Bundesratskollegium danach oft schwerfällt, substantielle Änderungen vorzunehmen (Germann 1998; Rebmann/Mach 2013). Allerdings haben die vom Bundesrat eingesetzten ausserparlamentarischen Expertenkommissionen in den letzten Jahrzehnten stark an Bedeutung verloren. Während sie in den frühen 1970er Jahren an gut einem Drittel aller Gesetzgebungsverfahren beteiligt waren, sank der entsprechende Anteil bereits in der Mitte der 1990er Jahre auf ca. zehn Prozent (Papadopoulos 1997: 75–78; Biedermann 2002: 12; Himmelsbach 2014: 123). Der Bedeutungsverlust der Expertenkommissionen kann auf drei Faktoren zurückgeführt werden: Zum einen erschwert eine zunehmende Politisierung der Gremien die Erarbeitung tragfähiger Konsenslösungen. Zweitens trägt die wachsende Komplexität der Probleme zum Niedergang der ausserparlamentarischen Kommissionen bei. Und schliesslich werden Normsetzungsprozesse in der Schweiz stark durch internationale bzw. europäische Vorgaben geprägt, die den Spielraum der Gremien beschränken (Germann 2002).

Während der Bundesrat lange Zeit als derjenige Akteur galt, der den weitaus grössten Anteil der eidgenössischen Gesetzgebung auslöste, zeigt eine Untersuchung von Jaquet, Sciarini und Varone (2019), dass in den ersten beiden Dekaden des 21. Jahrhunderts der Anstoss zu einer neuen Gesetzgebung vermehrt von aussen durch eine Vielzahl von Akteuren geschieht, insbesondere durch parlamentarische Vorstösse, (indirekte) Gegenvorschläge zu Verfassungsinitiativen, internationale Akteure, Forderungen von Interessengruppen und Kantonen oder medialen Druck, welche die Regierung zum Handeln veranlassen. Die starke Stellung des Bundesrates wurde im Verlaufe der Zeit einerseits durch vermehrten Gebrauch des Instruments der parlamentarischen Initiative und weiteren legislativen Mitwirkungsrechten herausgefordert (Brüschweiler/Vatter 2018),[31] andererseits wurden vor allem auch internationale Akteure als Agenda-Setter immer wichtiger (Jaquet/Sciarini/Varone 2019: 224). Abbildung 5.7 zeigt die verschiedenen Initiatoren der Erlassentwürfe seit 2000. Daraus wird deutlich, dass nach wie vor die Mehrheit der Bundeserlasse vom Bundesrat initiiert werden, der Anteil der vom Parlament lancierten Geschäfte jedoch über die Zeit in der Tendenz steigt. Jener des Volkes

---

31 Den stark gestiegenen parlamentarischen Aktivitäten stehen aber eher bescheidene direkte Erfolge gegenüber. So werden jeweils weniger als 20 % aller parlamentarischer Initiativen und Motionen von den Räten angenommen (Brüschweiler/Vatter 2018). Zudem verfügt der Bundesrat über einen beträchtlichen Handlungsspielraum bei der Erfüllung von Motionen und Postulaten, für die er sich im Durchschnitt mehr als drei Jahre Zeit lässt (PVK 2019a; Stadelmann-Steffen/Oehrli/Vatter 2021).

und insbesondere der Kantone stagnieren derweil auf niedrigem Niveau. Auch nahm das Parlament bei fast der Hälfte aller zwischen 2006 und 2019 behandelten Bundesratsvorlagen Abänderungen vor (Müller/Dick/Freiburghaus 2020), wobei die legislative Einflussnahme insbesondere bei referendumspflichtigen Geschäften und Erlassentwürfen ausgeprägt ist, die weit oben auf der Medien- bzw. parlamentseigenen Agenda rangieren (Gava/Jaquet/Sciarini 2021).

*Abbildung 5.7: Die Initiatoren von Erlassentwürfen, 2000–2023*

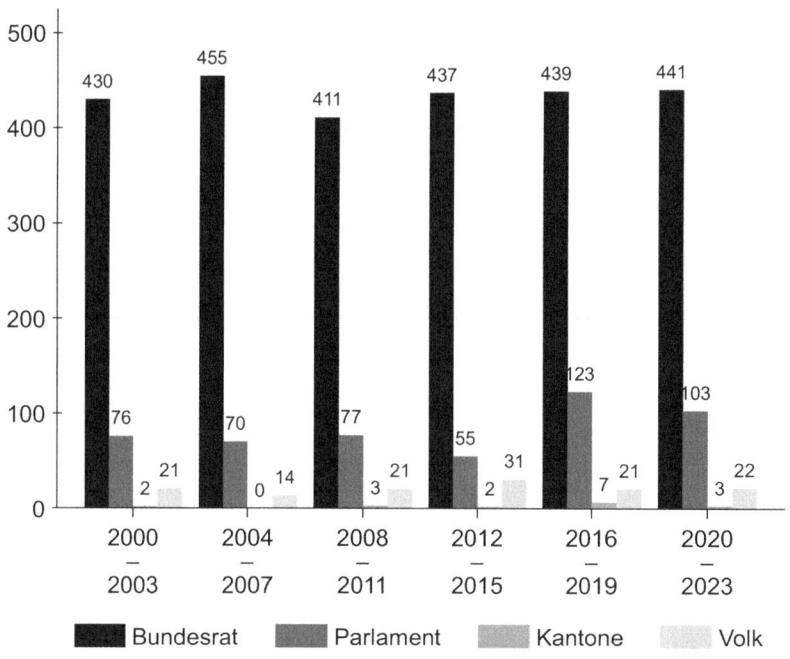

Quelle: Curia Vista (2024).

Insgesamt ist die Rolle des Bundesrates als *Gatekeeper*, der als steuernder Akteur im Sinne eines Schleusenwärters eine zentrale Position im politischen Entscheidungsprozess einnimmt, nach wie vor wichtig, hat aber gegenüber den anderen Akteuren wie insbesondere inter- und supranationale Organisationen und dem Parlament etwas an Bedeutung verloren. Trotzdem sollte die Auslösungsfunktion des Bundesrates, die zudem zwischen den einzelnen Politikbereichen stark schwankt,[32] nicht unterschätzt werden: „Schon bei der Politisierung eines Problems und wenn eine Frage auf die politische Agenda gesetzt wird, spielt er eine zentrale Rolle, sei es, dass er neue Entscheidungsprozesse selbst initiiert, sei es, dass er eine Art Gatekeeper-Rolle spielt und parlamentarische Vorstösse oder

---

[32] Während der Bundesrat als Initiator besonders aktiv bei innenpolitischen Themen ist, die von den Departementen WBF, VBS und EDI auf die politische Agenda gesetzt werden, ist sein Einfluss als Agenda-Setter bei Themen aus dem UVEK, EDA und EJPD deutlich kleiner (Jaquet/Sciarini/Varone 2019: 229).

gar Volksinitiativen abschwächt oder ihre Wirksamkeit verzögert" (Klöti 2006: 168). Zu einem ähnlichen Schluss kommen auch Schwarz, Bächtiger und Lutz (2011), welche die Agenda-Setting-Funktion des Bundesrates untersucht haben und insbesondere auf seine Einflussmöglichkeiten zu Beginn der vorparlamentarischen Entscheidungsphase hinweisen, in der die Regierung die Eckpunkte eines neuen Gesetzesentwurfs festlegen kann und damit als Gatekeeper über einen starken *First-Mover-Vorteil* verfügt. Kurz: Das Hauptgewicht bei der Auslösung des Rechtssetzungsprozesses liegt nach wie vor bei der Exekutive, auch wenn das Bundesparlament und andere Akteure diesbezüglich im Verlaufe der letzten Jahrzehnte einflussreicher und aktiver geworden sind. Von der Internationalisierung bzw. Europäisierung der Politik konnte die Regierung zudem auch profitieren, „indem sie in den meisten Fällen als Vermittler des äusseren Drucks dient, da sie für die Anpassung des Schweizer Rechts am internationalen Recht verantwortlich ist" (Jaquet/Sciarini/Varone 2019: 226). Zu diesem Schluss kommen auch Fischer/Sciarini (2019: 61) und sehen in dieser Hinsicht eine indirekte Stärkung der Exekutive, da ihr bei internationalen Geschäften eine privilegierte Position bezüglich Initiierung, Information und institutionellen Zugangsmöglichkeiten zukommt). Allerdings gilt es dabei zu beachten, dass sich der Bundesrat im Vorverfahren der Gesetzgebung meist auf eine strategische Verfahrenskontrolle beschränkt, während die materielle Politikformulierung in erster Linie in den Ämtern und Departementen geschieht (Linder/Müller 2017: 284f.).

2. *Durchführung des Mitberichtsverfahrens:* Alle wichtigen politischen Geschäfte eines Bundesrats durchlaufen ein sogenanntes Mitberichtsverfahren. Dabei werden von einem Departement unterzeichnete Anträge an den Bundesrat den anderen Departementen und der Bundeskanzlei zur Stellungnahme („zum Mitbericht") unterbreitet, um die unterschiedlichen Interessen der Departemente möglichst früh auszugleichen und zu erkennen, wer innerhalb der Bundesverwaltung Widerstand gegen ein Departementsgeschäft leistet. Hier werden oft wichtige Vorentscheide gefällt und Vorlagen, die schon beim Mitbericht auf breite Ablehnung stossen, werden in der Regel gar nicht mehr weiterverfolgt. Ein Mitberichtsverfahren durchläuft dabei vier Stufen, wobei es von der Bundeskanzlei eröffnet und koordiniert wird:[33] Zunächst legt das federführende Departement einen Antrag an die anderen Departemente und die Bundeskanzlei zum Mitbericht vor. Diese können darauf einen begründeten Mitbericht einreichen, worauf das federführende Departement in einem dritten Schritt eine Stellungnahme zu den Mitberichten herausgibt. Abschliessend können die anderen Departemente nochmals auf die Stellungnahme zu den Mitberichten reagieren. Das Mitberichtsverfahren kommt in verschiedenen Phasen der Gesetzgebung zum Zug, so insbesondere in den Phasen der Planung, Vernehmlassung, Botschaft und Umsetzung. Die Anzahl der Mitberichte sagt dabei wenig über die Qualität und Bedeutung des jeweiligen Gesetzgebungsverfahrens aus. So kann der Grund für eine geringe Anzahl von Mitberichten darin liegen, dass bereits im Vorfeld die wichtigsten Differenzen

---

33 Vor dem Mitberichtsverfahren findet noch ein verwaltungsinternes Vorverfahren in Form einer interdepartementalen Ämterkonsultation statt, im Zuge dessen das federführende Bundesamt seine Vorschläge den interessierten Ämtern innerhalb des eigenen Departementes sowie den Ämtern der anderen Departemente zur Stellungnahme unterbreitet (Sager/Papadopoulos 2022: 230).

bereinigt wurden, während bei weniger wichtigen Vorlagen teilweise zahlreiche Differenzen vorliegen können.

Insgesamt ist das Mitberichtsverfahren ein bedeutsames internes Koordinationsinstrument, das dem Bundesrat hilft, seine Entscheide vorzubereiten und vorhandene Differenzen innerhalb der Verwaltung bereits im Vorfeld zu bereinigen. Es handelt sich um einen schriftlichen Austausch der Pro- und Contra-Argumente zu einer Vorlage, an dem alle betroffenen Departemente beteiligt sind. Gleichzeitig erhalten jedoch dadurch einzelne Departemente eine sehr starke Stellung. Dies gilt insbesondere für die beiden Departemente, welche für die Finanzen (EFD) und die Rechtsgrundlagen (EJPD) zuständig sind und aufgrund ihrer Querschnittsaufgaben faktisch überall mitsprechen und ihr Veto einlegen können (Varone 2013). Hinzu kommt, dass die negative Koordination[34] im Sinne der gegenseitigen Nicht-Einmischung oft den kleinsten gemeinsamen Nenner darstellt, gerade „in Zeiten chronischer Überlastung" (Sager/Papadopoulos 2022: 225).[35]

3. *Leitung des Vernehmlassungsverfahrens:* Mit dem Ausbau der Bundeskompetenzen und der Zunahme öffentlicher Aufgaben hat das Vernehmlassungsverfahren als Instrument der organisierten vorparlamentarischen Interessenvertretung im Verlaufe der zweiten Hälfte des 20. Jahrhunderts stark an Bedeutung gewonnen. Dieses für den Bundesrat zentrale Koordinationsinstrument wurde 1947 im Rahmen der Revision der Wirtschaftsartikel zunächst punktuell eingeführt, im Zuge der Totalrevision in der Bundesverfassung von 1999 verankert und 2005 in einem eigenen Vernehmlassungsgesetz schliesslich konkretisiert. Die damals zusätzlich eingeführte Differenzierung zwischen Vernehmlassungen und Anhörungen wurde 2016 im Rahmen einer Teilrevision des Vernehmlassungsgesetzes wieder abgeschafft.[36] Das Vernehmlassungsverfahren bezweckt die Beteiligung der Kantone, der politischen Parteien und weiterer interessierten Kreise an der Meinungsbildung Entscheidfindung des Bundes (Art. 2 VlG). Damit soll einerseits die Sachgerechtigkeit und föderale Vollzugstauglichkeit sichergestellt werden, andererseits aber vor allem auch die Akzeptanz, d. h. die Referendumsfestigkeit von Bundesvorlagen in der Phase der Politikformulierung (Blaser 2003; Sager/Steffen 2006). Das zentrale Ziel des Vernehmlassungsverfahrens ist damit der frühzeitige Einbezug der relevanten politischen Akteure in die Entscheidungsfindung des Bundes zur Vermeidung späterer Blockaden.

Während bis in die frühen 1970er Jahre die Vernehmlassungsverfahren nicht öffentlich ausgeschrieben wurden und eine Einladung notwendig war, um die entsprechenden Unterlagen zu erhalten, stellt heute die Bundesverwaltung, respektive das jeweilig federführende Bundesamt, die Informationen öffentlich bereit.

---

34 Unter negativer Koordination wird vor allem folgendes verstanden: Jedes Departement prüft ein Geschäft in erster Linie unter dem Aspekt, ob sich die Vorlage aus einem anderen Departement negativ auf die Verfolgung der eigenen Ziele auswirkt.
35 Eine oft erwähnte Ausnahme war Christoph Blocher als EJPD-Chef, der während seiner Amtszeit auch zu unbestrittenen Geschäften viele kritische Mitberichte und Kommentare verfasste, damit aber in der Regel erfolglos blieb.
36 Zusätzlich wurden im Rahmen der Revision des Vernehmlassungsgesetzes im Jahr 2016 weitere Änderungen vorgenommen. So wurde das Verfahren etwa eine Begründungspflicht bei Fristverkürzungen eingeführt und auf konferenziell durchgeführte Vernehmlassungsverfahren verzichtet (Brunner/Bertschy 2015).

Dadurch können alle interessierten Kreise eine Stellungnahme einreichen. Nach Ablauf der Vernehmlassungsfrist verfasst das federführende Amt einen Ergebnisbericht, der eine Übersicht aller eingegangenen Stellungnahmen der Teilnehmer sowie deren Argumente und eingebrachten Forderungen umfasst. Dieser wird nach Kenntnisnahme durch den Bundesrat von der Bundeskanzlei veröffentlicht. Das auswertende Amt, dem eine wichtige Gatekeeper-Funktion zukommt (Bieri 2020), muss daraufhin eine Gewichtung der Stellungnahmen in Bezug auf Interesse, Anliegen und politischem Gewicht vornehmen, wobei sie keinen Vorgaben entsprechen muss – mit Ausnahme der besonderen Berücksichtigung der Kantone, die in der Vernehmlassungsverordnung vorgeschrieben ist. Neben den referendumsfähigen Parteien und Interessengruppen kommt damit den Stellungnahmen der Kantone eine besondere Bedeutung zu. Dies deshalb, weil sie im schweizerischen Vollzugsföderalismus Bundesgesetze umsetzen und mit dem Vernehmlassungsverfahren für die kantonalen Regierungen eine der wenigen verbleibenden Möglichkeiten besteht, um auf dem Weg von formalen vertikalen Föderalismusinstitutionen auf die Bundespolitik einzuwirken (Freiburghaus 2024).

Die beträchtliche Zahl (vgl. Abbildung 5.8) können dazu führen, dass gewisse Interessengruppen, früher auch kleinere und mittlere Kantone nicht über genügend personelle und fachliche Ressourcen verfüg(t)en, um die Verfahren zu bewältigen. Gerade die oft sehr knappen Fristen bei den Anhörungen haben zur Folge, dass es einzelnen Vernehmlassungsteilnehmern an Zeit fehlt, um fundierte Stellungnahmen abzugeben, was sich auf die Qualität der Antworten auswirkt (Andereggen 2012; Brunner/Bertschy 2015). Allerdings entwickelten die Kantone über die Zeit wirksame Professionalisierungsstrategien, die sie als Vollzugsträgers aufgrund ihres exklusiven „Vollzugswissens" zu denjenigen Akteuren gehören, denen die Bundesverwaltung in ihrer Gewichtung der Vernehmlassungsantworten mit die grösste Bedeutung zumisst (Freiburghaus 2024; vgl. Kapitel 10).

*Abbildung 5.8: Anzahl der Vernehmlassungs- und Anhörungsverfahren, 1970–2023*

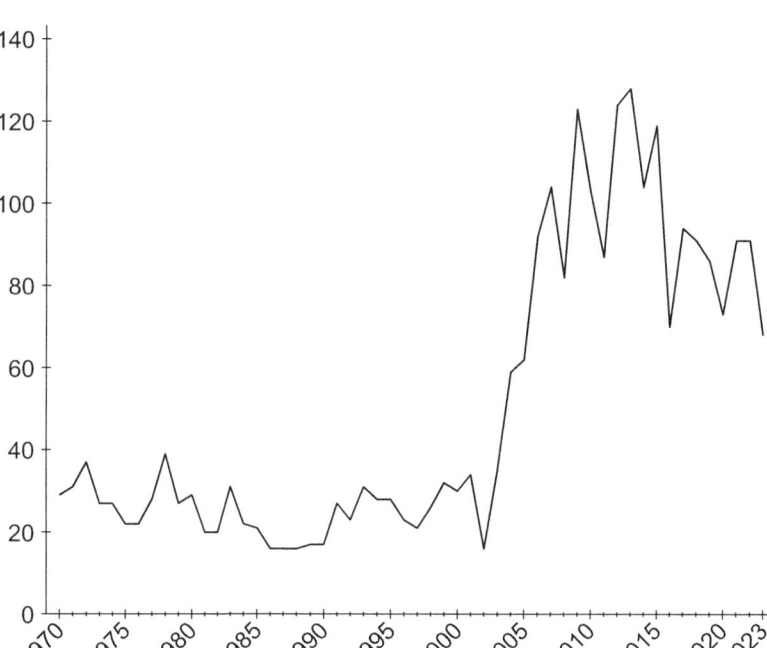

Quellen: Schweizerisches Bundesarchiv (2013) und Fedlex (2024).

Insgesamt erweist sich der Einbezug möglichst aller relevanten Akteure in die Entscheidungsfindung des Bundesrates als unerlässlich, um zu einem frühen Zeitpunkt die Zustimmung, Kritik und allfälligen Widerstand abzuschätzen, gleichzeitig aber auch, um neu eingebrachte Lösungsvorschläge in Betracht zu ziehen. Hierzu bietet die Vernehmlassung eine weiterhin geeignete Möglichkeit, die ihre Stärken in der frühzeitigen Interessenabwägung hat und damit Kompromisse ermöglicht, die danach in der Regel breit abgestützt sind. Die Bundesräte messen vor allem den Stellungnahmen der Kantone, der grossen Spitzenverbände (Arbeitgeberverband, Economiesuisse, Gewerbeverband) oder der der Gewerkschaften eine beträchtliche Bedeutung zu, die auch in die überarbeiteten Botschaften einfliessen. Bei geschlossenem Widerstand der Spitzenverbände oder der Kantone, insbesondere der unter den Kantonen koordinierten Position der KdK, verzichtet der Bundesrat in der Regel, eine Vorlage weiter zu verfolgen. Im Ergebnis wird dadurch der Spielraum des Bundesrates teilweise beträchtlich geschmälert, da er die Interessen der referendumsfähigen Kräfte sowie der föderalen Vollzugsträger bei der Ausarbeitung seiner Botschaften berücksichtigen muss, damit diese nicht nur den parlamentarischen, sondern auch den direktdemokratischen Prozess überstehen und später von den Vollzugsakteuren auch umgesetzt werden. Zwar erfüllt das Verfahren bis heute seinen Zweck, indem sich verwaltungsexterne Kreise an der Entscheidungsfindung des Bundes beteiligen und damit die sachliche Richtigkeit, Vollzugstauglichkeit und Akzeptanz von Vorhaben des Bundes verbessert werden kann. Evaluationen weisen aber darauf hin, dass nach wie vor Probleme bei der praktischen Durchführung bestehen – gerade in Krisenzeiten (Andereggen 2012; PVK 2011).

4. *Inter- und intradepartementale Aufgabenkoordination:* Besonders viele Studien, welche die inter- und intradepartementale Koordination über verschiedene Sachbereiche hinweg untersucht haben, beschäftigen sich mit der Aussenpolitik, die eine besonders komplexe Querschnittsaufgabe darstellt (Goetschel/Wasserfallen 2022; PVK 2013, Vatter u. a. 2005); ebenso mit der Koordination in „Föderalismusfragen", die ebenfalls komplexer departementsübergreifender Absprache-prozesse bedürfen (EFK 2022). Insgesamt kommen diese Untersuchungen zum Schluss, dass die Tätigkeiten *innerhalb* der einzelnen Sachgebiete meist relativ kohärent ausfallen und unter den beteiligten Amtsstellen abgestimmt werden. Die departementsinternen Entscheidungsprozesse zeichnen sich zudem in der Regel durch einen regen Informationsaustausch aus. Trotz der meist hohen Kohärenz innerhalb der einzelnen Politikbereiche kann es aber vorkommen, dass einzelne Amtsstellen die Führungsrolle für sich beanspruchen, relativ autonom die anvisierten Ziele definieren und die zu verfolgende Politik erarbeiten und implementieren, während die übrigen beteiligten Ämter sich nur noch anschliessen können. Die Suche nach Koordination und Kohärenz, insbesondere informeller Art, spielt sich dabei weniger an der Departementsspitze als vielmehr häufig auf den unteren Hierarchiestufen der Verwaltung ab. Auch erweist sich der Informationsaustausch in informellen Netzwerken auf unteren Hierarchiestufen oftmals als bedeutsamer für eine kohärente und koordinierte Politik als formale Konsultationsverfahren. Die zentrale Federführung in strategisch wichtigen Dossiers findet schliesslich in der Regel durch die jeweiligen Staatssekretäre bzw. Amtsdirektoren statt (Vatter u. a. 2005).

Während einzelne Sachgeschäfte der Departemente intern oft stark koordiniert werden, fällt die *Kohärenz zwischen den einzelnen Departementen* meist eher gering aus. Eine gegenseitige Abstimmung der departementsübergreifenden Geschäfte im Sinn einer aktiven Orientierung an einer übergeordneten Strategie des Bundesrates findet nur in Ausnahmefällen statt und die gegenseitige, politikfeldübergreifende Kommunikation zwischen den verschiedenen Amtsstellen ist in der Regel sehr zurückhaltend. Entsprechend kritisiert die PVK (2013: 5458f.) in ihrer Evaluation der interdepartementalen Zusammenarbeit in der Aussenpolitik die fehlende Gesamtsicht des Bundesrates: „Es fehlt in der Schweizer Aussenpolitik an einer grundlegenden Übersicht, um zumindest die wichtigsten Interessen identifizieren und bei Bedarf gegeneinander abwägen zu können. Dies kann zu Inkohärenzen und widersprüchlichen Positionen führen. Vor allem besteht aber auch das Risiko, dass Verknüpfungen zwischen einzelnen Dossiers unentdeckt bleiben und damit Möglichkeiten verpasst werden, mit Hilfe von Kreuzkonzessionen wichtige Interessen besser durchzusetzen". Im Vordergrund steht vielmehr die Bearbeitung der departemental definierten Sachgeschäfte. Eine zentrale Koordination und Federführung durch ein einzelnes Departement oder durch den Bundesrat bleibt oft aus, ebenso eine wirksame, institutionalisierte und kontinuierliche Gesamtkoordination zwischen den Amts- oder Departementsleitungen. Dies verschafft einerseits den einzelnen Akteuren in der Verwaltung grosse Autonomie in der Formulierung und Gestaltung der eigenen Politik, verhindert aber andererseits eine interdepartementale Auseinandersetzung über Strategien und Mittel bei der Umsetzung der einzelnen Geschäfte. Die geringe Koordination zwischen den Departementen kann auf eine Kombination verschiedener Ursachen zurückgeführt werden. Zunächst erschwert die ausgeprägte Departementalisierung der Bundesverwaltung die Koordination auf höchster Ebene. Im Weiteren herrscht zumindest zwischen den Departementen, teilweise aber auch zwischen Bundesämtern desselben Departements, meist das Prinzip der gegenseitigen Nichteinmischung. Den beteiligten Stellen ist zudem die Verflechtung zwischen den einzelnen Bereichen oft zu wenig bewusst und damit die Notwendigkeit, die eigenen Instrumente bzw. Mittel untereinander abzustimmen, was sich gerade in Krisenzeiten fatal auswirken kann (GPK 2022, 2023). Zudem finden vergleichsweise wenig bzw. sehr langsame interdepartementale Konsultationsprozesse für die Bearbeitung der grossen Geschäfte statt, obgleich inzwischen zahlreiche Interdepartementale Arbeitsgruppen, Bunderatsausschüsse und insbesondere die Generalsekretärenkonferenz zu einer möglichst vorausschauenden, wirksamen und kohärenten Verwaltungskoordination beitragen. Koordinationsfördernd erweist sich hingegen der Umstand, dass die individuellen Karrierewege vieler Verwaltungskader in einer beträchtlichen Anzahl von Fällen interdepartemental verlaufen. Auch der personelle Austausch und die relative Überschaubarkeit der Bundesverwaltung wirken ausgleichend hinsichtlich der in den einzelnen Geschäften vertretenen Positionen und erleichtern das Knüpfen regelmässiger informeller Kontakte zu anderen Verwaltungsstellen. Schliesslich begünstigen bis zu einem gewissen Grad auch die durch das Kollegialitätsprinzip und die direktdemokratischen Instrumente entstandenen Konsultations- und Vernehmlassungsverfahren ein Mindestmass an politischer Koordination. Kohärente Politik bedarf somit sowohl geeigneter verwaltungsinterner Verfahrensstrukturen als auch eines Mindestmasses an Austauschbereitschaft der Verwaltungsakteure (GPK 1992, 2014; Vatter u. a. 2005).

### 5.5.3 Die Informations- und Kommunikationsfunktion des Bundesrates

Mit der zunehmenden Medialisierung der Politik, den beträchtlichen Veränderungen in der schweizerischen Medienlandschaft ebenso wie im Mediennutzungsverhalten der Bevölkerung, dem Verschwinden der Parteipresse und der rasanten Verbreitung von Social Media sind auch die Informations- und Kommunikationsansprüche an die Regierung im Verlaufe der Zeit stark gestiegen. Der lakonische Hinweis „Über die heutige Bundesratssitzung gibt es nichts zu berichten", den der damalige Bundeskanzler Oskar Leimgruber in den 1950er Jahren jeweils nach einer Bundesratssitzung mit einem Zettel an ein Anschlagbrett heftete, wäre im 21. Jahrhundert nicht mehr denkbar. Gemäss Art. 180 Abs. 2 BV hat der Bundesrat „die Öffentlichkeit rechtzeitig und umfassend über seine Tätigkeit" zu informieren. Mit dem 1997 in Kraft getretenen Regierungs- und Verwaltungsorganisationsgesetz verpflichtete sich der Bundesrat zudem auf eine „einheitliche, frühzeitige und kontinuierliche Information über seine Lagebeurteilungen, Planungen,

Entscheide und Vorkehren" (Art. 10 RVOG). Entsprechend erwarten die Medien heute ebenso wie die breite Bevölkerung und wichtige Entscheidungsträger, dass der Bundesrat „nicht nur über seine Entscheide [umfassend informiert], sondern auch über seine Lagebeurteilungen, Planungen und Vorkehrungen" (Bundesrat 2024). Heute findet nach jeder Bundesratssitzung eine Medienkonferenz statt, an welcher die für ein Geschäft zuständigen Mitglieder des Bundesrates sowie der Bundesratssprecher über die Diskussionen und Entscheide an der Sitzung informieren. Bundesrätliche Medienkonferenzen werden von zahlreichen Medienschaffenden besucht und sodann kommentiert. Sie lassen sich im Internet per Stream live verfolgen. Zudem beschloss der Bundesrat im Juni 2021 mit seiner „Strategie Soziale Medien", der Bevölkerung die wichtigsten Dossiers auch in den Social Media zur Verfügung zu stellen, ebenso die Schaffung eines audiovisuellen Zentrums für Regierung, Bundespräsidium und die Departementsvorsteher. Entsprechend hat sich die Öffentlichkeitsarbeit des Bundes in den letzten Jahren stark verändert (Vatter 2020). So haben die elektronisch gestützten und audiovisuellen Informationskanäle (Internet, Intranet, soziale Medien, Apps) stark zugenommen und die Onlinepräsenz wurde ausgebaut. Neben politischen Veränderungen stellt nach Raupp und Kocks (2019: 383) in Zukunft vor allem auch die Anpassung an technologisch induzierte Veränderungen und das sich wandelnde mediale Umfeld eine grosse Herausforderung dar, um dem Kernauftrag der Regierungskommunikation nachzukommen.

Grundsätzlich lassen sich zwei Formen der Regierungskommunikation unterscheiden: einerseits die kurzfristige Informationspolitik (aktuelle Informationen über Sachfragen, Entscheidungen, Absichten und Verhandlungen für die Öffentlichkeit) und andererseits die mittel- bis langfristig ausgerichtete Öffentlichkeitsarbeit der Behörden (Gesamtdarstellung von Politik und Politikfeldern). Die Art der Regierungskommunikation ist dabei stark vom politischen System abhängig. In der schweizerischen Konkordanzdemokratie dient sie nicht nur zur Profilierung und Rechtfertigung der eigenen Entscheidungen, sondern ist gleichzeitig auch wichtiger Bestandteil des konsensorientierten Aushandlungsprozesses. Entsprechend orientiert sich die Kommunikation des Bundesrates an zwei unterschiedlichen Zielgruppen: einerseits an der Öffentlichkeit, insbesondere an der aktiven Stimmbürgerschaft und den Medien, andererseits an den relevanten politischen (und referendumsfähigen) Akteuren wie Parteien, Interessengruppen oder Kantonen. Ebenfalls eine Folge des Regierungssystems ist die Vorgabe, dass der Bundesrat durch das Kollegialprinzip dazu gezwungen wird, gefällte Entscheide als Gremium zu kommunizieren und persönliche Meinungen zurückzuhalten. Anders als in parlamentarischen Mehrheitssystemen steht in der Schweiz damit weniger die politisch motivierte und persuasiv ausgerichtete Regierungskommunikation im Vordergrund, sondern stärker die auf die Sachaufgaben des Bundesrates fokussierte Behördenkommunikation, die vor allem die folgenden drei Informationsbereiche umfasst: Informationen über Wahlen und Abstimmungen, allgemeine Informationen über administrative Aktivitäten und verhaltenslenkende Informationen (z. B. Präventionskampagnen). Die wichtigsten Instrumente sind dabei Medienmitteilungen, -konferenzen, das Internet und stark verstärkt auch die sozialen Medien, während Plakate, Inserate und Ähnliches vergleichsweise selten genutzt werden (Baumgartner 2010).

Da die Regierung politisch tragfähige Entscheidungen trifft und diese dann der Öffentlichkeit vermitteln muss, benötigt sie ein funktionierendes Informations- und Kommunikationssystem. Beim Bund wird diese Aufgabe durch die Bundeskanzlei wahrgenommen. Anders als in parlamentarischen Systemen ist die Bundeskanzlei nicht direkt dem Regierungschef unterstellt, sondern arbeitet als Dienstleistungszentrum für die gesamte Regierung (und das Parlament). Seit dem Jahr 2000 verfügt der Bundesrat mit einem der beiden Vizekanzler über einen Bundesratssprecher, der die Öffentlichkeit im Auftrag des Bundesrates informiert. Er koordiniert auch den Informationsaustausch zwischen dem Bundesrat und den einzelnen Departementen. Die Konferenz der Informationsdienste (KID), bestehend aus dem Bundesratssprecher (Vorsitz), den Informationsverantwortlichen der Departemente, der Bundeskanzlei und der Parlamentsdienste, ist zuständig für die Koordination, Planung und die Bearbeitung von Problemen im Bereich der Information (KID 2024). Die Bundeskanzlei ist zudem zusammen mit den Departementen verantwortlich für die Unterrichtung der Bundesversammlung, der Kantone und der Öffentlichkeit über Entscheide, Absichten und Vorkehrungen des Bundesrates. Die Departemente und die Kanzlei sind zuständig für die interne und externe Kommunikation über ihre Geschäfte. Zudem regeln die Departemente die Informationsaufgaben der ihnen untergeordneten Einheiten. Die Bundeskanzlei und die KID sind für die Koordination der Information und Kommunikation verantwortlich und können dazu Weisungen erlassen. Im Jahre 2023 waren in der Bundesverwaltung 414 Vollzeitstellen für die Öffentlichkeitsarbeit und Krisenkommunikation vorgesehen, wobei neben der Presse- und Informationsarbeit, Direktinformationen, Präventions- und Sensibilisierungskampagnen, Abstimmungsinformationen hierbei etwa auch die Leistungen für Übersetzungen in die drei Amtssprachen oder Aufwände für Informationsangebote für Menschen mit Behinderungen miteingerechnet sind (EFV 2024). Mit der zunehmenden Medienpräsenz des Bundesrates sind im Verlaufe der Jahrzehnte auch die Ausgaben für die Regierungskommunikation stetig gewachsen (vgl. Tabelle 5.3). 2023 beliefen sich die Gesamtausgaben auf rund 110.5 Mio. CHF, wobei davon rund 69 Mio. CHF auf Personalkosten und etwas weniger als 41.5 Mio. CHF auf Sachkosten entfallen. Die Höhe der bundesrätlichen Informations- und Kommunikationsausgaben stehen regelmässig in der Kritik und sind auch Gegenstand verschiedener parlamentarischer Vorstösse.

Eine detaillierte Zusammenstellung der Ausgaben für die Öffentlichkeitsarbeit des Bundes nach Tätigkeitsfeldern und Organisationseinheiten zeigt, dass durchaus Unterschiede zwischen den einzelnen Departementen bestehen. Die unterschiedliche Ausgabenhöhe der einzelnen Departemente hängt dabei stark von deren spezifischen Aufgaben ab. So gibt das EDI den grössten Teil für öffentliche Präventionskampagnen im Bereich des Gesundheitswesensaus, während das VBS und das EDA aufgrund ihrer jeweiligen Aufgaben am meisten für Direktinformationen an ihre Zielgruppen verwenden. Dabei führen Präsidialjahre, ausserordentliche Ereignisse, die eine erhöhte Nachfrage nach Informationen erfordern (z. B.

*Tabelle 5.3: Übersicht über die Ausgaben der Öffentlichkeitsarbeit des Bundes, 2004–2023*

| Jahr | 2004 | 2008 | 2012 | 2013 | 2014 | 2015 | 2016 | 2017 | 2018 | 2019 | 2020 | 2021 | 2022 | 2023 |
|---|---|---|---|---|---|---|---|---|---|---|---|---|---|---|
| Ausgaben (in Mio. CHF) | 61.0 | 74.6 | 80.6 | 80.0 | 80.4 | 81.2 | 81.2 | 78.6 | 84.3 | 91.2 | 105.5 | 118.8 | 108.0 | 110.5 |
| Personalkosten (in Mio. CHF) | 39.3 | 42.2 | 51.2 | 51.0 | 53.6 | 54.1 | 56.0 | 53.3 | 54.7 | 60.3 | 63.6 | 68.2 | 69.3 | 69.0 |
| Sachkosten (in Mio. CHF) | 21.7 | 32.4 | 29.4 | 29.0 | 26.8 | 27.0 | 25.2 | 25.3 | 29.6 | 30.9 | 41.9 | 50.6 | 38.7 | 41.5 |
| Vollzeitstellen | 252 | 260 | 302 | 295 | 308 | 309 | 319 | 307 | 319 | 359 | 379 | 410 | 416 | 414 |

Quelle: Eidgenössische Finanzverwaltung (2024).

*Tabelle 5.4: Ausgaben für die Öffentlichkeitsarbeit des Bundes nach Tätigkeitsfeldern und Organisationseinheiten, 2023 (in Mio. CHF)*

| 2023 | BK | EDA | EDI | EJPD | VBS | EFD | WBF | UVEK | Total |
|---|---|---|---|---|---|---|---|---|---|
| Presse- und Informationsarbeit | 4.2 | 3.7 | 3.7 | 5.7 | 3.6 | 3.2 | 4.0 | 5.1 | 31.9 |
| Direktinformation | 4.0 | 5.1 | 7.9 | 7.9 | 22.8 | 6.9 | 7.8 | 3.0 | 65.6 |
| Kampagnen und Abstimmungsinformationen | 0.7 | – | 9.8 | – | – | 1.0 | 1.2 | 0.4 | 13.0 |
| Total Aufwand | 9.0 | 8.8 | 22.8 | 5.7 | 26.4 | 11.1 | 13.0 | 8.4 | 110.5 |

Quelle: Eidgenössische Finanzverwaltung (2024).

Covid-19-Pandemie), die Federführung von Abstimmungskampagnen und zeitlich befristete Sensibilisierungs- bzw. Informationskampagnen zu beträchtlichen jährlichen Schwankungen bei den Departementen.

Eine schweizerische Besonderheit liegt in der Aufgabe des Bundesrates, die Stimmberechtigten über die Vorlagen bei Volksabstimmungen zu informieren. Die wichtigsten Instrumente, mit denen der Bundesrat über einen Abstimmungsgegenstand informiert, stellen die schriftlichen Abstimmungserläuterungen in Form von Broschüren, der App „VoteInfo", Erklärvideos in leichter Sprache auf YouTube sowie linearen Fernsehansprachen dar, in denen er seinen Standpunkt und die Hauptargumente für oder gegen eine Abstimmungsvorlage präsentiert. Laut einer linguistischen bzw. argumentationstheoretische Untersuchung der Fernsehansprachen vor Volksabstimmungen zeichnet sich die Argumentation der Regierung bei Fernsehansprachen dadurch aus, dass sie eher informativ, pragmatisch, sachlich, deeskalierend und kaum konfrontativ ist (Schröter 2019). Das sogenannte „Bundesbüchlein" ist mit 5.6 Mio. Exemplaren die auflagenstärkste Publikation der Schweiz und verfolgt das Ziel, die Abstimmungsvorlagen allgemeinverständlich und ausgewogen darzustellen, um damit den Stimmberechtigten zu ermöglichen, sich eine eigene Meinung zu bilden. Der Bundesrat muss sich bei seinen Informationsaktivitäten vor Abstimmungen insbesondere an die Grundsätze der Vollständigkeit, der Sachlichkeit, der Transparenz und der Verhältnismässigkeit halten.

Es ist ihm untersagt, einseitige Propaganda für eine Vorlage zu betreiben. Entsprechend darf er weder Zeitungsinserate schalten noch Plakatkampagnen finanzieren. Der Bundesrat darf dabei keine von der Haltung der Bundesversammlung abweichende Abstimmungsempfehlung vertreten (Art. 10a Abs. 4 BPR). Grundsätzlich nutzt der Bundesrat seinen Spielraum aus, weshalb Initiativ- und Referendumskomitees regelmässig Kritik an der Behördenkommunikation vor Abstimmungen üben. So lassen sich in der Tat Fälle benennen, in denen die Abstimmungsfreiheit durch die bundesrätlichen Erläuterungen verletzt wurde. Beispielsweise stellte das Bundesgericht im Februar 2008 anlässlich der Volksabstimmung über die Unternehmenssteuerreform II fest, dass wichtige Sachverhalte unterdrückt und irreführende Informationen weitergegeben wurden. Ein besonders schwerwiegender Fall von Fehlinformationen in den Abstimmungsunterlagen bildet die Behauptung des Bundesrates im Vorfeld der Volksabstimmung vom 28. Februar 2016 zur Volksinitiative „Für Ehe und Familie – gegen die Heiratsstrafe" der CVP. Im Abstimmungsbüchlein hielt die Regierung die Zahl von 80'000 Doppelverdiener-Paaren sowie 250'000 Rentner-Ehepaaren fest, die von der Heiratsstrafe betroffen seien. Nach der Abstimmung stellte sich heraus, dass insgesamt mindestens 450'000 Zweiverdiener-Ehepaare von der Heiratsstrafe betroffen sind. Die Zahl der durch eine Heiratsstrafe diskriminierten Ehepaare betrug demnach insgesamt über 700'000. Das Bundesgericht folgerte daraus, dass die falschen und intransparenten Informationen des Bundesrates eine schwerwiegende Verletzung der Abstimmungsfreiheit der Stimmbürger darstellen würde. Da zudem das Resultat der Volksabstimmung mit 50,8 % Nein-Stimmen äusserst knapp war, entschied das Bundesgericht, die Volksabstimmung zu annullieren (BGE 1C_315/2018). Es war das erste Mal, dass das Bundesgericht einen eidgenössischen Volksentscheid für ungültig erklärte. Ein Bericht der GPK (2023b: 4) folgerte gestützt auf eine Evaluation der PVK daher, dass die Behördenkommunikation vor Abstimmungen in der Summe „bedingt zweckmässig" sei: Zwar stelle gerade das „Bundesbüchlein" eine sehr wichtige Informationsquelle für die Stimmberechtigten in allen Bevölkerungsschichten dar, doch werde der Informationsauftrag in Einzelfällen zu extensiv ausgelegt (z. B. Konzernverantwortungsinitiative). Deutlich kritischer fällt das Urteil der EFK (2016) über die Folgeabschätzungen der bundesrätlichen Botschaften zu Gesetzesentwürfen aus: Bis zu 30 % der 50 untersuchten, vom Bundesrat zwischen 2007 und 2014 vorgelegten Botschaften genügten den Mindeststandards der EFK nicht. Bei über der Hälfte der analysierten Botschaften fehlte eine Folgenabschätzung gänzlich (EFK 2016). Insgesamt kam die EFK zum Schluss, dass die Departemente und Bundesämter die Instrumente zur Folgeabschätzung nicht ausreichend nutzen würden und wenn sie doch eingesetzt würden, dass sie dann zu teilweise unzuverlässigen Resultaten führen.

Gemäss den gesetzlichen Vorgaben sollte die Regierung rechtzeitig und umfassend, einheitlich, frühzeitig und kontinuierlich über die politische Lage sowie ihre Planungen, Entscheide und Vorkehrungen informieren. Ein früherer Bericht der Geschäftsprüfungskommission des Nationalrates (GPK 1997) zur generellen Informationstätigkeit des Bundesrates attestierte ihm, dass er unter normalen Umständen seine Informations- und Kommunikationsaufgaben durchaus zufriedenstellend und in transparenter Weise erfüllt: „In Schönwetter-Lagen wird offenbar im allgemeinen den Grundsätzen und Kriterien einer transparenten staatlichen Information auf allen Ebenen (Bundesrat, Departemente, Ämter) Nachachtung und den Interessierten und den Medien Zugang zu den gewünschten Informationen verschafft" (GPK 1997: 1600). Eine Evaluation der laufenden Öffentlichkeitsarbeit des Bundes durch die Parlamentarische Verwaltungskontrolle (PVK 2019b) bestätigt diese grundsätzlich positive Einschätzung der Informationstätigkeit des Bundes. „Die Kommunikation entspricht den gesetzlichen Vorgaben und ist insgesamt zweckmässig. Allerdings werden gewisse Mängel bei der Konkretisierung der Vorgaben, bei der interdepartementalen Koordination sowie bei der Kostentransparenz festgestellt" (PVK 2019b: 2). Kritisiert wird vor allem, dass die Departemente und Bundesämter nicht durchwegs eine kohärente Informationstätigkeit sicherstellen, sehr autonom auf der Grundlage uneinheitlicher Vorgaben kommunizieren und die Zusammenarbeit zwischen den Departementen nur begrenzt ist. Gleichzeitig betrachten die Medienschaffenden die Kommunikationsprodukte des Bundes insgesamt als qualitativ gut und nützlich, wobei sie vor allem die Nutzung und Inhalte der sozialen Medien sowie gewisse Hindernisse bei der Informationsbeschaffung bemängeln (PVK 2019b: 3).

Allerdings stösst der Bundesrat rasch an seine Grenzen, wenn er ausserhalb des üblichen Geschäftsgangs informieren muss. So beurteilte die GPK (1997) schon Mitte der 1990er-Jahre seine Informationspolitik in Krisensituationen wie bei der Debatte zu den nachrichtenlosen Vermögen aus der Zeit des Zweiten Weltkriegs und der BSE-Krise als äusserst mangelhaft: „In der Krise wird auch die Information oft zur Krise" (GPK 1997: 1601). Vor allem wenn departementsübergreifende Probleme auftreten, funktioniere die Informationsarbeit des Bundesrates meist nicht. Zudem fehlen ihm in solchen Situationen die angemessenen Organisationsstrukturen und teils auch die sachlich-politischen Kompetenzen bei den betroffenen Informationsstellen. Die Hauptgründe der ungenügenden Informationspolitik bei ausserordentlichen Ereignissen wurden in der mangelnden Koordination unter den verschiedenen involvierten Departementen und Amtsstellen sowie in der fehlenden Gesamtführung durch den Bundesrat gesehen. Die GPK (1997) forderte deshalb, dass in Krisensituationen der zuständige Bundesrat oder der Bundespräsident selbst vor die Medien und die Öffentlichkeit treten sollten. Kritisiert wurde zudem, dass die Bundesräte gerne in der Öffentlichkeit positive Neuigkeiten verbreiteten, dass sie aber, wenn es um die Bekanntgabe von „bad news" gehe (z. B. die jährlichen Steigerungen der Krankenkassenprämien) oft ihre Amtsdirektoren und Staatssekretäre vorschickten. Als Folge der kritischen Evaluation der Informationstätigkeit des Bundesrates durch die GPK (1997) sowie als indirekter Gegenentwurf zur Abstimmung über die 2004 eingereichte und 2008 abgelehnte Volksinitiative „Volkssouveränität statt Behördenpropaganda", die dem Bundesrat und der Verwaltungsspitze die Informationstätigkeit vor Volksabstimmungen weitgehend untersagen wollte, wurden verschiedene Massnahmen ergriffen. Dazu zählen einerseits die Einführung des Öffentlichkeitsprinzips in der Bundesverwaltung und darauf basierender neuer Leitbilder, andererseits aber auch konkrete Massnahmen wie die formelle Einsetzung eines Bundesratssprechers sowie eine verstärkte Koordination durch die KID. Schliesslich wurde auch die Rolle der Bundeskanzlei gestärkt, sowie die Möglichkeit des Bundesrates ausgebaut, bei Bedarf die Information und Kommunikation beim Bundespräsidenten, bei der Bundeskanzlei oder einem Departement zu zentralisieren und die entsprechende Stelle mit Weisungsbefugnissen auszustatten. Auch wenn die getroffenen Massnahmen zu einer gewissen Verbesserung der Informationspolitik des Bundesrates geführt haben (PVK 2019b), zeigen sich in Krisensituationen nach wie vor beträchtliche Defizite. So hält die GPK (2010b) des Ständerates in ihrem Bericht über das Verhalten in der diplomatischen Krise zwischen der Schweiz und Libyen fest, dass die Informationsflüsse bei den departementsübergreifenden Krisenorganen zwischen ihren Mitgliedern und deren jeweiligen Departementsvorstehern sowie innerhalb der Regierung nicht funktionierten und der Bundesrat nicht in der Lage war, die notwendige Geheimhaltung zu gewährleisten. Treten neuartige Krisensituationen auf, die sich anfänglich durch besonders wenig gesichertes Wissen auszeichnen (bspw. Covid-19-Pandemie), ist die Kommunikation zudem oft nicht frei von „Inkonsistenzen und Widersprüche[n]" (Oehmer-Pedrazzi/Pedrazzi/Schneider 2022: 2). Wie auch die bundesrätliche Kommunikation auf die Haltung der offiziellen Schweiz zum russischen Überfall auf die Ukraine 2022 bzw. den daraufhin international verhängten Sanktionen oder die Kommunikation rund um die CS-Notfusion im Frühjahr 2023 offenbarten, gelingt es dem Bundesrat gerade auch weiterhin nicht vollends, das in Krisensituationen ganz besonders grosse Informationsbedürfnis der (medialen) Öffentlichkeit zu befriedigen.

### 5.5.4 Die Repräsentationsfunktion des Bundesrates

Eine zentrale Aufgabe des Bundesrates ist die Vertretung des Bundes im In- und Ausland. Die Aufgabe der Repräsentation hat im Verlaufe der Zeit stetig zugenommen und zwar „im Innern wegen der immer schwieriger werdenden Integration einer kulturell vielgestaltigen Nation, nach aussen angesichts der europäischen Integration und der zunehmenden Internationalisierung der Innenpolitik" (Klöti 2006: 154). Während diese Verpflichtungen in parlamentarischen und, noch ausgeprägter, in präsidentiellen Demokratien vom Staatspräsidenten ausgeübt werden, übernimmt in der Schweiz der Gesamtbundesrat diese Aufgabe, was die Doppelbelastung des Bundesrates als Staatsoberhaupt und Regierung deutlich macht. Eine besondere Rolle kommt dabei dem Bundespräsidenten zu, der als Stellvertreter des Gesamtbundesrates diesen oft im In- und Ausland repräsentiert und besondere Repräsentationsaufgaben übernimmt, die zeitlich sehr stark belasten (De Pretto 1988: 184; vgl. Vatter 2020). Zu diesen speziellen Aufgaben gehören die Radio- und Fernsehansprachen zu Neujahr und zum Schweizer Bundesfeiertag am 1. August sowie der traditionelle Neujahrsempfang im Bundeshaus für das diplomatische Corps. Während sich die Repräsentationsaufgaben des Bundespräsidenten traditionellerweise bis vor wenigen Jahren auf das Inland beschränkt haben, hat die Zahl der Auslandsbesuche in einzelne Länder sowie bei supra- und internationalen Gremien (z. B. EU, UNO) stark zugenommen. „Das Bedürfnis nach solchen Kontakten ist in den letzten Jahren im Zusammenhang mit der stärkeren internationalen Verflechtung und den globalen Herausforderungen in den Bereichen Sicherheit, Wirtschaft, Finanzmärkte oder auch Ökologie stark angestiegen" (BBl 2010 7816). Um eine Verbesserung und Verstetigung der internationalen Kontakte auf persönlicher Ebene sowie eine bessere Bewältigung der präsidialen Repräsentationsaufgaben im In- und vor allem im Ausland zu erreichen, hat der Bundesrat deshalb dem Parlament 2010 vorgeschlagen, die Amtsdauer des Bundespräsidenten von einem auf zwei Jahre zu erhöhen, was jedoch abgelehnt wurde.

*Tabelle 5.5: Die internationalen Kontakte der Mitglieder des Bundesrates, 2023*

| Departement | Bilateral | multilateral | Total |
|---|---|---|---|
| EDA | 31 | 30 | 61 |
| EDI | 16 | 35 | 51 |
| EFD | 11 | 5 | 16 |
| EJPD | 15 | 9 | 24 |
| UVEK | 7 | 8 | 15 |
| VBS | 2 | 8 | 10 |
| WBF | 21 | 7 | 28 |
| Total | 103 | 102 | 205 |

Anmerkungen: Bilateral: offizielle bilaterale Treffen im In- und Ausland der Bundesratsmitglieder. Nicht gezählt sind kurze bilaterale Treffen am Rande von multilateralen Anlässen (bspw. sogenannte „Handshakes"). Eine Ausnahme bilden „Treffen am Rand" von politischer Bedeutung; dann werden sie getrennt vom multilateralen Anlass aufgeführt und als vollwertige bilaterale Treffen gezählt. Bei bilateralen Auslandreisen wird die Reise gezählt, nicht jedes einzelne Treffen mit Regierungsmitgliedern. Treffen in der Schweiz, bei denen der Gast von mehreren Bundesräten empfangen wird, werden dem Delegationsleiter zugeteilt (Einfachzählung). Multilateral: Teilnahmen an multilateralen Anlässen, EU-Räten, internationalen (auch sportlichen) Grossanlässen, internationalen Konferenzen sowie Sonderanlässen mit Beteiligung mehrerer Staaten (Gedenkanlässe, Eröffnungen, Beerdigungen).

Quelle: Schweizerische Bundeskanzlei (2024b).

Ein Überblick über die Repräsentationsauftritte der einzelnen Bundesräte für das Jahr 2019 macht deutlich, dass die bilateralen und multilateralen Verpflichtungen der Regierung im In- und Ausland einen beträchtlichen Umfang erreicht haben. Während Anfang der 1980er Jahre die Auslandsaufenthalte des EDA-Vorstehers weniger als zehn pro Jahr betrugen (Germann 1998: 261), haben sie sich seither mehr als verdreifacht. Bis vor kurzem wies in der Regel der Aussenminister aufgrund seiner vielfältigen Repräsentationsaufgaben wie die häufigen Auslandsbesuche sowie Treffen im Inland mit ausländischen Funktionären am meisten internationale Kontakte auf, während sie unter EDA-Vorsteher Cassis in neuester Zeit etwas abgenommen haben. Bei den Chefs der anderen Departemente ist die zeitliche Beanspruchung durch Repräsentationsaufgaben im In- und Ausland im Verlaufe der letzten Jahrzehnte beträchtlich gestiegen. Dies gilt jeweils besonders für dasjenige Mitglied des Bundesrates, das gleichzeitig im entsprechenden Jahr als Bundespräsident amtiert. Im Jahr 2019 traf dies für Bundesrat Ueli Maurer zu, dem Vorsteher des EFD (vgl. Tabelle 5.5). In einzelnen Jahren ist heute zudem die Anzahl der Auslandsbesuche der Bundesräte, die nicht dem EDA vorstehen, in etwa gleich hoch oder sogar höher als die Zahl der Repräsentationsauftritte im

Inland, was offensichtlicher Ausdruck der zunehmenden Internationalisierung und insbesondere der europäischen Verflechtung der schweizerischen Politik ist.

## 5.6 Die Schweizer Regierungskoalition im internationalen Vergleich

Abschliessend wird mit Bezug auf die gängigen Koalitionstheorien der schweizerische Koalitionstyp in den internationalen Kontext der empirisch auftretenden Koalitionsformate eingeordnet. Tabelle 5.6 zeigt die zwischen 2000 und 2020 häufigsten Regierungskoalitionstypen in 22 entwickelten OECD-Ländern.

*Tabelle 5.6: Die Regierungskoalitionen von 22 OECD-Ländern im Vergleich, 2000–2020*

| häufigster Regierungstyp | | Einordnung OECD-Länder |
|---|---|---|
| kleinstmögliche Gewinnkoalition | | |
| | *eine Partei* | Griechenland, Kanada, UK, USA |
| | *mehrere Parteien* | Australien, Deutschland, Irland, Island, Israel, Italien, Luxemburg, Niederlande, Österreich, *Portugal* |
| Minderheitsregierung | | Dänemark, Frankreich, Neuseeland, Norwegen, *Portugal*, Schweden, Spanien |
| übergrosse Koalition | | Belgien, Finnland, Japan, **Schweiz** |

Anmerkungen: Zwischen 2000–2020 verfügte Portugal in je gleich vielen Jahren über eine kleinstmögliche Gewinnkoalition und über eine Minderheitsregierung. Deshalb wird das Land doppelt aufgeführt (kursiv).
Quelle: Bernauer und Vatter (2019, 2024) mit eigenen Anpassungen.

In der vergleichenden Forschung werden fünf Koalitionstypen unterschieden: Einparteien-Mehrheitsregierungen, kleinstmögliche Gewinnkoalitionen (*Minimal Winning Coalitions*), übergrosse Koalitionen, Einparteien-Minderheitsregierungen und Mehrparteien-Minderheitsregierungen (Lijphart 2012: 87). Die ersten drei Typen zeichnen sich dadurch aus, dass den Regierungsparteien eine Mehrheit zufällt. In parlamentarischen Systemen entspricht dies der absoluten Parlamentsmehrheit, während in präsidentiellen Systemen ein Grossteil der Macht per Definition in der Person des Präsidenten konzentriert ist, die durch parlamentarische Mehrheitsverhältnisse und allenfalls die Ernennung von Ministern aus anderen Parteien etwas eingeschränkt werden kann (Lijphart 2012: 94). In parlamentarischen Systemen kann eine Mehrheit in drei Varianten erreicht werden: bereits durch eine einzelne Partei (Einparteien-Mehrheitsregierung), wie es bis 2010 in Grossbritannien der Fall war; durch mehrere, jedoch nicht mehr als notwendige Parteien (kleinstmögliche Gewinnkoalition), was das bestimmende Muster in Deutschland ist; schliesslich durch eine über eine absolute Mehrheit hinausgehende Koalitionsgrösse (übergrosse Koalition), was den Regelfall in der Schweiz darstellt. Aus einer oder mehreren Parteien bestehende Minderheitsregierungen, wie sie in einigen skandinavischen Ländern zu beobachten sind, verfügen nicht über eine absolute Mehrheit, und sind auf die mehr oder weniger formelle Unter-

# 5 Die Regierung

stützung durch Oppositionsparteien angewiesen. Schliesslich ist anzumerken, dass Tabelle 5.6 zur Verdeutlichung lediglich den in neuester Zeit jeweils häufigsten Koalitionstypus angibt, was Variationen innerhalb eines Landes überdeckt. Diese können durchaus erheblich sein, wie der historische Blick zurück, aber auch jüngere Entwicklungen etwa in Australien, Belgien, Grossbritannien oder Spanien zeigen.

*Abbildung 5.9: Anteil konsensualer Kabinettstypen in 22 OECD-Ländern, 2000–2021 (in Prozent)*

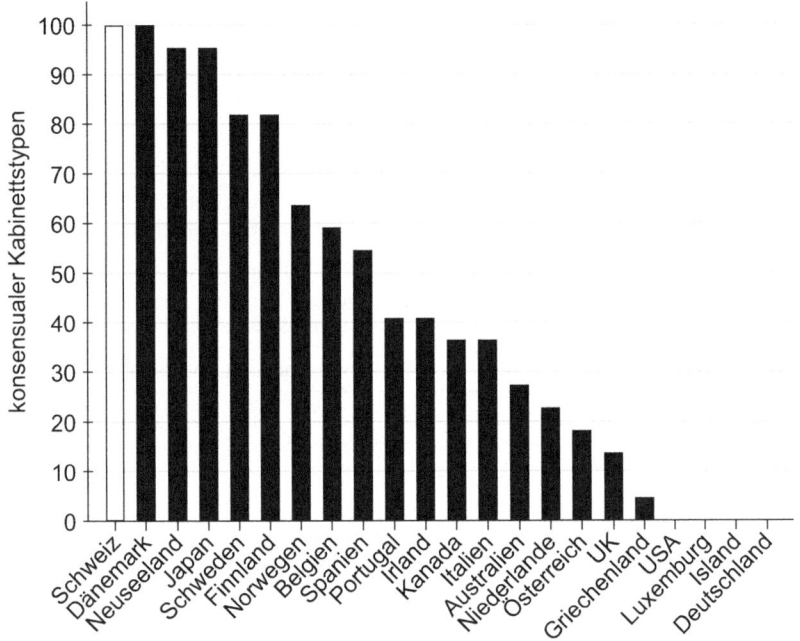

Anmerkung: Konsensuale Kabinettstypen = übergrosse Koalitionen, Einparteien-Minderheitenregierungen oder Mehrparteienregierungen. Fehlende Daten für Israel.
Quellen: Armingeon u. a. (2023) sowie Bernauer und Vatter (2019, 2024).

Jenseits des Auftretens verschiedener Koalitionstypen lassen sich diese auch nach dem Grad unterscheiden, wie stark sie die Regierungsmacht zwischen verschiedenen Akteuren aufteilen. In der empirischen Demokratieforschung Lijpharts (2012: 80) werden die Typen nach ihrem „konsensualen" Grad unterschieden: Die stärkste Machtteilung wird durch übergrosse Koalitionen gesichert, während die geringste Machtdiffusion bei Einparteien-Mehrheitsregierungen auftritt. Dazwischen liegen – mit tendenziell aufsteigendem Grad an Machtteilung – kleinstmögliche Gewinnkoalitionen und Ein- oder Mehrparteien-Minderheitsregierungen. Lijphart (2012: 99) schlägt vor, zur Messung des Grades an Konsensualität der Regierungskabinette eines Landes den gemittelten Anteil der Zeit zu verwenden, in dem die Kriterien „kleinstmögliches gewinnendes Kabinett" (nicht: „Koalition", darunter fallen also auch Einparteien-Mehrheitsregierungen) und/oder „Einparteienregierung" (darunter fallen auch Einparteien-Minderheitsregierungen) erfüllt waren. Die daraus resultierende teilweise Einordnung von Einparteien-Minderheitsregierungen als mehrheitsdemokratisches Element ist auf Kritik gestossen, da alle Minderheitsregierungen auf Machtteilung angewiesen sind. Daher wurde dies in Folgestudien revidiert (Bernauer/Vatter 2012; Vatter/Bernauer 2009). Abbildung 5.9 basiert auf einer Messung von konsensualen Kabinettstypen, die den prozentualen Anteil der Zeit wiedergibt, in der übergrosse Koalitionen oder Einparteien- bzw. Mehrparteien-Minderheitsregierungen in der Regierungsverantwortung waren. Unter den dargestellten 22 OECD-Ländern für den Zeitraum von 2000 bis 2021 nimmt die Schweiz mit durchgehend übergrossen Koalitionen den unangefochtenen ersten Platz unter den gängigen Kabinettstypen ein (gemeinsam mit Dänemark), was den sehr hohen Grad der exekutiven Machtteilung deutlich macht.

## 5.7 Zusammenfassung und Diskussion

Die schweizerische Regierung hat seit der Gründung des Bundesstaates im Jahr 1848 keine grundlegenden Änderungen erfahren.[37] Nach wie vor handelt es sich beim hiesigen Regierungssystem um einen historischen Sonderfall (Vatter 2020: 331): ein vom Parlament für eine Legislaturperiode gewähltes Kollegialorgan mit sieben gleichberechtigten Mitgliedern ohne präsidiale Führung in Kombination mit einem Departementalsystem. Diese Organisationsform unterscheidet sich damit prinzipiell von den klassischen parlamentarischen und präsidentiellen Demokratien. Lange Zeit zeichnete sich die schweizerische Regierungsorganisation durch eine sehr hohe Funktionalität aus und trug wesentlich dazu bei, die unterschiedlichen Interessen innerhalb der heterogenen Schweizer Gesellschaft unter teilweise schwierigen äusseren und inneren Verhältnissen auszugleichen. Der Bundesrat bildete damit das eigentliche Symbol für die hohe politische Stabilität, Kontinuität und Zuverlässigkeit der schweizerischen Politik.

Ausgehend von dem seit Anbeginn bestehenden Kollegialsystem wurde die Arbeitsweise der schweizerischen Regierung im Verlauf des 20. Jahrhunderts vor allem durch zwei Entwicklungen geprägt: einerseits auf der politisch-kulturellen Ebene durch die Herausbildung der Konkordanz und ihre darauffolgende Schwächung und andererseits auf der organisatorischen Ebene durch eine Überlastung der Regierungsmitglieder sowie einer ausgeprägten Departementalisierung. Die Entstehung der Regierungskonkordanz mit ausgeprägter Machtteilung unter den Regierungsparteien und der Suche nach dem breit abgestützten Konsens durch Verhandlungen ist dabei primär eine Konsequenz der Einführung direktdemokratischer Instrumente, insbesondere des fakultativen Referendums, dem Proporzwahlsystem sowie des ausgebauten Föderalismus (Neidhart 1970; Vatter/Freiburghaus/Feuz 2023). Die Konkordanz schränkt die Gestaltungsfreiheit der Regierung ein und prägt den politischen Entscheidungsprozess durch den möglichst brei-

---

37 Abschnitt 5.8 stützt sich auf eine gekürzte und erweiterte Fassung von Vatter (2020: 332ff.).

## 5 Die Regierung

ten Einbezug. Ziel ist es, einen referendumssicheren Kompromiss zu erreichen, der die parlamentarischen und direktdemokratischen Hürden übersteht. Gleichzeitig entschleunigt und erschwert sie den politischen Willensbildungs- und Entscheidungsprozess, in dem dem Bundesrat eine in sämtlichen Phasen steuernde und moderierende Stellung zukommt (Linder/Mueller 2017). Um Blockaden des Entscheidungssystems durch regelmässige Referendumsabstimmungen zu verhindern, entwickelte sich seit der ersten Hälfte des 20. Jahrhunderts eine stark ausgeprägte Tendenz zur Bildung übergrosser Koalitionen. Der Konkordanzzwang beeinflusste aber nicht nur den politischen Entscheidungsprozess, sondern prägte auch die Regierungszusammensetzung und den Regierungsstil. Die Suche nach dem Kompromiss, der breit abgestützte Dialog und das gütliche Einvernehmen standen im Regierungskollegium im Vordergrund. Folgerichtig wurden in der Blütezeit der Konkordanz zwischen 1960 und dem Ende der 1980er-Jahre überdurchschnittlich viele Persönlichkeiten gewählt, die dem Typus des vermittelnden Konkordanzpolitikers entsprachen. Nur wenige Regierungsmitglieder wichen zu dieser Zeit von diesem, auch die öffentliche Wahrnehmung prägenden Bild des sehr verträglichen, kooperativen und gewissenhaften Regierungsmitglieds ab. Bundesräte glichen in Bezug auf ihre Charaktereigenschaften lange Zeit besonders pflichtbewussten, kompromissbereiten und umgänglichen Schweizer Durchschnittsbürgern und deckten sich damit mit dem Bild der „Landesväter aus Durchschnittsholz" (Altermatt 1991: 76).

Je mehr die Nachkriegsidylle mit ihrem beispiellosen Wohlstand den Unsicherheiten globaler Umwälzungen wie den Wirtschaftskrisen oder dem Fall des Eisernen Vorhangs wich, desto stärker geriet die hiesige Konkordanzdemokratie unter Druck (Vatter/Freiburghaus 2023). Mit der Wirtschaftsrezession in den 1970er-Jahren verschärften sich die Verteilungskonflikte zwischen Links und Rechts, und mit dem Ende des Kalten Kriegs fiel die äussere Bedrohung weg, wodurch die politischen Auseinandersetzungen zunahmen. Insbesondere der fulminante Aufstieg der SVP und die Konflikte in der Europapolitik in den 1990er-Jahren setzten das Kartell der Regierungsparteien stark unter Druck und führten zu einer eigentlichen Krise der Konkordanz (Hermann 2011). Die Schwäche der Konkordanzdemokratie wirkte sich dabei auch auf die Arbeitsweise im Bundesrat aus. Die zunehmende Abkehr vom konkordanten – im wörtlichen Sinn übereinstimmenden – Verhalten im Bundesrat ist exemplarisch bei nationalen Volksabstimmungen zum Ausdruck gekommen. Mit einer einzigen Stimme spricht der Bundesrat bei Urnengängen heute denn auch nur noch in Ausnahmefällen (vgl. Kapitel 12).

Neben der Herausbildung der Konkordanz bildet die steigende Bedeutung des Departementalsystems im die zweite prägende Entwicklung des frühen 20. Jahrhunderts. Die Gründe für die zunehmende Departementalisierung sind vielfältig und reichen neben der hohen Arbeitsbelastung von der generell stärkeren Durchmischung der Innen- und Aussenpolitik über die Zunahme an komplexen, themenübergreifenden und vernetzten Aufgaben des Bundes bis hin zur zunehmenden Konfliktualität und Krisenanfälligkeit der Schweizer Politik. Diese Faktoren haben dafür gesorgt, dass das Kollegialsystem verstärkt unter Druck geraten ist und die

Anforderungen an die einzelnen Regierungsmitglieder fortlaufend zugenommen haben. Gleichzeitig hat die Integrationsleistung des Kollegialsystems unter dem Zeitmangel der einzelnen Bundesräte gelitten, was wiederum die Tendenz zur Departementalisierung gesteigert hat (GPK 2010a). Verstärkt wurde diese Entwicklung dadurch, dass das Parlament als Wahlbehörde zeitgleich in der zweiten Hälfte des 20. Jahrhunderts eine besondere Vorliebe dafür hatte, den hierzulande häufig anzutreffenden Politikertyp des „Verwalters" in die Landesregierung zu wählen – also Regierungsmitglieder, die ihr Amt praxisnah und pragmatisch ausführen und sich selbst stärker als Departementschefs denn als Staatsmänner und -frauen von Welt sahen. Gerade das auch dadurch akzentuierte Überhandnehmen des Departementalprinzips hat dazu geführt, dass der Bundesrat seine zentralen Funktionen heute nur noch beschränkt zu erfüllen vermag (Vatter 2020). So wird die ausgeprägte Departementslogik dafür verantwortlich gemacht, dass es dem Bundesrat insbesondere in Krisensituationen häufig nicht mehr gelingt, strategisch adäquat zu steuern sowie vorausschauend und kohärent zu planen (GPK 2010a, 2022, 2023a, b). Ebenfalls verhindert sie in vielen Fällen die gegenseitige Abstimmung sachübergreifender Geschäfte zwischen den einzelnen Regierungsmitgliedern, die sich mit ihren Stäben nach wie vor stark an den Prinzipien der negativen Koordination und der gegenseitigen Nichteinmischung orientieren (GPK 1992; Vatter u. a. 2005). Dies steht im Widerspruch zur immer stärker werdenden Verflechtung der unterschiedlichen Politikfelder, die einen grösseren Koordinations- und Kooperationsaufwand erfordert. In der mangelnden Koordination unter den Departementen sowie der fehlenden Gesamtführung durch die Regierung werden die Hauptgründe für die ungenügende Informationspolitik bei ausserordentlichen Ereignissen gesehen (GPK 1997, 2022). Insgesamt herrschen ein starkes Ungleichgewicht zwischen den beiden Organisationsprinzipien der Regierung zuungunsten des Kollegialitätsprinzips sowie eine hohe Arbeitsbelastung. Dies hat dazu geführt, dass die Zentrifugalkräfte der Departementalisierung das verfassungsrechtlich vorgegebene Prinzip des gemeinsamen kollegialen Regierens in der Praxis immer stärker geschwächt haben (Vatter 2020).

Zusätzlich zu den sich im Laufe des 20. Jahrhunderts akzentuierenden Schwierigkeiten der Arbeitsüberlastung und der überhandnehmenden Departementalisierung wird der Bundesrat seit der Jahrtausendwende mit neuen Herausforderungen konfrontiert, die sich auf die Schlagworte Polarisierung, Internationalisierung und Medialisierung verdichten lassen (Vatter 2020: 337ff.). So hat die verstärkte parteipolitische Polarisierung zu einer weiteren Schwächung des Konkordanzsystems geführt. Der Einsatz von Bundesratsmitgliedern als Wahlkampfhelfer für die eigene Partei, die zunehmende Bedeutung der Parteipolitik innerhalb der Kollegialbehörde, die (zumindest zeitweise) verstärkte Anwendung des Mehrheitsprinzips bei Bundesratsentscheidungen, die im Ausgang offenen und umkämpften Bundesratswahlen und nicht zuletzt die Nichtwiederwahl von amtierenden Regierungsmitgliedern waren offensichtlicher Ausdruck dieser Hinwendung zu vermehrt wettbewerbsdemokratischen Elementen innerhalb der schweizerischen Politik. Ausdruck der Polarisierung ist auch die Persönlichkeitsstruktur derjenigen, denen in jüngerer Zeit die Wahl in den Bundesrat gelang. Neben dem für die Schweizer Politik typischen Verwaltungs- und Konkordanzpolitiker ziehen immer öfters auch charismatische, extravertierte und dominante Persönlichkeiten in die Landesregierung ein. Mit der häufiger gewordenen Wahl von führungsstarken, polarisierenden und mediengewandten Figuren, die deutlich stärker dem Politikertypus der Regenten und Populären entsprechen, hat die Vereinigte Bundesversammlung den neuen Entwicklungen der Polarisierung, Medialisierung und Personalisierung vermehrt Rechnung getragen; akzentuierte damit aber gleichzeitig auch die Widersprüche zwischen der Parteien- und der Konkordanzlogik. So hat der Eintritt von zunehmend mediengewandten und charismatischen Persönlichkeiten in die Regierung das zunehmende Auseinanderklaffen der Anforderungsprofile an die Bundesräte zwischen den in einer zunehmenden Konkurrenz stehenden Regierungsparteien einerseits und dem auf Vermittlung und Dialog angelegten Konkordanzsystem andererseits geradezu symptomatisch an „Köpfen" sichtbar gemacht. Ohnehin erschweren die anhaltende Stärkung der Polparteien die Zugewinne der grün im Namen tragenden Parteien sowie der Niedergang des bürgerlichen Zentrums (Mitte, FDP) die Suche nach einer neuen, die gewandelten parteipolitischen Stärkeverhältnisse abbildenden Zauberformel (Vatter/Freiburghaus/Feuz 2023).

Eine zweite Herausforderung bildet die zunehmende internationale Verflechtung. So wirkt gerade die fortschreitende europäische Integration in die binnenstaatliche Politik hinein (Sager/Papadopoulos 2022). Die Interdependenzen zwischen Staaten, internationalen Organisationen und nicht staatlichen Akteuren sind massiv gewachsen. Entsprechend sieht sich die Schweizer Regierung stärker als früher gezwungen, ihre Interessen in zahlreichen supranationalen Gremien zu vertreten. Zudem muss sie gleichzeitig internationale Verhandlungen führen und Verträge umsetzen. Im internationalen Kontext erweist sich das jährlich rotierende Bundespräsidium dabei als offensichtlicher Nachteil, da dadurch die wichtige Vertrauensbildung und die Verstetigung der persönlichen Kontakte auf internationaler Regierungsebene über einen längeren Zeitraum nicht möglich sind. Der Bundesrat kommt selbst zum Schluss, dass das Bedürfnis nach persönlichen und fortdauernden Kontakten in internationalen Gremien sowie zu Vertretern anderer Staaten im Zusammenhang mit der stärkeren internationalen Verflechtung und den globalen Herausforderungen stark angestiegen sei und entsprechende Massnahmen ergriffen werden müssen. Gerade mit der Zunahme parteipolitischer Konflikte und der fortlaufenden Internationalisierung der Politik kommt dem Bundespräsidenten als Mediator gegen innen sowie als oberstem Repräsentanten der Schweiz gegen aussen in der neuesten Zeit eine zunehmend wichtigere Rolle zu (Vatter 2020).

Drittens haben im Zug der Medialisierung der Politik die Informations- und Kommunikationsansprüche an den Bundesrat stark zugenommen. Digitale Kanäle und soziale Medien haben die direkte, stetige Kommunikation zwischen der Bevölkerung und der Regierung zwar erleichtert; sie führen aber gleichzeitig zu einer Vervielfachung der Kontakte und der Anfordernisse an die Medientauglichkeit der Regierungsmitglieder. Durch das gestiegene Interesse der Medien und der Öffentlichkeit an der Regierungsarbeit müssen die Mitglieder des Bundesrats für ihre Informations- und Kommunikationstätigkeit mehr persönliche Präsenz und Aufmerksamkeit als früher verwenden. Diese anhaltende Medialisierung der Regierungspolitik ging einher mit einer steigenden Personalisierung, Privatisierung und Skandalisierung der politischen Berichterstattung über die Bundesratsmitglieder. Besonders auffällig ist die mediale Fokussierung auf die in politische Affären verwickelten Bundesratsmitglieder sowie besonders umstrittene Bundesratswahlen.[38] Während im politischen Alltag die Information und Kommunikation durch die Regierung grundsätzlich gewährleistet sind, zeigen sich in Krisensituationen immer wieder Schwächen. Insbesondere das Fehlen einer über die Departemente hinweg kohärenten Informationsverbreitung, die ungenügende interdepartementale Koordination in der Kommunikation und die Anfälligkeit auf die die Kollegialität besonders belastenden Indiskretionen werden bemängelt (GPK 2023). Auch fehlt es bisweilen an einem gemeinsamen Auftreten der Regierung gegenüber der Öffentlichkeit, was einer kohärenten, glaubwürdigen Regierungskommunikation abträglich ist.

Konkordanz und Departementalisierung als prägende Entwicklungen im 20. Jahrhundert; Polarisierung, Internationalisierung und Medialisierung als akzentuierte bzw. zusätzliche Herausforderungen des neuen Jahrtausends sowie drei ungelöste Spannungsfelder bzw. „Dilemmata" (Vatter 2020: 343), in denen sich der Bundesrat als Institution und die Bundesräte als dessen Mitglieder gleichermassen gefangen sehen: Wie lassen sich all diesen Problemen beggenen, um die Regierungsfähigkeit langfristig zu wahren – und sicherzustellen, dass die Bevölkerung dem Schweizer Bundesrat auch weiterhin ein so grosses Regierungsvertrauen entgegenbringt wie sonst in kaum einem anderen Land (Freitag/Zumbrunn 2022)? Damit ist die Frage nach einer Staatsleitungsreform angesprochen. Freilich, die Kritik an der bis heute unveränderten Regierungsorganisation reichen bis in die 1870er Jahre zurück und bilden spätestens seit der Nachkriegszeit ein Dauerthema. Auch mögliche Reformideen für eine institutionelle Reform des Bundesrates wie eine horizontale Vergrösserung des Kollegiums, eine vertikale Erweiterung, indem dem Bundesrat ihm untergeordnete Fachminister zur Seite gestellt würden oder die Einführung der Volkswahl sind praktisch so alt wie der Bundesstaat selbst. Trotz zahlreicher Versuche sind in den letzten 176 Jahren jedoch keine nennenswerten Regierungsreformen zustande gekommen, wenn man einmal von der Schaffung von Staatssekretären, der Gewährung persönlicher Mitarbeiter für die Bundesräte oder der Aufwertung der Bundeskanzlei absieht. Ansonsten scheiterten alle Staatsleitungsvorhaben wahlweise am Widerstand von Parlament, Regierung oder Stimmvolk. So gibt es künftig im Wesentlichen zwei Handlungsoptionen: Entweder greift der Bundesrat auch weiterhin auf informelle Regeln zurück, um auf den Veränderungsdruck zu reagieren. So wurden die erstarrten Regierungsstrukturen seit 1848 mit immer wieder neuen informellen Regeln überformt (allen voran der Zauberformel), um handlungsfähig zu bleiben (Vatter/Freiburghaus/Feuz 2023). Oder aber es gelingt doch noch eine Staatsleitungsreform. Hierbei gilt es, die Befunde aus der von Vatter (2020) durchgeführten Ex-ante-Wirkungsanalyse von

---

38 Allerdings haben die Personalisierung und Präsidentialisierung der Medienberichterstattung aber bis heute nicht die Auswüchse erreicht wie diejenige über die Regierungsspitze in parlamentarischen und vor allem präsidentiellen Systemen (Vatter 2020). In der Schweiz spitzt sich die Medienaufmerksamkeit nicht auf das Bundespräsidium oder die Bundesräte alleine zu, sondern verteilt sich nach wie vor über eine grössere Zahl an in- und ausländischen Spitzenpolitikern, was in bemerkenswerter Weise die ausgebaute Machtdiffusion in der Schweizer Konkordanzdemokratie spiegelt.

## 5 Die Regierung

einem Dutzend Reformansätzen und möglichen Spielarten im Blick zu behalten. So weist sich, „dass kein einziger Reformvorschlag gleichzeitig alle funktionalen Defizite und Probleme der Schweizer Regierung auf einmal beheben kann" (Vatter 2020: 325). Kein Modell vermag alle Evaluationskriterien vollständig zu erfüllen. Dies überrascht insofern nicht, da einzelne Kriterien und Herausforderungen in einem offensichtlichen Spannungsverhältnis zueinanderstehen und Zielkonflikte („trade-offs") unvermeidbar sind. Mit einer einzelnen institutionellen Massnahmen lassen sich das Kollegialitätssystem und die politischen Führungskapazitäten nicht gleichzeitig stärken. Hingegen zeigt die Ex-ante-Wirkungsanalyse, dass mit einer Kombination verschiedener Modelle mehr oder weniger alle vorab definierten Evaluationskriterien (zumindest teilweise) erfüllt werden können.[39] So steht ausblickend die *Kombination* der folgenden drei Reformschritte im Zentrum, um den vielfältigen ungelösten Herausforderungen zu begegnen, mit denen sich der Bundesrat konfrontiert sieht (Vatter 2020, 2021):

1. *Die gleichzeitige Listenwahl stärkt das Kollegialitätssystem:* Die aufeinanderfolgende Einzelwahl, wie sie heute praktiziert wird, setzt falsche Anreize: Sie erlaubt es dem Parlament, missliebigen Regierungsmitgliedern einen Denkzettel zu verpassen, und belohnt bundesrätliche Solisten, die sich auf Kosten der gemeinsamen Regierungsarbeit profilieren. Dem Teamgedanken zum Durchbruch verhelfen könnte eine geschlossene parteien- und sprachenübergreifende Listenwahl der Regierung. Eine Siebner-Gesamtliste böte dem Wahlkörper nicht nur die Chance, den Grundgedanken der Konkordanz zu stärken, sondern entspräche auch der Logik des Kollegialitätsprinzips. Statt Ränkespiele zu schmieden, soll das Parlament ein geeintes Regierungsteam wählen.
2. *Ein Präsidialdepartement erhöht die Planungs-, Leitungs- und Koordinationskapazitäten:* Die strategische Steuerungs- und Führungsfähigkeit des Bundesrates kann nur verbessert werden, wenn auch das Bundespräsidium als koordinierendes Organ gestärkt wird. Da die sieben einander gleichgestellt sind, gibt es keine Instanz, die für Leitung, Kohärenz und strategische Handlungsfähigkeit sorgt. Ein gestärktes Präsidium mit mehr Kompetenzen tut deshalb not. Ein Präsidialdepartement könnte nicht nur die Arbeit des Regierungsgremiums besser planen, sondern trüge mit seinen Stäben zu einer besseren Bewältigung ausserordentlicher Krisensituationen bei. Für dessen konkrete Ausgestaltung gilt es, aus dem „föderalen Labor" zu lernen, wo Präsidialdepartemente in den Kantonen Waadt, Genf und Basel-Stadt bereits existieren.
3. *Ein Konkordanzvertrag setzt Prioritäten:* Minimale politische Kohärenz erfordert ein Mindestmass an inhaltlichen Eckpunkten, über die sich die Regierung zu Beginn einer Legislatur einig ist. Damit ist ausdrücklich nicht ein verbindliches Regierungsprogramm gemeint, wie es für Mehrparteienkoalitionen in parlamentarischen Systemen üblich ist. Im Zentrum steht vielmehr eine Absichtserklärung, welche Vorhaben in den nächsten vier Jahren prioritär realisiert

---

39 Die Ex-ante-Wirkungsanalyse von Vatter (2020) betrachtete die folgenden Evaluationskriterien: Stärkung des Kollegialsystems, Stärkung der politisch-strategischen Führung, Stärkung der interdepartementalen Koordination, Stärkung des Krisenmanagements, Stärkung der internationalen Sichtbarkeit, Entlastung der Regierungsmitglieder und Schwächung der Parteipolitik.

werden sollen. Ein solcher bereits von alt Bundesrat Arnold Koller eingeforderter Konkordanzvertrag hält die wichtigsten Reformprojekte einer Legislaturperiode fest und dient der gemeinsamen Regierungsarbeit als solide Grundlage.

## 5.8 Literaturverzeichnis

Altermatt, Urs, 1991: Die Schweizer Bundesräte. Ein biographisches Lexikon. Zürich: Artemis & Winkler.

Altermatt, Urs, 2019a: Das Bundesratslexikon. Zürich: NZZ Libro.

Altermatt, Urs. 2019b. Von der Koalitionsregierung von 1848 zur Konkordanzregierung von 1959. In: Ritz, Adrian/Haldemann, Theo/Sager, Fritz (Hrsg.): Blackbox Exekutive. Regierungslehre in der Schweiz. Zürich: NZZ Libro, 29–48.

Altermatt, Urs, 2020: Vom Unruheherd zur stabilen Politik. Der schweizerische Bundesrat 1848–1875. Teamplayer, Schattenkönige und Sesselkleber. Basel: NZZ Libro.

Altermatt, Urs, 2021: Der lange Weg zum historischen Kompromiss. Der schweizerische Bundesrat 1874–1900. Referendumsstürme, Ministeranarchie, Unglücksfälle. Basel: NZZ Libro.

Altermatt, Urs, 2023: Von der freisinnigen Vorherrschaft zum Proporz. Der schweizerische Bundesrat 1900–1919. Bundespräsident als Primus inter pares und Departementalisierung. Basel: NZZ Libro.

Andereggen, Céline, 2012: Evaluation der Vernehmlassungs- und Anhörungspraxis des Bundes. In: LeGes 23/1, 45–59.

Armingeon, Klaus/Engler, Sarah/Leemann, Lucas/Weisstanner, David, 2023: Supplement to the Comparative Political Data Set – Government Composition 1960–2021. https://cpds-data.org/ (abgerufen am 01.05.2024).

Auer, Andreas, 2016: Staatsrecht der schweizerischen Kantone. Bern: Stämpfli.

Bacher, Hansueli/Lambelet, Jean-Christian, 2003: La réélection des conseillers fédéraux: sanctions ciblées ou résultats prédéterminés? Une analyse économétrique des réélections aus conseil fédéral. In: Schweizerische Zeitschrift für Statistik und Volkswirtschaft 139/4, 421–459.

Baumgartner, Sabrina, 2010: Die Regierungskommunikation der Schweizer Kantone. Regeln, Organisation, Akteure und Instrumente im Vergleich. Wiesbaden: VS Verlag.

Bernauer, Julian/Vatter, Adrian, 2012: Can't Get No Satisfaction with the Westminster Model? Winners, Losers, and the Effects of Consensual and Direct Democratic Institutions on Satisfaction with Democracy. In: European Journal of Political Research 51/4, 435–459.

Bernauer, Julian/Vatter, Adrian, 2019: Power Diffusion and Democracy. Institutions, Deliberation and Outcomes. Cambridge: Cambridge University Press.

Bernauer, Julian/Vatter, Adrian, 2024: Power Concentration and Power Diffusion: A New Typology of Political-Institutional Patterns of Democracy. In: Vatter, Adrian/Freiburghaus, Rahel (Hrsg.): Handbook of Comparative Political Institutions. Cheltenham: Edward Elgar Publishing.

Biedermann, Dieter, 2002: Die verwaltungsinterne Erarbeitung: Das Behindertengesetz (BehiG). In: LeGes 13/3, 23–33.

Bieri, Niklaus, 2020: Die Verwaltung als Gatekeeper im Vernehmlassungsverfahren. In: Jahrbuch der Schweizerischen Verwaltungswissenschaften 11/1, 1–11.

Biaggini, Giovanni, 2015: Der Bundesrat als Regierung des Bundes. In: Biaggini, Giovanni/Gächter, Thomas/Kiener, Regina (Hrsg.): Staatsrecht. Zürich/St. Gallen: Dike, 237–261.

BK – Schweizerische Bundeskanzlei, 2024a: Der Bund kurz erklärt. https://www.bk.admin.ch/bk/de/home/dokumentation/der-bund-kurz-erklaert.html (abgerufen am 28.03.2024).

BK – Schweizerische Bundeskanzlei, 2024b: Zusammenstellung der internationalen Kontakte der Mitglieder des Bundesrates. Daten auf Anfrage erhalten.

Blaser, Jeremias, 2003: Das Vernehmlassungsverfahren in der Schweiz: Organisation, Entwicklung und aktuelle Situation. Opladen: Leske + Budrich.

Bochsler, Daniel/Bousbah, Karima, 2011: Volkswahl und Konkordanz. Freiwilliger Proporz in den direkt gewählten Kantonsregierungen. In: Neue Zürcher Zeitung, 03.06.2011, 15.

Bochsler, Daniel/Sciarini, Pascal, 2006: Neue Indikatoren zur Bestimmung der arithmetischen Regierungskonkordanz. In: Swiss Political Science Review 12/1, 105–122.

Brühl-Moser, Denise, 2007: Die schweizerische Staatsleitung: im Spannungsfeld von nationaler Konsensfindung, Europäisierung und Internationalisierung, mit Bezügen zu Belgien, Deutschland, Frankreich, Grossbritannien und Österreich. Bern: Schulthess.

Brüschweiler, Jonas/Vatter, Adrian, 2018: Viele Vorstösse, wenig Wirkung? Nutzung und Erfolg parlamentarischer Instrumente in der Bundesversammlung. In: Vatter, Adrian (Hrsg.): Das Parlament in der Schweiz. Macht und Ohnmacht der Volksvertretung. Zürich: NZZ Libro, 69–99.

Brunner, Stephan/Bertschy, Thomas, 2015: Teilrevision des Vernehmlassungsrechts des Bundes: Ausblick auf die künftigen Regeln für die Durchführung von Vernehmlassungen. In: LeGes 26/2, 421–424.

Bundesamt für Statistik, 2024. Kantonsregierungen. https://www.bfs.admin.ch/bfs/de/home/statistiken/politik/wahlen/kantonale-wahlen/kantonsregierungen.html (abgerufen am 01.05.2024).

Bundesrat, 2024: Information und Kommunikation: Der Öffentlichkeit verpflichtet. https://www.admin.ch/gov/de/start/bundesrat/aufgaben-des-bundesrates/information-und-kommunikation.html (abgerufen am 01.03.2024).Burgos, Elie/Mazzoleni, Oscar/Rayner, Hervé, 2011: La formule magique. Conflit et consensus dans l'élection du Conseil fédéral. Lausanne: Presses polytechniques et universitaires romandes.

Caluori, Ladina/Hug, Simon, 2005: Changes in the Partisan Composition of the Swiss Government. 1891, 1919, 1929, 1943, 1959, 2003, ...? In: Swiss Political Science Review 11/3, 101–121.

Church, Clive/Vatter, Adrian, 2009: Opposition in Consensual Switzerland: A Short but Significant Experiment. In: Government and Opposition 44/4, 412–437.

Curia Vista, 2024: Geschäftsdatenbank. https://www.parlament.ch/de/ratsbetrieb/suche-curia-vista (abgerufen am 11.04.2024).

De Pretto, Renato, 1988: Bundesrat und Bundespräsident: Das kollegiale Regierungssystem schweizerischer Prägung. Grüsch: Rüegger.

EFK – Eidgenössische Finanzkontrolle, 2016: Prognosen in den Botschaften des Bundesrates. Evaluation der prospektiven Folgenabschätzungen von Gesetzesentwürfen. Bern.

EFK – Eidgenössische Finanzkontrolle, 2022: Prüfung der Wirksamkeit der interdepartementalen Koordination bei Föderalismusfragen. Bern.

EFV – Eidgenössische Finanzverwaltung, 2024: Staatsrechnung [diverse Jahre]. https://www.efv.admin.ch/efv/de/home/finanzberichterstattung/finanzberichte/staatsrechnung.html (abgerufen am 17.04.2024).

Eidgenössisches Personalamt, 2024: Das Bundespersonal in Zahlen. https://www.epa.admin.ch/epa/de/home/themen/das-bundespersonal-in-zahlen.html (abgerufen am 01.05.2024).

Fedlex, 2024: Abgeschlossene Vernehmlassungen [diverse Jahre]. https://www.fedlex.admin.ch/de/consultation-procedures/ended/2024 (abgerufen am 22.03.2024).

Flick Witzig, Martina/Puran, Tanja/Vatter, Adrian, 2023: Die gewissenhaften Bundesräte werden besser wiedergewählt. https://www.defacto.expert/2023/12/18/gewissenhafte-werden-besser-wiedergewaehlt/ (abgerufen am 01.05.2024).

Flick Witzig, Martina/Vatter, Adrian, 2024: Kinder and Gentler Ministers in Consensus Democracies? Personality and the Selection of Government Members. In: Politics 44/1, 39–57.

Fischer, Manuel/Sciarini, Pascal, 2019: Die Position der Regierung in Entscheidungsstrukturen. In: Adrian, Ritz/Haldemann, Theo/ Sager, Fritz (Hrsg.): Blackbox Exekutive. Regierungslehre in der Schweiz. Zürich: NZZ Libro, 49–64.

Freiburghaus, Rahel, 2024: Lobbyierende Kantone. Subnationale Interessenvertretung im Schweizer Föderalismus. Baden-Baden: Nomos.

Freiburghaus, Rahel/Vatter, Adrian/Stadelmann-Steffen, Isabelle, 2023: Kinder, Gentler—Crisis-Proof? Consensus Democracy, Inclusive Institutions and COVID-19 Pandemic Performance. In: West European Politics 46/6, 1106–1132.

Freitag, Markus/Zumbrunn, Alina, 2022: Politische Kultur. In: Papadopoulos, Yannis/Sciarini, Pascal/Vatter, Adrian/Häusermann, Silja/Emmenegger, Patrick/Fossati, Flavia (Hrsg.): Handbuch der Schweizer Politik – Manuel de la politique suisse. Basel: NZZ Libro, 85–109.

Gava, Roy/Jaquet, Julien M./Sciarini, Pascal, 2021: Legislating or Rubber-Stamping? Assessing Parliament's Influence on Law-Making with Text Reuse. In: European Journal of Political Research 60/1, 175–198.

Germann, Raimund E., 1998: Öffentliche Verwaltung in der Schweiz. Der Staatsapparat und die Regierung. Bern/Stuttgart: Haupt.

Germann, Raimund E., 2002: Ausserparlamentarische Kommissionen. In: Historisches Lexikon der Schweiz (HLS), Version vom 17.01.2022. https://hls-dhs-dss.ch/de/articles/010393/2002-01-17/ (abgerufen am 31.05.2024).

Goetschel, Laurent/Wasserfallen, Fabio, 2022: Aussenpolitik. In: Papadopoulos, Yannis/Sciarini, Pascal/Vatter, Adrian/Häusermann, Silja/Emmenegger, Patrick/Fossati, Flavia (Hrsg.): Handbuch der Schweizer Politik – Manuel de la politique suisse. Basel: NZZ Libro, 677–702.

Gruner, Erich, 1977: Die Parteien in der Schweiz. Bern: Francke.

GPK – Geschäftsprüfungskommission, 1992: Die Planungs- und Koordinationsfunktion im Bereich der Aussenpolitik. Bericht der Geschäftsprüfungskommission des Ständerates an den Bundesrat vom 23. Nov. 1992. BBl 1993 II 311 ff.

GPK – Geschäftsprüfungskommission, 1997: Bericht der Geschäftsprüfungskommission des Nationalrates. „Informationstätigkeit des Bundesrates und der Bundesverwaltung in ausserordentlichen Situationen".

GPK – Geschäftsprüfungskommissionen, 2010a: Die Behörden unter dem Druck der Finanzkrise und der Herausgabe von UBS-Kundendaten an die USA. Bericht der Geschäftsprüfungskommissionen der eidgenössischen Räte.

GPK – Geschäftsprüfungskommission, 2010b: Verhalten der Bundesbehörden in der diplomatischen Krise zwischen der Schweiz und Libyen. Bericht der Geschäftsprüfungskommission des Ständerates vom 3. Dezember 2010.

GPK – Geschäftsprüfungskommission, 2012: Steuerung der Sozialversicherungen durch den Bundesrat. Bericht der Geschäftsprüfungskommission des Ständerates an den Bundesrat vom 30. März 2012.

GPK – Geschäftsprüfungskommission, 2014: Interdepartementale Zusammenarbeit in der Aussenpolitik. Bericht der Geschäftsprüfungskommission des Nationalrates vom 28. Februar 2014.

GPK – Geschäftsprüfungskommissionen, 2022: Krisenorganisation des Bundes für den Umgang mit der Covid-19-Pandemie (Januar bis Juni 2020). Bericht der Geschäftskommissionen der eidgenössischen Räte vom 17. Mai 2022.

GPK – Geschäftsprüfungskommissionen, 2023a: Indiskretionen im Zusammenhang mit Covid-19-Geschäften des Bundesrates. Bericht der Geschäftsprüfungskommissionen der eidgenössischen Räte vom 17. November 2023.

GPK – Geschäftsprüfungskommissionen, 2023b: Behördenkommunikation vor Abstimmungen. Bericht der Geschäftskommission des Nationalrates vom 21. November 2023.

Hangartner, Yvo/Kley, Andreas/Braun Binder, Nadja/Glaser Andreas, 2023: Die demokratischen Rechte in Bund und Kantonen der Schweizerischen Eidgenossenschaft. Zürich: Dike.

Hempel, Yvonne, 2010: Politische Führung im Direktorialsystem: die Schweiz. In: Sebaldt, Martin/Gast, Henrik (Hrsg.): Politische Führung in westlichen Regierungssystemen. Theorie und Praxis im internationalen Vergleich. Wiesbaden: VS Verlag, 281–303.

Hermann, Michael, 2011: Konkordanz in der Krise. Ideen für eine Revitalisierung. Zürich: NZZ Libro.

Himmelsbach, Raffael, 2014, Playing Second Fiddle. Expert Advice and Decision-making in Switzerland. Lausanne: Université de Lausanne. https://serval.unil.ch/resource/serval:BIB_2D01E30E6F89.P001/REF.pdf (abgerufen am 31.05.2024).

Huber-Hotz, Annemarie, 2009: Politische Planung zwischen Wunsch und Wirklichkeit. In: Vatter, Adrian/Varone, Frédéric/Sager, Fritz (Hrsg.): Demokratie als Leidenschaft. Planung, Entscheidung und Vollzug in der Schweizerischen Demokratie. Bern/Stuttgart/Wien: Haupt Verlag, 317.

Jaquet, Julien M./Sciarini, Pascal/Varone, Frédéric, 2019: Policy-Agenda-Setting: Regierung als Hauptinitiator von Entscheidungsprozessen?. In: Adrian, Ritz/Haldemann, Theo/Sager, Fritz (Hrsg.): Blackbox Exekutive. Regierungslehre in der Schweiz. Zürich: NZZ Libro, 213–233.

KID – Konferenz der Informationsdienste, 2024: Konferenz der Informationsdienste. https://www.bk.admin.ch/bk/de/home/bk/organisation-der-bundeskanzlei/ueberdepartementale-gremien/konferenz-der-informationsdienste-kid.html (abgerufen am 01.05.2024).

Klöti, Ulrich, 2006: Regierung. In: Klöti, Ulrich/Knoepfel, Peter/Kriesi, Hanspeter/Linder, Wolf/Papadopoulos, Yannis/Sciarini, Pascal (Hrsg.): Handbuch der Schweizer Politik – Manuel de la politique suisse. Zürich: Verlag Neue Zürcher Zeitung, 151–173.

Kölz, Alfred, 1992: Neuere Schweizerische Verfassungsgeschichte. Ihre Grundlinien vom Ende der Alten Eidgenossenschaft bis 1848. Bern: Stämpfli.

Ladner, Andreas/Chappelet, Jan-Loup/Emery, Yves/Knoepfel, Peter/Mader, Luzius/Soguel, Nils/Varone, Frédéric (Hrsg.), 2013: Handbuch der öffentlichen Verwaltung in der Schweiz. Zürich: Verlag Neue Zürcher Zeitung.

Lijphart, Arend, 2012: Patterns of Democracy. Government Forms and Performance in Thirty-Six Countries. New Haven/London: Yale University Press.

Linder, Wolf, 1987: Politische Entscheidung und Gesetzesvollzug in der Schweiz. Bern/Stuttgart: Haupt.

Linder, Wolf/Mueller, Sean, 2017: Schweizerische Demokratie. Institutionen-, – Prozesse-, – Perspektiven. Bern: Haupt.

Lutz, Georg, 2015: Die Wahlfreiheit der Bundesversammlung: schon viele nicht-offizielle Bundesratskandidaten gewählt. https://www.defacto.expert/2015/11/17/die-wahlfreiheit-der-bundesversammlung-es-wurde-schon-viele-nicht-offizielle-bundesratskandidaten-gewaehlt/ (abgerufen am 11.04.2024).

Milic, Thomas/Vatter, Adrian, 2013: Konkordanz in der Krise? Regierungskoalitionen in der Schweiz. In: Frank Decker/Eckhard Jesse (Hrsg): Die deutsche Koalitionsdemokratie vor der Bundestagswahl 2013. Baden-Baden: Nomos, 577–595.

Milic, Thomas/Vatter, Adrian/Bucher, Raphael, 2012: Volkswahl des Bundesrates. Eine Simulation der Bundesratswahlen durch das Volk auf der Basis der Wahlen in die kantonalen Regierungen. Studie im Auftrag des Bundesamtes für Justiz. Bern: Universität Bern, Institut für Politikwissenschaft.

Mueller, Sean/Bühlmann, Marc/Zuber, Maxime, 2019: Squaring the Circle: The Geometry of Power-Sharing in the Swiss Canton of Berne. In: Ethnopolitics 18/2, 158–177.

Mueller, Sean/Dick, Sereina/Freiburghaus, Rahel, 2020: Ständerat, stärkerer Rat? Die Gesetzgebungsmacht der Zweiten Kammer im Vergleich zu National- und Bundesrat. In: Mueller, Sean/Vatter, Adrian (Hrsg.): Der Ständerat. Die Zweite Kammer der Schweiz. Basel: NZZ Libro, 119–145.

Oehmer-Pedrazzi, Franziska/Pedrazzi, Stefano/Schneider, Jörg, 2022: Evaluationsstudie: Analyse der öffentlichen Kommunikation der wissenschaftlichen Erkenntnisse zum neuen Coronavirus. Bericht vom 28. März 2022. Zürich: js_studien+analysen.

Papadopoulos, Yannis, 1997 : Les processus de décision fédéraux en Suisse. Paris: L'Harmattan.

PUK – Parlamentarische Untersuchungskommission, 2024: Geschäftsführung der Behörden – CS-Notfusion. https://www.parlament.ch/de/organe/kommissionen/aufsichtskommissionen/puk-%20geschaeftsfuehrung-der-behoerden-im-zusammenhang-der-notfusion-credit-suisse-mit-ubs (abgerufen am 13.03.2024).

PVK – Parlamentarische Verwaltungskontrolle, 2009: Die strategische politische Steuerung des Bundesrates, Bericht der Parlamentarischen Verwaltungskontrolle zuhanden der Geschäftsprüfungskommission des Nationalrates vom 15. Oktober 2009.

PVK – Parlamentarischen Verwaltungskontrolle, 2011: Evaluation der Anhörungs- und Vernehmlassungspraxis des Bundes, Bericht der Parlamentarischen Verwaltungskontrolle zuhanden der Geschäftsprüfungskommission des Nationalrates vom 9. Juni 2011.

PVK – Parlamentarischen Verwaltungskontrolle, 2013: Evaluation der interdepartementalen Zusammenarbeit in der Aussenpolitik, Bericht der Parlamentarischen Verwaltungskontrolle zuhanden der Geschäftsprüfungskommission des Nationalrates vom 19. Juni 2013.

PVK – Parlamentarische Verwaltungskontrolle, 2019a: Erfüllung angenommener Motionen und Postulate. Bericht der Parlamentarischen Verwaltungskontrolle zuhanden der Geschäftsprüfungskommission des Ständerates, vom 7. Mai 2019.

PVK – Parlamentarische Verwaltungskontrolle, 2019b: Öffentlichkeitsarbeit des Bundes, Bericht der Parlamentarischen Verwaltungskontrolle zuhanden der Geschäftsprüfungskommission des Nationalrates vom 3. Mai 2019.

Raupp, Juliana/Kocks, Jan Niklas, 2019: Regierungskommunikation. In: Adrian, Ritz/Haldemann, Theo/ Sager, Fritz (Hrsg.): Blackbox Exekutive. Regierungslehre in der Schweiz. Zürich: NZZ Libro, 373–388.

Rebmann, Frédéric/Mach, André, 2013: Die ausserparlamentarischen Kommissionen des Bundes. In: Ladner, Andreas/Chappelet, Jan-Loup/Emery, Yves/Knoepfel, Peter/Mader, Luzius/Soguel, Nils/Varone, Frédéric (Hrsg.): Handbuch der öffentlichen Verwaltung in der Schweiz. Zürich: Verlag Neue Zürcher Zeitung, 167–182.

Rhinow, René/Schefer, Markus/Uebersax, Peter, 2016: Schweizerisches Verfassungsrecht. Basel: Helbing & Lichtenhahn.

Sager, Fritz/Steffen, Isabelle, 2006: Die Kantone im Vernehmlassungsverfahren des Bundes: Wirkungsweise und Reformansätze. In: Vatter, Adrian (Hrsg.): Föderalismusreform. Wirkungsweise und Reformansätze föderativer Institutionen in der Schweiz. Zürich: Verlag Neue Zürcher Zeitung, 152–172.

Sager, Fritz/Vatter, Adrian, 2019: Regierungshandeln im Spannungsfeld von Partei- und Exekutivpolitik am Beispiel des Bundesrates. In: Ritz, Adrian/Haldemann, Theo/Sager, Fritz (Hrsg.): Blackbox Exekutive. Regierungslehre in der Schweiz. Zürich: NZZ Libro, 195–209.

Sager, Fritz/Papadopoulos, Yannis, 2022: Regierung. In: Papadopoulos, Yannis/Sciarini, Pascal/Vatter, Adrian/Häusermann, Silja/Emmenegger, Patrick/Fossati, Flavia (Hrsg.): Handbuch der Schweizer Politik – Manuel de la politique suisse. Basel: NZZ Libro, 213–240.

Schröter, Juliane, 2019: The TV Addresses of the Swiss Government before Popular Votes. A Case Study of Argumentation in Direct Democracy. In: Journal of Argumentation in Context 8/3, 285–316.

Schwarz, Daniel/Bächtiger, André/Lutz, Georg, 2011: Switzerland: Agenda-Setting Power of the Government in a Separation-of-Powers Framework. In: Rasch, Björn Erik/Tsebelis, Georg (Hrsg.): The Role of Government in Legislative Agenda-Setting. Oxon/New York: Routledge, 127–143.

Schweizerisches Bundesarchiv, 2013: Vernehmlassungen des Bundes 1960–1991. Metadatensatz Vernehmlassungen. https://opendata.swiss/de/dataset/federal-consultations-1960-1991 (abgerufen am 05.02.2024).

Stadelmann-Steffen, Isabelle/Oehrli, Dominique/Vatter, Adrian, 2021: Do Governments Delay the Implementation of Parliamentary Requests? Examining Time Variation in Implementing Legislative Requests in Switzerland. In: Policy Sciences 54/1, 663–90.

Stöckli, Andreas, 2020: Bundesrat und Bundesverwaltung. In: Diggelmann, Oliver/Hertig Mayall, Maya/Schindler, Benjamin (Hrsg.): Verfassungsrecht der Schweiz. Band 3. Zürich: Schulthess, 93–124.

Stojanović, Nenad, 2016: Party, Regional and Linguistic Proportionality Under Majoritarian Rules: Swiss Federal Council Elections. In: Swiss Political Science Review 22/1, 41–58.

Tschannen, Pierre, 2016: Staatsrecht der Schweizerischen Eidgenossenschaft. Bern: Stämpfli.

Varone, Frédéric, 2013: Die Bundesverwaltung. In: Ladner, Andreas/Chappelet, Jan-Loup/Emery, Yves/Knoepfel, Peter/Mader, Luzius/Soguel, Nils/Varone, Frédéric (Hrsg.): Handbuch der öffentlichen Verwaltung in der Schweiz. Zürich: Verlag Neue Zürcher Zeitung, 111–125.

Varone, Frédéric/Giauque, David, 2022: L'administration fédérale. In: Papadopoulos, Yannis/Sciarini, Pascal/Vatter, Adrian/Häusermann, Silja/Emmenegger, Patrick/Fossati, Flavia (Hrsg.): Handbuch der Schweizer Politik – Manuel de la politique suisse. Basel: NZZ Libro, 373–402.

Vatter, Adrian, 1998: Konstanz und Konkordanz: Die Stabilität kantonaler Regierungen im Vergleich. In: Swiss Political Science Review 4/1, 1–20.

Vatter, Adrian, 2002: Kantonale Demokratien im Vergleich. Entstehungsgründe, Interaktionen und Wirkungen politischer Institutionen in den Schweizer Kantonen. Opladen: Leske + Budrich.

Vatter, Adrian, 2008: Vom Extremtyp zum Normalfall? Die Schweizerische Konsensusdemokratie im Wandel: Eine Re-Analyse von Lijpharts Studie für die Schweiz von 1997 bis 2007. In: Swiss Political Science Review 14/1, 1–47.

Vatter, Adrian, 2020: Der Bundesrat. Die Schweizer Regierung. Basel: NZZ Libro.

Vatter, Adrian, 2021: Nach dieser Krise braucht es eine Reform des Bundesrats. In: NZZ am Sonntag, 21.03.2021, 17.

Vatter, Adrian/Bernauer, Julian, 2009: The Missing Dimension of Democracy: Institutional Patterns in 25 EU Member States between 1997 and 2006. In: European Union Politics, 10/3, 335–359.

Vatter, Adrian/Freiburghaus, Rahel, 2023: Die Konkordanzdemokratie in der Polarisierungsspirale. In: Die Volkswirtschaft 97/5, 30–33.

Vatter, Adrian/Flick Witzig, Martina, 2023: Bundesratswahlen: Warum Liebe und Nette bessere Wahlchancen haben. https://www.defacto.expert/2022/10/20/warum-liebe-und-nette-bessere-wahlchancen-haben/?print=print (abgerufen am 22.03.2024).

Vatter, Adrian/Rüefli, Christian/Schwarz, Daniel/Rheinegger, Michael, 2005: Kohärenz in der schweizerischen Aussenpolitik. Zürich/Chur: Rüegger.

Vatter, Adrian/Freiburghaus, Rahel/Feuz, Patrick, 2023: Versuch und Irrtum. Die Geschichte gescheiterter Bundesratsreformen. In: NZZ Geschichte 47/1, 26–45.

Vatter, Adrian/Arnold, Tobias/Arens, Alexander/Vogel, Laura-Rosa/Bühlmann, Marc/Schaub, Hans-Peter/Dlabac, Oliver/Wirz, Rolf/Freiburghaus, Rahel/Della Porta, Davide, 2024: Patterns of Democracy in the Swiss Cantons, 1979–2022 [Dataset]. Bern: Universität Bern, Institut für Politikwissenschaft. Walter, André/Emmenegger, Patrick, 2019: The Partisan Composition of Cantonal Governments in Switzerland, 1848–2017. A New Data Set. In: Swiss Political Science Review 25/1, 1–18.

## 5.9 Fragen

1. Durch welche Besonderheiten zeichnet sich die schweizerische Regierung im Vergleich zu parlamentarischen und präsidentiellen Demokratien aus?
2. Weshalb setzen sich die kantonalen Regierungen trotz Majorzwahlsystem aus übergrossen Regierungskoalitionen zusammen?
3. Welches sind die Gründe für die zunehmende Instabilität der parteipolitischen Zusammensetzungen der Regierungen beim Bund und in den Kantonen?
4. Wie weit erfüllt der Bundesrat heute die vier exekutiven Kernfunktionen der Planung, Koordination, Information und Repräsentation?
5. Weshalb besteht heute ein zunehmendes Ungleichgewicht zwischen dem Kollegialitäts- und dem Departementalprinzip im Bundesrat?
6. Weshalb ist es im Gegensatz zu den Verwaltungsstrukturen bis heute nicht gelungen, die Regierungsstrukturen in der Schweiz grundlegend zu reformieren?

# 6 Das Parlament

## 6.1 Einleitung

Mit Blick auf andere entwickelte Demokratien zeichnet sich die schweizerische Legislative durch besondere Rahmenbedingungen aus. Dazu gehören zunächst auf der institutionellen Ebene sowohl der nichtparlamentarische als auch nichtpräsidentielle Charakter des Regierungstyps, im Weiteren aber auch die ausgebauten Volksrechte mit dem Referendumsvorbehalt sowie die schwache Stellung der Justiz mit der fehlenden Normenkontrolle . Sowohl in der politischen Praxis als auch in kultureller Hinsicht prägend für das Parlament sind schliesslich die Miliz- und Konkordanzeigenschaften des politischen Systems (Bailer/Bütikofer 2022; Vatter 2018).

1848 war die Schweiz das einzige Land in Europa, das über ein von der (männlichen) Bevölkerung gewähltes Parlament verfügte und nicht unter (spät-)absolutistischer Herrschaft stand. Heute gehören Parlamente in Demokratien zu den zentralen politischen Institutionen, selbst in autokratischen Staaten, wo oft allerdings ein Scheinparlamentarismus dominiert. Trotz ihrer hohen Anerkennung entsprechen die praktische Relevanz und das realpolitische Gewicht der Legislative allerdings nicht immer dem demokratietheoretischen Ideal. Seit Längerem wird etwa der vermeintliche Bedeutungsverlust von Parlamenten kritisiert, wonach die Gesetzgebungsarbeit der Legislative durch den Informationsvorsprung der Exekutivbehörden und die verstärkte Internationalisierung der Politik marginalisiert wird. Weiter wird bemängelt, dass gerade in einem Milizsystem wie den Kantonen und Gemeinden die Kontrollfunktion des Parlaments gegenüber der Regierung nicht wirksam ausgeübt werden könne. Zudem stelle die Zusammensetzung des Parlaments auch nach der späten Gewährung des Frauenwahlrechts bis heute kein repräsentatives Abbild der Bevölkerung dar. Schliesslich wird der Bundesversammlung bisweilen vorgeworfen, ihre Wahlfunktion kaum ernst zu nehmen, obwohl sie bei der Bestellung der Exekutive und Judikative über einen sehr grossen rechtlichen Spielraum verfügt.

Im Folgenden wird der Frage nachgegangen, wie weit das Schweizer Parlament nach den zahlreichen Reformen der letzten Jahrzehnte seine Kernfunktionen der Rechtssetzung, Wahl, Kontrolle und Repräsentation heute erfüllt, wobei im vorliegenden Kapitel zunächst der Nationalrat im Vordergrund steht und das Zweikammersystem erst im nächsten Kapitel behandelt wird. In den Mittelpunkt rückt im Weiteren das spannungsreiche Machtverhältnis zwischen Legislative und Exekutive auf den verschiedenen Staatsebenen, das sich im Verlaufe der Geschichte des schweizerischen Bundesstaates mehrfach gewandelt hat. Weitere Schwerpunkte liegen auf der historischen Entwicklung des Parlaments sowie in der Analyse des individuellen parlamentarischen Verhaltens sowie der Koalitionsmuster der Fraktionen. Das Kapitel schliesst mit einem kurzen internationalen Vergleich und einer zusammenfassenden Betrachtung.

## 6.2 Die historische Entwicklung des Parlaments

Am 6. November 1848 gab es in den Strassen von Bern einen ganz besonderen Umzug zu bestaunen: Die im Oktober 1848 gemäss der neuen Bundesverfassung erstmals gewählten 111 National- und 44 Ständeräte wandelten feierlich zum Berner Grossratssaal, wo sie sich zur ersten schweizerischen Bundesversammlung einfanden, nachdem sie nach Konfessionen getrennte Gottesdienste besucht hatten.[1] Die damals anstehenden Geschäfte unterschieden sich dabei auf den ersten Blick nicht stark von den Themen, mit denen sich das Parlament noch heute beschäftigen muss. So harrte nicht nur der Umgang mit dem europäischen Umfeld einer Klärung, auch sollte es darum gehen, den Blick nach innen und zurück neu zu schärfen. Die Vergangenheitsbewältigung war ebenso dringend wie der föderale Ausgleich zwischen den sich nach dem Sonderbundskrieg zusammengeschlossenen Gliedstaaten. Das Verkehrswesen wartete auf seine Umgestaltung und auch beim nationalen Kommunikationsnetz lag mehr im Argen als in geordneten Bahnen. Und nicht zuletzt überschatteten schon damals die Asylproblematik und die Armeereform die nationale politische Debatte. Gleichzeitig bestanden aber auch beträchtliche Unterschiede zur schweizerischen Politik des 21. Jahrhunderts. Nicht nur im Verhältnis Schweiz-Europa, sondern auch in anderen innenpolitischen Fragen waren die Konfliktlinien – verglichen mit heute – auf den Kopf gestellt. So fühlte sich die liberale Schweizer Elite von einem reaktionären Europa in ihrer Fortschrittlichkeit bedroht, während die Konservativen um jeden Preis eine gesamtschweizerische Armee verhindern wollten.

Die vielfältigen Aufgaben der Bundesversammlung als oberster Gewalt des Bundes waren in der neuen Bundesverfassung von 1848 festgeschrieben. Das Parlament wurde mit sehr weitgehenden Kompetenzen ausgestattet und sollte als Vertretung des Schweizer Volkes den Bundesrat, das Bundesgericht und den General wählen, deren Arbeit kontrollieren, Begnadigungen aussprechen und schliesslich und vor allem Recht setzen und revidieren.[2] Im Gegensatz zu heute spielte sich im jungen Parlament praktisch die gesamte politische Willensbildung im „Saal" ab. Fraktionen oder vergleichbare Gruppen existierten noch nicht, was den Reden für die individuelle Meinungsfindung mehr Gewicht gab, bestand doch unter diesen Umständen die Möglichkeit, mit einem überzeugenden Votum einzelne Ratskollegen für die eigene Position zu gewinnen. Generell waren die Prozeduren aufgrund der Kleinheit des Rates einfacher, informeller und personenbezogener, was sich etwa im fehlenden Rednerpult, der zeitlich unbeschränkten Redezeit und im Verbot, vorbereitete Texte abzulesen, ausdrückte. Der „Einzelkämpfer-Majorz" ohne Wahllisten und die fehlenden Parteiorganisationen im heutigen Sinne zur Unterstützung der Wahlkampagnen übten dabei einen grossen Druck auf die Parlamentsmitglieder aus, sich im Plenum wirkungsvoll zu präsentieren, da nur dann in den Zeitungen über sie berichtet wurde, was oft zu sehr langen und strukturlosen Debatten führte (Neidhart 2010: 51; Lüthi 2019).

---

1  Abschnitt 6.2 ist eine stark überarbeitete und gekürzte Fassung von Vatter und Sager (1998) sowie Sager und Vatter (1999).
2  In der ersten Legislaturperiode von 1848 bis 1851 genehmigte die Bundesversammlung rund 30 Gesetze, 40 Dekrete oder Beschlüsse und zehn Staatsverträge (Aubert 1998: 44).

Es mag zu gewissen Teilen an den neu eingeführten Geschäftsreglementen gelegen haben, dass sich schon in den ersten Sessionen trotz den teilweise tumultartigen Anfängen relativ schnell ein funktionierender Verhandlungsmodus einstellte. Andererseits spielte auch der Umstand eine Rolle, dass eine Mehrheit der Parlamentarier parlamentarische Erfahrungen aus den kantonalen Legislativen mitbrachte. Ein besonders wichtiger Faktor war aber die bereits früh einsetzende Praxis, mit Kommissionen zu arbeiten. Die Bestellung solcher kleiner, beweglicher Arbeitsgruppen war zwar von den kantonalen Parlamenten her bekannt, stellte aber auf Bundesebene insofern ein Novum dar, als die Tagsatzung[3] noch keine Ausschüsse gekannt hatte. Eine Sonderstellung nahm am Anfang die Petitions- oder Bittschriftenkommission des Nationalrates ein, war sie doch die einzige „ständige" unter den sonst ausschliesslichen Ad-hoc-Kommissionen.

Die Abneigung gegen ständige Kommissionen in der Frühzeit des Parlaments lag in der Befürchtung begründet, diesen könnte eine allzu grosse Bedeutung in der Erarbeitung von Gesetzen zukommen. Die Befürchtung einer Dominanz der vorberatenden Gremien bestätigte sich jedoch nicht. Das wichtigste Organ im Gesetzgebungsprozess blieb zunächst das Plenum selbst und nicht dessen Kommissionen. Diese gewannen jedoch mit dem organisierten Auftreten der Parteien und der Vergrösserung des Nationalrates weiter an Gewicht. Entsprechend sank sukzessive die Zurückhaltung in der Bestellung ständiger Kommissionen zugunsten einer effizienteren Arbeitsweise des Parlaments. Die ersten ständigen Kommissionen neben den Petitionskommissionen waren die Budgetkommission im Nationalrat sowie die Budget-, die Rekurs-, die Militär- und die Eisenbahnkommissionen im Ständerat. Zu Beginn des 20. Jahrhunderts kam die Schaffung der Finanzdelegation hinzu. Dennoch entsprach die schweizerische Bundesversammlung lange Zeit eher einem Redeparlament, dessen Schwergewicht auf den oft sehr langen und noch kaum reglementierten Parlamentsdebatten lag.

Die zweite Hälfte des 19. Jahrhunderts war die Blütezeit des Schweizer Parlamentarismus. Die Verfassungsväter von 1848 hatten einen allgemeinen Vorrang des Parlaments gegenüber dem Bundesrat vorgesehen, wobei Letzterer nicht viel mehr als ein Ausschuss der beiden Kammern sein sollte. Mit einer Art „gouvernement d'assemblée" sollte eine Dominanz der Bundesversammlung über einen relativ unselbständigen und dem Parlament gefügigen Bundesrat eingerichtet werden. Dieser alleinige Machtanspruch des Parlaments bezog seine Legitimation aus dem Umstand, dass im frühen Bundesstaat die in dreijährigen Intervallen stattfindenden Nationalratswahlen,[4] zusammen mit den Wahlen in die Kantonsparlamente, die einzigen demokratischen Wahlvorgänge im Lande darstellten. Der Nationalrat war damit die Stimme des (männlichen) Volkes. Er allein repräsentierte den Souverän, was ihm die höchste Legitimation einbrachte. Aus demokratischer Sicht, wonach aller Staatswille Volkswille sein muss, war es somit naheliegend, dass dem

---

[3] Als Gesandtenkongress war die Tagsatzung bis 1848 die Versammlung der Abgesandten der 22 Kantone und funktionierte daher als „suprakantonal[e] Institution" (Holenstein 2014: 258). Mit Ausnahme von Kriegserklärungen, Friedensschlüssen und auswärtigen Bündnissen, die eine Dreiviertelmehrheit erforderten, entschied während der Zeit des Bundesvertrages (1815–1848) das absolute Mehr (vgl. § 8 Bundesvertrag).
[4] Erst 1931 wurde die Amtsdauer der Nationalräte auf vier Jahre erhöht.

direkt gewählten Nationalrat auch die höchste Macht zukam. Bis zur ersten Totalrevision der Verfassung konzentrierte sich deshalb die gesamte legislative Macht im Parlament, welches seine dominante Stellung als nationales Repräsentationsorgan trotz Erstarkens des Bundesrates bis 1874 behaupten konnte. Allerdings war es schon damals die Regierung, die die Gesetze vorbereitete und die zahlreichen Beschlüsse während der Abwesenheit des Parlaments eigenständig umsetzte (Aubert 1998: 51).

Nach der Einführung des fakultativen Referendums 1874 hatte jeder Ausbau der direktdemokratischen Kontrollmechanismen einen faktischen Machtverlust des Parlaments zur Folge. Das fakultative Gesetzesreferendum und die 1891 eingeführte Verfassungsinitiative ermöglichten es dem Souverän, direkt in den Entscheidungsprozess einzugreifen und damit das gesetzgeberische Monopol der Bundesversammlung aufzubrechen. Das fakultative Referendum entwickelte sich denn auch schnell zum Oppositionsinstrument par excellence für politische Parteien und Interessengruppen (Neidhart 1970). Das Gewicht des Parlaments erfuhr im Zeitalter der Weltkriege aufgrund der bundesrätlichen Vollmachtenregime eine erneute Schmälerung; ebenso aufgrund des spätestens in den 1930er Jahren manifest gewordenen Einflusses der Wirtschaftsverbände auf den Gesetzgebungsprozess. Schliesslich nahm in der Nachkriegszeit mit den wachsenden sozial- und wirtschaftspolitischen Anforderungen an den modernen Leistungsstaat sowie mit der steigenden Bedeutung der Aussenpolitik auch der politische Einfluss des Bundesrates zuungunsten des Parlaments weiter zu. In den 1960er Jahren machte der bildhafte Vergleich eines Parlamentes die Runde, welches in der Gesetzgebung nur noch an der „administrativ-gouvernementalen Krücke" gehen könne (Eichenberger 1965: 285). Die offensichtliche Kluft zwischen der formalen Stellung der Legislative und ihrem effektiven Einfluss wurde dem Parlament Mitte der 1960er Jahre mit der sogenannten Mirage-Affäre deutlich vor Augen geführt, bei der die Exekutive die vom Parlament bewilligten Kosten der Kampfflugzeugbeschaffung massiv überschritt und wichtige kostenrelevante Informationen zurückhielt. Zur Aufklärung der Hintergründe wurde erstmals eine parlamentarische Untersuchungskommission (PUK) eingesetzt, deren Schlussbericht das Ungleichgewicht zwischen den beiden Gewalten deutlich aufzeigte (Storz/Mueller 2018). Die zunehmende Komplexität der Sachgeschäfte mit einer gleichzeitigen Vervielfachung der zu behandelnden Vorlagen verstärkten in den 1970er und 1980er Jahren die bekannte Zeit-, Sachkunde- und Entscheidungsnot des Milizparlamentes. Als Reaktion darauf fand 1991 eine umfassende Parlamentsreform statt, indem die ständigen Kommissionen ausgebaut, der Ratsbetrieb gestrafft und ein parlamentarischer Dokumentationsdienst geschaffen wurde. Gegen eine weitergehende Strukturreform durch höhere Entschädigungen der Milizparlamentsmitglieder und der Anstellung persönlicher Mitarbeiter wurde aber 1992 erfolgreich das Referendum ergriffen. Bis in die Gegenwart ist die Ressourcenausstattung der Parlamentsmitglieder regelmässig Gegenstand politischer Vorstösse (u.a. Höhe der Entschädigung, persönliche Mitarbeiter).

Wie sahen die Kräfteverhältnisse innerhalb der „obersten Gewalt im Bunde" aus? Das erste Parlament von 1848 war erwartungsgemäss ein Parlament der

Sieger des Sonderbundskrieges: Von den 111 Sitzen des Nationalrates – je ein Sitz auf 20'000 Einwohner, wodurch mehr als die Hälfte der Sitze durch die fünf bevölkerungsreichsten Kantone besetzt wurde – gingen sechs an die Linksfreisinnigen, 79 an die Radikalen und elf an gemässigte Liberale. Ihnen gegenüber standen nur sechs protestantische und neun katholische Konservative (Aubert 1998: 40; Gruner/Frei 1966). Diese Kräfteverhältnisse hielten sich bis zu den Wahlen von 1860, auch nachdem die Sitzzahl 1851 auf 120 aufgestockt wurde. Die Verluste der fortschrittlichen Freisinnigen kamen allerdings auch dann noch nicht den Konservativen zugute, sondern gingen an gemässigte Zentrumspolitiker. Das Übergewicht der Radikalen entsprach nicht den tatsächlichen Mehrheitsverhältnissen. Es entstand primär aufgrund der verzerrenden Wirkung des angewandten Majorzwahlverfahrens (vgl. Kapitel 2). Eine geschickte Einteilung der Wahlkreise, diktiert von der regierenden Parlamentsmehrheit, ermöglichte die Neutralisierung lokaler Mehrheitsverhältnisse und garantierte damit den Weiterbestand radikaler Dominanz im Parlament. Damalige Parteienstärken dürfen aber nicht im heutigen Sinn interpretiert werden. Das liberale Verständnis der unmittelbaren Repräsentation des Volkswillens machte es den Parlamentsmitgliedern nämlich zum Gebot, primär und vor allem die Interessen der eigenen regionalen Wählerklientel zu vertreten und nicht das Programm einer politischen Partei. Meinungsbildende Gruppierungen wie die heutigen Fraktionen gab es deshalb in der Frühphase des Parlaments noch nicht. Vorversammlungen, Absprachen und geschlossenes Auftreten wurden vielmehr offen missbilligt, was auch darin zum Ausdruck kam, dass im Unterschied zur Tagsatzung alle eidgenössischen Räte gemäss Verfassung bis heute ohne Instruktionen stimmen müssen. Obwohl sich diese Haltung mit zunehmendem Geschäftsdruck in der Praxis durch die Bildung sogenannter Klubs bald änderte, wurde das Prinzip des freien Diskurses von allen Parteien wenigstens theoretisch noch sehr lange hochgehalten.

Nicht nur das änderte sich mit dem grundlegenden Wechsel des Wahlverfahrens für den Nationalrat. Die Einführung des Proporzsystems für die Nationalratswahlen 1919, welches ein viel genaueres Abbild der Parteipräferenzen der Wahlbevölkerung lieferte als das Majorzverfahren, stellte den wohl grössten Einschnitt in der bisherigen Geschichte des Parlaments dar. Das Verhältniswahlrecht stärkte nicht nur bislang massiv untervertretene Parteien wie die Sozialdemokraten, sondern ermöglichte gleichzeitig auch diversen, zuvor chancenlosen Kleinparteien den Einzug ins Parlament. Diese verbesserte Abdeckung der Meinungsvielfalt durch die neuen Parteienvertreter führte zu einer grösseren Geschlossenheit der Ansichten innerhalb der Parteien. Die neben dem Proporzwahlrecht grösste Veränderung brachte das sehr spät eingeführte Frauenstimmrecht, welches aus dem Parlament erst 1971 eine echte Volksvertretung machte. Neben diesen wichtigen institutionellen Veränderungen waren es aber damals wie heute die markanten Köpfe, die das Parlament prägten. So sind denn auch weniger die langatmigen Rededebatten zu allen möglichen Themen als Sternstunden in die Parlamentsgeschichte eingegangen, als beispielsweise jene denkwürdige Tage, als etwa Gottlieb Duttweiler (LdU, ZH) weniger seine Argumentation denn seinen Protest gegen die Verschleppung seiner Motion mit dem schwungvollen Wurf zweier grosser Steine aus der Aare durch die Vorhallenfenster des Bundeshauses unterstrich, im Saal allgemeine

Heiterkeit ausbricht und vom Präsidentenstuhl aus disziplinarische Ordnungsrufe erklingen(vgl. Aubert 1998; Heidelberger/Bühlmann 2019).

### 6.3 Die Stellung des Parlaments und sein Verhältnis zur Exekutive

„Regierung und Parlament sind in der Schweiz nicht mit gleich langen Spiessen ausgestattet" (Bailer/Bütikofer 2022: 188): Vielmehr kommt der schweizerischen Bundesversammlung verfassungsrechtlich betrachtet eine starke und unabhängige Position im Gewaltengefüge zu (vgl. Graf/Theler/von Wyss 2014; Vatter 2008, 2018). So ist in der Schweiz im Gegensatz zu parlamentarischen Demokratien nicht nur die personelle Gewaltenteilung zwischen Legislative und Exekutive verwirklicht, sondern darüber hinaus wird die Regierung nicht vom Volk, sondern vom Parlament gewählt. Zudem verfügt die Regierung über kein Vetorecht gegen die Beschlüsse des Parlaments. Hinzu kommt, dass die Legislative und ihre Mitglieder ausgeprägte Informations-, Antrags- und Initiativrechte besitzen. Schliesslich darf das Bundesgericht die Erlasse des Parlaments nicht auf ihre Verfassungsmässigkeit überprüfen. Insgesamt besteht damit eine *rechtliche* Vorrangstellung des Parlaments gegenüber der Regierung und Justiz, was auch darin zum Ausdruck kommt, dass in der Bundesverfassung die Bundesversammlung als „oberste Gewalt" im Bund bezeichnet wird, allerdings seit 1874 unter dem Vorbehalt der Rechte von Volk und Kantonen (Art. 148 BV).

Seit der Bundesstaatsgründung lassen sich in Bezug auf das Verhältnis zwischen Exekutive und Legislative vier Phasen unterscheiden. In einer ersten Phase von 1848 bis 1874 stimmten die formale Vorrangstellung und die faktische Position der Bundesversammlung grundsätzlich überein. Das Parlament traf die wichtigen Entscheide, während der Bundesrat diese vollzog. In einer zweiten Phase von der ersten Totalrevision der Verfassung bis zum Beginn des Ersten Weltkriegs (1874–1914) verlor das Parlament einerseits Entscheidungsmacht an das Volk (fakultatives Referendum, Verfassungsinitiative), andererseits aber auch an die mit neuen Kompetenzen und Ressourcen ausgestatteten Bundesbehörden. Insgesamt zeichnete sich diese Etappe aber noch durch ein relativ ausgeglichenes Verhältnis zwischen den beiden Gewalten aus. Die dritte Periode von 1914 bis 1964 stand im Zeichen „der Herrschaft des Bundesrates" (Aubert 1998: 144). Die Vollmachten, mit denen die Regierung während der beiden Weltkriege ausgestattet wurde, die zunehmenden Aufgaben des Bundes und der damit einhergehende Ausbau der Bundesverwaltung sowie die Wahl starker Persönlichkeiten in den Bundesrat (z. B. Motta, Minger) schwächten die Stellung und Handlungsfähigkeit des Parlaments nachhaltig. Die Mirage-Affäre Mitte der 1960er Jahre sorgte für ein erstes „Erwachen" des Parlaments (Aubert 1998: 145) und läutete die vierte Phase ein, die bis heute anhält. Als Reaktion auf die Struktur- und Handlungsschwächen der Legislative wurden zunächst ihre Oberaufsichts- und Kontrollrechte ausgebaut. Zu einem „zweiten Erwachen des Parlaments" (Aubert 1998: 145) führte die Fichenaffäre Ende der 1980er Jahre, die eine weitere Stärkung der Oberaufsicht des Parlaments zur Folge hatte. Die starke rechtliche Position der Legislative wurde in den letzten 30 Jahren mit der Reform des parlamentarischen Kommissionensystems (1991), der Mitsprache des Parlaments in der Aussenpolitik durch neue Konsultationsrechte (1991), der Modernisierung des Parlamentsrechts auf Verfassungsebene (1999), dem Mitwirkungsrecht bei wichtigen Planungen (2003), dem neuen Parlamentsgesetz (2003) und den nach der Covid-19-Pandemie bzw. der CS-Notfusion verabschiedeten Massnahmen zur Verbesserung der Handlungsfähigkeit des Parlaments in Krisenzeiten (2020, 2023) noch weiter ausgebaut und gestärkt (Bailer/Bütikofer 2022; Graf/Theler/von Wyss 2014). Dadurch hat die Bundesversammlung nicht nur ihre rechtlichen Einflussmöglichkeiten gestärkt. Wie weit sich diese ausgebauten Rechte tatsächlich auch im realpolitischen Einfluss des Parlaments widerspiegeln, wird in den folgenden Abschnitten behandelt.

## 6.4 Die Organe des Parlaments

Die *Bundesversammlung* besteht aus zwei gleichberechtigten und getrennt verhandelnden Kammern, dem Nationalrat und dem Ständerat. Seit Beginn des 20. Jahrhunderts versammeln sich die Räte im Turnus von vier ordentlichen, in der Regel dreiwöchigen Sessionen im Dezember, März, Juni und September. Reichen die ordentlichen Sessionen zum Abbau der Geschäftslast nicht aus, werden ratsweise Sondersessionen einberufen. Wahlweise ein Viertel der Mitglieder eines Rates oder der Bundesrat können zur Behandlung gewisser Beratungsgegenstände zudem eine ausserordentliche Session einberufen. Grundsätzlich sind die Geschäftsreglemente beider Räte sehr ähnlich. Unterschiede gibt es bei den *Plenarsitzungen* des Parlaments. Sie sind öffentlich und spielen sich nach bestimmten Regeln ab, die im Nationalrat formalisierter sind als im Ständerat. Die Zahl der Mitglieder im Nationalrat wurde 1962 auf 200 festgelegt, nachdem die Bevölkerungsentwicklung zu einer kontinuierlichen Vergrösserung des Nationalrats geführt hatte.

Für die *Parlamentsleitung* bestellt jeder Rat ein Büro, welches sich aus dem Präsidium beider Kammern und weiteren durch die Geschäftsreglemente bestimmten Mitgliedern zusammensetzt. Sowohl der Präsident als auch dessen beiden Vizepräsidenten werden für die Dauer eines Jahres durch die Räte gewählt; eine Wiederwahlmöglichkeit besteht nicht. Die präsidialen Aufgaben umfassen die Leitung der Plenumsverhandlungen und der ihnen zur Seite stehenden Ratsbüros, die Planung und Festlegung der Sessionsprogramme und Tagesordnungen sowie die Vertretung des Rates nach aussen. Seit Anfang der 1930er Jahre bis Ende der 1990er Jahre rotierte das Präsidium abwechslungsweise zwischen den drei grossen Bundesratsparteien CVP, FDP und SP, während die damals kleineren Parteien nur in grösseren Abständen (falls überhaupt). Seit Beginn des 21. Jahrhunderts besetzt auch die SVP regelmässig das Präsidium und 2012/13 leitete zum ersten Mal eine Vertreterin der Grünen den Nationalrat.

Eine wichtige Rolle spielen die *parlamentarischen Kommissionen*, welche die ihnen zugewiesenen Geschäfte vorberaten, eng mit dem Bundesrat zusammenarbeiten und Anträge im Plenum stellen. National- und Ständerat verfügen über je elf ständige Kommissionen, wovon jeweils zwei Aufsichts- und neun fachspezifische Sachbereichskommissionen sind, die einen grossen Teil der parlamentarischen und insbesondere der gesetzgeberischen Detailarbeit erledigen.[5] Die Kommissionsmitglieder werden in der Regel auf Vorschlag der Fraktionen durch die Ratsbüros für die Dauer von vier Jahren gewählt, wobei die Sitzzuteilung proportional zur Stärke der Fraktionen erfolgt. Die Mitgliederzahl der Kommissionen beträgt im Nationalrat meist 25 und im Ständerat 13. Im Gegensatz zu anderen Ländern sind die Kommissionen zwar nicht befugt, Entscheidungen im Namen des Parlaments vorzunehmen. Trotzdem treffen sie weitreichende Vorentscheidungen, welche die nachfolgende Ratsdebatte stark prägen. Empirisch konnte Porcellana (2019) denn auch nachweisen, dass das Plenum zwischen 1996 und 2018 in den allermeisten Fällen den Empfehlungen seiner vorbereitenden Kommissionen folgte. Zudem sind Kommissionen dazu verpflichtet, die gesellschaftlichen und politischen Entwicklungen in ihren Sachgebieten zu verfolgen und Anregungen und Vorschläge zur Problemlösung in diesen Bereichen auszuarbeiten. Das System der ständigen Kommissionen hat dazu geführt, dass die Mitglieder des Parlaments vermehrt zu Fachexperten auf ihren Gebieten geworden sind. Während das strenge Kommissionsgeheimnis eine trotz fortschreitender Polarisierung gründliche Gesetzgebungsarbeit erlaubt, leisten die Vertraulichkeitsanforderungen gleichzeitig auch verdeckten Einflussnahmen und der Anfälligkeit für Lobbyismus Vorschub (Bailer/Bütikofer 2022).

Die *Fraktionen* sind die Mitglieder der gleichen Partei oder ähnlich gesinnter Parteien in den Räten, wobei zu ihrer Bildung mindestens fünf Mitglieder notwendig sind.[6] Sie bereiten die wichtigen Wahl- und Sachgeschäfte vor und versuchen die eigenen Mitglieder durch die interne Meinungsbildung auf gemeinsame Positionen festzulegen, die sie dann im Rat und gegen aussen vertreten sollen. Die Fraktionszugehörigkeit ist im Nationalrat die Voraussetzung für den Sitz in einer Kommission, weshalb sich oft kleine Parteien zu Fraktionen zusammenschliessen. Nebst der Kommissionsarbeit sind Fraktionslose auch aus der Planung der Ratsgeschäfte ausgeschlossen. Sie müssen ohne die für ein Fraktionssekretariat entrichteten staatlichen Subventionen auskommen. Überdies verfügen sie über eine im Vergleich mit Fraktionsmitgliedern kürzere Redezeit. Angesichts dessen erstaunt es kaum, dass die Anzahl Fraktionsloser seit der Jahrtausendwende stark rückläufig ist (Schaub 2019).

Die *Parlamentsdienste* sind die Stabsstelle des Parlaments. Sie unterstützen die Bundesversammlung bei der Erfüllung ihrer Aufgaben, indem sie die Sessionen und Kommissionssitzungen planen und organisieren, die Sekretariatsgeschäfte erledigen, Berichte, Protokolle sowie Übersetzungen erstellen, Dokumente beschaffen und archivieren und die Ratsmitglieder in Fach- und Verfahrensfragen beraten. . Auch wenn sich die Parlamentsdienste im Verlaufe der Zeit von der Bundeskanzlei losgelöst und ihr Dienstleistungsangebot ausgebaut haben, sind sie im

---

5 Hinzu kommen die Immunitätskommission des Nationalrats sowie diverse gemeinsame Kommissionen wie etwa die Begnadigungs- und die Gerichtskommission. Zusätzlich gibt es auch Delegationen (im engeren Sinn), bei denen es sich um Subkommissionen innerhalb einer Kommission handelt, die mit besonderen Aufgaben betraut sind (z. B. Finanz- oder Geschäftsprüfungsdelegation).

6 Fraktionen sind nicht mit *parlamentarischen Gruppen* zu verwechseln, die es Ratsmitglieder erlauben, die sich für einen bestimmten Sachbereich interessieren, sich zusammenzuschliessen. Parlamentarische Gruppen sind keine Organe der Bundesversammlung.

internationalen Vergleich nach wie vor mit sehr bescheidenen personellen und materiellen Ressourcen ausgestattet (Hegemann 2023; Z'graggen/Linder 2004).

## 6.5 Die Arbeitsweise des Parlaments

Im Folgenden werden zwei zentrale Veränderungen in der Arbeitsweise der Schweizer Legislative im Verlaufe der Zeit behandelt, nämlich die Entwicklung vom Rede- zum Arbeitsparlament und der Weg vom ursprünglichen Miliz- zum heutigen Halbberufsparlament.

### 6.5.1 Vom Rede- zum Arbeitsparlament

In der Parlamentsforschung bildet die Unterscheidung von Rede- und Arbeitsparlamenten ein wichtiges Differenzierungsmerkmal, wie es in den Prototypen des britischen Unterhauses und des US-amerikanischen Kongresses zum Ausdruck kommt (Steffani 1979). Mit der anfänglich grossen Bedeutung der langen und unreglementierten Plenardebatten entsprach die eidgenössische Bundesversammlung im 19. Jahrhundert in ihrer Arbeitsweise in der Tendenz eher dem Typus des britischen Rede- und weniger dem des US-amerikanischen Arbeitsparlaments, bei dem die parlamentarischen Funktionen primär durch dezentrale Ausschüsse erfüllt werden. Der Wandel hin zu Letzterem vollzog sich erst in der zweiten Hälfte des 20. Jahrhunderts mit der zunehmenden Bedeutung der parlamentarischen Kommissionen, wobei die meisten wichtigen Geschäfte bis Anfang der 1990er Jahre noch von ad hoc bestellten Ausschüssen vorberaten wurden, die nach Erledigung ihrer Aufgabe wieder aufgelöst wurden. Der Systemwechsel von geschäftsbezogenen Fall-zu-Fall-Kommissionen zu ständigen Ausschüssen im Rahmen der Reform des Kommissionensystems von 1991 hatte für die Effizienz des Parlamentsbetriebs weitreichende Folgen. Er stellt einen weiteren wichtigen Schritt auf dem Weg zu einem Arbeitsparlament dar, bei dem die Ratsentscheide in hohem Masse durch die vorbereitenden Arbeiten in den Kommissionen gesteuert werden (Lüthi 2019; Vatter 2018). Heute steht im Parlament die gesetzgeberische Detailarbeit im Vordergrund, die hauptsächlich in den Sachbereichskommissionen geleistet wird. Mit der Annäherung an das Modell des kommissionenzentrierten Arbeitsparlaments ging aber auch der sinkende Stellenwert der Präsenz in den Plenardebatten einher. So zeigt der internationale Vergleich von Z'graggen und Linder (2004), dass die zeitliche Belastung für die Plenumsarbeit des Nationalrates eher gering, der Zeitaufwand für die Kommissionstätigkeit aber hoch ist. Aussagekräftiger als die eigentliche Ratspräsenz ist deshalb heute die effektiv geleistete Arbeit in den Kommissionen, die sich zwar der Kontrolle durch die Öffentlichkeit entzieht, dadurch aber auch die Kompromissfindung unter den Parteien erleichtert. Während Kommissionen heute also als „hauptsächliche Akteure der Parlamentsarbeit" (Porcellana 2019: 197) gelten, kommt der Plenardebatte aufgrund von deren Öffentlichkeitsfunktion weiterhin eine wichtige Bedeutung zu. Einerseits klärt die Plenumsdebatte die (Wahl-)Bevölkerung über die vorgelagerten, weitgehend hinter verschlossenen Türen stattfindenden Entscheidungsprozesse auf. Andererseits bieten die mündlichen Erläuterungen im Plenum den Gerichten Anhaltspunkte über den Willen des Gesetzgebers, die bei der Rechtsauslegung zum Tragen kommen

(Lüthi 2019: 215). Überdies sichert die Ratsdebatte den Minoritätenschutz: Für Minderheiten und Fraktionslose, die keinen Sitz in den vorberatenden Kommissionen haben, ist das Plenum die einzige institutionalisierte Möglichkeit, sich einzubringen (Porcellana 2019; Schaub 2019).

### 6.5.2 Vom Miliz- zum Halbberufsparlament

Das Milizprinzip gilt gemeinhin als einer der identitätsstiftenden Grundpfeiler der Schweizer Politik. Einen entsprechend hohen Stellenwert geniesst neben der Milizarmee auch das Milizparlament in der Bevölkerung, worunter im Gegensatz zum Berufsparlament die neben- oder ehrenamtliche Wahrnehmung des parlamentarischen Mandats zusätzlich zu einem Haupterwerb verstanden wird (Bütikofer 2014; Freitag/Bundi/Flick Witzig 2019). Im Verlaufe des 20. Jahrhunderts hat sich jedoch das Milizparlament aufgrund des steigenden Zeit- und Sachaufwands für die anspruchsvolle Legislativarbeit zunehmend als Fiktion bzw. als „Pseudomilizparlament" (Bailer/Bütikofer 2022: 207) herausgestellt. Schon die ersten Umfragen bei Bundesparlamentariern in den 1970er Jahren deckten auf, dass knapp die Hälfte der eidgenössischen Räte als Halbberufspolitiker, ein gutes Viertel sogar als Berufsabgeordnete und nur ein Viertel als Milizpolitiker tätig waren, die weniger als ein Drittel ihrer Arbeitszeit der Parlamentsarbeit widmeten (Kerr 1981). Zu Beginn der 1990er Jahre sank der Anteil der echten Milizpolitiker in den eidgenössischen Räten weiter auf knapp 6 Prozent, während derjenige der „Halbprofessionellen" auf 81 Prozent stieg (Riklin/Möckli 1991). Neuere Umfragen bestätigen die früheren Befunde, dass vom Milizparlament nicht viel mehr als das hehre Ideal übrig geblieben ist (Sciarini u.a. 2017). So beträgt der Anteil der Berufspolitiker im Nationalrat Anfangs der 52. Legislatur (2023–2027) 29 Prozent; im Ständerat sogar 37 Prozent. Letzteres ist eine Folge der stärkeren Arbeitsbelastung für den einzelnen Standesvertreter, der im Vergleich zu einem Nationalrat in doppelt so vielen Kommissionen mitarbeiten muss. Obwohl die Arbeitsbelastung der eidgenössischen Ratsmitglieder aufgrund der durch die Parlamentsreformen geschaffenen professionelleren und effizienteren Strukturen der Fraktionen und Kommissionen zeitweise abnahm, belief sich der durchschnittliche Beschäftigungsgrad 2017 bei 87 Prozent für Nationalrats- und 71 Prozent für Ständeratsmitglieder (Sciarini u. a. 2017). Ebendieser hohe Aufwand hat Auswirkungen auf die Rekrutierungs- und Repräsentationsfunktion des Parlaments. Hinzu kommt, dass sich das Profil des Vollzeitpolitikers in den letzten 50 Jahren insofern verändert hat, als er in den 1970er Jahren vor allem in den lokalen und kantonalen Exekutiven tätig war, während er heute sowohl in den Kantonsregierungen (Di Capua u. a. 2022) als auch in den eidgenössischen Räten anzutreffen ist (Bütikofer 2014). Ausdruck dieser faktischen Veränderung hin zu Halbberufsparlamentariern sind auch das sinkende Durchschnittsalter der Parlamentsmitglieder und die teils sinkende Amtsdauer sowie die im Verlaufe der Zeit gestiegenen Saläre (Bruttojahresbetrag), die heute bei knapp 147'000 CHF (Nationalrat) bzw. gut 174'000 CHF (Ständerat) pro Jahr liegen (Sciarini u. a. 2017; Bailer/Bütikofer 2022). In diesen Bruttojahresbetrag fliessen unter anderem Taggelder für Kommissions- bzw. Plenumssitzungen, Entschädigungen für Sonderfunktionen wie Kommissions- bzw. Ratspräsidien, weitere Formen von Arbeitsentgelten (z. B. Familienzulagen), pauschale Spesenentschädigungen für Mahlzeiten, Übernachtungen, Reisen, Distanzen etc. sowie Sachleistungen mit ein. Während die Differenz zwischen den beiden Räten vor allem auf die grössere Anzahl an Kommissionen und Delegationen zurückzuführen ist, denen ein Ständeratsmitglied angehört, ist für die Einkommensunterschiede der einzelnen Ratsmitglieder entscheidend, ob persönliche Mitarbeiter beschäftigt werden oder nicht. Wer die Jahresentschädigung von 33'000 CHF in der eigenen Tasche behält, verdient entsprechend mehr. Überdies stellt das ursprünglich zur Kompensation der „einkommenslose[n] Arbeit" eines Parlamentsmandats weit verbreitete „,arbeitslose Einkommen'" (Riklin/Möckli 1991: 159) – d. h. Verwaltungsratssitze, Stiftungsmandate, Verbandspräsidien etc. – bis heute einen einträglichen Zusatzverdienst der Ratsmitglieder dar. Gut drei Viertel der Nationalräte und gut 80 Prozent der Ständeräte erhalten aus mindestens einer solchen Nebentätigkeit zusätzlich finanzielle Entschädigungen (Huwyler 2022; Huwyler/Turner-Zwinkels/Bailer 2023).

Während die eidgenössischen Räte innerhalb der etablierten Demokratien über lange Zeit zu den am schlechtesten entlohnten Parlamentsmitgliedern gehörten (Z'graggen/Linder 2004: 18f.), erscheint die Bundesversammlung im internationalen Vergleich heutzutage nur noch dann vorbehaltslos als kostengünstigste Legislative, wenn das nicht aussagekräftige jährliche Grundeinkommen von CHF 26'000 herangezogen wird (Hegemann 2023). Tatsächlich liegt das von Sciarini u. a. (2017) errechnete Bruttojahreseinkommen (bisweilen deutlich) über jenem des britischen Unterhauses, des Europäischen Parlamentes, des deutschen Bundestages oder des österreichischen Nationalrates. Jenes der US-amerikanischen Kongressabgeordneten kommt zwischen den jährlichen Bruttoeinkünfte der National- und Ständeratsmitglieder zu liegen (Stand: 2019). Im schweizweiten Vergleich erreichen die heutigen Bezüge der National- und Ständeräte so die Gehälter der zehn Prozent bestverdienenden Berufsangestellten in der Schweiz.[7] Die lange Zeit geäusserte Kritik, dass die geringe finanzielle Entlohnung nicht der effektiven Zeitbelastung entspreche und sich deshalb nur eine kleine Elite ein Parlamentsmandat leisten könne, trifft deshalb heute kaum mehr zu, auch wenn dessen Ausübung nach wie vor eine hohe Flexibilität voraussetzt und damit Angestellte des öffentlichen Dienstes und selbständig Erwerbende in einer privilegierten Ausgangslage sind. Nach wie vor problematisch ist hingegen, dass typische Schwächen des Milizparlaments fortbestehen, nämlich die fixen Sessionsrhythmen, die fehlenden Mitarbeiterstäbe und Stellvertreterregelungen sowie die unzureichende Infrastruktur im Parlament, wodurch die Parlamentsmitglieder nicht über konkurrenzfähige Arbeitsbedingungen verfügen, um ein vollwertiges Gegengewicht zu Regierung und Verwaltung bilden zu können. In keinem anderen OECD-Land müssen die Parlamentsmitglieder mit noch weniger Mitteln auskommen als hierzulande. Relativ zur Parlamentsgrösse stehen in keinem Land noch weniger Angestellte der Parlamentsverwaltung je Parlamentarierin zur Verfügung (Hegemann 2023). Insgesamt ist damit eine beträchtliche Spannung zwischen einem auf institutioneller

---

7  Gemäss einem Vergleich verdient ein Ratsmitglied etwa gleich viel wie der Geschäftsführer eines KMU im Informatikbereich oder mittlere Kader in der Bundesverwaltung, nämlich 14'440 CHF brutto pro Monat (Schweizer Parlament 2024a).

Ebene nach wie vor schwach professionalisierten Milizparlament und einer in den letzten Jahren sukzessive vorangeschrittenen Professionalisierung auf der individuellen Ebene mit Halb- und Vollzeitpolitikern entstanden (Bundi/Eberli/Bütikofer 2018; Bütikofer 2014).

### 6.6 Die parteipolitische Zusammensetzung des Nationalrats

Die Sitzverteilung im Nationalrat zeichnete sich seit der Einführung des Proporzsystems bis Anfang der 1990er Jahre durch eine grosse Stabilität aus. Die vier Parteien FDP, CVP, SP und SVP verfügten jahrzehntelang über mehr als 80 Prozent der Mandate, wobei die SVP (früher BGB) jeweils rund halb so viele Sitze im Vergleich zu einer der drei grossen Parteien innehatte. Über einen Zeitraum von rund 70 Jahren veränderte sich die Sitzverteilung unter diesen Parteien praktisch kaum, wobei in der Regel zwei Drittel auf die bürgerlichen Parteien und rund ein Drittel auf die Sozialdemokraten entfielen. Die ersten grösseren Sitzverluste für die Regierungsparteien gab es in den 1960er Jahren. Der sozialliberale Landesring der Unabhängigen (LdU) gewann mehr als ein Dutzend Mandate im Nationalrat und konnte mit der Nationalen Aktion (später Schweizer Demokraten) und der Partei der Arbeit (PdA) als kleine Oppositionsparteien an den Rändern des politischen Spektrums den Protest in Parlamentssitze ummünzen. Kennzeichen der 1980er und frühen 1990er Jahre waren vor allem der Aufstieg der Grünen im Zuge der Umweltdebatte, die den LdU im Nationalrat als grösste Nicht-Regierungspartei ablösten sowie als Reaktion darauf der kurze Höhenflug der nationalkonservativen Autopartei (später Freiheitspartei), die sich gegen die grüne Politik zum Umweltschutz aussprach und mit fremdenfeindlichen Argumenten die offizielle Asylpolitik bekämpfte. 1991 sank dadurch der gemeinsame Wähleranteil der vier Bundesratsparteien auf einen vorläufigen historischen Tiefstand von 69.4 Prozent.

Seit Mitte der 1990er Jahre fand eine aussergewöhnliche Umwälzung der politischen Kräfteverhältnisse statt, die sich auch in der Sitzverteilung im Nationalrat niederschlug. Mit der Verdoppelung ihres Wähleranteils zwischen 1995 und 2007 steigerte die SVP auch ihre Sitzzahl im Nationalrat von 29 auf 62, was eine entsprechende Umgruppierung innerhalb des bürgerlichen Lagers auslöste. Nach den Wahlen von 2015 bildete die SVP, welche nach leichten Verlusten bei den Wahlen 2011 vier Jahre später eine nächste Höchstmarke erreichte, mit 65 Sitzen die deutlich stärkste Fraktion in der Volkskammer. Gemeinsam mit der FDP kam sie gar auf eine absolute Mehrheit der Sitze im Nationalrat; auch, weil die neuen Mitteparteien GLP sowie BDP zahlreiche Mandate einbüssten und der kontinuierliche Niedergang der CVP anhielt (Lutz 2016).

Die Nationalratswahlen von 2019 brachten unüblich grosse Sitzverschiebungen mit sich: Unter dem Eindruck der „Klima-" und „Frauenfrage" realisierten die Grünen 2019 einen Zugewinn von 17 Mandaten – und damit den höchsten Sitzgewinn, der seit den ersten Proporzwahlen genau hundert Jahre zuvor je einer Partei gelang. Auch die Grünliberalen verzeichneten eine deutliche Zunahme von neun Sitzen. Während CVP und FDP gegenüber 2015 drei bzw. vier Sitze einbüssten, lagen 2019 auch die beiden anderen Regierungsparteien SP und SVP deutlich auf der Verliererseite. Mit zwölf Mandaten musste die SVP gar

*Tabelle 6.1: Die parteipolitische Zusammensetzung des Nationalrates, 1971–2023*

| Partei | 1971 | 1975 | 1979 | 1983 | 1987 | 1991 | 1995 | 1999 | 2003 | 2007 | 2011 | 2015 | 2019 | 2023 |
|---|---|---|---|---|---|---|---|---|---|---|---|---|---|---|
| FDP | 49 | 47 | 51 | 54 | 51 | 44 | 45 | 43 | 36 | 31 | 30 | 33 | 29 | 28 |
| Die Mitte | 44 | 46 | 44 | 42 | 42 | 35 | 34 | 35 | 28 | 31 | 28 | 27 | 25 | 29 |
| SP | 46 | 55 | 51 | 47 | 41 | 41 | 54 | 51 | 52 | 43 | 46 | 43 | 39 | 41 |
| SVP | 23 | 21 | 23 | 23 | 25 | 25 | 29 | 44 | 55 | 62 | 54 | 65 | 53 | 62 |
| LdU | 13 | 11 | 8 | 8 | 8 | 5 | 3 | 1 | – | – | – | – | – | – |
| LPS | 6 | 6 | 8 | 8 | 9 | 10 | 7 | 6 | 4 | 4 | – | – | – | – |
| EVP | 3 | 3 | 3 | 3 | 3 | 3 | 2 | 3 | 3 | 2 | 2 | 2 | 3 | 2 |
| PdA | 5 | 4 | 3 | 1 | 1 | 2 | 3 | 3 | 3 | 1 | 0 | 1 | 2 | – |
| FGA | – | – | 2 | 3 | 4 | 1 | 2 | 1 | 1 | 0 | – | – | 0 | 0 |
| GPS | – | 0 | 1 | 3 | 9 | 14 | 8 | 8 | 13 | 20 | 15 | 11 | 28 | 23 |
| SD | 11 | 6 | 3 | 5 | 3 | 5 | 3 | 1 | 1 | 0 | 0 | 0 | 0 | 0 |
| FPS | – | – | – | – | 2 | 8 | 7 | 0 | 0 | 0 | – | – | – | – |
| EDU | – | 0 | 0 | 0 | 0 | 1 | 1 | 1 | 2 | 1 | 0 | 0 | 1 | 2 |
| GLP | – | – | – | – | – | – | – | – | – | 3 | 12 | 7 | 16 | 10 |
| BDP | – | – | – | – | – | – | – | – | – | – | 9 | 7 | 3 | – |
| Übrige | 0 | 1 | 3 | 3 | 2 | 6 | 2 | 3 | 2 | 2 | 4 | 4 | 1 | 3 |

Anmerkungen: 0 = kein Sitzgewinn; – = nicht angetreten. Die LPS fusionierte 2009 mit der FDP und wird daher ab 2011 ohne Sitze ausgewiesen. Der FDP wird auch das 2015, 2019 und 2023 gewählte Nationalratsmitglied zugerechnet, welches der immer noch eigenständigen Liberal-Demokratischen Partei Basel-Stadt angehört; sich aber nach seiner Wahl in den Nationalrat der FDP-Fraktion anschloss. Für 2019 wurde der Sitz der PdA und jener von solidaritéS gemeinsam ausgewiesen. Auf nationaler Ebene entstand die Partei „Die Mitte" 2021 durch den Zusammenschluss von CVP und BDP.
Quelle: Bundesamt für Statistik (2024a).

so viele Sitzverluste hinnehmen wie seit der Einführung des Proporzwahlrechts keine Partei je zuvor. Allerdings ging sie bereits bei den Nationalratswahlen 2023 mit neun Sitzgewinnen wiederum als Wahlsiegerin hervor und realisierte ihren bisher drittstärksten Wähleranteil. Dass gleichzeitig auch die SP zwei Mandate zulegen konnte, unterstreicht die ausgeprägte Polarisierung. Erwähnenswert ist überdies, dass die „grün" im Namen tragenden Parteien einen Teil ihrer vier Jahre zuvor realisierten ausserordentlich grossen Zugewinne wieder einbüssten – sei es aufgrund der Themenkonjunktur, die soziale gegenüber Klimafragen (zeitweise) in den Vordergrund stellte (GPS; Häusermann u. a. 2022) oder aufgrund von „Proporzpech" (GLP). Auch trat 2023 die anfangs 2021 durch Zusammenschluss von CVP und BDP entstandene Partei „Die Mitte" erstmals landesweit an, wobei sie aufgrund ihres erfolgreich vollzogenen, dezidiert überkonfessionellen „Rebrandings" auf Anhieb ein bemerkenswertes Ergebnis einfuhr (Vatter/Freiburghaus 2023a). Insgesamt sind die Nationalratswahlen 2023 deutlicher Ausdruck der erfolgten Transformation des schweizerischen Parteiensystems: Spätestens seit den späten 1990er Jahre haben sich im Nationalrat drei ähnlich starke Lager herausgebildet: die Linke (GPS, SP, kleine Linksparteien), die (bürgerliche) Mitte (GLP, EVP, Mitte, FDP) und das nationalkonservative, rechtspopulistische Lager (v. a. SVP, flankiert von den regionalistischen Kleinparteien Lega und MCG).

### 6.7 Die Koalitionen, Erfolge und Geschlossenheit der Parteien im Nationalrat

Unsere heutige Gesellschaft zeichnet sich durch vielfältige soziale, wirtschaftliche und kulturelle Spaltungen aus, die entlang unterschiedlicher Dimensionen verlaufen. Und oft genauso uneinheitlich verlaufen diese Konfliktlinien auch im Parlament: Je nach Sachfrage ergeben sich unterschiedliche Allianzen und entsprechend finden sich bei zahlreichen Themen wechselnde Koalitionen im Parlament. Während bei armee-, gesundheits- und wirtschaftspolitischen Vorlagen mit einem geschlossenen Bürgerblock gerechnet werden kann, dürfen SP und Grüne bei bildungs- und umweltpolitischen Themen auf die Unterstützung der Mitte und bei gesellschaftspolitischen Fragen auf die liberale Haltung der FDP und GLP hoffen. Wiederum anders sieht es bei verkehrs- und regionalpolitischen Fragen aus, wo oft der Wohnort der Volksvertreter ausschlaggebender ist als das Parteibuch. Entsprechend verlaufen die Fronten bei grossen Infrastrukturprojekten eher den kantonalen Wahlkreisen als den Fraktionsgrenzen entlang (Freiburghaus/Arens/Mueller 2021; Schwarz 2009; Vatter 1994).

Auf Basis der Auswertung aller elektronisch erfassten Abstimmungen im Parlament lässt sich nachzeichnen, wie weit der starke Umbruch im Parteiengefüge sich auch in neuen parteipolitischen Koalitionsmustern ausdrückt (Dermont 2019; Schwarz 2009, 2018; Schwarz/Linder 2006, 2007; Smartmonitor 2024).[8] Ein Blick auf das Koalitionsverhalten der letzten 20 Jahre lässt dabei sowohl Stabilität als auch Wandel erkennen (vgl. Abbildung 6.1). So dominiert wie in früheren Jahrzehnten das Links-rechts-Blockdenken den parlamentarischen Alltag. Die Mitte-rechts-Koalition, bestehend aus dem bürgerlichen Block Mitte (vormals CVP), FDP und SVP, gegen eine rot-grüne Minderheit von SP und Grünen hat zwar etwas an Dominanz verloren; bildet aber auch in den ersten Dekaden des 21. Jahrhunderts das häufigste Muster. Gleichzeitig sind aber auch zwei markante Veränderungen zu beobachten. So ist in den 2000er Jahren eine deutliche Abnahme der „Konkordanzkoalition" im Vergleich zu den 1990er Jahren auszumachen, in der alle vier grossen Bundesratsparteien übereinstimmen. Während zwischen 1960 und 1975 der Konsens unter den vier Regierungsparteien am grössten war, nahmen zwar die Spannungen innerhalb der Vierparteienkoalition bis zur Jahrtausendwende zu, insbesondere zwischen der SP und den drei bürgerlichen Parteien in der Finanz-, Sozial- und Energiepolitik (Linder/Schwarz 2008; Lüthi/Meyer/Hirter 1991). Trotzdem trat das Regierungslager in den 1990er Jahren noch bei über 20 Prozent der Abstimmungen im Nationalrat geschlossen auf. Seither haben die Spannungen unter den vier grossen Regierungsparteien kontinuierlich und markant zugenommen. In der 50. bzw. 51. Legislatur (2015–2019; 2019–2023) fiel der Anteil der „Konkordanzkoalition" auf ein (vorläufiges) Allzeittief: Die

---

8 Traber (2015) weist darauf hin, dass die SP häufiger während der Detailberatung opponiert. Im Gegensatz zur SVP schliesse sich die SP aber in den Gesamt- und Schlussabstimmungen oft der CVP und der FDP an.

vier etablierten Bundesratsparteien bildeten in nur noch rund 11 bzw. 12 Prozent aller nationalrätlichen Abstimmungen einen situativen Zusammenschluss. Parallel dazu hat eine deutliche Zunahme des Koalitionsmusters „SVP gegen den Rest" stattgefunden, die mit einer Spaltung des bürgerlichen Lagers einherging. Während sich diese breit abgestützte Mitte-links-Koalition (inkl. FDP) in den 1990er Jahren nur ausnahmsweise bildete, stellt sie seit der 47. Legislatur (2003–2007) hinter dem klassischen Links-rechts-Konflikt die zweithäufigste Koalitionsform dar. Dies unterstreicht die stark oppositionelle und isolierte Stellung der SVP als wählerstärkste Partei. Deren gerade in den Kernbereichen Migrations- und Asylpolitik sowie Europa- bzw. internationale Politik pointierten Positionen (Traber 2015) sind auch der Hauptgrund dafür, dass der rhetorisch zwar häufig bemühte rechtsbürgerliche Schulterschluss von FDP und SVP realpolitisch längst nicht immer greift. Profiteurin ist die klassische Mitte-links-Koalition mit SP, GPS und Mitte. Damit gilt: Sind die Bürgerlichen gespalten, dann koaliert die FDP in der Regel mit der SVP; die Partei „Die Mitte" hingegen vermehrt mit der Ratslinken (Smartmonitor 2024).

Die oft als „unheilige Allianz" bezeichnete Koalition zwischen SP und SVP gegen Mitte und FDP tritt zwar nur sehr selten ein, hat aber in den letzten Jahren gleich mehrfach nach jahrelangen Vorarbeiten wichtige sozial-, sicherheits- und armeepolitische Vorlagen im Parlament scheitern lassen, weshalb sie jeweils stark beachtet wurde. Das Zweckbündnis der Polparteien beschränkt sich aber primär auf die Ablehnung von Vorlagen aus entgegengesetzten Motiven, während es nicht in der Lage ist, konstruktive Mehrheiten zu schaffen (Freiburghaus 2018). In jüngerer Zeit etwas häufiger, aber ebenfalls nur in Ausnahmefällen bildet sich eine „sozial-liberale Koalition", in welcher liberale und reformfreudige Kräfte gegen die konservative Rechte stehen (SP, FDP vs. Mitte, SVP). Häufiger finden sich sozial-liberale Anliegen auf der klassischen Links-rechts-Achse wieder, wenn etwa progressivere Kreise der Mitte und FDP auch gesellschaftsliberale Anliegen unterstützen. Schliesslich nehmen die Grünen nur in Ausnahmefällen nicht dieselbe, sondern in der Regel eine leicht linkere Position als die Sozialdemokraten ein, was die grossen sachpolitischen Übereinstimmungen der beiden Parteien deutlich macht.

Die Polarisierung innerhalb des Parteiensystems drückt sich nicht nur in einem veränderten Koalitionsverhalten aus, sondern auch in unterschiedlichen Erfolgsraten der Parteien im Parlament (vgl. Abbildung 6.2). Aufgrund ihrer im Verlaufe der Jahre deutlich stärkeren Oppositionspolitik steht die SVP heute im Parlament häufiger auf der Verliererseite als noch in den 1990er Jahren. Darüber hinaus verliert die SVP gemäss Sciarini und Hug (2009) bei wichtigen Gesetzesvorlagen häufiger als bei unwichtigen Geschäften. Ihre Wahlerfolge münzt sie damit nicht in einen grösseren Einfluss im Parlament um und bezahlt damit einen beträchtlichen politischen Preis für ihre häufig isolierten Positionen (Traber 2015), wobei zumindest in der Migrations- und Asylpolitik die Mitte-Parteien unter dem Druck erfolgreicher SVP-Volksinitiativen deutliche Konzessionen gemacht haben. Die lange Zeit traditionell niedrige Erfolgsquote der links-grünen Parteien ist auf ihre isolierte Minderheitsposition innerhalb des dominierenden Links-rechts-Ge-

# 6 Das Parlament

*Abbildung 6.1: Die Koalitionen der Parteien im Nationalrat, 1996–2023 (in Prozent)*

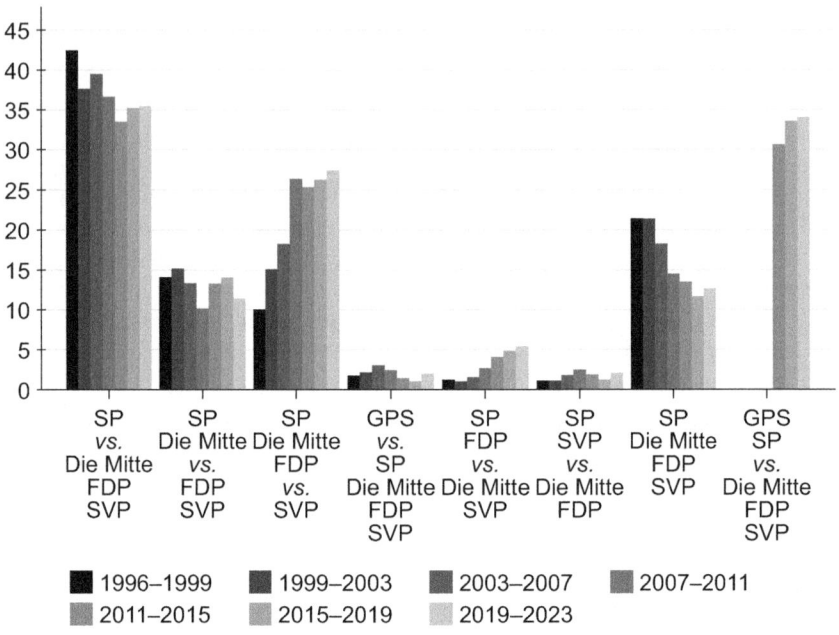

Anmerkungen: Zu jeder Koalition wurde mit Ausnahme der „Konkordanzallianz" eine Gegenkoalition definiert (z. B. SP vs. CVP/Mitte, FDP, SVP). Als Koalition/Gegenkoalition wurde gewertet, wenn die Parteien mehrheitlich dasselbe Stimmverhalten an den Tag gelegt haben. Die Daten beinhalten sämtliche erfasste Abstimmungen im Nationalrat und reichen von der Wintersession 1996 bis und mit der Wintersession 2023. Einzige Ausnahme betrifft die Koalition „GPS, SP vs. CVP/Die Mitte, FDP, SVP", wo der Erhebungszeitraum aufgrund der Datenverfügbarkeit verkürzt ist.
Quelle: Smartmonitor (2024).

gensatzes zurückzuführen, weshalb ihre Erfolgsrate im Parlament bis heute nicht ihrem politischen Gewicht innerhalb des schweizerischen Konkordanzsystems mit wechselnden Allianzen entspricht. Jedoch vermochten SP und Grüne ihre Erfolgsrate über die Zeit zu steigern, so dass jene gegen Ende der 2010er Jahre die SVP deutlich überragte. Während die beiden Traditionsparteien Mitte und FDP fortschreitende Wählerverluste erleiden, agieren sie im Parlament dank ihrer zentrischen Ausrichtung und ihrem Kooperationswillen hingegen ungebrochen erfolgreich – heute teilweise sogar erfolgreicher als vor 15 Jahren. In rund 87 Prozent aller Abstimmungen steht die Mitte heute auf der Gewinnerseite; direkt gefolgt von den weiteren bürgerlichen Parteien, die im Nationalrat Erfolgsraten von deutlich über 70 (GLP) bzw. fast 80 Prozent (FDP) erreichen. Insgesamt verweisen die unterschiedlichen Erfolgsraten der Parteien auf ein „Paradox der Polarisierung": Die verstärkte Polarisierung hat zwar gerade der SVP als Polpartei zu zahlreichen Wahlerfolgen verholfen; gleichzeitig konnten die durch die Wahlen geschwächten Mitteparteien ihren Einfluss im Parlament auf Kosten der am elektoralen Erfolg

*Abbildung 6.2: Die Erfolge der Parteien im Nationalrat, 1996–2023 (in Prozent)*

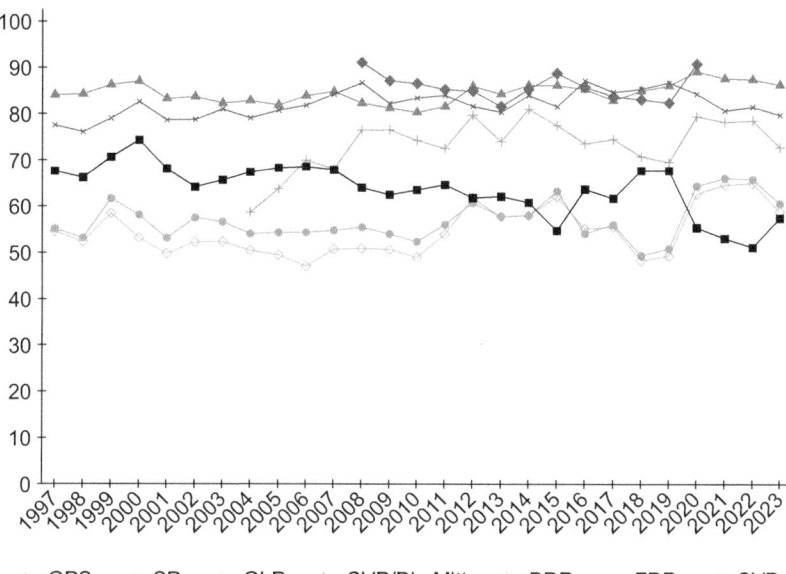

Anmerkungen: Die Erfolgsrate bezeichnet den Parteianteil, der pro Abstimmung die Mehrheitsposition des Gesamtrats vertritt. Fiktives Beispiel: Wenn das Resultat im Nationalrat 120 „Ja" zu 80 „Nein" beträgt und die Mitglieder einer Partei gleichzeitig mit 20 „Ja" und 30 „Nein" gestimmt haben, beläuft sich die Erfolgsrate der Partei auf 40 Prozent (20 Ja-Stimmen von insgesamt 50 Stimmen). Daraus wird über alle in Betracht fallenden Abstimmungen der arithmetische Mittelwert gezogen, wobei die Berechnung auf der Partei- statt auf der Fraktionszugehörigkeit basiert. Das Jahr bezieht sich auf das jeweilige Parlamentsjahr, das von der Wintersession des vorangegangenen Jahres bis zur nächsten Herbstsession dauert.

Quelle: Smartmonitor (2024).

ausgerichteten SVP-Oppositionspolitik aber noch ausbauen. Entscheidend für den Erfolg im Parlament ist damit offensichtlich weniger die Fraktionsstärke einer Partei als ihre ideologische Positionierung und Kompromissbereitschaft gegenüber anderen Parteien.

Welche Rolle kommt der Parteigeschlossenheit für den Erfolg im Parlament zu? Die Studie von Schwarz und Linder (2007) sowie die laufend fortgeführte Erhebung auf der Plattform Smartmonitor (2024) machen deutlich, dass die Erfolge im Parlament in keinem Zusammenhang mit dem Grad der Parteidisziplin stehen (vgl. Abbildung 6.3). Im Zeichen des verschärften Parteienwettbewerbs, der Professionalisierung der sowie dem Gebrauch bzw. der Akzeptanz disziplinierender Massnahmen durch die Fraktionsleitung hat die Parteidisziplin bei allen Parteien über die Zeit zugenommen (Bailer/Bütikofer 2015). Während die Mitte und die FDP traditionell über die geringste Geschlossenheit verfügten, treten beide Parteien heute weitaus geschlossener auf. In Parlamentsabstimmungen ging ebendiese Zunahme der Parteidisziplin einerseits mit schärfer abgegrenzten Parteipositionen einer, d. h. einer „Entflechtung" der politischen Lager (Dermont 2019). Andererseits steigerte sich so auch der Konfliktivitätsgrad deutlich (Frick 2019). Erzielten die frühere CVP Mitte der 1990er Jahre noch einen Parteiengeschlossenheits-Index von 76, belief sich dieser im Parlamentsjahr 2022/23 auf 86. Ebendieser „markant[e] Sprung" (Schwarz 2018: 4) lässt sich mitunter auf die Disziplinierungsbestrebungen der Präsidien bzw. Fraktionsleitungen zurückführen, denen es gelungen ist, das traditionell heterogene, individuelle und von einer liberalen, föderalen Grundhaltung geprägte Abstimmungsverhalten ihrer Parlamentsmitglieder auf Linie zu bringen. Augenfällig sind die intertemporalen Veränderungen auch bei der SVP: Die Abspaltung der BDP und die straffe Fraktionsleitung haben offensichtlich dafür gesorgt, dass die Vertreter der SVP ein zunehmend diszipliniertes Stimmverhalten an den Tag legen und heute eine ähnlich hohe Geschlossenheit aufweisen wie die traditionell sehr homogenen links-grünen Parteien.

Aus einer international vergleichenden Perspektive zeichneten sich die Schweizer Parlamentsmitglieder lange durch eine eher schwache Fraktionsdisziplin aus. Jene kam näher im Bereich der US-Kongressabgeordneten zu liegen und war eindeutig geringer ausgeprägt als etwa diejenige der deutschen, britischen oder skandinavischen Abgeordneten (Schwarz/Linder 2007). Aufgrund des nicht-parla-

*Abbildung 6.3: Die Geschlossenheit der Parteien im Nationalrat, 1996–2023*

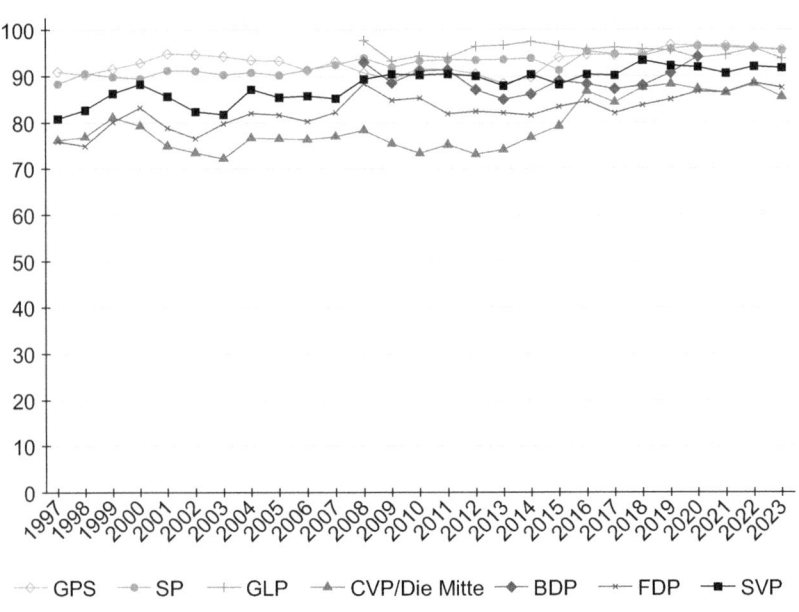

Anmerkungen: Die Auswertungen zur Parteigeschlossenheit erfolgen auf Basis aller Abstimmungen im Nationalrat nach einem angepassten „Agreement"-Index, der auch Enthaltungen in die Berechnungen einbezieht und unabhängig von der Anzahl Nationalratsmitglieder pro Partei ist (so genannter Parteigeschlossenheits-Index). Das Jahr bezieht sich auf das jeweilige Parlamentsjahr, das von der Wintersession des vorangegangenen Jahres bis zur nächsten Herbstsession dauert. Bis 2008 beinhaltet die FDP-Position nur die FDP-Mitglieder (ohne LPS).

Quelle: Smartmonitor (2024).

mentarischen Charakter mit der gegenseitigen Unabhängigkeit von Parlament und Regierung während der Legislaturperiode blieb ein Ausscheren von der Parteilinie traditionell ohne schwerwiegende Konsequenzen. Überdies wurden der fehlende Regierungs-Oppositionsgegensatz, die traditionell schwache Stellung der nationalen Parteien und die starke Position des einzelnen Parlamentariers als Gründe für die früher oftmals fehlende Parteilinientreue der Schweizer Volksvertreter angeführt. Mit Blick auf die der Geschlossenheit vom einzelnen Parteimitglied zugemessenen Bedeutung, die stark gestiegene Parteidisziplin (Schwarz 2018; Smartmonitor 2024), sowie der Existenz von Stimmvorgaben und disziplinierenden Massnahmen durch die Partei- bzw. Fraktionsleitung sind die Verhältnisse im Nationalrat heute hingegen mit denjenigen im deutschen Bundestag oder im niederländischen Parlament vergleichbar – ihres Zeichen klassische parlamentarische Demokratien (Bailer/Bütikofer 2015, 2022; Close/Gherghina/Sierens 2019; Itzkovitch-Malka/Hazan 2017). Schwarz (2018: 5) spricht deshalb von einer Angleichung der Schweiz an den europäischen Standard.

## 6.8 Die kantonalen Parlamente

Die heutigen Strukturen der kantonalen Legislativen sind in erster Linie eine Folge der historischen Umwälzungen des 19. Jahrhunderts, als insbesondere die Regeneration den Prinzipien der Volkssouveränität und der Parlamentssuprematie zum Durchbruch verholfen hat.[9] Ursprünglich hatten die „Grossen Räte" primär die Funktion, die Entscheidungen der Regierungen (d. h. der „Kleinen Räte") besser abzustützen und zu vollziehen. Erst später sicherten sich die kantonalen Legislativen ihre Gesetzgebungs- und Kontrollfunktionen, wobei sie in den einzelnen Kantonen über eine unterschiedliche Ausgangslage verfügten (Vatter 2002).

Im Vergleich zum Bundesparlament verfügen die kantonalen Parlamente vor allem aufgrund von zwei institutionellen Faktoren über eine relativ schwache Stellung gegenüber den anderen politischen Akteuren (Stadlin 1990; Wirz 2018). So werden einerseits die gesetzgeberischen Möglichkeiten der kantonalen Legislativen durch die ausgebauten Mitwirkungsrechte des Souveräns beschnitten, andererseits wird die Exekutive direkt von der wahlberechtigten Bevölkerung gewählt. Damit ist sie vom Parlament unabhängig, weshalb „klassische" Regierungskrisen nicht eintreten können. Gleichzeitig kann das Parlament nicht über seine eigene Auflösung entscheiden und Neuwahlen ausschreiben. Gemäss Linder und Hättenschwiler (1990: 197) sind „die Volkswahl der Regierung, das obligatorische Gesetzesreferendum vieler Kantone, die Offenheit der Volksinitiative für Gesetze und Einzelentscheide (...) Faktoren, welche die Stellung der kantonalen Parlamente relativieren und ihre Führungsverantwortlichkeit im Staat seit je begrenzen." Die Wahlkompetenzen der kantonalen Parlamente beschränken sich in der Regel auf die Bestellung des obersten kantonalen Gerichts und in der Hälfte der Kantone, vor allem in der Deutschschweiz sowie im Jura, auf die Wahl des Regierungspräsidenten (Leuzinger/Kuster 2020).

---

9 Der erste Teil des Abschnitts stützt sich auf Vatter (2014).

## 6 Das Parlament

Obwohl die Stellung der Legislative gegenüber der exekutiven Gewalt einen der Kernpunkte der politischen Machtverhältnisse in den Kantonen berührt, wurde bisher generell davon ausgegangen, dass die kantonalen Regierungen aufgrund der Volkswahl grundsätzlich eine starke Position innehaben, während die kantonalen Milizparlamente als eher schwach gelten. Mit der zunehmenden interkantonalen Zusammenarbeit und dem verstärkten exekutiven Horizontalföderalismus hat diese Problematik der Dominanz der Exekutive gegenüber der nach wie vor schwach professionalisierten Legislative zeitweise an Relevanz gewonnen (Strebel 2014). Gerade starke Parlamente wie Genf oder Basel-Stadt vermochten jedoch auf dieses Machtgefälle zu reagieren und die parlamentarischen Beteiligungsmöglichkeiten an der interkantonalen Zusammenarbeit auszubauen, etwa in der Form von zusätzlichen finanziellen Mittel sowie Informations- und/oder Konsultationsrechten (Arens 2018). Generell ist davon auszugehen, dass das Verhältnis zwischen Exekutive und Legislative aufgrund der unterschiedlichen historischen Ausgangslagen nicht in allen Kantonen identisch ist, sondern variiert. Tatsächlich zeigen die Studien von Kaiss (2010) und Wirz (2018) eine beträchtliche Varianz des Ausmasses der Exekutivdominanz. Beide Messinstrumente unterscheiden drei Teilindizes, die die drei parlamentarischen Kernfunktionen Wahl, Gesetzgebung und Kontrolle für jede kantonale Legislative einzeln erfassen. Ebendiese Teilindizes bilden sich aus insgesamt 18 (Kaiss 2010) bzw. 13 Indikatoren (Wirz 2018), die zu einem additiven Gesamtindex zusammengeführt werden (für ein ähnliches Vorgehen vgl. Flick 2008).

*Tabelle 6.2: Indexwerte für das Legislative-Exekutive-Verhältnis in den Kantonen*

| Kanton | Gesamtindex | | Wahl | Gesetzgebung | Kontrolle |
|---|---|---|---|---|---|
| | Kaiss (2010) | Wirz (2018) | | | |
| ZH | 0.64 | 0.68 | 0.37 | 0.71 | 0.69 |
| BE | 0.71 | 0.75 | 1.00 | 0.79 | 0.6 |
| LU | 0.58 | 0.60 | 1.00 | 0.72 | 0.32 |
| UR | 0.57 | 0.54 | 0.54 | 0.55 | 0.59 |
| SZ | 0.60 | 0.67 | 0.98 | 0.62 | 0.55 |
| OW | 0.63 | 0.44 | 0.88 | 0.51 | 0.45 |
| NW | 0.66 | 0.62 | 1.00 | 0.65 | 0.53 |
| GL | 0.39 | 0.43 | 0.35 | 0.5 | 0.32 |
| ZG | 0.64 | 0.52 | 0.76 | 0.64 | 0.46 |
| FR | 0.74 | 0.61 | 0.81 | 0.74 | 0.56 |
| SO | 0.68 | 0.62 | 0.66 | 0.64 | 0.64 |
| BS | 0.66 | 0.39 | 0.30 | 0.48 | 0.66 |
| BL | 0.57 | 0.78 | 1.00 | 0.64 | 0.62 |

## 6.8 Die kantonalen Parlamente

| Kanton | Gesamtindex | | Wahl | Gesetzgebung | Kontrolle |
| --- | --- | --- | --- | --- | --- |
| | Kaiss (2010) | Wirz (2018) | | | |
| SH | 0.57 | 0.40 | 0.91 | 0.52 | 0.31 |
| AR | 0.40 | 0.31 | 0.54 | 0.26 | 0.41 |
| AI | 0.28 | 0.00 | 0.25 | 0.1 | 0.17 |
| SG | 0.49 | 0.60 | 0.91 | 0.47 | 0.55 |
| GR | 0.58 | 0.58 | 0.91 | 0.61 | 0.47 |
| AG | 0.61 | 0.70 | 0.47 | 0.56 | 0.84 |
| TG | 0.52 | 0.48 | 1.00 | 0.60 | 0.24 |
| TI | 0.68 | 0.58 | 0.56 | 0.71 | 0.57 |
| VD | 0.67 | 0.69 | 0.37 | 0.74 | 0.74 |
| VS | 0.61 | 0.65 | 0.47 | 0.56 | 0.77 |
| NE | 0.45 | 0.74 | 0.66 | 0.75 | 0.41 |
| GE | 0.75 | 0.78 | 0.25 | 0.94 | 0.73 |
| JU | 0.63 | 0.55 | 0.81 | 0.5 | 0.64 |

Anmerkungen: Werte nahe bei 1 stehen für ein starkes Parlament und eine schwache Regierung, während Werte nahe bei 0 eine starke Regierung und ein schwaches Parlament zum Ausdruck bringen. Wahl, Gesetzgebung und Kontrolle beziehen sich auf die entsprechenden Parlamentsfunktionen, wobei es sich bei den jeweiligen Werten um den arithmetischen Mittelwert aus Kaiss (2010) und Wirz (2018) handelt.

Quellen: Kaiss (2010) sowie Wirz (2018).

Tabelle 6.2 gibt einerseits das arithmetische Mittel wieder, das sich aus den jeweiligen Indexwerten der drei Teilindizes für die Wahl-, Gesetzgebungs-, und Kontrollfunktion gemäss Kaiss (2010) bzw. Wirz (2018) errechnet. Andererseits sind die beiden Gesamtindex-Werte abgetragen. Wie daraus hervorgeht, besteht das insgesamt ausgeglichenste Verhältnis zwischen der Exekutive und Legislative im Kanton Genf, gefolgt von den Kantonen Freiburg und Bern (Kaiss 2010) bzw. Basel-Landschaft und Bern (Wirz 2018). Am anderen Ende der Skala stehen bei beiden Messinstrumenten die (ehemaligen) Landsgemeindekantone Glarus und Appenzell beider Rhoden. Während die Exekutivdominanz im Kanton Appenzell Innerrhoden dem Index von Kaiss (2010) zufolge mehr als zweimal so gross ist als jene des Kantons Genf, hat die Regierung gemäss Wirz (2018) gar eine um 0.78 Einheiten stärkere Position als das Parlament. Bei diesen (ehemaligen) Landsgemeindekantonen kommt zusätzlich das Übergewicht der Exekutive *gegenüber der Landsgemeinde als gesetzgebender Versammlung* zum Ausdruck, da das Parlament in diesen Kantonen nur eine vorberatende Funktion innehat. Somit bestätigen die zwei Studien, dass sich Parlamente in den (ehemaligen) Landsgemeinde-Kantonen neben einer starken Regierung (und der Bürgerschaft) nie richtig etablieren konnten, wobei diese Lücke durch die Bürgerschaften bis heute nur teilweise geschlossen wurde. Gleichzeitig sind es auch die auf individueller Ebene am stärksten professionalisierten Kantonsparlamente wie der *Grand*

*Conseil* des Kantons Genf, die über ein ausgeglichenes Verhältnis zwischen den Gewalten verfügen, während diejenigen Legislativen, deren Mitglieder nur ein kleiner prozentualer Anteil einer Normalarbeitszeit für ihr Amt aufwenden, von der Exekutive dominiert werden (Bundi/Eberli/Bütikofer 2017, 2018). Im Weiteren fällt in Grundzügen ein Ost-West-Gefälle auf: In den französischsprachigen Kantonen ist die Exekutivdominanz tendenziell bloss schwach bis mittel ausgeprägt. Schliesslich weisen auch die Stadtkantone bzw. Kantone mit grossen Städten ein vergleichsweise geringes Ausmass an Exekutivdominanz auf. Es sind also insbesondere die repräsentativdemokratisch konzipierten Stände der lateinischen Schweiz, die ehemaligen Untertanengebiete in der Deutschschweiz sowie die Stadtkantone,[10] die nach der Zeit der demokratischen Bewegung annäherungsweise ein Gleichgewicht zwischen Exekutive, Legislative und Souverän herausgebildet haben (Vatter 2002; Bühlmann u. a. 2013).

In einer Folgestudie haben Schwarz und Vatter (2011) den Index der Exekutivdominanz von Kaiss (2010) nach verschiedenen Teilindizes gegliedert. Zunächst bestätigt sich bezüglich der wichtigen Rechtssetzungsfunktion das bisherige Bild: Der Kanton Appenzell Innerrhoden weist die grösste Exekutivdominanz im Bereich der Gesetzgebungsfunktion auf, während das Genfer Kantonsparlament die stärksten Kompetenzen im Bereich der Gesetzgebung hat. Gleichzeitig fällt im Einzelnen auf, dass Kantonsparlamente, die im Bereich der Gesetzgebung stark sind, im Bereich der Kontrolle eher schwach sind. Dies gilt auf der einen Seite etwa für den Kanton Basel-Stadt mit vergleichsweise wenig ausgebauten Rechtssetzungs-, aber starken Kontrollkompetenzen, während es im Kanton Neuenburg gerade umgekehrt ist. Sogar negativ korreliert sind die Wahl- und die Kontrollfunktion der kantonalen Parlamente (−0.36): Dort, wo die Legislativen ausgebaute Wahlrechte bezüglich des Regierungspräsidiums und der Gerichte besitzen, verfügen sie über schwache Oberaufsichts- und Kontrollrechte. Insgesamt variiert damit das Ausmass der Exekutivdominanz also relativ stark auch über die einzelnen Parlamentsfunktionen und diese kompensieren sich sogar teilweise.

Eine wichtige Entwicklung seit Beginn der 2000er Jahre ist die Verkleinerung der Parlamente in zahlreichen Kantonen. Dies hat zur Folge, dass die einzelnen kantonalen Parlamentsmitglieder eine grössere Einwohnerzahl zu vertreten haben. Die Ursachen dafür liegen im Bevölkerungswachstum und in der Tendenz zur Professionalisierung der Parlamente, die mit einer Sitzreduktion einhergehen sollte (Auer 2016; Hangartner u. a. 2023). Angesichts des bisher niedrigen Professionalisierungsgrades muss sich allerdings erst noch weisen, ob diese Massnahme die Effizienz und Effektivität parlamentarischer Entscheidungsfindung erhöht. „Kantonspolitik auf Legislativebene bleibt in der Schweiz Milizarbeit" (Bochsler u. a. 2004: 45). Die Mitglieder kantonaler Parlamente investieren heute durchschnittlich bloss 21 Prozent einer Vollzeitstelle für ihr Amt, wobei sich der individuelle Professionalisierungsgrad deutlich zwischen den kantonalen Parlamenten unterscheidet und zwischen fünf und 40 Prozent einer Normalarbeitsstelle schwankt (Bundi/Eberli/Bütikofer 2017, 2018). Dabei beträgt die jährliche Entschädigung

---

10 Eine Ausnahme stellt der Stadtkanton Basel-Stadt dar, in dem das Parlament laut Wirz (2018) insbesondere aufgrund der wenig umfassenden parlamentarischen Wahlfunktion eine schwache Stellung hat.

im Durchschnitt bloss 11'935 Franken, wobei die Kantone Appenzell Innerrhoden mit 1'481 und Genf mit 37'448 Franken/Jahr das untere bzw. obere Ende der Skala besetzen (Bundi/Eberli/Bütikofer 2017: 20). Grundsätzlich variiert auch die Belastung der kantonalen Parlamente durch die Gesetzgebungsarbeit sehr stark, was sich auch in unterschiedlich hohen Mitgliederfluktuationsraten ausdrückt (Feh Widmer 2015).[11] An der Spitze steht der Kanton Genf mit rund 200 behandelten Gesetzesvorlagen im Jahr 2008, gefolgt vom Tessin. Demgegenüber haben die Kantone Aargau, Schwyz und Thurgau nur einige wenige Gesetze pro Jahr behandelt (CHStat 2024). Eine allgemeine Zunahme der legislativen Aktivitäten ist in den letzten beiden Dekaden feststellbar, was vor allem der der fortschreitenden legislativen Zentralisierung geschuldet ist, die die Kantone zur Vollzugsgesetzgebung zwingt.

Auch in Bezug auf die vorberatenden Parlamentskommissionen bestehen beträchtliche Unterschiede zwischen den Kantonen. So variiert die Zahl der ständigen Kommissionen zwischen drei (Tessin) und 25 (Genf), wobei zwei Drittel der Kantone zwischen fünf und neun ständige Kommissionen aufweisen (CHStat 2024). Während die ständigen Kommissionen noch zu Beginn der 2000er Jahre nur in wenigen Kantonen bedeutende Themen kantonaler Gesetzgebung abdeckten (Bochsler u. a. 2004: 44), ist seither vielerorts ihre Anzahl gesteigert und ihre Rolle gestärkt worden. So verfügt heute die Mehrzahl der Kantone über ein Kommissionensystem, in dem nicht nur die Aufsichts-, sondern auch viele Sachkommissionen ständigen Charakter haben. Dazu kommen die im Zeichen des Ausbaus der parlamentarischen Beteiligung an der interkantonalen Zusammenarbeit in knapp der Hälfte der Kantone geschaffenen spezifischen Kommissionen für Aussenbeziehungen (Arens 2018; vgl. Strebel 2014, 2023). Nichtsdestotrotz existieren zwischen den Kantonen weiterhin grosse Unterschiede; auch, was die Anzahl der nicht ständigen Kommissionen betrifft. Auch bei den Zuständigkeitsbereichen und Kompetenzen der Parlamentskommissionen bestehen beträchtliche Differenzen, wobei generell die Kommissionsrechte in vielen Kantonen weiterhin nicht sehr stark ausgebaut sind. Insgesamt kann die relativ schwache Stellung der Parlamentskommissionen einerseits als ein Spiegelbild der allgemeinen Schwäche der kantonalen Parlamente gegenüber der Regierung betrachtet werden. Andererseits machen die kantonalen Unterschiede im Kommissionswesen einmal mehr deutlich, dass die Stellung der Legislative gegenüber der Exekutive beträchtlich variiert (Kaiss 2010; Wirz 2018).

---

11 Feh Widmer (2015) zeigt in ihrer Studie auf, dass die Mitgliederfluktuation in den Parlamenten der französischsprachigen Schweiz höher ist als in der Deutschschweiz. Neben dem Sprachraum üben zudem auch institutionelle Rahmenbedingungen wie das Wahlsystem, Parlamentsverkleinerungen und Amtszeitbeschränkungen einen Einfluss auf die Fluktuationsrate aus.

**Tabelle 6.3: Die parteipolitischen Wähleranteile bei den kantonalen Parlamentswahlen, 2020–2023 (in Prozent)**

| Kt. | Wahljahr | FDP | Mitte | Die Mitte | SP | SVP | EVP/CSP | GLP | BDP | GP | kl. Rp. | Ü. |
|---|---|---|---|---|---|---|---|---|---|---|---|---|
| ZH | 2023 | 15.9 | 6.0 | – | 19.3 | 24.9 | 3.9 | 12.7 | – | 10.4 | 1.9 | 4.9M |
| BE | 2022 | 11.3 | 7.4 | – | 18.9 | 25.8 | 5.6 | 9.8 | – | 12.7 | 4.1 | 4.3 |
| LU | 2023 | 17.9 | 27.5 | – | 14.0 | 23.2 | 0.1 | 7.2 | – | 10.2 | – | – |
| UR | 2020 | 21.1 | – | 30.9 | 13.8M | 24.6 | – | – | – | 2.9M | – | 4.2M |
| SZ | 2020 | 20.2 | – | 24.0 | 14.2M | 33.2 | – | 5.8 | – | 1.0M | – | – |
| OW | 2022 | 18.0 | 28.1 | – | 12.5 | 25.6 | 9.9 | 5.9 | – | – | – | – |
| NW | 2022 | 26.3 | 25.9 | – | 3.0 | 24.3 | – | 8.0 | – | 11.2 | – | 1.3 |
| GL | 2022 | 19.2 | 17.6 | – | 12.2 | 30.3 | – | 6.6 | – | 13.7 | – | 0.4 |
| ZG | 2022 | 21.9 | 24.0 | – | 10.2 | 21.6 | 0.5 | 7.5 | – | 13.0M | – | 1.3 |
| FR | 2021 | 19.8 | 22.1 | – | 18.2 | 17.8 | 4.1 | 4.1 | – | 11.3 | 0.2 | 1.9M |
| SO | 2021 | 22.7 | 17.6 | – | 19.3 | 21.0 | 1.9 | 7.0 | – | 10.3 | 0.2 | – |
| BS | 2020 | 22.5¹ | – | 6.3 | 30.0 | 11.0 | 3.6 | 7.8 | – | 16.6 | – | 2.3 |
| BL | 2023 | 18.0 | 10.9 | – | 22.0 | 22.9 | 5.2 | 8.4 | – | 12.5 | – | 0.2 |
| SH | 2020 | 14.1 | – | 3.2 | 19.7 | 33.4 | 2.6 | 8.6 | – | 8.9 | 3.4 | 6.1 |
| AR | 2023 | 33.1 | 4.0 | – | 15.6 | 10.1 | 2.4 | 5.7 | – | – | – | 3.1 |
| AI | 2023 | – | – | – | – | – | – | – | – | – | – | – |
| SG | 2020 | 18.3 | – | 22.1 | 15.1 | 26.9 | 2.3 | 6.2 | 0.2 | 7.9 | 0.4 | 0.7M |
| GR | 2022 | 22.0 | 28.0 | – | 19.4 | 21.1 | – | 6.1 | – | 3.4 | – | – |
| AG | 2020 | 14.8 | – | 12.8 | 16.3 | 30.1 | 4.2 | 9.2 | – | 9.8 | 1.9 | 0.8 |
| TG | 2020 | 13.7 | – | 13.6 | 11.6 | 32.3 | 3.6M | 7.6 | 0.9M | 10.1M | 4.4M | 2.3M |
| TI | 2023 | 23.8 | 17.5 | – | 11.7M | 10.3 | – | 1.6 | – | 5.4 | 15.0² | 14.8M |
| VD | 2022 | 31.3 | 2.0 | – | 20.1 | 14.9 | 0.3 | 8.3 | – | 15.3 | 0.4 | 7.4 |
| VS | 2021 | 19.7 | 38.2 | – | 10.1 | 16.9 | 1.8 | 0.9 | – | 9.5 | – | 2.9 |
| NE | 2021 | 29.9 | 4.0 | – | 19.7 | 8.1 | 0.7 | 8.2 | – | 18.3 | – | 11.1 |
| GE | 2023 | 19.0 | 7.9 | – | 14.7 | 10.7 | – | 6.6 | – | 12.9 | 11.7³ | 16.5M |
| JU | 2020 | 13.5 | | | 24.4 | 20.2 | 10.4 | 10.9 | 4.5 | – | 11.5 | 0.5 | 4.1 |

Anmerkungen: ¹: davon entfallen 14.1% auf die LPS. Kt. = Kanton; kl. Rp. = kleine Rechtsparteien (SD, EDU, MCG, Lega); Ü. = Übrige (ohne Parteilose). M = Partei(en) ist/sind an einer Mischliste beteiligt. Im Falle von Mischlisten wurden die Stimmen anhand der von den einzelnen Kandidierenden erhaltenen Stimmen und deren Parteizugehörigkeit den jeweiligen Parteien zugerechnet. Der auf Parteilose entfallende Wähleranteil wurde nicht zu den Übrigen gezählt. In AI ist eine Parteizuordnung nicht möglich.

Quelle: Bundesamt für Statistik (2024b).

Das gewandelte Wahlverhalten hat nicht nur auf Bundesebene, sondern auch bei kantonalen Parlamentswahlen seine Spuren hinterlassen (vgl. Tabelle 6.3). Die wichtigsten Merkmale kantonaler Parlamentswahlen seit den 1990er Jahren lassen sich wie folgt zusammenfassen (Vatter 2002):

- Insgesamt zeichnen sich die kantonalen Parlamentswahlen durch eine hohe Stabilität der politischen Blöcke aus, auch wenn regelmässig leichte Pendelbewegungen zwischen dem linken und rechten Lager auszumachen sind. Damit haben die Sitzverschiebungen in den letzten 30 Jahren mit Ausnahme der am stärksten urbanisierten Kantone, innerhalb der beiden grossen Blöcke stattgefunden. Wie auf Bundesebene besetzen die bürgerlichen Kräfte insgesamt gut zwei Drittel der kantonalen Parlamentssitze, während das rot-grüne Lager knapp ein Drittel der Sitze belegt.

- Seit längerer Zeit setzt sich der langsame, aber kontinuierliche Erosionsprozess bei den beiden grossen bürgerlichen Traditionsparteien Mitte[12] und FDP in den kantonalen Parlamentswahlen fort; wenn auch in unterschiedlichem Ausmass. Im Unterschied zu den 1980er Jahren waren ihre Verluste in den 1990er Jahren nicht von weiteren Gewinnen neuer politischer Strömungen wie den Grünen und der Freiheitspartei begleitet. Vielmehr gingen die Niederlagen der (ehemaligen) CVP und FDP für längere Zeit mit dem Erstarken der SVP einher. Erst in den späten 2000er und frühen 2010er Jahren sorgten die (temporären) Erfolge der neuen Mitteparteien (BDP, GLP) sowie von regionalistischen Kräften (Lega, MCG) für zusätzliche Mandatsverluste der beiden etablierten bürgerlichen Parteien. Während Ende der 1980er Jahre FDP und CVP mit je rund 25 Prozent unangefochten über die meisten kantonalen Parlamentsmandate verfügten, mussten sie in der Zwischenzeit diese Position mit heute nur noch knapp 20 Prozent (FDP) bzw. 17 Prozent (Mitte) der kantonalen Sitze abtreten (Bundesamt für Statistik 2024b).

- Zu den grossen Gewinnerinnen der kantonalen Parlamentswahlen seit den 1990er Jahren gehört die rechtsbürgerliche SVP. Allein zwischen 1993 und 1999 gewann sie 110 zusätzliche Parlamentsmandate in den Kantonen der Deutschschweiz hinzu. Insbesondere in den katholisch geprägten Innerschweizer Kantonen gelang ihr auf Kosten der CVP der Durchbruch, während sie in der Romandie nach wie vor hinter den anderen Bundesratsparteien liegt. Trotz der BDP-Absplitung steht sie heute mit rund 22 Prozent der kantonalen Parlamentsmandate an der Spitze der Wählergunst (Bundesamt für Statistik 2024b). Der Hauptgrund ihres Erfolgs bei kantonalen Wahlen liegt dabei nicht nur in ihrem politischen Kurswechsel hin zu einer rechtspopulistischen, nationalkonservativen Partei, sondern auch in der Basisarbeit mit den Neugründungen und dem systematischen Aufbau kantonaler Parteisektionen.

- Im Gegensatz zum Abwärtstrend bei den beiden bürgerlichen Traditionsparteien gehörte die grosse Linkspartei SP zu den Gewinnerinnen der kantonalen Parlamentswahlen in den 1990er Jahren. Während sie im Verlaufe der 1980er Jahre aufgrund ihrer traditionellen Gewerkschaftspolitik und neuer Konkurrenz teilweise starke Verluste zugunsten der Grünen zu verzeichnen hatte, wendete sich im Zuge ihrer verstärkten Positionierung als Partei für Wählende mit mittlerem und höherem Ausbildungsgrad das Blatt (Häusermann u. a. 2022).

---

12 Nach dem auf nationaler Ebene per Anfang 2021 erfolgten Zusammenschluss von CVP und BDP zu „Die Mitte" haben zwischen 2021–2023 praktisch alle kantonalen Sektionen den Namenswechsel ebenfalls vollzogen. Einzige Ausnahme bildet der Kanton Uri, wo sich die Partei offiziell „CVP-Die Mitte" nennt (Stand: Frühjahr 2024).

So konnte sie bei den kantonalen Parlamentswahlen in den 1990er Jahren gleich mehrere Dutzend Sitzgewinne vor allem zulasten der Grünen für sich verbuchen. Allerdings drehte sich der Trend im Verlaufe der 2000er Jahre für die Sozialdemokraten teilweise wieder. Verschiedenen Verlusten bei kantonalen Wahlen stehen einzelne Gewinne in jüngster Zeit gegenüber. Anfangs 2024 belegen die Sozialdemokraten gut 17 Prozent der kantonalen Parlamentsmandate (Bundesamt für Statistik 2024b).

- Abgesehen von den regionalistischen Protestbewegungen „Lega dei Ticinesi", die 1991 im Tessin gleich mit zwölf Vertretern in den Grossen Rat einzog und sich seither als zweit- bzw. sogar stärkste Kraft etablierte, sowie dem „Mouvement citoyens genevois" (MCG) bildeten sich seit den 1990er Jahren kaum neue Gruppierungen, die an die Erfolge der Überfremdungsparteien und der Neuen Linken in den 1970er Jahren sowie diejenigen der Grünen und der Autopartei in den 1980er Jahren anknüpfen konnten. In der ersten Dekade des neuen Jahrtausends setzten sich einerseits mit den Grünliberalen im Kanton Zürich mit rund 10 Prozent Wähleranteil, andererseits mit der Bürgerlich-Demokratischen Partei (BDP) in den Kantonen Bern, Glarus und Graubünden mit zweitweise bis zu 16 Prozent Wähleranteil neue politische Kräfte bei kantonalen Parlamentswahlen durch. Seither entwickelten sich die beiden Parteien in eine entgegengesetzte Richtung: Während die GLP in den 2010er Jahren in weiteren Deutsch- bzw. Westschweizer Kantonen Fuss fassen konnte (Bundesamt für Statistik 2024b), musste die BDP selbst in ihren Stammlanden massive Einbrüche hinnehmen, so dass sie Anfang 2021 in der neuen Partei „Die Mitte" aufging.

- In denjenigen Kantonen, die lange Zeit ein Hegemonial- bzw. Prädominanzsystem gekannt haben (vgl. Kapitel 3), herrschte seit den 1980er Jahren eine verstärkte Tendenz zur Fraktionalisierung der Parteiensysteme vor, die sich in den 1990er Jahren fortsetzte. Allgemein waren mit wenigen Ausnahmen ein weiteres Verschwinden von (absolut) dominierenden Mehrheitsparteien und eine Zunahme multipluraler Parteiensysteme festzustellen. Während Ende der 1970er Jahre noch acht Kantone – ohne die beiden Appenzell – über eine Mehrheitspartei mit einem Sitzanteil in der Legislative von über 50 Prozent verfügten, konnten Ende der 1990er Jahre nur noch die Kantone Uri, Obwalden, Nidwalden und Wallis dieser Gruppe zugeordnet werden. Heute besteht in keinem einzigen Kanton mehr eine Partei mit einer absoluten Mehrheit im Parlament, wobei die inzwischen teils zur neuen „Die Mitte" zusammengeschlossenen, einstigen „C-Parteien" im Kanton Wallis mit 52 von 130 Sitzen nach wie vor eine dominante Stellung innehat (Bundesamt für Statistik 2024b).

- Die Frauenrepräsentation in den kantonalen Legislativen hat seit den 1970er Jahren stetig zugenommen, befindet sich aber immer noch auf einem niedrigen Niveau: Betrug der Frauenanteil Anfang der 1970er Jahre erst 6 Prozent, stieg er Mitte der 1980er Jahre auf rund 12 Prozent und erreichte Anfang der 1990er Jahre die 20-Prozent-Schwelle. Während der Anteil nach dem Millennium zunächst bei knapp 25 Prozent stagnierte (CHStat 2024), liegt er in den frühen 2020er Jahren bei durchschnittlich einem Drittel (Bundesamt für

Statistik 2024b). Die 30-Prozent-Marke wird Stand 2024 weiterhin in neun Kantonsparlamenten verfehlt.

- Herauszustreichen sind jedoch die grossen kantonalen Unterschiede: Während die Stadtkantone Genf und Basel-Stadt bereits in den 1990er Jahren in der Regel eine Vertretung des weiblichen Geschlechts von über 30 Prozent aufwiesen, bewegt sich der Frauenanteil Anfang 2024 in Obwalden bei unter 20 Prozent; in anderen ländlich geprägten Kantonen bei rund einem Viertel.
- Auch zwischen den einzelnen Parteien bestehen beträchtliche Differenzen: Während im Verlaufe der letzten vier Jahrzehnte der Anteil der gewählten bürgerlichen Frauen nur langsam zugenommen hat und bei der SVP über alle kantonale Legislativen gesehen immer noch deutlich unter 20 Prozent bleibt, ist er bei den links-grünen Parteien Anfang der 2020er Jahre bei einer paritätischen Geschlechtervertretung angelangt (Bundesamt für Statistik 2024b).

## 6.9 Die Aufgaben und Funktionen des Parlaments

Die Tätigkeit der Bundesversammlung lässt sich mit den Gesetzgebungs-, Wahl-, Kontroll- und Repräsentationsfunktionen in vier Kernbereiche unterteilen (Riklin 1977; Vatter 2018).[13] Hinzu kommen im schweizerischen Kontext noch weitere, teilweise neue Aufgaben wie die Mitwirkung in der Aussenpolitik und bei der Legislaturplanung. Im Folgenden wird darauf eingegangen, wie weit diese Funktionen heute durch das Parlament erfüllt werden.

### 6.9.1 Die Rechtssetzungsfunktion

Die Gesetzgebung gilt als die wichtigste und anspruchsvollste Aufgabe der Legislative, für die sie auch am meisten Zeit verwendet (von Wyss 2001). Die Antwort auf die Frage, ob sich die formelle Suprematie der Legislative auch im realen politischen Einfluss widerspiegelt, ist deshalb von besonderer Bedeutung für ihre Stellung innerhalb des politischen Systems. Mit Blick auf die *vier wichtigen Phasen des Gesetzgebungsprozesses* kann die Rolle des Parlaments wie folgt beurteilt werden:

Grundsätzlich liegt die *Auslösung des Rechtssetzungsprozesses* nach wie vor hauptsächlich in den Händen des Bundesrates, wobei das Parlament in den letzten 30 Jahren deutlich mehr Initiative und Aktivität zeigt. Der Ausbau der parlamentarischen Initiativrechte seit Beginn der 1990er Jahre hat zu einer offensichtlichen Stärkung der Legislative in der Auslösungsphase geführt (Brüschweiler/Vatter 2018). Diese Gewichtsverlagerung ist besonders in der gehäuften Nutzung der beiden wichtigsten Instrumente der Gesetzgebung des Parlaments sichtbar. Das stärkste Instrument, die parlamentarische Initiative,[14] wurde bis Anfang der

---

[13] Auf die in der Literatur oft erwähnte Rekrutierungsfunktion geht Kapitel 3 ein. Die Initiativfunktion wird innerhalb der Rechtssetzungsfunktion behandelt.
[14] Mit der parlamentarischen Initiative kann ein Ratsmitglied den Entwurf zu einem Erlass der Bundesversammlung oder die Grundzüge eines solchen Erlasses einreichen oder anregen. Im Gegensatz zu den Vorlagen des Bundesrates übernimmt hier das Parlament bereits die Ausarbeitung des Entwurfs selber. Damit können die parlamentarischen Organe einen Gesetzgebungsprozess von Beginn weg steuern und verhindern damit ihr Abseitsstehen im vorparlamentarischen Prozess (Graf 2014).

1990er Jahre eher selten ergriffen und ihr damaliger Anteil an allen Erlassentwürfen betrug nur rund fünf Prozent. Heute wird das Instrument häufiger genutzt und es gehen bereits 20 bis 30 Prozent der Gesetzesänderungen auf eine parlamentarische Initiative zurück (Brüschweiler/Vatter 2018; Jegher/Lanfranchi/Linder 1996). Die meisten eingereichten parlamentarischen Initiativen stammen aus den Reihen der grossen Polparteien (SVP, SP), die gemeinsam mit den Grünen für fast drei von vier parlamentarischen Initiativen verantwortlich sind. Die Erfolgsquote der Polparteien ist jedoch viel geringer als jene der Mitteparteien: Während die FDP bis zum Millennium die diesbezüglich erfolgreichste Fraktion war, sind heute die Erfolgsaussichten für die Mitte am besten (Brüschweiler/Vatter 2018: 90ff.; vgl. Wirz/Vatter 2015). Stark steigender Beliebtheit erfreuen sich über die Zeit die Fragestunde sowie die Interpellation, mit welcher ein Ratsmitglied, eine Mehrheit der Kommission oder eine Fraktion vom Bundesrat Auskunft über wichtige innen- und aussenpolitische Ereignisse und Angelegenheiten des Bundes verlangen kann. Diese Nutzungsfreude lässt sich auf „Polykrisen" zurückführen, welche die Schweizer Politik Anfang der 2020er Jahre umtreiben (vgl. Abbildung 6.4). Erfreute sich das durch das neue Parlamentsgesetz gestärkte Motionsrecht, das dem Bundesrat den Auftrag zur Ausarbeitung eines Gesetzesentwurfs gibt, bis in die späten 2000er Jahre konstant steigender Beliebtheit, unterliegt die Anzahl eingereichter Motionen seither Schwankungen. Gleiches gilt für das Postulat (Auftrag des Parlaments an den Bundesrat zur Prüfung der Notwendigkeit eines Erlasses), wenn auch auf tieferem Niveau. Ein gewichtiger Grund für diese unregelmässige Entwicklung dürfte in der Unzufriedenheit über den nur bedingt nachvollziehbaren Geschäftsverlauf liegen: Während deren Erfüllung durch den Bundesrat aufgrund der Arbeitsbelastung der zuständigen Bundesämter verlangsamt wird,[15] bestehen laut PVK (2019) nebst dem jährlichen Bericht über Motionen und Postulate keine geeigneten Instrumente, die es dem Parlament erlauben würden, die sachgerechte Erfüllung seiner Aufträge nachzuverfolgen (Graf 2019; Stadelmann-Steffen/Oehrli/Vatter 2019). Generell stehen den stark gestiegenen parlamentarischen Aktivitäten auf den ersten Blick eher bescheidene direkte Wirkungen gegenüber. So wurden von allen zwischen 2007 und 2023 von der Bundesversammlung verabschiedeten Erlasse nur 10 Prozent durch eine oder mehrere parlamentarische Initiativen initiiert (Curia Vista 2024). Bei den Motionen liegt die langjährige Erfolgsquote bei 18.3 Prozent, während sie bei den Postulaten immerhin 43.1 Prozent beträgt (Brüschweiler/Vatter 2018: 83ff.). Obwohl damit der direkte Erfolg bei den verschiedenen parlamentarischen Vorstossrechten relativ gering ist und viele Begehren im Laufe der Zeit abgeschrieben werden, sind deren indirekten Wirkungen nicht zu unterschätzen. So wird die Bundesverwaltung oft erst durch Vorstösse im Parlament auf bestimmte Themen aufmerksam gemacht, womit ihnen eine wichtige Agenda-Setting-Funktion zukommt. Nicht zu unterschätzen sind überdies die sich dem einzelnen Parlamentsmitglied bietenden Profilierungsmöglichkeiten gegenüber der Wählerschaft: Im Nationalrat nimmt die Anzahl an Motionen, Postulaten und parlamentarischen Initiativen, die von

---

15  Durchschnittlich vergehen zwischen der Annahme einer Motion oder eines Postulats und der Abschreibung durch das Parlament drei Jahre und vier Monate, wobei bei der Implementationsdauer eine grosse Varianz zwischen den Vorstössen besteht (Stadelmann-Steffen/Oehrli/Vatter 2019: 15; PVK 2019).

niemandem ausser dem Urheber selbst unterzeichnet werden, signifikant zu. Die Volksvertreter versuchen also, Themen exklusiv und medienwirksam zu besetzen und verzichten deshalb darauf, Mitunterzeichnende zu rekrutieren (Zumbach/Heidelberger/Bühlmann 2019: 179ff.; vgl. Fischer u. a. 2019; Sciarini u. a. 2021). Gelingt es dem Parlamentsmitglied jedoch, parteiübergreifende Unterstützung zu mobilisieren, erhöhen sich die Erfolgschancen eines parlamentarischen Vorstosses (Sciarini u. a. 2021). Zudem stellt gerade die parlamentarische Initiative ein wichtiges Verhandlungspfand dar, wenn der Bundesrat von sich aus nicht aktiv werden will. Insgesamt wird deutlich, dass zwar die Initiative zur Auslösung eines Gesetzgebungsprozesses nach wie vor mehrheitlich beim Bundesrat liegt; das Parlament aber seine Instrumente häufiger nutzt als noch vor 20 Jahren, was erstens Ausdruck einer selbstbewussten und aktiven Legislative ist und zweitens in einem politischen System mit wechselnden Mehrheiten eine deblockierende Wirkung ausübt. Freilich hat die über die Zeit stark zunehmende Anzahl an eingereichten parlamentarischen Vorstössen auch ihre Schattenseite: Sie zeigt einerseits, dass Interessengruppen die Instrumente vermehrt als Lobbyinginstrument nutzen, indem sie den von ihnen rekrutierten Parlamentarier ausformulierte Vorstösse zur Verfügung stellen. Es zeigt sich ein klarer Zusammenhang zwischen dem von Vorstössen berührten Politikfeldern und den Interessenbindungen, die ein Parlamentsmitglied unterhält (Huwyler/Turner-Zwinkels/Bailer 2023). Andererseits übersteigert die selbst verursachte „Vorstossflut" die Kapazitäten der Räte bisweilen, dass vermehrt Sondersessionen nötig werden.

In der vorparlamentarischen *Ausarbeitungsphase* sind es nach wie vor in den meisten Fällen das zuständige Bundesamt und die Experten, die die Entwürfe erarbeiten. Das anschliessende vorparlamentarische Vernehmlassungsverfahren dient dabei der Anhörung, Mitwirkung und Integration aller wichtigen Akteure wie der Parteien, Verbände und Kantone am Rechtsetzungsprozess mit dem Ziel, die Sachgerechtigkeit, Vollzugstauglichkeit und Akzeptanz der Entwürfe sicherzustellen. Aufgrund der Notwendigkeit, die Bundesvorlagen „referendumssicher" zu gestalten, kommt dabei insbesondere den Wirtschaftsverbänden mit ihrer Referendumsmacht eine starke Stellung zu; ebenso den Kantonen, welche ihr Vollzugswissen im Tausch um politischen Einfluss zur Verfügung stellen (vgl. Kapitel 10).[16] Im Durchschnitt dauert die vorparlamentarische Etappe dreimal länger als die parlamentarische Beratung (Sciarini 2014). Im Verlaufe der letzten 20 Jahre wurden immer häufiger Gesetzesentwürfe nicht von Regierung und Verwaltung, sondern von parlamentarischen Kommissionen ausgearbeitet und immer wieder breit abgestützte Vernehmlassungsergebnisse im Parlament stark abgeändert. Ausserdem hat die Internationalisierung des Rechts zu einem geringeren Konsultationsgrad geführt. Somit hat damit auch der vorparlamentarische Einfluss der Verbände auf die Gesetzgebung in den letzten Jahren etwas abgenommen, auch wenn er nach wie vor bedeutend ist (Sciarini/Nicolet/Fischer 2002).

---

16 Vgl. hierzu die Ausführungen in Kapitel 5.

*Abbildung 6.4: Die Zahl der eingereichten parlamentarischen Vorstösse, 1995–2023*

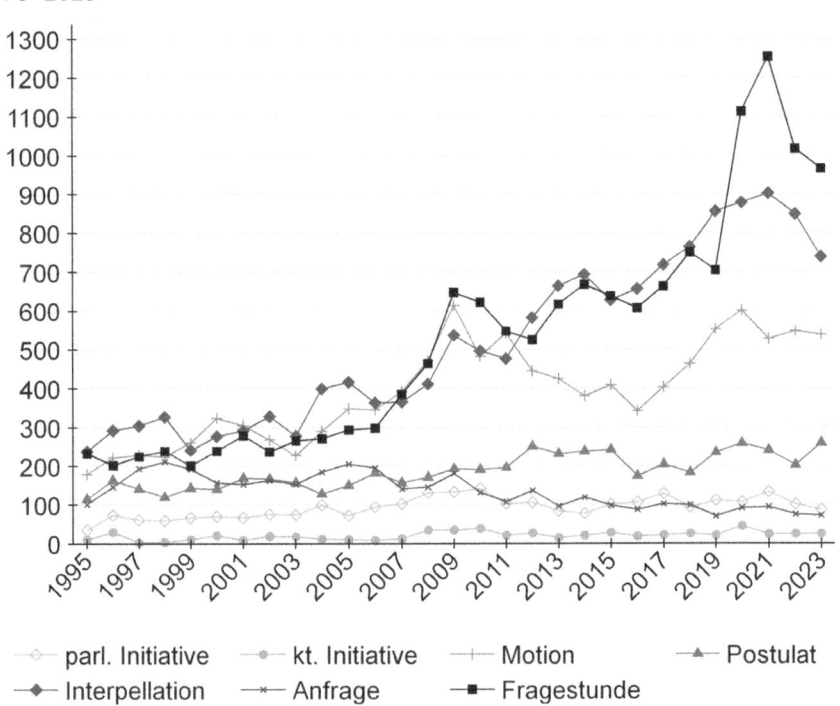

Anmerkungen: parl. = parlamentarische; kt. = kantonale (Standes-)Initiative.
Quelle: Curia Vista (2024).

Die dritte Etappe bildet *die parlamentarische Überprüfungs- und Entscheidungsphase*, bei der zunächst die parlamentarischen Kommissionen zum Zuge kommen und ihre Vorschläge und Korrekturen an der bundesrätlichen Botschaft einbringen, bevor das Plenum über ihre Anträge entscheidet. Die Kommissionen nehmen dabei eine detaillierte Beratung vor und stimmen den Vorschlägen des Bundesrates zu oder legen eigene Formulierungen vor, über die dann im Plenum beraten und entschieden wird. Dabei folgt das Plenum folgt ihren Empfehlungen bei rund drei Viertel aller Anträge (Porcellana 2019: 206). Der Einfluss des Parlamentes auf die Gesetzgebung lässt sich durch den Anteil der veränderten Vorlagen an der Gesamtheit aller Vorlagen beurteilen. Während das Parlament lange Zeit als relativ schwach galt, weisen empirische Studien aus den 1980er und 1990er Jahren darauf hin, dass das Bundesparlament den Gesetzgebungsprozess in den letzten Jahrzehnten massgeblich in seinem Sinne mitgestaltet hat, im Konfliktfall die inhaltliche und politische Führung in der Gesetzgebung übernommen hat und insgesamt als aktives Gesetzgebungsorgan betrachtet werden kann (Jegher 1999; Jegher/Lanfranchi 1996). Neue Untersuchungen bestätigen diese Sichtweise und kommen zum Befund, dass das Parlament im vergangenen Jahrzehnt rund 44 Prozent der Regierungsvorlagen abgeändert hat (Mueller/Dick/

Freiburghaus 2020), was in etwa den Veränderungsraten Anfang der 1990er Jahre entspricht, jedoch deutlich höher liegt als in den 1970er Jahren, wobei fast immer das Plenum den Mehrheitsentscheid der Kommission übernimmt (vgl. Tabelle 6.4; Schwarz/Bächtiger/Lutz 2011; Vatter/Wirz 2015).[17] Hinzu kommt, dass im Vergleich zu früheren Perioden der Anteil der mittleren und starken Gesetzesveränderungen zugenommen hat und in jüngerer Zeit immerhin rund ein Viertel der Bundesratsentwürfe betrifft. In materieller Hinsicht macht sich der Aktivismus des Parlaments dabei insbesondere bei Erlassentwürfen bemerkbar, die dem obligatorischen oder dem fakultativen Referendum unterstehen. Auch an Geschäften, welche die Medien oder die Legislative selbst prominent auf ihre Agenda setzen, nimmt das Parlament eher Veränderungen vor (Gava/Jaquet/Sciarini 2021). Somit weisen die Befunde insgesamt auf eine massgebliche Gesetzgebungskapazität des Parlaments hin und machen deutlich, dass die Aktivität des Parlaments in den letzten Legislaturperioden nicht abgenommen hat, sondern eher noch gestiegen ist (Gava/Jaquet/Sciarini 2021; Mueller/Dick/Freiburghaus 2020). Der erhöhte Einfluss wird dabei einerseits auf die Einführung ständiger parlamentarischer Kommissionen zurückgeführt, andererseits auf die Modernisierung des Parlamentsrechts auf Verfassungs- und Gesetzesstufe, was zu einer Stärkung der parlamentarischen Informations- und Initiativkompetenzen geführt hat (Graf/Theler/von Wyss 2014; Lüthi 1997). Begünstigend wirken sich zudem auch die je nach Vorlage wenig voraussehbaren Mehrheitsverhältnisse im Parlament und die Spaltung innerhalb des bürgerlichen Lagers aus. Allerdings gilt es zu beachten, dass der Einfluss des Parlaments nach wie vor beschränkt ist (Jegher 1999). Dies wiederum hängt einerseits mit der erläuterten geringen Ressourcenausstattung des schweizerischen Parlaments zusammen. Andererseits hat auch die zunehmende Internationalisierung die Gesetzgebungsfunktion des Parlaments beeinträchtigt, da die Schweiz aufgrund von bi- oder multilateralen Verträgen gezwungen ist, ihr internes Recht vertragskonform anzupassen (dynamische Rechtsübernahme bzw. autonomer Nachvollzug von EU-Recht; vgl. Jaquet/Sciarini/Varone 2019; Sciarini/Nicolet/Fischer 2002).

*Tabelle 6.4: Anteil der vom Parlament veränderten Bundesratsvorlagen, 1971–2019*

|  | 1971–1975 | 1991–1995 | 1996–2005 | 2006–2019 |
|---|---|---|---|---|
| unveränderte Vorlagen | 203 (65.1 %) | 278 (56.7 %) | 249 (56.3 %) | 589 (55.9 %) |
| durch das Parlament veränderte Vorlagen | 109 (34.9 %) | 212 (43.3 %) | 193 (43.7 %) | 464 (44.1 %) |
| **Vorlagen insgesamt** | 312 | 490 | 442 | 1053 |

Quellen: Jegher (1999), Jegher, Lanfranchi und Linder (1996), Mueller, Dick und Freiburghaus (2020), Schwarz, Bächtiger und Lutz (2011) sowie Vatter und Wirz (2015).

---

17 Betrachtet man die Erfolgsrate der Kommissionsanträge, so ergibt sich das erwartete Bild: Am erfolgreichsten sind Anträge der Gesamtkommission bzw. der Kommissionsmehrheit an das Plenum, während Minderheitsanträge, Fraktions- und auch Einzelanträge nur in Ausnahmefällen erfolgreich sind. Fast die Hälfte aller erfolgreichen Anträge machen auch die Anträge der Gesamtkommission aus (Jegher/Lanfranchi/Linder 1996).

Insgesamt zeigt sich, dass heute das Parlament trotz gestiegener Geschäftslast stärker in die Gesetzgebung eingreift als vor vierzig Jahren und sich seit der Parlamentsreform Anfang der 1990er Jahre vermehrt gegenüber Bundesrat und Verwaltung durchzusetzen weiss sowie auch in einzelnen Fällen die Führungsrolle übernimmt. Dies deckt sich auch mit Experteneinschätzungen: Zwei Drittel der befragten Experten aus den Bereichen Journalismus, Politikberatung und Lobbying sind der Ansicht, dass die Bundesversammlung Anfang der 2020er Jahre im Vergleich zum Bundesrat einen stärkeren Einfluss auf die Gesetzgebung ausübt als noch vor zehn Jahren. Die legislative Prägekraft des Parlaments zeigt sich dabei ganz besonders auch bei wichtigen und umstrittenen Vorlagen (Bailer/Bütikofer 2022: 202) – so etwas der AHV-Reform (2017), der Umsetzung der Masseneinwanderungsinitiative (2018) oder dem Covid-19-Gesetz (2020). Im Bereich der Aussenpolitik, so etwa bei den Staatsverträgen, ist die Veränderungsrate zwar geringer, hat aber in jüngerer Zeit deutlich zugenommen (Vatter/Wirz 2015). Die geringe Ressourcenausstattung des Parlaments, die Internationalisierung der Rechtssetzung und damit die gestiegene Bedeutung der Aussenpolitik sorgen allerdings dafür, dass Regierung und Verwaltung bei der Gesetzgebung nach wie vor eine bedeutsame Rolle spielen, auch wenn insbesondere die Entwicklung im nationalen Recht auf eine Stärkung der Legislative hinweist. Im internationalen Vergleich sticht das Schweizer Parlament durch seinen ausgeprägten direkten Einfluss auf Politikinhalte hervor, der nur von den beiden parlamentarischen Demokratien Schwedens und der Niederlande übertroffen wird (Bailer/Bütikofer 2022: 201). Die *direktdemokratische Nachentscheidungsphase* führt schliesslich dazu, dass der Einfluss des Parlaments in Bezug auf die Wirksamkeit seiner Gesetzesüberprüfungsfunktion wieder abgeschwächt wird. So entscheidet das Volk im langjährigen Durchschnitt bei jeder zehnten Volksinitiative, jedem vierten obligatorischen Referendum und gut 40 Prozent der fakultativen Referenden nicht im Sinne der Parlamentsmehrheit (Linder/Mueller 2017: 303ff.). Gleichzeitig wird aber nur gegen ca. 7 Prozent aller Gesetze das fakultative Referendum ergriffen, wovon gut 40 Prozent erfolgreich sind. Mit anderen Worten: In rund 97 Prozent der Fälle wird der Parlamentsentscheid durch das Volk implizit oder explizit mitgetragen, was deutlich macht, dass die direktdemokratische Nachkontrolle parlamentarischer Entscheidungen sehr selektiv ist. Zudem wird der Stimmentscheid der Bürger bei Volksinitiativen und obligatorischen Referenden stark durch den Grad an Konsens und Konflikt im Parlament beeinflusst (Trechsel/Sciarini 1998). Schliesslich besteht in der Schweiz weder die Vetomöglichkeit der Regierung gegen Beschlüsse des Parlaments noch die Überprüfung der Verfassungsmässigkeit von Gesetzen durch ein Verfassungsgericht. Gleichzeitig sollten aber die vielfältigen indirekten, insbesondere präventiven Wirkungen des Referendums in seiner Funktion als „Damoklesschwert", das über den Köpfen des Gesetzgebers während des parlamentarischen Prozesses hängt, nicht unterschätzt werden (Christmann 2011; Neidhart 1970; Papadopoulos 2001).

### 6.9.2 Die Wahlfunktion

Die formellen Wahlkompetenzen des schweizerischen Parlaments erweisen sich im internationalen Vergleich als sehr umfassend. So wählt die Vereinigte Bundesversammlung (d. h. National- und Ständerat gemeinsam) den Bundesrat, den Bundes(vize)präsidenten, den Bundeskanzler, die Richter des Bundesgerichts sowie im Kriegsfall den General. Entsprechend bezeichnet Riklin (1977: 70) die Wahlfunktion der Schweizer Legislative innerhalb der etablierten Demokratien als die am stärksten ausgebaute. Sie wurde über die Jahre zudem weiter gestärkt, z. B. mit der Wahl der Richter an den neuen, erstinstanzlichen eidgenössischen Gerichten, der Wahl des Bundesanwalts und dessen Stellvertretern sowie des Aufsichtsorgans der Bundesanwaltschaft durch das Parlament. Die Stärke der parlamentarischen Wahlfunktion in der Schweiz kommt auch zum Ausdruck, wenn die von Sieberer (2008, 2010) genannten Kriterien zur Bestimmung der Bedeutung von Parlamenten als Regierungswahlorgane auf die Schweiz angewendet werden.[18] Gemäss diesem Index läge die Schweiz im Vergleich zu den 25 anderen europäischen Staaten auf einem Spitzenrang (Schwarz/Vatter 2011).

*Tabelle 6.5: Die Wahl der Bundesräte durch die Vereinigte Bundesversammlung, 1848–2023*

| Zeitperiode | neu gewählte Bundesräte | wiedergewählte Bundesräte | offizielle Kandidaturen (in Prozent) | nicht wiedergewählte Bundesräte |
|---|---|---|---|---|
| 1848–1899 | 36 | 105 | 99.3 | 2 |
| 1900–1949 | 28 | 96 | 97.6 | 0 |
| 1950–1999 | 40 | 79 | 95.0 | 0 |
| 2000–2023 | 18 | 41 | 96.6 | 2 |

Anmerkung: Der Anteil offizieller Kandidaturen bezieht sich auf die Gesamtzahl neu- und wiedergewählter Bundesräte.
Quellen: Eigene Zusammenstellung auf Basis von Altermatt (1991) und Schweizer Parlament (2024b).

Allerdings übte die Vereinigte Bundesversammlung ihre Wahlfunktion zu Beginn des Bundesstaates nur mit grosser Zurückhaltung aus: „Obwohl das Majorzparlament Bundesräte folgenlos hätte abwählen bzw. ihnen die Wiederwahl hätte verweigern können, geschah das eigentlich nie. Die Deutschschweizer hätten einen welschen Bundesrat ohnehin nicht abwählen dürfen, umgekehrt war es nicht möglich, also wählte man gar keinen ab (…). Und weil der Bundesrat kollektiv verantwortlich war (und ist), hätte man ihn gegebenenfalls ganz abwählen müssen, was in Bern ein politisches Vakuum erzeugt und wohl als Bundeskrise wahrgenommen" worden wäre (Neidhart 2010: 61). Auch nach Einführung des Proporzwahlsystems bestand lange Zeit eine informelle Selbstbeschränkung des Parlaments, so etwa hinsichtlich der stabilen parteipolitischen Zusammensetzung oder der langjährigen Usanz, amtierende Bundesratsmitglieder nicht abzuwählen. So wurde im Verlaufe des gesamten 20. Jahrhunderts kein einziger amtierender Bundesrat nicht wiedergewählt. Die mangelnde Sanktionierung ungenügender po-

---

18 In der erwähnten Untersuchung sind 24 EU-Staaten sowie Norwegen enthalten, jedoch nicht die Schweiz. Es wird ein Index der Regierungsbeschränkung durch die parlamentarische Wahlfunktion gebildet, der sich aus vier Variablen zusammensetzt: institutionell zulässige Kandidierendenzahl, nominierungsberechtigte Akteure, Mehrheitserfordernis und Abstimmungsmodus (Sieberer 2008: 258ff.).

litischer Leistungsausweise von Bundesräten durch die Legislative wurde insbesondere von Riklin (1977: 373) kritisiert: „Bei der Wiederwahl von Bundesräten freilich verzichtet die Bundesversammlung ohne zwingenden Grund in übertriebener Rücksichtnahme auf jeglichen Einfluss." Vor allem die Zauberformel engte die Wahlfreiheit des Parlaments stark ein. Der Anteil an offiziell gewählten Kandidierenden schwankt im langjährigen Durchschnitt zwischen 95 und mehr als 99 Prozent (vgl. Tabelle 6.5). Mit den parteipolitischen Umwälzungen und dem darauf folgenden Ende der langjährigen Zauberformel hat sich nach der Jahrtausendwende die tatsächliche Ausübung der parlamentarischen Wahlfunktion der verfassungsmässig festgelegten Stärke zumindest zeitweise wieder angenähert. So verweigerte das Parlament in jüngster Zeit mit Ruth Metzler (2003) und Christoph Blocher (2007) gleich zwei Bundesräten die Wiederwahl. Damit liegt die aktuelle Nicht-Wiederwahlquote sogar um einiges höher als in der zweiten Hälfte des 19. Jahrhunderts, der Gründungsphase des politisch noch instabilen Bundesstaates, als mit Ulrich Ochsenbein (1854) und Jean-Jacques Challet-Venel (1872) zwei Bundesräte dasselbe politische Schicksal erfuhren. Allerdings bleibt der Bundesversammlung nach wie vor die vorzeitige Abberufung der Regierung bzw. einzelner Regierungsmitglieder verwehrt (Vatter 2020). Umgekehrt ist auch die vierjährige Legislaturperiode der Bundesversammlung fest fixiert, ohne vorzeitige Auflösungsmöglichkeit durch den Bundesrat. Zudem verfügt kein Mitglied der Exekutive über das Recht, die Wahl einzelner Regierungsmitglieder vorzuschlagen oder gar selbst vorzunehmen. Während damit keine Einflussmöglichkeit der Exekutive in Bezug auf die eigene personelle (und parteipolitische) Zusammensetzung besteht, fällt die Autonomie der Regierung in Bezug auf deren interne Organisation und die Zuteilung der Departemente sehr hoch aus. So wählt die Bundesversammlung die Bundesräte nicht im Hinblick auf die Führung eines bestimmten Departements, sondern die Zuweisung wird den sieben Bundesratsmitgliedern überlassen. Dasselbe gilt für die Bestimmung der verwaltungsinternen Strukturen, insbesondere die Schaffung von Bundesämtern und deren Verteilung auf die sieben Departemente. Es ist mit eine Folge der beiden Nicht-Wiederwahlen nach dem Millennium, dass die Bundesversammlung seit den 2010er Jahren wieder zu einer „Ticketdisziplin" überging, in deren Folge nicht offiziell nominierte Bundesratskandidaturen faktisch aussichtslos sind (Vatter 2020). Das Parlament übt seine verfassungsmässig starke Wahlfunktion also weiterhin nur in sehr beschränktem Masse aus.

### 6.9.3 Die Kontrollfunktion

Die ursprünglich eher schwache Kontrollfunktion des Parlaments wurde in den letzten 50 Jahren aufgrund politischer Vorkommnisse und Affären Schritt für Schritt ausgebaut (Storz/Mueller 2018; Tobler 2022). Anfang der 1960er Jahre setzte das Parlament zur Aufarbeitung der Mirage-Affäre zum ersten Mal eine parlamentarische Untersuchungskommission (PUK) unter dem Vorsitz des damaligen Nationalrats und späteren Bundesrats Kurt Furgler (CVP) zur Aufklärung der Hintergründe für die massiven Kostenüberschreitungen bei der Kampfflugzeugbeschaffung ein. Als Folge davon wurden die parlamentarischen Kontrollmöglichkeiten ausgebaut, so etwa durch die Schaffung eines eigenen parlamentarischen

Dokumentationsdienstes und der rechtlichen Grundlagen für parlamentarische Untersuchungskommissionen. Eine zweite parlamentarische Untersuchungskommission unter dem Vorsitz des damaligen Nationalrats und späteren Bundesrats Moritz Leuenberger (SP) wurde Ende der 1980er Jahre aktiv, um die Umstände zu erhellen, die zum Rücktritt von Bundesrätin Elisabeth Kopp geführt hatten. Sie untersuchte dabei auch die zum Zweck des Staatsschutzes von der Bundesanwaltschaft betriebenen Datensammlungsaktivitäten mittels sogenannter *Fichen* (Registerkarten). Die Aufdeckung des Fichenskandals führte dazu, dass die eingeschränkten Befugnisse der regulären Geschäftsprüfungskommissionen (GPK) der beiden Räte sowie die Leitungsorgane der Parlamentsdienste gestärkt wurden. Danach wurde die PUK gewissermassen Opfer ihres eigenen Erfolgs: Sämtliche der 33 zwischen 1995 bis Ende 2022 eingereichten Anträge auf eine PUK-Einsetzung scheiterten (Storz/Mueller 2018). Dass nach dem „CS-Debakel" die Einsetzung einer PUK hingegen eine Mehrheit fand, um die Geschäftsführung des Bundesrates, der Bundesverwaltung und anderer Träger von Aufgaben des Bundes (bspw. Finma) im Zusammenhang mit der Notfusion der Credit Suisse mit der UBS zu überprüfen, unterstreicht das schlummernde, im besonders schwerwiegenden Krisenfall jederzeit aktivierbare Potenzial des Kontrollinstruments. Ein weiterer wichtiger Schritt zur Professionalisierung der parlamentarischen Oberaufsicht bildete Anfang der 1990er Jahre indes die Schaffung einer Parlamentarischen Verwaltungskontrolle (Tobler 2022). Ihre Hauptaufgabe besteht darin, im Auftrag der Geschäftsprüfungskommissionen mittels Evaluationen die Verwaltungsaufgaben des Bundes zu überprüfen sowie deren Erfüllung und Wirksamkeit zu analysieren, wobei ihre Möglichkeiten aufgrund ihrer geringen personellen Ausstattung beschränkt und selektiv sind. Generell kann von einer systematischen, routinemässigen Verwendung von Evaluationsergebnisse durch das Parlament jedoch nicht die Rede sein (Bundi 2023).

Eine wichtige Rolle spielt in diesem Zusammenhang auch die Eidgenössische Finanzkontrolle als das oberste Finanzaufsichtsorgan des Bundes. Sie ist eine unabhängige Behörde und unterstützt das Parlament und den Bundesrat. Sie untersucht anhand von Revisionen, Informatik- und Bauprüfungen, Evaluationen und Wirtschaftlichkeitsprüfungen den Vollzug und die Wirkungen von Bundesmassnahmen mit finanzieller Bedeutung, dazu zählt insbesondere auch die Prüfung der Staatsrechnung. Ein zusätzlicher Ausbau der Instrumente der parlamentarischen Oberaufsicht wie die Stärkung der Informationsrechte der Parlamentsmitglieder sowie der Ausbau der Kompetenzen der Aufsichtsdelegationen gegenüber dem Bundesrat und der Verwaltung fand mit dem Inkraftsetzen der neuen Bundesverfassung von 1999[19] und der darauf beruhenden Reform des Parlamentsgesetzes statt, was sich seither in mehreren Konfliktfällen zwischen den mit Kontrollaufgaben speziell betrauten Finanz- und Geschäftsprüfungsdelegationen auf der einen Seite und dem Bundesrat auf der anderen Seite bemerkbar gemacht hat (Albrecht 2003; Sägesser 2003).

---

19 Vgl. insbesondere Art. 169 Abs. 2 BV: „Den vom Gesetz vorgesehenen besonderen Delegationen von Aufsichtskommissionen können keine Geheimhaltungspflichten entgegengehalten werden".

Im internationalen Vergleich wurden die Kontrollkapazitäten der Bundesversammlung gegenüber Regierung und Verwaltung in der Erhebung von Schnapp und Harfst (2005), welche sich auf die Situation vor Inkrafttreten der neuen Bundesverfassung bezog, als eher gering eingestuft. Aufgeschlüsselt auf die von Schnapp und Harfst (2005) erstellten drei Indizes erweisen sich gemäss Schwarz und Vatter (2011) die heutigen *Kontrollrechte und -strukturen* jedoch als recht konkurrenzfähig zu den übrigen untersuchten 21 Parlamenten, was auch in den individuellen Auskunftsrechten wie Interpellationen und einfachen Anfragen zum Ausdruck kommt.[20] Nach wie vor auf den hintersten Rängen liegt das Schweizer Parlament hingegen im Bereich der *Kontrollressourcen* (z. B. Grösse der Parlamentsverwaltung, Anzahl persönlicher Mitarbeiter pro Parlamentsmitglied, personelle und finanzielle Ausstattung der Dokumentationsdienste; vgl. Hegemann 2023; Z'graggen/Linder 2004). Im internationalen Vergleich dürfte die Verfügbarkeit angemessener Kontrollressourcen nach wie vor die Achillesferse der parlamentarischen Oberaufsicht darstellen, wie Albrecht (2003: 42) zutreffend anmerkt: „Die Grenzen der Kontrollfunktion sind weniger in der rechtlichen Ausgestaltung der Oberaufsicht zu suchen, als vielmehr in den tatsächlichen Rahmenbedingungen. Die parlamentarische Oberaufsicht spielt sich weiterhin im Rahmen des Milizsystems ab, welches begrenzte zeitliche, finanzielle und fachliche Ressourcen zur Verfügung stellt." So stimmt in Expertenumfragen nur knapp die Hälfte der Befragten der Aussage zu, dass die Bundesversammlung erfolgreich darin ist, den Bundesrat zu kontrollieren (Bailer/Bütikofer 2022: 203).

### 6.9.4 Die Repräsentationsfunktion

Parlamente leiten ihre Legitimation hauptsächlich vom Repräsentationsgedanken ab, wurden sie doch ursprünglich als Ersatz für die Volksversammlung geschaffen (Baldwin/Shell 2001). Es geht bei der Repräsentationsfunktion damit um die Einlösung des Verfassungsprinzips der Volksvertretung; im Weiteren aber auch um die politisch bedeutsame Legitimation des Parlaments. Bei der Repräsentationsfunktion steht zunächst die Frage im Vordergrund, welche Bevölkerungsgruppen durch die vom Parlament zu verantwortenden Rekrutierungsmuster ausgegrenzt werden bzw. übervertreten sind. Da im nächsten Kapitel ausführlich die unterschiedliche politische, kulturelle und gesellschaftliche Abbildung einzelner Bevölkerungsteile im Ständerat und Nationalrat behandelt und miteinander verglichen wird, beschränkt sich die vorliegende Betrachtung zunächst auf die für ein Milizparlament bedeutsame Frage nach der Vertretung der einzelnen Berufsgruppen in der Legislative

Ein Blick auf die berufliche Zusammensetzung des National- und Ständerates unterstreicht zunächst die starke Präsenz akademischer Berufe (u. a. Rechtsanwälte, Juristen, Berater), die in beiden Räten die grösste Gruppe darstellt (siehe Abbildung 6.5). Aufgrund der Wahlerfolge der SVP ist der Akademikeranteil seit den 1990er Jahren mit Ausnahme der Wahlen 2019 stetig gesunken. Zu

---

20 Bailer (2011) kommt aufgrund einer Analyse der parlamentarischen Anfragen im Nationalrat in der Legislatur 2003–2007 zum Schluss, dass vor allem neue und ambitionierte Parlamentarier die Fragestunde nutzen, um an Informationen der Exekutive zu gelangen.

Beginn der 52. Legislatur (2023–2027) beträgt er im Nationalrat insgesamt 58 Prozent. Dabei bestehen grosse Unterschiede zwischen den Parteien, wobei die SVP mit 29 Prozent bzw. die GLP mit 90 Prozent Gewählten mit akademischem Hintergrund die Extreme bilden (Pilotti/Lasseb/Di Capua 2023). Ebenfalls stark vertreten sind professionelle Politiker, die sich in Ständerat als zweithäufigste Berufsgruppe hervortun. Bei den Berufspolitikern handelt es sich vor allem um kommunale Exekutivmitglieder wie Gemeindepräsidenten und -räte, Stadtpräsidenten sowie auch um Partei- bzw. Fraktionspräsidien. Doppelmandatsträger, die zeitgleich zu ihrem kantonalen Regierungsamt auch in der Bundesversammlung einsitzen, sind aufgrund von vertikalen Unvereinbarkeitsbestimmungen im kantonalen Recht sowie der zeitlichen Inanspruchnahme durch die Regierungstätigkeit über die Zeit hingegen zu einer Ausnahme geworden (Arens/Freiburghaus 2019). Im Ständerat ist zudem der merkliche Anteil von alt Regierungsräten zur Kategorie der Berufspolitiker zu zählen (Freiburghaus 2020). Dies macht noch einmal deutlich, dass es sich bei einem beträchtlichen Teil der Bundesparlamentarier nicht nur aufgrund ihrer zeitlichen Belastung, sondern auch aufgrund ihrer Berufstätigkeit nicht um Milizparlamentarier, sondern um Halb- oder Hauptberufspolitiker handelt (Bundi/Eberli/Bütikofer 2018; Bütikofer 2014; Pilotti 2017; Sciarini u. a. 2017). Dass es sich dabei um kein neues Phänomen handelt, unterstreicht die Feststellung von Riklin (1977: 67) vor über 35 Jahren: „Im schweizerischen Milizparlament sind paradoxerweise die Berufspolitiker überrepräsentiert." Dazu passt auch der ungebrochene Anstieg der Selbständigen auf 51 Prozent im Nationalrat, welcher mit einem deutlichen Rückgang der Angestellten auf nunmehr 11 Prozent einhergeht (Stand: 2023; vgl. Pilotti/Lasseb/Di Capua 2023). Bei den beruflich selbständig tätigen Parlamentsmitgliedern, die im Nationalrat die zweitstärkste Berufsgruppe stellen, handelt es sich oft um Führungskräfte. Dazu zählen insbesondere Unternehmens-, Kommunikations- und Politikberater (Consultants); also wiederum teilweise solche, die sich hauptberuflich mit Politik auseinandersetzen. In dieser Gruppe miteingeschlossen sind die zahlreichen Unternehmer, die überwiegend in Industrie und Gewerbe tätig sind. Letztere entsprechen noch am ehesten dem klassischen Bild des Milizparlamentariers. Dies wiederum gilt weniger für die ebenfalls zur Kategorie Führungskräfte (inkl. Selbstständige) zu zählenden Verbandsfunktionären aus Wirtschaft (z. B. Arbeitgeber, Gewerbe) und Gewerkschaften, die sich inner- und ausserhalb des Parlaments besonders für die Anliegen ihrer Interessengruppen einsetzen. Über eine traditionell starke und jüngst gar zunehmende Vertretung im Parlament verfügt überdies die Land- inklusive Forstwirtschaft, wobei der SBV-Präsident in der Regel auch Mitglied des Nationalrates ist. Schliesslich zeigt Abbildung 6.5, dass Techniker, Berufstätige in den Bereichen Bürokräfte/Dienstleistung/Verkauf sowie Handwerker und Hilfsarbeitskräfte im Ständerat überhaupt nicht mehr und im Nationalrat bloss noch höchst vereinzelt vertreten sind. Damit bestätigt die Querschnittsbetrachtung für den Legislaturbeginn 2023 die intertemporalen Konstanten in den Repräsentationsdefiziten: Für einfache Angestellte gibt es in der Bundesversammlung kaum Platz – auch wenn deren Anteil im Vergleich zum Anbeginn des Bundesstaats 1848 auf sehr tiefem Niveau geringfügig zugenommen hat (Pilotti/Lasseb/Di Capua 2023).

Mit Blick auf weitere Repräsentationsmerkmale der Bevölkerung zeigt sich, dass 40–64-Jährige, Männer und höhere Berufs- und Einkommensschichten stark übervertreten sind, während insbesondere Frauen, Junge und schwächere soziale Schichten im Nationalrat unterrepräsentiert sind (vgl. Tabelle 7.2). Man mag einwenden, dass unter Repräsentation heute weit mehr als nur die spiegelbildliche Vertretung der Bevölkerung im Parlament, d. h. die demographisch-soziale Identität zwischen Parlament und Bevölkerung, verstanden wird. Eine differenzierte Betrachtung muss deshalb über die soziale Repräsentation hinausgehen und vor allem auch nach dem Rollenverständnis der Abgeordneten und ihrer *Responsivität* zu den Präferenzen der Wähler fragen (Pitkin 1967). Im Kern geht es damit bei der Repräsentationsfunktion also auch um die Frage, ob die Parlamentsmitglieder – unabhängig von ihrer politischen, beruflichen und sozialen Zugehörigkeit – die Anliegen ihrer Wähler vertreten. Doch auch bei der sogenannten „Policy-Repräsentation" zeigen sich erhebliche Defizite: Überwiegend sind es die Präferenzen der finanziell bessergestellten Bürger, welche die Legislativmitglieder in konkrete, für alle verbindlich geltende Gesetze übersetzen (Persson/Sundell 2024). Zu diesem „Reichenbonus" kommt ein systematischer „Konservatismus-Bias" hinzu: Die Schweizer Parlamentsmitglieder schätzen die Haltung ihrer Wählerschaft oft falsch ein und verorten die Mehrheitsmeinung auf der Links-rechts-Achse zu weit rechts (Pilet u. a. 2023; vgl. Vatter/Freiburghaus 2023b).

Während es bei den linken Parlamentsmitgliedern einst soziale Gruppen waren, die den wichtigsten Bezugspunkt bildeten, war jener bei den Bürgerlichen früher vor allem geografischer Natur (eigener Kanton; vgl. Hertig 1980; Kerr 1981). Über die Zeit kamen die Interessenbindungen als erklärende Grösse des parlamentarischen Verhaltens hinzu (vgl. Lüthi/Meyer/Hirter 1991; Huwyler/Turner-Zwinkels/Bailer 2023). Mit Blick auf die stark ausgeprägte und weiterhin zunehmende Fraktionsdisziplin (vgl. Abschnitt 6.7) triumphiert die parteipolitische Optik heute aber praktisch bei allen Abstimmungen über kantonale bzw. anderweitige Anliegen. Selbst Politiker, die zeitgleich zu ihrer Mitgliedschaft in den eidgenössischen Räten ein Wahlmandat auf kantonaler Ebene wahrnehmen, weichen nur unter ganz bestimmten Bedingungen von ihrer Parteilinie ab, um den territorialen Interessen „ihres" Kantons den Vorzug zu geben (Freiburghaus/Arens/Mueller 2021; vgl. Freiburghaus 2024; Schwarz/Linder 2007). Gemäss Schwarz (2009) und Vatter (1994) setzen sich insbesondere Vertreter der Volksparteien bei grossen Infrastrukturprojekten mit örtlich unterschiedlichen Nutzenstreuungen (Bahnlinien, Strassen etc.) stärker für ihre regionalen Wahlkreisinteressen ein, während bei kleineren Parteien das Parteibuch im Vordergrund steht. Insgesamt zeigt sich jedoch klar, dass die Parteidisziplin aufgrund der institutionellen Stärkung des Parlaments sowie des polarisierten Wettbewerbs im Vergleich zur zweiten Hälfte des 20. Jahrhunderts stark zugenommen hat und das schweizerische Politiksystem dadurch auch etwas „parlamentarischer" erscheint als früher.

*Abbildung 6.5: Die Vertretung von Berufsgruppen im Parlament, 2023 (in Prozent)*

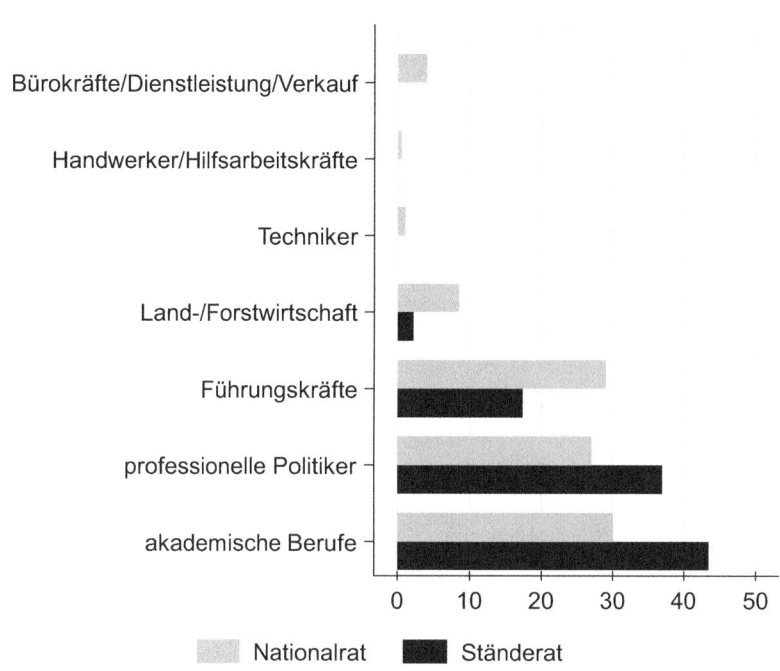

Quelle: Eigene Erhebung.

### 6.9.5 Weitere Aufgaben des Parlaments

Die Zuständigkeiten der Bundesversammlung erstrecken sich neben den behandelten Kernaufgaben über eine Reihe weiterer Bereiche wie die Wahrung der inneren und äusseren Sicherheit, die Regelung von Kompetenzstreitigkeiten zwischen den obersten Bundesbehörden, Entscheide über die Gültigkeit von Verfassungsinitiativen sowie die Gewährleistung der Kantonsverfassungen. Im Rahmen der Totalrevision der Bundesverfassung von 1999 und des neuen Parlamentsgesetzes von 2002 wurden dem Parlament verschiedene neue Mitwirkungsrechte übertragen, die teilweise in die klassischen Kompetenzbereiche der Exekutive fallen. Dazu gehören namentlich die Mitgestaltung in der Aussenpolitik, die Mitwirkung bei der Legislaturplanung sowie bei der Verordnungsgebung (Vatter 2018).

Bis in die frühen 1990er Jahre nahm das Parlament in der Aussenpolitik neben einem aktiven Bundesrat und einer bremsenden Stimmbevölkerung eine Nebenrolle ein. Diese Rollenteilung änderte sich erst im Zusammenhang mit der EWR-Beitrittsabstimmung von 1992, als im Rahmen der Parlamentsreform von 1991 die legislative Mitwirkung an der Aussenpolitik dadurch gestärkt wurde, dass man den Bundesrat zur regelmässigen Information und Konsultation der Bundesversammlung verpflichtete. Ziel war es, die aufgrund der Internationalisierung des Rechts stärker werdende Position der Exekutive durch eine vermehrte Einflussnahme des Parlaments (und der Kantone) in den frühen Phasen aussenpolitischer Entscheidungsprozesse zu kompensieren. Noch einen Schritt weiter das Parlamentsgesetz von 2002 mit den dort festgelegten Mitwirkungsrechten der Legislative im Bereich der Aussenpolitik. Eine wichtige Rolle kommt dabei den Aussenpolitischen Kommissionen der beiden Räte zu, die im fortlaufenden Dialog mit der Regierung die bundesrätliche Aussenpolitik begleiten. So hat der Bundesrat die für die Aussenpolitik zuständigen Kommissionen zu wesentlichen Vorhaben sowie zu den Richt- und Leitlinien zu Mandaten für wichtige internationale Verhandlungen zu konsultieren, bevor er diese festlegt oder abändert. In der praktischen Umsetzung der Informations- und Konsultationsrechte des Parlaments in der Aussenpolitik wurden die ursprünglichen Vorstellungen des Gesetzgebers aber bis heute nicht erfüllt. Davon zeugen etwa der im Mai 2021 vom Bundesrat vorgenommene unilaterale Abbruch der Verhandlungen über das Institutionelle Abkommen (InstA, 2013–2021), der auch die APKs beider Räte sichtlich überraschte sowie der bundesrätliche „Schlingerkurs" betreffend die Übernahme der Sanktionen gegen Russland nach dem russischen Überfall auf die Ukraine (2022–).

Eine weitere strategische Einflussmöglichkeit bilden die ebenfalls mit dem neuen Parlamentsgesetz gestärkten allgemeinen Mitwirkungsrechte der Bundesversammlung bei wichtigen Planungen der Staatstätigkeit, die neben der Aussenpolitik auch weitere Sektoralplanungen betreffen (Graf 2004; Sciarini 2004). So kann das Parlament die bundesrätlichen Planungsberichte zur Kenntnis nehmen, den Bundesrat beauftragen, eine Planung vorzunehmen oder die Schwerpunkte einer Planung abzuändern. Seit Ende 2003 kann das Parlament aktiv auf die bundesrätliche Legislaturplanung Einfluss nehmen, die auch den Legislaturfinanzplan enthält

Eine zentrale und bisher nicht behandelte Aufgabe des Parlaments bildet schliesslich die Wahrnehmung der Budget- und Finanzkompetenz. Die Räte beschliessen die ordentlichen und ausserordentlichen Ausgaben des Bundes, gewähren oder verweigern Kredite, setzen den jährlichen Voranschlag (Budget) fest und nehmen die jährliche Staatsrechnung ab. Sie können dabei uneingeschränkt Änderungen am Budget vornehmen, was die Räte auch regelmässig und aktiv machen. Aufgrund der 2003 eingeführten sogenannten Ausgabenbremse ist für Subventionen und Kredite, die neue einmalige Ausgaben von mehr als 20 Millionen Franken oder neue wiederkehrende Ausgaben von mehr als zwei Millionen Franken nach sich ziehen, die Zustimmung der Mehrheit der Mitglieder in beiden Räten notwendig, was zu einer Stärkung der Haushaltsdisziplin führte. Die Finanzkommissionen der beiden Räte üben dabei die finanzielle Oberaufsicht aus und wählen aus ihren Reihen die Finanzdelegation, welche die Prüfung und Überwachung des gesamten Finanzhaushaltes des Bundes vornimmt. Das Parlament nimmt aufgrund des fehlenden Referendums im Bereich der Finanzen – im Gegensatz zu Sachentscheidungen und zur kantonalen Ebene – eine sehr starke Stellung ein, da es damit letztinstanzliche Entscheide treffen kann.

## 6.10 Die Stellung des Parlaments im internationalen Vergleich

Das Verhältnis zwischen Exekutive und Legislative bildet eines der wichtigsten Ausprägungsmerkmale eines politischen Systems, wobei es jedoch in der Praxis vergleichsweise schwierig empirisch zu erfassen ist. In seiner einflussreichen vergleichenden Studie schlägt Lijphart (2012) eine Messung mittels der Überlebensdauer von Regierungen vor. Diese Operationalisierung hat allerdings erhebliche Kritik an der Validität ihrer Messung hervorgerufen (Ganghof 2005; Tsebelis 2002: 109ff.). Selbst Lijphart (2012) teilt gewisse Vorbehalte gegenüber dem Indikator, sieht aber auch in der neuen Auflage seines Werkes von grösseren Anpassungen ab. Die Schweiz ist für die Probleme dieser Messung ein gutes Anschauungsbeispiel. So ändert Lijphart (2012: 119) „per Hand" den scheinbar auf extreme Regierungsdominanz hinweisenden Mittelwert der Kabinettsüberlebensdauer (1947–2010) von über 12 Jahren in einen realistischeren, auf maximale Ausgeglichenheit zwischen Exekutive und Legislative hinweisenden Wert. Die theoretischen Probleme des Masses bestehen darin, dass die Überlebensdauer der Regierung die tatsächlichen Machtverhältnisse zwischen Exekutive und Legislative nicht sinnvoll abbildet, da Stabilität auch durch loyale, die Regierung unterstützende Parlamentsfraktionen erklärt werden kann, während Instabilität nicht zwingend auf eine schwache Regierung hinweisen muss. Aus diesen Gründen bieten sich zum Vergleich des Machtverhältnisses zwischen Exekutive und Legislative möglichst valide Messungen der formalen und faktischen Befugnisse und Möglichkeiten der beiden Organe an. Dabei ist es zentral, neben formalrechtlichen Kompetenzen auch die reale Ressourcenausstattung der Parlamente für eine effektive parlamentarische Kontrolle einzubeziehen, da beide Grössen unabhängig voneinander variieren können und die Beziehungen zwischen Exekutive und Legislative gleichermassen prägen (Vatter 2009: 134).

Der folgende OECD-Ländervergleich stützt sich zunächst auf die Erfassung der formalen Befugnisse von Regierung und Parlament durch Siaroff (2003), die durch Vatter und Bernauer (2010) für weitere Länder ergänzt wurde. Siaroff (2003) betrachtet 27 Indikatoren zum Charakter parlamentarischer Systeme.[21] Daraus werden mittels Faktorenanalyse 11 Indikatoren identifiziert, die allesamt mit der latenten Variable „Exekutivdominanz" in Verbindung gebracht werden können. Die Indikatoren umfassen die Agendasetzungsmacht der Regierung, die Möglichkeit einzelner Abgeordneter, Vorlagen einzubringen, die Kompetenz des Plenums, Richtlinien für ein Gesetz festzulegen, die Kompetenz von Ausschüssen, Vorlagen umzuschreiben, den Einfluss von Ausschussangehörigen auf Parteipositionen, die alleinige Kompetenz der Regierung bei finanzwirksamen Vorlagen, Begrenzungen der Debattenzeit, die Organisation des Parlamentspräsidiums, eine besondere Stellung für Oppositionsführer, den Wahlsystemtyp und die Macht des Oberhauptes innerhalb der Regierung. Für jeden Indikator werden die Werte 0, 1

---

[21] Der Index wurde für parlamentarische Systeme entwickelt. Auf präsidentielle und hybride Systeme sind nicht alle, jedoch die meisten Indikatoren anwendbar. Die Werte für die USA und die Schweiz wurden nachträglich kodiert (Vatter 2008, 2009; Vatter/Bernauer 2010). Für die Schweiz wurde die Punktezuordnung in der Siaroff-Skala auf der Basis des Parlamentsgesetzes vorgenommen. Da es sich bei Siaroff (2003) primär um formalrechtliche Kriterien handelt, stellten sich keine Zuordnungsprobleme.

*Abbildung 6.6: Das rechtliche Verhältnis zwischen Exekutive und Legislative in 24 OECD-Ländern*

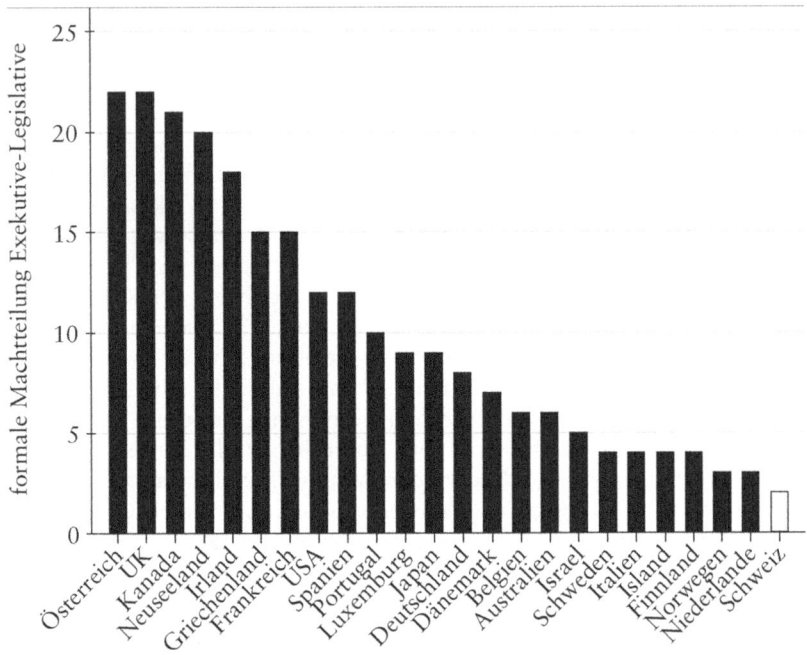

Anmerkung: Hohe Werte stehen für hohe Exekutivdominanz, niedrige Werte für ein starkes Parlament.
Quellen: Eigene Zusammenstellung auf Basis von Siaroff (2003) sowie Vatter und Bernauer (2010).

oder 2 vergeben, wobei höhere Werte auf eine stärkere Exekutivdominanz gegenüber der Legislative hinweisen. Die Indexbildung erfolgt über einfache Addition.

Abbildung 6.6 zeigt das formale Machtverhältnis zwischen Exekutive und Legislative in 24 OECD-Ländern um die Jahrtausendwende gemäss der oben beschriebenen Indexmethode.[22] Da 11 Indikatoren verwendet wurden, reicht die Skala von 0 (schwache Exekutive) bis 22 (starke Exekutive). Die Schweiz fällt unter diesem Aspekt als Extremfall auf: In nahezu allen formalen Regelungen spiegelt sich eine ausgeprägte Machtteilung zwischen Parlament und Regierung wider. Das Schweizer Parlament nimmt damit innerhalb der OECD-Staaten in Bezug auf seine verfassungsrechtliche Stellung und seine Mitwirkungsrechte einen Spitzenplatz ein und gehört wie die nordischen Länder in diejenige Gruppe, in der die Regierung nur schwach ausgebaute Agendakontrollrechte besitzt. Damit unterscheidet sie sich stark von majoritär geprägten Ländern wie Grossbritannien und Kanada mit einer dominanten Exekutive, während etwa Deutschland eine Mittelposition einnimmt.

---

22  Siaroff (2003) erfasst Reformen bis ins Jahr 2002.

Wie bereits erläutert, wäre es jedoch unvollständig, die Machtverhältnisse zwischen Exekutive und Legislative aus einer rein formalrechtlichen Perspektive zu erfassen. Ebenso relevant sind die effektiven Kontrollmöglichkeiten des Parlaments gegenüber der Regierung, die von Informations- und Kontrollressourcen (Flick Witzig/Bernauer 2018; Schnapp/Harfst 2005) und der Ressourcenausstattung des einzelnen Parlamentsmitglieds (Hegemann 2023; Squire 1992; Z'graggen/Linder 2004) bestimmt werden.[23] Squire (1992) schlägt dabei einen „Professionalisierungsindex" vor, welcher von Z'graggen und Linder (2004) sowie Hegemann (2023) weiterentwickelt wurde. Jener Index betrachtet das Grundeinkommen der Parlamentsmitglieder ohne Spesenentschädigungen, die Anzahl der Mitarbeitenden des Parlaments bzw. der Parlamentsverwaltung sowie der Zeitaufwand der

*Abbildung 6.7: Professionalisierungsgrad in den Parlamenten von 22 OECD-Ländern*

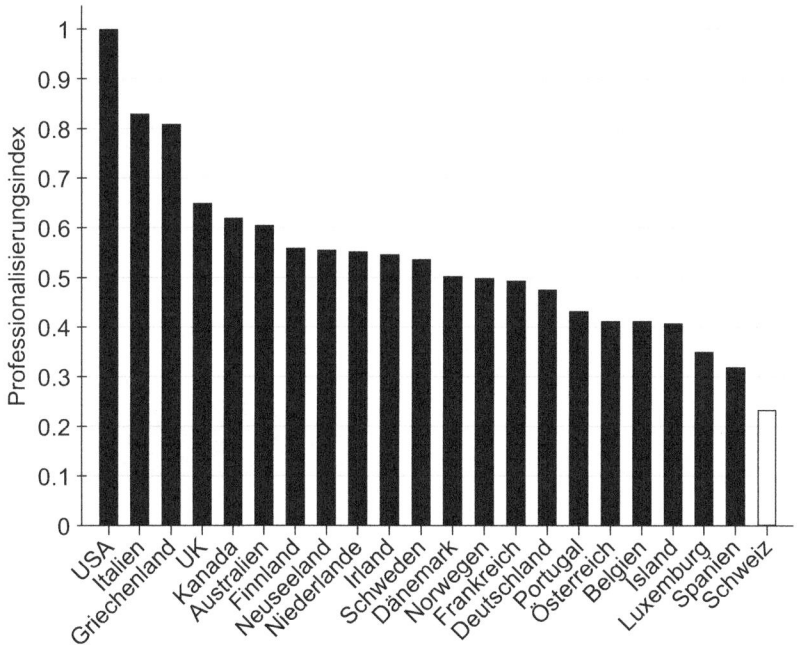

Anmerkungen: Der Professionalisierungsindex kontrolliert auf die Parlamentsgrösse und auf das Durchschnittseinkommen im jeweiligen Land. Hohe Werte stehen für hohe Professionalisierung, niedrige Werte für geringe Professionalisierung. Angaben für Israel und Japan fehlen.

Quelle: Eigene Darstellung auf Basis von Hegemann (2023).

---

23 Für die Messung der parlamentarischen Informations- und Kontrollressourcen erhoben Schnapp und Harfst (2005) Indikatoren in drei Bereichen: Kontrollstrukturen (Ausschussbelastung der Abgeordneten), Kontroll- und Steuerungsressourcen (Mitarbeiterausstattung, Informationsdienste) und Kontroll- und Informationsrechte (inklusive zeitlicher Restriktionen bei der Prüfung von Regierungsvorlagen; vgl. Flick Witzig/Bernauer 2018).

# 6 Das Parlament

Parlamentsmitglieder (Sessionstage pro Jahr). Den Vergleichs- bzw. Maximalwert liefert der US-amerikanische Kongress, welcher von Squire (1992) als am höchsten professionalisiert angesehen wurde. Auf dieser Basis lässt sich eine Rangordnung der Länder erstellen. Abbildung 6.7 zeigt nun, dass die starken formalen Befugnisse des Schweizer Parlaments keinerlei Entsprechung in der Ressourcenausstattung der eidgenössischen Parlamentsmitglieder finden. Diese sind vielmehr im internationalen Vergleich äusserst spärlich ausgestattet und belegen den letzten Rang unter 22 OECD-Ländern, ganz im Gegensatz zu den grosszügig mit Ressourcen bedachten Volksvertretern etwa in den USA, Italien oder Griechenland. Der Befund, dass der Schweizer Nationalrat eines der am schwächsten professionalisierten Parlamenten mit sehr geringen Ressourcen ist, erweist sich als sehr robust (vgl. Flick Witzig/Bernauer 2018).

Schliesslich können die Indizes für das rechtliche Verhältnis zwischen Regierung und Parlament (u. a. Siaroff 2003; Vatter/Bernauer 2010) und für den Professionalisierungsgrad (u. a. Hegemann 2023; Squire 1992; Z'graggen/Linder 2004)

*Abbildung 6.8: Kombinierter Index des Machtverhältnisses zwischen Exekutive und Legislative für 22 OECD-Länder*

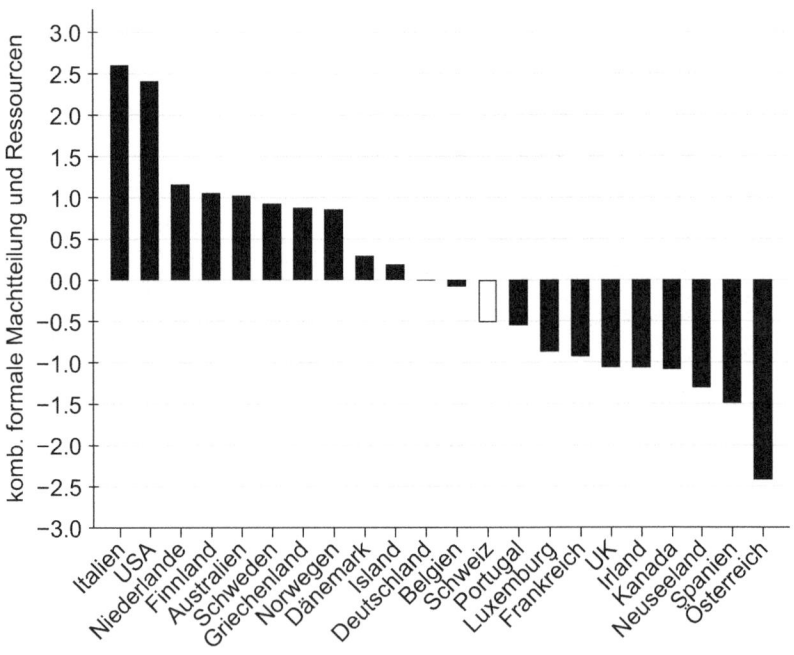

Anmerkung: komb. = kombinierte. Der kombinierte Index fusst auf einer z-Standardisierung der Indizes für das rechtliche Verhältnis zwischen Regierung und Parlament (Vatter/Bernauer 2010) sowie für den Professionalisierungsgrad (Hegemann 2023). Um die Vergleichbarkeit sicherzustellen, wurde der Index zum formaljuristischen Exekutive-Legislative-Verhältnis gedreht.

Quelle: Eigene Berechnungen.

zu einem kombinierten Index zusammengeführt werden. Jener kombinierte Index macht es möglich, dem formalen und dem faktischen Verhältnis zwischen Exekutive und Legislative gleichermassen Rechnung zu tragen. Abbildung 6.8 bestätigt die spezifische Mischform des hiesigen Parlaments: Formaljuristisch betrachtet, übt die Bundesversammlung unter Vorbehalt der Rechte von Volk und Ständen zwar „die oberste Gewalt im Bund aus" (Art. 148 BV). Gleichzeitig ist die Ressourcenausstattung in keinem anderen der 22 betrachteten OECD-Ländern geringer als hierzulande. So nimmt die Bundesversammlung in Bezug auf den kombinierten Index insgesamt einen Platz im Mittelfeld ein. Dies entspricht einer mittelstark ausgeprägten Exekutivdominanz – ein Befund indes, der auch durch Experteneinschätzungen bestätigt wird (vgl. Bailer/Bütikofer 2022; Vatter 2008).

## 6.11 Zusammenfassung und Diskussion

Das schweizerische Parlament verfügt verfassungsrechtlich über eine sehr unabhängige Stellung gegenüber der Regierung, die legislativen Mitwirkungsrechte der Kommissionen und der einzelnen Abgeordneten sind im internationalen Vergleich überdurchschnittlich stark ausgebaut und der reale Einfluss auf den Gesetzgebungsprozess ist massgeblich und unterliegt zudem keiner verfassungsrechtlichen Normenkontrolle durch die Gerichte. Gleichzeitig zeichnet sich die schweizerische Legislative aus einer komparativen Perspektive durch sehr geringe personelle, finanzielle und materielle Ressourcen aus, was zwangsläufig nur eine selektive Kontroll- und Rechtssetzungstätigkeit gegenüber der Regierung und Verwaltung zulässt. Wird zudem der *gesamte* politische Entscheidungsprozess von der vorparlamentarischen bis zur direktdemokratischen Phase betrachtet, dann wird die formal starke Position des Parlaments zusätzlich durch die richtungsweisenden Einflüsse der Kantone und Interessengruppen im Vernehmlassungsverfahren sowie der Nachkontrolle durch die Stimmbürgerschaft relativiert. Trotzdem ist es der Bundesversammlung in den vergangenen Jahren immer besser gelungen, den politischen Entscheidungsprozess in ihrem Sinne zu beeinflussen, indem sie die Vorlagen des Bundesrates oftmals abändert oder immer häufiger selbst aktiv wird. Insofern kann keine Rede von einer generellen Entwicklung in Richtung eines Exekutivstaates sein. Vielmehr lassen sich Dynamiken in unterschiedliche Richtungen feststellen: Während in der innenpolitisch relevanten nationalen Rechtssetzung ein immer stärkerer Einfluss des Parlaments sichtbar wird, verfügt die Regierung bei Fragen des internationalen Rechts und in der Aussenpolitik über eine sehr dominante Position (Freiburghaus 2018; Jaquet/Sciarini/Varone 2019; Vatter/Wirz 2015). Mit Blick auf die rechtliche Stellung und das ausgebaute Mitwirkungsinstrumentarium der Legislative und ihre realen Informations- und Kontrollressourcen bestätigt sich zusammenfassend die pointierte Aussage von Schwarz, Bächtiger und Lutz (2011), dass die Schweiz über ein formal starkes und informell schwaches Parlament verfügt. Die ähnlich lautende Einschätzung von Lüthi (2009: 193), die die Bundesversammlung als „rechtlich starkes Parlament in einem ressourcenmässig engen Korsett" bezeichnet, wird dabei sowohl durch Experteneinschätzungen als auch internationale Vergleiche auf der Basis verschiedener Indizes untermauert (Bailer/Bütikofer 2022; Vatter 2008, 2009).

Ein Markenzeichen des Schweizer Parlaments sind die wechselnden Koalitionen unter Konkordanzbedingungen anstelle fixer Allianzen im Sinne der Regierung-Opposition-Logik parlamentarischer Systeme. Neben der variablen Geometrie wechselnder Mehrheiten nach Sachthemen gibt es aber auch durchaus dominante Koalitionsmuster. So bildet die Spaltung in ein bürgerliches und ein links-grünes Lager nach wie vor den wichtigsten politischen Gegensatz im Parlament, gefolgt von der Konstellation „SVP gegen den Rest" in jüngerer Zeit, während die Konkordanzkoalition mit der Übereinstimmung der vier grossen Bundesratsparteien heute eine deutlich geringere Rolle spielt als früher. Trotz ihrer elektoralen Schwäche sind es aber nach wie vor die bürgerlichen Traditionsparteien (Mitte, FDP), welche die grössten Erfolgsquoten im Parlament aufweisen und damit den Ton angeben, während die beiden Polparteien (SVP, SP) aufgrund ihrer isolierten Oppositionspolitik häufig zu den Verlierern gehören und sich damit um einen grösseren Einfluss auf den Rechtssetzungsprozess bringen. Mit ihren „unheiligen Allianzen" erhöhen sie zwar das Potenzial für politische Blockaden im Parlament, aber mit einem durchschnittlichen Anteil von weniger als zwei Prozent aller Abstimmungen im Nationalrat erreichen sie bei weitem nicht das Niveau präsidentieller Systeme. Auffällig ist, dass der Anteil erfolgreicher Mitte-links-Allianzen (Mitte, SP, GPS) gegenüber früheren Legislaturen deutlich zugenommen hat; gerade in besonders gewichtigen Zukunftsfragen wie dem Atomenergieausstieg oder der Aufweichung des Bankgeheimnisses. Für das individuelle Verhalten der Parlamentarier ist die Parteizugehörigkeit die weitaus wichtigste Bezugsgrösse, was aufgrund der stattgefundenen Polarisierung auch Ausdruck einer im Vergleich zu früher verstärkten parlamentarischen Entscheidungslogik ist. Über lange Zeit führte die gleichzeitig nicht-parlamentarische Gewaltenteilungslogik und damit die vollständige Absenz von Sanktionsinstrumenten der Regierung gegenüber dem Parlament zu einer im internationalen Vergleich eher schwachen Fraktionsdisziplin. In jüngerer Zeit hat die Linientreue aufgrund von Vorgaben und dem Gebrauch disziplinierender Massnahmen durch die Fraktions- und Parteileitung jedoch stark zugenommen – selbst bei traditionell heterogenen, föderalistischen Parteien wie der Mitte und der FDP (Smartmonitor 2024). Auch wenn die Kantonsregierungen mittels „Kantonslobbying" den Direktkontakt zu „ihrer" Delegation in der Bundesversammlung verstärkt forcieren (Freiburghaus 2024), dominiert das Parteibuch in den allermeisten Fällen klar über das Kantonswappen – trotz der kantonalen Wahlkreisziehung, welche eigentlich elektorale Anreize zur föderalen Interessenwahrung setzen würde. Bei der individuellen Vorstossaktivität werden hingegen deutliche Einflüsse organisierter Interessen sichtbar: Die Vorstösse eines Parlamentsmitglieds berühren vor allem diejenigen Themenbereiche, auf die sich Interessengruppen spezialisieren, zu denen sie oder er Interessenbindungen unterhält (Huwyler 2022; Huwyler/Turner-Zwinkels/Bailer 2023).

In Bezug auf die Organisations- und Arbeitsweise ist die Bezeichnung der Abgeordneten als Halbberufsparlamentarier heute zutreffend, hat doch im Verlaufe der zweiten Hälfte des 20. Jahrhunderts eine schleichende Professionalisierung stattgefunden, die einerseits eine Folge der zunehmenden Arbeitsbelastung der Legislative ist, andererseits aber eine Konsequenz der heute aktiveren Rolle des Parlaments gegenüber der Regierung darstellt. Es gab sukzessive Erhöhungen der Entschädigungen für die Räte bei gleichzeitig nur bescheidenen Anpassungen bei den Infrastrukturressourcen. So gesehen lässt sich im heutigen „einflussreiche[n] Pseudomilizparlament mit bescheidener Ausstattung" (Bailer/Bütikofer 2022: 207) eine zunehmende Spannung zwischen Halb- bzw. Vollzeitpolitikern auf der individuellen Ebene und einem Milizparlament mit unzureichender Ressourcenausstattung auf der institutionellen Ebene ausmachen.

In Bezug auf die mehrheitlich in den ständigen Sachbereichskommissionen erfüllte *Rechtssetzungsfunktion* greift das Parlament heute stärker ein und legt einen grösseren Veränderungswillen an den Tag als früher. So wird heute beinahe jede zweite Vorlage der Regierung vom Parlament abgeändert, wobei sich die Bundesversammlung keineswegs auf Detailkorrekturen beschränkt, sondern ab und zu auch auf die Änderung von Grundsatzentscheiden drängt, weshalb insgesamt von einem massgeblichen Einfluss des Parlaments auf den Gesetzgebungsprozess gesprochen werden kann (Bailer/Bütikofer 2022; Dick 2018; Mueller/Dick/Freiburghaus 2020). Im internationalen Vergleich stellt die Bundesversammlung bei der gesetzgeberischen Überprüfung von Regierungsvorlagen trotz geringer Ressourcenausstattung ein aktives Arbeitsparlament dar, dessen Gesetzgebungseinfluss sich auf der Höhe der einflussreichsten Parlamente bewegts. Gemischt fällt die Bilanz hingegen für die übrigen Kernfunktionen aus: So werden die erheblichen Defizite hinsichtlich der deskriptiven *Repräsentationsfunktion* durch die einseitige Berücksichtigung der Interessen besser gestellter Bevölkerungsteile in parlamentarischen Beschlüssen sogar zusätzlich verschärft. Hinsichtlich der *Wahlfunktion* ging das Parlament nach einem zwischenzeitlich verstärkten Ausüben seiner formell sehr ausgebauten Wahlrechte (u. a. Nicht-Wiederwahl zweier amtierender Bundesräte) in den späten 2010er Jahren wieder zu einer strikten „Ticketdisziplin" über. Schliesslich fand bei der *Kontrollfunktion* ein erheblicher Ausbau der Kontroll- und Informationsrechte gegenüber der Regierung und Verwaltung statt, wobei die dafür notwendigen verfügbaren Ressourcen jedoch nicht Schritt halten konnten. Kurz zusammengefasst: Das schweizerische Parlament weist im internationalen Vergleich einen Spitzenplatz bezüglich seiner formalen Wahlkompetenzen sowie bei seinem direkten Einfluss auf die Gesetzgebung auf, bewegt sich in Bezug auf die Kontrolle der Regierung jedoch eher im unteren Mittelfeld – und sieht sich mit denselben Repräsentationsdefiziten wie etwa dem „Reichen-" und „Konservatismus-Bias" konfrontiert, an denen Demokratien auch anderswo kranken.

## 6.12 Literaturverzeichnis

Albrecht, Martin, 2003: Die parlamentarische Oberaufsicht im neuen Parlamentsgesetz. In: LeGes 14/2, 31–42.
Altermatt, Urs, 1991: Die Schweizer Bundesräte. Ein biographisches Lexikon. Zürich/München: Artemis & Winkler.
Arens, Alexander, 2018: Mitentscheider oder doch nur Mitläufer? Kantonale Parlamente in der interkantonalen Zusammenarbeit. In: Vatter, Adrian (Hrsg.): Das Parlament in der Schweiz. Macht und Ohnmacht der Volksvertretung. Zürich: NZZ Libro, 391–424.
Arens, Alexander/Freiburghaus, Rahel, 2019: Durch Verdoppeln einbeziehen: Ämterkumulation in der Schweiz. In: Bühlmann, Marc/Heidelberger, Anja/Schaub, Hans-Peter (Hrsg.): Konkordanz im Parlament. Entscheidungsfindung zwischen Kooperation und Konkurrenz. Basel: NZZ Libro, 143–169.

Aubert, Jean-François, 1998: Die Schweizerische Bundesversammlung von 1848 und 1998. Basel/Frankfurt a. M.: Helbing & Lichtenhahn.

Auer, Andreas, 2016: Staatsrecht der schweizerischen Kantone. Bern: Stämpfli.

Bailer, Stefanie, 2011: People's Voice or Information Pool? The Role of, and Reasons for, Parliamentary Questions in the Swiss Parliament. In: Journal of Legislative Studies 17/3, 302–314.

Bailer, Stefanie/Bütikofer, Sarah, 2015: From Loose Alliances to Professional Political Players: How Swiss Party Groups Changed. In: Swiss Political Science Review 21/4, 556–577.

Bailer, Stefanie/Bütikofer, Sarah, 2022: Das Parlament. In: Papadopoulos, Yannis/Sciarini, Pascal/Vatter, Adrian/Häusermann, Silja/Emmenegger, Patrick/Fossati, Flavia (Hrsg.): Handbuch der Schweizer Politik – Manuel de la politique suisse. Basel: NZZ Libro, 187–212.

Baldwin, Nicholas/Shell, Donald (Hrsg.), 2001: Second Chambers. London/Portland: Frank Cass.

Bernauer, Julian/Vatter, Adrian, 2024: Power Concentration and Power Diffusion: A New Typology of Political-Institutional Patterns of Democracy. In: Vatter, Adrian/Freiburghaus, Rahel (Hrsg.): Handbook of Comparative Political Institutions. Cheltenham: Edward Elgar Publishing.

Bochsler, Daniel/Koller, Christophe/Sciarini, Pascal/Traimond, Sylvie/Trippolini, Ivar, 2004: Die Schweizer Kantone unter der Lupe. Behörden, Personal, Finanzen. Bern: Haupt.

Brüschweiler, Jonas/Vatter, Adrian, 2018: Viele Vorstösse, wenig Wirkung? Nutzung und Erfolg parlamentarischer Instrumente in der Bundesversammlung. In: Vatter, Adrian (Hrsg.): Das Parlament der Schweiz. Macht und Ohnmacht der Volksvertretung. Zürich: NZZ Libro, 69–99.

Bühlmann, Marc/Vatter, Adrian/Dlabac, Oliver/Schaub, Hans-Peter, 2013: Liberale Romandie, radikale Deutschschweiz? Kantonale Demokratien zwischen Repräsentation und Partizipation. In: Swiss Political Science Review 19/2, 157–188.

Bundesamt für Statistik, 2024a: Nationalrat: Mandatsverteilung. https://www.bfs.admin.ch/bfs/de/home/statistiken/politik/wahlen/eidgenoessische-wahlen/nationalrat/mandatsverteilung.html (abgerufen am 12.04.2024).

Bundesamt für Statistik, 2024b: Kantonale Wahlen. https://www.bfs.admin.ch/bfs/de/home/statistiken/politik/wahlen/kantonale-wahlen.html (abgerufen am 12.04.2024).

Bundi, Pirmin, 2023: Policy Evaluation and Parliaments. In: Varone, Frédéric/Jacob, Steve/Bundi, Pirmin (Hrsg.): Handbook of Public Policy Evaluation. Cheltenham: Edward Elgar Publishing, 206–219.

Bundi, Pirmin/Eberli, Daniela/Bütikofer, Sarah, 2017: Between Occupation and Politics: Legislative Professionalization in the Swiss Cantons. In: Swiss Political Science Review 23/1, 1–20.

Bundi, Pirmin/Eberli, Daniela/Bütikofer, Sarah, 2018: Zwischen Beruf und Politik: die Professionalisierung in den Schweizer Parlamenten. In: Vatter, Adrian (Hrsg.): Das Parlament der Schweiz. Macht und Ohnmacht der Volksvertretung. Zürich: NZZ Libro, 315–344.

Bütikofer, Sarah, 2014: Das Schweizer Parlament. Eine Institution auf dem Pfad der Moderne. Eine Analyse der 47. Legislatur. Baden-Baden: Nomos.

Christmann, Anna, 2011: Direkte Demokratie als Damoklesschwert? Die indirekte Wirkung der Volksrechte auf die Anerkennung für Religionsgemeinschaften. In: Vatter, Adrian (Hrsg.): Vom Schächt- zum Minarettverbot. Religiöse Minderheiten in der direkten Demokratie. Zürich: Verlag Neue Zürcher Zeitung, 121–143.

CHStat, 2024: Datenbank über die Schweizer Kantone und Städte. Lausanne: Cahier de l'IDHEAP.

Close, Caroline/Gherghina, Sergiu/Sierens, Vivien, 2019: Prompting Legislative Agreement and Loyalty: What Role for Intra-Party-Democracy? In: Parliamentary Affairs 72/2, 387–405.

Curia Vista, 2024: Geschäftsdatenbank. https://www.parlament.ch/de/ratsbetrieb/curia-vista (abgerufen am 02.02.2020).

Dermont, Clau, 2019: Aus bipolar wird tripolar: Polarisierung bei Parlamentsabstimmungen. In: Bühlmann, Marc/Heidelberger, Anja/Schaub, Hans-Peter (Hrsg.): Konkordanz im Parlament. Entscheidungsfindung zwischen Kooperation und Konkurrenz. Basel: NZZ Libro, 317–332.

Di Capua, Roberto/Pilotti, Andrea/Mach, André/Lasseb, Karim, 2022: Political Professionalization and Transformation of Political Career Patterns in Multi-Level States: The Case of Switzerland. In: Regional & Federal Studies 32/1, 95–114.

Eichenberger, Kurt, 1965: Die Problematik der parlamentarischen Kontrolle im Verwaltungsstaat. In: Schweizerische Juristen-Zeitung 61/18, 269–273.

Feh Widmer, Antoinette, 2015: Parlamentarische Mitgliederfluktuation auf subnationaler Ebene in der Schweiz. Baden-Baden: Nomos.

Fischer, Manuel/Varone, Frédéric/Gava, Roy/Sciarini, Pascal, 2019: How MPs Ties to Interest Groups Matter for Legislative Co-Sponsorship. In: Social Networks 57, 34–42.

Flick, Martina, 2008: Parlamente und ihre Beziehung zu den Regierungen. In: Freitag, Markus/Vatter, Adrian (Hrsg.): Die Demokratien der deutschen Bundesländer. Opladen/Farmington Hills: Verlag Barbara Budrich, 161–194.

Flick Witzig, Martina/Bernauer, Julian, 2018: Aus der Balance? Das Verhältnis von Parlament und Regierung im internationalen Vergleich. In: Vatter, Adrian (Hrsg.): Das Parlament in der Schweiz. Macht und Ohnmacht der Volkvertretung. Zürich: NZZ Libro, 425–454.

Freiburghaus, Rahel, 2018: Ein grosser Scherbenhaufen? Einigungskonferenzen im schweizerischen Zweikammersystem. In: Vatter, Adrian (Hrsg.): Das Parlament in der Schweiz. Macht und Ohnmacht der Volkvertretung. Zürich: NZZ Libro, 197–232.

Freiburghaus, Rahel, 2020: Kuppler unter der Kuppel? Die Scharnierfunktion von (ehemaligen) kantonalen Regierungsmitgliedern im Ständerat. In: Mueller, Sean/Vatter, Adrian (Hrsg.): Der Ständerat. Die Zweite Kammer der Schweiz. Basel: NZZ Libro, 147–180.

Freiburghaus, Rahel, 2024: Lobbyierende Kantone. Subnationale Interessenvertretung im Schweizer Föderalismus. Baden-Baden: Nomos.

Freiburghaus, Rahel/Arens, Alexander/Mueller, Sean, 2021: With or Against their Region? Multiple-Mandate Holders in the Swiss Parliament, 1985–2018. In: Local Government Studies 47/6, 971–992.

Freitag, Markus/Bundi, Pirmin/Flick Witzig, Marina, 2019: Milizarbeit in der Schweiz. Zahlen und Fakten zum politischen Leben in der Gemeinde. Basel: NZZ Libro.

Frick, Karin, 2019: Abnehmende Konkordanz – zunehmender Konflikt? Eine Analyse der Konfliktivität bei Parlamentsabstimmungen. In: Bühlmann, Marc/Heidelberger, Anja/Schaub, Hans-Peter (Hrsg.): Konkordanz im Parlament. Entscheidungsfindung zwischen Kooperation und Konkurrenz. Basel: NZZ Libro, 283–315.

Ganghof, Steffen, 2005: Normative Modelle, institutionelle Typen und beobachtbare Verhaltensmuster: Ein Vorschlag zum Vergleich parlamentarischer Demokratien. In: Politische Vierteljahresschrift 46/3, 406–431.

Gava, Roy/Jaquet, Julien M./Sciarini, Pascal, 2021: Legislating or Rubber-Stamping? Assessing Parliament's Influence on Law-Making with Text Reuse. In: European Journal of Political Research 60/1, 175–198.

Graf, Martin, 2004: Mitwirkung der Bundesversammlung an der politischen Planung. In: Parlament – Parlement – Parlamento: Mitteilungsblatt der Schweizerischen Gesellschaft für Parlamentsfragen 7/3, 14–15.

Graf, Martin, 2014: Art. 107–125. In: Graf, Martin/Theler, Cornelia/von Wyss, Moritz (Hrsg.): Parlamentsrecht und Parlamentspraxis der Schweizerischen Bundesversammlung. Kommentar zum Parlamentsgesetz (ParlG). Basel: Helbing & Lichtenhahn, 735–861.

Graf, Martin, 2019: Motionen an den Bundesrat: verbindlicher Auftrag oder „frommer" Wunsch? In: Parlament – Parlement – Parlamento: Mitteilungsblatt der Schweizerischen Gesellschaft für Parlamentsfragen 22/2, 4–12.

Graf, Martin/Theler, Cornelia/von Wyss, Moritz, 2014: Parlamentsrecht und Parlamentspraxis der Schweizerischen Bundesversammlung. Kommentar zum Parlamentsgesetz (ParlG). Basel: Helbing & Lichtenhahn.

Gruner, Erich/Frei, Karl, 1966: Die schweizerische Bundesversammlung 1848–1920. Bern: Francke.

Hangartner, Yvo/Kley, Andreas Kley/Braun Binder, Nadja/Glaser, Andreas, 2023: Die demokratischen Rechte in Bund und Kantonen der Schweizerischen Eidgenossenschaft. Zürich: Dike.

Häusermann, Silja/Abou-Chadi, Tarik/Bürgisser, Reto/Enggist, Matthias/Mitteregger, Reto/Mosimann, Nadja/Zollinger, Delia, 2022: Wählerschaft und Perspektiven der Sozialdemokratie in der Schweiz. Basel: NZZ Libro.

Hegemann, Maja, 2023: Der Grad der Professionalisierung des schweizerischen Parlaments im internationalen Vergleich: Eine Aktualisierung der Z'graggen/Linder-Studie. Masterarbeit. Bern: Universität Bern, Institut für Politikwissenschaft.

Heidelberger, Anja/Bühlmann, Marc, 2019: „Politstil der Provokation" als Gefahr für die Konkordanz? Emotionen bei parlamentarischen Debatten. In: Bühlmann, Marc/Heidelberger, Anja/Schaub, Hans-Peter (Hrsg.): Konkordanz im Parlament. Entscheidungsfindung zwischen Kooperation und Konkurrenz. Basel: NZZ Libro, 257–282.

Hertig, Hans-Peter, 1980: Partei, Wählerschaft oder Verband? Entscheidfaktoren im eidgenössischen Parlament. Bern: Francke.

Holenstein, André, 2014: Mitten in Europa. Verflechtung und Abgrenzung in der Schweizer Geschichte. Baden: hier + jetzt.

Honaker, James/King, Gary, 2010: What to Do about Missing Values in Time-Series Cross-Section Data. In: American Journal of Political Science 54/2, 561–581.

Huwyler, Oliver, 2022: Interest Groups' Recruitment of Incumbent Parliamentarians to their Boards. In: Parliamentary Affairs 75/3, 634–654.

Huwyler, Oliver/Turner-Zwinkels, Tomas/Bailer, Stefanie, 2023: No Representation without Compensation: The Effect of Interest Groups on Legislators' Policy Area Focus. In: Political Research Quarterly 76/3, 1388–1402.

Itzkovitch-Malka, Reut/Hazan, Reuven Y., 2017: Unpacking Party Unity: The Combined Effects of Electoral Systems and Candidate Selection Methods on Legislative Attitudes and Behavioural Norms. In: Political Studies 65/2, 452–474.

Jaquet, Julien M./Sciarini, Pascal/Varone, Frédéric, 2019: Policy-Agenda-Setting: Regierung als Hauptinitiator von Entscheidungsprozessen? In: Ritz, Adrian/Haldemann, Theo/Sager, Fritz (Hrsg.): Blackbox Exekutive. Regierungslehre in der Schweiz. Basel: NZZ Libro, 213–233.

Jegher, Annina, 1999: Bundesversammlung und Gesetzgebung: Der Einfluss von institutionellen, politischen und inhaltlichen Faktoren auf die Gesetzgebungstätigkeit der Eidgenössischen Räte. Bern/Stuttgart: Haupt.

Jegher, Annina/Lanfranchi, Prisca, 1996: Der Einfluss von National- und Ständerat auf den Gesetzgebungsprozess: Eine Analyse quantitativer und qualitativer Aspekte der parlamentarischen Gesetzgebungstätigkeit in der 44. Legislaturperiode (1991–95). Bern: Universität Bern, Institut für Politikwissenschaft.

Kaiss, Stephanie, 2010: Das Verhältnis zwischen Exekutive und Legislative in den Schweizer Kantonen: Das Ausmass der Exekutivdominanz auf kantonaler Ebene. Lizentiatsarbeit. Zürich: Universität Zürich, Institut für Politikwissenschaft.

Kerr, Henry, 1981: Parlament et société en Suisse. St. Saphorin: Georgi.

Lanfranchi, Prisca/Lüthi, Ruth, 1999: Cohesion of Party Groups and Interparty Conflict in the Swiss Parliament: Roll Call Voting in the National Council. In: Bowler, Shaun/Farrell, David M./ Katz, Richard S. (Hrsg.): Party Discipline and Parliamentary Government. Columbia: Ohio State University Press, 99–120.

Leuzinger, Lukas/Kuster, Claudio, 2020: Kantonale politische Systeme (Datensatz). https://napoleonsnightmare.ch/kantonale-politische-systeme/ (abgerufen am 07.02.2020).

Lijphart, Arend, 2012: Patterns of Democracy: Government Forms and Performance in Thirty-Six Countries. New Haven/London: Yale University Press.

Linder, Wolf/Hättenschwiler, Diego, 1990: Kantonale Parlamentsreformen 1973–88. In: Paul Stadlin (Hrsg.): Die Parlamente der schweizerischen Kantone. Zug: Kalt-Zehnder, 197–208.

Linder, Wolf/Mueller, Sean, 2017: Schweizerische Demokratie. Institutionen-, – Prozesse-, – Perspektiven. Bern: Haupt.

Linder, Wolf/Schwarz, Daniel, 2008: Möglichkeiten parlamentarischer Opposition im schweizerischen System. In: Parlament – Parlement – Parlamento: Mitteilungsblatt der Schweizerischen Gesellschaft für Parlamentsfragen 11/2, 4–10.

Lutz, Georg, 2016: Eidgenössische Wahlen 2015: Wahlteilnahme und Wahlentscheid. Lausanne: FORS.

Lüthi, Ruth, 1997: Die Legislativkommissionen der Schweizerischen Bundesversammlung. Institutionelle Veränderungen und das Verhalten von Parlamentsmitgliedern. Bern: Haupt.

Lüthi, Ruth, 2009: Die Schweizerische Bundesversammlung: Mit kleinen Reformschritten zu einer starken Institution? In: von Blumenthal, Julia/Bröchler, Stephan (Hrsg.): Müssen Parlamentsreformen scheitern? Wiesbaden: VS Verlag, 171–199.

Lüthi, Ruth, 2019: Debattieren in der Bundesversammlung im Spannungsfeld zwischen Redefreiheit und effizienter Entscheidungsfindung. In: Bühlmann, Marc/Heidelberger, Anja/Schaub, Hans-Peter (Hrsg.): Konkordanz im Parlament. Entscheidungsfindung zwischen Kooperation und Konkurrenz. Basel: NZZ Libro, 213–232.

Lüthi, Ruth/Meyer, Luzius/Hirter, Hans, 1991: Fraktionsdisziplin und die Vertretung von Partikularinteressen im Nationalrat. In: Parlamentsdienste (Hrsg.): Das Parlament – Oberste Gewalt des Bundes? Festschrift der Bundesversammlung zur 700-Jahr-Feier der Eidgenossenschaft. Bern: Haupt, 53–71.

Neidhart, Leonhard, 1970: Plebiszit und pluralitäre Demokratie: Eine Analyse der Funktion des schweizerischen Gesetzesreferendums. Bern: Francke.

Neidhart, Leonhard, 2010: Das frühe Bundesparlament: Der erfolgreiche Weg zur modernen Schweiz. Zürich: Verlag Neue Zürcher Zeitung.

Mueller, Sean/Dick, Sereina/Freiburghaus, Rahel, 2020: Ständerat, stärkerer Rat? Die Gesetzgebungsmacht der Zweiten Kammer im Vergleich zu National- und Bundesrat. In: Mueller, Sean/Vatter, Adrian (Hrsg.): Der Ständerat. Die Zweite Kammer der Schweiz. Basel: NZZ Libro, 119–145.

Papadopoulos, Yannis, 2001: How Does Direct Democracy Matter? The Impact of Referendum Votes on Politics and Policy-Making. In: West European Politics 24/2, 35–58.

Pilet, Jean-Benoit/Helfer, Luzia/Varone, Frédéric/Vliegenthart, Rens/Walgrave, Stefaan, 2023: Do Politicians Outside the United States Also Think Voters Are More Conservative than They Really Are? In: American Political Science Review (zunächst online erschienen).

Pilotti, Andrea, 2017: Entre démocratisation et professionnalisation. Le Parlement suisse et ses membres de 1910 à 2016. Zürich/Genf: Seismo.

Pilotti, Andrea/Mach, André/Mazzoleni, Oscar, 2010: Les parlementaires suisses entre démocratisation et professionnalisation, 1910–2000. In: Swiss Political Science Review 16/2, 211–245.

Pilotti, Andrea/Lasseb, Karim/Di Capua, Roberto, 2023: Das sozioprofessionelle Profil des Nationalrats (2015–2023). https://www.defacto.expert/2023/11/13/das-sozioprofessionelle-profil-des-nationalrats-2015-2023/ (abgerufen am 12.04.2024).

Pitkin, Hanna F., 1967: The Concept of Representation. Berkeley/Los Angeles: University of California Press.

Persson, Mikael/Sundell, Anders, 2024: The Rich Have a Slight Edge: Evidence from Comparative Data on Income-Based Inequality in Policy Congruence. In: British Journal of Political Science 54/2, 514–525.

Porcellana, Diane, 2019: Von Konkordanz zu Konflikt? Die Rolle der parlamentarischen Kommissionen bei der Suche nach Kompromissen. In: Bühlmann, Marc/Heidelberger, Anja/Schaub, Hans-Peter (Hrsg.): Konkordanz im Parlament. Entscheidungsfindung zwischen Kooperation und Konkurrenz. Basel: NZZ Libro, 197–212.

PVK – Parlamentarische Verwaltungskontrolle, 2019: Erfüllung angenommener Motionen und Postulate. Bericht der Parlamentarischen Verwaltungskontrolle zuhanden der Geschäftsprüfungskommission des Ständerates vom 7. Mai 2019. Bern.

Riklin, Alois, 1977: Die Funktionen des schweizerischen Parlaments im internationalen Vergleich. In: Zeitschrift für Parlamentsfragen 8/3, 368–385.

Riklin, Alois/Möckli, Silvano, 1991: Milizparlament? In: Parlamentsdienste (Hrsg.): Das Parlament – Oberste Gewalt des Bundes? Festschrift der Bundesversammlung zur 700-Jahr-Feier der Eidgenossenschaft. Bern: Haupt, 145–163.

Sager, Fritz/Vatter, Adrian, 1999: Das eidgenössische Parlament – vor 150 Jahren und heute. In: Parlament – Parlement – Parlamento: Mitteilungsblatt der Schweizerischen Gesellschaft für Parlamentsfragen 2/1, 48–54.

Sägesser, Thomas, 2003: Die Informationsrechte der Ratsmitglieder und der parlamentarischen Kommissionen im neuen Parlamentsgesetz. In: LeGes 14/2, 67–78.

Schaub, Hans-Peter, 2019: Dabei und doch nicht mittendrin: die Fraktionslosen. In: Bühlmann, Marc/Heidelberger, Anja/Schaub, Hans-Peter (Hrsg.): Konkordanz im Parlament. Entscheidungsfindung zwischen Kooperation und Konkurrenz. Basel: NZZ Libro, 131–141.

Schnapp, Kai-Uwe/Harfst, Philipp, 2005: Parlamentarische Informations- und Kontrollressourcen in 22 westlichen Demokratien. In: Zeitschrift für Parlamentsfragen 36/2, 348–370.

Schwarz, Daniel, 2009: Zwischen Fraktionszwang und freiem Mandat. Eine Untersuchung des fraktionsabweichenden Stimmverhaltens im schweizerischen Nationalrat zwischen 1996 und 2005. Norderstedt: Books on Demand.

Schwarz, Daniel, 2018: Professionalisiert, zentralisiert, und diszipliniert: die Fraktionen der Bundesversammlung. In: Parlament – Parlement – Parlamento: Mitteilungsblatt der Schweizerischen Gesellschaft für Parlamentsfragen 21/2, 3–7.

Schwarz, Daniel/Bächtiger, André/Lutz, Georg, 2011: Switzerland: Agenda-Setting Power of the Government in a Separation-of-Powers Framework. In: Rasch, Björn E./Tsebelis Georg (Hrsg.): The Role of Governments in Legislative Agenda Setting. London: Routledge, 127–143.

Schwarz, Daniel/Linder, Wolf, 2006: Mehrheits- und Koalitionsbildung im schweizerischen Nationalrat 1996–2005. Studie im Auftrag der Parlamentsdienste der schweizerischen Bundesversammlung. Bern: Universität Bern, Institut für Politikwissenschaft.

Schwarz, Daniel/Linder, Wolf, 2007: Fraktionsgeschlossenheit im schweizerischen Nationalrat 1996–2005. Studie im Auftrag der Parlamentsdienste der schweizerischen Bundesversammlung. Bern: Universität Bern, Institut für Politikwissenschaft.

Schwarz, Daniel/Vatter, Adrian, 2011: Die Auswirkung einer Reform der Wahlfunktion des Parlaments auf dessen Gesetzgebungs- und Kontrollfunktion. Studie im Auftrag der Parlamentsdienste der schweizerischen Bundesversammlung. Bern: Universität Bern, Institut für Politikwissenschaft.

Schweizer Parlament, 2024a : Parlament – Bundesparlamentarier verdienen nur gerade mittleren Kaderlohn. https://www.parlament.ch/de/services/news/Seiten/sda-mk-info-201 7-05-23.aspx (abgerufen am 12.04.2024).

Schweizer Parlament, 2024b: Bundesratswahlen. https://www.parlament.ch/de/%C3%B Cber-das-parlament/archiv/wahlen-im-rueckblick/bundesratswahlen (abgerufen am 20.04.2024).

Sciarini, Pascal, 2004: La participation du parlement à la planification politique – Bilan et perspectives. In: Parlement, Bulletin d'information de la Société suisse des questions parlementaires 7, 16–20.

Sciarini, Pascal, 2014: Processus législatif. In: Knoepfel, Peter/Papadopoulos, Yannis/Sciarini, Pascal/Vatter, Adrian/Häusermann, Silja (Hrsg.): Handbuch der Schweizer Politik – Manuel de la politique suisse. Zürich: Verlag Neue Zürcher Zeitung, 527–561.

Sciarini, Pascal/Hug, Simon, 2009: Parties and their success in Swiss Parliament. In: Vatter, Adrian/Varone, Frédéric/Sager, Fritz (Hrsg.): Demokratie als Leidenschaft: Festschrift für Wolf Linder. Bern: Haupt, 117–138.

Sciarini, Pascal/Nicolet, Sarah/Fischer, Alex, 2002: L'impact de l'internationalisation sur les processus de décision en Suisse: Une analyse quantitative des actes législatifs 1995–1999. In: Swiss Political Science Review 8/3–4, 1–34.

Sciarini, Pascal/Fischer, Manuel/Gava, Roy/Varone, Frédéric, 2021: The Influence of Co-Sponsorship on MPs' Agenda-Setting Success. In: West European Politics 44/2, 327–353.

Sciarini, Pascal/Varone, Frédéric/Ferro-Luzzi, Giovanni/Cappelletti, Fabio/Garibian, Vahan/Mueller, Ismail, 2017: Studie über das Einkommen und den Arbeitsaufwand der Bundesparlamentarierinnen und Bundesparlamentarier. Bern: Universität Genf.

Siaroff, Alan, 2003: Varieties of Parliamentarianism in the Advanced Industrial Democracies. In: International Political Science Review 24/4, 445–464.

Sieberer, Ulrich, 2008: Prinzipal Parlament. Die Bedeutung europäischer Parlamente als Wahlorgane. In: Politische Vierteljahresschrift 49/2, 251–282.

Sieberer, Ulrich, 2010: Parlamente als Wahlorgane. Parlamentarische Wahlbefugnisse und ihre Nutzung in 25 europäischen Demokratien. Baden-Baden: Nomos.

Smartmonitor, 2024: Parlamentsbeobachtung. https://smartmonitor.ch/ (abgerufen am 04.02.2020).

Squire, Peverill, 1992: Legislative Professionalization and Membership Diversity in State Legislatures. In: Legislative Studies Quarterly 17/1, 69–79.

Stadelmann-Steffen, Isabelle/Oehrli, Dominique/Vatter, Adrian, 2019: Erfüllung angenommener Motionen und Postulate: Statistische Datenanalyse. Bericht zuhanden der Parlamentarischen Verwaltungskontrolle (PVK). Bern: Universität Bern, Institut für Politikwissenschaft.

Stadlin, Paul, 1990: Die Parlamente der Schweizerischen Kantone. Zug: Kalt-Zehnder.

Steffani, Winfried, 1979: Parlamentarische und präsidentielle Demokratie. Strukturelle Aspekte westlicher Demokratien. Opladen: Westdeutscher Verlag.

Storz, Anna/Mueller, Sean, 2018: Parlamentarische Kontrolle: Parteipolitik oder Machtteilung? Die PUK-Anträge im Schweizer Parlament. In: Vatter, Adrian (Hrsg.): Das Parlament in der Schweiz. Macht und Ohnmacht der Volksvertretung. Zürich: NZZ Libro, 165–196.

Strebel, Michael, 2014: Exekutivföderalismus in der Schweiz? Einbezug der Parlamente bei interkantonalen Vereinbarungen. Baden-Baden: Nomos.

Strebel, Michael, 2023: Das schweizerische Parlamentslexikon. Basel: Helbing & Lichtenhahn.

Tobler, Andreas, 2022: Rückblick auf 30 Jahre Parlamentarische Verwaltungskontrolle: Jubiläumsanlass vom 25. November 2021. In: LeGes 33/1, 1–4.

Traber, Denise, 2015: Disenchanted Swiss Parliament? Electoral Strategies and Coalition Formation. In: Swiss Political Science Review 21/4, 702–723.

Trechsel, Alexander H./Sciarini, Pascal, 1998: Direct Democracy in Switzerland: Do Elites Matter? In: European Journal of Political Research 33/1, 99–124.

Tsebelis, George, 2002: Veto Players. How Political Institutions Work. Princeton: Princeton University Press.

Vatter, Adrian, 1994: Eigennutz als Grundmaxime in der Politik? Eine Überprüfung des Eigennutz-Axioms der ökonomischen Theorie der Politik bei Stimmbürgern, Parlamentariern und der Verwaltung in der Schweiz. Bern/Stuttgart/Wien: Haupt.

Vatter, Adrian, 2002: Kantonale Demokratien im Vergleich. Entstehungsgründe, Interaktionen und Wirkungen politischer Institutionen in den Schweizer Kantonen. Opladen: Leske + Budrich.

Vatter, Adrian, 2008: Vom Extremtyp zum Normalfall? Die schweizerische Konsensusdemokratie im Wandel: Eine Re-Analyse von Lijpharts Studie für die Schweiz von 1997 bis 2007. In: Swiss Political Science Review 14/1, 1–47.

Vatter, Adrian, 2009: Lijphart Expanded: Three Dimensions of Democracy in Advanced OECD Countries? In: European Political Science Review 1/1, 125–154.

Vatter, Adrian, 2014: Kantone. In: Knoepfel, Peter/Sciarini, Pascal/Papadopoulos, Yannis/Vatter, Adrian/Häusermann, Silja (Hrsg.): Handbuch der Schweizer Politik – Manuel de la politique suisse. Zürich: Verlag Neue Zürcher Zeitung.

Vatter, Adrian (Hrsg.), 2018: Das Parlament in der Schweiz. Macht und Ohnmacht der Volksvertretung. Zürich: NZZ Libro.

Vatter, Adrian, 2020: Der Bundesrat. Die Schweizer Regierung. Basel: NZZ Libro.

Vatter, Adrian/Sager, Fritz, 1998: Das Parlament – 1848 und 1998: Ein Vergleich. In: Parlamentsdienste (Hrsg.): Jubiläumsband 150 Jahre Bundesstaat. Parlament und Parlamentsgebäude in der Schweiz. Basel/Frankfurt a. M.: Helbing & Lichtenhahn, 47–67.

Vatter, Adrian/Bernauer, Julian, 2010: Consensus Democracy Indicators in 26 Advanced Democracies. Political Data Set 1997–2010. Bern/Konstanz: Universität Bern, Institut für Politikwissenschaft/Universität Konstanz, Fachbereich für Politik- und Verwaltungswissenschaft.

Vatter, Adrian/Wirz, Rolf, 2015: Der Einfluss der Bundesversammlung auf die Gesetzgebung unter besonderer Berücksichtigung der Parlamentarischen Initiative.. Bern: Universität Bern, Institut für Politikwissenschaft.

Vatter, Adrian/Freiburghaus, Rahel, 2023a: Was bringt das Rebranding der Parteien? In: Der Bund, 2.10.2023, 11.

Vatter, Adrian/Freiburghaus, Rahel, 2023b: Arbeitet das Parlament für die Reichen? In: Tages-Anzeiger, 11.09.2023, 2.

von Wyss, Moritz, 2001: Maximen und Prinzipien des parlamentarischen Verfahrens. Eine Untersuchung über die Schweizerische Bundesversammlung. Zürcher Studien zum öffentlichen Recht 136. Zürich: Schulthess.

Wirz, Rolf, 2018: Oberste Gewalt in den Kantonen? Wahl-, Gesetzgebungs- und Kontrollfunktion kantonaler Parlamente. In: Vatter, Adrian (Hrsg.): Das Parlament in der Schweiz. Macht und Ohnmacht der Volksvertretung. Zürich: NZZ Libro, 289–314.

Wirz, Rolf/Vatter, Adrian, 2015: Die Parlamentarische Initiative in der Bundesversammlung: ein wirkungsloses Instrument der Polparteien? In: Parlament – Parlement – Parlamento: Mitteilungsblatt der Schweizerischen Gesellschaft für Parlamentsfragen 18/2, 30–40.

Z'graggen, Heidi, 2009: Die Professionalisierung von Parlamenten im historischen und internationalen Vergleich. Bern: Haupt.

Z'graggen, Heidi/Linder, Wolf, 2004: Professionalisierung der Parlamente im internationalen Vergleich. Studie im Auftrag der Parlamentsdienste der Schweizerischen Bundesversammlung. Bern: Universität Bern, Institut für Politikwissenschaft.

Zumbach, David/Heidelberger, Anja/Bühlmann, Marc, 2019: Da setze ich meinen Namen drunter! Mitunterzeichnen als Indikator der Kompromissbereitschaft. In: Bühlmann, Marc/Heidelberger, Anja/Schaub, Hans-Peter (Hrsg.): Konkordanz im Parlament. Entscheidungsfindung zwischen Kooperation und Konkurrenz. Basel: NZZ Libro, 171–196.

## 6.13 Fragen

1. Welche vier Phasen im Verhältnis zwischen Legislative und Exekutive lassen sich unterscheiden? Welche Rolle spielen dabei die Reformen von 1874, 1891 und 1991?
2. In welcher Hinsicht hat sich die Arbeitsweise des Parlaments im Verlaufe der Zeit verändert?
3. Welches sind die Ursachen für die über die Zeit stark gestiegene Fraktionsdisziplin im Schweizer Parlament?
4. Wie weit erfüllt der Nationalrat die vier zentralen Funktionen eines Parlaments? Wie würde sich eine Volkswahl des Bundesrates auf die Ausübung der vier parlamentarischen Kernfunktionen auswirken?
5. Haben die kantonalen Parlamente im Vergleich zum Bundesparlament eine stärkere oder schwächere Stellung gegenüber der Exekutive? Worin liegen die Unterschiede begründet?
6. Wo lässt sich die Schweiz mit ihren formalen und faktischen Machtverhältnissen zwischen Legislative und Exekutive im internationalen Vergleich einordnen?

# 7 Das Zweikammersystem

## 7.1 Einleitung

Zu den elementaren Entscheidungen der Verfassungsgeber zählt auch heute noch die Ausgestaltung der Parlamentsstrukturen als Kernstück moderner Staaten. Im Grundsatz geht es dabei um die Frage, ob das nationale Parlament aus einer oder zwei Kammern bestehen soll. Die Verfassungsväter der modernen Schweiz waren sich in dieser Frage lange Zeit nicht einig. Sie entschieden sich bei der Gründung des Bundesstaates nur mit beträchtlichem Widerwillen für die Lösung mit einem Zweikammerparlament, da offensichtlich keine überzeugende Alternative zur erfolgreichen Kompromissfindung zwischen der katholisch-konservativen Opposition und der liberal-radikalen Mehrheit bestand. Der schweizerische Bikameralismus gilt damit als historisches Beispiel eines institutionalisierten Kompromisses zwischen der alten Legitimationsordnung der föderalen Gleichbehandlung staatlicher Einheiten und der neuen Legitimationsüberzeugung des demokratischen Mehrheitsentscheids (Schüttemeyer/Sturm 1992). Während die Volkskammer bis heute quasi über eine natürliche demokratische Legitimationsbasis verfügt, ist die legitimatorische und repräsentative Ausgangslage für Zweite Kammern in etablierten Demokratien schwieriger geworden. Daraus ergeben sich neben einer besonderen Rechtfertigung der eigenen Existenz auch Folgerungen für ihre spezifische Funktionszuweisung. Tatsächlich richtet sich die Kritik an der schweizerischen Kantonskammer weniger gegen ihre grundsätzliche Existenz, sondern vielmehr an ihre Funktionstüchtigkeit als Vertretungsorgan der Stände (Mueller/Vatter 2020; Vatter/Ladner 2020). So klagen die Kantone trotz ihrer verschiedenen föderalen Mitwirkungsmöglichkeiten schon seit Längerem über sinkende Einwirkungsmöglichkeiten auf die Bundesgesetzgebung. Hier liegt auch der Hauptgrund, weshalb die Kantone im Zuge der europäischen Integrationsdebatte Anfang der 1990er Jahre mit der Konferenz der Kantonsregierungen (KdK) ein neues Organ geschaffen haben. Es konkurrenziert den Ständerat direkt in seiner Funktion als föderale Interessenvertretung und stellt damit zumindest die spezifische Repräsentations- und Integrationsfunktion der Zweiten Kammer infrage (Schnabel 2020a).

Das vorliegende Kapitel behandelt nach einer kurzen historischen und institutionellen Einleitung die Zusammenarbeit zwischen den beiden Kammern. Danach werden ausführlich die für Zweite Kammern zentrale Repräsentationsfunktion sowie die spezifischen Gestaltungswirkungen des Ständerats analysiert. Zu Letzterem zählen insbesondere die föderale Interessenwahrung, der Minderheitenschutz und die Qualitätssteigerung der legislativen Arbeit. Nicht berücksichtigt werden im Folgenden weitere allgemeine parlamentarische Aufgaben wie die Wahl-, Gesetzgebungs- und Kontrollfunktion, die im vorangegangenen Kapitel bereits ausführlich behandelt wurden. Das Kapitel schliesst mit einer kurzen Analyse des Schweizer Zweikammersystems im Rahmen eines internationalen Vergleichs von uni- und bikameralen Systemen sowie zusammenfassenden Folgerungen.[1]

---

[1] Einzelne Abschnitte des Kapitels sind überarbeitete und aktualisierte Fassungen aus Vatter (2002, 2005, 2006).

## 7.2 Historische und institutionelle Grundlagen

Das schweizerische Parlamentssystem mit einer Volkskammer und einer Ständekammer ist keineswegs so selbstverständlich, wie es heute erscheinen mag.[2] Vielmehr ist es das Ergebnis konfliktgeladener Verhandlungen zwischen Föderalisten und Zentralisten, Konservativen und Radikalen sowie schliesslich kleinen und grossen Kantonen bei der Ausarbeitung der Bundesverfassung von 1848. „Man führte (...) die hohen Kosten des Systems, die Verlangsamung des Gesetzgebungsverfahrens oder sogar dessen Lähmung bei beharrlicher Meinungsverschiedenheit der beiden Kammern ins Feld. Selbst seine ausländische Herkunft wurde ihm von einer häufig misstrauischen und leicht fremdenfeindlichen Klasse angekreidet" (Aubert 1998: 35). Diese ursprüngliche Skepsis gegenüber dem neuen Zweirätesystem war weit verbreitet und wurde vom Zürcher Johann Jakob Rüttimann (1813–1876), einem der Verfassungsväter, wie folgt begründet: „Den Schweizern kam im Jahre 1848 das Zweikammersystem ebenso fremdartig vor, als es den Amerikanern seit der Gründung der Union bis zur Stunde geläufig war und ist. In der Schweiz betrachtete man die Einrichtung als ein aristokratisches Machwerk oder als Hirngespinst von Stubengelehrten, und man wäre nie und nimmer dazu gekommen, dieselbe einzuführen, wenn sie sich nicht als das einzige Mittel herausgestellt hätte, den Konflikt zwischen den Interessen und Ansprüchen der grösseren und kleineren Kantone auf billige Weise auszugleichen" (zitiert nach Düblin 1978: 17).

Es gab intensive Verhandlungen innerhalb der mit der Verfassungsrevision betrauten Tagsatzungskommission. Schliesslich erwies sich die Schaffung eines Zweikammersystems als der einzig mögliche Kompromiss zwischen den Befürwortern einer nach kantonaler Bevölkerungsstärke zusammengesetzten Nationalversammlung und denjenigen einer herkömmlichen Tagsatzung mit der gleichberechtigten Vertretung aller Kantone (Holenstein 2018: 794ff.). Entsprechend vermerkt das Protokoll der Revisionskommission, dass das bikamerale System „der einzige Weg einer gegenseitigen Verständigung [ist], welcher von beiden Extremen – demjenigen eines starren historischen Föderalismus, wie demjenigen eines alles Bestehende negierenden Unitarismus – entfernt wäre" (Marti 1990: 20). Die bis zu diesem Zeitpunkt geltende Tagsatzung mit dem imperativen Mandat für die Vertreter der Kantone wurde deshalb durch ein Parlament mit zwei gleichberechtigten Kammern ersetzt: einen durch allgemeine Wahl direkt gewählten und proportional zusammengesetzten „Rat der Repräsentanten" (Nationalrat) einerseits sowie eine modifizierte „Tagsatzung" (Ständerat) andererseits, bei der allerdings die weisungs*un*gebundene Rolle der Kantonsvertreter festgeschrieben wurde (Aubert 1998: 34). Dabei beschloss man die absolute Gleichheit der Kompetenzen und Befugnisse für die Volks- und Kantonskammer sowie den Grundsatz der getrennten Beratung unter Vorbehalt einzelner Ausnahmen wie die Wahrnehmung der Wahlgeschäfte. Ebenfalls entschied man sich in Bezug auf die Zahl der Mitglieder für die schon seit 1832 bekannte Lösung der Tagsatzung, dass der Ständerat zwei Abgeordnete pro Kanton bzw. einen Abgeordneten pro Halbkanton erhalten

---

[2] Aubert (1998: 34) beschreibt die Ausgestaltung der nationalen Legislative als „pièce de résistance" des gesamten Revisionsprojektes.

soll. Dem Leitmotiv folgend, dass es sich bei den beiden Prinzipien Demokratie und Föderalismus um zwei sich ergänzende Ideen handelt, folgte die Bestellung des Ständerats dem freien Ermessen der Kantone. Dort wurden die Ständeräte zunächst nicht vom Volk an der Urne gewählt, sondern primär vom kantonalen Parlament oder von der Landsgemeinde abgesandt. Als „Gesandtenkongress" orientierte sich der Ständerat daher zunächst eng an seinem historischen Vorläufer, der Tagsatzung (Würgler 2013).

Obwohl die beiden Kammern einander verfassungsmässig gleichgestellt waren, zeigte sich in der Praxis rasch eine dominierende Stellung der durch die liberal-radikale Führungselite geprägten Volkskammer gegenüber der Kantonskammer. So war der Ständerat in den ersten Jahren bei fast allen Geschäften nur der Zweitrat und deshalb des Öfteren auch nicht ausgelastet. Dies im Gegensatz zum selbstbewussten Nationalrat, der in zwei von drei Fällen und insbesondere bei der Behandlung wichtiger Geschäfte wie der Wahl der Bundesstadt, der Vereinheitlichung der Zölle und der Organisation der Armee die Priorität für sich beanspruchte. Dem Ständerat blieb meist nur die Beratung föderaler Geschäfte wie die Gewährleistung der Kantonsverfassungen. Vor allem aber fiel es dem Ständerat schwer, die Erstbeschlüsse des Nationalrats zu ändern, wodurch er rasch in die Rolle einer Ratifikationskammer schlüpfte (Neidhart 2010: 61). Anders die dominierende Volkskammer, die sich nicht scheute, den Erstentscheidungen des Ständerats zu widersprechen und ein entsprechendes Entgegenkommen vom ihm erwartete, was in den meisten Fällen auch geschah. Dieses Ungleichgewicht hatte vor allem zwei Gründe: Erstens verkörperte der Nationalrat die Idee der Repräsentation des Schweizer Volkes und des modernen Bundesstaates, während der Ständerat in erster Linie ein Zugeständnis an die Verlierer des Sonderbundskrieges war (Aubert 1998). Zweitens fehlte den Kantonsvertretern die demokratische Legitimation, während die Nationalräte direkt von den (männlichen) Wahlberechtigten gewählt wurden. Die Unabhängigkeit der Ständeräte wurde zusätzlich dadurch geschwächt, dass sie in verschiedenen Kantonen ursprünglich nur für ein Jahr gewählt wurden, teilweise sogar nur für eine einzige Session und zum Teil jederzeit abberufbar waren, falls sie nicht die Interessen der kantonalen Behörden vertraten. Die unterschiedliche Stellung und öffentliche Anerkennung der vom männlichen Volk direkt gewählten Nationalräte einerseits und der von den kantonalen Parlamenten abgesandten Ständeräten andererseits drückte sich auch darin aus, dass die typische politische Laufbahn eines eidgenössischen Politikers im 19. Jahrhundert vom Stände- in den Nationalrat verlief und der Ständerat deshalb fortlaufend prominente Mitglieder an die Volkskammer oder den Bundesrat verlor (Neidhart 2010: 105). Zusammenfassend hing die ursprünglich schwache Stellung der Ständeräte mit ihrer fehlenden demokratischen Legitimation, ihren oft kurzen Amtsperioden und ihrer – im Vergleich zum Nationalrat, der als eine der wichtigsten Neuerungen der Bundesverfassung von 1848 die Idee der schweizerischen Nation verkörperte – geringeren Strahlkraft zusammen.

Nicht zuletzt als Folge der schrittweisen Einführung der Volkswahl der Ständeräte,[3] der zeitlichen Verlängerung ihrer Amtsdauer, der konsequenteren Umsetzung des Instruktionsverbotes und der damit verstärkten Unabhängigkeit gegenüber den kantonalen Behörden verbesserte sich die Reputation des Ständerats im Verlaufe der Jahrzehnte. Die gestiegene Akzeptanz des bikameralen Systems hing auch damit zusammen, dass sich schon bald die Vorteile der getrennten doppelten Beratung zeigten, während gleichzeitig trotz der konservativ-föderalen Opposition im Ständerat kaum grössere Blockaden auftraten und die Differenzen zwischen den Räten in den allermeisten Fällen beigelegt werden konnten. Gegen Ende des 19. Jahrhunderts hatte sich das Zweikammersystem definitiv etabliert und der Geschäftsaustausch zwischen den beiden Räten war deutlich ausgeglichener als in den ersten Jahren des Bundesstaates (Neidhart 2010). Heute gilt das Zweikammersystem mit einer Volkskammer (Nationalrat) und einer Kantonskammer (Ständerat) als weithin anerkannt und bildet eines der wichtigsten Willensbildungsorgane des Bundes. „Das höhere Ansehen des Ständerats lässt sich auch daran erkennen, dass sich altgediente Nationalratsmitglieder gerne bei Ständeratswahlen aufstellen lassen, während es heute keinem Ständeratsmitglied jemals in den Sinn kommen würde, den umgekehrten Weg zu gehen" (Schwarz/Linder 2008: 3). Tatsächlich setzt sich der Ständerat heute zu einem beträchtlichen Teil aus ehemaligen Nationalräten (Bailer/Bütikofer/Hug 2020; Bütikofer 2020) oder Mitgliedern einer Kantonsregierung (Freiburghaus 2020) zusammen. Analysen zur Frage, inwiefern frühere Nationalratsmitglieder ihr Verhalten an die teils informellen Gepflogenheiten der Kantonskammer[4] anpassen, ergeben, dass „Wechsler" im Plenum häufiger und länger reden als ihre Ratskollegen ohne Nationalratserfahrung. Auch glänzen einstige Nationalräte im Direktvergleich seltener mit Abwesenheit und stellen weniger Vorstösse bzw. Einzelanträge; verweisen jedoch häufiger auf ihren Herkunftskanton als zuvor in der kleinen Kammer (Bailer/Bütikofer/Hug 2020; vgl. Bütikofer 2020).[5]

Mit der Gründung des Kantons Jura stieg die Zahl der Mitglieder in der Ständekammer 1979 von 44 auf 46. Mit Ausnahme des Kantons Jura und seit 2010 auch des Kantons Neuenburg gilt für die Wahl der Ständevertreter in allen Kantonen die Majorzwahl (vgl. Kapitel 2). Die Amtsdauer beträgt in der Regel vier Jahre und die Wahlen erfolgen – abgesehen von einer Ausnahme (AI) – gleichzeitig mit den Nationalratswahlen (bzw. in allfällig notwendigen zweiten Runden einige Wochen später). Das Verfahren der direkten Volkswahl erfolgt nach kantonalem Recht. Dies galt unter der alten Bundesverfassung grundsätzlich auch für die Entschädigung der Ständeratsmitglieder, wobei der Bund bereits ab 1850 Taggelder

---

[3] Mit Ausnahme der Landsgemeinde-Kantone gingen die Kantone gegen Ende des 19. und im Verlaufe des 20. Jahrhunderts von der Wahl der Ständeräte durch das Kantonsparlament zur Volkswahl über. Die ersten Kantone, die die Volkswahl einführten, waren in den 1860er Jahren Thurgau und Zürich, der letzte war 1979 der Kanton Bern.
[4] Dazu gehören etwa die expliziten Kleidervorschriften („schickliche Kleidung"; vgl. Art. 33 GRS), Laptopverbot, Morgenappell durch Namensaufruf und eine stärkere Orientierung an bestehenden Traditionen (vgl. Albrecht/Bühler/Hamilton-Irvine 2019).
[5] Interessanterweise zeichnen sich aber gemäss der Studie von Freiburghaus (2020) ehemalige und amtierende kantonale Regierungsmitglieder im Vergleich zu ihren Ratskolleginnen und Ratskollegen kaum durch ein kantonsfreundlicheres Verhalten aus.

und Reiseentschädigung für Kommissionssitzungen an sie ausrichtete. Seit 2002 werden die Ständeratsmitglieder ausschliesslich vom Bund entschädigt und erhalten die gleichen Bezüge wie die Nationalratsmitglieder (Parlamentsdienste 2017: 20f.).

## 7.3 Die Arbeitsweise des Zweikammersystems

Ein zentrales Prinzip des schweizerischen Zweikammersystems ist die gleichberechtigte Teilnahme der beiden Kammern am politischen Entscheidungsprozess. Dabei legen die Ratspräsidien jeweils fest, welcher Rat ein Geschäft zuerst behandelt. Abschliessend müssen alle Bundesgesetze und Bundesbeschlüsse von beiden Räten in exakt gleicher Form verabschiedet werden. Unterscheiden sich die Vorlagen nach der Gesamtabstimmung in den Räten, kommt das sogenannte Differenzbereinigungsverfahren zum Zug, d. h. die abweichenden Beschlüsse des einen Rates gehen an den anderen Rat zur Beratung zurück, bis eine Einigung zwischen den beiden Räten erreicht wird (sogenanntes Navettesystem). Bestehen nach drei Beratungen[6] immer noch Differenzen, so entsenden die Kommissionen beider Räte je 13 Ratsmitglieder in die sogenannte Einigungskonferenz, die eine gemeinsame Lösung sucht. Kommt eine solche nicht zustande oder wird ihr in einer der beiden Kammern nicht zugestimmt, gilt die Vorlage als gescheitert.

Im schweizerischen Zweikammersystem gilt der Grundsatz, dass alle Geschäfte in beiden Räten getrennt behandelt werden.[7] Die langjährige Praxis macht deutlich, dass sich die Zusammenarbeit zwischen den beiden Räten konfliktarm gestaltet und kaum Blockadepotenzial enthält. Gemäss den Auswertungen der Differenzbereinigungsverfahren zwischen 1875 und 1989 von Trivelli (1975) und Huber-Hotz (1991) konnten sich National- und Ständeräte in der grossen Mehrzahl der Fälle nach nur je einmaliger Beratung einigen und entsprechend sind Einigungskonferenzen selten. In der Zeit zwischen 1902 und 2000 gab es bei insgesamt mehreren Tausend Gesetzesberatungen nur 22 Einigungskonferenzen, also bei weniger als einem Prozent aller Beratungen oder etwa alle fünf Jahre einmal (Riescher/Russ/Haas 2010). In den meisten Fällen wurde ein gemeinsamer Kompromiss erreicht und durch die beiden Kammern ratifiziert, während nur in wenigen Ausnahmefällen keine gemeinsame Lösung erreicht werden konnte. Für die neuere Zeit kommen Jegher (1999) sowie Schwarz und Linder (2008) zum Schluss, dass die Zahl der im Differenzbereinigungsverfahren behandelten Vorlagen zwischen 1995 und 2005 zwar etwas zugenommen hat und damit höher liegt als in den vorangegangenen Jahrzehnten. Tatsächlich stellt die Differenzbereinigung keine Seltenheit dar, sondern kommt bei rund einem Drittel der Vorlagen vor. Daraus sollte aber nicht auf eine generell höhere Konfliktivität zwischen National- und Ständerat geschlossen werden. Aus der Studie von Jegher (1999: 65) geht hervor, dass die vorberatenden Kommissionen beider Räte bei vier von fünf Vorlagen zur

---

6 Während es bis Anfang der 1990er Jahre keine Beschränkung der Rundenanzahl im Navettesystem gab, wurde 1992 im Zusammenhang mit der durchgeführten Parlamentsreform die Anzahl der Lesungen auf drei pro Kammer beschränkt.
7 Die Ausnahmen (Wahlen, Zuständigkeitskonflikte zwischen den obersten Bundesbehörden, Begnadigungen) sind in Art. 157 BV geregelt.

gleichen Einschätzung gelangen und sich damit National- und Ständerat in der grossen Mehrzahl der Geschäfte einig sind. Zudem werden in nahezu der Hälfte der Fälle die Differenzen bereits in der ersten Runde bereinigt und rund 90 Prozent der Geschäfte werden in maximal zwei Beratungen je Kammer entschieden (Dick 2018). Obwohl heute Einigungskonferenzen häufiger einberufen werden als früher, stellt das Scheitern einer Vorlage nach wie vor die grosse Ausnahme dar: In der 51. Legislatur (2019–2023) kam es zu 30 Einigungskonferenzen, wovon nur drei Einigungsanträge von National- oder Ständerat doch noch abgelehnt wurden. Von der Wintersession 1991 bis zur Wintersession 2023 fanden insgesamt bei 172 Vorlagen eine Einigungskonferenz statt, wobei insgesamt 20 Einigungsanträge scheiterten (Parlamentsdienste 2023: 4ff.). Darüber hinaus beschränken sich die grössten Divergenzen zwischen den beiden Kammern hauptsächlich auf Vorlagen aus der Finanz-, Sozial-, Gesundheits- und Energiepolitik, während in anderen Politikbereichen wie der Aussen- und Verkehrspolitik kaum Differenzen bestehen (Schwarz/Linder 2008; Freiburghaus 2018).

Politikwissenschaftlich relevant ist nun die Frage, ob trotz formaler Gleichstellung der Räte beide Kammern auch denselben realpolitischen Einfluss ausüben. Wie einleitend bemerkt, war das schon in den ersten Jahren der Bundesversammlung nicht der Fall, als „eine eindeutige Vorrangstellung des Nationalrates gegenüber dem Ständerat" (Aubert 1998: 49) bestand und die Kantonskammer kaum wagte, einen vom Nationalrat vorgängig behandelten Gesetzesentwurf massiv abzuändern. Empirische Untersuchungen der jüngeren Zeit zeichnen heute jedoch ein anderes Bild. So schliesst sich beim Differenzbereinigungsverfahren in den beiden letzten Jahrzehnten der Nationalrat stärker den ständerätlichen Versionen an als umgekehrt, weshalb der Kantonskammer heute das grössere Einflusspotenzial auf die Gesetzgebung zugesprochen wird (Jegher 1999; Schwarz/Linder 2008; Dick 2018). Die Erklärung liegt dabei in der Beantwortung der Frage, wer die Rolle des Erstrats einnimmt, da dieser sich in gut zwei Dritteln der Fälle am Schluss durchsetzt – und zwar unabhängig davon, ob der National- oder Ständerat die Erstbehandlung durchführt. Dabei führen die verschiedenen Eigenschaften des Ständerats wie die kleine Mitgliederzahl, die konsensuale Arbeitsweise, die grössere parteipolitische Homogenität und die geringere Zahl an persönlichen Vorstössen zu einer rascheren Behandlung der Vorlagen, weshalb die Ständekammer auch wieder früher für die Bearbeitung neuer Bundesratsvorlagen als Erstrat zur Verfügung steht als der Nationalrat (Schwarz/Linder 2008). Da der Ständerat zwischen 1996 und 2019 in rund 51 Prozent der Fälle als Erstrat fungierte und der Nationalrat entsprechend nur in 44 Prozent der Vorlagen (Mueller/Dick/Freiburghaus 2020), konnte sich die Kantonskammer mit ihren Positionen häufiger durchsetzen als die Volkskammer, indem sie ihre *Agenda Setting*-Vorteile zu Beginn des parlamentarischen Prozesses bis zum Schluss nutzte. Dies gilt im Übrigen für nahezu alle Politikbereiche mit Ausnahme etwa von staats- und wirtschaftspolitischen Fragen. Damit verhält sich der Ständerat trotz seiner parteipolitischen Homogenität auch nicht regierungstreuer als der Nationalrat, da der Erstrat generell mehr Änderungen an den bundesrätlichen Vorlagen vornimmt als der Zweitrat (Jegher/Lanfranchi 1996).

## 7.4 Die parteipolitische Zusammensetzung des Ständerats

Obwohl die Ständekammer eine Konzession an die unterlegenen Konservativen war, dominierten auch hier lange Zeit die Radikalen. Von 44 Sitzen hielten sie 1848 deren 30, und noch 1857 hatten sie mit 25 Sitzen eine komfortable Mehrheit, die sich erst ab 1860 zugunsten der Mitte und der Konservativen aufzulösen begann (Aubert 1998). Dank ihrer starken Position in den katholisch-konservativen Stammlanden konnten die föderal-konservativen Kräfte ihren Anteil gegen Ende des 19. Jahrhunderts auf rund 40 Prozent der Sitze ausbauen und auf diesem Niveau über Jahrzehnte hinweg halten (Marti 1990: 115). Lange Zeit war die CVP auch die einzige Partei, die in mehreren Kantonen über eine ungeteilte Standesstimme verfügte (d. h. beide Sitze zugleich besetzen konnte). Die FDP verlor diesen Vorteil hingegen im Verlaufe des 20. Jahrhunderts durch die Abgabe von einzelnen Sitzen an bäuerliche oder sozialdemokratische Parteien, wobei die Linke insbesondere in Westschweizer Kantonen (Waadt, Neuenburg, Genf) teils beide Mandate errang (Bütikofer 2020). Im Gegensatz zur CVP erreichten die Sozialdemokraten, die zeitweise stärkste politische Kraft im Land, bis vor wenigen Jahren keine ihrer Wählerstärke entsprechende Vertretung im Ständerat. Jahrzehntelang verfügte die SP nur über vier bis fünf Sitze, zeitweise nur über zwei oder sogar gar keine Abgeordneten (1919–1922; 1928–1931). Kritiker sprachen denn auch von einer Verdoppelung bürgerlicher Interessen im Ständerat aufgrund der überproportionalen Vertretung der kleinen Kantone, die im Ergebnis lange Zeit zu einer Privilegierung ländlich-konservativer Wählerschichten führte (Linder 1991). Tatsächlich bildet der Ständerat eine Domäne der bürgerlichen Parteien, die bis Anfang des 21. Jahrhunderts rund 80 Prozent der Sitze besetzt haben. Die starke Übervertretung der bürgerlichen Zentrumsparteien FDP und CVP hängt dabei nicht nur mit den politischen Kräfteverhältnissen in den einzelnen Kantonen, sondern vor allem auch mit den Koalitionsabsprachen unter den bürgerlichen Traditionsparteien zusammen. So wird der Handlungsspielraum der Wähler bei den Ständeratswahlen aufgrund der engen Zusammenarbeit im gemässigten bürgerlichen Lager in vielen Fällen stark eingeschränkt (Kriesi 2003).

Erst 1979 näherte sich die SP mit neun Mandaten der FDP an und gewann 2015 mit zwölf Sitzen die höchste je erreichte Abgeordnetenzahl in der Ständekammer (vgl. Abbildung 7.1). In den beiden folgenden Wahlen errang sie jeweils nur noch neun Sitze. Dies im Gegensatz zur elektoral weit schwächeren Mitte (ehemals CVP) und der FDP, die im Herbst 2023 15 bzw. 11 Sitze errangen. Wie die SP ist auch die SVP im Verhältnis zu ihrer Wählerstärke mit nur sechs Sitzen in der Kantonskammer nach wie vor deutlich untervertreten. Die Gründe für ihre Schwäche gehen dabei weniger auf Wahlsystemeffekte oder nicht flächendeckende Aufstellung von eigenen Kandidierenden zurück. Sie liegen vielmehr im strategischen Verhalten der bürgerlichen Wählerschaft, die polarisierende und ideologisch deutlich rechts stehende Kandidierende der SVP weniger unterstützen als gemässigte Politiker der FDP, die zudem überdurchschnittlich oft vom Amtsbonus als wieder kandidierende Ständeräte profitieren (Lachat 2006).

*Abbildung 7.1: Der parteipolitische Wandel im Ständerat, 1991–2023 (Anzahl Mandate)*

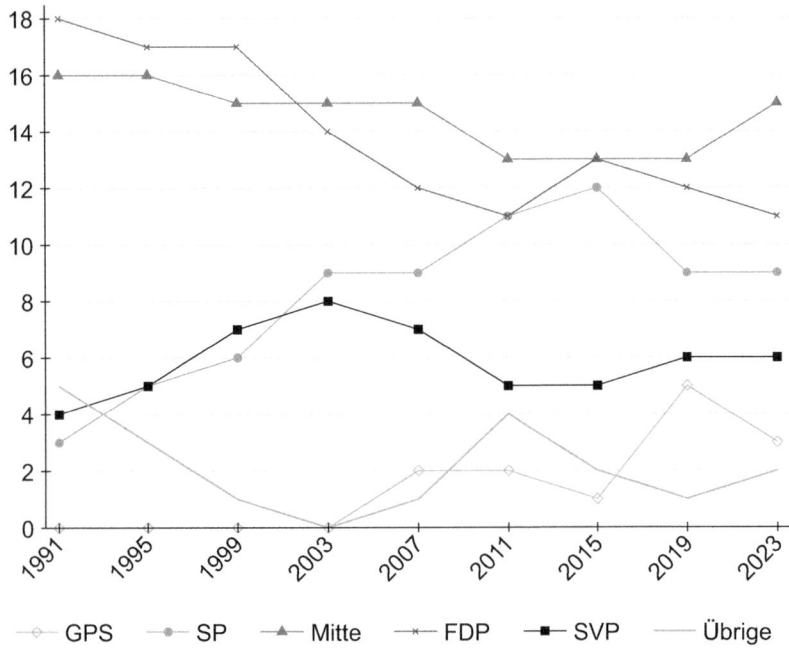

Quelle: Eigene Darstellung nach Schweizer Parlament (2024).

Trotzdem hat die starke Transformation des schweizerischen Parteiensystems mit einer gewissen Verzögerung ihre Spuren in der politischen Zusammensetzung des Ständerats hinterlassen. So verfügen die Mitte und die FDP im Vergleich zu früher heute nur noch über eine vergleichsweise knappe absolute Mehrheit der Sitze im Ständerat. Ihre dominante Stellung, die von der Bundesstaatsgründung bis gegen Ende des 20. Jahrhunderts dazu führte, dass die Positionen des Ständerats primär ein Spiegelbild der Meinungen dieser beiden bürgerlichen Parteien waren, ist ebenso verloren gegangen wie die Möglichkeit einer rechtsbürgerlichen Koalitionsmehrheit aus FDP und SVP. Hingegen sind im Gegensatz zu früher trotz leichtem Rechtsrutsch bei den Ständeratswahlen von 2023 heute auch Mitte-links-Mehrheiten von Mitte, SP, Grünen und GLP möglich. Insgesamt sind damit die beiden Traditionsparteien Mitte und FDP stärker als früher auf ein diszipliniertes Verhalten ihrer Mitglieder und je nach Geschäft auch auf die Unterstützung der SVP oder der Linken angewiesen, um ihre Politik durchzubringen.

*Tabelle 7.1: Sitzverteilung im Ständerat 1963–2023, nach Parteien*

| Partei/Jahr | '63 | '67 | '71 | '75 | '79 | '83 | '87 | '91 | '95 | '99 | '03 | '07 | '11 | '15 | '19 | '23 |
|---|---|---|---|---|---|---|---|---|---|---|---|---|---|---|---|---|
| FDP | 13 | 14 | 15 | 15 | 11 | 14 | 14 | 18 | 17 | 17 | 14 | 12 | 11 | 13 | 12 | 11 |
| CVP/Die Mitte | 18 | 18 | 17 | 17 | 18 | 18 | 19 | 16 | 16 | 15 | 15 | 15 | 13 | 13 | 13 | 15 |
| SP | 3 | 2 | 4 | 5 | 9 | 6 | 5 | 3 | 5 | 6 | 9 | 9 | 11 | 12 | 9 | 9 |
| SVP | 4 | 3 | 5 | 5 | 5 | 5 | 4 | 4 | 5 | 7 | 8 | 7 | 5 | 5 | 6 | 6 |
| GPS | – | – | – | – | – | – | – | – | – | – | – | 2 | 2 | 1 | 5 | 3 |
| GLP | – | – | – | – | – | – | – | – | – | – | – | 1 | 2 | – | – | 1 |
| LPS | 3 | 3 | 2 | 1 | 3 | 3 | 3 | 3 | 2 | – | – | – | – | – | – | – |
| Dem. | 3 | 3 | – | – | – | – | – | – | – | – | – | – | – | – | – | – |
| Übrige | – | 1 | 1 | 1 | – | – | 1 | 2 | 1 | 1 | – | – | 2 | 2 | 1 | 1 |
| Total | 44 | 44 | 44 | 44 | 44 | 46 | 46 | 46 | 46 | 46 | 46 | 46 | 46 | 46 | 46 | 46 |

Anmerkungen: Dem. = Demokraten. 2009 Fusion der LPS mit FDP auf der nationalen Ebene.
Quelle: Schweizer Parlament (2024).

## 7.5 Die Koalitionen im Ständerat

Anders als im Nationalrat wird das Stimmverhalten im Ständerat erst seit Frühling 2014 elektronisch erfasst, weshalb bisher nur wenige Auswertungen über die Koalitionsmuster in der Kantonskammer bestehen. Vor der Einführung der elektronischen Stimmabgabe bestand jedoch die Möglichkeit, die ständerätlichen Schlussabstimmungen auf der Basis von Videoaufzeichnungen auszuwerten.[8] Eine entsprechende Analyse legten Bütikofer, Hug und Martin (2011) für die 47. und 48. Legislaturperiode (2003–2011) vor. Die augenfälligste Differenz zum Nationalrat ist zunächst die hohe Zahl an Abstimmungen, die einstimmig ausfallen. So entschied der Ständerat in rund 80 Prozent aller Schlussabstimmungen zwischen 2003 und 2011 ohne Gegenstimme, was den konkordanten und homogenen Charakter der Kantonskammer deutlich macht.[9] Unterstützend kommt hinzu, dass die ständerätlichen Kommissionen nicht nur kleiner sind als diejenigen des Nationalrats,[10] sondern auch politisch einheitlicher zusammengesetzt, was die parteiübergreifende Konsenssuche erleichtert (Lüthi 1997: 130).

---

[8] Der Einführung der elektronischen Stimmabgabe ging im Jahre 2012 eine Kontroverse voraus: Eine entsprechende Auswertung von Videoaufzeichnungen offenbarte, dass die Stimmenzähler die Handzeichen bei einer Abstimmung falsch ausgezählt hatten. Aufgrund dieses Zählfehlers wurde ein Geschäft fälschlicherweise verworfen (Benesch/Bütler/Hofer 2016: 9–11).
[9] Im Nationalrat liegt der Anteil der einstimmigen Schlussabstimmungen bei weniger als 30 % (Bütikofer 2014).
[10] Die Kommissionen im Ständerat bestehen aus 13, diejenigen im Nationalrat aus 25 Mitgliedern.

*Abbildung 7.2: Die Koalitionen der Parteien im Ständerat, 2003–2011, 2015–2019 (in Prozent)*

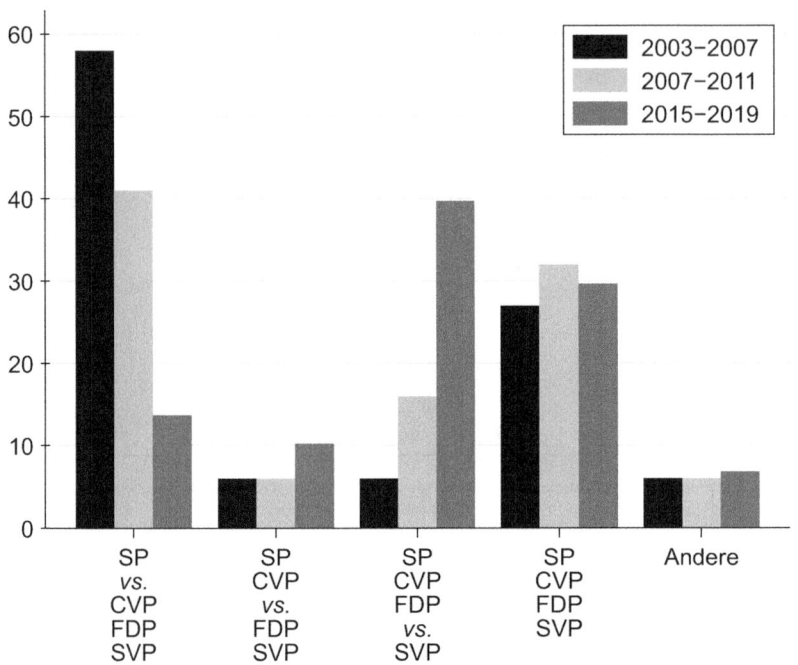

Anmerkungen: Alle nicht-einstimmigen Schlussabstimmungen im Ständerat der 47., 48. und 50. Legislatur (ohne Herbstsession 2011) und sind erfasst. Als Koalition/Gegenkoalition wurde gewertet, wenn die Parteien mehrheitlich dasselbe Stimmverhalten an den Tag gelegt haben.

Quelle: Bütikofer, Hug und Martin (2011) sowie Zappa (2019).

Gleichzeitig schlägt sich der Wandel des Koalitionsverhaltens in den letzten Jahren in kontroverseren Schlussabstimmungen nieder (vgl. Abbildung 7.2). Während zwischen 2003 und 2007 fast 60 Prozent der nicht-einstimmigen Schlussabstimmungen dem klassischen Links-rechts-Konflikt mit einem Bürgerblock aus CVP, FDP und SVP gegen eine sozialdemokratische Minderheit entsprachen, fiel dieser Anteil zwischen 2008 und 2011 auf 40 Prozent und zwischen 2015 und 2019 sogar auf knapp 15 Prozent. Trotzdem spielt dieser Konflikt wie im Nationalrat nach wie vor eine wichtige Spannungslinie bei Detail- und Schlussabstimmungen. Im Gegensatz zur Volkskammer bleibt der Anteil der klassischen Konkordanzkoalition – Unterstützung einer Vorlage durch die vier Regierungsparteien CVP, FDP, SP und SVP – relativ stabil. Gleichzeitig hat das im Nationalrat in der Zwischenzeit zweithäufigste Koalitionsmuster „SVP gegen den Rest" mit der Steigerung von 5 Prozent auf knapp 40 Prozent auch im Ständerat stark an Bedeutung gewonnen, während die geteilte Mitte (SP, CVP vs. FDP, SVP) mit rund 10 Prozent auf niedrigem Niveau verharrt. Aufgrund der relativ schwachen Vertretung der Polparteien spielt – anders als im Nationalrat – die sogenannte „unheilige

Allianz" zwischen SP und SVP gegen CVP und FDP im Ständerat keine Rolle. Insgesamt zeigt sich damit eine deutliche Annäherung im Koalitionsverhalten an den Nationalrat, allerdings mit den Unterschieden, dass die Anzahl Konkordanzkoalitionen relativ stabil geblieben und die Anteile einstimmiger Beschlüsse im Ständerat weit häufiger sind als in der Volkskammer. Besonders auffällig im Verlaufe der letzten 15 Jahre ist der Wandel in den Allianzen von einer isolierten SP zu einer SVP, die im Ständerat oft keine Bündnispartner mehr findet.

In Bezug auf die Parteigeschlossenheit kommen Bütikofer, Hug und Martin (2011) zum Schluss, dass diese im Ständerat generell sehr hoch ist, wenn alle Parteien eine Vorlage unterstützen oder die Konfliktlinien am Links-rechts-Gegensatz entlang verlaufen, wobei sie bei Detailabstimmungen etwas geringer ist als bei Schlussabstimmungen. Das dezidert liberale, föderalistische Selbstverständnis von den Ständeräten der beiden bürgerlichen Traditionsparteien dringt bis heute durch. Gleichzeitig macht sich – ähnlich wie im Nationalrat – auch bei jenen Parteivertretern eine zunehmende „Gruppenorientierung"[11] bemerkbar (Bütikofer 2020), was auf entsprechende Disziplinierungsversuche der Partei- bzw. Fraktionsleitungen zurückzuführen ist. Innerhalb der SVP nimmt der Zusammenhalt indes stark ab, wenn sie sich alleine mehrheitlich gegen eine Vorlage ausspricht, die von den drei anderen grossen Parteien befürwortet wird. Gemäss Bütikofer (2014, 2020) stimmen bürgerliche Ständeräte im Weiteren nicht geschlossener ab, wenn sie aus dem gleichen Kanton stammen, als dass sie es aufgrund ihrer Parteiverbundenheit ohnehin tun würden, was das Wahlkampfargument der ungeteilten bürgerlichen Standesstimme relativiert. Eine linke Doppelvertretung tritt mit Ausnahme der Romandie zwar seltener auf; erzielt aber gerade bei Detailabstimmungen deutlich höhere Geschlossenheitswerte als ihr bürgerliches Pendant. Laut Bütikofer (2020) muss eher von einer linken als von einer bürgerlichen Standesstimme die Rede sein. Obwohl das individuelle Abstimmungsverhalten seit der Einführung der elektronischen Abstimmungsanlage jederzeit nachvollziehbar ist, hat sich die Geschlossenheit der Vertretungen aus dem gleichen Kanton zwischen der 47. und der 50. Legislatur interessanterweise kaum verändert (Bütikofer 2020). Schliesslich weichen Ständeräte, die früher nicht im Nationalrat waren, häufiger von der Parteilinie ab als ehemalige Vertreter der Volkskammer; dies gilt ebenso für ehemalige Regierungsräte und besonders deutlich gewählte Ständeräte (Bütikofer 2014).

Es stellt sich die Frage, inwiefern sich das Abstimmungsverhalten der Ständeräte generell – und die Parteidisziplin im Speziellen – durch die Einführung der elektronischen Stimmabgabe und der neuen gesetzlichen Vorschrift, die eine Offenlegung des individuellen Abstimmungsverhaltens in Schlussabstimmungen verlangt, verändert hat. Eine Auswertung von Benesch, Bütler und Hofer (2016) machte sich die quasi-experimentelle Situation zunutze, dass die beiden Neuerungen inmitten der 49. Legislatur (2011–2015) vorgenommen wurden (vgl. auch Benesch/Bütler/Hofer 2020). Weil die Abstimmungen im Nationalrat bereits seit 1994 elektronisch erfolgen und das individuelle Stimmverhalten seit 2007 online

---

11 Im Ständerat bestehen nur informelle Fraktionen, wobei in der Praxis die Bezeichnung „Gruppe" bevorzugt wird (Bütikofer 2020).

publiziert werden muss, wird die grosse Kammer als Kontrollgruppe verwendet. Aufgrund dieser Konstellation führen die Autoren eine Veränderung des parteilinientreuen Abstimmungsverhaltens kausal auf die neuen Transparenzvorschriften zurück. Tatsächlich zeigt eine Individualdatenanalyse der 299 Schlussabstimmungen, dass sich die Wahrscheinlichkeit eines von der Parteilinie abweichenden Stimmverhaltens nach der Reform um durchschnittlich 2.9 Prozentpunkte reduzierte (Benesch/Bütler/Hofer 2016: 24). Dabei fällt auf, dass bei den Ständeräten der beiden Polparteien SP und SVP sich die durchschnittliche Wahrscheinlichkeit, entgegen der eigenen Parteimehrheit abzustimmen, um 4.9 bzw. 11.5 Prozentpunkte verminderte (Benesch/Bütler/Hofer 2016: 32). Diese Befunde von Benesch, Bütler und Hofer (2016) deuten an, dass sich die von Bütikofer, Hofer und Hug (2011) diagnostizierte Bedeutungszunahme des Koalitionsmusters „SVP gegen den Rest" durch die Reform möglicherweise weiter verstärken wird. Offensichtlich übt die Offenlegung des individuellen Abstimmungsverhaltens gerade für die Ständeräte der Polparteien eine disziplinierende Wirkung aus: Die Ständeräte von SP und SVP scheinen nun weniger bereit als früher, zugunsten einer konkordanten Lösung die Linientreue zeitweise aufzugeben. Es ist deshalb auch davon auszugehen, dass der bisher hohe Anteil an klassischen Konkordanzkoalitionen eher sinken wird. Zudem geht eine striktere Parteidisziplin indirekt mit einer weiteren Schwächung der föderalen Interessenwahrung einher: Längerfristig scheint die Parteilogik gegenüber der regionalen Territoriallogik (d. h. Repräsentation des eigenen Kantons) weiter an Bedeutung zu gewinnen. Trotzdem zeigt sich auch in der 51. Legislatur (2019–2023), dass die parteienübergreifende Zusammenarbeit im Ständerat nach wie vor grösser ist als im Nationalrat (Müller 2023).

### 7.6 Die Aufgaben und Funktionen des Ständerats

#### 7.6.1 Die Repräsentationsfunktion

Einer der Hauptgründe für die Legitimation bikameraler Systeme liegt in der Repräsentation spezifischer Minderheiten (Riescher/Russ/Haas 2010). Insbesondere für Zweite Parlamentskammern in föderalen Staaten steht dabei neben der gesellschaftlichen und politischen Vertretung vor allem die territoriale Repräsentationsfunktion im Vordergrund. Diese Funktion ist insofern zentral, als von ihrer adäquaten Erfüllung die längerfristige Akzeptanz und Legitimation der Zweiten Parlamentskammer in föderalen Systemen abhängt. Im Folgenden wird deshalb der Frage nachgegangen, welche gesellschaftlich-kulturellen, politischen und territorialen Kräfte im Ständerat im Vergleich zum Nationalrat und zur Wohnbevölkerung in der Schweiz vertreten sind (Vatter 2006). Die Angaben in Tabelle 7.2 beziehen sich dabei auf die eidgenössischen Wahlen von 2023 (National- und Ständerat) und auf die aktuellen Daten der Volkszählung. Die Verteilung der Erwerbstätigen folgt der Einteilung auf die ISCO-Berufshauptgruppen und liefert Erkenntnisse über die Stärke der verschiedenen Berufstypen in den Räten im Vergleich zur Bevölkerung. Bei den grossen Kantonen handelt es sich um jene sechs (ZH, BE, SG, AG, VD und GE) mit über 500'000, bei den kleinen um jene acht (UR, OW, NW, GL, SH, AR, AI und JU) mit weniger als 100'000 Einwohnern (Stand 2022).

*Tabelle 7.2: Repräsentationsunterschiede: Bevölkerung, Nationalrat und Ständerat (Stand 31.12.2023, in Prozent)*

|  | Bevölkerung | Nationalrat | Ständerat |
|---|---|---|---|
| *Politisch* | | | |
| SVP | 27.9 | 31 | 13 |
| SP | 18.3 | 20.5 | 19.6 |
| FDP | 14.3 | 14 | 23.9 |
| Die Mitte | 14.1 | 14.5 | 32.6 |
| GPS | 9.8 | 11.5 | 6.5 |
| GLP | 7.6 | 5 | 2.2 |
| Übrige | 8 | 3.5 | 2.2 |
| *soziostrukturell* | | | |
| Frauen | 50.3 | 38.5 | 34.8 |
| Männer | 49.7 | 61.5 | 65.2 |
| 0–39-Jährige | 45.9 | 16 | 8.7 |
| 40–64-Jährige | 34.9 | 80.5 | 78.3 |
| 65-Jährige und Ältere | 19.2 | 3.5 | 13 |
| Führungskräfte | 12.8 | 29 | 17.4 |
| akademische Berufe | 24.7 | 30 | 43.5 |
| Techniker | 4.6 | 1 | 0 |
| Bürokräfte/Dienstleistung/Verkauf | 36.4 | 4 | 0 |
| Land-/Forstwirtschaft | 2 | 8.5 | 2.2 |
| Handwerker/Hilfsarbeitskräfte | 19.5 | 0.5 | 0 |
| professionelle Politiker | 0 | 27 | 36.9 |
| *soziokulturell* | | | |
| Römisch-katholisch | 32.1 | 36.5 | 55.8 |
| Evangelisch-reformiert | 20.5 | 34.4 | 20.9 |
| Andere christliche Glaubensgemeinschaften | 5.6 | 2.6 | 4.7 |
| Jüdische Glaubensgemeinschaften | 0.2 | 0.5 | 2.3 |
| Muslimische und aus dem Islam hervorgegangene Gemeinschaften | 5.9 | 1.1 | 2.3 |
| Andere Religionsgemeinschaften | 1.3 | 0 | 0 |
| Ohne Religionszugehörigkeit | 33.5 | 24.9 | 14 |

## 7 Das Zweikammersystem

|  | Bevölkerung | Nationalrat | Ständerat |
|---|---|---|---|
| Deutsch | 61.8 | 70.5 | 71.7 |
| Französisch | 22.8 | 25 | 23.9 |
| Italienisch | 7.8 | 4.5 | 4.4 |
| Rätoromanisch | 0.5 | 0 | 0 |
| *territorial* | | | |
| Stadt | 12 | 68 | 67.4 |
| Agglomeration | 74 | 15.5 | 23.9 |
| Land | 14 | 16.5 | 8.7 |
| grosse Kantone (>500'000 Einwohner) | 59.1 | 59.5 | 26.1 |
| mittlere Kantone | 36.4 | 35.5 | 47.8 |
| kleine Kantone (<100'000 Einwohner) | 4.5 | 5 | 26.1 |

Anmerkungen: Der Begriff „Bevölkerung" bezieht sich bei den politischen Merkmalen auf die Wählenden, bei den übrigen Merkmalen auf die Wohnbevölkerung. Das Alter wurde per 31.12.2023 berechnet, die Sprache basiert auf der Adressliste des Parlaments. Der Gegensatz Stadt-Land beruht auf der Wohngemeinde zum Zeitpunkt der Wahl. Die Typologie ist abgeleitet vom Bundesamt für Statistik, wobei die Kategorie „Intermediär" in „Agglomeration" umbenannt wurde. Aufgrund fehlender Angaben oder hier nicht aufgeführte Unterkategorien ergeben nicht alle Oberkategorien 100 Prozent (z. B. Bevölkerungsanteile der verschiedenen Sprachen).

Quellen: Bundesamt für Statistik (2024), Schweizer Parlament (2024) und eigene Umfrage zur Konfessionszugehörigkeit bei den Mitgliedern des National- und Ständerates.

Die Befunde zur Repräsentationsfunktion des Schweizer Ständerats bestätigen in weiten Teilen die Erkenntnisse der internationalen Bikameralismusforschung (Lijphart 2012; Vatter 2005, 2006):

*1. Politische Repräsentation*: Während aufgrund des vorherrschenden Proporzwahlrechts beim Nationalrat in der Regel nur geringfügige Unterschiede zwischen den Wählerpräferenzen der Stimmberechtigten und den Sitzanteilen bestehen (vgl. Kapitel 2), sind die einzelnen Parteien im Ständerat aufgrund der geringen Anzahl zu verteilender Sitze, des Majorzwahlsystems und des strategischen Verhaltens der Wählerschaft teilweise stark unter- oder übervertreten (vgl. Abbildung 7.3). Die beiden Parteien Mitte und FDP zählen dabei zu den grossen Nutzniessern des Zweikammersystems, während die rechtskonservative SVP, die im Nationalrat die grösste Deputation stellt, nach wie vor nur 13 Prozent der Ständeräte stellt. Lange Zeit unterdurchschnittlich vertreten waren auch die Sozialdemokraten, die jedoch seit 2019 in beiden Kammern leicht übervertreten sind. Unterdurchschnittlich repräsentiert sind schliesslich alle kleineren Parteien, deren Kandidierende unter den Bedingungen eines Majorzwahlsystems mit zwei zu verteilenden Sitzen kaum Wahlchancen haben. Die nach wie vor starke bürgerliche Mitte zulasten der rechten und kleinen Parteien führt insgesamt dazu, dass die kleine Kammer eine geschlossenere und homogenere Einheit darstellt als die heterogene, stärker fraktionsgebundene Volkskammer.

## 7.6 Die Aufgaben und Funktionen des Ständerats

*Abbildung 7.3: Parteipolitische Repräsentationsunterschiede zwischen Wählerschaft, Nationalrat und Ständerat, 2023 (in Prozent)*

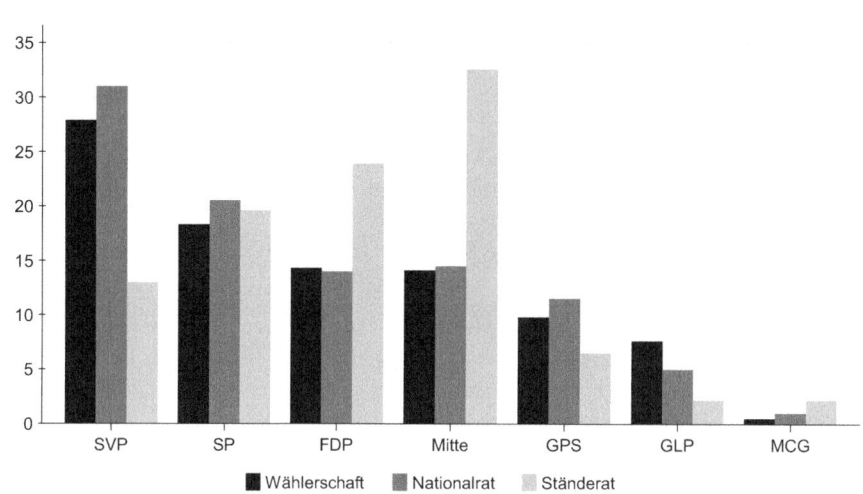

Anmerkung: Die Stärken der Wählerschaft beziehen sich auf die Parteienstärken bei den Nationalratswahlen.
Quelle: Bundesamt für Statistik (2024).

Daneben gilt es auch nach dem Rollenverständnis der Ständeräte im Sinne eines zeitgemässen Responsivitätskonzepts zu fragen (Pitkin 1967). Zur politischen Repräsentation zählt damit auch die inhaltliche (issue representation), also ob die Ständeräte die politischen Positionen ihrer Wählerschaft bzw. ihres Wahlkreises vertreten. Aufgrund des Majorzwahlsystems (mit Ausnahme der Kantone Jura und Neuenburg) ist theoretisch zu erwarten, dass die Ständeräte die Volksmehrheiten ihrer Kantone besser vertreten als die nach Proporz gewählten Nationalräte, da Erstere für ihre Wahl die Bevölkerungsmehrheit und nicht nur einige Wählerprozente gewinnen müssen. Die Befunde hierzu fallen gemischt aus. Während eine vergleichende Auswertung des Parlamentarier- und kantonalen Abstimmungsverhaltens von Stadelmann, Portmann und Eichenberger (2013) diese Annahme für den Zeitraum von 2008 bis 2011 bestätigt, weisen diejenigen von Hermann (2011) auf gesamtschweizerischer Ebene auf das Gegenteil hin.[12]

2. *Soziostrukturelle Repräsentation*: Es zeigen sich hier in verschiedener Hinsicht deutliche Repräsentationsdifferenzen. So sind nur ein gutes Drittel aller Abgeordneten des Ständerats weiblichen Geschlechts und die knappe Bevölkerungshälfte der unter 40-Jährigen ist in der Zweiten Kammer nur marginal vertreten. Im Durchschnitt sind die Ständeräte gut fünf Jahre älter als die Nationalräte, weshalb

---

[12] Gemäss Stadelmann, Portmann und Eichenberger (2013) liegt die inhaltliche Übereinstimmung von Ständeräten mit ihren kantonalen Volksmehrheiten um 8.5 Prozentpunkte höher als bei den Nationalräten.

der Beiname „Stöckli"[13] für die kleine Kammer noch heute zutreffend ist. Auch bei den Berufsklassen finden sich beträchtliche Differenzen zur Wohnbevölkerung. Handwerker/Hilfsarbeitskräfte, Techniker und Berufe der (unteren) Mittelklasse (Bürokräfte/Dienstleistung/Verkauf), die zusammen fast zwei Drittel der Erwerbstätigen ausmachen, sind sowohl im National- wie auch im Ständerat kaum vertreten. Dafür sind Berufe der Land-/Forstwirtschaft im Nationalrat anteilsmässig gut viermal so zahlreich vorhanden. Schliesslich bilden im National- und insbesondere im Ständerat die Vertreter der höheren Berufe (Akademiker, Führungskräfte), die das andere Drittel der Erwerbstätigen ausmachen, eine erdrückende Mehrheit von 86 bzw. 98 Prozent, wenn man die professionellen Politiker, die hier separat ausgewiesen sind, hinzurechnet. Die Kantonskammer besitzt einen noch grösseren Anteil Vollzeitpolitiker als die Volkskammer.

*3. Soziokulturelle Repräsentation:* Erstmals lässt sich in der Bevölkerung eine Mehrheit von Konfessionslosen feststellen, welche im Parlament, besonders im Ständerat, jedoch deutlich untervertreten ist. Der Ständerat sichert sich die Übervertretung der römisch-katholischen Bevölkerung. Diese ursprünglich konfessionelle Minorität gehört damit nach wie vor zu den grossen Nutzniessern des schweizerischen Bikameralismus. Die deutschsprachige Bevölkerungsmehrheit ist in beiden Kammern sogar noch übervertreten. Gleichzeitig ist die französischsprachige Minderheit im Vergleich zur Wohnbevölkerung in beiden Kammern gut repräsentiert, während umgekehrt die italienischsprachige Delegation prozentual nur etwas mehr als die Hälfte ihres Bevölkerungsanteils ausmacht – was nicht zuletzt darauf zurückzuführen ist, dass viele Italienischsprechende ausserhalb des Tessins wohnen oder nicht die Schweizer Staatsbürgerschaft besitzen.

*4. Territoriale Repräsentation*: In Bezug auf die territoriale Vertretung erweist sich der Ständerat als mächtiges Repräsentationsorgan der kleinen und mittleren Kantone. Seit geraumer Zeit verfügt die Schweiz im Vergleich zu anderen bikameralen Systemen über einen der höchsten Anteile an Überrepräsentation von Bewohnern kleiner subnationaler Einheiten in der Zweiten Kammer (Lijphart 2012: 195). Diese Überrepräsentation verfestigte sich nach den Ständeratswahlen 2023 weiter: Die acht kleinen Kantone, die nur knapp fünf Prozent der Gesamtwählerschaft stellen, sind mit 26 Prozent im Ständerat deutlich überrepräsentiert.

Zusammenfassend wird deutlich, dass im Ständerat die bürgerliche Mitte, die ältere Generation, Männer, höhere Berufs- und Einkommensschichten, professionelle Politiker, Römisch-katholische und die kleinen Kantone stark übervertreten sind, während Frauen, Junge, tiefere soziale Klassen und bevölkerungsreiche Kantone stark unterrepräsentiert sind. Schon ältere Studien weisen dabei auf einen gewichtigen Unterschied zwischen den beiden Kammern hin: Im Gegensatz zu den Nationalräten definieren die Ständeräte ihre Repräsentation weit stärker geografisch-territorial – und zwar unabhängig von ihrer Parteizugehörigkeit. So bezeichneten sich gemäss Umfragen aus den 1970er Jahren zwei Drittel der Stän-

---

13 Aufgrund der älteren Politiker im Ständerat wird die Zweite Kammer oft auch als „Stöckli" bezeichnet, worunter in der berndeutschen Umgangssprache ein auf einer Hofstätte errichtetes, in der Regel kleineres Gebäude verstanden wird, das für die Altbauern errichtet wurde (sogenanntes Auszugshaus).

deräte als Gesandte der Kantone, während dies gleichzeitig nur für ein Viertel der Nationalräte galt (Kerr 1981). Die grosse Mehrheit der Ständeräte betrachtete sich damit subjektiv primär als Kantonsvertreter und nicht als Repräsentanten einer gesellschaftlichen Gruppe oder einer politischen Idee, womit durchaus eine wichtige Legitimation des Ständerats als Kantonskammer erfüllt wäre. Zu einem ähnlichen Befund kommen auch Wiesli und Linder (2000), welche die National- und Ständeräte unter anderem nach ihrem subjektiven Rollenverständnis befragten: Im Vergleich zu den Nationalräten messen die Ständeräte den kantonalen Interessen im Vergleich zu denjenigen von Parteien und Interessenverbänden eine stärkere Bedeutung zu und haben mehr Schwierigkeiten, bei Rollenkonflikten gegen das Interesse ihres eigenen Kantons zu entscheiden. Dass allerdings vom unterschiedlichen subjektiven Rollenverständnis im Sinne der höheren Gewichtung der föderalen Anliegen nicht direkt auf ein entsprechendes Entscheidungsverhalten geschlossen werden kann, zeigen die folgenden Ausführungen.

### 7.6.2 Die Gestaltungsfunktionen

Neben der spezifischen Repräsentationsfunktion kommen Zweiten Kammern weitere besondere Funktionen zu, die im Folgenden unter dem Begriff der Gestaltungsfunktion zusammengefasst werden (Vatter 2006). Unter Berücksichtigung der spezifischen Aufgaben des Ständerats wird die Ausübung von sechs Teilfunktionen auf der Basis der bestehenden empirischen Forschung behandelt und in Tabelle 7.3 zusammengefasst:[14]

1. *Föderale Interessenwahrung*: Der zentrale Grund für die Schaffung des Ständerats war die Wahrung der Interessen der kleinen und auf ihre Autonomie bedachten Kantone gegenüber dem neu geschaffenen Bund sowie der Ausgleich zwischen grossen und kleinen Ständen (Aubert 1998). Aufgrund ihrer Hauptfunktion der Gliedstaatenrepräsentation sollte die Kantonskammer eine wirksame Schranke zur Verteidigung der bundesstaatlichen Kompetenzordnung und damit ein föderales Gegengewicht zur demokratischen Mehrheitsherrschaft bilden. Gleichzeitig wurde aber in der Bundesverfassung festgeschrieben, dass die Ständeräte als Abgeordnete der Kantone wie die Senatoren in den USA ohne Instruktionen stimmen und mit der sukzessiven Einführung der Volkswahl in erster Linie die Bevölkerung und nicht die Behörden der Gliedstaaten repräsentieren (sogenanntes Senatsprinzip). Dies ist ein zentraler Unterschied zu Deutschland, wo sich die Länderkammer (Bundesrat) aus Vertretern der Länderregierungen mit gebundenem Mandat zusammensetzt (Vatter/Freiburghaus/Triaca 2017; Benz 2020). Entsprechend handelt es sich beim Ständerat nicht um eine direkte Vertretung der institutionellen Gliedstaateninteressen auf Bundesebene. Tatsächlich weisen zunächst die älteren empirischen Untersuchungen darauf hin, dass die Kantonsinteressen im Ständerat kaum anders artikuliert werden als im Nationalrat, und der Ständerat deshalb seine Funktion als Gliedstaatenvertretung nur in beschränktem Masse erfüllt (Heger 1990; Jaag 1976). Gemäss Mastias und Grangé (1987) handelt

---

14 Nicht überprüft wird die stabilitätsfördernde Funktion des Ständerates, mit der vor allem duale Parlamentsstrukturen in unitarischen Systemen begründet werden (Tsebelis/Money 1997).

es sich vielmehr um eine symbolische und weniger um eine reale Funktion, welche die Zweite Kammer bezüglich der Wahrung der Kantonsinteressen in der Schweiz einnimmt. Positiver ist die Einschätzung von Huber-Hotz (1991), welche die Untersuchung von Trivelli (1975) über die Funktionsweise des Zweikammersystems für den Zeitraum von 1973 bis 1989 weiterführte. Sie attestiert dem Ständerat, dass er seiner Funktion als föderales Gegengewicht auch noch in der zweiten Hälfte des 20. Jahrhunderts nachkommen würde. In eine ähnliche Richtung weisen die Ergebnisse von Jegher und Lanfranchi (1996: 51) zur Gesetzgebungstätigkeit der beiden Räte für die Legislaturperiode von 1991 bis 1995. Zwar wurden bundesrätliche Vorlagen in mehr als der Hälfte der Fälle hinsichtlich ihres föderalistischen Aspekts nicht modifiziert. Fanden aber föderalistisch motivierte Änderungen statt, so gingen sie fast ausnahmslos vom Ständerat aus. Bienlein (2000), der bei 307 parlamentarischen Vorstössen zwischen 1995 und 1997 untersuchte, ob die kantonalen Interessen im Ständerat stärker vertreten werden als im Nationalrat, kommt wiederum zum Schluss, dass sich die Ständeräte kaum anders verhalten als ihre Kollegen im Nationalrat. Eine Ausnahme bilden die Vertreter der kleinen ländlichen Deutschschweizer Kantone, die wesentlich mehr Vorstösse im Ständerat einbringen, als sie Sitze belegen, was den Effekt ihrer Überrepräsentation in der Zweiten Kammer noch zusätzlich verstärkt. Tendenziell bestätigt sich zwar, dass der Ständerat die kantonale Autonomie etwas mehr vertritt als der Nationalrat. Gleichzeitig wird aber einschränkend festgehalten, dass beide Kammern meist im Sinne des Bundes entscheiden, Vorstösse zur Ausweitung der kantonalen Kompetenzen generell selten sind und der Ständerat nicht als direkte Kantonsvertretung fungiert. Wiesli und Linder (2000) weisen zudem in ihrer breit angelegten Studie darauf hin, dass kantonale Anliegen in beiden Räten selten allein artikuliert werden, sondern in der Regel in Verbindung mit anderen Interessen. Grundsätzliche Föderalismusfragen werden im Gegensatz zu Fragen der Aufgaben- und Kompetenzverteilung zwischen Bund und Kantonen hingegen kaum diskutiert. Entgegen der unterschiedlichen Rollenwahrnehmung sei damit im Ständerat weder eine besondere Artikulation noch Durchsetzung kantonaler Interessen zu beobachten. Zusätzlich weisen die Autoren auf einen unerwarteten Verfahrenseffekt hin: Vorlagen, die zuerst im Ständerat behandelt werden, zeichnen sich durch eine deutlich höhere Quote von Föderalismusanträgen aus als solche, bei denen der Nationalrat als Erstrat zum Zuge kommt. Signifikante Differenzen ergeben sich gemäss Wiesli und Linder (2000: 7) deshalb nicht aus dem Vergleich der beiden Kammern, sondern aus ihrem Zusammenwirken, d. h. welcher Rat als erstes ein Geschäft behandelt.[15] Allerdings relativieren Schwarz und Linder (2008: 33) diesen Befund auf Basis der festgestellten Differenzen zwischen National- und Ständerat in einzelnen raumrelevanten Politikbereichen insofern, als „dass die föderalistische bzw. regionalpolitische Optik nach wie vor eine wichtige Rolle in der Auseinandersetzung zwischen den beiden Kammern spielt." Aufgrund der insgesamt uneinheitlichen Forschungsbefunde lässt sich die im Vergleich zum National-

---

15 Darauf weisen auch Tsebelis und Money (1997) in ihrem internationalen Vergleich hin.

rat deutlich stärkere Vertretung von Gliedstaateninteressen nicht einwandfrei nachweisen, weshalb die Föderalismusfunktion des Ständerats nicht besonders wirksam ist. Am ehesten lässt sich noch behaupten, dass es im Zweifelsfall eher der Ständerat ist, der föderalistisch motivierte Änderungen vornimmt.

2. *Schutz von Minderheiten:* Schon die amerikanischen Verfassungsväter sahen eine der Hauptfunktionen von Zweiten Kammern in der Verhinderung einer „tyranny of the majority" und in der Integration von regional-kulturellen Minderheiten (Trivelli 1975: 31; Tsebelis/Money 1997). In der multiethnischen Schweiz wird eine der Aufgaben des Zweikammersystems insbesondere im Schutz von kulturellen Minoritäten wie den lateinischen Sprachgruppen gesehen (Schmid 1977: 350). Abgesehen von Huber-Hotz (1991), die dem Ständerat attestierte, dass er seiner Funktion als Schutzorgan von kulturellen und regionalen Minderheiten nachkommt, fallen die empirischen Befunde hierzu kritisch aus. So hält Jegher (1999: 51) in Bezug auf die Artikulation von Minderheiteninteressen fest, dass in den 1990er Jahren weniger als 16 Prozent aller Anträge von Ratsmitgliedern aus der lateinischen Schweiz stammen, die insgesamt rund ein Viertel aller Ständeräte ausmachen. Gemäss Bienlein (2000: 59) reichen zudem die Vertreter der Sprachminderheiten im Nationalrat weit mehr Anträge für ihre Anliegen ein, als sie dort Sitze haben. Dies gilt aber umgekehrt nicht für den Ständerat, was Neidhart (1970: 90) schon zu einem früheren Zeitpunkt festgestellt hat. Schliesslich kommen Wiesli und Linder (2000) zu dem Befund, dass kulturelle Minderheitenanliegen im Gegensatz zu Fragen der Aufgaben- und Kompetenzverteilung zwischen Bund und Kantonen im Ständerat kaum diskutiert werden.

3. *Mässigung der Gewalten:* Schon bei Montesquieu (1689–1755) und ebenso von James Madison (1750/51–1836) in den Federalist Papers wurde auf die positive Funktion einer Zweiten Kammer als Garant für Gewaltenhemmung und Machtteilung zwischen den Institutionen („checks and balances") hingewiesen (Hamilton/Jay/Madison 1961: 402ff.). Duale Parlamentsstrukturen werden insbesondere als institutionelles Gegengewicht zur Machtkonzentration der Exekutive betrachtet, da die Regierung für die Verwirklichung ihrer Politik die Zustimmung mehrerer Mehrheiten benötigt (Heger 1990: 127; Huber-Hotz 1990: 167; Schmid 1977: 337). Die wenigen Studien, die sich mit diesem Aspekt beschäftigt haben, kommen jedoch zu dem Ergebnis, dass der Ständerat die klassisch liberale Korrektivfunktion der Gewaltenkontrolle in der Praxis nicht erfüllt, da die Konkordanzregierung sich stets auch im Ständerat auf eine stabile und regierungstreue Mehrheit stützen kann (Bienlein 2000: 61; Leunig 2009; Neidhart 1970: 91). Vielmehr führt die Existenz einer Zweiten Kammer aufgrund des Einigungszwangs zu einer Schwächung des parlamentarischen Elementes.

4. *„Chambre de réflexion":* Eine der wichtigsten Vorzüge von Zweikammersystemen wird in der generell höheren Qualität der Parlamentsarbeit aufgrund der doppelten Gesetzesberatung gesehen („Inter-Organ-Kontrolle"). Der Zweiten Kammer kommt dabei als „chambre de réflexion", „Rat der Weisen" oder „Kammer des Nachdenkens" vor allem die Aufgabe der langfristigen Planung und der Sicherung einer qualitativ hochstehenden und handwerklich einwand-

freien Arbeit zu, die willkürliche und unüberlegte Entscheide verhindern soll (Hamilton/Jay/Madison 1961: 404; Riker 1992: 101). Wie weit wird der Ständerat diesen hoch gestellten Ansprüchen einer staatspolitischen Reflexionsinstanz gerecht? Als einer der Ersten äusserte sich Neidhart (1970: 84ff.) dazu, der dabei der Kantonskammer die Rolle als „chambre de réflexion" rundweg absprach. An konkreten Beispielen (Gleichberechtigung der Geschlechter, Reformen der Volksrechte, des Parlamentes und der Regierung, Neuordnung der Bundesfinanzen) erläuterte er, dass der Ständerat weder gesetzespolitisch vorausgedacht noch versäumte Problemlösungen frühzeitig in Angriff genommen und damit seine Rolle als staatspolitische Reflexionsinstanz nicht wahrgenommen hat. Ebenso liess sich die Sicherstellung einer besseren Gesetzgebung nicht überzeugend nachweisen; dies nicht zuletzt aufgrund der zeitlichen Überforderung der Milizparlamentarier (Neidhart 1970: 92ff.). Etwas positiver äusserte sich schon Trivelli (1975), der auf die hohe Zahl von Juristen in der Zweiten Kammer hinwies, die dort anteilsmässig auch heute noch deutlich stärker vertreten sind als im Nationalrat. Aufgrund dieser fachspezifischen Berufszusammensetzung würde der Ständerat zumindest als Garant für juristisch kompetente Legislativarbeit gelten. Ebenso zeigen sich Mastias und Grangé (1987) und Huber-Hotz (1991) davon überzeugt, dass die Zweite Kammer einen eigenständigen Beitrag zur Verbesserung der parlamentarischen Gesetzestätigkeit liefert und die doppelte Beratung wesentlich zur Qualitätserhöhung der Gesetzgebungsarbeit beitragen würde. Gleichzeitig ist sich die Forschung aber uneinig darüber, ob der Ständerat den hohen Anforderungen einer „chambre de réflexion" gerecht wird, die staatspolitischen und übergeordneten Fragestellungen höhere Aufmerksamkeit schenkt als die Volkskammer (Bütikofer/Hug 2010; Wiesli/Linder 2000: 7; Zehnder 1988: 153).

5. *Konservativer Status quo:* Aufgrund der Übervertretung von bürgerlich-konservativen Parteien in der Zweiten Kammer zeigt sich im internationalen Vergleich, dass politische Systeme mit einem starken Bikameralismus häufiger am Status quo orientierte Politikresultate liefern als Einkammersysteme (Vatter 2005). Auch in der Schweiz galt der Ständerat gemeinhin als Garant für die Interessenwahrung der konservativen Landkantone. Diese Wirkung lässt sich nicht nur aus der empirischen Beobachtung der parteipolitischen Zusammensetzung der Zweiten Kammer herleiten, sondern bietet sich auch mit Rückgriff auf die Theorie der Vetospieler an (Tsebelis 2002). Starke Zweite Kammern gelten gemäss dieser Theorie als kompetitive Vetospieler, die die Wahrscheinlichkeit einer Veränderung des Status quo und von Reformen verringern, insbesondere wenn sie sich parteipolitisch stark von der Ersten Kammer unterscheiden (Tsebelis/Money 1997: 75ff.). Wie weit entspricht nun der Ständerat heute noch dem Klischee des konservativen „Stöcklis"? Ältere Studien prägten dieses Bild, indem sie die Kantonsvertreter als eindeutig reformfeindlicher als die Nationalräte einstufen und die Ständeräte gleichzeitig als den traditionellen und konservativen Werten besonders stark verpflichtet sahen (Mastias/Grangé 1987: 401ff.; Trivelli 1975). Noch Anfang der 1990er Jahre wurde der Zweiten Kammer diese bewahrende Eigenschaft zugeschrieben. So erwies sich der Ständerat zu dieser Zeit in Bezug auf seinen Einfluss auf die

parlamentarische Gesetzgebungstätigkeit in der Mehrzahl der Fälle noch deutlich reformresistenter als der Nationalrat (Jegher/Lanfranchi 1996: 49ff.). Mit dem Wandel der parteipolitischen Zusammensetzung des Ständerats veränderte sich aber auch die Einschätzung seiner Reformbereitschaft. Trotz der etwas geringeren Innovationsfreudigkeit der ständerätlichen Kommissionen folgerte schon Lüthi (1997: 203), dass der Ständerat keineswegs mehr die ihm oft zugeschriebene Rolle des ewigen Bremsers spiele und in jüngerer Zeit durchaus auch fortschrittlichere Positionen als der Nationalrat eingenommen habe und so tragfähige Kompromisse zustande bringe. Zumindest für die jüngste Zeit weisen auch die Auswertungen des Smartmonitors in diese Richtung, gemäss denen der Ständerat zwischen 1995 und 2003 noch mehrheitlich verantwortlich für das Scheitern der Erlasse in den Einigungskonferenzen war, während sich seither mit dem Aufkommen der „unheiligen Allianzen" von Sozialdemokraten und SVP im Nationalrat das Blatt gewendet hat, wobei sich seit 2011 eine gewisse Entspannung abzeichnet (Traber 2015). Schwarz und Linder (2008: 33) deuten die abnehmende Konfliktintensität zwischen den beiden Kammern in früher umstrittenen Politikbereichen wie der Landwirtschaft dahingehend, „dass das alte Bild eines konservativ-ländlich dominierten Ständerats gegenüber einem stärker progressiv-urban geprägten Nationalrat heute überholt ist." Hermann (2011: 205) bestätigt diese Vermutung, indem er im Rahmen eines politischen Profilvergleichs der beiden Kammern darauf hinweist, dass der Ständerat in der Aussen- und Sicherheitspolitik tatsächlich (links)liberaler als der Nationalrat politisiert und sich generell wenig beeindruckt von der herrschenden konservativen Stimmungslage zeigt. Noch deutlicher fällt schliesslich das Urteil von Bütikofer und Hug (2010) aus, die sich sowohl auf eine Parlamentarierbefragung als auch auf die Auswertung des effektiven Stimmverhaltens bei ausgewählten Vorlagen der letzten Jahre stützen. Sie kommen zum Schluss, dass das althergebrachte Bild des konservativen Ständerats heute eher einem Mythos als der Realität entsprechen würde, was sie damit begründen, dass in der Zweiten Kammer extreme Parteien fehlen, die Mitte-links-Koalition gestärkt wurde und bei den Parteien eher moderatere Politiker im Ständerat sitzen als im Nationalrat.

## 7 Das Zweikammersystem

*Tabelle 7.3: Übersicht über die Gestaltungswirkungen des Schweizer Ständerats im Lichte der empirischen Forschung*

| empirische Studien | föderale Interessenwahrung | Schutz von Minderheiten | Mässigung der Gewalten | „Chambre de réflexion" | konservativer Status Quo-Effekt | Mässigung des Staatseinflusses |
|---|---|---|---|---|---|---|
| Neidhart 1970 | 0 | 0 | 0 | 0 | X | X |
| Trivelli 1975 | X | | | (X) | X | X |
| Mastias/Grangé 1987 | 0 | | | (X) | X | X |
| Zehnder 1988 | (X) | | | 0 | (X) | (X) |
| Huber-Hotz 1991 | X | X | | X | (X) | |
| Jegher/Lanfranchi 1996 | X | (X) | | | X | (X) |
| Lüthi 1997 | | (X) | (X) | | 0 | (X) |
| Jegher 1999 | (X) | 0 | | | (X) | (X) |
| Bienlein 2000 | (X) | (X) | 0 | | (X) | |
| Wiesli/Linder 2000 | 0 | 0 | | 0 | X | (X) |
| Schwarz/Linder 2008 | (X) | | | | 0 | |
| Bütikofer/Hug 2010 | | | | (X) | 0 | |
| Hermann 2011 | | | | (X) | 0 | X |
| ch Stiftung 2017 | 0 | | | | | |
| Dick 2018 | | | 0 | | | X |

Anmerkungen: X = trifft zu; (X) = trifft teilweise zu; 0 = trifft nicht zu; leer = wurde nicht erhoben.
Quelle: Vatter (2006: 54) und eigene Aktualisierungen.

6. *Mässigung des Staatseinflusses*: Neben konservativen Parteien sind auch liberale Kräfte in Zweiten Kammern oft überrepräsentiert (Vatter 2005). Das gilt insbesondere für die Schweiz mit der traditionellen Übervertretung der Freisinnigen im Ständerat, was sich auch auf die Beschlüsse der Zweiten

Kammer auswirken sollte, die sich durch weniger Staatseinfluss und einen schwächeren Wohlfahrtsstaat auszeichnen müssten. Tatsächlich belegt die empirische Forschung einen entsprechenden „Laissez-faire"-Effekt. So wies schon Neidhart (1970) darauf hin, dass die Zweite Kammer vor allem als fiskalische Bremse agierte (z. B. bei Wohnbau-, Sozialversicherungs- und Besoldungsvorlagen) und sie sich regelmässig dafür einsetzte, dass der Bund sparen musste (Ausgabenbremse). Ebenso zog Trivelli (1975: 285ff.) aus seinen umfangreichen Untersuchungen den Schluss, dass sich der Ständerat tendenziell gegen Staatsinterventionen wehrt und sich hingegen besonders offen gegenüber den liberalen Anliegen der Wirtschaft zeigt, weshalb Trivelli (1975) ihn auf der Links-rechts-Skala eher rechts, den Nationalrat eher links einordnete. Übereinstimmend hielten auch Mastias und Grangé (1987) fest, dass sich die Ständeräte stärker für ökonomische Interessen, insbesondere für die Gestaltungsfreiheit der privaten Unternehmen und für die Eindämmung der staatlichen Ausgaben einsetzten. Zehnder (1988: 154) bestätigte den Befund, dass sich die Zweite Kammer in der Tendenz eher für marktwirtschaftliche, eigentümerfreundliche und unternehmenspolitische Interessen sowie auch für eine Begrenzung der Bundeskompetenzen und -einnahmen engagierte. Diese Haltung teilen auch Jegher (1999: 80) und Linder und Wiesli (2000). Gemäss ihren Studien bezieht der Nationalrat eher Position für linke und staatsinterventionistische Anliegen, während der Ständerat sich stärker für wirtschaftsnahe Interessen einsetzt und postmaterialistischen Anliegen gegenüber besonders skeptisch eingestellt ist. Schliesslich bestätigt Hermann (2011: 207) für die Periode von 2001 bis 2011, dass die grössten Differenzen zwischen den beiden Kammern in der Sozialpolitik liegen, in der sich der Ständerat durch eine besonders starke Skepsis gegenüber dem Ausbau des Wohlfahrtsstaates auszeichnet.

## 7.7 Das schweizerische Zweikammersystem im internationalen Vergleich

Während weltweit rund ein Drittel aller Länder über ein bikamerales System und zwei Drittel über ein unikamerales System verfügen, sind die Mehrheitsverhältnisse innerhalb der langjährigen Demokratien gerade umgekehrt (Mueller 2024; Tsebelis/Money 1997). Aus einer international vergleichenden Perspektive gehört das schweizerische Zweikammersystem in die Gruppe föderaler Länder wie Australien, Deutschland und die USA, die über sehr starke bikamerale Parlamentsstrukturen verfügen. Dies wird deutlich, wenn die Zuordnung der Schweiz gemäss dem gängigen Bikameralismusindex von Lijphart (2012) betrachtet wird, der zwischen Einkammersystemen sowie schwachen, mittleren und starken Zweikammersystemen unterscheidet. Entsprechend nimmt der Index Werte zwischen 1 und 4 ein. Die beiden Kriterien von Lijphart (2012) für die Zuordnung der Parlamentsstrukturen eines Landes in eine der vier Kategorien sind erstens das Ausmass der verfassungsmässigen Kompetenzen (Symmetrie) und zweitens die Ausgestaltung des Wahlverfahrens der Zweiten Kammer (Kongruenz). Lijphart (2012: 187ff.) geht davon aus, dass der Einfluss der Zweiten Kammer dann am grössten ist, wenn sie über dieselben Kompetenzen wie die Volkskammer verfügt, sich aber in ihrer Zusammensetzung eindeutig von der Ersten Kammer unterscheidet. Umgekehrt zeichnen sich schwache Zweite Kammern durch geringe

Kompetenzen und eine ähnliche Zusammensetzung wie die Erste Kammer aus. Der Vergleich der Lijphart'schen Messung mit den Bikameralismusindikatoren anderer Autoren macht dabei deutlich, dass für die Zuordnung der einzelnen Länder kaum kontroverse Expertenmeinungen bestehen, korrelieren doch die verschiedenen Indizes von Lijphart (2012), Siaroff (2009), Schmidt (2010) und Woldendorp, Keman und Budge (2000) mit 0.8 und stärker.

Tabelle 7.4 gibt eine Übersicht über die Ausprägungsformen der Parlamentsstrukturen in 24 OECD-Staaten. Dabei bestätigt sich, dass die Schweiz heute weltweit über eines der stärksten Zweikammersysteme verfügt. Aufgrund der gleichrangigen Kompetenzen für die Volks- und Ständekammer und der unterschiedlichen politischen Zusammensetzung und Wahlmodi der Ersten (in der Regel Proporzwahl) und Zweiten Kammer (in der Regel Majorzwahl) sowie der grundsätzlich gleichen Anzahl von Kantonsvertretern im Ständerat[16] erhält die Schweiz den Maximalwert in der Bikameralismusskala von Lijphart. Nur der australische Senat, der deutsche Bundesrat und der US-amerikanische Senat verfügen über eine ähnlich mächtige Stellung im politischen System wie der schweizerische Ständerat, während die Zweiten Kammern in den anderen entwickelten OECD-Staaten über eine schwächere Position verfügen, sofern sie überhaupt noch existieren (Baldwin/Shell 2001; Mueller 2024; Vatter 2005). So wurden Zweite Kammern in eher homogenen Gesellschaften wie Neuseeland (1950), Dänemark (1953), Schweden (1970), Island (1991) und Norwegen (2009) abgeschafft, weil ihnen eine eigene föderale Legitimationsbasis fehlte und sie als überflüssige Verdoppe-

*Tabelle 7.4: Die Struktur der Parlamentskammern in 24 OECD-Staaten*

|  | inkongruent | kongruent |
|---|---|---|
| symmetrisch | *starker Bikameralismus (4)*<br>Australien, Deutschland, *Schweiz*, USA | *mittlerer Bikameralismus (3)*<br>Italien, Japan, Niederlande |
| asymmetrisch | *mittlerer Bikameralismus (3)*<br>Kanada, Frankreich, Spanien | *schwacher Bikameralismus (2)*<br>Belgien, Österreich, Irland, Grossbritannien (1.75) |
|  |  | *Unikameralismus (1)*<br>Dänemark, Finnland, Luxemburg, Griechenland, Neuseeland, Norwegen (1.5), Portugal, Schweden, Island, Israel |

Anmerkungen und Quellen: Eigene Zusammenstellung und Aktualisierungen auf Basis von Lijphart (2012: 199f.). Die Werte in Klammern geben den Wert auf der Bikameralismusskala wieder. In Norwegen (1.5) bestand bis 2009 ein Einkammersystem, das sich in zwei Unterkammern aufteilte (unechtes Mischsystem). Die Einordnung des britischen Zweikammersystems folgt der Zuordnung von Flinders (2005: 79) gemäss der Lijphart-Skala.

---

16 Die Ausnahme bilden die Einervertretungen der früheren Halbkantone im Ständerat.

lung der Ersten Kammer betrachtet wurden (Lijphart 2012; Schüttemeyer/Sturm 1992). Eine Besonderheit bilden schliesslich in der Gruppe der unitarischen Staaten die ständestaatlichen Repräsentationsorgane im britischen House of Lords und im irischen Senat. Auch wenn der Ständerat in der Praxis nur indirekt zur Stärkung kantonaler Interessenvertretung beiträgt,[17] lässt sich die Schweiz unter Beizug der beiden Kriterien von Lijphart (2012), d. h. aufgrund der rechtlichen Gleichstellung der beiden Kammern (Symmetrie) und den separaten Wahlen zur Ersten und Zweiten Parlamentskammer (Inkongruenz), nach wie vor als ein sehr starkes bikamerales System bezeichnen. Dieser Befund wird durch den neuen Bikameralismusindex von Mueller, Vatter und Dick (2023) untermauert, der als dritte Dimension die Legitimität der Zweiten Kammer in der Öffentlichkeit einbezieht. Von 29 Demokratien weist die Schweiz in dieser Studie die stärkste Zweite Kammer auf. Damit entspricht das schweizerische Zweikammersystem mit zwei gleichberechtigten, aber unterschiedlich zusammengesetzten Parlamentskammern dem machtteilenden Konsensdemokratiemodell, während die Machtkonzentration in unikameralen Systemen wie in den nordischen Staaten das mehrheitsdemokratische Modell auszeichnet (Lijphart 2012).

## 7.8 Zusammenfassung und Diskussion

Im Gegensatz zur Ersten Parlamentskammer müssen Zweite Kammern in modernen Demokratien ihre Existenz sowohl aufgrund eines eigenen Repräsentationsprinzips als auch aufgrund besonderer Funktionen begründen (Schüttemeyer/Sturm 1992). Wie fällt nun unter Berücksichtigung spezifischer Repräsentationsziele und Gestaltungswirkungen das Urteil über den schweizerischen Ständerat aus? Artikuliert und vertritt die Ständekammer in überdurchschnittlichem Masse die kantonalen Interessen sowie diejenigen von kulturellen Minderheiten und leistet sie einen Beitrag zu einer qualitativ hochstehenden Gesetzgebungsarbeit? Die Kritik von Neidhart (1970: 88ff.) am Ständerat fällt hart aus: Seine föderalistische Repräsentation sei nicht eindeutig genug, als „chambre de réflexion" habe er versagt und als soziale Vertretung entspräche er nicht der gesellschaftlichen Interessenstruktur. In den letzten 50 Jahren sind zahlreiche Studien durchgeführt worden, die einzelne Kritikpunkte von Neidhart (1970) bestätigen, gleichzeitig aber eine differenzierte Beurteilung ermöglichen.

In Bezug auf die föderative Vertretung kantonaler Interessen scheint heute vor allem die Unterscheidung zwischen dem subjektiven Rollenverständnis und dem objektiven Entscheidungsverhalten der Ständeräte angebracht (Linder/Mueller 2017: 243). So verstehen sich die Mitglieder der Kantonskammer in ihrem Selbstverständnis durchaus stärker als Repräsentanten der Kantone als die Nationalräte und messen den föderalen Interessen grösseres Gewicht zu als denjenigen von Parteien und Verbänden. Gleichzeitig zeigen sich im politischen Verhalten aber kaum Unterschiede, was die Anzahl und den Erfolg von föderalistisch motivierten Anlie-

---

17 Aus einer international vergleichenden Perspektive liegt die schweizerische Lösung mit der direkten Volkswahl, dem Instruktionsverbot, aber der Möglichkeit der Kumulierung von gliedstaatlichem Exekutivamt und parlamentarischem Mandat im Ständerat zwischen der zwingenden Personalunion in Deutschland und ihrem faktischen Ausschluss in den USA.

gen in den beiden Räten betreffen. Einzig in der Kombination als Erstrat erweist sich der Ständerat etwas engagierter hinsichtlich föderalismusrelevanter Anträge, ansonsten sind aber kaum unterschiedliche Positionen zwischen National- und Ständerat sichtbar. Kurz: Die symbolische Funktion als Hort des Föderalismus nimmt der Ständerat auch heute noch wahr, im konkreten Entscheidungsverhalten schlägt sich das aber kaum nieder. Im Konfliktfall haben im Ständerat die parteipolitischen Konfliktlinien in der Regel mehr Gewicht als die institutionellen Selbsterhaltungsinteressen der kantonalen Behörden. Entsprechend richtet sich die Hauptkritik der Kantone schon seit längerem an die ungenügende Anbindung der Ständeräte an die kantonalen Behörden. So betrachten die Kantonsregierungen nicht länger die Kantonskammer als ihre primäre Interessenvertretung auf Bundesebene (Mueller/Vatter 2020; Honegger 1997; Schnabel 2020a, b). Vielmehr dominiert informelles „Kantonslobbying", das sich auf dieselben Lobbyingtaktiken abstützt wie sie Verbände, Interessengruppen oder zivilgesellschaftliche Akteure nutzen. Dass sich die Kantone heute vorwiegend ausserhalb der in der Bundesverfassung vorgesehenen vertikalen Föderalismusinstitutionen bundespolitisches Gehör verschaffen, bringt die aus kantonaler Sicht ungenügende föderale Outputfunktion des Ständerates deutlich zum Ausdruck (Freiburghaus 2024; vgl. Kapitel 10).

Ist der Ständerat stattdessen eher eine „chambre de réflexion", eine verfassungsrechtliche Reflexionsinstanz, die politisch vorausdenkt? Es mag kurze Phasen gegeben haben, etwa zu Beginn der 1990er Jahre, als eine Reihe von Politikern weitreichende Vorschläge zur Regierungsreform eingebracht haben, in denen die Zweite Kammer diesem hohen Anspruch gerecht wurde. Grundsätzlich überwiegt aber der Eindruck, dass sich die Ständeräte nicht zuletzt als Folge des demokratischen Wahlmodus wie die Volksvertreter der Ersten Kammer in erster Linie an der durch Parteien geprägten Tagespolitik orientieren. Immerhin attestieren ihnen aber einzelne Beobachter, dass sie die Sicherstellung einer „technisch" einwandfreien Gesetzgebung wahrnehmen und über eine etwas höhere Diskursqualität verfügen als der Nationalrat (Bächtiger 2005). Auch heute noch tragen insbesondere die zahlreichen Juristen sowie der grössere Anteil professioneller Politiker in der Kantonskammer durch ihre langjährigen Fachkenntnisse, ihre besondere Sensibilität für rechtsstaatliche Fragen und ihre Skepsis gegenüber populistischen Lösungen zu einer qualitativen Verbesserung der Gesetzgebungsarbeit bei, weshalb zumindest die alte Metapher des Ständerats als „juristisches Gewissen" auch heute noch zutrifft (Trivelli 1975).

In Bezug auf die Repräsentation gesellschaftlicher Interessen bestätigen sich für die Schweiz die internationalen Befunde (Riescher/Russ/Haas 2010; Schüttemeier/Sturm 1992; Vatter 2002, 2005), dass die Vertretungsdefizite der Volkskammer durch die Existenz einer Zweiten Kammer noch akzentuiert werden und die politischen Repräsentanten in den beiden Räten damit keinesfalls einen Mikrokosmos der schweizerischen Gesellschaft darstellen. Etwas zugespitzt formuliert, stellt der Ständerat im Vergleich zum Nationalrat „so etwas wie die Elite der politischen Elite" dar (Hermann 2011: 210). Der Ständerat entspricht damit am ehesten der politischen Klasse älterer männlicher Führungskräfte mit langjähriger Exekutiv- und Legislativerfahrung, weshalb er nicht zufällig bei Abstimmungen mit seinen Positionen stärker von der Volksmeinung abweicht als der vergleichsweise vielfältiger zusammengesetzte Nationalrat (Bütikofer 2014; Hermann 2011; vgl. aber auch Stadelmann/Portmann/Eichenberger 2013). Ebenso repräsentiert der Ständerat mit der Übervertretung der Katholiken nur selektiv die Interessen von kulturellen Minderheiten, da die ehemaligen Verlierer des Sonderbundskrieges zwischenzeitlich zur grössten Konfessionsgruppe angewachsen sind und andere kulturelle Minoritäten wie diejenigen der lateinischen Sprachgruppen durch die Zweite Kammer nicht besonders geschützt werden. Profitiert haben vom Zweikammersystem hingegen die kleinen und ländlichen Kantone, wie es vom Verfassungsgeber ursprünglich auch beabsichtigt wurde. So können die kleinsten 14 Kantone heute im Ständerat eine Sperrminorität von 23 Stimmen bilden, die nur rund 20 Prozent der Schweizer Bevölkerung repräsentiert (Kriesi 1998: 77; Linder/Mueller 2017: 244). Allerdings kann daraus nicht mehr geschlossen werden, dass die Ständekammer deshalb als konservative Bastion der Landkantone agiert. Vielmehr hat seine traditionelle Zusammensetzung aus zahlreichen moderaten Politikern der bürgerlichen Mitte und der gestiegene Anteil rot-grüner Politiker dazu geführt, dass er sich in Fragen der aussenpolitischen Öffnung und einer offenen Migrationspolitik eher auf die linke Seite, bei den Auseinandersetzungen um einen schlanken Wohlfahrtsstaat, wirtschaftliche Liberalisierung und eine starke Armee auf die bürgerliche Seite schlägt (Hermann 2011). Damit politisiert der Ständerat bei den Kernthemen der SVP etwas linksliberaler, bei klassischen Links-rechts-Konflikten in der Wirtschafts- und Sozialpolitik etwas rechtsbürgerlicher, insgesamt aber nur im Einzelfall anders als der Nationalrat und im Zweifelsfall steht er für den Status quo ein. Die hohe Übereinstimmung der beiden Räte spiegelt sich dabei auch in der grundsätzlich grossen Kompromiss- und Einigungsbereitschaft und der geringen parteipolitischen Blockade wider, auch wenn die Zahl der Einigungskonferenzen im Vergleich zu früher grösser geworden ist und in der 51. Legislatur einen neuen Spitzenwert erreicht hat. Obwohl der politische Wettbewerb mit vermehrten knappen Abstimmungen und dynamisierten Mehrheitsbildungen auch in der Kantonskammer Einzug gehalten hat, ist der Ständerat heute noch der Inbegriff der konkordanten Entscheidungsfindung, was durch das stark dezentral organisierte und fragmentierte Parteiensystem noch gefördert wird (Leunig 2009). Im direkten Vergleich weisen verschiedene Studien zudem darauf hin, dass der Ständerat sogar mehr Einfluss auf die Ausgestaltung politischer Vorlagen ausübt als der Nationalrat, weil er aufgrund seiner parteipolitischen Geschlossenheit und seiner kompakten Organisation häufiger als einflussreicher Erstrat agiert als der Nationalrat (Mueller, Dick und Freiburghaus 2020). In Kombination mit der Gleichstellung der beiden Räte, der direkten Volkswahl der Ständeräte und den voneinander abweichenden parteipolitischen Verhältnissen verfügt der Ständerat damit über eine sehr starke und gefestigte Stellung im politischen System der Schweiz.

Im Zusammenhang mit dem einseitigen Schutz der kleinen Landkantone und der katholischen Bevölkerung durch den Ständerat stellt sich aber angesichts der weitreichenden gesellschaftlichen und politischen Veränderungen die Frage, ob dieses selektive Konfliktregelungsmuster längerfristig noch gerechtfertigt scheint.

Ein wichtiger Grund für den zunehmenden Legitimationsdruck auf föderalistische Institutionen liegt nämlich darin, dass sie nur Minoritäten einen Schutz bieten, die sich über bestimmte geografische Räume definieren lassen, hingegen keinen für diejenigen politischen Minderheiten, die sich dieser Territoriallogik entziehen (Vatter 2006). Während dieses Manko zur Zeit der Entstehung des neuen Bundesstaates von untergeordneter Bedeutung war, da die zentralen politischen Konfliktlinien nach dem Sonderbundskrieg im Grossen und Ganzen entlang der Kantonsgrenzen verliefen, dominieren heute andere Spannungslinien die politische Landschaft der Schweiz, die oft quer zu den Grenzen der politischen Gebietseinheiten liegen (Bochsler u. a. 2016). Gerade politische „Minderheiten", die in der heutigen Politik eine wichtige Rolle spielen und zentrale Spannungslinien moderner Gesellschaften wiedergeben (z. B. Frauen, zukünftige Generationen, Risikobetroffene, Ausländer, Einwohner urbaner Zentren), lassen sich in der Regel nicht auf Minderheiten im ausschliesslichen Sinne von „territorial interest groups" (Duchacek 1970: 19) reduzieren.

Die verschiedenen Vorschläge zur Ständeratsreform fordern deshalb entweder eine Änderung der Vertretungsregeln zur verstärkten Berücksichtigung der unterschiedlichen Grössenverhältnisse der Kantone oder eine Änderung der Entscheidungsregeln, die eine Verlagerung der Kompetenzen zwischen den beiden Kammern vorsehen, wobei die einzelnen Vorschläge unterschiedlich weit gehen (Vatter 2006, 2020a, b). Während die Reformmodelle auf der Inputseite die Einführung der Proporzwahl, die Gewichtung der Stände nach ihrer Bevölkerungsgrösse (bzw. die Aufwertung von Kantonen mit halber Standesvertretung), eine Personalunion von Regierungs- und Ständerat in Anlehnung an das deutsche Bundesratsmodell oder eine Bestellung im Losverfahren vorschlagen (vgl. Vatter 2020b), stehen bei den Modellen auf der Outputseite entweder die Aufgaben- und Funktionsteilung oder die Vorrangstellung der Volkskammer vor der Zweiten Kammer im Vordergrund. Eine dritte Kategorie von Reformvorschlägen geht noch einen Schritt weiter und sieht einen Ersatz der Zweiten Kammer durch „funktional äquivalente" Institutionen wie ein Einkammersystem mit qualifizierten Mehrheitsentscheidungen oder einen Ausbau föderativ-direktdemokratischer Instrumente vor. Auf eine grundsätzliche Kritik traditioneller Politikprozesse geht schliesslich die Forderung nach einem Zukunftsrat als Dritte Parlamentskammer zur Wahrung zukünftiger Interessen von kommenden Generationen zurück (Seneviratne u. a. 2023). Die von Vatter (2020a) durchgeführte ex ante Evaluation von zehn ausgewählten Modellen macht dabei deutlich, dass keiner der Reformvorschläge alle funktionalen Defizite der Zweiten Parlamentskammer auf einmal beheben kann. Während einzelne Varianten wie der Übergang zur Proporzwahl, die demografische Gewichtung der Stände oder der Wechsel zum Einkammersystem nicht zu überzeugen vermögen, erfüllen immerhin drei Reformmodelle je rund die Hälfte der aufgestellten Bewertungskriterien. So würde eine offizielle Personalunion von Stände- und Regierungsrat die unmittelbare kantonale Interessenwahrung stärken und gleichzeitig die parteipolitische Polarisierung schwächen. Ein Minderheiten- bzw. Zukunftsrat schliesslich würde die gesellschaftliche Repräsentation verbessern und könnte zu einer echte(re)n „chambre de réflexion" avancieren, zumal falls die Auswahl seiner Mitglieder per Auslosung erfolgt. Vatters Gedankenexperiment schliesst denn auch mit einer Kombination dieser drei Modelle in eine der nationalen Legislative zur Seite stehende „föderative Antizipative".

## 7.9 Literaturverzeichnis

Albrecht, Philipp/Bühler, Dennis/Hamilton-Irvine, Bettina, 2019: Im Goldfischteich. In: Republik, Onlineausgabe vom 15.11.2019. https://www.republik.ch/2019/11/15/im-goldfischteich (abgerufen am 10.06.2020).

Aubert, Jean-François, 1998: Die Schweizerische Bundesversammlung von 1848 bis 1998. Basel/Frankfurt a. M.: Helbing & Lichtenhahn.

Bächtiger, André, 2005: The Real World of Deliberation. A Comparative Study of its Favourable Conditions in Legislatures. Bern: Haupt.

Baldwin, Nicholas/Shell, Donald (Hrsg.), 2001: Second Chambers. London/Portland: Frank Cass.

Bailer, Stefanie/Bütikofer, Sarah/Hug, Simon, 2020: Changing Places in Parliament. Konferenzpapier zum SVPW|SPSA Annual Congress 2020 vom 3.–4. Februar 2020. Luzern.

Benesch, Christine/Bütler, Monika/Hofer, Katharina E., 2016: Transparency in Parliamentary Voting. Diskussionspapier Nr. 2016/02. St. Gallen: Universität St. Gallen.

Benesch, Christine/Bütler, Monika/Hofer, Katharina E., 2018: Transparency in Parliamentary Voting. In: Journal of Public Economics 163, 60–76.

Benesch, Christine/Bütler, Monika/Hofer, Katharina E., 2020: Licht ins Dunkel: Transparenteres Abstimmungsverhalten im Ständerat. In: Mueller, Sean/Vatter, Adrian (Hrsg.): Der Ständerat. Die Zweite Kammer der Schweiz. Basel: NZZ Libro, 71–91.

Benz, Arthur, 2020: Lernen vom Nachbarn? Der Schweizer Ständerat und der deutsche Bundesrat im Vergleich. In: Mueller, Sean/Vatter, Adrian (Hrsg.): Der Ständerat. Die Zweite Kammer der Schweiz. Basel: NZZ Libro, 203–227.

Bienlein, Martin, 2000: Die Vertretung der Kantone im Ständerat. Lizentiatsarbeit. Bern: Universität Bern, Insitut für Politikwissenschaft.

Bochsler, Daniel/Mueller, Sean/Bernauer, Julian 2016: An Ever Closer Union? The Nationalisation of Political Parties in Switzerland, 1991–2015. In: Swiss Political Science Review 22/1, 29–40.

Bundesamt für Statistik, 2024: Diverse Statistiken. http://www.bfs.admin.ch/ (abgerufen am 01.05.2024).

Bütikofer, Sarah, 2014: Das Schweizer Parlament. Eine Institution auf dem Pfad der Moderne. Eine Analyse der 47. Legislatur. Baden-Baden: Nomos.

Bütikofer, Sarah, 2020: Zwischen Partei und Kanton: von den Besonderheiten des Ständerats und seiner Mitglieder. In: Mueller, Sean/Vatter, Adrian (Hrsg.): Der Ständerat. Die Zweite Kammer der Schweiz. Basel: NZZ Libro, 93–118.

Bütikofer, Sarah/Hug, Simon, 2010: The Swiss Upper House: "Chambre de Réfléxion" or Conservative Renegades? In: Journal of Legislative Studies 16/2, 176–194.

Bütikofer, Sarah/Hug, Simon/Martin, Danielle, 2011: Koalitionen im Stöckli. In: Neue Zürcher Zeitung, 13.10.2011, 13.

ch Stiftung für eidgenössische Zusammenarbeit,2017. Monitoringbericht Föderalismus 2014-2016. https://kdk.ch/de/themen/foederalismus-und-staatsrecht/foederalismusmonitoring (abgerufen am 14.04.2020).

Dick, Sereina, 2018: Der Ständerat im Schatten der Volkskammer? Die Gesetzgebungsmacht der Zweiten Kammer. In: Vatter, Adrian (Hrsg.): Das Parlament in der Schweiz. Macht und Ohnmacht der Volksvertretung. Zürich: NZZ Libro, 233–261.

Düblin, Jürg, 1978: Die Anfänge der Schweizerischen Bundesversammlung. Bern: Francke.

Duchacek, Ivo, 1970: Comparative Federalism. The Territorial Dimension of Politics. New York: Holt, Rinehart and Winston.

Flinders, Matthew, 2005: Majoritarian Democracy in Britain: New Labour and the Constitution. In: West European Politics 28/1, 61–93.

Freiburghaus, Rahel, 2018: Ein grosser Scherbenhaufen? Einigungskonferenzen im schweizerischen Zweikammersystem. In: Vatter, Adrian (Hrsg.): Das Parlament in der Schweiz. Macht und Ohnmacht der Volksvertretung. Zürich: NZZ Libro, 197–232.

Freiburghaus, Rahel, 2020. Kuppler unter der Kuppel? Die Scharnierfunktion von (ehemaligen) kantonalen Regierungsmitgliedern im Ständerat. In: Mueller, Sean/Vatter, Adrian (Hrsg.): Der Ständerat. Die Zweite Kammer der Schweiz. Basel: NZZ Libro, 147–180.

Freiburghaus, Rahel, 2024: Lobbyierende Kantone. Subnationale Interessenvertretung im Schweizer Föderalismus. Baden-Baden: Nomos.

Hamilton, Alexander/Jay, John/Madison, James, 1961: The Federalist. Cambridge: Harvard University Press.

Heger, Matthias, 1990: Deutscher Bundesrat und Schweizer Ständerat: Gedanken zu ihrer Entstehung, ihrem aktuellen Erscheinungsbild und ihrer Rechtfertigung. Berlin: Duncker und Humblot.

Hermann, Michael, 2011: Konkordanz in der Krise. Ideen für eine Revitalisierung. Zürich: NZZ Libro.

Holenstein, Rolf, 2018: Stunde Null. Die Neuerfindung der Schweiz im Jahr 1848: die Privatprotokolle und Geheimberichte der Erfinder. Basel: Echtzeit Verlag.

Honegger, Eric, 1997: Der Ständerat: Eckstein einer Föderalismusreform. In: Bernhard, Roberto (Hrsg.): Grenzerfahrungen. Grenzüberschreitende Regional-Zusammenarbeit, Föderalismus-Reformen und Mentalitätsschranken-Wandel. Aarau: Verlag Sauerländer, 154–168.

Huber-Hotz, Annemarie, 1991: Das Zweikammersystem: Anspruch und Wirklichkeit. In: Parlamentsdienste (Hrsg.): Das Parlament – Oberste Gewalt des Bundes. Bern/Stuttgart: Haupt, 165–182.

Jaag, Tobias, 1976: Die Zweite Kammer im Bundesstaat: Funktion und Stellung des schweizerischen Ständerates, des deutschen Bundesrates und des amerikanischen Senats. Zürich: Schulthess.

Jegher, Annina, 1999: Bundesversammlung und Gesetzgebung: Der Einfluss von institutionellen, politischen und inhaltlichen Faktoren auf die Gesetzgebungstätigkeit der Eidgenössischen Räte. Bern/Stuttgart: Haupt.

Jegher, Annina/Lanfranchi, Prisca, 1996: Der Einfluss von National- und Ständerat auf den Gesetzgebungsprozess. Eine Analyse quantitativer und qualitativer Aspekte der parlamentarischen Gesetzgebungstätigkeit in der 44. Legislaturperiode (1991–95). Bern: Universität Bern, Institut für Politikwissenschaft.

Kerr, Henry, 1981: Parlement et société en Suisse. St. Saphorin: Georgi.

Kriesi, Hanspeter, 1998: Le système politique suisse. Paris: Economica.

Kriesi, Hanspeter, 2003: Wahlentscheide bei den Ständeratswahlen. In: Sciarini, Pascal/Hardmeier, Sibylle/Vatter, Adrian Vatter (Hrsg.): Schweizer Wahlen 1999. Bern/Stuttgart/Wien: Haupt, 147–182.

Lachat, Romain, 2006: A Tale of Two Councils. Explaining the Weakness of the SVP in the Upper House of the Federal Parliament. In: Swiss Political Science Review 12/4, 77–99.

Leunig, Sven, 2009: Der schweizerische Ständerat: Eidgenössisch eigenständig. In: Leunig, Sven (Hrsg.): Handbuch Föderale Kammern. Opladen: Barbara Budrich, 215–229.

Lijphart, Arend, 2012: Patterns of Democracy. Government Forms and Performance in Thirty-Six Countries. New Haven/London: Yale University Press.

Linder, Wolf, 1991: Ausblick. In: Parlamentsdienste (Hrsg.): Das Parlament – Oberste Gewalt des Bundes. Bern/Stuttgart/Wien: Haupt, 485–494.

Linder, Wolf/Mueller, Sean, 2017: Schweizerische Demokratie. Institutionen – Prozesse – Perspektiven. Bern: Haupt.

Lüthi, Ruth, 1997: Die Legislativkommissionen der Schweizerischen Bundesversammlung. Institutionelle Veränderungen und das Verhalten von Parlamentsmitgliedern. Berner Studien zur Politikwissenschaft 4. Bern: Haupt.

Marti, Urs, 1990: Zwei Kammern – ein Parlament. Ursprung und Funktion des schweizerischen Zweikammersystems. Frauenfeld: Verlag Huber.
Mastias, Jean/Grangé, Jean, 1987: Les secondes chambres du Parlement en Europe Occidentale. Paris: Economica.
Mueller, Sean, 2024: Bicameralism. In: Vatter, Adrian/Freiburghaus, Rahel (Hrsg.): Handbook of Comparative Political Institutions. Cheltenham: Edward Elgar Publishing.
Mueller, Sean/Dick, Sereina/Freiburghaus, Rahel, 2020: Ständerat, stärkerer Rat? Die Gesetzgebungsmacht der Zweiten Kammer im Vergleich zu National- und Bundesrat. In: Mueller, Sean/Vatter, Adrian (Hrsg.): Der Ständerat. Die Zweite Kammer der Schweiz. Basel: NZZ Libro, 119–145.
Mueller, Sean/Vatter, Adrian (Hrsg.), 2020: Der Ständerat. Die Zweite Kammer der Schweiz. Basel: NZZ Libro.
Mueller, Sean/ Vatter, Adrian/Dick, Sereina, 2023: A New Index of Bicameralism: Taking Legitimacy Seriously. In: Journal of Legislative Studies 29/2, 312–336.
Müller, Jurek, 2023: Interaktive Visualisierung zeigt, wie National- und Ständerat zusammen arbeiten. https://www.societybyte.swiss/2023/06/02/interaktive-visualisierung-der-zusammenarbeit-im-national-und-staenderat/ (abgerufen am 17.05.2024).
Neidhart, Leonhard, 1970: Reform des Bundesstaates. Analysen und Thesen. Bern: Francke Verlag.
Neidhart, Leonhard, 2010: Das frühe Bundesparlament. Der erfolgreiche Weg zur modernen Schweiz. Zürich: Verlag Neue Zürcher Zeitung.
Parlamentsdienste, 2017: Bezüge der Ratsmitglieder. Faktenbericht. https://www.parlament.ch/centers/documents/de/faktenblatt-bezuege-d.pdf (abgerufen am 14.11.2017).
Parlamentsdienste, 2023: Faktenbericht Einigungskonferenz, Stand Herbst 2023. https://www.parlament.ch/centers/documents/de/faktenblatt-einigungskonferenz-d.pdf (abgerufen am 15.02.2024).
Pitkin, Hanna F., 1967: The Concept of Representation. Berkeley/Los Angeles: University of California Press.
Riescher, Gisela/Russ, Sabine/Haas, Christoph, 2010: Zweite Kammern. München/Wien: Oldenbourg.
Riker, William H., 1992: The Justification of Bicameralism. In: International Political Science Review 13, 101–116.
Schmid, Gerhard, 1977: Föderalismus und Ständerat in der Schweiz. In: Zeitschrift für Parlamentsfragen 8/3, 334–350.
Schmidt, Manfred G., 2010: Demokratietheorien. Eine Einführung. Wiesbaden: VS Verlag.
Schnabel, Johanna, 2020a: Die Konferenz der Kantonsregierungen als der bessere Ständerat? Territoriale Mitbestimmung im schweizerischen Föderalismus. In: Mueller, Sean/Vatter, Adrian (Hrsg.): Der Ständerat. Die Zweite Kammer der Schweiz. Basel: NZZ Libro, 181–202.
Schnabel, Johanna, 2020b. Managing Interdependencies in Federal Systems. Intergovernmental Councils and the Making of Public Policy. Cham: Palgrave Macmillan.
Schüttemeyer, Suzanne S./Sturm, Roland, 1992: Wozu Zweite Kammern? Zur Repräsentation und Funktionalität Zweiter Kammern in westlichen Demokratien. In: Zeitschrift für Parlamentsfragen 23/3, 517–536.
Schwarz, Daniel/Linder, Wolf, 2008: Das Verhältnis von National- und Ständerat im Differenzbereinigungsverfahren 1996–2005: Eine Analyse von Einflusspotenzial und Koalitionsverhalten. Bern: Universität Bern, Institut für Politikwissenschaft.
Schweizer Parlament, 2024: Datenbank der Ratsmitglieder seit 1848. https://www.parlament.ch/de/ratsmitglieder (abgerufen am 01.05.2024).
Seneviratne, Sonia I./Zimmermann, Laura/Notter, Markus/Spillmann, Andreas (Hrsg.), 2023: Mit einem Zukunftsrat gegen die Klimakrise. Warum die Schweiz eine Dritte Parlamentskammer braucht. Zürich: Scheidegger & Spiess.

Siaroff, Alan, 2009: Comparing Political Regimes: a Thematic Introduction to Comparative Politics. Toronto: University of Toronto Press.

Stadelmann, David/Portmann, Marco/Eichenberger, Reiner, 2013: Quantifying Parliamentary Representation of Constituents' Preferences with Quasi-Experimental Data. In: Journal of Comparative Economics 41/1, 170–180.

Traber, Denise, 2015: Disenchanted Swiss Parliament? Electoral Strategies and Coalition Formation. In: Swiss Political Science Review 21/4, 702–723.

Trivelli, Laurent, 1975: Le bicaméralisme: Institutions comparées: Etude historique, statistique et critique des rapports entre le Conseil National et le Conseil des Etat. Lausanne: Payot.

Tsebelis, George, 2002: Veto Players. How Political Institutions Work. Princeton: Princeton University Press.

Tsebelis, George/Money, Jeannette, 1997: Bicameralism. Cambridge: Cambridge University Press.

Vatter, Adrian, 2002: Politische Institutionen und ihre Leistungsfähigkeit: Der Fall des Bikameralismus im internationalen Vergleich. In: Zeitschrift für Parlamentsfragen 33/1, 125–143.

Vatter, Adrian, 2005: Bicameralism and Policy Performance: The Effects of Cameral Structure in Comparative Perspective. In: Journal of Legislative Studies 11/2, 194–215.

Vatter, Adrian, 2006: Der Ständerat: Wirkungsweise und Reformansätze. In: Vatter, Adrian (Hrsg.): Föderalismusreform. Wirkungsweise und Reformansätze föderativer Institutionen in der Schweiz. Zürich: Verlag Neue Zürcher Zeitung, 73–97.

Vatter, Adrian, 2020a: Reformansätze unter der Lupe: Modelle für die Reform des Ständerates. In: Mueller, Sean/ Vatter, Adrian (Hrsg.): Der Ständerat. Die Zweite Kammer der Schweiz. Basel: NZZ Libro, 253–292.

Vatter, Adrian, 2020b: Ein durch Los bestellter Minderheiten- und Zukunftsrat als Zweite Parlamentskammer? In: Nagel, Melanie/Kenis, Patrick/Philip, Leifeld/Schmedes, Hans-Jörg (Hrsg.): Politische Komplexität, Governance von Innovationen und Policy-Netzwerke. Festschrift für Volker Schneider. Wiesbaden: Springer VS, 53–58.

Vatter, Adrian/Freiburghaus, Rahel/Triaca, Ladina, 2017: Deutsches Bundesrats- vs. Schweizer Senatsmodell im Lichte sich wandelnder Parteiensysteme: Repräsentation und Legitimität Zweiter Kammern im Vergleich. In: Zeitschrift für Parlamentsfragen 48/4, 741–763.

Vatter, Adrian/Ladner, Andreas, 2020: Vom Gesandtenkongress zur gewählten Volkskammer: der Ständerat im Wandel der Zeit. In: Mueller, Sean/Vatter, Adrian (Hrsg.): Der Ständerat. Die Zweite Kammer der Schweiz. Basel: NZZ Libro, 35–70.

Wiesli, Reto/Linder, Wolf, 2000: Repräsentation, Artikulation und Durchsetzung kantonaler Interessen in National- und Ständerat. Bern: Universität Bern, Institut für Politikwissenschaft.

Woldendorp, Japp/Keman, Hans/Budge, Ian, 2000: Party Government in 48 Democracies (1945–1998). Dordrecht: Kluwer.

Würgler, Andreas, 2013: Die Tagsatzung der Eidgenossen. Politik, Kommunikation und Symbolik einer repräsentativen Institution im europäischen Kontext (1470–1798). Epfendorf: Bibliotheca Academica Verlag.

Zappa, Ludovico, 2019: Der Wandel des Koalitionsverhaltens im Ständerat. Seminararbeit. Bern: Universität Bern, Institut für Politikwissenschaft.

Zehnder, Ernst, 1988: Die Gesetzesüberprüfung durch die schweizerische Bundesversammlung. Untersuchung der parlamentarischen Veränderungen von Vorlagen des Bundesrates in der Legislaturperiode 1971 bis 1975. Entlebuch: Huber Druck.

## 7.10 Fragen

1. In welchem Kräfteverhältnis standen die beiden Kammern in ihrer Geschichte? Welche Faktoren begünstigten zunächst die Dominanz einer, später der anderen Kammer?
2. Was versteht man unter einer Einigungskonferenz und wann kommt sie zustande?
3. In welcher Hinsicht erfüllt der Ständerat seine
   a. Repräsentationsfunktion?
   b. Gestaltungsfunktion?
4. Welche anderen föderalen Institutionen konkurrieren heute den Ständerat in seiner Aufgabe als direkte Vertretung von Kantonsinteressen auf Bundesebene?
5. Welchem Parlamentskammertyp wird die Schweiz im internationalen Vergleich zugeordnet?
6. Was versteht man unter dem Begriff „chambre de réflexion" und kann der Ständerat als solche bezeichnet werden?

# 8 Die direkte Demokratie

## 8.1 Einleitung

In keinem anderen Land wird das Prinzip der unmittelbaren Volkssouveränität so konsequent umgesetzt wie in der Schweiz. Anders als in parlamentarischen Demokratien trifft das Volk ohne Ausnahmen die abschliessende Entscheidung über alle Verfassungsfragen des Landes und ebenso unterstehen die Entscheide des Parlaments dem Vorbehalt der Nachentscheidung durch die Stimmbürgerschaft. Daraus hat sich ein System der halbdirekten Demokratie entwickelt, bei dem Exekutive, Legislative und Souverän eng zusammenwirken. Sichtbare Folge davon ist die Tatsache, dass weltweit nach wie vor rund ein Viertel aller Volksabstimmungen in der Schweiz stattfindet, obwohl in den letzten Jahren in zahlreichen Ländern ein stark wachsender Trend zur Verbreitung und Inanspruchnahme der Volksrechte zu beobachten ist (Altman 2011, 2019; Butler/Ranney 1994; Hug 2004; Kriesi 2005; Papadopoulos 1998). Entsprechend bietet die Schweiz als das Land mit den am stärksten ausgebauten und am häufigsten genutzten Volksrechten einen reichen Fundus an empirischen Befunden zur Funktions- und Wirkungsweise der direkten Demokratie und unterscheidet sich damit deutlich von den bestehenden repräsentativen Wahldemokratien, die sich an den Prinzipien der Parlaments- und Verfassungssouveränität orientieren.

Das vorliegende Kapitel systematisiert die empirischen Erkenntnisse zur Schweiz aus mehr als einem Jahrhundert Erfahrungen mit direktdemokratischen Institutionen und liefert Antworten auf die folgenden drei Fragen:

1. Wie ist die direkte Demokratie in der Schweiz entwicklungsgeschichtlich entstanden?
2. Welche Funktionen und Wirkungen übt die direkte Demokratie auf das politische System und seine Akteure sowie auf die einzelnen Politikfelder, im Weiteren aber auch auf die Wirtschaft und Gesellschaft, aus?
3. Wie lassen sich die Instrumente und die Nutzung der Volksrechte in der Schweiz aus einer komparativen Perspektive beurteilen?

Der Aufbau des Kapitels folgt den drei formulierten Fragen und schliesst mit Folgerungen.[1]

## 8.2 Historische Grundlagen

Zu Beginn des 19. Jahrhunderts konnte in der Schweiz, mit Ausnahme der acht Landsgemeindeorte[2] und der beiden föderativen Republiken Graubünden und Wallis, keine Rede von einem direkten Einfluss des Volkes auf die Gesetzgebung sein. Die vorherrschende Staatsform bildete die durch Zensus und andere Vorrechte aristokratisch gefärbte Repräsentativverfassung. Mit dem Aufkommen der liberalen

---

[1] Einzelne Abschnitte des Kapitels sind eine aktualisierte und überarbeitete Fassung von Vatter (2007).
[2] Heute halten nur noch die Kantone Appenzell-Innerrhoden und Glarus Bürgerversammlungen auf Kantonsebene ab (vgl. Schaub 2016). Eine detaillierte Beschreibung der Entwicklungsgeschichte der Glarner Landsgemeinde hat Leuzinger (2018) vorgenommen.

Regenerationsbewegungen in den 1830er Jahren wurde allerdings rasch die Forderung nach einer direkten Mitsprache des Volkes laut.[3] Der Grundsatz der Volkssouveränität war einer der zentralen Eckpfeiler der Regeneration, wobei die neuen politischen Entscheidungsträger stärker an der Realisierung liberaler als direktdemokratischer Forderungen interessiert waren (Kölz 1992: 30; Schaffner 2011: 16).

Entsprechend dem demokratischen Grundverständnis der Regeneration wurde im Verlaufe der 1830er Jahre in allen neu geschaffenen Kantonsverfassungen, mit Ausnahme des Kantons Neuenburg, das obligatorische Verfassungsreferendum eingeführt (Auer 1996: 94). Allerdings kannten die Regenerationskantone Zürich, Bern, Freiburg, Solothurn, St. Gallen, Tessin und Waadt keine Volksinitiative auf Verfassungsänderung. Ein Grossteil der Regenerationskantone verlangte sogar die Unabänderlichkeit der Verfassung für mehrere Jahre (Rigiditätsklauseln). Von den sechs Kantonen, welche die Verfassungsinitiative vorsahen, verlangten fünf die Unterstützung einer absoluten Mehrheit bzw. von zwei Dritteln der Stimmberechtigten für das Initiativbegehren, womit auch gleich die Frage der Verfassungsänderung entschieden war, da sie keine vorgängigen Unterschriftensammlungen voraussetzten. Nur der Kanton St. Gallen sah seit 1838 ein zweistufiges Initiativverfahren vor, indem zuerst 10'000 Stimmberechtigte ein Initiativbegehren stellen mussten und erst anschliessend eine Volksabstimmung durchgeführt werden konnte (Kölz 1992; Schmid 2011; Vatter 2002).

Als erste führten 1845 die Waadtländer Radikalen gegen den heftigen Widerstand der Konservativen die Gesetzesinitiative ein,[4] ergänzt durch ein Gesetzesplebiszit, mit dem der Grosse Rat den Gemeindeversammlungen nach eigenem Ermessen kantonale Gesetze vorlegen konnte (Kölz 1992: 474; Schmid 2011: 33). Auch die Berner Radikalen entschieden sich 1846 nicht für das fakultative Gesetzesreferendum, sondern für das Abberufungsrecht und ein plebiszitäres Referendum. Im Kanton Schwyz wurden zudem 1848 im Zuge der Abschaffung der Landsgemeinde[5] das obligatorische Gesetzesreferendum und die Verfassungsinitiative eingeführt[6] und im Kanton Graubünden 1854 das föderative Gemeindereferendum[7] durch das obligatorische Referendum ersetzt.

Mit dem Aufkommen der demokratischen Bewegung sahen sich in den 1860er Jahren verschiedene Kantonsregierungen mit der Forderung nach der Einführung des obligatorischen Gesetzesreferendums konfrontiert. Diese Entwicklung war nicht zuletzt eine Folge der Bundesverfassung von 1848, nach der alle neu erlassenen

---

3 Eine vertiefte ideengeschichtliche Aufarbeitung der Entwicklung der direkten Demokratie in der Schweiz findet sich bei Graber (2017).
4 In den Landsgemeindekantonen bestand schon vor 1848 ein sogenanntes „Anzugsrecht" (Vorschlagsrecht) zu Gesetzen, das jedem Stimmberechtigten bzw. einer Mindestanzahl von Stimmberechtigten zustand. Als zweiter Kanton nahm 1852 der Kanton Aargau die Gesetzesinitiative in seine Verfassung auf.
5 Eine vertiefte Analyse der Wirkungen des Wechsels von Landsgemeinde- zu Urnendemokratien in den Kantonen nimmt Schaub (2016) vor.
6 Schwyz ersetzte 1848 die Landsgemeinde durch Abstimmungen in den landsgemeindeartigen Kreisgemeinden und 1876 durch geheime Abstimmungen in den Kirchgemeinden (Adler 2006). Auch der Kanton Zug schaffte 1848 die Landsgemeinde ab. Von 1848 bis 1873 war der Kanton Zug eine repräsentative Demokratie und führte dann das fakultative Gesetzesreferendum ein.
7 Das föderative Gemeindereferendum ermöglichte den Gemeinden im Kanton Graubünden eine direkte Mitwirkung beim Erlass und der Revision von Gesetzen und Verfassungsartikeln (Schuler 1996; Vatter 2002).

Kantonsverfassungen sowohl die Möglichkeit des obligatorischen Verfassungsreferendums als auch der Volksinitiative auf Gesamtänderung des kantonalen Grundgesetzes garantieren mussten (Schmid 2011). Angeführt wurde dieser Demokratisierungsprozess 1863 durch den Kanton Basel-Landschaft. Zweimal im Jahr mussten in diesem Kanton die vom Parlament verabschiedeten Gesetze der stimmberechtigten Bevölkerung in den Gemeinden zur Genehmigung vorgelegt werden. Nach heftigen Auseinandersetzungen wurde 1869 das obligatorische Referendum für Gesetze auch in den Kantonen Zürich, Bern, Solothurn und Thurgau eingeführt, 1876 folgte der Kanton Aargau. Ebenfalls im Jahre 1869, „dem grossen Jahr der Volksgesetzgebung" (Curti 1882: 213), lancierte der Kanton Zürich die Gesetzesinitiative in einer nun weiterentwickelten Form, nachdem schon die Verfassungen der drei Kantone Waadt (1845), Aargau (1852) und Basel-Landschaft (1863) Frühformen der Gesetzesinitiative vorsahen. Ihnen folgten in den nächsten 15 Jahren zehn weitere Kantone. Erst um die Jahrhundertwende bauten schliesslich die Kantone Genf (1891), Tessin (1892) und Wallis (1907) die Institution der Gesetzesinitiative in ihre Verfassungen ein. Als letzter Stand folgte 1921 der Kanton Freiburg.

Die demokratische Bewegung der 1860er Jahre bildete schliesslich die letzte umfassende kantonale Verfassungsbewegung und schloss die Demokratisierung der Kantone in ihren Grundzügen ab. Abgesehen von der späteren Einführung des Proporzwahlrechts und einzelnen Erweiterungen der Volksrechte wurden zu dieser Zeit die wichtigsten Eckpfeiler der noch heute gültigen Verfassungs- und Demokratiestrukturen der Kantone eingeschlagen. Am Ende des 19. Jahrhunderts räumten alle Kantone der stimmberechtigten Bevölkerung direkte Mitsprachemöglichkeiten bei der Gesetzgebung ein.

Auer und Roca (2011) sind der Frage nachgegangen, weshalb sich gerade in den heterogenen Schweizer Kantonen sehr ähnliche direktdemokratische Instrumente etablieren konnten. Ein zentraler Faktor ist die relativ frühe Entwicklung von „liberal-repräsentativen Verfassungssysteme[n]" (Roca 2011: 8) in den Kantonen im 19. Jahrhundert infolge der Französischen Revolution. Die neu geschaffenen revolutionären Regenerationsverfassungen konnten einzig durch die Zustimmung des Volkes legitimiert werden (Schmid 2011: 25). Dies zeigt zugleich, dass die Etablierung der direkten Demokratie in den Kantonen im Zusammenhang mit den historischen Entwicklungen in Europa steht. Insbesondere die am Wiener Kongress (1814/1815) zugesicherte bzw. verordnete Neutralität schuf Raum für innenpolitische Umbrüche. Als zentraler Akteur trug die ländliche Bevölkerung durch Volksbewegungen zum Ausbau der direkten Demokratie bei. Die Einführung der direkten Demokratie in der Schweiz ist damit primär auf spezifische und teilweise sehr unterschiedliche Entwicklungen auf kommunaler und kantonaler Stufe zurückzuführen, die erst später auf die nationale Ebene übertragen wurden (Roca 2011). Zusammenfassend lassen sich die Entwicklungsetappen direktdemokratischer Institutionen im 19. Jahrhundert in drei Phasen unterteilen (Kölz 1981; 1992; Schmid 2011; Vatter 2002):

1. In einem *ersten Schritt* fand die zurückhaltende Einführung von Frühformen der Volksrechte durch die Liberalen in den 1830er Jahren nur unter starkem Druck der mobilisierten bäuerlichen Bevölkerung sowie der Radikalen und Demokra-

ten statt. Die hohen Schwellen zu ihrer Ergreifung machten allerdings die erfolgreiche Nutzung dieser Mitwirkungsinstrumente bei der Gesetzgebung nahezu unmöglich. Ihre Wirksamkeit wurde stark zugunsten des repräsentativen Prinzips eingeschränkt und das Prinzip der Parlamentsherrschaft blieb bestimmend, sieht man vom obligatorischen Verfassungsreferendum ab. Die Einführung erster Volksrechte führte damit noch nicht zu einer prinzipiellen Veränderung des Staatsaufbaus in den Kantonen, sondern kann vielmehr als eine erste Vorstufe zu einem grundsätzlichen Verfassungswandel betrachtet werden.

2. Eine *zweite Etappe* erfolgte Mitte des 19. Jahrhunderts mit der erstmaligen Übernahme des fakultativen oder obligatorischen Gesetzesreferendums. Letzteres geschah in denjenigen Kantonen, die bereits über langjährige Erfahrungen mit der direkten Bürgermitsprache verfügten und bzw. oder eine starke Opposition gegen die Liberalen besassen. Allerdings dominierte in den 1840er und 1850er Jahren in zahlreichen Kantonen nach wie vor das durch die mehrheitlich herrschenden Liberalen bevorzugte repräsentative System. Entsprechend drangen in verschiedenen Ständen die oppositionellen Kreise mit ihrer Forderung nach direkter Demokratie mittels Vetos oder Referendum zunächst nicht durch (ZH, BE, SO, AG).

3. Eine *dritte Phase* zeichnete sich durch das Aufkommen der demokratischen Bewegungen in den 1860er Jahren aus, die in zahlreichen Kantonen die Abkehr vom Gesetzesveto und die Einführung des fakultativen und obligatorischen Gesetzesreferendums sowie der Volksinitiative forderten. Mit diesen Institutionen, insbesondere dem obligatorischen Referendum als konkrete Umsetzung des Volkssouveränitätsprinzips, wandten sich linksstehende Radikale, demokratische Parteien, aber auch Sozialisten und oppositionelle Konservative gegen die Parlamentsherrschaft der Liberalen und hofften dadurch, die Stellung der Aktivbürgerschaft bei der Gesetzgebung zulasten der Legislative zu stärken. Mit der Initiative sollten gemäss den Sozialdemokraten vor allem die sozialen Probleme entschärft werden. Dieser Demokratisierungsprozess hatte seine ideellen Wurzeln dabei weniger in den althergebrachten, konservativen Landsgemeindeorten, sondern vor allem in den Schriften der Französischen Revolution (v. a. von Rousseau, den Girondisten und den Jakobinern). Mit der Einführung des obligatorischen Gesetzesreferendums in zahlreichen Nicht-Landsgemeinde-Kantonen wurde das bisher geltende Repräsentativsystem nicht nur tendenziell, sondern prinzipiell durchbrochen und der Staatsaufbau der Kantone in nachhaltiger Weise verändert. Allerdings waren es in erster Linie die Kantone der Deutschschweiz, die nicht nur zu einem frühen Zeitpunkt die Volksrechte einführten, sondern sie auch weniger restriktiv ausgestalteten als die Kantone der lateinischen Schweiz. So übernahmen zahlreiche Stände der deutschsprachigen Schweiz das obligatorische Legislativreferendum schon in den 1860er Jahren, während die Romandie[8] und das Tessin das fakultative Referendum erst ab den späten 1870er Jahren und die Gesetzesinitiative ab den 1880er Jahren in ihre Verfassungen aufnahmen.

---

8 Eine Ausnahme bildete der Kanton Waadt, der das (zweistufige) fakultative Referendum und die Gesetzesinitiative schon vor der demokratischen Bewegung einführte.

## 8.3 Die Institutionen und Praxis der direkten Demokratie beim Bund

Auf Bundesebene schälten sich die heutigen Formen des Referendums und der Volksinitiative erst gegen Ende des 19. Jahrhunderts heraus (Linder/Mueller 2017: 294). Die Bundesverfassung von 1848 kannte nur das obligatorische Verfassungsreferendum[9] und die Volksinitiative auf Totalrevision. Dieses im Grunde genommen noch stark repräsentative Demokratiesystem änderte sich erst mit der Einführung des fakultativen Gesetzesreferendums[10] (1874) und der Volksinitiative auf Partialrevision der Bundesverfassung[11] (1891), was zum heute bekannten Entscheidungssystem der halbdirekten Demokratie führte. Das 20. Jahrhundert brachte nur noch einzelne Modifikationen der Volksrechte auf Bundesebene. Das Staatsvertragsreferendum, 1921 eingeführt und 1977 erweitert, schuf die Möglichkeit zur Mitsprache des Volkes in aussenpolitischen Entscheidungen. Zudem ist seit 2003 das fakultative Staatsvertragsreferendum über den bisherigen Anwendungsbereich hinaus für alle Verträge möglich, die wichtige rechtsetzende Bestimmungen enthalten oder deren Umsetzung den Erlass von Bundesgesetzen erfordert.[12] Im Weiteren wurde im Verlaufe des 20. Jahrhunderts die Möglichkeit der Bundesversammlung, Beschlüsse durch die Dringlichkeitserklärung dem Referendum zu entziehen, 1939 und 1949 mit der Einrichtung des sogenannten resolutiven Referendums eingeschränkt. Nach der späten Einführung des Frauenstimmrechts (1971) wurde 1977 die Zahl erforderlicher Unterschriften für das fakultative Referendum von 30'000 auf 50'000 und für die Volksinitiative von 50'000 auf 100'000 erhöht. Eine weitere Modifikation fand 2003 mit der neu eingeführten allgemeinen Volksinitiative statt, die ebenfalls 100'000 Unterschriften benötigte. Mit ihr konnten Stimmberechtigte das Parlament beauftragen, ein Anliegen durch eine Verfassungs- oder Gesetzesänderung umzusetzen. Im Fall einer Verfassungsänderung wäre eine obligatorische Volksabstimmung erfolgt. Im Fall der Gesetzesänderung hätte fakultativ das Referendum ergriffen werden können. Die allgemeine Volksinitiative wurde jedoch 2009 aufgrund mangelnder Praxistauglichkeit und Nachfrage in einer Volksabstimmung wieder abgeschafft. Weitergehende Ausbauvorschläge wurden hingegen bereits in der parlamentarischen Beratung verworfen, so die Einführung der Gesetzesinitiative oder des Finanzreferendums oder die Erhöhung der Unterschriftenzahlen für Initiativen und fakultative Referenden (Linder/Mueller 2017: 359; Tschentscher/Blonski 2011). Tabelle 8.1 liefert eine Übersicht über die direktdemokratischen Instrumente auf Bundesebene.

---

9 Ein obligatorisches Referendum wird nicht von der Regierung oder dem Parlament ausgelöst. Vielmehr findet eine Volksabstimmung unter bestimmten Bedingungen wie Verfassungsänderungen automatisch statt.
10 Ein fakultatives Referendum entspricht einer Abstimmung über einen Vorschlag der Regierung (z. B. ein Gesetz), der von Teilen der Stimmbürgerschaft oder des Parlaments (z. B. parlamentarischen Minderheiten) verlangt wird (Gallagher/Uleri 1996: 7; Setälä 2006: 705).
11 „Popular initiatives mean that a certain number of citizens can demand a referendum by signing a petition for a referendum on a legislative change promoted by the sponsors of the initiative" (Setälä 2006: 706). Nur Initiativen bieten den Stimmbürgern die Möglichkeit, ihre eigenen Anliegen auf die politische Agenda zu setzen.
12 Eine Ausweitung des obligatorischen Staatsvertragsreferendums durch die Volksinitiative „Für die Stärkung der Volksrechte in der Aussenpolitik (Staatsverträge vors Volk)" wurde am 17.06.2012 vom Stimmvolk deutlich abgelehnt.

## 8 Die direkte Demokratie

*Tabelle 8.1: Übersicht über das Referendum und die Volksinitiative beim Bund*

| Instrument, Jahr der Einführung | Anwendungsbereich | Erfordernis für Zustandekommen | Bemerkungen |
|---|---|---|---|
| Verfassungs- (1848) und Staatsvertragsreferendum (1921, 1977), obligatorisch | alle Verfassungsänderungen sowie Beschlüsse für den Beitritt zu supranationalen Organisationen oder solchen der kollektiven Sicherheit | – | Volks- und Ständemehr |
| Gesetzesreferendum (1874), fakultativ | alle Gesetze sowie referendumspflichtige Bundesbeschlüsse | 50'000 Unterschriften oder acht Kantone | einfaches Volksmehr |
| Staatsvertragsreferendum (1921, 1977, 2003), fakultativ | Staatsverträge mit wichtigen rechtsetzenden Bestimmungen | 50'000 Unterschriften oder acht Kantone | einfaches Volksmehr |
| resolutives Referendum (1949) (nachträgliche Aufhebung eines Bundesbeschlusses), fakultativ oder obligatorisch | für dringliche Bundesbeschlüsse, welche die Bundesversammlung dem Referendum entzieht | nicht verfassungskonform: obligatorische Abstimmung. Verfassungsmässig: 50'000 Unterschriften | Beschluss tritt nach einem Jahr ausser Kraft, falls nicht verfassungskonform oder falls obligatorisches bzw. fakultatives Referendum erfolgreich |
| Verfassungsinitiative auf Totalrevision (1848) | Gesamterneuerung der Verfassung | 100'000 Unterschriften | Erreicht das Begehren das Volksmehr, wird das Parlament neu gewählt und die Totalrevision ist an die Hand zu nehmen |
| Verfassungsinitiative auf Teilrevision (1891, 2001, 2010) | ausformulierter Vorschlag oder allgemeine Anregung | 100'000 Unterschriften | Werden nach Behandlung durch Bundesrat und Parlament zur Annahme oder Verwerfung empfohlen. Möglichkeit des Gegenvorschlags sowie des bedingten und unbedingten Rückzugs. Volks- und Ständemehr |
| allgemeine Volksinitiative (2003–2009) | allgemeine Anregung | 100'000 Unterschriften | Parlament entscheidet über endgültigen Text und Normstufe der Umsetzung (Verfassung oder Gesetz) |

Quelle: Linder/Mueller (2017: 302) und Bühlmann/Hirter (2017).

Tabelle 8.2: Praxis der Volksrechte beim Bund, 1848–2023

| Zeitraum | Total | | | Obligatorische Referenden | | | Fakultative Referenden | | | | Volksinitiativen (VI) | | | | |
|---|---|---|---|---|---|---|---|---|---|---|---|---|---|---|---|
| | Total | Angenommen | Verworfen | Total | Angenommen | Verworfen | Verabschiedete Gesetze | Total | Angenommen | Verworfen | Zustandegekommene VI | Zurückgezogene VI | Total | Angenommen | Verworfen |
| 1848–1860 | 1 | 1 | 0 | 1 | 1 | 0 | - | - | - | - | - | - | - | - | - |
| 1861–1870 | 9 | 1 | 8 | 9 | 1 | 8 | - | - | - | - | - | - | - | - | - |
| 1871–1880 | 12 | 5 | 7 | 4 | 2 | 2 | 63 | 8 | 3 | 5 | - | - | - | - | - |
| 1881–1890 | 12 | 5 | 7 | 4 | 3 | 1 | 75 | 8 | 2 | 6 | - | - | - | - | - |
| 1891–1900 | 24 | 10 | 14 | 9 | 6 | 3 | 74 | 10 | 3 | 7 | 5 | 0 | 5 | 1 | 4 |
| 1901–1910 | 11 | 7 | 4 | 4 | 3 | 1 | 59 | 4 | 3 | 1 | 4 | 1 | 3 | 1 | 2 |
| 1911–1920 | 14 | 12 | 2 | 8 | 8 | 0 | 57 | 3 | 2 | 1 | 9 | 0 | 3 | 2 | 1 |
| 1921–1930 | 27 | 10 | 17 | 9 | 7 | 2 | 94 | 5 | 1 | 4 | 8 | 0 | 13 | 2 | 11 |
| 1931–1940 | 20 | 7 | 13 | 5 | 5 | 0 | 73 | 9 | 2 | 7 | 21 | 6 | 6 | 0 | 6 |
| 1941–1950 | 19 | 8 | 11 | 5 | 3 | 2 | 104 | 7 | 4 | 3 | 11 | 8 | 7 | 1 | 6 |

## 8 Die direkte Demokratie

| Zeitraum | Total | | | Obligatorische Referenden | | | Fakultative Referenden | | | | Volksinitiativen (VI) | | | | |
|---|---|---|---|---|---|---|---|---|---|---|---|---|---|---|---|
| | Total | Angenommen | Verworfen | Total | Angenommen | Verworfen | Verabschiedete Gesetze | Total | Angenommen | Verworfen | Zustande-gekommene VI | Zurückgezogene VI | Total | Angenommen | Verworfen |
| 1951–1960 | 38 | 16 | 22 | 18 | 12 | 6 | 205 | 11 | 4 | 7 | 23 | 12 | 9 | 0 | 9 |
| 1961–1970 | 29 | 16 | 13 | 14 | 12 | 2 | 213 | 8 | 4 | 4 | 16 | 8 | 7 | 0 | 7 |
| 1971–1980 | 80 | 41 | 39 | 40 | 30 | 10 | 278 | 18 | 11 | 7 | 40 | 9 | 22 | 0 | 22 |
| 1981–1990 | 59 | 21 | 38 | 18 | 13 | 5 | 259 | 12 | 5 | 7 | 45 | 16 | 29 | 3 | 26 |
| 1991–2000 | 101 | 51 | 50 | 31 | 25 | 6 | 504 | 36 | 24 | 12 | 54 | 10 | 34 | 2 | 32 |
| 2001–2010 | 77 | 39 | 38 | 13 | 10 | 3 | 339 | 28 | 23 | 5 | 43 | 13 | 36 | 6 | 30 |
| 2011–2020 | 78 | 26 | 52 | 6 | 4 | 2 | 393 | 26 | 18 | 8 | 64 | 20 | 46 | 4 | 42 |
| 2021–2023 | 27 | 16 | 11 | 2 | 2 | 0 | 181 | 16 | 11 | 5 | 9 | 7 | 9 | 3 | 6 |
| Total | 38 | 292 | 346 | 200 | 147 | 53 | 2971 | 209 | 120 | 89 | 52 | 10 | 229 | 25 | 204 |

Anmerkungen: Ohne Berücksichtigung der Gegenentwürfe. „Angenommen" und „verworfen" bei den Referenden beziehen sich auf die Beschlüsse. Das Total der Volksinitiativen entspricht nicht in jeder Zeitperiode der Differenz aus „Zustandegekommene VI" und „Zurückgezogene VI", da der Rückzug nicht in derselben zeitlichen Periode stattfinden muss.

Quellen: Swissvotes/Année politique Suisse (2023), Vatter und Wirz (2015) sowie Schweizerische Bundeskanzlei (2023) und Schweizerische Parlamentsdienste (2024).

Wie sich aus Tabelle 8.2 ergibt, wurde von den verschiedenen direktdemokratischen Instrumenten seit ihrer Einführung zunehmend Gebrauch gemacht, wobei ihre Nutzung in den letzten fünf Dekaden besonders angestiegen ist (Stadelmann-Steffen/Leemann 2022; Linder/Bolliger/Rielle 2010). Die deutliche Zunahme von fakultativen Referenden und Volksinitiativen beruht zunächst hauptsächlich auf der zunehmenden Polarisierung des Parteiensystems, indem insbesondere die rechtskonservative SVP sowie die links positionierte SP und die Grünen diese direktdemokratischen Instrumente vermehrt als Oppositionsinstrumente einsetzen. In neuerer Zeit haben zudem auch die bürgerlichen Parteien die Volksrechte als Profilierungsinstrument entdeckt, allerdings mit mässigem Erfolg. Die hohe Anzahl an obligatorischen Referenden in den 1970er Jahren ist im Weiteren auf neu geschaffene Bundesaufgaben zurückzuführen, die in der Regel einer obligatorischen Volksabstimmung unterliegen (Christmann 2012). In den 1970er Jahren fanden mehrheitlich Volksabstimmungen zu den Themen Wirtschaft, öffentliche Finanzen sowie Infrastruktur und Raumordnung statt. Diese Themenschwerpunkte haben sich allmählich verschoben, indem im 21. Jahrhundert Fragen der Sozialpolitik und Staatsordnung an Bedeutung gewonnen haben, während Wirtschaft und öffentliche Finanzen deutlich weniger häufig thematisiert werden.

*Abbildung 8.1: Die Erfolgsquote der Verfassungsinitiative beim Bund, 1954–2023 (in Prozent)*

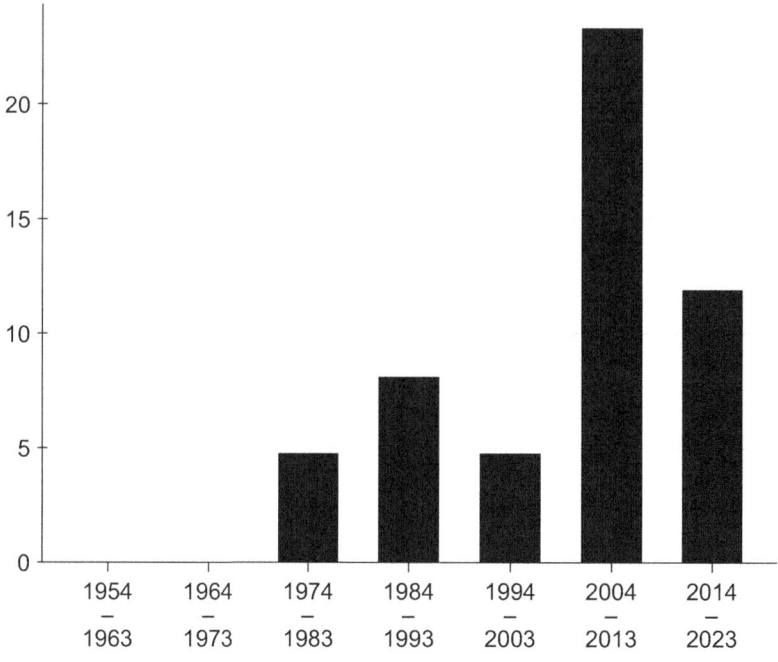

Quellen: Eigene Darstellung auf Basis von Swissvotes/Année Politique Suisse (2023) und Centre for Research on Direct Democracy (2019).

## 8 Die direkte Demokratie

Die verschiedenen direktdemokratischen Instrumente besitzen dabei unterschiedlich hohe Erfolgschancen (vgl. Tabelle 8.3). Drei Viertel aller Beschlüsse, die dem obligatorischen Referendum unterstehen, und mehr als die Hälfte der Entscheide, gegen die das fakultative Referendum ergriffen wurde, wurden vom Volk angenommen. Hingegen war lange Zeit nur ungefähr jede zehnte Volksinitiative an der Urne erfolgreich. Allerdings fällt für die neueste Zeit auf, dass nicht nur die absolute Zahl der Volksinitiativen zugenommen hat, sondern gleichzeitig auch ihr Erfolgsgrad. Während zwischen 1950 und 1980 keine einzige Volksinitiative angenommen wurde, stieg die Erfolgsquote im 10-Jahresrythmus an (vgl. Abbildung 8.1): Zwischen Mitte der 1980er Jahre bis Anfang der 2000er Jahre wurden zwischen fünf und sieben Prozent der Volksvorstösse befürwortet und zwischen 2004 und 2015 waren es vorübergehend sogar rund 20 Prozent, d. h. rund jede fünfte Initiative wurde vom Volk gegen den Willen der Behörden angenommen. Für die zweite Dekade des 21. Jahrhunderts lag die Annahmerate bei knapp 10 Prozent.

*Tabelle 8.3: Direkte Wirkungen direktdemokratischer Instrumente beim Bund, 1848–2023*

|  | Total | Angenommen | Verworfen | Annahmerate |
|---|---|---|---|---|
| Obligatorische Referenden | 200 | 150 | 50 | 75% |
| Fakultative Referenden | 187 | 107 | 87 | 57% |
| Volksinitiativen | 229 | 25 | 204 | 10% |
| Direkte Gegenentwürfe | 42 | 26 | 16 | 41% |
| Total | 682 | 323 | 357 | 46% |

Anmerkungen: „Angenommen" und „Verworfen" bei den Referenden beziehen sich auf die Beschlüsse, ebenso die „Annahmerate".
Quellen: Swissvotes/Année Politique Suisse (2023) sowie Schweizerische Bundeskanzlei (2023).

Dabei sind die Wirkungen trotz der geringeren Erfolgsrate von Volksinitiativen im Vergleich zu Referenden nicht zu unterschätzen: Durch die von den Behörden formulierten direkten oder indirekten Gegenvorschläge werden auch die Forderungen von verworfenen oder zurückgezogenen Volksinitiativen – zumindest teilweise – berücksichtigt. So kommt Rohner (2012) in ihrer Wirksamkeitsanalyse der eidgenössischen Volksinitiativen zum Schluss, dass zwischen 1964 und 2010 14 Prozent der eingereichten Volksinitiativen zu einem direkten Gegenvorschlag führen und bei zusätzlichen 40 Prozent ein indirekter Gegenvorschlag vorgelegt wird. In knapp der Hälfte (44 Prozent) aller eingereichten Volksinitiativen kommt es aufgrund der Annahme der Initiative oder eines Gegenvorschlags direkt oder indirekt zu einer Änderung der Rechtsordnung, wobei in knapp einem Drittel der Fälle die Initiative zurückgezogen wird. Eine Übersicht zu den Annahmeraten der direktdemokratischen Instrumente auf Bundesebene ist aus Tabelle 8.3 ersichtlich. Die zahlreichen Fälle, bei denen es nach einem Rückzug zu keiner Volksabstimmung kommt, macht dabei die wichtige Funktion der Initiative als Verhandlungspfand deutlich. Gleichzeitig ist aber Vorsicht davor geboten, davon auszugehen, dass die Annahme einer Verfassungsinitiative in einer Volksabstimmung automatisch zu entsprechenden

Anpassungen der betroffenen Gesetze und Verordnungen im Sinne der Initianten führt. So kam es bei mehreren angenommenen Volksinitiativen im Verlaufe des darauffolgenden Umsetzungsprozesses zu einer teilweise massiven Reduktion der ursprünglichen Initiativziele oder zu gar keiner Umsetzung (Musliu 2019; Stauffer 2012; Vatter/Stauffer 2012). Historische Beispiele sind das 1908 durch eine Initiative angenommene Absinthverbot, das mangelhaft vollzogen wurde. Ebenfalls nie umgesetzt wurde die 1920 angenommene Volksinitiative „für ein Verbot der Errichtung von Spielbanken", welche die Schliessung sämtlicher bestehenden Spielkasinos innerhalb von fünf Jahren vorsah. Beträchtliche Umsetzungsschwierigkeiten gab es auch bei der Preisüberwachungs-, Rothenthurm- und der Alpenschutzinitiative. In jüngster Zeit wurden vor allem diejenigen Initiativen nur teilweise umgesetzt, die im Widerspruch zu völkerrechtlichen Abkommen stehen, wie die Verwahrungs-, die Verjährungs- und die Ausschaffungsinitiative, oder diejenigen, bei denen die Umsetzung weitreichende Konsequenzen bezüglich des Verhältnisses zur EU haben würde, wie die Masseneinwanderungsinitiative (Armingeon/Lutz 2020). Eine vom Volk angenommene Volksinitiative hat deshalb nur die erste grosse Hürde geschafft und steht am Anfang eines langen Umsetzungsprozesses, der von einer Regierungs- und Parlamentsmehrheit bestimmt wird, die in der Regel dem Ansinnen der Initianten ablehnend gegenübersteht (Picecchi 2018).

## 8.4 Die direkte Demokratie in den Kantonen

Im Vergleich zum Bund sind die direktdemokratischen Rechte der Bürger in den Kantonen stärker ausgebaut. So bestehen in den Kantonen nicht nur die Verfassungsinitiative und das (fakultative oder obligatorische) Gesetzesreferendum, sondern auch die Gesetzesinitiative und das Finanzreferendum (Fuhrer 2019; Linder/Mueller 2017; Lutz/Strohmann 1998; Trechsel 2000; Trechsel/Serdült 1999; Vatter 2002). Neben dem Finanzreferendum (Monnier 1996) kennen zahlreiche Kantone zudem noch weitere Formen des Referendums wie das Verwaltungs-, Staatsvertrags- und Konkordatsreferendum sowie Referenden zur Festlegung von Stellungnahmen der Stände bei Vernehmlassungen des Bundes und zur Auslösung des Kantonsreferendums. In verschiedenen Kantonen bestehen schliesslich zusätzliche Initiativformen wie die Staatsvertrags- und die Verwaltungsinitiative. Ein hilfreiches Mass zur Veranschaulichung der Varianz der institutionellen Ausgestaltung der direktdemokratischen Instrumente in den Kantonen ist der von Leemann und Stadelmann-Steffen (2022) eingeführte Index subnationaler direkter Demokratie (snDDI). Analysiert werden dabei Ausprägungen direkter Demokratie. Zur Erstellung des Index werden die Durchschnittswerte für die direktdemokratischen Instrumente fakultatives Referendum, obligatorisches Referendum und Volksinitiative verwendet. Erhoben wird pro Instrument die Zeit zur Sammlung von sowie die Anzahl an benötigten Unterschriften, allfällige Partizipations-Quoren, ob ein doppeltes Mehr erforderlich ist sowie die Nutzung von direktdemokratischen Institutionen.[13] Die so berechneten Indexwerte variieren beträchtlich zwischen den Kantonen: Gemäss dem snDDI ist die direkte Demokratie im Landsgemeindekanton Glarus mit einem Wert von 2.00

---

13 Alternativ wurde in der Vergangenheit oft der Stutzer-Index (Stutzer 1990) verwendet. Die Korrelation zwischen den beiden Indizes liegt bei über 0.8 (Leemann/Stadelmann-Steffen 2021).

am stärksten ausgebaut, gefolgt von Aargau und Solothurn (1.83), während der Indexwert von 1.58 im Kanton Tessin ausdrückt, dass dort die Hürden zum Ergreifen der Volksrechte am höchsten sind. Tabelle 8.4 gibt eine aktuelle Übersicht über die wichtigsten Volksrechte in den Kantonen.[14]

*Tabelle 8.4: Übersicht über die wichtigsten Volksrechte in den Kantonen, Stand 31. Dezember 2018*

| Kanton | Verfassungs-referendum | Gesetzes-referendum | Finanz-referendum | Verfassungs-initiative | Gesetzes-initiative | Initiative zur Auslösung einer Standes-initiativsne | snDDI nach Leemann/Stadelmann-Steffen 2021 |
|---|---|---|---|---|---|---|---|
| GL | O | O | O | Ja | Ja | - | 2.00 |
| AG | O | O/F | O/F | Ja | Ja | - | 1.83 |
| SO | O | O/F | O/F | Ja | Ja | V | 1.83 |
| OW | O | F | F | Ja | Ja | V | 1.83 |
| SH | O | O/F | O/F | Ja | Ja | V | 1.82 |
| UR | O | O/F | O/F | Ja | Ja | V | 1.82 |
| GR | O | F | O/F | Ja | Ja | V | 1.82 |
| VS | O | F | F | Ja | Ja | - | 1.82 |
| AR | O | F | O | Ja | Ja | - | 1.80 |
| BL[15] | O | O/F | F | Ja | Ja | - | 1.79 |
| SZ | O | O/F | O/F | Ja | Ja | - | 1.79 |
| ZG | O | F | F | Ja | Ja | V | 1.79 |
| LU | O | F | O/F | Ja | Ja | - | 1.79 |
| TG | O | F | O/F | Ja | Ja | V | 1.79 |
| JU | O | F | O/F | Ja | Ja | V | 1.78 |
| BS | O | F | F | Ja | Ja | - | 1.77 |
| AI | O | O/F | O/F | Ja | Ja | - | 1.76 |
| BE | O | F | F | Ja | Ja | - | 1.73 |
| NE | O | F | F | Ja | Ja | - | 1.72 |
| ZH | O | O/F | F | Ja | Ja | V | 1.70 |
| SG | O | F | O/F | Ja | Ja | - | 1.65 |
| VD | O | F | F | Ja | Ja | - | 1.65 |
| GE | O | F | F | Ja | Ja | - | 1.63 |
| NW | O | F | O/F | Ja | Ja | - | 1.60 |
| FR | O | F | O/F | Ja | Ja | - | 1.60 |
| TI | O | F | F | Ja | Ja | - | 1.58 |

Anmerkung: F: fakultativ; O: obligatorisch; V: Volk.; -: nicht vorhanden

Quellen: Kantonale Verfassungen. Index subnationaler direkter Demokratie (snDDI): Leemann und Stadelmann-Steffen (2021).

---

14 Neben mannigfaltiger Existenz und Nutzung von direktdemokratischen Instrumenten weist Fuhrer (2019) auf die äusserst vielschichtige *Umsetzung* direktdemokratischer Instrumente in den Kantonen hin, mit einem Fokus auf Volksinitiativen im Besonderen.

15 Der Kanton Basel-Landschaft mit mittlerem snDDI-Wert gilt für die Zeitdauer von 2000 bis 2020 als Kanton mit der geringsten Distanz zu den gesamtschweizerischen Präferenzen bei nationalen Abstimmungen, weshalb der Kanton als „Bellwether" – also der Kanton mit dem ähnlichsten Stimmverhalten zum nationalen Durchschnitt – im Schweizer System bezeichnet wird (Jaquet/Sciarini 2022).

Generell lässt sich im Verlauf des 20. Jahrhunderts eine kontinuierliche Zunahme direktdemokratischer Auseinandersetzungen beobachten, die bis Anfang der 1980er Jahre andauerte (Trechsel 2000; Vatter 2002). Allein zwischen 1960 und 1980 verdoppelte sich in einzelnen Kantonen die Zahl der Volksabstimmungen. Seither stagniert sie auf hohem Niveau. Zwischen 1990 und 2010 machten obligatorische Referenden zwei Drittel, Volksinitiativen ein Fünftel und fakultative Referenden etwa ein Siebtel aller kantonalen Volksabstimmungen aus. Bei über der Hälfte aller kantonalen fakultativen Referendumsabstimmungen handelt es sich um Vorlagen auf Gesetzesstufe, während das fakultative Finanzreferendum nur ein gutes Drittel und das fakultative Verwaltungsreferendum weniger als zehn Prozent der Fälle bilden. Noch eindeutiger ist die Zuordnung der kantonalen Volksinitiativen zu den einzelnen Normenstufen. So handelt es sich in zwei Drittel aller Fälle um Gesetzesinitiativen und nur bei einem knappen Viertel um Initiativen auf Verfassungsstufe. Standes- und Verwaltungsinitiativen machen weniger als zehn Prozent aller kantonalen Volksinitiativen aus (Trechsel 2000).

In der Nutzung der Volksrechte bestehen beträchtliche Unterschiede zwischen den Kantonen. So fanden zwischen 1990 und 2018 in elf Kantonen (ZH, UR, GL, SO, BS, BL, SH, AI, GR, AG, GE) durchschnittlich mehr als fünf, in dreizehn Kantonen (BE, LU, SZ, OW, NW, ZG, AR, SG, TG, TI, VD, VS, NE) zwischen zwei und fünf und in zwei Kantonen (FR, JU) weniger als zwei Abstimmungen pro Jahr statt. Gemäss Eder (2010) besteht jedoch kein Zusammenhang zwischen den institutionellen Hürden, die in der Romandie generell höher sind als in der Deutschschweiz, und der Nutzung von Volksinitiativen und fakultativen Referenden.[16] Vielmehr wird über Volksinitiativen häufiger in Kantonen mit einer modern-urbanen Gesellschaftsstruktur sowie mit starken linken und grünen Parteien abgestimmt (Eder 2010). Die Nutzung der Volksrechte in den Kantonen von 1990 bis 2018 ist in Tabelle 8.5 aufgeführt.

Im Vergleich fällt einerseits auf, dass die Initiativen auf Kantonsebene in den letzten Jahrzehnten mit einer Erfolgsquote von etwa 25 Prozent erfolgreicher sind als auf Bundesebene. Dies hängt unter anderem mit der Besonderheit der häufig genutzten Gesetzesinitiative zusammen. Andererseits liegt die Annahmerate bei obligatorischen Referenden in den Kantonen bei etwa 90 Prozent und bei den fakultativen Referenden bei etwa 50 Prozent, was auf ein ähnlich behördenkonformes Referendumsverhalten in den Kantonen und beim Bund hinweist (Vatter 2014: 263).

Im Zentrum der kantonalen Volksinitiativen und fakultativen Referenden standen ursprünglich vor allem drei Politikfelder: Staatsordnung und Demokratie, Finanz- und insbesondere Steuerpolitik sowie das Sozial- und Gesundheitswesen. Das wichtigste Themengebiet bildete die Reform und vor allem die Ausweitung demokratischer Mitwirkungsrechte. Standen im 19. Jahrhundert noch die Konsolidierung und der leichtere Zugang zu den direktdemokratischen Institutionen

---

16 Leemann (2015) kommt hingegen in seiner Langzeitanalyse zum Schluss, dass neben dem Grad des Parteienwettbewerbs auch die Höhe der Unterschriftenhürden einen Effekt auf die Zahl der eingereichten Volksinitiativen ausübt.

## 8 Die direkte Demokratie

*Tabelle 8.5: Die Nutzung der Volksrechte in den Kantonen, 1990–2023*

| Kanton | Obligatorische Referenden | Fakultative Referenden | Volksinitiativen | Total Abstimmungen |
|---|---|---|---|---|
| ZH | 167 | 58 | 102 | 347 |
| BE | 73 | 47 | 28 | 153 |
| LU | 78 | 37 | 40 | 162 |
| UR | 194 | 13 | 12 | 221 |
| SZ | 112 | 13 | 21 | 147 |
| OW | 78 | 28 | 7 | 116 |
| NW | 86 | 21 | 34 | 145 |
| GL | 405 | 0 | 277 | 720 |
| ZG | 58 | 31 | 14 | 106 |
| FR | 47 | 18 | 7 | 73 |
| SO | 165 | 23 | 24 | 218 |
| BS | 23 | 93 | 72 | 213 |
| BL | 168 | 55 | 61 | 312 |
| SH | 186 | 4 | 34 | 227 |
| AR | 93 | 7 | 10 | 112 |
| AI | 252 | 4 | 16 | 289 |
| SG | 125 | 32 | 16 | 174 |
| GR | 142 | 12 | 14 | 172 |
| AG | 116 | 21 | 37 | 181 |
| TG | 63 | 23 | 10 | 101 |
| TI | 29 | 47 | 27 | 110 |
| VD | 35 | 24 | 26 | 89 |
| VS | 47 | 14 | 6 | 67 |
| NE | 56 | 27 | 15 | 105 |
| GE | 88 | 86 | 63 | 262 |
| JU | 27 | 13 | 11 | 54 |

Hinweis: Die Spalte „Total Abstimmungen" ist mehr als die Summe von Referenden und Volksinitiativen. Diese Zahl beinhält auch parlamentarische Gegenvorschläge zu Initiativen, Behörden- und Gemeindeinitiativen, wie auch Ordnungs-, bzw. verfahrensbezogene Anträge seitens der Bürger.

Quelle: Vatter u. a. (2024).

im Zentrum, so rückten zu Beginn des 20. Jahrhunderts mit den zahlreichen Proporzinitiativen die Änderung des Wahlverfahrens von Parlament, Regierung und weiteren Behörden sowie die Wahlkreisreformen in den Mittelpunkt (Vatter 2002). Darauf folgten in verschiedenen Kantonen mehrere, zunächst erfolglose Anläufe zur Einführung des Frauen- und später des Ausländerstimmrechts. Schliesslich spielte in der zweiten Hälfte des 20. Jahrhunderts mit dem Ausbau des Finanz- und Verwaltungsreferendums und der geforderten Mitwirkung der Bevölkerung beim Bau grosser Infrastrukturanlagen (z. B. Kernkraftwerke) die materielle Erweiterung der Volksrechte eine wichtige Rolle. Insgesamt zeigt sich, dass die direkte Demokratie gerade zur Reform und zum Ausbau ihrer selbst eingesetzt wird und damit einen wesentlichen Einfluss auf die grundlegende Ausgestaltung der kantonalen Demokratien und auf die sich wandelnden Kräfteverhältnisse zwischen den einzelnen Gewalten ausübt.

Der Wandel der kantonalen Abstimmungsthemen im Verlaufe des 20. Jahrhunderts ist auch Ausdruck eines übergeordneten politischen Paradigmenwechsels (Epple 1997; Vatter 2002): Je urbaner und moderner die sozialen Strukturen waren und je fortgeschrittener der wirtschaftliche Entwicklungsgrad eines Kantons war, umso rascher verdrängten gegen Mitte des 20. Jahrhunderts Fragen der ökonomischen Ressourcenverteilung (Verteilungsparadigma) Themen der politischen Machtzuweisung (Herrschaftsparadigma). Im letzten Drittel des 20. Jahrhunderts wurden diese beiden Paradigmen wiederum durch direktdemokratische Auseinandersetzungen über die Art und Weise der Wachstumsbewältigung in den Schatten gestellt. Während sozialpolitische Vorlagen, die zum Ausbau des Wohlfahrtsstaates führten, in der ersten Hälfte des 20. Jahrhunderts noch stark umstritten waren, fanden sie nach dem Zweiten Weltkrieg breite Zustimmung. Erst mit der Wirtschaftskrise der 1970er Jahre endete der sozialpolitische Konsens. Von diesem Zeitpunkt an rückten vor allem in den urbanen Deutschschweizer Kantonen umweltpolitische Vorlagen verstärkt in den Mittelpunkt. Dies traf allerdings weniger für die lateinischen Kantone zu, in denen Initiativen und Referenden vor allem für Reformen in der Sozial- und Finanzpolitik eingesetzt wurden. Wiederum anders sah es in den ländlichen Kantonen aus: Erstens spielten in diesen Gesellschaften herrschaftsbezogene Vorlagen (d. h. der Ausbau der demokratischen Rechte) noch bis weit in die zweite Hälfte des 20. Jahrhunderts hinein eine wichtige Rolle, zweitens waren verteilungspolitische Vorlagen aufgrund der relativen Schwäche der Linksparteien generell von geringerer Bedeutung und drittens fehlten ökologische Themen bis zu Beginn der 1980er Jahre noch fast vollständig.

Ein Blick auf die Themenschwerpunkte der neueren Zeit zeigt, dass ökologische Anliegen im Verlaufe der 1990er Jahre und zu Beginn des 21. Jahrhunderts auch in urbanen Kantonen vorübergehend an Bedeutung eingebüsst hatten. Zugenommen hatten dagegen zu diesem Zeitpunkt wirtschafts- und migrationspolitische Vorlagen. Das Ausmass der Liberalisierung kantonaler Ökonomien oder der Umgang mit der ausländischen Bevölkerung wurden neue Themenschwerpunkte der kantonalen Volksbegehren. Im Vergleich zu den 1980er Jahren hatte die direktdemokratische Auseinandersetzung in den 1990er Jahren ihren Fokus von der Ökologiedebatte zu den neuen Konflikten zwischen marktwirtschaftlich-liberalen und konservativ-interventionistischen Kräften verlagert. In den beiden ersten Jahrzehnten des 21. Jahrhunderts lagen die Themenschwerpunkte wieder stark bei den Reformen der Staatsordnung, bei Infrastrukturvorhaben und bei Finanz- und Steuervorlagen, womit eine gewisse Rückkehr zu den ursprünglichen Themen von Initiativ- und Referendumsbegehren beobachtet werden kann.[17]

## 8.5 Die Funktionen und Wirkungen der direkten Demokratie

Die Fragen nach den Funktionen und Wirkungen der direkten Demokratie werden in der Schweiz schon seit Langem und teilweise äusserst kontrovers behandelt. Dabei lassen sich thematisch folgende vier Effekte der direkten Demokratie unterscheiden: erstens die Frage nach den strukturierenden Funktionen und Wirkungen für das politische System und seine Akteure, zweitens die Auswirkungen der Volksrechte auf die Staatstätigkeit, drittens die Kontroverse über die ökonomischen Folgen und viertens über die gesellschaftlichen Auswirkungen der direkten Demokratie. Diese vier Funktions- und Wirkungsebenen werden im Folgenden behandelt.

### 8.5.1 Die Funktionen und Wirkungen der direkten Demokratie auf das politische System und seine Akteure

Im Gegensatz zu anderen Verhandlungsdemokratien europäischer Kleinstaaten wie demjenigen Belgiens oder der Niederlande basiert das halbdirektdemokratische Konkordanzsystem in der Schweiz nicht nur auf freiwilligen Vereinbarungen der politischen Eliten, sondern bildete sich im Verlaufe der letzten hundert Jahre auf der Grundlage vielfältiger institutioneller Zwänge heraus (Kriesi 1998; Linder/Mueller 2017; Neidhart 1970). Insbesondere die Einführung des fakultativen Gesetzesreferendums, d. h. die Möglichkeit durch die Sammlung von 50'000 Unterschriften ein vom Parlament verabschiedetes Gesetz der Volksabstimmung zu unterbreiten, übte eine zentrale strukturbildende Funktion auf die Herausbildung des geltenden Prinzips der proportionalen Machtteilung aus. Die Einführung eines breiten Arsenals an direktdemokratischen Instrumenten und ihre entsprechend intensive Nutzung durch die nicht in der Regierung vertretenen Gruppierungen schaffte aufgrund der ausgebauten Veto- und Blockierungspotentiale und der damit verbundenen Unvorhersehbarkeit für die freisinnige Mehrheit in Regierung und Parlament institutionelle Konkordanzzwänge. Dies führte zur fortlaufenden Integration referendumsfähiger Oppositionskräfte und damit schliesslich zur Etablierung ausdifferenzierter Konkordanzstrukturen. Waren es am Ende des 19. Jahrhunderts die Katholisch-Konservativen (heute Die Mitte), in den 1920er Jahren die neu entstandene Bauern-, Gewerbe- und Bürgerpartei (heute SVP), kamen schliesslich Mitte des 20. Jahrhunderts, nach ihrem Bekenntnis zur militärischen Landesverteidigung und ihrer Abkehr vom revolutionären Klassenkampf, die Sozialdemokraten hinzu. Für die Schweiz hat Neidhart (1970) diese strukturbildende Funktion des fakultativen Referendums hergeleitet und bis heute wird diese fundamentale Erkenntnis übereinstimmend als die wichtigste, wenn auch nicht

---

17 Zur direkten Demokratie in den Städten siehe Bützer (2007).

einzige Begründung für die Entstehung konkordanter Entscheidungsstrukturen auf den verschiedenen Staatsebenen der Schweiz betrachtet (Germann 1975; Kobach 1993; Kriesi 1998; Linder/Mueller 2017; Papadopoulos 2001). Die Verfassungsinitiative, der ausgebaute Föderalismus mit weitgehenden Kompetenzen für die Kantone, ein starker Ständerat sowie das Proporzwahlrecht erwiesen sich als weitere Faktoren, welche die anteilsmässige Verteilung politischer Machtpositionen in der Schweiz begünstigt haben. Die Unvorhersehbarkeit der Abstimmungsergebnisse wird dabei auch durch verschiedene Untersuchungen bekräftigt und damit die strukturelle Notwendigkeit breit abgestützter Vielparteienregierungen. So geht zwar mit steigendem parlamentarischem Elitenkonsens die Wahrscheinlichkeit einer Referendumsauslösung zurück. Kommt hingegen ein Referendum einmal zustande, steht das Abstimmungsergebnis in keinem Zusammenhang mit dem Zustimmungsgrad der politischen Elite in der Legislative, was auch die begrenzte Handlungsfähigkeit von Regierung und Parlament im direktdemokratischen System verdeutlicht (Trechsel/Sciarini 1998).

Wenig beachtet wurden bis heute die kompensatorischen bzw. substituierenden „power-sharing"-Funktionen von fakultativen Referenden und Volksinitiativen, die in einmal etablierten Konkordanzdemokratien zum Tragen kommen: Komparative Analysen zur direkten Demokratie in den Kantonen machen deutlich, dass nach der einmal stattgefundenen Transformation politischer Systeme von Mehrheits- zu Konsensdemokratien fakultative Referenden und Volksinitiativen als kompensatorische „power-sharing"-Instrumente für ungenügend integrierte, aber organisations- und konfliktfähige Gruppen dienen können (Vatter 1997, 2000, 2002). Die verschiedenen Machtdiffusionsinstrumente stehen dabei in einem Zusammenhang zueinander und wirken in ihrer Gesamtheit im Sinne eines „balance of power sharing"-Systems, wobei der direkten Demokratie als kurzfristig einsetzbarem Konfliktregulierungsinstrument eine wichtige Bedeutung zukommt. Im Grundsatz gilt dabei: Je „unperfekter" ein Konkordanzsystem ausgestaltet ist, umso eher werden fakultative Referenden und Volksinitiativen durch ungenügend repräsentierte Gruppen als zusätzliches Machtteilungsinstrument eingesetzt. Empirisch zeigt sich folgender Zusammenhang: Je umfassender die Regierungskoalitionen und je grösser die lokale Autonomie in einem Kanton sind, desto weniger werden die oppositionellen Volksrechte genutzt (Eder 2010; Vatter 1997, 2000, 2002). Der Disproportionalitätsgrad des Wahlsystems spielt hingegen keine Rolle. In Kantonen, in denen das Parlament nach dem Majorzprinzip bestellt wird und hohe empirische Wahlschwellen bestehen, werden die Volksrechte nicht häufiger genutzt als in denjenigen mit reinem Proporz und tiefen Wahlhürden. Dieses auf den ersten Blick überraschende Ergebnis ist bei einer näheren Betrachtung durchaus plausibel und lässt sich auch in Einklang mit den Ergebnissen komparativer Demokratieforschung bringen: Während repräsentative Konkurrenzsysteme den Einfluss der Bürger auf den Wahlmechanismus beschränken, rücken halbdirekte Konkordanzdemokratien den Mechanismus der Abstimmung in den Mittelpunkt der demokratischen Einflussmöglichkeiten. In Konkordanzsystemen mit direkter Demokratie wird gemäss der These von Linder und Mueller (2017: 376) der Einfluss durch Abstimmung maximiert, gleichzeitig sinkt aber die Bedeutung von Wahlen aufgrund der fehlenden Möglichkeiten des Machtwechsels auf ein

Minimum. Neuere Studien über den Einfluss der direkten Demokratie auf die Wahlbeteiligung in den Schweizer Kantonen bestätigen diese These: Je häufiger Gebrauch von direktdemokratischen Instrumenten gemacht wird, desto geringer ist die individuelle Neigung, sich an Wahlen zu beteiligen (Freitag/Stadelmann-Steffen 2010; Stadelmann-Steffen/Freitag 2009). Altman (2013) stellt zudem fest, dass der negative Effekt auf die Wahlbeteiligung insbesondere dann eintritt, wenn die direktdemokratischen Instrumente häufig „von oben", durch Regierungen und Parlamente, eingesetzt werden. Die geringe Relevanz der Parlamentswahlen in den halbdirekten Konkordanzdemokratien der Kantone erklärt nun, weshalb der Proportionalitätseffekt des Wahlsystems – ein in repräsentativen Demokratien zentrales Konkordanzelement – keinen Einfluss auf die Nutzung fakultativer Referenden und Volksinitiativen ausübt. Während in repräsentativen Konkordanzsystemen die Grösse der Regierungskoalition, der Grad an lokaler Autonomie, die Proportionalität des Wahlsystems für die Parlamentswahlen und ein (parlamentarisches) Minderheitenveto die vier zentralen „power-sharing"-Instrumente bilden (Lijphart 1977), übernehmen in halbdirekten Konkordanzdemokratien fakultative Referenden und Volksinitiativen die Funktion eines Minderheitenvetos, und aufgrund der vergleichsweise schwachen Stellung des Parlamentes spielen Merkmale des Wahlverfahrens keine Rolle.

Während insgesamt die Integrations-, Legitimitäts- und Stabilitätsleistungen des direktdemokratischen Konkordanzsystems höher eingeschätzt werden als beim parlamentarischen Konkurrenzsystem, kann der Beweis der geringen Leistungskraft konsensdemokratischer Systeme nicht erbracht werden (Linder/Mueller 2017: 388ff.; Lijphart 2012). Komparative Studien machen deutlich, dass Konkurrenzdemokratien nicht eine überlegene Innovations- und Anpassungsfähigkeit zugesprochen werden kann (Kirchgässner 2008). Sie leiden hingegen aufgrund regelmässiger Regierungswechsel oft an einer inkohärenten „Stop-and-Go"-Politik, während umgekehrt „die Chancen langsamer, aber schrittweiser Innovation des schweizerischen Systems eher unterschätzt werden" (Linder/Mueller 2017: 390). Darüber hinaus schneiden Konsensdemokratien bei der Erreichung wirtschaftspolitischer Leistungen nicht schlechter ab als Mehrheitssysteme und erfüllen wohlfahrtsstaatliche Aufgaben umfassender (Lijphart 2012; Schmidt 2010). Aufgrund ihrer höheren Kapazität, unterschiedliche gesellschaftliche Gruppen zu repräsentieren, der grösseren Einbindung von Minderheiten sowie ihrer breiteren politischen Verantwortung favorisieren Konkordanzdemokratien in der Regel die Bereitstellung umfangreicher Sozialleistungen und erweisen sich besonders erfolgreich in der Bekämpfung der Inflation und der Arbeitslosigkeit. Befürworter direktdemokratischer Entscheidungsverfahren verweisen deshalb einerseits auf die hohe Integrations- und Stabilitätsleistung dieser Demokratieform, andererseits auf die zumindest nicht geringere – in vielen Teilbereichen sogar höhere – Leistungskraft direktdemokratischer Konkordanzsysteme (Linder/Mueller 2017).

Skeptische Betrachtungen hingegen sehen in der direkten Demokratie weder ein Allheilmittel zur verbesserten politischen Partizipation breiter Bevölkerungsschichten noch zur Lösung wirtschaftlicher und gesellschaftlicher Probleme. Schon Imboden (1964) zeigte sich in seinem Buch „Helvetisches Malaise" davon überzeugt, dass die direkte Demokratie zu langsam arbeite und wichtige strukturelle Entscheidungen verschleppe. Neidhart (1970) wies insbesondere auf den überproportionalen Einfluss der Wirtschaftsverbände hin, die das fakultative Referendum als Instrument zur Durchsetzung ihrer Interessen zu nutzen wüssten, und Germann (1975) schlug aufgrund der innovationshemmenden Wirkungen der direkten Demokratie die Einführung eines bipolaren Konkurrenzsystems und den Abbau der Volksrechte vor. Während die heutige Generation schweizerischer Politikwissenschaftler – mit wenigen Ausnahmen – die Funktions- und Wirkungsweise der direkten Demokratie differenziert, aber doch insgesamt positiv einschätzt, sind es vor allem Ökonomen, die besonders starke Kritik an der direkten Demokratie üben (Borner/Brunetti/Straubhaar 1990, 1994; Borner/Bodmer 2004; Borner/Rentsch 1997; Brunetti/Straubhaar 1996; Wittmann 1998, 2001). Ihre Kritik ist nicht neu und konzentriert sich vor allem auf zwei schon erwähnte Punkte: Erstens führe die direkte Demokratie zur ständigen Bevormundung wenig privilegierter Interessen durch zahlungskräftige Interessengruppen und zweitens schade die breite Mitsprache des Volkes der Wirtschaft, da die Mühlen der direkten Demokratie in einer sich rasch wandelnden Zeit zu langsam mahlten und dringende Veränderungen behinderten. Da die ökonomischen Wirkungen der Volksrechte noch ausführlich behandelt werden, wird zunächst kurz auf den erstgenannten Kritikpunkt eingegangen. Das zentrale Argument lautet, dass die Ausgestaltung und Praxis der direkten Demokratie nicht die Bürger, sondern die Interessengruppen begünstigt. Die Ursache dafür sehen Ökonomen wie Borner, Brunetti und Straubhaar (1994: 127) in der Existenz hoher Transaktionskosten (v. a. Informations- und Kommunikationskosten) bei direktdemokratischen Prozessen. „Das Grundproblem ist, dass die Sammlung einer bestimmten Zahl von Unterschriften Kosten verursacht. Eine einzelne Person wird kaum die Ressourcen und auch nur sehr begrenzt den Anreiz haben, selbst ein Referendum zu lancieren. (...) Ohne eine ausreichende vorherige Organisation ist deshalb das Instrument des fakultativen Referendums nicht regelmässig einsetzbar. Diese Tatsache begünstigt wohlorganisierte und etablierte Interessengruppen gegenüber dem Mann/der Frau aus dem Volke. (...) Der ausserordentlich grosse Einfluss verschiedener Interessengruppen ist also eine direkte Folge der Ausgestaltung der direkten Demokratie in der Schweiz." Auch empirische Untersuchungen zeigen, dass die Abstimmungsparolen der Interessenverbände einen deutlich stärkeren Einfluss auf den Ausgang von Volksabstimmungen haben als die Parolen der Parteien (Hug 1994; Milic/Rousselot/Vatter 2014; Schneider 1985). Diese Einschätzung wird – allerdings in abgeschwächter Form – auch von Linder (2006) sowie Linder und Mueller (2012) gestützt.[18] So bestätigen sie auch für die neueste Zeit die These von Neidhart (1970), dass sich das fakultative Referendum mindestens teilweise vom Volksrecht zum Verbandsrecht gewandelt hat und heute vor allem als Pfand zum Ausgleich der Interessen am Verhandlungstisch eingebracht wird. „Dies begünstigt zwar die Berücksichtigung vieler Gruppeninteressen, löst aber jenes Problem der Ungleichbehandlung nicht, welches die theoretische Pluralismuskritik seit je behauptet

---

18 Bestritten wird sie hingegen von Feld und Kirchgässner (1998: 17), die zum Schluss kommen, „dass die Einflussnahme von Interessengruppen in direkten Demokratien eher ein geringeres Problem darstellt als in repräsentativen Demokratien."

hat: die Organisations- und Konfliktfähigkeit gesellschaftlicher Interessen sind ungleich" (Linder 2006: 13). In der Stossrichtung ähnlich wie Borner, Brunetti und Straubhaar (1994: 128) folgern Linder und Mueller (2017: 312ff.) daraus, dass das Referendum eine offensichtliche Bremswirkung ausübt und Änderungen von politischen Entscheidungen erschwert. Linder und Mueller (2017) sowie Wagschal und Obinger (2000) kommen denn auch anhand der Analyse erfolgreicher Referenden der letzten Jahre zum Schluss, dass das Referendum weder die politische Rechte noch die politische Linke begünstigt, sondern generell die Verteidiger des Status quo und die Gegner von Reformen. Christmann (2009) hält dem entgegen, dass die direkte Demokratie insgesamt rechtskonservativ wirkt, da Referenden (Instrumente der rechtskonservativen Gruppen) eine höhere Erfolgschance haben als Initiativen (galten lange Zeit als Instrumente der Linken).

Die bisherigen Befunde eines bremsenden Effekts der direkten Demokratie gelten allerdings nur für das fakultative Referendum, hingegen nicht für die Volksinitiative. Während das Referendum gerne als Bremspedal im schweizerischen System bezeichnet wird, gilt die Volksinitiative als das eigentliche Gaspedal, das eine Öffnung des politischen Systems begünstigt (Linder/Mueller 2017: 322f.). Auch wenn es in Einzelfällen sogenannte „Bremsinitiativen" gibt, ist die Volksinitiative in der Regel auf Neuerungen angelegt, und zwar auf solche, die das Konkordanzsystem nicht selbst hervorgebracht hat. Entsprechend wird die Volksinitiative weit häufiger von kleineren Aussenseitergruppen und sozialen Bewegungen als von den grossen Parteien und Verbänden genutzt. Linder und Mueller (2017: 321ff.) unterscheiden in diesem Zusammenhang *vier Funktionen der Volksinitiative*:

1. die *Ventilfunktion* zur direkten Durchsetzung von Forderungen unzufriedener Oppositionskräfte gegenüber den Behörden;
2. die *Schwungradfunktion* (Verhandlungspfand) um Regierung und Parlament zu einem Gegenvorschlag zu veranlassen, damit ein Teil der Forderungen der Initianten erfüllt wird;
3. die *Katalysatorfunktion* zur langfristigen Sensibilisierung und Mobilisierung neuer politischer Tendenzen und Themen;
4. die *Mobilisierungsfunktion* zur kurzfristigen Selbstinszenierung von Parteien vor Wahlen, um den eigenen Bekanntheitsgrad zu erhöhen und die eigene Wählerschaft zu mobilisieren.

Empirisch sind die vier Funktionen der direktdemokratischen Instrumente oft nicht einfach voneinander zu trennen. Das strategische Abstimmen in der Erwartung, dass die Forderungen der Initianten in der Umsetzungsphase wieder abgeschwächt werden (Gisiger, Milic und Kübler 2019), widerspiegelt beispielsweise Elemente der ersten drei Funktionen. Die Funktionen drei und vier machen die Volksinitiative als Wahlhelferin für Parteien zur Ausschöpfung eines zusätzlichen Wählerpotentials besonders attraktiv. Trotz einer häufigeren Nutzung und höheren Annahmequoten von Volksinitiativen lässt sich allerdings der oft kritisierte Wandel der Initiative vom Ventil für Minderheiten in Richtung eines Agenda-Setting- und Wahlmobilisierungsinstruments für Parteien empirisch nicht bestätigen.

Vielmehr ist im Verlaufe der letzten 30 Jahre kein eindeutiger Trend sichtbar (Caroni/Vatter 2016).

Obwohl die direkte Demokratie auf der einen Seite zur Schwächung der Parteien führt, da die Parteien ihre führende Rolle im repräsentativ-demokratischen Entscheidungsprozess verlieren und die Wahl- und Abstimmungskampagnen überdurchschnittlich viele Ressourcen binden, trägt sie auf der anderen Seite auch zur Stärkung der politischen Parteien bei. So weisen empirische Untersuchungen darauf hin, dass die Parteien die direkte Demokratie erfolgreich zur Mobilisierung ihrer eigenen Anliegen nutzen können und durch die Volksrechte eher gestärkt als geschwächt werden. Dies gilt insbesondere für kleine Parteien (Christmann 2011; Ladner/Brändle 1999; Papadopoulos 1991). Ebenfalls ambivalent sind die Folgen der direkten Demokratie für neue soziale Bewegungen zu bewerten. Einerseits bieten die Volksrechte die Chancen zusätzlicher Agenda-Setting-Macht, Präsenz in der Öffentlichkeit und erweiterter Mobilisierung eigener Anhänger (Giugni 1991; Höglinger 2008). Andererseits sinkt in einem System mit direktdemokratischen Partizipationsmöglichkeiten die Legitimation ausserinstitutioneller, insbesondere radikaler sozialer Bewegungen, schränkt damit ihr Handlungsrepertoire ein und zwingt sie zu einem moderaten Protestverhalten sowie zu taktischen Konzessionen (Epple 1988; Fatke/Freitag 2013; Kriesi 1991; Kriesi/Wisler 1996).

### 8.5.2 Die Wirkungen der direkten Demokratie auf die Staatstätigkeit

Zwei Stossrichtungen stehen sich in der Frage über die Wirkungen direktdemokratischer Beteiligung auf den Grad der staatlichen Intervention gegenüber, die an die bisher behandelte Debatte anknüpfen. Während der gängige Standpunkt von einem hemmenden *Bremseffekt* der Direktdemokratie auf die Staatstätigkeit ausgeht, erkennt die zweite Sichtweise in der plebiszitären Mitwirkung deren inhärenten expansiven Charakter und attestiert den Volksrechten die Funktion des *Gaspedals* (Linder/Mueller 2017; Moser/Obinger 2007; Wagschal 1997; Wagschal/Obinger 2000).

Die Vertreter der prominenteren Bremseffekt-Hypothese lassen sich in der Tradition des Vetospielertheorems verorten (Hug/Tsebelis 2002; Tsebelis 2002). Grundgedanke dieses Ansatzes ist, dass in einer gemässigten und gezügelten Demokratie verfassungsmässig garantierte Vetospieler in Form autonomer Institutionen der uneingeschränkten Mehrheitsherrschaft der zentralstaatlichen Regierung entgegenstehen. Ursprünglich zur Erklärung von Unterschieden im Policy-Wandel gedacht, kann die Vetospielertheorie auch auf die Entwicklung der Staatstätigkeit allgemein angewendet werden: Je zahlreicher die institutionellen Vetospieler einer zentralstaatlichen Regierung und der sie tragenden Parlamentsmehrheit sind, desto wahrscheinlicher wird der Politikwandel blockiert oder verlangsamt und desto gezügelter zeigt sich das staatsinterventionistische Engagement. Zu diesen Vetospielern werden insbesondere die direktdemokratischen Beteiligungsrechte gezählt (Hug/Tsebelis 2002; Schmidt 2010; Wagschal 1997). Entsprechend wird in der vergleichenden Politikwissenschaft argumentiert, dass gegenmajoritäre Institutionen (Veto-Spieler) wie die direkte Demokratie das Niveau der Staatstätigkeit dämpfen und den Handlungsspielraum von Regierungen einschränken können (Wagschal 1997).

Aus theoretischer Sicht sprechen vor allem die folgenden Argumente für die These einer gebremsten staatlichen Intervention in Systemen mit ausgebauten direktdemokratischen Beteiligungsmöglichkeiten (Freitag/Vatter/Müller 2003; Wagschal 1997; Wagschal/Obinger 2000):

1. Die institutionell verankerte Möglichkeit zur Volksabstimmung ist ein mächtiges Vetoinstrument gegen politische Entscheidungsträger, die fiskalpolitische Anreize für ihre Wiederwahl einsetzen möchten.
2. Die politischen Entscheidungsträger verfügen über eine höhere soziale Diskontrate als die Abstimmenden. Während Politiker mit einem kurzen Zeithorizont agieren und eine starke Präferenz für aktuelle Aufgabenstellungen und Ziele besitzen, gewichten die Stimmberechtigten die lange Frist stärker und stimmen weniger für kurzfristig angelegte und meist kostenintensive Politikoptionen.
3. Die direktdemokratischen Beteiligungsmöglichkeiten sorgen für einen hohen Grad an Informations- und Sachkenntnis über die Kosten und Nutzen eines Projektes bei den Abstimmenden (Eichenberger 1999; Feld/Kirchgässner 2000; Kirchgässner/Feld/Savioz 1999). Verhalten sich diese beiden Komponenten nahezu deckungsgleich, so erhöht dies die Erfolgswahrscheinlichkeit der Abstimmungsvorlage. Hingegen haben einseitig umverteilende und stark expansive Massnahmen geringe Erfolgschancen an der Urne.
4. Die Forschung weist darauf hin, dass direktdemokratische Beteiligungsmöglichkeiten einen Status quo-Bias schaffen (Borner/Brunetti/Straubhaar 1990, 1994; Brunetti/Straubhaar 1996). Da der Ist-Zustand bekannt ist und die Abstimmungsentscheidung für eine neue Alternative Unsicherheiten und Risiken birgt, stimmen vor allem risikoaverse Bürger für die Bewahrung des Status quo, um in der Zukunft eventuell auftretende Verluste zu vermeiden.
5. Schliesslich wird in Anlehnung an das Medianwählermodell argumentiert, dass die ohnehin fiskalisch konservativen Bürgerpräferenzen (vor allem angesichts der höheren Abstimmungsbeteiligung der wohlhabenderen und älteren Bevölkerung[19]) durch direktdemokratische Institutionen effizienter und lückenloser in die Politik transferiert werden.

Diesen Argumenten steht die Darlegung von Downs (1968) entgegen, wonach alle demokratischen Regierungen dazu neigen, das Einkommen von den Reichen auf die Armen umzuverteilen. Diese sogenannte Robin-Hood-Tendenz von Demokratien, d. h. die redistributiven Präferenzen aufseiten der Regierung und bei der Stimmbürgerschaft, lassen den Schluss steigender Steuer- und Abgabensätze bei zunehmender direkter Bürgerbeteiligung zu (Wagschal 1997: 224). Dabei lässt sich der expansive Charakter der Direktdemokratie theoretisch vor allem dem Instrument der Volksinitiative zuschreiben. Im Unterschied zum obligatorischen

---

19 Heidelberger (2018) untersucht psychologische und soziale Einflüsse auf die Abstimmungsneigung der Schweizer Bürgerschaft im Detail.

oder fakultativen Referendum, bei denen es grundsätzlich um die Verhinderung einer Parlamentsvorlage geht, will die Volksinitiative gerade das Gegenteil des Status quo, nämlich die Veränderung. Diese wird zum einen durch die direkte Durchsetzung einer bislang bei den Regierungsbehörden unbeachteten Forderung erreicht, wenn das Volksbegehren als Ventil entscheidungswirksam in das politische System eingeleitet wird. Zum anderen wirkt die Initiative indirekt, wenn allein der Druck des Volksbegehrens ausreicht, um Regierung und Parlament zu einem Gegenvorschlag zu veranlassen, der eine Teilerfüllung des Initiativbegehrens bringt und gleichfalls die bisherige Regierungspraxis korrigiert (Linder/Mueller 2017). Die Initiative als Instrument der politischen Innovation vermag auch das Ausmass des Staates sowohl auf *direkte* wie auf *indirekte* Weise zu beeinflussen. Direkt, indem in der Tradition von Downs (1968) Initiativen zu umverteilenden Steuererhöhungen vom Stimmvolk gutgeheissen werden. Auf indirekte Weise, da Volksbegehren häufig dazu verwendet werden, den Staat zur Erfüllung neuer Aufgaben zu verpflichten. Dies erhöht den Grad der Staatsintervention und induziert höhere Steuereinnahmen zur Finanzierung der ausgedehnten Staatstätigkeit. Schliesslich wird die Robin-Hood-These mit dem Argument untermauert, dass in der Praxis oft eine linkssteile Einkommensverteilung bestehe. Damit liege das Medianwählereinkommen unterhalb des Durchschnittseinkommens, was bei Volksabstimmungen mit Mehrheitsregel eine Umverteilung der Einkommen begünstigt (Wagschal/Obinger 2000: 468; Wittmann 2001). Die intensive Nutzung der Volksinitiative durch die politische Linke verstärke diesen Effekt zusätzlich. In der Tat wurde die Initiative lange Zeit zu grossen Teilen von linken Parteien zur Durchsetzung ihrer staatsinterventionistischen und sozialpolitischen Forderungen eingesetzt (Vatter 2002: 280). Entgegen der in der Literatur dominierenden Sichtweise des zügelnden Effektes der Direktdemokratie heben deshalb auch vereinzelte empirische Studien die expansive fiskalpolitische Wirkung der Volksrechte, insbesondere der Volksinitiative, hervor (Camobreco 1998; Farnham 1990; Matsusaka 2000; Zax 1989).[20]

Zusammenfassend wird deutlich, dass die Einschätzungen zum Einfluss der Volksrechte auf den Grad des staatlichen Interventionismus in erster Linie von den unterschiedlichen funktionalen Ausprägungen direktdemokratischer Instrumente abhängen. Politikwissenschaftliche Untersuchungen zu den Schweizer Kantonen erhärten allerdings ausschliesslich die in der Forschung vorherrschende Sichtweise eines bremsenden Effektes der direkten Demokratie auf den Umfang der Staatsausgaben, wobei sich vor allem das Finanzreferendum als wirksame Barriere herausgestellt hat (Freitag/Vatter/Müller 2003; Freitag/Vatter 2006). Dabei gilt es zu beachten, dass insbesondere die Kombination von direkten und indirekten Referendumsdrohungen den dämpfenden Fiskaleffekt erzeugt: Einseitige und stark ausgabenlastige Massnahmen für einzelne soziale Gruppen werden der Stimmbürgerschaft entweder in antizipierender Voraussicht gar nicht vorgelegt oder scheitern oft an den fiskalisch konservativen Präferenzen der Bevölkerungsmehrheit. So entfaltet allein schon das latente Drohpotential eines ausgebauten Finanzreferen-

---

20 Allerdings handelt es sich hierbei um Studien, welche die Wirkungen der direkten Demokratie in den US-Bundesstaaten untersucht haben und methodisch teilweise umstritten sind.

dumsrechts eine restriktive Wirkung. Dies selbst dann, wenn es gar nicht ergriffen wird.

Auch zahlreiche polit-ökonomische Studien zu den fiskalpolitischen Wirkungen der direkten Demokratie untermauern den Bremseffekt. Sie zeigen anhand von Vergleichen subnationaler Einheiten der Schweiz, dass in Gemeinwesen mit grösserer Beteiligungsmöglichkeit des Volkes die staatlichen Einnahmen und Ausgaben sowie die Haushaltsdefizite weniger schnell wachsen, die Verschuldung pro Kopf wie auch die Steuerbelastung niedriger sind, die öffentlichen Leistungen effizienter hergestellt werden und die Entscheide sich stärker an den Präferenzen des Medianwählers orientieren (Caluori u. a. 2004; Feld/Kirchgässner 1999, 2001; Feld/Matsusaka 2003; Feld/Fischer/Kirchgässner 2006; Feld/Kirchgässner/Schaltegger 2011; Frey 1992, 1994, 1997; Funk/Gathmann 2011; Kirchgässner/Feld/Savioz 1999; Leemann/Wasserfallen 2016, Pommerehne 1978, 1990; Pommerehne/Schneider 1982). Diese Ergebnisse werden durch inter- und subnational vergleichende politikwissenschaftliche Untersuchungen zur Steuer- und Ausgabenwirksamkeit direktdemokratischer Institutionen bestätigt (Blume/Müller/Voigt 2009; Feld/Kirchgässner 2007; Freitag/Vatter 2006; Freitag/Vatter/Müller 2003; Wagschal 1997; Wagschal/Obinger 2000).

Insgesamt bestätigen empirische Studien zu den Schweizer Kantonen den sogenannten Robin-Hood-Effekt nicht. Der Gebrauch der Volksinitiative steht in den Schweizer Kantonen in keiner systematischen Beziehung zum Umfang der staatlichen Einnahmen und Ausgaben. Ein Blick auf die Initianten und konkreten Anliegen kantonaler Volksbegehren bei Finanz- und Steuerfragen vermag eine mögliche Erklärung zu liefern: Während nämlich von linker Seite neben vereinzelten Steuersenkungsinitiativen für mittlere und untere Einkommensschichten vor allem Volksbegehren zur Erhöhung von Steuern für obere Einkommen lanciert werden, reichen bürgerliche Kreise insbesondere Volksinitiativen zur Senkung von einzelnen Steuerobjektarten ein (Vatter 2002). Damit kristallisieren sich bei den Steuerbegehren zwei unterschiedliche Stossrichtungen heraus, die sich in ihren Wirkungen insgesamt neutralisieren und die politischen Ideologien der Parteien widerspiegeln: Linke Parteien versuchen durch die zusätzliche fiskalische Belastung höherer Einkommensschichten ihre sozialpolitischen Vorstellungen mittels Steuererhöhungsinitiativen durchzusetzen. Bürgerlichen Gruppierungen dienen Steuersenkungsinitiativen der Verfolgung ihrer ordnungspolitischen Ziele, indem durch geringe Steuersätze die öffentlichen Ausgaben und damit auch der Einfluss des Staates beschränkt werden sollen.

Weitere Untersuchungen zu den Schweizer Kantonen untermauern die zügelnden Effekte der direktdemokratischen Institutionen auf die Ausgabentätigkeit der öffentlichen Hand. So spielen sie auch zur Erklärung der Differenzen sowohl der allgemeinen Staats- und Sozial- als auch der Verwaltungsausgaben in den Kantonen eine bedeutende Rolle (Vatter/Freitag 2002, 2007). Je schwieriger sich die Ergreifung eines Finanzreferendums gestaltet und je seltener es auch effektiv genutzt wird, umso höher fallen die öffentlichen Ausgaben aus. Umgekehrt gilt: Je einfacher der Zugang zu den direktdemokratischen Institutionen für die Stimmbürgerschaft ist und je häufiger die Stimmbürger zu Finanzgeschäften an die Urne gerufen werden, umso niedriger sind die Staatsinterventionen. Auch weitere politikwissenschaftliche Untersuchungen bestätigen den Bremseffekt plebiszitärer Institutionen in Bezug auf die sozialpolitische Umverteilungspolitik in der Schweiz, wobei zusätzlich noch Zeitverzögerungs- und liberale Struktureffekte in der Staatstätigkeit identifiziert werden (Wagschal 1997; Wagschal/Obinger 2000). Walter (2019) weist allerdings darauf hin, dass die Wirkung direktdemokratischer Instrumente auf den Ausbau des Wohlfahrtsstaates systematisch mit dem politischen Kontext zusammenhängt und entsprechend differenziert betrachtet werden muss. Anhand von Zeitreihen-Querschnittsdaten zu den Sozialausgaben in den Schweizer Kantonen von 1930 bis 2000 zeigt Walter (2019) auf, dass Initiativen und Referenden das Wachstum der Sozialausgaben in einem Umfeld mit vielen Regierungsparteien einschränken, hingegen ausweiten, wenn nur wenige Parteien an der Regierung beteiligt sind. Emmenegger, Leemann und Walter (2020) erweitern diese Erkenntnisse um die Feststellung, dass insbesondere bei Initiativen die Regierungsgrösse einen Einfluss hat, während der Effekt von Referenden weder höhere noch tiefere öffentliche Staatsausgaben indiziert. Feld, Fischer und Kirchgässner (2010) stellen in ihrer Analyse der Schweizer Kantone im Weiteren fest, dass in stark direktdemokratischen Systemen weniger öffentliche Mittel für die Umverteilung von Einkommen verwendet werden. Da aber die öffentlichen Ausgaben in einer direkten Demokratie in der Regel besser auf die spezifischen Bedürfnisse der Wählerschaft zugeschnitten werden, könnte ihre Umverteilungswirkung trotzdem effektiver sein als in rein repräsentativen Systemen.

Im Gegensatz zu ihrer bremsenden Wirkung auf die allgemeine Staats- und Verwaltungstätigkeit spielen direktdemokratische Institutionen bei der Erklärung kantonaler Unterschiede in Politikfeldern wie der Bildungs- und Gesundheitspolitik eine geringere Rolle (Freitag/Bühlmann 2003; Vatter/Rüefli 2003). So bleibt die Ausgestaltung wie auch die Nutzung direktdemokratischer Verfahren ohne Einfluss auf die Höhe der öffentlichen Bildungs- und Gesundheitsfinanzierung in den Kantonen. In beiden Politikfeldern erfahren vielmehr ausgewählte Modernisierungsgrössen, soziodemographische Merkmale und politikfeldspezifische Faktoren eine grosse Bedeutung. Zumindest weist aber die Untersuchung von Schaltegger und Feld (2001) darauf hin, dass die Bildungsausgaben sowie diejenigen für Umwelt und Raumordnung in Kantonen mit ausgebautem Finanzreferendum signifikant weniger zentralisiert sind als in Kantonen mit schwachem Finanzreferendum.

### 8.5.3 Die ökonomischen Wirkungen der direkten Demokratie

Die Wirkung direktdemokratischer Elemente auf die ökonomische Leistungskraft wird in der Schweiz kontrovers eingeschätzt. Allerdings verläuft die Trennlinie zwischen den Anhängern und Skeptikern über die positiven Wirkungen der ökonomischen Performanz der Volksrechte nicht etwa zwischen Politikwissenschaftlern und Ökonomen, sondern vielmehr innerhalb der Wirtschaftswissenschaften. Auf der einen Seite betonen Ökonomen wie Borner, Brunetti und Straubhaar (1990, 1994) sowie Wittmann (1998, 2001) den Immobilismus, den „Status Quo-Bias", die Innovationsschwäche und den grossen Einfluss der Interessengruppen bei Volksabstimmungen mit den entsprechend negativen ökonomischen Konsequenzen. In ihrem Buch „Schweiz AG – Vom Sonderfall zum Sanierungsfall?" zeigen sich Borner, Brunetti und Straubhaar (1990) davon überzeugt, dass zur Sicherung des erreichten ökonomischen Wohlstands in der Schweiz eine grundlegende Reform der Institutionen der direkten Demokratie ins Auge gefasst werden müsse, da diese die notwendigen marktwirtschaftlichen Reformen verhindern und damit die internationale Wettbewerbsfähigkeit der schweizerischen Wirtschaft einschränken würden. In ihrem Folgewerk doppeln Borner, Brunetti und Straubhaar (1994) nach und zeichnen die direkte Demokratie, insbesondere das fakultative Referendum, verantwortlich für die wirtschaftliche Rezession der Schweiz in den 1990er Jahren, da es als Vetomechanismus das aus ihrer Sicht dringend notwendige Revitalisierungsprogramm blockiert habe (vgl. auch Borner/Bodmer 2004). Entsprechend fordern sie eine strikte Begrenzung der direkten Demokratie, da der Schweiz sonst der wirtschaftliche Niedergang drohe, und unterbreiten eigene Vorschläge zur Reform der Volksrechte. Auch Wittmann (1998, 2001) macht die direktdemokratischen Institutionen dafür verantwortlich, dass marktwirtschaftliche Reformen verhindert worden seien und der wirtschaftliche Wohlstand in den letzten Jahren geschwächt worden sei. Als Beleg führt er auf, dass die Schweiz zwischen 1848 und 1914 die grösste wirtschaftliche Dynamik gerade in jener Zeit entfaltet hätte, als die direkte Demokratie auf Bundesebene noch kaum existierte. Umgekehrt würde die Schweiz seit 1973 das schwächste Wirtschaftswachstum aller Industrienationen aufweisen, was mit der höchsten Anzahl von eingereichten Initiativen und Referenden zusammenfalle. Im Weiteren macht Wittmann (2001: 101) geltend, dass sich die Volksrechte insbesondere in der Nachkriegszeit erfolgreich gegen Privatisierungen und Deregulierungen gewendet und damit die Verbesserung der marktwirtschaftlichen Rahmenbedingungen verhindert hätten. Allerdings wendet sich seine Kritik nicht nur gegen das Referendum, sondern auch gegen den Robin-Hood-Effekt der Volksinitiative:

> „Da die Mehrheit der Wähler aus den breiten – unteren – Einkommensschichten stammt, kann die Volksinitiative umso eher erfolgreich sein, je mehr sie die Bedürfnisse dieser Einkommensschichten abdeckt. Im Trend produziert sie daher mehr, nicht weniger (Wohlfahrts-)Staat. Auf Dauer erweist sich dieser allerdings als Wachstumsbremse und beeinträchtigt den „Wohlstand für alle". Wenn man die Grenzen des Wohlfahrtsstaates dauerhaft überschreitet, so sind Stagnation, Abstieg und Niedergang von Nationen so sicher wie das Amen in der Kirche" (Wittmann 2001: 115).

Entsprechend kommt der Autor zum Schluss, dass es „geradezu absurd" sei, wenn jemand behaupten würde, die Volksrechte würden sich nicht negativ, sondern positiv auf den Wohlstand eines Landes auswirken (Wittmann 2001: 125).

Im Gegensatz dazu weisen auf der anderen Seite zahlreiche Ökonomen auf die wirtschaftlichen Vorteile einer ausgebauten direkten Demokratie hin. Sie kommen dabei zum Schluss, dass Gemeinwesen mit grösserer Beteiligungsmöglichkeit des Volkes ökonomisch erfolgreicher sind als solche mit nur schwach ausgebauten Volksrechten (Eichenberger 2019; Feld/Kirchgässner 1999, 2007; Feld/Savioz

1997; Frey 1994, 1997; Kirchgässner/Feld/Savioz 1999). Theoretisch stützen sie sich auf das Medianwählermodell: Dieses geht davon aus, dass die Politiker in der repräsentativen Demokratie zwischen den Wahlzeitpunkten über einen geringen politischen Wettbewerb und einen grossen Spielraum zur Verfolgung eigener Interessen verfügen, während sie sich in einer direkten Demokratie unter dem fortlaufenden Druck von Referenden und Initiativen zwangsläufig stärker an den Präferenzen des Medianwählers orientieren müssen (Pommerehne 1978, 1990). Damit sehen diese Ökonomen in den direktdemokratischen Institutionen ein wirkungsvolles Instrument zur Disziplinierung von staatlichen Entscheidungsträgern (Eichenberger 2019), die rent-seeking betreiben, und zur Lösung des Prinzipal-Agent-Problems (Eichenberger 1999; Frey 1994). Regierungen in modernen Demokratien wird in dieser Sichtweise unterstellt, eher ihre eigenen Ziele und nicht die der Mehrheit der Wähler zu verfolgen. Die Handlungen des Agenten (der Regierung) müssen somit nicht mit den Interessen des auftraggebenden Prinzipals (der Mehrheit der Regierten) übereinstimmen. Zur Lösung dieses Prinzipal-Agent-Problems bieten repräsentative Demokratien das Kontrollinstrument periodisch wiederkehrender Wahlen an, um somit die Gefahr einer längerfristigen Interessendivergenz zwischen Prinzipal und Agent zu minimieren. Mit den zusätzlichen Kontrollinstrumenten von Referenden und Volksinitiativen verfügt der Prinzipal über noch mehr Sanktionsmöglichkeiten als in einem rein repräsentativ ausgestalteten Politiksystem (Eichenberger 2019). Abstimmungen verkleinern damit den diskretionären Spielraum der Politiker zwischen den Wahlen und helfen, eigeninteressenorientierte Politikerkartelle zu verhindern (Frey 1992, 1994). Die Befunde von Leemann und Wasserfallen (2016) legen dabei nahe, dass das Ausmass, in dem direktdemokratische Institutionen der Politikkongruenz förderlich sind - und somit als demokratisches Korrektiv für repräsentative Systeme wirken können - von der politischen Konfliktstruktur abhängt.

Den Kritikern der direkten Demokratie wirft Kirchgässner (2000: 170) „anekdotische Evidenz" vor und verweist auf die nach wie vor sehr hohe wirtschaftliche Leistungskraft, das hohe Einkommensniveau, die sehr niedrige Arbeitslosen- und Inflationsrate und die ausgezeichnete internationale Wettbewerbsfähigkeit der Schweiz. Anstelle von Fallstudien ziehen Kirchgässner, Feld und Savioz (1999) komparativ-statistische Analysen vor. Anhand von ökonometrischen Modellschätzungen mit Daten der 26 Kantone für die Jahre 1982 bis 1993 zeigen Feld und Savioz (1997) auf, dass Kantone mit Fiskalreferenden eine höhere Wirtschaftsleistung pro Kopf erbringen als stärker repräsentativ klassifizierte Kantone. Sie kommen zum Befund, dass die 17 Kantone, die stärker den Institutionen der direkten Demokratie vertrauen, zwischen 1982 und 1993 eine um rund fünf Prozent höhere Wirtschaftsleistung pro Kopf erbracht haben als die neun stärker repräsentativen Kantone.

Die Ergebnisse von Feld und Savioz (1997) lösten heftigen Widerspruch aus, diesmal allerdings auch von politikwissenschaftlicher Seite. So hat Germann (1999: 405) die Befunde der Studie von Feld und Savioz (1997) grundsätzlich in Abrede gestellt. Seine Kritik bewegt sich auf zwei Ebenen: In methodischer Hinsicht zweifelt er die Validität der Indikatoren und die damit zusammenhängenden Ergebnisse an. So führt er die Unterschiede der kantonalen Wirtschaftskraft eher auf die *effektive Nutzung* der direkten Demokratie statt auf die blosse Existenz institutionalisierter Mitwirkungsmöglichkeiten zurück. Zugleich äussert er aufgrund eines kursorischen Vergleichs der französischsprachigen Kantone die Vermutung, dass der zurückhaltende Gebrauch von Initiativen und Referenden überdurchschnittliche Wirtschaftsleistungen fördert, während viele Volksabstimmungen den ökonomischen Niedergang beschleunigen. Auf der inhaltlichen Ebene weist Germann (1999) darauf hin, dass relevante kantonale Unterschiede direktdemokratischer Verfahren hauptsächlich in der Existenz eines fakultativen oder obligatorischen Finanzreferendums und in der Festlegung der Schwelle notwendiger Unterschriftenquoren bestünden, statt in der rigiden Unterscheidung zwischen direktdemokratischen und stärker repräsentativen Entscheidungsverfahren. Ausgehend von den Überlegungen Germanns (1999) führten Freitag und Vatter (2000, 2004) eine Panelanalyse für den Zeitraum 1983 bis 1997 in den Schweizer Kantonen zur ökonomischen Wirkung formal-rechtlich definierter direktdemokratischer Institutionen auf der einen Seite und der wirtschaftlichen Relevanz direktdemokratischer Praxis auf der anderen Seite durch. Zusammenfassend zeigt sich, dass die statistischen Analysen von Freitag und Vatter (2000, 2004) die Einschätzung von Germann (1999) zum negativen Einfluss eines übermässigen Gebrauchs direktdemokratischer Verfahren auf die ökonomischen Leistungsprofile der Kantone nicht bestätigen können. Vielmehr korrespondieren ihre Befunde mit den Ergebnissen von Feld und Savioz (1997) sowie Kirchgässner, Feld und Savioz (1999), wonach direktdemokratische Entscheidungsverfahren eine positive Wirkung auf die ökonomische Performanz ausüben. Im Gegensatz zu deren Analyse beruhen die Resultate von Freitag und Vatter (2000, 2004) allerdings auf der Basis mehrerer Messgrössen der Volksrechte. Statt des Verweises auf eine dichotome Hilfsvariable zur formal-rechtlichen Definition direktdemokratischer Mitwirkungsrechte stützen sich ihre Ergebnisse auf die effektiv durchgeführten Finanzreferenden. So war das kantonale Bruttoinlandprodukt pro Kopf in den Kantonen mit häufigerer Nutzung des Finanzreferendums signifikant höher als in den Kantonen mit geringerer Nutzung dieses Instruments. Offenbar stellt nicht das alleinige Vorhandensein direktdemokratischer Institutionen, sondern vor allem die effektive Nutzung dieser Einrichtungen bei fiskalpolitischen Entscheidungen ein wirkungsvolles Instrument dar, welches die Weichen für wirtschaftliche Prosperität stellt. In der Grundaussage stützen aber die Ergebnisse von Freitag und Vatter (2000, 2004) die Befunde von Feld und Savioz (1997) sowie Kirchgässner, Feld und Savioz (1999) und widersprechen der These von Borner, Brunetti und Straubhaar (1990, 1994), Brunetti und Straubhaar (1996) sowie Wittmann (1998, 2001). Die empirischen Resultate von Freitag und Vatter (2000, 2004) zu den Wirkungen der Nutzung der direkten Demokratie auf das jährliche Wirtschaftswachstum und von Steffen (2005) auf die Senkung der Arbeitslosenrate in den Kantonen untermauern den insgesamt positiven statistischen Zusammenhang zwischen der direkten Demokratie und der makroökonomischen Performanz.

## 8.5.4 Die gesellschaftlichen Wirkungen der direkten Demokratie

Die bestehenden Studien ziehen ebenfalls einen positiven Schluss, was die gesellschaftlichen Auswirkungen der direkten Demokratie anbetreffen (Lambelet 2019). Anhand subnational vergleichender Analysen der Schweizer Kantone weist etwa Freitag (2006) darauf hin, dass der Kontext einer ausgebauten Direktdemokratie ein erhöhtes zivilgesellschaftliches Engagement begünstigt. Er zeigt auf, dass mit einem einfacheren Zugang zu direktdemokratischen Institutionen intensivere zivilgesellschaftliche Aktivitäten und dichtere soziale Netzwerke einhergehen. Freitag (2006) kommt zum Schluss, dass direktdemokratische Strukturen insgesamt einen stark positiven Einfluss auf das soziale Kapital einer Gesellschaft ausüben (vgl. auch Freitag/Schniewind 2007; Stadelmann-Steffen/Freitag 2011). Zusätzlich übt die direkte Demokratie eine Katalysatorfunktion auf das Protestverhalten der Bürger aus, indem sie ihnen eine institutionalisierte Möglichkeit bietet, sich an politischen Entscheidungen zu beteiligen (Fatke/Freitag 2013). Die Bereitstellung von Volksrechten fördert aber auch die stark informellen Formen des sozialen Zusammenlebens, indem sie die Deliberation und Kommunikation zwischen den partizipierenden Bürgern begünstigen (Feld/Kirchgässner 2000). Weitere Studien bekräftigen die positive Wirkung direkter Volksmitsprache auf die politische Informiertheit und die allgemeine Lebenszufriedenheit der Bürgerinnen und Bürger. So stellen Frey und Stutzer (2000) sowie Stutzer und Frey (2000) in Umfragen über das subjektive Wohlbefinden fest, dass die Bevölkerungsteile in Kantonen und Gemeinden mit stärker ausgeprägten Volksrechten zufriedener mit ihrer allgemeinen Lebenssituation sind als diejenigen in stärker repräsentativen Politiksystemen (siehe auch Dorn u. a. 2008). Demgegenüber finden Stadelmann-Steffen und Vatter (2011) in ihrem Kantonsvergleich keine Evidenz für einen robusten oder sogar kausalen Zusammenhang zwischen der Stärke der direkten Demokratie und dem individuellen Wohlbefinden („Happiness") der Leute. Vielmehr weisen sie einen Zusammenhang zwischen der Nutzungshäufigkeit der direktdemokratischen Instrumente und der *Zufriedenheit mit dem Funktionieren der Demokratie* nach. Leemann und Stadelmann-Steffen (2022) erweitern in einer neueren Untersuchung den Forschungsstand um die Erkenntnis, dass der Unterschied in der Zufriedenheit mit der Demokratie im Allgemeinen zwischen Gewinnenden und Verlierenden von Abstimmungen bei stärker ausgebauten direktdemokratischen Institutionen reduziert wird. In eine ähnliche Richtung weist auch die Studie von Pommerehne und Weck-Hannemann (1996): In Kantonen, in denen die Bürger umfassender über das Budget mitentscheiden können, ist die Steuermoral signifikant höher als in Kantonen mit stärker repräsentativen Entscheidungsverfahren und dementsprechend werden in solchen Kantonen die Steuern in weit geringerem Ausmass hinterzogen (Kirchgässner 2007).

Während damit verschiedene Studien die positiven Wirkungen direktdemokratischer Beteiligung für unterschiedliche Aspekte des gesellschaftlichen Lebens herausstreichen, bestehen unterschiedliche Auffassungen hinsichtlich der klassischen Frage, in welchem Masse fundamentale Bürger- und Menschenrechte ausgewählter Minderheiten in einem direktdemokratischen System verletzt werden, in denen das Demokratieprinzip höher gewichtet wird als das Rechtsstaatsprinzip (Hainmüller/Hangartner 2019; Bolliger 2007; Kirchgässner 2010; Reich 2008). Stellt die Volksbeteiligung eine potenzielle Tyrannei der Minderheit durch die Mehrheit dar, vor der bereits James Madison und Alexis de Tocqueville in ihren Schriften gewarnt haben, oder werden Minderheiten durch die Volksrechte besonders geschützt? Die politikwissenschaftliche Literatur behandelt das Thema des Minderheitenschutzes in der direkten Demokratie kontrovers, wobei die empirische Basis für die Schweiz bis vor Kurzem relativ schwach war. Einerseits kann auf die hohe Integrationswirkung der direkten Demokratie für politische Minderheiten hingewiesen werden, was sich in den breit abgestützten und proportional zusammengesetzten Konkordanzregierungen auf den verschiedenen Ebenen ausdrückt. Andererseits weist die mehrfach verschobene Einführung des Frauenwahlrechts sowie die verspätete Ausländerintegration auf offensichtliche Verzögerungseffekte durch die Volksrechte hin, was den Schutz der Grundrechte einzelner gesellschaftlicher Gruppen anbetrifft. Die erste Studie zum Minderheitenschutz auf der Basis von Schweizer Abstimmungsdaten haben Frey und Goette (1998) durchgeführt. Anhand von eidgenössischen, kantonalen und kommunalen Volksabstimmungen zwischen 1970 und 1996 kommen die Autoren zum Ergebnis, dass in zwei Drittel der Fälle Minderheitenrechte nicht unterdrückt, sondern durch die Bevölkerungsmehrheit vielmehr geschützt würden. Allerdings weist die Studie verschiedene Schwachstellen auf. So werden nicht alle, sondern nur eine nicht weiter begründete Auswahl von 20 eidgenössischen Abstimmungen berücksichtigt und die Analyse der weiteren föderalen Stufen beschränkt sich einzig auf Volksabstimmungen aus dem Kanton und der Stadt Zürich, während die Urnengänge in den übrigen Kantonen und Gemeinden nicht untersucht wurden. Auch wurde auf Bundesebene nur zwischen drei Minderheiten (Ausländer, religiöse Minderheit, Verschiedene) differenziert, dasselbe gilt für die beiden subnationalen Stufen. Jüngere Befunde von Vatter und Danaci (2010) weisen darauf hin, dass die Ergebnisse von Frey und Goette (1998) für eine längere Zeitperiode, unter Berücksichtigung aller eidgenössischen und kantonalen Volksabstimmungen und unter Einbezug international gängiger Minderheitendefinitionen nicht zutreffen. Für die Bundesebene lassen sich für die Periode von 1960 bis 2007 insgesamt 46 Volksabstimmungen als minderheitenrelevant bezeichnen. Untersucht man den direkten Effekt der direkten Demokratie, so zeigt sich, dass in 82.6 Prozent die Parlamentsentscheide von den Volksentscheiden nicht verändert wurden, in 17.4 Prozent die Volksentscheide die Parlamentsentscheide jedoch zum Nachteil der betroffenen Minderheit anpassten. Gleichzeitig gab es keine Veränderungen durch die direkte Demokratie zugunsten von Minderheiten auf Bundesebene. Eine Auswertung aller kantonalen Abstimmungen zwischen 1960 und 2007 zeigt im Weiteren, dass 75.5 Prozent der parlamentarischen Entscheide nicht verändert wurden, während 22.5 Prozent zum Nachteil und zwei Prozent zum Vorteil der betroffenen Minderheit abgeändert wurden. Ein Blick auf alle von den Volksentscheiden *veränderten Parlamentsentscheide* auf Bundes- und Kantonsebene macht deutlich, dass 93.2 Prozent negative Auswirkungen auf die Minderheiten hatten, während nur 6.8 Prozent eine positive Wirkung für Minderheiten erzielten (Vatter/Danaci 2010: 210). Diese negative direkte Wirkung der direkten Demokratie tritt insbesondere bei Vorlagen auf, die den Ausbau von Minderheitenrechten vorsehen, was im Widerspruch zu den positiven Befunden von Frey und Goette (1998) steht. Interessanterweise finden sich in Bezug auf den unterschiedlichen Schutz von einzelnen Minderheiten deutliche Parallelen zwischen den schweizerischen und US-amerikanischen Ergebnissen. So erschwert in beiden Fällen eine ausgeprägte Direktdemokratie den Schutz der Rechte der ausländischen Bevölkerung, während etwa die Anliegen von Frauen im Mittelfeld abschneiden und die Rechtsansprüche eigener Sprachminderheiten und von Behinderten auf breites Verständnis in der Bevölkerung stossen. Hainmüller und Hangartner (2019) finden zum Beispiel, dass der durch das Bundesgericht angeordnete Wechsel der einbürgerungsbestimmenden Gewalt von Gemeindestimmbürgern zu gewählten kommunalen Legislativen oder Kommissionen mit Begründungspflicht bis 2009 mit einer Erhöhung der Einbürgerung um 60% einherging. Bei der Analyse des individuellen Abstimmungsverhaltens bei eidgenössischen Vorlagen über Minderheitenrechte von 1981 bis 2007 stellt sich heraus, dass neben soziodemographischen Faktoren vor allem die kulturelle Wertehaltung und die politische Grundeinstellung von Bedeutung sind. Personen mit einer kulturpluralistischen Wertehaltung und Sympathien für die politische Linke sind deutlich minderheitenfreundlicher als politisch rechtsstehende Personen mit einer kulturprotektionistischen Wertehaltung (Krömler/Vatter 2011).

Aufschlussreich ist schliesslich die Antwort auf die aktuelle Frage, inwiefern die direkte Demokratie religiöse Minderheiten schützt bzw. diskriminiert. Basierend auf verschiedenen empirischen Analysen kommt Vatter (2011) zum Schluss, dass die direkte Demokratie in der Schweiz einen eindeutig negativen Effekt auf die Rechte von religiösen Minderheiten ausübt. Die Volksentscheide in den letzten 160 Jahren führten hauptsächlich zur Ablehnung oder Verzögerung des Ausbaus der Rechte religiöser Minderheiten und in einigen Fällen sogar zu einem Abbau der konfessionellen Minderheitenrechte (z. B. das Schächtverbot oder das Verbot zum Bau von Minaretten). Auch bei den religiösen Minderheiten variiert die Wirkung der direkten Demokratie über die Zeit und die Minderheitengruppen: Während Mitte des 19. Jahrhunderts die Juden und christliche Minderheiten negativ von direktdemokratischen Entscheidungen betroffen waren, sind es heute vor allem die Muslime in der Schweiz. Neben der direkten Wirkung übt die direkte Demokratie zudem auch indirekt einen Einfluss auf die Rechte von (religiösen) Minderheiten aus. Zwar entscheidet das Parlament minderheitenfreundlicher als das Volk. Die Möglichkeit des Volkes, einen minderheitenfreundlichen Entscheid des Parlaments durch ein Referendum rückgängig zu machen, hält jedoch das Parlament in zahlreichen Fällen davon ab, einen Ausbau von Minderheitenrechten zu beschliessen, insbesondere wenn sich einzelne Parteien im Vorfeld dagegen aussprechen (Christmann 2010; Vatter/Danaci 2010).

## 8.6 Die Gesamtwirkungen der direkten Demokratie auf das politische System der Schweiz

Um die Wirkungsketten der direkten Demokratie auf das schweizerische politische System und auf die einzelnen Phasen des politischen Entscheidungsprozesses herauszuarbeiten, lehnt sich die zusammenfassende Betrachtung konzeptionell an das systemtheoretische Input-Output-Modell von Easton (1965) und seine Wei-

## 8 Die direkte Demokratie

*Abbildung 8.2: Eine Wirkungsanalyse für das halbdirektdemokratische System der Schweiz auf der Basis empirischer Befunde*

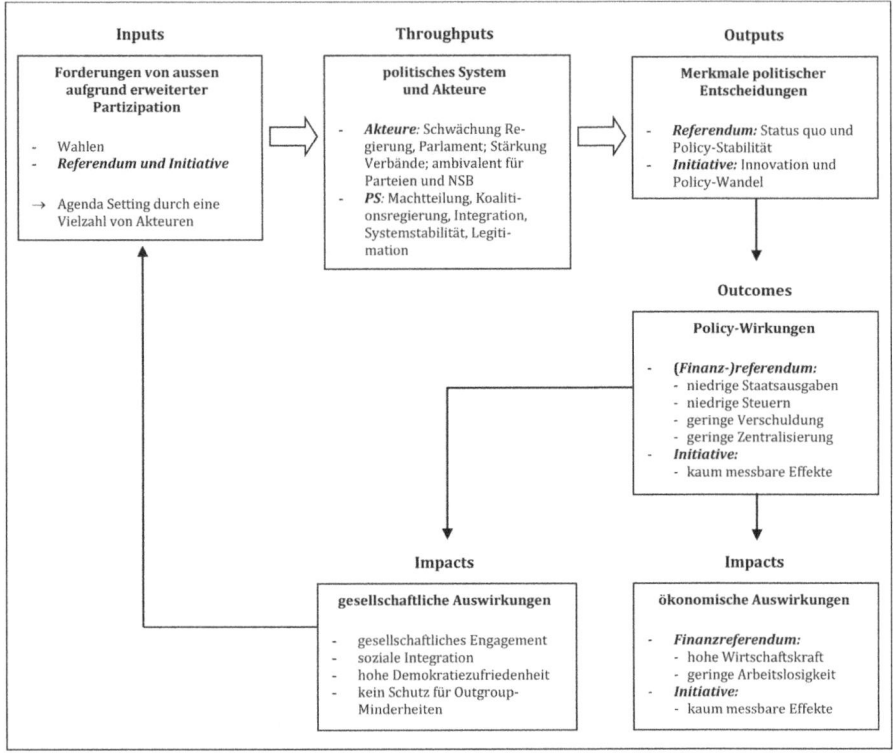

Anmerkungen: NSB = Neue Soziale Bewegungen; PS = politisches System.
Quelle: Vatter (2007: 102) mit Anpassungen.

terentwicklungen von Jann (1981) sowie Jann und Wegrich (2003) zu einem Policy-Making-Modell an (Vatter u. a. 2019). Gemäss Abbildung 8.2 lassen sich fünf Prozessstufen unterscheiden, deren wichtigste Merkmale sich wie folgt kurz beschreiben lassen:

■ *Inputs:* Auf der Input-Seite werden im schweizerischen System mit einer stark ausgebauten Direktdemokratie die Forderungen an das Politiksystem nicht nur durch die Parteien artikuliert, kanalisiert und repräsentiert, sondern durch eine Vielzahl von Akteuren eingebracht. Die direkte Demokratie legt das Agenda Setting in die Hand verschiedenster Akteure (Interessengruppen, Parteien, soziale Bewegungen, Bürgerkomitees etc.) und bricht das Monopol der Parteien. Insbesondere der Volksinitiative kann ein bedeutsamer Agenda-setting-Effekt zugesprochen werden, wodurch vernachlässigte Forderungen als Input in das politische System eingebracht werden, welche die Parteien und Politiker zu einer öffentlichen Auseinandersetzung mit den von aussen eingebrachten Anliegen zwingen. Zwar hat die direkte Demokratie in der Schweiz nicht zu einer eigentlichen Volksgesetzgebung geführt, was darin zum Ausdruck kommt, dass über 93 Prozent der parlamentarischen Entscheidungen ohne Referendumsabstimmung in Kraft treten. Während aber das Referendum vor allem eine Stärkung organisierter Verbandsinteressen begünstigt hat, erweist sich die Volksinitiative als „eigentlicher Kristallisationspunkt für die Organisierung neuer Probleme und Interessen", die schwach organisierten und lokalen Gruppen dazu dient, ihre Forderungen zu formulieren und teilweise durchzusetzen (Linder/Mueller 2017: 402).

- *Throughputs (Withinputs):* Die Folgen der direkten Demokratie auf das politische System der Schweiz sind spätestens seit Neidharts (1970) Analyse hinlänglich bekannt. Kurz: Die im Laufe der Zeit erlernten Kooptationsstrategien der politischen Elite zur Minimierung der Risiken der direkten Demokratie haben die Referendumsdemokratie im Verlaufe des 20. Jahrhunderts zur Verhandlungs- und Konkordanzdemokratie transformiert. Breit abgestützte und proportional zusammengesetzte Mehrparteienregierungen sind sowohl beim Bund wie auch in den Kantonen die sichtbaren Konsequenzen der ausgebauten Volksrechte. Darüber hinaus ist unbestritten, dass die ausgebauten Mitwirkungsmöglichkeiten zu einer hohen Legitimität politischer Entscheidungen und Stabilität des Systems geführt haben.

Die Wirkungen auf der Akteursebene fallen unterschiedlich aus: Während die Schwächung von Regierung, Verwaltung und Parlament aufgrund der direktdemokratischen Nachkontrolle und der Unwägbarkeiten im politischen Prozess offensichtlich ist, sind die Folgen für die Parteien[21] und sozialen Bewegungen ambivalent zu beurteilen. Einerseits bieten die Volksrechte die Chancen des zusätzlichen Agenda Settings und der erweiterten Mobilisierung, andererseits binden die permanenten Abstimmungskampagnen zahlreiche Ressourcen und erhöhen die politische Konkurrenzsituation (Milic/Rousselot/Vatter 2014). Vielfach belegt ist schliesslich die Tatsache, dass insbesondere das Referendum als Verhandlungspfand im vorparlamentarischen Verfahren zu einer Stärkung der Verbandseliten geführt hat (Neidhart 1970).

- *Outputs:* Grundsätzlich gilt es bei den Wirkungen auf die politischen Outputs zwischen den Eigenschaften des Referendums einerseits und jener der Initiative andererseits zu unterscheiden, da die beiden Formen zwei unterschiedlichen Logiken folgen: Während das Referendum Änderungen von politischen Entscheidungen offensichtlich erschwert, begünstigt die Volksinitiative in der Regel politische Neuerungen und Innovationen. Neuere Analysen widersprechen allerdings der lange Zeit verbreiteten Annahme, dass das Referendum eher die konservativ-bürgerlichen Kräfte stützt und zum Nachteil der linken Parteien wirkt. Sie weisen vielmehr darauf hin, dass die als Folge der Liberalisierung der Märkte und des Abbaus sozialstaatlicher Leistungen erfolgreich lancierten Referenden weder die politische Rechte noch die politische Linke begünstigt, sondern generell die Verteidiger des Status quo (Linder/Mueller 2017; Wagschal/Obinger 2000; vgl. Christmann 2009). Insgesamt werden heu-

---

21 Vgl. Fatke (2014) zu den komplexen und ambivalenten Zusammenhängen zwischen direkter Demokratie und Parteiidentifikation.

te die Bremswirkungen des Referendums als offensichtlich stärker bewertet als die Innovationswirkungen der Volksinitiative, weshalb sich der politische Output in der Schweiz in der Regel nur durch inkrementalistische Änderungen auszeichnet.

- *Outcomes:* Die empirischen Analysen über die Zusammenhänge zwischen den verschiedenen Formen direktdemokratischer Partizipation und dem Ausmass der Staatstätigkeit in den Schweizer Kantonen liefern eine Klärung des kontrovers diskutierten Einflusses der Volksrechte und deren Wirkungsrichtung auf staatliche Interventionen. Sie kommen insgesamt zum Schluss, dass direktdemokratische Entscheidungsverfahren die Staatsausgaben, -einnahmen und -schulden begrenzen und dezentralisieren. Dabei zeigt sich, dass insbesondere das Finanzreferendum einen restriktiven Einfluss auf die Staatstätigkeit ausübt. Je niedriger die Hürden zur Ergreifung des Finanzreferendums ausfallen, umso geringer ist das Ausmass der staatlichen Intervention in den Schweizer Kantonen. Die empirischen Resultate bestätigen zusammenfassend die Bremswirkung des Referendumsrechts in eindrucksvoller Weise und belegen darüber hinaus den fehlenden Einfluss der Volksinitiative. Die sogenannte Robin-Hood-These, d. h. der expansive und redistributive Charakter der Volksinitiative im Sinne steigender Steuer- und Abgabensätze bei zunehmender direkter Bürgerbeteiligung lässt sich in keiner der zahlreichen quantitativen Untersuchungen empirisch bestätigen.

- *Impacts:* Trotz einer kontrovers geführten Debatte über die ökonomischen Auswirkungen der Volksrechte, weisen die vorliegenden empirischen Studien für die Schweiz allesamt in dieselbe Richtung. Die statistischen Analysen von Feld und Savioz (1997), Freitag und Vatter (2000, 2004) sowie Kirchgässner, Feld und Savioz (1999) widerlegen die kursorischen Einschätzungen von Borner, Brunetti und Straubhaar (1990, 1994), Germann (1999) und Wittmann (1998, 2001) zum negativen Einfluss eines übermässigen Gebrauchs direktdemokratischer Verfahren auf die ökonomische Leistungskraft. Vielmehr belegen alle empirischen Untersuchungen, dass insbesondere das Finanzreferendum eine positive Wirkung auf die ökonomische Performanz in den Schweizer Kantonen ausübt, wobei umstritten bleibt, ob die formale Bereitstellung oder der reale Gebrauch dieses Instruments dafür verantwortlich ist.

Auch die makrosoziologischen Wirkungen der direkten Demokratie fallen auf der Basis der bestehenden empirischen Analysen mehrheitlich positiv aus. Untersuchungen zeigen anhand von Vergleichen auf subnationaler Ebene in der Schweiz, dass in Gemeinwesen mit grösserer Beteiligungsmöglichkeit des Volkes das zivilgesellschaftliche Engagement höher ist, die sozialen Netzwerke dichter sind, die Leute besser informiert sind und die Demokratiezufriedenheit der Bürger höher ist. Hingegen fällt die Einschätzung, in welchem Masse die Grundrechte ausgewählter Minderheiten durch die Direktdemokratie verletzt werden, insgesamt eher kritisch aus. So weisen neue Befunde auf der Basis einer längeren Untersuchungsperiode und unter Berücksichtigung aller Kantone darauf hin, dass Volksentscheide insgesamt eher minderheitenfeindlich ausfallen, wobei in mehr als 75 Prozent der Fälle die Stimmbürgerschaft den parlamentarischen Entscheid bestätigt (Vatter 2011: 281).

## 8.7 Die direkte Demokratie im internationalen Vergleich

Obwohl die direkte Demokratie in zahlreichen Ländern zunehmend an Bedeutung und Einfluss gewinnt, bestehen dazu nur wenige international vergleichende Studien (Morel 2018; Butler/Ranney 1994; Freitag/Wagschal 2007; LeDuc 2003; Möckli 1994). Einen aktuellen Überblick liefert Altman (2019), der nicht nur den weltweiten Gebrauch direktdemokratischer Instrumente analysiert, sondern auch deren Zusammenspiel mit bestehenden Institutionen untersucht hat. Insgesamt haben zwischen 1900 und 2016 knapp 2'000 Volksabstimmungen auf nationaler Ebene stattgefunden, davon über die Hälfte in Europa (Altman 2019, 49-54). Auch die Europäische Union als Quelle internationalen Rechts hat zum Ausbau der direkten Demokratie in Europa beigetragen. Seit dem Vertrag von Lissabon (2007) existiert auf EU-Ebene die Bürgerinitiative, bei der 1 Million Bürger von mindestens einem Viertel der Mitgliedsstaaten eine Anregung zu einem Legislativakt verlangen können. Allerdings sind die Voraussetzungen für die Durchführung direktdemokratischer Instrumente aufgrund des supranationalen und intergouvernementalen Organisationscharakters der EU grundlegend anders als im nationalen Kontext (Heidbreder u. a. 2019). Im nationalen Kontext ist die Schweiz mit ihren 563 durchgeführten Volksabstimmungen seit 1900 weltweite Spitzenreiterin (Altman 2019: 53). Altman (2011: 65) stellt – unter Berücksichtigung der Anzahl der Staaten, die ebenfalls merklich angestiegen ist – über die letzten 50 Jahre eine Verdoppelung und im Vergleich zum Beginn des 20. Jahrhunderts eine Vervierfachung der Verwendung von direktdemokratischen Instrumenten fest. Zudem weist Scarrow (2001) in etablierten Demokratien auf eine zunehmende Verbreitung dieser Instrumente durch institutionelle Reformen hin. Eine wichtige Rolle für die Nutzungshäufigkeit der einzelnen Instrumente übt dabei die Staatsform aus: Während der Gebrauch von Volksrechten wie Referenden und Initiativen positiv mit dem Demokratisierungsniveau eines Staates zusammenhängt, finden von der Regierung ausgelöste Plebiszite vermehrt in präsidialen Demokratien und eher instabilen Demokratien Anwendung (Altman 2011). Der internationale Vergleich weist somit auf eine unterschiedliche Wirkungsweise der einzelnen Formen der Direktdemokratie hin, auf die im Folgenden noch eingegangen wird. Während direktdemokratische Instrumente den Bürgern einerseits ein direktes Mitspracherecht geben, ermöglichen sie andererseits den politischen Entscheidungsträgern, ihre Politik voranzutreiben.

Für eine Einordnung der stark direktdemokratisch und konkordant geprägten Schweiz im internationalen Vergleich stellt sich vor allem die Frage nach einer möglichen theoretischen und empirischen Verknüpfung zwischen direkter Demokratie und den zwei grundlegenden Modellen der Konsens- und Mehrheitsdemokratie. Dabei gilt es wie erwähnt zu beachten, dass die zahlreichen Formen der direkten Demokratie hinsichtlich ihrer Funktion und Wirkung sehr vielfältig sind. In einem ersten Schritt ist es daher notwendig, zunächst die verschiedenen plebiszitären Formen zu unterscheiden, weil sie sowohl majoritäre als auch konsensuelle Merkmale aufweisen können. Im Folgenden werden die direktdemokratischen Institutionen zunächst konzeptionell mit Lijpharts (2012) zwei Grundmodellen der Machtteilung in Verbindung gebracht (Jung 1996; Vatter 2000, 2002, 2009).

## 8 Die direkte Demokratie

In einem zweiten Schritt wird auf dieser Grundlage ein Index der (konsensuellen) Direktdemokratie hergeleitet, der es erlaubt, die einzelnen Demokratien entsprechend einzuordnen.

Obwohl verschiedene Klassifikationen zu den einzelnen Instrumenten der Direktdemokratie bestehen (z. B. Butler/Ranney 1994; Gallagher/Uleri 1996; Hug 2004; Qvortrup 2000; Setälä 1999, 2006; Suksi 1993), stützen sich die meisten davon auf die grundlegende Typologie von Smith (1976). Ausgangspunkt bildet deshalb das erste Unterscheidungskriterium von Smith (1976), nämlich wer das Recht hat, ein Referendum zu lancieren: Ist es ausschliesslich die regierende Mehrheit oder kann auch eine oppositionelle Minderheit eine Volksabstimmung auslösen? Durch die Verwendung dieses Kriteriums lassen sich zunächst zwei grundlegende Formen unterscheiden (Jung 1996; Vatter 2002, 2009):

- Typ 1: *„Kontrollierte (passive) Referenden"*: Die Regierung oder eine parlamentarische Mehrheit kann ein Referendum auslösen.

- Typ 2: *„Unkontrollierte (aktive) Referenden"*: Eine Minderheit aus der Stimmbürgerschaft oder eine parlamentarische Minderheit kann ein Referendum initiieren.

Während damit Plebiszite[22] dem ersten direktdemokratischen Typ angehören, den Hug (2004: 323) auch passives Referendum nennt, entsprechen fakultative Referenden und Volksinitiativen dem Typ 2. Letztere können aufgrund der wichtigen Rolle, die zivilgesellschaftliche Akteure (z. B. Bürgerkomitees, Parteien, Verbände) bei ihrer Lancierung spielen, auch als aktive Referenden bezeichnet werden (Hug 2004: 323). In Anbetracht dieser grundlegenden Unterscheidung ist es nun theoretisch möglich, eine erste Verknüpfung zu den beiden Demokratiemodellen von Lijphart (2012) herzustellen: Da die regierende Mehrheit das exklusive Recht auf die Auslösung von Plebisziten hat, stimmt diese Eigenschaft mit den typischen Merkmalen einer Mehrheitsdemokratie überein. Im Gegensatz dazu können Volksinitiativen und fakultative Referenden von einer kleinen Minderheit von Stimmbürgern oder Parlamentariern lanciert werden, um entweder Entscheidungen der parlamentarischen Mehrheit umzustossen (fakultative Referenden) oder um Vorschläge von Stimmbürgern für eigene Vorlagen zu unterbreiten (Volksinitiative). Sie weisen deshalb die typischen machtteilenden Züge von Konsensdemokratien auf. Das obligatorische Referendum, das in verschiedenen Ländern bei Verfassungsänderungen vorgeschrieben ist, liegt zwischen diesen beiden Grundformen der direkten Demokratie: Einerseits kontrolliert die Regierung das Agenda Setting beim obligatorischen Referendum und verfügt über einen beträchtlichen Handlungsspielraum bei der Ausarbeitung der Abstimmungsvorlage. Andererseits ist sie in jedem Fall gezwungen, eine Volksabstimmung durchzuführen, was ihre Kontrolle über den Inhalt und den Zeitpunkt der Referendumsvorlage beträchtlich einschränkt.[23] Setälä (2006: 711) folgend, lassen sich damit die verschiedenen

---

22 Die Verwendung des Begriffs „Plebiszit" in der Literatur ist unterschiedlich. Die nachfolgenden Ausführungen basieren auf der Definition von Suksi (1993: 10). Ein Plebiszit „may be an *ad hoc* referendum" for which there exist no permanent provisions in the constitution or in ordinary legislation."

23 „The level of governmental control over mandatory referendums depends on the extent to which governments have the authority to interpret the constitution" (Setälä 2006: 715).

Formen von direkter Demokratie auf einem Kontinuum von starker (Plebiszit) über mittlerer (obligatorisches Referendum) bis zu schwacher (fakultatives Referendum und Volksinitiative) Regierungskontrolle einordnen.

Um eine einwandfreie Zuordnung der unterschiedlichen Formen der direkten Demokratie zu erreichen, gilt es in einem nächsten Schritt danach zu fragen, wer die entscheidende Mehrheit bildet. Konkret geht es um die Frage, ob die Erreichung eines bestimmten Quorums für die Annahme eines Referendumsvorschlags erforderlich ist. Aus der Logik der Machtteilung besteht dabei ein grundlegender Unterschied zwischen Abstimmungen, die zur Annahme einer Sachvorlage eine qualifizierte Mehrheit erfordern und solchen, für die eine einfache Volksmehrheit genügt (Jung 1996: 633; Vatter 2000: 174). Beispielsweise verlangen Verfassungsänderungen im föderalistischen System der Schweiz nicht nur die Zustimmung einer Mehrheit der Stimmbürger, sondern auch einer Mehrheit der Kantone. Dieses Zustimmungsquorum einer doppelten Mehrheit wurde bei der Bundesstaatsgründung zum Schutz der katholisch-konservativen Minderheit in den ehemaligen Sonderbundskantonen vor der freisinnigen Mehrheit eingerichtet und verschafft diesen Kantonen noch heute ein beträchtliches Vetopotenzial (vgl. Kapitel 9). In Australien gibt es ebenfalls eine Doppelmehrheitsregelung: Eine Mehrheit von Stimmbürgern insgesamt und eine Mehrheit von Stimmbürgern in einer Mehrheit der Bundesstaaten (d. h. mehr als die Hälfte der Stimmbürger in mehr als der Hälfte der Bundesstaaten) müssen eine Verfassungsvorlage befürworten, damit diese angenommen wird. In einer vergleichenden Studie zu Australien und der Schweiz können Freiburghaus und Vatter (2024) unterschiedliche Effekte in Abhängigkeit des institutionellen Kontextes für Zustimmungsquoren nachweisen. Während in beiden politischen Systemen ähnliche Effekte in Bezug auf den (konfessionellen und numerischen) Minderheitenschutz in subnationalen Einheiten festgestellt werden, unterscheiden sich die indirekten Effekte: Während in der Schweiz das Zustimmungsquorum die dezentralen Entscheidungsstrukturen erhält, können in Australien Zentralisierungstrends festgestellt werden. Neben dem Zustimmungsquorum existiert in einigen Ländern auch ein Beteiligungsquorum. So ist in Italien das Ergebnis eines Referendums nur gültig, wenn die Stimmbeteiligung 50 Prozent übersteigt. In Dänemark kommt die Zurückweisung eines Gesetzes, das bestimmte Bereiche der nationalen Souveränität an internationale Organisationen überträgt, nur dann zustande, wenn mindestens 30 Prozent der Stimmberechtigten das Gesetz verwerfen (Hug/Tsebelis 2002: 479).

Durch die zusätzliche Berücksichtigung der Minderheitenrechte bei einem Volksentscheid lassen sich die wichtigsten Formen der direkten Demokratie in eine verfeinerte Übereinstimmung mit den beiden Demokratiemodellen von Lijphart (2012) bringen. Zusammenfassend gilt dabei: Plebiszite, die der einfachen Mehrheitsregel unterstehen, entsprechen am ehesten der majoritären Logik mit einer starken Stellung der Regierungsmehrheit, während fakultative Referenden und Volksinitiativen, die zu ihrer Annahme qualifizierte Mehrheiten erfordern, typische machtteilende Züge im Sinne der Konsensdemokratie aufweisen. Initiativen und fakultative Referenden, die als Entscheidungsregel die einfache Volksmehrheit kennen, bilden dabei Zwischenformen:[24] In der Initiierungsphase weisen sie typische Konsenseigenschaften auf, während die Entscheidungsphase majoritäre Züge trägt. Auf der Basis der bisherigen Ausführungen lässt sich nun ein Index der direkten Demokratie entsprechend der Mehrheits-Konsens-Logik erstellen (Vatter 2009: 140). Dabei gilt: Je mehr Punkte vergeben werden, desto konsensueller ist die direkte Demokratie in einem Land ausgebaut. Drei Kriterien sind dabei entscheidend für die Bestimmung des Index der direkten Demokratie:[25]

1. *Regierungskontrolle: Welche Instrumente der direkten Demokratie sind in der Verfassung vorgesehen?* Gemäss diesem ersten Kriterium wird für jede Form von „unkontrollierten Referenden" (fakultative Referenden, Initiativen), die in der Verfassung vorgesehen sind, ein Punkt vergeben. Entsprechend werden keine Punkte für das Plebiszit – das majoritärste Volksrecht – verteilt, welches nach dem Ermessen des Regierungschefs initiiert werden kann und oft auch unverbindlich ist. Die Zwischenform, das obligatorische Referendum, wird entsprechend seinem mittleren Grad an Regierungskontrolle mit 0.5 Punkten bewertet. Insgesamt ist ein Maximum von 2.5 Punkten möglich, wenn ein Land das obligatorische Referendum (0.5), das fakultative Referendum (1.0) und die Volksinitiative (1.0) vorsieht. Eine stark abgemilderte Form der Volksinitiative bildet das Volksbegehren. Es handelt sich um einen rechtlich unverbindlichen Volksvorschlag, der vom Parlament bearbeitet werden muss, aber zu keiner Referendumsabstimmung führt, weshalb es keine Punkte erhält. Diese Form der Bürgermitwirkung existiert beispielsweise in Österreich[26] und Neuseeland. Eine weitere direktdemokratische Besonderheit ist das abrogative Referendum (aufhebendes Referendum) in Italien, mit dem ein schon lange bestehendes Gesetz aufgehoben werden kann. Ähnlich wie bei einer Volksinitiative kann es von 500'000 Bürgern (oder fünf Regionalräten) ausgelöst werden und besteht damit zusätzlich zum konfirmativen Referendum für Verfassungsänderungen in Italien.[27] Dementsprechend erhält Italien nicht nur für das konfirmative Referendum, sondern als Äquivalent zur Volksinitiative auch für das Aufhebungsreferendum Punkte. Schliesslich bestehen spezielle Formen des fakultativen Referendums in Island und Griechenland, wo der Präsident dieses initiieren kann, wenn er sich weigert, ein Gesetz zu ratifizieren (Uleri 1996: 228). Aufgrund dieser majoritären Eigenschaft wird das fakultative Referendum in Island und Griechenland im Index nicht berücksichtigt.

2. *Entscheidungsregel: Wie werden Entscheidungen über die Annahme oder Zurückweisung eines Referendums getroffen?* Das zweite Kriterium unterscheidet

---

24 Wie bereits zuvor erwähnt bilden auch obligatorische Referenden eine Zwischenform.
25 Der Korrelationskoeffizient zwischen dem hier erstellten Index der direkten Demokratie und dem „IRI Europe Country Index on Citizen law making 2002" (Gross/Kaufmann 2002) ist 0.8 (statistisch signifikant auf dem 1 %-Niveau; N = 18), was auf eine valide Kodierung hinweist.
26 In Österreich werden 100'000 Unterschriften für ein rechtlich unverbindliches (politisch aber meist stark beachtetes) Volksbegehren benötigt, das dann vom Nationalrat (erste Kammer des Parlaments) behandelt werden muss.
27 „Because there are no time limits between passing the decision and submitting it to a referendum, Italian voters may veto other than recent parliamentary decisions. The Italian abrogative referendum has in fact many characteristics similar to popular initiatives as it allows the electors to influence the political agenda" (Setälä 2006: 707; vgl. auch Gallagher/Uleri 1996; Uleri 2002).

danach, ob für die Annahme eines Referendums eine einfache Volksmehrheit ausreichend ist oder ob eine qualifizierte Mehrheit bzw. die Erfüllung eines zusätzlichen Erfordernisses notwendig ist. Hier wird ein Punkt für jede Form der direkten Demokratie vergeben, wenn eine qualifizierte Mehrheit („Zustimmungsquorum") vorgeschrieben ist. Die abgeschwächte Form des Stimmbeteiligungserfordernisses („Beteiligungsquorum") wird mit 0.5 Punkten bewertet.

3. *Praxis: Welche Instrumente der direkten Demokratie sind im Verlauf der letzten 25 Jahre in der Praxis effektiv angewendet worden?* In Übereinstimmung mit Lijpharts „institutional rules and practices"-Ansatz werden nicht nur die formalen Verfassungsbestimmungen berücksichtigt, sondern ebenfalls die praktische Bedeutung der direkten Demokratie in einem Land beachtet. Ob ein Volksrecht von der Verfassung vorgeschrieben ist, aber nie ausgeübt wird (z. B. aufgrund von restriktiven Hindernissen wie hohe Unterschriftenhürden oder Umlaufbeschränkungen) oder ob fortlaufend Referenden stattfinden und die Bevölkerung damit imstande ist, die Regierungspolitik regelmässig direkt zu beeinflussen, bildet eine grundlegende Unterscheidung bei der Beurteilung des Stellenwerts der direkten Demokratie. Entsprechend wird jeweils ein Punkt für den effektiven Gebrauch der einzelnen direktdemokratischen Formen während der Periode von 1990 bis 2015 vergeben (Kriterium: mindestens eine abgehaltene Abstimmung). Damit ist ein Maximum von drei Punkten möglich, wenn politische Entscheidungen mittels obligatorischer und fakultativer Referenden als auch mittels Volksinitiativen getroffen wurden. Hingegen werden keine Punkte für stattgefundene Plebiszite vergeben. Tabelle 8.6 bietet eine Übersicht über die Punktewerte für die 24 etablierten Demokratien basierend auf dem hergeleiteten Index der direkten Demokratie.

Die rund zwei Dutzend etablierten Demokratien können hinsichtlich der institutionellen Vielfalt und der Nutzung der direktdemokratischen Instrumente zwischen 1990 und 2010 in vier Gruppen eingeteilt werden (vgl. Tabelle 8.7). Die Schweiz steht mit ihrer stark ausgebauten Direktdemokratie und den jährlich mehrmals stattfindenden Volksabstimmungen unangefochten an der Spitze und stellt einen eigenen Typus dar. Eine zweite, allerdings heterogen zusammengesetzte Gruppe, umfasst Italien und Irland. In diesen Ländern, insbesondere in Italien mit den in jüngerer Zeit zahlreich stattgefundenen abrogativen Referenden, finden zumindest in unregelmässigen Abständen Volksabstimmungen statt. Mit Abstrichen können mit immerhin je vier obligatorischen Referendumsabstimmungen während der letzten 20 Jahre auch noch Neuseeland und Dänemark dieser Gruppe zugeordnet werden, wobei in Neuseeland auch noch die meisten Plebiszite abgehalten wurden. Die dritte und grösste Gruppe umfasst Staaten, die über eine insgesamt nur schwach ausgebaute und praktizierte Direktdemokratie verfügen. Hier ist es entweder nur ausnahmsweise (Kanada, Norwegen, Luxemburg, Island, Portugal, Niederlande, Finnland, Frankreich, Schweden, Spanien, Österreich, Australien, Grossbritannien) oder zu gar keinen rechtlich verbindlichen Volksentscheiden (Griechenland, Japan) während der Untersuchungsperiode gekommen. Schliesslich gibt es eine weitere Gruppe von Ländern, die auf nationalstaatlicher Ebene ein rein repräsentatives System kennen und gemäss Verfassung auch keine nationalen Volksabstimmungen über Sachbeschlüsse vorsehen (USA, Deutschland, Belgien).

## 8 Die direkte Demokratie

*Tabelle 8.6: Direkte Demokratie in 23 etablierten Demokratien, 1990–2010*

| Länder | Plebiszit | Obligatorisches Referendum | Fakultatives Referendum | Volksinitiative (Volksbegehren) | Punkte |
|---|---|---|---|---|---|
| Belgien | - | - | - | - | 0 |
| Deutschland | - | - | - | - | 0 |
| USA | - | - | - | - | 0 |
| Finnland | 1 | - | - | - | 0 |
| Griechenland | - | - | (0) | - | 0 |
| Grossbritannien | 0 | - | - | - | 0 |
| Kanada | 1 | - | - | - | 0 |
| Luxemburg | 1 | - | - | - | 0 |
| Norwegen | 1 | - | - | - | 0 |
| Island | - | 0 | (1) | - | 0.5 |
| Japan | - | 0 | - | - | 0.5 |
| Niederlande | 1 (BQ) | - | - | - | 0.5 |
| Portugal | 3 (BQ) | - | - | - | 0.5 |
| Frankreich | 2 | 1 | - | - | 1.5 |
| Neuseeland | 7 | 4 | - | (4) | 1.5 |
| Schweden | 2 | - | 0 (BQ) | - | 1.5 |
| Spanien | 1 | 0 | 0 | - | 1.5 |
| Australien | 0 | 2 (ZQ) | - | - | 2.5 |
| Irland | 0 (ZQ) | 18 | - | - | 2.5 |
| Österreich | 0 | 1 | 0 | (19) | 2.5 |
| Dänemark | 1 | 4 (BQ) | 0 | - | 3 |
| Italien | - | - | 2 | 48 (BQ) | 4.5 |
| Schweiz | - | 44 (ZQ) | 67 | 76 (ZQ) | 7.5 |

Anmerkungen: Die Zahlen in den Spalten zwei bis fünf entsprechen der Anzahl durchgeführter Abstimmungen im jeweiligen Land. 0: Das direktdemokratische Instrument existiert, wurde aber zwischen 1990 und 2010 nicht angewendet. -: Das direktdemokratische Instrument existiert nicht im betreffenden Land. Die Angaben in der Spalte „Volksinitiative" beziehen sich für Italien auf das abrogative Referendum. In derselben Spalte ist in Klammern zusätzlich die Zahl der rechtlich unverbindlichen Volksbegehren aufgeführt. Ebenso in Klammern sind die Zahlen der speziellen Formen des fakultativen Referendums in Griechenland und Island erwähnt. BQ = Beteiligungsquorum (Mindeststimmbeteiligung notwendig; ZQ = Zustimmungsquorum (qualifizierte Mehrheit für Entscheid notwendig).

Quellen: Centre for Research on Direct Democracy (2019) und Vatter (2009).

*Tabelle 8.7: Typologie: Institutionen und Praxis der direkten Demokratie in 24 OECD-Ländern, 1990–2015*

| Merkmale | Länder |
| --- | --- |
| ausgebaute Direktdemokratie und häufige Nutzung | Schweiz |
| unregelmässige Nutzung der Direktdemokratie | Italien, Irland<br>(Dänemark, Neuseeland) |
| schwach ausgebaute Direktdemokratie | |
| – seltene Nutzung | Kanada, Norwegen, Luxemburg, Island, Portugal, Niederlande, Finnland, Frankreich, Schweden, Spanien, Österreich, Australien, Grossbritannien |
| – keine Nutzung | Griechenland, Japan, Israel |
| rein repräsentative Demokratien (national) | USA, Deutschland, Belgien |

Quelle: Eigene Darstellung.

## 8.8 Zusammenfassung und Diskussion

In keinem anderen Staat sind die Volksrechte so stark ausgebaut und werden so häufig genutzt wie in der Schweiz. So hat seit Gründung des modernen Bundesstaates ein beträchtlicher Teil aller nationalen Volksabstimmungen weltweit in der Schweiz stattgefunden. Es erstaunt deshalb nicht, dass im Gegensatz zu anderen etablierten Demokratien die Volksrechte grundlegende Strukturwirkungen auf das schweizerische Regierungssystem ausgeübt haben, die in klassischen Wahldemokratien nicht zum Tragen kommen. Insbesondere das fakultative Referendum hat sich rasch als mächtiger Vetospieler herausgestellt, der Regierungsentscheidungen verhindern und damit den Handlungskontext der Exekutive in signifikanter Weise beeinflussen kann. Zur Minimierung der Entscheidungsrisiken wurde deshalb das ursprünglich mehrheitsdemokratische System im Verlaufe des 20. Jahrhunderts Schritt für Schritt durch das Verhandlungssystem der Konkordanz mit der breiten Integration aller wichtigen politischen Kräfte abgelöst. Bis heute gilt das optionale Gesetzesreferendum deshalb als die wichtigste Ursache im Sinne eines institutionellen Zwangs für den stattgefundenen Wechsel hin zu einer ausgeprägten halbdirekten Konkordanzdemokratie, die nur schrittweise Politikveränderungen zulässt. Die Präferenz für den Status quo ist dabei eine Folge der von Beginn weg möglichst breiten Berücksichtigung aller wichtigen Oppositionsgruppen zur Konsensfindung, um das spätere Risiko eines Referendums zu minimieren. Dabei fällt auf, dass in den letzten Jahren die Opposition gegenüber den Behörden zugenommen hat, was die steigende Zahl erfolgreicher Volksbegehren deutlich macht. Diese Entwicklung ist einerseits Ausdruck einer zunehmend polarisierten Politik in der Schweiz, in der die ausgleichenden Konkordanzkräfte an Einfluss verloren haben. Andererseits macht sie deutlich, dass immer mehr Parteien, insbesondere auch die Regierungsparteien, die Wahlhelferfunktion der Volksrechte stärker als früher für sich instrumentalisieren (Caroni/Vatter 2016).

Jede Politikreform untersteht in einem halbdirekten System wie der Schweiz einem grundlegenden Zielkonflikt: Je stärker eine Reform vom Status quo abweicht, desto grösser wird die Wahrscheinlichkeit, dass eine gut organisierte Interessengruppe von einer Änderung negativ betroffen ist und deshalb das Referendum ergreift. Die sichtbarsten Folgen dieses bremsenden Status Quo-Effekts sind in der Schweiz ein im internationalen Vergleich lange Zeit schwach ausgebauter und erst mit beträchtlicher Verzögerung entwickelter Wohlfahrtsstaat, generell niedrige Einkommens- und Ausgabenstrukturen der öffentlichen Hand, geringe staatliche Interventionen, dezentralisierte Entscheidungsprozesse und eine bis heute nur zurückhaltende aussenpolitische Integration in die internationale Staatengemeinschaft. Gerade letzteres bildet im Zusammenhang mit der ungelösten Europafrage eine der grössten Herausforderungen der Schweizer Demokratie (Christmann 2012; Linder/Mueller 2017).

Während dem Referendum in erster Linie Brems- und Transformationswirkungen zugeschrieben werden, streicht die politikwissenschaftliche Forschung in Bezug auf die Volksinitiative vor allem zwei längerfristige Strukturwirkungen auf das politische System der Schweiz heraus (Linder/Mueller 2017: 327):

1. *Innovationswirkung*: Sie kompensiert die Blockadeschwächen eines durch das Referendum überbremsten Systems zumindest teilweise, wobei neben dem direkten Erfolg auch die indirekten Wirkungen zu berücksichtigen sind. Als Anschauungsbeispiel für politische Innovationen gelten etwa die verschiedenen Neuerungen in der Umweltpolitik, die direkt oder indirekt durch Volksinitiativen ausgelöst wurden (z. B. Solarinitiative aus dem Jahr 2000).
2. *Integrationswirkung*: Sie führt zur stärkeren Berücksichtigung jener politischen Interessen, die im repräsentativ-demokratischen Entscheidungssystem eher vernachlässigt werden. Allerdings gilt es zu differenzieren: Die Integration von Minderheiten bezieht sich hauptsächlich auf die stärkere Berücksichtigung der Forderungen von Oppositionsparteien mit einem minimalen Organisationsgrad, während gleichzeitig die Volksrechte keineswegs als Garant für den Schutz der Anliegen und Rechte gesellschaftlicher Minderheiten betrachtet werden können.

Ein Blick auf die Volksabstimmungen in der Vergangenheit zeigt vielmehr, dass die Schweizer Stimmbürgerschaft bei der Gewährung von Grundrechten für Minderheiten eine differenzierte Haltung einnimmt. Geht es um die Anliegen eigener kultureller Minderheiten wie der lateinischen Sprachminderheiten oder seit Langem integrierter konfessioneller Minderheiten, so verhält sich der Souverän meist tolerant. Entscheidet er aber an der Urne über die Rechte von Fremdgruppen (Outgroups), die nicht die christlich-abendländischen Wertevorstellungen der Bevölkerungsmehrheit teilen, fällt das Ergebnis überdurchschnittlich oft minderheitenkritisch aus. Trotz der steigenden Zahl an Volksentscheiden mit negativem Ausgang für Minderheiten sollte aber nicht der generelle Schluss gezogen werden, dass direkte Demokratie *per se* ein mehrheitsdemokratisches Schwert mit scharfer

Klinge darstellt, mit dem Minderheiten tyrannisiert werden. Vielmehr hängt ihre Wirkung stark von den sich über die Zeit wandelnden Einstellungen der Bürger ab, sowie von den Integrationsbemühungen der betroffenen Minderheit und ihrer Wahrnehmung als Fremdgruppe und ob Minoritätenrechte aus- oder abgebaut werden (Vatter 2011).

In neuester Zeit kommt im Zusammenhang mit dem Minderheitenschutz der Frage nach der Vereinbarkeit von Volksinitiativen mit dem Völkerrecht eine wachsende Bedeutung zu. So sind gleich mehrere grundrechtsproblematische Initiativen wie die Verwahrungs-, Minarettverbots- und Ausschaffungsinitiative in den vergangenen Jahren vom Volk angenommen worden, weshalb dieses Volksrecht zunehmend mit den Normen des Völkerrechts in Konflikt gerät. Die Möglichkeit, in der Schweiz über Initiativen abzustimmen, welche die Europäische Menschenrechtskonvention, den UNO-Pakt II oder auch bestehende Verfassungsbestimmungen verletzen, hat in- und ausländische Kritik und eine intensive Debatte über die Grenzen der direkten Demokratie ausgelöst (Christmann 2011). Um das Initiativ- und Völkerrecht besser in Einklang zu bringen, hat der Bundesrat deshalb vorgeschlagen, dass Volksinitiativen schon vor der Unterschriftensammlung inhaltlich auf ihre Vereinbarkeit mit dem internationalen Völkerrecht geprüft würden, was dann auch auf den Unterschriftenbögen vermerkt würde. Im Weiteren sollen sie nur noch dann zugelassen werden, wenn sie nicht gegen den Kerngehalt von Grundrechten verstossen. Die unverbindliche, aber sichtbare Vorprüfung hätte zunächst den Vorteil, dass die Transparenz und Verantwortlichkeit für die beteiligten Akteure erhöht wird, ohne dass eine juristische Prüfung die politische Entscheidung vorwegnimmt (Linder/Mueller 2017: 362). Zudem weisen Experimente mit Studierenden in der Schweiz und den USA darauf hin, dass das Anbringen eines entsprechenden Hinweises auf den Unterschriftenbögen sowohl potentiell mehrheitsfähig ist als auch bei den Stimmenden in die gewünschte Richtung eines stärkeren Minderheitenschutzes wirkt (Christmann 2011).

Kurz zusammengefasst lassen sich die empirisch feststellbaren Auswirkungen der direkten Demokratie in der Schweiz wie folgt charakterisieren: Erstens überwiegen insgesamt die positiven wirtschaftlichen und gesellschaftlichen Wirkungen der Volksrechte, zweitens hängt die Bewertung einzelner Effekte von den eigenen politischen Präferenzen ab (z. B. Status Quo-Effekt, niedrige Staatsausgaben) und drittens liegen die Schwachstellen vor allem in der Stärkung von gut organisierten Interessenverbänden und – wie soeben ausgeführt – im ungenügenden Schutz von Minderheitenrechten. Weitergehende Reformvorschläge schlagen zur Stärkung schwach organisierter Interessen die Einführung der Gesetzesinitiative und für die Sicherstellung des Minderheitenschutzes die Verankerung unantastbarer Rechte in der Bundesverfassung vor:

- *Einführung der Gesetzesinitiative beim Bund*: Sowohl die Privilegierung organisierter Verbandsinteressen als auch die starke Verzögerung politischer Entscheidungen (Status Quo-Bias) werden zu einem grossen Teil dem fakultativen Gesetzesreferendum zugeschrieben. In diesem Zusammenhang wird deshalb von den Kritikern der direkten Demokratie gerne die Metapher verwendet, dass das politische System der Schweiz über die Bremse (d. h. fakultatives

Gesetzesreferendum) eines Ferraris, aber nur über das Gaspedal (d. h. Verfassungsinitiative) einer „Ente" verfügen würde. Da sich auch die 2003 neu eingeführte und 2009 wieder abgeschaffte allgemeine Verfassungsinitiative als unwirksam und wenig attraktiv erwiesen hat, bietet sich hier ein Blick in das direktdemokratische Labor der Kantone an. So verfügen heute alle Kantone über die Möglichkeit der Gesetzesinitiative, was auch schwächer organisierten Interessen erlaubt, neue und innovative Forderungen einzubringen (Vatter 2002). In ihrem Entwurf für eine neue Bundesverfassung haben deshalb Kölz und Müller (1990) zur Neubelebung und Austarierung der Volksrechte vorgeschlagen, den Bund ebenfalls mit einem wirksamen Gaspedal (d. h. der Gesetzesinitiative) auszustatten, um damit der selektiven Privilegierung gut organisierter Verbandsinteressen sowie der Überbremsung des politischen Systems auf Bundesebene entgegenzuwirken.

- *Verankerung nicht antastbarer Grundrechte in der Verfassung*: Als eine weitere Schwachstelle der direkten Demokratie hat sich die teilweise Diskriminierung von Bürgerrechten einzelner Minderheiten beim Bund und in den Kantonen herausgestellt. Insbesondere fallen Volksentscheide über die Rechte von *Outgroups* wie Ausländern und Muslimen besonders oft minderheitenfeindlich aus. Minderheiten, die selbst über keine politischen Mitspracherechte verfügen, einem anderen Kulturkreis als die Bevölkerungsmehrheit angehören oder sich erst seit Kurzem im Land aufhalten, bedürfen deshalb eines besonderen Rechtschutzes vor Volksentscheiden (Vatter 2011). Die explizite Verankerung nicht antastbarer Grundrechte in den Verfassungen der Kantone und beim Bund könnte diese Minoritäten vor der Diskriminierung durch die unmittelbare Demokratie schützen.

Obwohl diese Reformvorschläge an den spezifischen Schwachstellen der schweizerischen direkten Demokratie ansetzen und überzeugend erscheinen mögen, ist aber besondere Umsicht bei der Anpassung dieser Kerninstitutionen geboten, da durch institutionelle Änderungen im Gegensatz zu materiellen Politikreformen auch die grundlegenden Spielregeln und damit die Funktionsweise des gesamten halbdirekten Systems der Schweiz verändert werden können (Linder/Mueller 2017: 477). Die bisherige Entwicklung zeigt dabei, dass es weniger die politischen Eliten als vielmehr die Stimmbürger selbst sind, die wiederum mit den Instrumenten der direkten Demokratie über den Grad und das Tempo der Reform der Volksrechte innerhalb des schweizerischen politischen Systems entscheiden (Bühlmann 2018).

## 8.9 Literaturverzeichnis

Adler, Benjamin, 2006: Die Entstehung der direkten Demokratie. Das Beispiel der Landsgemeinde Schwyz 1789–1866. Zürich: Verlag Neue Zürcher Zeitung.
Année Politique Suisse, 2013: 49. Jahrgang. Bern: Universität Bern, Institut für Politikwissenschaft.
Année Politique Suisse, 2014: 50. Jahrgang. Bern: Universität Bern, Institut für Politikwissenschaft.
Altman, David, 2011: Direct Democracy Worldwide. Cambridge: Cambridge University Press.

Altman, David, 2013: Does an Active Use of Mechanisms of Direct Democracy Impact Electoral Participation? Evidence from the U.S. States and the Swiss Cantons. In: Local Government Studies 39/6, 1–17.
Altman, David, 2019: Citizenship and Contemporary Direct Democracy. Cambridge: Cambridge University Press.
Armingeon, Klaus/Lutz, Philipp, 2020: Muddling Between Responsiveness and Responsibility. The Swiss Case of a Non-Implementation of a Constitutional Rule. In: Comparative European Politics 18/2, 256–280.
Auer, Andreas, 1996: Les origines de la démocratie directe en Suisse. Die Ursprünge der schweizerischen Demokratie. Basel/Frankfurt a. M.: Helbing & Lichtenhahn.
Auer, Andreas/Roca, René, 2011: Wege zur direkten Demokratie in den schweizerischen Kantonen. Zürich/Basel/Genf: Schulthess.
Blume, Lorenz/Müller, Jens/Voigt, Stefan, 2009: The Economic Effects of Direct Democracy – a First Global Assessment. In: Public Choice 140/3, 431–461.
Bolliger, Christian, 2007: Minderheiten in der direkten Demokratie. Die Medaille hat auch eine Vorderseite. In: Freitag, Markus/Wagschal, Uwe (Hrsg.): Direkte Demokratie. Bestandsaufnahmen und Wirkungen im internationalen Vergleich. Münster/Hamburg/Berlin/Wien/London: LIT Verlag, 419–446.
Borner, Silvio/Bodmer, Frank, 2004: Wohlstand ohne Wachstum. Eine Schweizer Illusion. Zürich: Orell Füssli.
Borner, Silvio/Brunetti, Aymo/Straubhaar, Thomas, 1990: Schweiz AG. Vom Sonderfall zum Sanierungsfall? Zürich: Verlag Neue Zürcher Zeitung.
Borner, Silvio/Brunetti, Aymo/Straubhaar, Thomas, 1994: Die Schweiz im Alleingang. Zürich: Verlag Neue Zürcher Zeitung.
Borner, Silvio/Rentsch, Hans (Hrsg.), 1997: Wie viel direkte Demokratie verträgt die Schweiz? Zürich: Rüegger.
Brunetti, Aymo/Straubhaar, Thomas, 1996: Direkte Demokratie – „bessere" Demokratie? Was lehrt uns das Schweizer Beispiel? In: Zeitschrift für Politikwissenschaft 6, 7–26.
Bühlmann, Marc, 2018: „Elite" gegen „Basis" - das spannungsreiche Verhältnis zwischen Parlament und Stimmbürgerschaft. In: Vatter, Adrian (Hrsg.): Das Parlament in der Schweiz. Macht und Ohnmacht der Volksvertretung. Zürich: NZZ Libro, 131–163.
Bühlmann, Marc/Hirter, Hans (2017): Ausgewählte Beiträge zur Schweizer Politik. Bedingte Rückzüge von Volksinitiativen, 2009 – 2011. https://anneepolitique.swiss/prozesse/4044-bedingte-ruckzuge-von-volksinitiativen#article-4194 (abgerufen am 05.02.2024).
Bützer, Michael, 2007: Direkte Demokratie in Schweizer Städten. Ursprung, Ausgestaltung und Gebrauch im Vergleich. Baden-Baden: Nomos.
Bundeskanzlei, 2023: Chronologische Volksabstimmungen. https://www.bk.admin.ch/ch/d/pore/va/vab_2_2_4_1.html (abgerufen am 07.12.2023).
Butler, David/Ranney, Austin, 1994: Referendums around the World. The Growing Use of Direct Democracy. London: Macmillan.
Caluori, Ladina/Häfliger, Ursula/Hug, Simon/Schulz, Tobias, 2004: The Effect of Referendums on Social Policy in Switzerland, Paper presented at the Annual Meeting of the Swiss Political Science Association, Nov. 18–19.
Camobreco, John F., 1998: Preferences, Fiscal Policies, and the Initiative Process. In: Journal of Politics 60/3, 819–829.
Caroni, Flavia/Vatter, Adrian, 2016: Vom Ventil zum Wahlkampfinstrument? Eine empirische Analyse des Funktionswandels der Volksinitiative. In: LeGes 27/2, 189–201.
Centre for Research on Direct Democracy, 2019. www.c2d.ch (abgerufen am 05.12.2019).
Christmann, Anna, 2009: In welche politische Richtung wirkt die Direkte Demokratie. Rechte Ängste und linke Hoffnungen in Deutschland im Vergleich zur direktdemokratischen Praxis in der Schweiz. Baden-Baden: Nomos.

Christmann, Anna, 2010: Damoklesschwert Referendum? Die indirekte Wirkung ausgebauter Volksrechte auf die Rechte religiöser Minderheiten. In: Swiss Political Science Review 16/1, 1–41.
Christmann, Anna, 2011: Die Grenzen direkter Demokratie. Volksentscheide im Spannungsverhältnis von Demokratie und Rechtsstaat. Baden-Baden: Nomos.
Christmann, Anna, 2012: Das Vorbild unter der Lupe. Sachunmittelbare Demokratie in der Schweiz. In: Neumann, Peter/Renger, Denise (Hrsg.): Sachunmittelbare Demokratie im interdisziplinären und internationalen Kontext 2009/2010. Deutschland, Liechtenstein, Österreich, Schweiz und Europa. Baden-Baden: Nomos, 154–175.
Cronin, Thomas, 1989: Direct Democracy. The Politics of Initiative, Referendum, and Recall. Cambridge/London: Harvard University Press.
Curti, Theodor, 1882: Geschichte der Schweizerischen Volksgesetzgebung. Bern: Dalp.
Dorn, David/Fischer, Justina A. V./Kirchgässner, Gebhard/Alfonso, Sousa Poza, 2008: Direct Democracy and Life Satisfaction Revisited. New Evidence for Switzerland. In: Journal of Happiness Studies 9/2, 227–255.
Downs, Anthony, 1968: Ökonomische Theorie der Demokratie. Tübingen: Mohr.
Easton, David, 1965: A Framework for Political Analysis. Englewood Cliffs: Prentice-Hall.
Eder, Christina, 2010: Direkte Demokratie auf subnationaler Ebene. Eine vergleichende Analyse der unmittelbaren Volksrechte in den deutschen Bundesländern, den Schweizer Kantonen und den US-Bundesstaaten. Baden-Baden: Nomos.
Eichenberger, Reiner, 1999: Mit direkter Demokratie zu besserer Wirtschafts- und Finanzpolitik. Theorie und Empirie. In: Arnim, Hans Herbert von (Hrsg.): Adäquate Institutionen. Voraussetzungen für „gute" und bürgernahe Politik. Bern: Haupt, 259–288.
Eichenberger, Reiner, 2019: Direkte Demokratie ist besser. Ökonomische Einsichten und Schweizer Erfahrungen. In: Benn-Ibler, Gerhard/Lewisch, Peter (Hrsg.): Direkte Demokratie. Chancen und Risiken. Wien: MANZ'sche Verlags- und Universitätsbuchhandlung, 31–53.
Emmenegger, Patrick/Leemann, Lucas/Walter, André, 2020: Direct Democracy, Coalition Size and Public Spending. In: Journal of Public Policy 42/2, 224–246.
Epple, Ruedi, 1988: Friedensbewegung und direkte Demokratie in der Schweiz. Frankfurt a. M.: Haag-Herchen.
Fatke, Matthias, 2014: Allure or Alternative? Direct Democracy and Party Identification. In: Party Politics 20/2, 248–260.
Fatke, Matthias/Freitag, Markus, 2013: Direct Democracy. Protest Catalyst or Protest Alternative? In: Political Behavior 35/2, 237–260.
Feld, Lars P./Fischer, Justina A. V./Kirchgässner, Gebhard, 2006: The Effect of Direct Democracy on Income Redistribution Evidence for Switzerland. CESifo Working Paper No. 1837.
Feld, Lars P./Fischer, Justina A. V./Kirchgässner, Gebhard, 2010: The Effect of Direct Democracy on Income Redistribution. Evidence for Switzerland. In: Economic Inquiry 48/4, 817–840.
Feld, Lars P./Kirchgässner, Gebhard, 1998: Die politische Ökonomie der direkten Demokratie. Eine Übersicht. Discussion Paper Nr. 9807. St. Gallen: Universität St. Gallen.
Feld, Lars P./Kirchgässner, Gebhard, 1999: Public Debt and Budgetary Procedures: Top Down or Bottom up? Some Evidence from Swiss Municipalities. In: Poterba, James M./von Hagen Jürgen (Hrsg.): Fiscal Institutions and Fiscal Performance. Chicago: Chicago University Press, 151–179.
Feld, Lars P./Kirchgässner, Gebhard, 2000: Direct Democracy, Political Culture, and the Outcome of Economic Policy. A Report on the Swiss Experience. In: European Journal of Political Economy 16/2, 287–306.
Feld, Lars P./Kirchgässner, Gebhard, 2001: The Political Economy of Direct Legislation. Direct Democracy and Local Decision-Making. In: Economic Policy 16/33, 329–367.

Feld, Lars P./Kirchgässner, Gebhard, 2007: On the Economic Efficiency of Direct Democracy. In: Pallinger, Zoltán T./Kaufmann, Bruno/Marxer, Wilfried/Schiller, Theo (Hrsg): Direct Democracy in Europe: Developments and Prospects. Wiesbaden: VS Verlag, 108–124.
Feld, Lars P./Kirchgässner, Gebhard/Schaltegger Christoph A., 2011: Municipal Debt in Switzerland. New Empirical Results. In: Public Choice 149/49, 49–64.
Feld, Lars P./Matsuaka, John G., 2003: Budget Referendums and Government Spending. Evidence from Swiss Cantons. In: Journal of Public Economics 87/12, 2703–2724.
Feld, Lars P./Savioz, Marcel R., 1997: Direct Democracy Matters for Economic Performance. An Empirical Investigation. In: Kyklos 50/4, 507–538.
Franham, Paul G., 1990: The Impact of Citizen Influence on Local Government Expenditure. In: Public Choice 64/3, 201–212.
Freiburghaus, Rahel/Vatter, Adrian, 2024: Assessing the Effects of Amendment Rules in Federal Systems. Australia and Switzerland Compared. In: Publius: The Journal of Federalism 54/2, 283–312.
Freitag, Markus, 2006: Bowling the state back in. Political Institutions and the Creation of Social Capital. In: European Journal of Political Research 45/1, 123–152.
Freitag, Markus/Bühlmann, Marc, 2003: Die Bildungsfinanzen der Schweizer Kantone. In: Swiss Political Science Review 9/1, 139–168.
Freitag, Markus/Schniewind, Aline, 2007: Direktdemokratie und Sozialkapital. Der Einfluss der Volksrechte auf das Vereinsengagement. In: Freitag, Markus/Wagschal, Uwe (Hrsg): Direkte Demokratie. Bestandaufnahmen und Wirkungen im internationalen Vergleich. Münster/Hamburg/Berlin/Wien/London: LIT Verlag, 251–276.
Freitag, Markus/Stadelmann-Steffen, Isabelle, 2010: Stumbling Block or Stepping Stone? The Influence of Direct Democracy on Individual Participation in Parliamentary Elections. In: Electoral Studies 29/3, 472–483.
Freitag, Markus/Vatter, Adrian, 2000: Direkte Demokratie, Konkordanz und Wirtschaftsleistung. Ein Vergleich der Schweizer Kantone. In: Schweizerische Zeitschrift für Volkswirtschaft und Statistik 136/4, 579–606.
Freitag, Markus/Vatter, Adrian, 2004: Political Institutions and the Wealth of Regions Swiss Cantons in Comparative Perspective. In: European Urban and Regional Studies 11/4, 227–241.
Freitag, Markus/Vatter, Adrian, 2006: Initiatives, Referendums, and the Tax State. In: Journal of European Public Policy 13/1, 89–112.
Freitag, Markus/Vatter, Adrian/Müller, Christoph, 2003: Bremse oder Gaspedal? Eine empirische Untersuchung zur Wirkung der direkten Demokratie auf den Steuerstaat. In: Politische Vierteljahresschrift 44/3, 348–368.
Freitag, Markus/Wagschal, Uwe (Hrsg.), 2007: Direkte Demokratie. Bestandsaufnahmen und Wirkungen im internationalen Vergleich. Münster: LIT Verlag.
Frey, Bruno S., 1992: Efficiency and Democratic Political Organisation. The Case for the Referendum. In: Journal of Public Policy 12/3, 209–222.
Frey, Bruno S., 1994: Direct Democracy. Politico-Economic Lessons from Swiss Experience. In: American Economic Review 84/2, 338–342.
Frey, Bruno S., 1997: Neubelebung. Direkte Demokratie und dynamischer Föderalismus. In: Borner, Silvio/Rentsch Hans (Hrsg.): Wieviel direkte Demokratie verträgt die Schweiz? Chur/Zürich: Rüegger, 183–203.
Frey, Bruno S./Goette, Lorenz, 1998: Does the Popular Vote Destroy Civil Rights? In: American Journal of Political Science 42/4, 1343–1348.
Frey, Bruno S./Stutzer, Alois, 2000: Happiness, Economy and Institutions. In: Economic Journal 110/466, 918–938.
Fuhrer, Corina, 2019: Die Umsetzung kantonaler Volksinitiativen. Zürich/St. Gallen: Dike.

Funk, Patricia/Gathmann, Christina, 2011: Does Direct Democracy Reduce the Size of Government? New Evidence from Historical Data, 1890–2000. In: Economic Journal 121/557, 1252–1280.

Gallagher, Michael/Uleri, Pier Vincenzo, 1996: The Referendum Experience in Europe. London/New York: Macmillan.

Germann, Raimund E., 1975: Politische Innovation und Verfassungsreform. Ein Beitrag zur schweizerischen Diskussion über die Totalrevision der Bundesverfassung. Bern: Haupt.

Germann, Raimund E., 1999: Die Kantone. Gleichheit und Disparität. In: Klöti, Ulrich/Knoepfel, Peter/Kriesi, Hanspeter/Linder, Wolf/Papadopoulos, Yannis (Hrsg.): Handbuch der Schweizer Politik – Manuel de la politique suisse. Zürich: Verlag Neue Zürcher Zeitung, 387–419.

Gisiger, Jasmin/Milic, Thomas/Kübler, Daniel, 2019: Compensatory Voting in Direct Legislation. Evidence from Switzerland. In: Swiss Political Science Review 25/2, 103–127.

Giugni, Marco, 1991: Les impacts de la démocratie directe sur les nouveaux mouvements sociaux. In: Schweizerisches Jahrbuch für Politische Wissenschaft 31, 173–185.

Graber, Rolf, 2017: Demokratie und Revolten. Die Entstehung der direkten Demokratie. Zürich: Chronos.

Gross, Andreas/Kaufmann, Bruno, 2002: IRI Europe Country Index on Citizen Lawmaking, Amsterdam/Berlin: IRI Europe.

Hainmüller, Jens/Hangartner, Dominik, 2019: Does Direct Democracy Hurt Immigrant Minorities? Evidence from Naturalization Decisions in Switzerland. In: American Journal of Political Science Review 63/3, 530–547.

Heidbreder, Eva/Stadelmann-Steffen, Isabelle/Thomann, Eva/Sager, Fritz, 2018: EU Referendums in Context. What Can We Learn from the Swiss Case? In: Public Administration 97/2, 370–383.

Heidelberger, Anja, 2018: Die Abstimmungsbeteiligung in der Schweiz. Psychologische und soziale Einflüsse auf die Abstimmungsneigung. Baden-Baden: Nomos.

Höglinger, Dominic, 2008: Verschafft die direkte Demokratie den Benachteiligten mehr Gehör? Der Einfluss institutioneller Rahmenbedingungen auf die mediale Präsenz politischer Akteure. In : Swiss Political Science Review 14/2, 207–243.

Hug, Simon, 1994 : Mobilisation et loyauté au sein de l'électorat. In : Papadopoulos, Yannis (Hrsg.) : Elites politiques et peuple en Suisse : analyse des votation fédérales 1970–1987. Lausane: Réalités Sociales, 161–201.

Hug, Simon, 2004: occurrence and Policy Consequences of Referendums. In: Journal of Theoretical Politics 16/3, 321–356.

Hug, Simon/Tsebelis, George, 2002: Veto Players and Referendums around the World. In: Journal of Theoretical Politics 14/4, 465–516.

Imboden, Max, 1964: Helvetisches Malaise. Zürich: EVZ.

Jaquet, Julien/Sciarini, Pascal, 2022: Wo die typischen Schweizer Stimmbürger:innen wohnen. Eine „Bellwether"-Analyse der Schweizer Kantone. In: Schaub, Hans-Peter/Bühlmann, Marc (Hrsg.): Direkte Demokratie in der Schweiz. Neue Erkenntnisse aus der Abstimmungsforschung. Zürich/Genf: Seismo, 159–178.

Jann, Werner, 1981: Kategorien der Policy-Forschung. Speyer: Hochschule für Verwaltungswissenschaft Speyer.

Jann, Werner/Wegrich, Kai, 2003: Phasenmodelle und Politikprozesse. Der Policy-Cycle. In: Schubert, Klaus/Bandelow, Nils (Hrsg.): Lehrbuch der Politikfeldanalyse. München/Wien: Oldenbourg, 71–104.

Jung, Sabine, 1996: Lijpharts Demokratietypen und die direkte Demokratie. In: Zeitschrift für Politikwissenschaft 6/3, 623–647.

Kirchgässner, Gebhard, 2000: Wirtschaftliche Auswirkungen der direkten Demokratie. In: Perspektiven der Wirtschaftspolitik 1, 161–180.

Kirchgässner, Gebhard, 2007: Direkte Demokratie, Steuermoral und Steuerhinterziehung. Erfahrungen aus der Schweiz. In: Perspektiven der Wirtschaftspolitik 8/1, 38–64.

Kirchgässner, Gebhard, 2008: Direct Democracy. Obstacle to Reform? In: Constitutional Political Economy 19/2, 81–93.
Kirchgässner, Gebhard, 2010: Direkte Demokratie und Menschenrechte. In: Feld, Lars P./Huber, Peter M./Jung, Otmar/Welzel, Christian/Wittreck, Fabian (Hrsg.): Jahrbuch für direkte Demokratie 2009. Baden-Baden: Nomos, 66–89.
Kirchgässner, Gebhard/Feld, Lars P./Savioz, Marcel R., 1999: Die direkte Demokratie. Modern, erfolgreich, entwicklungs- und exportfähig. Basel/Genf/München: Helbing & Lichtenhahn.
Kobach, Kris, 1993: The Referendum. Direct Democracy in Switzerland. Dartmouth: Aldershot.
Kölz, Alfred, 1981: Vom Veto zum fakultativen Gesetzesreferendum. In: Häfelin, Ulrich (Hrsg.): Festschrift zum 70. Geburtstag von Hans Nef. Zürich: Schulthess, 191–209.
Kölz, Alfred, 1992: Neuere schweizerische Verfassungsgeschichte. Ihre Grundlinien vom Ende der Alten Eidgenossenschaft bis 1848. Bern: Stämpfli.
Kölz, Alfred/Müller, Jörg Paul, 1990: Entwurf für eine neue Bundesverfassung. Basel: Helbing & Lichtenhahn.
Kriesi, Hanspeter, 1991: Direkte Demokratie in der Schweiz. In: Aus Politik und Zeitgeschichte B23/91, 44–55.
Kriesi, Hanspeter, 1998: Le système politique suisse. Paris: Economica.
Kriesi, Hanspeter, 2005: Direct Democratic Choice. Lanham/Boulder/New York/Toronto/Oxford: Lexington Books.
Kriesi, Hanspeter/Wisler, Dominique, 1996: Social movements and direct democracy in Switzerland. In: European Journal of Political Research 30/1, 19–40.
Krömler, Oliver/Vatter, Adrian, 2011: Wer diskriminiert wen? Das Stimmverhalten bei minderheitenrelevanten Abstimmungen in der Schweiz. In: Vatter, Adrian (Hrsg.): Vom Schächt- zum Minarettverbot. Religiöse Minderheiten in der direkten Demokratie. Zürich: Verlag Neue Zürcher Zeitung, 238–263.
Lambelet, Jean-Christian, 2019: De la démocratie directe en Suisse. Son cadre, sa pratique, une analyse statistique et une évaluation sur le fond. Genf: Edition Slatkine.
Ladner, Andreas/Brändle, Michael, 1999: Does Direct Democracy Matter for Political Parties? An Empirical Test in the Swiss Cantons. In: Party Politics 5/3, 283–302.
Le Duc, Lawrence, 2003: The Politics of Direct Democracy. Referendums in Global Perspective. Peterborough: Broadview Press.
Leemann, Lucas, 2015: Political Conflict and Direct Democracy. Explaining Initiative Use 1920–2011. In: Swiss Political Science Review 21/4, 596–616.
Leemann, Lucas/Wasserfallen, Fabio, 2016: The Democratic Effect of Direct Democracy. In: American Political Science Review 110/4, 750–62.
Leemann, Lucas/Stadelmann-Steffen, Isabelle, 2022: Satisfaction with Democracy. When Government by the People Brings Electoral Losers and Winners Together. In: Comparative Political Studies 55/1, 93–121.
Leuzinger, Lukas, 2018: „Ds Wort isch frii" – Die Glarner Landsgemeinde. Geschichte, Gegenwart, Zukunft. Zürich: NZZ Libro.
Lijphart, Arend, 1977: Democracy in Plural Societies. New Haven/London: Yale University Press.
Lijphart, Arend, 2012: Patterns of Democracy. Government Forms and Performance in Thirty-Six Countries. New Haven/London: Yale University Press.
Linder, Wolf, 2006: Direkte Demokratie. In: Klöti, Ulrich/Knoepfel, Peter/Kriesi, Hanspeter/Kinder, Wolf/Papadopoulos, Yannis/Sciarini, Pascal (Hrsg.): Handbuch der Schweizer Politik – Manuel de la politique suisse. Zürich: Verlag Neue Zürcher Zeitung, 109–129.
Linder, Wolf/Mueller, Sean, 2017: Schweizerische Demokratie. Institutionen – Prozesse – Perspektiven. Bern: Haupt.
Linder, Wolf/Bolliger, Christian/Rielle, Yvan (Hrsg.), 2010: Handbuch der eidgenössischen Volksabstimmungen 1848–2007. Bern/Stuttgart: Haupt.

Lutz, Georg/Strohmann, Dirk, 1998: Wahl- und Abstimmungsrecht in den Kantonen. Bern: Haupt.
Matsuaka, John G., 2000: Fiscal Effects of the Voter Initiative in the first Half of the Twentieth Century. In: Journal of Law and Economics 43/2, 619–650.
Milic, Thomas/Rousselot, Bianca/Vatter, Adrian, 2014: Handbuch der Abstimmungsforschung. Zürich: NZZ Libro.
Möckli, Silvano, 1994: Direkte Demokratie. Ein internationaler Vergleich. Bern: Haupt.
Monnier, Victor, 1996: Le référendum financier dans les cantons suisses au 19e siècle. In: Auer, Andreas (Hrsg.): Les origines de la démocratie directe en Suisse. Die Ursprünge der schweizerischen Demokratie. Basel/Frankfurt a. M.: Helbing & Lichtenhahn, 221–265.
Morel, Laurence, 2018: Types of Referendums, Provisions, and practices at the National Level Worldwide. In: Morel, L./Qvortrup, M. (Hrsg.): The Routledge Handbook to Referendums and Direct Democracy. London/New York: Routledge, 27–59.
Moser, Julia/Obinger, Herbert, 2007: Schlaraffenland auf Erden? Auswirkungen von Volksentscheiden auf die Sozialpolitik. In: Freitag, Markus/Wagschal, Uwe (Hrsg.): Direkte Demokratie. Bestandaufnahmen und Wirkungen im internationalen Vergleich. Münster/Hamburg/Berlin/Wien/London: LIT Verlag, 331–362.
Musliu, Nagihan, 2019: Die Umsetzung eidgenössischer Volksinitiativen. Zürich: Dike.
Neidhart, Leonhard, 1970: Plebiszit und pluralitäre Demokratie. Eine Analyse der Funktion des schweizerischen Gesetzesreferendums. Bern: Francke.
Papadopoulos, Yannis, 1991: Quel rôle pour les petits partis dans la démocratie directe? In: Schweizerisches Jahrbuch für Politische Wissenschaft 31, 131–150.
Papadopoulos, Yannis, 1998: Démocratie Directe. Paris: Economica.
Papadopoulos, Yannis, 2001: How Does Direct Democracy Matter? The Impact of Referendum Votes on Politics and Policy-Making. In: West European Politics 24/2, 35–58.
Parlamentsdienste, 2024: Erlasse. https://www.parlament.ch/de/%C3%BCber-das-parlament/parlamentsportraet/beratungsgegenstaende-und-parlamentarische-verfahren/erlasse-der-bundesversammlung (abgerufen am 08.07.2024).
Picecchi, Dario, 2018: Die schweizerische Bundesverfassung in beständigem Wandel – Spannungsfelder zwischen direkter Demokratie und Verfassung. In: Donath, Philipp B. u. a. (Hrsg.): Verfassungen – ihre Rolle im Wandel der Zeit. Baden-Baden: Nomos, 307–328.
Pommerehne, Werner W., 1978: Institutional Approaches to Public Expenditure: Empirical Evidence from Swiss Municipalities. In: Journal of Public Economics 9/2, 255–280.
Pommerehne, Werner W., 1990: The Empirical Relevance of Comparative Institutional Analysis. In: European Economic Review 34/2–3, 458–469.
Pommerehne, Werner W./Schneider, Friedrich, 1982: Unbalanced Growth between Public and Privates Sectors: An Empirical Examination. In: Haveman, Robert H. (Hrsg.): Public Finance and Public Employment. Detroit: Wayne State University Press, 309–326.
Pommerehne, Werner W./Weck-Hannemann, Hannelore, 1996: Tax Rates, Tax Administration and Income Tax Evasion in Switzerland. In: Public Choice 88/1–2, 161–170.
Qvortrup, Matt, 2000: Are Referendums Controlled and Pro-hegemonic? In: Political Studies 48/4, 821–826.
Reich, Johannes, 2008: Direkte Demokratie und völkerrechtliche Verpflichtungen im Konflikt. In: Zeitschrift für ausländisches öffentliches Recht und Völkerrecht 68, 979–1025.
Roca, René, 2011: Schweizerische Geschichtswissenschaft und Demokratieforschung – Vom Mythos über die Ignoranz zum historischen Untersuchungsgegenstand. In: Auer, Andreas/Roca, René (Hrsg.): Wege zur direkten Demokratie in den schweizerischen Kantonen. Zürich/Basel/Genf: Schulthess, 3–10.
Rohner, Gabriela, 2012: Die Wirksamkeit von Volksinitiativen beim Bund. 1848–2010. Zürich: Schulthess.
Scarrow, Susan E., 2001: Direct Democracy and Institutional Change. A Comparative Investigation. In: Comparative Political Studies 34/6, 651–665.

Schaffner, Martin, 2011: Krise der Demokratie – Krise der Demokratiegeschichte. In: Auer, Aandreas/Roca, René (Hrsg.): Wege zur direkten Demokratie in den schweizerischen Kantonen. Zürich/Basel/Genf: Schulthess, 11–22.

Schaltegger, Christoph A./Feld, Lars P., 2001: On Government Centralization and Budget Referendums: Evidence from Switzerland. CESifo Working Paper No. 615.

Schaub, Hans-Peter, 2016: Landsgemeinde oder Urne – was ist demokratischer? Urnen- und Versammlungsdemokratie in der Schweiz. Baden-Baden: Nomos.

Schmid, Stefan G., 2011: Direkte Demokratie und dynamische Verfassung – Zum Wandel des Verfassungsverständnisses in der Schweiz im 19. Jahrhundert. In: Auer, Andreas/Roca, Réne (Hrsg.): Wege zur direkten Demokratie in den schweizerischen Kantonen. Zürich/Basel/Genf: Schulthess, 23–52.

Schmidt, Manfred G., 2010: Demokratietheorien. Eine Einführung. Wiesbaden: VS Verlag.

Schneider, Friedrich, 1985: Der Einfluss von Interessengruppen auf die Wirtschaftspolitik. Bern/Stuttgart: Haupt.

Schuler, Frank, 1996. Das Gemeindereferendum in Graubünden. In: Auer, Andreas (Hrsg.): Les origines de la démocratie directe en Suisse. Die Ursprünge der schweizerischen Demokratie. Basel/Frankfurt a. M.: Helbing & Lichtenhahn, 27–63.

Setälä, Maija, 1999: Referendums and Democratic Government. London: Macmillan.

Setälä, Maija, 2006: On the problems of responsibility and accountability in referendums. In: European Journal of Political Research 45/4, 699–721.

Sigg, Oswald, 1978: Die eidgenössischen Volksinitiativen 1892–1939. Bern: Francke.

Smith, Gordon, 1976: The Functional Properties of the Referendum. In: European Journal of Political Research 4/1, 1–23.

Stadelmann-Steffen, Isabelle/Freitag, Markus, 2009: Abstimmungs- oder Wahldemokratie? Zum Einfluss der direkten Demokratie auf die Wahlteilnahme in den Kantonen. In: Vatter, Adrian/Varone, Frédéric/Sager, Fritz (Hrsg.): Demokratie als Leidenschaft. Planung, Entscheidung und Vollzug in der Schweizerischen Demokratie. Bern/Stuttgart/Wien: Haupt, 157–182.

Stadelmann-Steffen, Isabelle/Freitag, Markus, 2011: Making Civil Society Work. Models of Democracy and Their Impact on Civic Engagement. In: Nonprofit and Voluntary Sector Quarterly 40/3, 526–551.

Stadelmann-Steffen, Isabelle/Leemann, Lucas, 2022: Direkte Demokratie. In: Papadopoulos, Yannis/Sciarini, Pascal/Vatter, Adrian/Häusermann, Silja/Emmenegger, Patrick/Fossati, Flavia (Hrsg.): Handbuch der Schweizer Politik – Manuel de la politique suisse. Basel: NZZ Libro, 167–186.

Stadelmann-Steffen, Isabelle/Vatter, Adrian, 2012: Does Satisfaction with Democracy Really Increase Happiness? Direct Democracy and Individual Satisfaction in Switzerland. In: Political Behavior 34/3, 535–559.

Stauffer, Bettina, 2012: Der Vollzug von Volksinitiativen. Masterarbeit. Bern: Universität Bern, Institut für Politikwissenschaft.

Steffen, Isabelle, 2005: Determinanten der Arbeitslosigkeit in den Schweizer Kantonen – Eine empirische Untersuchung zu den Disparitäten in den kantonalen Arbeitslosenquoten. In: Swiss Political Science Review 11/2, 27–53.

Stutzer, Alois, 1999: Demokratieindizes für die Kantone der Schweiz. Working Paper No. 23. Zürich: Institut für Empirische Wirtschaftsforschung, Universität Zürich.

Stutzer, Alois/Frey, Bruno S., 2000: Stärkere Volksrechte – Zufriedenere Bürger. Eine mikroökonometrische Untersuchung für die Schweiz. In: Swiss Political Science Review 6/3, 1–29.

Suksi, Markku, 1993: Bringing in the People. A Comparison of Constitutional Forms and Practices of the Referendum. Dordrecht: Martinus Nijhof.

Swissvotes/Année Politique Suisse, 2023: Die Datenbank der eidgenössischen Volksabstimmungen. https://swissvotes.ch/votes (abgerufen am 07.12.2023).

Trechsel, Alexander H., 2000: Feuerwerk Volksrechte. Die Volksabstimmungen in den schweizerischen Kantonen 1970–1996. Basel/Genf: Helbing & Lichtenhahn.

Trechsel, Alexander H./Sciarini Pascal, 1998: Direct Democracy in Switzerland. Do Elites Matter? In: European Journal of Political Research 33/1, 99–124.

Trechsel, Alexander H./Serdült, Uwe, 1999: Kaleidoskop Volksrechte. Die Institutionen der direkten Demokratie in den schweizerischen Kantonen 1970–1996: Basel: Helbing & Lichtenhahn.

Tschentscher, Alex/Blonski, Dominika, 2011: Direkte Demokratie in der Schweiz – Länderbericht 2009/2010. In: Feld, Lars P./Huber, Peter M./Jung, Otmar/Wezel, Christian/Wittreck, Fabian (Hrsg.): Jahrbuch für direkte Demokratie 2010. Baden-Baden: Nomos, 169–200.

Tsebelis, George, 2002: Veto Players. How Political Institutions Work. Princeton: Princeton University Press.

Uleri, Pier Vincenzo, 2002: On Referendum Voting in Italy. YES, NO, or Non-Vote? How Italian Parties Learned to Control Referendums. In: European Journal of Political Research 41/6, 863–883.

Vatter, Adrian, 1997: Die Wechselbeziehungen von Konkordanz- und Direktdemokratie. Ein Vergleich am Beispiel westlicher Industriestaaten und der Schweizer Kantone. In: Politische Vierteljahresschrift 38/4, 743–770.

Vatter, Adrian, 2000: Consensus and Direct Democracy. Conceptual and Empirical Linkages. In: European Journal of Political Research 38/2, 245–268.

Vatter, Adrian, 2002: Kantonale Demokratien im Vergleich. Entstehungsgründe, Interaktionen und Wirkungen politischer Institutionen in den Schweizer Kantonen. Opladen: Leske + Budrich.

Vatter, Adrian, 2007: Direkte Demokratie in der Schweiz. Entwicklungen, Debatten und Wirkungen. In: Freitag, Markus/Wagschal, Uwe (Hrsg.): Direkte Demokratie. Bestandsaufnahmen und Wirkungen im internationalen Vergleich. Münster: LIT Verlag, 71–113.

Vatter, Adrian, 2009: Lijphart Expanded. Three Dimensions of Democracy in Advanced OECD Countries? In: European Political Science Review 1/1, 125–154.

Vatter, Adrian (Hrsg.), 2011: Vom Schächt- zum Minarettverbot. Religiöse Minderheiten in der direkten Demokratie. Zürich: Verlag Neue Zürcher Zeitung.

Vatter, Adrian, 2014: Kantone. In: Knoepfel, Peter/Papadopoulos, Yannis/Sciarini; Pascal/Vatter, Adrian/Häusermann, Silja (Hrsg.): Handbuch der Schweizer Politik – Manuel de la politique suisse. Zürich: Verlag Neue Zürcher Zeitung, 245–274.

Vatter, Adrian/Arnold, Tobias/Arens, Alexander/Vogel, Laura-Rosa/Bühlmann, Marc/Schaub, Hans-Peter/Dlabac, Oliver/Wirz, Rolf/Freiburghaus, Rahel/Della Porta, Davide, 2024: Patterns of Democracy in the Swiss Cantons, 1979–2022 [Dataset]. Bern: Universität Bern, Institut für Politikwissenschaft.

Vatter, Adrian/Danaci, Deniz, 2010: Mehrheitstyrannei durch Volksentscheide? Zum Spannungsverhältnis zwischen direkter Demokratie und Minderheitenschutz. In: Politische Vierteljahresschrift 51/2, 205–222.

Vatter, Adrian/Freitag, Markus, 2002: Die Janusköpfigkeit von Verhandlungsdemokratien. Zur Wirkung von Konkordanz, direkter Demokratie und dezentralen Entscheidungsstrukturen auf den öffentlichen Sektor der Schweizer Kantone. In: Swiss Political Science Review 8/2, 53–80.

Vatter, Adrian/Freitag, Markus, 2007: The Contradictory Effects of Consensus Democracy on the Size of Government: Evidence from the Swiss Cantons. In: British Journal of Political Science 37/2, 359–367.

Vatter, Adrian/Rousselot, Bianca/Milic, Thomas, 2019: The Input and Output Effects of Direct Democracy. A New Research Agenda. In: Policy & Politics 47/1, 169–186.

Vatter, Adrian/Rüefli, Christian, 2003: Do Political Factors Matter for Health Care Expenditures? A Comparative Study of Swiss Cantons. In: Journal of Public Policy 23/3, 301–323.

Vatter, Adrian/Stauffer, Bettina, 2012: Vollzug ohne das Volk. Die teilweise harzige Umsetzung von Volksinitiativen. In: Neue Zürcher Zeitung, 12.04.2012, 7.

Vatter, Adrian/Wirz, Rolf, 2015: Der Einfluss der Bundesversammlung auf die Gesetzgebung unter besonderer Berücksichtigung der Parlamentarischen Initiative. Bern: Universität Bern, Institut für Politikwissenschaft.

Wagschal, Uwe, 1997: Direct Democracy and Public Policymaking. In: Journal of Public Policy 17/2, 223–245.

Wagschal, Uwe/Obinger, Herbert, 2000: Der Einfluss der Direktdemokratie auf die Sozialpolitik. In: Politische Vierteljahresschrift 41/3, 466–497.

Walter, André, 2019: Taking the Initiative. Direct Democracy, Coalition Governments and Welfare State Expansion. In: Journal of European Social Policy 29/3, 446–459.

Wittmann, Walter, 1998: Die Schweiz – Ende eines Mythos. München: Langen Müller.

Wittmann, Walter, 2001: Direkte Demokratie. Bremsklotz der Revitalisierung. Frauenfeld: Huber.

Zax, Jeffrey S., 1989: Initiatives and Government Expenditures. In: Public Choice 63/3, 267–277.

## 8.10 Fragen

1. Welcher Zusammenhang besteht gemäss Neidhart (1970) zwischen der direkten Demokratie und den konkordanten Entscheidungsstrukturen, die in der Schweiz vorherrschen?
2. Welche unterschiedlichen Wirkungen auf das politische System der Schweiz werden Referenden und Initiativen zugeschrieben?
3. Weshalb wirkt sich die direkte Demokratie bremsend auf die Staatstätigkeit aus?
4. Welche zwei sich widersprechenden Argumentationen bestehen in Bezug auf die Wirkung der direkten Demokratie auf die ökonomische Leistungskraft und welche davon wird durch systematische empirische Ergebnisse gestützt?
5. Führt die direkte Demokratie in der Schweiz zu einer Tyrannei der Mehrheit über die Minderheit?
6. Aufgrund welcher Kriterien können direktdemokratische Instrumente eher der Mehrheits- oder Konsensdemokratie zugeordnet werden?

# 9 Die Verfassung

## 9.1 Einleitung

Die Verfassung bildet als rechtliches, politisches und normatives Fundament einer Demokratie die institutionellen Spielregeln ab. Sie enthält die obersten Rechtsnormen zur Regelung der Organisation und zum Zusammenspiel der Staatsgewalten, legt das Verhältnis zwischen Bürgern und Staat fest und definiert oft auch die Staatsziele (Brühlmeier/Vatter 2020). Als höchstes Rechtsdokument hat die Verfassung Vorrang gegenüber allen weiteren staatlichen Erlassen wie Gesetzen. Um ihre erhöhte Geltungskraft vor kurzfristig schwankenden politischen Mehrheiten zu schützen, geht damit in der Regel eine im Vergleich zu anderen Rechtserlassen erschwerte Abänderbarkeit einher. Während in zahlreichen Ländern für Verfassungsänderungen eine qualifizierte Mehrheitszustimmung des Parlaments erforderlich ist, gilt dies nicht für die Schweiz. Für das Zustandekommen einer Revision der schweizerischen Bundesverfassung besteht als qualifizierendes Element vielmehr die *obligatorische* Volksabstimmung mit dem *doppelten Mehrheitserfordernis von Volk und Ständen*. Damit handelt es sich um eine doppelte Erschwerung im Vergleich zur gewöhnlichen Gesetzgebung, bei der nur eine *fakultative* Volksabstimmung mit der *einfachen* Volksmehrheit verlangt wird. Während die Doppelmehrregel für Verfassungsänderungen im Grundsatz schon seit der Bundesstaatsgründung von 1848 gilt und lange Zeit kaum beachtet wurde, sind in den letzten 50 Jahren gleich mehrere Kollisionen von Volks- und Ständemehr aufgetreten. Deshalb wurde im Vorfeld zur Totalrevision der Bundesverfassung von 1999 im Parlament ausführlich über eine Modifikation des Doppelmehrerfordernisses diskutiert. Auch wenn sich Bundesrat und Parlament schliesslich für die Beibehaltung der geltenden Regelung entschieden haben, gibt die notwendige Zustimmung von Volk und Ständen für Verfassungsrevisionen immer wieder Anlass zur Kritik. Entsprechend wurden sowohl von politischer als auch von politikwissenschaftlicher Seite zahlreiche Reformvorschläge zur Diskussion gestellt.

Das folgende Kapitel geht den Fragen nach, wer von der heutigen Entscheidungsregel bei Verfassungsänderungen profitiert, ob sie noch zeitgemäss ist und welche Modifikationen zur Diskussion stehen. Das Kapitel ist wie folgt gegliedert: Im nächsten Abschnitt werden die historischen und institutionellen Grundlagen der Schweizer Bundesverfassung und ihre Veränderbarkeit kurz behandelt. Im dritten Abschnitt werden die verschiedenen Wirkungen der heutigen Doppelmehrregel bei Verfassungsabstimmungen analysiert und ihre Gewinner und Verlierer herausgearbeitet. Im vierten und fünften Abschnitt folgen interkantonale und internationale Vergleiche der Verfassungsrigidität und eine Einordnung der Schweiz. Abschliessend werden die wichtigsten Befunde zusammengefasst und die verschiedenen Gruppen von Modellen zur Reform des Ständemehrs und ihre Folgen diskutiert.

## 9.2 Historische und institutionelle Grundlagen

### 9.2.1 Die historische Entwicklung der Bundesverfassung

Die 1999 von Volk und Ständen gutgeheissene Bundesverfassung bildet die oberste Stufe des schweizerischen Rechtssystems und fasst die grundlegenden Normen über die Organisation und Ausübung der Staatsorgane im Bund zusammen. Sämtliche Gesetze, Verordnungen und Erlasse des Bundes, der Kantone und der Gemeinden sind ihr untergeordnet und müssen in Einklang mit ihr stehen (Häfelin u. a. 2016; Diggelmann u. a. 2020). „Insgesamt präsentiert sich die Schweizerische Eidgenossenschaft in der Bundesverfassung als ein demokratisch regiertes, bundesstaatlich strukturiertes, gewaltenteilig organisiertes, rechtsstaatlich eingebundenes, sozialen und ökologischen Zielen verpflichtetes Gemeinwesen" (Biaggini 2011: 88).

Die Grundlage für die heutige Bundesverfassung bildete die am 12. September 1848 von der Tagsatzung per Dekret in Kraft gesetzte Verfassung, die den Bundesstaat begründete. Diese war stark durch die kantonalen Verfassungskämpfe, die Verfassung der USA und – vor dem Hintergrund der Helvetischen Verfassungen von 1798 und 1802 sowie der Mediationsakte von 1803 – durch die staatsrechtlichen Ideen der Französischen Revolution beeinflusst (Aubert 1991; Kley 2020; Kley/Kissling 2008; Kölz 1992). Ausgearbeitet wurde die Verfassung von 1848 durch eine von der Tagsatzung eingesetzte Revisionskommission mit liberal-radikalen Mitgliedern, denen innerhalb kurzer Zeit die Pionierleistung gelang, an Stelle des lockeren Staatenbundes den ersten Bundesstaat in Europa und nach den USA den zweiten weltweit zu erschaffen. An die Stelle des losen Bundes souveräner und eigenständiger Kantone sollte – so die Überzeugung der der Revisionskommission vorsitzenden Verfassungsväter Henri Druey (1799–1855) und Johann Konrad Kern (1808–1888) – ein „Föderativsystem" treten, das sowohl das „nationale oder gemeinsame", als auch das „kantonale oder besondere" achtet (Bericht über den Entwurf einer Bundesverfassung vom 8. April 1848, zitiert nach Bonjour 1948: 331). Allerdings stiess dieses neue Verfassungswerk beim unterlegenen katholisch-konservativen Lager anfänglich auf breite Skepsis. Dies drückte sich in den ablehnenden Mehrheiten bei den Abstimmungen in den ehemaligen Sonderbundskantonen zur neuen Bundesverfassung aus.

Die Bundesverfassung von 1848 zeichnete sich insgesamt durch die Verbindung von zwei Grundelementen unterschiedlicher Herkunft aus (Häfelin u. a. 2016):

- Einerseits durch die Grundprinzipien des demokratischen Rechtsstaates (Konstitutionalismus) entsprechend den liberalen Kantonsverfassungen mit dem obligatorischen Verfassungsreferendum, der repräsentativen Demokratie in der Gesetzgebung, der Gewaltenteilung, der Rechtsgleichheit und den Freiheitsrechten.
- Andererseits durch den bundesstaatlichen Aufbau entsprechend der nordamerikanischen Unionsverfassung von 1787 mit dem Zweikammersystem (vgl. Kapitel 7).

Die Bundesverfassung von 1848 legte auch das Verhältnis zwischen den einzelnen politischen Gewalten fest, welches im Grundsatz noch heute gilt. Gemäss dem Prinzip der Gewaltenteilung wurde die heutige Behördenorganisation mit dem Bundesrat als Regierung, der Bundesversammlung als Parlament und dem Bundesgericht geschaffen (vgl. Kapitel 1). In Anlehnung an das amerikanische Vorbild wurde das Parlament mit National- und Ständerat als Zweikammersystem mit gleichberechtigten Kammern ausgestaltet, womit jede Beschlussfassung neben dem demokratischen Entscheidungsprinzip auch der föderalistischen Entscheidungsregel (Gleichheit der Gliedstaaten) unterstellt wurde. Neben dem bikameralen Parlament drückte sich die enge Kombination von Föderalismus und Demokratie auch im notwendigen Doppelmehr (Volks- und Ständemehr) für eine Total- oder Teilrevision der Bundesverfassung aus. Der stark föderale Charakter des neuen Bundesstaates spiegelte sich schliesslich in den wenigen Bereichen wider, in denen der Bund eigene Befugnisse erhielt wie in der Aussenpolitik, beim Zoll-, Post- und Münzwesen sowie teilweise bei der Armee.

Nachdem 1872 ein erster Versuch knapp gescheitert war, wurden dem Bund mit der Totalrevision der Bundesverfassung im Jahre 1874 weitere Kompetenzen zur Rechtsvereinheitlichung übertragen. Im Gegenzug wurde auf Druck der Verfechter eines Ausbaus der demokratischen Volksrechte das fakultative Gesetzesreferendum auf eidgenössischer Ebene eingeführt sowie auf dem Höhepunkt des Kulturkampfs die antiklerikalen Bestimmungen verschärft (Vatter 2011). Die Zentralgewalt war nun für die Armee und bedeutende Teile des Privatrechts sowie für die Sozial- und Verkehrsgesetzgebung zuständig. Die Erweiterung der Freiheitsrechte (z. B. Glaubens- und Gewissensfreiheit), die Stärkung der Handels- und Gewerbefreiheit sowie die Ausdehnung der Kompetenzen des Bundesgerichts bildeten weitere Merkmale der Bundesverfassung von 1874 (Diggelmann u. a. 2020; Häfelin u. a. 2016; Thürer/Aubert/Müller 2001; Tschannen 2011). Die Verfassungsrevision von 1874, welche mit der Einführung des fakultativen Gesetzesreferendums den Übergang von einer repräsentativen zu einer halbdirekten Demokratie einleitete,[1] ermöglichte im Verlaufe der Zeit auch die Aussöhnung der Katholisch-Konservativen mit dem liberalen Bundesstaat. 1891 wurde zusätzlich die Volksinitiative für die Partialrevision der Verfassung eingeführt, die weitere Totalrevisionen erübrigte.[2] Zwischen 1874 und 1999 wurde die Bundesverfassung fortlaufend angepasst und erweitert. Auch wenn keine einheitliche Weiterentwicklung sichtbar war, sind drei prägende Entwicklungslinien für diesen Zeitraum herauszustreichen: der Ausbau der direktdemokratischen Instrumente, die Zunahme der Bundeskompetenzen bei gleichzeitiger Wahrung der kantonalen Autonomie sowie die Stärkung der Rechtsstaatlichkeit (Biaggini 2011: 92).

Die Übersicht über die Teilrevisionen der Bundesverfassung seit 1848 nach Themenfeldern (vgl. Tabelle 9.1) macht deutlich, dass sich die Zahl der Verfassungsänderungen nach Einführung der Verfassungsinitiative bis nach dem Zweiten

---

1 Vgl. Picecchi (2018) zum Spannungsfeld zwischen der Bundesverfassung und der direkten Demokratie.
2 Seit 1874 ist mit der sogenannten „Frontisten-Initiative" von 1934 nur ein einziges Mal eine Volksinitiative auf Totalrevision der Bundesverfassung zustande gekommen, bei der sich das Volk aber bei der Vorabstimmung gegen die Einleitung einer Totalrevision aussprach.

Weltkrieg relativ konstant gehalten hat. Im Zuge des Ausbaus des Wohlfahrtsstaates und mit dem Auftreten neuer Aufgaben wie dem Schutz der natürlichen Lebensgrundlagen hat sich ihre Zahl jedoch vom Zweiten Weltkrieg bis Anfang der 1990er Jahre im Rhythmus von 20 Jahren jeweils verdoppelt (Lorenz/Seemann 2009). Vor allem zwischen den 1950er und 1990er Jahren entstand ein beträchtlicher Regelungsbedarf in der Infrastruktur-, Umwelt- und Raumordnungspolitik sowie im Bildungs- und Gesundheitswesen, in denen der Bund neue Kompetenzen erhielt und entsprechende Verfassungsänderungen notwendig wurden. Zahlreiche Verfassungsmodifikationen betrafen seit den 1970er Jahren aufgrund der wirtschaftlichen Rezession und des öffentlichen Aufgabenwachstums zudem die Finanz- und Steuerpolitik des Bundes. So wurden die Grundlagen der wichtigsten Einnahmequellen des Bundes wie die direkte Bundessteuer und die Mehrwertsteuer sowie die Massnahmen zum Haushaltsausgleich erst in der Nachkriegszeit geschaffen. Schliesslich fanden in den letzten 20 Jahren einige wichtige Modernisierungen der Staatsordnung statt, namentlich mit der umfassenden Justizreform und der Neugestaltung des Finanzausgleichs, während dem Reformpaket im Bereich der Volksrechte wenig Erfolg beschieden war (Braun 2009; Häfelin u. a. 2016; Tschannen 2011).

*Tabelle 9.1: Die Teilrevisionen der Bundesverfassung nach Themenfeldern, 1848–2023*

| Themenfeld | 1848–1873 | 1874–1893 | 1894–1913 | 1914–1933 | 1934–1953 | 1954–1973 | 1974–1993 | 1994–2023 | Total |
|---|---|---|---|---|---|---|---|---|---|
| Staatsordnung | 1 | 3 | 2 | 6 | 3 | 2 | 9 | 10 | 36 |
| Aussenpolitik | – | – | – | 1 | – | 1 | 1 | 1 | 4 |
| Landesverteidigung | – | – | – | 3 | 1 | 1 | 3 | 1 | 9 |
| Wirtschaft | – | 4 | 3 | 4 | 4 | 5 | 6 | 7 | 33 |
| öffentliche Finanzen | – | – | – | 1 | 2 | 4 | 14 | 7 | 28 |
| Infrastruktur und Lebensraum | – | – | 2 | 3 | – | 10 | 12 | 7 | 34 |
| Sozialpolitik | – | 1 | 2 | 2 | 1 | 2 | 5 | 10 | 23 |
| Bildung, Kultur, Medien | – | – | 1 | – | 1 | 4 | 3 | 5 | 14 |
| Total | 1 | 8 | 10 | 20 | 12 | 29 | 53 | 48 | 181 |

Quellen: Eigene Zusammenstellung auf Basis von Swissvotes/Année Politique Suisse (2023), Centre for Research on Direct Democracy (2016) sowie Schweizer Parlament (2020).

Die zahlreichen Teilrevisionen der Bundesverfassung von 1874 bis zum Ende des 20. Jahrhunderts führten schliesslich dazu, dass die Bundesverfassung im Verlaufe des 20. Jahrhunderts zu einem unübersichtlichen Regelwerk wurde, das seine Kernfunktionen der Orientierung, Steuerung und Begrenzung nur noch sehr beschränkt erfüllen konnte (Biaggini 2011: 94). Ab den 1960er Jahren wurde deshalb von verschiedenen Kreisen eine grundlegende Überarbeitung der Bundesverfassung gefordert. In einem über dreissig Jahre dauernden Prozess scheiterten mehrere Anläufe, die Bundesverfassung von 1874 aufgrund ihrer veralteten Sprache, lückenhafter und überholter Inhalte sowie fehlender Systematik zu revidieren. So stiessen sowohl die Arbeitsgruppe von alt Bundesrat Friedrich Traugott Wahlen (1967–1973) als auch die Expertenkommission unter der Leitung von Bundesrat Kurt Furgler (1973–1977), welche die formellen und materiellen Mängel der Verfassung im Einzelnen diagnostiziert und Entwürfe einer neuen Verfassung unterbreitet hatten, auf Widerstand. Insbesondere die Kantone und die Wirtschaftsverbände erhoben kritische Einwände gegen eine grundlegende Neuschreibung der Verfassung. Erst nach der Ablehnung des Beitritts zum Europäischen Wirtschaftsraum (EWR) gelang es in den 1990er Jahren, die Bundesverfassung pragmatisch zu überarbeiten und nachzuführen. Nicht geschriebenes Verfassungsrecht (entstanden im Rahmen der Rechtsprechung durch das Bundesgericht) wurde kodifiziert und nicht auf die Verfassungsebene gehörende Bestimmungen wurden „herabgestuft". Damit handelte es sich trotz zahlreicher Neuerungen im Detail in erster Linie um eine Konsolidierung und Modernisierung der bestehenden Grundordnung mit wenigen substanziellen Neuerungen (Biaggini 2011: 96). Dem neuen Verfassungsentwurf wurden mit den Themen Volksrechte und Justiz zwei separate Reformpakete zur Seite gestellt, während auf weitere Reformen zunächst verzichtet wurde. Die am politisch Machbaren ausgerichtete Totalrevision der Bundesverfassung wurde nach zügigen Beratungen in den dafür eingesetzten Verfassungskommissionen des National- und Ständerates und im Parlamentsplenum von Volk und Ständen am 18. April 1999 mit 59.2 Prozent Ja-Stimmen respektive 13 von 23 Standesstimmen gutgeheissen, wobei sechs Kantone (UR, SZ, OW, NW, AI, VS) zum dritten Mal seit 1848 und 1874 eine neue Bundesverfassung ablehnten. Die totalrevidierte Grundordnung ersetzte diejenige vom 29. Mai 1874 und erfasste unter anderem neue, bis dahin lediglich in Entscheiden des Bundesgerichts und in Rechtskommentaren festgehaltene Grundrechte. Im Gegensatz zur alten wird der neuen Bundesverfassung attestiert, dass sie die in der rechtswissenschaftlichen Lehre aufgeführten Kernaufgaben einer modernen Verfassung wie die Ordnungs-, Machtbegrenzungs- und Gestaltungsfunktionen wie auch die in der neueren Forschung aufgeführten Funktionen der Orientierung, Legitimation, Integration und Einbettung wahrnimmt, wenn auch in unterschiedlichem Ausmass (Biaggini 2011; Diggelmann u. a. 2020; Häfelin u. a. 2016; Rhinow 2003).

### 9.2.2 Die formalen Machtbeziehungen in der Bundesverfassung

Aus politikwissenschaftlicher Sicht von besonderem Interesse ist schliesslich die Frage, wie auf der Grundlage der Verfassung die Entscheidungskompetenzen zwischen den einzelnen politischen Akteuren und Institutionen formal verteilt sind. Ingold und Varone (2015) haben diese Frage anhand einer quantitativen Inhaltsanalyse untersucht und kommen zum Schluss, dass in der aktuellen Bundesverfassung insgesamt 931 Machtbeziehungen definiert werden. Zwei Drittel davon betreffen *politische* Machtrelationen, während etwa ökonomische Machtverhältnisse (zehn Prozent) nur am Rande behandelt werden. In der ganz überwiegenden Mehrheit der Fälle (917 von 931) werden positive Machtbeziehungen festgelegt, bei denen dem entsprechenden Akteur eine Kompetenz zugewiesen wird. Nur in 14 von 931 Fällen liegt eine negative Machtzuschreibung vor, bei der Kompetenzen beschränkt werden. Tabelle 9.2 zeigt, dass der Bund insgesamt am häufigsten erwähnt wird, gefolgt von den Kantonen, während die Gemeinden kaum eine Rolle spielen. Die auf Bundesebene am aktivsten in Machtbeziehungen involvierten Akteure sind der Bundesrat und das Parlament, wobei auch die Wahl- und Stimmberechtigten unter unterschiedlichen Begriffen etwa gleich häufig genannt werden. Die zahlreichen und mehrheitlich positiven Beziehungen im Sinne der Machtzuschreibung vom Bund zu den Kantonen sowie vom Parlament zum Souverän führen zu einer starken konstitutionellen Einflussposition der Gliedstaaten und des Volkes, was den insgesamt stark föderalen und direktdemokratischen Charakter des politischen Systems der Schweiz ausdrückt.

*Tabelle 9.2: Machtbeziehungen von Akteuren und Institutionen in der Bundesverfassung (in Prozent)*

| Akteure/Institutionen | | positiv | negativ | Total |
|---|---|---|---|---|
| Bund | Bund | 34.4 | 0 | 34.4 |
| | Bundesrat | 7.2 | 0.2 | 7.4 |
| | Parlament | 6.2 | 0.1 | 6.3 |
| Kantone | | 12.0 | 0.4 | 12.4 |
| Gemeinden | | 0.3 | 0 | 0.3 |
| Volk | Volk | 2.7 | 0.1 | 2.8 |
| | Person | 2.9 | 0 | 2.9 |
| | Bürger | 1.8 | 0 | 1.8 |

Anmerkung: In der Tabelle ist nur ein Teil der in der Studie berücksichtigten Akteure und Institutionen dargestellt.
Quelle: Ingold und Varone (2015).

### 9.2.3 Die institutionellen Grundlagen für Verfassungsänderungen

Eine Besonderheit der Bundesverfassung stellen wie erwähnt die zahlreichen Veränderungen dar, die im Verlaufe der letzten 150 Jahre vorgenommen wurden sowie die eher unübliche Unterscheidung zwischen Total- und Teilrevision der Verfassung (Art. 192 Abs. 1 BV).[3] Eine teilweise oder vollständige Änderung der Verfassung bzw. die Aufnahme neuer Verfassungsartikel kann dabei vom Volk (durch eine Volksinitiative; Art. 138 und 139 BV) oder durch eine der beiden Parlamentskammern vorgeschlagen werden (Tschannen 2011: 538). Die Teilrevision muss dabei die *Einheit der Form* (Art. 139 BV) und die *Einheit der Materie* (Art. 194 Abs. 2 BV) wahren.[4] Letzteres bedeutet, dass zwischen verschiedenen Teilen einer Revisionsvorlage ein sachlicher Zusammenhang bestehen muss, wäh-

---

[3] Der Abschnitt 9.2.3 ist eine überarbeitete und aktualisierte Fassung von Vatter und Sager (2006: 74ff.).
[4] Als weitere ungeschriebene Schranke gilt, dass eine faktisch undurchführbare Volksinitiative nicht zur Abstimmung vorgelegt werden darf. Bisher wurde nur eine einzige Initiative, nämlich diejenige „für eine Rüstungspause" aus dem Jahr 1955, deswegen für ungültig erklärt (Tschannen 2011: 559).

rend die Einheit der Form verlangt, dass Volksinitiativen als ausgearbeiteter Entwurf oder als allgemeine Anregung eingereicht werden müssen. Mischformen sind aufgrund der unterschiedlichen Verfahren nicht zulässig. Darüber hinaus darf eine Initiative *nicht die zwingenden Bestimmungen des Völkerrechts verletzen* (Art. 194 Abs. 2 BV). Hierzu gehören diejenigen völkerrechtlichen Regelungen, die wegen ihrer Relevanz für die internationale Rechtsordnung unbedingte Geltung beanspruchen. Beispiele sind die „Grundzüge des humanitären Völkerrechts, die notstandsfesten Garantien der EMRK (…) und die Verbote der Folter, des Genozids, der Sklaverei und der Abschiebung von Asylsuchenden in einen Staat, in dem ihnen Verfolgung aus Gründen der Rasse, Religion, Nationalität, Zugehörigkeit zu einer bestimmten sozialen Gruppe oder wegen politischen Anschauungen droht" (Häfelin u. a. 2016: 513). Hingegen wurden Volksinitiativen, die gegen kündbares Völkerrecht verstossen, bisher dem Volk zur Abstimmung vorgelegt. Sind die Voraussetzungen der Einheit der Form, der Einheit der Materie oder der Vereinbarkeit mit den zwingenden Bestimmungen des Völkerrechts bei einer Vorlage nicht gegeben oder ist die Initiative offensichtlich undurchführbar, so erklärt sie die Bundesversammlung für ungültig, wobei die parlamentarische Praxis bis vor Kurzem sehr zurückhaltend ausfiel (Häfelin u. a. 2016). So bildeten Ungültigkeitserklärungen aufgrund der fehlenden sachlichen Einheit eine grosse Ausnahme. Einzig im Jahr 1977 wurde die von der Partei der Arbeit initiierte Vorlage „gegen Teuerung und Inflation", welche verschiedene Anliegen der Wirtschafts-, Sozial-, Umwelt-, Arbeits- und Steuerpolitik verband, durch die Bundesversammlung für ungültig erklärt. 1995 kam es zu einer etwas verschärften Praxis, als die Bundesversammlung die Volksinitiative „für weniger Militärausgaben und mehr Friedenspolitik" entgegen dem bundesrätlichen Antrag als ungültig erklärte. Hier wurde der sachliche Zusammenhang zwischen der Kürzung der Militärausgaben und den sozialpolitischen Anliegen der Vorlage infrage gestellt. Abgesehen davon, dass die Änderungen der Bundesverfassung nicht den zwingenden Bestimmungen des Völkerrechts widersprechen dürfen (Art. 194 Abs. 2 BV), bestehen keine weiteren materiellen Schranken der Verfassungsrevision.

Seit 1848 bzw. 1874 erfordern Verfassungsänderungen (Teil- und Totalrevisionen) zu ihrer Annahme sowohl die Zustimmung durch die Mehrheit der an der Abstimmung teilnehmenden Bürger als auch durch die Mehrheit der Kantone (Doppelmehrerfordernis; Art. 142 BV),[5] wobei die sechs ehemaligen Halbkantone nur eine halbe Stimme beisteuern.[6] Bei der Gründung des Bundesstaates wurden die hohen Hürden für Verfassungsänderungen eingeführt, um die 1847 im Sonderbundskrieg unterlegenen konservativ-katholischen Kantone vor der Majorisierung durch die bevölkerungsreichen liberalen Stände zu schützen (Wili 1988). Während das Doppelmehrerfordernis für Verfassungsrevisionen in den ersten 100 Jahren

---

5 Ein entsprechender Verfassungsartikel wurde bereits 1848 in die Bundesverfassung aufgenommen. Anträge von Bern, ausschliesslich das Volk über Verfassungsrevisionen entscheiden zu lassen, und von Schwyz, die qualifizierte Zustimmung von 3/4 oder 2/3 der Kantone zu verlangen, wie es die Entwürfe von 1832/33 vorgesehen hatten, wurden beide abgelehnt.
6 Erst seit der Totalrevision der Bundesverfassung von 1874 gilt das Ergebnis der eidgenössischen Abstimmung in jedem Kanton als Standesstimme (Wili 1988: 201). Bis 1874 wurde in einigen Kantonen nicht das Ergebnis der Volksabstimmung als Standesstimme gezählt, sondern das in einzelnen Fällen vom Volksentscheid abweichende Verdikt des kantonalen Parlamentes (z. B. Kanton Freiburg).

des Bundesstaates kaum praktische Wirkungen entfaltete,[7] gewann es in der zweiten Hälfte des 20. Jahrhunderts zunehmend an Bedeutung. So haben von den bisher zehn von der Stimmbürgerschaft angenommenen Verfassungsvorlagen, die am Ständemehr gescheitert sind, acht seit 1970 stattgefunden, davon zwei an einem einzigen Abstimmungswochenende im Juni 1994. In diesem Zeitraum fanden bei Verfassungsabstimmungen zusätzlich noch mehr als ein halbes Dutzend so genannte „Beinahe-Kollisionen" (Germann 1991) wie bei der EWR-Beitrittsabstimmung von 1992 statt, bei denen eine nur sehr knapp verwerfende Volksmehrheit einer eindeutigen Mehrheit von ablehnenden Kantonen gegenüberstand. Die wichtigsten Ursachen für die zunehmende Bedeutung der Doppelmehrklausel bei Verfassungsänderungen lassen sich dabei wie folgt zusammenfassen: die Veränderung der Kantonsdemographie, die Zunahme von Doppelmehr-Abstimmungen und die materiellrechtliche Erweiterung des Ständemehrs (Vatter/Sager 2006).

Der Hauptgrund für die steigende Kollisionsgefahr bei Doppelmehrabstimmungen liegt in der unterschiedlichen Bevölkerungsentwicklung der einzelnen Kantone in den letzten 170 Jahren. So nahm die Einwohnerzahl der Stadtkantone Basel-Stadt und Genf in diesem Zeitraum um die Faktoren 6.7 bzw. 8.1 zu, diejenige des Kantons Zürich um mehr als das Sechsfache, während die entsprechenden Werte für Appenzell Innerrhoden und Ausserrhoden bei 1.5 bzw. 1.3 liegen (Bundesamt für Statistik 2023; Konferenz der kantonalen Armeedirektoren 1946).[8] Diese ungleiche demographische Entwicklung, deren Ursachen in der Industrialisierung und der damit verbundenen Abwanderung in die städtischen Agglomerationen liegen, lässt sich plastisch im oft zitierten Beispiel ausdrücken, dass bei Verfassungsabstimmungen die Stimme eines Stimmbürgers von Appenzell Innerrhoden knapp vierzigmal mehr Gewicht hat als die eines Zürchers. Die direkte Folge dieses zunehmenden Bevölkerungsungleichgewichtes zwischen den kleinen und den grossen Kantonen hat dazu geführt, dass der Anteil von Nein-Stimmen, der eine Verfassungsvorlage zu Fall bringen kann, fortlaufend gesunken ist. Diese sogenannte „kleinste theoretische Sperrminorität" liegt gemäss Germann (1991: 262) bei rund neun Prozent der Stimmberechtigten – sofern die Nein-Stimmen optimal auf die kleinen Kantone verteilt sind.[9] Wichtiger als die theoretische ist jedoch die faktische Sperrminorität, die Linder und Mueller (2017: 225) für die letzten 30 Jahre zwischen 18 und 25 Prozent ansiedeln und die beim Verfassungsartikel zur Einbürgerung junger Ausländer vom 12. Juni 1994 weniger als 18 Prozent der Stimmenden betrug. Bei der „Beinahe-Kollision" zur Doppelmehrabstimmung über den EWR vom 6. Dezember 1992 lag die reale Sperrminorität sogar nur bei 15.8 Prozent der Stimmenden.

---

7   Eine der wenigen Ausnahmen bildete die 1938 lancierte Volksinitiative „Notrecht und Dringlichkeit" des LdU, die unter anderem einen generellen Verzicht auf das Ständemehr forderte. Die Volksinitiative wurde aber bei Ausbruch des Zweiten Weltkriegs zurückgezogen.
8   Um 1850 zählte Basel-Stadt beispielsweise bloss 2/3 der Bevölkerung von Appenzell Ausserrhoden (Konferenz der kantonalen Armeedirektoren 1946).
9   Noch theoretischer sind die Berechnungen von Tanquerel (1991: 211), der mit der Annahme, in den 14 bevölkerungsschwächsten Kantonen und Halbkantonen ginge jeweils nur ein einziger Stimmbürger an die Urne und stimmte Nein, während in den übrigen Kantonen die gesamte stimmberechtigte Bevölkerung Ja stimmte, auf eine kleinste theoretische Sperrminorität von 0.00004 % kommt.

Ein weiterer Grund für die steigende Gefahr von Volks- und Ständekollisionen liegt in der stetigen Zunahme von Verfassungsabstimmungen. Germann (1991: 263ff.) spricht in diesem Zusammenhang von einer „Inflation des Doppelmehr-Referendums". Während in den Jahren von 1951 bis 1969 nur 46 Doppelmehr-Abstimmungen durchgeführt wurden, gab es zwischen 1970 und 1990 deren 113. Dieser Trend hat sich auch in den letzten Jahren fortgesetzt. So wurden der Stimmbürgerschaft allein zwischen 1991 und 2000 rund 70 sowie zwischen 2001 und 2023 mehr als 120 Doppelmehr-Abstimmungen vorgelegt.

In direktem Zusammenhang mit der Zunahme von Doppelmehr-Abstimmungen stehen die institutionalisierten Erweiterungen des Ständemehrerfordernisses. Wili (1988: 157) weist darauf hin, dass „das Ständemehr seine Bedeutung im Laufe der jüngeren Schweizergeschichte sukzessive nach drei Seiten hin in generell-abstrakter Weise auszudehnen vermochte." So hat zunächst 1891 die Einführung der ausformulierten Partialrevisionsinitiative und ihre Beschränkung auf Verfassungsfragen zur Folge gehabt, dass die Kantone bei Volksinitiativen seither direkt mitentscheiden können. Im Weiteren führte die Neuregelung des Dringlichkeitsrechts nach dem Zweiten Weltkrieg dazu, dass dringliche Bundesbeschlüsse, welche sich nicht auf die Verfassung stützen, innert Jahresfrist von Volk und Ständen genehmigt werden müssen (Art. 165 Abs. 3 BV). 1977 kamen die Stände zudem zu einem direkten Mitentscheidungsrecht bei Staatsverträgen, welche den Beitritt zu supranationalen Gemeinschaften oder zu Organisationen für kollektive Sicherheit vorsehen (Art. 140 Abs. 1 lit. b).

## 9.3 Die Funktionen und Wirkungen des doppelten Mehrheitserfordernisses bei Verfassungsänderungen

Die doppelte Hürde des Volks- und Ständemehrs, ursprünglich bei der Gründung des Bundesstaates als Eckpfeiler des schweizerischen Föderalismus eingeführt, um die 1847 im Sonderbundskrieg unterlegenen Kantone vor der Majorisierung durch die grossen Mittellandkantone zu schützen, hatte damit vor allem eine integrative Funktion zum Schutz der kleinen katholischen Landkantone.[10] Im Folgenden soll deshalb den Fragen nachgegangen werden, wie weit die Doppelmehrklausel bei Verfassungsabstimmungen ihre ursprüngliche Funktion noch erfüllt, welche weiteren Wirkungen sie hat und ob aufgrund der gewandelten Verhältnisse heute nicht andere Minderheiten geschützt werden sollten. Konkret wird zunächst überprüft, welche Kantone und welche Minderheiten von den hohen Hürden für Verfassungsänderungen profitiert haben bzw. welche zu den Verlierern gehören.

Zwischen 1848 und 2023 sind insgesamt zehn Verfassungsänderungen am Ständemehr gescheitert, während der umgekehrte Fall (zustimmendes Ständemehr gegen verwerfendes Volksmehr) viermal zutraf (Volksinitiative zur Proporzwahl des Nationalrates von 1910, Zivilschutzvorlage von 1957, die Volksinitiative gegen Asylrechtsmissbrauch von 2002 und die Volksinitiative zur Abschaffung der Heirats-

---

10 Der Abschnitt 9.3 ist eine überarbeitete und aktualisierte Fassung von Vatter und Sager (2006: 74ff.).

strafe von 2016).[11] Wie Tabelle 9.3 zeigt, handelte es sich bei den am Ständemehr gescheiterten Beschlüssen um acht Behördenvorlagen und zwei Volksinitiativen. Mit den Bereichen Mieterschutz, Finanzen, Bildungswesen, Wirtschafts-, Energie-, Familien-, Kultur- und Migrationspolitik betraf es eine breite Palette von zentralen und umstrittenen Sachbereichen der Schweizer Politik aus der Nachkriegszeit, wobei es sich gerade bei den jüngeren Fällen um bedeutsame Verfassungsartikel handelte. Wili (1988: 240) kommt noch Ende der 1980er Jahre zum Schluss, dass ein ausschliessliches Ständeveto zwar in der Regel eine aufschiebende, aber keine dauerhafte und unbeschränkte Wirkung entfalten kann, weil in den meisten Fällen die abgelehnten Vorlagen in modifizierter Form relativ rasch und meistens mit Erfolg Volk und Ständen wieder vorgelegt worden sind. Diese Einschätzung scheint jedoch für die letzten Jahrzehnte zu optimistisch. So scheiterten die überarbeiteten Verfassungsartikel zur Einbürgerung junger Ausländer der zweiten und dritten Generation im Jahr 2004 in einer Abstimmung, nachdem eine entsprechende Vorlage im Juni 1994 ausschliesslich am Ständemehr gescheitert war. Erst im Jahr 2017 ermöglichten Volk und Stände die erleichterte Einbürgerung von Personen der dritten Ausländergeneration. Zudem wurde bis heute kein neuer Verfassungsartikel zur Kulturförderung durch den Bund vorgelegt. Vor allem aber hat sich das eindeutige Stände-Nein bei der EWR-Abstimmung vom 6. Dezember 1992 in den 1990er und 2000er Jahren ohne Zweifel auf die europapolitische Debatte und auf die bilateralen Verhandlungen mit der EU ausgewirkt und weitergehende Integrationsschritte von Bundesrat und Parlament präventiv gebremst.[12] Der Hauptgrund liegt darin, dass die politischen Einstellungen der Stimmberechtigten zwischen den bevölkerungsreichen Stadt- und den kleinen Landkantonen in keinem Bereich so stark voneinander abweichen wie in der Aussenpolitik, was die Gefahr von Doppelmehrkollisionen in diesem Politikbereich deutlich erhöht. Während der durchschnittliche Unterschied zwischen Volks- und Ständemehr über alle Abstimmungen hinweg zwischen 1992 und 2012 bei 2.3 Prozentpunkten lag, fallen Volks- und Ständemehr bei aussenpolitischen Abstimmungen durchschnittlich 4.2 Prozentpunkte auseinander (Hermann 2012). In der Aussenpolitik genügt damit eine Sperrminorität von 46 Prozent, um europapolitische Öffnungsvorlagen der Regierung zu blockieren, während es faktisch mehr als 54 Prozent Ja-Stimmen des Volkes braucht, damit die Ständehürde sicher übersprungen wird. Angesichts der zunehmend kritischen Einstellung der Schweizer Bevölkerung gegenüber der EU würden allerdings europapolitische Integrationsvorlagen heute schon am Volksmehr deutlich scheitern.[13] Aufschluss über die „Gewinner" und „Verlierer" der Doppelmehrklausel bei Verfassungsänderungen gibt eine Analyse der einzelnen Kantonsergebnisse bei den zehn am Ständemehr gescheiterten Verfassungsabstimmungen. Auf der einen Seite finden sich mit Schwyz, Appenzell Inner- und Ausser-

---

11 Die zuletzt genannte Abstimmung wurde allerdings im Jahr 2019 durch das Bundesgericht annulliert, vgl. Kapitel 11.7. Im Folgenden werden nur die demokratietheoretisch problematischen Vorlagen vertieft behandelt, bei denen ein verwerfendes Ständemehr einem zustimmenden Volksmehr gegenüberstand.
12 Während das Volk nur äusserst knapp mit 50.3 % Nein-Stimmen den EWR-Vertrag ablehnte, sprachen sich die Stände mit 16:7 dagegen aus.
13 Gemäss einer repräsentativen Umfrage von Credit Suisse und Europa Forum Luzern im Rahmen des jährlichen Europa Barometers sprechen sich im Oktober 2019 mit 7 (bzw. 8) Prozent nur ein sehr geringer Teil der Schweizer Bevölkerung für einen EU-Beitritt (bzw. EWR-Beitritt) aus.

rhoden sowie Aargau zwei ehemalige Halb- und zwei Vollkantone, die alle zehn Vorlagen abgelehnt haben und damit in jedem Fall zur siegreichen Mehrheit der Stände zählten. Nur je ein einziges Mal gehörten Luzern, Uri, Obwalden, Nidwalden und Schaffhausen nicht zu den Nutzniessern des Doppelmehrerfordernisses und immerhin noch acht Mal haben die Kantone Glarus, Zug, St. Gallen und Wallis zum Veto beigetragen.

Auf der anderen Seite der Skala findet sich der Kanton Zürich. Als einziger Kanton stand er bei allen zehn Verfassungsabstimmungen auf der Verliererseite. Zu den weiteren Benachteiligten dieser Abstimmungsregel zählen aber auch die Kantone Basel-Stadt, Tessin und Neuenburg. In nicht weniger als neun Fällen gehörten sie der befürwortenden Ständeminderheit an. Sieben Mal befanden sich die Kantone Genf, Basel-Landschaft und Bern in Übereinstimmung mit dem Volks- und im Widerspruch zum Ständemehr. Schliesslich stand der Kanton Jura bei allen fünf Kollisionen seit seiner Gründung auf der Verliererseite.

Diese Ergebnisse zeigen zunächst, dass das Ständemehr zu einem beträchtlichen Teil die Interessen der kleinen Kantone zu Lasten der grossen Kantone verteidigt: Nutzniesser sind in erster Linie die bevölkerungsschwachen Landkantone der Zentral- und Ostschweiz, während mit dem Kanton Zürich der bevölkerungsstärkste Schweizer Kanton am häufigsten in die Minderheit versetzt wurde.

Die detaillierte Analyse macht aber deutlich, dass vom Doppelmehrerfordernis nur diejenigen kleinen Kantone profitieren, die spezifische Strukturmerkmale aufweisen, während kleine Stände, die sich durch andere soziokulturelle Eigenschaften auszeichnen, systematisch benachteiligt werden (Freiburghaus/Vatter 2024; Vatter/Sager 2006). Gleichzeitig gehören aber auch mittelgrosse Kantone der deutschen Schweiz zu den Nutzniessern. Es ist denn auch die Koalition der kleinen Inner- und Ostschweizer Stände mit den drei mittelgrossen Deutschschweizer Kantonen Luzern, St. Gallen und Aargau, die sich durch ihre aussergewöhnlich erfolgreiche Konstanz auszeichnet. Wili (1988: 210) spricht in diesem Zusammenhang von einem „merkwürdigen Vetogürtel" von Kantonen, „der jeweils von keiner wie auch immer gearteten Konstellation in Volk und Restkantonen mehr zu überwinden war". Am stärksten profitierten damit die ehemaligen Sonderbundskantone und insbesondere die eher kleinen und im Vergleich zur restlichen Schweiz überdurchschnittlich konservativen Landkantone wie Uri, Schwyz, Ob- und Nidwalden, Glarus, Zug und die beiden Appenzell.[14] In diesem Sinne handelt es sich beim Ständemehr tatsächlich noch heute um einen äusserst effektiven Schutz für die im Sonderbundskrieg unterlegenen katholischen Stände der Zentral- und Ostschweiz.

---

14 Die am stärksten vom Ständemehr profitierenden Kantone sind grundsätzlich identisch mit denjenigen Ständen, die bei den über 100 eidgenössischen Abstimmungen von 1981 bis 1995 das konservativste Stimmverhalten an den Tag gelegt haben (Vatter/Linder/Farago 1997).

*Tabelle 9.3: Verfassungsabstimmungen: Die Kollisionen zwischen zustimmendem Volks- und ablehnendem Ständemehr, 1848–2023*

| Datum | Gegenstand | Typ | Volk ja (%) | Kantone ja | Kantone nein | „Sieger-Kantone" | „Verlierer-Kantone" |
|---|---|---|---|---|---|---|---|
| 14.01.1866 | Mass und Gewicht | obl. Ref. | 50.4 | 9.5 | 12.5 | BE, *LU*, *UR*, *SZ*, *NW*, GL, ZG, *SH*, *AR*, AI, SG, GR, AG, VS | ZH, OW, FR, SO, *BS*, *BL*, TG, TI, VD, *NE*, GE |
| 13.03.1955 | Mieter- und Konsumentenschutz | Init. | 50.2 | 7.0 | 15.0 | *LU*, *UR*, *SZ*, OW, *NW*, GL, ZG, FR, SO, *SH*, *AR*, AI, SG, GR, AG, TG, VS | ZH, BE, *BS*, *BL*, *TI*, VD, *NE*, GE |
| 15.11.1970 | Finanzordnung | obl. Ref. | 55.4 | 9.0 | 13.0 | *LU*, *UR*, *SZ*, OW, *NW*, ZG, FR, *AR*, AI, SG, GR, AG, VD, VS, GE | ZH, BE, GL, SO, *BS*, *BL*, SH, TG, *TI*, NE |
| 04.03.1973 | Bildungswesen | obl. Ref. | 52.8 | 10.5 | 11.5 | UR, *SZ*, OW, GL, *SH*, *AR*, AI, SG, AG, TG, VD, VS, NE | ZH, BE, LU, NW, ZG, FR, SO, *BS*, *BL*, GR, *TI*, GE |
| 02.03.1975 | Konjunkturartikel | obl. Ref. | 52.8 | 11.0 | 11.0 | *LU*, *SZ*, OW, *NW*, ZG, FR, *SH*, *AR*, AI, AG, VD, VS, GE | ZH, BE, UR, GL, SO, *BS*, *BL*, SG, GR, TG, *TI*, NE |
| 27.02.1983 | Energieartikel | obl. Ref. | 50.9 | 11.0 | 12.0 | *LU*, *UR*, *SZ*, OW, *NW*, GL, ZG, SO, BS, BL, *SH*, *AR*, AI, AG, VS | ZH, BE, FR, SG, GR, TG, *TI*, VD, *NE*, GE, JU |
| 12.06.1994 | Kulturförderung | obl. Ref. | 51.0 | 11.0 | 12.0 | *LU*, *UR*, *SZ*, OW, *NW*, GL, ZG, SO, *SH*, *AR*, AI, SG, AG, TG | ZH, BE, FR, *BS*, *BL*, GR, *TI*, VD, VS, *NE*, GE, JU |
| 12.06.1994 | Einbürgerung | obl. Ref. | 52.8 | 10.0 | 13.0 | *LU*, *UR*, *SZ*, OW, *NW*, GL, SO, *SH*, *AR*, AI, SG, AG, TG, TI, VS | ZH, BE, ZG, FR, *BS*, *BL*, GR, VD, *NE*, GE, JU |
| 03.03.2013 | Familienartikel | obl. Ref. | 54.3 | 10.0 | 13.0 | BE, *LU*, *UR*, *SZ*, OW, *NW*, GL, ZG, *SH*, *AR*, AI, SG, GR, AG, TG, | ZH, FR, *BS*, *BL*, SO, VD, *NE*, GE, JU, *TI*, VS |
| 29.11.2020 | Konzernverantwortung | Init. | 50.7 | 8.5 | 14.5 | AG, AI, AR, BL, GL, GR, *LU*, *NW*, OW, SG, *SH*, SO, SZ, TG, UR, VS, ZG | BE, *BS*, FR, GE, JU, *NE*, *TI*, VD, ZH |

Anmerkungen: Fett und kursiv sind jene Kantone gekennzeichnet, welche mindestens acht Mal der gleichen Kategorie angehörten. „Kantone ja" und „Kantone nein" geben die Anzahl zustimmende und ablehnende Kantone wieder. obl. Ref.: obligatorisches Referendum; Init.=Initiative.

Quellen: Vatter und Sager (2006: 78), Sager und Vatter (2013: 15) sowie Swissvotes/Année Politique Suisse (2023).

Als erste grosse Verlierergruppe schälen sich die urbanen Kantone mit grossen Agglomerationen heraus. Dabei verfügen die Einwohner der Städte wie Zürich, Bern, Basel, Lausanne und Genf, die gegenüber Reformen offener sind und progressivere Wertehaltungen einnehmen als die ländliche Bevölkerung, über eine besonders schwache Position. So werden sie bei Verfassungsabstimmungen oft nicht nur durch die zahlreichen kleinen Stände majorisiert, sondern in zahlreichen Fällen schon durch die Landbevölkerung des eigenen Kantons in die Minderheit versetzt, was sich etwa im Kanton Bern bei der Abstimmung über den Familienartikel zur Vereinbarkeit von Familie und Beruf im Jahr 2013 einmal mehr deutlich zeigte.

Wie sich aus Tabelle 9.3 ablesen lässt, gehören gleichzeitig auch die kleineren und mittleren Stände der lateinischen Minderheit zu den eindeutigen Verlierern der Doppelmehrregel. Sowohl dem Kanton Neuenburg und dem jungen Kanton Jura als insbesondere auch der Italienisch sprechenden Bevölkerung des Tessins bietet die Föderalismusklausel keinen Schutz. Im Gegenteil, die ausschliesslich französischsprachigen Kantone sowie das Tessin werden durch die hohen Hürden für Verfassungsänderungen deutlich benachteiligt, so gerade auch bei Themen, bei denen die einzelnen Sprachgruppen eindeutig unterschiedliche Einstellungen haben (z. B. Energie- und Aussenpolitik). Zudem findet sich der bei eidgenössischen Abstimmungen der jüngeren Zeit oft festgestellte „Röstigraben" auch bei den am Ständemehr gescheiterten Verfassungsvorlagen wieder. Sowohl beim Energieartikel, der Kulturförderungs- als auch bei der Einbürgerungsvorlage standen die vier französischsprachigen Stände, die fast zehnmal mehr Stimmende an die Urne bringen als die Innerschweizer Bergkantone, auf der Verliererseite. Dasselbe Muster findet sich im Übrigen auch bei verschiedenen „Beinahe-Kollisionen" der letzten 25 Jahre (EWR, Stimmrechtsalter 18, erleichterte Einbürgerungsvorlagen von 2004).

## 9.4 Die kantonalen Verfassungen und ihre Veränderbarkeit

Die Kantone sind souverän, soweit ihre Souveränität nicht durch die Bundesverfassung eingeschränkt wird (Art. 3 BV). Aufgrund ihrer eigenen Hoheitsgewalt und ihrer Kompetenzen zur Rechtsetzung, Verwaltung und Rechtsprechung sind sie gemäss Bundesverfassung verpflichtet, sich eine eigene demokratische Verfassung zu geben, die vom Bund genehmigt werden muss (Art. 51 BV). Die in der Praxis grosszügige Gewährleistung durch die Bundesversammlung auf Antrag des Bundesrates gilt nicht nur für Gesamt- sondern auch für Teilrevisionen und wird dabei an die Bedingungen geknüpft, dass eine Kantonsverfassung mindestens repräsentativ-demokratisch nach dem Grundsatz der Gewaltenteilung ausgestaltet sein muss, das Verfassungsreferendum und die Verfassungsinitiative enthält und nicht im Widerspruch zum Bundesrecht steht (Ehrenzeller u. a. 2008; Häfelin u. a. 2016). In der Praxis sind in den gültigen Kantonsverfassungen neben den Kerngebieten der kantonalen Verfassungsautonomie wie der Staats- und Behördenorganisation, der politischen Rechte und der Finanzordnung oft auch die Grundrechte und die Staatsaufgaben aufgeführt.

Wie beim Bund finden auch in den Kantonen häufig Teilrevisionen der Verfassungen statt. Im Gegensatz zum Bund genügt aber in allen Kantonen für eine Änderung der Verfassung die obligatorische Volksabstimmung mit der Zustimmung der einfachen Mehrheit der Stimmenden, auch wenn qualifizierte Mehrheiten erlaubt wären (Ehrenzeller u. a. 2008). Zur Messung der kantonalen Verfassungsrigidität, d. h. zur Erfassung der Hindernisse, die für eine Verfassungsänderung in den Kantonen überwunden werden müssen, wird im Folgenden ein Index verwendet, der auf Flick (2008), Lijphart (1999, 2012), Lorenz (2005) und Vatter und Stadelmann-Steffen (2013) aufbaut. Es werden dabei die Mehrheiten berücksichtigt, die im Parlament einerseits und in der Volksabstimmung andererseits für die Annahme einer Verfassungsänderung notwendig sind. Der additive Index stützt sich entsprechend auf drei Elemente: erstens auf die erforderliche Mehrheit der anwesenden Abstimmenden im Parlament, zweitens auf die erforderliche Mehrheit aller Parlamentsmitglieder und drittens auf die erforderliche Mehrheit im Volk (Wirz 2012).

Anhand des folgenden Beispiels von Wirz (2012) lässt sich die Berechnung illustrieren: Im Kanton Basel-Land bedarf eine Verfassungsänderung der Zustimmung der Hälfte der anwesenden Landratsmitglieder, womit der erste Wert 0.5 beträgt. Für die Beschlussfähigkeit des Landrats ist die Anwesenheit der Mehrheit der 90 Mitglieder notwendig, so dass die erforderliche Mehrheit aller Parlamentsmitglieder einen Wert von 46 / 90 * 0.5 = 0.26 ergibt. Der dritte Wert bezieht sich auf die einfache Mehrheit, die in der Volksabstimmung erforderlich ist. Dies ergibt für den Kanton Basel-Land einen Indexwert von 0.5 + 0.26 + 0.5 = 1.26. Tabelle 9.4 macht deutlich, dass die Kantone in Bezug auf ihren Grad der Verfassungsrigidität ein einheitliches Erscheinungsbild aufweisen. So existiert in allen Kantonen weder für Parlaments- noch für Volksabstimmungen zu Verfassungsänderungen das Erfordernis qualifizierter Mehrheiten. Hingegen variieren die Regelungen bezüglich der Beschlussfähigkeit des Parlaments teilweise etwas voneinander, wobei der genaue Wert von der Parlamentsgrösse abhängt. Die meisten Kantone fordern die absolute Mehrheit aller Parlamentsmitglieder.

Gemäss Kölz (2004: 42) lassen sich die Kantone in Bezug auf ihre historischen Verfassungen im Zuge der Demokratisierungsprozesse im 19. Jahrhundert in vier Gruppen unterteilen (vgl. auch Bühlmann u. a. 2013). Eine erste Gruppe bilden die Kantone mit einer liberalen Regenerationsbewegung ohne demokratische Bewegung.[15] Sie umfasst die frankophonen und vom freiheitlich-individualistischen Staatsdenken geprägten Kantone Waadt, Neuenburg und Genf,[16] im Weiteren aber auch Luzern und St. Gallen. Eine zweite Gruppe bilden gemäss Kölz (2004: 43ff.) die regenerierten Kantone mit einer demokratischen Bewegung, nämlich die Deutschschweizer Kantone Zürich, Bern, Solothurn, Basel-Land, Schaffhausen, Aargau und Thurgau. Eine dritte Gruppe besteht aus den deutschsprachigen

---

15 Während die liberalen Erneuerungsbewegungen vor allem für individuelle Freiheitsrechte, Rechtsgleichheit, die Organisation und Gewaltenteilung von Exekutive, Legislative und Judikative sowie eine starke Parlamentsherrschaft kämpften, setzten sich die demokratischen Bewegungen für die Verwirklichung sozialpolitischer und egalitärer Ziele durch die Einführung und Erweiterung direktdemokratischer Volksrechte ein (Kölz 2004).
16 Neuenburg stellt aufgrund seiner monarchischen Vergangenheit zwar einen Sonderfall innerhalb dieser Gruppe dar. Seine erste Verfassung von 1848 war aber ein besonders ausgeprägtes Beispiel einer klassischen gewaltenteiligen, liberalen Repräsentativverfassung (Kölz 2004: 424).

Landsgemeindekantonen mit ihren althergebrachten direktdemokratischen, genossenschaftlich geprägten und vormodernen Traditionen, in denen die liberalen Regenerationsbewegungen von 1830/31 nicht Fuss fassen konnten (Kölz 2004: 231ff.). Dazu zählen Uri, Schwyz, Ob- und Nidwalden, Glarus, Zug, Appenzell Inner- und Ausserrhoden sowie als Sonderfall Graubünden. Eine vierte Gruppe umfasst schliesslich die Kantone mit einer besonderen Verfassungsentwicklung (Kölz 2004: 325ff). Gemeinsame Merkmale dieser vierten Gruppe sind die starke Stellung der Konservativen, eine (wenn überhaupt) späte und meist schwache liberale Regenerationsbewegung sowie das Fehlen einer demokratischen Bewegung. Dazu gehört zunächst der durch die Kantonsteilung faktisch zum Stadtkanton gewordene Stand Basel-Stadt, der während der Regenerationszeit vom sogenannten „Ratsherrenregiment" regiert wurde und bis 1875 eine restaurative Verfassung mit gemässigt-konservativen und einzelnen liberalen Elementen hatte (Kölz 2004: 337).[17] Im Weiteren zählen zu dieser Gruppe auch die französischsprachigen und katholisch-konservativen Kantone Freiburg und Wallis, die sich von allen Ständen am stärksten gegen die Demokratisierungsschübe und Verfassungsreformen gewehrt haben. Kölz (2004: 325ff.) bezeichnet den Kanton Freiburg zwar ebenfalls als einen Kanton mit liberaler Verfassung unter Ausschluss direkt-demokratischer Elemente, zählt ihn aber aufgrund der starken Stellung der Konservativen zur vierten Gruppe.[18] Ebenso zeichneten sich die liberal-konservativen Walliser Verfassungen von 1852 und 1875 durch fehlende direktdemokratische Formen und starke konservativ-restauratorische Elemente aus. Einen Sonderfall stellt der einzige italienischsprachige Kanton dar, der ebenfalls der vierten Gruppe zugeordnet wird. Der durch starke Unruhen geprägte Kanton Tessin orientierte sich vor allem am französisch-helvetischen Modell mit einer repräsentativ geprägten Verfassung (Kölz 2004: 330). Ein letzter Spezialfall ist der erst 1979 gegründete Kanton Jura. Gemäss Kölz (2004: 467) weist die erste jurassische Kantonsverfassung die Besonderheit auf, dass sie direkten Bezug auf die französische Menschenrechtserklärung von 1789 nimmt, explizit die klassisch-liberalen Freiheitsrechte gewährleistet, aber gleichzeitig nur ein Minimum an Volksrechten kennt.

Nachdem die meisten Kantone ihre Verfassungen im letzten Drittel des 19. Jahrhunderts vollständig erneuert hatten, bildeten Totalrevisionen im Verlaufe der ersten Hälfte des 20. Jahrhunderts die grosse Ausnahme. Die kantonalen Verfassungsprozesse waren vielmehr geprägt durch zahlreiche kleinere Teilrevisionen. Erst als die Kantone Ob- und Nidwalden ihre Verfassungen in den 1960er Jahren grundlegend überarbeiteten, sich der neu gegründete Kanton Jura 1977 eine neue Verfassung gab und im selben Jahr auf Bundesebene durch die Expertenkommission Furgler ein Verfassungsentwurf vorgelegt wurde, begann in den 1980er Jahren eine neue Welle von Totalrevisionen kantonaler Verfassungen, die ihren vorläufigen Abschluss mit der kürzlich erfolgten Totalrevision der Genfer Staatsverfassung von 1847 fand. Mit Ausnahme der Kantone Appenzell Innerrhoden

---

17 Im Gegensatz zu allen anderen kantonalen Verfassungen enthielt die Verfassung von Basel-Stadt jedoch kein Bekenntnis zur Volkssouveränität.
18 Der Kanton „Freiburg kam von der Repräsentativdemokratie ab – als letzter aller Schweizer Kantone" (Kölz 2004: 336). Erst 1921 führte er die Volkswahl der Regierung, die Gesetzesinitiative und das fakultative Gesetzesreferendum ein.

## 9 Die Verfassung

*Tabelle 9.4: Ausgewählte Merkmale kantonaler Verfassungen (Stand: 31.12.2022)*

| Kanton | historischer Verfassungstyp nach Kölz | Zahl der Verfassungen seit 1848 (1803) | gültige Verfassung in Kraft seit | Anzahl Verfassungsartikel | Verfassungsänderungen 1990–2022 | Index der Verfassungsrigidität |
|---|---|---|---|---|---|---|
| ZH | 2 | 2 (4) | 01.01.2006 | 145 | 13 | 1.25 |
| BE | 2 | 2 (5) | 01.01.1995 | 135 | 11 | 1.25 |
| LU | 1 | 3 (7) | 01.01.2008 | 88 | 10 | 1.25 |
| UR | 3 | 3 (4) | 01.01.1985 | 125 | 16 | 1.25 |
| SZ | 3 | 3 (8) | 01.01.2013 | 92 | 6 | 1.26 |
| OW | 3 | 4 (5) | 27.04.1969 | 122 | 9 | 1.25 |
| NW | 3 | 4 (5) | 10.10.1965 | 107 | 8 | 1.25 |
| GL | 3 | 2 (5) | 01.05.1988 | 155 | 18 | 1.26 |
| ZG | 3 | 2 (4) | 28.07.1894 | 84 | 12 | 1.26 |
| FR | 4 | 2 (5) | 01.01.2005 | 153 | 5 | 1.25 |
| SO | 2 | 5 (8) | 01.01.1988 | 149 | 18 | 1.26 |
| BS | 4 | 4 (6) | 13.07.2006 | 150 | 10 | 1.25 |
| BL | 2 | 4 (6) | 01.01.1987 | 157 | 21 | 1.26 |
| SH | 2 | 3 (7) | 01.01.2003 | 123 | 12 | 1.26 |
| AR | 3 | 4 (6) | 01.05.1996 | 118 | 9 | 1.34 |
| AI | 3 | 1 (3) | 27.04.1873 | 48 | 20 | 1.26 |
| SG | 1 | 3 (5) | 01.01.2003 | 126 | 7 | 1.25 |
| GR | 3 | 4 (5) | 01.01.2004 | 106 | 16 | 1.25 |
| AG | 2 | 3 (6) | 01.01.1982 | 132 | 18 | 1.25 |
| TG | 2 | 3 (6) | 01.01.1990 | 100 | 11 | 1.37 |
| TI | 4 | 2 (4) | 01.01.1998 | 96 | 10 | 1.26 |
| VD | 1 | 3 (7) | 14.04.2003 | 180 | 14 | 1.25 |
| VS | 4 | 3 (7) | 02.06.1907 | 109 | 13 | 1.25 |
| NE | 1 | 2 (4) | 01.01.2002 | 107 | 10 | 1.25 |
| GE | 1 | 1 (4) | 01.06.2013 | 237 | 32 | 1.23 |
| JU | 4 | 1 (1) | 01.01.1979 | 152 | 9 | 1.26 |
| CH |  | 3 (3) | 01.01.2000 | 197 | 57 |  |

Anmerkungen: Die vier historischen Verfassungstypen nach Kölz (2004) gemäss den Erläuterungen im Text. In Klammern: Anzahl von totalrevidierten Verfassungen seit der Mediationsakte von 1803, die alle Kantonsverfassungen beinhaltete. Index zur Verfassungsrigidität gemäss den Erläuterungen im Text. Die Anzahl der Verfassungsänderungen zwischen 1990 und 2018 entspricht den Gewährleistungen der jeweiligen Kantonsverfassung im eidgenössischen Parlament während dieses Zeitraums.
Quellen: Eigene Zusammenstellung auf Basis von kantonalen Verfassungen, Kölz (2004), Wirz (2012), Vatter und Stadelmann (2013) sowie Schweizer Parlament (2020).

(1872), Zug (1894) und Wallis[19] (1907) verfügen damit heute alle Kantone über moderne Verfassungswerke. Entsprechend erfüllen heute nahezu alle ihre vielfältigen Grundaufgaben wie die Ordnungs-, Einbettungs-, Steuerungs- und Legitimationsfunktion.[20]

Eine Forschungsstudie der Universität Bern ist der Frage nachgegangen, ob die Demokratieformen der Kantone zu Beginn des 21. Jahrhunderts auf die Stärke der Verfassungsbewegungen im 19. Jahrhundert zurückgeführt werden können (Bühlmann u. a. 2013). Ausgehend von einem mehrdimensionalen Messinstru-

---

19 Die Verfassungen der Kantone Wallis und Appenzell Ausserrhoden werden derzeit (Ende 2023) totalrevidiert.
20 Einzig die Funktionen der Abgrenzung zwischen Staat und Gesellschaft, der Machtbegrenzung sowie der Gestaltungsfunktion mit der Festlegung der Staatsziele und Staatsaufgaben erfüllen sie nur beschränkt (Auer 2008: 11).

## 9.4 Die kantonalen Verfassungen und ihre Veränderbarkeit

ment zur Erfassung der liberalen und radikalen Demokratiequalität[21] in den Kantonen auf der Basis von 48 Subkomponenten und insgesamt 178 Indikatoren wurde untersucht, ob die bei der Entstehung einer kantonalen Verfassung jeweils dominierende Verfassungsbewegung Spuren in den heutigen Demokratiemustern hinterlassen hat. Tatsächlich zeigen die einzelnen Positionen der Kantone auf der Demokratiekarte und weiterführende statistische Analysen, dass die Demokratiequalität der Kantone zwischen 1979 und 2009 heute noch in einem engen Zusammenhang mit der jeweiligen Stossrichtung der kantonalen Verfassungsbewegungen der 1830er bis 1870er Jahre steht. So nehmen die Kantone Genf, Waadt und Neuenburg überdurchschnittlich hohe Werte auf der liberal-repräsentativen Achse ein, die offensichtlich mit der starken Stellung ihrer liberalen Regenerationsbewegungen (bei gleichzeitigem Fehlen einer demokratischen Bewegung) in der ersten Hälfte des 19. Jahrhunderts korrespondiert. Ebenso bilden die liberalen Regenerationskantone mit einer starken demokratischen Bewegung eine eigene Gruppe, die sich sowohl durch hohe liberal- als auch hohe radikaldemokratische Werte auszeichnet und damit am ehesten dem Ideal einer modernen Demokratieform nahekommt. Darüber hinaus liefert dieser Ansatz auch eine Erklärung dafür, weshalb die Deutschschweizer Kantone Basel-Stadt, St. Gallen und (ansatzweise) Luzern innerhalb der Gruppe der liberal-repräsentativen Kantone der lateinischen Schweiz positioniert sind. Das für die mittleren und grösseren Deutschschweizer Kantone untypische Fehlen einer starken demokratischen Bewegung in der Mitte des 19. Jahrhunderts spiegelt sich offenbar noch heute in den Demokratiestrukturen dieser drei Kantone wider. Im Weiteren liefert dieser Ansatz eine Erklärung für die niedrigen Demokratiewerte des Kantons Wallis. Sie bringen die dominanten katholisch-konservativen Beharrungskräfte im Wallis des vorletzten Jahrhunderts zum Ausdruck, die damals weder eine starke liberale noch demokratische Bewegung aufkommen liessen. Schliesslich fällt auf, dass sich alle (ehemaligen) Landsgemeindekantone unterhalb der liberaldemokratischen Mittellinie befinden. Bei den drei Kantonen, die auf beiden Dimensionen unterdurchschnittliche Werte einnehmen und im vierten Quadranten liegen (SZ, ZG, GR), handelt es sich um diejenigen, in denen die kantonale Versammlungstradition nicht nur am wenigsten lang währte und spätestens 1848 aufgelöst wurde, sondern auch um diejenigen mit den stärksten regionalen Konflikten (Ausser- vs. Innerschwyz, Land vs. Stadt Zug, verschiedene Bünde und drei Sprachen in Graubünden). Umgekehrt haben bei den übrigen (ehemaligen) Landsgemeindekantonen im dritten Quadranten keine vergleichbaren Auseinandersetzungen stattgefunden und die (vormoderne) Landsgemeindetradition wurde auch nach der Bundesstaatsgründung von 1848 beibehalten. Abbildung 9.1 gibt die Zuordnung der heutigen kantonalen Demokratiequalität mit ihren jeweiligen Verfassungsbewegungen des 19. Jahrhunderts wieder (vgl. Bühlmann u. a. 2013).

---

21 Während das liberale Demokratiemodell auf garantierten Freiheitsrechten, Gewaltenteilung und -kontrolle sowie Repräsentation beruht, strebt der radikale Demokratietyps nach der grösstmöglichen unmittelbaren Teilhabe aller Bürger an den Prozessen öffentlicher Willensbildung (Inklusion) und direktdemokratischer Entscheidungsfindung (Bühlmann u. a. 2009, 2013).

# 9 Die Verfassung

*Abbildung 9.1: Die historischen Verfassungstypen der Kantone und ihr Grad an liberaler und radikaler Demokratiequalität, 1979–2009*

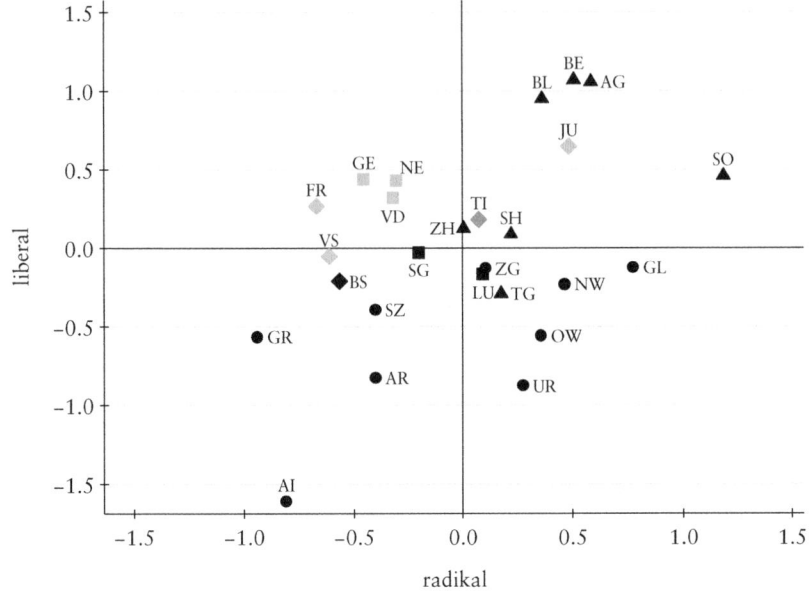

Anmerkungen: Hellgrau: vorwiegend französischsprachige Kantone; grau: Tessin; schwarz: vorwiegend deutschsprachige Kantone; Zugehörigkeit zu den Gruppen nach Kölz (2004): Quadrat: Kantone mit liberaler Regenerationsbewegung ohne demokratische Bewegung (LU, SG, VD, NE, GE); Dreieck: regenerierte Kantone mit demokratischer Bewegung (ZH, BE, SO, BL, SH, AG, TG); Kreis: Landsgemeindekantone (UR, SZ, OW, NW, GL, ZG, AI, AR, GR); Rhombus: Kantone mit besonderer Verfassungsentwicklung (FR, BS, TI, VS, JU).
Quellen: Bühlmann u. a. (2013) auf Basis des Datensatzes von Vatter u. a. (2013).

Insgesamt vermag der Rückgriff auf die verfassungshistorischen Wurzeln im 19. Jahrhundert eine überzeugendere Erklärung für die heutigen Ausprägungsformen kantonaler Demokratien zu liefern als die gängige sprachkulturelle Begründung. Die Befunde machen deutlich, dass die vorherrschende These der Dualität zwischen der direktdemokratischen Deutschschweiz und der repräsentativdemokratischen Romandie insgesamt zu kurz greift. Vielmehr bilden die Haupttypen von Verfassungsbewegungen gemäss Kölz (2004) noch heute in sich relativ stark geschlossene Demokratieformen und untermauern die Bedeutung der Trägheit und des Beharrungsvermögens politisch-institutioneller Regelwerke. Insbesondere erweist sich die Typologie der Verfassungsbewegungen nach Kölz (2004) als sehr erklärungskräftig für die Ausprägung liberaler Demokratien, während sich für die Position der Kantone auf der radikaldemokratischen Achse der Zeitpunkt der zuletzt durchgeführten Totalrevision der Kantonsverfassung als bedeutsam herausstellt: Die erst kürzlich totalrevidierten kantonalen Grundordnungen weisen in der Regel eine überdurchschnittlich hohe radikaldemokratische Qualität auf. Dies deutet darauf hin, dass die radikale Demokratiedimension nicht nur verschiedene Formen der Bürgerpartizipation (Volksrechte), sondern auch aktuelle emanzipatorische Forderungen zivilgesellschaftlicher Akteure erfasst und somit auch als ein Ausdruck der Modernität kantonaler Demokratien gelten darf.

## 9.5 Die Verfassungsrigidität der Schweiz im internationalen Vergleich

Während Verfassungen häufig über lange Zeiträume in Kraft sind, gibt es in allen etablierten Demokratien, die nicht in der Tradition der Parlamentssouveränität stehen, die Möglichkeit von Verfassungsänderungen, die auch in einem unterschiedlichen Umfang genutzt wird (Lorenz 2005; Lorenz/Seemann 2009). Allerdings unterscheiden sich dabei die Hürden deutlich, die zu überwinden sind, um eine Verfassungsreform umzusetzen. Die Vielfalt der Regelungen ist im Fall der Verfassungsrigidität besonders stark ausgeprägt: Häufig existieren alternative Wege zu einer Änderung im Parlament oder per Volksentscheid, mitunter mit kreativen Kombinationen aus einer oder mehreren parlamentarischen Abstimmungen (mit unterschiedlichen Mehrheitsbedingungen) und Volksabstimmungen (Lijphart 2012).

Erst seit einigen Jahren bilden die Ausprägungen und Wirkungen von Verfassungsänderungen Gegenstand politikwissenschaftlicher Analysen (Flick 2008: 226ff.). Während lange Zeit nur zwischen flexiblen und starren Verfassungen unterschieden wurde, beruht die Mehrzahl der neuen Studien, welche die Bedingungen und Folgen von Verfassungsänderungen im internationalen Vergleich untersuchen, auf eigenen quantitativen Indizes der Verfassungsrigidität. Eine der ersten Arbeiten stammt von Lutz (1994), der zwischen 68 möglichen Handlungen unterscheidet, die zur Einbringung und Verabschiedung einer Verfassungsänderung nötig sein können. Im Vergleich der 32 nationalen Verfassungen, die Lutz (1994) untersucht, zählt er die Schweiz gemeinsam mit den USA und Australien zu den Ländern mit den rigidesten Verfassungen. Sie erhält bei ihm einen sehr hohen Indexwert, der sich aus dem Zustimmungserfordernis durch ein bikamerales Parlament mit einfacher Mehrheit und der Annahme der Verfassungsänderung durch die Mehrheit der Abstimmenden und die Mehrheit der Kantone zusammensetzt. Dies bestätigt sich auch in seiner neuen Untersuchung über den Schwierigkeitsgrad der Verfassungsänderungen im internationalen Vergleich (Lutz 2006).

Eine einfachere Vorgehensweise wählt Lijphart (1999, 2012), nach der alleine die Mehrheitsregelung entscheidet. Dabei wird im Falle alternativer Wege einer Verfassungsänderung (im „Kernbereich" der Verfassung) diejenige mit der geringsten Hürde betrachtet. Sein Index umfasst vier Stufen, wobei er den niedrigsten Wert 1 für die Gruppe der besonders flexiblen Verfassungen vergibt, bei denen für die Änderung eine einfache Mehrheit im Parlament genügt. Den Wert 2 verteilt er an Länder, welche die Zustimmung von mehr als einer einfachen Mehrheit, aber weniger als zwei Dritteln im Parlament erfordern. Für die dritte Kategorie, unter die die meisten etablierten Demokratien fallen, sieht er als Kriterium eine parlamentarische Mehrheit von zwei Dritteln vor. Die vierte Gruppe bilden diejenigen Staaten, die für konstitutionelle Reformen besonders qualifizierte Mehrheiten von mehr als zwei Dritteln benötigen. Gerade in föderalen Ländern kommen den Gliedstaaten im Verfassungsrevisionsprozess bisweilen ausgebaute Mitsprache-

und Vetomöglichkeiten zu, wie die schweizerische Doppelmehrregel zeigt, die von Australien in quasi identischer Form übernommen wurde (Freiburghaus/Vatter 2024). Ähnlich wie Lutz (1994) ordnet Lijphart (1999, 2012) die Schweiz in die Gruppe mit dem höchsten Schwierigkeitsgrad für Verfassungsänderungen ein.

Die von Lijphart vorgeschlagene Messung besticht durch ihre Transparenz und reflektiert nach Lorenz (2005: 355) trotz einiger Schwächen die Unterschiede in der Verfassungsrigidität besser als einige alternative Messansätze. Allerdings werden bei Verfassungsänderungen in vielen Ländern zentrale Volksabstimmungen nur unsystematisch berücksichtigt, nachträgliche Anpassungen vorgenommen und mit dem Kernbereich der Verfassung nur ein Teil der Verfassungsrealität beleuchtet. Lorenz (2005: 346) baut bei ihrem Index auf den Überlegungen Lijpharts (1999) auf und berücksichtigt die zur Verabschiedung erforderlichen Mehrheiten in obligatorisch beteiligten Entscheidungsarenen (Parlament, Zweite Kammer, Staatsoberhaupt, Verfassungsgericht, Referendum) und die jeweils vorgeschriebenen Mehrheitsquoren. Damit werden Volksabstimmungen und andere Abstimmungsarenen, in denen Akteure ihre Zustimmung zu einer Verfassungsänderung geben müssen, systematischer berücksichtigt als bei Lijphart (1999, 2012). Zudem wird konsequent der einfachste Weg zu einer Verfassungsänderung betrachtet, da davon ausgegangen wird, dass rationale Akteure den Weg des geringsten Widerstandes wählen. Die Vergabe der Punkte erfolgt dabei für jede Abstimmungsarena je nach Mehrheitsquorum. Der resultierende Index summiert die Punkte über die Abstimmungsarenen hinweg auf, deckt die Zeitperiode 1993–2002 ab und variiert empirisch zwischen 1 und 9.5.

Eine Typologie in Anlehnung an Lijphart (2012) unter Verwendung der Werte von Lorenz (2005) zeigt, dass die Schweiz im internationalen Vergleich zur Spitzengruppe der Länder mit den höchsten Hürden für Verfassungsänderungen gehört.[22] Die Schweiz erfüllt damit das entsprechende Rigiditätskriterium als föderale Konsensdemokratie, die sich bei Verfassungsrevisionen durch die Mitsprache bzw.

*Tabelle 9.5: Eine Typologie der Verfassungsrigidität für 24 OECD-Länder*

| Ausmass der Verfassungsrigidität | |
|---|---|
| sehr flexibel | UK (1), Neuseeland (1), Israel (1) |
| eher flexibel | Portugal (3), Österreich (3), Island (3), Norwegen (3.5), Finnland (4), Irland (4), Italien (4), Frankreich (4), Schweden (4) |
| eher rigide | Griechenland (5), Luxemburg (6), Spanien (6), Deutschland (6) |
| sehr rigide | Kanada (7), **Schweiz** (7), Dänemark (8), Japan (8), Australien (8), Niederlande (8.5), USA (9), Belgien (9.5) |

Anmerkungen: Hohe Werte weisen auf hohe Hürden für Verfassungsänderungen hin.
Quelle für Länderwerte: Lorenz (2005) mit eigenen Aktualisierungen und Ergänzungen.

---

22 Die hoch signifikanten Korrelationswerte zwischen dem einfacheren Rigiditätsindex von Lijphart (1999, 2012) und den komplexen Indizes von Lutz (2006) und Lorenz (2005) weisen auf die generelle Validität der verschiedenen Grössen zur Messung des Schwierigkeitsgrades für Verfassungsänderungen hin.

Vetomacht von Minderheiten und die Notwendigkeit qualifizierter Mehrheiten auszeichnet, während in den unitarischen Westminsterdemokratien wie Grossbritannien und Neuseeland, die kein schriftliches Verfassungsdokument kennen, ein einfacher Mehrheitsbeschluss des Parlaments genügt.

## 9.6 Zusammenfassung und Diskussion

In der Schweiz erfordert eine Verfassungsänderung zu ihrer Annahme sowohl die Zustimmung durch die Mehrheit der an der Abstimmung teilnehmenden Bürger als auch durch die Mehrheit der Kantone. Damit zeichnet sie sich aufgrund des doppelten Zustimmungserfordernisses von Volk und Ständen durch eine insgesamt hohe Verfassungsrigidität im internationalen Vergleich aus. Trotz der hohen Änderungshürden wurden aber zwischen 1848 und 2023 insgesamt 150 obligatorische Referendumsvorlagen, 25 Volksinitiativen und 26 direkte Gegenentwürfe durch Volk und Stände angenommen. Dabei fällt auf, dass auch nach dem Inkrafttreten der neuen Bundesverfassung am 1. Januar 2000 bis Ende 2023 insgesamt 37 Verfassungsvorlagen von Volk und Ständen gutgeheissen worden sind. Dies stellt sowohl im intertemporalen als auch internationalen Vergleich eine hohe Änderungsrate dar. Eine neue Entwicklung ist dabei die Annahme von mindestens acht Verfassungsinitiativen durch die Stimmberechtigten gegen den Willen von Bundesrat und Parlament seit der Jahrtausendwende, wodurch auch die Konflikte mit völkerrechtlichen Menschenrechtsgarantien stark zugenommen haben.

Während das Doppelmehrerfordernis während rund hundert Jahren unbestritten war und kaum praktische Folgen zeitigte, ist die Ständemehrhürde in den letzten zwanzig Jahren von verschiedener Seite unter starke Kritik geraten. Auf der konkreten Wirkungsebene politischer Entscheidungen hat sich herausgestellt, dass die ausgebaute Rigidität für Verfassungsänderungen zu einem systematischen Schutz der deutschsprachigen Kantone aus der Nordost- und der Innerschweiz und dem Wallis geführt haben, also von ländlichen, konservativen, föderalistisch orientierten und in der Regel katholischen Kantonen. Eine andere Gruppe von Nutzniessern bilden die mittelgrossen Kantone der deutschsprachigen Schweiz. Damit erfüllen die hohen Hürden für Verfassungsrevisionen mit der doppelten Notwendigkeit von Volks- und Ständemehr zwar einerseits ihre ursprüngliche Kernfunktion, nämlich den Schutz der 1847 unterlegenen Sonderbundskantone. Andererseits liefern sie für andere, kulturell homogene Minderheiten wie die französischen und italienischen Sprachgruppen keinen genügenden Schutz vor der Majorisierung durch die Mehrheit der Deutschschweizer Kantone. „Klassische" Minderheiten der Schweiz werden mit dem Doppelmehrerfordernis nicht geschützt, womit die Effektivität und Legitimität dieser politischen Institution grundsätzlich als unbefriedigend betrachtet werden muss. Eine andere benachteiligte Gruppe bilden schliesslich die Kantone der alemannischen und französischen Schweiz mit urbanen Grosszentren (Vatter/Sager 2006).

Auf einer übergeordneten Systemebene üben die hohen Hürden für Verfassungsrevisionen eine generell innovationshemmende Wirkung aus, wobei diese Eigenschaft nicht nur bei der Übertragung von neuen Kompetenzen an den Bund zum Tragen kommt, sondern allgemein bei Verfassungsreformen in verschiedensten

Bereichen eine wichtige Rolle spielt. So auch gerade bei Verfassungsvorlagen, die nicht in erster Linie das Verhältnis zwischen Bund und Kantonen berühren, sondern Reformen in Bereichen anstreben, die für die kleinen Landkantone von marginaler Bedeutung sind, hingegen für die zwei Drittel der schweizerischen Bevölkerung, die in den Städten und Agglomerationen wohnen, notwendig und sinnvoll erscheinen. Mit dem Ständemehr verfügen damit die kleinen, konservativen und meist ländlichen Stände über ein wirksames Mittel, um gesellschaftliche und politische Reformen auf Verfassungsstufe zu blockieren, das aufgrund der hohen Stabilität der Inner- und Ostschweizer Koalition bei Doppelmehr-Abstimmungen seine entsprechenden Wirkungen auch effektiv entfaltet. Dabei gilt es zu beachten, dass diese „Bremswirkung" zugunsten der beharrungswilligen Kantone vor allem präventiv bei der Ausarbeitung der Verfassungsvorlagen zum Tragen kommt und sich nur in Ausnahmefällen in den Abstimmungsergebnissen ausdrückt.

Abschliessend soll auf der Basis der empirischen Befunde den Fragen nachgegangen werden, welche Modifikationen sich beim Entscheidungsverfahren für partielle Verfassungsrevisionen anbieten würden und welches die möglichen Wirkungen davon wären. In den 1990er Jahren wurden von politikwissenschaftlicher Seite zahlreiche Vorschläge zur Reform des Doppelmehrerfordernisses bei Verfassungsabstimmungen unterbreitet und evaluiert (Vatter/Sager 1996, 2006). Eine erste Kategorie von Vorschlägen bilden Modelle mit neuer Mehrheitsregel. Dadurch soll die Stimmkraft der kleinen Stände gemindert werden, wie beispielsweise durch das Erfordernis einer ablehnenden Zweidrittelmehrheit der Stände. Eine zweite Gruppe von Vorschlägen stellen jene Modelle dar, die die Kantone direkt durch eine proportionale Verteilung der Standesstimmen nach demographischen Kriterien gewichten. Eine dritte Kategorie von Reformen fordert schliesslich die spezielle Gewichtung ausgewählter und territorial definierbarer Minderheiten wie zum Beispiel der lateinischen Landesteile oder der urbanen Grosszentren.

Die von Vatter und Sager (2006) durchgeführte Evaluation der verschiedenen Vorschläge zur Reform der hohen Hürden für Verfassungsänderungen anhand der Doppelmehrabstimmungen der letzten Jahrzehnte kommt zum Schluss, dass schon kleine Verschiebungen in der Gewichtung der Stände grosse Folgen haben. Zudem verletzen die meisten Varianten ein zentrales Definitionskriterium des schweizerischen Föderalismus: die prinzipielle Gleichbehandlung der Gliedstaaten. So stellt sich denn die Frage, ob nicht andere Reformmöglichkeiten bestehen, ohne die Grundidee des schweizerischen Föderalismus in ihrem Kern zu verletzen. Am ehesten bietet sich eine Neuregelung bei denjenigen Kollisionsentscheiden an, die sich ausserordentlich stark durch eine fehlende demokratische Legitimation auszeichnen, also dann, wenn sich eine eindeutige Mehrheit der Stimmenden im Gegensatz zur Ständemehrheit für eine Vorlage ausspricht. Der von Vatter und Sager (2006) unterbreitete Reformansatz sieht die Einführung eines „qualifizierten Volksmehrs" vor, mit dem das Demokratieprinzip ausschliesslich und nur dann zum Tragen käme, wenn sich eine qualifizierte und eindeutige Mehrheit der Stimmenden (z. B. 55 Prozent der Stimmenden) für eine Verfassungsänderung ausspricht. Im Gegensatz zu den bestehenden Modellen würde ein „qualifiziertes Volksmehr" seine Wirkung damit gezielt nur bei jenen Verfassungsabstimmungen entfalten, deren Ergebnisse aus demokratischer Sicht besonders anstössig sind. In eine ähnliche Richtung geht auch das Modell des „stärkeren Mehrs" von Linder und Mueller (2017: 227f.). Sie schlagen vor, dass bei ungleichem Volks- und Ständemehr das prozentual höhere Mehr gelten würde, was zur Folge hätte, dass nicht im Voraus das Demokratie- oder das Föderalismusprinzip begünstigt würde. In der politischen Praxis haben die in den letzten Jahren von verschiedener Seite eingebrachten Reformmodelle allerdings wenig Erfolgschancen und zwar aus einem einfachen Grund: Für die Reform des Ständemehrs braucht es ein Ständemehr; die notwendige Zustimmung der durch die heutigen Hürden der Verfassungsänderung begünstigten Kantone dürfte jedoch auch in Zukunft nur schwer zu erreichen sein.

## 9.7 Literaturverzeichnis

Aubert, Jean-François, 1991: Bundesstaatsrecht der Schweiz. Basel/Frankfurt a. M.: Helbing & Lichtenhahn.
Auer, Andreas, 2008: Kantonales Staatsrecht. Vorlesungsunterlagen. Zürich: Universität Zürich.
Biaggini, Giovanni, 2011: Verfassungsstaatlichkeit. In: Biaggini, Giovanni/Gächter, Thomas/Kiener, Regina (Hrsg.): Staatsrecht. Zürich/St. Gallen: Dike, 71–113.
Braun, Dietmar, 2009: Constitutional Change in Switzerland. In: Publius: The Journal of Federalism 39/2, 314–340.
Bonjour, Edgar, 1948: Die Gründung des Schweizerischen Bundesstaates. Basel: Schwabe.
Brühlmeier, Daniel/Vatter, Adrian, 2020: Demokratiekonzeption der Bundesverfassung. In: Diggelmann, Oliver/Hertig Randall, Maya/Schindler, Benjamin (Hrsg.): Verfassungsrecht der Schweiz. Band 1. Zürich: Schulthess, 373–397.
Bühlmann, Marc/Vatter, Adrian/Dlabac, Oliver/Schaub, Hans-Peter, 2009: Demokratiequalität im subnationalen Labor: Anmerkungen zum Beitrag von Sabine Kropp in Heft 4/2008 der ZParl. In: Zeitschrift für Parlamentsfragen 40/2, 454–467.
Bühlmann, Marc/Vatter, Adrian/Dlabac, Oliver/Schaub, Hans-Peter, 2013: Liberale Romandie, radikale Deutschschweiz? Kantonale Demokratien zwischen Repräsentation und Partizipation. In: Swiss Political Science Review 19/2, 157–188.
Bundesamt für Statistik, 2023: Ständige Wohnbevölkerung nach Staatsangehörigkeitskategorie, Alter und Kanton, 3. Quartal 2023. https://www.bfs.admin.ch/bfs/de/home/statistiken/bevoelkerung.assetdetail.28985755.html (abgerufen am 05.12.2023).
Centre for Research on Direct Democracy, 2016. www.c2d.ch (abgerufen am 17.03.2016).
Diggelmann, Oliver/Hertig Randall, Maya/Schindler, Benjamin (Hrsg.), 2020: Verfassungsrecht der Schweiz. Zürich: Schulthess.
Ehrenzeller, Bernhard/Mastronardi, Philippe/Schweizer, Rainer/Vallender, Klaus, 2008: Die Schweizerische Bundesverfassung: Kommentar. Zürich: Dike.
Flick, Martina, 2008: Landesverfassungen und ihre Veränderbarkeit. In: Freitag, Markus/Vatter, Adrian (Hrsg.): Die Demokratien der deutschen Bundesländer. Opladen: Barbara Budrich, 221–236.
Freiburghaus, Rahel/Vatter, Adrian, 2024: Assessing the Effects of Amendment Rules in Federal Systems: Australia and Switzerland Compared. In: Publius: The Journal of Federalism 54/2, 283–312.
Germann, Raimund E., 1991: Die Europatauglichkeit der direktdemokratischen Institutionen der Schweiz. In: Schweizerisches Jahrbuch für Politische Wissenschaft 31, 257–269.
Häfelin, Ulrich/Haller, Walter/Keller, Helen/Thurnherr, Daniela, 2016: Schweizerisches Bundesstaatsrecht. Zürich/Basel/Genf: Schulthess.
Hermann, Michael, 2012: Die Macht des Ständemehrs: In: Tagesanzeiger, 5.06.2012, 10.
Ingold, Karin/Varone, Frédéric, 2015: Is the Swiss Constitution Really Constitutional? Testing the „Veil of Ignorance" Hypothesis over Time. In: Imbeau, Louis M./Jacob, Steve

(Hrsg.): Behind a Veil of Ignorance? Power and Uncertainty in Constitutional Design. Cham: Springer International Publishing, 187–202.

Kley, Andreas, 2020: Geschichte des schweizerischen Verfassungsrechts von 1978 bis in die Gegenwart, in: Diggelmann, Oliver/Hertig Randall, Maya/Schindler, Benjamin (Hrsg.): Verfassungsrecht der Schweiz. Zürich: Schulthess, 57–84.

Kley, Andreas/Kissling, Christian, 2008: Die Verfassungsgeschichte der Neuzeit. Grossbritannien, USA, Frankreich, Deutschland und die Schweiz. Bern: Stämpfli.

Kölz, Alfred, 1992: Neuere schweizerische Verfassungsgeschichte. Ihre Grundlinien vom Ende der Alten Eidgenossenschaft bis 1848. Bern: Stämpfli.

Kölz, Alfred, 2004: Neuere Schweizerische Verfassungsgeschichte. Ihre Grundlinien in Bund und Kantonen seit 1848. Bern: Stämpfli.

Konferenz der kantonalen Armendirektoren (Hrsg.), 1946: Kantonsbürger nach Heimat- und Wohnkantonen. Wohnbevölkerung: Kantonsbürger und Nichtkantonsbürger der Kantone. Ergebnisse der Volkszählungen seit 1850 zusammengestellt vom Eidgenössischen Statistischen Amt. https://www.bfs.admin.ch/bfs/de/home/dienstleistungen/historische-daten/publikationen.assetdetail.345868.html (abgerufen am 25.03.2020).

Lijphart, Arend, 1999: Patterns of Democracy. Government Forms and Performance in Thirty-Six Countries. New Haven/London: Yale University Press.

Lijphart, Arend, 2012: Patterns of Democracy. Government Forms and Performance in Thirty-Six Countries. New Haven/London: Yale University Press.

Linder, Wolf/Mueller, Sean, 2017: Schweizerische Demokratie. Institutionen – Prozesse – Perspektiven. Bern: Haupt.

Lorenz, Astrid, 2005: How to Measure Constitutional Rigidity? Four Concepts and Two Alternatives. In: Journal of Theoretical Politics 17/3, 339–361.

Lorenz, Astrid/Seemann, Wenke, 2009: Verfassungspolitische Konjunkturzyklen? Überlegungen zur Wirkungsweise konstitutioneller Rigidität. In: Bräuninger, Thomas/Behnke, Joachim/Shikano, Susumo (Hrsg.): Jahrbuch für Handlungs- und Entscheidungstheorie. Wiesbaden: VS Verlag, 55–86.

Lutz, Donald, 1994: Towards a Theory of Constitutional Amendment. In: American Political Science Review 88/2, 355–370.

Lutz, Donald, 2006: Principles of Constitutional Design. Cambridge: Cambridge University Press.

Picecchi, Dario, 2018: Die schweizerische Bundesverfassung in beständigem Wandel – Spannungsfelder zwischen direkter Demokratie und Verfassung. In: Donath, Philipp B. u. a. (Hrsg.): Verfassungen – ihre Rolle im Wandel der Zeit. Baden-Baden: Nomos, 307–328.

Rhinow, René, 2003: Grundzüge des schweizerischen Verfassungsrechts. Basel: Helbing & Lichtenhahn.

Sager, Fritz/Vatter, Adrian, 2013: Föderalismus contra Demokratie. In: Neue Zürcher Zeitung, 06.03.2013, 15.

Schweizer Parlament, 2020: Curia Vista Geschäftsdatenbank. https://www.parlament.ch/de/ratsbetrieb/curia-vista (abgerufen am 20.02.2020).

Swissvotes/Anée Politique Suisse, 2023: Die Datenbank der eidgenössischen Volksabstimmungen. http://www.swissvotes.ch/ (abgerufen am 05.12.2023).

Tanquerel, Thierry, 1991: La Suisse doit-elle choisir entre l'Europe et la démocratie directe? In: Revue du droit suisse 110/1–2, 188–220.

Thürer, Daniel/Aubert, Jean-François/Müller, Jörg Paul, 2001: Verfassungsrecht der Schweiz. Droit constitutionnel suisse. Zürich: Schulthess.

Tschannen, Pierre, 2011: Staatsrecht der Schweizerischen Eidgenossenschaft. Bern: Stämpfli.

Vatter, Adrian (Hrsg.), 2011: Vom Schächt- zum Minarettverbot. Religiöse Minderheiten in der direkten Demokratie. Zürich: Verlag Neue Zürcher Zeitung.

Vatter, Adrian/Bühlmann, Marc/Schaub, Hans-Peter/Dlabac, Oliver, 2013: Datensatz zum Nationalfondsprojekt Demokratiequalität in den Schweizer Kantonen. Bern: Universität Bern.

Vatter, Adrian/Linder, Wolf/Farago, Peter, 1997: Determinanten politischer Kultur am Beispiel des Schwyzer Stimmverhaltens. In: Swiss Political Science Review 3/1, 31–64.

Vatter, Adrian/Sager, Fritz, 1996: Föderalismusreform am Beispiel des Ständemehrs. In: Swiss Political Science Review 2/2, 165–200.

Vatter, Adrian/Sager, Fritz, 2006: Das Ständemehr: Wirkungsweise und Reformansätze. In: Adrian Vatter (Hrsg.): Föderalismusreform. Wirkungsweise und Reformansätze föderativer Institutionen in der Schweiz. Zürich: Verlag Neue Zürcher Zeitung, 73–98.

Vatter, Adrian/Stadelmann-Steffen, Isabelle, 2013: Subnational Patterns of Democracy in Austria, Germany and Switzerland. In: West European Politics 36/1, 71–96.

Wili, Hans-Urs, 1988: Kollektive Mitwirkungsrechte von Gliedstaaten in der Schweiz und im Ausland: Geschichtlicher Werdegang, Rechtsvergleichung, Zukunftsperspektiven. Eine institutsbezogene Studie. Bern: Stämpfli.

Wirz, Rolf, 2012: Determinanten der Demokratiequalität in den Schweizer Kantonen. Masterarbeit. Bern: Universität Bern, Institut für Politikwissenschaft.

## 9.8 Fragen

1. Welche zentrale Änderung wurde bei der Verfassungsrevision von 1874 vorgenommen? Warum war die Totalrevision der Bundesverfassung von 1999 nötig?
2. Was versteht man unter dem „Doppelmehrerfordernis"?
3. Wer profitiert von der Doppelmehrregel und wer wird davon benachteiligt?
4. Weshalb ist eine Revision einer Kantonsverfassung einfacher als diejenige der Bundesverfassung?
5. Welche Gruppen kantonaler Verfassungen lassen sich unterscheiden?
6. Anhand welches Kriteriums lassen sich Verfassungen klassifizieren? Wo lässt sich die Schweiz im internationalen Vergleich zuordnen?

# 10 Der Föderalismus

## 10.1 Einleitung

Föderalismus bedeutet Machtteilung durch vertikale Gewaltenteilung mittels Gewährung von weitgehender territorialer Eigenständigkeit (Ladner 2018; Vatter 2018). In kaum einem anderen Bundesstaat verfügen die Gliedstaaten über so ausgebaute Kompetenzen und Selbstbestimmungsrechte wie die 26 Kantone[1] in der Schweiz (Dardanelli/Mueller 2019). Die kantonale Autonomie im Rahmen der Bundesverfassung, die Gleichberechtigung der Kantone, ihre Mitwirkung an der Willensbildung des Bundes wie auch die Pflicht zur Zusammenarbeit gelten dabei als die Kernstücke des schweizerischen Bundesstaates. Die Schweiz ist damit sowohl Parade- als auch Extrembeispiel eines föderalistischen Staates (Watts 2008). Mit ihren eigenen Territorien, Verfassungen und Rechtsordnungen, ihrer Organisations- und Personalhoheit, der Gliederung der politischen Institutionen in Exekutive, Legislative und Judikative und weitgehenden Gesetzgebungs-, Ausführungs- und Fiskalkompetenzen verfügen sie über zahlreiche Eigenschaften und Merkmale eines Staates. „Chaque canton constitue un Etat doté d'une constitution (...) et correspond à une petite nation et, même quand ce n'est pas le cas, il reste doté d'une forte identité" (Seiler 1991: 348). Die kantonale Souveränität drückt sich dabei nicht nur im historisch gewachsenen Grundverständnis der Schweizer Bürger sowie der ausgeprägten zeremoniellen Symbolik der kantonalen Eigenstaatlichkeit aus, sondern findet sich auch in der subjektiven Selbsteinschätzung ihrer Bewohner wieder (Brown/Deem/Kincaid 2022).

Obwohl der Zentralstaat aufgrund der rasanten technischen, wirtschaftlichen und gesellschaftlichen Entwicklungen im Verlaufe des 20. Jahrhunderts an Bedeutung gewonnen hat, „ist Vorsicht geboten bei der Vorstellung eines kontinuierlichen Zentralisierungsprozesses, der dem Bund immer mehr und den Kantonen immer weniger Handlungsspielraum belässt" (Germann 1999: 392; vgl. Dardanelli/Mueller 2019). Tatsächlich verfügt die Schweiz im internationalen Vergleich über nach wie vor äusserst dezentrale Einnahmen- und Ausgabenstrukturen und verschiedene Indikatoren weisen darauf hin, dass die Kantone in jüngster Zeit gegenüber dem Bund wieder an Bedeutung gewonnen haben (Arnold 2020; Freiburghaus 2024). Ebenso deuten „Rekantonalisierungen" von Aufgaben im Rahmen der Neugestaltung des Finanzausgleichs und der Aufgabenteilung zwischen Bund und Kantonen, neu erprobte Formen der (informellen) bundespolitischen Mitwirkung der Kantone sowie ihre herausragende Stellung bei der Umsetzung von Bundeserlassen im schweizerischen Vollzugsföderalismus auf eine weiterhin wichtige Bedeutung der Kantone hin (Mueller/Vatter 2016; Freiburghaus 2024; EFK 2022). Davon zeugt längst nicht nur symbolisch das „Haus der Kantone" in der Berner Innenstadt. Dennoch sieht sich der Föderalismus als einst so identitätsstif-

---

[1] Die Bezeichnung „Kantone" für die Gliedstaaten der Schweizerischen Eidgenossenschaft ist seit dem 16. Jahrhundert bezeugt (daneben existierten bis ins 18. Jahrhundert noch die Bezeichnungen „Ort", „Gebiet" und „Stand"). Das Wort stammt vom französischen Begriff canton ab (deutsch: Ecke, Winkel; Landstrich, Bezirk), das seinerseits dem gleichbedeutenden italienischen cantone entlehnt ist, einer Vergrösserungsbildung von canto (Winkel, Ecke)(Kley 2008).

tendes Strukturprinzip im Lichte von nach verstärkter landesweiter Koordination rufenden „Polykrisen" zunehmend herausgefordert (Freiburghaus/Mueller/Vatter 2021; Freiburghaus/Mueller 2024).

Das vorliegende Kapitel behandelt nach einer historischen und institutionellen Übersicht zunächst das politische System der Gemeinden und die Dezentralisierungsstrukturen innerhalb der Kantone, bevor ausführlich die vertikalen und horizontalen Institutionen des Schweizer Föderalismus und ihre Funktionen erläutert werden. Darauf folgt eine zusammenführende Betrachtung der föderativen Institutionen im Verlaufe der Zeit, bevor das Kapitel mit einem kurzen internationalen Vergleich und zusammenfassenden Folgerungen schliesst.[2]

## 10.2 Historische und institutionelle Grundlagen

### 10.2.1 Die historischen Grundlagen des Bundesstaates

Historisch ist der schweizerische Bundesstaat aus den dreizehn vollberechtigten Stadt- und Länderorten der Eidgenossenschaft, den „Alten Orten", entstanden (Würgler 2013; Vatter 2018). Die Kantone haben trotz der Gründung des modernen Bundesstaates ihre eigene (allerdings nicht uneingeschränkte) Souveränität bis heute beibehalten, die auch in der Bundesverfassung von 1999 ausdrücklich geschützt wird (Häfelin u. a. 2020). Nach einer wechselvollen Epoche in der ersten Hälfte des 19. Jahrhunderts, im Zuge derer das Gebiet der heutigen Schweiz vom zentralen Einheitsstaat nach französischem Muster („république une et indivisible"; Helvetische Republik, 1798–1803) über die beiden staatenbündisch konzipierten Bundeswesen der Mediation (1803–1813) bzw. des Bundesvertrages (1815–1848) unterschiedlichste Staatsformen durchlief, wurde nach der Niederlage der Sonderbundskantone der Weg frei für die Gründung eines modernen Bundesstaates. Im Gegensatz zur Nationalstaatenbildung umliegender Länder stand die *Confoederatio helvetica*[3] nie unter der nationalistischen Vision eines Staatsvolks mit einer gemeinsamen Sprache, Ethnie oder Kultur, sondern verfolgte von Anfang an die Idee einer multikulturellen Staatsgründung (Linder/Mueller 2017: 24).

Gleichzeitig war die föderalistische Bundesverfassung von 1848 ein Kompromiss zwischen der Mehrheit der freisinnig-protestantischen Zentralisten und der Minderheit der konservativ-katholischen Föderalisten. Dementsprechend behielten die Kantone die Polizei-, Schul- und Steuerhoheit und waren weiterhin zuständig für das Privat- und Strafrecht, die Justiz, das Gesundheitswesen, Teile der Infrastruktur (im Besonderen die Eisenbahnen) und wichtige Bereiche der Wirtschaftspolitik (Arbeit, Handel, Banken). Im Weiteren schuf die Bundesverfassung von 1848 aber mit der Aufhebung der Binnenzölle und der Vereinheitlichung der Aussenzölle die Voraussetzungen für den angestrebten einheitlichen Wirtschaftsraum und übertrug dem

---

[2] Die Abschnitte 10.1, 10.2, 10.4, 10.5, 10.6 und 10.8 sind stark überarbeitete und aktualisierte Fassungen aus Vatter (2006, 2022a, b, 2024a, b).

[3] Die bis heute gültige offizielle Bezeichnung *Confoederatio helvetica* (CH) ist teilweise irreführend, da eine Konföderation üblicherweise einem Staatenbund entspricht, während die Föderation dem Bundesstaat bezeichnet. In diesem Zusammenhang ist darauf hinzuweisen, dass unter „Föderalisten" in der Schweiz im Gegensatz zu den USA und in der EU die Protagonisten einer möglichst weitgehenden Autonomie der Gliedstaaten verstanden werden (vgl. Mueller 2015b).

Bund auch einige neue Kompetenzen in der Aussenpolitik, beim Zoll-, Post- und Münzwesen sowie teilweise auch beim Militär (vgl. Kapitel 9). Dabei bildeten die an den Aussengrenzen erhobenen Warenzölle in den ersten Jahren des Bundesstaates die wesentliche Einnahmequelle der Zentralebene. Ansonsten war der Staatshaushalt vieler Kantone anfänglich grösser als jener des Bundes (Speich Chassé 2012).

Dieser föderalistische Verfassungskompromiss mit dem System der fiskalischen bzw. politischen Nicht-Zentralisierung und der Gewährung kantonaler und lokaler Autonomie ermöglichte im frühen Bundesstaat eine Abschwächung der Spannungen zwischen Protestanten und Katholiken bzw. zwischen Föderalisten und Zentralisten; ebenso eine gesellschaftlich-kulturelle Weiter- und Eigenentwicklung der Kantone, die im 19. Jahrhundert die „relevanten Modernisierungsagenturen" darstellten (Speich Chassé 2012: 417). Gleichzeitig begünstigte der Bund die Identitätsbildung einer schweizerischen, multikulturellen Gesellschaft (Linder/Mueller 2017, 2021). Zusammenfassend zeichnete sich der Bundesstaat von 1848 erstens durch die Begründung eines multikulturellen Föderalismus aus, der im Gegensatz zur damals vorherrschenden Integrationsstrategie des europäischen Nationalismus stand, zweitens durch eine ausgeprägte Autonomie und Mitsprache der Gliedstaaten und drittens durch die zumindest für Europa einzigartige Heraushebung des Prinzips der (männlichen) Volkssouveränität in Anlehnung an die US-amerikanische Verfassung (Vatter/Freiburghaus/Arens 2020).

### 10.2.2 Die Grundprinzipien des schweizerischen Föderalismus

Die ausgedehnte Autonomie und die Gleichberechtigung der Kantone, ihre Mitwirkung an der Willensbildung des Bundes sowie die Pflicht zur Zusammenarbeit bilden die wichtigsten Kernstücke des schweizerischen Bundesstaates (Aubert 1991; Kley 2008; Häfelin u. a. 2020). Das wegleitende Grundprinzip der kantonalen Autonomie findet seinen Ausdruck in Art. 3 BV. Ausgehend vom Grundsatz der kantonalen Souveränität hält diese subsidiäre Generalklausel in Verbindung mit Art. 5a BV fest, dass alle staatlichen Aufgaben, die nicht explizit dem Bund zugeordnet werden, automatisch in die Kompetenz der Kantone fallen, die diese teilweise an die Gemeinden weitergeben (Ladner u. a. 2019; Steiner u. a. 2021). Neue Bundeskompetenzen können nur durch eine Revision der Bundesverfassung begründet werden und unterstehen damit dem Doppelmehr-Referendum von Volk und Ständen (vgl. Kapitel 9). Grundsätzlich bestehen keine allgemeingültigen Kriterien zur Abgrenzung der Bundes- und Kantonskompetenzen. Eine bestimmte Aufgabe kann entweder dem Bund oder den Gliedstaaten zugewiesen werden, oder, was seit dem 20. Jahrhundert weit üblicher wurde, Bund und Kantone teilen sich die Aufgabenerfüllung (sog. Verbundaufgaben; vgl. Mueller/Fenna 2022). Mit der Annahme der Neugestaltung des Finanz- und Lastenausgleichs (NFA) im November 2004 wurde ein wichtiger Schritt zu einer verstärkten Aufgabenentflechtung zwischen Bund und Kantonen und deren Finanzierung unternommen, wobei das Parlament seither teilweise wieder den Weg der Verbundaufgaben beschritten hat (Hänni 2011). Insgesamt hat die NFA das föderale System der Schweiz jedoch nicht fundamental verändert (Arnold 2020; Arnold u. a. 2019).

Das zentrale Prinzip der kantonalen Souveränität lässt sich wie folgt konkretisieren (Aubert 1991; Belser 2020):

- *Die Existenz der Kantone ist garantiert (Art. 1 BV)*: Der Bundesgesetzgeber kann als obere Staatsebene die untere nicht auflösen oder zusammenlegen. Änderungen im Bestand der Kantone wie zum Beispiel die Gründung des Kantons Jura im Jahre 1979 unterstehen immer auch der Volksabstimmung mit Volks- und Ständemehr (Art. 53 Abs. 2 BV).
- *Den Kantonen steht es frei, wie sie sich im Innern organisieren*: Ein zentrales Charakteristikum des schweizerischen Bundesstaates bildet die Organisationshoheit der Kantone. So geben sich die Stände selbst eine eigene Verfassung, entscheiden über ihre Organisation, über die politischen Rechte ihrer Bürger und über das Ausmass der Gemeindeautonomie.
- *Die Kantone wählen ihre Organe selbstständig*: Der Bund verfügt im Grundsatz nicht über die Kompetenz, z. B. eine kantonale Regierung aufzulösen oder Ständeräte einzusetzen. Allerdings ist die kantonale Organisationsfreiheit nicht unbeschränkt. Der Bund hat Prinzipien festgesetzt, die von den Kantonen in der Ausgestaltung ihrer Organisation zu beachten sind. Dazu gehören vor allem das Prinzip einer demokratischen Verfassung, die Gemeindeautonomie, die Sicherstellung der unverfälschten Kundgabe des politischen Willens ihrer Bürger, die rechtsstaatliche Organisationsweise und das Prinzip der adäquaten Vollzugsorganisation (Häfelin u. a. 2020).
- *Die Kantone besitzen ausgedehnte Kompetenzen*: Dies drückt sich insbesondere in Art. 3 und 5a BV aus. Diese Generalklausel für die Aufgabenverteilung zwischen Bund und Kantonen stellt als eigentliche Beweislastregel eine konkrete Ausgestaltung des Subsidiaritätsprinzips dar: Wer eine Bundesaufgabe fordert, muss erst den Beweis erbringen, dass diese nicht den Gliedstaaten zusteht. Im Weiteren und besonders wichtig: Die Kantone sind in den meisten Fällen auch für den Vollzug von Bundespolitik zuständig.
- *Die Kantone verfügen über eigene finanzielle Ressourcen*: Die Kantone haben das Recht, eigene Steuern zu erheben, wobei sogar die Gemeinden über eigene Steuererhebungskompetenzen verfügen.
- *Die Kantone wirken gleichberechtigt an der Willensbildung des Bundes mit*: Der Grundsatz der rechtlichen *Gleichheit der Kantone* bzw. die fehlende Sonderstellung einzelner Stände bildet ein zentrales Strukturprinzip des symmetrischen schweizerischen Bundesstaates. Vom Prinzip der Gleichheit sind insbesondere die Mitwirkungsrechte der Kantone im Bund bestimmt. Die Existenz von sechs Kantonen mit halber Standesstimme bzw. halber Standesvertretung ist eine historische Besonderheit. In der Praxis wird der verfassungsmässige Anspruch auf gleichberechtigte bundespolitische Mitwirkung aller Kantone allerdings zunehmend verletzt. Das heutzutage dominierende informelle „Kantonslobbying" verschafft einzelnen Kantone Vorteile – oft auf Kosten der anderen (Freiburghaus 2024).

Neben diesen Strukturprinzipien lassen sich auf einer *Prozessebene* die Entwicklung zu einem ausgeprägten kooperativen bzw. „administrativen" Vollzugsföderallismus als der dominante Modus der Arbeitsteilung zwischen den beiden Staatsebenen aufführen (Balthasar 2022; Mueller/Fenna 2022; Vatter/Wälti 2003). Auf einer *politisch-kulturellen Ebene* stellen die antietatistische Färbung, das Subsidiaritätsprinzip sowie die Idee der Solidarität und des wirtschaftlich-sozialen Ausgleichs zwischen den Kantonen und Landesteilen weitere Grundmerkmale des schweizerischen Föderalismus dar (Linder/Mueller 2017: 171ff.).

### 10.2.3 Die Entwicklung der Aufgabenverteilung zwischen Bund, Kantonen und Gemeinden

Dem Bund wurden mit der ersten Bundesverfassung von 1848 nur minimale Kompetenzen zugewiesen (Dardanelli/Mueller 2019). Seine Entwicklung stand zu Beginn des 20. Jahrhunderts im Schatten der Realisierung von ihm bereits zugewiesener Aufgaben wie der Verstaatlichung der Eisenbahnen, der Zentralisierung des Militärwesens und der Rechtsvereinheitlichung (Zivilrecht 1914, Strafrecht 1937). Nach dem Zweiten Weltkrieg aber führte die fortschreitende Industrialisierung und Urbanisierung zu einem kontinuierlichen Ausbau des Interventions- und Leistungsstaates (Fagagnini 1991: 46; vgl. Freiburghaus/Buchli 2003). Waren bis dahin vor allem die ordnenden Funktionen des Bundes entscheidend (Schaffung von Bundesrecht und eines gemeinsamen Wirtschaftsraumes), so spielten in der Nachkriegszeit die leistenden und gestaltenden Bundesaufgaben eine wichtige Rolle (z. B. Sozialversicherungen). Von ordnungspolitischer Bedeutung war 1947 die Verabschiedung der Wirtschaftsartikel, welche dem Bund beträchtliche Kompetenzen im Bereich der Wirtschaftspolitik übertrugen (Fagagnini 1991: 48). Auch in der Sozialpolitik überlagerte der Bund in der zweiten Hälfte des 20. Jahrhunderts die Tätigkeiten der Kantone, die in ihrer Aufgabe der Sozialfürsorge nach und nach entlastet wurden. Das breite Wachstum aufgabenrelevanter Verfassungsänderungen zugunsten des Bundes erfolgte damit vor allem nach 1947 (Dardanelli/Mueller 2019). Kennzeichnend für die Nachkriegszeit war dabei, dass an die Stelle der Zuordnung ganzer Aufgabengebiete an eine Ebene differenzierte Zuordnungsmodi traten (Ladner 2018; Mueller/Fenna 2022).

In der Infrastrukturpolitik bildeten die wichtigsten Bereiche der Übertragung von Kompetenzen an den Bund die Energie (Atomkraft 1958, Energie 1990), der Nationalstrassenbau (1958), die Förderung der wissenschaftlichen Forschung (1973) und der Bau der NEAT (Neue Eisenbahn-Alpentransversale, 1992). Verstärkt leistende und fördernde Tätigkeiten übernahm der Bund erst Ende der 1950er Jahre (z. B. Wohnungswesen, Arbeitslosenversicherung ALV) und gestalterische insbesondere mit der Raumplanung ab den 1970er Jahren. Eine direkte Folge des immer grösser werdenden Kreises an Bundesaufgaben war die verstärkte Übernahme des Vollzugs durch die Kantone. Im Gegensatz zu den USA verfügt der Bund bekanntlich über keine eigenen Vollziehungsbeamten. Die zahlreichen und am Einzelfall orientierten Verfassungsrevisionen verdichteten somit das Verbundsystem und führten zum bekannten kooperativen Föderalismus bzw. zur Politikverflechtung mit dem Problem fehlender Verantwortlichkeiten. Jenes wurde erst 2008 mit dem Inkrafttreten der NFA mit einer Teilreform der Aufgabenteilung teilentschärft, wobei die Aufgabenentflechtung zwischen dem Bund und den Kantonen bis in die Gegenwart

Gegenstand politischer Reformbestrebungen bleibt (Projekt „Entflechtung 27 – Aufgabenteilung Bund-Kantone"; vgl. Bundesrat 2024).

*Tabelle 10.1: Finanzielle Aufgabenverteilung zwischen Bund, Kantonen und Gemeinden, 2022 (in Prozent)*

| Bereich | Bund | Kantone | Gemeinden | Total |
|---|---|---|---|---|
| Verteidigung | 92 | 4 | 3 | 100 |
| allgemeine öffentliche Verwaltung | 51 | 33 | 16 | 100 |
| wirtschaftliche Angelegenheiten | 45 | 36 | 19 | 100 |
| soziale Sicherheit | 45 | 39 | 17 | 100 |
| Gesundheit | 6 | 80 | 14 | 100 |
| Öffentliche Ordnung und Sicherheit | 11 | 65 | 24 | 100 |
| Bildung und Erziehung | 9 | 58 | 33 | 100 |
| Wohnungswesen und öffentliche Einrichtungen | 1 | 14 | 85 | 100 |
| Umweltschutz | 16 | 19 | 64 | 100 |
| Freizeit, Kultur, Kirchen, Sport | 27 | 27 | 46 | 100 |
| Gesamtausgaben | 34 | 44 | 22 | 100 |

Quelle: Eigene Berechnungen auf Basis der EFV (2024a).

Tabelle 10.1 gibt einen Überblick über die aktuelle finanzielle Aufgabenverteilung zwischen Bund, Kantonen und Gemeinden und macht deutlich, dass die Schweiz im internationalen Vergleich über nach wie vor dezentrale Aufgaben- und Ausgabenstrukturen verfügt. Zwar haben in den letzten 30 Jahren die Ausgabenanteile der oberen Ebenen (Bund, Kantone) etwa gleichmässig zuungunsten der Gemeinden leicht zugenommen. Trotzdem entscheidet der Bund mit 34 Prozent nur über rund einen Drittel der öffentlichen Ausgaben, während die Kantone mit einem Anteil von 44 Prozent und die Gemeinden mit 22 Prozent über die restlichen zwei Drittel der öffentlichen Finanzen verfügen, auch wenn beträchtliche Teile davon zweckgebunden sind (Stand 2022). Der Vergleich der drei Stufen zeigt auf, dass zwar jede Ebene über eigene Schwerpunkte staatlichen Handelns verfügt, diese sich aber teilweise überlagern. Während der Bund vor allem für die Verteidigungs-, Wirtschafts- sowie Sozialpolitik zuständig ist, bilden die klassischen Domänen der kantonalen Staatstätigkeit die öffentliche Sicherheit sowie das Gesundheits- und Bildungswesen, wobei der Bund als Mitfinanzierer der Sozialversicherungen ein gewichtiges Wort in der Gesundheitspolitik mitspricht. Die Gemeinden sind schliesslich vor allem im Wohnungswesen, öffentlichen Einrichtungen, in den lokalen Versorgungs- und Entsorgungsaufgaben (Wasser, Gas, Elektrizität, Abfall), im Bau- und Planungsrecht, in der Bildung sowie in den Bereichen Freizeit, Kultur, Kirchen und Sport aktiv.

## 10.2.4 Die Neugestaltung des Finanzausgleichs und der Aufgabenteilung zwischen Bund und Kantonen (NFA)

Die zunehmenden Aufgabenverflechtungen sowie die Überlagerungen der Kompetenzen und Finanzströme im Zuge des Ausbaus des Interventions- und Leistungsstaates in der Nachkriegszeit führten zu zahlreichen Doppelspurigkeiten, fehlenden Verantwortlichkeiten, unübersichtlichen Finanztransfers und einer steigenden Abhängigkeit der Kantone vom Bund (Vatter 2018). Deshalb beschlossen die verschiedenen staatlichen Ebenen zu Beginn der 1990er Jahre gemeinsam, eine grundlegende Neugestaltung der Aufgabenteilung in die Hand zu nehmen. Mit der geplanten Aufgaben- und Finanzierungsentflechtung sollten der Bund und die Kantone in ihren Handlungsspielräumen gestärkt, die bundesstaatliche Zusammenarbeit effizienter gestaltet, die interkantonale Kooperation ausgebaut und die wirksame Steuerung der Ausgleichszahlungen an die Kantone verbessert werden. Nach einem mehr als zehnjährigen, breit angelegten und diskursiv gestalteten Entscheidungsprozess zwischen Bund und Kantonen unter zusätzlicher Mitwirkung weiterer Akteure lag unter dem Begriff der *Neugestaltung des Finanzausgleichs und der Aufgabenteilung zwischen Bund und Kantonen* ein umfangreiches Reformpaket vor (Wasserfallen 2015). Volk und Stände stimmten im November 2004 mit 64.4 Prozent Ja und 20.5 Ständen bei einer niedrigen Stimmbeteiligung von 35.5 Prozent deutlich zu. Es handelte sich dabei um eines der grössten Reformvorhaben seit der Gründung des Bundesstaates, wurden doch gleich 27 der 196 Artikel der Bundesverfassung auf einmal geändert. Im Mittelpunkt der NFA, die Anfang 2008 in Kraft getreten ist und per 1.1.2020 leicht reformiert wurde, stehen folgende vier Hauptmassnahmen (EFD 2024):

- Ein *allgemeiner Ressourcenausgleich* (Finanzkraftausgleich) zwischen den Kantonen soll jedem Stand eine Mindestausstattung an finanziellen Mitteln (d. h. mindestens 86.5 Prozent des nationalen Durchschnitts) zur eigenen Aufgabenerfüllung zusichern und die zunehmenden interkantonalen Unterschiede vermindern. Während die Kantone mit hohem Ressourcenpotenzial öffentliche Gelder in den Ausgleich einbezahlen, erhalten die Kantone mit niedrigem Potenzial finanzielle Ressourcen. Zwar werden die ressourcenstarken Kantone dadurch finanziell stärker belastet als früher; gleichzeitig verfügen sie aber über mehr zweckfreie Mittel und werden für ihre Zentrumsleistungen zusätzlich entschädigt.

- Mit einem *spezifischen Lastenausgleich* (Finanzbedarfsausgleich) werden benachteiligte Regionen bessergestellt. Konkret geht es um die finanzielle Unterstützung von Kantonen mit sogenannten Sonderlasten. Es handelt sich dabei einerseits um Ausgleichsmassnahmen des Bundes für ländliche Kantone mit schwierigen geografisch-topografischen Verhältnissen sowie andererseits für urbane Kantone mit Zentrumsfunktionen und finanziell ungünstigen sozio-demografischen Verhältnissen (Stichwort: A-Stadtproblematik).

- *Die Aufgabenteilung zwischen Bund und Kantonen* wurde überarbeitet und vereinfacht, um klarere Zuständigkeiten und finanzielle Verantwortlichkeiten für die einzelnen Sachgebiete zu schaffen. Dabei wurden von 31 bestehenden Gemeinschaftsaufgaben 15 ausschliesslich in die Verantwortung der Kantone und sechs in diejenige des Bundes verlagert (Frey/Wettstein 2008). Beispielsweise sind die Nationalstrassen und die Alters- und Invalidenversicherung nun reine Aufgaben des Bundes, während Bau und Betrieb von Behindertenheimen und Sonderschulen neu ausschliesslich in den Kompetenzbereich der Kantone fallen. Es bestehen aber nach wie vor rund 30 Verbundaufgaben in Bereichen wie den individuellen Prämienverbilligungen, der Pflege- bzw. Spitalfinanzierung, der Ergänzungsleistungen zur AHV/IV, der Regionalpolitik, dem regionalen Personenverkehr oder dem Bahninfrastrukturfonds, wobei die früheren Bundessubventionen durch Programmvereinbarungen ersetzt wurden (Ladner 2018; Mueller/Vatter 2016).

■ Mit der Möglichkeit der Allgemeinverbindlicherklärung von interkantonalen Vereinbarungen durch den Bund in ausgewählten Bereichen wurde *die horizontale Zusammenarbeit zwischen den Kantonen* gestärkt. So können interkantonale Verträge mit Lastenausgleich in neun Bereichen (z. B. Strafvollzug, Universitäten, Fachhochschulen, Spitzenmedizin) auf Antrag von mindestens 18 Kantonsregierungen an die Bundesversammlung als allgemeinverbindlich erklärt werden oder es kann eine Beteiligungspflicht ausgesprochen werden (Art. 48a BV; vgl. Steinlin 2011). Damit können einzelne Kantone auch gegen ihren Willen zur Übernahme von interkantonalen Verträgen gezwungen werden, wobei der Beschluss über die Allgemeinverbindlicherklärung der Bundesversammlung dem fakultativen Referendum untersteht.

*Abbildung 10.1: Nationaler Finanzausgleich, 2023*

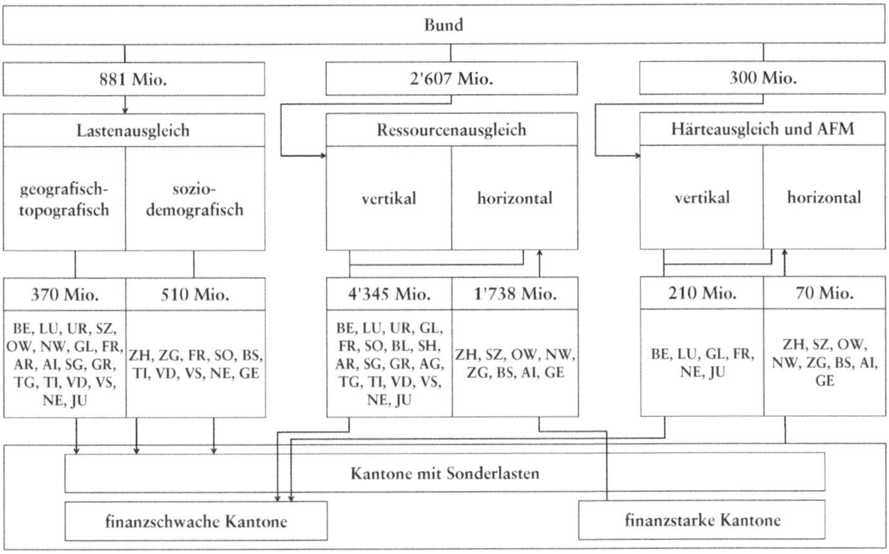

| Bund | | | | | | | |
|---|---|---|---|---|---|---|---|
| 881 Mio. | | 2'607 Mio. | | 300 Mio. | | | |
| Lastenausgleich | | Ressourcenausgleich | | Härteausgleich und AFM | | | |
| geografisch-topografisch | sozio-demografisch | vertikal | horizontal | vertikal | horizontal | | |
| 370 Mio. | 510 Mio. | 4'345 Mio. | 1'738 Mio. | 210 Mio. | 70 Mio. | | |
| BE, LU, UR, SZ, OW, NW, GL, FR, AR, AI, SG, GR, TG, TI, VD, VS, NE, JU | ZH, ZG, FR, SO, BS, TI, VD, VS, NE, GE | BE, LU, UR, GL, FR, SO, BL, SH, AR, SG, GR, AG, TG, TI, VD, VS, NE, JU | ZH, SZ, OW, NW, ZG, BS, AI, GE | BE, LU, GL, FR, NE, JU | ZH, SZ, OW, NW, ZG, BS, AI, GE | | |

Kantone mit Sonderlasten

finanzschwache Kantone  finanzstarke Kantone

Anmerkungen: AFM = Abfederungsmassnahmen.
Quelle: EFV (2023b).

Eine wichtige Rolle spielt der Bund, der sich am Finanzausgleichssystem massgeblich beteiligt. So trägt er deutlich mehr zum Ressourcenausgleich bei, als alle Geberkantone zusammen und übernimmt den finanziellen Lastenausgleich für die ländlichen und städtischen Kantone mit besonderen geografisch-topografischen und soziodemografischen Sonderlasten sowie zwei Drittel des Härteausgleichs. Jenes spätestens 2034 endende temporäre Instrument stellt sicher, dass kein ressourcenschwacher Kanton durch die Reform Einbussen an Bundeseinnahmen erleidet. Wiederkehrende Wirkungsanalysen machen deutlich, dass sich der neue Finanzausgleich grundsätzlich bewährt hat. Allerdings sind die substantiellen Effekte der NFA eher gering. Der Anteil an subnationalen Ausgaben an der Summe der Staatsausgaben aller drei Staatsebenen wuchs seit dem Inkrafttreten der NFA um etwa zwei bis drei Prozentpunkte. Auch hat sich der für die kantonalen Handlungsspielräume besonders wesentliche Anteil der nicht zweckgebundenen Transferzahlungen von durchschnittlich 24 Prozent zwischen 2000 und 2007 auf durchschnittlich 35 Prozent zwischen 2008 und 2010 erhöht (Arnold u. a. 2019; Arnold 2020). Gemessen an der Anzahl interkantonaler Vereinbarungen blieb die mit der Reform erhoffte Stärkung der horizontalen Zusammenarbeit aus. Vielmehr hat sich diese auf hohem Niveau stabilisiert (Arens 2020). Die eigentliche Leistung der NFA liegt also vor allem darin, den Status der Schweiz als der gemeinsam mit Kanada am stärksten funktional dezentralisierte Föderalstaat langfristig abzusichern, statt die Dezentralisierung merklich auszubauen. Auch verlaufen die Finanzflüsse des Ressourcenausgleichs heute transparenter als früher (vgl. Abbildung 10.1). Dennoch ist der Finanzausgleich von politischer Kritik keinesfalls gefeit. Es sind vor allem die Regierungen der finanzstarken Geberkantone, die in regelmässigen Abständen den Ausgleichsmechanismus infrage stellen und die Solidarität unter den Kantonen neu definieren möchten. Da die zahlreichen Empfängerkantone über eine deutliche Mehrheit im National- und Ständerat verfügen, sind grundlegendere Reformen jedoch nicht zu erwarten.

## 10.3 Die Gemeinden im schweizerischen Föderalismus

### 10.3.1 Die Stellung der Gemeinden im politischen System der Schweiz

Im politischen System der Schweiz nehmen die Gemeinden als unterste politische Ebene eine im internationalen Vergleich überaus bedeutende Stellung ein. Einzig in Finnland ist das Ausmass der Gemeindeautonomie noch ausgeprägter (Ladner u. a. 2019). Bemerkenswert sind denn auch die vielfältigen Zuständigkeiten, die ihren Ausdruck in der kommunalen Finanz- und Steuerhoheit sowie der Selbstverwaltung und -gesetzgebung finden. Gleichzeitig relativiert sich die Bedeutung der Gemeinden aber teilweise wieder, da in der Regel mindestens 80 Prozent der Gemeindebudgets gebundene Ausgaben sind, die aufgrund überlokaler Aufgaben getätigt werden müssen und der kantonalen Aufsicht unterstehen. Trotzdem handelt es sich bei den Gemeinden nicht um reine Vollzugsorgane, sondern um politisch eigenständig handelnde und historisch gewachsene Einheiten mit beträchtlichen Kompetenzen in einzelnen Politikfeldern und einem starken Zugehörigkeitsgefühl der Bevölkerung (Steiner u. a. 2021). Im Folgenden werden kurz die typischen Merkmale und politischen Strukturen der Schweizer Gemeinden behandelt sowie auf den Grad der unterschiedlichen Dezentralisierungsstrukturen in den Kantonen eingegangen.

Während sich im Spätmittelalter der rechtliche Status der politischen Gemeinde mit einer eigenen Rechtsordnung und einer mit viel Macht ausgestatteten Exekutive weitgehend auf die Städte beschränkt hatte, waren es in den ländlichen Gebieten zunächst die Kirchgemeinden, die einen eigenen formalrechtlichen Status erreichten. Erst in der Helvetik wurden die politischen Einwohnergemeinden flächendeckend eingeführt und die zahlreichen Spezialkörperschaften darin integriert (Geser 1999). Heute sind die politischen Einwohnergemeinden in der Schweiz *Institutionen kantonalen Rechts*, weshalb sie ihre Kompetenzen innerhalb der Grenzen ausüben, die vom Kanton vorgegeben werden.

Bei den politischen Gemeinden handelt es sich um öffentlich-rechtliche Gebietskörperschaften, die in ihren Aufgabenbereichen ihre Entscheidungen selbstständig fällen, d. h. politisch dezentralisiert sind. Gleichzeitig haben sie die Aufgabe, übergeordnetes Recht zu implementieren, weshalb sie auch als administrativ dezentralisiert gelten. Im Gegensatz zu Bezirken oder Distrikten handelt es sich bei den Gemeinden nicht um künstliche administrative Einheiten, sondern um genuin politische Gebilde mit eigener Rechtspersönlichkeit und einer oft viel älteren Geschichte als die übergeordneten Staatsebenen.

### 10.3.2 Die charakteristischen Merkmale der Gemeinden

Die Gemeinden in der Schweiz zeichnen sich insbesondere durch fünf Merkmale aus (Geser 1999; Ladner 2008; Ladner/Keuffer 2022):

Erstens durch die *Gemeindeautonomie,* die davon ausgeht, dass die Autonomie der Gemeinde überall dort besteht, wo der Kanton eine Rechtsmaterie nicht abschliessend ordnet. Sie wurde seit jeher weitgehend den Kantonen überlassen. Zwar hat sie Eingang in die neue Bundesverfassung gefunden (Art. 50 BV). Im Prinzip wurde dadurch aber erneut die Souveränität der Kantone über ihre innere Gemeindeorganisation festgeschrieben. Der Kerngehalt der Gemeindeautonomie beinhaltet dabei folgende Elemente:

- Die Freiheit, sich mit anderen Gemeinden zusammenzuschliessen oder unabhängig zu bleiben.
- Die Freiheit, innerhalb der kantonalen Gesetzgebung eine passende politische Struktur und Verwaltungsorganisation zu wählen.
- Das Recht, für die eigenen Bedürfnisse Steuern zu erheben.
- Das Recht zur selbstständigen Erfüllung jener Aufgaben, die nicht in der Kompetenz des Kantons oder des Bundes liegen.

Eine zweite Charakteristik ist das *Subsidiaritätsprinzip,* das festhält, dass alle Aufgaben möglichst auf der untersten Ebene erfüllt werden sollen. Allerdings haben die Gemeinden in den Bereichen des Bauwesens, der Raumplanung, Energie und des Klima- bzw. Umweltschutzes in den letzten Jahren an Selbstständigkeit verloren, während diese im Schul- sowie Freizeit-, Kultur-, Kirchen- und Sportbereich heute nach wie vor besteht. Es sind aber gleichzeitig auch gerade diese Bereiche, bei denen die Gemeinden an ihre Leistungsgrenzen stossen (Ladner 2019; Ladner/Haus 2021; Steiner u. a. 2021).

Ein drittes charakteristisches Merkmal der lokalen Strukturen bildet die ausgesprochen *grosse Zahl an kleinen Gemeinden*. Ende 2022 zählte rund die Hälfte aller Schweizer Gemeinden weniger als 1'500 und rund 16 Prozent sogar weniger als 500 Einwohner, was auch im internationalen Vergleich einen Tiefstwert darstellt. Gleichzeitig leben in der einen Hälfte aller Gemeinden weniger als 10 Prozent der Schweizer Bevölkerung, während heute rund drei Viertel in den Städten und Agglomerationen wohnen.[4] Trotz dieser ausgesprochenen Kleinräumigkeit, Personalmangel, Finanzdruck und steigendem Arbeitsaufwand hat bislang keine gross angelegte Territorialreform stattgefunden. Immer wieder scheitern Gemeindefusionen an lokalen Ängsten vor einem Verlust von Macht und Autonomie (u. a. Strebel 2019). Dennoch lässt sich seit Beginn der 1990er Jahre eine deutliche Zunahme an Gemeindefusionen feststellen, wobei viele Kantone mit finanziellen Anreizen versuchen, die Gemeinden zum Zusammenschluss zu animieren.[5] Anfang 2024 existierten noch 2'131 politische Gemeinden in der Schweiz, was im Vergleich zu 1990 eine Abnahme um fast 30 Prozent darstellt. Die umfassendste Gemeindefusion hat der Kanton Glarus vorgenommen, der an der Landsgemeinde 2006 beschlossen und 2007 bestätigt hat, die Anzahl der Gemeinden von 25 auf drei zu reduzieren, was bis 2011 auch umgesetzt wurde (Hofmann/Rother 2019). Als „dritter Weg", um funktionalen Zwängen ohne Territorialreformen zu begegnen, erlangten die unterschiedlichsten Formen der interkommunalen Zusammenarbeit wie etwa Zweck- bzw. Gemeindeverbände, Regionalkonferenzen, oder gemeinsame Organe zur Aufgabenerfüllung grosse Bedeutung (Steiner u. a. 2021; Strebel/Bundi 2023).

Ein viertes Merkmal bildet die *hohe Diversität der Gemeinden*, was sich neben den Grössenunterschieden vor allem in der Vielzahl der Gemeindetypen wie Bürger-, Kirch- und Schulgemeinden einerseits, sowie in der Vielfalt der politischen Organisationsform andererseits ausdrückt (z. B. Gemeindeparlament vs. -versammlung), wobei nur die politische Einwohnergemeinde über allgemeine Kompetenzen verfügt und sich strikt territorial organisiert, sprich: alle Einwohner des jeweiligen Gebiets umfasst (Ladner/Keuffer 2022). Besonders zahlreich treten innerhalb oder grenzübergreifend zu den politischen Einwohnergemeinden die Kirchgemeinden unterschiedlicher Konfessionen mit rund 2'600 an der Zahl auf. Abgesehen davon, dass der *Dualismus zwischen kirchlicher und politischer Gemeinde* fast überall weiter existiert, bestehen auch im säkular-politischen Raum nach wie vor unterschiedliche Körperschaften mit spezifischer Mitgliedschaft oder Zuständigkeit. So bestehen weiterhin rund 1'500 sogenannte Bürger- bzw. Burgergemeinden, die nur jene Einwohner umfassen, die dort auch das (lokale) Bürgerrecht besitzen. Diesen kommen als Eigentümer extensiver Ländereien (Waldbesitz) heute wichtige bodenpolitische sowie vielerorts auch wichtige subsidiäre kulturelle

---

4 Auf die an Bedeutung gewonnene Agglomerations- und Metropolisierungsproblematik in der Schweiz wird hier nicht eingegangen. Vgl. hierzu ausführlich Blöchliger (2005) bzw. Kübler (2022).
5 Für eine Übersicht über die Entwicklung der Gemeindefusionen und ihre Wirkungen vgl. Vatter (2018: 145ff.).

(Museen, Theater etc.) und sozialfürsorgerische Aufgaben zu. Die Schulgemeinden mit eigenen Schulbehörden und eigenem Finanzhaushalt sind hingegen nur noch in einzelnen Ostschweizer Kantonen erhalten geblieben, während Korporationen zur Nutzung gemeinsamer Landressourcen (Weiden, Flüsse etc.) vor allem ein Merkmal rural geprägter Kantone sind (Geser 1999).

### 10.3.3 Das politische System der Gemeinden

Die lokale Politik zeichnet sich in der Schweiz gemeinhin durch die starke Verbreitung des typischen Milizsystems, die bürgernahe Behandlung von konkreten Sachfragen, konkordantes Regieren sowie eine im Vergleich zu den oberen Ebenen geringere ideologische und parteipolitische Auseinandersetzung aus (zumindest in den ländlichen Gebieten). Auch wenn die politischen Grundstrukturen der Gemeinden beträchtlich variieren, lassen sich in Bezug auf die einzelnen politischen Akteure doch einige generelle Aussagen machen:

Ob die *Funktion der Legislative* von der Gemeindeversammlung (zwei- bis dreimal jährlich tagende Bürgerversammlung) oder von einem Gemeindeparlament übernommen wird, hängt sowohl von der Grösse einer Gemeinde als auch vom politisch-kulturellen Hintergrund ab, wobei auch im Jahre 2024 weiterhin mehr als 80 Prozent der Gemeinden über kein Parlament verfügen (Strebel 2023). Die Versammlungsdemokratie ist insbesondere in den kleinen Gemeinden der Deutschschweiz verbreitet, wobei auch jede zweite deutschsprachige Gemeinde mit einer Einwohnerzahl zwischen 10'000 und 20'000 Einwohnern eine Gemeindeversammlung besitzt und erst ab 20'000 Einwohnern ein Gemeindeparlament die Regel ist. Allerdings liegen nur 17 Prozent der schweizweit 461 Gemeindeparlamente in der deutschsprachigen Schweiz (Stand 2024). Umgekehrt ist die Tradition der Versammlungsdemokratie in der vom repräsentativ-demokratischen Ideal geprägten lateinischen Schweiz vergleichsweise selten. Die Kantone Genf und Neuenburg lassen sogar überhaupt keine Gemeindeversammlung zu. Auch in Freiburg, Tessin und Waadt sind Gemeindeparlamente sehr verbreitet, wobei ein Parlament in jenen drei Ständen ab einer bestimmten Bevölkerungsgrösse möglich oder zwingend ist (Strebel 2023).

Die *Exekutive* gilt gemeinhin als der einflussreichste Akteur in der Kommunalpolitik, wobei vor allem der Gemeindepräsident und der Finanzvorstand über viel Einfluss verfügen (Geser u. a. 2011, Haus/Ladner 2020; Ladner 2019). Sie wird in rund 70 Prozent der Fälle nach dem Majorz und in knapp 30 Prozent der Fälle nach dem Proporzverfahren gewählt.[6] Im Gegensatz zur Regierung auf Stufe Bund oder Kanton handelt es sich nicht um ein klassisches Kollegialorgan von gleichberechtigten Mitgliedern. Vielmehr hat der Gemeindepräsident in der Regel mehr Kompetenzen als die anderen Exekutivmitglieder und wird auch vom Volk spezifisch für dieses Amt gewählt. Die Gemeinderäte sind in rund 85 Prozent der Fälle Milizpolitiker; die wenigen Vollzeitämter beschränken sich vor allem auf die Städte oder grösseren Gemeinden ab 20'000 Einwohnern (Geser u. a. 2011;

---

6 In rund 15 % der Gemeinden wird die Exekutive durch die Gemeindeversammlung gewählt (Ladner/Bühlmann 2006).

Freitag/Bundi/Flick Witzig 2019). Trotz zunehmender Arbeitsbelastung hat aber bis heute keine eigentliche Professionalisierung stattgefunden. Aufgrund der wachsenden Schwierigkeiten, genügend geeignete Kandidierende für die rund 15'000 kommunalen Exekutivämter zu finden (Ladner 2015), haben die lokalen Exekutiven in den letzten Jahren in Bezug auf ihre Mitgliederzahl etwas abgenommen. Sie liegt heute durchschnittlich bei knapp sechs Mitgliedern (Geser 1999; Geser u. a. 2011).

Die hauptamtlichen Angestellten bilden den inneren Kern der *Gemeindeverwaltung* und sind für die Implementation der Geschäfte zuständig. Im Gegensatz zu den Milizpolitikern sind sie regelmässig vor Ort, stehen für Anfragen zur Verfügung und sammeln in langjähriger Tätigkeit wertvolle Erfahrungen. Vor allem aber stehen sie den politischen Behörden als Ausführungsorgane ohne politische Ambitionen zur Verfügung. Dabei kann unterschieden werden zwischen der Kernverwaltung, den öffentlich-rechtlichen Anstalten (Gemeindebetriebe) und dem Schulwesen (v. a. Lehrpersonal). Knapp die Hälfte der im öffentlichen Sektor auf kommunaler Ebene angestellten Personen arbeitet im Schulwesen, knapp 30 Prozent in der Kernverwaltung und 25 Prozent bei den Annexanstalten (z. B. Elektrizitätswerke). Neuere Konzepte des New Public Managements fallen am ehesten bei grösseren Gemeinden auf fruchtbaren Boden, weil bei der kommunalen Verwaltung stärker als auf Kantons- und Bundesebene konkrete Dienstleistungsaufgaben anstelle hoheitlicher Rechtsfunktionen im Mittelpunkt stehen (Geser 1999; Freitag/Bundi/Flick Witzig 2019; Steiner u. a. 2021).

Eine wichtige Rolle spielen auf lokaler Ebene schliesslich auch *die Kommissionen*. Im Vergleich zur Gemeindeexekutive verfügen diese kommunalen Milizgremien über eingeschränktere Kompetenzen und einen spezifischeren Aufgabenkreis. Kommissionen haben dabei vor allem zwei Funktionen: Erstens dienen sie dazu, Mitwirkungschancen für verschiedene Parteien und Gruppen zu schaffen und damit politische Entscheide breiter abzustützen. Zweitens ermöglichen sie es, die vorhandenen Kenntnisse und Fertigkeiten aus der Privatwirtschaft für das kommunale Gemeinwesen zu nutzen. Heute sind fast alle Gemeinden auf die Mitarbeit von Berufsfachleuten in Milizkommissionen angewiesen. Entsprechend hat fast die Hälfte aller Gemeinden in den letzten 20 Jahren die Zahl der Kommissionen sowie ihre Kompetenzen erhöht, was aber auch zu zunehmenden Koordinationsproblemen geführt hat (Geser 1999; Steiner u. a. 2021).

Zusammenfassend können die Unterschiede zwischen den politischen Akteuren auf kommunaler Ebene im Vergleich zu Bund und Kantonen wie folgt zusammengefasst werden (Geser 1999; Haus/Ladner 2020; Ladner 1991, 2008, 2019; Ladner/Keuffer 2022):

- Die *Exekutivmitglieder, oft besonders die Gemeindepräsidenten, gemeinsam mit der Verwaltung,* verfügen über eine starke Position und übernehmen bisweilen Funktionen, die auf oberen Ebenen üblicherweise eher bei der Legislative angesiedelt sind. Vor allem die *lokalen Verwaltungen* sind sowohl in den kleinen als auch in den grossen Gemeinden ein wichtiger und einflussreicher Akteur.

- Ausserhalb der städtisch-professionalisierten Gemeindeparlamente ist die kommunale *Legislative* im Vergleich zum Bund und auch zu vielen Kantonen schwächer und nimmt ihre Auslösungs- und Gesetzgebungsfunktionen nur beschränkt wahr. Es ist vielmehr die Exekutive und vor allem die Verwaltung, welche die entsprechenden Vorlagen ausarbeitet. Bei Kommunen mit Gemeindeversammlungen wirft zudem die geringe Beteiligungsrate von weniger als fünf Prozent in Gemeinden mit mehr als 10'000 Einwohnern aus demokratietheoretischer Sicht Fragen auf.

- Die *Bürgerinnen und Bürger* zählen nach Einschätzung der Gemeinderäte nach der Gemeindeexekutive, dem Gemeindepräsidenten und dem Gemeindeparlament zu den viertwichtigsten Akteuren in den Gemeinden – und zwar unabhängig davon, ob es sich um eine Parlaments- oder um eine Versammlungsgemeinde handelt. Eigentliche *direktdemokratische Elemente* wie Initiative und Referendum spielen auf kommunaler Ebene je nach Kulturraum und Gemeindegrösse eine unterschiedlich wichtige Rolle (Bützer 2007; Flick Witzig/Vatter 2023; Haus/Ladner 2020). Während in den Städten der Deutschschweiz die kommunale direkte Demokratie intensiv und, was die Erfolgschancen von Volksinitiativen angeht, überaus erfolgreich praktiziert wird, beschränkt sie sich in kleineren deutschsprachigen Gemeinden im Wesentlichen auf die Gemeindeversammlung. In der lateinischen Schweiz dominiert das repräsentativdemokratische Modell, bei dem auf direktdemokratische Instrumente nur im Ausnahmefall zurückgegriffen wird. Bei der Höhe der Stimmbeteiligung auf kommunaler Ebene spielen ausgeprägte „Spillover-Effekte": Finden zeitgleich Urnengänge auf eidgenössischer Ebene statt, liegt die Teilnahmerate bei rund 46 Prozent. Wird in den Gemeinden zeitlich unabhängig abgestimmt, liegt die Beteiligung hingegen deutlich tiefer (Flick Witzig/Vatter 2023). Neben herkömmlichen direktdemokratischen Instrumenten experimentieren immer mehr (städtische) Gemeinden mit sog. (digitalen) „democratic innovations", welche die Bürger mit neuen sachunmittelbaren Beteiligungsformen teilhaben lassen (z. B. Bürgerräte; vgl. Geisler 2023; Gianola u. a. 2024).

- *Lokale Vereine* reihen sich als einflussreichste Kollektivakteure ein. Sie bündeln die vielfältigen Interessen der Bevölkerung (z. B. Vereine für Menschen mit migrantischer Biographie, Bauernverbände) und beeinflussen die Lokalpolitik durch selektive Mobilisierung bei bestimmten lokalen Abstimmungen massgeblich (Haus/Ladner 2020: 71). Auch können lokale Vereine den Exekutivmitgliedern, die zu rund drei Viertel selbst in einem Verein aktiv sind (Geser u. a. 2011: 39), als wichtige Wahlkampfstütze dienen. Das *(organisierte) lokale Gewerbe* und *Wirtschaftsverbände* entfalten hingegen nur einen eher geringen Einfluss auf die Gemeindepolitik; ebenso lokale Interessengruppen wie Quartiere oder Aktionskomitees (Haus/Ladner 2020).

- Die *Parteien* haben in der Lokalpolitik nur noch einen sehr begrenzten Stellenwert. Mittlerweile existieren in jeder zehnten Gemeinde überhaupt keine Parteien mehr (Haus/Ladner 2020: 71). Mit diesem Parteienschwund einher geht eine starke Zunahme an parteilosen Exekutivmitgliedern. „Der durch die Parteien mitgeprägten Lokalpolitik in den grösseren Gemeinden steht zusehends eine Lokalpolitik ohne Parteien in den kleinen Gemeinden gegenüber" (Ladner

2008: 75). Heute beläuft sich der Anteil der parteilosen Exekutivmitglieder auf 46 Prozent (Steiner u. a. 2021). Ihre einst lokalpolitisch bedeutsame Rolle konnten die Parteien nur noch in grösseren, urban geprägten Gemeinden erhalten; ebenso im Tessin (Haus/Ladner 2020).

- Die *Rechtsprechung* ist auf kommunaler Ebene nur in begrenztem Masse ausgebaut (z. B. Friedensrichter, Ombudspersonen). Gemeinden haben dabei vor allem die Kompetenz, in erster Linie Vergehen gegen die Gemeinderegeln zu ahnden. So verfügt die Gemeindeexekutive kraft kantonalen Rechts über spezifische Amtskompetenzen im polizeilichen Bereich. Hinzu kommt die Rechnungsprüfungskommission als lokales Kontrollorgan der Exekutive (Haus/Ladner 2020).

Insgesamt ist die Kommunalpolitik heute nach wie vor weniger durch konfliktbeladene und ideologische Auseinandersetzungen geprägt als die kantonale und eidgenössische Politik, wobei mit zunehmender Gemeindegrösse auch die Zahl und Intensität der Konflikte steigt. Während es in den 1990er Jahren vor allem politische Auseinandersetzungen um Umwelt-, Bau-, Verkehrs- und Energiethemen gab, kamen über die Zeit auch Konflikte in den Bereichen Finanzen, Steuern, Infrastrukturen und Sozialfürsorge hinzu. Die sinkende Relevanz und das teilweise Verschwinden der politischen Parteien in kleineren Kommunen sowie die zunehmenden Probleme kommunaler Behörden, Freiwillige zu finden, die sich für ein Milizamt zur Verfügung stellen, haben die wichtige Rekrutierungsfunktion der Lokalparteien geschwächt (Ladner 2008). Vor besonders grossen (finanziellen) Herausforderungen stehen einerseits die in vielerlei Hinsicht überforderten, strukturschwachen ländlichen Kleinstgemeinden, andererseits die aufgrund ihrer Zentrumsfunktion mit zahlreichen infrastrukturellen und sozialen Problemen konfrontierten Städte.

### 10.3.4 Die Dezentralisierungsstrukturen der Kantone

Die Schweizer Gemeinden sind nicht souveräne, sondern verfassungsrechtlich den Kantonen untergeordnete Gebietskörperschaften. Entsprechend untersteht die Gemeindeautonomie dem jeweiligen kantonalen Recht; sie kann eingeschränkt oder ausgeweitet werden. In der Praxis finden sich deshalb auch beträchtliche Unterschiede im Dezentralisierungsgrad der Kantone. Bis heute bestehen jedoch relativ wenige Studien, die sich aus einer vergleichenden Perspektive mit den Machtrelationen zwischen der lokalen und kantonalen Ebene beschäftigt haben. Bisherige Untersuchungen haben entweder die rechtliche Ausgestaltung der Gemeindeautonomie (Fiechter 2010; Giacometti 1941) oder die fiskalische Dezentralisierung erfasst (Freitag/Vatter 2008; Rühli 2012). Weitere Erkenntnisse liefern die Analysen von Steiner u. a. (2021), die auf der Basis von mehrmals durchgeführten Gemeindeschreiberbefragungen die unterschiedlich wahrgenommene Autonomie der Gemeinden gegenüber dem jeweiligen Kanton erhoben haben. Dabei zeigt sich erwartungsgemäss, dass die Gemeinden der Westschweizer Kantone – mit Ausnahme des Wallis – eine besonders schwache Autonomie gegenüber dem Kanton verspüren. Das gilt insbesondere für den Kanton Genf, wo die Gemeinden über sehr geringe politische Entscheidungsspielräume verfügen und primär als dezentrale Vollzugsorgane wahrgenommen werden. Innerhalb der deutschen Schweiz sind es – mit Ausnahme des Kantons Zürich – kleinere Landkantone, in denen die stärkste (wahrgenommene) Gemeindeautonomie besteht. Die Befragungen zeigen auch, dass eine Mehrheit von 65 Prozent der Gemeindeschreiber der Meinung ist, dass die Autonomie ihrer Gemeinde seit den 1980er Jahren generell abgenommen hat (Fiechter 2010; Steiner u. a. 2021).

Einen umfassenden Erklärungsansatz wählt Mueller (2015a), der in seiner breit angelegten Untersuchung die Verteilung von Macht und Kompetenzen zwischen den Gemeinden und des jeweiligen Kantons über die kantonalen Dezentralisierungsstrukturen erfasst. Er unterscheidet dabei zwischen einer institutionellen (Polity), funktionalen (Policy) und akteurzentrierten (Politics) Dezentralisierungsdimension (vgl. Ladner u. a. 2019). Die Polity-Dimension stützt sich dabei einerseits auf den rechtlichen Autonomieindex gemäss Giacometti (1941), der in seiner wegweisenden Studie zwischen einer „Zürcher Gruppe" mit einem ausgebauten Gemeindeföderalismus, einer „Berner Gruppe" mit mittlerer Lokalautonomie und einer „Genfer Gruppe" mit starker Zentralisierung unterschieden hat. Andererseits fliesst die wahrgenommene Gemeindeautonomie gemäss den Gemeindeschreiberbefragungen von 1994, 2005 und 2009 ein. Der Index für die *Polity-Dimension* berechnet sich dabei als Mittelwert dieser beiden standardisierten Grössen, die auch stark untereinander korrelieren. Die *Policy-Dimension* setzt sich zusammen aus der fiskalischen Dezentralisierung (Mittelwert aus dem Anteil der Gemeindeausgaben bzw. -einnahmen an den kantonalen und kommunalen Gesamtausgaben bzw. -einnahmen), der administrativen Dezentralisierung (Anteil der Gemeinden an den gesamten öffentlichen Ausgaben für die Verwaltung) und der personellen Dezentralisierung (Mittelwert aus dem Anteil der Gemeindeangestellten an allen öffentlichen Angestellten und dem Anteil der Gemeindelöhne an den gesamten öffentlichen Löhnen). Der Index für die Policy-Dimension berechnet sich als Produkt aus den Prozentwerten des fiskalischen, administrativen und personellen Dezentralisierungsgrades. Zusätzlich berücksichtigt Mueller (2011, 2015a) erstmals auch die *Politics-Dimension*. Sie beruht auf sieben Merkmalen wie der Anzahl von Gemeindepräsidenten im kantonalen Parlament (Ämterkumulation), regionalen Quoten bei der Sitzverteilung in Regierung und Parlament sowie der territorialen Wahlkreisaufteilung bei kantonalen Parlamentswahlen. Aus den sieben Variablen wurde mittels einer Faktorenanalyse ein Politics-Dezentralisierungsindex gebildet. Abschliessend erstellt Mueller (2015a) einen Gesamtindex für den kantonalen Dezentralisierungsgrad, der auf dem arithmetischen Mittel der standardisierten Indexwerte für die drei Dezentralisierungsdimensionen auf der Basis von 16 Indikatoren beruht.

Grundsätzlich bestätigt die Studie von Mueller (2015a) die bisherigen Erkenntnisse über den unterschiedlichen Autonomiegrad der Gemeinden in den Kantonen, der von Osten nach Westen kontinuierlich abnimmt. So weisen die beiden Ostschweizer Kantone Appenzell Ausserrhoden und Graubünden die insgesamt dezentralisiertesten Strukturen auf; gefolgt von weiteren kleinen und eher ländlichen Ständen der Inner- und Ostschweiz. Im Mittelfeld befinden sich die deutschsprachigen Mittellandkantone wie Luzern, Solothurn und Aargau, worauf die Nordwestschweizer Kantone folgen. Die zentralisiertesten Strukturen besitzen derweil die französischsprachigen Kantone Neuenburg, Waadt, Freiburg und Genf, wobei letzterer mit deutlichem Abstand die Spitzenposition einnimmt.

*Tabelle 10.2: Der Grad an Gemeindeautonomie und Dezentralisierung in den Kantonen*

| Kanton | Zahl der Gemeinden (01.04.2024) | Gemeinde-autonomie (2017) | Polity-Dezentrali-sierung | Policy-Dezentrali-sierung | Politics-Dezentrali-sierung | Grad der Dezentra-lisierung |
|---|---|---|---|---|---|---|
| AR | 20 | 5.88 | 1.06 | 1.24 | 0.91 | 1.07 |
| GR | 101 | 5.49 | 0.99 | 1.25 | 0.97 | 1.07 |
| ZG | 11 | 6.56 | 1.54 | 0.49 | 0.71 | 0.91 |
| OW | 7 | 6.14 | 1.31 | 0.18 | 1.03 | 0.84 |
| GL | 3 | 6.00 | 0.75 | −0.57 | 2.35 | 0.84 |
| AI | 5 | 5.25 | 0.81 | −0.52 | 2.01 | 0.77 |
| ZH | 160 | 4.67 | 0.61 | 1.80 | −0.32 | 0.70 |
| TG | 80 | 6.16 | 1.26 | 0.73 | −0.04 | 0.65 |
| SZ | 30 | 5.67 | 0.51 | 0.74 | 0.61 | 0.62 |
| NW | 11 | 4.82 | 1.00 | −0.01 | 0.87 | 0.62 |
| SH | 26 | 5.37 | 0.02 | 0.70 | −0.22 | 0.17 |
| SG | 75 | 5.37 | −0.22 | 1.04 | −0.51 | 0.10 |
| LU | 80 | 4.77 | −0.46 | 1.21 | −0.70 | 0.02 |
| VS | 122 | 5.29 | −0.41 | 1.08 | −0.66 | 0.00 |
| SO | 106 | 4.44 | −0.43 | 0.56 | −0.37 | −0.08 |
| AG | 197 | 4.71 | 0.57 | −0.64 | −0.23 | −0.10 |
| UR | 19 | 4.94 | 0.18 | −1.27 | 0.18 | −0.30 |
| BL | 86 | 4.08 | −0.58 | −0.86 | 0.21 | −0.41 |
| BS | 3 | 6.00 | 0.31 | −1.91 | 0.07 | −0.51 |
| JU | 50 | 3.73 | −1.06 | −0.63 | 0.10 | −0.53 |
| BE | 335 | 4.38 | −0.38 | 0.00 | −1.65 | −0.68 |
| TI | 106 | 3.89 | −0.81 | −0.61 | −1.05 | −0.82 |
| NE | 27 | 3.80 | −1.80 | −0.33 | −0.60 | −0.91 |
| VD | 300 | 4.00 | −1.35 | −0.70 | −1.09 | −1.04 |
| FR | 126 | 4.23 | −1.39 | −1.39 | −0.71 | −1.16 |
| GE | 45 | 3.71 | −2.02 | −1.58 | −1.88 | −1.83 |

Anmerkungen: Reihenfolge gemäss Gesamtindexwerten. Die Indexwerte (gesamt und die drei Dezentralisierungsdimensionen) sind standardisiert. Die Werte für die Gemeindeautonomie basieren auf der Gemeindeschreiberbefragung von 2017.
Quellen: Bundesamt für Statistik (2024), Mueller (2015a: 219) und Steiner u. a. (2021).

Ausgehend vom variierenden Ausmass der innerkantonalen Dezentralisierung einerseits und den unterschiedlichen Leistungsprofilen der Kantone andererseits stellt sich abschliessend die Frage, welchen Einfluss dezentrale Strukturen auf die kantonale Staatstätigkeit ausüben (Freitag/Vatter 2008; Schaltegger 2001; Vatter/Freitag 2007; Mueller u. a. 2017). Insgesamt zeigt sich, dass eine zurückhaltende Staatstätigkeit nicht nur auf eine intensive Mitsprache des Volkes bei Budget- und Finanzvorlagen zurückzuführen ist, sondern auch auf eine ausgebaute dezentrale Entscheidungsstruktur. Je stärker die Kantone fiskalisch oder organisatorisch dezentralisiert sind, desto geringer fällt in der Regel die staatliche Ausgabentätigkeit aus. Im Weiteren weisen Kantone mit einer ausgeprägten

Gemeindeautonomie signifikant geringere Steuerbelastungen auf als zentralisierte Gliedstaaten. Dies kann sowohl als Hinweis auf die Wirksamkeit eines ausgeprägten innerkantonalen Steuerwettbewerbs und einer dezentralen Bereitstellung staatlicher Leistungen als auch als Ausdruck grundsätzlicher Skepsis gegenüber allzu stark ausgreifender Staatstätigkeit gedeutet werden. Allerdings führt eine stärkere Dezentralisierung im Sinne von Muellers (2015a) *politics*-Dimension eher zu erhöhten Kantons- im Vergleich zu Gemeindeausgaben (Mueller u. a. 2017).

### 10.4 Die Funktionen der vertikalen Institutionen des Föderalismus

Damit die Leitideen des Föderalismus wie gliedstaatliche Autonomie („self-rule") sowie die Mitwirkung der Kantone im Bund („shared rule") in die Praxis umgesetzt werden können, bedarf es institutioneller Vorkehrungen. Der föderalistische Austauschprozess findet dabei sowohl in einer *vertikalen* als auch in einer *horizontalen Richtung* statt. Während die vertikalen Institutionen des Föderalismus die Mitwirkung der Kantone an der Willensbildung des Bundes sicherstellen, ermöglichen die horizontalen Institutionen die Kooperation zwischen den Kantonen (Neidhart 1975, 2001; Vatter 2006, 2022a, b). Im Folgenden werden die vertikalen und horizontalen Institutionen des schweizerischen Föderalismus erläutert, sofern sie nicht schon behandelt wurden.[7]

#### 10.4.1 Die Zweite Parlamentskammer: Der Ständerat

Das Zweikammersystem mit einer Volkskammer (Nationalrat) und Kantonskammer (Ständerat), die einander in Bezug auf ihre Kompetenzen gleichgestellt sind, bildet eines der Kernstücke der Einflussnahme der Kantone auf die Willensbildung des Bundes. Es wurde im siebten Kapitel bereits ausführlich dargestellt (vgl. auch Mueller/Vatter 2020).

#### 10.4.2 Die Standesstimme für Verfassungsrevisionen: Das Ständemehr

Die doppelte Hürde des Volks- und Ständemehrs für Verfassungsänderungen bildet einen weiteren Eckpfeiler des schweizerischen Föderalismus, der ausführlich im neunten Kapitel behandelt wurde.

#### 10.4.3 Die Standesinitiative

Die Standesinitiative, im Jahre 1848 als Ersatz für das fehlende Instruktionsrecht der Kantone eingeführt, gibt jedem Kanton das Recht, einen Antrag auf Revision der Bundesverfassung oder eines Bundesgesetzes einzureichen. In allen Kantonen steht dieses Recht dem Parlament zu, in zwei Kantonen subsidiär auch der Regierung. In neun Kantonen kann eine Standesinitiative mittels Volksinitiative auch von der stimmberechtigten Bevölkerung lanciert werden. Im Gegensatz zur Volksinitiative handelt es sich bei der Standesinitiative allerdings nicht um ein

---

7 Die Darstellung beschränkt sich auf vertikale Föderalismusinstitutionen, die im Jahr 2024 in der Bundesverfassung vorgesehen oder in der Praxis von Bedeutung sind. Für frühere, inzwischen abgeschaffte Formen der Mitwirkung der Kantone an der Willensbildung des Bundes wie bspw. die ausserordentliche Einberufung der Bundesversammlung auf Antrag von fünf Kantonen (1815–1999) vgl. Wili (1988).

eigentliches Initiativ-, sondern lediglich um ein *Initiativbegehrensrecht*. Während eine erfolgreich zustande gekommene Volksinitiative den Stimmberechtigten und Ständen vorgelegt werden muss, entspricht die Standesinitiative nur einem Antrag an die Bundesversammlung. Lehnt eine der beiden Parlamentskammern das Begehren ab, so hat die Standesinitiative keine weiteren direkten Wirkungen. Leisten beide Räte der Standesinitiative hingegen Folge, so wird analog dem Verfahren der parlamentarischen Initiative eine Kommission beauftragt, eine Vorlage auszuarbeiten (Baumgartner 1980; Wili 1988; Mueller/Mazzoleni 2016).

Bis in die 1970er Jahre wurde von der Standesinitiative wenig Gebrauch gemacht; seither hat ihre quantitative Bedeutung aber stetig zugenommen (vgl. Abbildung 10.2). So wurden bis in die 1970er Jahre pro Jahrzehnt im Schnitt ein knappes Dutzend Standesinitiativen eingereicht, in den 1980er Jahren stieg die Zahl auf 47 und verdoppelte sich in den 1990er Jahren auf 103 bzw. in den 2000er Jahren noch einmal auf 182 Standesinitiativen. Zwischen 2010 und 2023 wurden insgesamt 151 Standesinitiativen eingereicht.

*Abbildung 10.2: Anzahl eingereichter Standesinitiativen, 1990–2023*

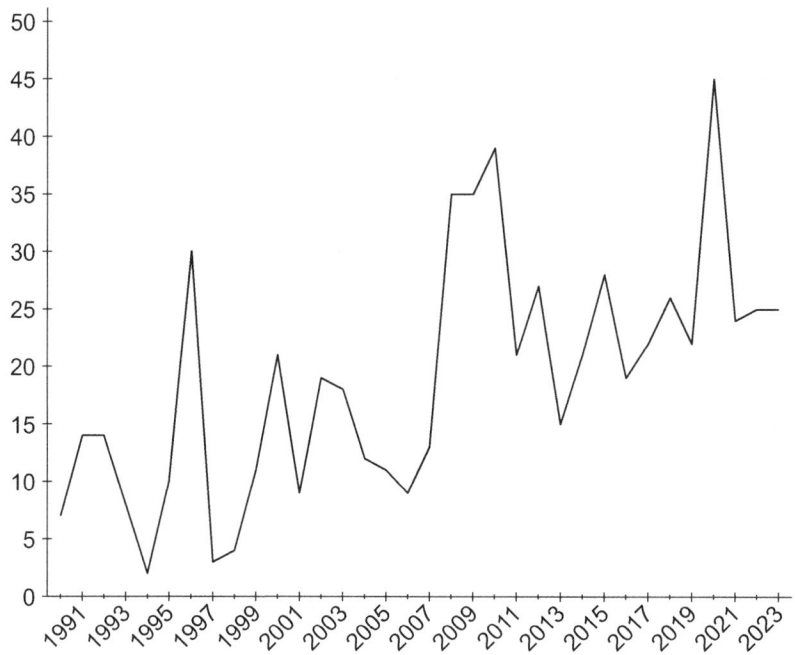

Anmerkung: N = 644 Standesinitiativen.
Quellen: Jenny (2012) und Curia Vista (2024).

# 10 Der Föderalismus

*Abbildung 10.3: Anzahl eingereichter Standesinitiativen nach Kantonen, 1990–2023*

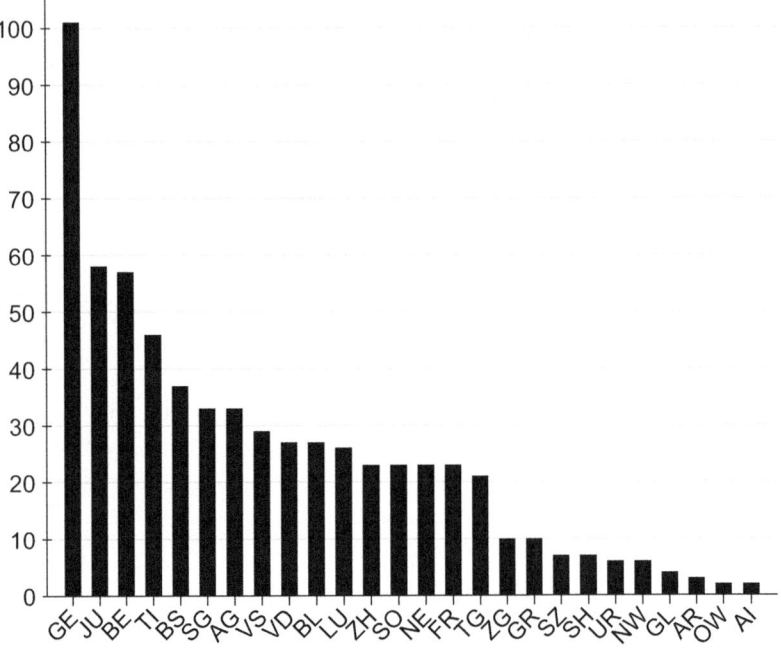

Anmerkung: Insgesamt 644 Standesinitiativen.
Quellen: Jenny (2012) und Curia Vista (2024).

Wie in Abbildung 10.3 ersichtlich, lanciert der Kanton Genf mit Abstand die meisten Standesinitiativen. Deutlich nachgelagert folgen mit Jura, Bern und dem Tessin drei weitere „Vielnutzer", während kleinere Inner- und Ostschweizer Kantone nur sehr selten von diesem Mitwirkungsinstrument Gebrauch machen. Gemäss Jenny (2012) hängt die unterschiedliche Aktivität der Kantone vor allem mit zwei Faktoren zusammen. So steigt die Zahl lancierter Standesinitiativen mit der Parteienfragmentierung sowie der bevölkerungsmässigen Untervertretung eines Kantons im Ständerat signifikant an. Dem fügen Mueller und Mazzoleni (2016) die Elemente der Randlage und die oftmals damit einhergehende Präsenz regionalistischer Parteien hinzu (Mouvement Citoyens Genevois und Lega dei Ticinesi).

Inhaltlich befassen sich die Standesinitiativen zwischen 1990 und 2010 zu 70 Prozent gleichmässig mit den vier Bereichen Wirtschaft und Steuern, Staat und Recht, Gesundheit und Sozialversicherungen sowie Verkehr und Energie, nachgelagert mit der Landwirtschaft-, Umwelt-, Migrations- und Bildungspolitik (Jenny 2012; Vatter 2018). In den 2010er Jahren haben sich gewisse Themenschwerpunkte akzentuiert, wobei auffallend viele Standesinitiativen auf die Kategorien „Energie und Umwelt" sowie „Landwirtschaft" entfallen (Curia Vista 2024). Es handelt sich dabei um legislativ stark zentralisierte Politikfelder, deren Vollzug aber weiterhin in den Händen der Kantone liegt (Dardanelli/Mueller 2019: 142). Weiter berühren die Initiativbegehren der Kantone oftmals sehr regionspezifische Problemlagen wie bspw. die Wolfsregulierung oder Grenzgänger. Als Ausdruck der zunehmenden Nationalisierung der Schweizer Politik spiegeln Standesinitiativen oft auch bundespolitische Debatten (z. B. um Freihandelsabkommen), um jenen Forderungen quasi „von unten" zusätzlichen Nachdruck zu verleihen (Freiburghaus 2024). Unabhängig des Themas gilt jedoch: Der direkte Erfolgsgrad von Standesinitiativen ist äusserst niedrig. Für den Zeitraum von 1970 bis 2001 kommt Neuenschwander (2006) zum Schluss, dass nur ein Drittel aller Standesinitiativen eine gewisse Wirkung erzielt, indem sie z. B. im Bundesparlament ein Postulat oder eine Motion auslöst. Jenny (2012) bestätigt den insgesamt geringen direkten Effekt für die Jahre 1990 bis 2010: Das Parlament leistete in dieser Periode nur knapp 20 Prozent aller eingereichten Standesinitiativen Folge. Diese abnehmende Tendenz hat sich in der neuesten Zeit nochmals deutlich verschärft: Bei nur acht Prozent der zwischen 2008 und 2023 erledigten Standesinitiativen entschieden beide Kammern auf „Folge gegeben" (Curia Vista 2024).

Insgesamt übt die Standesinitiative vor allem drei Funktionen aus: erstens eine Protestfunktion, indem die Kantone mit diesem Mitwirkungsinstrument missliebige Bundesgesetze (z. B. das Krankenversicherungsgesetz) bekämpfen und dem Parlament ihre negativen Stellungnahmen des Vernehmlassungsverfahrens noch einmal in Erinnerung rufen. Zweitens kommt ihnen eine mediale „Werbeträgerfunktion" zu, bei der sich die Standesinitiative weniger an die Bundesparlamentarier richtet als vielmehr zur Positionierung kantonaler Akteure im eigenen Kanton dient. Drittens übernehmen Standesinitiativen eine Mitwirkungs- und Lobbyingfunktion, indem oft mehrere Kantone versuchen, mit gleichzeitig lancierten Standesinitiativen ein Gesetzgebungsverfahren beim Bund in ihrem Sinne zu beeinflussen (vgl. Jenny 2012; Neuenschwander 2006; Mueller/Mazzoleni 2016).

Schon Baumgartner (1980: 148ff.) und Wili (1988) haben aufgrund der Schwerfälligkeit und relativen Erfolglosigkeit der Standesinitiative abgestufte Reformvorschläge unterbreitet (z. B. Optimierung des parlamentarischen Beratungsverfahren). Auch wenn sich eine gewisse Straffung realisieren liess, führte die relative Erfolglosigkeit des Instruments längst dazu, dass die Kantone auf informelle und weitaus wirkmächtigere Kanäle des „Kantonslobbyings" ausweichen (Mueller 2024; Freiburghaus 2024).

### 10.4.4 Das Kantonsreferendum

Gemäss Bundesverfassung können nicht nur 50'000 Stimmberechtigte, sondern auch acht Kantone eine Volksabstimmung über ein Bundesgesetz, einen allgemeinverbindlichen Bundesbeschluss oder über bestimmte Staatsverträge verlangen. Über das Kantonsreferendum entscheidet das Kantonsparlament, wenn das kantonale Recht nichts anderes bestimmt (Hangartner u. a. 2023: 413). Vom Recht des fakultativen Gesetzes- und Staatsvertragsreferendums durch die Kantone wurde aufgrund des hohen Quorums von acht Kantonen bis zum Ende des 20. Jahrhunderts nie erfolgreich Gebrauch gemacht (Wili 1988: 341). Dies änderte sich mit dem „Steuerpaket 2001" des Bundes. Nachdem einige durch National- und Ständerat vorgenommene Änderungen an der Bundesratsvorlage die Steuerausfälle für die Kantone stark erhöht hätten, lancierten elf Kantone unter Federführung der Konferenz der Kantonsregierungen (KdK) erstmals ein erfolgreiches Kantonsreferendum. Gemeinsam mit linksgrünen Kreisen gewannen die Kantone in der Volksabstimmung vom 16. Mai 2004 eine Mehrheit der Stimmenden für eine Ablehnung des Steuerpakets des Bundes. Gemäss der Studie von Fischer (2006) liegen die Gründe für den Erfolg des Kantonsreferendums in den institutionellen Reformen zur erleichterten Lancierung des Referendums in den Kantonen, in der organisatorisch verbesserten Stellung der Kantone gegenüber dem Bund mit dem Ausbau der KdK und in der Dominanz parteipolitischer über kantonalen Interessen im Ständerat. Bislang blieb es jedoch bei nur einem erfolgreichen Anwendungsfall. In der Praxis spielt das Kantonsreferendum heute nicht einmal indirekt als „Drohkulisse" eine Rolle; es wird nur höchst selten strategisch angedroht (Freiburghaus 2024).

### 10.4.5 Die Kantone im vorparlamentarischen Vernehmlassungsverfahren

Im Zuge des Ausbaus des halbdirektdemokratischen Interventions- und Leistungsstaates hat das Vernehmlassungsverfahren als Ort der organisierten Interessenvertretung im gesetzgeberischen Vorverfahren des Bundes eine zentrale Bedeutung erhalten. Die Anhörung der Kantone und der Wirtschaftsorganisationen wurde mit der Zeit Usus; war aber erst seit der Revision der Wirtschaftsartikel von 1947 vorgeschrieben und etablierte sich fortan endgültig als punktuelle, bisweilen gewohnheitsrechtliche Praxis. Das Vernehmlassungsverfahren ging aber erst 1999 als Grundsatzbestimmung in die Bundesverfassung ein. Seither sieht Art. 147 BV vor, dass die Kantone, ebenso die politischen Parteien und weitere „interessierte Kreise", bei der Vorbereitung wichtiger Erlasse und anderer Vorhaben von grosser Tragweite sowie bei wichtigen völkerrechtlichen Verträgen zur Stellungnahme eingeladen werden.

Als Vollzugsträger der Bundesgesetze kommt den Kantonen im Vernehmlassungsverfahren eine herausragende Bedeutung zu, um Referendumsfestigkeit, Sachgerechtigkeit und Vollzugstauglichkeit von Bundeserlassen sicherzustellen. Schenk (1997) betrachtet das Vernehmlassungsverfahren deshalb als das wichtigste Mitwirkungsinstrument der Kantone im Bund überhaupt. Die Staatsschreiberbefragung von Freiburghaus (2024) bekräftigt dies: Auf keine der in der Bundesverfassung vorgesehenen vertikalen Föderalismusinstitutionen greifen die Kantone so häufig zurück wie auf Vernehmlassungseingaben – sei es als einzelner Kanton oder als gebündelte Stellungnahmen im Namen einer interkantonalen Konferenz (vgl. Abschnitt 10.5.1). Lange Zeit ging die Forschung aber davon aus, dass die kantonalen Stellungnahmen keinen grossen Einfluss entfalten würden (vgl. Blaser 2003; Gerheuser/Vatter/Sager 1997; Sager/Steffen 2006). Einerseits würden die Kantone mit Vernehmlassungsentwürfen des Bundes überhäuft, für deren eingehenden Prüfung es ihnen an Ressourcen ermangle; gerade auch aufgrund der oftmals sehr knapp bemessenen Fristen. Andererseits würden kantonale Stellungnahmen im

Vergleich zu denjenigen der Wirtschaftsverbände und anderen Interessengruppen nur ungenügend berücksichtigt, obgleich die Kantone immer mehr Vollzugsaufgaben für den Bund übernehmen müssen (Dardanelli/Mueller 2019). Generell weisen Untersuchungen darauf hin, dass die vorparlamentarische Erarbeitung von Gesetzen und Verordnungen auf Bundesebene von einigen wenigen Akteuren dominiert wird (Blaser 2003; Gerheuser/Vatter/Sager 1997; Sager/Steffen 2006). Linder (1987: 203f.) spricht in diesem Zusammenhang von der Selektivität und eingeschränkten politischen Öffentlichkeit vorparlamentarischer Verfahren. Während den zuständigen Bundesstellen, zugezogenen Experten und referendumsfähigen Interessenverbänden generell eine starke Stellung in dieser Phase zugebilligt wird, hätten andere Akteure wie die Kantone eine vergleichsweise schwächere Position inne. Anders als Verbände und Interessengruppen seien die Kantone generell weniger organisations- und konfliktfähiger, da sie oft heterogene Positionen vertreten und entgegengesetzte Stellungnahmen abgeben würden (Sager/Steffen 2006). Hinzu komme, dass insbesondere bei kleinen und strukturschwachen Kantonen das notwendige Fachwissen zur Bewertung komplexer Bundesentwürfe fehle. Dies begünstige die Entstehung so genannter „Vernehmlassungskartelle", in denen gerade kleinere Kantone ihre Stellungnahme von Verbänden übernehmen würden.

Die von einem nur beschränkten Einfluss der Kantone im Vernehmlassungsverfahren ausgehende ältere Forschung wurde jüngst jedoch revidiert: Eine überwiegende Mehrheit der Kantone erachtet Stellungnahmen im Vernehmlassungsverfahren heute zunehmend als wirkmächtigen Einflusskanal. Das gilt weitgehend unabhängig von der Kantonsgrösse und insbesondere dann, wenn die Eingaben im Verbund einer interkantonalen Konferenz getätigt werden. Gar zusätzliche Prägekraft erwirken die Kantone dann, wenn sie ihre Eingaben in Gesprächen mit Bundesbehörden iterativ rückkoppeln und ihnen so Nachdruck verschaffen können (Freiburghaus 2024).

### 10.4.6 Der Vollzugsföderalismus: Die Umsetzung von Bundespolitik durch die Kantone

Während in vielen Sachgebieten die Gesetzgebungskompetenz beim Bund liegt, wird der Vollzug von Bundespolitik weitgehend den Kantonen anvertraut. Dies bietet für den Bund den Vorteil der Entlastung; für die Kantone die Möglichkeit autonomer Programmgestaltung und milieugerechter Umsetzung (Balthasar 2022; Linder 1987; Linder/Mueller 2017). Zwar unterstehen die Kantone bei der Wahrnehmung der ihnen übertragenen Vollzugsaufgaben der Bundesaufsicht. Allerdings sind Vollzugskontrollen im stark föderalistischen System aufgrund der Notwendigkeit der langfristigen Kooperation enge Grenzen gesetzt und auch politisch schwer durchsetzbar, weshalb der Bund kooperative gegenüber konfliktiven Strategien vorzieht und von seinen Interventionsmöglichkeiten in der Praxis kaum Gebrauch macht (vgl. Freiburghaus/Mueller/Vatter 2021).

Grundsätzlich teilt der Vollzugsföderalismus, der in erster Linie das Zusammenwirken von programmierenden und implementierenden Verwaltungsapparaten beinhaltet, die Eigenschaften allgemeiner Vollzugsprozesse – so etwa eine grosse Anzahl von Akteuren mit unterschiedlichen Interessen, eine geringe Vorausssehbarkeit und eine hohe Bedeutung des politischen Vollzugswillens (Linder 1987). Hinzu kommt, dass die Kantone über das Instrument der Ausführungsgesetzgebung berechtigt sind, die politischen Programme des Bundesgesetzgebers an die regionalen Begebenheiten anzupassen. Die Verschiedenartigkeit föderativer Aufgabenerfüllung ist vom Bundesgesetzgeber oft ausdrücklich vorgesehen. Die Kantone sind deshalb bei der Umsetzung von Bundespolitik nicht nur Vollzugs-, sondern auch Programminstanzen (Linder 1987; Sager/Rüefli 2005).

Trotz der ansatzweisen Aufgabenentflechtung zwischen Bund und Kantonen im Rahmen der NFA und der stärkeren Trennung von strategischen (Bund) und operativen Aufgaben (Kantone) sind die Probleme des Vollzugsföderalismus nach wie vor aktuell, da in den meisten föderalen Systemen eine fortlaufende Tendenz zu neuen Verflechtungen besteht. Die Ursachen, die zu einer Beeinträchtigung der Zusammenarbeit zwischen Bund und Kantonen und damit zu Vollzugsdefiziten führen, sind sehr vielschichtig (Balthasar 2022; Bussmann 1986; Fagagnini 1991; Linder 1987; Vatter/Wälti 2003). So wird für die ungenügende Kooperation zwischen Bund und Kantonen bei der Umsetzung von Bundespolitik zunächst auf die unklare Kompetenzabgrenzung zwischen den beiden Staatsebenen hingewiesen. Dies hat zur Folge, dass neue Aufgaben hin und her geschoben werden (vgl. Bussmann 1986): Neue Probleme fallen zunächst bei den Kantonen an. Steigt der Problemdruck, wenden sich die Kantone an den Bund, der trotz kantonaler Zuständigkeit nun doch mitwirken muss. Zwar schafft dieser darauf die gesetzlichen Grundlagen; delegiert den Vollzug aber weiterhin an die Kantone und gewährleistet dafür im Gegenzug finanzielle Unterstützung. Während aktive Kantone dadurch in den Genuss von Bundesbeiträgen kommen, geraten andere in Verzug und fordern mehr Subventionen. Dies wiederum erfordert weitergehende Unterstützungs- und Sanktionsmöglichkeiten des Bundes. Dieser Prozess führt schliesslich zu einer immer stärkeren Vollzugsnormierung und zu einer immer engeren Verflechtung zwischen Bund und Kantonen (Bussmann 1986; Fagagnini 1991; Mueller/Fenna 2022). Weitere Ursachen der Vollzugsprobleme bilden die oft ungenügende horizontale Koordination und die komplexen Verfahren, die grossen finanziellen, rechtlichen und personellen Unterschiede zwischen den kantonalen Verwaltungen, die knappen Finanzmittel des Bundes, die zu detaillierte Bundesgesetzgebung und die ungenügende Berücksichtigung der regionalen Besonderheiten (Balthasar 2022; Fagagnini 1991; Vatter 2002).

Allgemein zeigen die Ausprägungen des heutigen Vollzugsföderalismus zwar hohe integrative Wirkungen. Gleichzeitig lassen sie in der Regel aber nur inkrementalistische Anpassungen an neue Gegebenheiten zu und begünstigen damit Innovations- und Entscheidungsschwächen des föderalen Politiksystems (Vatter/Wälti 2003). Die Innovationsfähigkeit im Vollzugsföderalismus ist allerdings nicht grundsätzlich schwach, sondern hängt stark von den jeweiligen politischen Konflikt- und Konsenskonstellationen auf den verschiedenen Staatsebenen ab (Linder 1987; Linder/Mueller 2017). So fördert ein breiter politischer Konsens auf Bundes- und Kantonsebene sowohl Innovationen auf Programm- als auch auf Vollzugsebene. Unter diesen Umständen können schon kleine Anstösse Programmentwicklungen und Vollzugsinnovationen auf Kantonsebene auslösen. Herrscht hingegen ein Dissens auf kantonaler Ebene, so ist eine geringe Effektivität von Innovationsbestrebungen zu erwarten. Der Bund kann allerdings versuchen, den geringen dezentralen Konsens durch finanzielle Anreize zu erhöhen. Im Weiteren sind Situationen mit politischem Dissens auf Bundesebene und Konsens auf kantonaler Ebene selten, da die Kantone dem Bund in der Regel kein Programm aufzwingen können. Diese Konstellation bildet oft den Ausgangspunkt für Instrumentalisierungsstrategien der Kantone, bei denen andere Bundesprogramme für die Erreichung eigener Zwecke benutzt werden. Herrscht schliesslich politischer Dissens auf Bundes- und Kantonsebene, so bleiben in der Regel die Innovationen einzelner Kantone isoliert.

Am ehesten lässt sich der Wirkungsgrad des föderativen Vollzugs steigern, wenn in die Revisionen der Bundesgesetze die wissenschaftlichen Erkenntnisse von vorgängig durchgeführten Vollzugs- und Wirkungsevaluationen einfliessen, der Bund schon bei der Programmformulierung Vorabklärungen zur Vollzugstauglichkeit trifft und die Kantone als Vollzugsträger frühzeitig, sachgerecht und chancengleich in die Erarbeitung der Bundeserlasse einbezogen werden (Balthasar 2022; Bussmann/Klöti/Knoepfel 1997; Vatter/Wälti 2003). Studien weisen zudem darauf hin, dass interkantonale Unterschiede im Politikvollzug zumindest teilweise durch sekundäre Harmonisierungsprozesse geglättet werden (Balthasar 2003; Sager 2003).

## 10.5 Die Funktionen der horizontalen Institutionen des Föderalismus

Im Vergleich zu den vertikalen Föderalismusinstitutionen hat die horizontale Kooperation zwischen den Kantonen aufgrund ihrer Schwerfälligkeit und ihres technokratischen Charakters lange Zeit eine untergeordnete Rolle gespielt (Bochsler u. a. 2004; Frenkel 1986; Linder/Vatter 2001; Vatter 2005; Wälti 1996). In den letzten Jahrzehnten hat die interkantonale Zusammenarbeit jedoch stark an Bedeutung gewonnen (Arens 2020; Bochsler 2009; Iff u. a. 2010; Pfisterer 2015; Schnabel 2020a; Wasserfallen 2015). Die horizontalen Institutionen des schweizerischen Föderalismus erfüllen dabei vor allem vier Funktionen: Koordination unter den Kantonen in ihren eigenen Politikbereichen ohne Einbezug des Bundes, Informations- und Erfahrungsaustausch zwischen den Kantonen, gemeinsamer Vollzug von Aufgaben sowie gemeinsame Interessenvertretung gegenüber dem Bund (vgl. Bochsler/Sciarini 2006).

### 10.5.1 Interkantonale Konferenzen

Über die Zeit hat die Notwendigkeit horizontaler Koordination zur Entstehung zahlreicher interkantonaler Konferenzen auf verschiedenen Hierarchiestufen und in diversen Sachbereichen geführt. Zu unterscheiden sind dabei die generalistischen Regierungskonferenzen mit der Konferenz der Kantonsregierungen (KdK) und den Regionalkonferenzen, die sektoralen, politikfeldspezifischen Direktorenkonferenzen sowie die Fachbeamtenkonferenzen (Iff u. a. 2010; Schnabel/Mueller 2017).

Seit 1993 besteht als zentrales Organ des exekutiven Horizontalföderalismus die KdK, in der jede Kantonsregierung Anspruch auf einen Sitz hat und die von einem Leitenden Ausschuss geführt wird. Beschlüsse der Plenarkonferenz, die mit den Stimmen von 18 Kantonsregierungen gefasst werden, gelten als Stellungnahmen der KdK, wobei das Recht der Kantone auf eigene, bisweilen ausscherende Stellungnahmen ausdrücklich gewahrt bleibt (Schnabel 2020a). Die KdK, die entstand, weil sich die Gliedstaaten in den EWR-Verhandlungen übergangen fühlten, bezweckt, die Zusammenarbeit unter den Kantonen zu fördern und in kantonsrelevanten Angelegenheiten des Bundes die erforderliche Koordination und Information der Kantone sicherzustellen. Hierzu zählen insbesondere Fragen der Weiterentwicklung des Föderalismus, der Aufgabenteilung zwischen Bund und Kantonen, der Willensbildung und Entscheidungsvorbereitung im Bund, des Vollzugs von Bundesaufgaben sowie der Aussen- und Integrationspolitik. Auch bei der Koordination der kantonalen Stellungnahmen im Vernehmlassungsverfahren und dem föderalen Vollzug von Bundespolitik ist die KdK eng involviert. In neuerer Zeit spielt(e) die KdK als Ansprechpartnerin des Bundesrates vor allem bei der NFA 2004/2008, beim Kantonsreferendum gegen das Steuerpaket des Bundes 2004, der Optimierung des Finanzausgleichs 2015 sowie beim Projekt „Entflechtung 27 – Aufgabenteilung Bund-Kantone" eine wichtige Rolle als interkantonales Koordinationsgremium. Ein besonderes Gewicht kommt der KdK auch in der Aussen- und Integrationspolitik zu, was etwa in der intensiven Mitwirkung bei der Ausarbeitung der bilateralen Verträge II mit der Europäischen Union sowie den Verhandlungen über das gescheiterte institutionelle Rahmenabkommen (bis 2014) bzw. eines neuen EU-Abkommens ab 2024 zum Ausdruck kam. Insgesamt haben die Aktivitäten der KdK in jüngster Zeit zu einer verstärkten Berücksichtigung der Kantone auf der bundespolitischen Ebene geführt, wobei vor allem die kleineren Kantone von ihrer professionellen Organisation profitierten (Freiburghaus 2024; Fischer 2006; Iff u. a. 2010). Ebendieser auch im internationalen Vergleich augenfällig hohe Institutionalisierungsgrad und die direkte Einsitznahme von kantonalen Regierungsmitgliedern gelten denn auch als Erfolgsfaktoren, was die territoriale Mitbestimmungsfunktion der KdK im Gesetzgebungsprozess betrifft (vgl. Schnabel 2020a; Schnabel 2020b).

Schon länger bestehen die *sechs Regionalkonferenzen der Kantonsregierungen*. Es handelt sich dabei um die Konferenzen der Regierungen der Ost-, Zentral-, Nordwest- bzw. Westschweiz, die Regierungskonferenz der Gebirgskantone sowie die Metropolitankonferenz Zürich. Wie bei der KdK liegen ihre Ziele darin, den Informationsaustausch, die Koordination und die Zusammenarbeit zwischen den Kantonen auf der Gesamtregierungsebene zu stärken.

Eine weitere interkantonale Organisationsform stellen die sektoralen, politikfeldspezifischen *Direktorenkonferenzen* dar. Sie existieren als gesamtschweizerische Konferenzen, die in aller Regel mit Regionalkonferenzen ergänzt werden. Sie vereinigen die Vorsteher entsprechender kantonaler Regierungsdepartemente, wobei auf Einladung häufig auch der Vorsteher des betreffenden Departements des Bundes und/oder die Direktoren der zuständigen Bundesämter teilnehmen. Die insgesamt 13 interkantonalen Direktorenkonferenzen (ohne Staatsschreiberkonferenz) dienen als konsultative Organe vor allem dem Erfahrungsaustausch, der gegenseitigen Information und Koordination über interkantonale und nationale Fragestellungen im jeweiligen Sachbereich sowie der Besprechung aktueller Probleme zwischen den für ein bestimmtes Ressort zuständigen Regierungsräten aller Kantone. Gilardi und Wasserfallen (2016) schreiben den Direktorenkonferenzen denn auch eine kooperationsbegünstigende Wirkung zu: So betreiben Kantone, die in denselben regionalen Finanzdirektorenkonferenzen vertreten sind, untereinander einen weniger aktiven Steuerwettbewerb. Die traditionell wichtigste Direktorenkonferenz bildet die seit 1897 bestehende Erziehungsdirektorenkonferenz (EDK). Oft ist es auch der Präsident der EDK, der die Schweiz als „Bildungsminister" an internationalen Konferenzen vertritt. Dank fortschreitender Professionalisierung – insbesondere den ausgebauten Sekretariaten, wissenschaftlichen Begleitdiensten und Kommunikationsstäben – gewannen aber auch die Finanzdirektorenkonferenz (FDK) sowie die Gesundheitsdirektorenkonferenz (GDK) über die Zeit an Bedeutung. Trotz der in der Regel fehlenden Rechtsetzungskompetenz entfalten Beschlüsse der Direktorenkonferenzen wie beispielsweise die Mustervorschriften der Kantone im Energiebereich mittlerweile eine nicht zu unterschätzende *politische* Bindungswirkung (Schnabel/Freiburghaus/Hegele 2022). Zudem dienen Direktorenkonferenzen den Kantonen heute vermehrt als einflussreiches „Lobbyingvehikel", um im Verbund auf die Bundespolitik einzuwirken (Freiburghaus 2024).

Interkantonale Gremien mit stark technokratischem Charakter stellen schliesslich die *Fachbeamtenkonferenzen* auf den verschiedenen Verwaltungsstufen dar. Sie dienen vor allem der gegenseitigen Information und Koordination im Vorfeld der Erarbeitung von Erlassen des Bundes und der Kantone. Obwohl sie keine formellen Entscheidungsorgane sind, nehmen sie durch ihre Stellungnahmen und Eingaben grossen Einfluss. Insgesamt bestehen weit über 500 entsprechende Gremien in den verschiedensten Bereichen der öffentlichen Verwaltung, die damit ein dichtes Netz von Verbindungsgremien zwischen den kantonalen Ämtern bilden (Iff u. a. 2010).

### 10.5.2 Interkantonale Vereinbarungen

Die interkantonalen Vereinbarungen stellen einen zentralen Aspekt des horizontalen Föderalismus dar. Nach einer starken Zunahme der sogenannten Konkordate um die 1970er Jahre sowie in den 1990er und 2000er Jahren hat sich deren Anzahl seit Ende der 2000er Jahre nach Inkrafttreten der NFA 2004/2008 auf hohem Niveau konsolidiert (Arens 2020; Arens u. a. 2017). Heute bestehen in der Schweiz rund 800 interkantonale Verträge. Als Instrumente der bilateralen bzw. regionalen Zusammenarbeit handelt es sich in drei Viertel der interkantonalen Verträge, die seit 1848 abgeschlossen wurden, um Abkommen zwischen zwei Kantonen. Nur ein Dutzend Vereinbarungen wurde von allen Kantonen unterzeichnet.

*Abbildung 10.4: Anzahl interkantonaler Vereinbarungen nach Kanton und Vertragsparteien, 2016*

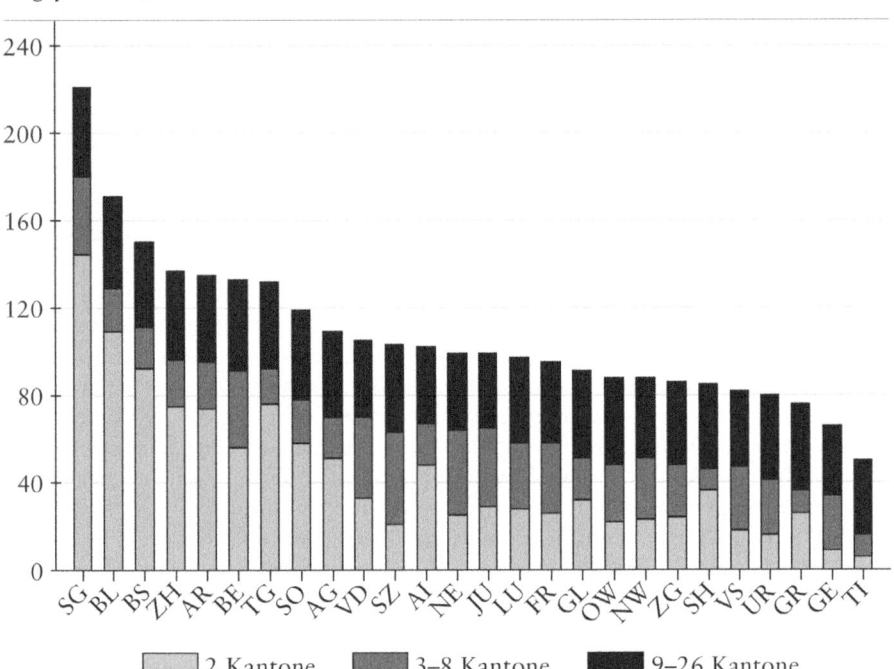

Anmerkung: Einbezogen sind alle interkantonalen Vereinbarungen, welche im Jahr 2016 in Kraft waren.
Quelle: Arens (2020).

Die weitaus meisten interkantonalen Vereinbarungen haben aufgrund ihrer engen Zusammenarbeit mit den Nachbarkantonen die drei Deutschschweizer Kantone St. Gallen, Basel-Landschaft und Basel-Stadt abgeschlossen. Darauf folgen die Kantone Zürich, Appenzell Ausserrhoden und Bern. Im Mittelfeld finden sich sehr unterschiedliche Kantone wie Schwyz, Waadt, Appenzell Innerrhoden und Neuenburg. Am wenigsten horizontal verflochten sind peripher gelegene Grenzkantone wie Genf und Tessin. Eine Analyse zur Struktur der interkantonalen Verträge ortet vier Kantonsgruppen, die untereinander besonders eng verflochten sind und die sich durch eine grosse geografische Nähe und die Zugehörigkeit zum selben Sprachraum auszeichnen: die Kantone der Ostschweiz, die lateinischen Kantone, die Nordwestschweiz und die Zentralschweiz (Arens 2020). Thematisch befassen sich die meisten Konkordate mit Finanz- und Steuerangelegenheiten, wobei auch in den Bereichen Staatsorganisation, (öffentliche) Sicherheit, Bildung, Kultur sowie Infrastruktur und Umwelt zahlreiche interkantonale Vereinbarungen getroffen worden sind (Arens 2020; Arens u. a. 2017).

Obwohl die Kantone grundsätzlich Vereinbarungen über alle Gegenstände eingehen dürfen, die in ihrem Kompetenzbereich liegen, sind den interkantonalen Vereinbarungen auch Grenzen gesetzt: So sind den Kantonen politische Verträge untersagt, die Änderungen der politischen Machtverhältnisse zwischen den Kantonen bewirken würden. Ebenso dürfen diese Vereinbarungen keinen Widerspruch zu Bundesrecht und Bundesinteressen sowie zu den Rechten anderer Kantone beinhalten (Häfelin u. a. 2020). Als zunehmend problematisch erwies sich die Tatsache, dass die kantonalen Parlamente bei der Vorbereitung und Ausarbeitung interkantonaler Verträge lange Zeit weit weniger Einfluss nehmen konnten als bei kantonalen Gesetzen. Es sind in erster Linie die kantonalen Regierungen und ihre Verwaltungen, welche die interkantonalen Vereinbarungen unter Ausschluss der Öffentlichkeit ausarbeiten, weshalb den kantonalen Parlamenten oft erst am Schluss die Möglichkeit blieb, die Verträge zu genehmigen. Als Reaktion auf diese Entwicklung haben die kantonalen Parlamente gerade in den 2010er Jahren Informationspflichten der Regierung und institutionalisierte Mitwirkungsformen für die Ausgestaltung von interkantonalen Vereinbarungen eingeführt, so etwa die Etablierung ständiger parlamentarischer Begleitgruppen. Damit wurde das Problem zwar merklich entschärft (Arens 2020); gleichzeitig droht dadurch aber auch eine weitere Überlastung der kantonalen Milizparlamente.

Die Gründe für interkantonale Vereinbarungen sind vielfältig. Neben geografischen, politischen, kulturellen und ökonomischen Gründen (Bochsler 2009) dienten Konkordate früher oft der Vorbereitung bundesrechtlicher Regelungen, so z. B. die verschiedenen Strassenverkehrskonkordate. In neuerer Zeit wird dieser Weg aber auch vermehrt zur Verteidigung kantonaler Kompetenzen gegangen und dient damit gerade zur Vorbeugung eines Bundeserlasses mit entsprechenden Bundeskompetenzen, was durchaus auch im Interesse des Bundes ist (Häfelin u. a. 2020). Gleichzeitig werden Konkordate vom Bund in neuerer Zeit auch als Instrument zur Sicherstellung der interkantonalen Zusammenarbeit im Bereich des Lastenausgleichs genutzt. So bildet die Allgemeinverbindlicherklärung (AVE) ein wichtiges „Puzzleteil" (Steinlin 2011: 39) der NFA: Seit 2008 können Konkordate aus neun verfassungsmässig definierten Sachbereichen als „allgemeinverbindlich" erklärt werden. Hierfür ist ein Antrag von mindestens 18 Kantonen und ein Beschluss der eidgenössischen Räte erforderlich (Art. 48a BV).

Neben interkantonalen Konferenzen und Vereinbarungen existieren auch *gemeinsame Einrichtungen* von Kantonen wie z. B. Fachhochschulen und Strafanstalten. Daneben kaufen kleine Kantone öffentliche Dienstleistungen auch bei anderen Kantonen ein (z. B. Lebensmittelkontrolle, Spitzenmedizin). Insgesamt sind die formellen und informellen Zusammenarbeitsformen der Kantone vielseitig und ermöglichen flexible Kooperationen im regionalen Raum. Im Grundsatz stellen sie auch föderalistische Alternativen zu einer bundesrechtlichen Vereinheitlichung dar. Gleichzeitig haben sie sich aber gerade bei politisch kontroversen Fragen als schwerfällige Instrumente herausgestellt – gerade auch in Krisenzeiten (Schnabel/Freiburghaus/Hegele 2022). Zudem zeigen die Erfahrungen der letzten Jahre, dass Konkordate kaum ein effektives Mittel zur Verhinderung neuer Bundeskompetenzen darstellen. Trotzdem haben neu geschaffene Organe wie die Konferenz der Kantonsregierungen unter dem Druck des europäischen Integrationsprozesses *zu verstärkten Formen horizontaler Kooperation mit der Möglichkeit informeller vertikaler Einflussnahme* in Gestalt von vielfältigen Formen des „Kantonslobbying" geführt (Freiburghaus 2024; Freiburghaus/Mueller/Vatter 2021; Mueller 2024; Vatter 2018). Jene begründen Intransparenz und vermochten die weiterhin forcierte Entwicklung hin zum „administrativen Föderalismusmodell" (Mueller/Fenna 2022) bislang nicht zu stoppen, das sich durch ein Auseinanderfallen zwischen ausgeprägter legislativer Zentralisierung bei gleichzeitig weiterhin dezentralen Vollzugs- und Ausgabenstrukturen auszeichnet.

### 10.6 Der Wandel der föderativen Institutionen und ihre Wirkungen

Lassen sich im schweizerischen Bundesstaat mit den föderativen Institutionen des 19. Jahrhunderts die Herausforderungen der (krisenhaften) Gegenwart bewältigen? Einzelne Mitwirkungsrechte der Kantone beim Bund erweisen sich heute noch als überraschend funktionstauglich, während andere föderative Institutionen in starke Kritik geraten sind. Nachdem die Funktionsweisen der einzelnen Mitwirkungsformen der Kantone ausführlich behandelt wurden, folgt abschliessend eine vergleichende Betrachtung der einzelnen föderativen Institutionen in Bezug auf die bundespolitischen Einflusschancen der Kantone. Dabei wird insbesondere der Frage nachgegangen, wie sich diese Einflusskanäle in den letzten 150 Jahren verändert haben. Abschliessend wird aufgezeigt, bei welchen Instrumenten der grösste Reformbedarf liegt.

Aus einer politikwissenschaftlichen Perspektive zeichnet sich ein föderativer Staat vor allem durch die institutionelle Verarbeitung der aus territorialer Segmentierung der Gesellschaft resultierenden Konflikte aus. Ob und in welcher Form dies geschieht, hängt dabei nicht nur von den geschriebenen Verfassungsregeln ab, sondern auch davon, wie sich in der Praxis die gesellschaftlichen Interessen bündeln und artikulieren. Die Entwicklungsdynamik des Schweizer Föderalismus lässt sich dabei sinnvollerweise nur unter Berücksichtigung seiner konkreten Ausprägung im Zusammenspiel mit den zentralen Institutionen der schweizerischen halbdirekten Konkordanzdemokratie analysieren und verstehen (Vatter 2018; Vatter/Wälti 2003). Ältere Einschätzungen gingen dabei davon aus, dass die Kantone in der Bundespolitik keine mächtigen Vetospieler seien, weil sie im Unterschied zu den deutschen Ländern nicht über ihre Regierungen direkt in der Zweiten Kammer vertreten seien (Braun 2003). Die vertikalen Institutionen des schweizerischen Föderalismus würden sich vielmehr dadurch auszeichnen, dass sie in der Phase der Entscheidungsbildung die Interessen der kantonalen Bevölkerung auf der Links-rechts-Achse repräsentieren. Neuere Forschung attestiert den Kantonen jedoch, dass sie ihren bundespolitischen Einfluss über die Zeit mehren konnten – gerade auch, indem sie neue informelle Einflusskanäle erschlossen. So greifen die Kantone heute auf genuine Lobbyingtaktiken zurück, die dem Lobbying der (Wirtschafts-)Verbände, Interessengruppen und zivilgesellschaftlichen Akteuren identisch sind. Dazu zählen unter anderem vielfältige Direktkontakte mit Bundesbehörden (bspw. informelle Treffen mit Bundesräten oder Amtsdirektoren), das Versenden von sogenannten „Sessionsbriefen", mit denen die Kantonsregierungen den Mitgliedern des Bundesparlaments konkrete Stimmempfehlungen zu parlamentarischen Beratungsgeschäften unterbreiten oder die strategische Nutzung von (sozialen) Medien für die subnationale Interessenvertretung (Mueller 2020, 2024; Freiburghaus 2024).

Daher gehen die folgenden Ausführungen der Frage nach, inwiefern die Kantone mit ihren Mitwirkungsrechten über einflussreiche Vetopunkte auf Bundesebene verfügen und wie sich diese über die Zeit verändert haben. In Anlehnung an Braun (2003) sollen allerdings nicht nur die Vetorechte, sondern auch die Zugangspunkte der Kantone in der Bundespolitik betrachtet werden. Zusätzlich wird in Tabelle 10.3 nicht nur zwischen den föderativen Mitentscheidungs- und Einspruchsrechten der Kantone, sondern auch nach den einzelnen kantonalen Akteuren (Regierung, Parlament, Stimmbevölkerung) unterschieden, denen diese Möglichkeiten offenstehen.

*Tabelle 10.3: Die Zugangs- und Vetopunkte der Kantone im Schweizer Föderalismus*

| vertikale Institutionen des Föderalismus | Zugangspunkte | | Vetopunkte | |
|---|---|---|---|---|
| | Regierung/ Parlament | Wählerschaft | Regierung/ Parlament | Wählerschaft |
| Vernehmlassungsverfahren | X | | | |
| Standesinitiative | X | X | | |
| Ständerat | | X | | |
| Ständemehr | | | | X |
| Kantonsreferendum | | | X | X |
| Vollzugsföderalismus | | | X | |
| informelle Einflusskanäle („Kantonslobbying") | X | | X | |

Quellen: Vatter (2006: 175) und Freiburghaus (2024).

Tabelle 10.3 weist zunächst auf typische Merkmale des schweizerischen politischen Systems hin: Es wird deutlich, dass die Schweizer Gliedstaaten über zahlreiche Mitwirkungsrechte auf Bundesebene verfügen. Die Kantone können grundsätzlich in jeder Phase des politischen Entscheidungsprozesses beim Bund intervenieren (Politikformulierung, -entscheidung und -implementation). Die Unterscheidung nach kantonalen Akteuren zeigt im Weiteren auf, dass die kantonalen Regierungen und Parlamente vor allem über verschiedene Mitsprachemöglichkeiten in der vorparlamentarischen Phase verfügen. Für die kantonalen Regierungen sind insbesondere die Teilnahme am Vernehmlassungsverfahren des Bundes sowie neue informelle Einflusskanäle des genuinen „Kantonslobbyings" von Relevanz (insb. Direktkontakte). Für die kantonalen Parlamente spielt vor allem das Instrument der Standesinitiative eine wichtige Rolle, wohingegen dieses Initiativbegehrensrecht den Regierungen nur in zwei Kantonen subsidiär offensteht. Über einen vergleichsweise geringen formalrechtlich garantierten Einfluss verfügen die kantonalen Organe hingegen in der parlamentarischen Phase. Die Volkswahl der

Ständeräte verhindert eine direkte Einflussnahme der kantonalen Regierungen und Parlamente auf die bundespolitischen Prozesse während der Phase der legislativen Entscheidung. Empirische Studien machen denn auch deutlich, dass der Ständerat den Interessen der kantonalen Entscheidungsträger nicht mehr Bedeutung zumisst als der Nationalrat, weshalb die Zweite Kammer von den kantonalen Regierungen regelmässig für ihre nur ungenügend wahrgenommene Sprachrohrfunktion kritisiert wird (vgl. Kapitel 7). Um die ungenügende föderale Interessenwahrnehmung der Kantonskammer zumindest teilweise zu kompensieren, setzen rund 20 Kantonsregierungen inzwischen auf das sogenannte „Delegiertenmodell": Seit 2011 kann sich jeder Kanton einen „Badge K" ausstellen lassen, der ihrem Kantonsdelegierten (bzw. „Kantonslobbyisten") Zutritt zu den nicht-öffentlichen Teilen des Parlamentsgebäudes verschafft (einschliesslich der Wandelhalle; Freiburghaus 2024). Auch bei einmal verabschiedeten Bundeserlassen besitzen die kantonalen Exekutiven kaum direkte Einspruchsrechte, sieht man einmal vom bis vor kurzem nie genutzten Kantonsreferendum ab. Bezeichnenderweise wurde das Kantonsreferendum als einzige föderative Institution, die den Kantonsregierungen eine starke Vetoposition in der nachparlamentarischen Phase bundespolitischer Entscheidungen einräumt, erst 2004 das erste Mal erfolgreich genutzt. Zwar erhalten die kantonalen Behörden durch die Implementation von Bundeserlassen einen weiteren Einflusskanal, der es ihnen erlaubt, wiederum durch stark forcierte informelle Direktkontakte in die Bundesverwaltung für ihren Kanton besonders günstige Vollzugskonditionen auszuhandeln. Allerdings verletzen diese den Verfassungsgrundsatz der Gleichheit der Kantone, was Konflikten Vorschub leistet (vgl. EFK 2022; Freiburghaus 2024).

Gleichzeitig verfügt die kantonale Stimmbevölkerung mit dem Ständemehrerfordernis über ein sehr effektives Instrument zur Verhinderung missliebiger Änderungen der Bundesverfassung und gewisser Staatsverträge. Auch besitzt der kantonale Souverän mit der Volkswahl der kantonalen Vertreter in die Zweite Kammer über einen äusserst wichtigen Zugangspunkt in die Bundespolitik. Das damit verbundene offensichtliche Fehlen verfassungsmässig geschützter, direkter Einflusskanäle der kantonalen Exekutiven im bundespolitischen Willensbildungs- und Entscheidungsprozess hat in der Summe zu einem starken Bedeutungsgewinn *informeller* Formen der kantonalen Einflussnahmen geführt, die sich unter dem Begriff des „Kantonslobbyings" zusammenfassen lassen (Freiburghaus 2024; Mueller 2024).

Die ausgesprochen grosse Heterogenität unter den Kantonen hat dazu geführt, dass es vor allem zwischen den bevölkerungsschwachen Landkantonen und den bevölkerungsstarken urbanen Kantonen beträchtliche Unterschiede in der Bedeutung und Handhabung der Mitwirkungsrechte beim Bund gibt. Tabelle 10.4 liefert deshalb eine dynamische Betrachtung der einzelnen föderativen Institutionen in der Schweiz und unterscheidet zwischen diesen beiden Gruppen von Kantonen.

*Tabelle 10.4: Die vertikalen und horizontalen Institutionen des Schweizer Föderalismus*

| föderative Institutionen | Veränderung als Zugangs- oder Vetopunkt seit 1848 | Zugangs- oder Vetopunkte der grossen urbanen Kantone | Zugangs- oder Vetopunkte der kleinen ländlichen Kantone |
|---|---|---|---|
| **vertikale Institutionen** | | | |
| Kantone im Bundesrat | – | X | |
| Vernehmlassungsverfahren | (–) | X | |
| Standesinitiative | (–) | X | X |
| Ständerat | (–) | | X |
| Ständemehr | + | | X |
| Kantonsreferendum | (+) | | X |
| Vollzugsföderalismus | | X | X |
| informelle Einflusskanäle („Kantonslobbying") | + | X | X |
| **horizontale Institutionen** | | | |
| interkantonale Vereinbarungen | + | | |
| interkantonale Konferenzen | + | | |

Anmerkungen: –: abnehmende Bedeutung; (–): tendenziell abnehmend; (+): tendenziell zunehmend; +: zunehmend; X: Zugangs- oder Vetopunkt vorhanden.
Quellen: Vatter (2006: 177) und Freiburghaus (2024).

Zunächst bestätigt sich die Feststellung, dass es den kantonalen Behörden – insbesondere den Kantonsregierungen – an verfassungsmässig geschützten, direkten Einflusskanälen zur Bundespolitik fehlt. Besonders deutlich wird dies am Beispiel des Ständerats: Das Recht, die Ständevertretung zu wählen, ging im Laufe des späten 19. und 20. Jahrhunderts vom kantonalen Parlament an die kantonale Wahlbevölkerung über. Die Ausführungen im siebten Kapitel zeigen dabei, dass sich der Ständerat in Bezug auf die territoriale Vertretung als besonders mächtiges Repräsentationsorgan der ländlichen Bevölkerung sowie der kleinen katholischen Kantone erwiesen hat (vgl. Mueller/Vatter 2020). Obwohl über drei Viertel der Schweizer Wohnbevölkerung in urbanen Räumen lebt, verfügt diese Bevölkerungsgruppe im Ständerat nur über eine Minderheitenvertretung. Neben den diagnostizierten Repräsentationsdefiziten weist der Ständerat auch verschiedene Mängel in der Erfüllung seiner Gestaltungsfunktion auf. So trägt er in der Praxis weder zu einer besonders starken Artikulation und Durchsetzung kantonaler Interessen noch zum Schutz von territorialen Sprachminderheiten bei. Vielmehr lässt sich im Ständerat ein „Parteieneffekt" nachweisen: Die Vertreter linker und bürgerlicher Parteien organisieren sich im Ständerat wie im Nationalrat entlang den Parteilinien und nicht entlang ihrer regionalen Interessen (Benesch/Bütler/Hofer 2020; Freiburghaus 2020; Freiburghaus/Arens/Mueller 2021). So sichern heute weder der Ständerat noch die übrigen, in der Bundesverfassung vorgesehenen „alten" Föderalismusinstitutionen den kantonalen Organen die ihnen ursprünglich zugedachten Einflussmöglichkeiten mehr zu.

Allerdings ist in diesem Zusammenhang einerseits auf das Kantonsreferendum hinzuweisen, das 2004 zum ersten Mal erfolgreich ergriffen wurde. Seine Lancierung durch elf kantonale Regierungen und die darauf folgende Ablehnung des Steuerpakets in der Volksabstimmung haben deutlich gemacht, dass diese seit ihrem Bestehen nie genutzte Institution im Bedarfsfall durchaus zum Leben erweckt werden kann, sofern ein Geschäft des Bundesparlaments die ökonomischen Selbsterhaltungsinteressen der Kantone direkt tangiert, im Ständerat eine parteipolitische Optik dominiert und die organisatorischen Voraussetzungen erfüllt sind (Fischer 2006). Andererseits sei das Vernehmlassungsverfahren erwähnt, das sich aus Kantonssicht von einem einst zahnlosen zu einem durchaus wirkmächtigen verfassungsmässig geschützten, direkten Einflusskanal wandelte – gerade dann, wenn die Kantone im Namen einer interkantonalen Konferenz vorstellig werden (Freiburghaus 2024; Mueller 2024).

Auch das Ständemehr demonstrierte in den letzten 50 Jahren wiederholt seine Bremswirkung. Es hat unbestritten zu einer Stärkung der kollektiven Vetoposition der Kantone im bundespolitischen Entscheidungsprozess geführt, wobei die indirekten (präventiven) Effekte als bedeutsamer einzuordnen sind als die direkte Blockade von Verfassungsänderungen. Papadopoulos (2002: 60) schätzt die Bremskraft eines doppelten Mehrs von Volk und Ständen denn auch höher ein als die Vetoposition des Ständerats. Jedoch gilt es, Gewinner und Verlierer des Ständemehrs zu differenzieren (vgl. Kapitel 9). Nutzniesser sind in erster Linie die bevölkerungsschwachen Landkantone der Zentral- und Ostschweiz sowie die mittelgrossen Deutschschweizer Kantone, während die urbanen Kantone mit den grossen Agglomerationen sowie die Stände der lateinischen Minderheit zu den eindeutigen Verlierern der Doppelmehrregel gehören. In diesem Sinne handelt es sich beim Ständemehr einerseits auch heute noch um ein äusserst effektives Schutzinstrument für die im Sonderbundskrieg unterlegenen katholischen Stände der Zentralschweiz. Andererseits liefert es für kulturelle Minderheiten wie die französischen und italienischen Sprachgruppen keinen ausreichenden Schutz vor der Majorisierung durch die Deutschschweizer Kantone. Heute bedeutende Minderheiten der Schweiz werden schliesslich mit dem Ständemehr nicht geschützt, weshalb dieses Föderalismusinstrument in den letzten Jahrzehnten zunehmend kritisiert wurde und zu vielfältigen „Umgehungsstrategien" zwingt wie beispielsweise die bewusste Ausrichtung von Kampagnenaktivitäten vor eidgenössischen Volksabstimmungen auf die „swing cantons" (Freiburghaus/Vatter 2021a, 2024). Insgesamt erweist sich das Ständemehr als diejenige föderative Institution mit dem grössten Blockadepotenzial. Allerdings gilt es zu beachten, dass hierbei gerade nicht die Kantonsregierungen und -parlamente über diese Vetomacht verfügen, sondern die Stimmbevölkerung am Ende des bundespolitischen Entscheidungsprozesses.

Gerade *weil* es den Kantonen während der parlamentarischen und der direktdemokratischen Phase des bundespolitischen Willensbildungs- und Entscheidungsprozesses heute an verfassungsmässig geschützten, direkten Einflusskanälen fehlt, haben sie ihre Aktivitäten in der Informalität der vorparlamentarischen Arena seit den 2000er Jahren stark forciert. Um den bei der Interessenvertretung stark ausgeprägten „first mover advantage" (Crepaz/Hanegraaff/Junk 2023) bestmöglich auszuspielen, bedienen sich die Kantonsregierungen heute möglichst frühzeitig eines breiten, vielfältigen Repertoires an genuinen Lobbyingtaktiken – genau so, wie (Wirtschafts-)Verbände, Interessengruppen und zivilgesellschaftliche Akteure. Eine zentrale Rolle kommt hierbei auch den interkantonalen Konferenzen zu: Einst als „Standbeine des horizontalen Föderalismus" geschaffen (Bochsler/Sciarini 2006: 23), birgt das stark ausdifferenzierte und professionalisierte interkantonale Konferenzgefüge heute grosses vertikales Lobbyingpotential. Dieser enorme Bedeutungsgewinn informeller Einflusskanäle bzw. des „Kantonslobbyings" gilt indes weitgehend grössenunabhängig; er betrifft kleinere, ländlich geprägte ebenso wie grössere, städtische Stände (Freiburghaus 2024).

Zusammenfassend zeigt sich, dass die kantonalen Behörden zwar nur über limitierte verfassungsmässig geschützte, direkte Einflusskanäle verfügen. Gleichzeitig darf daraus nicht zwangsläufig der Schluss gezogen werden, dass die Kantonsregierungen über keine Zugangs- oder Vetopositionen im bundespolitischen Willensbildungs- und Entscheidungsprozess verfügen. Dank einer Vielzahl an informellen Einflusskanälen und genuinem „Kantonslobbying" gelingt es den Kantonsregierungen sehr wohl, sich in der Bundespolitik Gehör zu verschaffen. Dass die Kantone nach Massgabe der Bundesverfassung an der Willensbildung des Bundes mitwirken, ist nämlich nicht nur ausdrückliches Verfassungsgebot (Art. 45 BV), sondern sichert auch die Vollzugstauglichkeit von Bundeserlassen ab, für deren Implementation die Kantone verantwortlich zeichnen.

## 10.7 Der schweizerische Föderalismus im internationalen Vergleich

Föderalismus und Dezentralisierung bezeichnen die vertikale Dimension der Machtteilung zwischen staatlichen Ebenen, die weitgehend unabhängig von der horizontalen Machtteilung zwischen (Regierungs-)Parteien oder Regierung und Opposition auftritt (Lijphart 2012). Der Unterschied zwischen Föderalismus und Dezentralisierung liegt in Art der Ausstattung subnationaler Ebenen mit eigenen Befugnissen: Während sich Föderalismus auf die territoriale, in der Verfassung verankerte Entscheidungsgewalt von unteren Staatsebenen bezieht, kann Dezentralisierung über die fiskalische Ressourcenausstattung subnationaler Einheiten definiert werden (Castles 1999; Mueller 2015a). Aus diesem Grund werden die beiden Aspekte auch mit den Schlagwörtern „right to act" (Dezentralisierung bzw. „self-rule") bzw. „right to decide" (Föderalismus bzw. „shared rule") umschrieben (vgl. Dardanelli u. a. 2019). Föderalismus und Dezentralisierung tendieren zwar zu einem gemeinsamen Auftreten, können aber im Einzelfall auch unabhängig voneinander existieren. Ihre zunächst getrennte Erfassung trägt somit zu einem differenzierteren Bild der vertikalen Machtteilung bei.

463

Lijphart (2012: 177) unterscheidet in einer kombinierten Messung zunächst zwischen den gemäss Verfassung unitarischen, semi-föderalen und föderalen Systemen, um dann jeweils unitarische und föderale Ordnungen weiter nach ihrem zentralistischen oder dezentralen Charakter zu unterteilen. Wie üblich wird im Folgenden der Dezentralisierungsgrad mit Daten zum subnationalen Anteil am gesamten Steueraufkommen operationalisiert (Castles 1999). Abbildung 10.5 zeigt die Verteilung der Dezentralisierungskennzahlen für 24 entwickelte OECD-Staaten. Die Bandbreite des subnationalen Anteils am Steueraufkommen reicht hier von weniger als 2 (Griechenland) bis über 40 (Schweiz) bzw. nahezu 50 Prozent (Kanada).

Tabelle 10.5 fügt in einem nächsten Schritt die verfassungsmässige Unterscheidung zwischen unitarischen, quasi-föderalen und föderalen Staaten am Beispiel der hier betrachteten 24 entwickelten OECD-Länder zwischen 1990 und 2021 hinzu (Lijphart 2012: 178). Unter diesen Ländern ist die Mehrheit unitarisch. Spanien wird in Anlehnung an Lijphart (2012) aufgrund der fehlenden Verankerung des Föderalismus in der Verfassung als quasi-föderaler Staat betrachtet. Sieben weitere Systeme sind stark föderal geprägt, darunter die Schweiz. Verschiedene Reformen, wie etwa in Italien oder Frankreich oder der Devolutionsprozess in Grossbritannien, haben zwar in einzelnen Ländern in den letzten Jahren zu mehr (auch politischer) vertikaler Einflussnahme der Regionen geführt, nicht jedoch zu einer grundlegenden Änderung des Machtverhältnisses zwischen Zentralstaat und den unteren Ebenen. Hingegen ist Belgien seit der vierten Staatsreform von 1993 offiziell ein Bundesstaat und wird folglich als föderales System eingeordnet.

*Tabelle 10.5: Die vertikale Machtteilung in 24 entwickelten OECD-Ländern*

| vertikale Machtteilung | Länder |
| --- | --- |
| unitarisch und zentralisiert | Frankreich, Griechenland, Grossbritannien, Irland, Island, Israel, Italien, Luxemburg, Neuseeland, Niederlande, Portugal |
| unitarisch und dezentralisiert | Dänemark, Finnland, Japan, Norwegen, Schweden |
| quasi-föderal | Spanien |
| föderal und zentralisiert | Belgien, Österreich, Australien |
| föderal und dezentralisiert | Deutschland, Kanada, **Schweiz**, USA |

Quelle: Lijphart (2012: 178) mit eigenen Anpassungen.

Von den 24 entwickelten OECD-Staaten sind Dänemark, Finnland, Frankreich, Griechenland, Grossbritannien, Irland, Island, Italien, Japan, Luxemburg, Neuseeland, Niederlande, Norwegen, Portugal und Schweden als unitarisch zu werten. Zugleich unterscheiden sich diese Länder stark in ihrem Dezentralisierungsgrad. Während bei den meisten von ihnen der Unitarismus mit fiskalischer Zentralisierung einhergeht, zeichnen sich insbesondere skandinavische Staaten durch unitarisch-dezentralisierte Strukturen aus. Schweden etwa kommt in Bezug auf die fiskalische Dezentralisierung sehr nahe an ein stark föderales Land wie die USA heran. Unter den stark föderal geprägten Ländern finden sich schliesslich ebenfalls föderal-zentralisierte Typen wie Österreich und Belgien sowie, mit einer deutlichen Varianz im Dezentralisierungsgrad, föderal-dezentrale Typen. Während Australien mittlerweile in die Kategorie „föderal und zentralisiert" fällt (Phillimore/Fenna 2017; vgl. Freiburghaus/Vatter 2024), zeigen Deutschland und die USA eine mittlere bis gehobene Dezentralisierung. Die stärkste Dezentralisierung aller untersuchten Staaten weist Kanada auf.

Der kurze internationale Vergleich macht deutlich, dass die Schweiz zu den föderalsten Ländern zählt, da ihre subnationalen Einheiten im Verhältnis zum Zentralstaat zu den einflussreichsten Gliedstaaten gehören (Elazar 1997; Vatter 2018; Watts 2008). Rentsch (2002: 403) bezeichnet die Schweiz denn auch als exemplarische Repräsentantin eines ausgebauten „bottom-up-Föderalismus" und einen „im internationalen Vergleich (…) föderalistische[n] Extremfall." Darüber hinaus ist die Schweiz nicht nur ein Paradebeispiel eines besonders föderalen, sondern auch eines äusserst stark dezentralisierten Staates. Rodden (2004: 483ff.) zeigt in seiner international vergleichenden Studie denn auch auf, dass – gemessen anhand einer Vielzahl von Indikatoren – die Schweiz nach wie vor zu den dezentralisier-

*Abbildung 10.5: Die fiskalische Dezentralisierung in 24 OECD-Ländern (in Prozent)*

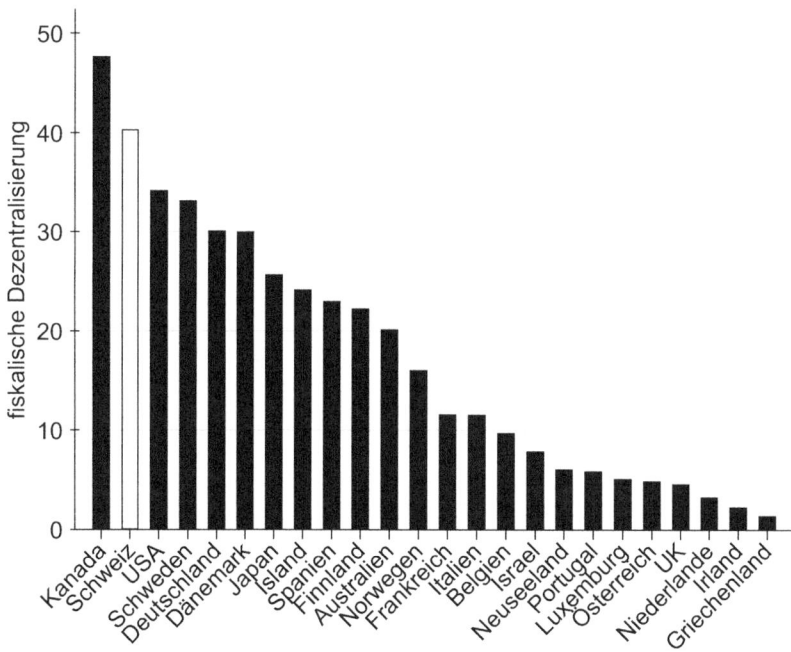

Anmerkung: Die fiskalische Dezentralisierung entspricht dem regionalen und lokalen Anteil am gesamten Steueraufkommen eines Landes. Der erste Datenpunkt stammt aus dem Jahr 1990, der letzte in der Regel aus dem Jahr 2021 (arithmetisches Mittel über die Zeit). Verkürzter Beobachtungszeitraum für Österreich (2015–2021).
Quelle: OECD (2024).

testen Ländern gehört. Der dafür am häufigsten und auch hier verwendete Indikator der fiskalischen Dezentralisierung ordnet dem schweizerischen Bundesstaat hinter Kanada eine Spitzenposition zu, womit er auch unter den föderalistischen Staaten über die dezentralsten Einnahmen- und Ausgabenstrukturen verfügt.

## 10.8 Zusammenfassung und Diskussion

Der föderale Staatsaufbau, basierend auf dem grundlegenden Organisationsprinzip der Eigenständigkeit der 26 Kantone, bildet auch heute noch eines der Kernelemente der politischen Kultur und des politischen Systems der Schweiz. Einzelne Beobachter gehen noch einen Schritt weiter und sehen im Föderalismus *das tragende Element* schlechthin und insbesondere *die identitätsstiftende politische Struktur* zum Schutz der kulturell heterogenen Eidgenossenschaft (Braun 2003: 67; Neidhart 2001: 124; Mueller 2015b). Für den Föderalismus in der Schweiz von herausragender Bedeutung ist die Mitwirkung der Kantone im bundespolitischen Willensbildungs- und Entscheidungsprozesses. Allerdings sind es heute mit Ausnahme des Vernehmlassungsverfahrens nicht länger die verfassungsmässig geschützten, direkten Einflusskanäle (Ständerat, Standesstimme für Verfassungsänderungen und Standesinitiative, Kantonsreferendum), die den Zugang der Kantonsregierungen auf Bundesebene absichern. Vielmehr erschlossen die kantonalen Exekutiven eine Vielzahl an neuen Formen der (informellen) Mitwirkung, die sich unter dem Begriff „Kantonslobbying" zusammenfassen lassen. Dass die Kantone an der Willensbildung des Bundes partizipieren und ihre Interessen Gehör finden, ist aus zwei Gründen zentral: Erstens bedingen sich Autonomie und Mitwirkung gegenseitig. Wenn die Kantone in der Bundespolitik nicht mitbestimmen können, droht nämlich ein weiteres Voranschreiten der (legislativen) Zentralisierung (Dardanelli/Mueller 2019; Freiburghaus 2024; Mueller 2024). Zweitens sichert der bundespolitische Einbezug der Kantone die Vollzugstauglichkeit von Bundeserlassen ab, die von den Kantonen umgesetzt werden müssen (Vollzugsföderalismus).

Der Wandel föderativer Einflussinstrumente macht deutlich, dass der Reformbedarf bei den einzelnen föderativen Institutionen unterschiedlich stark ausgeprägt ist. Etwas überspitzt lässt sich festhalten, dass sich die traditionellen vertikalen Föderalismusinstitutionen des 19. Jahrhunderts wie der Ständerat und vor allem das Ständemehr zu mächtigen Vetopunkten der Stimmberechtigten in den bevölkerungsschwachen und eher konservativen Landkantone zur Verteidigung ihrer spezifischen Interessen entwickelt haben Insbesondere das Ständemehr bei Verfassungsänderungen, welches die Stimmen der bevölkerungsschwachen Stände stark überproportional gewichtet, sichert den ruralen Gebieten eine mächtige Vetoposition, mit der sie verhindern, dass im föderalen System Politikreformen gegen den Willen einer Mehrheit ihrer Bevölkerung realisiert werden. Umgekehrt stellt sich mit Blick auf das Fehlen verfassungsmässig gestützter, direkter Einflusskanäle für die Kantonsregierungen die Frage, wie sich deren frühzeitigen, sachgerechten und chancengleichen Einbezug in der Bundespolitik langfristig sicherstellen liesse (Freiburghaus 2024). Ein ebenübergreifendes Führungsorgan, in dem eine Delegation von Exekutivmitgliedern von Bund und Kantonen paritätisch vertreten sind, könnte eine vielversprechende Reformidee darstellen (Freiburghaus/Vatter

2021b). Weitere Stossrichtungen zur Reform des Schweizer Föderalismus sind, neben der in der Praxis häufig anzutreffenden Zentralisierung von Aufgaben und Kompetenzen, erstens die Entflechtung von Aufgaben, zweitens die (vertikale und horizontale) Kooperationsstrategie, insbesondere die neuen Formen der vertikalen Zusammenarbeit (z. B. gemeinsame Projektorganisationen von Bund und Kantonen), und drittens eine grundlegende territoriale Strukturreform durch die Schaffung neuer politischer Gebietseinheiten (vgl. Vatter 2002).

Aus einer langfristigen Perspektive fällt auf, dass die Kantone seit der Gründung des Bundesstaates noch deutlich heterogener geworden sind, als sie es damals schon waren. Exemplarisch lässt sich dies an der Gegenüberstellung der grössten mit den kleinsten Kantonen illustrieren, die sich in Bezug auf ihre Einwohnerzahl schon bald durch den Faktor eins zu hundert unterscheiden werden (Vatter 2018: 245f.). Obwohl der Kanton Zürich heute nahezu doppelt so viele Verwaltungsangestellte beschäftigt wie der Kanton Appenzell Innerrhoden Einwohner zählt (sogenanntes „Heterogenitätsproblem"; Kilper/Lhotta 1996), gilt der verfassungsmässige Grundsatz der Gleichheit der Kantone. Auch besitzen alle Kantone dieselbe Finanz- und Steuerhoheit sowie in vielen Bereichen dieselbe Möglichkeit, ihre Ausgaben selbst zu tätigen. Es erstaunt deshalb nicht, dass die grossen finanziellen, rechtlichen und personellen Unterschiede zwischen den kantonalen Behörden zu den bekannten Problemen im föderalen Gesetzgebungsprozess und -vollzug geführt haben. Dieses Ungleichgewicht zwischen den Ständen wird durch die geltenden Föderalismusregeln noch zusätzlich akzentuiert, weil alle Kantone unabhängig von ihrer Grösse und ihren Ressourcen durch ihre Vertretung in der Zweiten Parlamentskammer, bei Verfassungsänderungen aufgrund des notwendigen Volks- und Ständemehrs und bei der Standesinitiative über dieselben Einflusspositionen verfügen. Auch ist es nicht verwunderlich, dass jene Verzerrungen (gerade) von der (jüngeren) Bevölkerung zunehmend kritisch beäugt wird und die Akzeptanz des Föderalismus schwindet (Brown/Deem/Kincaid 2022; Freiburghaus/Mueller 2024). Kurz: Der sozioökonomische Wandel hat dazu geführt, dass die gesellschaftlichen Problemlagen immer weniger mit den territorialen Entscheidungsstrukturen übereinstimmen, wodurch der Föderalismus auch in den Augen der Bürger zunehmend angezählt ist.

Eine weitere Augenfälligkeit des schweizerischen Föderalismus bildet seine aus einer internationalen Perspektive ausgeprägte Kleinräumigkeit (Vatter 2018: 244f.). Das zeigt ein Vergleich der subnationalen Einheiten zwischen den Bundesstaaten Schweiz, Deutschland und Österreich. Die durchschnittliche Bevölkerungszahl eines Schweizer Kantons liegt bei rund 312'000 Einwohnern im Vergleich zu 5.2 Millionen Einwohnern in den deutschen und gut einer Million Einwohnern in den österreichischen Bundesländern. Der bevölkerungsreichste Kanton Zürich würde unter den deutschen Ländern den drittletzten Rang einnehmen – und nahezu alle übrigen Kantone sind um ein Vielfaches kleiner als das kleinste deutsche Bundesland Bremen.

Es sind allerdings nicht nur die offensichtlichen Verschiebungen in der Kantonsdemographie, die einseitige Zusammensetzung der Zweiten Kammer oder die Zunahme an Volks- und Ständemehrkollisionen bei Verfassungsabstimmungen, die einen Reformbedarf offenlegen. Auch das fundamental gewandelte Demokratieverständnis hat zu einer Verschärfung des Antagonismus zwischen den beiden staatspolitischen Grundprinzipien von Demokratie und Föderalismus beigetragen. Während sich die institutionelle Architektur des schweizerischen Föderalismus und die territorialen Grenzen der Schweizer Kantone in der Bundesstaatsgeschichte kaum verändert haben, wurde das gesellschaftliche, politische und wirtschaftliche Umfeld in der Schweiz einem starken Wandel unterzogen. Diese Dynamik lässt sich kurz mit einigen Stichworten verdeutlichen: Die Aussenpolitik hat im Zuge der Globalisierung und der europäischen Integration an Bedeutung gewonnen und ist zusehends mit der Innenpolitik verflochten. Gesellschaftlich relevante Konfliktlinien verlaufen nicht mehr entlang der Kantonsgrenzen, während gleichzeitig nicht-territoriale Minderheiten an Gewicht zugelegt haben. Weitere Zukunftsprobleme des schweizerischen Föderalismus stellen der zunehmende Verlust der Solidarität unter den Kantonen bzw. Kantonsregierungen, Koordinations- bzw. Abstimmungsprobleme im Krisenfall, die Dominanz informeller Einflussnahmen und die zunehmende Bedeutungslosigkeit der kantonalen Gesetzgebung im Lichte des zunehmenden Ausmasses der legislativen Zentralisierung dar. Schliesslich werden die zunehmende Bedeutung nicht-territorialer Minderheiten, der Akzeptanzschwund des Föderalismus in den Augen der Bevölkerung und die Komplexität sozio-ökonomischer und kultureller Konflikte, die sich der traditionellen Territoriallogik föderativer Konfliktregulierung entziehen, bestehende Föderalismusstrukturen ebenso unter Druck setzen wie die Probleme urbaner Räume, die ebenfalls durch die Maschen des föderativen Minderheitenschutzes fallen. Die Vitalisierung des Föderalismus durch die Anpassung föderalistischer Strukturen an neue Lebensräume wie Agglomerationen und funktionale Räume, die Reorganisation der föderalen Aufgabenbeziehungen und die Verstärkung pluralistischer Entscheidungs- und demokratischer Legitimationsverfahren, die dem Bedeutungszuwachs nicht-territorialer Minderheiten besser Rechnung tragen, bilden deshalb die längerfristigen und grundsätzlichen Herausforderungen für den schweizerischen Föderalismus.

### 10.9 Literaturverzeichnis

Arens, Alexander U., 2020: Federal Reform and Intergovernmental Relations in Switzerland. An Analysis of Intercantonal Agreements and Parliamentary Scrutiny in the Wake of the NFA. Bern: Universität Bern, Institut für Politikwissenschaft.

Arens, Alexander U./Arnold, Tobias/Mueller, Sean/Vatter, Adrian, 2017: Föderalismus und Dezentralisierung in der Schweiz: Die politischen Effekte der Föderalismusreform NFA. In: Europäisches Zentrum für Föderalismus-Forschung Tübingen EZFF (Hrsg.): Jahrbuch des Föderalismus 2017. Baden-Baden: Nomos, 184–195.

Arnold, Tobias, 2020: Reforming Autonomy? The Fiscal Impact of the Swiss Federal Reform 2008. In: Regional & Federal Studies 30/4, 651–674.

Arnold, Tobias/Arens, Alexander/Mueller, Sean/Vatter, Adrian, 2019: Schweizer Föderalismus im Wandel: Die versteckten politischen Effekte der NFA. In: Europäisches Zentrum für Föderalismus-Forschung Tübingen EZFF (Hrsg.): Jahrbuch des Föderalismus 2019. Föderalismus, Subsidiarität und Regionen in Europa. Baden-Baden: Nomos, 165–174.

Aubert, Jean-François, 1991: Bundesstaatsrecht der Schweiz. Basel/Frankfurt a. M.: Helbing & Lichtenhahn.

Balthasar, Andreas, 2003: Die Prämienverbilligung im Krankenversicherungsgesetz: Vollzugsföderalismus und sekundäre Harmonisierung. In: Swiss Political Science Review 9/1, 335–353.

Balthasar, Andreas, 2022: Der Vollzug und die Wirkungen öffentlicher Politiken. In: Papadopoulos, Yannis/Sciarini, Pascal/Vatter, Adrian/Häusermann, Silja/Emmenegger, Patrick/Fossati, Flavia (Hrsg.): Handbuch der Schweizer Politik – Manuel de la politique suisse. Basel: NZZ Libro, 635–673.

Baumgartner, Serge, 1980: Die Standesinitiative. Eine Untersuchung der rechtlichen und politischen Funktion dieses föderalistischen Mitwirkungsrechts. Basel/Stuttgart: Helbing & Lichtenhahn.

Belser, Eva M., 2020: Föderalismuskonzeption der Bundesverfassung. In: Diggelmann, Oliver/Hertig Randall, Maya/Schindler, Benjamin (Hrsg.): Verfassungsrecht der Schweiz. Band 1. Zürich: Schulthess, 667–690.

Blaser, Jeremias, 2003: Das Vernehmlassungsverfahren in der Schweiz. Organisation, Entwicklung und aktuelle Situation. Opladen: Leske + Budrich.

Blöchliger, Hansjörg, 2005: Baustelle Föderalismus. Metropolitanregionen versus Kantone: Untersuchungen und Vorschläge für eine Revitalisierung der Schweiz. Zürich: Verlag Neue Zürcher Zeitung.

Benesch, Christine/Bütler, Monika/Hofer, Katharina E., 2020: Licht ins Dunkel: Transparenteres Abstimmungsverhalten im Ständerat. In: Mueller, Sean/Vatter, Adrian (Hrsg.): Der Ständerat. Die Zweite Kammer der Schweiz. Basel: NZZ Libro, 71–91.

Bochsler, Daniel, 2009: Neighbours or Friends? When Swiss Cantonal Governments Cooperate With Each Other. In: Regional & Federal Studies 19/3, 349–370.

Bochsler, Daniel/Koller, Christophe/Sciarini, Pascal/Traimond, Sylvie/Trippolini, Ivar, 2004: Die Schweizer Kantone unter der Lupe. Behörden, Personal, Finanzen. Bern/Stuttgart: Haupt.

Bochsler, Daniel/Sciarini, Pascal, 2006: Konkordate und Regierungskonferenzen. Standbeine des horizontalen Föderalismus. In: LeGes 17/1, 23–41.

Braun, Dietmar, 2003: Dezentraler und unitarischer Föderalismus. Die Schweiz und Deutschland im Vergleich. In: Swiss Political Science Review 9/1, 57–89.

Brown, AJ/Deem, Jacob/Kincaid, John, 2022: Federal Constitutional Values and Citizen Attitudes to Government: Explaining Federal System Viability and Reform Preferences in Eight Countries. In: Publius: The Journal of Federalism 52/1, 1–25.

Bundesamt für Statistik, 2024: Amtliches Gemeindeverzeichnis der Schweiz (Stand: 01.01.2023). https://www.bfs.admin.ch/bfs/de/home/grundlagen/agvch.html (abgerufen am 01.05.2024).

Bundesrat, 2024: Wiederaufnahme des Projektes zur Aufgabenteilung zwischen Bund und Kantonen. https://www.admin.ch/gov/de/start/dokumentation/medienmitteilungen.msg-id-101545.html (abgerufen am 08.07.2024).

Bussmann, Werner, 1986: Mythos und Wirklichkeit der Zusammenarbeit im Bundesstaat. Patent oder Sackgasse? Bern/Stuttgart: Haupt.

Bützer, Michael, 2007: Direkte Demokratie in Schweizer Städten. Ursprung, Ausgestaltung und Gebrauch im Vergleich. Baden-Baden: Nomos.

Castles, Francis G., 1999: Decentralization and the Post-War Political Economy. In: European Journal of Political Research 36/1, 27–53.

Crepaz, Michele/Hanegraaff, Marcel/Junk, Wiebke M., 2023: Is There a First Mover Advantage in Lobbying? A Comparative Analysis of How the Timing of Mobilization Affects the Influence of Interest Groups in 10 Polities. In: Comparative Political Studies 56/4, 530–560.

Curia Vista, 2024: Geschäftsdatenbank des Parlaments. https://www.parlament.ch/de/ratsbetrieb/curia-vista (abgerufen am 01.03.2024).

Dardanelli, Paolo/Mueller, Sean, 2019: Dynamic De/Centralization in Switzerland, 1848–2010. In: Publius: The Journal of Federalism 49/1, 138–65.

Dardanelli, Paolo/Kincaid, John/Fenna, Alan/Kaiser, André/Lecours, André/Singh, Ajay K., 2019: Conceptualizing, Measuring, and Theorizing Dynamic De/Centralization in Federations. In: Publius: The Journal of Federalism 49/1, 1–29.

EFK – Eidgenössische Finanzkontrolle, 2022: Prüfung der Wirksamkeit der interdepartementalen Koordination bei Föderalismusfragen. Bern.

EFD – Eidgenössisches Finanzdepartement, 2024: Nationaler Finanzausgleich. https://www.efd.admin.ch/efd/de/home/finanzpolitik/nationaler-finanzausgleich.html (abgerufen am 01.03.2024).

EFV – Eidgenössische Finanzverwaltung, 2024a: Finanzstatistik (FS-Modell). http://www.efv.admin.ch/efv/de/home/themen/finanzstatistik/grundlagen.html (abgerufen am 27.05.2024).

EFV – Eidgenössische Finanzverwaltung, 2024b: Finanzausgleichszahlungen 2023. www.efv.admin.ch/efv/de/home/themen/finanzausgleich/uebersicht.html (abgerufen am 01.03.2024).

Elazar, Daniel J., 1997: Contrasting Unitary and Federal Systems. In: International Political Science Review 18/3, 237–251.

Fagagnini, Hans Peter, 1991: Föderalistischer Aufgabenverbund in der Schweiz. Bern: Haupt.

Fiechter, Julien, 2010: Politische Gemeinden und lokale Autonomie in der Schweiz. Chavannes-près-Renens: Cahier de l'IDHEAP.

Fischer, Alex, 2006: Das Kantonsreferendum: Wirkungsweise und Reformansätze. In: Vatter, Adrian (Hrsg.): Föderalismusreform. Wirkungsweise und Reformansätze föderativer Institutionen in der Schweiz. Zürich: Verlag Neue Zürcher Zeitung, 132–149.

Flick Witzig, Martina/Vatter, Adrian, 2023: Direkte Demokratie in den Gemeinden. Basel: NZZ Libro.

Freiburghaus, Dieter/Buchli, Felix, 2003: Die Entwicklung des Föderalismus in der Schweiz von 1874 bis 1964. In: Swiss Political Science Review 9/1, 29–56.

Freiburghaus, Rahel, 2020: Kuppler unter der Kuppel? Die Scharnierfunktion von (ehemaligen) kantonalen Regierungsmitgliedern im Ständerat. In: Mueller, Sean/Vatter, Adrian (Hrsg.): Der Ständerat. Die Zweite Kammer der Schweiz. Basel: NZZ Libro, 147–180.

Freiburghaus, Rahel, 2024: Lobbyierende Kantone. Subnationale Interessenvertretung im Schweizer Föderalismus. Baden-Baden: Nomos.

Freiburghaus, Rahel/Vatter, Adrian, 2021a: Wie Ständemehr und Ständerat Umgehungsstrategien provozieren. In: Die Volkswirtschaft 94/5, 20–23.

Freiburghaus, Rahel/Vatter, Adrian, 2021b: Föderalismusreform? Staatsleitungsreform! In: Neue Zürcher Zeitung, 19.10.2021, 9.

Freiburghaus, Rahel/Vatter, Adrian, 2024: Assessing the Effects of Amendment Rules in Federal Systems: Australia and Switzerland Compared. In: Publius: The Journal of Federalism 54/2, 283–312.

Freiburghaus, Rahel/Mueller, Sean, 2024: Switzerland, *quo vadis?* Current Challenges and Potential Solutions for Swiss Politics. In: Emmenegger, Patrick/Fossati, Flavia/Häusermann, Silja/Papadopoulos, Yannis/Sciarini, Pascal/Vatter, Adrian (Hrsg.): The Oxford Handbook of Swiss Politics. Oxford: Oxford University Press, 773–794.

Freiburghaus, Rahel/Arens, Alexander/Mueller, Sean, 2021: With or Against their Region? Multiple-Mandate Holders in the Swiss Parliament, 1985–2018. In: Local Government Studies 47/6, 971–792.

Freiburghaus, Rahel/Mueller, Sean/Vatter, Adrian, 2021: Switzerland: Overnight Centralization in One of the World's Most Federal Countries. In: Chattopadhyay, Rupak/Knüpling, Felix/Chebenova, Diana/Whittington, Liam/Gonzalez, Philipp (Hrsg.): Federalism and the Response to COVID-19. A Comparative Analysis. New York: Routledge, 217–228.

Freitag, Markus/Bundi, Pirmin/Flick Witzig, Martina, 2019: Milizarbeit in der Schweiz. Zahlen und Fakten zum politischen Leben in der Gemeinde. Zürich: NZZ Libro.

Freitag, Markus/Vatter, Adrian, 2008: Decentralization and Fiscal Discipline in Sub-national Governments: Evidence from the Swiss Federal System. In: Publius: The Journal of Federalism 38/2, 272–295.

Frenkel, Max, 1986: Interkantonale Institutionen und Politikbereiche. In: Germann, Raimund E./Weibel, Ernest (Hrsg.): Handbuch Politisches System der Schweiz. Föderalismus. Band 3. Bern: Haupt, 323–342.

Frey, René L./Wettstein, Gérard, 2008: Reform des schweizerischen Finanzausgleichs. Basel: CREMA, Nr. 2008–05.

Geisler, Alexander M., 2023: Public Trust in Citizens' Juries when the People Decide on Policies: Evidence from Switzerland. In: Policy Studies 44/6, 728–747.

Gerheuser, Frohmut/Vatter, Adrian/Sager, Fritz, 1997: Die Berücksichtigung von Stellungnahmen der Kantone im Vernehmlassungsverfahren des Bundes. Studie zuhanden der Parlamentarischen Verwaltungskontrollstelle. Bern: EDMZ.

Germann, Raimund E., 1999: Die Kantone: Gleichheit und Disparität. In: Klöti, Ulrich/Knoepfel, Peter/Kriesi, Hanspeter/Linder, Wolf/Papadopoulos, Yannis (Hrsg.): Handbuch der Schweizer Politik – Manuel de la politique suisse. Zürich: Verlag Neue Zürcher Zeitung, 387–419.

Geser, Hans, 1999: Die Gemeinden in der Schweiz. In: Klöti, Ulrich/Knoepfel, Peter/Kriesi, Hanspeter/Linder, Wolf/Papadopoulos, Yannis/Sciarini, Pascal (Hrsg.): Handbuch der Schweizer Politik. Zürich: Verlag Neue Zürcher Zeitung, 421–468.

Geser, Hans/Meuli, Urs/Ladner, Andreas/Steiner, Reto/Horber-Papazian, Katia, 2011: Die Exekutivmitglieder in den Schweizer Gemeinden. Ergebnisse einer Befragung. Zürich: Rüegger.

Giacometti, Zaccaria, 1941: Das Staatsrecht der schweizerischen Kantone. Zürich: Polygraphischer Verlag.

Gianola, Giada/Wyss, Dominik/Bächtiger, André/Gerber, Marlène, 2024: Empowering Local Citizens: Assessing the Inclusiveness of a Digital Democratic Innovation for Co-Creating a Voting Advice Application. In: Local Government Studies 50/1, 174–203.

Gilardi, Fabrizio/Wasserfallen, Fabio, 2016: How Socialization Attenuates Tax Competition. In: British Journal of Political Science 46/1, 45–65.

Häfelin, Ulrich/Haller, Walter/Keller, Helen/Thurnherr, Daniela, 2020: Schweizerisches Bundesstaatsrecht. Zürich/Basel/Genf: Schulthess.

Hangartner, Yvo/Kley, Andreas Kley/Braun Binder, Nadja/Glaser, Andreas, 2023: Die demokratischen Rechte in Bund und Kantonen der Schweizerischen Eidgenossenschaft. Zürich: Dike.

Hänni, Peter, 2011: Der neue Finanzausgleich und die beabsichtigte Stärkung des Föderalismus. In: Waldmann, Bernhard/Hänni, Peter/Belser, Eva Maria (Hrsg.): Föderalismus 2.0 – Denkanstösse und Ausblicke. Bern: Stämpfli, 87–103.

Haus, Alexander/Ladner, Andreas, 2020: Wer hat die Macht in den Gemeinden? Eine Analyse über den Einfluss politischer Akteure auf die lokale Politik in der Schweiz. In: Swiss Yearbook of Administrative Sciences 11/1, 66–80.

Hofmann, Roland/Rother, Natanael, 2019: Was It Worth It? The Territorial Reform in the Canton of Glarus. In: Swiss Political Science Review 25/2, 128–156.

Iff, Andrea/Sager, Fritz/Herrmann, Eva/Wirz, Rolf, 2010: Interkantonale und interkommunale Zusammenarbeit. Defizite bezüglich parlamentarischer und direktdemokratischer Mitwirkung (unter besonderer Berücksichtigung des Kantons Bern). Bern: KPM Verlag.

Jenny, Raphael, 2012: Die Standesinitiative. Eine empirische Analyse von 1990 bis 2010. Seminararbeit. Bern: Universität Bern, Institut für Politikwissenschaft.

Kilper, Heiderose/Lhotta, Roland, 1996: Föderalismus in der Bundesrepublik Deutschland. Opladen: Leske + Budrich.

Kley, Andreas, 2008: Kantone. In: Historisches Lexikon der Schweiz. Band 7 (Jura-Lobsigen), 66–68.

Kübler, Daniel, 2022: Agglomerationen. In: Papadopoulos, Yannis/Sciarini, Pascal/Vatter, Adrian/Häusermann, Silja/Emmenegger, Patrick/Fossati, Flavia (Hrsg.): Handbuch der Schweizer Politik – Manuel de la politique suisse. Basel: NZZ Libro, 343–370.

Ladner, Andreas, 1991: Politische Gemeinden, kommunale Parteien und lokale Politik. Eine empirische Untersuchung in den Gemeinden der Schweiz. Zürich: Seismo.

Ladner, Andreas, 2008: Die Schweizer Gemeinden im Wandel. Politische Institutionen und lokale Politik. Chavannes-près-Renens: Cahier de l'IDHEAP.

Ladner, Andreas, 2015: Die Abhängigkeit der Gemeinden von der Milizpolitik. In: Müller, Andreas/Avenir Suisse (Hrsg.): Bürgerstaat und Staatsbürger. Milizpolitik zwischen Mythos und Moderne. Zürich: Verlag Neue Zürcher Zeitung, 105–123.

Ladner, Andreas, 2016: Gemeindeversammlung und Gemeindeparlament. Überlegungen und empirische Befunde zur Ausgestaltung der Legislativfunktion in den Schweizer Gemeinden. Chavannes-près-Renens: Cahier de l'IDHEAP.

Ladner, Andreas, 2018: Der Schweizer Föderalismus im Wandel. Überlegungen und empirische Befunde zur territorialen Gliederung und der Organisation der staatlichen Aufgabenerbringung in der Schweiz. Chavannes-près-Renens: Cahier de l'IDHEAP.

Ladner, Andreas, 2019: Regieren auf Gemeindeebene. In: Ritz, Adrian/Haldemann, Theo/Sager, Fritz (Hrsg.): Blackbox Exekutive. Regierungslehre in der Schweiz. Zürich: Verlag NZZ Libro, 255–273.

Ladner, Andreas/Bühlmann, Marc, 2006: Demokratie in den Gemeinden. Der Einfluss der Gemeindegrösse und anderer Faktoren auf die Qualität der lokalen Demokratie. Zürich: Rüegger.

Ladner, Andreas/Haus, Alexander, 2021: Aufgabenerbringung der Gemeinden in der Schweiz. Organisation, Zuständigkeiten und Auswirkungen. Chavannes-près-Renens: Cahier de l'IDHEAP.

Ladner, Andreas/Keuffer, Nicolas, 2022: Les communes. In: Papadopoulos, Yannis/Sciarini, Pascal/Vatter, Adrian/Häusermann, Silja/Emmenegger, Patrick/Fossati, Flavia (Hrsg.): Handbuch der Schweizer Politik – Manuel de la politique suisse. Basel: NZZ Libro, 309–341.

Ladner, Andreas/Keuffer, Nicolas/Baldersheim, Harald/Hlepas, Niko/Swianiewicz, Pawel/Steyvers, Kristof/Navarro, Carmen, 2019: Patterns of Local Autonomy in Europe. Cham: Palgrave Macmillan.

Ladner, Andreas/Steiner, Reto/Horber-Papazian, Katia/Fiechter, Julien/Jacot-Descomes, Caroline/Kaiser, Claire, 2013: Gemeindemonitoring 2009/2010. Bericht zur fünften gesamtschweizerischen Gemeindeschreiberbefragung. Bern: KPM Verlag.

Lijphart, Arend, 2012: Patterns of Democracy. Government Forms and Performance in Thirty-Six Countries. New Haven/London: Yale University Press.

Linder, Wolf, 1987: Politische Entscheidung und Gesetzesvollzug in der Schweiz. Bern/Stuttgart: Haupt.

Linder, Wolf, 2007: Die deutsche Föderalismusreform – von aussen betrachtet. Ein Vergleich von Systemproblemen des deutschen und des schweizerischen Föderalismus. In: Politische Vierteljahresschrift 48/1, 3–16.

Linder, Wolf/Mueller, Sean, 2017: Schweizerische Demokratie. Institutionen – Prozesse – Perspektiven. Bern: Haupt.

Linder, Wolf/Mueller, Sean, 2021: Swiss Democracy. Possible Solutions to Conflict in Multicultural Societies. Basingstoke: Palgrave Macmillan.

Linder, Wolf/Vatter, Adrian, 2001: Institutions and Outcomes of Swiss Federalism: The Role of the Cantons in Swiss Politics. In: West European Politics 24/2, 95–122.

Mueller, Sean, 2011: The Politics of Local Autonomy. Measuring Cantonal (De)Centralisation in Switzerland. In: Space and Polity 15/3, 213–239.

Mueller, Sean, 2015a: Theorising Decentralisation. Comparative Evidence from Sub-national Switzerland. Colchester: ECPR Press.

Mueller, Sean, 2015b: Switzerland: Federalism as an Ideology of Balance. In: Gagnon, Alain-G./Keil, Soeren/Mueller, Sean (Hrsg.): Understanding Federalism and Federation. Farnham, Surrey. Ashgate, 105–124.

Mueller, Sean, 2020: Spezial- oder Normalfall? Der Ständerat und der Einfluss der Regionalregierungen auf die Bundespolitik im internationalen Vergleich. In: Mueller, Sean/Vatter, Adrian (Hrsg.): Der Ständerat. Die Zweite Kammer der Schweiz. Basel: NZZ Libro, 229–252.

Mueller, Sean, 2024: Shared Rule in Federal Theory and Practice. Concept, Causes, Consequences. Oxford: Oxford University Press.

Mueller, Sean/Mazzoleni, Oscar, 2016: Regionalist Protest through Shared Rule? Peripherality and the Use of Cantonal Initiatives in Switzerland. In: Regional & Federal Studies 26/1, 45–71.

Mueller, Sean/Vatter, Adrian, 2016: Die Schweiz: Reföderalisierung und schleichende Zentralisierung im Schatten der direkten Demokratie. In: Gamper, Anna/Bussjäger, Peter/Karlhofer, Ferdinand/Pallaver, Günther/Obwexer, Walter (Hrsg.): Föderale Kompetenzverteilung in Europa. Baden-Baden: Nomos, 67–101.

Mueller, Sean/Fenna, Alan, 2022: Dual versus Administrative Federalism: Origins and Evolution of Two Models. In: Publius: The Journal of Federalism 52/4, 525–552.

Mueller, Sean/Vatter, Adrian/Arnold, Tobias, 2017: State Capture from Below? The Contradictory Effects of Decentralisation on Public Spending. In: Journal of Public Policy 37/4, 363–400.

Mueller, Sean/Vatter, Adrian (Hrsg.), 2020: Der Ständerat. Die Zweite Kammer der Schweiz. Basel: NZZ Libro.

Neidhart, Leonhard, 1975: Föderalismus in der Schweiz. Zürich/Köln: Benziger.

Neidhart, Leonhard, 2001: Elementare Bedingungen der Entwicklung des schweizerischen Föderalismus. In: Benz, Arthur/Lehmbruch, Gerhard (Hrsg.): Föderalismus. Analysen in entwicklungsgeschichtlicher und vergleichender Perspektive. Wiesbaden: Springer, 111–132.

Neuenschwander, Peter, 2006: Die Standesinitiative: Wirkungsweise und Reformansätze. In: Vatter, Adrian (Hrsg.): Föderalismusreform. Wirkungsweise und Reformansätze föderativer Institutionen in der Schweiz. Zürich: Verlag Neue Zürcher Zeitung, 99–130.

OECD, 2024: Fiscal Decentralisation Database. https://www.oecd.org/tax/federalism/fiscal-decentralisation-database.htm (abgerufen am 01.05.2024).

Papadopoulos, Yannis, 2002: Connecting Minorities to the Swiss Federal System: A Frozen Conception of Representation and the Problem of Requisite Variety. In: Publius: The Journal of Federalism 32/3, 47–65.

Pfisterer, Thomas, 2015: Intergovernmental Relations in Switzerland: An Unfamiliar Term for a Necessary Concept. In: Poirier, Johanne/Saunders, Cheryl/Kincaid, John (Hrsg.): Intergovernmental Relations in Federal Systems. Comparative Structure and Dynamics. Don Mills: Oxford University Press, 379–419.

Phillimore, John/Fenna, Alan, 2017: Intergovernmental Councils and Centralization in Australian Federalism. In: Regional & Federal Studies 27/5, 597–621.

Rentsch, Hans, 2002: Sonderfall Schweiz: Blinde Flecken in der Föderalismusforschung. In: Wagschal, Uwe/Rentsch, Hans (Hrsg.): Der Preis des Föderalismus. Zürich: Orell Füssli, 401–413.

Rodden, Jonathan, 2004: Comparative Federalism and Decentralization: On Meaning and Measurement. In: Comparative Politics 36/4, 481–500.

Rühli, Lukas, 2012: Gemeindeautonomie zwischen Illusion und Realität. Gemeindestrukturen und Gemeindestrukturpolitik der Kantone. Zürich: Avenir Suisse.

Sager, Fritz, 2003: Kompensationsmöglichkeiten föderaler Vollzugsdefizite. Das Beispiel der kantonalen Alkoholpräventionspolitiken. In: Swiss Political Science Review 9/1, 309–332.

Sager, Fritz/Rüefli, Christian, 2005: Die Evaluation öffentlicher Politiken mit föderalistischen Vollzugsarrangements. In: Swiss Political Science Review 11/2, 101–129.

Sager, Fritz/Steffen, Isabelle, 2006: Die Kantone im Vernehmlassungsverfahren des Bundes: Wirkungsweise und Reformansätze. In: Vatter, Adrian (Hrsg.): Föderalismusreform. Wirkungsweise und Reformansätze föderativer Institutionen in der Schweiz. Zürich: Verlag Neue Zürcher Zeitung, 152–172.

Schaltegger, Christoph A., 2001: Ist der Schweizer Föderalismus zu kleinräumig? In: Swiss Political Science Review 7/1, 1–18.

Schenk, Emanuel, 1997: Das Vernehmlassungsverfahren aus der Sicht der Praxis. In: LeGes 8/1, 83–88.

Schnabel, Johanna, 2020a: Die Konferenz der Kantonsregierungen als der bessere Ständerat? Territoriale Mitbestimmung im schweizerischen Föderalismus. In: Mueller, Sean/Vatter, Adrian (Hrsg.): Der Ständerat. Die Zweite Kammer der Schweiz. Basel: NZZ Libro, 181–202.

Schnabel, Johanna, 2020b: Managing Interdependencies in Federal Systems. Intergovernmental Councils and the Making of Public Policy. Cham: Palgrave Macmillan.

Schnabel, Johanna/Mueller, Sean, 2017: Vertical Influence or Horizontal Coordination? The Purpose of Intergovernmental Councils in Switzerland. In: Regional & Federal Studies 27/5, 549–572.

Schnabel, Johanna/Freiburghaus, Rahel/Hegele, Yvonne, 2022: Crisis Management in Federal States: The Role of Peak Intergovernmental Councils in Germany and Switzerland during the COVID-19 Pandemic. In: dms – der moderne staat 15/1, 42–61.

Seiler, Daniel, 1991: La Suisse comme „démocratic consociative" : essai de déconstruction d'un mythe de science politique. In Prongué, Bernhard (Hrsg.): Passé pluriel, en hommage au Roland Ruffieux. Fribourg: Editions universitaires, 341–359.

Speich Chassé, Daniel, 2012: Die Schweizer Bundesstaatsgründung von 1848: ein überschätzter Bruch? In: Schweizerische Zeitschrift für Geschichte 62/3, 405–423.

Steiner, Reto/Kaiser, Claire/Haus, Alexander/Amsellem, Ada/Keuffer, Nicolas/Ladner, Andreas, 2021: Zustand und Entwicklung der Schweizer Gemeinden. Ergebnisse des nationalen Gemeindemonitorings 2017. Glarus: Somedia.

Steinlin, Simon, 2011: Allgemeinverbindlicherklärung von Konkordaten – Beurteilung der Kritik an diesem Instrument. In: LeGes 22/1, 35–54.

Strebel, Michael A., 2019: Why Voluntary Municipal Merger Projects Fail: Evidence from Popular Votes in Switzerland. In: Local Government Studies 45/6, 654–675.

Strebel, Michael, 2023: Die kommunalen Parlamente in der Schweiz: Eine Frage der Sprachregion und weniger der Gemeindegrösse. In: Zeitschrift für Parlamentsfragen 54/4, 873–888.

Strebel, Michael A./Bundi, Pirmin, 2023: A Policy-Centered Approach to Inter-Municipal Cooperation. In: Public Management Review 25/10, 1859–1880.

Tamm, Nikolaus, 1982: Kooperation im Schweizer Bundesstaat: Die Konferenzen der Fachstellen des Bundes und der Kantone. Riehen: FFR.

Vatter, Adrian, 2002: Kantonale Demokratien im Vergleich. Entstehungsgründe, Interaktionen und Wirkungen politischer Institutionen in den Schweizer Kantonen. Opladen: Leske + Budrich.

Vatter, Adrian, 2005: The Transformation of Access and Veto Points in Swiss Federalism. In: Regional & Federal Studies 15/1, 1–18.

Vatter, Adrian, 2006: Föderalismusreform. Wirkungsweise und Reformansätze föderativer Institutionen in der Schweiz. Zürich: Verlag Neue Zürcher Zeitung.

Vatter, Adrian, 2018: Swiss Federalism. The Transformation of a Federal Model. London/New York: Routledge.

Vatter, Adrian, 2022a: Föderalismus. In: Papadopoulos, Yannis/Sciarini, Pascal/Vatter, Adrian/Häusermann, Silja/Emmenegger, Patrick/Fossati, Flavia (Hrsg.): Handbuch der Schweizer Politik – Manuel de la politique suisse. Basel: NZZ Libro, 135–166.

Vatter, Adrian, 2022b: Kantone. In: Papadopoulos, Yannis/Sciarini, Pascal/Vatter, Adrian/Häusermann, Silja/Emmenegger, Patrick/Fossati, Flavia (Hrsg.): Handbuch der Schweizer Politik – Manuel de la politique suisse. Basel: NZZ Libro, 273–308.

Vatter, Adrian, 2024a: Federalism. In: Emmenegger, Patrick/Fosatti, Flavia/Häusermann, Silja/Papadopoulos, Yannis/Sciarini, Pascal/Vatter, Adrian (Hrsg.): The Oxford Handbook of Swiss Politics. Oxford: Oxford University Press, 139–155.

Vatter, Adrian, 2024b: Cantons. In: Emmenegger, Patrick/Fosatti, Flavia/Häusermann, Silja/Papadopoulos, Yannis/Sciarini, Pascal/Vatter, Adrian (Hrsg.): The Oxford Handbook of Swiss Politics. Oxford: Oxford University Press, 235–253.

Vatter, Adrian/Freitag, Markus, 2007: The Contradictory Effects of Consensus Democracy on the Size of Government: Evidence from the Swiss Cantons. In: British Journal of Political Science 37/2, 359–367.

Vatter, Adrian/Wälti, Sonja, 2003: Schweizer Föderalismus in vergleichender Perspektive – Der Umgang mit Reformhindernissen. In: Swiss Political Science Review 9/1, 1–25.

Vatter, Adrian/Freiburghaus, Rahel/Arens, Alexander, 2020: Coming a Long Way: Switzerland's Transformation from a Majoritarian to a Consensus Democracy (1848–2018). In: Democratization 27/6, 970–989.

Wälti, Sonja, 1996: Institutional Reform of Federalism: Changing the Players Rather than the Rules of the Game. In: Swiss Political Science Review 2/1, 113–141.

Wasserfallen, Fabio, 2015: The Cooperative Capacity of Swiss Federalism. In: Swiss Political Science Review 21/4, 538–555.

Watts, Ronald, 2008: Comparing Federal Systems. Kingston: Institute of Intergovernmental Relations.

Wiesli, Reto/Linder, Wolf, 2000: Repräsentation, Artikulation und Durchsetzung kantonaler Interessen in National- und Ständerat. Bern: Universität Bern, Institut für Politikwissenschaft.

Wili, Hans-Urs, 1988: Kollektive Mitwirkungsrechte von Gliedstaaten in der Schweiz und im Ausland: Geschichtlicher Werdegang, Rechtsvergleichung, Zukunftsperspektiven. Eine institutsbezogene Studie. Bern: Stämpfli.

Würgler, Andreas, 2013: Die Tagsatzung der Eidgenossen. Politik, Kommunikation und Symbolik einer repräsentativen Institution im europäischen Kontext (1470–1798). Epfendorf: Bibliotheca Academica Verlag.

## 10.10 Fragen

1. Die drei Kernziele des Föderalismus sind die Machtaufteilung durch vertikale Gewaltenteilung, der Schutz von (kulturellen) Minoritäten und die Integration heterogener Gesellschaften. Wie werden diese drei Ziele im schweizerischen Bundesstaat konkret umgesetzt?
2. Das schweizerische politische System besteht aus einem dreistufigen Staatsaufbau. Wie unterscheiden sich die Stellung und der Einfluss der Gemeinden innerhalb des schweizerischen Bundesstaates im Vergleich zu den Kantonen?
3. Wie ist der Einfluss der Kantone im vorparlamentarischen Verfahren im Vergleich zu den anderen politischen Akteuren zu beurteilen? Wo liegen hier die Stärken und Schwächen der Kantone?
4. Warum wurde eine Neugestaltung des Finanzausgleichs und der Aufgabenteilung (NFA) nötig?
5. Welche (vertikalen) föderativen Institutionen innerhalb des schweizerischen Bundesstaates haben im Verlaufe der letzten 100 Jahre an Bedeutung gewonnen bzw. verloren und was sind die Ursachen dafür?
6. Die Konferenz der Kantonsregierungen besteht seit 1993. Wie hat sich seither der Einfluss der Kantone auf die Bundespolitik verändert? Wo liegen die Chancen und Risiken der horizontalen Föderalismusinstitutionen?

# 11 Die Justiz

## 11.1 Einleitung

Die in den letzten Jahren verstärkt wahrgenommenen Auswirkungen der Rechtsprechung auf die Politikgestaltung sowie die in diesem Zusammenhang diagnostizierte Justizialisierung der Politik haben dazu geführt, dass sich vermehrt auch die politikwissenschaftliche Forschung mit der Bedeutung der Justiz beschäftigt (Hirschl 2008; Stone Sweet 2000). Im Mittelpunkt des Interesses stehen in der Regel die obersten Gerichte eines Landes, insbesondere die Verfassungsgerichte, und zwar sowohl als „Gate-Keeper" des staatlichen Wandels, da sie über die rechtliche Zulässigkeit gesellschaftlicher Anpassungsprozesse entscheiden, als auch als mächtige Vetospieler, die wichtige politische Entscheidungen von Exekutive und Legislative verhindern können. Durch die gestiegene Internationalisierung der Politik haben zudem auch supranationale Gerichtsinstanzen wie der Europäische Gerichtshof für Menschenrechte an Einfluss auf die nationale Politikgestaltung gewonnen.

In der Schweiz ist das Bundesgericht die oberste rechtsprechende Bundesbehörde und bildet neben der Bundesversammlung und dem Bundesrat eine der drei klassischen Staatsgewalten im politischen System der Schweiz. Allerdings ist es in Bezug auf seine Machtfülle, insbesondere was die Verfassungsgerichtsbarkeit anbetrifft, nicht vergleichbar mit dem US-amerikanischen Supreme Court oder dem deutschen Bundesverfassungsgericht, die weltweit zu den stärksten Justizbehörden zählen und denen auch die meisten politikwissenschaftlichen Untersuchungen gewidmet sind. Trotz der in dieser Hinsicht beschränkten Kompetenzen des obersten Gerichts in der stark föderal und direktdemokratisch geprägten Schweiz handelt es sich bei den Bundesrichtern um „keine unpolitischen Subsumtionsautomaten, sondern politisch in höchstem Masse mitgestaltende Akteure", wie sich ein ehemaliger Vertreter des Ständerates ausdrückte.[1] Gerade die konkordanzdemokratischen Strukturen haben dazu beigetragen, dass sich in zahlreichen Bundeserlassen als Folge der Notwendigkeit breit abgestützter Kompromisse offene rechtliche Formulierungen, unklare Regelungen oder offensichtliche Lücken finden. Obwohl dadurch ein Teil der Politikgestaltung an die Gerichte delegiert wird, wissen wir bis heute relativ wenig über den effektiven Einfluss der Gerichte auf politische Entscheidungen in der Schweiz.

Dieser Frage zur Rolle der Justiz bei der materiellen Politikgestaltung sowie zwei weiteren Fragen, die aus politikwissenschaftlicher Perspektive besonders interessieren, nämlich welchen Einfluss die politischen Parteien auf die Wahl der Richter am Bundesgericht ausüben und wie stark das oberste Gericht in der Praxis die Bundesverfassung schützt, will das Kapitel nachgehen. Es ist wie folgt aufgebaut: Nach einem kurzen historischen Überblick über die Entstehung und Entwicklung des Bundesgerichts werden die Stellung und Organisation der obersten Justizbehörde in der Schweiz beschrieben. Danach folgen Abschnitte über die Wahl und parteipolitische Zusammensetzung der Bundesrichter, über die wichtigsten Aufga-

---

[1] Votum von Ständerat Carlo Schmid.

ben und Funktionen des Bundesgerichts sowie über den Einfluss der bundesgerichtlichen Rechtsprechung auf die Politikgestaltung. Das Kapitel schliesst mit einer Übersicht der Verfassungsgerichtsbarkeit in den Kantonen und im Rahmen eines internationalen Vergleichs sowie zusammenfassenden Folgerungen.

## 11.2 Die historische Entwicklung des Bundesgerichts

Das Bundesgericht wurde im Zuge der Entstehung des Bundesstaates mit der Annahme der neuen Bundesverfassung von 1848 gegründet. Allerdings handelte es sich in seinen Anfangsjahren um eine schwache Institution, was sowohl in der Organisation als auch in den Kompetenzen sowie der geringen Anzahl der bearbeiteten Fälle zum Ausdruck kam (Seferovic 2010). So gehörten dem Bundesgericht zunächst nur elf nebenamtlich tätige Richter an, die von der Bundesversammlung auf drei Jahre gewählt wurden, wobei Bundesrichter gleichzeitig auch amtierende Mitglieder der Vereinigten Bundesversammlung sein konnten, was die damals noch unvollständige Gewaltentrennung deutlich macht. Einen ständigen Sitz hatte das Gericht zunächst nicht, vielmehr traten die Richter entweder in der Bundesstadt oder mehrmals jährlich an jenem Ort zusammen, den der Präsident festlegte. Rückblickend wird daher das Bundesgericht jener Zeit als eine „ad-hoc-Wandertruppe" beschrieben (Schneider 1998: 13). Seine Aufgabe bestand in der Ausübung der Rechtspflege, soweit diese in den Bereich des Bundes fiel. Konkret beschränkten sich seine Kompetenzen primär auf die Beurteilung politischer Straftaten gegen den Bund und auf zivilrechtliche Streitigkeiten zwischen Bund und Kantonen oder zwischen den Kantonen (Raselli 2005). Es beurteilte etwa Streitigkeiten über die Haftung von Schulden aus dem Sonderbundskrieg oder Auseinandersetzungen zwischen den Kantonen über die Festlegung des Bürgerrechts für Heimatlose. Seine Kompetenzen waren insbesondere im Bereich der Verfassungsgerichtsbarkeit äusserst beschränkt, da die Fortbildung des Verfassungsrechts den politischen Bundesbehörden überlassen werden sollte. Folgerichtig konnte das Bundesgericht nur dann über die Verletzung verfassungsmässiger Rechte urteilen, wenn eine an den Bundesrat und darauf an die Bundesversammlung gerichtete Beschwerde anschliessend an das Bundesgericht überwiesen wurde. Innerhalb der ersten 25 Jahre seines Bestehens trat dieser Fall nur einmal ein („Fall Dupré").

Eine Aufwertung seines Status erfuhr das Bundesgericht im Rahmen der *Totalrevision der Bundesverfassung von 1874*. Das oberste Gericht erhielt jetzt seinen ständigen Sitz in Lausanne, was einerseits eine Referenz an die französischsprachige Schweiz war, andererseits aber auch die Unabhängigkeit von den beiden anderen Staatsgewalten unterstrich. Ihm gehörten nunmehr neun vollamtliche Richter an, die von der Bundesversammlung auf sechs Jahre gewählt wurden sowie zwei Gerichtsschreiber. Durch die Unvereinbarkeit mit anderen öffentlichen Ämtern wurde nun auch die Gewaltentrennung umgesetzt. Die Kompetenzen des Bundesgerichts wurden erweitert, wobei zunächst vor allem die Staatsrechtspflege im Mittelpunkt stand. Dabei ging es in erster Linie um die Behandlung öffentlichrechtlicher Streitigkeiten, die sich aus dem Verhältnis zwischen dem Bund und den Kantonen oder zwischen den Kantonen untereinander ergaben. Die staatsrechtliche Beschwerde bildete in der Folge bis zum Inkrafttreten der Justizreform von 2007 die wichtigste Verfahrensart der bundesgerichtlichen Staatsrechtspflege. Im Bereich der Verfassungsgerichtsbarkeit ist insbesondere der Schutz vor der Verletzung verfassungsmässiger Rechte der Bürger durch *kantonale Erlasse und Verfügungen* mittels staatsrechtlicher Beschwerde zu nennen.

Die Jahrzehnte nach 1874 waren geprägt von einer kontinuierlichen personellen Aufstockung des Gerichts, einer organisatorischen Ausdifferenzierung durch die Schaffung von spezialisierten Abteilungen und einer Ausdehnung der Kompetenzen im zivil-, straf- und verwaltungsrechtlichen Bereich als Folge der schrittweisen bundesweiten Vereinheitlichung des Obligationenrechts (1893), des Schuldbetreibungs- und Konkursrechts (1892), des Zivilrechts (1912) und des Strafrechts (1942; siehe Tabelle 11.1). 1928 wurde dem Bundesgericht zudem die Verwaltungsrechtspflege übertragen.

Auch im Bereich der Verfassungsgerichtsbarkeit konnte das Gericht an Einfluss gewinnen. Zwar oblag ihm schon seit 1875 die Entscheidung über Beschwerden wegen der Verletzung verfassungsmässiger Rechte durch die Kantone. Von diesem Grundsatz war jedoch zunächst eine Vielzahl von Administrativstreitigkeiten ausgenommen, deren Behandlung weiterhin dem Bundesrat und der Bundesversammlung vorbehalten blieb. Im Rahmen der Revisionen des Bundesgesetzes über die Organisation der Bundesrechtspflege von 1893 und 1911 wurde der Katalog dieser den politischen Bundesbehörden vorbehaltenen Streitigkeiten gekürzt. Die noch bei den politischen Bundesorganen verbliebenen Zuständigkeiten erwiesen sich in der Praxis als nahezu bedeutungslos. Im Rahmen der Totalrevision der Bundesverfassung von 1999 wurden auch diese Administrativstreitigkeiten auf das Bundesgericht übertragen.

Wie aus Abbildung 11.1 ersichtlich ist, variierte die Zahl der Neueingänge an das Bundesgericht von Anfang der 1920er bis Mitte der 1970er Jahre, ohne dass eine systematische Steigerung zu erkennen war. Im letzten Viertel des 20. Jahrhunderts nahm dann aber die Arbeitsbelastung stark zu, was sich sowohl in der Zahl der Neueingänge als auch an der Zahl der staatsrechtlichen Beschwerden (bis 2007) ausdrückte. Allein zwischen den 1970er und 1990er Jahren haben sich die Eingänge am Bundesgericht mehr als verdoppelt, wobei sich zusätzlich auch die Komplexität der Fälle erhöht hat (Schubarth 2001). Im Weiteren wird deutlich, dass die (bis 2007 unter diesem Begriff bestehenden) staatsrechtlichen Beschwerden einen erheblichen Anteil der bundesgerichtlichen Arbeit bilden.

Tabelle 11.1: *Übersicht über die Entwicklung des Bundesgerichts ab 1848*

| Jahr | Anzahl Richter | Abteilungen (Ausbau und Reformen) | Rechtsdomäne |
|---|---|---|---|
| 1848 | 11 | Plenargericht | geringe Kompetenzen im Bereich des Staats-, Zivil- und Strafrechts |
| 1875 | 9 | Plenargericht | *Staatsrecht*: Schutz vor Verletzung verfassungsmässiger Rechte durch die Kantone, zahlreiche Ausnahmen zugunsten der politischen Bundesbehörden („Administrativstreitigkeiten") *Zivilrecht*: Sicherstellung der Rechtseinheit |
| 1893 | 14 | je eine Abteilung für Zivil- und Staatsrecht | *Staatsrecht*: Übertragung einzelner Administrativstreitigkeiten an das Bundesgericht *Zivilrecht*: Einführung des Obligationenrechts |
| 1896 | 16 | Schuldbetreibungs- und Konkurskammer | |
| 1904 | 19 | | |
| 1912 | 24 | zwei zivil- und eine staatsrechtliche Abteilung | *Staatsrecht*: weitere Übertragung von Administrativstreitigkeiten an das Bundesgericht *Zivilrecht*: ZGB tritt in Kraft. |
| 1918 | | Schaffung des Eidgenössischen Versicherungsgerichts in Luzern | |
| 1928 | 26 | Die staatsrechtliche wird zur staats- und verwaltungsrechtlichen Abteilung. | *Verwaltungsrecht*: Beginn einer (beschränkten) Verwaltungsrechtspflege durch das Bundesgericht |
| 1942 | | Schaffung des ständigen Kassationshofs für Strafsachen | *Strafrecht*: StGB tritt in Kraft. |
| 1968 | | | *Verwaltungsrecht*: Letzte Instanz für die Beurteilung von Streitigkeiten im öffentlichen Recht des Bundes (Ausnahmekatalog Art. 99–101 OG) |

## 11.2 Die historische Entwicklung des Bundesgerichts

| Jahr | Anzahl Richter | Abteilungen (Ausbau und Reformen) | Rechtsdomäne |
|---|---|---|---|
| 1969 | | Das Eidgenössische Versicherungsgericht wird zur organisatorisch selbstständigen Sozialversicherungsabteilung des Bundesgerichts. | |
| 1970 | 28 | | |
| 1978 | 30 | An die Stelle der bisherigen staats- und verwaltungsrechtlichen Abteilung treten zwei öffentlich-rechtliche Abteilungen. | |
| 1999 | 41 | | *Staatsrecht*: Totalrevision der Bundesverfassung |
| 2000 | | | Justizreform wird von Volk und Ständen angenommen. Ziel: u. a. Entlastung des Bundesgerichts |
| 2004 | | | *Strafrecht*: Das Bundesstrafgericht nimmt seine Arbeit auf. |
| 2007 | 39 | Das Eidgenössische Versicherungsgericht wird mit dem Bundesgericht fusioniert, behält aber als neue Abteilung seinen Standort in Luzern. | *Staatsrecht*: Übertragung der verbliebenen Administrativstreitigkeiten an das Bundesgericht<br>*Verwaltungsrecht*: Das Bundesverwaltungsgericht nimmt seine Arbeit auf. |
| 2012 | 38 | | *Zivilrecht*: Das Bundespatentgericht nimmt seine Arbeit auf.<br>*Verwaltungsrecht*: Das Bundesverwaltungsgericht bezieht seinen neuen Sitz in St. Gallen. |
| 2023 | 40 | | |

Anmerkung: Die Organisation des Bundesgerichts ist durch das Bundesgerichtsgesetz geregelt (BGG, in Kraft seit 2007).
Quellen: Fischbacher (2006: 14ff.), Häfelin u. a. (2016: 512ff.), Schneider (1998: 12ff.), Schweizerisches Bundesgericht (2024) und Tschannen (2011).

# 11 Die Justiz

*Abbildung 11.1: Zahl der Neueingänge beim Bundesgericht, 1920–2023*

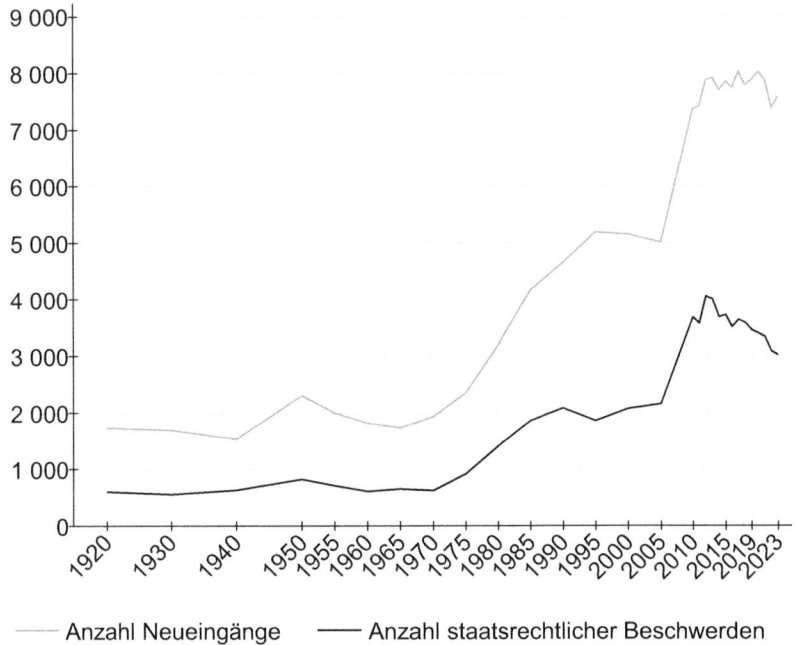

—— Anzahl Neueingänge　　—— Anzahl staatsrechtlicher Beschwerden

Anmerkung: Ab 2007 werden anstelle der staatsrechtlichen Beschwerde die Beschwerden in öffentlich-rechtlichen Angelegenheiten dargestellt. Die Zahlen vor und nach 2007 sind aufgrund verschiedener organisatorischer und verfahrensrechtlicher Änderungen nur sehr eingeschränkt vergleichbar.

Quellen: Eigene Darstellung auf Basis von Schneider (1998: 105), Schweizerisches Bundesgericht (2001–2024) und Haller (2006).

Im Verlaufe der zweiten Hälfte des 20. Jahrhunderts stellten sich verschiedene Bereiche des schweizerischen Justizsystems als zunehmend reformbedürftig heraus. Neben der starken zeitlichen und personellen Überlastung des Bundesgerichts zeigten sich offensichtliche Lücken beim Rechtsschutz. Zudem erwiesen sich die je nach Kantonen unterschiedlich geregelten Strafprozessordnungen als offensichtliche Hindernisse bei der Verbrechensbekämpfung. Die im Jahr 2000 von Volk und Ständen mit 86.4 Prozent Ja-Stimmen angenommene *Justizreform*,[2] die zusammen mit der neuen Bundesverfassung von 1999 zu einem grösseren Reformpaket gehörte und in den darauf folgenden Jahren durch den Erlass mehrerer Gesetze umgesetzt wurde, schuf die Verfassungsgrundlagen zur Behebung dieser Mängel. So wurden die Rechtsweggarantie verankert, die Prozessordnungen im Zivil- und Strafrecht bundesrechtlich vereinheitlicht, die Streitwerte namentlich im Bereich des Zivilrechtes erhöht und neue erstinstanzliche eidgenössische Gerichte geschaffen, was insgesamt die Rolle des Bundesgerichts gestärkt hat (Aeschlimann 2008).

---

2　Eine erste Gesetzesrevision zur Entlastung des Bundesgerichts scheiterte 1990 mit 52.6 % Nein-Stimmen in der Volksabstimmung.

Die breit angelegte Justizreform ging vor allem auf drei Faktoren zurück, auf die im Folgenden kurz eingegangen wird: die Überlastung des Bundesgerichts, das komplizierte Rechtsmittelsystem sowie Lücken im gerichtlichen Rechtsschutz (Koller 2006).

Zur *Entlastung und Verbesserung der Funktionsfähigkeit des Bundesgerichts* gehörte die Einrichtung von neuen erstinstanzlichen eidgenössischen Gerichten. Seit Beginn des 21. Jahrhunderts wurden zu diesem Zweck das Bundesstrafgericht, das Bundesverwaltungsgericht und das Bundespatentgericht als erstinstanzliche Gerichte des Bundes geschaffen. Durch diese Vorinstanzen sollte das Bundesgericht in seiner Rolle als oberstes Gericht gestärkt werden, wobei ein grosser Teil der Entscheide der drei erstinstanzlichen Gerichte an das Bundesgericht weitergezogen werden können.[3] Damit haben sich die Rechtsprechungsaufgaben des Bundesgerichts insgesamt zwar nur geringfügig geändert, die Vorinstanzen haben aber zu einer gewissen Entlastung beigetragen. Hierzu dient darüber hinaus auch die Pflicht zur Schaffung von kantonalen Behörden zur Beurteilung von zivil-, straf- und öffentlich-rechtlichen Angelegenheiten (Art. 191b BV). Der Aufwand der Kantone war vor allem im Bereich des öffentlichen Rechts beträchtlich und überwiegend davon abhängig, wie stark die Verwaltungsgerichtsbarkeit in den einzelnen Kantonen ausgebaut war.

Als erste dieser Vorinstanzen auf Bundesebene wurde im Jahr 2004 das *Bundesstrafgericht* mit Sitz in Bellinzona konstituiert. Es urteilt über Strafsachen, die der Bundesgerichtsbarkeit unterstehen. Dabei handelt es sich etwa um Straftaten von Bundesbeamten, um Fälle von Wirtschaftskriminalität, organisiertem Verbrechen, Korruption, Geldwäsche oder um Sprengstoffdelikte. Das Bundesstrafgericht hat zudem die Aufgaben der früheren Anklagekammer des Bundesgerichts übernommen. So beurteilt es Beschwerden gegen die Bundesanwaltschaft[4] und gegen Verfahrenshandlungen der Polizei sowie gegen Entscheide der Zwangsmassnahmengerichte. Schliesslich beurteilt es Zuständigkeitskonflikte zwischen kantonalen Strafbehörden. Das Bundesstrafgericht ist zwar in seiner Tätigkeit unabhängig, es untersteht jedoch der administrativen Aufsicht des Bundesgerichts sowie der Oberaufsicht der Bundesversammlung. Im Gegensatz zum Bundesgericht können die derzeit 22 Richter ihr Amt auch im Teilpensum ausüben und werden von circa 60 Mitarbeitenden unterstützt (Bundesstrafgericht 2024). Die Richter werden von der Bundesversammlung für die Dauer von sechs Jahren gewählt und scheiden spätestens zum Ende des Jahres aus, bei dem sie das ordentliche Rücktrittsalter erreichen. Die Bestimmungen zur Aufsicht sowie zur Amtsdauer und den Wahlmodalitäten der Richter gelten im Übrigen grundsätzlich auch für die beiden folgenden erstinstanzlichen eidgenössischen Gerichte. Bei dauerhafter Amtsunfä-

---

3 Grundsätzlich ist gemäss Bundesverfassung (Art. 191 Abs. 1 BV) der Zugang zum Bundesgericht gewährleistet, wobei ein breiter Ausnahmekatalog besteht (gemäss Art. 191 Abs. 2 und 3 BV: Streitwertgrenzen bei Rechtsfragen ohne grundsätzliche Bedeutung und Ausschluss bestimmter Sachgebiete).
4 Die Bundesanwaltschaft leitet als Staatsanwaltschaft der Eidgenossenschaft die strafrechtlichen Ermittlungen zur Aufklärung von Straftaten in ihrem Zuständigkeitsbereich und führt in diesen Strafverfahren die Anklage. Im Weiteren amtet sie auch als Vollzugsbehörde für die internationale Rechtshilfe. Der Bundesanwalt sowie seine Stellvertreter werden durch die Vereinigte Bundesversammlung gewählt. Die Amtsdauer beträgt vier Jahre.

higkeit oder schwerer Amtspflichtverletzung ist, im Gegensatz zu den Richtern des Bundesgerichts, eine Amtsenthebung durch die Bundesversammlung möglich (Art. 49 StBOG; Tschannen 2011: 519).

Im Jahr 2007 folgte die Konstituierung des *Bundesverwaltungsgerichts,* das zunächst provisorisch in Bern und Zollikofen angesiedelt war und 2012 seinen Sitz definitiv in St. Gallen bezogen hat. Durch seine Schaffung wurden die verwaltungsexternen Rekurskommissionen sowie die entsprechenden Rechtsprechungskompetenzen der Departemente und des Bundesrates als Rekursinstanz abgeschafft, was nicht nur aus der Sicht der Gewaltentrennung, sondern auch zur Vermeidung von Rollenkonflikten der Regierung begrüsst wurde (Sager/Rüefli/ Mandioni 2001). Als allgemeines Verwaltungsgericht des Bundes liegt seine Hauptaufgabe in der Beurteilung öffentlich-rechtlicher Streitigkeiten aus dem Zuständigkeitsbereich der Bundesverwaltung. Dazu zählt vor allem die Behandlung von Beschwerden gegen Verfügungen eidgenössischer oder in Ausnahmefällen auch kantonaler Instanzen sowie Klagen aus dem Bundesverwaltungsrecht in erster Instanz. Dabei entscheidet es entweder als Vorinstanz des Bundesgerichts oder als letzte Instanz abschliessend, was namentlich bei den zahlreichen Asylbeschwerdeverfahren zutrifft. Anfang 2024 arbeiteten 73 Richter und 356 Mitarbeitende am Bundesverwaltungsgericht.

Anfang 2012 nahm das *Bundespatentgericht* anstelle der bisher zuständigen kantonalen Gerichte als erstinstanzliches Patentgericht des Bundes über zivilrechtliche Patentstreitigkeiten seine Arbeit auf. Es beurteilt sowohl Klagen über den Bestand als auch die Verletzung von Patenten und entscheidet als Vorinstanz des Bundesgerichts. Neben zwei hauptamtlichen Richtern sind am Bundespatentgericht 42 nebenamtliche Richter tätig (Stand Januar 2024). Das Patentgericht hat seinen Sitz in St. Gallen (Häfelin u. a. 2016: 554).

Der *Unübersichtlichkeit im Bereich der Rechtsmittel* wurde durch die Einführung der Einheitsbeschwerde begegnet. Danach gibt es zur „Anfechtung von Entscheidungen einer Vorinstanz in jeder der drei Rechtsdisziplinen nur noch einen einzigen Beschwerdeweg an das Bundesgericht, unabhängig davon, welche Beschwerdegründe (...) angeführt werden oder welche Vorinstanz (Bund oder Kantone) entschieden hat" (Koller 2006: 62).

Zudem wurden *Massnahmen zur Verbesserung der Organisation* der obersten Gerichtsbarkeit eingeleitet. Hierzu zählt insbesondere auch die 2007 erfolgte Eingliederung des früheren Eidgenössischen Versicherungsgerichts in das Bundesgericht. Das Versicherungsgericht wurde 1917 mit Sitz in Luzern gegründet. 1968 wurde es dann in eine selbstständige Abteilung des Bundesgerichts überführt. Es nimmt seine Aufgaben seither als sozialrechtliche Abteilung des Bundesgerichts in Luzern wahr.

Schliesslich wurden die bisherigen *Lücken im gerichtlichen Rechtsschutz* hauptsächlich durch die Schaffung des Bundesverwaltungsgerichts behoben. Es gehört dabei zu den Kernfunktionen dieses Gerichts, dass es Aufgaben der Beschwerdedienste der Departemente sowie der bisherigen Rekurskommissionen übernimmt, sodass nun grundsätzlich eine gerichtliche Vorinstanz vorhanden ist, bevor ein

Verfahren vor das Bundesgericht gebracht werden kann. Die allgemeine Rechtsweggarantie wird nun auch in den Fällen umgesetzt, in denen der Bundesrat oder ein Departement bisher endgültig entschieden haben. Jedoch können Bund und Kantone gemäss Art. 29a BV durch Gesetz die richterliche Beurteilung in Ausnahmefällen ausschliessen.

## 11.3 Die Stellung und Organisation des Bundesgerichts

### 11.3.1 Die verfassungsrechtliche Stellung des Bundesgerichts

Das Bundesgericht ist die oberste rechtsprechende Behörde des Bundes, während das Bundesstrafgericht, das Bundesverwaltungsgericht und das Bundespatentgericht untergeordnete Gerichte auf Bundesebene sind. Die Entscheide des Bundesgerichts können bei Verletzung der in der Europäischen Menschenrechtskonvention (EMRK) festgeschriebenen Grundrechte mittels Individualbeschwerde an den Europäischen Gerichtshof für Menschenrechte (EGMR) weitergezogen werden. Falls der EGMR einen Verstoss feststellt, ist das Bundesgericht auf Gesuch hin verpflichtet, sein Urteil zu revidieren.[5]

Obwohl der Grundsatz der Gewaltentrennung seit Einführung der Bundesverfassung von 1874 weitestgehend umgesetzt und danach weiter gefestigt wurde, steht das Bundesgericht bis heute unter der Oberaufsicht der Bundesversammlung (Art. 169 Abs. 1 BV). Zwar ist gemäss Bundesverfassung (Art. 191c BV) die richterliche Unabhängigkeit für alle richterlichen Behörden und somit auch für das Bundesgericht gewährleistet. Entsprechend ist das Bundesgericht bei seiner Rechtsprechung unabhängig und nur dem Recht verpflichtet. Zugleich fungiert die Bundesversammlung als Wahl- und Wiederwahlorgan des Bundesgerichts, bestimmt die Zahl der Bundesrichter sowie die Höhe des Budgets und legt die genaue Ausgestaltung seiner Zuständigkeiten fest, soweit diese nicht bereits in der Bundesverfassung verankert sind. In der Lehre werden darin eine Einschränkung der bundesgerichtlichen Unabhängigkeit sowie eine gewisse Gefahr eines Abhängigkeitsverhältnisses gesehen (Kiener 2001; Niggli u. a. 2018). Im Rahmen der Justizreform von 2000 wurde deshalb erstmals die richterliche Unabhängigkeit (Art. 191c BV) sowie das Selbstverwaltungsrecht des Bundesgerichts (Art. 188 Abs. 3 BV) in die Verfassung aufgenommen, sodass diese Grundsätze zumindest eine formale Stärkung erfahren haben. So vertritt es selbst das Budget und die Jahresrechnung vor der Bundesversammlung und bestimmt eigenhändig über den Einsatz der vom Parlament bewilligten Mittel. Zudem werden die Organisation, Verwaltung und die Einstellung von Personal durch das Bundesgericht selbst geregelt. Die parlamentarische Oberaufsicht beschränkt sich damit auf den äusseren Geschäftsgang (Lienhard 2009).

Schliesslich ist auch die organisatorische Gewaltentrennung durch die letztinstanzliche Rechtsprechung des Bundesgerichts gewährleistet, wobei Zuständigkeitskonflikte zwischen obersten Bundesbehörden vom Parlament entschieden werden. Zudem sollen die in der Verfassung festgehaltenen Regelungen zu Unvereinbarkeiten

---

5 Als Mitglied des Europarats ist die Schweiz verpflichtet, ihren Bürgern den Schutz der Menschenrechte gemäss der EMRK zu garantieren.

die personelle Gewaltentrennung sichern (Art. 144 BV). So dürfen Bundesgerichtsmitglieder und nebenamtliche Richter weder Bundesratsmitglied noch Mitglied des Parlaments sein. Zudem ist es ihnen untersagt, eine Anstellung beim Bund auszuüben. Vollamtliche Richter dürfen auch nicht bei einem Kanton beschäftigt sein, einer Geschäftsleitung, Verwaltung, Aufsichtsstelle eines wirtschaftlichen Unternehmens angehören oder generell einer zusätzlichen Erwerbstätigkeit nachgehen. Schliesslich dürfen Personen, die miteinander verheiratet sind oder in einem nahen verwandtschaftlichen Verhältnis zueinander stehen, nicht gleichzeitig dem Bundesgericht als Richter angehören (Art. 8 BGG).

### 11.3.2 Die Organisation des Bundesgerichts

Die Zahl der Richter am Bundesgericht besteht gemäss Bundesgerichtsgesetz aus 35 bis 45 ordentlichen (vollamtlichen) Richtern und zusätzlich maximal zwei Dritteln der Anzahl ordentlicher Richter als nebenamtliche Richter. Die genaue Anzahl beträgt Anfang 2024 40 ordentliche und 18 nebenamtliche Richter (Bundesgericht 2024). Zusätzlich sind rund 160 Gerichtsschreiber beim Bundesgericht angestellt, die unter anderem mit der Ausarbeitung von Referaten und dem Verfassen von Urteilsbegründungen beschäftigt sind. Sie nehmen heute teilweise die Funktion von persönlichen Mitarbeitern der Bundesrichter ein und üben in der Praxis einen nicht zu unterschätzenden Einfluss auf die bundesgerichtliche Rechtsprechung aus (Bundesgericht 2012; Schubarth 2001). Das Gesamtgericht, das alle ordentlichen Richter umfasst, ist dabei zuständig für den Erlass von Reglementen zur Organisation des Gerichts, die Geschäftsverteilung, die Zusammensetzung der Abteilungen sowie die Aufsicht über das Bundesstrafgericht und das Bundesverwaltungsgericht. Gültige Entscheide können vom Gesamtgericht nur getroffen werden, wenn mindestens zwei Drittel aller Richter daran beteiligt sind.

Das Gerichtspräsidium, bestehend aus Präsident und Vizepräsident, wird aus den ordentlichen Richtern von der Vereinigten Bundesversammlung auf zwei Jahre gewählt, wobei eine einmalige Wiederwahl möglich ist. Der Bundesgerichtspräsident hat den Vorsitz des Gesamtgerichts inne und vertritt es nach aussen. Das Präsidium wird durch die Abteilungspräsidenten (Präsidentenkonferenz) unterstützt. Die Verwaltungskommission und das Generalsekretariat sind in erster Linie für die Gerichtsverwaltung verantwortlich.

Das Bundesgericht nimmt seine Rechtsprechungsfunktionen durch sieben Abteilungen wahr, die nach rechtlichen Sachgebieten gegliedert sind: zwei öffentlichrechtliche, zwei zivilrechtliche, zwei sozialrechtliche und eine strafrechtliche. Dabei bestimmt das Gesamtgericht die Zusammensetzung und das Präsidium der Abteilungen auf Antrag der Verwaltungskommission alle zwei Jahre, wobei ein Richter maximal sechs Jahre den Abteilungsvorsitz ausüben darf. Die Präsidentenkonferenz ist zuständig für die Koordination der Rechtsprechung (Häfelin u. a. 2016: 552; Tschannen 2011: 530f.).

## 11.3.3 Die Verhandlungen des Bundesgerichts

Die Abteilungen des Bundesgerichts entscheiden in der Regel in der Besetzung von drei Richtern. Bei Rechtsfragen von grundsätzlicher Bedeutung, auf Antrag eines Richters, bei Beschwerden gegen kantonale Erlasse, die dem Referendum unterstehen sowie gegen kantonale Entscheide über die Zulässigkeit von Initiativen oder das Erfordernis eines Referendums entscheiden fünf Richter (Art. 20 Bundesgerichtsgesetz). Wenn eine Abteilung ein Urteil anders als frühere Entscheide von anderen Abteilungen fällen will, ist das nur nach Absprache mit der betroffenen Abteilung möglich. Bei Rechtsfragen, die wichtig für eine einheitliche Rechtsprechung und -fortbildung sind und mehrere Abteilungen betreffen, ist die Zustimmung der Vereinigung aller betroffenen Abteilungen nötig (Art. 23 Bundesgerichtsgesetz).

Die Entscheide der Abteilungen und anderer Organe des Bundesgerichts werden mit dem absolutem Mehr der Stimmen gefällt. Bei Stimmengleichheit ist die Stimme des Vorsitzenden ausschlaggebend. Die Gerichtsschreiber verfügen über eine beratende Stimme. In 95 Prozent der Fälle kommt dabei das vereinfachte Aktenzirkularverfahren zum Zug. Eine mündliche Beratung findet nur dann statt, wenn dies vom Abteilungsvorsitzenden festgelegt bzw. von einem Richter verlangt wird oder wenn keine Einstimmigkeit beim Entscheid vorliegt. Mündliche Beratungen sind grundsätzlich frei zugänglich, bei überwiegendem öffentlichem Interesse kann das Publikum aber ausgeschlossen werden. Das Erfordernis der Öffentlichkeit wird vor allem durch die öffentliche Auflage der Entscheide während 30 Tagen nach dem Urteil erfüllt. Jede handlungsfähige Partei kann selbst vor das Bundesgericht treten. Will sich jemand in Zivil- oder Strafsachen vertreten lassen, so muss die Vertretung durch einen Anwalt geschehen. Das Verfahren wird in einer der vier schweizerischen Amtssprachen geführt, wobei die Prozesssprache sich im Normalfall nach der Sprache des angefochtenen Entscheides richtet (Häfelin u. a. 2016: 553; Tschannen 2011: 533).

## 11.4 Die Wahl der Bundesrichter und ihre parteipolitische Zusammensetzung

Ausgehend davon, dass das Bundesgericht als oberste Justizbehörde einen beträchtlichen Einfluss auf die konkrete Anwendung von Gesetzen und anderen Erlassen ausübt, interessiert aus politikwissenschaftlicher Sicht insbesondere die Praxis der obersten Richterwahlen und die parteipolitische Zusammensetzung der Bundesrichter (Amoos Piguet 2013). Seit 1875 erfolgt die *Wahl der Richter* am Bundesgericht für die Dauer von sechs Jahren, wobei Wiederwahl möglich und üblich ist. Die Richter scheiden spätestens zum Ende des Jahres aus dem Amt aus, in dem sie das 68. Lebensjahr vollenden. Die gesetzlich vorgeschriebenen Wählbarkeitsvoraussetzungen sind niedrig angesetzt. Es genügt die Stimmberechtigung in eidgenössischen Angelegenheiten, daneben sind die erwähnten Unvereinbarkeitsvorschriften zu beachten. Tatsächlich werden aber nur Personen mit juristischer Ausbildung und Erfahrung gewählt, wobei auch diese als Quereinsteiger bezeichnet werden können, da in der Schweiz kaum spezifische Lehr- und Ausbildungsgänge für das Richteramt existieren (Raselli 2011: 3; Amoos Piguet 2013: 8). Im Gegensatz zur Bundesverfassung von 1874 (Art. 107 Abs. 1 a

BV) findet sich in der neuen Verfassung zudem keine Bestimmung bezüglich der proportionalen Vertretung der Amtssprachen. Bei der Zusammensetzung der Abteilungen wird jedoch nebst Fachkenntnissen auch auf eine angemessene Vertretung der Amtssprachen und Landesteile geachtet. Anfang 2024 waren von den ordentlichen Mitgliedern des Bundesgerichts 23 deutscher, 14 französischer und drei italienischer Muttersprache. 15 sind Frauen und 25 Männer, was in etwa dem Frauenanteil im Nationalrat entspricht. Beruflich setzt sich das Bundesgericht im Wesentlichen aus ehemaligen kantonalen Richtern, Universitätsprofessoren, Anwälten und ehemaligen hochrangigen Verwaltungsangestellten zusammen (Bundesgericht 2024).

Die *Wahlbehörde* der Bundesrichter ist die Vereinigte Bundesversammlung, wobei das Bundesgericht, das Bundesstrafgericht und das Bundesverwaltungsgericht ein Vorschlagsrecht für die Wahl des Gerichtspräsidiums und -vizepräsidiums haben. Die Wahlen in das Bundesgericht sind geheim und erfordern das absolute Mehr der Stimmen. Alle sechs Jahre finden Gesamterneuerungswahlen statt, wobei die ordentlichen und nebenamtlichen Richter getrennt gewählt werden. Diejenigen amtierenden Richter, die sich einer Wiederwahl stellen, werden auf einer Wahlliste mit den Namen aller erneut kandidierenden Richter aufgeführt, wobei die Parlamentarier einzelne Kandidierende streichen, aber nicht neue Namen auf den Wahlzettel schreiben dürfen. Es findet bei dieser Listenwahl nur ein Wahlgang statt. Gleichzeitig zur Gesamterneuerung werden auch Ergänzungswahlen durchgeführt, wenn amtierende Richter nicht mehr antreten oder die Wiederwahl verfehlt haben. Ergänzungswahlen finden zudem auch dann statt, wenn während der Amtsdauer Vakanzen auftreten. In diesen Fällen gilt dasselbe Wahlverfahren wie bei den Bundesratswahlen mit der Ausnahme, dass die freien Sitze im Rahmen einer Listenwahl vergeben werden. Bei gleichviel Kandidierenden wie zu vergebenden Sitzen erhalten die National- und Ständeräte eine entsprechende Namensliste, ansonsten eine freie Liste. Bei den Ergänzungswahlen können im Gegensatz zu denjenigen der Gesamterneuerung die Listen frei verändert und auch neue Namen hinzugefügt werden (Häfelin u. a. 2016: 550; Kiener 2012a; Tschannen 2011: 524; Wüthrich 2015: 13).

Seit 2003 ist die *Gerichtskommission*, bestehend aus zwölf Mitgliedern des National- und fünf Mitgliedern des Ständerats, zuständig für die Vorbereitung der Wahlen der Richter an die eidgenössischen Gerichte (Bundesgericht, Bundesstrafgericht, Bundesverwaltungsgericht, Bundespatentgericht) sowie des Bundesanwalts und seiner Stellvertreter. Die Gerichtskommission muss alle freien Richterstellen öffentlich ausschreiben und die Eignung der Kandidierenden beurteilen, bevor sie Wahlvorschläge der Vereinigten Bundesversammlung unterbreitet. Dabei werden die fachlichen und persönlichen Qualifikationen in den Vordergrund gestellt, der Beizug von Experten, Referenzen und Gutachten wird aber nicht als nötig erachtet (Marti 2010). Als Richtschnur für die politische Verteilung der Sitze am Bundesgericht gilt dabei *die Stärke der Fraktionen in der Vereinigten Bundesversammlung*, wobei berücksichtigt wird, welche Fraktionen mit wie vielen Richterstellen unter- oder übervertreten sind. Die Gerichtskommission geht dabei im Wesentlichen in zwei Schritten vor. In einem ersten Schritt unterbreitet sie den Fraktionen Wahlempfehlungen, üblicherweise mit einer Auswahl von Kandidierenden. Die Fraktionen teilen dann der Gerichtskommission mit, welche Kandidierende sie im Hinblick auf eine Wahl unterstützen. Daraufhin unterbreitet die Gerichtskommission in einem zweiten Schritt ihre Wahlvorschläge. Dabei legt sich die Gerichtskommission erst fest, wenn sie die Positionen der Fraktionen kennt und weiss, welche Kandidierende aus politischen Überlegungen die besten Wahlchancen im Parlament haben. „Noch nie seit der Gründung der Kommission ist ein Richter oder eine Richterin an ein eidgenössisches Gericht gewählt worden, der oder die von der Gerichtskommission nicht vorgängig zur Wahl vorgeschlagen worden ist" (Marti 2010: 1).[6] Dabei zeigt sich, dass die Gerichtskommission bei Mehrfachvakanzen gegenüber den Fraktionen stärker aktiv steuernd und leitend eingreift als bei Einervakanzen. Im Vergleich zu früher wurden damit die Transparenz, Professionalität und Rationalität des Wahlverfahrens verbessert. Trotzdem erfolgt die eigentliche Auswahl der Richter für das Bundesgericht auch heute noch in erster Linie durch die politischen Parteien bzw. Fraktionen und nicht durch das Parlament und seine vorberatende Gerichtskommission. Nach wie vor scheint der persönliche Rückhalt in den Parteien eine wichtigere Rolle zu spielen als der Auftritt der Kandidierenden vor der Gerichtskommission. „Auf die Frage, ob die GK (Gerichtskommission) zu einer Entpolitisierung der Richterwahlen beigetragen hat, lässt sich dieselbe Antwort geben wie vor 5 Jahren: bisher nicht" (Marti 2010: 2).

Der Vergleich der Parteien in der Vereinigten Bundesversammlung mit den Anteilen der Parteien am Bundesgericht in Abbildung 11.2 macht deutlich, dass Über- oder Untervertretungen von einzelnen Parteien am Bundesgericht im Verhältnis zu ihren Anteilen im Bundesparlament im 19. Jahrhundert und in den ersten Jahrzehnten des 20. Jahrhunderts nicht aussergewöhnlich waren. Während die SP-Vertreter bis in die 1940er Jahre oft unterproportional an das oberste Gericht gewählt wurden, waren vor allem die Mitglieder der FDP in diesem Zeitraum übervertreten. In den ersten Jahrzehnten des Bundesgerichts entsprachen viele Gewählte zudem dem Typus des Politiker-Richters, die Regierungs- oder Parlamentsmandate auf nationaler oder kantonaler Ebene und richterliche Funktionen im Wechsel und zum Teil auch parallel ausübten (Luminati/Contarini 2021: 6). Spätestens seit Beginn der zweiten Hälfte des 20. Jahrhunderts lässt sich aber kaum mehr eine einseitige Bevorzugung der grösseren Regierungsparteien am obersten Gericht feststellen, wie sie in zahlreichen parlamentarischen Systemen besteht. Die Phase der höchsten parteipolitischen Übereinstimmung zwischen dem Bundesgericht und der Bundesversammlung fällt dabei zusammen mit der Hochblüte der Konkordanz von den späten 1950er bis Ende der 1980er Jahre. Zwar waren die Freisinnigen in dieser Periode durchwegs leicht übervertreten und der Landesring der Unabhängigen als damals grösste Nichtregierungspartei erhielt keinen einzigen Sitz am Bundesgericht. Aber keine Partei war im Vergleich zu ihrer Stärke im Parlament um mehr als zehn Prozentpunkte über- oder untervertreten. Die pro-

---

6 Allerdings hat sich das Parlament bei den Wahlen des Bundesanwalts zweimal über die Empfehlungen der Gerichtskommission hinweggesetzt. So wurde Erwin Beyeler im Jahr 2011 abgewählt, obwohl die Gerichtskommission die Wiederwahl empfohlen hatte (Fontana 2011). Im Fall von Bundesanwalt Lauber verhielt es sich umgekehrt (Wiederwahl entgegen der Empfehlung der Kommission; Forster 2019).

# 11 Die Justiz

*Abbildung 11.2: Die Differenzen zwischen den Sitzanteilen der Parteien beim Bundesgericht und in der Bundesversammlung, 1848–2023 (in Prozentpunkten)*

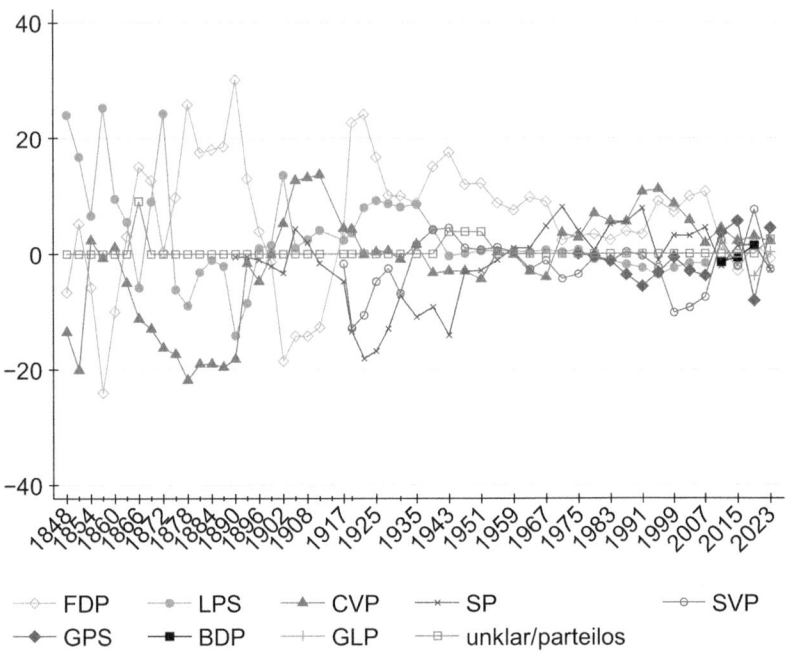

Anmerkung: Die Differenzen zwischen den Sitzanteilen der Parteien am Bundesgericht und in der Bundesversammlung sind mit einer Ausnahme in Prozentpunkten angegeben: Im Unterschied zum Rest steht den Parteilosen beim Bundesgericht keine Referenzgruppe in der Bundesversammlung gegenüber. Die Parteilosen sind demnach mit ihrem Sitzanteil in Prozent nur für das Bundesgericht erfasst und nicht als Differenz zu einer Referenzgruppe in der Bundesversammlung dargestellt. Aufgrund einer Überprüfung der Datengrundlage unterscheidet sich die Darstellung im Vergleich zu früheren Auflagen des Lehrbuchs.
Quelle: Vatter und Ackermann (2014) sowie eigene Korrekturen und Ergänzungen.

portionale Zusammensetzung der Regierung seit 1959 gemäss der sogenannten „Zauberformel" wirkte sich damit auch auf die obersten Richterwahlen aus, bei der die vier grössten Parlamentsfraktionen (SP, FDP, CVP, SVP) die Sitze proportional untereinander aufteilten und zudem jeweils einen Sitz der LPS überliessen. Die grosse parteipolitische Stabilität führte von Anfang der 1960er bis Mitte der 1990er Jahre denn auch nur zweimal zu kleinen Sitzverschiebungen zwischen den Regierungsparteien (Rothmayr Allison/Varone 2014: 227). Dies änderte sich erst wieder mit dem starken Wandel des schweizerischen Parteiensystems im Verlaufe der 1990er Jahre. So führten die Wahlerfolge der SVP und der Grünen einerseits, die Wahlverluste der CVP und FDP andererseits dazu, dass Ende der 1990er Jahre zum ersten Mal seit den 1950er Jahren wieder Kampfwahlen stattfanden. Dabei handelte es sich weniger um eine Abkehr vom Proportionalitätsprinzip als vielmehr um die Frage, wie unmittelbar sich die parteipolitischen Wahlerfolge bei den Parlamentswahlen in höheren Sitzanteilen beim Bundesgericht niederschlagen sollen. Entsprechend kann die Übervertretung der Wahlverlierer und die Untervertretung der Wahlgewinner von den 1990er bis zu den 2010er Jahren als eine Übergangsphase betrachtet werden, bei welcher der Ausgleich zeitlich verzögert erst beim Rücktritt eines Gerichtsmitglieds einer übervertretenen Partei erfolgte, da Gesamterneuerungswahlen bisher nicht zum Anlass für parteipolitische Korrekturen genutzt wurden. Dieser Verzögerungseffekt lässt sich am Beispiel der SVP illustrieren. So war die SVP als stärkste Fraktion in der Vereinigten Bundesversammlung 2003 mit 16.6 Prozent Sitzanteilen noch am schwächsten von den vier grossen Bundesratsparteien am Bundesgericht vertreten, verfügte aber bereits 2011 über das grösste Kontingent an Bundesrichtern. Ebenso hat der Anteil an Bundesrichtern mit grünem Parteibuch kontinuierlich zugenommen. Seit 2011 bzw. 2014 waren auch die BDP und die GLP mit je einem Richter am Bundesgericht vertreten. Gleichzeitig haben sich die Anteile von FDP und CVP am Bundesgericht im Verlaufe der letzten zwanzig Jahre von 30 Prozent auf heute teilweise weniger als 20 Prozent reduziert, wodurch die beiden Parteien kaum noch überrepräsentiert sind.

Zusammenfassend zeigt ein Vergleich mit der schweizerischen Parteienentwicklung, dass sich die einzelnen Ablaufphasen mit dem Aufstieg und Niedergang der Parteien mit leichter Verzögerung jeweils auch in der parteipolitischen Zusammensetzung des Bundesgerichts widerspiegeln und bis heute das konkordanzdemokratische Muster mit der hohen Parteienproportionalität in der obersten Justizbehörde vorherrscht.

Grundsätzlich sorgt die Wahl durch das Parlament für eine hohe demokratische Legitimation der obersten Richter, die auch notwendig ist, damit sie ihre Aufgaben und Funktionen wahrnehmen können. Die stark proportionale Zusammensetzung der Bundesrichter hat zudem den Vorteil, dass die verschiedenen politischen Grundhaltungen, Meinungen und Interessen entsprechend ihrer gesellschaftlichen Bedeutung in die Rechtsprechung einfliessen und sich dadurch eine politische Einseitigkeit vermeiden lässt (Seiler 2008). Gleichzeitig geht aber mit der Politisierung der Richterwahlen auch eine gewisse parteipolitische Abhängigkeit der Richter einher. Kennzeichnend dafür ist etwa auch die jährliche obligatorische Parteisteuer, deren Höhe je nach Amt und Partei variieren kann (Hürlimann 2010: 5; Racioppi 2017). Dieser Obolus in die Parteikassen wird verschiedentlich auch als Grund für die Beibehaltung des Proporzsystems bei Richterwahlen angeführt (Hürlimann 2010: 5; Burger 2022) und von manchen gar als Machtmissbrauch, Bestechung oder aktive oder passive Korruption bezeichnet (Amoos Piguet 2013: 5; Racioppi 2017). Zudem führt die heutige Wahlpraxis dazu, dass parteilose Kandidierende auch bei hervorragender Qualifikation unberücksichtigt bleiben,[7] ebenso solche mit „falscher" Parteizugehörigkeit, wenn der frei werdende Sitz einer anderen Partei zufällt. Gerade angesichts der Tatsache, dass sich heute ein

---

[7] In der Nachkriegszeit wurden bisher keine Kandidierenden ohne ausdrückliche Nähe zu einer Partei von der Vereinigten Bundesversammlung für das Bundesgericht gewählt, wobei nicht in jedem Fall eine Parteimitgliedschaft vorausgesetzt wurde. Hingegen wählte sie sechs Personen ohne Parteizugehörigkeit als erste Richterinnen und Richter an das Bundesstrafgericht. Ebenso sind parteipolitische Aspekte bei den ersten Wahlen an das Bundespatentgericht in den Hintergrund getreten, da hier fachtechnische Qualifikationen von zentraler Bedeutung sind (Marti 2010).

beträchtlicher Teil der Bevölkerung nicht mehr mit einer Partei identifiziert, wird durch das Festhalten an der Vertretung parteipolitischer Interessen am Bundesgericht die angestrebte gesellschaftliche Repräsentationsfunktion zunehmend weniger erfüllt, gleichzeitig leidet darunter die Sicherstellung der fachlichen Qualität der Kandidierenden (Vatter 2021). Im Weiteren erhöhen die Notwendigkeit der relativ kurzen Amtsdauer und der regelmässigen Wiederwahlen den Konformitätsdruck auf die Richter bei politisch und gesellschaftlich umstrittenen Fällen (Kiener 2012a, b). „Es ist nicht zu übersehen, dass sich das Wiederwahlprozedere am Ende einer Amtsdauer als Mittel zur Disziplinierung einzelner Richter verwenden lässt und die Möglichkeit einer ‚Abberufung durch Nichtwiederwahl' oder schon nur die Aussicht auf ein schlechtes Wahlergebnis die Unabhängigkeit der Gerichte schmälern kann" (Tschannen 2011: 519).[8] Es erstaunt deshalb nicht, dass „parteipolitische Manöver bei der Wahl und Wiederwahl von Bundesrichtern in der Vergangenheit immer wieder anzutreffen [waren]" (Fischbacher 2006: 293). So wurden 1990 nach dem Kruzifix-Entscheid des Bundesgerichts (BGE 116 Ia 252), in dem es das Anbringen von religiösen Symbolen in der Primarschule einer Tessiner Gemeinde als verfassungswidrig betrachtete, einzelne Richter mit einem deutlich schlechteren Wahlresultat als andere wiedergewählt (Rhinow/Schefer 2009: 556). Im selben Jahr wurde der amtierende Bundesrichter Martin Schubarth (SP) bei den Gesamterneuerungswahlen des Bundesgerichts „hauptsächlich aus parteipolitischen Erwägungen nicht mehr gewählt" (Fischbacher 2006: 293), weil ihm das Parlament einen „Denkzettel" verpassen wollte (Luminati/Contarini 2021: 29). Dass die Vereinigte Bundesversammlung diesen Entscheid einige Tage später bei den Ergänzungswahlen für den frei gewordenen Richterposten korrigierte, in dem sie Martin Schubarth als Bundesrichter wiederwählte, weist in der Tat darauf hin, dass neben persönlichen Gründen auch der parteipolitische Hintergrund für seine Abwahl eine Rolle spielte.[9] Ein anderes Beispiel ist der Druck, der 2003 nach den Einbürgerungsentscheiden zur Gemeinde Emmen (BGE 129 I 217 und I 232) und einer Entscheidung betreffend die Verletzung der Antirassismus-Strafnorm durch eine Versammlung von Skinheads (BGE 130 IV 111) auf die an den Urteilen beteiligten Bundesrichter ausgeübt wurde. Einige Parlamentarier drohten dabei offen mit der Nicht-Wiederwahl der betroffenen Richter, wobei vor allem Giusep Nay (CVP) im Mittelpunkt der Kritik stand (Rhinow/Schefer 2009: 556; Biaggini 2007: 839). Bei seiner Wahl zum Bundesgerichtspräsidenten im Jahr 2004 erhielt er eine entsprechend tiefe Stimmenzahl (Luminat/Contarini 2021: 32). Ebenfalls mit deutlich niedrigeren Zustimmungsraten als die anderen Richter wurden 2011 die nicht-bürgerlichen Mitglieder der asylrechtlichen Abteilungen des Bundesver-

---

[8] Die „Justiz-Initiative" setzte hier an. Sie forderte, dass Bundesrichter künftig per Los bestimmt werden, wobei eine Fachkommission über die Zulassung der Kandidierenden zum Los-Verfahren entscheiden sollte. Das Erfordernis einer periodischen Wiederwahl wäre entfallen (Russo 2019). In der Volksabstimmung vom 28.11.2021 erzielte die Volksinitiative jedoch nur einen Ja-Stimmenanteil von 32 Prozent.
[9] Martin Schubarth erreichte 2003 landesweite Bekanntheit durch den sogenannten „Spuck-Vorfall", bei dem er in der Eingangshalle des Bundesgerichts in Lausanne in Richtung eines Journalisten spuckte. Das Bundesgericht beschloss in der Folge, Bundesrichter Schubarth in der Rechtsprechung nicht mehr einzusetzen. Nach einem kritischen Bericht der GPK des National- und Ständerates zur „Spuck-Affäre" und zu seiner Tätigkeit am Kassationshof des Bundesgerichts trat Schubarth Mitte 2004 zurück. Während für Mitglieder der *erstinstanzlichen* Bundesgerichte die Möglichkeit der Amtsenthebung während der Amtsdauer besteht, existiert diese Möglichkeit bei Mitgliedern des Bundesgerichts wie erwähnt nicht (Kiener 2011).

waltungsgerichts wiedergewählt (Kiener 2011: 264). In jüngster Zeit hat vor allem der Fall des Bundesrichters Yves Donzallaz Aufsehen erregt. Er wurde im Jahr 2008 auf Vorschlag der SVP in sein Amt gewählt, verlor aber die Unterstützung seiner Partei, da seine Rechtsprechung in verschiedenen Fällen nicht der Parteilinie entsprach. Seine Wiederwahl im September 2020 verdankte er allein den Stimmen der anderen Parteien (Vatter 2021).

Angesichts der stark parteipolitisch geprägten Wahlen der Schweizer Richterschaft stellt sich die Frage, inwieweit sich dies auf die Rechtsprechung auswirkt. Die Forschung hierzu ist allerdings, anders als beispielsweise für die USA, noch wenig entwickelt und konzentrierte sich bislang auf das Bundesverwaltungsgericht. Verschiedene Arbeiten zeigen, dass die Erfolgsaussichten von Beschwerden im Asylrecht von der Parteizugehörigkeit der Richter abhängen (Fankhauser/Flick Witzig/Vatter 2022; Gertsch 2021; Hangartner/Lauderdale/Spirig 2019; Spirig 2018), während vergleichbare Ergebnisse für die Bereiche des Sozialversicherungs- und Ausländerrechts in geringerem Ausmass bzw. gar nicht festgestellt werden konnten (Gertsch 2021). Dies deutet darauf hin, dass die politische Gesinnung der Richter zumindest in politisch sensiblen und polarisierenden Themen die Urteile beeinflussen kann (Vatter 2021).

Lässt sich aus diesen Beispielen folgern, dass die Unabhängigkeit der obersten Justizbehörde in der Schweiz besonders gefährdet ist? Interessante Aufschlüsse über den Grad der richterlichen Unabhängigkeit in der Schweiz liefert die empirische Untersuchung von Voigt, Gutmann und Feld (2015) zur Unabhängigkeit der obersten Richter im internationalen Vergleich. Die Autoren kommen anhand einer Vielzahl von Indikatoren zum Befund, dass in der Schweiz insbesondere grosse Unterschiede zwischen der institutionellen (*de jure*) und der faktischen (*de facto*) Unabhängigkeit der obersten Richter bestehen. Während die von Parteien dominierte Wahl der Bundesrichter durch die Vereinigte Bundesversammlung, die vergleichsweise kurze Amtsperiode von sechs Jahren und die Notwendigkeit der periodischen Wiederwahl durch die Legislative dazu führen, dass sie in Bezug auf die *formal-rechtliche Unabhängigkeit* der Justiz gegenüber den anderen Gewalten nur auf Position 106 in einer Rangliste von 124 Ländern befindet, nimmt die Schweiz in Bezug auf die *reale Unabhängigkeit* der Richter einen guten 17. Platz ein (bei 118 untersuchten Ländern). Die Gründe für letzteres liegen in der *faktisch* sehr langen Amtsdauer der Bundesrichter von durchschnittlich mehr als zwei Amtsperioden,[10] in der üblicherweise problemlosen Wiederwahl von Bundesrichtern und der im internationalen Vergleich überdurchschnittlichen Ausstattung an Ressourcen für die obersten Richter (Einkommen, Mitarbeiter, Budget, Bibliothek, Informatik etc.).[11] Berücksichtigt wird auch, dass Entscheide des Bundesgerichts in aller Regel durch andere Gewalten umgesetzt werden. Es erstaunt deshalb nicht, dass in der Praxis weniger die Parteizugehörigkeit als andere Faktoren wie etwa der sprachkulturelle Hintergrund für die richterliche Meinungsbildung von

---

10 Die durchschnittliche Amtsdauer seit 1848 beträgt rund 20 Jahre, wobei sie im Verlaufe der Zeit abgenommen hat und heute im Schnitt etwas mehr als zwei Amtsperioden beträgt.
11 Das Bundesgericht verfügt über das höchste Budget pro Einwohner im Vergleich zu allen übrigen obersten Justizbehörden in Europa (Kiener 2012a).

Bedeutung sind und am Bundesgericht die meisten Entscheide einstimmig gefällt werden (Seiler 2008; Amoos Piguet 2013: 6).

## 11.5 Die Aufgaben und Funktionen des Bundesgerichts

Als oberste judikative Gewalt bildet die *Rechtsprechung* die Kernfunktion des Bundesgerichts. Nur ihm steht „die Befugnis zu, auf höchster Ebene über Rechtsstreitigkeiten zu urteilen und die richterliche Rechtsfortbildung zu pflegen" (Tschannen 2011: 513). Seine Urteile bei Rechtsstreitigkeiten können innerhalb der Schweiz an keine weitere Instanz weitergezogen werden.

Mit seiner Rolle als oberstes Gericht sind vor allem zwei spezifische Aufgaben verknüpft. Dazu gehört erstens die *Wahrung der bundesstaatlichen Rechtseinheit*. Da aufgrund des stark ausgeprägten Föderalismus die Kantone einen Grossteil der Bundesgesetzgebung vollziehen, besteht die Gefahr, dass die Kantone das Bundesrecht unterschiedlich auslegen. Es ist deshalb die Aufgabe des Bundesgerichts, für eine landesweit einheitliche Praxis zu sorgen, was vor allem in der Verwaltungs-, Zivil- und Strafrechtspflege konkrete Wirkungen im Hinblick auf die Harmonisierung kantonaler Rechtsetzung und -anwendung entfaltet (Tschannen 2011: 514). Die zweite spezifische Aufgabe des Bundesgerichts liegt im *Schutz der schweizerischen Verfassungsordnung*, worauf im nächsten Abschnitt noch vertieft eingegangen wird.

Funktional betrachtet sorgt vor allem die *Leitwirkung der höchstrichterlichen Urteile* dafür, dass das Bundesgericht Rechtsschutz schaffen, Rechtssicherheit herstellen und die einheitliche Rechtsanwendung in einem stark föderalen Staat wie der Schweiz garantieren kann. Neben den *Leitentscheiden* ist es eine gewisse Zahl weiterer wichtiger Fälle, die in Fünferbesetzung entschieden werden und zusammen die sogenannten bundesgerichtlichen *Grundsatzentscheide* bilden, welche für die unterinstanzlichen Gerichte und Behörden faktisch bindend sind. Dabei ist das Bundesgericht heute als Folge der Justizreform von 2000 nur selten in Klageverfahren als (erst- und letztinstanzliches) Sachverhaltsgericht tätig, sondern urteilt in den meisten Fällen als Rechtsmittelinstanz, die einzig Rechtskontrolle ausübt (Aeschlimann 2008: 410).

Als weitere Folge der Justizreform wurde die Vielzahl von Rechtsmitteln an das Bundesgericht durch die sogenannte „Einheitsbeschwerde" ersetzt. Entsprechend gibt es seit 2007 je nach betroffenem Rechtsgebiet die Möglichkeit einer *Beschwerde in Zivilsachen, Strafsachen oder in öffentlich-rechtlichen Angelegenheiten*. Zusätzlich zu diesen drei Beschwerdearten existiert die *subsidiäre Verfassungsbeschwerde*. Eine der zentralen Aufgaben des Bundesgerichts liegt darin, durch die Behandlung der Beschwerden die einheitliche Anwendung des Bundesrechts in diesen Bereichen sicherzustellen und gegebenenfalls das Bundesrecht weiterzuentwickeln. Zur Entlastung des Bundesgerichts ist dabei jeweils ein doppelter kantonaler Instanzenzug in Zivil- und Strafsachen vorgelagert: „Die letzte kantonale Instanz muss, von Ausnahmefällen abgesehen, als Rechtsmittelinstanz entschieden haben" (Häfelin u. a. 2016: 556). Die Anwendungsfelder der Beschwerden sind dabei sehr weit gefasst. So unterliegen ihnen in Zivilsachen auch Entscheide in Schuldbetreibungs- und Konkurssachen oder öffentlich-rechtliche Angelegenheiten mit engem Bezug zum Zivilrecht. Bei vermögensrechtlichen Streitigkeiten ist die Zulässigkeit der Beschwerde mit gewissen Ausnahmen nur gegeben, wenn definierte Streitwertgrenzen erreicht werden. Beschwerden in Strafsachen beruhen auf Entscheiden im materiellen Strafrecht, im Strafprozessrecht, über zivile Ansprüche, welche in Zusammenhang mit Strafsachen zu behandeln sind sowie auf Entscheiden über den Straf- und Massnahmenvollzug. Die Beschwerde in Strafsachen beim Bundesgericht ist gegen Entscheide des neu geschaffenen Bundesstrafgerichts und letzter kantonaler Instanzen möglich (Häfelin u. a. 2016: 557).

Die Beschwerde in öffentlich-rechtlichen Angelegenheiten kann gegen Verfügungen in Angelegenheiten des öffentlichen Rechts, gegen kantonale Erlasse sowie gegen Akte eingereicht werden, welche die Stimmberechtigung der Bürger sowie Wahlen und Volksabstimmungen betreffen. Beschwerden gegen Verfügungen sind nur zulässig, wenn zuvor der Instanzenzug ausgeschöpft wurde. Vorinstanzen sind in der Regel das Bundesverwaltungsgericht oder letzte kantonale Instanzen. Richtet sich die Beschwerde gegen einen kantonalen Erlass (z. B. Gesetz oder Verordnung), so ist die Beschwerde unmittelbar zulässig, sofern kantonal keine Rechtsmittel ergriffen werden können. Demgegenüber sind Erlasse des Bundes nie direkt anfechtbar. Als wichtige Beschwerdegründe gelten vor allem Verletzungen von Bundesrecht, Völkerrecht und interkantonalem Recht. Ebenso werden die Verletzung kantonaler verfassungsmässiger Rechte sowie kantonaler Bestimmungen über die politische Stimmberechtigung und über Volkswahlen und -abstimmungen als ausdrückliche Beschwerdegründe aufgeführt (Art. 95 BGG). Die *subsidiäre Verfassungsbeschwerde* als Ergänzung zu den drei bisher beschriebenen Beschwerdearten kann dann ergriffen werden, wenn es um die Durchsetzung verfassungsmässiger Rechte gegen Urteile der letzten kantonalen Instanz geht, aber eine ordentliche Beschwerde an das Bundesgericht nicht möglich ist (beispielsweise weil Streitwertgrenzen nicht erreicht werden). Die Voraussetzungen der subsidiären Verfassungsbeschwerde sind allerdings eng gehalten (Häfelin u. a. 2016: 557).

Das Bundesgericht urteilt als einzige Instanz bei Kompetenzkonflikten zwischen Bund und Kantonen und bei öffentlich-rechtlichen bzw. zivilrechtlichen Streitigkeiten zwischen Bund und Kantonen oder unter Kantonen. Anders als das Parlament und die Regierung nimmt das Bundesgericht nur am Rande *Rechtsetzungs- und Verwaltungsaufgaben* wahr. Seine wichtigsten Kompetenzen in diesem Bereich liegen einerseits in der Aufsicht über die erstinstanzlichen Gerichte (Bundesverwaltungs-, Bundesstraf- und Bundespatentgericht) und andererseits in der Selbstverwaltung, das heisst in der eigenständigen Zusammenstellung der Abteilungen, der Wahl des Abteilungsvorsitzes sowie den personellen Anstellungen. Zudem verfügt das Bundesgericht über gewisse Finanzkompetenzen (Häfelin u. a. 2016: 558; Tschannen 2011: 527f.).

## 11.6 Die beschränkte Verfassungsgerichtsbarkeit beim Bund

Im Gegensatz zu den obersten Gerichten in Ländern wie Deutschland und Österreich verfügt die Schweiz über kein spezielles Verfassungsgericht. Vielmehr nimmt das Bundesgericht seine ihm zugeordneten verfassungsrichterlichen Aufgaben im Rahmen seiner allgemeinen Zuständigkeit wahr. Es teilt dabei die Aufgabe, die Einhaltung der Verfassung sicherzustellen mit anderen Staatsorganen, wie z. B. der Bundesversammlung, die entscheidet, ob Volksinitiativen gültig sind oder ob Kantonsverfassungen mit der Bundesverfassung übereinstimmen. Verfassungsgerichtliche Aufgaben werden damit in der Schweiz von unterschiedlichen Behörden im Zuge unterschiedlicher Verfahren wahrgenommen, was auch als diffuse Verfassungsgerichtsbarkeit bezeichnet wird (Hottelier 2020; Tschannen 2011).

Gegenüber den Kantonen übt das Bundesgericht seine verfassungsgerichtlichen Kompetenzen im Rahmen der oben bereits erwähnten Beschwerde in öffentlich-rechtlichen Angelegenheiten aus. Mit diesem Rechtsmittel können unter anderem kantonale Erlasse durch das Bundesgericht auf ihre Vereinbarkeit mit Bundesrecht überprüft werden.[12] Beschwerdeberechtigt sind Personen, die durch den angefochtenen Erlass besonders berührt sind und die ein schutzwürdiges Interesse an dessen Aufhebung oder Änderung haben (Art. 89 Abs. 1 BGG). Eine minimale Wahrscheinlichkeit, dass der Beschwerdeführer früher oder später von dem Erlass in schutzwürdigen Interessen betroffen sein könnte, reicht dabei aus (Häfelin u. a. 2016: 656).

Erlasse des Bundes können jedoch beim Bundesgericht nicht angefochten werden, und die vorfrageweise Überprüfung von Rechtsetzungsakten des Bundes ist stark eingeschränkt. So verlangt die Bundesverfassung (Art. 190 BV) von allen rechtsprechenden Behörden und damit auch vom Bundesgericht, die Bundesgesetze und das Völkerrecht anzuwenden, auch wenn eine Verfassungswidrigkeit besteht. Alle übrigen Bundeserlasse dürfen jedoch vom Bundesgericht, wie auch allen anderen rechtsanwendenden Behörden des Bundes und der Kantone, vorfrageweise überprüft werden (Häfelin u. a. 2016: 685).

Historisch lässt sich die ursprüngliche verfassungsgerichtliche Kompetenz des Bundesgerichts allein gegen kantonale Erlasse zunächst damit begründen, dass die Kantone in den ersten Jahrzehnten des neuen Bundesstaates die wichtigsten Träger der staatlichen Gewalt waren, während die Bundeskompetenzen sehr eng gefasst waren. Daher erschien ein Schutz der verfassungsmässigen Rechte gegen Massnahmen des Bundes zunächst nicht erforderlich. Dass die im Laufe der Zeit stattgefundene Kompetenzverschiebung zugunsten des Bundes und die damit einhergehende zunehmende Bedeutung der Bundesgesetzgebung nicht durch den Ausbau des Rechtsschutzes gegenüber Bundesgesetzen begleitet wurden, ist immer wieder Anlass von Kritik. Versuche zur Einführung des bundesgerichtlichen Prü-

---

12 Da die Bundesversammlung für die Gewährung der Kantonsverfassungen zuständig ist, lehnt es das Bundesgericht aber ab, Änderungen der Kantonsverfassungen im Rahmen einer abstrakten Normenkontrolle vorzunehmen (Häfelin u. a. 2016: 644). Allerdings prüft es Bestimmungen von Kantonsverfassungen im Anwendungsfall, wenn das übergeordnete Recht im Zeitpunkt der Gewährleistung noch nicht in Kraft war oder sich seither in einer Weise weiterentwickelt hat, der es Rechnung zu tragen gilt (BGE 131 I 126 E. 3.1).

fungsrechts wurden zwar mehrfach unternommen, blieben bis in die jüngste Zeit jedoch erfolglos. Auch im Rahmen der letzten Totalrevision der Bundesverfassung wurde der Vorschlag durch den Bundesrat eingebracht, dem Bundesgericht die Kompetenz zur Prüfung der Verfassungsmässigkeit von Bundesgesetzen im Rahmen einer konkreten Normenkontrolle zuzuweisen. So hatten die vorberatenden parlamentarischen Kommissionen im Vorfeld der Totalrevision der Bundesverfassung die Einführung einer konkreten Überprüfung von Bundesgesetzen vorgesehen und beide Parlamentskammern hatten diesem Vorschlag ursprünglich auch zugestimmt. Die Furcht vor einer Ablehnung der gesamten Justizreform in einer Volksabstimmung führte aber im Parlament dazu, dass der Vorschlag zur Einführung der Verfassungsgerichtsbarkeit als Beschneidung der direktdemokratischen Volkssouveränität bzw. der Parlamentssuprematie betrachtet und deshalb zurückgezogen wurde. Konfliktpotenzial zwischen den Institutionen ist insbesondere dann vorhanden, wenn das oberste Gericht ein vom Volk gutgeheissenes Gesetz nachträglich als verfassungswidrig aufhebt. Schliesslich wurde auch die damit verbundene Erhöhung der bundesgerichtlichen Arbeitsbelastung als Einwand angeführt (Fischbacher 2006: 41). Im Dezember 2012 haben National- und Ständerat einmal mehr bestätigt, dass die Verfassungsgerichtsbarkeit nicht auf Bundesgesetze ausgedehnt werden soll. Auch eine im Jahr 2014 eingereichte Motion (14.4038), die auf eine eingeschränkte Verfassungsgerichtsbarkeit zugunsten der Kantone gerichtet war, blieb erfolglos (Curia Vista 2019).

Obwohl Beschwerden in der Regel nur gegen kantonale Erlasse erhoben werden können, geht das Bundesgericht heute in der Praxis nicht mehr von einem *Prüfungsverbot*, sondern lediglich von einem *Anwendungsgebot* in Bezug auf *bundesrechtliche Regelungen* aus. Das bedeutet, dass das Bundesgericht in einem konkreten Fall ohne Weiteres die Verfassungswidrigkeit eines Bundesgesetzes feststellen, ihm jedoch nicht die Anwendung versagen kann (Hottelier 2020). Das Bundesgericht kann damit bei seiner Urteilsbegründung durchaus Kritik an den von ihm anzuwendenden Gesetzen üben und etwa die Bundesversammlung zu einer Gesetzesrevision aufrufen (Häfelin u. a. 2016: 683f.). Eine partielle Verfassungsgerichtsbarkeit gegenüber Bundesgesetzen ist jedoch trotz Art. 190 BV bei formellen Verfassungswidrigkeiten vorhanden, beispielsweise bei Gesetzen, die in schwerwiegender Weise die demokratischen Anforderungen für das Gesetzgebungsverfahren nicht einhalten oder die nicht ordnungsmässig publiziert wurden (Looser 2011: 936). Eine partielle Verfassungsgerichtsbarkeit besteht auch bei jüngeren Verfassungsnormen gegenüber älteren Bundesgesetzen, da der Verfassungsgeber die widersprechende Verfassungsnorm unter Kenntnis des bestehenden Bundesgesetzesrechts erliess. „Eine jüngere unmittelbar anwendbare Verfassungsnorm löst die bisherige bundesgesetzliche Regelung ab" (Looser 2011: 937).

Darüber hinaus kompensiert das Bundesgericht seine eingeschränkten Befugnisse im bundesrechtlichen Bereich durch die Berufung auf das Anwendungsgebot des Völkerrechts. Art. 190 BV hält nämlich fest, dass Bundesgesetze *und* Völkerrecht für das Bundesgericht und die anderen rechtsanwendenden Behörden massgebend sind, ohne hierbei eine Rangordnung zwischen diesen beiden Rechtsbereichen zu benennen. In weiter zurückliegenden Fällen, bei denen der völkerrechtliche Vertrag älter als das ihm widersprechende Bundesgesetz war, gab das Bundesgericht in seiner früheren Praxis dem jüngeren Bundesrecht den Vorzug. Dies hat das Bundesgericht 1973 im Schubert-Entscheid festgehalten. Falls gezeigt werden könne, dass der Bundesgesetzgeber *bewusst* von einem Staatsvertrag abweiche und völkerrechtswidriges Landesrecht setze, sei das Landesrecht für den innerstaatlichen Bereich massgebend und für das Bundesgericht verbindlich, obwohl das Bundesgesetz die völkerrechtlichen Rechte und Pflichten des Staates nicht ändern könne. In einem späteren Entscheid von 1996 ging das Bundesgericht dann vom Vorrang des Völkerrechts aus und wich somit von der bisherigen Schubert-Praxis ab, bezeichnete dies aber nicht explizit als Praxisänderung (Arnold 2000: 55f.). Im PKK-Entscheid (BGE 125 II 417) aus dem Jahr 1999 sprach sich das Bundesgericht eindeutig für den Vorrang der EMRK aus (Häfelin u. a. 2016: 629). Seither wurde die „PKK-Praxis" mehrere Male angewandt, soweit völkerrechtliche Normen mit verfassungsrechtlichem Charakter vorlagen. In der neueren Praxis wird damit der Vorrang des Völkerrechts vor völkerrechtswidrigen Bundesgesetzen grundsätzlich bestätigt, wobei der Vorrang auch ausdrücklich gegenüber späteren, d. h. nach der völkerrechtlichen Norm in Kraft getretenen Bundesgesetzen besteht (Häfelin u. a. 2016: 628; Tschannen 2011: 165ff.).

Die Prüfung von Bundesgesetzen durch das Bundesgericht auf ihre Konformität mit völkerrechtlichen Normen trifft für die in der EMRK verankerten Menschenrechtsgarantien deshalb besonders zu, weil die EMRK institutionell durch den Europäischen Gerichtshof für Menschenrechte abgesichert ist. Ihr kommt damit faktisch die Funktion einer völkerrechtlichen Nebenverfassung zu, weshalb es für das Bundesgericht einfacher ist, den Vorrang der EMRK gegenüber Bundesrecht zu unterstützen als bei anderen völkerrechtlichen Verträgen (Häfelin u. a. 2016: 629). Ergibt sich dabei die Unvereinbarkeit einer bundesgesetzlichen Norm mit der EMRK, kann jene zwar nicht aufgehoben, doch kann ihr im Einzelfall die Anwendbarkeit versagt werden, was in der neueren bundesgerichtlichen Praxis auch schon eingetreten ist. Damit besteht heute ein gewisser Grundrechtsschutz auch gegenüber bundesrechtlichen Normen. Unbestritten ist der Vorrang des Völkerrechts vor kantonalem Recht, Bundesverordnungen und zeitlich früheren Bundesgesetzen (Arnold 2000: 54). Im Bereich der Grundrechte hat sich damit insgesamt durch die Überprüfung der Vereinbarkeit von Bundesgesetzen mit der EMRK seit Anfang der 1990er Jahre eine partielle Verfassungsgerichtsbarkeit gegenüber Bundesgesetzen entwickelt, weil fundamentale völkerrechtliche Gehalte auch in der Verfassung als nationale Garantien festgeschrieben sind und damit die Grundrechte der Bundesverfassung und die EMRK-Garantien zu einem grossen Teil übereinstimmen (Looser 2011: 1002). Allerdings reicht diese nur so weit, als entsprechende Grundrechte in der EMRK vorgesehen sind, was beispielsweise für den Gleichheitssatz und das Willkürverbot (Art. 8 und 9 BV) nicht gegeben ist (Fischbacher 2006: 124). Wenn also Grundrechte nicht völkerrechtlich abgesichert sind, besteht auch hier keine Verfassungsgerichtsbarkeit und das Bundesgericht ist an verfassungswidrige Gesetze gebunden. Zudem gilt, dass das Verhältnis zwischen Bundesgesetzen und Normen des Völkerrechts immer nur einzelfallbezogen überprüft werden kann (Looser 2011: 1002). Bis heute noch nicht vollständig geklärt ist schliesslich das Verhältnis zwischen Völkerrecht und einer später erlassenen *Verfassungsbestimmung*. Die im Oktober 2012 vom Bundesgericht gutgeheissene Beschwerde (BGE 139 I 16), die gegen die Umsetzung der angenommenen „Ausschaffungsinitiative" eingereicht wurde, weil sie im konkreten Anwendungsfall mit der automatischen Ausschaffung eines rechtskräftig verurteilten Ausländers die EMRK und weitere völkerrechtliche Normen verletzt hat, weist aber darauf hin, dass die oberste Rechtsprechung auch hier die Stossrichtung verfolgt, dass im Konfliktfall das Völkerrecht Vorrang vor der Bundesverfassung hat, selbst wenn der Verfassungsartikel jüngeren Datums ist. Das Urteil wurde als klares Signal an den Gesetzgeber interpretiert, dass das Bundesgericht eine strenge Umsetzung der Initiative ohne die Möglichkeit einer Einzelfallprüfung nicht akzeptieren werde (Häfliger 2013). Das im März 2015 beschlossene Ausführungsgesetz zur Ausschaffungsinitiative sieht nunmehr eine Härtefallklausel vor, aufgrund derer eine Ausschaffung in Ausnahmefällen unterbleiben kann. Auch zur Umsetzung der Masseneinwanderungsinitiative (MEI) hat sich das Bundesgericht dahingehend geäussert, dass es das Freizügigkeitsabkommen höher gewichtet als den im Rahmen der MEI neu geschaffenen Art. 121a BV (Entscheid 2C_716/2014 vom 26.11.2015). Begründet wurde dies einerseits mit dem Fehlen eines entsprechenden Ausführungsgesetzes. Andererseits sei das Freizügigkeitsabkommen auch dann vorrangig, wenn sich ein Widerspruch zwischen dem Ausführungsgesetz und dem Freizügigkeitsabkommen ergeben sollte (Gmür 2016). Einschränkend muss allerdings festgehalten werden, dass die hier genannten Entscheide nur von einer Kammer des Bundesgerichts und nicht vom Gesamtgericht gefällt wurden. Damit steht es anderen Kammern des Bundesgerichts frei, in einem nächsten Fall anders zu entscheiden (Fontana 2016).

Schliesslich ist darauf hinzuweisen, dass die EMRK nicht nur über die Rechtsprechung des Bundesgerichts Wirkung entfaltet, sondern auch über den Europäischen Gerichtshof für Menschenrechte (EGMR) in Strassburg. Er kann nach Erschöpfung innerstaatlicher Rechtsmittel angerufen werden. Der EGMR ist zwar nicht befugt, nationale Gesetze oder Urteile aufzuheben, dennoch ist seine Funktion aufgrund der grossen autoritativen Wirkung seiner Entscheide mit der eines Verfassungsgerichts vergleichbar (Häfelin u. a. 2016: 76f). Dabei bilden die in der EMRK verankerten Verfahrensgrundrechte einen wichtigen Teil der Rechtsprechung des EMRG, die insgesamt zu einer deutlichen Stärkung des Rechtsschutzes in der Schweiz beigetragen hat (Hertig Randall 2015:121).

## 11.7 Der Einfluss des Bundesgerichts auf die Politikgestaltung

Bis heute liegen nur wenige Studien vor, die den Einfluss von Bundesgerichtsentscheiden auf die materielle Politikgestaltung untersucht haben. Zudem ist die Frage der Bedeutung der Justiz in Bezug auf ihre Auswirkungen auf die Politik nicht leicht zu beantworten, da einige Merkmale auf einen geringen Politisierungsgrad hindeuten, während andere das Bundesgericht als wichtigen politischen Akteur erscheinen lassen. Grundsätzlich bemüht sich das oberste Gericht in der Öffentlichkeit um „ein apolitisches Image" (Rothmayr Allison/Varone/Flick Witzig 2022: 225). In seinen Entscheidungen macht es selten detaillierte Vorgaben mit dem Hinweis darauf, dass dies Sache des Gesetzgebers sei, und beschränkt sich darauf, allgemeine Prinzipien aufzustellen. Hinzu kommt, dass die Richterwahl in der Regel nicht von politischen Konflikten begleitet wird, obwohl sie durch die Bundesversammlung vorgenommen wird (Rothmayr 2001: 84). Die hohe parteipolitische Übereinstimmung zwischen Parlaments- und Gerichtszusammensetzung wird als ein weiterer Faktor angesehen, der richterlichem Aktivismus entgegenwirkt (Holland 1991: 8). Damit korrespondiert, dass die Quote (teilweise) erfolgreicher Beschwerdeverfahren am Bundesgericht mit Schwankungen zwischen 11.2 Prozent und 14.5 Prozent in der Periode von 2010 bis 2019 relativ niedrig ist (Bundesgericht 2010 bis 2019). Im Staats- und Verwaltungsbereich lag sie zwischen 1990 und 2008 mit 23 Prozent gutgeheissener Beschwerden etwas höher, wobei die Quoten mit 30 Prozent im Sozialversicherungsbereich[13] am höchsten und im Bürger- und Ausländerrecht mit sieben Prozent am niedrigsten waren (Byland/Varone 2012).

Empirische Untersuchungen zum Einfluss des Gerichts auf einzelne Politikfelder wurden in der Vergangenheit durch die Publikationspraxis des Gerichts erschwert, da bis Ende der 1990er Jahre nur etwa zehn Prozent aller Entscheide amtlich veröffentlicht wurden (Rothmayr 2001: 86).[14] Studien aus den letzten Jahrzehnten kommen zum Schluss, dass die bundesgerichtliche Rechtsprechung in einzelnen Politikbereichen durchaus einen bedeutenden Einfluss ausübt. Empirische Belege finden sich etwa für die Reproduktionsmedizin (Rothmayr 1999; Rothmayr/L'Espérance 2017), die Raumordnung (Nahrath 2003), den Umweltschutz (Flückiger/Morand/Tanquerel 2000) sowie die Invalidenversicherung (Bachmann/Furrer 1999; Bolliger/Rüefli/Willisegger 2008; Byland/Gava/Varone 2015). In diesen Politikfeldern wirkten sich die Bundesgerichtsentscheide nachhaltig auf die Angleichung der Vollzugspraxis in den Kantonen aus, wobei die Studie von Byland, Gava und Varone (2015) darauf hindeutet, dass der harmonisierende Einfluss des Bundesgerichts vor allem nach grösseren Gesetzesrevisionen von Bedeutung ist. Im Weiteren kommt dem Bundesgericht bei der Sicherung der direktdemokratischen Rechte eine wichtige Rolle zu, wie aus der Untersuchung von Tornay (2008) hervorgeht. Schliesslich ist auch auf die grosse Bedeutung des Bundesgerichts für den Schutz der Grundrechte hinzuweisen. So hat seine Rechtsprechung zu einer Ausdehnung der knapp formulierten Grundrechte in der Bundesverfassung von 1874 sowie zur Anerkennung ungeschriebener Grundrechte beigetragen (Müller 2020: 270). Hierzu gehören die Eigentumsgarantie, die Meinungsäusserungsfreiheit, die persönliche Freiheit, die Freiheit zum Gebrauch der Muttersprache, die Versammlungsfreiheit sowie das Recht auf Existenzsicherung. Alle diese Grundrechte wurden vom Bundesgericht in den Jahren zwischen 1960 und 1995 entwickelt und sind heute im Grundrechtskatalog der Bundesverfassung von 1999 enthalten. Darüber hinaus hat das Bundesgericht die im Verfassungstext von 1874 enthaltenen Rechte, insbesondere das Prinzip der Rechtsgleichheit, zu weiteren eigenständigen Grundrechten weiterentwickelt. Zu nennen sind der Schutz vor Willkür, die Wahrung von Treu und Glauben, das Verhältnismässigkeitsprinzip,

---

13  Eine Studie von Tanquerel u. a. (2011) weist darauf hin, dass bei Beschwerden im Bereich der Sozialversicherungen die Versicherer (63 %) als „repeated players" deutlich erfolgreicher vor dem Bundesgericht sind als die Versicherten (23 %).
14  Seit 2000 sind praktisch alle Entscheide online verfügbar.

das öffentliche Interesse und das Gesetzmässigkeitsprinzip. Auch diese Rechte wurden in den Grundrechtsteil der neuen Bundesverfassung übernommen (Kley 2008: 318f). Der Einfluss des Gerichts im Grundrechtsbereich ist zudem seit dem Inkrafttreten der Bundesverfassung von 1999 nicht geringer geworden. So hat das Bundesgericht im Jahr 2003 zwei Entscheide zum *Einbürgerungsverfahren* erlassen, die heftige Debatten ausgelöst haben: Im Verfahren zum Einbürgerungsverfahren in der Gemeinde Emmen (BGE 129 I 217) hiess es die staatsrechtlichen Beschwerden mehrerer Personen gut, deren Einbürgerungsgesuche in der Volksabstimmung vom 12. März 2000 durch die Stimmbürger von Emmen abgewiesen worden waren. In dieser Gemeindeabstimmung wurde über 23 Einbürgerungsgesuche entschieden, die insgesamt 56 Personen betrafen. Dabei wurden alle vier Gesuche von (insgesamt acht) italienischen Staatsbürgern gutgeheissen; alle 16 Gesuche von insgesamt 38 Personen aus dem ehemaligen Jugoslawien hingegen abgewiesen. Das Bundesgericht sah darin einen Verstoss gegen das Diskriminierungsverbot von Art. 8 Abs. 2 BV sowie gegen den Anspruch auf einen begründeten Entscheid gemäss Art. 29 Abs. 2 BV. Der zweite Entscheid (BGE 129 I 232) betraf eine von der SVP Zürich lancierte Volksinitiative, die das Ziel verfolgte, die Entscheidungsbefugnis über Einbürgerungsgesuche in der Stadt Zürich auf die Stimmbürger zu übertragen. Das Bundesgericht befand die Volksinitiative für ungültig, da ablehnende Einbürgerungsentscheide der Begründungspflicht unterliegen würden (Art. 29 Abs. 2 in Verbindung mit Art. 8 Abs. 2 BV). Dieser könne im Rahmen einer Urnenabstimmung nicht nachgekommen werden. Zudem hielt das oberste Gericht fest, dass rechtsstaatliche Defizite einer Volksinitiative nicht durch das Demokratieprinzip gerechtfertigt werden könnten. Die beiden Bundesgerichtsentscheide stellen dabei eine Abkehr von der bisher herrschenden Meinung zur Rechtsnatur von Einbürgerungen dar. Jahrzehntelang folgten Lehre und Praxis nämlich mehrheitlich der Auffassung, dass eine Einbürgerung ein rein politischer Akt sei, der keiner weiteren Begründung bedürfe und gerichtlich nicht anfechtbar sei. Während der Covid 19-Pandemie hatte das Bundesgericht mehrfach Gelegenheit zu beurteilen, ob kantonale Massnahmen die Grundrechte über Gebühr einschränken (Schiess Rütimann 2023). Beispielsweise erachtete das Bundesgericht eine Beschränkung der Teilnehmerzahl an Kundgebungen auf maximal 15 Personen im Kanton Bern als unverhältnismässig (BGE 148 I 33), während es eine entsprechende Beschränkung auf 300 Personen im Kanton Uri für zulässig befand (BGE 148 I 19).

Als *weitere Leitentscheide*, die zum Teil schon länger zurückliegen, gelten die Entscheide zum interkantonalen Doppelbesteuerungsverbot (z. B. BGE 101 Ia 384ff.), da hier das Bundesgericht anstelle des Gesetzgebers Normen und Beurteilungsrichtlinien für die konkrete Umsetzung des in der Verfassung festgeschriebenen Doppelbesteuerungsverbots (Art. 127 Abs. 3 BV und Art. 46 Abs. 2a BV) erlassen hat. Weiter sind der Entscheid zum Frauenstimmrecht in Appenzell-Innerrhoden von 1990 (BGE 116 Ia 359ff.), das Urteil zum Anbringen von Kruzifixen in Schulen (BGE 116 Ia 252ff.) und das Kopftuchverbot für muslimische Lehrerinnen (BGE 123 I 396ff.) zu nennen. Im Jahr 2019 annullierte das Bundesgericht erstmals eine Volksabstimmung, nämlich jene über die von der CVP lancierte Volksinitiative zur Abschaffung der Heiratsstrafe. Sie war im Jahr 2016 knapp vom Volk verworfen worden, während sich die Mehrzahl der Stände für ihre Annahme ausgesprochen hatte. Das Bundesgericht begründete die Aufhebung mit unrichtigen Angaben im Abstimmungsbüchlein zur Zahl der von der Heiratsstrafe betroffenen Zweiverdiener-Ehepaaren (BGE 145 I 207).

Wie obige Beispiele teilweise bereits andeuten, nimmt die bundesgerichtliche Rechtsprechung nicht nur auf die eidgenössische, sondern vor allem auch auf die kantonale Rechtsetzung und -anwendung starken Einfluss. Bei der Überprüfung kantonaler Gesetze und Erlasse auf ihre Verfassungsmässigkeit kommt es regelmässig zu Entscheidungen des Bundesgerichts, die Auswirkungen auf alle Kantone haben. Zudem schrieb das oberste Gericht bereits 1886 in rechtschöpferischer Weise den Vorrang des Bundesrechts vor kantonalem Recht vor. Dies führt gerade im Bereich der Grundrechte und hier insbesondere bei den politischen Rechten dazu, dass die Kantone bei der Gesetzgebung gewisse Mindestanforderungen erfüllen müssen. Besonders deutlich wird dies in der Judikatur des Bundesgerichts zum Wahlrecht in den Kantonen und Gemeinden. In verschiedenen Entscheiden hat sich das Bundesgericht in den letzten Jahren mit den Anforderungen an Proporzwahlverfahren im Allgemeinen und mit dem Stimmengewicht bei der Aufteilung des Wahlgebiets in unterschiedlich grosse Wahlkreise im Besonderen auseinandergesetzt.[15] Im Rahmen seiner Rechtsprechung hat es eine Limite von 10 Prozent für Proporzwahlsysteme festgelegt, die für gesetzliche Quoren absolut gilt. Natürliche Quoren, die sich aus der Wahlkreisgrösse ergeben und oberhalb dieses Grenzwerts liegen, sollten im Rahmen einer Neuordnung entsprechend gesenkt werden (Bundeskanzlei 2013: 8). Eine solche Neuordnung kann durch die Schaffung eines einzigen kantonsweiten Wahlkreises, durch die Einrichtung von Wahlkreisverbänden oder durch die Einführung des biproportionalen Wahlverfahrens erfolgen (BGE 136 I 376 E. 4.6 S. 384). Die Übernahme dieses Wahlverfahrens in mehreren Kantonen während der letzten Jahre ist damit massgeblich auf die Rechtsprechung des Bundesgerichts zurückzuführen (vgl. Kapitel 2.3.3). In diesem Beispiel wie auch in zahlreichen weiteren Fällen wird „die Schwäche der politischen Bundesbehörden gegenüber den Kantonen durch das Bundesgericht kompensiert" (Linder/Mueller 2017: 219). Wobei die bundesgerichtliche Rechtsprechung insgesamt eher einen integrativen und harmonisierenden und weniger einen zentralisierenden Charakter aufweist, da sie durch ihre Rechtsprechung auch zur Legitimierung kantonaler Autorität beiträgt (Rothmayr Allison/Varone/Flick Witzig 2022: 262).

### 11.8 Die Gerichte und die Verfassungsgerichtsbarkeit in den Kantonen

Aufgrund des stark föderalen Charakters der Schweiz wird die Rechtsprechung zu einem grossen Teil von kantonalen Behörden wahrgenommen (Buser 2020). Grundsätzlich umfasst die Zuständigkeit der kantonalen Gerichte und Behörden alle Rechtsgebiete. Sie sind dabei nicht nur zuständig für die in der Gesetzgebung des Bundes geregelten Zivil- und Strafsachen, sondern auch für das kommunale

---

15 Die Entscheidungen betrafen unter anderem die Stadt Zürich (2002, BGE 129 I 185), den Kanton Aargau (2004, BGE 131 I 74), Nidwalden (2010, BGE 136 I 352), die Stadt Aarau (2010, BGE 136 I 367), die Kantone Zug (2010, BGE 136 I 376) und Schwyz (2012, 1C_407/2011) sowie das Wallis (2004, 131 I 85 und 2014, BGE 140 I 107).

und kantonale Recht sowie für das Bundesverwaltungsrecht, soweit es von den Kantonen vollzogen wird. Während die Kantone bis Ende 2010 über eigene Zivil- und Strafprozessordnungen verfügten, besteht seit 2011 landesweit je eine vereinheitlichte Zivilprozess- und eine vereinheitlichte Strafprozessordnung. Im Verwaltungsrecht existieren hingegen nach wie vor kantonal unterschiedliche Prozessordnungen, wobei in den meisten Kantonen die gerichtliche Verwaltungskontrolle erst im Verlaufe der zweiten Hälfte des 20. Jahrhunderts sichergestellt wurde. Schliesslich sind die Kantone auch für die Organisation ihrer Gerichte selbst zuständig, wobei sie die Mindestvorschriften des Bundes zu beachten haben. Aufgrund des weiten Spielraums, den die Kantone bei der Gerichtsorganisation geniessen, besteht hier zwischen den Kantonen eine grosse Varianz. Dies zeigt sich insbesondere bei den Spezialgerichten, die über Streitigkeiten in bestimmten Sachgebieten entscheiden (z. B. Handels-; Miet- oder Arbeitsgerichte; Haller/Kölz/Gächter 2013: 305). Sie sind zum Teil als eigenständige Gerichte mit eigener Infrastruktur organisiert, zum Teil sind sie zwar organisatorisch eigenständig, nutzen aber die Infrastruktur und das Personal eines anderen Gerichts oder sie bilden lediglich gesonderte Abteilungen oder Kammern eines grösseren Gerichts (Bieri 2014: 6f.).

Auch wenn die Organisation der Gerichtsbehörden in den Kantonen unterschiedlich ausgestaltet ist, besteht in jedem Kanton ein zweistufiges Gerichtssystem, dem in Zivilprozessen eine Schlichtungsbehörde (Friedensrichter, Vermittler) vorgelagert ist (Kiener 2012a). Bezirks-, Kreis- oder Amtsgerichte bilden dabei in der Regel die erste Instanz, das Ober- oder Kantonsgericht als oberste richterliche Behörde die Beschwerdeinstanz, welche die mit Rechtsmitteln angefochtenen Urteile der ersten Instanz überprüft. In bestimmten Ausnahmefällen ist das Ober- oder Kantonsgericht auch als Erstinstanz tätig. Es entscheidet in Zivil- und Strafsachen. Daneben besteht auch ein kantonales Verwaltungsgericht, oftmals als eigene Abteilung in das Obergericht integriert, welches Beschwerden gegen Entscheide kantonaler oder kommunaler Verwaltungsbehörden beurteilt. Für einzelne Bereiche haben die Kantone in den letzten Jahrzehnten zudem spezialisierte Gerichte geschaffen, die sich durch besonderes Fachwissen auszeichnen. Dazu gehören etwa die Handels-, Miet- und Arbeitsgerichte im Zivilrecht, die Wirtschaftsstrafgerichte im Strafrecht und die Sozialversicherungsgerichte im Verwaltungsrecht. In vielen Kantonen existieren zudem auch von der Legislative gewählte kantonale Rekurskommissionen, die bestimmte verwaltungsgerichtliche Aufgaben wahrnehmen. Während vor der Justizreform einzelne Verwaltungsstreitigkeiten durch die kantonalen Exekutiven, teilweise sogar von den kantonalen Parlamenten beurteilt wurden, hat seither aufgrund der Rechtsweggarantie (Art. 29a BV) und der Verpflichtung zur Schaffung richterlicher Behörden in den Kantonen (Art. 191b BV) eine starke Verlagerung der Rechtsprechung auf die Gerichte stattgefunden (Haller/Kölz/Gächter 2013: 302). Seit dem Inkrafttreten der Schweizerischen Strafprozessordnung kennt einzig noch der Kanton Tessin Geschworenengerichte, die mit Berufsrichtern zusammenwirken (Schmid 2013: 137). Im Gegensatz zur Bundesebene werden die Richter der erstinstanzlichen Gerichte in vielen Kantonen durch das Volk gewählt. Die oberinstanzlichen Gerichte (Ober- oder Kantonsgericht) werden teils durch die kantonalen Parlamente, teils durch das Volk bestimmt.[16] Die Amtsdauer beträgt in den Kantonen in der Regel vier bis sechs Jahre, wobei die Möglichkeit der Wiederwahl besteht.[17] Dieses Auswahlverfahren trägt dazu bei, dass der Einfluss der Parteien auf die Richterwahl sehr gross ist (Langer 2019). Im westeuropäischen Vergleich ist dies ebenso ungewöhnlich wie die Tatsache, dass juristische Qualifikationen mehrheitlich keine formellen Voraussetzungen für das Richteramt darstellen (Wüthrich 2015: 23; Grünstäudl 2019).

Wieweit kantonale Erlasse durch kantonale Justizbehörden auf ihre Vereinbarkeit mit der kantonalen Verfassung zu prüfen sind, richtet sich ausschliesslich nach dem kantonalen Recht. Grundsätzlich bestehen verschiedene Arten von Verfassungsgerichtsbarkeit, die sich nach den Kriterien des Prüfungsgegenstandes, des zuständigen Gerichts und des Zeitpunkts der Prüfung differenzieren lassen (Griffel 2011: 372). Beim Prüfungsgegenstand kann zunächst zwischen abstrakter und konkreter Normenkontrolle differenziert werden.[18] Bezüglich des zuständigen Gerichts wird zwischen konzentrierter und diffuser Verfassungsgerichtsbarkeit unterschieden. Im ersten Fall besteht ein besonderes Verfassungsgericht, das als einzige Instanz über grundlegende Verfassungsfragen entscheidet, während im letzten Fall grundsätzlich alle Gerichte zusätzlich auch über verfassungsrechtliche Fragen befinden können. Schliesslich kann beim Zeitpunkt der Prüfung zwischen (seltener) präventiver (d. h. vor dem Inkrafttreten eines Erlasses) und (üblicher) nachträglicher (d. h. nach dem Inkrafttreten des Erlasses) Verfassungsgerichtsbarkeit unterschieden werden, wobei dieses Kriterium nur bei der abstrakten Normenkontrolle von Bedeutung ist.

Ein Blick in die Kantone zeigt, dass entsprechend diesen Kriterien unterschiedliche Spielarten der Verfassungsgerichtsbarkeit bestehen (Auer 2016; Buser 2020; Bolkensteyn 2014; Flick Witzig/Vatter 2020; Griffel 2011). So kennen alle Kantone eine minimale diffuse Verfassungsgerichtsbarkeit, die das Bundesgericht aus dem Vorrang des Bundesrechts gegenüber kantonalem Recht (Art. 49 Abs. 1 BV) hergeleitet hat. Demnach sind alle rechtsanwendenden Behörden gehalten, im Anwendungsfall die Vereinbarkeit von kantonalem Recht mit Bundesrecht und internationalem Recht zu prüfen. Wenn die Vereinbarkeit nicht gegeben ist, darf der entsprechend kantonale Rechtssatz nicht angewendet werden (Auer 2016: 596). In verschiedenen Kantonsverfassungen ist diese vom Bundesgericht entwickelte Verpflichtung ausdrücklich normiert und dahingehend erweitert worden, dass auch Erlasse, die gegen kantonale Verfassungsbestimmungen verstossen, nicht angewendet werden dürfen (z. B. BE, GL, FR, SO, AR, SG, TI, NE; Tanquerel 2020: 227). Darüber hinaus gibt es in einigen Kantonen eine konzentrierte Verfassungsgerichtsbarkeit, bei der ein bestimmtes Gericht oder eine bestimmte Abteilung eines Gerichts verfassungsgerichtliche Kompetenzen ausübt. Meist handelt es sich

---

16 In den Landsgemeindekantonen Appenzell Innerrhoden und Glarus werden die Richter durch das Volk jährlich an der Landsgemeinde gewählt.
17 Nur im Kanton Freiburg können Richter vom Parlament auf eine unbefristete Dauer gewählt werden (Wüthrich 2015: 22).
18 Während bei der konkreten Normenkontrolle die Verfassungsmässigkeit eines Erlasses im Zusammenhang mit einem konkreten Anwendungsfall geprüft wird, wird bei der abstrakten Normenkontrolle der Erlass an sich geprüft, ohne dass es eines bestimmten Anwendungsfalles bedarf (Meyer 2011: 65).

dabei um das Kantons-, Ober- oder Verwaltungsgericht. Ein solches Modell wurde in den Kantonen Zürich, Luzern, Nidwalden, Basel-Stadt, Basel-Landschaft, Schaffhausen, Graubünden, Aargau, Waadt, Genf und Jura umgesetzt. Gegenüber den Kantonen mit minimaler diffuser Verfassungsgerichtsbarkeit zeichnen sie sich durch weiter gefasste Beurteilungskompetenzen aus. So können in den genannten Kantonen untergesetzliche kantonale Erlasse (Verordnungen, Dekrete) im Rahmen einer abstrakten Normenkontrolle, also unabhängig vom konkreten Anwendungsfall, auf ihre Vereinbarkeit mit höherrangigem Recht überprüft werden. Die Kantone Aargau, Schaffhausen und Luzern beschränken die abstrakte Normenkontrolle allerdings auf Vorschriften verwaltungsrechtlicher Natur (Auer 2016: 601f.). In einem Teil der genannten Kantone (NW, SH, GR, AG, VD, GE, JU) können auch kantonale Gesetze auf ihre Vereinbarkeit mit höherrangigem Recht abstrakt überprüft werden. In Bezug auf den Zeitpunkt ist insbesondere der Kanton Jura zu erwähnen, bei dem die Überprüfung der Verfassungskonformität der Gesetze nur vor deren Inkrafttreten erfolgen kann und der damit Elemente der präventiven Verfassungsgerichtsbarkeit kennt. In verschiedenen Kantonen mit einer konzentrierten Verfassungsgerichtsbarkeit wurden neben der Normenkontrolle weitere verfassungsgerichtliche Entscheidungsbefugnisse begründet. Hierzu gehören die Beurteilung von Beschwerden in Zusammenhang mit der Ausübung politischer Rechte (NW, BS, BL, GR, GE, JU, VD), die Beurteilung von Beschwerden wegen der Verletzung der Gemeindeautonomie (NW, BL, BS, GR, JU) oder der Entscheid bei Kompetenzstreitigkeiten zwischen Behörden (BL, GE, JU, VD, NW).

Um einen Vergleich der unterschiedlichen Stärken der Verfassungsgerichtsbarkeit in den Kantonen zu ermöglichen, wurde auf der Grundlage von Flick Witzig und Vatter (2020) ein Index zur Messung der Verfassungsgerichtsbarkeit in den Kantonen konstruiert. Er bewertet die Ausprägungen kantonaler Verfassungsgerichtsbarkeit anhand des zentralen Kriteriums der Kompetenzen und stützt sich dabei konzeptionell auf die Arbeit von Flick (2008). Jede Kompetenz wird mit einem Indexpunkt bewertet, wobei die oben skizzierten Ausprägungen der Normenkontrolle je gesondert berücksichtigt werden. Den Minimalwert erhalten demnach Kantone, die ihre kantonalen Erlasse nur auf ihre Übereinstimmung mit Bundesrecht akzessorisch prüfen (d. h. nur konkrete Fallprüfung anhand der Bundesverfassung), während den Maximalwert diejenigen Kantone erhalten, die über weitreichende Kompetenzen verfügen, die über die Normenkontrolle hinausgehen.

Zwei Kantone (AI und OW) weisen den Minimalwert von eins auf. Am weitesten verbreitet ist der Indexwert zwei. In diesen Kantonen können in der Regel kantonale Erlasse im Rahmen der konkreten Normenkontrolle auf ihre Übereinstimmung mit der Kantonsverfassung geprüft werden. Schaffhausen und Zürich kennen darüber hinaus die abstrakte Normenkontrolle von untergesetzlichen Erlassen, was im Indexwert 3 resultiert. In den übrigen Kantonen sind die Werte Folge von unterschiedlichen Kompetenz-Kombinationen, wobei vier Kantone einen gleich hohen Wert von sieben erreichen. Festhalten lässt sich darüber hinaus, dass der Ausbau verfassungsrechtlicher Kompetenzen auf kantonaler Ebene ein jüngeres Phänomen darstellt. Nur vier Kantone sahen bereits vor dem Jahr 2000

# 11 Die Justiz

Elemente einer spezialisierten Verfassungsgerichtsbarkeit vor. Zum Teil erfolgte der Ausbau verfassungsgerichtlicher Kompetenzen im Zuge von Totalrevisionen der Verfassungen (Flick Witzig/Vatter 2020: 420).

*Tabelle 11.2: Index der Verfassungsgerichtsbarkeit in den Kantonen, 2019*

| Kanton | Indexwert | Kanton | Indexwert | Kanton | Indexwert |
|---|---|---|---|---|---|
| BL | 7 | ZH | 3 | SZ | 2 |
| NW | 7 | AR | 2 | TG | 2 |
| GR | 7 | BE | 2 | TI | 2 |
| JU | 7 | FR | 2 | UR | 2 |
| BS | 6 | GL | 2 | VS | 2 |
| VD | 6 | LU | 2 | ZG | 2 |
| GE | 5 | NE | 2 | AI | 1 |
| AG | 4 | SG | 2 | OW | 1 |
| SH | 3 | SO | 2 | | |

Anmerkung: Je höher der Indexwert, desto ausgebauter ist die kantonale Verfassungsgerichtsbarkeit.
Quelle: Flick Witzig und Vatter (2020).

## 11.9 Die Verfassungsgerichtsbarkeit im internationalen Vergleich

Die komparative politikwissenschaftliche Forschung befasst sich vornehmlich mit der Stärke der obersten Gerichte am Beispiel der Verfassungsgerichtsbarkeit, welche die Bürger vor verfassungswidrigen Eingriffen des Staates in ihre Grundrechte schützen soll (Shapiro 1999; Stone Sweet 2000). Auch Lijphart (2012: 212ff.) beschäftigt sich mit der Frage, ob die Verfassung eines Landes der richterlichen Prüfung unterliegt, d. h. ob es eine gerichtliche Instanz gibt, die zur endgültigen Interpretation der Verfassung befugt ist oder ob diese Kompetenz dem Parlament selbst zufällt. Er unterscheidet bei seiner Untersuchung zur Stärke der Verfassungsgerichtsbarkeit zunächst, ob in den von ihm betrachteten Ländern ein richterliches Prüfungsrecht vorgesehen ist oder nicht. Soweit eine entsprechende Kompetenz vorliegt, klassifiziert er die Staaten nach dem Ausmass der gerichtlichen Aktivität in Gruppen mit schwachem, mittelstarkem und starkem Prüfungsrecht. Damit kommt Lijphart (2012: 215ff.) zu einem vierstufigen Index, wobei der niedrigste Wert (1) für die Staaten ohne richterliches Prüfungsrecht vergeben wird, während der höchste Wert (4) für eine ausgeprägte Nutzung des Prüfungsrechts und ein starkes Verfassungsgericht steht. Die Existenz einer aktiven richterlichen Prüfungsinstanz spricht gemäss Lijphart (2012) für das Vorliegen einer Konsensdemokratie, während das Fehlen einer entsprechenden ausserparlamentarischen Instanz als Merkmal einer Mehrheitsdemokratie betrachtet wird.

Auch wenn international ein genereller Trend zu einer verstärkten Mitsprache der Gerichte besteht, existieren nach wie vor beträchtliche Unterschiede zwischen den Ländern. Das deutsche Bundesverfassungsgericht fällt beispielsweise immer wieder folgenreiche Urteile, etwa zur Ausgestaltung des Wahlsystems oder im Bereich der europäischen Integration, während einige ältere europäische Demokratien nach wie vor keine nationale Verfassungsgerichtsbarkeit kennen. Zugleich unterscheiden sich demokratische Systeme mit Verfassungsgerichten deutlich in ihrer Ausgestaltung und Anwendung. Dabei wird insbesondere zwischen Systemen mit zentralisierten Gerichten von dezentralen Systemen unterschieden.

*Tabelle 11.3: Verfassungsgerichtsbarkeit in 24 OECD-Ländern, 2015*

| Stärke der Verfassungsgerichtsbarkeit | Länder |
|---|---|
| keine Verfassungsgerichtsbarkeit | Finnland, Luxemburg, Niederlande, Neuseeland, Schweden, UK |
| schwache Verfassungsgerichtsbarkeit | Dänemark, Griechenland, Island, Irland, Japan, Norwegen, Portugal, **Schweiz** |
| mittlere Verfassungsgerichtsbarkeit | Australien, Belgien, Frankreich, Italien, Österreich, Spanien, Israel |
| starke Verfassungsgerichtsbarkeit | Deutschland, Kanada, USA |

Anmerkung: Die Schweiz wird hier der Kategorie „schwache" anstelle „keine" Verfassungsgerichtsbarkeit zugeordnet. Vor 1996 entspricht Italien der Kategorie „schwache" Verfassungsgerichtsbarkeit.
Quelle: Lijphart (2012: 215) mit eigenen Anpassungen.

Tabelle 11.3 zeigt die Zuordnung von 24 entwickelten OECD-Ländern in die ordinalen Kategorien „keine", „schwache", „mittlere" und „starke Verfassungsgerichtsbarkeit". Eine (weitestgehend) fehlende Verfassungsgerichtsbarkeit findet sich in skandinavischen Ländern wie Schweden und Finnland sowie in den traditionell stark majoritär geprägten Ländern Neuseeland und Grossbritannien. Dies gilt auch für die Niederlande und Luxemburg. Kleinere Reformprozesse oder durch internationales Recht vorgegebene Verfahren, etwa auf europäischer Ebene, reichen bei diesen Ländern nicht für eine Zuteilung in eine andere Kategorie aus, sprechen jedoch für eine wachsende Bedeutung der Verfassungsgerichtsbarkeit (Lijphart 2012: 218). So werden etwa Grossbritannien und verschiedene kontinentaleuropäische Staaten trotz der inzwischen erfolgten Kodifizierung des supranationalen Prüfungsrechts des Europäischen Gerichtshofs und des Europäischen Gerichtshofs für Menschenrechte weiterhin als Länder ohne Verfassungsgerichtsbarkeit aufgeführt. Auf der anderen Seite existieren die stärksten und aktivsten Verfassungsgerichte in Deutschland, den USA und Kanada. Zwischen diesen Extremen liegen zwei Gruppen mit schwachem und mittelstarkem Prüfungsrecht der Verfassung. In der ersten Gruppe finden sich weitere skandinavische und nördliche Länder sowie auch Griechenland und Japan. Eine mittlere Verfassungsgerichtsbarkeit wird in einigen westeuropäischen Staaten wie Frankreich, Spanien und Österreich, aber auch in Australien praktiziert. Österreich gilt dabei als Gründungsstätte der zentralisierten Verfassungsgerichtsbarkeit, die häufig mit einem starken Prüfungsrecht einhergeht (so auch in Deutschland, Spanien oder Belgien). Die meisten Staaten verzichten jedoch auf zentralisierte Gerichtshöfe.

**11 Die Justiz**

In Abweichung zu Lijphart (2012: 215) wird die Schweiz nicht der Kategorie der vollständig fehlenden, sondern der schwach ausgeprägten Verfassungsgerichtsbarkeit zugeordnet. Zwar fehlt dem Bundesgericht einerseits die wichtige Kompetenz, verfassungswidrigen Bundesgesetzen die Anwendung zu versagen, andererseits besitzt es verschiedene Möglichkeiten der verfassungsrichterlichen Prüfung. So kann das Bundesgericht seit 1874 kantonale Gesetze (Gesetze im formellen Sinn, Verordnungen, kommunale Erlasse) wegen Verletzung der Verfassung aufheben und hat dies auch häufig gemacht. Zudem kann das Bundesgericht im Rahmen einer konkreten Normenkontrolle Verordnungen des Bundesrates und der Bundesversammlung auf ihre Verfassungsmässigkeit hin prüfen. Ist ein Erlass tatsächlich verfassungswidrig, so führt dies zur Aufhebung der auf den verfassungswidrigen Erlass gestützten Verfügung, nicht aber zur Aufhebung des Erlasses selbst. Dem Erlass wird lediglich die Anwendung im konkreten Einzelfall versagt. Seit einiger Zeit prüft es vorfrageweise zudem, ob Bundesgesetze verfassungswidrig sind, allerdings muss es sie auch im Fall eines Verfassungsverstosses anwenden. Schliesslich überprüft es seit Beginn der 1990er Jahre Bundesgesetze vorfrageweise auf ihre EMRK-Konformität und kann ihnen bei einer EMRK-Widrigkeit die Anwendung versagen, womit die Verfassungsgerichtsbarkeit wegen der weitestgehenden (wenn auch nicht vollständigen) Übereinstimmung der EMRK mit den Grundrechten der Bundesverfassung zumindest ein Stück weit besteht.

International vergleichende Studien bestätigen die insgesamt beschränkte, aber eben doch partiell vorhandene Verfassungsgerichtsbarkeit in der Schweiz. So ordnete Alivizatos (1995: 575) in seinem zu Lijphart ähnlichen Index[19] mit demselben Wertebereich von eins bis vier der Schweiz den Wert zwei zu. Er qualifizierte die schweizerische Verfassungsgerichtsbarkeit als dezentralisiert und ging schon Anfang der 1990er Jahre von einem mittleren Politisierungsgrad aus.[20] Lhotta (2001) spricht der Schweiz unter Berücksichtigung der diffusen Normenkontrolle einige Jahre später sogar eine mittlere Verfassungsgerichtsbarkeit zu. Gestützt auf die obigen Ausführungen und die unabhängig voneinander identisch geäusserten Einschätzungen durch dazu befragte Experten kann die Schweiz für die neueste Zeit als ein Land mit einem partiell vorhandenen verfassungsrichterlichen Prüfungsrecht betrachtet werden (Vatter 2008). Zum selben Schluss kommt im Übrigen das Bundesgericht (2012: 23) selbst, das von einer „beschränkten Verfassungsgerichtsbarkeit" spricht.

**11.10 Zusammenfassung und Diskussion**

Während das Bundesgericht zur Zeit der Bundesstaatsgründung ohne Zweifel die schwächste der drei Staatsgewalten auf Bundesebene war, hat es sich seither als

---

19 Alivizatos (1995) hat für einen Vergleich von 18 OECD-Staaten einen vierstufigen Index hergeleitet, wobei er einerseits zwischen Ländern mit zentralisiertem und dezentralisiertem richterlichem Prüfungsrecht unterscheidet, sowie andererseits das Ausmass der richterlichen Politisierung berücksichtigt. Dabei stellt er ähnlich wie Lijphart (2012) auf das Mass der richterlichen Aktivität ab.
20 Alivizatos (1995: 574) begründet die Wertezuordnung für die Schweiz wie folgt: „Although judicial review of federal legislation is constitutionally prohibited, the Swiss Federal Tribunal has developed important constitutional jurisprudence through the control of cantonal legislation and administrative action (...); in this sense, it functions as a quasi-constitutional court."

relevanter Akteur innerhalb des schweizerischen politischen Systems etabliert. Im Verlaufe der Zeit wurde die Stellung der eidgenössischen Justizbehörden zwar nur langsam, aber doch fortlaufend und systematisch verbessert. Die gestärkte Rolle des Bundesgerichts hängt dabei einerseits mit der stark gestiegenen Bedeutung des Bundesrechts zusammen, andererseits aber auch damit, dass es, unter Mithilfe des Gesetzgebers, seit 1848 – im Gegensatz etwa zum Bundesrat – grundlegende Reformen erfolgreich in Angriff genommen hat, um sich den seither stattgefundenen Veränderungen anzupassen. Während bis Ende des 20. Jahrhunderts mit der stetigen Zunahme der Rechtsetzungskompetenzen des Bundes und der dadurch verursachten Arbeitslast vor allem die Zahl der Bundesrichter, der Gerichtsschreiber und der Abteilungen am Bundesgericht erhöht wurden, führte die zu Beginn des 21. Jahrhunderts umgesetzte Justizreform zu wichtigen strukturellen Anpassungen. So wurden gleich mehrere neue erstinstanzliche eidgenössische Gerichte geschaffen (Bundesstraf-, Bundesverwaltungs-, Bundespatentgericht), das Eidgenössische Versicherungsgericht mit Sitz in Luzern vollständig in das Bundesgericht integriert, das Bundesgericht intern reorganisiert, die Zugangseinschränkung (Kognitionsbeschränkung) im Sozialversicherungsrecht ausgebaut und vereinfachte Verfahrensregeln eingeführt. Die breit angelegte Evaluation zur Wirksamkeit der Justizreform kommt denn auch zum Schluss, dass die ergriffenen Massnahmen zu einer Entlastung des Bundesgerichts von zeitraubenden Prozessen in erster Instanz sowie zu einer Verbesserung des Rechtsschutzes in einzelnen Bereichen geführt haben (Lienhard u. a. 2013). Konkret ist die Dauer der Verfahren am Bundesgericht im Jahr 2007 erstmals seit 2002 zurückgegangen und die Belastung der Bundesrichter hat sich, gemessen an der Zahl der Fälle pro Richter, seither reduziert, wobei der Rückgang insgesamt bescheiden ist. Im Weiteren weist die breit angelegte Wirksamkeitsanalyse der neuen Bundesrechtspflege darauf hin, dass sich die Qualität der Bundesgerichtsurteile, insbesondere ihre Begründungsdichte und Nachvollziehbarkeit, im Vergleich zu früher kaum verändert hat (Lienhard u. a. 2013). Trotzdem ist die Zahl der hängigen Beschwerden nach wie vor hoch und dürfte auch in der Zukunft eine erhebliche Belastung für die bundesgerichtliche Rechtspflege darstellen, weshalb es für die Zukunft offen bleibt, ob durch die Reformen tatsächlich eine nachhaltige Entlastung des Bundesgerichts in sämtlichen Rechtsbereichen erreicht werden kann (Aeschlimann 2008).

Im Gegensatz zur organisatorischen Ebene hat das Verfahren zur Bestellung der obersten Richter keine Änderung erfahren. Obwohl die parteipolitische Wahl und insbesondere die periodische Wiederwahl der obersten Richter durch das Parlament sonst kaum noch in Westeuropa praktiziert werden und offensichtlich die institutionelle Unabhängigkeit der Justiz als dritte Staatsgewalt schwächen, wird daran bis heute festgehalten. Dies ist insofern nachvollziehbar, als die normalerweise sicheren Bestätigungswahlen, die langen Amtsdauern der Richter und die im internationalen Vergleich überdurchschnittlichen Ressourcen eine in der Praxis starke Stellung der Bundesrichter garantieren. Zudem zeigt sich seit dem Ende des Zweiten Weltkriegs, dass bei den Bundesrichterwahlen die Proporzansprüche der Parlamentsfraktionen in der Vereinigten Bundesversammlung stark befolgt werden. Dabei wird auch in neuester Zeit den veränderten Wählerstärken der Parteien durchaus Rechnung getragen, wobei die Wählergewinne und -verluste der Parteien in der Regel nicht umgehend, sondern erst dann ausgeglichen werden, wenn frei werdende Sitze der übervertretenen Parteien am Bundesgericht neu zu besetzen sind. Allerdings haben die beträchtlichen Veränderungen in den parteipolitischen Stärkeverhältnissen im Parlament seit Ende der 1990er Jahre dazu geführt, dass die Konflikte um die Besetzung des Bundesgerichts zugenommen haben, was sich in der Häufung von umstrittenen Wahlen in die obersten Richterstellen zeigt. Insofern hat die Politisierung der Richterwahlen in den letzten zwei Jahrzehnten im Vergleich zu früher trotz der neu geschaffenen Gerichtskommission der Bundesversammlung, welche die Richterwahlen vorbereitet, an Bedeutung gewonnen und der Einfluss der politischen Parteien auf die obersten Richterwahlen ist nach wie vor ausgesprochen gross. Für die Zukunft stellt sich deshalb die Frage, ob der Bund nicht aus den Erfahrungen der Kantone lernen könnte. So scheint etwa das Modell des Kantons Freiburg mit der einmaligen Richterernennung durch das Parlament auf unbestimmte Dauer bei einem gleichzeitig klar normierten Amtsenthebungsverfahren durchaus eine vielversprechende Alternative zu sein (Mahon/Schaller 2013).

Für die neueste Zeit stellt sich auch die Frage, wie weit das politische System der Schweiz nach der grundlegenden Reorganisation der Bundesjustiz über eine gestärkte Verfassungsgerichtsbarkeit verfügt. Die Justizreform, vom Volk im März 2000 mit grosser Mehrheit angenommen, hatte massgeblich zur Verselbstständigung, Vereinheitlichung und Ausdifferenzierung der Bundesgerichtsorganisation beigetragen (Rothmayr Allison/Varone/Flick Witzig 2022: 242). Hingegen wurde auch im Rahmen der jüngsten Verfassungs- und Justizreformen keine formelle Verfassungsgerichtsbarkeit eingeführt, was von der schweizerischen Staatsrechtslehre grossmehrheitlich als erhebliches rechtsstaatliches Defizit kritisiert wird (Griffel 2011: 394). Zumindest ist sie aber bei Bundesgesetzen schon ein Stück weit realisiert, da das Bundesgericht seit 1991 Bundesgesetze auf ihre EMRK-Konformität hin überprüft. Zudem sieht die Bundesverfassung für das Bundesgericht heute einen erheblichen Zuständigkeitskatalog vor (Art. 189 BV). So kann es kantonalen Erlassen (sofern ihre Verfassungswidrigkeit nicht durch ein Bundesgesetz gedeckt ist), Bundesbeschlüssen und Verordnungen der Bundesversammlung sowie des Bundesrates und seiner Departemente (bzw. anderer Bundesorgane) im Falle von Verfassungswidrigkeit die Anwendung im Einzelfall versagen. Insofern besteht heute zumindest eine beschränkte Verfassungsgerichtsbarkeit in der Schweiz, die in Zukunft wohl noch wichtiger wird.

Aufgrund der steigenden Bedeutung supranationaler Gerichtsinstanzen und internationaler Menschenrechtsnormen einerseits und der gehäuften Anzahl von völkerrechtsproblematischen Verfassungsinitiativen, die von Volk und Ständen in den letzten Jahren angenommen wurden andererseits, haben die Spannungen zwischen dem Rechtsstaats- und dem Demokratieprinzip in der Schweiz deutlich zugenommen (Hertig Randall 2017: 134). Im Konfliktfall zwischen dem Völkerrecht und einer späteren Bundesgesetzgebung geht das Bundesgericht in neuerer Zeit grundsätzlich vom Vorrang des Völkerrechts aus und hat diese Position auch mit seinen jüngsten Entscheiden bestätigt. Insbesondere beim Schutz der Rechte der Bürger, wie sie in der Bundesverfassung und der EMRK festgeschrieben sind, übt damit das oberste Gericht die Funktion eines Verfassungsgerichts aus und rückt vor allem den Schutz der verfassungsmässigen Individualrechte gegenüber staatlichen Eingriffen in den Vordergrund, während etwa die Verfassungsgerichtsbarkeit in Deutschland auf einen umfassenden Schutz des Grundgesetzes abzielt (Fischbacher 2006: 164).

Rothmayr Allison/Varone/Flick Witzig (2022: 257) weisen in diesem Zusammenhang darauf hin, dass von einer beschränkten Verfassungsgerichtsbarkeit gegenüber Bundesgesetzen nicht generell auf einen geringen politischen Einfluss des Bundesgerichts geschlossen werden kann. So hat das Bundesgericht durch seine Rechtsprechung insbesondere die Grundrechte konkretisiert, die politischen Rechte der Bürger auf den verschiedenen Staatsebenen geschützt, mit der Durchsetzung des Bundesrechts in kantonalen Erlassen die föderalistische Ordnung stabilisiert und mit dem Schutz des Völkerrechts die internationale Öffnung der Schweiz vorangetrieben. Zwar zeichnet sich die Schweiz traditionell durch einen aus einer vergleichenden Perspektive eher bescheidenen richterlichen Aktivismus aus, wobei für die neuere Zeit ein wachsender Einfluss des Bundesgerichts auf politische Entscheidungen beobachtet wird.[21] Während Kälin (1987) noch bis Mitte der 1980er Jahre dem Bundesgericht eine Kombination von aktiver Rechtsprechung im Bereich der Grundrechte bei gleichzeitig politischer Zurückhaltung attestierte, stellen Linder und Mueller (2017: 219) in neuerer Zeit generell verstärkte Interventionen in kantonale und lokale Autonomiebereiche fest, was sich etwa in den Entscheiden des Bundesgerichts zur Verfassungswidrigkeit degressiver Steuertarife, kommunaler Einbürgerungsverfahren oder kantonaler Wahlgesetze ausdrückte. Hinzu kommt, dass die Urteile des Bundesgerichts im Verlaufe der jüngeren Zeit zunehmend stärker in einem politisch sensiblen Umfeld getroffen werden und entsprechend von grösserer politischer Bedeutung sind. Namentlich zu nennen sind hier Gerichtsverfahren, die durch andere bundesstaatliche Akteure beeinflusst werden (z. B. Herausgabe von UBS-Kundendaten an die US-Steuerbehörden), die Überprüfung von politisch umstrittenen kantonalen Volksentscheiden von nationaler Bedeutung (z. B. Entscheid zur Verfassungswidrigkeit des Volksentscheids zum degressiven Steuertarif im Kanton Obwalden), Urteile zum spannungsreichen Verhältnis zwischen Völkerrecht und Landesrecht (z. B. Entscheid zur Umsetzung der Ausschaffungsinitiative) und Urteile in weltanschaulich sensiblen Bereichen (z. B. religiös motivierte Entscheide zum Tragen des Kopftuchs; Zimmerli 2009).

Zusammenfassend ist davon auszugehen, dass einerseits der ausgeprägte Föderalismus, die ausgebaute direkte Demokratie und die beschränkte Verfassungsgerichtsbarkeit dem richterlichen Aktivismus in der Schweiz natürliche Grenzen setzen. Andererseits werden die hohen Konsenshürden, die Schaffung neuer Justizbehörden auf Bundesebene, die steigende Bedeutung supranationaler Gerichtsinstanzen, die Ausweitung des Grundrechtsschutzes sowie die Europäisierung

---

21 In diesem Zusammenhang kommt nicht nur dem Bundesgericht, sondern auch dem Bundesverwaltungsgericht ein nicht zu unterschätzender Einfluss zu, da letzteres in verschiedenen politisch umstrittenen Fragen (z. B. Auslieferung von UBS-Bankkundendaten an die USA, Berechnung der Schwerverkehrsabgabe, Asylpolitik, Betriebsbewilligung AKW Mühleberg) Verwaltungsentscheide mit beträchtlichen Folgewirkungen überprüft hat.

nationalstaatlicher Entscheidungsprozesse dafür sorgen, dass diese Grenzen kontinuierlich weiter gesteckt werden und damit der Einfluss des Bundesgerichts auf die Schweizer Politik auch in Zukunft zunehmen wird.

## 11.11 Literaturverzeichnis

Aeschlimann, Arthur, 2008: Justizreform 2000 – Das Bundesgericht und sein Gesetz. In: Schweizerisches Zentralblatt für Staats- und Verwaltungsrecht 109/8, 397–415.

Alivizatos, Nicos C., 1995: Judges as Veto Players. In: Döring, Herbert (Hrsg.): Parliaments and majority rule in Western Europe. Frankfurt a. M.: Campus, 566–589.

Amoos Piguet, Mihaela, 2013: L'élection partisane des juges – une entorse au principe de la séparation des pouvoirs? In: Justice – Justiz – Giustizia 2013/1.

Arnold, Pascal, 2000: Ius cogens als materielle Schranke der Verfassungsrevision. In: Fleiner, Thomas/Forster, Peter/Misic, Alexander/Thalmann, Urs (Hrsg.): Die neue schweizerische Bundesverfassung. Basel: Helbing & Lichtenhahn, 53–70.

Auer, Andreas, 2016: Staatsrecht der schweizerischen Kantone. Bern: Stämpfli.

Bachmann, Ruth/Furrer, Cornelia, 1999: Die ärztliche Beurteilung und ihre Bedeutung im Entscheidverfahren über einen Rentenanspruch in der Eidg. Invalidenversicherung. Bern: BBL.

Biaggini, Giovanni, 2007: Bundesverfassung der Schweizerischen Eidgenossenschaft. Zürich: Orell Füssli.

Bieri, Peter, 2014: Die Gerichte der Schweiz – eine Übersicht. In: Justice – Justiz – Giustizia 2014/2.

Bolkensteyn, Arun, 2014: Le contrôle des normes, spécialement par les cours constitutionnelles cantonales. Bern: Stämpfli.

Bolliger, Christian/Rüefli, Christian/Willisegger, Jonas, 2008: Die Rechtsprechung und Gerichtspraxis in der Invalidenversicherung und ihre Wirkung. In: Soziale Sicherheit CHSS 5, 289–293.

Bundesgericht, 2001–2024: Geschäftsberichte. https://www.bger.ch/index/federal/federal-in herit-template/federal-publikationen/federal-pub-geschaeftsbericht.htm (abgerufen am 03.05.2024).

Bundesgericht, 2012: Die Wege zum Bundesgericht. Kurzer Überblick über die Organisation der Rechtspflege in der Schweiz. www.bger.ch/wege_zum_bundesgericht.pdf (abgerufen am 16.07.2013).

Bundesgericht, 2023: Yves Donzallaz (Président du Tribunal fédéral). https://www.bger.ch/i ndex/federal/federal-inherit-template/federal-richter/federal-richter-bundesrichter/federal -richter-bundesrichter-donzallazyves.htm (abgerufen am 20.10.2023).

Bundesgericht, 2024: Gerichtsmitglieder und Personal. https://www.bger.ch/index/federal/fe deral-inherit-template/federal-richter.htm (abgerufen am 26.01.2024).

Bundeskanzlei, 2013: Proporzwahlsysteme im Vergleich. https://www.bk.admin.ch/themen/ pore/nrw/index.html?lang=de (abgerufen am 05.03.2016).

Bundesstrafgericht, 2024: Allgemein. https://www.bstger.ch/de/il-tribunale/organizzazione/il -tribunale-in-generale.html (abgerufen am 23.01.2024).

Burger, Martin, 2022: Die Mandatsabgaben der Richterschaft im Spannungsfeld zwischen richterlicher Unabhängigkeit und politischer Begehrlichkeit. In: Justice – Justiz – Giustizia 2022/2.

Buser, Denise, 2020: Gerichte in den Kantonen. In: Diggelmann, Oliver/Hertig Randall, Maya/ Schindler, Benjamin (Hrsg.): Verfassungsrecht der Schweiz. Band 3. Zürich: Schulthess, 225–247.

Byland, Karin/Gava, Roy/Varone, Frédéric, 2015: Impact of Courts on Policy Implementation in a Federal State: Evidence for Disability Insurance in Switzerland. In: Jahrbuch der schweizerischen Verwaltungswissenschaften 2015, 167–180.

Byland, Karin/Varone, Frédéric, 2012: Research note: Judiciarisation de l'action publique en Suisse: une analyse du contentieux administratif au Tribunal Fédéral. In: Swiss Political Science Review 18/1, 78–100.

Curia Vista, 2019: Motion 14.4038: Den Föderalismus verteidigen. Eingeschränkte Verfassungsgerichtsbarkeit zugunsten der Kantone. www.parlament.ch (abgerufen am 10.12.2019).

Fankhauser, Myriam/Flick Witzig, Martina/Vatter, Adrian, 2022: Richterliche Parteizugehörigkeit und Rechtsprechung in Asylverfahren. In: Justice – Justiz – Giustizia 2022/2.

Fischbacher, Alain, 2006: Verfassungsrichter in der Schweiz und in Deutschland. Aufgaben, Einfluss und Auswahl. Zürich: Schulthess.

Flick, Martina, 2008: Landesverfassungsgerichtsbarkeit. In: Freitag, Markus/Vatter, Adrian (Hrsg.): Die Demokratien der deutschen Bundesländer. Opladen: Budrich, 237–256.

Flick Witzig, Martina/Vatter, Adrian, 2020: Verfassungsgerichtsbarkeit in den Schweizer Kantonen. In: Reutter, Werner (Hrsg.): Verfassungsgerichtsbarkeit in Bundesländern. Theoretische Perspektiven, methodische Überlegungen und empirische Befunde. Wiesbaden: Springer, 403–428.

Flückiger, Alexandre/Morand, Charles-Albert/Tanquerel, Thierry, 2000: Evaluation du droit de recours des organisations de protection de l'environnement. Bern: OFEFP.

Fontana, Katharina, 2011: Zu wenig Rückhalt für Beyeler; Das Parlament versagt dem vielkritisierten Bundesanwalt die Unterstützung. In: Neue Zürcher Zeitung, 17.06.2011, 27.

Fontana, Katharina, 2016: Sieben juristische Königreiche. In: Neue Zürcher Zeitung, 19.02.2016, 16.

Forster, Christof, 2019: Bundesanwalt Lauber darf bleiben. In: Neue Zürcher Zeitung, 26.09.2019, 1.

Gertsch, Gabriel, 2021: Richterliche Unabhängigkeit und Konsistenz am Bundesverwaltungsgericht: eine quantitative Studie. In: Schweizerisches Zentralblatt für Staats- und Verwaltungsrecht 1, 34–56.

Gmür, Heidi, 2016: Hintergründe eines umstrittenen Urteils. In: Neue Zürcher Zeitung, 19.02.2016, 16.

Griffel, Alain, 2011: Rechtsschutz, insbesondere Verfassungsgerichtsbarkeit. In: Biaggini, Giovanni/Gächter, Thomas/Kiener, Regina (Hrsg.): Staatsrecht. Zürich/St. Gallen: Dike Verlag, 366–396.

Gruner, Erich, 1977: Die Parteien in der Schweiz. Bern: Francke.

Grünstäudl, Georg, 2019: Die Richtermacher: Anforderungen, Akteure und Modelle der Richterauswahl. In: Justice – Justiz – Giustizia 2019/2.

Häfelin, Ulrich/Haller, Walter/Keller, Helen/Thurnherr, Daniela, 2016: Schweizerisches Bundesstaatsrecht. Zürich/Basel/Genf: Schulthess.

Häfliger, Markus, 2013: Das Bundesgericht zieht die rote Linie. In: Neue Zürcher Zeitung, 08.02.2013, 11.

Haller, Walter, 2006: Das Rechtsmittelsystem des Bundesgerichtsgesetzes im öffentlichen Recht. In: Jusletter vom 18.12.2006. www.sjwz.ch/_files/Haller_Rechtsmittelsystem_BGG_OeffR.htm (abgerufen am 16.07.2013).

Haller, Walter/Kölz, Alfred/Gächter, Thomas, 2013: Allgemeines Staatsrecht. Eine juristische Einführung in die Allgemeine Staatslehre. Basel: Helbing & Lichtenhahn.

Hangartner, Dominik/Lauderdale, Benjamin E./Spirig; Judith, 2019: Inferring Individual Preferences from Group Decisions: Judicial Preference Variation and Aggregation in Asylum Appeals. http://benjaminlauderdale.net/files/papers/SwissAsylumPanels.pdf (abgerufen am 21.01.2021).

Hertig Randall, Maya, 2015: Auswirkungen der EMRK auf andere Rechtsgebiete. In: Jaag, Tobias/Kaufmann, Christine (Hrsg.): 40 Jahre Beitritt der Schweiz zur EMRK. Referate zur Jubiläumstagung vom 27. November 2014. Zürich/Basel/Genf: Schulthess, 115–172.

Hertig Randall, Maya, 2017: Direct Democracy in Switzerland: Trends, Challenges and the Quest for Solutions. In: Chommeloux, Alexis/ Gibson-Morgan, Elizabeth (Hrsg.): Con-temporary Voting in Europe. Patterns and Trends. London: Palgrave Macmillan, 129–156.

Hirschl, Ran, 2008: The Judicialisation of Mega-Politics and the Rise of Political Courts. In: Annual Review of Political Science 11/1, 93–118.

Holland, Kenneth M., 1991: Judicial Activism in Comparative Perspective. Houndsmill: McMillan.

Hottelier, Michel, 2020: La juridiction constitutionnelle fédérale. In: Diggelmann, Oliver/Hertig Randall, Maya/ Schindler, Benjamin (Hrsg.): Verfassungsrecht der Schweiz. Band 2. Zürich: Schulthess, 191–221.

Hürlimann, Brigitte, 2010: Richterstellen vom Parteibuch abkoppeln. In: Justice – Justiz – Giustizia, 2010/1.

Kälin, Walter, 1987: Die Verfassungsgerichtsbarkeit in der Demokratie. Zürich: Schulthess.

Kiener, Regina, 2001: Richterliche Unabhängigkeit. Verfassungsrechtliche Anforderungen an Richter und Gerichte. Bern: Stämpfli.

Kiener, Regina, 2011: Das Bundesgericht und weitere richterliche Behörden. In: Biaggini, Giovanni/Gächter, Thomas/Kiener, Regina (Hrsg.): Staatsrecht. Zürich/St. Gallen: Dike Verlag, 251–280.

Kiener, Regina, 2012a: Judicial Independence in Switzerland. In: Anja Seibert-Fohr (Hrsg.): Judicial Independence in Transition. Heidelberg: Springer, 403–436.

Kiener, Regina, 2012b: Parteibindung unter Druck. In: Justice – Justiz – Giustizia 2012/4.

Kley, Andreas, 2008: Verfassungsgeschichte der Neuzeit: Grossbritannien, die USA, Frankreich, Deutschland und die Schweiz. Bern: Stämpfli.

Koller, Heinrich, 2006: Grundzüge der neuen Bundesrechtspflege und des vereinheitlichten Prozessrechts. In: Schweizerisches Zentralblatt für Staats- und Verwaltungsrecht 107/2, 57–87.

Langer, Lorenz, 2019: Voraussetzungen für das Richteramt. In: Justice – Justiz – Giustizia 2019/2.

Lhotta, Roland, 2001: Verfassungsgerichte im Wandel föderativer Strukturen — eine institutionentheoretische Analyse am Beispiel der BRD, der Schweiz und Österreichs. Konferenzpapier zur gemeinsamen Tagung von DVPW, ÖGPW und SVPW am 8./9. Juni 2001 in Berlin. www.hsu-hh.de/lhotta/index_INdteTjIda6pwHJE.html (abgerufen am 16.07.2013).

Lienhard, Andreas, 2009: Oberaufsicht und Justizmanagement. In: Justice – Justiz – Giustizia 2009/1.

Lienhard, Andreas/Rieder, Stefan/Killias, Martin/Schwenkel, Christof/Nunweiler, Sophie/Müller, Andreas, 2013: Evaluation der Wirksamkeit der Bundesrechtspflege. Schlussbericht zuhanden des Bundesamtes für Justiz. Bern/Luzern/Zürich: kpm/Interface/Universität Zürich.

Lijphart, Arend, 2012: Patterns of Democracy. Government Forms and Performance in Thirty-Six Countries. New Haven/London: Yale University Press.

Linder, Wolf/Mueller, Sean, 2017: Schweizerische Demokratie. Institutionen – Prozesse – Perspektiven. Bern: Haupt.

Looser, Martin E., 2011: Verfassungsgerichtliche Rechtskontrolle gegenüber schweizerischen Bundesgesetzen. Zürich: Dike.

Luminati, Michele/Contarini, Filippo, 2021: Die Bundesrichterwahlen im Wandel: „Kampfwahlen", „Denkzettel" und andere Eigentümlichkeiten. In: Schweizerisches Zentralblatt für Staats- und Verwaltungsrecht 122, 3–33.

Mahon, Pascal/Schaller, Roxane, 2013: Le système de réélection des juges: évidence démocratique ou épée de Damoclès? In: Justice – Justiz – Giustizia 2013/1.

Marti, Katrin, 2010: Die Gerichtskommission der Vereinigten Bundesversammlung. In: Justice – Justiz – Giustizia 2010/1.

Meyer, Tobias D., 2011: Die Rolle der Verfassungsgerichtsbarkeit zwischen Recht und Politik. Bern: Stämpfli.

Müller, Jörg Paul, 2020: Entstehung und Entwicklung der Grundrechte in der Schweiz. In: Diggelmann, Oliver/Hertig Randall, Maya/ Schindler, Benjamin (Hrsg.): Verfassungsrecht der Schweiz. Band 2. Zürich: Schulthess, 263-287.

Nahrath, Stéphane, 2003: La mise en place du régime institutionnel de l'aménagement du territoire en Suisse entre 1960 et 1990. Thèse de doctorat en administration publique. Lausanne: IDHEAP.

Niggli, Moritz A./Uebersax, Peter/Wiprächtiger, Hans/Kneubühler, Lorenz (Hrsg.), 2018: Bundesgerichtsgesetz. Basel: Helbing & Lichtenhahn.

Racioppi, Giuliano, 2017: Die moderne „Paulette": Mandatssteuern von Richterinnen und Richtern. In: Justice – Justiz – Giustizia 2017/3.

Raselli, Niccolò, 2005: Das Bundesgericht. http://www.bger.ch/das_bundesgericht_raselli_07_05.pdf (abgerufen am 09.02.2016).

Raselli, Niccolò, 2011: Richterliche Unabhängigkeit. In: Justice – Justiz – Giustizia 2011/3.

Rhinow, René/Schefer, Markus, 2009: Schweizerisches Verfassungsrecht. Basel: Helbing & Lichtenhahn.

Rothmayr Allison, Christine/L'Espérance, Audrey, 2017: Regulating Assisted Reproduction in Canada, Switzerland, and the USA: Comparing the Judicialization of Policy-Making. In: Journal of Comparative Policy Analysis: Research and Practice 19/3, 262-276.

Rothmayr Allison, Christine/Varone, Frédéric, 2014: Justiz. In: Knoepfel, Peter/ Papadopoulos, Yannis/Sciarini, Pascal/Vatter, Adrian/Häusermann, Silja (Hrsg.): Handbuch der Schweizer Politik – Manuel de la politique suisse. Zürich: Verlag Neue Zürcher Zeitung, 219-241.

Rothmayr Allison, Christine/Varone, Frédéric/Flick Witzig, Martina, 2022: Justiz. In: Papadopoulos, Yannis/Sciarini, Pascal/Vatter, Adrian/Häusermann, Silja/Emmenegger, Patrick/ Fossati, Flavia (Hrsg.): Handbuch der Schweizer Politik – Manuel de la politique suisse. Basel: NZZ Libro, 241-269.

Rothmayr, Christine, 1999: Politik vor Gericht. Implementation und Wirkung von Entscheiden des Schweizerischen Bundesgerichts in den Bereichen Fortpflanzungsmedizin, Lohngleichheit von Frau und Mann und Sonntagsarbeit. Bern: Haupt.

Rothmayr, Christine, 2001: Towards the Judicialisation of Swiss Politics? In: West European Politics 24/2, 77-94.

Russo, Alfio, 2019: Des juges tirés au sort: réalité ou illusion démocratique ? In: Justice – Justiz – Giustizia 2019/2.

Sager, Fritz/Rüefli, Christian/Mandioni, Lara, 2001: Kostendämpfungsmassnahmen im KVG. Die Wirkungen der bundesrätlichen Rechtsprechung im Fall der Spitalplanung. Studie im Auftrag der Parlamentarischen Verwaltungskontrolle. Bern.

Schiess Rütimann, Patricia M., 2023: Die Corona-Urteile von Staatsgerichtshof, Bundesverfassungsgericht, Verfassungsgerichtshof und Bundesgericht im Vergleich. In: Liechtensteinische Juristen-Zeitung 1/23, 32-37.

Schmid, Niklaus, 2013: Handbuch des Schweizerischen Strafprozessrechts. Zürich: Dike.

Schneider, Eduard, 1998: 150 und 125 Jahre Bundesgericht: 1848-1998 und 1875-2000. Bern: Stämpfli.

Schubarth, Martin, 2001: § 68 Bundesgericht. In: Thürer, Daniel/Aubert, Jean-François/ Müller, Jörg Paul (Hrsg.): Verfassungsrecht der Schweiz. Droit constitutionnel Suisse. Zürich: Schulthess, 1071-1081.

Seferovic, Goran, 2010: Das Schweizerische Bundesgericht 1848-1874. Die Bundesgerichtsbarkeit im frühen Bundesstaat. Zürich: Schulthess.

Seiler, Hansjörg, 2008: Richter als Parteivertreter. In: Heer, Marianne (Hrsg.): Der Richter und sein Bild. Wie sehen wir uns — wie werden wir gesehen? Bern: Stämpfli, 123-141.

Shapiro, Martin, 1999: The Success of Judicial Review. In: Kenney, Sally J./Reisinger, William M./Reitz, John C. (Hrsg.): Constitutional Dialogues in Comparative Perspective. Houndsmills: Macillan, 193–219.

Spirig, Judith, 2018: Like Cases Alike or Asylum Lottery? Inconsistency in Judicial Decision Making at the Swiss Federal Administrative Court. Zürich: Universität Zürich, Institut für Politikwissenschaft.

Stone Sweet, Alec, 2000: Governing With Judges: Constitutional Politics in Europe. Oxford: Oxford University Press.

Tanquerel, Thierry, 2020: La juridiction constitutionnelle dans les cantons. In: Diggelmann, Oliver/Hertig Randall, Maya/ Schindler, Benjamin (Hrsg.): Verfassungsrecht der Schweiz. Band 2. Zürich: Schulthess, 223–242.

Tanquerel, Thierry/Varone, Frédéric/Bolkensteyn, Arun/Byland, Karin, 2011: Le contentieux administratif judiciaire en Suisse: Une analyse empirique. Genf: Schulthess.

Tornay, Bénédicte, 2008: La démocratie directe saisie par le juge. L'empreinte de la jurisprudence sur les droits populaires en Suisse. Zürich: Schulthess.

Tschannen, Pierre, 2011: Staatsrecht der Schweizerischen Eidgenossenschaft. Bern: Stämpfli.

Vatter, Adrian, 2021: Parteilose statt geloste Richterinnen und Richter, in: Justice – Justiz – Giustizia 2021/1.

Vatter, Adrian/Ackermann, Maya, 2014: Richterwahlen in der Schweiz: Eine empirische Analyse der Wahlen an das Bundesgericht von 1848 bis 2013. In: Zeitschrift für Schweizerisches Recht 133/5, 517–538.

Voigt, Stefan/Gutmann, Jerg/Feld, Lars P., 2015: Economic Growth and Judicial Independence a Dozen Years on: Cross-Country Evidence Using an Updated Set of Indicators. European Journal of Political Economy 38: 197–2011.

Wüthrich, Daniela, 2015: Bedeutung der Parteizugehörigkeit bei den Bundesrichterwahlen. In: Justice – Justiz – Giustizia 2015/2.

Zimmerli, Ulrich, 2009: Wenn die Politik Druck macht – Richtertätigkeit unter Beeinflussungsversuchen. In: Justice – Justiz – Giustizia 2009/4.

## 11.12 Fragen

1. Wie erfolgt die Besetzung der obersten Richterämter in der Schweiz? Wie ist in diesem Zusammenhang die Unabhängigkeit der Richter in der Schweiz zu beurteilen?
2. Wie hat sich im Verlaufe der Zeit die parteipolitische Zusammensetzung des Bundesgerichts verändert?
3. Warum hat das Bundesgericht nur eine „beschränkte Verfassungsgerichtsbarkeit"? Über welche Wege kann es trotzdem diese Gerichtsbarkeit ausfüllen?
4. Welche Formen der Verfassungsgerichtsbarkeit bestehen in den Kantonen?
5. Welche Klassifikation zieht Lijphart zum internationalen Vergleich der Verfassungsgerichte heran und welchem Typ kann die Schweiz zugeordnet werden?
6. Wie hat sich im Verlaufe der Zeit der Einfluss der Justiz auf die materielle Politikgestaltung verändert?

# 12 Das politische System der Schweiz im Vergleich

## 12.1 Einleitung

In der Politikwissenschaft gilt die Schweiz spätestens seit den Analysen von Lehmbruch (1967, 1968) und Lijphart (1968, 1977) als Vorzeigebeispiel einer stark machtteilenden Konkordanzdemokratie. Zudem belegt sie seit Jahren unangefochten den Spitzenplatz unter den Konsensdemokratien und bildet damit das eine Extrem auf dem Kontinuum von Mehrheits- zu Verhandlungsdemokratien (Lijphart 1984, 1999, 2012). Nach den bedeutsamen politischen und institutionellen Veränderungen der letzten beiden Dekaden stellt sich jedoch die Frage, ob diese weit verbreitete Vorstellung der Schweiz als Musterfall einer funktionierenden Konkordanz- und Konsensdemokratie heute noch zutrifft. Die Behandlung dieser Fragestellung steht im Mittelpunkt dieses Kapitels und wird aus verschiedenen Blickwinkeln beleuchtet, indem zuerst eine intertemporale, dann eine internationale und schliesslich auch eine subnationale Perspektive eingenommen wird. Dabei werden nach dem Zwiebelschalenprinzip in einem ersten Schritt zunächst die *äusseren Demokratiestrukturen* und ihre zeitlichen Veränderungen betrachtet, bevor in einem zweiten Schritt die *inneren Entscheidungs- und Machtstrukturen* sowie die *Positionen der einzelnen Akteure* des politischen Systems der Schweiz analysiert werden. Darauf folgen in den nächsten beiden Abschnitten der inter- und subnationale Vergleich. Im Zentrum steht dort die Einordnung der Demokratiestrukturen der Schweiz und ihrer Kantone aus einer komparativen Perspektive. Neben den Demokratiemustern wird zusätzlich auch nach der politischen Leistungsfähigkeit von Bund und Kantonen gefragt. Das Kapitel schliesst mit zusammenfassenden Betrachtungen zum heutigen Zustand und zu den Perspektiven des schweizerischen politischen Systems.

## 12.2 Das politische System der Schweiz im Wandel

### 12.2.1 Vom freisinnigen Mehrheitssystem zur durchschnittlichen Konsensdemokratie

Wie hat sich das politische System der Schweiz seit der Bundesstaatsgründung von 1848 im Verlaufe der Zeit verändert? Wenn wir einen Blick in die knapp 170-jährige Geschichte der modernen Schweiz werfen und die wichtigsten politischen Ereignisse und institutionellen Reformen in Tabelle 12.1 betrachten, stellen wir fest, dass der Bundesstaat von 1848 noch weit entfernt war von den typischen Ausprägungen einer Konkordanz- und Konsensdemokratie (Vatter/Freiburghaus/Arens 2020). So gab es in den ersten Jahrzehnten keine Vielzahl von kooperierenden Parteien, sondern bloss drei Gruppierungen, die sich in zwei grosse gegnerische Lager einteilen liessen: auf der linken Seite die Radikalen und in der Mitte die Liberalen, die gemeinsam den Freisinn bildeten; auf der rechten Seite die Katholisch-Konservativen (Gruner 1977). Zudem galt in den ersten Jahrzehnten des Bundesstaates das Majorzwahlverfahren für das Parlament, welches den Freisinn bei der Mandatsverteilung deutlich bevorteilte. Die Bundesregierung setzte sich darüber hinaus bis 1891 ausschliesslich aus sieben Mitgliedern des Freisinns zusammen, wobei bis in die 1870er Jahre fast nur radikale Vertreter in den Bundesrat gewählt wurden (Altermatt 2019). Schliesslich wies das erst im Entstehen begriffene Interessenvermittlungssystem noch stark pluralistische Züge auf, da der frühe Bundesstaat nicht in die Beziehungen zwischen Arbeitnehmern und Arbeitgebern eingriff und noch kaum über wirtschafts- und sozialpolitische Kompetenzen verfügte.

*Tabelle 12.1: Die wichtigsten politischen Ereignisse und institutionellen Reformen in der Schweiz von 1848 bis Anfang der 1990er Jahre*

| Jahr | Ereignis/Reform |
|---|---|
| 1848 | Gründung des Bundesstaates |
| 1873 | Höhepunkt des „Kulturkampfs" |
| 1874 | Totalrevision der Bundesverfassung mit Einführung des fakultativen Referendums |
| 1891 | Einführung der Volksinitiative auf Partialrevision der Bundesverfassung |
| 1891 | Wahl des ersten Katholisch-Konservativen (KK) in die Regierung |
| 1918 | Landesstreik |
| 1919 | Wechsel von der Majorz- zur Proporzwahl bei den Nationalratswahlen |
| 1920 | Beitritt der Schweiz zum Völkerbund |
| 1929 | Wahl des ersten BGB-Vertreters in die Regierung |
| 1937 | „Friedensabkommen" der Sozialpartner in der Maschinen- und Metallindustrie |
| 1939 | Vollmachtenregime des Bundesrates während des Zweiten Weltkriegs |
| 1943 | Wahl des ersten Sozialdemokraten (SP) in die Regierung |
| 1947 | Einführung der Alters- und Hinterlassenenversicherung (AHV) |
| 1959 | „Zauberformel" mit der proportionalen Zusammensetzung der Regierung |
| 1964 | „Mirage-Affäre" |
| 1971 | Einführung des Frauenstimmrechts |
| 1979 | Gründung des Kantons Jura |
| 1989 | Rücktritt von Bundesrätin Kopp (FDP) und „Fichenaffäre" |
| 1992 | Ablehnung des Beitritts zum EWR in der Volksabstimmung |

Insgesamt zeichnete sich der Bundesstaat in seinen ersten beiden Jahrzehnten durch eine freisinnige Vorherrschaft aus, die aufgrund einer geschickten Wahlkreisgeometrie, eines ausgebauten Majorzwahlverfahrens sowie daraus resultierenden eindeutigen Kräfteverhältnissen im Parlament und einer *de facto* Einparteienregierung die typischen Merkmale einer Mehrheitsdemokratie auf sich vereinigte. Daraus sollte allerdings nicht geschlossen werden, dass die freisinnige Schweiz der zweiten Hälfte des 19. Jahrhunderts wie das britische Westminstersystem funktionierte (Aubert 1998: 68). So handelte es sich schon damals nicht um eine parlamentarische Demokratie mit starker Fraktionsdisziplin der Parteien zur Unterstützung der eigenen Regierung. Vielmehr legten sowohl die durch ihre regionale Zugehörigkeit geprägten Volksvertreter als auch einmal gewählte Bundesräte wenig Wert auf Parteipolitik und man achtete schon früh darauf, dass die verschiedenen Sprachen, Konfessionen und Regionen im Bundesrat repräsentiert blieben (Maissen 2010). Ebenso waren spätestens ab den 1870er Jahren nicht nur die Radikalen, sondern verstärkt auch Liberale und damit die verschiedenen Lager der freisinnigen Grossfamilie im Bundesrat vertreten (Altermatt 2019). Schliesslich wirkten die föderalen Elemente mit der ausgebauten Souveränität der Kantone und einem gleichwertigen Zweikammersystem schon seit der Bundesstaatsgründung machtteilend, um Minderheiten wie die katholisch-konservativen Verlierer des Sonderbundskriegs oder die lateinische Schweiz zu integrieren.

Die erste Etappe auf dem langen Weg zur Konkordanzdemokratie war die im zweiten Anlauf von Volk und Ständen angenommene Totalrevision der Bundesverfassung von 1874. Als Kompensation für die Erweiterung der Bundeskompetenzen und die damit einhergehende Zentralisierung in verschiedenen Bereichen wurde mit der neuen Verfassung das fakultative Referendum für Bundesgesetze und allgemeinverbindliche Bundesbeschlüsse eingeführt. Das von fortschrittlichen Demokraten propagierte Volksrecht wurde jedoch rasch von den Katholisch-Konservativen als äusserst wirksames Oppositionsinstrument erkannt, mit dem sie systematisch wichtige Gesetzesvorlagen der freisinnigen Mehrheit zu Fall brachten (Linder/Mueller 2017: 299). Nach mehreren Abstimmungsniederlagen aufgrund der „konservativen Referendumsstürme" zwischen 1875 und 1885 sahen sich die Liberalen und Radikalen gezwungen, die durch dieses neue Volksrecht ausserparlamentarisch erstarkte Oppositionskraft offiziell in die Regierungspolitik einzubinden. Erste Schritte zu einem „freiwilligen" Proporz waren die Ernennung katholisch-konservativer Bundesrichter und 1879 die erstmalige Wahl eines Katholisch-Konservativen zum Nationalratspräsidenten. Nachdem die konservative Bewegung ihre fundamentale Opposition gegen den freisinnigen Bundesstaat aufgegeben hatte, wurde sie 1891 mit der Wahl von Josef Zemp in den Bundesrat belohnt. Im selben Jahr gelang auf Bundesebene auch der Durchbruch für die seit Längerem von Demokraten und Konservativen geforderte und in vielen Kantonen im Zuge der demokratischen Bewegungen bereits eingeführte Volksinitiative zur Teilrevision der Verfassung. Das nähere Zusammenrücken der bürgerlichen Kräfte aus dem Freisinn mit den Katholisch-Konservativen war gleichzeitig auch eine Folge der an Bedeutung gewonnenen sozialen Spannungen und der Erfolge der Sozialdemokraten. Die zunehmende Verschlechterung der stark von Armut und Arbeitslosigkeit betroffenen Arbeiterschaft während der Wirtschaftskrise des Ersten Weltkriegs mündete 1918 schliesslich in einen von Gewerkschaften und Sozialdemokraten organisierten landesweiten Generalstreik. Obwohl der Landesstreik niedergeschlagen wurde, zeigte er rasch konkrete Auswirkungen. So wurde eine der wichtigsten Forderungen der Linken, der Wechsel vom Majorz- zum Proporzwahlsystem, schon bei den Nationalratswahlen vom Oktober 1919 umgesetzt. Dieser Systemwechsel war von grundlegender Bedeutung, hatte er doch den Verlust der absoluten Mehrheit der FDP im Parlament zur Folge, weshalb diese noch stärker als bisher auf bürgerliche Koalitionspartner zur Abwehr sozialistischer Forderungen angewiesen war. 1919 erhielt deshalb die Konservative Volkspartei einen zweiten Bundesratssitz und die junge, erst in einigen reformierten Deutschschweizer Kantonen bestehende Bauern-, Gewerbe- und Bürgerpartei

(BGB) vervollständigte 1929 mit ihrem ersten Bundesrat Rudolf Minger die antisozialistische Bürgerblockregierung.

Angesichts der äusseren Bedrohungen im Vorfeld des Zweiten Weltkriegs nahmen in den 1930er Jahren die Spannungen zwischen den Sozialdemokraten und den bürgerlichen Parteien ab. Nachdem sich die SP 1935 in ihrem Parteiprogramm grundsätzlich zur Landesverteidigung bekannt und ihre prinzipielle Opposition gegenüber dem bürgerlichen Staat aufgegeben hatte sowie zur stärksten Fraktion im Nationalrat aufgestiegen war, wählte die bürgerliche Parlamentsmehrheit 1943 mit Ernst Nobs den ersten Sozialdemokraten in die Regierung. Während die SP nach einer gescheiterten Volksabstimmung zur Finanzreform zwischen 1954 und 1959 vorübergehend wieder in die Opposition ging, ermöglichte der gleichzeitige Rücktritt von vier Bundesräten 1959 die Bildung einer nach den politischen Stärkeverhältnissen proportional zusammengesetzten Regierung. Damit war die sogenannte „Zauberformel" aus zwei FDP-, zwei CVP-, zwei SP-Vertretern und einem SVP-Vertreter geboren, die von 1959 bis 2003 Bestand hatte und sichtbarster Ausdruck der ausgebauten Konkordanzdemokratie war.

Während sich die Schweiz von den 1960er Jahren bis Anfang der 1990er Jahre trotz einzelner Skandale und „Affären" (Mirage, Kopp, Fichen) und dem Aufkommen von Protestparteien am rechten und linken Rand durch eine hohe politische Stabilität auszeichnete, führte der rasche soziale und ökonomische Wandel der letzten beiden Dekaden zu beträchtlichen politischen Umwälzungen (Vatter 2008). Exemplarisch hierfür ist die grundlegende Transformation der Parteienlandschaft, die ihren Ausdruck im Siegeszug der Schweizerischen Volkspartei (SVP) bei den Parlamentswahlen seit Mitte der 1990er Jahre gefunden hat. Sie erzielte innert weniger Jahre einen hohen Stimmenzuwachs, der denn auch direkte Auswirkungen auf die Regierungszusammensetzung zeitigte. So wählte im Dezember 2003 das Parlament bei der Gesamterneuerungswahl Christoph Blocher (SVP) anstelle von Ruth Metzler (CVP) in den Bundesrat, um ihn dann aber 2007 durch Eveline Widmer-Schlumpf (ebenfalls SVP, ab 2008 BDP) zu ersetzen. Damit veränderte die Legislative nicht nur den seit 1959 bestehenden parteipolitischen Regierungsproporz gleich zweimal in kurzer Zeit, sondern wählte zum ersten Mal seit über hundert Jahren auch zwei Regierungsmitglieder in zwei aufeinanderfolgenden Gesamterneuerungswahlen ab. Das rekordhohe Wahlergebnis der SVP mit 29.4 Prozent Wähleranteil führte Ende 2015 nach dem Rücktritt von Eveline Widmer-Schlumpf (BDP) dazu, dass das Parlament mit Guy Parmelin einen zweiten SVP-Vertreter in den Bundesrat wählte. Damit näherte sich die Regierungszusammensetzung vorübergehend dem früheren Parteienproporz im Sinne der arithmetischen Konkordanz an (Stojanović 2016). Mit der „Klimawahl" 2019 und dem nunmehr grössten Sitzgewinn einer Partei seit Einführung der Proporzwahl (GPS: +17 Sitze im Nationalrat) wurde diese aber wieder empfindlich gestört. Allerdings fand im Krisenjahr 2023 eine Rückkehr zu den materiellen und harten Themen der Politik (Sicherheit, Migration, Wirtschaft) statt. Entsprechend gehörte die SVP zur Gewinnerin der eidgenössischen Wahlen 2023, während die grünen Parteien deutliche Verluste erfahren mussten.

*Tabelle 12.2: Die wichtigsten politischen Ereignisse und institutionellen Reformen in der Schweiz von den 1990er Jahren bis Ende 2023*

| Jahr | Ereignis/Reform | letztmalig |
|---|---|---|
| 1999/2003/ 2007/2015 | SVP-Wahlsiege: grösste Wählergewinne einer Partei seit Einführung der Proporzwahl | 1919 |
| 1999 | Totalrevision der Bundesverfassung | 1874 |
| 1999 | bilaterale Abkommen I mit der EU | 1972 |
| 2000 | Justizreform | – |
| 2002 | Beitritt der Schweiz zu den Vereinten Nationen (UNO) | 1921 |
| 2003 | Nicht-Wiederwahl von Bundesrätin Ruth Metzler (CVP) | 1872 |
| 2003 | neuer Parteienproporz der Regierung | 1959 |
| 2003 | Ausweitung des fakultativen Staatsvertragsreferendums | 1921; 1977 |
| 2004 | erstmaliges Ergreifen des Kantonsreferendums (erfolgreich) | – |
| 2004 | Föderalismusreform: Neugestaltung des Finanzausgleichs und der Aufgabenteilung zwischen Bund und Kantonen (NFA) | – |
| 2004 | Bilaterale Abkommen II mit der EU | 1972; 1999 |
| 2004, 2008, 2009, 2010 | Annahme von grundrechtsproblematischen Verfassungsinitiativen durch das Volk gegen den Willen von Bundesrat und Parlament | – |
| 2007 | Nicht-Wiederwahl von Bundesrat Christoph Blocher (SVP) | 2003 |
| 2008 | Ausschluss der neu gewählten Bundesrätin Eveline Widmer-Schlumpf aus der SVP und vorübergehender Austritt der SVP aus der Regierung | – |
| 2008 | Beilegung der UBS-Krise | – |
| 2014 | Annahme der Volksinitiative „Gegen Masseneinwanderung" | – |
| 2015 | Wahl eines zweiten SVP-Vertreters in den Bundesrat | 2003 |
| 2020 | weitgehende Befugnisse für den Bundesrat aufgrund der COVID19-Pandemie („ausserordentliche Lage" / Lockdown) | – |
| 2023 | Zusammenbruch der Credit Suisse und Notfusion mit der UBS | 2008 |

Beträchtliche Veränderungen fanden seit den 1990er Jahren aber nicht nur in der parteipolitischen Zusammensetzung von Parlament und Regierung statt, sondern auch auf institutioneller Ebene. So kam zum ersten Mal seit 1874 eine Totalrevision der Bundesverfassung zustande, die 1999 durch das Stimmvolk genehmigt wurde und 2000 in Kraft trat. In den folgenden Jahren stimmte die Bürgerschaft zudem über eine Reihe von bedeutsamen Reformen ab. So wurden 2000 eine Justizreform auf Bundesebene und 2003 eine Erweiterung der Volksrechte durch die Ausweitung des Staatsvertragsreferendums angenommen. Von ausserordentlicher Tragweite war auch die Zustimmung zum Neuen Finanzausgleich im Jahr 2004, der eine grundlegende Reform des schweizerischen Föderalismus darstellte und zur Änderung von 27 der insgesamt 196 Verfassungsartikel führte. Von besonderer Bedeutung war zudem die erstmalig erfolgreiche Einreichung des sogenannten Kantonsreferendums. Eine Reihe von Kantonen erzwang damit eine Volksabstimmung über eine umfangreiche Steuerumverteilungsvorlage des Bundes, die sie im Mai 2004 auch gewannen. Von innen- wie aussenpolitischer Tragweite waren schliesslich, zehn Jahre nach der Ablehnung des EWR-Abkommens, die Annahme der bilateralen Verträge mit der EU von 1999 bzw. 2004 und das bis heute ungeklärte institutionelle Verhältnis zur EU sowie der Beitritt der Schweiz zur UNO im Jahr 2002; ebenso die gleich mehrfach durch das Volk angenommenen Verfassungsinitiativen mit grundrechtsproblematischem Inhalt wie die Verwahrungs-, Minarettverbots-, Ausschaffungs- und Masseneinwanderungsinitiative. Eine Folge der COVID19-Pandemie war schliesslich eine beträchtliche Machtzentralisierung beim Bundesrat während der ausserordentlichen Lage im Jahr 2020, welche aber nur vorübergehend war (Freiburghaus/Mueller/Vatter 2021). Tabelle 12.2 fasst die wichtigsten Ereignisse und Reformen der letzten beiden Jahrzehnte zusammen.

Stellt die Schweiz angesichts all dieser einschneidenden Veränderungen der letzten beiden Jahrzehnte weiterhin das Paradebeispiel einer föderalen Konsensdemokratie dar – oder trägt sie wieder vermehrt mehrheitsdemokratische Züge wie zur Zeit der Gründung des modernen Bundesstaates? Diese Frage lässt sich auf der Grundlage des Konzepts von Lijphart (2012) mittels einer Längsschnittanalyse zum Wandel der schweizerischen Demokratiestrukturen beantworten. Dabei werden zunächst die zehn ursprünglichen Merkmale von Lijphart zur Unterscheidung von Mehrheits- und Konsensdemokratien für fünf unterschiedliche Zeitperioden zwischen 1848 und 2023 erfasst und kodiert. In einem nächsten Schritt werden die Indikatorenwerte standardisiert und den beiden Machtteilungsdimensionen zugeordnet.[1] Auf der Basis der zehn Merkmale von Konsens- bzw. Mehrheitsdemokratien liefert Tabelle 12.3 die Masszahlen der Schweiz für die neueste Periode von 1993 bis 2023 und stellt sie denjenigen von Lijphart (1999, 2012) und Wirz (2014) sowie weiteren früheren Zeitperioden gegenüber. Ebenfalls eingefügt sind kursiv die Werte der ersten (*executives-parties*) und zweiten (*federal-unitary*) Dimension der politisch-institutionellen Machtteilung (vgl. auch Vatter 2008).

---

1 Der Exekutive-Parteien-Faktor bildet dabei einen standardisierten Durchschnittswert der ersten fünf Indikatoren, während der Föderalismus-Unitarismus-Wert den entsprechenden Durchschnittswert der restlichen fünf Variablen wiedergibt. Die Standardisierung der Daten erfolgt durch eine z-Transformation, wie sie Lijphart (2012) vorgenommen hat, damit die Daten miteinander vergleichbar sind. Bei der Standardisierung für die Indexbildung wurden für die Positionen der übrigen Demokratien jeweils die Daten aus Lijphart (2012) verwendet. Dies bedeutet, dass die Position der Schweiz in den verschiedenen Perioden jeweils mit den anderen Demokratien im bei Lijphart (2012) verwendeten Zeitraum (1945–2010) verglichen wird. Mit anderen Worten: Es wird damit implizit angenommen, dass sich die aktuelle Position der anderen Demokratien über die Zeit langfristig nicht verändert hat. Dies ist in vielen Fällen nicht unproblematisch, stellt aber eine Folge der fehlenden Länderdaten für den langen Untersuchungszeitraum dar.

## 12.2 Das politische System der Schweiz im Wandel

*Tabelle 12.3: Die schweizerische Demokratie 1848–2023: Eine Zuordnung gemäss Lijphart*

| Merkmal | Konsensausprägung | 1848–1874 | 1875–1919 | 1920–1945 | 1946–1992 | 1993–2023 | Vergleich 4. zur 5. Periode |
|---|---|---|---|---|---|---|---|
| Parteiensystem | Mehrparteiensystem | 2.16 | 2.42 | 4.63 | 5.22 | 5.39 | kaum Veränderung |
| Regierungskabinett | Mehrparteienkoalition | 84.60 | 5.56 | 19.23 | 0.00 | 0.00 | keine Veränderung |
| Verhältnis Exekutive-Legislative | ausgeglichenes Exekutive-Legislative-Verhältnis | 1.00 | 2.00 | 7.00 | 5.40 | 4.00 | leicht konsensualer |
| Wahlsystem | proportionale Repräsentation | 11.85 | 14.67 | 2.90 | 2.48 | 3.14 | leicht majoritärer |
| Interessengruppen | korporatistisches Interessengruppensystem | 2.25 | 1.62 | 1.25 | 1.00 | 1.63 | leicht majoritärer |
| 1. Dimension | *executives-parties (joint power)* | 0.23 | –0.37 | –0.86 | –1.32 | –1.30 | kaum Veränderung |
| Zentralstaat-Gliedstaaten | föderal und dezentralisiert | 5.00 | 5.00 | 5.00 | 5.00 | 5.00 | keine Veränderung |
| Parlamentskammern | gleichberechtigte 2. Parlamentskammer | 4.00 | 4.00 | 4.00 | 4.00 | 4.00 | keine Veränderung |
| Verfassungsänderungen | qualifizierte Mehrheit für Verfassungsänderung | 4.00 | 4.00 | 4.00 | 4.00 | 4.00 | keine Veränderung |
| Gesetzgebungssuprematie | verfassungsrichterliche Überprüfung | 1.00 | 1.00 | 1.00 | 1.00 | 2.00 | leicht konsensueller |
| Zentralbank | unabhängige Zentralbank | – | – | 0.43 | 0.63 | 0.63 | keine Veränderung |
| 2. Dimension | *federal-unitary (divided power)* | –0.96 | –0.96 | –0.91 | –1.27 | –1.62 | geringe Veränderung |

Anmerkung: Aus Gründen der Vergleichbarkeit werden hier die zehn ursprünglichen Merkmale von Lijphart (2012) verwendet (d. h. inkl. Zentralbankunabhängigkeit, ohne direkte Demokratie). Die standardisierten Dimensionenwerte unterscheiden sich geringfügig gegenüber früheren Auflagen aufgrund der Berücksichtigung neuer Daten.
Quellen: Eigene Darstellung auf der aktualisierten Basis von Lijphart (2012), Vatter (2008) und Wirz (2014). Zusätzliche eigene Erhebungen für die Perioden 1875–1919, 1920–1945 und 1993–2023.

In einem nächsten Schritt werden die standardisierten Indexwerte der beiden Dimensionen auf der zweidimensionalen Demokratiekarte von Lijphart (2012) abgebildet, um zu lokalisieren, wie sich die Position des politischen Systems der Schweiz auf der Achse der Mehrheits- und Konsensdemokratien im Verlaufe der letzten 170 Jahre verändert hat. Zur Vergleichbarkeit und Illustration werden in Abbildung 12.1 zusätzlich die Positionen von Grossbritannien, Deutschland und den USA eingetragen.

*Abbildung 12.1: Die Veränderungen der Schweiz auf der Demokratiekarte von Lijphart*

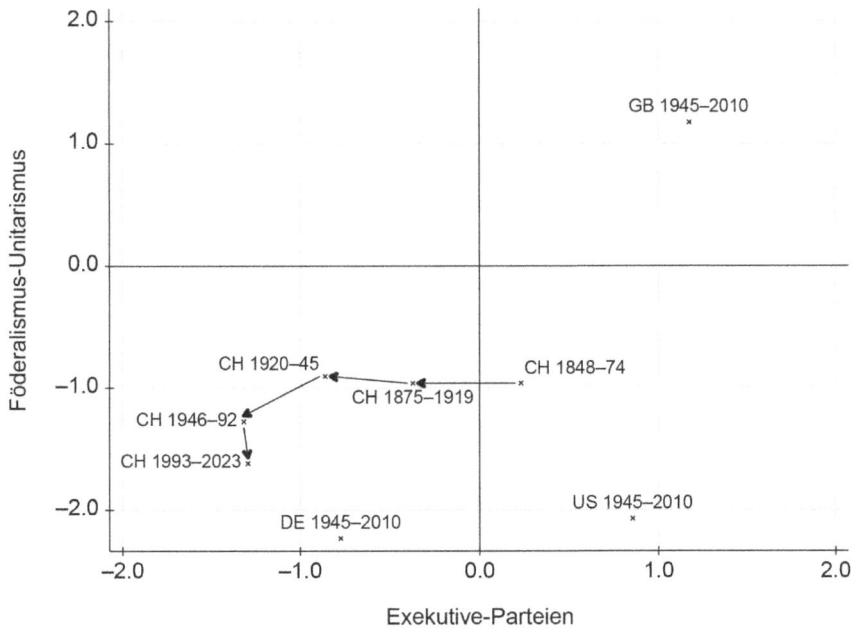

Quellen: Eigene Darstellung auf Basis von Lijphart (2012), Vatter (2008) und Wirz (2014) sowie eigenen aktuellen Erhebungen.

Auffallend sind zunächst die beträchtlichen Ähnlichkeiten des neu gegründeten Bundesstaates von 1848 mit den USA auf der Exekutive-Parteien-Dimension. Sieht man einmal vom rein präsidentiellen Regierungssystem und dem überaus starken Verfassungsgericht ab, so finden sich mit der Gewaltentrennung, einzelnen „Checks and Balances"-Elementen zwischen Exekutive und Legislative, dem Majorzwahlsystem, dem ausgebauten Föderalismus und den beiden gleichberechtigten Parlamentskammern zahlreiche Gemeinsamkeiten mit dem US-amerikanischen System. Diese sind einerseits Ausdruck der ursprünglichen Impulse der Schweiz auf die Ausgestaltung der US-Verfassung von 1787, andererseits widerspiegeln sie aber auch den bedeutenden Einfluss der US-amerikanischen Verfassung auf die Schaffung des schweizerischen Bundesstaates von 1848 (Kölz 2004; Netzle 1998; Vatter/Freiburghaus/Arens 2020). Hierin liegt denn auch der Ursprung dafür, dass die beiden seit dem 19. Jahrhundert einzigen dauerhaften republikanischen Demokratien gerne als „Sister Republics"[2] bezeichnet werden (Hutson 1991).

Die erste Totalrevision der Bundesverfassung von 1874 sorgte mit der Einführung des fakultativen Gesetzesreferendums und der daraufhin konsequenten Nutzung dieses Veto- und Blockadeinstruments durch die Katholisch-Konservativen in der Folge zur Integration dieser Minderheitspartei in die Regierung. Mit der Bildung einer übergrossen Regierungskoalition aus Freisinnig-Liberalen und Katholisch-Konservativen im Jahr 1891 vollzog sich damit der Übergang vom Mehrheits- zum Konsensmodell. Der im Verlaufe des 20. Jahrhunderts fortschreitende Wandel vom freisinnig dominierten Mehrheitssystem zur breit abgestützten Verhandlungsdemokratie unter Regierungsbeteiligung der ursprünglichen Oppositionsparteien von rechts und links lässt sich zusammenfassend als „paradigmatischer Fall politischer Integration" (Deutsch 1976; Linder/Mueller 2017: 24) charakterisieren. Diese Integration erreichte ihre Hochblüte zwischen den 1960er und den frühen 1980er Jahren (Bolliger 2007). Entscheidend waren für diesen Systemwandel vor allem das Vorhandensein föderaler Schutzeinrichtungen sowie die Einführung der Volksrechte und des Proporzwahlsystems. Letzteres kann unter anderem auf dessen Begründung im Deutschen Reich (1871–1918) und der sich im Entstehen befindenden Weimarer Republik (1919–1933) zurückgeführt werden (Vatter/Freiburghaus/Arens 2020). Insgesamt ergibt sich folgendes Bild: Der schrittweise Einbau in das Verfassungssystem von machtteilenden Institutionen wie das fakultative Referendum, die Volksinitiative und das Verhältniswahlrecht schufen einen institutionellen Zwang zur fortlaufenden Inkorporation der oppositionellen Kräfte in die Regierung. Sobald diese ihre grundlegende Bereitschaft zur Zusammenarbeit im freisinnig-bürgerlichen Staat signalisierten, wurden sie auch in die politische Verantwortung genommen. Allerdings stiess die Integrationsbereitschaft der politischen Elite schnell an ihre Grenzen und beschränkte sich auf ausgewählte sprachliche, konfessionelle und politische Minoritäten. Für andere Gruppen wie die Frauen, die ausländische Wohnbevölkerung oder die Jugend erfolgte die politische Einbindung nur spät, gar nicht oder erst nach heftigen, teilweise gewalttätigen Auseinandersetzungen, z. B. im Jurakonflikt (Linder/Mueller 2017: 212ff.). Für die letzten beiden Dekaden lassen sich schliesslich zwei unterschiedliche Entwicklungen im schweizerischen Demokratiemuster festhalten (vgl. Vatter/Freiburghaus/Arens 2020):[3]

1. *Exekutive-Parteien-Dimension*: In der horizontalen Dimension der Machtteilung lässt sich für die neueste Periode erstmals seit der Bundesstaatsgründung eine Abkehr von der Entwicklung zu einem immer ausgeprägteren Fall einer Konsensdemokratie beobachten. So weisen zwei (bzw. drei) der fünf Indikatoren heute leicht majoritärere Züge auf als in der zweiten Hälfte des 20. Jahrhunderts. Obwohl die Veränderungen der Indikatoren im Einzelfall meist nicht sehr stark ausfallen, führt die mehrheitlich gleichgerichtete Bewegung

---

2 Schon die Unabhängigkeitsbefürworter in den USA bezeichneten gegen Ende des 18. Jahrhunderts die Schweiz als *Sister Republic*, wodurch sie ihr Streben zur Ablösung von Grossbritannien mit der Rolle der Schweiz in einem monarchischen Europa vergleichen wollten.
3 Diese Ausführungen finden sich teilweise auch in Vatter (2008: 33ff.).

bei den einzelnen Merkmalen dazu, dass die Schweiz für die neueste Zeit nicht mehr als ein Extrembeispiel einer Konsensdemokratie gelten kann. Der für Proporzwahlsysteme beachtliche Disproportionalitätsgrad, die bis vor kurzem abnehmende Fragmentierung des Parteiensystems sowie vor allem die zunehmend pluralistischen Züge des Interessengruppensystems führen dazu, dass die Schweiz heute auf der ersten Dimension etwas weniger konsensual ist als die meisten skandinavischen Länder und hinter Belgien zurückfällt und damit einem Normalfall einer Konsensdemokratie entspricht (vgl. hierzu Abschnitt 12.3).

2. *Föderalismus-Unitarismus-Dimension*: Eine andere Entwicklung findet sich bei der vertikalen Machtteilungsdimension, die sich insgesamt durch eine hohe Stabilität auszeichnet. Auch in der jüngsten Zeit entspricht die Schweiz einem äusserst dezentralen Bundesstaat mit einer starken zweiten Parlamentskammer, hohen Hürden für Verfassungsänderungen sowie einer sehr unabhängigen Zentralbank. Der im Zuge der 1990er Jahre stattgefundene Ausbau der limitierten Verfassungsgerichtsbarkeit hat zudem die Machtdispersion auf der zweiten Dimension zusätzlich gestärkt. Die Schweiz erreicht hier aufgrund der vergleichsweise schwächeren Judikative zwar nicht die Spitzenwerte von Deutschland und den USA, liegt heute aber in Bezug auf die föderale Machtteilung in etwa gleichauf mit Australien.

Von herausragender Bedeutung für den politischen Wandel der letzten zwanzig Jahre sind vor allem die einschneidenden Veränderungen in der Parteienlandschaft, die ihren Ausdruck im Siegeszug der Schweizerischen Volkspartei (SVP) bei den Parlamentswahlen seit Beginn der 1990er Jahre gefunden haben. Die massive Stärkung des rechtskonservativen Lagers einerseits und die vorübergehenden Gewinne der rot-grünen Parteien andererseits haben denn auch zu einer verstärkten ideologischen Polarisierung und gestiegenen Konfliktualität des schweizerischen Parteiensystems geführt (Traber 2015). Diese Entwicklung fand 2003 ihre Fortsetzung mit einem Sitzverlust der CVP im Bundesrat. Damit wurde nicht nur die über 40-jährige „Zauberformel" als Inbegriff der schweizerischen politischen Stabilität begraben, sondern innerhalb des Bundesrates auch die politische Mitte als „Scharnier der Konkordanz" geschwächt (Batt 2005: 349). Dies führte zu einer Stärkung der linken und rechten Pole innerhalb der Exekutive, weshalb breite Kreise in der Öffentlichkeit von einer Krise des schweizerischen Konkordanzsystems sprachen (Hermann 2011). Diese – für die Schweiz – markanten Veränderungen führen uns zur nächsten Frage, nämlich ob die Schweiz auf ihrem Weg zu einer normalen *Konsensdemokratie* die deutlich höheren Anforderungen, die an das Funktionieren einer *Konkordanzdemokratie* gestellt werden, heute überhaupt noch erfüllt.[4]

---

[4] Lijphart (1989: 41) fasst die höheren Anforderungen an die Konkordanz- im Vergleich zur Konsensdemokratie wie folgt zusammen: „Consociationalism is the stronger medicine: while consensus democracy provides many incentives for broad power-sharing, consociationalism requires it and prescribes that all significant groups be included in it; similarly, consensus democracy facilitates but consociational democracy demands segmental autonomy."

## 12.2.2 Die geschwächte Konkordanzdemokratie zu Beginn des 21. Jahrhunderts

Zur Beantwortung dieser Frage wird im Folgenden auf zentrale Merkmale eingegangen, mittels derer der Wandel im politischen System nachvollzogen wird: die Stabilität der Konkordanzinstitutionen, die Segmentierung der Gesellschaft, das Verhalten der politischen Elite und schliesslich die Konkordanz innerhalb des halbdirektdemokratischen Systems. Einen zusammenfassenden Überblick über die wichtigsten Veränderungen der schweizerischen Konkordanzdemokratie seit 1848 liefert Tabelle 12.4.

*Tabelle 12.4: Der Wandel der schweizerischen Demokratie nach Phasen, 1848–2023*

| Hauptmerkmale einer Konkordanzdemokratie | 1848–1874 | 1875–1918 | 1919–1958 | 1959–1991 | 1992–2023 |
|---|---|---|---|---|---|
| Mehrparteienregierung (grosse Koalition) | | | (X) | X | X |
| kulturelle Autonomie (Föderalismus) | X | X | X | X | X |
| Proporzwahl und proport. Besetzung öffentlicher Ämter | | | (X) | X | X |
| Minderheitenveto (Ständerat, Ständemehr) | X | X | X | X | X |
| Segmentierung in Teilgesellschaften | X | (X) | (X) | | |
| kooperatives Eliteverhalten | | | | (X) | X |

Anmerkungen: X = Kriterium erfüllt; (X) = teilweise erfüllt; leer = nicht erfüllt.
Quelle: Eigene Darstellung.

1. *Die Stabilität der Konkordanzinstitutionen:* Folgt man dem Begriffsverständnis der Konkordanzdemokratie gemäss ihren Gründervätern (Lehmbruch 1967, 1968; Lijphart 1968, 1977), so zeichnet sich diese Demokratieform im Wesentlichen durch folgende Charakteristika aus: (1) die Einbindung der wichtigsten politischen und gesellschaftlichen Kräfte in eine grosse Regierungskoalition; (2) eine ausgebaute kulturelle (segmentierte) Autonomie, die den wichtigsten soziokulturellen Gruppen einen beträchtlichen Grad an Selbstregierung durch kulturelle Minderheitenrechte oder föderale Garantien sichert; (3) das Prinzip der Proportionalität, worunter nicht nur die Proporzwahl des Parlaments, sondern auch die paritätische Vertretung der wichtigsten politischgesellschaftlichen Kräfte in öffentlichen Ämtern und staatlich kontrollierten Bereichen verstanden wird und (4) ein gesichertes Minderheitenveto, das soziokulturellen Minoritäten das Recht gibt, von der Regierungsmehrheit ausgearbeitete Vorschläge zurückzuweisen. Als weitere Kennzeichen von Konkordanzdemokratien gelten zudem (5) eine starke soziokulturelle Segmentierung der verschiedenen politischen Lager mit jeweils eigenen Parteien, Medien, Bildungs-, Berufs- und Freizeiteinrichtungen sowie (6) ein ausgeprägt kooperatives Eliteverhalten über die politischen Lager hinweg zur Überbrückung vorhandener Konflikte ihrer Mitglieder, was sich in der Suche nach einem

möglichst breit abgestützten Kompromiss und durch die Maxime des gütlichen Einvernehmens ausdrückt. Auch in den ersten beiden Jahrzehnten des 21. Jahrhunderts verfügt die Schweiz über die zentralen Konkordanzinstitutionen. So setzt sich der Bundesrat als breit abgestützte Mehrparteienregierung seit Anfang 2016 aus den vier grössten Parteien zusammen (zwischen 2008 und 2015 sogar aus fünf verschiedenen Parteien). Jedoch sehen sich aktuell nur noch rund drei von vier Wählende durch die Regierung repräsentiert (74.6 Prozent). In früheren Perioden war dieser Wert höher. So lag der parteiliche Deckungsgrad zwischen Parlament (beide Kammern) und Regierung Anfang der 2010er Jahre beispielsweise bei rund 85 Prozent. Auch der föderale Minderheitenschutz ist nach wie vor stark ausgebaut, wobei einschränkend festzuhalten ist, dass die einzelnen Subkulturen oft nicht den Kantonsgrenzen entlang verlaufen. Mit dem 1996 revidierten Sprachenartikel der Bundesverfassung wurden aber die kleinen Sprachminderheiten durch die Aufwertung des Rätoromanischen zu einer Amtssprache des Bundes (im Verkehr mit der betroffenen Sprachgruppe) sowie der staatlichen Förderung des Italienischen deutlich gestärkt. Im Weiteren führte die fortschreitende Säkularisierung in der zweiten Hälfte des 20. Jahrhunderts dazu, dass die letzten Spuren des Kulturkampfs und damit die Diskriminierung der katholischen Minderheit mit der Eliminierung der Jesuiten- und Klosterartikel sowie des Bistumsverbots aus der Bundesverfassung verschwunden sind. Der sichtbarste Ausdruck des Proportionalitätsprinzips ist die seit 1919 praktizierte Proporzwahl des Nationalrats, die zumindest in den bevölkerungsreichen Kantonen auch kleinen Gruppierungen den Einzug ins Parlament sichert. Seit der Einführung der „Zauberformel" mit der proportionalen Aufteilung der Regierungsmandate setzte sich im Verlaufe der Jahrzehnte der freiwillige Parteienproporz zudem auch bei der Zusammensetzung des Bundesgerichts und mit einer gewissen Verzögerung auch in der Bundesverwaltung und bei der Besetzung öffentlicher Ämter staatsnaher Betriebe (SBB, Post, SRG, Nationalbank) durch. Zwar ist die FDP bis heute unter den hohen Bundesangestellten übervertreten. In den 1990er Jahren haben aber einzelne CVP- und SP-Bundesräte dafür gesorgt, dass der Anteil ihrer Parteienvertreter im Kader der Bundesangestellten deutlich angestiegen ist (Koller 2013). Ebenso hat die Untervertretung der Sprach- und Konfessionsminderheiten im Verlaufe der Zeit abgenommen; die Vertretung der Sprachgruppen in der Bundesverwaltung entspricht heute ziemlich genau ihren Bevölkerungsanteilen, wenn auch die Deutschschweizer in einzelnen Kaderpositionen nach wie vor übervertreten sind (Kübler 2013). Über ein gesichertes Minderheitenveto verfügen die katholischen Landkantone schliesslich durch den Ständerat und die Doppelmehrklausel für Verfassungsänderungen, deren Blockadewirkung sich zuletzt eindrücklich Ende 2020 zeigte, als die sogenannte „ Konzernverantwortungsinitiative" trotz Volksmehrheit am Ständeveto der kleinen Kantone scheiterte.

2. *Die abnehmende soziokulturelle Segmentierung der Schweizer Gesellschaft*: Wie weit aber erfüllt die Schweiz noch die Voraussetzung einer soziokulturell stark segmentierten Gesellschaft? Während sich die Katholiken in den ersten

Jahrzehnten des jungen Bundesstaats in ihr „katholisches Ghetto" zurückzogen und dort eine eigene Subkultur herausbildeten (Altermatt 1972), die sich nicht nur durch eine eigene Partei, sondern auch eine eigene Hochschule, Zeitungen, Gewerkschaften und zahlreiche weitere Einrichtungen auszeichnete, war diese ausgeprägte Form von Segregation auf protestantischer Seite von Beginn an deutlich weniger ausgeprägt (Linder/Mueller 2017: 43). Als aber in der ersten Hälfte des 20. Jahrhunderts im Zuge der Industrialisierung das protestantisch-freisinnige Wirtschaftsbürgertum und katholisch-konservative Kreise zur Abwehr klassenkämpferischer Forderungen und zur Verteidigung des bürgerlichen Staates näher zusammenrückten, verringerte sich auch die Isolierung des katholischen Lagers und löste sich ihre Sonderstellung in der schweizerischen Gesellschaft allmählich auf. Ebenso organisierten sich auch die verschiedenen Sprachgruppen in der Schweiz zu keinem Zeitpunkt in eigene politische Lager, wie dies etwa in Belgien seit den 1970er Jahren der Fall ist. Zusätzlich nahm die schon früher nur geringe sprachregionale Verankerung gewisser Parteien mit den Wahlerfolgen der SVP auch in der Romandie und der Auflösung der hauptsächlich in der französischsprachigen Schweiz verwurzelten LPS noch weiter ab. Dies gilt ebenso für die soziologischen Profile der Parteien, die sich heute weit weniger voneinander unterscheiden als in früheren Jahrzehnten (Bühlmann/Gerber 2015). Eine „Versäulung" mit der Existenz in sich geschlossener soziopolitischer Lager existierte damit in der Schweiz spätestens seit den 1960er Jahren nicht mehr und hatte im Übrigen nie dieselbe Bedeutung wie in anderen Konkordanzdemokratien. Vielmehr verhinderten die sich politisch, kulturell und gesellschaftlich überschneidenden Spannungslinien („cross-cutting cleavages") die Herausbildung von vertikal integrierten Teilgesellschaften. Mit anderen Worten: Die Schweiz zeichnete sich im Vergleich zu den anderen klassischen Konkordanzdemokratien – Österreich, Belgien und die Niederlande – weit weniger durch eine stark kulturell segmentierte Gesellschaft aus, weshalb die für diesen Demokratietyp typische Lagerbildung entlang soziokultureller Linien kaum oder nur vorübergehend auftrat. Damit entfiel spätestens nach der Auflösung des Milieu-Katholizismus im Verlaufe des 20. Jahrhunderts die aus einer konkordanztheoretischen Logik heraus notwendige Strukturvoraussetzung eines kooperativen, lagerübergreifenden Eliteverhaltens.[5]

3. *Der Wandel des politischen Eliteverhaltens:* Die proportionale Berücksichtigung politischer Minderheiten bedeutet allerdings noch nicht, dass in den politischen Entscheidungsgremien auch der politische Stil der Konkordanz gepflegt wird. In der Literatur zum schweizerischen Politiksystem wird in diesem Zusammenhang begrifflich zwischen arithmetischer und politischer Konkordanz unterschieden. „Währenddem die politische Konkordanz besagt, dass ein Gremium die Entscheidungen nach Möglichkeit im Einvernehmen trifft (…), betrifft die arithmetische Konkordanz die proportionale Zusammensetzung

---

[5] Einschränkend ist darauf hinzuweisen, dass sich die Ausführungen vor allem auf die sinkende Bedeutung der konfessionellen Spaltung der schweizerischen Gesellschaft beziehen, währenddem die sprachkulturelle Spaltung im Vergleich etwa zu Belgien und Kanada zwar gering ist, von den Parteien aber je nach Konstellation für eigene Zwecke instrumentalisiert wird (Linder/Zürcher/Bolliger 2008: 105).

der Regierung" (Bochsler/Sciarini 2006: 107). Mit anderen Worten: Letztere ist eine mehr oder weniger notwendige, aber nicht hinreichende Bedingung dafür, dass sich die politischen Eliten auch in der Praxis konkordant verhalten. Denn dieser *konkordante Politikstil* zeichnet sich gemeinhin durch ein Verhaltensmuster der verschiedenen Lager aus, das auf dem Wege nicht-öffentlicher Verhandlungen eine hohe Kompromissbereitschaft, Mitverantwortlichkeit, die Berücksichtigung von Minderheiten und ein gegenseitiges Entgegenkommen zur kooperativen Konfliktregelung verlangt. In der Schweiz praktizierte die politische Elite lange Zeit auch ohne vertikale Lagerbildung einen konkordanten Entscheidungsstil zwischen den verschiedenen politischen Gruppierungen, was hauptsächlich eine Folge der ausgebauten direkten Demokratie ist (Lehmbruch 1967; Neidhart 1970; Steiner 1970, 1974). Insbesondere das fakultative Gesetzesreferendum wirkt dabei wie ein „'Konkordanzzwang': Um eine Vorlage beim Volk durchzubringen, braucht es die Zusammenarbeit mehrerer Parteien" (Linder/Zürcher/Bolliger 2008: 68). Während die proportional zusammengesetzte Mehrparteienregierung mit der Einbindung der wichtigsten politischen Kräfte der institutionalisierten Risikominimierung bei Volksabstimmungen diente, garantierte der sich im Verlaufe des 20. Jahrhunderts auf einer informellen Ebene herauskristallisierende Politikstil des gütlichen Einvernehmens, dass die Konkordanz auch in der Praxis funktionierte. Dieser Politikstil herrschte sowohl in Parlament und Bundesrat wie auch bei den Parteien bis in die 1980er Jahre vor; mit den grundlegenden Umwälzungen der parteipolitischen Verhältnisse im Nachgang der EWR-Abstimmung von 1992 veränderte sich aber dieses Verhalten der politischen Elite.[6] Eine Schlüsselrolle kam dabei der SVP zu. Mit dem polarisierenden „Politikstil der SVP veränderte sich die gesamte Kultur der politischen Auseinandersetzung zwischen den Parteien in der Schweiz: Der Konkurrenzkampf wurde offener und aggressiver ausgetragen, die konsensgeneigte Zurückhaltung wurde aufseiten aller Parteien aufgegeben, die Wahlkampfparolen deutlich aggressiver" (Batt 2005: 353). Die Stärkung der rechten und linken Seite des Parteienspektrums bei gleichzeitiger Schwächung und Zersplitterung der politischen Mitte akzentuierte den zunehmend auf Konfliktualität ausgelegten bipolaren, heute gar tripolaren Parteienwettbewerb mit immer stärker disziplinierten und geschlossenen Parlamentsfraktionen (Dermont 2019). Dies förderte zudem „unheilige Allianzen" zwischen den beiden grössten Parteien bei wichtigen Geschäften im Parlament. Zwar ist der klassische Links-rechts-Konflikt zwischen bürgerlichen und rotgrünen Parteien immer noch die vorherrschende Spannungslinie in der Schweizer Politik. Gleichzeitig hat aber im Parlament seit Beginn der 2000er Jahre die „Konkordanzkoalition" der vier grossen Bundesratsparteien im Vergleich zu früher stark abgenommen, und die regierungsinternen Spannungen haben in den letzten Jahren einen neuen Höhepunkt erreicht, was zusätzlich durch eine

---

6 Die Ausführungen zum Wandel des Stils innerhalb der politischen Elite beruhen auf ausführlichen Gesprächen und Interviews des Autors mit zahlreichen führenden Politikern verschiedener Parteien. Besonders aufschlussreich waren die jeweils mehrstündigen Leitfadeninterviews mit rund einem Dutzend alt Bundesräten und Bundeskanzlern, die der Autor in den letzten Jahren führte (vgl. hierzu auch Vatter 2020).

häufig auftretende Spaltung des bürgerlichen Lagers in die Konstellation „SVP gegen den Rest" verstärkt wurde (Vatter 2018).

Die Entwicklung hin zu einer verschärften politischen Auseinandersetzung zwischen den parteipolitischen Lagern sowie die stark oppositionelle und isolierte Stellung der grössten Partei im Parlament wurden durch eine Schwächung kollegialer Konsenssuche als dem bis dahin dominierenden Verhandlungsmodus innerhalb der Regierung begleitet. Mit dem Regierungseintritt von Christoph Blocher, dem profiliertesten Parteipolitiker, wurden der zentrifugale Parteienwettbewerb und der Oppositionskurs der SVP in die Regierung hineingetragen und damit die Grundlagen des konkordanten Regierungsstils mit seinen austarierten Kompromissfindungsprozessen infrage gestellt (Batt 2005). Die auf Konkordanz, Kompromiss und Konsens ausgerichtete Kollegialregierung vertrug sich nur schlecht mit dem auf Populismus, Provokation und Parteiprogrammatik ausgerichteten Stil von Christoph Blocher. Die Folge davon war, dass sich innerhalb des Bundesrates ein fortschreitender Wandel vollzog von einem grundsätzlich an einvernehmlichen Lösungen orientierten Kollegialitätsorgan zu einem Gremium, das stark durch einzelne polarisierende Persönlichkeiten, parteipolitisches Kalkül und dem vorübergehenden Übergang zu Mehrheitsentscheidungen geprägt wurde. Zwar gab es auch schon in früheren Jahrzehnten persönliche Animositäten zwischen einzelnen Bundesräten, vorübergehende Konfliktphasen und im Einzelfall Verletzungen des Kollegialitätsprinzips (Vatter 2020). Grundsätzlich neu waren hingegen die fortlaufende Instrumentalisierung des Kollegiums zu parteipolitischen Zwecken, die konfrontative Auseinandersetzung, das Beharren auf formellen Abstimmungen, die Profilierung im Hinblick auf die eigene mediale Aussenwirkung, das systematische Auftreten von Indiskretionen und – als Folge all dessen – ein erhöhtes Misstrauen innerhalb der Regierung. Dadurch wurde die Funktionsfähigkeit der strukturell auf vertrauensvolle Zusammenarbeit angelegten Kollegialregierung stark in Mitleidenschaft gezogen, da sie weder über einen disziplinierenden Koalitionszwang noch über eine hierarchische Richtlinienkompetenz für den Bundespräsidenten (analog z. B. derjenigen des deutschen Bundeskanzlers) verfügt. So kann im intertemporalen Vergleich festgestellt werden, dass sich nicht nur die Zusammenarbeit zwischen und innerhalb den Parlamentskammern, sondern auch jene zwischen Parlament und Regierung sowie innerhalb des Bundesrats erschwert hat (Freiburghaus/Vatter 2019).

Zwar kann relativierend darauf verwiesen werden, dass gerade die föderalen bzw. subnationalen Institutionen wie der Ständerat, die kantonalen Regierungen und die kommunalen Exekutiven und Legislativen heute noch mehrheitlich den kooperativen Verhandlungsstil der traditionellen Konkordanz und Kollegialität pflegen. So wurde dem Ständerat bis vor einigen Jahren eine hohe deliberative Diskursqualität und eine ausgeprägte Bereitschaft zum pragmatischen Kompromiss attestiert, was nicht zuletzt auf die starke Vertretung der bürgerlichen Mitteparteien mit vielen ehemaligen kantonalen Regierungsmitgliedern in ihren Reihen zurückzuführen ist (Bächtiger 2005). Trotzdem haben der Wandel und die Polarisierung des schweizerischen Parteiensystems mit einer gewissen Verspätung auch den Ständerat erfasst. Mit der Wahl einer

Reihe ehemaliger SVP- und SP-Nationalräte haben in der zweiten Parlamentskammer parteipolitische und polarisierende Stilelemente stärker Einzug gehalten; kontroverse Schlussabstimmungen sind im Gegensatz zu früher häufiger. Schliesslich hat auch die Einführung der elektronischen Stimmabgabe und die damit verbundene Transparenz des individuellen Stimmverhaltens insbesondere bei den Vertretern der Polparteien zu einer Stärkung der Parteidisziplin im Ständerat geführt (Benesch/Bütler/Hofer 2020). Auch bei den kantonalen Exekutiven lassen sich eine abnehmende elektorale Attraktivität der traditionellen Konkordanzregierungen, ein Aufbrechen von oft langjährig unveränderten „Zauberformeln" und der vermehrte Einzug von oppositionellen Parteipolitikern feststellen (Bochsler/Bousbah 2015). Dieser Wandel zu einem insgesamt stärker polarisierenden und konfrontativen Politikstil ist dabei nicht nur eine Folge des systematischen Oppositionskurses einzelner Parteien, sondern ebenso ein Zeichen eines grundlegenden politischen Strukturwandels, der sich mit den Stichworten der zunehmenden Medialisierung, Personalisierung, Professionalisierung und Europäisierung der Schweizer Politik zusammenfassen lässt. Der folgende Abschnitt zeigt auf, wie sich das im Verschwinden des gesellschaftlichen Grundkonsenses zwischen den verschiedenen politischen Lagern in wichtigen Fragen äussert.

4. *Die abnehmende Konkordanz innerhalb des halbdirektdemokratischen Systems:* Der schwindende Konsens zwischen den Regierungsparteien drückt sich am deutlichsten bei Volksentscheiden aus. Die Parteiparolen bei Volksabstimmungen gelten als „Testfall für das Zusammenarbeiten der Regierungsparteien und damit auch für die politische Konkordanz" (Linder/Zürcher/Bolliger 2008: 68). Wird darunter die Verständigung der politischen Eliten bei wichtigen gesellschaftlichen Fragen mit dem Ziel der Kompromissfindung und der Übernahme gemeinsamer Verantwortung aller Regierungsparteien verstanden, dann lässt sich der Grad an Konkordanz in der Schweiz anhand des Anteils der Volksabstimmungen mit übereinstimmenden Parolen der vier (bzw. zwischen 2008 und 2015 fünf) Regierungsparteien erfassen. In einer Untersuchung der über 500 Volksabstimmungen von 1874 bis 2006, die im Folgenden bis Ende 2023 weitergeführt wurde, analysieren Linder, Zürcher und Bolliger (2008) den Zusammenhalt zwischen den vier wichtigsten Parteien – FDP, CVP, SVP und SP – und unterscheiden verschiedene Perioden der Konkordanz.[7] Während bis Ende der 1930er Jahre der Konsens zwischen den vier grössten Parteien noch nicht gesichert war, bestand vom Zweiten Weltkrieg bis in die 1970er Jahre eine sehr hohe Verständigung (vgl. Abbildung 12.2). In der Hochblüte der Konkordanz fassten die vier Regierungsparteien in zwei Drittel bis vier Fünftel der Abstimmungen eine einheitliche Parole. Die Gründe lagen hier einerseits in der äusseren Bedrohung durch den Zweiten Weltkrieg und dem nachfolgenden Kalten Krieg, andererseits reduzierte der Wirtschaftsaufschwung in der Nachkriegszeit den ökonomischen Umverteilungskonflikt

---

7 Linder, Zürcher und Bolliger (2008) stützen sich dabei auf die von den Parteien gefassten Parolen bei Volksabstimmungen: Konsens besteht, wenn alle Regierungsparteien dieselbe Parole fassen (inkl. Stimmfreigabe und keine Parole), während eine abweichende Parole von mindestens einer Partei von einem ungelösten Konflikt zeugt (vgl. auch Bolliger 2007).

zwischen den Parteien. Ab Ende der 1970er Jahre nahm der Zusammenhalt kontinuierlich ab, wobei sich die Parteien in den beiden ersten Dekaden des 21. Jahrhunderts in weniger als einem Siebtel der Abstimmungen auf eine gemeinsame Parole einigen konnten. In der neuesten Periode von 2020 bis 2023 sank der Konkordanzindikator auf einen historischen Tiefststand: In nur 8.3 Prozent aller Volksabstimmungen gaben die Regierungsparteien dieselbe Stimmempfehlung ab. Die Gründe für diese stark nachlassende Geschlossenheit der Regierungsparteien sehen Linder, Zürcher und Bolliger (2008) im Ende des Kalten Krieges, der wirtschaftlichen Stagnation und den Folgen der Globalisierung mit dem Aufkommen von neuen gesellschaftlichen Konfliktlinien (Umwelt, Aussenpolitik, Migration), die auch die grossen politischen Kräfte des Landes selber spalten.[8]

Mit Blick auf die einzelnen Regierungsparteien fällt auf, dass sich diese in Bezug auf ihre Parolenfassungen grundsätzlich in zwei Lager, ein regierungstreues und ein oppositionelles, einteilen lassen. Während FDP und CVP kaum abweichende Abstimmungsparolen von einmal getroffenen Kompromissen im Parlament fassen, nimmt die SP über den gesamten Untersuchungszeitraum am häufigsten abweichende Positionen ein. Vor allem zwischen 1945 und 1990 dominiert die Spaltungslinie zwischen der SP und den bürgerlichen Parteien und die Sozialdemokraten dokumentieren ihre Minderheitsposition im Bundesrat seit ihrem Regierungseintritt über abweichende Parolen. Die SVP bildete von Mitte der 1930er bis Anfang der 1990er Jahre einen festen Bestandteil des Bürgerblocks und wich in dieser Periode selten von den Parolen der anderen beiden bürgerlichen Regierungsparteien ab. Seither nimmt sie allerdings deutlich häufiger eine abweichende Rolle ein und spätestens seit 2010 hat sie der SP den Rang der Oppositionspartei definitiv abgelaufen.

Zwar stehen die beiden grossen Polparteien in Bezug auf den Abstimmungsausgang oft auf der Verliererseite. Gleichzeitig erweist sich aber die Nutzung der direkten Demokratie im Kampf um Medienaufmerksamkeit als besonders erfolgreiche Wahlkampfstrategie. Gerade der SP und SVP bieten eigene Positionen und abweichende Parolen gute Profilierungsmöglichkeiten gegenüber der Konkurrenz im Kampf um Wählerstimmen, während gleichzeitig die beiden regierungstreuen Parteien für ihr konkordantes Verhalten von der Wählerschaft oft schlechter belohnt werden (Linder 2009).

Insgesamt haben die gestiegene Polarisierung zwischen den parteipolitischen Lagern und die sinkende Kooperationsbereitschaft mit dem Einzug eines konfliktiven Stils in Regierung und Parlament zu einer eigentlichen Aushöhlung der schweizerischen Konkordanzdemokratie geführt. Zwar verfügt die Schweiz nach wie vor über die institutionellen Elemente einer Konkordanzdemokratie: eine Mehrparteienregierung, eine ausgebaute föderale Autonomie, eine hohe Bedeutung der

---

8 Den hier dargestellten Erosionsprozess der Konkordanz gilt es insofern zu relativieren, als nach wie vor ein Grossteil der Gesetzesänderungen gar nicht der Stimmbürgerschaft vorgelegt wird, weil im Regelfall im Parlament immer noch breit abgestützte Kompromisse gefunden werden, gegen die das Referendum nicht ergriffen wird. Allerdings fallen auch im Parlament die Schlussabstimmungen heute kontroverser aus als in früheren Jahrzehnten.

*Abbildung 12.2: Anteil Volksabstimmungen mit einheitlichen Parolen aller Regierungsparteien, 1941–2023 (in Prozent)*

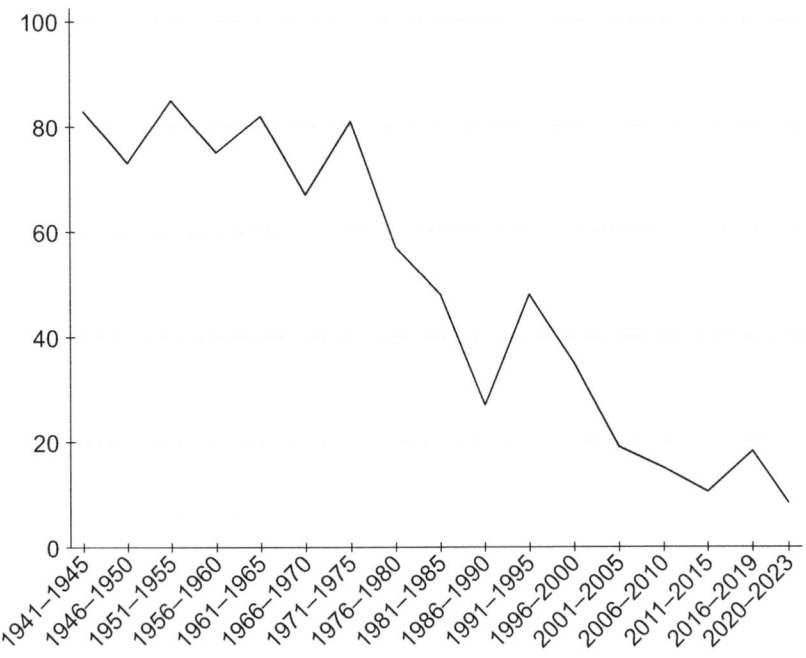

Quelle: Linder, Zürcher und Bolliger (2008: 69) sowie eigene Aktualisierungen für 2007–2023.

proportionalen Machtteilung und ein starkes Minderheitenveto in Form des Ständerats und des Doppelmehrs für Verfassungsänderungen. Gleichzeitig wurde aber der konkordante Umgangsstil in seiner Funktion als Schmiermittel immer schwächer und brüchiger. Konkrete Beispiele dieser abnehmenden Handlungsfähigkeit bilden das zunehmende Scheitern von wichtigen Geschäften im Nationalrat aufgrund von „unheiligen" Allianzen der Polparteien sowie die offensichtlichen Schwierigkeiten von Regierung und Parlament, unter starkem Druck aus dem Ausland rasch und entschlossen zu handeln (Mazzoleni 2013; Traber 2015).

Gleichzeitig lassen sich die zunehmenden Entscheidungsblockaden des schweizerischen Konkordanzsystems in verschiedener Hinsicht relativieren. So sind die teilweise geschwächten bürgerlichen Mitteparteien mit ihren Kompromissvorschlägen im Parlament nach wie vor sehr erfolgreich, während sich die beiden Polparteien oft gegenseitig neutralisieren und vergleichsweise niedrige Erfolgsquoten aufweisen. Die starke Durchsetzungskraft der beiden bürgerlichen Mitteparteien hängt damit zusammen, dass für eine Mehrheit in den beiden Kammern eine Koalition von drei grösseren Regierungsparteien genügt und keine Einstimmigkeit der Parteien in der Exekutive notwendig ist, was sich gemäss Linder (2009, 2013) sogar positiv auf die Konkordanz ausgewirkt hat: Durch die Spaltung des bürgerlichen Lagers entlang des Öffnungs- bzw. Abgrenzungskonflikts „haben sich die Chancen wechselnder Koalitionen – und damit das Funktionieren der Konkordanz – seit den 1980er Jahren eher erhöht" (Linder 2009: 223). Die wechselnden Koalitionen mindestens dreier Regierungsparteien in den verschiedenen Politikbereichen vermögen allerdings nur in der parlamentarischen Phase das Risiko des politischen Scheiterns zu minimieren, während in der nachfolgenden direktdemokratischen Etappe mit der zunehmenden Uneinigkeit der vier Regierungsparteien die Annahmequote von oppositionellen Volksinitiativen in den letzten Jahren deutlich gestiegen ist. Damit kommt der direkten Demokratie die ambivalente Wirkung zu, dass sie einerseits aufgrund ihrer mehrheitsdemokratischen Entscheidungslogik zur Herausbildung eines Konkordanzsystems mit einer breit abgestützten Mehrparteienregierung geführt hat, andererseits aber die gesellschaftlichen und politischen Spaltungen in der Schweiz in wichtigen Sachfragen durch polarisierende Auseinandersetzungen fortlaufend mobilisiert und sichtbar macht. Die stark verankerten Volksrechte wirken damit insgesamt als institutioneller Konkordanzzwang, der aber die Funktionsfähigkeit des schweizerischen Systems an die Bereitschaft der politischen Elite zur tatsächlichen Kooperation bindet (Linder/Mueller 2017; Neidhart 1970; Schaub/Bühlmann 2022).

### 12.2.3 Der Wandel der politischen Entscheidungsstrukturen in der Schweiz

Die bisherigen Ausführungen haben sich auf den makrostrukturellen Wandel der schweizerischen Demokratie beschränkt. In einem nächsten Schritt werden nun auf einer meso- und mikrostrukturellen Ebene Veränderungen der politischen Entscheidungsprozesse und die dazugehörigen Macht-, Kooperations- und Konfliktstrukturen der politischen Akteure betrachtet, um den stattgefundenen Wandel in seiner gesamten Komplexität zu erfassen. In einem Forschungsprojekt sind Pascal Sciarini und seine Mitarbeiter der Frage nachgegangen, wie sich die schweizerische Konsensdemokratie auf der Ebene der konkreten Entscheidungen seit den 1970er Jahren verändert hat (Sciarini/Fischer/Traber 2015[9]; vgl. auch Fischer 2005, 2012; Fischer/Fischer/Sciarini 2009; Fischer/Sciarini 2013; Sciarini 2014). Sciarini (2014) untersucht die elf wichtigsten politischen Entscheidungsprozesse von 2001 bis 2006 und vergleicht seine Befunde mit denjenigen von Kriesi (1980) aus den 1970er Jahren.[10] Während in der Studie von Kriesi (1980) nur eine einzige Vorlage die schweizerische Europapolitik betraf, steht fast die Hälfte der bedeutendsten Entscheidungen der neueren Zeit in einer direkten Beziehung zur EU (bilaterale Abkommen) oder tangiert internationale Geschäfte, was die stark zunehmende Europäisierung der schweizerischen Politik trotz fehlender EU-Mitgliedschaft verdeutlicht (Sciarini/Varone/Gava 2019). Mit Blick auf die einzelnen Entscheidungsphasen kommt Sciarini (2014) zum Schluss, dass die Bedeutung der vorparlamentarischen Etappe seit den 1970er Jahren deutlich abgenommen

---

9 Das Gemeinschaftswerk von Sciarini, Fischer und Traber (2015) gibt die einzelnen Teilstudien und Artikel aus dem breit angelegten Forschungsprojekt wieder und stellt darüber hinaus einzelne weiterführende Analysen vor.
10 Die Auswahl der elf wichtigsten Entscheidungsprozesse der Schweizer Politik zu Beginn des 21. Jahrhunderts beruht auf einer schriftlichen Befragung von 80 Experten, welche die Bedeutung von rund 350 Entscheidungsfällen zu beurteilen hatten. Daraufhin wurden von Sciarini und seinem Team 322 semistrukturierte Interviews mit 245 Repräsentanten von 114 kollektiven Akteuren durchgeführt, die an diesen Prozessen teilgenommen hatten.

hat, während der parlamentarische Prozess generell an Gewicht zugelegt hat (vgl. Tabelle 12.5).[11] Allerdings gilt es zu differenzieren: Im vorparlamentarischen Verfahren haben vor allem die beiden korporatistisch ausgerichteten Verhandlungsarenen, die Vernehmlassung und Expertenkommissionen, an Relevanz verloren, während zusätzliche Konsultationen der Kantone sowie internationale Verhandlungen stark an Bedeutung gewonnen haben. Letzteres spiegelt sich denn auch in der parlamentarischen Phase wider. Während sowohl Parlamentskommissionen als auch das Plenum bei innenpolitischen Prozessen als doppelt so wichtig wie in den 1970er Jahren eingeschätzt werden, trifft dies auf diejenigen Entscheidungsprozesse nicht zu, welche das Verhältnis zum Ausland betreffen. Bei diesen Entscheidungen stehen der Bundesrat und seine Verwaltung im Zentrum. Damit geht auch in der Schweiz die Internationalisierung der Politik mit einer Schwächung der Legislative bei aussenpolitischen Prozessen einher.

*Tabelle 12.5: Die Bedeutung der einzelnen Entscheidungsphasen im Wandel*

| Entscheidungsphase/Subphase | 1971–1976 | Gesamtanteil | 2001–2006 | Gesamtanteil | p-Werte |
|---|---|---|---|---|---|
| Ausarbeitung eines Gesetzesentwurfs | 28 | | 21 | | 0.036 |
| (inkl. internationale Verhandlungen) | – | | (8) | | |
| Expertenkommissionen | 18 | | 8 | | 0.000 |
| Vernehmlassungsverfahren | 15 | 78 | 7 | 60 | 0.001 |
| zusätzliche Konsultation der Kantone | – | | 8 | | 0.000 |
| abschliessender Gesetzesentwurf | 7 | | 2 | | 0.002 |
| Schlussentscheidung des Bundesrates | 10 | | 14 | | 0.111 |
| parlamentarische Kommissionen | 14 | 22 | 25 | 40 | 0.000 |
| Plenum | 8 | | 15 | | 0.004 |
| Total | 100 | 100 | 100 | 100 | |
| N | 353 | 353 | 316 | 316 | |

Anmerkungen: Die Spalten geben den Prozentanteil der Interviewpartner wieder, die eine spezifische Subphase als „eine der wichtigsten" genannt haben. Die p-Werte geben an, ob die Differenzen zwischen den beiden Untersuchungsperioden statistisch signifikant sind (zweiseitiger Test).

Quellen: Sciarini (2014) für die Periode 2001–2006 und Kriesi (1980: 316) für die Periode 1971–1976.

Insgesamt weisen die politischen Machtstrukturen in der Schweiz seit den 1970er Jahren eine relativ hohe Stabilität auf: zwölf von 16 Akteuren, die zum Kern der politischen Machtelite gehören, sind dieselben geblieben. Hingegen hat sich die Bedeutung einzelner Akteursgruppen parallel zum neuen Stellenwert der einzelnen

---

11 Nachdem der spezifische Ablauf für jeden Entscheidungsprozess und 15–20 Phasen pro Prozess identifiziert wurden, legten die Interviewpartner die drei wichtigsten Phasen für einen bestimmten Prozess fest (Tabelle 12.5). Diese Resultate wurden daraufhin, gewichtet nach Anzahl der Interviews pro Prozess und kollektivem Akteur, aggregiert.

Entscheidungsphasen verändert (Sciarini 2014; Fischer/Fischer/Sciarini 2009).[12] Wie Tabelle 12.6 zeigt, standen in den 1970er Jahren noch die Spitzenverbände der Wirtschaft an erster Stelle, während zu Beginn des 21. Jahrhunderts die Regierungsparteien als am mächtigsten gelten. Einzig Economiesuisse wurde für die Periode von 2001 bis 2006 ein ebenso grosser Einfluss wie den Regierungsparteien zugeschrieben, wobei die verbandsinternen Probleme sowie die überraschend deutlichen Abstimmungsniederlagen der jüngeren Vergangenheit darauf hindeuten, dass der Dachverband der Schweizer Wirtschaft ähnlich wie schon die stärker binnenmarktorientierten Verbände etwas an Einfluss verloren hat.[13] Bei den Parteien gehen die veränderten Machtpositionen mit den vergangenen Wahlerfolgen einher. Während die SVP in den 1970er Jahren noch nicht zum engeren Machtzirkel zählte, wird sie sogar als der wichtigste Akteur der schweizerischen Politik betrachtet und nimmt damit die frühere Position der einst dominierenden FDP ein.[14] Gleichzeitig hat die SP trotz Wählerverlusten ihren Einfluss erhöht und auch die FDP und CVP/Mitte spielen aufgrund ihrer Medianposition weiterhin eine wichtige Rolle. Ebenso verfügt der Bundesrat in seiner Funktion als steuernder Mediator nach wie vor über eine bedeutende Stellung, die durch die noch einmal gestärkte Bundesverwaltung gefestigt wird. So handelt es sich bei einem Drittel der sehr einflussreichen Akteure um Bundesbehörden, vornehmlich Departemente. Ebenso fällt der gestiegene Einfluss der Kantone mit dem Einzug von zwei interkantonalen Konferenzen in das politische Machtzentrum auf.

Die von Sciarini (2014) ebenfalls untersuchte Kooperationsstruktur hat sich im Vergleich zu den 1970er Jahren kaum verändert. Die Integration unter den Akteuren ist nach wie vor sehr hoch und entsprechend arbeiten staatliche und nichtstaatliche Akteure sowie Interessenverbände und Parteien eng zusammen. Neu ist hingegen, dass zwischen 2001 und 2006 die vier grössten Regierungsparteien am stärksten integriert erscheinen, gefolgt vom Bundesrat, während in den 1970er Jahren noch die fünf stärksten Wirtschaftsverbände die Spitzenposition belegten.

Abbildung 12.3 zeigt die Ähnlichkeitsstrukturanalyse anhand einer multidimensionalen Skalierung (MDS-Analyse) von Sciarini (2014). Sie macht deutlich, dass die am stärksten kooperierenden Akteure auch die mächtigsten sind und damit die zentralsten Positionen im schweizerischen Politiknetzwerk einnehmen. Im innersten Machtzirkel befinden sich die vier Regierungsparteien, der Bundesrat, drei Wirtschaftsverbände und einzelne Departemente des Bundes. Im Weiteren weisen

---

12 Zur Erfassung der Reputationsmacht eines Akteurs haben die Interviewten aus 191 Akteuren diejenigen identifiziert, die zwischen 2001 und 2006 sehr viel Einfluss in den Entscheidungsprozessen ausgeübt haben. Daraufhin wurde für jeden Akteur die Stärke der ihm zugeschriebenen Macht berechnet. Diejenigen, die von mehr als 50 % der Interviewten als einflussreich betrachtet wurden, gehören hier zum inneren Machtkern.
13 In einer 2014 durchgeführten Kurzstudie zum aktuellen Einfluss politischer Akteure in der Wirtschaftspolitik bestätigt Feh Widmer (2014) grundsätzlich die Befunde von Sciarini (2014) auch für die neueste Zeit. Als einflussreiche Akteure in der Wirtschaftspolitik werden allerdings in ihrer Kurzstudie nicht nur die Parteien oder Dachverbände bezeichnet, sondern vor allem der Bundesrat und seine Fachleute in den zuständigen Bundesämtern betrachtet. Daneben spielen auch Branchenverbände wie die schweizerische Bankiervereinigung und Interpharma eine wichtige Rolle in der Wirtschaftspolitik.
14 Sciarini (2014) weist allerdings darauf hin, dass die SVP den Spitzenplatz nur bei einer gesamthaften Messung der Reputationsmacht über alle elf Entscheidungsprozesse einnimmt, hingegen nicht, wenn die elf Fälle einzeln betrachtet werden.

die verschiedenen thematischen Subgruppen darauf hin, dass sich eine im Vergleich zu den 1970er Jahren deutlich stärkere funktionale Differenzierung nach einzelnen Politikbereichen herausgebildet hat, was auf die steigende Komplexität der einzelnen Sachgeschäfte hinweist.

*Tabelle 12.6: Die zugeschriebene Macht der politischen Akteure im Wandel*

| Akteur | 1971–1976 (in %) | 2001–2006 (in %) | Veränderung | p-Werte |
|---|---|---|---|---|
| Schweizerische Volkspartei | (39) | 92 | ++ | 0.000 |
| Economiesuisse | 91 | 88 | = | 0.296 |
| Bundesrat | 84 | 87 | = | 0.366 |
| Sozialdemokratische Partei | 72 | 82 | + | 0.012 |
| Freisinnig-Demokratische Partei | 73 | 77 | = | 0.326 |
| Christlich-Demokratische Volkspartei | 74 | 77 | = | 0.458 |
| Schweizerischer Gewerkschaftsbund | 92 | 76 | -- | 0.000 |
| EFD | 57 | 74 | ++ | 0.000 |
| FDK | (33) | 63 | ++ | 0.000 |
| Schweizerischer Gewerbeverband | 87 | 61 | -- | 0.000 |
| Konferenz der Kantonsregierungen | – | 60 | ++ | – |
| EJPD | (41) | 56 | ++ | 0.001 |
| UVEK | (25) | 56 | ++ | 0.000 |
| WBF | 63 | 55 | + | 0.083 |
| SECO (BAWI und BIGA)* | 55 | 54 | = | 0.831 |
| Schweizerischer Arbeitgeberverband | 54 | 54 | = | 1.000 |
| EDI | (47) | 54 | ++ | 0.136 |
| Schweizerischer Bauernverband | 81 | (47) | -- | 0.000 |
| Schweizerische Nationalbank | 64 | (33) | -- | 0.000 |
| Santésuisse (Krankenkassenverband) | 56 | – | -- | – |
| EFV | 51 | (47) | = | 0.395 |
| N | 238 | 216 | | |

Anmerkungen: Die Spalten geben den Prozentanteil der Interviewpartner wieder, die den entsprechenden Akteur als „sehr einflussreich" bezeichnet haben. Die Zahlen in Klammern geben diejenigen Akteure an, die nicht zum Kern des politischen Entscheidungssystems zählen. *: In den 1970er Jahren waren das Bundesamt für Aussenwirtschaft (BAWI) und das Bundesamt für Industrie Gewerbe und Arbeit (BIGA) zwei separate Ämter. Die p-Werte geben an, ob die Differenzen zwischen den beiden Untersuchungsperioden statistisch signifikant sind (zweiseitiger Test). ++ (--): starker Machtzuwachs (-verlust); + (-): moderater Machtzuwachs (-verlust); =: stabil.
Quellen: Sciarini (2014) für die Periode 2001–2006 und Kriesi (1980: 316) für die Periode 1971–1976.

## 12.2 Das politische System der Schweiz im Wandel

*Abbildung 12.3: Das Kooperationsnetzwerk der Schweizer Politik (zweidimensionale MDS)*

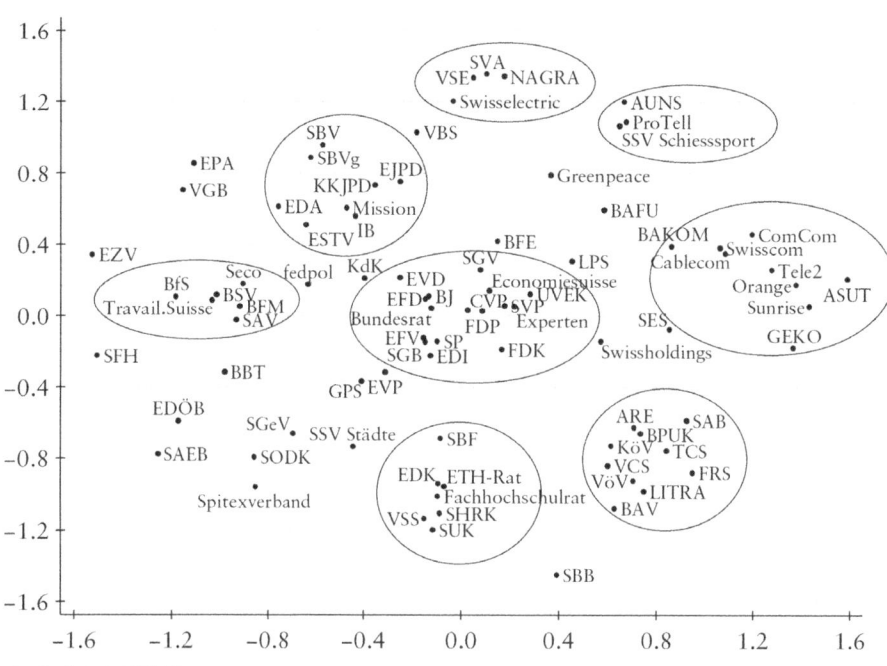

Quelle: Sciarini (2014).

Eine Analyse der Konfliktstrukturen bestätigt zudem, dass sich das Konfliktniveau zu Beginn des 21. Jahrhunderts im Vergleich zu den 1970er Jahren erhöht hat (Sciarini 2014). Obwohl die Hauptspannungslinie nach wie vor entlang der Links-rechts-Achse verläuft, findet sich neben einem grösseren linken und bürgerlichen Lager auch noch ein eigenständiger nationalkonservativer Block, der die SVP und einige rechte Interessengruppen wie die AUNS umfasst. Der Konflikt auf der aussenpolitischen Partikularismus-Universalismus-Dimension bildet damit die wichtigste Neuerung seit den 1970er Jahren. Auch die vertiefte Analyse der Entscheidungsstrukturen auf der Basis der Machtverteilung und Koalitionsbeziehungen zwischen den Akteuren unterstreicht trotz hoher Integrationsfähigkeit mit vielen dominierenden Koalitionen die gestiegene Konfliktualität des schweizerischen Entscheidungssystems. So bewertet Fischer (2012) sieben von elf Entscheidungen als konfliktuell, während der Idealfall der konsensdemokratischen Entscheidungsfindung nur noch unter den spezifischen Bedingungen des föderalistischen und distributiven oder konstitutiven Geschäftes mit einer offenen vorparlamentarischen Phase eintraf und die seltene Ausnahme bildete.

## 12.3 Das politische System der Schweiz im internationalen Vergleich

### 12.3.1 Die Demokratiestrukturen der Schweiz im internationalen Vergleich

Der zweite Schwerpunkt dieses Kapitels liegt auf der Analyse des politischen Systems der Schweiz im Vergleich zu anderen etablierten Demokratien.[15] Zunächst stellt sich in diesem Zusammenhang die Frage, ob sich auch unter Einbezug der direkten Demokratie die beiden gängigen Grunddimensionen in den 23 untersuchten Demokratien beobachten lassen, wie sie Lijphart (1999, 2012) mit der horizontalen Exekutive-Parteien-Dimension und der vertikalen Föderalismus-Unitarismus-Dimension herausgearbeitet hat.[16] Zur Beantwortung dieser Frage werden die zehn in den einzelnen Kapiteln behandelten Institutionen einer explorativen Faktorenanalyse unterzogen und anschliessend in einer mehrdimensionalen Demokratiekarte zusammengeführt.[17] Tabelle 12.7 präsentiert zunächst die Resultate der Faktorenanalyse der zehn politisch-institutionellen Kerngrössen in 23 etablierten Demokratien während des Zeitraums von 2000 bis 2022. Die aufgeführten Werte für jede Variable entsprechen den Faktorladungen, die als Korrelationskoeffizienten zwischen der jeweiligen Variable und dem ersten, zweiten und dritten Faktor interpretiert werden können

Das zentrale Ergebnis dieser Faktorenanalyse ist das Auftreten von drei unabhängigen Faktoren, von denen jeder eine Gruppe von Variablen umfasst. Neben einer horizontalen Institutionenstruktur auf der nationalstaatlichen Ebene und einer vertikalen Föderalismusdimension findet sich in etablierten Demokratien damit auch eine dritte *top-to-bottom*-Dimension, die das Machtverhältnis zwischen Regierung und Bevölkerung wiedergibt (Vatter 2009). Die stärkste Variable beim ersten Faktor ist der Verbandskorporatismus, gefolgt von der effektiven Parteienzahl und der Disproportionalität des Wahlsystems. Das Exekutive-Legislative-Verhältnis steht in einer etwas schwächeren Beziehung zum ersten Faktor. In der zweiten Machtteilungsdimension erweisen sich Föderalismus-Dezentralisierung und Bikameralismus als stärkste Merkmale, gefolgt von der Stärke der Verfassungsgerichte und der Rigidität von Verfassungsbestimmungen.[18] Der dritte Faktor umfasst im Wesentlichen zwei Variablen, nämlich den Anteil übergrosser Mehrparteienkoalitionen und die Stärke der direkten Demokratie.

---

15 Vgl. hierzu auch ausführlich Vatter (2009).
16 Für eine weiterführende Analyse zu den Ausprägungen der Machtteilungsdimensionen in 61 Demokratien vgl. Bernauer und Vatter (2019).
17 Dabei wird anstelle der bei Lijphart (2012) verwendeten Hauptkomponentenanalyse auf das Verfahren der Hauptfaktoren (*principal factors*) zurückgegriffen. Dieses Vorgehen weist den Vorteil auf, dass anders als bei der Hauptkomponentenanalyse von einem latenten, durch die zehn Variablen widergespiegelten Konstrukt ausgegangen wird. Da die empirische Analyse diejenigen Demokratiemuster aufdecken soll, die durch die Unterschiede zwischen Konsens- und Mehrheitsdemokratien entstehen, erscheint eine solche Konzeption angemessen. In einem weiteren Schritt werden die Faktoren einer orthogonalen *Varimax*-Rotation unterzogen. Diese bewirkt, dass die Faktoren leichter zu interpretieren sind, indem die Faktorladungen der einbezogenen Variablen maximiert werden.
18 Hier nicht dokumentierte Tests bestätigen die hohe Robustheit der Resultate. Schliesslich zeigt auch die hier nicht abgebildete Korrelationsmatrix für alle zehn Variablen insgesamt ein Muster auf, das mit den Befunden der Faktorenanalyse übereinstimmt (vgl. Vatter 2009).

*Tabelle 12.7: Faktorenanalyse der zehn politisch-institutionellen Variablen für 23 OECD-Länder, 2000-2022*

| Variable | Faktor I | Faktor II | Faktor III |
|---|---|---|---|
| elektorale Disproportionalität | –0.71 | | |
| Korporatismus | 0.89 | | |
| Parteienzahl | 0.70 | | |
| Exekutivdominanz | –0.62 | | |
| Föderalismus-Dezentralisierung | | 0.87 | |
| Bikameralismus | | 0.86 | |
| Verfassungsgerichtsbarkeit | | 0.79 | |
| Verfassungsrigidität | | 0.63 | |
| Kabinettstyp (Maximum: Grosse Koalition) | | | 0.49 |
| Direkte Demokratie | | | 0.43 |

Anmerkungen: Faktorenanalyse mit Hauptfaktorenverfahren und orthogonaler Varimax-Rotation. Faktoren nach Eigenwerten und Screeplot-Analyse ausgewählt. Nur Ladungen über 0.40 sind aufgeführt. Bei der Variable „Exekutivdominanz" handelt es sich um das rechtliche Verhältnis zwischen Exekutive und Legislative (siehe Abbildung 6.3).

Quelle: Die Daten stammen aus den einzelnen Kapiteln sowie Armingeon u. a. (2023) und finden sich im Anhang. Eine gemeinsame Messung für Föderalismus und Dezentralisierung wurde durch Standardisierung und Durchschnittsbildung ermöglicht.

Wie können diese Resultate interpretiert werden? Das offensichtlichste Ergebnis ist die Tatsache, dass unter Berücksichtigung der direkten Demokratie nicht nur zwei, sondern drei Dimensionen der Machtteilung in etablierten Demokratien hervortreten.[19] Damit weichen die vorliegenden Befunde von den bisherigen Analysen von Lijphart (1984, 1999, 2012) ab und deuten darauf hin, dass die direkte Demokratie kein von allen anderen politischen Institutionen unabhängiges Merkmal darstellt, sondern vielmehr mit dem Koalitionstyp der Regierung in Verbindung steht. Im Falle der Schweiz hat die Entwicklung von Volksrechten bekanntlich zum fortwährenden Einbezug der wichtigsten politischen Parteien in die Regierung und zur Schwächung des Parlaments geführt. Die Bestrebung, das durch die direkte Demokratie entstandene Entscheidungsrisiko zu minimieren, förderte die informelle Suche nach einem breit abgestützten Kompromiss und die Bildung von breit abgestützten Mehrparteienregierungen. Die ausgedehnte Machtteilung innerhalb der Schweizer Regierung verfolgt dabei das Ziel, akzeptable Lösungen für eine genügend grosse Mehrheit im Parlament hervorzubringen, um fakultative Referenden und Volksinitiativen möglichst zu vermeiden (Neidhart 1970; Steiner 1974, 2002; Linder/Mueller 2017). Zusammengefasst hat die Kooperationsstrategie der politischen Akteure im Verlaufe der Zeit zu einer graduellen Transformation der Schweizer Referendumsdemokratie mit majoritären Zügen zu einer Konsensdemokratie mit einer breit abgestützten Mehrparteienregierung geführt.

---

19 Die (erste) *horizontale Demokratiedimension* ist ähnlich, aber nicht identisch mit Lijpharts *executives-parties* Dimension. Der vorliegende erste Faktor beinhaltet eine völlig neue Messung der Exekutiv-Legislativ-Beziehung und schliesst den Kabinettstyp der Regierung aus. Der zweite Faktor entspricht nahezu vollständig Lijpharts *federal-unitary* Dimension, sieht man davon ab, dass die Zentralbankunabhängigkeit nicht miteinbezogen wurde.

Dabei sollten wir aber zurückhaltend sein, diese Verbindung zwischen direkter Demokratie und dem Kabinettstyp für andere Länder zu verallgemeinern. Während der kausale Zusammenhang zwischen der direkten Demokratie und übergrossen Koalitionen eine hilfreiche Erklärung für die Schweiz, die Kantone und etwa auch Lichtenstein bildet, dürften die Ursachen von übergrossen Koalitionen in Italien und in Dänemark mit vielen Minderheitenkoalitionen stärker in der Fragmentierung der Parteiensysteme und anderen Faktoren liegen. Umgekehrt weist der internationale Vergleich darauf hin, dass einmal eingeführte Volksrechte zu einem nicht zu unterschätzenden Entscheidungsrisiko und damit zu einem gewissen Koalitionsdruck führen, weshalb in der Praxis stark majoritäre Systeme mit knappen Parlamentsmehrheiten nur in repräsentativ geprägten Demokratien (bzw. in Systemen ohne Volksrechte „von unten", d. h. fakultatives Referendum und Initiative) auftreten.

In einem nächsten Schritt lässt sich die Position jedes einzelnen Landes (relativ zu den anderen) auf den drei voneinander unabhängigen Demokratiedimensionen in Form einer konzeptuellen Demokratiekarte grafisch darstellen. Abbildung 12.4 zeigt die Positionen der 23 Länder, bei der die zehn Institutionen in den drei

*Abbildung 12.4: Die Demokratiekarte für 23 etablierte Demokratien, 2000–2022*

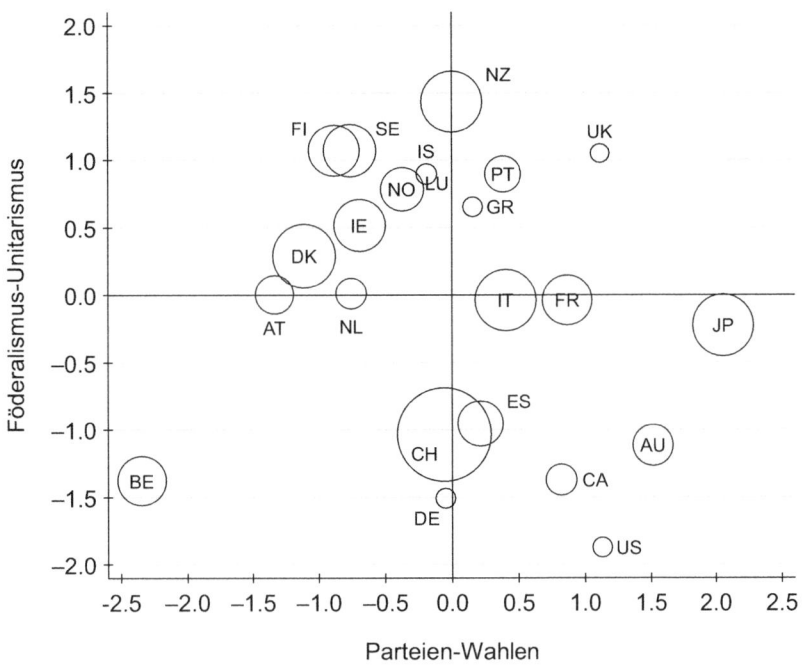

Anmerkungen: Die Grösse der Kreise gibt die Stärke der dritten Dimension wieder: höhere Werte für konsensdemokratische Mehrparteienkoalitionen und ausgebaute Direktdemokratie. Bei der ersten und zweiten Dimension entsprechen höhere Werte aus Gründen der Vergleichbarkeit mit Lijphart (2012) der Mehrheitsdemokratie.

Quelle: Eigene Darstellung.

Dimensionen zusammengefasst werden.[20] Die erste Dimension der horizontalen Machtteilung („*Parteien-Wahlen*"-Dimension) befindet sich auf der Abszisse, die vertikale Machtdimension („*Föderalismus-Unitarismus*"-Dimension) auf der Ordinate. Beide Achsen variieren zwischen stark konsensual (negative Werte) und stark majoritär (positive Werte).[21] Die dritte *top-to-bottom*-Dimension („*Kabinett-Direktdemokratie*"-Dimension) wird durch die Grösse der Kreise verkörpert, welche die relative Bedeutung des Datenpunkts aufzeigt. Ein grosser Kreis symbolisiert hohe Werte auf der dritten Dimension und entspricht einer aktiven Direktdemokratie und einer übergrossen Mehrparteienkoalition, während ein kleiner Punkt mit einer rein repräsentativen Demokratie und einer Minimalgewinnkoalition übereinstimmt.

Diese Demokratiekarte mit drei Dimensionen der Machtteilung macht zunächst deutlich, dass Grossbritannien trotz des stattgefundenen Devolutionsprozesses nach wie vor als Musterfall des Westminstermodells gilt, während sich Neuseeland, das einzige noch unitaristischere Land, seit der Einführung des Proporzwahlsystems im Jahr 1996 zunehmend zu einer Mischform mit sowohl majoritären als auch konsensualen Elementen gewandelt hat. Als typische Beispiele von unitarischen Konsensdemokratien gelten die skandinavischen Länder, während die angelsächsischen Flächenstaaten wie die USA, Kanada und Australien dem klassischen Typus der föderalen Mehrheitsdemokratie entsprechen. Das Vorzeigebeispiel einer föderalen Konsensdemokratie auf den ersten beiden Dimensionen ist Belgien, das in den letzten Jahren seine Position als ausgebauter Föderalstaat weiter gestärkt hat. Anders die Schweiz: Sie entspricht im Gegensatz zur Annahme von Lijphart (2012) nicht länger dem Prototyp einer konsensual-föderalen Demokratie in den ersten zwei Dimensionen, sondern einem gewöhnlichen Normalfall dieses Demokratietyps mit verstärkt kompetitiven Zügen (Vatter 2008, 2009; Vatter/Bernauer 2009; Bochsler/Kriesi 2013). In der horizontalen Dimension erreichen zehn von 23 Ländern einen höheren konsensualen Demokratiewert als die Schweiz, während auf der vertikalen Dimension fünf Länder höhere Werte erzielen. Auf diesen beiden Achsen weist die Eidgenossenschaft die grössten Gemeinsamkeiten mit Deutschland und Spanien auf. Obwohl die Schweiz damit ein eher durchschnittlicher Fall einer Konsensdemokratie in Bezug auf die ersten zwei Dimensionen ist, stellt sie nach wie vor das Extrembeispiel einer direktdemokratischen Machtteilungsdemokratie dar. In keinem anderen Land sind die Werte für die dritte Dimension unter Berücksichtigung der ausgebauten direkten Demokratie und breit verankerter Mehrparteienregierungen annähernd so hoch wie in der Schweiz. Während Dänemark mit grossem Abstand auf dem zweiten Platz folgt, entsprechen Länder wie die USA, Kanada und Grossbritannien nach wie vor dem rein repräsentativdemokratischen Mehrheitssystem. Tabelle 12.8 fasst die 23 un-

---

20 Zur Bildung der Demokratiekarte werden die jeweils auf die drei Faktoren ladenden Variablen standardisiert, aufsummiert und erneut standardisiert, um eine Vergleichbarkeit zwischen den Demokratiedimensionen herzustellen. Dieses Verfahren reflektiert die Annahme, dass alle Indikatoren mit gleichem Gewicht in die Indizes eingehen sollen. Die exakten (z-transformierten) Faktorenwerte der Variablen von jedem der 23 Länder auf den drei Dimensionen finden sich im Anhang dieses Buches.
21 Damit die Faktoren auf drei Dimensionen angewendet werden können, ist eine Anpassung der Vorzeichen der einzelnen Variablen notwendig (siehe auch Lijphart 2012: 243).

tersuchten Länder in einer Demokratietypologie unter Berücksichtigung der drei Dimensionen zusammen.

*Tabelle 12.8: Eine Typologie für etablierte Demokratien, 2000–2022*

| Dimension III | Dimensionen I und II | | | |
|---|---|---|---|---|
| | majoritär-unitarisch | majoritär-föderal | konsensual-unitarisch | konsensual-föderal |
| repräsentative Demokratie + minimale Gewinnkoalition | Grossbritannien, Portugal, Griechenland | Kanada, USA, Japan | Niederlande, Luxemburg, Island | Belgien, Deutschland |
| schwache Direktdemokratie + verschiedene Kabinettstypen | Frankreich, Neuseeland | Australien, Spanien | *Irland, Norwegen, Schweden, Finnland,* | Österreich |
| einzelne direktdemokratische Elemente + Mehrparteien- oder Minderheitenregierung | | | *Dänemark* | *Italien* |
| starke Direktdemokratie + Mehrparteienregierung | | | | *Schweiz* |

Anmerkung: Demokratien mit in der Regel übergrossen Koalitionen oder Minderheitenkabinetten sind kursiv.
Quelle: Eigene Darstellung.

### 12.3.2 Die Demokratiequalität der Schweiz im internationalen Vergleich

Verfügt die Schweiz als konsensual-föderale, vor allem aber als stark ausgebaute halbdirekte Demokratie über eine bessere Demokratieperformanz als andere westliche Staaten? Für die Analyse des Demokratieniveaus eines Landes steht eine Reihe von Demokratieindizes zur Verfügung. Allerdings eignen sich nicht alle für eine differenzierte Betrachtung der Qualität etablierter Demokratien. So sind die klassischen Demokratiemasse wie der Polity-Index (Jaggers/Gurr 1995), Freedom House (Gastil 1990) und das Polyarchie-Konzept von Dahl (1971, 1998) vor allem hilfreich für die Unterscheidung zwischen Demokratien und Autokratien, während nahezu alle der 24 hier behandelten Länder deren Maximalwerte aufweisen.[22] Um die graduellen Unterschiede der Qualität etablierter Demokratien zu erfassen, bietet sich deshalb der Rückgriff auf verschiedene, insbesondere neuere Messinstrumente an. Ausgehend vom etablierten Referenzmodell des *Freedom House-Index*, das auf dem minimalistischen Verständnis einer liberalen Wahldemokratie beruht, werden das auf einem konzeptionell und theoretisch breiteren, aber nicht umfassenden Konzept basierende *Demokratiebarometer* (Bühlmann u.

---

22 So wird etwa die Schweiz gemäss dem Polity-Index seit 1848 als perfekte Demokratie ausgewiesen, obwohl das Frauenwahlrecht erst 1971 eingeführt wurde.

a. 2012a, b) sowie die neuere Demokratiematrix, welches auf dem Varieties-of-Democracy-Projekts (V-Dem) beruht, benutzt.

Der Freedom House-Index ist das weltweit wohl bekannteste Demokratiemass; er konzentriert sich auf die politischen und individuellen Freiheitsrechte, gemessen etwa an der Fairness von Wahlen, am politischen Wettbewerb, der Regierungskorruption, der Meinungs-, Versammlungs- und Organisationsfreiheit sowie der Unabhängigkeit der Justiz auf der Basis von Experteneinschätzungen. Die Schweiz erhält seit der ersten Erhebung von 1973 jeweils auf beiden Dimensionen den Maximalwert von 1.0. Allerdings fallen die Berichte von Freedom House zu den Freiheitsrechten in der neueren Zeit zunehmend kritisch aus, etwa was die Diskriminierung einzelner Minderheiten durch Volksentscheide (z. B. Minarettverbots-, Ausschaffungs- und Masseneinwanderungsinitiative), die restriktiven Einbürgerungsgesetze, die Rückschaffungspraxis von abgewiesenen Asylbewerbern oder die bestehende Lohnungleichheit zwischen Männern und Frauen betrifft (Freedom House 2024). Nach dem Sieg der rechtsnationalen SVP, der damals weltweit erfolgreichsten Anti-Immigrationspartei, hat die Schweiz im Wahljahr 2007 vorübergehend sogar einen „Abwärtspfeil" von der US-amerikanischen Denkfabrik als Ausdruck ihrer Kritik an der fremdenfeindlichen Propaganda der SVP und dem verhärteten politischen Klima erhalten. Insgesamt stellt Freedom House damit für die Schweiz seit Beginn des 21. Jahrhunderts einen leichten Rückgang der Demokratiequalität fest.

Das im Rahmen des NCCR Democracy entwickelte *Demokratiebarometer* hingegen basiert auf einer Demokratiekonzeption mittlerer Reichweite und stützt sich auf die verschiedenen Merkmale des liberalen und partizipatorischen Demokratiemodells. Es geht davon aus, dass Demokratie auf drei fundamentalen Prinzipien beruht: auf Freiheit und Gleichheit sowie auf Kontrolle, die ein ausgeglichenes Verhältnis zwischen Freiheit und Gleichheit sicherstellen soll. Um diesen drei demokratischen Prinzipien gerecht zu werden, müssen demokratische Systeme folgende Funktionen erfüllen:

1. *Freiheit*: Garantie individueller Freiheiten, Rechtstaatlichkeit, Öffentlichkeit;
2. *Kontrolle*: Wettbewerb (kompetitive Wahlen; vertikale Kontrolle), Gewaltenkontrolle (horizontale Rechenschaft), Regierungs- und Implementierungsfähigkeiten;
3. *Gleichheit*: Transparenz, Partizipation, Repräsentation.

Gemäss dem Demokratiebarometer entscheidet die Erfüllung dieser neun Grundfunktionen über die Qualität einer Demokratie, wobei die einzelnen Funktionen in ein optimales Gleichgewicht gebracht werden müssen, da eine gleichzeitige Maximierung aller neun Elemente kaum zu erreichen ist. Die einzelnen Funktionen gliedern sich schliesslich in verschiedene Komponenten und Subkomponenten. Daraus wurden rund 100 Indikatoren rechtlicher und politisch-praktischer Art gebildet, die zunächst für den Zeitraum von 1990 bis 2007 für 30 etablierte Demokratien erhoben wurden (Bühlmann u. a. 2012a, b). Ausweislich eines Datensatzes mit 70 Ländern für die Periode von 1990 bis 2016 liegt die Schweiz beim Demokratiebarometer über den gesamten Zeitraum im oberen Mittelfeld aller untersuchten Demokratien, wobei sie zwischen 1990 und 2016 einen der markantesten Sprünge nach vorne gemacht hat. Diese Verbesserung im Ranking des Demokratiebarometers ist allerdings in erster Linie einer neuen Berechnungsmethode geschuldet. Wie weit die Schweiz die einzelnen Funktionen im Vergleich zu den übrigen Demokratien erfüllt, lässt sich anhand eines Spinnennetzes veranschaulichen. In Abbildung 12.5 sind die Positionen der Schweiz für drei Zeitpunkte abgetragen.

Als Musterdemokratie erweist sich die Schweiz zunächst in Bezug auf die Gewährleistung der verschiedenen Freiheitsfunktionen wie die verfassungsmässige und praktische Sicherstellung individueller Grundrechte und die Garantie rechtsstaatlicher Prinzipien. Dies lässt sich historisch zum einen mit der stark liberalen Prägung der Schweiz und der staatstragenden Rolle des Freisinns zur Zeit der Bundesstaatsgründung erklären. Zum anderen geht dies aber auch zurück auf grundlegende Reformen der neueren Zeit wie die Totalrevision der Bundesverfassung von 1999 mit der expliziten Garantie der klassischen Freiheitsrechte, der Rechtsgleichheit, rechtlicher Verfahrensgarantien und einzelner sozialer Grundrechte (vgl. Art. 7–33 BV), die Anerkennung der EMRK (Europäische Menschenrechtskonvention) sowie dem 2006 erfolgten Wechsel vom Grundsatz der Geheimhaltung zum Öffentlichkeitsprinzip in der Bundesverwaltung mit einem stark erleichterten Zugang zu amtlichen Dokumenten. Zudem verfügt die politisch stabile Schweiz über eine hohe Regierungsfähigkeit und aufgrund der ausgebauten direkten Demokratie über eine gut organisierte und aktive Öffentlichkeit. Ebenfalls überdurchschnittlich gut schneidet die Schweiz beim politischen Wettbewerbskriterium ab, was mit dem leichten Zugang neuer Gruppierungen und der hohen Zahl an Parteien bei Wahlen zusammenhängt.

*Abbildung 12.5: Demokratiebarometer: Die Schweiz im Vergleich zu weiteren Demokratien, 1990–2016*

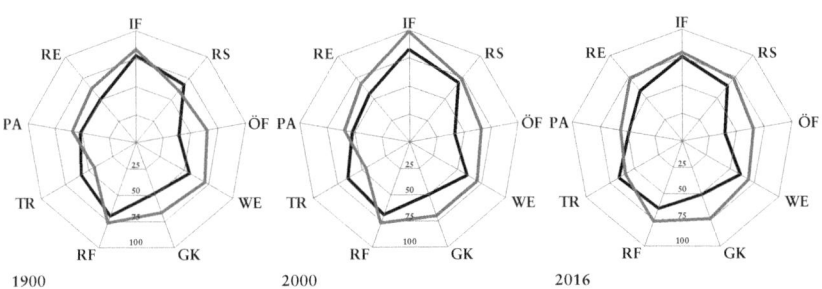

Anmerkung: Schwarze Linie = Mittelwert der 30 ursprünglich untersuchten Länder. Graue Linie = Erreichungsgrad der Schweiz bei den einzelnen Funktionen. IF = Individuelle Freiheiten, RS = Rechtsstaatlichkeit, ÖF = Öffentlichkeit, WE = Wettbewerb, GK = horizontale Gewaltenkontrolle, RF = Regierungsfähigkeit, TR = Transparenz, PA = Partizipation, RE = Repräsentation.

Quelle: Merkel u. a. (2018).

Gleichzeitig orten die Autoren des Demokratiebarometers aber auch einzelne Schwächen der Schweiz im Vergleich zu anderen etablierten Demokratien. Dazu zählt beispielsweise das Fehlen eines Verfassungsgerichts zur Überprüfung der Verfassungsmässigkeit von Bundesgesetzen. Auch die fehlende Transparenz bei der Finanzierung politischer Aktivitäten wirkt sich negativ aus. Sie äussert sich vor allem darin, dass in der Schweiz bis 2023 keine Pflicht zur Offenlegung der Parteienfinanzierung bestand. Auch die Buchführung von Parteien und Wahlkampagnen sollte von unabhängiger Seite überprüft werden können, was bisher nicht der Fall ist. Positiv wirken sich bei diesem Kriterium hingegen die ausgebaute Medienfreiheit und eine vergleichsweise niedrige Korruption aus.[23] Weitere traditionelle Kritikpunkte bilden die unterdurchschnittliche Partizipation und Repräsentation in der Schweiz. So weist im langjährigen Durchschnitt kein anderes demokratisches Land eine so niedrige Wahlbeteiligung wie die Schweiz auf.[24] Hinzu kommt, dass sich die politische Beteiligung sehr ungleichmässig über die Bevölkerung verteilt. So wird erstens den Ausländern und damit mehr als 20 Prozent der Wohnbevölkerung auf Bundesebene das Wahl- und Stimmrecht verwehrt und zweitens nehmen die unteren sozialen Schichten, Frauen und Junge viel weniger an Wahlen und Abstimmungen teil, als die älteren und einkommensstarken Männer. Die ungleiche politische Teilnahme äussert sich schliesslich auch in der niedrigen Repräsentation von Frauen und Jüngeren in politischen Organen und in einer geringeren Responsivität des Gesamtsystems.

Die Ergebnisse des Demokratiebarometers lösten bei seiner ersten Veröffentlichung in der Schweizer Öffentlichkeit sowie unter Wissenschaftlern teilweise heftige Reaktionen aus (Jäckle/Wagschal/Bauschke 2012). In Bezug auf die Einschätzung der Demokratiequalität in der Schweiz weist das Evaluationsinstrument einerseits mit nachvollziehbaren Argumenten auf offensichtliche Schwachstellen wie die bis vor kurzem fehlende Transparenz der Parteienfinanzierung, eine unzureichende Verfassungsgerichtsbarkeit und die sehr ungleiche politische Partizipation gewisser sozialer Gruppen hin. Andererseits wurden die Gründe für die niedrige Wahlbeteiligung in der Schweiz zu wenig in ihr direktdemokratisches Umfeld gesetzt. Bekanntlich führen gerade die weltweit einmalig ausgebauten direktdemokratischen *Partizipationsmöglichkeiten* dazu, dass die effektive politische Beteiligung in der Schweiz so niedrig ist. Die Tatsache, dass die Schweizer Bürger zusätzlich zu den Wahlen mehrmals pro Jahr an Volksabstimmungen auf kommunaler, kantonaler und Bundesebene teilnehmen können, führt dazu, dass sie aufgrund der zahlreichen Möglichkeiten der sachpolitischen Nachkontrolle oft nur noch selektiv an Wahlen partizipieren. Dieser Zielkonflikt zwischen Wahl- und Abstimmungsdemokratie wurde von Linder und Mueller (2017: 375ff.) theoretisch herausgearbeitet[25] und von Freitag und Stadelmann-Steffen (2010) am Bei-

---

23 Die Schweiz liegt beim Korruptionsindex 2023 von Transparency International an sechster Stelle von 180 Ländern (Transparency International 2024).
24 Entsprechend schneidet die Schweiz aufgrund der geringen Partizipationsrate im Vergleich zu anderen westeuropäischen Ländern auch unterdurchschnittlich bei Vanhanens (2003) Demokratieindex ab, dessen Mass sich auf die beiden Kriterien des politischen Wettbewerbs und der Wahlbeteiligung beschränkt.
25 Der Zielkonflikt zwischen Wahl- und Abstimmungsdemokratie geht davon aus, dass in einem politischen System der Einfluss der Bürgerschaft entweder durch Wahlen oder durch Volksabstimmungen maximiert werden kann, aber nicht beides gleichzeitig möglich ist (Linder/Mueller 2017: 378).

spiel der Schweizer Kantone empirisch bestätigt. Eine tiefe Wahlbeteiligungsquote ist deshalb nicht zwingenderweise Ausdruck einer niedrigen Demokratiequalität, sondern kann eben gerade auch Kennzeichen einer stark ausgebauten Volksherrschaft sein. Dies gilt insbesondere dann, wenn eine niedrige Partizipation mit der europaweit höchsten Demokratiezufriedenheit und einem sehr hohen Regierungsvertrauen einhergeht, wie dies in der Schweiz der Fall ist (Freitag 2014; Longchamp 2013; Longchamp/Rousselot 2010). Nichtsdestotrotz ist es das Verdienst des Demokratiebarometers, offensichtliche Qualitätsdifferenzen zwischen etablierten Demokratien sicht- und messbar zu machen.

Wie gut schneidet die Schweiz schliesslich in der Demokratiematrix ab (siehe Tabelle 12.9), die auf einer Definition mittleren Umfangs beruht indem es die Demokratiequalität über ein dreidimensionales Demokratiekonzept – Freiheit, Gleichheit und Kontrolle – misst? Die fünf Institutionen der Entscheidungsverfahren, intermediäre Vermittlung, Kommunikation und Öffentlichkeit, Rechtsgarantie sowie Regelsetzung und -anwendung werden anhand der drei Dimensionen bewertet (Demokratiematrix 2023). Die Demokratiematrix verwendet die Daten des Varieties of Democracy-Projects (V-Dem), bei der verschiedene Experten und Expertinnen die Indikatoren kodieren. Insgesamt schneidet die Schweiz in der Demokratiematrix sehr gut ab und liegt auf dem 4. Platz hinter Norwegen, Deutschland und Dänemark. Die grössten Defizite weist sie vor allem in Bezug auf

*Tabelle 12.9: Die Demokratiequalität in den 24 untersuchten Ländern*

| Land | DB 2016 | FH 2024 | DM 2023 | Land | DB 2016 | FH 2024 | DM 2023 |
|---|---|---|---|---|---|---|---|
| Schweden | 72.2 | 1 | 0.93 | Österreich | 60.7 | 1 | 0.87 |
| Dänemark | 72.2 | 1 | 0.97 | Australien | 59.7 | 1 | 0.91 |
| Schweiz | 69.8 | 1 | 0.94 | Irland | 57.9 | 1 | 0.91 |
| Norwegen | 67.4 | 1 | 0.94 | Portugal | 57.4 | 1 | 0.86 |
| Niederlande | 67.4 | 1 | 0.93 | Grossbritannien | 53.8 | 1 | 0.87 |
| Belgien | 66.8 | 1 | 0.92 | Spanien | 53.6 | 1 | 0.87 |
| Finnland | 66.7 | 1 | 0.93 | USA | 53.6 | 2 | 0.84 |
| Island | 66.3 | 1 | 0.88 | Italien | 53.3 | 1 | 0.87 |
| Neuseeland | 65 | 1 | 0.92 | Japan | 51.5 | 1 | 0.87 |
| Luxemburg | 63.8 | 1 | 0.91 | Israel | 51.1 | 2 | 0.79 |
| Kanada | 62 | 1 | 0.86 | Frankreich | 46.3 | 1.5 | 0.90 |
| Deutschland | 61.2 | 1 | 0.94 | Griechenland | 42.8 | 2 | 0.78 |

Anmerkungen: Auf Basis von Freedom House, Demokratiebarometer und Demokratiematrix; FH = Freedom House Gesamtindex für das Jahr 2024. DB = Punktewert des Demokratiebarometers für das Jahr 2016 (standardisierte Daten), DM = Länderwerte der Demokratiematrix basierend auf V-Dem Daten für das Jahr 2023. Geordnet nach der Reihenfolge der Punktezahl im Demokratiebarometer 2016.

Quellen: Freedom House (2024), Merkel u. a. (2018) sowie Demokratiematrix (2023).

## 12.3 Das politische System der Schweiz im internationalen Vergleich

die Kontrolle in Entscheidungsverfahren und in der intermediären Vermittlung auf (Demokratiematrix Schweiz 2023). Letzteres könnte durch die schwache Stellung von Parteien und Zivilgesellschaften bei der Interessenvermittlung zurückzuführen sein, wobei ersteres durch die fehlende Verfassungsgerichtbarkeit begründet werden könnte. Etwas schlechter schneidet die Schweiz auch in der Gleichheit der intermediären Vermittlung ab. Dies könnte mit den starken Verbänden zusammenhängen.

Abschliessend stellt sich die Frage, in welchem Zusammenhang die Demokratiemuster der Länder mit ihrer Demokratieleistung stehen. Besitzen Konsensdemokratien generell eine höhere Demokratiequalität als Mehrheitsdemokratien? Die Befunde hierzu bestätigen diejenigen von Lijphart (2012), die auf teilweise anderen Messgrössen wie dem Democracy Index und den Worldwide Governance Indicators beruhen. Während für die zwei Dutzend entwickelten Demokratien keine systematischen Korrelationen zwischen der Föderalismus-Unitarismus-Dimension bzw.

*Abbildung 12.6: Der Zusammenhang zwischen der Parteien-Wahlen-Dimension (ca. 2000–2022) und der Demokratiequalität (2016) für 23 etablierte Demokratien*

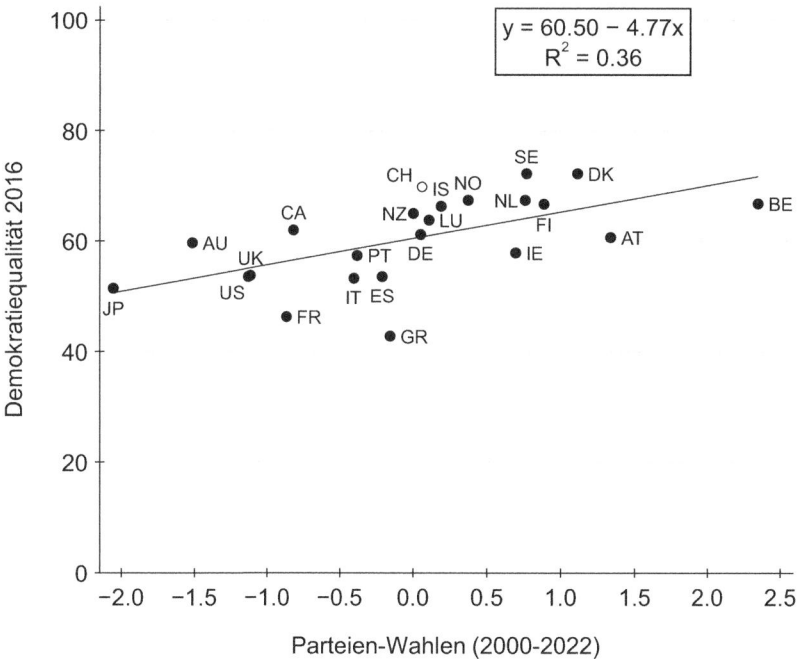

Anmerkungen: Die Demokratiequalität 2016 entspricht dem Punktewert des Demokratiebarometers für das Jahr 2016. Die Parteien-Wahlen-Dimension wurde gebildet, wie oben beschrieben, allerdings auf den Zeitraum 2000–2022 beschränkt. Höhere Werte entsprechen konsensdemokratischen Strukturen. Trendlinie = Regressionsgerade.
Quelle: Eigene Zusammenstellung.

Direktdemokratie-Dimension und der Demokratieperformanz bestehen, ist der Zusammenhang zwischen der Parteien-Wahlen-Dimension (ca. 2000–2022) und dem Demokratiebarometer 2016 statistisch signifikant (siehe Abbildung 12.6).[26] Die bivariate Korrelation beträgt 0.60, und steigt bei Ausschluss der Sonderfälle Italien und Griechenland auf 0.66 an.

Allerdings gilt es, in Bezug auf die einzelnen Funktionen der Demokratiequalität zu differenzieren: Während Konsensdemokratien gut bei den Freiheitsrechten, der Partizipation und vor allem der Repräsentation abschneiden, finden sich kaum Unterschiede zu Westminsterdemokratien bei der Regierungsfähigkeit, der Rechtsstaatlichkeit und der gegenseitigen Gewaltenkontrolle. Im Weiteren fällt auf, dass die skandinavischen Länder, die alle dem Typus der konsensual-unitarischen Demokratie entsprechen, generell besser abschneiden als konsensual-föderale Länder wie Belgien und Deutschland. Diese liegen wiederum in der Regel vor den mehrheitsdemokratischen Systemen unitarischer und föderaler Prägung, die sich am Schluss der Rangliste befinden (für neue weiterführende Tests siehe Bernauer/Vatter 2019). Die Befunde bestätigen damit in weiten Teilen die zentripetale Theorie der demokratischen Steuerung von Gerring, Thacker und Moreno (2005), die argumentiert, dass demokratische Institutionen dann am besten funktionieren, wenn sie zwei Ziele gleichzeitig verfolgen: einerseits eine breite Inklusion repräsentierter Interessen bei der Entscheidungsfindung, andererseits zentralisierte Strukturen für die Umsetzung politischer Beschlüsse (Gerring/Thacker 2008; Lacey 2017).

## 12.4 Das politische System der Schweiz im subnationalen Vergleich

### 12.4.1 Die Demokratiestrukturen der Kantone im Vergleich

Für ein umfassendes Verständnis des schweizerischen politischen Systems ist abschliessend der Einbezug der Kantone notwendig, da „die moderne schweizerische Demokratie sich zuerst in den Kantonen" entwickelt hat (Kölz 2004: 41). Der dritte Teil dieses Kapitels nimmt deshalb einen Vergleich der kantonalen Demokratien als wichtigste Träger des schweizerischen Bundesstaates vor und versucht folgende Frage zu beantworten: Bestehen verschiedene, eindeutig voneinander unterscheidbare Typen kantonaler Demokratien und, wenn ja, durch welche Eigenschaften und Leistungen zeichnen sie sich aus? Ausgehend von den institutionellen Gemeinsamkeiten und Unterschieden zwischen den Schweizer Kantonen, wie sie in den einzelnen Kapiteln präsentiert wurden, werden zunächst die wichtigsten Grunddimensionen kantonaler Demokratien herausgearbeitet. Entsprechend dem internationalen Vergleich wird dann auf der Basis der konkreten Ausprägungsfor-

---

26 Zwei (Gallagher-Index und effektive Parteienzahl) der 100 Indikatoren des Demokratiebarometers sind auch Bestandteil der Parteien-Wahlen-Dimension, wobei sich die effektive Parteienzahl im Demokratiebarometer nicht auf die Parlamentssitze, sondern auf Stimmanteile bezieht. Aufgrund ihres geringen Gewichtes und der komplexen Standardisierungsmethode des Demokratiebarometers wird auf eine Entfernung dieser beiden Variablen verzichtet. Es muss aber beachtet werden, dass somit eine leichte Endogenität entsteht und der Zusammenhang etwas überschätzt wird. In einer weitergehenden Analyse, in der unter Entfernung der endogenen Bestandteile (und der Kontrolle für Drittvariablen) die interaktive Wirkung der horizontalen und vertikalen Machtteilung auf einzelne Funktionen des Demokratiebarometers untersucht wird, zeigt sich die Konsensdemokratie insbesondere bei der Repräsentation überlegen (Bernauer u. a. 2016).

men der einzelnen politischen Institutionen eine Faktorenanalyse durchgeführt. Dabei muss vorausgeschickt werden, dass es sich bei den Kantonen generell um halbdirekte Konsensdemokratien handelt, die nicht auf einem Kontinuum zwischen den polaren Idealtypen der unitarischen Westminster- und der föderalistischen Konsensdemokratie abgetragen werden können (Vatter 2002, 2007). Im unmittelbaren Vergleich mit den deutschen und österreichischen Bundesländern bilden die Schweizer Kantone denn auch eigene Gruppen (Cluster) mit einer starken Machtfragmentierung, die sich durch eine besonders hohe Anzahl von Parteien, eine ausgebaute direkte Demokratie, eine starke lokale Selbstregierung und konsensuale Regierungskabinette auszeichnen (Vatter/Stadelmann-Steffen 2013). Letzteres drückt sich etwa dadurch aus, dass in den Kantonen kaum minimale Gewinnkoalitionen oder Einparteienregierungen existieren wie in den stärker majoritär ausgerichteten deutschen und österreichischen Bundesländern (Freitag/Vatter 2009). Der vorherrschende Kabinettstyp ist vielmehr die breit abgestützte Mehrparteienregierung mit einem repräsentierten Wähleranteil der Regierungsparteien von durchschnittlich 85 Prozent (Bochsler u. a. 2004: 57). Zwar bestehen durchaus kantonale Unterschiede in Bezug auf den sogenannten arithmetischen Konkor-

*Abbildung 12.7: Die Demokratiekarte für die 26 Schweizer Kantone, 2000–2022*

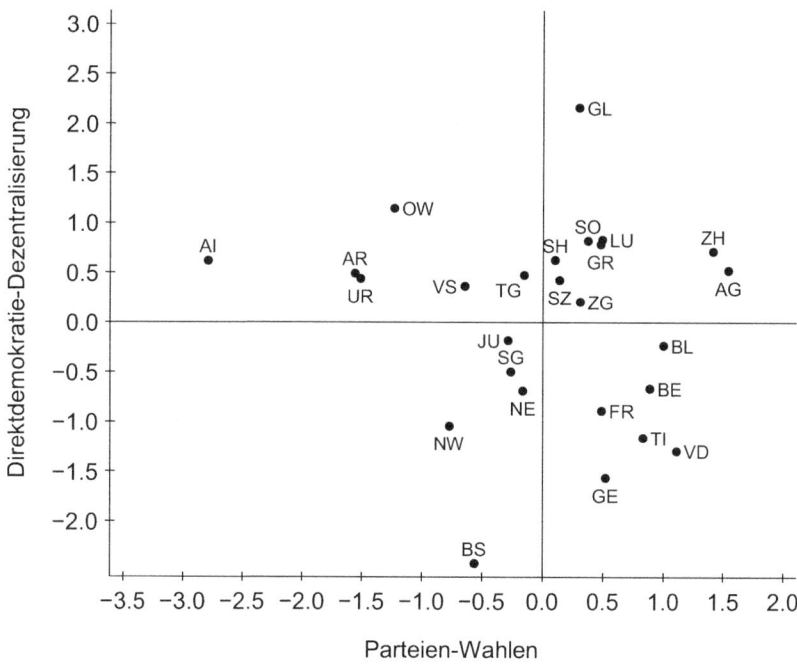

Anmerkungen: Die erste Dimension (x-Achse) umfasst die effektive Parteienzahl im Parlament, die Proportionalität des Wahlsystems und das Verhältnis Exekutive-Legislative, die zweite Dimension (y-Achse) die direkte Demokratie (Institutionen und Nutzung) und den fiskalischen Dezentralisierungsgrad in den Kantonen. Höhere Werte entsprechen der Mehrheitsdemokratie
Quelle: Eigene Darstellung.

danzgrad der Regierungen, die auch für gewisse interkantonale Vergleiche aussagekräftig sind (Bochsler/Sciarini 2006). Folgt man aber der international gängigen Zuordnung nach unterschiedlichen Koalitionstypen, so gehören alle Kantone zur Gruppe der „übergrossen" Mehrparteienkoalitionen. Dies führt dazu, dass in Bezug auf dieses Merkmal kaum eine interkantonale Varianz besteht, was im Übrigen auch für die Verfassungsrigidität gilt, weshalb diese beiden Grössen für die Faktorenanalyse ausgeschlossen wurden.

Das zentrale Ergebnis der Faktorenanalyse ist die Herausbildung von zwei weitgehend voneinander unabhängigen Demokratiedimensionen in den Kantonen.[27] Der erste und wichtigste Faktor entspricht grundsätzlich, wenn auch nicht vollständig, den Kernelementen der Konkordanzdemokratie. Bei den drei dazugehörenden Variablen handelt es sich um die Proportionalität des Wahlsystems, die Parteienfragmentierung und das institutionelle Verhältnis zwischen Parlament und Regierung, weshalb die erste Dimension als „Parteien-Wahlen"- oder eben Konkordanzdimension bezeichnet wird. Die zweite Dimension umfasst einerseits die vorgängig schon zu einer Variable zusammengefassten Institutionen und effektive Nutzung der Volksrechte sowie andererseits den fiskalischen Dezentralisierungsgrad der Kantone, weshalb sie den Begriff „direktdemokratisch-dezentralisiert" trägt. Etwas vereinfacht kann deshalb von einer (repräsentativdemokratischen) horizontalen und einer (direktdemokratisch-föderalen) vertikalen Machtteilungsdimension in den Kantonen gesprochen werden.

Abbildung 12.7 gibt den Standort der Kantone auf einer politisch-institutionellen Demokratiekarte für die Periode von 2000 bis 2022 mit den beiden Grunddimensionen wieder. Auf der x-Achse ist die Dimension der konkordanten Machtteilung abgebildet, auf der y-Achse findet sich die „bottom up"-Machtdispersion mit der Stärke des Einflusses der Bürger und Gemeinden. Beide Achsen variieren zwischen stark konkordant und direktdemokratisch-dezentralisiert (positiver Wertebereich) sowie im Vergleich stärker majoritär und repräsentativdemokratisch-zentralisiert (negativer Wertebereich). Hohe positive Werte entsprechen damit dem Prototyp der besonders ausgeprägten horizontalen und vertikalen „Power sharing"-Demokratie, wie er am Beispiel des Kantons Zürich zum Ausdruck kommt. Ebenso gehören einzelne Zürcher Nachbarkantone wie Aargau, Schaffhausen und Zug sowie weitere deutschsprachige Mittellandkantone dieser Gruppe an, während negative Werte auf eine gewisse Machtkonzentration hinweisen. Lediglich der Kanton Wallis zeigt eine leichte Tendenz in diese Richtung. Dem Mischtypus mit ausgebauten Volksrechten und starken Gemeinden auf der einen Seite und einer mächtigen Regierung auf der anderen Seite entspricht, mit grossem Abstand auf die anderen Kantone, Appenzell Innerrhoden. Hier verfügen die vom Volk gewählten Mitglieder der Regierung über sehr viel Kompetenzen und Einfluss, wobei zudem nicht das Parlament, sondern das Volk die legislativen Aufgaben

---

27 Das methodische Vorgehen folgt demjenigen des internationalen Vergleichs, wobei vor allem ein eindeutiger Faktor (Eigenvalue unter 2) resultiert, auf den die drei Variablen der ersten Dimension laden, während der Eigenvalue des nächsten Faktors mit zwei Variablen unter 1 liegt. Nicht eindeutige Faktorladungen führen zudem dazu, dass die Merkmale Regierungskoalitionstyp und Verfassungsgerichtsbarkeit keiner Dimension zugeordnet werden können und deshalb auch nicht weiter berücksichtigt werden. Die Faktorenwerte für die einzelnen Kantone finden sich im Anhang des Buches.

wahrnimmt. Ebenso zeichnet sich der andere verbliebene Landsgemeindekanton Glarus durch mächtige lokale Einheiten und vor allem besonders ausgebaute Gesetzgebungsrechte für die Bürger aus, mit denen ein einzelner Stimmberechtigter an der Landsgemeinde zu einer Gesetzesvorlage eigene Änderungsvorschläge einbringen kann. Die Antipode zu den Landsgemeindekantonen wiederum stellen die Stadtkantone dar. Während Genf über das vergleichsweise stärkste kantonale Parlament verfügt, gleichzeitig aber den eigenen Gemeinden nur geringe Selbstbestimmungsrechte einräumt und die Hürden für das Ergreifen der Volksrechte überdurchschnittlich hoch ansetzt, zeichnet sich Basel-Stadt vor allem durch eine ausgeprägte fiskalische Zentralisierung aus. Weitere lateinische Kantone (FR, TI, VD) sowie der zweisprachige Kanton Bern entsprechen in abgeschwächter Form ebenfalls dem „Genfer Demokratietyp" mit starken Legislativen und eher repräsentativ-zentralisiertem Charakter. Tabelle 12.10 ordnet die Kantone auf der Grundlage ihrer Institutionen zusammenfassend den vier Typen der horizontalen und vertikalen Machtteilung zu.

*Tabelle 12.10: Eine Typologie kantonaler Demokratien, 2000–2022*

| Dimension II (Volk, Gemeinden) | Dimension I (Wahlsystem, Parteien, Regierung) | |
|---|---|---|
| | *schwache horizontale Machtteilung* | *starke horizontale Machtteilung* |
| *schwache vertikale Machtteilung* | JU, SG, NE, NW, BS | BE, FR, TI, VD, GE, BL |
| *starke vertikale Machtteilung* | AI, AR, UR, OW, VS, TG | ZH, LU, SO, SH, AG, GL, GR, SZ, ZG |

Anmerkungen: Dimension I umfasst die effektive Parteienzahl im Parlament, die Proportionalität des Wahlsystems und das Verhältnis Exekutive-Legislative. Dimension II bezieht sich auf die direkte Demokratie (Institutionen und Nutzung) und die fiskalische Dezentralisierung in den Kantonen.
Quelle: Eigene Darstellung.

### 12.4.2 Die Demokratiequalität der Kantone im Vergleich

Wie wirken sich die politischen Strukturen der Kantone auf die Demokratiequalität aus? Eine Forschungsgruppe an der Universität Bern hat im Rahmen eines mehrjährigen Projekts ein Messinstrument zur Erfassung der Demokratiequalität der Kantone entwickelt, das es erlaubt, eine erste Antwort auf diese Frage zu liefern (Bühlmann u. a. 2009, 2013; Dlabac/Schaub 2012; vgl. auch Kapitel 9). Für die Erfassung der Qualität der demokratischen Praxis in den Kantonen orientierte sich das Projekt am Demokratiebarometer – allerdings mit dem ausdrücklichen Ziel, den Eigenheiten der kantonalen Demokratien als halbdirekte Konsenssysteme genügend Beachtung zu schenken. Als theoretische Grundlage dienten dazu liberale und radikale Demokratiemodelle, da beide Strömungen die Kantone stark geprägt haben. Analog zum Demokratiebarometer wurden verschiedene Dimensionen und Funktionen einer Demokratie unterschieden, die in einem Spannungsverhältnis zueinanderstehen können. Bei den sechs erfassten Grunddimensionen handelt es sich um die Merkmale des liberalen Verfassungsstaats (z. B. Freiheitsrechte und Rechtsgleichheit), horizontale sowie elektorale Verantwortlichkeit (Accountability), Partizipationsrechte und -praxis bei Wahlen und Abstimmungen, Public Accountability (z. B. Medienvielfalt) und Inklusion (z. B. gleiche politische Beteiligung). Für die Messung der Demokratiequalität in den Kantonen wurden die sechs Grunddimensionen in 20 Komponenten und 48 Subkomponenten aufgefächert und schliesslich anhand von insgesamt 178 Indikatoren operationalisiert.[28] Neben einem liberalen und radikalen Index für die Demokratiequalität in den Kantonen wurde ergänzend auch ein Gesamtindex der Demokratiequalität gebildet, bei dem die Mittelwerte aller sechs Dimensionen mit demselben Gewicht eingeflossen sind. Diese Mittelwerte wurden anschliessend zu Werten zwischen 0 und 100 transformiert, wobei 100 den höchsten Wert eines Kantons und 0 den niedrigsten Wert wiedergibt („Best Practice"-Methode).

*Abbildung 12.8: Der Zusammenhang zwischen Konsensdemokratie (Parteien-Wahlen-Dimension) und Demokratiequalität für die 26 Schweizer Kantone*

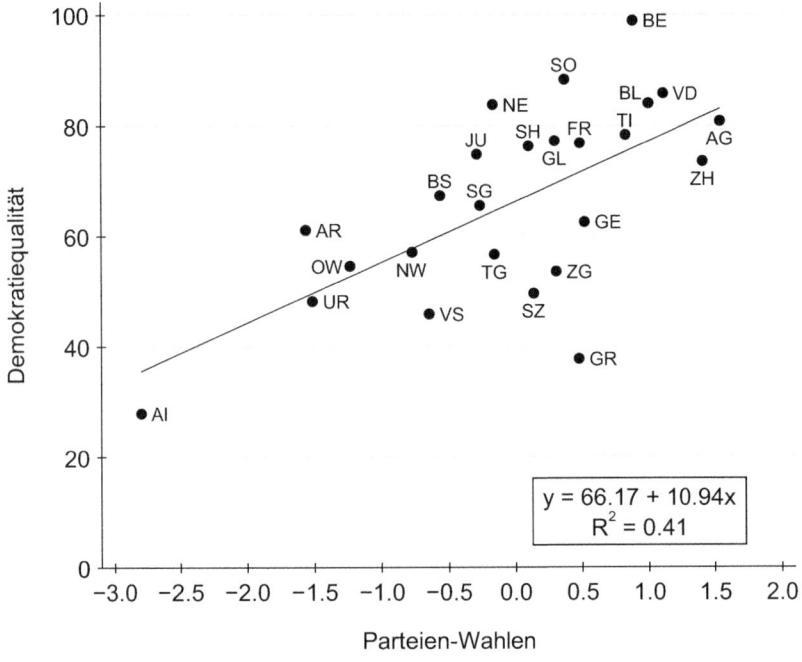

Anmerkungen: Die Parteien-Wahlen-Dimension umfasst die effektive Parteienzahl im Parlament, die Proportionalität des Wahlsystems und das Verhältnis von Exekutive-Legislative. Die Messung der Demokratiequalität beruht auf sechs Dimensionen und insgesamt 178 Indikatoren (vgl. Text).
Trendlinie = Regressionsgerade.
Quelle: Eigene Darstellung.

---

28 Jede Subkomponente wurde anhand von mindestens zwei Indikatoren erfasst. Die Indikatoren basieren dabei sowohl auf Analysen von rechtlichen Erlassen (rules in form) als auch auf Messgrössen der Verfassungswirklichkeit (rules in use).

Abbildung 12.8 liefert den Zusammenhang zwischen der Parteien-Wahlen-Dimension (2000–2022) und der gesamten Demokratiequalität (2006–2009) für die 26 Schweizer Kantone. Die Ergebnisse fallen deutlich aus und bestätigen die internationalen Befunde: Je machtteilender die kantonalen Demokratiestrukturen auf der ersten Dimension sind, umso höher fällt die demokratische Leistungsfähigkeit aus. Mit anderen Worten: Viele Parteien, ein starkes Parlament und ein proportionales Wahlsystem wirken sich positiv auf die Demokratiequalität in den Kantonen aus, wobei vor allem das letztgenannte Merkmal einen robusten positiven Effekt aufweist (Wirz 2012).[29] Ein Wahlsystem, das die Präferenzen der Wählenden möglichst unverfälscht in Parlamentssitze ummünzt, scheint in der Tat „more democratic" zu sein (Norris 2008: 211). Hingegen stehen die Merkmale der vertikalen Machtteilungsdimension in keinem Verhältnis zur Demokratiequalität in ihrer Gesamtheit oder in den einzelnen Ausprägungsformen.[30] Ähnlich wie beim internationalen Vergleich schlägt sich eine verstärkte Dezentralisierung also nicht positiv in der Demokratiequalität nieder, was auf die zusätzliche Relevanz der zentripetalen Demokratietheorie von Gerring, Thacker und Moreno (2005) für die subnationale Analyse hinweist. Offensichtlich sind es andere Grössen, die in einem vorteilhaften Verhältnis zum kantonalen Demokratieniveau stehen. Dazu zählen neben der horizontalen Machtteilung insbesondere die Stärke und Ausrichtung der jeweiligen Verfassungsbewegungen während der Entstehung der kantonalen Demokratieordnungen im 19. Jahrhundert, die sich für einen starken Rechtsstaat, ausgebaute Bürgerrechte und Gewaltenkontrolle eingesetzt und bis heute ihre Spuren hinterlassen haben (Bühlmann u. a. 2013). So weisen Kantone mit einer starken liberalen Regenerations- sowie einer demokratischen Verfassungsbewegung (ZH, BE, SO, BL, SH, AG) noch heute eine überdurchschnittlich hohe Qualität ihrer Verfassungspraxis auf, während die (ehemaligen) Landsgemeindekantone (z. B. UR, SZ, OW, NW, ZG, AR, AI) ohne entsprechende Verfassungsbewegungen generell unterdurchschnittlich abschneiden. Dies gilt im Übrigen auch für (ehemals) katholisch-konservative Kantone, die generell eine schlechtere Demokratieperformanz als reformierte Stände erreichen (Wirz 2012). Gleichzeitig spielt die Zugehörigkeit zu einem bestimmten Sprachraum für die Demokratiequalität insgesamt keine Rolle, während sie in Bezug auf ihre Stossrichtung durchaus relevant ist. So weisen die frankophonen Kantone in der Regel hohe Werte bei der liberalen, aber niedrige bei der radikalen Demokratiequalität auf, während es bei den Deutschschweizer Kantonen der Inner- und Ostschweiz gerade umgekehrt ist. Die gewichtigen Ausnahmen bestätigen dabei die Bedeutung

---

29 Die starke horizontale Machtteilung wirkt sich im Übrigen auch jeweils positiv sowohl auf die liberale als auch die radikale Demokratiequalität aus. Die Korrelationskoeffizienten betragen für Parteien-Wahlen und Demokratiequalität (insgesamt) r =0.64, für Parteien-Wahlen und liberale Demokratiequalität r =0.67 und für Parteien-Wahlen und radikale Demokratiequalität: r =0.46 (alle auf dem 99%-Niveau signifikant). Die hoch signifikanten Zusammenhänge bestätigen sich dabei auch nach Bereinigung gewisser Endogenitätsprobleme zwischen den beiden Messgrössen.
30 Da in der Dimension der radikalen Demokratiequalität zahlreiche direktdemokratische Grössen einfliessen, wurde ebenfalls darauf geachtet, dass nicht dieselben Variablen in beiden Messgrössen aufgeführt wurden, weshalb sich die zweite Strukturdimension auf den Dezentralisierungsgrad (ohne direkte Demokratie) beschränkt. Die bestehenden interkantonalen Studien weisen generell auf einen positiven Zusammenhang zwischen ausgebauter direkter Demokratie und ausgewählten Performanzindikatoren hin (vgl. Kapitel 8 zur direkten Demokratie).

der verfassungshistorischen Bewegungen wie auch die Tatsache, dass die Demokratiequalität in Kantonen mit jüngeren Verfassungen im Durchschnitt höher ausfällt (Bühlmann u. a. 2013).

## 12.5 Schlussbetrachtung

Aus einer langfristigen Perspektive zeichnet sich die schweizerische Demokratie durch einen beeindruckenden Wandel von einem ursprünglich mehrheitsdemokratischen System der freisinnigen Staatsgründer im 19. Jahrhundert hin zum Extremfall einer Konsensdemokratie mit der Integration aller politisch relevanten Kräfte während der zweiten Hälfte des 20. Jahrhunderts aus. Allerdings haben in den beiden letzten Dekaden offensichtliche Veränderungen stattgefunden, die *verstärkte Zweifel an der Schweiz als Musterbeispiel einer perfekten Konkordanzdemokratie* aufkommen lassen. Sichtbarer Ausdruck davon sind die zunehmende Polarisierung des Parteiensystems, der fulminante Aufstieg der SVP als grösste rechtspopulistische Partei Westeuropas, die konfrontativer geführten Wahl- und Abstimmungskampagnen, das selbstbewusster agierende Parlament, die oft nicht als Kollegialorgan auftretende Regierung und das zunehmend pluralistische Interessengruppensystem. Trotzdem befindet sich die schweizerische Demokratie nicht an der Schwelle zum Übergang zu einer Wettbewerbsdemokratie mit der klassischen Rollenteilung von Regierung und Opposition. Davon ist sie noch einiges entfernt und darüber hinaus sind in der Schweizer Referendumsdemokratie, in der systembedingt dem Stimmvolk die Oppositionsrolle zukommt, die Hindernisse für einen Systemwechsel zu einem klassischen Konkurrenzsystem bekanntlich hoch und vielfältig (Germann 1994). Vielmehr zeigt ein Blick zurück, dass die bedeutendsten Reformen seit der Bundesstaatsgründung wie die Einführung der Volksrechte, der Wechsel zum Proporzwahlsystem für den Nationalrat und die Modernisierung des Finanzföderalismus in erster Linie der fortlaufenden Integration und Stärkung von Minderheiten und damit zur Erhöhung der politischen Stabilität beigetragen haben, was längerfristig auch der demokratischen Leistungsfähigkeit des schweizerischen Systems diente.

Im Kern verfügt die Schweiz auch heute nach wie vor über die *zentralen Institutionen einer Konkordanzdemokratie* wie eine breit abgestützte Mehrparteienregierung, eine ausgebaute föderale Autonomie, eine hohe Bedeutung des Proportionalitätsprinzips und ein starkes Minderheitenveto in Form des Ständerats und -mehrs. Allerdings setzt das Funktionieren des Konkordanzsystems nicht nur den institutionellen Überbau durch machtteilende Elemente, sondern auch die Bereitschaft der politischen Elite zu kooperativer Kompromissfindung voraus. Tatsächlich stellen die erhöhte Konfliktualität und die *abnehmende Bereitschaft der politischen Elite zur kooperativen Zusammenarbeit* die Belastbarkeit und Funktionsfähigkeit der schweizerischen Konkordanzinstitutionen zunehmend infrage. Angetrieben durch eines der polarisiertesten Parteiensysteme Europas mit einer fragmentierten politischen Mitte und starken Parteien am Ende des linken und rechten Spektrums stellt sich deshalb die Frage, wie weit sich die Schweiz nicht nur *von einem perfekten zu einem geschwächten Konkordanzsystem*, sondern sogar zu einer ‚zentrifugalen Demokratie' (Lijphart 1977: 106) gewandelt hat (Vatter 2016).[31] Zumindest trägt die Schweiz mit ihrem zunehmend konfliktorientierten Eliteverhalten, dem polarisierten Mehrparteiensystem und einem zentrifugal wirkenden Parteienwettbewerb schon heute gewisse Züge dieses Demokratietyps, auch wenn sie noch weit von der Instabilität und Konflikttrachtigkeit historischer Beispiele zentrifugaler Demokratien entfernt ist.[32] Folgt man der *zentripetalen Demokratietheorie* von Gerring, Thacker und Moreno (2005) und den empirischen Befunden zahlreicher Demokratiemessgrössen, lässt diese Entwicklung für die zukünftige demokratische Leistungsfähigkeit der Schweiz wenig Gutes verheissen. So sind es doch vornehmlich die konsensual-unitarischen Länder Nordeuropas, die aufgrund ihrer breiten Inklusion gesellschaftlicher Interessen bei gleichzeitig zentralisierten Implementierungsstrukturen die Spitzenplätze besetzen, während föderale Systeme mit kompetitiv-zentrifugalen Kräften meist am anderen Ende der Qualitätsskala etablierter Demokratien stehen.

Gleichzeitig darf aber nicht übersehen werden, dass die Schweiz aufgrund ihrer ausgebauten Garantie rechtsstaatlicher Prinzipien, der vielfältigen vertikalen Gewaltenkontrolle, der hohen politischen Stabilität, dem niedrigen Korruptionsniveau und dem leichten Zugang zum politischen Wettbewerb nach wie vor einen der vordersten Plätze bei den entwickelten Demokratien besetzt. Die Veränderungen der vergangenen Jahre mit der zunehmenden Verschärfung des politischen Klimas, den polarisierenden Wahl- und Abstimmungskämpfen sowie der Annahme von grundrechtsproblematischen Volksinitiativen werden sich aber wohl in Zukunft durchaus in den Demokratierankings bemerkbar machen. Hinzu kommen bekannte Defizite wie etwa die sehr ungleiche Mitwirkung der einzelnen gesellschaftlichen Schichten am politischen Prozess. Zudem zeichnet sich die schweizerische Demokratie schon heute durch eine gewisse Einseitigkeit bei der Erfüllung grundlegender Demokratieprinzipien aus. So schneidet die Schweiz zwar sehr gut beim Schutz der Freiheitsrechte und zumindest durchschnittlich beim Prinzip der demokratischen Kontrolle ab, jedoch nur mangelhaft bei der Sicherstellung der politischen Gleichheit (Bühlmann u. a. 2012a, b). Sie ist damit insgesamt doch *eher freiheitlicher als gleicher*, was auch ein Spiegelbild der politischen Kräfteverhältnisse mit einer im internationalen Vergleich starken bürgerlich-liberalen Mehrheit und einer eher schwachen Linken ist.

Die Ursachen für den skizzierten Wandel der schweizerischen Demokratie sind dabei vor allem im europäischen Integrationsprozess, in der zunehmenden Medialisierung und Personalisierung der Politik sowie bei einzelnen institutionellen Veränderungen zu suchen (Fischer 2005, 2012; Fischer/Fischer/Sciarini 2009; Sciarini 2014). In der *Innenpolitik* hat vor allem die grössere Bedeutung des parlamentarischen auf Kosten des vorparlamentarischen Prozesses dazu geführt, dass bisher „versteckte", im korporatistischen Stil ausgehandelte Kompromisse während des Vernehmlassungsverfahrens nun stärker durch eine konfrontative

---

31 Gemäss Lijphart (1977: 106ff.) unterscheidet sich die zentrifugale Demokratie von der Konkordanzdemokratie (consociational democracy) primär im Eliteverhalten (konfliktiv vs. kooperativ), während beide Demokratietypen über pluralistische Gesellschaftsstrukturen verfügen.
32 Siaroff (2000) weist aber darauf hin, dass bei weitem nicht alle zentrifugalen Demokratien zusammengebrochen sind. Als aktuelles Beispiel einer leidlich funktionierenden Demokratie dieses Typs bezeichnet er Belgien, wobei diese Zuordnung umstritten ist (Lijphart 1977, 2012).

Politik der Parteien im strukturell und institutionell gestärkten Parlament abgelöst wurden (Papadopoulos 2008, 2011; Sciarini 2014; Vatter 2018). Die erhöhte Transparenz fordert damit ihren Preis in Form einer generell gesunkenen Konsensbereitschaft. Damit einher geht ein Machtgewinn der von der Medialisierung der Politik profitierenden politischen Parteien, Experten und Public Affairs-Agenturen auf Kosten der ursprünglich sehr einflussreichen binnenmarktorientierten Wirtschaftsverbände. Zudem können im Zuge der Internationalisierung der Wirtschaft multinationale Firmen und exportorientierte Branchen mit dem Wegzug drohen und so einen grossen Einfluss auf politische Entscheidungen ausüben, wodurch die Rolle der nationalen Wirtschaftsakteure zusätzlich geschwächt wird. In der *Aussenpolitik* hat die gestiegene Bedeutung von internationalen Verhandlungen die Verfügungsgewalt von Bundesrat und -verwaltung – im Besonderen der Wirtschafts- und Finanzadministration – gestärkt und damit ebenso den Einfluss von Interessengruppen auf den vorparlamentarischen Entscheidungsprozess vermindert. Allerdings ist es in einzelnen Fällen den Gewerkschaften gelungen, durch eine geschickte Referendumsdrohungsstrategie Kompensationen zu erhalten und damit ihre Stellung zu stärken (Afonso 2010; Afonso/Fontana/Papadopoulos 2010, Fischer 2005). Die Entwicklung zu einem stärkeren Gewicht der Aussen- in der Innenpolitik hat schliesslich – zusätzlich zum klassischen sozio-ökonomischen Links-rechts-Konflikt – zu einer Dreiteilung der politischen Lager in links, moderat rechts und rechtsaussen und damit zu einem Identitätskonflikt über das Ausmass der internationalen Öffnung der Schweiz geführt. Dieser Gegensatz zwischen den Gewinnern und Verlierern der Globalisierung führte nicht nur zu einer Schwächung des ursprünglich geschlossenen bürgerlichen Lagers, sondern ebenso zu weniger stabilen und vorhersehbaren Koalitionen im Parlament.

Damit eröffnet der vielfach kritisierte Wandel des Eliteverhaltens aber auch *neue Chancen*. Diese liegen in wechselnden Mehrheiten rund um den klassischen „Kern" der Akteure in der politischen Mitte, was verhindert, dass immer dieselben Parteien fortlaufend zu den Gewinnern oder Verlierern zählen (Fischer 2012). Linder (2009, 2013) sieht in den wechselnden Koalitionen im Parlament denn auch ein ermutigendes Zeichen einer im Vergleich zu früheren Jahrzehnten funktionsfähigeren Konkordanzdemokratie, bei der nicht immer die eine Seite auf Kosten der anderen gewinnt. Gleichzeitig aber erschwert diese Entwicklung die von Sciarini (2011) und anderen Experten vorgeschlagene Reform zur „kleinen" oder „inhaltlichen" Konkordanz mit einer Mitte-links- oder Mitte-rechts-Regierungskoalition aus maximal drei Parteien, da heute dafür sowohl die notwendigen stabilen Mehrheiten in der Innen- und Aussenpolitik in den beiden Kammern als auch die institutionellen Anreize zur Disziplinierung der Parlamentsfraktionen fehlen. Anders als Linder (2009) schliesst Sciarini (2015) aus dem Wandel der Entscheidungsstrukturen von der ursprünglichen Dominanz vorparlamentarischer korporatistischer Arrangements mit starker Beteiligung der Sozialpartner hin zu vermehrt konfrontativen Auseinandersetzungen der Parteien und instabilen Koalitionen im Parlament sowie vermehrt pluralistischer Interessenvermittlung, dass sich die Schweiz in neuerer Zeit vom Idealtyp der Konsensdemokratie entfernt hat und dadurch mit neuen Schwierigkeiten konfrontiert wird (Freiburghaus/Vatter 2019). In der Tat entspricht die Schweiz in den beiden ersten Jahrzehnten des 21.

Jahrhunderts eher dem *gewöhnlichen Durchschnittsfall mit sichtbaren Schwachstellen als dem Idealtypus einer perfekten Konsensdemokratie* und erfüllt damit die hohen Anforderungskriterien einer funktionierenden *Konkordanzdemokratie* nicht mehr vollständig (Batt 2005; Church/Vatter 2016; Freiburghaus/Vatter 2019; Vatter 2008). Sciarini (2015: 253) spricht deshalb auch von einer nicht perfekten oder kompetitiven Konsensdemokratie. Gleichzeitig macht die komparative Betrachtung unter besonderer Berücksichtigung der unmittelbaren Volksrechte aber auch deutlich, dass es im internationalen Vergleich offensichtlich *verschiedene Typen von Verhandlungsdemokratien mit unterschiedlichen Machtteilungslogiken* bestehen (Vatter 2009): Einerseits gibt es den parlamentarisch-repräsentativen Typ, der geprägt ist durch die Kompromisssuche gewählter Parteiführer in der parlamentarischen Arena (z. B. Niederlande), andererseits existiert der direktdemokratische Typ, der sich durch die breite Eingliederung von politischen Kräften in die Regierung aufgrund des von den direktdemokratischen Instrumenten ausgeübten Drucks auszeichnet (z. B. Schweiz).

Eine weitere Ausdifferenzierung von unterschiedlichen Strategien zur Regulierung politischer Auseinandersetzungen liefert schliesslich der Blick in das Labor der Kantone. Hier findet sich gleichzeitig eine Vielfalt an Kombinationen von repräsentativ-, direktdemokratisch und dezentralisiert ausgerichteten Machtteilungsstrategien. Während etwa beim „Genfer" Prototyp mit einem schlagkräftigen Parlament und vielen Parteien die informelle Kompromisssuche innerhalb der klassischen Gewalten oft schon in der repräsentativdemokratischen Arena stattfindet, kommt im Fall des „Appenzeller Prototyps" der Regierung die Führungsrolle zu, die stark durch föderale (bzw. dezentralisierte) und direktdemokratische Arenen am Ende des politischen Prozesses eingeschränkt wird. Hier sind es die Gemeinden und die Stimmberechtigten (und weniger das Parlament und die Parteien), die den Handlungsspielraum der kantonalen Exekutive beschränken und damit die für die Zügelung der Exekutive typischen Funktionen von Nebenregierungen bzw. Vetospielern zur Verzögerung oder Verhinderung politischer Entscheidungen ausüben.

Zusammenfassend entspricht die Schweiz im 21. Jahrhundert einer *Konsensdemokratie*, die *zunehmend auch konkurrenzdemokratischen Randbedingungen* wie einer steigenden parteipolitischen Polarisierung und einer stärker konfrontativ geprägten Konfliktaustragung in Regierung, Parlament und Öffentlichkeit unterworfen wird (Bochsler/Hänggli/Häusermann 2015). Aus der Perspektive des internationalen Vergleichs handelt es sich dabei in erster Linie um eine Annäherung an die anderen kleinen kontinentaleuropäischen Verhandlungsdemokratien wie etwa Belgien und die Niederlande, die sich im Verlaufe der Jahre ebenfalls von klassischen Konkordanzdemokratien hin zu Mischtypen mit zunehmend kompetitiven und zentrifugalen Zügen gewandelt haben (Deschouwer 2006; Pellikaan/van der Meer/de Lange 2003; Siaroff 2000).

Mit Blick in die Zukunft stellt sich vor diesem Hintergrund zunächst die grundlegende Frage, wie das schweizerische politische System mit der Herausforderung von zwei zunehmend *unterschiedlichen Entscheidungslogiken* – einerseits der auf Konfliktualität ausgelegte bipolare, neu gar tripolare Parteienwettbewerb und die verstärkt pluralitären Verbändestrukturen, andererseits die traditionell auf Konsens und Kooperation ausgerichteten Konkordanzinstitutionen – umzugehen weiss, die in einem offensichtlichen Spannungsverhältnis zueinander stehen. Im ungünstigen Fall besteht die Gefahr, dass die Schweiz auf österreichische Verhältnisse zusteuert: Offenkundige Nachteile der Konkordanz wie die fehlende Fähigkeit zu grundlegenden und raschen Reformen werden mit den negativen Seiten der Konkurrenzdemokratie im Sinne polarisierender Auseinandersetzungen zwischen den Parteien im Schatten eines permanenten Wahlkampfs kombiniert (Pelinka 2012: 438). Allerdings würde das Auftreten einer nur noch auf Konfrontation ausgerichteten Parteienelite innerhalb eines in institutionellen Konkordanzzwängen gefangenen Systems die Schweizer Politik vor kaum überwindbare Schwierigkeiten stellen, da deren Funktions- und Handlungsfähigkeit im Kern ein kooperatives Verhalten der politischen Elite voraussetzt. Eine gewisse Analogie zur parallelen Dynamik unterschiedlicher Handlungslogiken, wie sie im nördlichen Nachbarland der Schweiz anzutreffen sind, ist dabei unübersehbar: Schon vor knapp fünfzig Jahren diagnostizierte der deutsche Politikwissenschaftler Gerhard Lehmbruch (1976/2000) offensichtliche Verwerfungen im institutionellen Gefüge der Bundesrepublik Deutschland zwischen ihren föderativen Strukturen, die durch eine starke verhandlungsdemokratische Kooperationslogik geprägt waren, und ihrer bipolaren Konkurrenzlogik, die sich im Parteiensystem durchgesetzt hatte. Für die zukünftige Analyse der Schweizer Politik wird es deshalb durchaus lehrreich sein, einen Blick auf die deutschen Erfahrungen zu werfen. Allerdings eignet sich Deutschland nur beschränkt als Referenz für die Schweiz – in der Tat ist es ja aufgrund der wachsenden Partizipationsbedürfnisse oft gerade umgekehrt –, da auf bundesdeutscher Ebene jegliche Formen der direkten Demokratie und damit der wichtigste Grund für ein institutionelles Konkordanzkorsett fehlen.

Damit stellt sich die abschliessende Frage nach der Notwendigkeit grundlegender Reformen und eines Umbaus des schweizerischen Systems (Freiburghaus/Mueller 2024). Hier scheint grundsätzliche Vorsicht geboten. Sowohl die heterogene Gesellschaftsstruktur, die politische Kultur als auch die institutionellen Anreize in der Schweiz sind langfristig auf ein konsensual-föderales Politiksystem ausgelegt und zudem von grundlegender Bedeutung für dessen dauerhafte Legitimität und Stabilität. Grundlegende institutionelle Reformen, die auf eine Abschaffung der machtteilenden Konkordanzzwänge hinauslaufen, sind somit wenig wahrscheinlich und auch wenig erfolgversprechend. Solange aber die Konkordanzzwänge wie das fakultative Referendum, die Vetokräfte des Föderalismus und das Kollegialsystem bestehen, lassen sich neue Lösungen nur unter Berücksichtigung eng gesteckter Grenzen finden, wobei in der Vergangenheit auch schon weniger weitreichende Staats(leitungs)reformen an den Eigeninteressen von Parlament, Regierung und Stimmbürgerschaft gescheitert sind. Hinzu kommt: Trotz aller Kritik an den jüngeren Entwicklungen braucht die Schweiz sowohl in Bezug auf die politischen Inputs (z. B. Partizipation), Outputs (z. B. Stabilität, Sicherheit, Wohlfahrt), Outcomes (z. B. Verschuldung, Steuern) als auch gesellschaftliche (z. B. Zufriedenheit, Vertrauen, soziale Integration) und ökonomische Impacts (z. B. Arbeitslosigkeit, Inflation, Wirtschaftskraft, Wettbewerbsfähigkeit) keinen Vergleich zu scheuen, belegt sie doch in fast jedem Bereich einen Spitzenplatz (Emmenegger

u. a. 2024; Papadopoulos u. a. 2022; Schmidt 2010). Ebenso hat sie die Corona-Krise überdurchschnittlich gut gemeistert. Die Leistungsfähigkeit des schweizerischen Systems ist damit nach wie vor sehr hoch, wenn auch mit leicht sinkender Tendenz. Da zudem der in den letzten Jahren stattgefundene Wandel von einer nahezu perfekten Konkordanzdemokratie hin zu einem Typus mit zunehmend zentrifugalen Zügen hauptsächlich eine *Folge der nachlassenden Elitenkooperation* (Parteien, Parlament, Verbände) mit den bekannten negativen Wirkungen auf die Regierungsbildung, strategische Politikgestaltung und Lösungsfindung ist, rücken weniger die Institutionen als vielmehr der angemessene Umgang mit ihnen in den Fokus der Kritik. Wichtiger als die Änderung der Regeln sind deshalb die Bereitschaft der politischen Akteure zur gütlichen Konfliktbeilegung und ihr Bekenntnis zu konkordantem Verhalten. Um Missverständnissen vorzubeugen: Eine in Zukunft erfolgreiche Verhandlungsdemokratie schliesst keineswegs eine Anpassung der politischen Institutionen an neue Entwicklungen oder die Korrektur falscher Anreize wie etwa eine Modifikation der dem Kollegialitätsprinzip entgegenlaufenden Einzelwahl der Regierungsmitglieder aus. Um aber die strategische Handlungsfähigkeit der Schweiz nach innen und aussen zu stärken, braucht es in Zukunft wieder verstärkt den politischen Willen der Regierungsparteien zur konstruktiven Zusammenarbeit bei der Behandlung anstehender politischer Probleme und Herausforderungen.

## 12.6 Literaturverzeichnis

Afonso, Alexandre, 2010: Policy Concertation, Europeanization and New Political Cleavages: The Case of Switzerland. In: European Journal of Industrial Relations 16/1, 57–72.
Afonso, Alexandre/Fontana, Marie-Christine/Papadopoulos, Yannis, 2010: Does Europeanisation Weaken the Left? Changing Coalitions and Veto Power in Swiss Decision-Making. In: Policy & Politics 38/4, 565–582.
Altermatt, Urs, 1972: Der Weg der Schweizer Katholiken ins Ghetto: Die Entstehungsgeschichte der nationalen Volksorganisationen im Schweizer Katholizismus 1848–1919. Zürich: Benziger.
Altermatt, Urs, 2019: Das Bundesratslexikon. Basel: NZZ Libro.
Armingeon, Klaus/Engler, Sarah/Leemann, Lucas/Weisstanner, David, 2023: Supplement to the Comparative Political Data Set – Government Composition 1960–2021. Zürich/Lüneburg/Luzern: Universität Zürich/Universität Lüneburg/Universität Luzern.
Aubert, Jean-François, 1998: Die Schweizerische Bundesversammlung von 1848 bis 1998. Basel: Helbing & Lichtenhahn.
Bächtiger, André, 2005: The Real World of Deliberation. A Comparative Study of its Favourable Conditions in Legislatures. Bern/Stuttgart: Haupt.
Batt, Helge, 2005: Die Transformation der Konkordanzdemokratie: Der Schweizerische Bundesrat nach der Modifikation der Zauberformel. In: Zeitschrift für Politikwissenschaft 15/2, 345–371.
Benesch, Christine/Bütler, Monika/Hofer, Katharina, 2020: Licht ins Dunkel: Transparenteres Abstimmungsverhalten im Ständerat. In: Mueller, Sean/Vatter, Adrian (Hrsg.): Der Ständerat. Zweite Kammer der Schweiz. Basel/Zürich: NZZ Libro, 71–91.
Bernauer, Julian/Bühlmann, Marc/Vatter, Adrian/Germann, Micha, 2016: Taking the Multidimensionality of Democracy Seriously: Institutional Patterns and the Quality of Democracy. In: European Political Science Review 8/3, 473–494.
Bernauer, Julian/Vatter, Adrian, 2019: Power Diffusion and Democracy: Institutions, Deliberation and Outcomes. Cambridge: Cambridge University Press.

Bochsler, Daniel/Bousbah, Karima, 2015: Competitive Consensus. What Comes after Consociationalism in Switzerland?. In: Swiss Political Science Review 21/4, 654–679.
Bochsler, Daniel/Hänggli, Regula/Häusermann, Silja, 2015: Introduction: Consensus Lost? Disenchanted Democracy in Switzerland. In: Swiss Political Science Review 21/4, 475–490.
Bochsler, Daniel/Koller, Christophe/Sciarini, Pascal/Traimond, Sylvie/Trippolini, Ivar, 2004: Die Schweizer Kantone unter der Lupe. Behörden, Personal, Finanzen. Bern/Stuttgart: Haupt.
Bochsler, Daniel/Kriesi, Hanspeter, 2013: Varieties of Democracy. In: Kriesi, Hanspeter/Lavenex, Sandra/Esser, Frank/Matthes, Jörg/Bühlmann, Marc/Bochsler, Daniel (Hrsg.): Democracy in the Age of Globalization and Mediatization. Basingstoke: Palgrave Macmillan, 69–102.
Bochsler, Daniel/Sciarini, Pascal, 2006: Neue Indikatoren zur Bestimmung der arithmetischen Regierungskonkordanz. In: Swiss Political Science Review 12/1, 105–122.
Bolliger, Christian, 2007: Konkordanz und Konfliktlinien in der Schweiz, 1945 bis 2003: Parteienkooperation, Konfliktdimensionen und gesellschaftliche Polarisierungen bei den eidgenössischen Volksabstimmungen. Bern: Haupt.
Bühlmann, Marc/Gerber, Marlène, 2015: Von der Unterschichtspartei zur Partei des gehobenen Mittelstands? Stabilität und Wandel der Wählerschaften der Sozialdemokraten und anderer grosser Parteien zwischen 1971 und 2011. In: Freitag, Markus/Vatter, Adrian (Hrsg.): Wahlen und Wählerschaft in der Schweiz. Zürich: NZZ Libro, 71–93.
Bühlmann, Marc/Merkel, Wolfgang/Müller, Lisa/Wessels, Bernhard, 2012a: The Democracy Barometer. A New Instrument to Measure the Quality of Democracy and its Potential for Comparative Research. In: European Political Science 11/4, 519–536.
Bühlmann, Marc/Merkel, Wolfgang/Müller, Lisa/Wessels, Bernhard, 2012b: Demokratiebarometer – ein neues Instrument zur Messung von Demokratiequalität. In: Zeitschrift für Vergleichende Politikwissenschaft 6/1, 115–159.
Bühlmann, Marc/Vatter, Adrian/Dlabac, Oliver/Schaub, Hans-Peter, 2013: Liberale Romandie, radikale Deutschschweiz? Kantonale Demokratien zwischen Repräsentation und Partizipation. In: Swiss Political Science Review 19/2, 157–187.
Bühlmann, Marc/Vatter, Adrian/ Dlabac, Oliver/Schaub, Hans-Peter, 2009: Demokratiequalität im subnationalen Labor: Anmerkungen zum Beitrag von Sabine Kropp u. a. in Heft 4/2008 der ZParl. In: Zeitschrift für Parlamentsfragen 40/2, 454–467.
Church, Clive H./Vatter, Adrian, 2016: Shadows in Paradise? Threats to the Swiss Consensus Model of Politics. In: Journal of Democracy 27/3, 166–175.
Dahl, Robert A., 1971: Polyarchy: Participation and Opposition. New Haven: Yale University Press.
Dahl, Robert A., 1998: On Democracy. New Haven: Yale University Press.
Demokratiematrix, 2023: Ranking. https://www.demokratiematrix.de/ranking (abgerufen am 28.05.2024).
Demokratiematrix Schweiz, 2023: Netzdiagramm Schweiz. https://www.demokratiematrix.de/netzdiagramm#/2023/core/aspects/Switzerland (abgerufen am 28.05.2024)
Dermont, Clau, 2019: Aus bipolar wird tripolar: Polarisierung bei Parlamentsabstimmungen. In: Bühlmann, Marc/Heidelberger, Anja/Schaub, Hans-Peter (Hrsg.): Konkordanz im Parlament: Entscheidungsfindung zwischen Kooperation und Konkurrenz. Zürich: NZZ Libro, 317–332.
Deschouwer, Kris, 2006: And the Peace Goes On? Consociational Democracy and Belgian Politics in the Twenty-First Century. In: West European Politics 29/5, 895–911.
Deutsch, Karl, 1976: Die Schweiz als ein paradigmatischer Fall politischer Integration. Bern/Stuttgart: Haupt.
Dlabac, Oliver/Schaub, Hans-Peter, 2012: Ein duales Messkonzept für liberale und radikale Demokratiequalität. In: Zeitschrift für Vergleichende Politikwissenschaft 6/1, 161–184.

## 12.6 Literaturverzeichnis

Emmenegger, Patrick/Fossati, Flavia/Häusermann, Silja/Papadopoulos, Yannis/Sciarini; Pascal/Vatter, Adrian (Hrsg.), 2024: The Oxford Handbook of Swiss Politics. Oxford: Oxford University Press.
Feh Widmer, Antoinette, 2014: Machtverschiebungen im parlamentarischen Entscheidungsprozess in der Schweiz unter besonderer Berücksichtigung wirtschaftspolitischer Entscheide. Bern: Büro Vatter.
Fischer, Alex, 2005: Die Auswirkungen der Internationalisierung und Europäisierung auf Schweizer Entscheidungsprozesse. Zürich: Rüegger.
Fischer, Manuel, 2012: Entscheidungsstrukturen in der Schweizer Politik zu Beginn des 21. Jahrhunderts. Zürich/Chur: Rüegger.
Fischer, Manuel/Fischer, Alex/Sciarini, Pascal, 2009: Power and Conflict in the Swiss Political Elite: An Aggregation of Existing Network Analyses. In: Swiss Political Science Review 15/1, 31–62.
Fischer, Manuel/Sciarini, Pascal, 2013: Europeanization and the Inclusive Strategies of Executive Actors. In: Journal of European Public Policy 20/10, 1482–1498.
Freedom House, 2024: Freedom in the World. https://freedomhouse.org/report/freedom-world#Data (abgerufen am 08.04.2024).
Freiburghaus, Rahel/Vatter, Adrian, 2019: The Political Side of Consociationalism Reconsidered: Switzerland between a Polarized Parliament and Delicate Government Collegiality. In: Swiss Political Science Review 25/4, 357–380.
Freiburghaus, Rahel/Mueller, Sean/Vatter, Adrian, 2021: Switzerland: Overnight Centralization in One of the World's Most Federal Countries. In: Chattopadhyay, Rupak/Knüpling, Felix/Chebenova, Diana/Whittington, Liam/Gonzalez, Phillip (Hrsg.): Federalism and the Response to COVID-19. A Comparative Analysis. New York: Routledge, 217–228.
Freiburghaus, Rahel/Vatter, Adrian/Stadelmann-Steffen, Isabelle, 2023: Kinder, Gentler – and Crisis-Proof? Consensus Democracy, Inclusive Institutions, and COVID-19 Pandemic Performance. In: West European Politics 46/6, 1106–1132.
Freiburghaus, Rahel/Mueller, Sean, 2024: Switzerland: Quo Vadis? Current Challenges and Potential Solutions for Swiss Politics. In: Emmenegger, Patrick/Fossati, Flavia/ Häusermann, Silja/Papadopoulos, Yannis/Sciarini, Pascal/Vatter, Adrian (Hrsg.): The Oxford Handbook of Swiss Politics. Oxford: Oxford University Press, 773-794.
Freitag, Markus, 2014: Politische Kultur. In: Knoepfel, Peter/Papadopoulos, Yannis/Sciarini, Pascal/Vatter, Adrian/Häusermann, Silja (Hrsg.): Handbuch der Schweizer Politik. Zürich: Verlag Neue Züricher Zeitung, 71–94.
Freitag, Markus/Stadelmann-Steffen, Isabelle, 2010: Stumbling Block or Stepping Stone? The Influence of Direct Democracy on Individual Participation in Parliamentary Elections. In: Electoral Studies 29/3, 472–483.
Freitag, Markus/Vatter, Adrian, 2009: Patterns of Democracy: A Sub-National Analysis of the German Länder. In: Acta Politica 44/4, 410–438.
Gastil, Raymond Duncan, 1990: The Comparative Survey of Freedom: Experiences and Suggestions. In: Studies in Comparative International Development 25/1, 25–50.
Germann, Raimund E., 1994: Staatsreform: Der Übergang zur Konkurrenzdemokratie. Bern/Stuttgart: Haupt.
Gerring, John/Thacker, Strom C./Moreno, Carola, 2005: Centripetal Democratic Governance: A Theory and Global Inquiry. In: American Political Science Review 99/4, 567–581.
Gerring, John/Thacker, Strom C., 2008: A Centripetal Theory of Democratic Governance. Cambridge: Cambridge University Press.
Gruner, Erich, 1977: Die Parteien in der Schweiz. Bern: Francke.
Hermann, Michael, 2011: Konkordanz in der Krise. Ideen für eine Revitalisierung. Zürich: NZZ Libro.

Hutson, James, 1991: The Sister Republics, Switzerland and the United States from 1776 to the Present. Michigan: University of Michigan.

Jäckle, Sebastian/Wagschal, Uwe/Bauschke, Rafael, 2012: Das Demokratiebarometer: „Basically Theory Driven"?. In: Zeitschrift für Vergleichende Politikwissenschaft 6/1, 99–125.

Jaggers, Keith/Gurr, Ted R., 1995: Transition to Democracy. Tracking the Third Wave with Polity III Indicators of Democracy and Autocracy. In: Journal of Peace Research 32/4, 469–482.

Kölz, Alfred, 2004: Neuere schweizerische Verfassungsgeschichte. Ihre Grundlinien in Bund und Kantonen seit 1848. Bern: Stämpfli.

Koller, Christophe, 2013: Profil des Personals der öffentlichen Hand. In: Ladner, Andreas/Chappelet, Jean-Loup/Emery, Yves/Knoepfel, Peter/Mader, Luzius/Sogul, Nils/Varone, Frédéric (Hrsg.): Handbuch der öffentlichen Verwaltung in der Schweiz. Zürich: Verlag Neue Zürcher Zeitung, 499–519.

Kriesi, Hanspeter, 1980: Entscheidungsstrukturen und Entscheidungsprozesse in der Schweizer Politik. Frankfurt a. M.: Campus.

Kübler, Daniel, 2013: Verwaltungsorganisation in einem mehrsprachigen Land. In: Ladner, Andreas/Chappelet, Jean-Loup/Emery, Yves/Knoepfel, Peter/Mader, Luzius/Sogul, Nils/Varone, Frédéric (Hrsg.): Handbuch der öffentlichen Verwaltung in der Schweiz. Zürich: NZZ Libro, 75–92.

Lacey, Joseph, 2017: Centripetal Democracy: Democratic Legitimacy and Political Identity in Belgium, Switzerland, and the European Union. Oxford: Oxford University Press.

Lehmbruch, Gerhard, 1967: Proporzdemokratie: Politisches System und politische Kultur in der Schweiz und in Österreich. Tübingen: Mohr.

Lehmbruch, Gerhard, 1968: Konkordanzdemokratie im politischen System der Schweiz. Ein Literaturbericht. In: Politische Vierteljahresschrift 9/3, 443–459.

Lehmbruch, Gerhard, 1976/2000: Parteienwettbewerb im Bundestaat. Wiesbaden: Westdeutscher Verlag.

Lijphart, Arend, 1968: The Politics of Accomodation: Pluralism and Democracy in the Netherlands. Berkeley/Los Angeles: University of California Press.

Lijphart, Arend, 1977: Democracy in Plural Societies. New Haven/London: Yale University Press.

Lijphart, Arend, 1984: Democracies. Patterns of Majoritarian and Consensus Government in Twenty-One Countries. New Haven/London: Yale University Press.

Lijphart, Arend, 1989: Democratic Political Systems: Types, Cases, Causes, and Consequences. In: Journal of Theoretical Politics 1/1, 3–45.

Lijphart, Arend, 1999: Patterns of Democracy. Government Forms and Performance in Thirty-Six Countries. New Haven/London: Yale University Press.

Lijphart, Arend, 2012: Patterns of Democracy. Government Forms and Performance in Thirty-Six Countries. New Haven/London: Yale University Press.

Linder, Wolf, 2009: Schweizerische Konkordanz im Wandel. In: Zeitschrift für Staats- und Europawissenschaften 7/2, 209–230.

Linder, Wolf, 2010: Swiss Democracy. Possible Solutions to Conflict in Multicultural Societies. London/Basingstoke: Macmillan.

Linder, Wolf, 2013: Switzerland and the EU: The Puzzling Effects of Europeanisation without Institutionalisation. In: Contemporary Politics 19/2, 190–202.

Linder, Wolf/Mueller, Sean, 2017: Schweizerische Demokratie. Institutionen – Prozesse – Perspektiven. Bern: Haupt.

Linder, Wolf/Zürcher, Regula/Bolliger, Christian, 2008: Gespaltene Schweiz – geeinte Schweiz: Gesellschaftliche Spaltung und Konkordanz bei den Volksabstimmungen seit 1874. Baden: hier + jetzt.

Longchamp, Claude, 2013: Regierungsvertrauen und Volksabstimmungen: Eine Analyse am Beispiel der Entscheidung über die Direktwahl des Schweizer Bundesrates. In: Karlhofer, Ferdinand/Jeschke, Sven/Pallaver, Günther (Hrsg.): Medienzentrierte Demokratien: Befunde, Trends, Perspektiven. Festschrift für Fritz Plasser. Wien: facultas.wuv, 185–213.

Longchamp, Claude/Rousselot, Bianca, 2010: Bürger und Politik in der Schweiz. In: Gabriel, Oscar/Plasser, Fritz (Hrsg.): Deutschland, Österreich und die Schweiz im neuen Europa. Baden-Baden: Nomos, 217–263.

Maissen, Thomas, 2010: Geschichte der Schweiz. Baden: hier + jetzt.

Mazzoleni, Oscar, 2013: Ungewöhnliche Konvergenzen. Die Schweizerische Volkspartei und die sozialdemokratische Partei in der parlamentarischen Arena der Eidgenossenschaft. In: Mazzoleni, Oscar/Meuwly, Olivier (Hrsg.): Die Parteien in Bewegung. Zürich: Verlag Neue Zürcher Zeitung, 99–121.

Merkel, Wolfgang/Bochsler, Daniel/Bousbah, Karima/Bühlmann, Marc/Giebler, Heiko/Hänni, Miriam/Heyne, Lea/Juon, Andreas/Müller, Lisa/Ruth, Saskia/Wessels, Bernhard, 2018: Democracy Barometer. Dataset. Version 6. Aarau: Zentrum für Demokratie.

Neidhart, Leonhard, 1970: Plebiszit und pluralitäre Demokratie: Eine Analyse der Funktion des schweizerischen Gesetzesreferendums. Bern: Francke.

Netzle, Simon, 1998: Die USA als Vorbild für einen schweizerischen Bundesstaat. In: Ernst, Andreas/Tanner, Albert/Weishaupt, Matthias (Hrsg.): Revolution und Innovation. Die konflikreiche Entstehung des schweizerischen Bundesstaates von 1848. Zürich: Chronos, 49–60.

Norris, Pippa, 2008: Driving Democracy: Do Power-Sharing Institutions Work? Cambridge: Cambridge University Press.

Papadopoulos, Yannis, 2008: Europeanisation? Two Logics of Change of Policy-Making Patterns in Switzerland. In: Journal of Comparative Policy Analysis 10/3, 255–278.

Papadopoulos, Yannis, 2011: How Much, and in What Way, is Switzerland Changing? In: Mach, André/Trampusch, Christine (Hrsg.): Switzerland in Europe. Continuity and Change in the Swiss Political Economy. London: Routledge, 224–237.

Papadopoulos, Yannis/Sciarini; Pascal/Vatter, Adrian/Häusermann, Silja/Emmenegger, Patrick/Fossati, Flavia (Hrsg.), 2022: Handbuch der Schweizer Politik – Manuel de la politique suisse. Basel: Verlag NZZ Libro.

Pelinka, Anton, 2012: Die demokratiepolitische Reformagenda im Vergleich. In: Ludger Helms/Wineroither, David (Hrsg.): Die österreichische Demokratie im Vergleich. Baden-Baden: Nomos, 423–439.

Pellikaan, Huib/van der Meer, Tom/de Lange, Sarah, 2003: The Road from a Depoliticized to a Centrifugal Democracy. In: Acta Politica 38/1, 28–49.

Schaub, Hans-Peter/Bühlmann, Marc, 2022: Direkte Demokratie in der Schweiz. Neue Erkenntnisse aus der Abstimmungsforschung. Zürich/Genf: Seismo.

Schmidt, Manfred G., 2010: Demokratietheorien. Eine Einführung. Wiesbaden: VS Verlag.

Sciarini, Pascal, 2011: Plädoyer für die «kleine Konkordanz». In: NZZ, 16.03.2011, 15.

Sciarini, Pascal, 2014: Eppure si Muove: the Changing Nature of the Swiss Consensus Democracy. In: Journal of European Public Policy 21/1, 116–132.

Sciarini, Pascal, 2015: Conclusion. In: Sciarini, Pascal/Fischer, Manuel/Traber, Denise: Political Decision-Making in Switzerland. The Consensus Model under Pressure. Basingstoke: Palgrave Macmillan, 238–259.

Sciarini, Pascal/Fischer, Manuel/Traber, Denise, 2015: Political Decision-Making in Switzerland. The Consensus Model under Pressure. Basingstoke: Palgrave Macmillan.

Sciarini, Pascal/Varone, Frédéric/Gava, Roy, 2019: The Europeanization of Parliamentary Attention in and out of the European Union: France, Spain, the Netherlands and Switzerland Compared. In: Baumgartner, Frank/Breunig, Christian/Grossman, Emiliano (Hrsg.): Comparative Policy Agendas. Theory, Tools, Data. Oxford: Oxford University Press, 317–333.

Siaroff, Alan, 2000: The Fate of Centrifugal Democracies. In: Comparative Politics 32/3, 317–332.

Steiner, Jürg, 1970: Gewaltlose Politik und kulturelle Vielfalt: Hypothesen entwickelt am Beispiel der Schweiz. Bern/Stuttgart: Haupt.

Steiner, Jürg, 1974: Amicable Agreement versus Majority Role: Conflict Resolution in Switzerland. Chapel Hill: University of North Carolina Press.

Steiner, Jürg, 2002: The Consociational Theory and Switzerland: Revisited Thirty Years later. In: Acta Politica 37/(1, 2), 104–120.

Stojanović, Nenad, 2016: Party, Regional and Linguistic Proportionality Under Majoritarian Rules: Swiss Federal Council Elections. In: Swiss Political Science Review 22/1, 41–58.

Traber, Denise, 2015: Disenchanted Swiss Parliament? Electoral Strategies and Coalition Formation. In: Swiss Political Science Review 21/4, 702–722.

Transparency International, 2024: Corruption Perceptions Index. https://www.transparency.org/en/cpi/2023 (abgerufen am 30.05.2024).

Vanhanen, Tatu, 2003: Democratization. A Comparative Analysis of 170 Countries. London/New York: Routledge.

Vatter, Adrian, 2002: Kantonale Demokratien im Vergleich. Entstehungsgründe, Interaktionen und Wirkungen politischer Institutionen in den Schweizer Kantonen. Opladen: Leske + Budrich.

Vatter, Adrian, 2007: Lijphart Goes Regional: Different Patterns of Consensus in Swiss Democracies. In: West European Politics 30/1, 148–171.

Vatter, Adrian, 2008: Vom Extremtyp zum Normalfall? Die schweizerische Konsensusdemokratie im Wandel: Eine Re-Analyse von Lijpharts Studie für die Schweiz von 1997 bis 2007. In: Swiss Political Science Review 14/1, 1–47.

Vatter, Adrian, 2009: Lijphart Expanded: Three Dimensions of Democracy in Advanced OECD Countries? In: European Political Science Review 1/1, 125–154.

Vatter, Adrian, 2016: Switzerland on the Road from a Consociational to a Centrifugal Democracy? In: Swiss Political Science Review 22/1, 59–74.

Vatter, Adrian, 2018: Einleitung und Überblick: Macht und Ohnmacht des Parlaments in der Schweiz. In: Vatter, Adrian (Hrsg.): Das Parlament in der Schweiz. Macht und Ohnmacht der Volksvertretung. Zürich: NZZ Libro, 17–67.

Vatter, Adrian, 2020: Der Bundesrat. Die Schweizer Regierung. Basel/: NZZ Libro.

Vatter, Adrian/Bernauer, Julian, 2009: The Missing Dimension of Democracy: Institutional Patterns in 25 EU Member States between 1997 and 2006. In: European Union Politics 10/3, 335–359.

Vatter, Adrian/Stadelmann-Steffen, Isabelle, 2013: Subnational Patterns of Democracy in Austria, Germany and Switzerland. In: West European Politics 36/1, 71–96.

Vatter, Adrian/Freiburghaus, Rahel/Arens, Alexander, 2020: Coming a Long Way: Switzerland's Transformation from a Majoritarian to a Consensus Democracy (1848–2018). In: Democratization 27/6, 970–989.

Wirz, Rolf, 2012: Determinanten der Demokratiequalität in den Schweizer Kantonen. Masterarbeit. Bern: Universität Bern: Institut für Politikwissenschaft.

Wirz, Rolf, 2014: Der schweizerische Bundesstaat von 1848 bis 1874: Mehrheits- oder Konsensusdemokratie? In: Swiss Political Science Review 20/1, 165–178.

## 12.7 Fragen

1. Handelt es sich beim neu gegründeten Bundesstaat von 1848 um ein klassisches Mehrheitssystem?
2. Wie hat sich die Schweiz hinsichtlich der beiden Demokratiedimensionen von Lijphart seit der Gründung des Bundesstaates verändert?
3. Welche Eigenschaften sprechen dafür, die Schweiz auch heute noch als Konkordanzdemokratie zu bezeichnen? Welche Veränderungen der letzten Jahrzehnte sprechen gegen eine solche Bezeichnung?
4. Welche formellen und welche eher informellen Änderungen brachte der Aufstieg der SVP für das politische System der Schweiz mit sich?
5. Welche Faktoren stehen nach den hier vorgestellten inter- und subnationalen Analysen in einem positiven Zusammenhang mit der Demokratiequalität?
6. Welche Stärken und Schwächen weist die Schweiz laut den verschiedenen Demokratiemessgrössen in ihrer Demokratiequalität auf?

# Anhang

*Anhang I: 10 politisch-institutionelle Variablen für 23 entwickelte Demokratien, ca. 2000–2022*

| Land | Kürzel | Gallagher-Index | effektive Parteienzahl | Exekutiv-dominanz | Korporatismus | Föder.-Dezent. | Bikameralismus | Verf.-rigidität | Verf.-gerichtsbarkeit | Kabinettstyp | Direkte Demokratie |
|---|---|---|---|---|---|---|---|---|---|---|---|
| Australien | AU | 10.61 | 3.44 | 1.02 | -1.03 | 1 | 4 | 8 | 3 | 27.27 | 0.95 |
| Belgien | BE | 3.90 | 9.77 | -0.08 | 2.44 | 2 | 3 | 9.5 | 3 | 59.09 | 0 |
| Deutschland | DE | 3.45 | 5.01 | -0.01 | -0.40 | 2 | 4 | 6 | 4 | 0 | 0 |
| Dänemark | DK | 0.72 | 5.52 | 0.29 | 1.62 | 0 | 1 | 8 | 2 | 100 | 0.73 |
| Finnland | FI | 3.05 | 6.29 | 1.06 | 1.55 | 0 | 1 | 4 | 1 | 81.82 | -1.36 |
| Frankreich | FR | 18.70 | 5.47 | -0.93 | -0.56 | 0 | 3 | 4 | 3 | 81.82 | -1.730 |
| Griechenland | GR | 8.26 | 3.58 | 0.88 | 0.21 | 0 | 1 | 5 | 2 | 4.55 | -0.41 |
| Grossbritannien | GB | 14.66 | 3.48 | -1.06 | -2.08 | 0 | 2.5 | 1 | 1 | 13.64 | -1.27 |
| Irland | IE | 6.11 | 5.05 | -1.07 | 0.09 | 0 | 2 | 4 | 2 | 40.91 | 2.36 |
| Island | IS | 2.73 | 5.02 | 0.19 | 0.61 | 0 | 1 | 3 | 2 | 0 | 0.09 |
| Italien | IT | 8.31 | 5.30 | 2.60 | 0.24 | 0 | 3 | 4 | 3 | 36.36 | 5.55 |
| Japan | JP | 13.89 | 3.72 |  | -2.52 | 0 | 3 | 8 | 2 | 95.45 | 0.50 |
| Kanada | CA | 11.63 | 3.65 | -1.08 | -2.04 | 2 | 3 | 7 | 4 | 36.36 | -1.73 |
| Luxemburg | LU | 4.09 | 4.71 | -0.87 | 0.01 | 0 | 1 | 6 | 1 | 0 | -1 |
| Neuseeland | NZ | 2.50 | 3.31 | -1.31 | -1.76 | 0 | 1 | 1 | 1 | 95.45 | 0.27 |
| Niederlande | NL | 0.84 | 6.46 | 1.16 | 0.61 | 0 | 3 | 8.5 | 1 | 22.73 | -0.55 |
| Norwegen | NO | 2.79 | 5.31 | 0.86 | 1.10 | 0 | 1.2 | 3.5 | 2 | 63.64 | -1.73 |
| Österreich | AT | 2.72 | 4.21 | -2.42 | 0.90 | 1 | 2 | 3 | 3 | 9.09 | 2 |
| Portugal | PT | 6.02 | 3.54 | -0.55 | -0.01 | 0 | 1 | 3 | 2 | 40.91 | -1.23 |
| Schweden | SE | 1.58 | 4.99 | 0.93 | 1.96 | 0 | 1 | 4 | 1 | 81.82 | -0.91 |

# Anhang

| Land | Kürzel | Gallagher-Index | effektive Parteienzahl | Exekutiv-dominanz | Korporatis-mus | Föder.-Dezent. | Bikameralis-mus | Verf.-rigidität | Verf.-gerichtsbarkeit | Kabinetts-typ | Direkte Demo-kratie |
|---|---|---|---|---|---|---|---|---|---|---|---|
| Schweiz | CH | 2.84 | 5.93 | -0.52 | -0.13 | 2 | 4 | 7 | 2 | 100 | 12.95 |
| Spanien | ES | 5.88 | 3.90 | -1.49 | -0.29 | 2 | 3 | 6 | 3 | 54.55 | -0.5 |
| Vereinigte Staaten | US | 2.72 | 2.16 | 2.41 | -2.15 | 2 | 4 | 9 | 4 | 0 | 0 |

Anmerkungen: Föder.-Dezent. = Föderalismus-Dezentralisierung; Verf. = Verfassungs-; Mittelwerte ca. 2000–2022 (Gallagher-Index, effektive Parteienzahl, Dezentralisierung, Kabinettstyp) oder Querschnitte im Zeitraum.

Quellen: siehe Abbildungen 4.5, 5.9 und 6.8, Tabellen 9.5 und 11.3 sowie Kapitel 12.

*Anhang II: Politisch-institutionelle Variablen für die Schweizer Kantone, ca. 2000–2022*

| Kanton | Kürzel | effektive Parteienzahl | Regierungskonkordanz | Exekutivdominanz | Gallagher-Index | Korporatismus | Fiskalische Dezentralisierung | Verfassungsrigidität | Verfassungsgerichtsbarkeit | Direkte Demokratie |
|---|---|---|---|---|---|---|---|---|---|---|
| Zürich | ZH | 5.3 | 0.9 | 0.7 | 1.7 | 2.1 | 51.35 | 1.3 | 2.2 | 0.6 |
| Bern | BE | 5.3 | 0.9 | 0.8 | 2.8 | 3.1 | 5.31 | 1.3 | 2.0 | 0.5 |
| Luzern | LU | 4.3 | 0.9 | 0.6 | 1.8 | 0.9 | 51.59 | 1.3 | 2.0 | 0.7 |
| Uri | UR | 3.6 | 0.9 | 0.5 | 3.8 | 0.9 | 41.11 | 1.3 | 1.4 | 0.8 |
| Schwyz | SZ | 3.7 | 0.9 | 0.7 | 2.2 | 0.7 | 45.64 | 1.3 | 2.0 | 0.6 |
| Obwalden | OW | 3.8 | 0.9 | 0.4 | 3.0 | 1.0 | 56.76 | 1.3 | 1.0 | 0.6 |
| Nidwalden | NW | 3.7 | 0.9 | 0.6 | 3.3 | 1.1 | 41.02 | 1.3 | 7.0 | 0.1 |
| Glarus | GL | 5.1 | 0.9 | 0.4 | 1.8 | 0.8 | 31.04 | 1.3 | 2.0 | 2.0 |
| Zug | ZG | 4.7 | 1.0 | 0.5 | 1.9 | 0.8 | 44.52 | 1.3 | 1.3 | 0.6 |
| Freiburg | FR | 4.7 | 0.9 | 0.6 | 2.2 | 2.0 | 43.89 | 1.3 | 2.0 | 0.1 |
| Solothurn | SO | 4.6 | 0.9 | 0.6 | 2.3 | 1.2 | 48.16 | 1.3 | 2.0 | 0.8 |
| Basel-Stadt | BS | 5.7 | 0.9 | 0.4 | 3.2 | 2.1 | 3.33 | 1.3 | 4.5 | 0.7 |
| Basel-Landschaft | BL | 5.2 | 0.9 | 0.8 | 2.7 | 2.2 | 31.26 | 1.3 | 7.0 | 0.8 |
| Schaffhausen | SH | 4.5 | 0.9 | 0.4 | 1.5 | 1.5 | 45.33 | 1.3 | 2.9 | 0.8 |
| Appenzell Ausserrhoden | AR | 3.5 | 0.9 | 0.3 | 2.6 | 1.7 | 49.58 | 1.3 | 2.0 | 0.6 |
| Appenzell Innerrhoden | AI | – | 1.0 | 0 | – | 0.7 | 42.54 | 1.3 | 1.0 | 0.9 |
| St. Gallen | SG | 4.4 | 0.9 | 0.6 | 3.0 | 1.5 | 41.92 | 1.3 | 1.9 | 0.3 |
| Graubünden | GR | 4.2 | 0.9 | 0.6 | – | 0.8 | 49.13 | 1.3 | 5.9 | 0.7 |
| Aargau | AG | 5.1 | 0.9 | 0.7 | 1.5 | 1.4 | 42.33 | 1.3 | 3.6 | 0.8 |

# Anhang

| Kanton | Kürzel | effektive Parteienzahl | Regierungskonkordanz | Exekutivdominanz | Gallagher-Index | Korporatismus | Fiskalische Dezentralisierung | Verfassungsrigidität | Verfassungsgerichtsbarkeit | Direkte Demokratie |
|---|---|---|---|---|---|---|---|---|---|---|
| Thurgau | TG | 4.9 | 1.0 | 0.5 | 2.6 | 1.1 | 49.64 | 1.4 | 2.0 | 0.5 |
| Tessin | TI | 4.9 | 1.0 | 0.6 | 1.7 | 3.5 | 38.41 | 1.3 | 2.0 | 0.1 |
| Waadt | VD | 5.1 | 0.9 | 0.7 | 2.0 | 2.7 | 32.89 | 1.3 | 4.8 | 0.2 |
| Wallis | VS | 3.1 | 1.0 | 0.7 | 2.8 | 2.3 | 47.12 | 1.3 | 2.0 | 0.6 |
| Neuenburg | NE | 4.2 | 0.9 | 0.7 | 3.4 | 2.4 | 37.04 | 1.3 | 1.9 | 0.4 |
| Genf | GE | 6.4 | 0.9 | 0.8 | 4.3 | 2.5 | 21.85 | 1.2 | 2.3 | 0.5 |
| Jura | JU | 5.0 | 0.9 | 0.6 | 3.2 | 2.1 | 41.48 | 1.3 | 7.0 | 0.5 |

Anmerkung: Die Zahlen zur direkten Demokratie stellen die Summe aus den jeweils standardisierten Werten des snDDI und der Nutzungszahlen dar.
Quellen: siehe u.a. Tabelle 6.2 sowie Kapitel 12.

*Anhang III: Indexwerte der Konsensdemokratie für 23 OECD-Länder auf drei Dimensionen, ca. 2000–2022*

| Land | Kürzel | Parteien-Wahlen | Föderalismus-Unitarismus | Kabinette-Direktdemokratie |
|---|---|---|---|---|
| Australien | AU | −1.52 | 1.12 | −0.24 |
| Belgien | BE | 2.35 | 1.38 | 0.13 |
| Deutschland | DE | 0.05 | 1.51 | −0.91 |
| Dänemark | DK | 1.11 | −0.29 | 0.99 |
| Finnland | FI | 0.88 | −1.07 | 0.25 |
| Frankreich | FR | −0.87 | 0.04 | 0.18 |
| Griechenland | GR | −0.16 | −0.65 | −0.92 |
| Grossbritannien | GB | −1.12 | −1.05 | −0.93 |
| Irland | IE | 0.69 | −0.52 | 0.28 |
| Island | IS | 0.19 | −0.90 | −0.90 |
| Italien | IT | −0.40 | 0.04 | 0.85 |
| Japan | JP | −2.06 | 0.22 | 0.87 |
| Kanada | CA | −0.82 | 1.37 | −0.62 |
| Luxemburg | LU | 0.11 | −0.83 | −1.12 |
| Neuseeland | NZ | 0.00 | −1.44 | 0.82 |
| Niederlande | NL | 0.76 | −0.01 | −0.62 |
| Norwegen | NO | 0.37 | −0.79 | −0.14 |
| Österreich | AT | 1.34 | −0.01 | −0.35 |
| Portugal | PT | −0.38 | −0.90 | −0.44 |
| Schweden | SE | 0.77 | −1.07 | 0.34 |
| Schweiz | CH | 0.06 | 1.03 | 3.46 |
| Spanien | ES | −0.21 | 0.95 | −0.05 |
| Vereinigte Staaten | US | −1.13 | 1.87 | −0.91 |

Anmerkungen: additive, standardisierte Indizes aus standardisierten Variablen (Parteien-Wahlen: vorzeichenbereinigter Gallagher-Index, effektive Parteienzahl, vorzeichenbereinigte Exekutivdominanz, Korporatismus; Föderalismus-Unitarismus: Föderalismus-Dezentralisierung, Bikameralismus, Verfassungsrigidität, Verfassungsgerichtsbarkeit; Kabinette-Direktdemokratie: Kabinettstyp, Direkte Demokratie). Hohe Werte zeigen stärkere Konsensdemokratie an.
Quellen: siehe Kapitel 12.

# Anhang

*Anhang IV: Die Indexwerte für die Schweizer Kantone auf zwei Dimensionen*

| Kanton | Kürzel | Parteien-Wahlen | Direktdemokratie-Dezentralisierung |
|---|---|---|---|
| Zürich | ZH | 1.41 | 0.71 |
| Bern | BE | 0.88 | −0.66 |
| Luzern | LU | 0.49 | 0.83 |
| Uri | UR | −1.51 | 0.44 |
| Schwyz | SZ | 0.14 | 0.43 |
| Obwalden | OW | −1.23 | 1.14 |
| Nidwalden | NW | −0.77 | −1.14 |
| Glarus | GL | 0.30 | 2.16 |
| Zug | ZG | 0.31 | 0.21 |
| Freiburg | FR | 0.49 | −0.89 |
| Solothurn | SO | 0.37 | 0.82 |
| Basel-Stadt | BS | −0.56 | −2.42 |
| Basel-Landschaft | BL | 1.00 | −0.23 |
| Schaffhausen | SH | 0.10 | 0.63 |
| Appenzell Ausserrhoden | AR | −1.56 | 0.49 |
| Appenzell Innerrhoden | AI | −2.80 | 0.62 |
| St. Gallen | SG | −0.26 | −0.50 |
| Graubünden | GR | 0.48 | 0.79 |
| Aargau | AG | 1.54 | 0.52 |
| Thurgau | TG | −0.16 | 0.48 |
| Tessin | TI | 0.83 | −1.16 |
| Waadt | VD | 1.11 | −1.29 |
| Wallis | VS | −0.65 | 0.36 |
| Neuenburg | NE | −0.17 | −0.69 |
| Genf | GE | 0.52 | −1.56 |
| Jura | JU | −0.29 | −0.18 |

Anmerkungen: additive, standardisierte Indizes aus standardisierten Variablen (Parteien-Wahlen: effektive Parteienzahl, Exekutivdominanz, vorzeichenbereinigter Gallagher-Index; Direktdemokratie-Dezentralisierung: Direkte Demokratie, fiskalische Dezentralisierung). Hohe Werte zeigen stärkere Konsensdemokratie an.
Quellen: siehe Kapitel 12.

## Anhang V: Ausgewählte Strukturdaten zur Schweiz

**Geografie**

| | |
|---|---|
| Fläche | 41'285 km² |
| – Jura | 10.5 % |
| – Mittelland | 27.0 % |
| – Alpen | 62.5 % |

Bodennutzung

| | |
|---|---|
| – Siedlungsfläche | 7.5 % |
| – landwirtschaftliche Nutzfläche | 35.9 % |
| – Wald und Gehölze | 31.3 % |
| – unproduktive Fläche (inklusive Gewässer) | 25.3 % |

**Bevölkerung**

| | |
|---|---|
| Gesamtbevölkerung | 8.815 Mio. |
| – Ausländer | 26.0 % |
| – städtische Gebiete | 84.8 % |
| – ländliche Gebiete | 15.2 % |

Bevölkerungsdichte (Einwohner/km²)

| | |
|---|---|
| – gesamte Schweiz | 213.5 |

Bevölkerung nach Hauptsprache*

| | |
|---|---|
| – Deutsch | 62.3 % |
| – Französisch | 22.8 % |
| – Italienisch | 8.0 % |
| – Rätoromanisch | 0.5 % |
| – Andere | 23,1 % |

Bevölkerung nach Religionszugehörigkeit

| | |
|---|---|
| – evangelisch-reformiert | 20.5 % |
| – römisch-katholisch | 32.1 % |
| – andere christliche Glaubensgemeinschaften | 5.6 % |
| – jüdische Glaubensgemeinschaften | 0.2 % |
| – islamische Glaubensgemeinschaften | 5.9 % |
| – andere Religionsgemeinschaften | 1.3 % |
| – konfessionslos | 33.5 % |
| – keine Angabe | 0.9 % |

# Anhang

**Wirtschaft**

| | |
|---|---|
| - BIP | 781 Mia. CHF |
| - BIP pro Kopf** | 88'717 CHF |
| - Arbeitslosenquote | 4.3 % |
| - Inflationsrate | 2.8 % |
| - Wachstumsrate des BIP | 5.1 % |
| - Exporte | 382.6 Mia. CHF |
| - Importe | 341.0 Mia. CHF |
| - Handelsbilanz (Exporte minus Importe) | 41.6 Mia. CHF |
| - Anteil der Handelsbilanz am BIP | 5.3 % |

Anmerkungen: *Mehrfachnennungen möglich; **nicht kaufkraftbereinigt.
Quellen: Diverse Daten des Bundesamts für Statistik (verschiedene Jahre).

# Stichwortverzeichnis

Die Angaben verweisen auf die Seitenzahlen des Buches.

Abberufungsrecht 41, 350
Abstimmung (s. auch Direkte Demokratie)
- Kollision von Volks- und Ständemehr 415
- Parlament 48, 273, 277, 323, 325, 326, 532
- Volk und Stände 48, 130, 236, 411, 533

Abstimmungsdemokratie 349, 547
Aktion für eine neutrale und unabhängige Schweiz AUNS 172, 539
Anciennitätsprinzip 214, 218
Anfrage 288
Anfrage, parlamentarische 294
Arbeiterbewegung 97, 159, 160
Arbeitgeberverband 295
Arbeitsparlament 267, 305
Ausgabenbremse 298, 337
Ausländerstimmrecht 70, 363
Aussenpolitik 198, 262, 265, 285, 290, 303, 353, 468, 558
Autonomie
- Gemeinde 108, 365, 366, 432, 438, 505
- Minderheiten 53, 527
- Regierung 292
- Verband 180
- Verwaltung 235
Autopartei 99, 100, 102, 104, 107, 109, 270, 284

Bauern-, Gewerbe- und Bürgerpartei BGB 74, 97, 98, 104, 199, 200, 520
Bauernverband, Schweizerischer SBV 162, 167, 177, 189, 295, 538
Bikameralismus s. *Zweikammersystem*
Bilaterale Verträge 171, 412, 454, 522, 535
Branchenverbände 167
Bundesanwaltschaft 291, 293, 483
Bundesgericht 44, 70, 71, 260, 264, 291, 407, 477, 483
Bundeskanzlei 230
Bundespatentgericht 481, 484
Bundespräsident 43, 198, 214, 218, 242

Bundesrat (Kap. 5)
- Kollegialprinzip 41, 43, 219, 531
- Wahl und Zusammensetzung 526
Bundesrichter 477, 486, 494, 510
Bundesstaat 94, 405, 408, 431, 435
Bundesstrafgericht 44, 481, 484
Bundesverfassung s. *Verfassung*
Bundesversammlung s. *National- und Ständerat*
Bundesverwaltung s. *Departemente*
Bundesverwaltungsgericht 44, 481, 484, 511
Bürgerblock 97, 100, 176, 199, 211, 272, 533
Bürgerlich-Demokratische Partei BDP 73, 100, 102, 107, 200, 283, 284, 491
Christlichdemokratische Volkspartei CVP 98, 100, 101, 117, 134, 139, 200, 208, 283, 284, 491, 531
Cleavages s. *Konfliktlinien*
Dealignment 131
Demokratie 550
- direkte
- eingebettete 49
- halbdirekte 353, 364, 380, 390, 392, 405, 527, 532, 551
- Konkordanz- 53, 55, 92, 109, 190, 236, 364, 366, 381, 389, 458, 519, 520, 535, 561
- Konsens- 57, 63, 86, 110, 339, 384, 423, 506, 522, 544, 553, 560
- Mehrheits-/Konkurrenz-/Westminster- 52, 57, 63, 110, 339, 366, 384, 423, 506, 522, 544, 560
- plebiszitäre 33
- repräsentative 31, 48, 55, 129, 351, 365, 375, 404, 419, 553
- zentrifugale 557, 561
- zentripetale 555, 557, 559
Demokratiebarometer 548, 549, 554
Demokratiequalität 421, 550, 556
Departemente 43, 46, 162, 176, 220, 223, 232, 235, 238, 286, 292, 294, 442, 484, 528, 537, 558

577

Deregulierung (s. auch Liberalisierung) 169, 172, 187, 190, 374
Dezentralisierung 146, 168, 188, 190, 446, 466, 551, 555
Die Mitte 107
Differenzbereinigungsverfahren 320
Direkte Demokratie (Kap. 8) 31, 44, 49, 56, 109, 442, 511, 535, 543
Direktorialsystem 43
Disproportionalität 54, 81, 86, 365
Doppelmehrregel s. *Ständemehr*
Doppelter Pukelsheim s. *Wahlverfahren, biproportionales*
Dringlichkeitsrecht 353, 411

Economiesuisse 155, 168, 174, 177, 179, 537
Effektive Parteienzahl s. *Parteiensystem - Fragmentierung*
Einheitswahlkreis 64, 71, 78, 83
Einigungskonferenz 320, 335, 341
Elektronische Stimmabgabe 68, 272
Entscheidungsprozess 48, 262, 539
Europäische Integration 31, 121, 168, 176, 181, 315, 468, 557
Europäische Menschenrechtskonvention EMRK 391, 409, 485, 499, 508, 511, 546
Europäische Union EU 31, 142, 454, 522, 535
Europäischer Wirtschaftsraum EWR 130, 412, 454, 530
Evangelische Volkspartei EVP 81, 107
Expertenkommission 46, 160, 162, 175, 188, 189, 451, 536

Fichenaffäre 293, 518
Finanzkontrolle, eidgenössische 293
Föderaler Proporz 64, 68
Föderalismus (Kap. 10) 44, 49, 56, 108, 129, 317, 333, 405, 526, 527, 540
– Exekutiv- 454
– Horizontal- 278
– kooperativer 433
– Vollzugs- (s. auch Implementation) 48, 232, 433, 453
Fragestunde 288, 294
Fraktion 96, 110, 198, 214, 263, 266, 489

Frauenstimmrecht 67, 70, 129, 160, 263, 353, 518
Freedom House Index 545, 548
Freie Liste s. *Grüne Partei Schweiz GPS*
Freiheitspartei der Schweiz FPS s. *Autopartei*
Freisinn 96, 199, 263, 364, 430, 520, 546
Freisinnig-demokratische Partei FDP.Die Liberalen 67, 76, 94, 103, 104, 200, 283, 491
Freiwilliger Proporz 74, 199, 212, 519, 528

Gallagher-Index s. *Disproportionalität*
Gegenvorschlag 354, 358, 368, 371
Gemeinde 139, 351, 404, 434, 446, 553
Gesamtarbeitsvertrag GAV 161, 172, 184, 187
Gesetzgebung 175, 235, 281, 290, 305, 352, 381, 442, 452
Gewaltentrennung 37, 46, 48, 264, 333, 405, 429, 479
Gewaltenverschränkung 37, 49, 333, 336
Gewerbeverband, Schweizerischer SGV 157, 160, 162, 167, 173, 189, 538
Gewerkschaften 159, 165, 172, 182
Gewerkschaftsbund, Schweizerischer SGB 159, 160, 162–164, 173, 189, 538
Globalisierung 135, 165
Grüne Partei Schweiz GPS 99, 102
Grünes Bündnis Schweiz GBS 99, 102, 107
Grünliberale Partei GLP 100, 102, 283, 284, 491

Hagenbach-Bischoff-Verfahren 68, 71
Handels- und Industrieverein, Schweizerischer SHIV 155, 156, 167
Helvetische Republik / Helvetik 41, 198, 404, 430

Implementation 43, 48, 161, 181, 188, 190, 293, 432, 438, 453, 500
Initiative
– Gesetzes- 354, 392
– kantonale 352, 392
– parlamentarische 288
– Standes- 45, 288, 449
– Verfassungs- 44, 67, 202, 262, 368, 409, 518

- Verwaltungs- 359
Innenpolitik 303, 558
Institutionalismus 52
Integration, politische 30, 54, 76, 98, 108, 200, 333, 364, 378, 391, 525, 539
Interessenverbände
Internationalisierung s. *Globalisierung*
Interpellation 288

Justiz
- reform 485, 495, 521
Justiz (Kap. 11) 49, 56, 264

Kanton (Kap. 10) 35, 40, 45, 66, 68, 69, 73, 118, 185, 213, 232, 261, 264, 285, 331, 333, 352, 411, 421, 495, 554
Kantonsklausel 214
Katholisch-Konservative Partei KK (s. auch Konservatismus) 67, 75, 96, 107, 115, 199, 263, 321, 335, 352, 364, 405, 409, 417, 430, 520, 529
Klassenkampf 96, 98, 160
Koalitionen 199
- Parlaments- 273
- Regierungs- 56, 145, 202, 245, 523, 527
Kommissionen
- ausserparlamentarische
- Gemeinde- 441
- parlamentarische 48, 261, 266, 267, 281, 289, 319, 323, 489, 536
Kommunistische Partei (KP) 97, 107
Konferenz der Kantonsregierungen KdK 454
Konfliktlinien 106, 136, 529, 533
Konkordanz 53, 55, 109, 213, 366, 520, 535, 561
Konsensdemokratie 400, 440
Konservatismus 93, 107, 321, 335, 430, 520
Konsultation s. *Vernehmlassung*
Konflikt- und Organisationsfähigkeit 183, 191, 365, 368
Korporatismus s. *Neokorporatismus*
Kreislaufmodell 48
Kumulieren 68, 73, 81

Landesring der Unabhängigen LdU 100, 102, 107, 271
Landesstreik 97, 160, 520

Landesverteidigung 98
Landsgemeinde 69, 204, 279, 350, 352, 420
Lega dei Ticinesi 107, 284
Liberale Partei der Schweiz LPS 94, 100, 102, 107, 271
Liberalisierung (s. auch Deregulierung) 165, 181, 341, 363
Liberalismus 107
Links-Rechts-Konflikt 106, 275, 324, 337, 539
Listenverbindungen 68, 72, 82
Lobbying 168, 178

Machtteilung / Machtdiffusion (s. auch Konsensdemokratie) 29, 30, 48, 53, 54, 185, 245, 300, 333, 364, 383, 385, 463, 522, 544, 553
Majorzwahlsystem s. *Mehrheitswahlsystem*
Mediation 404, 430
Medien 36, 53, 164, 167, 168, 178, 189, 190, 220, 236, 527, 533, 547
Mehrheitsdemokratie s. *Demokratie*
Mehrheitswahlsystem 67, 69, 71, 74, 203, 205, 207, 263, 440
Milizsystem 108, 123, 137, 139, 155, 175, 262, 270, 278, 294, 295, 305, 334, 457
Minderheitenschutz 30, 391, 468, 528
Mirage-Affäre 262, 264, 292
Misstrauensvotum 37, 42, 43, 197, 218
Mitberichtsverfahren 231
Motion 46, 264, 288
Mouvement Citoyen Genevois MCG 106

Nationalbank, Schweizerische SNB 54, 57, 174
Nationale Aktion NA 98, 109, 115
Nationalisierung (Parteiensystem) 87, 117
Nationalrat (Kap. 6) 38, 44, 65, 199, 265, 271, 405
Neokorporatismus 56, 155, 185, 186, 188, 523
Neugestaltung des Finanzausgleichs und der Aufgabenteilung NFA 406, 435
Neutralität 351
Normenkontrolle 259, 303, 504, 506

# Stichwortverzeichnis

Oberaufsicht, parlamentarische 44, 265, 280, 293, 294, 485

Opposition 29, 52, 93, 95–97, 100, 120, 160, 162, 179, 199, 244, 262, 270, 273, 277, 304, 315, 318, 352, 357, 368, 384, 389, 463, 520, 556

Panaschieren 68, 73, 81

Parlament (Kap. 6, 7) 38, 44, 48, 49, 56, 204, 211, 218, 405, 408, 422, 440, 446, 457, 485, 488, 536

Parlamentsdienste 267, 293

Partei der Arbeit PdA 98, 102, 107, 271

Parteien (Kap. 3) 49, 56, 76, 82, 263, 266, 277, 285, 296, 326, 369, 443, 492, 535
- Finanzierung 547
- Identifikation 132
- Parole 367

Parteiensystem (Kap. 3) 56, 81, 271, 322, 443, 490, 535
- Fragmentierung 77, 111, 118, 140, 212, 284
- Polarisierung 102, 118, 129, 145, 219, 275, 357, 526, 532, 557
- Volatilität 110, 115, 117, 129
- Wettbewerb 74, 78, 81, 114, 121, 129, 212, 275, 531, 557

Partizipation (s. auch Stimmbeteiligung) 49, 63, 87, 130, 369, 548, 554

Plebiszit 350

Pluralismus 56, 76, 145, 185, 188, 367

Politik
- formulierung 176, 188, 235, 288, 381, 450
- planung 227, 298, 333, 370
- verflechtung 436, 437, 452
- vollzug

Postulat 288

Prinzipal-Agenten-Problem 375

Professionalisierung 125, 178, 206, 270, 278, 301, 441, 532

Progressive Organisationen der Schweiz POCH 99, 107

Proporzwahlsystem s. Verhältniswahlsystem

Public Affairs 178

Quorum 71–73, 80, 376, 385, 449, 502

Radikale Partei 94, 199, 263, 321, 352

Rahmenvereinbarung, interkantonale IRV 436

Realignment 113, 131

Rechtspopulistische Partei 100, 142

Redeparlament 261, 267

Referendum (s. auch Direkte Demokratie)
- abrogativ 386, 387
- fakultatives Gesetzes- 48, 55, 95, 162, 287, 354, 360, 368, 519, 525
- Finanz- 360, 361, 373, 376, 382
- Kantons- 45, 359, 450, 460, 462, 522
- konfirmativ 386
- obligatorisches Gesetzes- 277, 352, 360
- obligatorisches Verfassungs- 44, 352, 354, 360
- resolutiv 353
- Staatsvertrags- 353, 354, 359, 521
- Verwaltungs- 361, 363

Regeneration 93, 277, 350, 352, 417, 420, 555

Regierung (Kap. 5) 39, 43, 49, 103, 265, 302, 371, 386, 441, 528, 535

Regierungsparteien 99, 204, 210, 212, 270, 273

Regierungsreform 223

Regierungssystem
- parlamentarisches 40, 109, 207, 218, 519
- präsidentielles/präsidiales 40
- versammlungsunabhängiges 43

Repräsentation 71, 86, 285, 296, 331, 461

Restmandat (Restsitzverteilung) 67, 72, 77

Richtlinienkompetenz 531

Röstigraben 415

Sanktion 292, 304

Schweizer Demokraten SD 98, 100, 112

Schweizerische Volkspartei SVP 81, 98, 102, 107, 117, 143, 200, 272, 283, 364, 491, 539, 545

Schweizerischer Arbeitgeberverband s. Arbeitgeberverband

Schweizerischer Bauernverband SBV s. Bauernverband

Session 261, 265, 266, 269, 317

Sonderbund
- Kantone 64, 93, 208, 385, 413, 423, 430

- Krieg 93, 198, 260, 263, 317, 341, 342, 409, 411, 519
Souveränität
- Kanton 349, 415, 429, 430, 468, 519
- Volk 44, 92, 262, 277, 350, 352, 431, 497

Sozialdemokratische Partei der Schweiz SP 75, 81, 96, 98, 101, 107, 200, 489

Soziale Bewegungen 99, 104, 109, 368, 369, 380, 381

Sozialismus 97, 107, 352

Sozialpartnerschaft 167, 183, 185, 558

Sozialversicherung 221, 226, 238, 337, 433, 434, 448, 500

Sperrminorität 341, 410, 412

Spitzenverbände 125, 159, 163–165, 168, 174, 175, 189, 537

Sprachregion 108, 133, 214, 330, 333, 415, 462

Ständemehr 45, 403, 405, 411, 528, 556

Ständerat (s. auch Zweikammersystem) 44, 203, 265, 268, 330, 365, 405, 432, 446, 462, 531, 556

Stimmbeteiligung 548
- Abstimmung 130, 147, 370, 547
- Wahl 75, 130, 147, 366, 547

Streichen (Wahlsystem) 68

Subsidiaritätsprinzip 432, 433, 439

Tagsatzung 261, 263, 317, 404

Tertiarisierung 163, 168

Transferzahlungen 435

Travail.Suisse 164

Verbände (Kap. 4) 49, 56, 109, 191, 287, 303, 339, 367, 368, 384, 451, 523, 538

Vereinigte Bundesversammlung 38, 44, 214

Vereinigung zum Schutz kleiner und mittlerer Bauern VKMB 162

Verfassung (Kap. 9) 499
- Bund 44, 64, 69, 95, 161, 264, 297, 317, 431
- Gerichtsbarkeit 44, 477–479, 499, 508, 510, 526
- Kanton 35, 206, 352, 429, 432
- Revision 66, 94, 109, 188, 231, 262, 293, 297, 316, 353, 406, 436, 446, 483, 519, 522, 525

- Rigidität 54

Verhältniswahlsystem 43, 63, 67, 76, 84, 96, 104, 263, 365, 440, 519, 525

Verhandlungsdemokratie s. *Konsensdemokratie*

Vernehmlassung 46, 162, 167, 175, 184, 232, 235, 262, 287, 558

Verwaltung s. *Departemente*

Volksabstimmungen s. *Abstimmungen*

Volksrechte (Kap. 8) 30, 32, 44, 46, 55, 92, 94, 109, 259, 349, 352, 421, 521, 525, 541, 542

Vollzug s. *Implementation*

Vorort s. *Schweizerischer Handels- und Industrieverein SHIV*

Vorparlamentarisches Verfahren 46, 162, 168, 175, 176, 184, 188, 230, 234, 262, 287, 381, 536, 557

Vorschlagsrecht 214, 488

Wahl
- beteiligung
- erfolgsschwelle 78, 80, 82
- kreis 43, 67, 68, 72, 81, 117, 203, 206, 296, 363, 502, 518
- system 76, 84
- verhalten 74, 86, 130, 282
- zahlverfahren 68

Wählerschaft 44, 64, 85, 87, 91, 119, 122, 146, 147, 176, 204, 321, 329, 368

Wahlkreis 329

Wahlverfahren, biproportionales 81

Westminsterdemokratie s. *Demokratie*

Willensnation 30

Wohlfahrtsstaat 175, 185, 337, 341, 363, 366, 374, 390, 406

Zauberformel 76, 98, 112, 120, 197, 200, 211, 292, 490, 520, 526

Zensuswahlrecht 64, 67

Zentralisierung 123, 185, 429, 431, 519

Zentralismus 93, 94

Zweikammersystem (Kap. 7) 50, 56, 405, 519, 540

581

# Bereits erschienen in der Reihe
# STUDIENKURS POLITIKWISSENSCHAFT (ab 2017)

Das politische System Polens
Von Prof. Dr. Stefan Garsztecki, Prof. Dr. Robert Grzeszczak,
Univ.-Prof. Dr. Aleksandra Maatsch und Univ.-Prof. Dr. Dariusz
Wojtaszyn
2024, 195 Seiten, broschiert,
ISBN 978-3-8487-7197-4

Internationale Sicherheit und Frieden
Definitionen von A - Z
Von Prof. Dr. Heinz Gärtner
4., aktualisierte und erweiterte Auflage
2023, 334 Seiten, broschiert,
ISBN 978-3-7560-0077-7

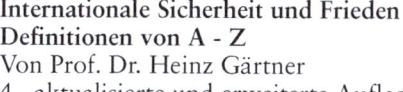

Theorie politischer Institutionen
Von Prof. Dr. Gerhard Göhler
2023, 254 Seiten, broschiert,
ISBN 978-3-7560-1133-9

Das politische System Russlands
Von Prof. Dr. Petra Stykow und Julia Baumann
2023, 311 Seiten, broschiert,
ISBN 978-3-8487-7971-0

Das politische System Ungarns
Von Dr. Melani Barlai, Dr. Florian Hartleb, Dr. Dániel Mikecz
2023, 240 Seiten, broschiert,
ISBN 978-3-8487-6747-2

Einführung in die Politikwissenschaft
Von Prof. Dr. Thomas Bernauer, Prof. Dr. Detlef Jahn, Prof. Dr.
Sylvia Kritzinger, Assoc.-Prof. Dr. Patrick M. Kuhn, Prof. Dr.
Stefanie Walter
5., umfassend überarbeitete Auflage,
2022, 598 Seiten, broschiert,
ISBN 978-3-8487-7938-3

**Bereits erschienen in der Reihe STUDIENKURS POLITIKWISSENSCHAFT (ab 2017)**

**Autokratien**
Von Prof. Dr. Uwe Backes
2022, 205 Seiten, broschiert,
ISBN 978-3-8487-8003-7

**Die Rechte indigener Völker im Menschenrechtssystem**
Von Jessika Eichler, Ph.D.
2022, 266 Seiten, broschiert,
ISBN 978-3-8487-6483-9

**Das Regierungssystem der USA**
Von Dr. Michael T. Oswald
3., aktualisierte und erweiterte Auflage,
2021, 322 Seiten, broschiert,
ISBN 978-3-8487-6950-6

**Demokratie**
Von Prof. Dr. Samuel Salzborn
2., aktualisierte und erweiterte Auflage,
2021, 186 Seiten, broschiert,
ISBN 978-3-8487-8296-3

**Migrationspolitik**
Von Prof. Dr. Hannes Schammann und Dr. Danielle Gluns
2021, 274 Seiten, broschiert,
ISBN 978-3-8487-4054-3

**Chinese Politics**
Von Prof. Dr. Dr. Nele Noesselt
2021, ca. 270 Seiten, broschiert,
ISBN 978-3-8487-4673-6

Bereits erschienen in der Reihe STUDIENKURS POLITIKWISSENSCHAFT (ab 2017)

**Föderalismus**
Von Prof. Dr. Roland Sturm
3., umfassend aktualisierte Auflage,
2020, 201 Seiten, broschiert,
ISBN 978-3-8487-7786-0

**Das politische System der Schweiz**
Von Prof. Dr. Adrian Vatter
4., vollständig aktualisierte Auflage,
2020, 592 Seiten, broschiert,
ISBN 978-3-8487-6564-5

**Rechtsextremismus**
Von Prof. Dr. Samuel Salzborn
4., überarbeitete und erweiterte Auflage,
2020, 186 Seiten, broschiert,
ISBN 978-3-8487-6759-5

**Das erste Forschungsprojekt**
Von Prof. Dr. Tom Mannewitz
2020, 344 Seiten, broschiert,
ISBN 978-3-8487-6760-1

**Entscheidungs- und Spieltheorie**
Von Prof. Dr. Joachim Behnke
2., durchgesehene und aktualisierte Auflage,
2020, 230 Seiten, broschiert,
ISBN 978-3-8487-6254-5

**Hispanoamerika**
Von Prof. Dr. rer. pol. Hartmut Sangmeister
2019, 249 Seiten, broschiert,
ISBN 978-3-8487-5102-0

**Bereits erschienen in der Reihe STUDIENKURS POLITIKWISSENSCHAFT (ab 2017)**

**Internationale Politische Ökonomie**
Von Prof. Dr. Stefan A. Schirm
4., unveränderte Auflage,
2019, 290 Seiten, broschiert,
ISBN 978-3-8487-5984-2

**Theoretiker der Politik**
Von Prof. em. Dr. Frank R. Pfetsch
3. Auflage
2019, 614 Seiten, broschiert,
ISBN 978-3-8487-5015-3

**Chinesische Politik**
Von Prof. Dr. Dr. Nele Noesselt
2., aktualisierte und überarbeitete Auflage,
2018, 252 Seiten, broschiert,
ISBN 978-3-8487-4238-7

**Methoden der Politikwissenschaft**
Von Prof. Dr. Bettina Westle
2. Auflage,
2018, 436 Seiten. broschiert,
ISBN 978-3-8487-3946-2

**Parlamentarismus**
Von Prof. Dr. Stefan Marschall
3., aktualisierte Auflage,
2018, 265 Seiten, broschiert,
ISBN 978-3-8487-5231-7

**Weltbilder und Weltordnung**
Von Prof. Dr. Gert Krell und Prof. Dr. Peter Schlotter
5., überarbeitete und aktualisierte Auflage,
2018, 462 Seiten, broschiert,
ISBN 978-3-8487-4183-0

Bereits erschienen in der Reihe STUDIENKURS POLITIKWISSENSCHAFT (ab 2017)

**Grundbegriffe der Politik**
Von Dr. Martin Schwarz, Prof. Dr. Karl-Heinz Breier und Prof. Dr. Peter Nitschke
2., aktualisierte und erweiterte Auflage,
2017, 246 Seiten, broschiert,
ISBN 978-3-8487-4197-7